COORDENADORES

Ana Carolina **Brochado Teixeira**

José Luiz de Moura **Faleiros Júnior**

Roberta **Densa**

2022

Prefácio de **Tânia da Silva Pereira**

INFÂNCIA, ADOLESCÊNCIA E TECNOLOGIA

O Estatuto da Criança e do Adolescente na Sociedade da Informação

Adriano Marteleto Godinho | **Alexandre** Salim | **Ana Carolina** Brochado Teixeira | **Ana Cristina** de Melo Silveira | **Antonio Jorge** Pereira Júnior | **Arthur** Pinheiro Basan | **Bruna** Lyra Duque | **Caio Augusto** Souza Lara | **Caio César** do Nascimento Barbosa | **Caio** Morau | **Cecília** Dantas | **Charlene** Miwa Nagae | **Chiara** Spadaccini de Teffé | **Cláudia** Bressler | **Claudio Joel** Brito Lóssio | **Cristiano** Colombo | **Cristiano** de Castro Reschke | **Deborah** Soares Dallemole | **Emerson** Wendt | **Fernanda** Pantaleão Dirscherl | **Filipe** Venturini Signorelli | **Geralda** Magella de Faria Rossetto | **Glayder** Dayweth Pereira Guimarães | **Guilherme** Magalhães Martins | **João Alexandre** Silva Alves Guimarães | **José Luiz** de Moura Faleiros Júnior | **Josiane Rose** Petry Veronese | **Joyceane** Bezerra de Menezes | **Juliana** Nakata Albuquerque | **Laiane** Maris Caetano Fantini | **Lara** Rocha Garcia | **Leonardo** Castro | **Lílian** Brandt Stein | **Luana Adriano** Araújo | **Lucia** Ancona Lopez de Magalhães Dias | **Luciana** Dadalto | **Luís Fernando** Rosa | **Marcela** Maia de Andrade Drumond | **Maria de Fátima** Freire de Sá | **Maria Luiza** Kurban Jobim | **Michael César** Silva | **Nelson** Rosenvald | **Rafael** de Freitas Valle Dresch | **Renata** Vilela Multedo | **Roberta** Densa | **Rosângela** Tremel | **Schamyr** Pancieri Vermelho | **Simone** Tassinari Cardoso Fleischmann | **Taisa Maria** Macena de Lima | **Willian** Pimentel | **Wilson** de Freitas Monteiro

Dados Internacionais de Catalogação na Publicação (CIP) de acordo com ISBD

T268

Infância, adolescência e tecnologia: o Estatuto da Criança e do Adolescente na sociedade da informação / Adriano Marteleto Godinho ... [et al.] ; coordenado por Ana Carolina Brochado Teixeira, José Luiz de Moura Faleiros Júnior, Roberta Densa. - Indaiatuba, SP : Editora Foco, 2022.

632 p. ; 17cm x 24cm.

Inclui bibliografia e índice.

ISBN: 978-65-5515-530-3

1. Direito. 2. Direito da criança. 3. Estatuto da Criança e do Adolescente. I. Godinho, Adriano Marteleto. II. Salim, Alexandre. III. Teixeira, Ana Carolina Brochado. IV. Silveira, Ana Cristina de Melo. V. Pereira Júnior, Antonio Jorge. VI. Basan, Arthur Pinheiro. VII. Duque, Bruna Lyra. VIII. Lara, Caio Augusto Souza. IX. Nascimento, Caio César do. X. Morau, Caio. XI. Dantas, Cecília. XII. Nagae, Charlene Miwa. XIII. Teffé, Chiara Spadaccini de. XIV. Bressler, Cláudia. XV. Lóssio, Claudio Joel Brito. XVI. Colombo, Cristiano. XVII. Reschke, Cristiano de Castro. XVIII. Dallemole, Deborah Soares. XIX. Wendt, Emerson. XX. Dirscherl, Fernanda Pantaleão. XXI. Signorelli, Filipe Venturini. XXII. Rossetto, Geralda Magella de Faria. XXIII. Guimarães, Glayder Daywerth Pereira. XXIV. Martins, Guilherme Magalhães. XXV. Guimarães, João Alexandre Silva Alves. XXVII. Faleiros Júnior, José Luiz de Moura. XXVIII. Veronese, Josiane Rose Petry. XXIX. Menezes, Joyceane Bezerra de. XXX. Albuquerque, Juliana Nakata. XXXI. Fantini, Laiane Maris Caetano. XXXII. Garcia, Lara Rocha. XXXIII. Castro, Leonardo. XXXIV. Stein, Lílian Brandt. XXXV. Araújo, Luana Adriano. XXXVI. Dias, Lucia Ancona Lopez de Magalhães. XXXVII. Dadalto, Luciana. XXXVIII. Rosa, Luís Fernando. XXXIX. Drumond, Marcela Maia de Andrade. XL. Sá, Maria de Fátima Freire de. XLI. Jobim, Maria Luiza Kurban. XLII. Silva, Michael César. XLIII. Rosenvald, Nelson. XLIV. Dresch, Rafael de Freitas Valle. XLV. Multedo, Renata Vilela. XLVI. Densa, Roberta. XLVII. Tremel, Rosângela. XLVIII. Vermelho, Schamyr Pancieri. XLIX. Fleischmann, Simone Tassinari Cardoso. L. Lima, Taisa Maria Macena de. LI. Pimentel, Willian. LII. Monteiro, Wilson de Freitas. LIII. Título.

2022-1314

CDD 342.17   CDU 342.726

Elaborado por Vagner Rodolfo da Silva - CRB-8/9410

Índices para Catálogo Sistemático:

1. Direito da criança e do adolescente 342.17

2. Direito da criança e do adolescente 342.726

COORDENADORES

Ana Carolina
Brochado Teixeira

José Luiz de Moura
Faleiros Júnior

Roberta
Densa

Prefácio de
**Tânia da
Silva Pereira**

INFÂNCIA, ADOLESCÊNCIA E
TECNOLOGIA
O Estatuto da Criança e do Adolescente
na Sociedade da Informação

Adriano Marteleto Godinho | **Alexandre** Salim | **Ana Carolina** Brochado Teixeira | **Ana Cristina** de Melo Silveira | **Antonio Jorge** Pereira Júnior | **Arthur** Pinheiro Basan | **Bruna** Lyra Duque | **Caio Augusto** Souza Lara | **Caio César** do Nascimento Barbosa | **Caio** Morau | **Cecília** Dantas | **Charlene** Miwa Nagae | **Chiara** Spadaccini de Teffé | **Cláudia** Bressler | **Claudio Joel** Brito Lóssio | **Cristiano** Colombo | **Cristiano** de Castro Reschke | **Deborah** Soares Dallemole | **Emerson** Wendt | **Fernanda** Pantaleão Dirscherl | **Filipe** Venturini Signorelli | **Geralda** Magella de Faria Rossetto | **Glayder** Daywerth Pereira Guimarães | **Guilherme** Magalhães Martins | **João Alexandre** Silva Alves Guimarães | **José Luiz** de Moura Faleiros Júnior | **Josiane Rose** Petry Veronese | **Joyceane** Bezerra de Menezes | **Juliana** Nakata Albuquerque | **Laiane** Maris Caetano Fantini | **Lara** Rocha Garcia | **Leonardo** Castro | **Lílian** Brandt Stein | **Luana Adriano** Araújo | **Lucia** Ancona Lopez de Magalhães Dias | **Luciana** Dadalto | **Luís Fernando** Rosa | **Marcela** Maia de Andrade Drumond | **Maria de Fátima** Freire de Sá | **Maria Luiza** Kurban Jobim | **Michael César** Silva | **Nelson** Rosenvald | **Rafael** de Freitas Valle Dresch | **Renata** Vilela Multedo | **Roberta** Densa | **Rosângela** Tremel | **Schamyr** Pancieri Vermelho | **Simone** Tassinari Cardoso Fleischmann | **Taisa Maria** Macena de Lima | **Willian** Pimentel | **Wilson** de Freitas Monteiro

2022 © Editora Foco

Coordenadores: Ana Carolina Brochado Teixeira, José Luiz de Moura Faleiros Júnior e Roberta Densa

Autores: Adriano Marteleto Godinho, Alexandre Salim, Ana Carolina Brochado Teixeira, Ana Cristina de Melo Silveira, Antonio Jorge Pereira Júnior, Arthur Pinheiro Basan, Bruna Lyra Duque, Caio Augusto Souza Lara, Caio César do Nascimento Barbosa, Caio Morau, Cecília Dantas, Charlene Miwa Nagae, Chiara Spadaccini de Teffé, Cláudia Bressler, Claudio Joel Brito Lóssio, Cristiano Colombo, Cristiano de Castro Reschke, Deborah Soares Dallemole, Emerson Wendt, Fernanda Pantaleão Dirscherl, Filipe Venturini Signorelli, Geralda Magella de Faria Rossetto, Glayder Daywerth Pereira Guimarães, Guilherme Magalhães Martins, João Alexandre Silva Alves Guimarães, José Luiz de Moura Faleiros Júnior, Josiane Rose Petry Veronese, Joyceane Bezerra de Menezes, Juliana Nakata Albuquerque, Laiane Maris Caetano Fantini, Lara Rocha Garcia, Leonardo Castro, Lílian Brandt Stein, Luana Adriano Araújo, Lucia Ancona Lopez de Magalhães Dias, Luciana Dadalto, Luís Fernando Rosa, Marcela Maia de Andrade Drumond, Maria de Fátima Freire de Sá, Maria Luiza Kurban Jobim, Michael César Silva, Nelson Rosenvald, Rafael de Freitas Valle Dresch, Renata Vilela Multedo, Roberta Densa, Rosângela Tremel, Schamyr Pancieri Vermelho, Simone Tassinari Cardoso Fleischmann, Taisa Maria Macena de Lima, Willian Pimentel e Wilson de Freitas Monteiro

Diretor Acadêmico: Leonardo Pereira

Editor: Roberta Densa

Assistente Editorial: Paula Morishita

Revisora Sênior: Georgia Renata Dias

Revisora: Simone Dias

Capa Criação: Leonardo Hermano

Diagramação: Ladislau Lima e Aparecida Lima

Impressão miolo e capa: FORMA CERTA

DIREITOS AUTORAIS: É proibida a reprodução parcial ou total desta publicação, por qualquer forma ou meio, sem a prévia autorização da Editora FOCO, com exceção do teor das questões de concursos públicos que, por serem atos oficiais, não são protegidas como Direitos Autorais, na forma do Artigo 8º, IV, da Lei 9.610/1998. Referida vedação se estende às características gráficas da obra e sua editoração. A punição para a violação dos Direitos Autorais é crime previsto no Artigo 184 do Código Penal e as sanções civis às violações dos Direitos Autorais estão previstas nos Artigos 101 a 110 da Lei 9.610/1998. Os comentários das questões são de responsabilidade dos autores.

NOTAS DA EDITORA:

Atualizações e erratas: A presente obra é vendida como está, atualizada até a data do seu fechamento, informação que consta na página II do livro. Havendo a publicação de legislação de suma relevância, a editora, de forma discricionária, se empenhará em disponibilizar atualização futura.

Erratas: A Editora se compromete a disponibilizar no site www.editorafoco.com.br, na seção Atualizações, eventuais erratas por razões de erros técnicos ou de conteúdo. Solicitamos, outrossim, que o leitor faça a gentileza de colaborar com a perfeição da obra, comunicando eventual erro encontrado por meio de mensagem para contato@editorafoco.com.br. O acesso será disponibilizado durante a vigência da edição da obra.

Impresso no Brasil (05.2022) – Data de Fechamento (05.2022)

2022

Todos os direitos reservados à
Editora Foco Jurídico Ltda.
Avenida Itororó, 348 – Sala 05 – Cidade Nova
CEP 13334-050 – Indaiatuba – SP

E-mail: contato@editorafoco.com.br
www.editorafoco.com.br

"Whether the internet is seen as the instigator or the consequence of social change, and whether it is seen as offering the potential for societal improvement or as introducing a new agenda of problems, the very breadth of questions asked and the multidisciplinary expertise already applied to answering them sets a daunting challenge to any attempt to review the present state of knowledge. The same may be said even for that subset of this emerging field of inquiry concerned with children and young people. For it is also the case that almost every question ever asked about children and young people—how they learn, play, interact, participate, encounter risks—has also been asked of the relation between childhood and the internet".

— Sonia Livingstone

Children and the Internet. Cambridge: Polity Press, 2009, p. 1.

AGRADECIMENTOS

Após mais de três décadas de vigência do Estatuto da Criança e do Adolescente, novos desafios se impõem à compreensão dos aspectos jurídicos concernentes às relações envolvendo crianças e adolescentes.

O impacto das novas tecnologias é um dos principais motivos para que temas valiosos dessa disciplina sejam revisitados e para que outros, que surgiram em razão da inovação tecnológica disruptiva, sejam analisados.

Tal projeto não seria viável sem a adesão e o empenho de nossos coautores, que aceitaram participar de um projeto que é inovador exatamente porque se propõe a enfrentar os desafios trazidos pela sociedade da informação à tutela jurídica das relações envolvendo crianças e adolescentes, sob diferentes prismas. Com entusiasmo, expressamos nossos profundos agradecimentos às autoras e aos autores que assinam os capítulos dessa obra.

Também agradecemos à Professora Tânia da Silva Pereira, que muito gentilmente nos honrou com o Prefácio à obra.

Por fim, registramos nossos votos de gratidão aos leitores, na expectativa de que a obra seja importante repositório de temas instigantes para a pesquisa jurídica!

Belo Horizonte/São Paulo, março de 2022.

Ana Carolina Brochado Teixeira
José Luiz de Moura Faleiros Júnior
Roberta Densa

PREFÁCIO

Honrou-me o convite para escrever o prefácio da obra coletiva *Infância, Adolescência e Tecnologias*, a ser publicada pela Editora Foco, visando a debater, numa proposta interdisciplinar, o que as novas tecnologias representam na vida de crianças e jovens e quais são os alertas e cuidados que devemos ter como prevenção e proteção da população infantojuvenil.

Quando reeditei, em 2008, a obra *Direito da Criança e do Adolescente: uma proposta interdisciplinar*, cuja edição original eu escrevera em 1996, referi-me a quase todos os temas que envolviam o Estatuto da Criança e do Adolescente – ECA (Lei 8069/1990) e procurei enfrentar, com afinco, os aspectos atinentes à prevenção e proteção de crianças e jovens.

A garantia de direitos prevista no "Estatuto" identifica não só o atendimento às necessidades básicas, mas também a proteção através de serviços especiais de prevenção. Entretanto, a prevenção exposta no art. 71-ECA – segundo o qual "[a] *criança e o adolescente têm direito à informação, cultura, lazer, esportes, diversões, espetáculos e produtos e serviços que respeitem sua condição peculiar de pessoa em desenvolvimento*" – deve ser interpretada à luz dos novos tempos, e dos desafios deles advindos, impostos pela revolução tecnológica que vivenciamos.

Nesse sentido, é importante destacar três níveis de *prevenção geral* indicados no "Estatuto": a *prevenção primária*, que se expressa através de medidas que garantam o exercício de Direitos Fundamentais, conforme o art. 70-ECA, que estabelece ser "*dever de todos prevenir a ocorrência de ameaça ou violação dos direitos da criança e do adolescente*"; a *prevenção secundária*, que se materializa nos programas de apoio, auxílio e orientação ao jovem e à família, sendo fundamental a atuação dos Conselhos Tutelares, nela incluindo-se o atendimento às vítimas de negligência, maus-tratos, exploração, abuso, crueldade e opressão; e, finalmente, a *prevenção terciária*, efetivada através de medidas socioeducativas, visando à reeducação do adolescente que pratica ato infracional, contando com um Sistema de Justiça orientado pelos princípios constitucionais e estatutários e pelos documentos internacionais.[1]

Um capítulo próprio do "Estatuto" é dedicado à prevenção especial ao fixar diretrizes de controle das diversões e espetáculos públicos através de classificações e recomendações vinculados às faixas etárias, locais apropriados e horários adequados, tendo transferido aos pais e responsáveis a incumbência de zelar pelos interesses dos filhos e/ou dependentes.

---

1. AMARAL E SILVA, Antônio Fernando. A criança e o adolescente em conflito com a lei. *Revista da Escola Superior de Magistratura de Santa Catarina – ESMEC*, 1998. p. 46-47.

Nesse ponto incluem-se os mecanismos de proteção especial da infantoadolescência perante novos instrumentos tecnológicos, sendo importante esclarecer que o legislador estatutário previu, no art. 72-ECA, que outras medidas de prevenção geral e especiais poderiam ser adotadas, desde que não contrariassem os princípios da Lei 8.069/1990.

Trata-se de dimensão do Direito com um caráter finalístico e um sentido prospectivo para enfrentar a imprevisibilidade das situações. Cabe lembrar que, já em 1977, Norberto Bobbio[2] propunha a implantação de um sistema normativo que, além das tradicionais funções de repressão e proteção, passasse a exercer, também, a função promocional do Direito.

Á época, a preocupação maior era a televisão e sua influência no desenvolvimento da criança e do adolescente, exercendo um papel importante em suas vidas. Para aqueles que sempre se preocuparam com os efeitos da televisão, alertamos, ainda em 2008 que, ao mesmo tempo em que a TV os estimula a serem passivos, pode também refletir sentimentos de generosidade, auxílio, cooperação e outros.[3]

Destacamos a importância da participação do público nos debates sobre a televisão e a publicidade e a democratização das concessões dos serviços públicos de rádio e TV, para que os meios de comunicação de massa tivessem um efetivo resultado positivo para a família e para o desenvolvimento infantojuvenil.[4]

Mais de 10 anos se passaram e, sob o aspecto positivo, devemos reconhecer que a presença da tecnologia na vida das crianças e dos jovens tem revolucionado sua formação e desenvolvimento intelectual e social. No entanto, não devemos deixar de reconhecer que as conquistas tecnológicas também acarretam um grande risco para a formação moral desse público ante a falta de controle de seus conteúdos.

Nesses últimos 20 anos, o universo digital tem interferido diretamente nas relações familiares, exigindo regulamentação mediante a observância de princípios éticos, pedagógicos e jurídicos. O impacto tecnológico suscita mudanças significativas nas relações e na vida de crianças e jovens.

A tecnologia, que antes beneficiava reduzida parcela da população jovem e adulta–e refletia um privilégio das classes mais favorecidas–, hoje foi substancialmente democratizada com o advento da Internet e tem o potencial de revolucionar a educação, pública e privada.

Em tempos de pandemia, dentre as inúmeras "surpresas" desde o início do ano de 2020, nos deparamos coma pesquisa *"Consulta Brasil: o que as crianças e adoles-*

---

2. BOBBIO, Norberto. *Dalla Strutura alla Funcione*: Nuovi Studi di Teoria Del Diritto. Milano: Edizioni de Comunitá, 1977. p. 17.
3. PEREIRA, Tânia da Silva. *Direito da Criança e do Adolescente*: uma proposta interdisciplinar. Rio de Janeiro: Renovar, 2008. p. 703-704.
4. PEREIRA, Tânia da Silva. *Direito da Criança e do Adolescente*: uma proposta interdisciplinar. Rio de Janeiro: Renovar, 2008. p. 769.

centes têm a dizer sobre o uso das tecnologias da informação e comunicação (TIC)"[5], desenvolvida pela Secretaria Nacional dos Direitos da Criança e do Adolescente (SNDCA), do Ministério da Mulher, da Família e dos Direitos Humanos (MMFDH) em parceria com a entidade civil Viração Educomunicação, contendo relatos de 6,3 mil participantes com idades entre 9 e 17 anos, de todas as regiões do país, visando a orientar a sociedade sobre o uso da tecnologia.

Segundo a pesquisa, 86% das crianças e adolescentes usam a Internet diariamente e 80% da faixa etária até 12 anos informou acessá-la no mínimo uma vez por dia. Do total que "não usa", 15% vivem em área rural e 2,5% em área urbana.

Para 51% dos entrevistados, os adolescentes se abrem mais na Internet do que com os pais. Para completar, 46% afirmam que, se tivessem mais atenção da família, passariam menos tempo no celular. Dentre outras constatações, a pesquisa aponta que 66% das crianças declararam ter começado a usar as redes sociais antes dos 12 anos, inclusive indicando idades maiores para fins de conseguirem acesso a um perfil pessoal. Por outro lado, apenas metade dos entrevistados informou que possui algum tipo de supervisão dos pais ou responsáveis durante as atividades realizadas na Internet.

Esses dados ganham relevo quando confrontados com o período atípico provocado pela Pandemia da Covid-19, uma vez que a utilização das tecnologias a partir do ano de 2020 passou a ser exigida para o acompanhamento e realização das atividades escolares com vistas a conter a transmissão da aludida doença. Lembre-se que, além do isolamento social e da restrição dos serviços e do comércio, houve redução considerável do acesso aos locais públicos, evitando, assim, a aglomeração de pessoas. Da mesma forma, foi necessária a efetiva paralisação das atividades pedagógicas presenciais em instituições de Educação Básica e Superior, sendo certo que o uso dos recursos digitais transformou o ensino e a aprendizagem para crianças, jovens e adultos.

Adicionalmente, foram impostas outras medidas para impedir a contaminação, o que fez com que os instrumentos digitais passassem a ser uma das poucas alternativas para se manter a comunicação entre crianças, jovens e adultos.

Emerge, assim, o grande desafio da gestão e do controle dos conteúdos na Internet, especialmente das redes sociais, sobretudo para aqueles que são pais ou responsáveis por crianças e adolescentes.

Lucia Maria Teixeira Ferreira[6] alerta para as mudanças tecnológicas, socioeconômicas e culturais que causaram impactos na esfera das relações familiares, as quais

---

5. BRASIL. Ministério da Mulher, da Família e dos Direitos Humanos. *Consulta Brasil: o que as crianças e adolescentes têm a dizer sobre o uso das tecnologias da informação e comunicação (TIC)*. Disponível em: https://www.gov.br/mdh/pt-br/assuntos/noticias/2020-2/julho/201912_Relatorio_PesquisaEAtividadesConsultaBrasilViracaoRedeCS.pdf. Acesso em: 08 set. 2021.
6. A autora Lucia Maria Teixeira, reporta-se a Renato Bernhoeft, alertando que "a maior disputa do mercado atual é por atenção. As redes sociais e a multiplicidade de meios virtuais disponíveis consomem a nossa atenção e o nosso tempo. FERREIRA, Lucia Maria Teixeira. A superexposição dos dados e da imagem de crianças e adolescentes na Internet e a prática de *sharenting*: reflexões iniciais. *Revista do Ministério Público do Estado do Rio de Janeiro*, n. 78, out.-dez. 2020, p. 166.

têm sido extremamente atingidas pelo processo de digitalização da vida e pelo denominado "*mercado da atenção*". Para ela "*as redes sociais e a multiplicidade de meios virtuais disponíveis consomem a nossa atenção e nosso tempo*". Ela sinaliza que muitas aplicações na Internet impulsionam a criatividade, o aprendizado e a socialização, enquanto outros produtos digitais promovem *profiling*[7] para predição comportamental, comercialização ilícita de perfis e vigilância onipresente. A também chama a atenção para um fenômeno recente que atinge pais e responsáveis de crianças e adolescentes, denominado de *sharenting*. O neologismo, cunhado por um jornalista do "*The Wall Street Journal*"[8], combina a palavra "*share*" – compartilhar – com a palavra "*parenting*" – que se refere à função parental. Um termo novo para uma prática nova que só tem sentido no contexto da "tecnologização" da vida.

Neste contexto, vários países têm buscado instituir legislações com o intuito de que empresas e serviços *online demonstrem transparência e accountability*[9] na adoção de boas práticas, no sentido de estruturar uma governança na internet com o escopo de contribuir para o desenvolvimento infantojuvenil, mitigando riscos e protegendo os dados de crianças e adolescentes.

Merece destaque a iniciativa do Reino Unido ao publicar seu marco de proteção de dados, conhecido como *Children's Code,* ou *Age Appropriate Design Code*, proposto pelo *Information Commissioner's Office (ICO)* e aprovado pelo Parlamento Britânico, indicando diretrizes para regulação e harmonização de dados, visando à proteção dos direitos das crianças e adolescentes. O ICO editou, em setembro de 2020, o *Código de Práticas para os Serviços Online.*[10] O documento estabelece que os serviços digitais devem ser apropriados para crianças e adolescentes e devem proteger adequadamente seus direitos. Trata-se de regulação. Foi concedido um ano de prazo para que os prestadores se adequassem às diretrizes e normas vigentes.[11]

No Brasil, a Lei 12.965 de 2014, conhecida como "*Marco Civil da Internet*", ao estabelecer diretrizes para a proteção da privacidade dos usuários de internet, fez breve referência às crianças e adolescentes em seu art. 29, prevendo responsabilidade conjunta do poder público, sociedade civil, provedores de conexão e de aplicações de Internet de promover educação e inclusão digital por meio de boas práticas.

---

7. Método de análise e resposta comportamental que considera reações, respostas e microexpressões para compreender mais sobre a pessoa que interage no ambiente virtual. Disponível em: https://swat.pt/o-que-e-o-profiling/. Acesso em: 18 out. 2021.
8. MATUNAGA, Katia Keiko. Compartilhar fotos dos filhos na internet pode prejudicá-los no futuro? *Revista Cláudia.* Disponível em: https://claudia.abril.com.br/sua-vida/shareting-fotos-criancas-pais-redes-sociais/. Acesso em: 18 out. 2021.
9. De acordo com Georges Abboud e Ricardo Campos, "um importante desenvolvimento do conceito de *accountability* seria acoplá-lo ao conceito de autorregulação regulada, em que procedimentos sejam criados para compensar a incerteza e gerar conhecimento sobre a persecução de certos objetivos e interesses públicos estabelecidos. (ABBOUD, Georges; NERY JR., Nelson; CAMPOS, Ricardo. *Fake News e regulação.* 2. ed. São Paulo: Thomson Reuters, 2020. p. 136-137).
10. No Brasil este documento recebeu a tradução de Beatriz Laus Marinho Nunes e a revisão de Carolina Braz Morena, numa parceria do Instituto Alana e do ITS Rio. Disponível em: https://itsrio.org/wp-content/uploads/2021/08/Design-Apropriado-para-a-Idade_-Codigo-de-Praticas-para-Servicos-Online.pdf. Acesso em: 14 out. 2021.
11. Disponível em: https://ico.org.uk/for-organisations/childrens-code-hub/additional-resources/how-businesses-can-benefit-from-ico-support-when-implementing-the-age-appropriate-design-code/. Acesso em: 14 out. 2021.

Especial atenção merece a Lei 13.709/2018, conhecida como *"Lei Geral de Proteção de Dados"* (LGPD), que buscou detalhar a proteção e o tratamento de dados pessoais e previu, pioneiramente, dispositivos de aplicação específica às crianças e adolescentes (art. 14). A LGPD reafirmou a preocupação da Constituição e do ECA ao indicar o *melhor interesse da criança e do adolescente* como fundamento básico de toda e qualquer ação que visa à proteção da infantoadolescência.

No panorama brasileiro e internacional, a *Convenção sobre os Direitos da Criança da ONU* ganhou maior relevância coma adoção do *Comentário Geral 25* (2021) pelo Comitê dos Direitos da Criança, ao afirmar que os direitos de toda criança e adolescente devem ser respeitados, protegidos e cumpridos igualmente no ambiente digital. Esse documento, dentre outras recomendações, alerta os Estados-Membros a garantirem que mecanismos de fiscalização apropriados estejam em vigor e apoiar as crianças, pais e cuidadores no acesso às proteções aplicáveis. Sugere, também, que *"devem ser usados sistemas robustos de verificação de idade para evitar que crianças tenham acesso a produtos e serviços que sejam ilegais para sua posse ou uso. Esses sistemas devem ser consistentes com os requisitos de proteção e salvaguarda de dados"* (item 114).

Cite-se, ainda, o *Relatório de Boas Práticas: proteção de Dados de Crianças e Adolescentes,* da autoria de Ana Carolina Brochado Teixeira e Ana Cristina de Carvalho Rettore, produzido pelo ITS-Rio.[12]

Além de exporem sobre as várias experiências internacionais de boas práticas de proteção, as autoras informam a existência de "um movimento internacional de buscar regulamentar de maneira mais efetiva a proteção de dados de crianças e adolescentes". Concluem que "a estrutura normativa brasileira pode se beneficiar desse esforço comparativo e se utilizar das melhores práticas internacionais para promover (pela via da regulação pela autoridade nacional de proteção de dados) uma regulação moderna e protetiva dos direitos das crianças e adolescentes".[13]

Inúmeros são os temas abordados pelos autores na presente obra multidisciplinar, abrangendo o universo das tecnologias que podem influenciar direta ou indiretamente a vida de crianças, jovens e nas relações familiares, impondo novos parâmetros para velhos institutos jurídicos, e trazendo para o nosso direito, dentre outros assuntos, o necessário debate sobre o *sharenting, cyberbullying, deepfake, deepnude, advergames, bootboxes, deep web, legal frames work,* termos "importados" que demandam diretrizes reguladoras para a proteção do público infantojuvenil, na esfera digital.

Foi significativo perceber que os autores, além de indicarem as regulamentações legais, também se reportam às novas figuras criminais, a exemplo da *pornografia*

---

12. TEIXEIRA, Ana Carolina Brochado; RETTORE Ana Cristina de Carvalho. *Relatório de boas práticas:* proteção de dados de crianças e adolescentes: o cenário brasileiro e experiências internacionais. Editoração e Revisão: Celina Bottino; Christian Perrone e Janaina Costa. Disponível em: https://itsrio.org/wp-content/uploads/2021/08/Relatorio-Boas-Praticas-Criancas-e-Adolescentes.pdf. Acesso em: 14 out. 2021.

13. TEIXEIRA, Ana Carolina Brochado; RETTORE Ana Cristina de Carvalho. *Relatório de boas práticas:* proteção de dados de crianças e adolescentes: o cenário brasileiro e experiências internacionais. Editoração e Revisão: Celina Bottino; Christian Perrone e Janaina Costa. Disponível em: https://itsrio.org/wp-content/uploads/2021/08/Relatorio-Boas-Praticas-Criancas-e-Adolescentes.pdf. Acesso em: 14 out. 2021.

real-virtual e à figura do *agente infiltrado virtual,* autorizado pela Lei 13.441/2017 para a investigação de crimes contra a dignidade sexual de criança e adolescente.

O *marketing digital,* o controle da *publicidade infantil* e a existência dos *influenciadores digitais mirins,* abordados nesta obra, demonstram a necessidade da *prevenção especial,* autorizada pelo art. 72-ECA, possibilitando a instituição de outras obrigações decorrentes dos princípios estatutários.

Vivemos uma nova "era das comunicações", sem precedentes na história da humanidade. Nesse cenário, cabe ao Direito a árdua missão de adequar os efeitos dos novos instrumentos tecnológicos à legislação em vigor. "legislar consequências" deixou de ser regra básica para os nossos "legisladores de gabinete".

Ante novas tecnologias, exigem-se adequados mecanismos de controle; os parâmetros estabelecidos pelo "Estatuto", com vistas a restringir o acesso do público infantojuvenil[14] a conteúdos inadequados, não são mais impeditivos para que crianças e jovens digitem uma senha e/ou apertem uma tecla que os transportem para um universo no qual terão conexão com todo o espectro de informações positivas e negativas. Tornou-se mera ficção a indicação do horário tardio como instrumento de censura, da mesma forma que, para revistas, filmes censurados, sites e redes sociais proibidos a menores, são incontroláveis os acessos através dos meios digitais.

Enfim, trata-se de efetivo e incontestável poder que possuem os novos instrumentos tecnológicos para influenciar o comportamento real e as atitudes sociais das crianças e jovens, lembrando que esses "tecnicismos" inovadores revelam ser fundamental o redirecionamento dos valores humanos de modo a contribuir, sobretudo, para uma renovada visão de mundo, e impondo aos pais e/ou responsáveis maior cuidado e responsabilidade no exercício da autoridade parental.

Convencida da relevante contribuição desta obra multidisciplinar sobre os diversos instrumentos tecnológicos da atualidade e sua aplicação no universo da população infantojuvenil, parabenizo a Editora Foco, os coordenadores Ana Carolina Brochado Teixeira, Roberta Densa, José Luiz de Moura Faleiros Junior e os autores, por esta iniciativa editorial interdisciplinar, sendo certo que os princípios da Convenção Internacional dos Direitos da Criança e suas recentes recomendações, deverão orientar o grande público e os estados-partes para *"garantir que suas leis, regulamentos e políticas protejam o direito das crianças de participar de organizações que operam parcial ou exclusivamente no ambiente digital".* [15]

Tânia da Silva Pereira

Março de 2022

---

14. Vide arts. 75, 77, 78, 80, 81 e 156 do ECA.

15. Item 65 do Comentário geral 25 (2021) relativo aos direitos da criança em ambiente digital, aprovado pelo Comitê dos Direitos da Criança, reunido na sua 86.ª sessão, realizada no dia 02 de março de 2021.

APRESENTAÇÃO

Os impactos da sociedade da informação para as relações interpessoais são inúmeros e, inegavelmente, afetam crianças e adolescentes. Estudar os desdobramentos que a evolução tecnológica propiciou para a disciplina jurídica das relações infantojuvenis é, portanto, um desafio único. Mais do que revisitar os clássicos institutos do Estatuto da Criança e do Adolescente – ECA ou contemplar o tema do ponto de vista de uma única disciplina da Ciência do Direito, é imperioso que sejam trazidos ao campo de discussões assuntos variados, mas que se complementam.

Com base nessa premissa e, tendo em vista que o ECA se aproxima de seu trigésimo segundo ano de vigência, decidimos condensar tais discussões a partir de um projeto coletivo para o qual tivemos a honra de contar com autoras e autores que se dedicam profundamente ao estudo dos impactos jurídicos da transformação digital para crianças e adolescentes.

Com grande alegria, recebemos o Prefácio de autoria da Professora Tânia da Silva Pereira – grande referência para nós – que sinaliza os apontamentos essenciais pelos quais o estudo da matéria e de seus desdobramentos, no século XXI, se faz tão necessário.

Ademais, a obra está composta por 30 textos, subdivididos em 7 seções:

I – Aspectos gerais

II – Educação, inclusão e responsabilidade civil

III – Imagem, privacidade e intimidade

IV – Proteção de dados pessoais

V – Influenciadores digitais mirins

VI – Internet e jogos eletrônicos

VII – Crimes digitais e proteção da infância

Inaugurando as discussões, Josiane Rose Petry Veronese e Geralda Magella de Faria Rossetto assinam o capítulo intitulado "O Estado da Criança e do Adolescente trinta e um anos depois: a inclusão 4.0". No texto, as autoras examinam o espaço relativo ao sistema de garantias e de inclusão de direitos e de oportunidades em face do ECA, com ênfase à Doutrina da Proteção Integral, tendo como perspectiva a inclusão 4.0 na quarta revolução industrial, tecnológica e digital por excelência. Sinalizam, contudo, haver uma especial conveniência do estudo, que, em termos de proteção de direitos, sobretudo pela influência das redes tecnológicas, guarda íntima conexão com a Lei Geral de Proteção de Dados Pessoais.

Na sequência, Ana Carolina Brochado Teixeira e Renata Vilela Multedo apresentam o capítulo "Autoridade parental: os deveres dos pais frente aos desafios do ambiente digital". Ressaltando ser de grande importância que os pais, no exercício da autoridade parental, possam auxiliar os filhos, orientando-lhes tanto em relação ao comportamento digital como no que se refere aos mecanismos necessários para uma navegação segura (pela educação digital), as autoras buscam investigar os deveres dos pais no ambiente virtual, analisando especificamente o fenômeno do *sharenting*, a fim de se apurar se ele configura conduta abusiva dos pais no exercício da sua liberdade de expressão.

O terceiro capítulo da obra é assinado por Arthur Pinheiro Basan e Luís Fernando Rosa, com o título "Proteção integral e novas tecnologias: a tutela do corpo eletrônico da criança e do adolescente". Em suas considerações, tendo em vista que a integridade humana passa a ser considerada em seu aspecto físico e também digital, na metáfora do "corpo eletrônico", os autores analisam o desenvolvimento da proteção integral da criança e do adolescente, especialmente destacando o direito de proteção de dados pessoais como signo distintivo da transformação dogmática do tema. Correlacionando os assuntos, afirmam que a proteção de dados pessoais surge como meio necessário para a tutela dessas pessoas em formação.

No quarto capítulo, Roberta Densa e Cecília Dantas tratam da "Proteção da criança em meio digital: análise dos riscos e das orientações conforme a Organização para Cooperação e Desenvolvimento (OCDE)". Destacando que a OCDE tem por objetivo constituir políticas públicas para melhoria da qualidade de vida dos cidadãos, trabalhando o estabelecimento de padrões internacionais baseados em evidências científicas e buscando soluções para os desafios sociais, econômicos e ambientais, as autoras exploram, com minudência, as primeiras diretrizes a respeito dos cuidados e das ferramentas relacionadas aos riscos do uso da internet por crianças e adolescentes, denominadas "*The Protection of Children Online: risks faced by children online and policies to protect them*" em relatório publicado em 2011, bem como as mais recentes diretrizes, com o título "*Protecting children online: an overview of recent developments in legal frameworks and policies – OCDE digital economy papers*", de 2020.

O quinto capítulo, assinado por Juliana Nakata Albuquerque e Charlene Miwa Nagae e intitulado "O marketing digital e a proteção da infância", tem o intuito de analisar o quadro jurídico estabelecido no país para a proteção da infância, que exige o elevado compromisso, compartilhado por todos os atores políticos, econômicos e sociais, de possibilitar as oportunidades que o ambiente digital pode trazer para as crianças, respeitando seus direitos e protegendo-as de riscos no que tange às comunicações comerciais. Para tanto, o texto elenca as regras aplicáveis à publicidade digital, com enfoque nos anúncios que impactam crianças e jovens, analisando, ainda, as estratégias de adaptação recomendadas por entidades internacionais, adotadas por diversos países e pelo Brasil, voltadas para melhor alcance do referido equilíbrio entre a garantia equitativa de acesso a todas as crianças, o fomento à criação de ambientes e conteúdos digitais de qualidade e diversificados e a proporcionalidade das medidas de controle.

Concluindo a primeira seção, Luciana Dadalto e Willian Pimentel assinam o capítulo "Bioética e direito digital: uma ponte para o futuro da proteção dos menores". No texto, ressaltando o surgimento da Bioética da Intervenção (BI), em 2002, com o objetivo de se contrapor à bioética principialista norte-americana e estudar a bioética a partir de uma perspectiva anti-hegemônica, sinalizam a pertinência do tema como fundamento teórico nas discussões sobre regulação de publicidade e comercialização de alimentos para crianças, o que demonstra a adequação dessa corrente a discussões sobre formas de proteção das crianças e adolescentes brasileiros em todas as searas, inclusive, nas questões que envolvam tecnologia.

Iniciando a seção II, que congrega textos sobre educação, inclusão e responsabilidade civil, Joyceane Bezerra de Menezes e Luana Adriano Araújo assinam o sétimo capítulo da obra, intitulado "Tecnologia assistiva e direito à educação de crianças com deficiência: críticas e desafios da mediação educacional on-line". O texto tem por objetivo geral fixar o conceito e extensão da "tecnologia assistiva" como um instrumental essencial à garantia da acessibilidade à educação. Para tanto, as autoras adotam a noção de acessibilidade cunhada pela Convenção sobre os Direitos da Pessoa com Deficiência (CDPD). Como objetivos específicos, o texto visa estabelecer as conexões entre o direito à educação e os recursos da tecnologia assistiva, identificando os desafios para a sua implementação, no âmbito da educação inclusiva voltada para crianças com deficiência.

O oitavo capítulo, de autoria de Ana Cristina de Melo Silveira e Nelson Rosenvald, cujo título é "Responsabilidade civil dos pais no contexto do Ensino a Distância", propõe a análise da efetivação do direito à educação formal e a possibilidade de geração de danos à esfera existencial de crianças e adolescentes por omissão ou negligência dos pais no ensino à distância. Os autores ressaltam, ainda, ser necessário perquirir em que consiste tal dano, assim como a sua natureza, não escapando a necessária averiguação do nexo causal entre omissão e dano. E, por fim, refletir sobre as medidas judiciais e administrativas viáveis que podem ter efetividade em tais situações.

Na sequência, Rafael de Freitas Valle Dresch e Lílian Brandt Stein assinam o capítulo "Autorregulação e responsabilidade civil dos provedores de aplicação como ferramenta no combate ao *cyberbullying*". O estudo propõe-se a lançar luz sobre o papel das redes sociais no combate a esse tipo de prática, sobretudo a partir da perspectiva da autorregulação e dos termos de uso de plataformas digitais. Para tanto, a primeira parte busca traçar um panorama sobre a presença de crianças e adolescentes na internet, bem como os riscos que esse espaço representa, especialmente considerando o *cyberbullying*. Ainda, os autores analisam, de maneira breve, o microssistema de responsabilidade civil dos provedores frente a danos causados por conteúdo gerado por seus usuários – porque importante ferramenta a moldar e condicionar, também, o agir espontâneo das plataformas em relação a condutas lesivas no ambiente virtual.

O décimo capítulo da obra, de autoria de Adriano Marteleto Godinho e Marcela Maia de Andrade Drumond, cujo título é *"Cyberbullying, deepfake e deepnude*: a vulnerabilidade das crianças e adolescentes na internet e a responsabilidade civil decorrente dos ilícitos cibernéticos", se propõe ao enfrentamento do tema a partir desses novos fenômenos, bastante específicos e que revelam a extrema vulnerabilidade das crianças e adolescentes no âmbito virtual, gerando riscos de severos danos à dignidade e aos direitos da personalidade de suas vítimas em virtude do acesso precoce dos menores a conteúdos indevidos, o que influencia de forma negativa a construção de sua personalidade, fazendo com que etapas da vida e do amadurecimento sejam antecipadas ou mesmo, na pior das hipóteses, expondo-os a riscos de violência física e psicológica.

A segunda seção da obra é finalizada pelo capítulo de Filipe Venturini Signorelli, intitulado "Educação a Distância na LDB como forma de inclusão social e a realidade no processo de efetivação da (re)democratização do sistema educacional no Brasil". O autor reconhece que o universo on-line invade de forma abrupta o cotidiano dos estudantes na Educação Básica (educação infantil, ensino fundamental e ensino médio) e na Educação Superior, e isso deve ser encarado como algo definitivo, um "futuro antecipado", mas que pode ser um grande aliado, desde que os mecanismos para sua efetivação sejam disponibilizados integralmente. A partir dessa premissa, reafirma o fato de o Brasil ser um país de múltiplas realidades, e para que qualquer processo de (re)democratização da educação seja alcançado, defende que se deve conferir oportunidade à História para que os atores envolvidos possam, de fato, compor este cenário de transformação.

A seção III da obra, que versa sobre os direitos à imagem, à privacidade e à intimidade de crianças e adolescentes na sociedade da informação é inaugurado por Lara Rocha Garcia, que assina o capítulo intitulado "Privacidade infanto-juvenil: dilema de gente grande". A autora realça os impactos da datificação a partir do fenômeno que descreve como "a infância transformada em dados" e expõe contendentes preocupações com as consequências do *"Digital First"*, forçadas nas novas gerações, que somente serão mensuradas pelo tempo. Nesse contexto, preocupa-se com os dados das crianças e seus familiares trafegados nos mais diversos ambientes, estruturados ou não, oficiais e oficiosos, em contraponto à esperada preservação do direito à privacidade.

O décimo terceiro capítulo, de autoria de Cláudia Bressler e Cristiano Colombo e intitulado "Crianças e adolescentes em uma *onlife experience* e o consentimento prematuro virtual: do *legal framework* à *lege ferenda*", busca indicar qual é a idade limite para o consentimento de crianças adolescentes, sem a presença de pais ou de responsáveis legais. Ademais, os autores analisam a condição jurídica de crianças e adolescentes diante do consentimento virtual, por vezes obtido prematuramente, explicando em que consiste a *Onlife Experience* e como crianças e adolescentes estão vivendo este momento. Posteriormente, verificam a exigência de idade para manifestar o consentimento, nas plataformas, bem como na legislação, em nível internacional e nacional. Ao fim, sistematizam um *Legal Framework,* a partir de princípios, como a centralidade da pessoa humana, aplicando a teoria do diálogo das fontes, à luz da legislação vigente, e formulam proposta de alteração legislativa, a *Lege Ferenda*, bem como ações concretas.

Em seguida, Deborah Soares Dallemole e Simone Tassinari Cardoso Fleischmann analisam a "Classificação indicativa e produção de conteúdos digitais por crianças e adolescentes". O texto explicita reflexões importantes sobre os deveres parentais de proteção, o *oversharenting* e a exposição a conteúdos audiovisuais. Também são analisados os casos de "Melody" e "Pedrinho Pisadinha", ambos emblemáticos e repletos de peculiaridades importantes para que se possa analisar qual é o impacto destas produções audiovisuais por crianças, geralmente com conteúdo sexualizado, na divulgação de conteúdos adequados à classificação indicativa e o cumprimento dos deveres parentais.

O décimo quinto capítulo da obra é assinado por José Luiz de Moura Faleiros Júnior e Roberta Densa. Com o título "O aplicativo TikTok e a proteção à privacidade de crianças em plataformas digitais", os autores exploram precedente no qual foi imposta sanção administrativa à empresa responsável por uma das plataformas digitais emergentes que mais tem angariado público infantojuvenil e exploram quais foram as mudanças adotadas para preservar direitos em virtude da imposição de critério etário para a criação de novas contas no aplicativo. Refletem, ainda, sobre a necessidade de compatibilização das diretrizes do aplicativo aos ditames da Lei Geral de Proteção de Dados Pessoais e ao Estatuto da Criança e do Adolescente.

A seção IV da obra – sobre a proteção de dados pessoais – é inaugurada por Chiara Spadaccini de Teffé, cujo capítulo, "Dados sensíveis de crianças e adolescentes: aplicação do melhor interesse e tutela integral", enfrenta temas atualíssimos como o *oversharenting*, a Internet dos Brinquedos (*Internet of Toys*), o hackeamento de dispositivos, a reidentificação de dados anonimizados, o rastreamento de indivíduos e o *profiling*, além do uso de redes sociais por menores. A autora contrasta todos esses temas ao ponto fulcral da investigação: o tratamento de dados pessoais sensíveis e a proteção específica que é conferida a tais atividades pelas normas vigentes no país. Destaca, em suas reflexões, a imperiosidade do respeito à condição peculiar de pessoa em desenvolvimento que deve ser considerada em prol de crianças para evidenciar a necessidade de discussões sobre o "rastro digital" de menores na internet.

No décimo sétimo capítulo da obra, Taisa Maria Macena de Lima e Maria de Fátima Freire de Sá exploram a "Proteção de dados pessoais e os prontuários médicos de crianças e adolescentes". As autoras abordam, em linhas gerais, a dimensão documental do direito à saúde de crianças e adolescentes, tendo como parâmetros a Lei Geral de Proteção de Dados Pessoais, a Lei do Prontuário Eletrônico e as normas legais protetivas da infância e da adolescência. Elucidam o tema-problema a partir de emblemático caso que teve repercussões variadas, inclusive a publicização de dados pessoais sensíveis de uma criança que sofrera violência sexual, causando comoção popular e gerando a necessidade de reflexões mais específicas sobre os desdobramentos da proteção de dados pessoais para os prontuários médicos.

Finalizando a quarta seção, José Luiz de Moura Faleiros Júnior e Fernanda Pantaleão Dirscherl assinam o capítulo intitulado "Proteção de dados de crianças e adolescentes em redes sociais: uma leitura do artigo 14 da LGPD para além do mero controle parental". No texto, reportam-se à previsão do artigo 29 do Marco Civil da Internet, reputando-o insuficiente para a interpretação do escopo protetivo conferido aos dados pessoais de crianças e adolescentes pela LGPD. Propõem, em análise detalhada do artigo 14 desta, a compatibilização de sua interpretação com parâmetros especialmente importantes para a tutela jurídica do consentimento.

A seção V da obra, dedicada à temática dos influenciadores digitais mirins, é inaugurada pelo texto de Lucia Ancona Lopez de Magalhães Dias, intitulado "Influenciador digital: publicidade testemunhal em ambiente virtual". A autora desenvolve os conceitos de publicidade digital ou comunicação publicitária em meios digitais para contextualizar o que os publicitários denominam de "*native advertising*" ou "*marketing de conteúdo*" – mensagens pagas, direta ou indiretamente, pelo anunciante, e que se apresentam em formato integrado ao conteúdo regular oferecido no meio interativo digital –, a partir do que propõe delineamentos concretos para a identificação da figura do "influenciador digital" e das regras às quais está potencialmente sujeito.

O vigésimo capítulo da obra, de Bruna Lyra Duque e Schamyr Pancieri Vermelho, intitulado "Pequenos influenciadores, grandes desafios: administração de bens dos influenciadores mirins", parte da premissa de que existem alguns desafios jurídicos que precisam ser superados de maneira a equalizar a proteção da criança e do seu patrimônio, seja ele material ou imaterial, mas sem inviabilizar a administração dos bens pelos representantes. No texto, esboçam o conceito de "influenciadores digitais mirins". Feita essa definição, discutem a (in)capacidade e a vulnerabilidade dos menores para, posteriormente, tratar de forma mais específica sobre os deveres fundamentais dos pais. Depois desta trilha protetiva, os desafios para a administração dos bens dos influenciadores mirins serão identificados e, diante do panorama apresentado, serão também apontadas sugestões de como superar tais desafios.

Na sequência, Michael César Silva, Caio César do Nascimento Barbosa e Glayder Daywerth Pereira Guimarães assinam o capítulo intitulado "Influenciadores digitais mirins e *(over)sharenting*: uma abordagem acerca da superexposição de crianças e adolescentes nas redes sociais. Os autores, reconhecendo a proeminência dos influenciadores digitais (*digital influencers*), reportam-se mais detidamente aos influenciadores mirins, grupo de influenciadores composto exclusivamente por crianças e adolescentes, os quais produzem conteúdo para as mídias sociais alcançando em determinados casos, números de seguidores e engajamento expressivos e, deste modo, tornando-se capazes de alterar significativamente os hábitos de consumo do público infantojuvenil, geralmente a partir da prática do *sharenting* e do *(over)sharenting*. Propõem-se a investigar, enfim, se tais práticas constituem, ou não, violação ao direito à autodeterminação informacional.

No capítulo vinte e dois, Guilherme Magalhães Martins e João Alexandre Silva Alves Guimarães tratam do "Direito ao esquecimento como resposta à superexposição de crianças e adolescentes". Condensando dois grandes eixos de pesquisa – o *sharenting* e o direito ao esquecimento –, os autores reconhecem que o consentimento é a base estrutural para o tratamento de dados em função da proteção conferida aos direitos de personalidade, à honra e ao uso da imagem de forma idônea. Nesse contexto, analisam se crianças e adolescentes acabam à mercê da decisão de seus pais e responsáveis quando suas imagens são divulgadas de forma excessiva nas redes sociais, mesmo que essas publicações tenham a roupagem de tentativa de enriquecimento da família, e a potencial viabilidade de revisitação da temática concernente ao direito ao esquecimento nesse contexto específico.

Na seção VI da obra, dedicada ao estudo da internet e dos jogos eletrônicos, Maria Luiza Kurban Jobim assina o capítulo intitulado "Cooperação em rede na rede de proteção integral dos nativos digitais: contornos normativos, pragmáticos e tecnológicos para o desenvolvimento saudável dos *games* na atualidade". Em sua investigação, a autora destaca que as transformações trazidas por meio dos *games* apresentam caráter transdisciplinar, multisetorial e plurigeracional. Assim, a prática afeta, de forma determinante, tanto o mundo de hoje quanto o de amanhã, na medida em que molda comportamentos, impulsiona a criação de habilidades e possibilita, desde cedo, uma interação constante de crianças e adolescentes que com essa linguagem do mundo virtual convivem com cada vez mais naturalidade. Contextualiza a realidade dinâmica e em constante transformação a que se sujeita a geração dos *nativos digitais* para explicitar preocupações e verificar se o meio invoca a necessidade de escolha, mutuamente excludente, entre um e outro. Traz, ainda, considerações quanto ao mundo *gamer* e às diferentes perspectivas que podem – e devem – ser em relação a ele lançadas para que sejam pinceladas ações concretas e finaliza suas reflexões de forma propositiva, delineando um sistema de proteção em rede que atue, a partir de tecnologias (e para além delas), corporificando um ecossistema cooperativo capaz de melhor concretizar o princípio do melhor interesse no mundo dos *games*.

Em seguida, Laiane Maris Caetano Fantini assina o capítulo intitulado "Campeonatos virtuais (*e-sports*), empresas e organizações de esportes eletrônicos e seus desafios regulatórios e de adequação ao ECA". De forma bastante analítica, a autora busca entender o status jurídico dos *e-sports* no Brasil, a participação de menores de idade no cenário competitivo do desporto eletrônico e os desafios regulatórios do mercado em relação a cyberatletas menores de idade. Suas reflexões se pautam na ideia de que uma regulamentação elaborada a partir de debates sérios com sujeitos atuantes no cenário, e que leve em conta estudos realizados sobre os impactos do desporto eletrônico e como o mercado se estabeleceu, é o caminho adequado para se chegar a um cenário de melhoria em relação ao que se tem hoje.

O vigésimo quinto capítulo, de autoria de Caio Augusto Souza Lara e Wilson de Freitas Monteiro, com o título *"Advergames*: desafios e perspectivas no contexto dos direitos das crianças e dos adolescentes", trata de tema peculiar e repleto de desafios e perspectivas quanto aos direitos das crianças e dos adolescentes. Inicialmente, os autores trabalham com os aspectos gerais da terminologia concernente ao assunto, além de seu conceito e do modo como se demonstra uma forte estratégia de marketing em torno de jogos eletrônicos patrocinados. Em seguida, avaliam os aspectos legais de proteção à infância e à adolescência no Brasil, com vistas à problematização da interação entre crianças e adolescentes com jogos conspicuamente percebidos como *advergames*.

Continuando, Antonio Jorge Pereira Júnior e Caio Morau assinam o capítulo "Práticas abusivas nos jogos eletrônicos como obstáculo à proteção integral de crianças e adolescentes: o caso das *loot boxes*". No texto, os autores pretendem identificar os termos em que o público infantojuvenil tem sido colocado em risco no âmbito dos jogos eletrônicos. Além disso, propõem soluções de regulamentação que podem ser úteis para o incremento da proteção almejada pelo ordenamento brasileiro. Exploram, em linhas mais amplas, como práticas abusivas nos jogos eletrônicos podem se dar em prejuízo do direito de formação integral da criança e do adolescente no Brasil, elencando-se os riscos a que estão sujeitos para que na sequência seja possível examinar com profundidade uma das práticas abusivas mais recorrentes atualmente: as *loot boxes*. Em seguida, traçam os seus contornos conceituais, investigando a presença de elementos de jogos de azar e delineando o percurso histórico de sua gênese até a massificação percebida hodiernamente; por fim, exploram os efeitos nocivos experimentados por crianças e adolescentes.

Fechando a seção, Roberta Densa e José Luiz de Moura Faleiros Júnior assinam o capítulo "Microtransações no mercado de jogos eletrônicos: algumas breves notas". No texto, tecem alguns comentários adicionais ao sistema das microtransações, que são operacionalizadas em jogos eletrônicos *free-to-play* por *loot boxes* ou *gacha games*, tendencialmente potencializados por influências sutis (*nudges*), às quais crianças e adolescentes são mais suscetíveis. Exploram, enfim, se é possível o enquadramento da prática em previsão tipificada na Lei das Contravenções Penais, embora reconheçam que o debate ainda é incipiente e demanda maiores aprofundamentos dogmáticos.

Na seção VII da obra, dedicada à temática dos crimes digitais e à proteção da infância, Alexandre Salim e Leonardo Castro tratam dos "Crimes digitais praticados contra crianças e adolescentes". Os autores exploram, com detalhes, os crimes em espécie previstos dos artigos 241 a 241-D do ECA, tecendo considerações sobre as elementares previstas em cada crime e apresentando suas reflexões críticas sobre a interpretação que se deve fazer acerca de cada um nos dias atuais, em especial devido à profusão de novas tecnologias.

Na sequência, Cristiano de Castro Reschke e Emerson Wendt assinam o capítulo "A exploração da pornografia real-virtual e as medidas para seu enfrentamento: os desafios pós 30 anos do ECA". Na investigação, destacam que os delitos praticados contra crianças e adolescentes têm, no pólo ativo, criminosos que se adaptaram às modernidades e se locupletaram ainda mais a partir da expansão do uso da Internet, com a virtualização das relações quotidianas. Sustentam que, para o enfrentamento adequado dessa criminalidade deve-se, dentre outros aspectos, considerar a necessidade de avanços no trato de questões atinentes aos recursos destinados pelo Estado e pela sociedade para o aparelhamento do conjunto de fatores engajados na prevenção e na repressão do crime praticado no meio cibernético ou no por meio dele.

Fechando a seção e a obra, Claudio Joel Brito Lóssio e Rosângela Tremel assinam o capítulo "*Deep web*: como proteger crianças e adolescentes", no qual revisitam o complexo dever de acompanhamento e auxílio dos pais aos filhos menores para orientação quanto aos riscos do submundo da internet, descrito a partir da popular expressão "*deep web*". Enaltecendo o controle parental como elemento central para o tema, reafirmam a necessidade de combate ao comportamento negligente e desatento e alertam para os riscos que se fazem presentes em ambientes desregulados e permeados por conteúdo atroz, nos quais é totalmente indesejável a presença de crianças e adolescentes.

A obra, em sua inteireza, busca trazer perspectivas variadas e abrangentes sobre os principais desafios para a compreensão dos direitos de crianças e adolescentes no século XXI. Os diálogos travados entre os textos robustecem as pesquisas apresentadas e consolidam importante repositório para a pesquisa bibliográfica em torno de assuntos novos e instigantes, sempre com olhares propositivos.

Desejamos a todos uma agradável experiência de leitura!

Belo Horizonte/São Paulo, março de 2022.

Ana Carolina Brochado Teixeira
José Luiz de Moura Faleiros Júnior
Roberta Densa

SUMÁRIO

AGRADECIMENTOS

Ana Carolina Brochado Teixeira, José Luiz de Moura Faleiros Júnior e Roberta Densa.... VII

PREFÁCIO

Tânia da Silva Pereira IX

APRESENTAÇÃO

Ana Carolina Brochado Teixeira, José Luiz de Moura Faleiros Júnior e Roberta Densa.... XV

PARTE I
ASPECTOS GERAIS

1. O ESTATUTO DA CRIANÇA E DO ADOLESCENTE TRINTA E UM ANOS DE-POIS: A INCLUSÃO 4.0

Josiane Rose Petry Veronese e Geralda Magella de Faria Rossetto 3

2. AUTORIDADE PARENTAL: OS DEVERES DOS PAIS FRENTE AOS DESAFIOS DO AMBIENTE DIGITAL

Ana Carolina Brochado Teixeira e Renata Vilela Multedo 27

3. PROTEÇÃO INTEGRAL E NOVAS TECNOLOGIAS: A TUTELA DO CORPO ELE-TRÔNICO DA CRIANÇA E DO ADOLESCENTE

Arthur Pinheiro Basan e Luís Fernando Rosa.. 47

4. PROTEÇÃO DA CRIANÇA EM MEIO DIGITAL: ANÁLISE DOS RISCOS E DAS ORIENTAÇÕES CONFORME A ORGANIZAÇÃO PARA COOPERAÇÃO E DESEN-VOLVIMENTO (OCDE)

Roberta Densa e Cecília Dantas 67

5. O *MARKETING* DIGITAL E A PROTEÇÃO DA INFÂNCIA

Juliana Nakata Albuquerque e Charlene Miwa Nagae 89

6. BIOÉTICA E DIREITO DIGITAL: UMA PONTE PARA O FUTURO DA PROTEÇÃO DOS MENORES

Luciana Dadalto e Willian Pimentel 107

PARTE II
EDUCAÇÃO, INCLUSÃO E RESPONSABILIDADE CIVIL

7. TECNOLOGIA ASSISTIVA E DIREITO À EDUCAÇÃO DE CRIANÇAS COM DEFICIÊNCIA: CRÍTICAS E DESAFIOS DA MEDIAÇÃO EDUCACIONAL *ON-LINE*

Joyceane Bezerra de Menezes e Luana Adriano Araújo 129

8. RESPONSABILIDADE CIVIL DOS PAIS NO CONTEXTO DE ENSINO A DISTÂNCIA

Ana Cristina de Melo Silveira e Nelson Rosenvald 157

9. AUTORREGULAÇÃO E RESPONSABILIDADE CIVIL DOS PROVEDORES DE APLICAÇÃO COMO FERRAMENTA NO COMBATE AO *CYBERBULLYING*

Rafael de Freitas Valle Dresch e Lílian Brandt Stein 173

10. *CYBERBULLYING, DEEPFAKE* E *DEEPNUDE*: A VULNERABILIDADE DAS CRIANÇAS E ADOLESCENTES NA INTERNET E A RESPONSABILIDADE CIVIL DECORRENTE DOS ILÍCITOS CIBERNÉTICOS

Adriano Marteleto Godinho e Marcela Maia de Andrade Drumond 193

11. EDUCAÇÃO A DISTÂNCIA NA LDB COMO FORMA DE INCLUSÃO SOCIAL E A REALIDADE NO PROCESSO DE EFETIVAÇÃO DA (RE)DEMOCRATIZAÇÃO DO SISTEMA EDUCACIONAL NO BRASIL

Filipe Venturini Signorelli 211

PARTE III
IMAGEM, PRIVACIDADE E INTIMIDADE

12. PRIVACIDADE INFANTOJUVENIL: DILEMA DE GENTE GRANDE

Lara Rocha Garcia 227

13. CRIANÇAS E ADOLESCENTES EM UMA *ONLIFE EXPERIENCE* E O CONSENTIMENTO PREMATURO VIRTUAL: DO *LEGAL FRAMEWORK* À *LEGE FERENDA*

Cláudia Bressler e Cristiano Colombo 243

14. CLASSIFICAÇÃO INDICATIVA E PRODUÇÃO DE CONTEÚDOS DIGITAIS POR CRIANÇAS E ADOLESCENTES

Deborah Soares Dallemole e Simone Tassinari Cardoso Fleischmann 267

15. O APLICATIVO 'TIKTOK' E A PROTEÇÃO À PRIVACIDADE DE CRIANÇAS EM PLATAFORMAS DIGITAIS

José Luiz de Moura Faleiros Júnior e Roberta Densa 287

PARTE IV
PROTEÇÃO DE DADOS PESSOAIS

16. DADOS SENSÍVEIS DE CRIANÇAS E ADOLESCENTES: APLICAÇÃO DO MELHOR INTERESSE E TUTELA INTEGRAL

Chiara Spadaccini de Teffé... 299

17. PROTEÇÃO DE DADOS PESSOAIS E OS PRONTUÁRIOS MÉDICOS DE CRIANÇAS E ADOLESCENTES

Taisa Maria Macena de Lima e Maria de Fátima Freire de Sá 329

18. PROTEÇÃO DE DADOS DE CRIANÇAS E ADOLESCENTES EM REDES SOCIAIS: UMA LEITURA DO ARTIGO 14 DA LGPD PARA ALÉM DO MERO CONTROLE PARENTAL

José Luiz de Moura Faleiros Júnior e Fernanda Pantaleão Dirscherl 347

PARTE V
INFLUENCIADORES DIGITAIS MIRINS

19. INFLUENCIADOR DIGITAL: PUBLICIDADE TESTEMUNHAL EM AMBIENTE VIRTUAL

Lucia Ancona Lopez de Magalhães Dias 363

20. PEQUENOS INFLUENCIADORES, GRANDES DESAFIOS: ADMINISTRAÇÃO DE BENS DOS INFLUENCIADORES MIRINS

Bruna Lyra Duque e Schamyr Pancieri Vermelho 383

21. INFLUENCIADORES DIGITAIS MIRINS E *(OVER)SHARENTING*: UMA ABORDAGEM ACERCA DA SUPEREXPOSIÇÃO DE CRIANÇAS E ADOLESCENTES NAS REDES SOCIAIS

Michael César Silva, Caio César do Nascimento Barbosa e Glayder Daywerth
Pereira Guimarães 397

22. DIREITO AO ESQUECIMENTO COMO RESPOSTA À SUPEREXPOSIÇÃO DE CRIANÇAS E ADOLESCENTES

Guilherme Magalhães Martins e João Alexandre Silva Alves Guimarães 421

PARTE VI
INTERNET E JOGOS ELETRÔNICOS

23. COOPERAÇÃO EM REDE NA REDE DE PROTEÇÃO INTEGRAL DOS NATIVOS DIGITAIS: CONTORNOS NORMATIVOS, PRAGMÁTICOS E TECNOLÓGICOS PARA O DESENVOLVIMENTO SAUDÁVEL DOS *GAMES* NA ATUALIDADE

Maria Luiza Kurban Jobim 447

24. CAMPEONATOS VIRTUAIS (*E-SPORTS*), EMPRESAS E ORGANIZAÇÕES DE ESPORTES ELETRÔNICOS E SEUS DESAFIOS REGULATÓRIOS E DE ADEQUAÇÃO AO ECA

Laiane Maris Caetano Fantini.. 473

25. *ADVERGAMES*: DESAFIOS E PERSPECTIVAS NO CONTEXTO DOS DIREITOS DAS CRIANÇAS E DOS ADOLESCENTES

Caio Augusto Souza Lara e Wilson de Freitas Monteiro.. 493

26. PRÁTICAS ABUSIVAS NOS JOGOS ELETRÔNICOS COMO OBSTÁCULO À PROTEÇÃO INTEGRAL DE CRIANÇAS E ADOLESCENTES: O CASO DAS *LOOT BOXES*

Antonio Jorge Pereira Júnior e Caio Morau.. 505

27. MICROTRANSAÇÕES NO MERCADO DE JOGOS ELETRÔNICOS: ALGUMAS BREVES NOTAS

Roberta Densa e José Luiz de Moura Faleiros Júnior 525

PARTE VII
CRIMES DIGITAIS E PROTEÇÃO DA INFÂNCIA

28. CRIMES DIGITAIS PRATICADOS CONTRA CRIANÇAS E ADOLESCENTES

Alexandre Salim e Leonardo Castro 543

29. A EXPLORAÇÃO DA PORNOGRAFIA REAL-VIRTUAL E AS MEDIDAS PARA SEU ENFRENTAMENTO: OS DESAFIOS PÓS-30 ANOS DO ECA

Cristiano de Castro Reschke e Emerson Wendt 559

30. *DEEP WEB*: COMO PROTEGER CRIANÇAS E ADOLESCENTES

Claudio Joel Brito Lóssio e Rosângela Tremel... 587

PARTE I
ASPECTOS GERAIS

PARTE I
ASPECTOS GERAIS

1
O ESTATUTO DA CRIANÇA E DO ADOLESCENTE TRINTA E UM ANOS DEPOIS: A INCLUSÃO 4.0

Josiane Rose Petry Veronese

Professora Titular da Disciplina de Direito da Criança e do Adolescente da Universidade Federal de Santa Catarina – UFSC. Mestre e Doutora em Direito pela UFSC, com pós-doutorado pela PUC Serviço Social/RS e pós-doutorado junto ao Programa de Pós-Graduação em Direito da Universidade de Brasília. Professora dos Programas de Mestrado e Doutorado do Curso de Pós-Graduação em Direito/UFSC. Coordenadora do NEJUSCA – Núcleo de Estudos Jurídicos e Sociais da Criança e do Adolescente/CCJ/UFSC e colíder do Núcleo de Pesquisa Direito e Fraternidade. Integra a Academia de Letras de Biguaçu/SC, com a Cadeira n. 1; membro da Rede Universitária para Estudos sobre a Fraternidade (RUEF) e a Red Iberoamericana para la Docencia e Investigación en Derechos de la Infância. Dezenas de obras, capítulos de livros e artigo que versem sobre o Direito da Criança e do Adolescente.

Geralda Magella de Faria Rossetto

Doutora em Direito pelo Programa de Pós-Graduação em Direito pela Universidade Federal de Santa Catarina (UFSC). Mestre em Direito Público pela Universidade do Vale do Rio dos Sinos (UNISINOS); Advogada, com ênfase em curadoria de dados. Pesquisadora do Núcleo de Estudos Jurídicos e Sociais da Criança e do Adolescente – NEJUSCA; do Núcleo de Pesquisa Direito e Fraternidade – UFSC e do DataLab – Laboratório de Desenvolvimento e de Pesquisa em Gestão de Dados – UFSC; Membro da Rede Universitária para Estudos sobre a Fraternidade (RUEF), que reúne pesquisadores de diversas instituições, nacionais e internacionais. Procuradora Federal da Advocacia Geral da União (AGU), aposentada. E-mail: geraldamagella@gmail.com

Sumário: 1. Introdução: o chamamento do mercado – 2. O papel legitimador de proteção de direitos em face da ciência, da técnica e da tecnologia na sociedade da informação: o espaço reservado ao sistema de garantias e de inclusão de direitos e de oportunidades frente ao estatuto da criança e do adolescente – 3. A correção de direitos e os novos tempos tecnológicos: os paradigmas introduzidos pela LGPD e sua tensão essencial nos direitos da criança e do adolescente – 4. Estatuto da criança e do adolescente: projeto e agenda de inclusão na sociedade tecnológica – 5. Considerações finais: o apelo das redes – 6. Referências.

1.   INTRODUÇÃO: O CHAMAMENTO DO MERCADO

Os anos de 2020 e 2021 comportam a marca da singularidade e há razões para tanto. Ambos restam compreendidos pela dinâmica da tecnologia na sociedade da informação, e estão a denunciar vivências e experiências muito particulares, típicas da era tecnológica em que a vida se vê às voltas com a urgência de muitas questões em torno de sua própria proteção e de escolhas que necessitam ser feitas em uma dinâmica muito mais apressada que a própria vida. Bobbio, a esse respeito, revela uma ponderação particular, de situações de poderes que progridem mais depressa do que nós.[1]

Assim, se de um lado, o ano passado inaugurou a presença da pandemia da Covid-19 em esfera global, cujo enfrentamento, sob a dinâmica da saúde e de proteção de direitos em larga escala, necessitou e careceu de aceleração de respostas da ciência, de outro, o ano em curso, fiel ao exacerbamento das questões tecnológicas, testemunhou e segue vivenciando uma sequência de convergências sem precedentes: a continuidade da presença da Covid-19 e a adoção do uso potencializado de tecnologias, típicas da quarta revolução industrial que já compunha o cenário mundial, e que segue ganhando força e cotidianidade, sendo reafirmada e recepcionada a largos passos, enquanto demandas educativas, formativas e profissionais – para usar como exemplo essas temáticas convergentes – que parecem afastar a proteção de direitos.

É bem verdade que o projeto do texto tem dois grandes pontos de análise e um terceiro relativo à questão propriamente dita levantada neste estudo: *o primeiro*, a própria proteção de direitos no cenário da sociedade tecnológica; *o segundo*, um subtexto, no caso, examinar e pontuar as questões relativas à proteção de dados pessoais, tendo a criança e o adolescente como centro desses direitos. O *terceiro* ponto reside exatamente em redimensionar a proteção de direitos voltados à inclusão – em especial a inclusão 4.0 e seus significados – em face dos direitos de crianças e adolescentes.

Portanto, nesses tempos digitais e digitáveis, que propõe textos brandos, ubíquos e palimpsestos, e de igual forma, expõe algoritmos enviesados, tal qual, em outra medida, a violação e a "matança" de direitos na sociedade tecnológica estão a necessitar de revisão, proteção, inclusão e reforço em suas respectivas agendas, notadamente quando se trata de direitos de crianças e de adolescentes, os quais necessitam de acurada proteção.

Diante dessas considerações, o estudo tem como objetivo examinar o espaço relativo ao sistema de garantias e de inclusão de direitos e de oportunidades em face do Estatuto da Criança e do Adolescente, com ênfase à Doutrina da Proteção Integral, tendo como perspectiva a inclusão 4.0 na quarta revolução industrial, tecnológica e digital por excelência. Contudo, há uma especial conveniência do estudo. É que, em termos de proteção de direitos, sobretudo pela influência das redes tecnológicas, e, em tal razão, segue adequada a vinculação do tema da proteção de direitos em face da Lei Geral de Proteção de Dados (LGPD), pela íntima conexão.

No mais, cumpre destacar que há expressa referência a algumas categorias, as quais serão citadas ao longo do texto, e visando identificar a compreensão que o estudo pretende dar a tais palavras, convém o registro, sentido e distinção das mesmas:

---

1. Tal como consta: [...] uma vez iniciada a marcha para a tomada de consciência dos que estão por baixo a respeito dos que estão por cima, é preciso atentar para não ceder nem voltar atrás. Sobretudo quando somos acossados por poderes cada vez maiores, que progridem muito mais depressa do que nós. (BOBBIO, Norberto. *O filósofo e a política*: antologia. Trad. César Benjamin e Vera Ribeiro. Rio de Janeiro: Contraponto, 2003. p. 529).

i) Inclusão 4.0: trata-se do conceito que afirma a necessidade de dar garantias educativas, formativas e inclusivas, a preparar as novas gerações, garantindo-lhes inclusão, como também recepcionar as necessidades e carências dos dias atuais. Essa inclusão, referida neste na qualidade de "inclusão 4.0", atende o sentido da potencialidade tecnológica, seja em termos de direitos à educação e de adoção digital para todos, seja, também, em termos de mercado formativo e de aprendizado, conforme encontra-se centrado na Indústria 4.0;

ii) Indústria 4.0: cuja figura neste é tomada de forma indicativa, com o condão de situar o ponto em exame, mas não há neste a vocação para propiciar a discussão ou apresentação do atendimento em face das "necessidades industriais" ou do mercado, em um viés utilitarista, e sim de apreensão de capacidades. Como convém dirimir, a raiz dessa concepção, passa pela compreensão educacional – seja no papel da escola, seja na atribuição familiar, seja na função do Estado –, como, especialmente quanto à matriz protetiva de direitos, o espaço tomado pelo sistema de garantias de direitos – neste traduzidos pelas figuras da inclusão de direitos e de oportunidades, as quais precisam acompanhar a revolução 4.0 que está atingindo o mercado, de forma a permitir o acesso aos direitos, desses atuais grandes pequenos cidadãos e futuros profissionais do futuro para atuarem no contexto da transformação digital e como atuais sujeitos e titulares de direitos e futuros sujeitos e titulares de direitos e de deveres;

iii) Sistema de Garantias dos Direitos da Criança e do Adolescente: implica em uma das maiores, senão a mais complexa das inovações trazidas pelo Estatuto da Criança e do Adolescente, vez que prevê a ação de uma série de princípios norteadores insculpidos na descentralização político-administrativa nas três esferas do governo (municipal, estadual e federal); no reordenamento institucional, o que impõe repensar toda a lógica socioassistencial e protetiva para a infância e adolescência, numa efetiva busca pela consolidação das políticas públicas e, ainda, estabelece a necessidade da integração operacional do sistema, mais especificamente sob a perspectiva do trabalho em "rede" e de cooperação entre os vários atores sociais.

iv) Sistema de inclusão de direitos e de oportunidades: no caso deste estudo, em que há referência expressa à proteção de direitos, a ideia é exatamente esta: proteger, promover e defender direitos, no caso, especialmente voltados ao Estatuto da Criança e do Adolescente, com o condão da inclusão, a qual, tomada na esfera educacional, notadamente em sua especificidade, neste, tem o sentido da promoção e defesa da adoção de oportunidades para todos, especialmente, para as crianças e os adolescentes.

v) Doutrina da Proteção Integral: fruto de uma grande mobilização internacional e nacional, consagrada na Convenção sobre os Direitos da Criança, aprovada por unanimidade na Assembleia Geral das Nações Unidas, em 20 de dezembro de 1989. A Doutrina da Proteção Integral foi introduzida, destaca-se, no ordenamento jurídico brasileiro na Constituição da República Federativa do Brasil de 1988. A referida Convenção foi promulgada no Brasil pelo Decreto 99.710, de 21 de novembro de 1990.

O Estatuto da Criança e do Adolescente (Lei 8.069/1990), norma regulamentadora da Constituição Federal, promulgado na sequência, possui a relevante função de fazer com que o artigo 227 tenha efetividade, trazendo, assim, para o Direito, um novo ramo autônomo: o Direito da Criança e do Adolescente, para o qual crianças e adolescentes são elevados à categoria de sujeitos de direitos, com a reconhecida proteção integral, com primazia absoluta na defesa e preservação de seus direitos.

vi) novos paradigmas frente a LGPD: no caso, dá-se vez a esse conjunto de expressões, com o sentido de prestar ênfase ao modelo instituído pela Lei 13709, de 2018, a qual traduz um ponto de especial significado, referente ao tratamento de dados pessoais de crianças e de adolescentes que deverá ser realizado, no melhor interesse de seus sujeitos, mediante consentimento específico por parte de um dos pais ou de responsáveis, quais dados coletados, a forma de sua utilização e de sua proteção, como também, o não condicionamento – livre agir(?), em jogos, aplicações de *internet* e outras atividades, nos quais repousa uma tensão essencial – de proteção de direitos e de questões de inclusão, típicas da inclusão 4.0, de enfrentamento tecnológico.

Para cumprir a metodologia, recorre-se ao método dedutivo de abordagem – importante para o conjunto da temática proposta, tanto as concepções jurídicas, como as de trato tecnológicos, recepcionadas pelo condão da inclusão. A técnica da pesquisa segue a matriz bibliográfica, normativa, documentação legislativa, incluindo sites e, especialmente, relatórios dos fóruns mundiais.

2. O PAPEL LEGITIMADOR DE PROTEÇÃO DE DIREITOS EM FACE DA CIÊNCIA, DA TÉCNICA E DA TECNOLOGIA NA SOCIEDADE DA INFORMAÇÃO: O ESPAÇO RESERVADO AO SISTEMA DE GARANTIAS E DE INCLUSÃO DE DIREITOS E DE OPORTUNIDADES FRENTE AO ESTATUTO DA CRIANÇA E DO ADOLESCENTE

Para início, tenhamos em consideração que as tecnologias, as novas, dos dias atuais, e as anteriores sedimentaram avanços positivos e negativos, com transformações que nem o cinema previu.[2] Obviamente, o grau de desenvolvimento e de qualidade que ora se mostra, representativo da indústria 4.0, em alusão ao grau de maturidade do progresso – qual seja, remete-se às várias fases apresentadas e suportadas pelos modelos tecnológicos, tais como sua descoberta, inovação, imersão, transformação e, finalmente, a que está sendo "forjada", comumente dita de "transição" – seja como for, derivadas das gerações tecnológicas.

Vem de longa data os indicativos – alguns especulativos e outros assentados em dados verossímeis – de que a tecnologia reduzirá os empregos, os direitos; o cotidiano será afetado, com substituição da mão de obra humana por robôs; do gradativo

---

2. Por mais que não caiba aqui especulações, é fato que, as primeiras mostras cinematográficas, de apelo tecnológico, deram ênfase ao teletransporte, o que, por ora, não se concretizou. A saga atual do cinema, nessa área, parece dar conta do reinado dos robôs, segundo um modelo de ditadura digital, o que também, sendo bem objetivo, poderá não traduzir realidade.

desaparecimento do emprego, de forma que a intensa informatização e robotização do processo produtivo, está a conferir automação do setor produtivo e industrial e a afetar a escala dos direitos em múltiplos âmbitos.

Também, a educação, especialmente quando se pensa nos novos modelos que começam a ser expostos, alguns até necessários, de forma a cumprir uma agenda e uma demanda alusiva ao sistema de inclusão de direitos e de oportunidades, conforme começa a ser discutida, tais como, a tecnologia do livro, segundo a noção gutember-guiana; a educação a distância (EAD), do modelo das mídias massivas (difundidas por meio da TV, rádio e de plataformas com acesso livre etc.); ambientes virtuais de aprendizagem, reconhecido pelo modelo da educação on-line; e os dispositivos móveis, segundo o modelo de aprendizagem ubíquo, cujo modelo comporta uma aprendizagem nova, dita emergente. A lista é longa, mas aqui interessa a compreensão da proteção de direitos, examinados estes segundo a presença do homem no mundo e da qual parte a ideia de obrigação, a qual, pensada em termos dos direitos da criança e do adolescente, comporta a lição de Hans Jonas:

> De fato, as consequências reais não são de modo algum consideradas, e o princípio não se refere a uma responsabilidade objetiva, mas à qualidade subjetiva de minha autodeterminação. O novo imperativo invoca uma consistência diferente: não aquela consistência do ato consigo mesmo, mas aquela de seus eventuais efeitos com a continuação da ação humana nas épocas futuras.[3]

Ora, por mais que recorramos ao adágio do mercado, no sentido de perscrutar a proteção em termos de direitos, é fato que, tanto os direitos, quanto sua proteção, dependem de vários centros de poder, tal como, falsamente se pode imputar, a existência de uma economia robusta, em permanente progresso e crescimento – situação essa que a crise da Covid-19 parece nos impor, como, também, a título de usar a métrica de Bobbio, em que a compreensão do Direito em termos de Estado pontua ser "essencial o conceito de monopólio da violência"[4], pela exata compreensão de que dela devamos lutar por afastá-la.

Ainda sobre os direitos e o significado de sua proteção, também em Bobbio está dito que "Todas as nossas proclamações de direitos pertencem ao mundo ideal, daquilo que deveria ser, daquilo que é bom que seja"[5], de forma que, a proteção de direitos há de ultrapassar a marca de direitos proclamados como se inscritos em uma tábua de leis fora do tempo e da história, sem deter nos traços peculiares que as leis, os costumes e as tradições de um povo necessitam estar inserido em um lugar comum.[6]

---

3. JONAS, Hans. *Ensaios Filosóficos*: da crença antiga ao homem tecnológico. Trad. Wendell Evangelista Soares Lopes. São Paulo: Paulus, 2017, p. 39.
4. BOBBIO, Norberto. *O Filósofo e a Política* – antologia. Trad. César Benjamin e Vera Ribeiro. Rio de Janeiro: Contraponto, 2003, p. 129.
5. BOBBIO, Norberto. *O Filósofo e a Política* – antologia. Trad. César Benjamin e Vera Ribeiro. Rio de Janeiro: Contraponto, 2003, p. 529.
6. BOBBIO, Norberto. *A Era dos Direitos*. Trad. Carlos Nelson Coutinho. 5ª. reimpressão. Rio de Janeiro: Elsevier, 2004, p. 112.

De outro modo, corrobora Castells a respeito da tecnologia, traduzida em redes de capital, de trabalho, de informação e de mercados, a conectar pessoas e locais valiosos ao redor do mundo, ao mesmo tempo em que desconectaram as populações e territórios sob a expectativa de que desprovidos de valor e interesse para a dinâmica capitalista[7] e, diante desse cenário "assustador", seguiram-se a exclusão social e a não pertinência econômica de segmentos da sociedade, da mesma forma que há a tentativa desesperada de elementos desses grupos sociais e de territórios para conectar-se à economia global e fugir da marginalidade, cuja condição atende pela conexão perversa.[8]

Esse quadro, em termos tecnológicos, segundo Aguiar é o mesmo que resulta do exemplo dos *smartphones*, que, tal qual transformadores de vontade das pessoas, mudaram os modelos de comunicação e o modo comportamental dos envolvidos, de forma que "não há dúvidas de que eles são verdadeiros transformadores culturais do século XXI"[9], como também, dão força e luz à expressão de ideias e de opiniões, criam espaços de igual sentido, inclusive acesso às redes sociais, e espaços midiáticos, que estão a corroborar com a transparência nas mais diversas situações, por meio de vídeos, áudios, gravações, diminuindo o nível de tolerância aos abusos e com igual ênfase às medidas explicativas, protetivas e punitivas.[10]

A Constituição Federal, de 1988, em seu artigo 7º, lança uma pertinente disposição a respeito dos direitos, tomados na esfera dos direitos sociais: "além de outros que visem a melhoria de sua condição social". Também prescreve, com propósito programático, o inciso XXVII, a "proteção em face da automação, na forma da lei". É fato que, mesmo diante do transcurso de tempo, relativamente longo (são mais de trinta anos em termos constitucionais), a legislação ainda não avançou quanto a esses aspectos, restando ausente o seu reconhecimento de forma específica, o que fornece uma nítida contradição: se de um lado os avanços tecnológicos são evidentes e apressados, não se pode dizer o mesmo dos direitos, e muito menos, de direitos relacionados aos direitos específicos, voltados aos interesses de crianças e de adolescentes.

Traduzida em sua especificidade, no caso, tendo crianças e adolescentes como centrais à Doutrina da Proteção Integral, não se pode esperar outra referência que não o atendimento ao seu melhor interesse e a supremacia de proteção desses direitos reservados a esses tenros cidadãos, direitos e tutela de interesses que necessitam urgentemente de outorga e atenção prioritária por parte da família, da sociedade e do Estado, a qual, integra o Sistema de Garantia dos Direitos da Criança e do Adolescente.

No caso legislativo – à mercê de direitos em construção, ainda novidade o seu processo de reconhecimento, inclusive porque muitos fatos estão sendo retirados do cotidiano e das relações surgidas – aguardam recepção na esfera normativa. Con-

---

7. CASTELLS, Manuel. *Fim de Milênio*. Trad. Klauss Brandini Gerhardt e Roneide Venancio Majer. 7. ed. Rio de Janeiro/São Paulo: Paz e Terra, 2020, p. 425.
8. CASTELLS, Manuel. *Fim de Milênio*. Trad. Klauss Brandini Gerhardt e Roneide Venancio Majer. 7. ed. Rio de Janeiro/São Paulo: Paz e Terra, 2020, p. 425.
9. AGUIAR, Antonio Carlos. *Direito do Trabalho 2.0*: digital e disruptivo. São Paulo: LTr, 2018, p. 15.
10. AGUIAR, Antonio Carlos. *Direito do Trabalho 2.0*: digital e disruptivo. São Paulo: LTr, 2018, p. 15.

tudo, a questão não se apresenta em conformidade – além das violações de direitos, da perda de direitos, a sua recepção demanda a percepção de espaços que, muitas vezes, enfrenta a ditadura do mercado.

Adiante-se que, sendo um dos grandes avanços e meios da comunicação, da manifestação humana e da livre expressão, a *Internet* se configura como uma forte aliada no ensino-aprendizagem da leitura e da escrita, visto que, através dela, é possível o contato com uma infinidade de informações, veiculadas pelos mais diversos gêneros e perspectivas de texto. Um aspecto curioso é a desconsideração com os textos em português[11], típico caso da "conexão perversa" conforme pontua Castells.[12]

Além do mais, a revolução do texto digital, conforme assevera Chartier, permite desenvolver as argumentações e demonstrações, segundo uma lógica que não é linear, nem dedutiva, e que se faz aberta, clara e racional, graças aos hipertextos, e, especialmente a possibilidade de consulta, por meio dos textos, de imagens, de palavras gravadas ou de composições musicais. Nesse aspecto, a revolução da textualidade, apreendida pelo texto digital, constitui também uma mutação epistemológica que transforma as modalidades de construção e crédito dos discursos[13], e nos expõe como leitores, como cidadãos e como herdeiros do passado.

Consequentemente, o trajeto tecnológico perfaz o caminho da reprodução, difusão, disposição do acesso e da conexão, enquanto que, de outro modo, a grande revolução digital que se afirmou no surgimento da *internet* na década de 1970-1980, reorganizou as formas de educação e aprendizagem, derivada das gerações tecnológicas.

---

11. O "El País", em matéria assinada por Bonilla, com circulação em 28 de julho de 2021, revelou que o "Relatório sobre diversidade linguística na academia mostra que mais de 8 em cada 10 pesquisadores ibero-americanos escrevem no idioma anglo-saxão e não em suas línguas maternas" e que, também, "Do total de artigos publicados em revistas científicas em 2020, 95% foram escritos em inglês e somente 1% em espanhol e português. É o que revelou o pesquisador principal do Real Instituto Elcano, Ángel Badillo, durante a apresentação das primeiras conclusões de um relatório sobre diversidade linguística na ciência em Espanha, Portugal e América Latina realizado pela Organização de Estados Ibero-americanos (OEI) em colaboração com o instituto". Conforme: BONILLA, Juan Miguel Hernández. Em 95% dos artigos científicos, inglês cria 'ditadura da língua'. Apenas 1% está em português e espanhol. *El País*, 28 de julho de 2021. Disponível em: https://brasil.elpais.com/ciencia/2021-07-28/em-95-dos-artigos-cientificos-ingles-cria-ditadura-da-lingua-apenas-1-esta-em-portugues-e-espanhol.html. Acesso em 28 jul. 2021. A indicação fornece "corpo" às questões que já começam a tomar espaço, nas mentes e nas redes, exatamente sobre o que revela a matéria – há pouquíssima possibilidade de ser conhecida a ciência e sua produção escrita em língua portuguesa (em que conste, pelos dados, estar também os de língua espanhola nesse quase pífio "1%", sendo que, aos de língua portuguesa estão reservados percentuais que podem ser inferiores aos da língua espanhola). Seja como for, pelo processo de exclusão, há uma cultura – e uma ciência, uma arte e uma literatura - que estão premidas e em processo de indiferença junto às relações acadêmicas, comerciais, industriais e informativas – não se trata de aquisição e apropriação linguística, mas de "reconhecimento", construção da ciência, direção e não somente de reconhecimento e de vez pelo mercado. Caberá aqui uma denúncia desses dados? O Brasil terá de discutir remessa tecnológica de ciência? Cabe cotas para questões que tais? Há um mundo nessas questões que precisam ser levantadas e discutidas pelo novo projeto de acesso educacional frente às novas tecnologias e até construídas ou destruídas pelo novo modelo tecnológico do *online* e *offline*; assíncrono e síncrono, do ensino à distância (EAD) etc.

12. CASTELLS, Manuel. *O poder da identidade*. Trad. Klauss Brandini Gerhardt. 9. ed. rev. Ampl. São Paulo/Rio de Janeiro: Paz e Terra, 2018, p. 425.

13. CHATIER, Roger. *Os desafios da escrita*. Trad. Fulvia M. L. Moretto. São Paulo: UNESP, 2002, p. 24-25.

A indicação de mecanismos, necessários ao cumprimento de uma agenda inclusiva, não é tão simples quanto parece, especialmente porque, nem mesmo uma neutralidade ela pode conservar, necessitando de adequações, a afastar a marca da exclusão, do preconceito e da discriminação, se, por outro modo, não puder colaborar em face da implementação de ferramentas, as quais, sem a devida consideração, podem, em última análise, arriscar o projeto organizacional e o modelo de direitos, dentre os quais, o Estatuto da Criança e do Adolescente usufrui de uma fórmula merecedora de destaque, seja pela agenda de inclusão e, em especial, pelo projeto permanente de proteção e promoção de direitos, representativo igualmente de pronta defesa destes direitos, pelo próprio reconhecimento que encerra – uma fórmula de legítima condução do que se entende por proteção de direitos. Nesse sentido, pontuamos: Veronese:

> Quando nos reportamos aos Direitos da Criança e do Adolescente, o elemento da dialogicidade, que pressupõe a horizontalidade das relações, é um dos pontos centrais e ao mesmo tempo diferenciador e norteador do Estatuto da Criança e do Adolescente. Diferente de outros ramos do Direito, o Direito da Criança e do Adolescente não desponta com as características dogmáticas, até então comuns – impositividade e certeza absolutas – pois nasceu com o marco da horizontalidade, vez que é fruto de uma grande mobilização social.[14]

Nesse sentido a Doutrina da Proteção Integral foi e segue decisiva, como também deverá merecer acurada disposição nesses tempos plenos de tecnologia e de assunção de novos direitos de forma que, o surgimento de novos direitos, de forma específica, os direitos sociais dos trabalhadores, das crianças e dos adolescentes, dos idosos, das mulheres, dos consumidores, do direito a um meio-ambiente saudável, entre outros, revelam um desenho distinto do tradicional. São novos direitos que estão a demandar uma atuação ativa do Estado. Portanto, direitos que não são mais satisfeitos mediante a fórmula da negação ou impeditiva da violação, na medida em que são situações que tornam obrigatórias as atividades do Estado.[15]

A adoção de novas tecnologias impactando bilhões de pessoas no mundo, tais como, a tecnologia disruptiva, de computação infinita, sensores, redes, inteligência artificial, robótica, manufatura digital, biologia sintética, medicina digital e nanomateriais, incluindo a sua incorporação no cotidiano laboral, educacional, cultural e jurídico, depende muito do reconhecimento a favor de uma ampla chamada com o propósito de maior e melhor inclusão, cujas respostas atendem pela denominação da inclusão 4.0, a exemplo do que resta designado em relação à revolução 4.0.

---

14. VERONESE, Josiane Rose Petry. Estatuto da Criança e do Adolescente – 30 anos – entre avanços e omissões. In: VERONESE, Josiane Rose Petry. *Estatuto da Criança e do Adolescente - 30 anos*: grandes temas, grandes desafios. Rio de Janeiro: Lumen Juris, 2020, p. 12.

15. VERONESE, Josiane Rose Petry. O Poder Judiciário frente aos Direitos de Crianças e Adolescente. In: VERONESE, Josiane Rose Petry. *Estatuto da Criança e do Adolescente - 30 anos*: grandes temas, grandes desafios. Rio de Janeiro: Lumen Juris, 2020, p. 644.

As consequências dessa tendência tecnológica na cultura, nas relações, nas organizações e nos direitos, são evidentes e, em especial, merecem destaques os direitos voltados à criança e ao adolescente, sobretudo porque compromissários da proteção atual, de onde virá a demanda protetiva, presente e futura de direitos – que voltados à seara tecnológica – comportam uma tarefa por demais pertinente – porque se trata de direitos que estão sendo recepcionados e reconhecidos sob uma nova lógica, qual seja, postos à dimensão tecnológica, e, justamente por isso, direitos futuros de sujeitos e titulares de direitos de quem hoje pode não os ter, seja pela falta de acesso, pelo não exercício, seja pela não recepção em textos normativos, seja pela não vivência e não reconhecimento de direitos, seja muito mais porque se trata de direitos em construção, de onde decorre a fundamentalidade e a importância central do Estatuto da Criança e do Adolescente.

Para proteger direitos existentes, como, também, a disponibilização em redes de distribuição e de reconhecimento de direitos, voltados à defesa e à promoção, conjuntos de procedimentos educacionais e formacionais necessitam estar à disposição, não bastando opiniões, habilidades e experiências, mas, segue importante, a formação centrada na educação e na proteção de direitos que precisa esforçar-se para instrumentalizar a inclusão a favor de todos, qual seja, formatando uma preciosa cultura de inclusão, sustentada por um senso de pertencimento, de justiça, de direitos, de cultura e de equidade.

Para este estudo, a importância recai quanto à proteção dos direitos e, em tal razão, convém dar ênfase à expansão de sua atual cultura, e os recursos que advêm de sua formação e projeto histórico-jurídico. Se, no passado, a desconsideração desses direitos, pode ter sido uma "má resposta", no atual momento, pretende-se que a proteção e a concretização desses direitos sejam fórmulas efetivas, eficazes, escaláveis e sustentáveis de fazer a história e de nos ajudar a estar atentos à defesa e promoção de direitos, principalmente quanto à criança e o adolescente.

3. A CORREÇÃO DE DIREITOS E OS NOVOS TEMPOS TECNOLÓGICOS: OS PARADIGMAS INTRODUZIDOS PELA LGPD E SUA TENSÃO ESSENCIAL NOS DIREITOS DA CRIANÇA E DO ADOLESCENTE

A marca destes dias, sem dúvida, passa pela comunicação, cooperação, responsabilização, tecnologia, fraternidade e solidariedade, mas, também, de forma diversa, parece recepcionar a expropriação de direitos, ao invés de dar conta de sua proteção, incorrendo no oposto dessas categorias ora listadas. A história é repleta de fatos, cujos dados, revelados por expectativas de direitos – independentemente de sua classificação – são violados, negados, vilipendiados e até esquecidos, ou quando os direitos passam a ser, naquele dado momento, um ultraje e até alvo da mais absurda desconsideração, a ponto de considerar certos cidadãos como sendo de segunda classe e até mesmo seres humanos sem classe alguma para "merecer" direitos, como dá conta o absurdo "retrato" seguinte:

Ao escritor francês Georges Simenon, que visitou Odessa na primavera de 1933, foi dito por um homem que os *malheureux*, os "desaforunados" que ele vira implorando por comida nas ruas, não mereciam piedade. "Eles são Kulaks, camponeses que não se adaptaram ao regime (...) nada lhes resta a não ser a pena de morte". Não havia necessidade de misericórdia: eles logo seriam substituídos por tratores, que poderão fazer o trabalho de dez homens. O admirável mundo novo não teria espaço para tantas pessoas inúteis.[16]

De um modo particular e sob a mais astuta e bárbara violência, trata-se de ignominiosos métodos de violações de direitos, e de modo *sui generis*, de negativa de direitos, cujas entregas (de direitos) são essenciais aos indivíduos. Fatos e dados que, ocorrentes na história, pela via da negação de direitos, fornecem profundas lições a corroborar a fundamentalidade dos direitos. Foi assim, com o holocausto[17], com os vários genocídios[18] que se tem notícia, com a fome vermelha[19], com o crime da Candelária[20], com a morte do Menino Bernardo[21], segundo uma narrativa que

---

16. APPLEBAUM, Anne. *A Fome Vermelha*: a guerra de Stalin na Ucrânia. Trad. Joubert de Oliveira Brízida. Rio de Janeiro – São Paulo: Editora Record, 2019, p. 290-291.

17. Enquanto o genocídio tem sido usado para indicar o assassinato deliberado de pessoas motivado por diferenças étnicas, nacionais, raciais, religiosas e até mesmo políticas. Contudo, a expressão Holocausto usufruí de particular identidade. Trata-se do genocídio cometido pelos nazistas durante a Segunda Guerra Mundial (no período entre 1933 e 1945) e que vitimou aproximadamente seis milhões de pessoas entre judeus, ciganos, homossexuais, deficientes físicos e mentais, opositores políticos, dentre outros. São três as expressões a dar conta do massacre nazista dos judeus: holocausto, Shoá e Hurban. Segundo Finguerman o termo holocausto decorre da palavra em latim *holocaustum*, que deriva do grego *holokaustos* (*holo*, inteiro; *kautos*, queimado), a significar "algo totalmente queimado". Elie Wiesel na década de 50 foi o responsável pela adoção da expressão holocausto para referir ao massacre nazista. O termo hebraico para o termo nazista é *shoá*, a significar destruição total, ruína. Até 1946, o termo passou desapercebido, quando, em 1947 a instituição Yad Vashem, na Palestina organizou uma conferência, "Shoá e o Heroísmo", a partir de quando o termo se popularizou. Por último, o termo "*hurban*" é adotado por autores ortodoxos, que negam a singularidade do massacre nazista, e preferem a adoção dessa expressão (*hurban*), como forma de definir qualquer catástrofe em desfavor do povo judeu. (FINGUERMAN, Ariel. *A Teologia Judaica do Holocausto*: como os pensadores ortodoxos modernos enfrentam o desafio de explicar a Shoá. Tese apresentada ao Programa de Pós-graduação em Língua Hebraica, Literatura e Cultura Judaicas do Departamento de Letras Orientais da Faculdade de Filosofia, Letras e Ciências Humanas da Universidade de São Paulo (USP), 2008. Disponível em: http://www.teses.usp.br/teses/disponiveis/8/8152/tde-12012009-172012/pt-br.php Acesso em: 29 jul. 2021).

18. De acordo com Lemckin, por genocídio entende-se a destruição de uma nação ou de um grupo étnico, decorrente da palavra grega *genos* (raça, tribo) e da latina *cidium* (matar), correspondendo assim em sua gestão a palavras tais como tiranicídio, homicídio, infanticídio etc. LEMKIN, Raphaël. *Genocídio*: Escritos. Madrid-ES: Centro de Estudios Políticos Y Constitucionales, 2015, p. 219.

19. Trata-se de consequência decorrente do genocídio ucraniano – também conhecido por Holodomor – a, qual, segundo Applebaum decorreu da política de coletivização da agricultura – na prática, uma segunda revolução russa – que expulsou milhões de camponeses e de suas famílias, de suas terras, de onde despontou a fome assassina, a mais letal da história da Europa. Cf. APPLEBAUM, Anne. *A Fome Vermelha*: a guerra de Stalin na Ucrânia. Trad. Joubert de Oliveira Brízida. Rio de Janeiro – São Paulo: Editora Record, 2019.

20. Foi uma chacina ocorrida em 23 de julho de 1993, próximo à Igreja da Candelária, localizada no centro da cidade do Rio de Janeiro. Neste crime, 8 pessoas (adolescentes em tenra idade) foram assassinadas, cujas mortes desencadearam o levantamento de outras mortes, também de modo violento. As vítimas eram pessoas de baixa condição financeira, reconhecidamente pobres.

21. O Caso Bernardo Boldrini - ou o Caso Menino Bernardo - refere-se ao assassinato do menino Bernardo Uglione Boldrini, em 04 de abril de 2014, em Frederico Westphalen-RS, então com onze anos de idade, por meio de superdosagem de medicamento e demais concursos de outros atos. Participaram diretamente a madrasta, além de outras pessoas e, também, o próprio pai.

parece interminável e que segue referenciada com a disposição de conferir destaque aos fatos e aos dados.

Essas perpetrações atrozes, com capacidade para fulminar direitos, parece disseminar métodos e procedimentos tão ultrajantes que são feitas necessárias recomendações para o futuro, a reparar e evitar o inescrupuloso resultado da realidade de situações que tais, cujos dados são reveladores, verdadeiros guias anunciativo, dentre os quais tem-se, como exemplo, a proibição do genocídio na guerra e na paz; o trabalho infantil; a escravidão moderna; a luta para incorporar o crime de genocídio nos códigos penais de todo o mundo[22]; e, em especial, a constatação de que, situações como essas nem sempre são desencadeadas em nome de dirigentes e à ordem do poder do Estado, mas à custa de atuação de gente simples, comum, insuspeita. Nesse sentido, está dito:

> Entretanto, a maioria dos membros das brigadas que revistavam os vilarejos em busca de alimentos em 1932-33 não era gente de fora. Tampouco seus membros eram motivados pelo ódio aos camponeses ucranianos, porque eram também camponeses ucranianos. Mais importante, eram vizinhos das pessoas das quais roubavam alimentos: chefes das fazendas coletivas locais, membros dos conselhos dos vilarejos, professores e médicos, funcionários civis, líderes do Komsomol, ex-membros dos "comitês dos camponeses pobres" de 1919, ex-participantes da deskulakização. Como em outros genocídios históricos, eles foram persuadidos a matar pessoas que conheciam muito bem.[23]

Para tanto, convém que se corrija – ou em sua impossibilidade – que se convoque uma agenda de proteção de direitos, mormente realocadas por meio de dados – e assim ilustrá-las com uma linguagem de fácil compreensão – de forma que, em todos os tempos a proteção de direitos, sem o reforço dos dados, é sempre uma proteção tardia, mas com a disposição dos dados, segue significativa de uma ampla chamada a favor da inclusão, a qual em termos tecnológicos e digitais – agregada à equidade, à diversidade e à educação, segundo uma inclusão atualizada ao seu tempo, e de tal decorre a sua denominação "inclusão 4.0" com destaque para a proteção, a promoção e a defesa de direitos, no que o Estatuto da Criança e do Adolescente é fundamental.

Ocorre, sob a dimensão deste estudo, a qualidade do Estatuto poderá crescer em validade e eficácia, acaso reafirmado também pelas disposições da LGPD. Não se trata de mudanças normativas, senão o reforço que cada uma dessas leis podem imprimir à matéria, qual seja, em prol de verdadeira razão da necessária proteção de direitos e de educação com perspectiva inclusiva e, na sociedade tecnológica, digital.

É indiscutível o fato de que nossas cidades estão cada dia mais digitais, digitáveis e digitalizadas. O ritmo dos desenvolvimentos tecnológicos e a forma com que se processam os dados pessoais afetam profundamente a nós mesmos, enquanto cidadãos e herdeiros do futuro – estes, no caso da criança e do adolescente, e de muitas

---

22. Conforme LEMKIN, Raphaël. *Genocídio*: Escritos. Madrid-ES: Centro de Estudios Políticos Y Constitucionales, 2015, p. 252.

23. APPLEBAUM, Anne. *A Fome Vermelha*: a guerra de Stalin na Ucrânia. Trad. Joubert de Oliveira Brízida. Rio de Janeiro – São Paulo: Editora Record, 2019, p. 292.

outras ações, como também dos negócios e das trocas, dos jogos, dos *gamers*, do consumo, da publicidade, a afetar e desenhar um novo modelo relativo à segurança e à proteção de direitos.

Nesse sentido, no Brasil, a Lei Geral de Proteção de Dados Pessoais representa a legítima salvaguarda da proteção da privacidade e dos dados pessoais, os quais, quanto aos direitos de todos, especialmente da criança e do adolescente, merece atenta consideração.

Sob esse prisma convém ser dito que o modelo brasileiro de legislação referente aos dados pessoais segue os termos e os marcos legais da União Europeia (UE) e do Conselho da Europa que salvaguardam a proteção da privacidade e dos dados pessoais, além do mais há particular inferência do Convênio 108 do Conselho da Europa, cujo instrumento, inclui o Regramento Geral de proteção de dados, bem como a Diretiva de Proteção de Dados para autoridades penais e policiais[24] e, de igual forma, em razão do modelo ali adotado, também a Jurisprudência do Tribunal Europeu de Direitos Humanos e do Tribunal de Justiça da União Europeia.

Ainda, convém o destaque – um estado de opinião – a situar a LGPD, a qual pela especificidade e complexidade da matéria, traduz amplos benefícios e impacto sobre as pessoas e as empresas, visando melhorar o conhecimento e a cultura da proteção de dados pessoais, especialmente quanto aos profissionais do direito e demais especialistas que atuam em favor da disseminação de conhecimento e, especialmente, da proteção de direitos no mundo todo, um verdadeiro balanceamento do grau de maturidade de aplicação jurídica no enfrentamento das violações de direitos e de recepção aos novos direitos, tendo-se em conta a proteção e o fluxo de dados, domésticos e internacionais.

Um bom exemplo dessa realidade pode ser "encontrada" na Lei Geral de Proteção de Dados Pessoais, Lei 13.709, de 2018, em que pese a recepção e distribuição dos direitos em espaço próprio atinentes à criança e ao adolescente[25], tendo feito referência à expressão "crianças", quatro vezes, e "criança", duas vezes; enquanto "adolescentes" constam duas referências, no caso, ambas no plural.

Até chegar ao modelo atual de proteção de dados pessoais, foi necessária uma série de desdobramentos sociais, econômicas e tecnológicas de forma que a tutela jurídica dos dados tivesse finalmente adentrada a cultura humana.

Em termos normativos são duas as características da legislação no tocante ao espaço, as quais são de ordem internacional e outra de ordem doméstica. Em termos de tempo, o cenário atual dá conta da relevância do *General Data Protection Regulation* (GDPR), que é de 2016. Sem dúvida ela usufrui de importância fundamental em face da Lei Geral de Proteção de Dados, que a tem em sua matriz norteadora.

---

24. No Brasil, a matéria penal ainda não foi recepcionada pela LGPD, mas há grupos constituídos com tal finalidade.
25. Na LGPD, os dispositivos constam da Seção III e do artigo 14, e seus parágrafos, em um total de seis.

Contudo, há um caminho anterior que preparou o contexto, de forma que, finalmente, tenhamos chegado à tradição europeia. Nesse sentido, Mendes pondera que a primeira geração da tutela legislativa voltada à proteção de dados pessoais surgiu na década de 1970, e tinha como atributo a reação ao processamento de dados na Administração pública e nas empresas privadas, e, também, em face da centralização dos bancos de dados em gigantes bancos de dados nacionais. São representativas dessa fase, as leis do Estado Alemão de Hesse (1970), a Lei de Dados da Suécia (1973), o Estatuto da Proteção de Dados do Estado Alemão de Rheinland-Pfalz (1974) e a Lei Federal de Proteção de Dados da Alemanha (1977).[26]

Doneda adverte que, recentemente, a proteção de dados pessoais na esfera do ordenamento brasileiro estruturou a partir de um conjunto normativo unitário, cujo destaque credita-se à cláusula geral da personalidade[27].

A Constituição Federal tem responsabilidade nessa história normativa. É que a mesma confere diversos dispositivos pertinentes à proteção e promoção dos dados. Como, por exemplo, a garantia da liberdade de expressão, do direito à informação, da liberdade, da vida privada e da intimidade (art. 5º, X), além de assegurar a todos o acesso à informação e resguardar o sigilo da fonte, quando necessário ao exercício profissional (art. 5º, XIV); e, ainda, lembrar que todos têm direito a receber dos órgãos públicos informações de seu interesse particular, ou de interesse coletivo ou geral, que serão prestadas no prazo da lei, sob pena de responsabilidade, ressalvadas aquelas cujo sigilo seja imprescindível à segurança da sociedade e do Estado (art. 5º, XXXIII). Também, é inviolável o sigilo da correspondência e das comunicações telegráficas, de dados e das comunicações telefônicas (art. 5º, XII) e o *habeas data* (art. 5º, LXXII).[28]

De qualquer modo, é fato que a LGPD inaugura no Brasil a recepção da matéria relativa à proteção de dados, contemplando ao longo de seu texto diversas disposições sobre o tratamento de dados pessoais, inclusive nos meios digitais, por pessoa natural ou por pessoa jurídica de direito público ou privado, com a finalidade de proteger os direitos fundamentais relativos à liberdade, à privacidade e ao livre desenvolvimento da personalidade da pessoa natural. A Seção III, e seu artigo 14 e parágrafos, tratam dos dispositivos relativos aos dados pessoais de crianças e de adolescentes. Essa garantia, sinalizada pelo referido artigo 14, encontra-se contemplada pela CRFB/1988, em seu artigo 5º, inciso X, no sentido de que são invioláveis a intimidade, a vida privada, a honra e a imagem das pessoas.

---

26. MENDES, Laura Schertel. *Privacidade, proteção de dados e defesa do consumidor*: linhas gerais de um novo direito fundamental. São Paulo: Saraiva, 2014, p. 38.
27. DONEDA, Danilo. *Da Privacidade à Proteção de Dados Pessoais*: elementos de formação da Lei geral de proteção de dados. 2. ed. revista e atualizada. São Paulo: Thomson Reuters Brasil, 2019, p. 259.
28. Há de se levar em consideração que a leitura e interpretação das garantias constitucionais em face dos dados na perspectiva da tutela da comunicação, das informações pessoais e da privacidade, mesmo recepcionado na esfera constitucional, ainda requer investigação até que se tenha finalmente delimitado seus principais pontos, convergências e divergências. Do resultado desse estudo, advirá uma nova perspectiva para a proteção de dados.

Tendo como foco o tratamento de dados pessoais, e, em contrapartida, o consentimento do titular desses dados, é fato a qualidade de "instrumento regulatório nuclear da proteção de dados pessoais".[29] Sem sombra de dúvida, a arquitetura dos dados pessoais, na tônica da coleta, do tratamento e do consentimento é a suma verdade do que significa na atualidade o tema dos dados pessoais. Senão, veja-se:

> Desta forma, todavia, se chancela uma mudança radical de paradigma, sancionando o ingresso dos dados pessoais no mundo das mercadorias, isto é, sua definitiva *commodification*. Essa orientação, na verdade, produziria efeitos muito além das específicas situações nas quais o comércio dos dados pessoais é mais intenso. Mudaria a própria natureza do direito à privacidade: de direito fundamental da pessoa se transformaria em título a ser negociado no mercado.[30]

Para tanto, as estratégias a dar conta da lógica do tratamento, sobretudo quando se refere aos dados pessoais de crianças e adolescentes, esses dependem do consentimento como força decisiva do sistema de garantias de direitos, a possibilitar a reunião de informações, que de outro modo, deixariam o titular de dados imiscuídos em questões de não privacidade, seja por ocasião da coleta, seja no próprio tratamento.

Trata-se de conferir primazia – no sentido de escolha razoável – ao tratamento de dados pessoais, garantindo a sua necessária materialização, configurando-a de forma responsável, tanto quanto aos riscos (prévios ao tratamento) e assertivo quanto ao seu controle contextual (durante o tratamento) e a favor de uma decisão livre e autônoma (a persistir no tempo e espaço), em defesa da prestação de contas pelos agentes de tratamento para demonstração da conformidade, simetria e segurança dos dados (*accountability*).

Além do mais, as disposições contidas no § 6º do artigo 14 da Lei 13.709, de 2018, fornecem indicativos que, apesar de serem específicos quanto à LGPD, incorporam o "espírito" do Estatuto da Criança e do Adolescente. Sob esse prisma, encontram-se chanceladas as informações sobre o tratamento de dados de crianças e de adolescentes – os quais detém prioridade absoluta – e nesse condão recebem a condição de dados sensíveis, os quais deverão estar sedimentados por consentimento com informações a ser fornecidas de maneira simples, clara e acessível; como, também, consideradas as características físico-motoras, perceptivas, sensoriais, intelectuais e mentais do usuário, com uso de recursos audiovisuais quando adequado, de forma a proporcionar a informação necessária aos pais ou ao responsável legal e adequada ao entendimento da criança.

Em síntese, a Lei Geral de Proteção de Dados Pessoais e o Estatuto da Criança e do Adolescente, representam verdadeiras redes de direitos, em que os fluxos são os pontos de proteção desses direitos. Fazer desses normativos instrumentos de prote-

---

29. MENDES, Laura Schertel; FONSECA, Gabriel C. Soares da. Proteção De Dados Para Além Do Consentimento: tendências contemporâneas de materialização. *Revista Estudos Institucionais*, v. 6, n. 2, p. 507-533, maio/ago. 2020.
30. RODOTÁ, Stefano. *A vida na sociedade da vigilância*: a privacidade hoje. Trad. Danilo Doneda e Luciana Cabral Doneda. Rio de Janeiro/São Paulo/Recife: Renovar, 2008, p. 132.

ção harmoniosos e integrados é tarefa de toda a comunidade, na ordem individual e familiar, social e do Estado.

4. ESTATUTO DA CRIANÇA E DO ADOLESCENTE: PROJETO E AGENDA DE INCLUSÃO NA SOCIEDADE TECNOLÓGICA

Representativo da ordem estabelecida em termos de acesso aos direitos – e não mais simplesmente um nível de acesso em termos assistencialista – a dar conta de uma virada paradigmática, voltada a acessibilidade de direitos e de oportunidades – a comportar um nível de significativas mudanças de viés social, jurídico, econômico e cultural, é encontrado na incorporação e proteção de direitos das presentes e das futuras gerações (crianças, adolescentes e os futuros adultos), os quais são uma acentuada proposta em favor de respostas em demandas de inovação e do bom uso das novas tecnologias na esfera da indústria 4.0 para o qual o propósito deste segue traduzido pela dimensão da inclusão 4.0, voltada à educação e ao estabelecimento de oportunidades.

Às voltas com o Estatuto da Criança e do Adolescente, no que diz respeito a defesa da inclusão – em específico quanto ao enfrentamento da desigualdade e da exclusão, crescentes em todo o mundo[31] e das novas faces do sofrimento humano, notadamente de crianças e adolescentes – cada vez mais empurrados para essa ode de perversidade – pressupõe um urgente chamamento de agenda regulatória, sendo esperadas as alterações que se fazem necessárias para atender essa lacuna.

Castells pondera que nos últimos tempos franqueou-se o acesso ao desenvolvimento, à industrialização e ao consumo a dezenas de milhões de chineses, coreanos, indianos, malaios, tailandeses, indonésios, chilenos, brasileiros, argentinos e a outros grupos, mas é a Europa Ocidental que ainda goza dos mais elevados padrões de vida do mundo e na história da humanidade, enquanto nos Estados Unidos segue um padrão de vida, poderíamos situar, como decente, garantido pelos salários, inclusive em relação às mulheres.[32]

Seja como for, há evidência de exclusão e pobreza, o que, o modelo implantado pelas questões da Covid-19 parece deflagrar, enquanto que a tecnologia e os novos padrões digitais, tais como computador, *internet*, dispositivos móveis, fornecem outro modelo de educação: participativa, interativa, flexível e instantânea. O detalhe é que não é para todos e sim, para alguns, demandando uma nova ordem de exclusão evidente e de cidadãos inúteis, quando não muito a perpetuidade da pobreza – cujo tentáculos perigosos arrastam milhões de crianças e adolescentes no mundo todo.

---

31. Porque e como acontecem essas questões que muitas vezes são impostas, lamentavelmente pela lógica rigorosa de competividade econômica e das novas condições tecnológicas têm profunda relação com a proteção e a defesa de direitos que demanda uma presença viva de processos legislativos amplos e com consulta pública, como convém ao espaço democrático, pela presença humana verdadeira e não de algoritmos no comando desses processos.

32. CASTELLS, Manuel. *Fim de Milênio*. Trad. Klauss Brandini Gerhardt e Roneide Venancio Majer. 7. ed. Rio de Janeiro/São Paulo: Paz e Terra, 2020, p. 109.

Assim, proteger direitos de crianças e adolescentes é mesmo uma tarefa incomensurável e justifica todos os esforços, na medida em que, os acontecimentos recentes são um lembrete da importância da fraternidade e da cooperação na vida em sociedade[33], e de igual medida, em polo oposto, também lembrar das desigualdades persistentes que continuam a permear nossas sociedades e escolhas em termos de economias, trabalho, saúde e educação – para citar algumas possibilidades.

Ora, à medida que as instituições do mundo todo parecem buscar mais responsabilidade para abordar a proteção de direitos e a justiça social, de modo a garantir que a fraternidade, a igualdade e até mesmo a liberdade, se tornarão em um futuro muito próximo, uma chave para adotar abordagens integradas de direitos, tais como a diversidade, a equidade e a inclusão – essa de viés tecnológico, portanto uma inclusão 4.0, seguindo um protocolo de compromisso renovado com a proteção de direitos a favor de crianças e de adolescentes.

Se o passado foi muito mais de violação de direitos, de omissão e de negativas, uma nova história pode ser reescrita, lançando mão de um Sistema de Garantias dos Direitos da Criança e do Adolescente cuja lógica comporta a tradução em uma gigante e complexa mudança de paradigma introduzida pelo Estatuto da Criança e do Adolescente, consubstanciado em princípios de descentralização político-administrativa, garantindo uma nova dinâmica socioassistencial e protetiva para a infância e adolescência, segundo uma integridade de direitos (aspectos jurídicos), além da integração operacional em "rede" e de cooperação entre os vários atores sociais.

Também não se prescinde de um sistema de inclusão de direitos e de oportunidades, cuja ideia central propõe reescrever a lógica de proteção de direitos, pela via da promoção e defesa dos direitos, tendo o Estatuto da Criança e do Adolescente como norma regulamentadora central, uma verdadeira resposta à inclusão de direitos, da adoção de oportunidades para todos, especialmente, para as crianças e os adolescentes.

---

33. Cita-se como exemplo, a r. decisão que culminou com o reconhecimento de direitos a favor dos sujeitos titulares e beneficiários do Estatuto da Criança e do Adolescente em um verdadeiro compromisso com a categoria da Fraternidade, pode-se dizer. Anota-se: "Crianças e adolescentes com deficiência permanente, com comorbidade ou privados de liberdade passam a fazer parte do grupo prioritário de vacinação contra Covid-19. A Lei 14.190/2021, que altera o Plano Nacional de Operacionalização da Vacinação (PNO), foi publicada no Diário Oficial da União desta sexta-feira (30). A alteração no plano se deu após a decisão do ministro Gilmar Mendes, do Supremo Tribunal Federal (STF), que determinou ao Ministério da Saúde (MS) que analisasse a necessidade de priorização de adolescentes entre 12 e 18 anos, especialmente daqueles que pertencem ao grupo de risco. Na decisão, tomada na Reclamação (RCL) 48385, o ministro ressaltou que, com a aprovação, pela Agência Nacional de Vigilância Sanitária (Anvisa), do uso da vacina *Comirnaty*, da Pfizer, para adolescentes a partir de 12 anos, ocorrida em junho, a contraindicação à administração das vacinas aos menores de 18 anos, veiculada até então no PNO, havia se tornado obsoleta. A lei também inclui gestantes, puérperas e lactantes, com ou sem comorbidade, independentemente da idade dos lactentes, no grupo prioritário". (SUPREMO TRIBUNAL FEDERAL (STF). Após decisão do STF, jovens com comorbidade entram em grupo prioritário de vacinação contra a Covid-19. Ministro Gilmar Mendes. Disponível em: http://portal.stf.jus.br/noticias/verNoticiaDetalhe.asp?idConteudo=470165&tip=UN. Acesso em 30 jul. 2021).

Como terceiro elemento dessa tripla base protetiva e assecuratória de direitos, adota--se a Doutrina da Proteção Integral, cuja esfera toma em empréstimo os direitos originários dos movimentos internacionais e nacionais, tal como os consagrados na Convenção sobre os Direitos da Criança, de 1989 e, também, em sua recepção no ordenamento jurídico pátrio pelas "mãos" da Constituição Federal de 1988, a qual possui a relevante função de conferir efetividade ao artigo 227, além de, também traduzir eficácia à aplicação e proteção de direitos enquanto sujeitos de direitos – e não tão somente titulares – com a reconhecida proteção integral e em primazia absoluta na defesa e preservação de seus direitos.

Para proteger direitos existentes, como, também, a disponibilização em redes de distribuição e de reconhecimento de direitos, voltados à defesa e à promoção desses direitos – e aqui os mesmos encontram-se traduzidos na dimensão de direitos da criança e do adolescente, incluindo o sistema de garantias de direitos – é imperioso lançar mão de questões e de direitos que traduzem a inclusão 4.0 em correspondência com a sociedade da informação – no caso há bons exemplos a ilustrar a posição deste estudo. Trata-se do direito à educação; do direito ao ensino; do direito à formação; do direito a ter acesso à capacidade.

Questões que tais parecem infindas, mas tomadas ao pé da letra, significam ter acesso à educação, frequentar escola e incentivado ao estudo e à cultura por um sistema de garantias de direitos, os quais, dispostos em conjuntos de procedimentos educacionais e formacionais, necessitam estar à disposição, não bastando opiniões, habilidades e experiências, mas, segue importante, a formação centrada na educação e na proteção de direitos, cujos produtos necessitam esforçar-se a favor da inclusão para todos, qual seja, formatando uma preciosa cultura sustentada por um senso de pertencimento, de justiça, de cultura, de fraternidade e de equidade.

Um bom exemplo desses novos modelos que aguardam recepção, pode-se antever em termos educacionais, eis que, na decorrência das questões da pandemia, passamos a presenciar novas percepções e necessidades voltadas às questões educativas e do ensino – em que conste a necessária distinção da educação e do ensino. Nesse sentido, pontua-se que o volume de oferta de cursos, sem a diplomação e a certificação garantida pelo ensino escolar aumentou gradativamente nesses dois últimos anos. Se a temática é temerosa junto aos adultos, ela pode ser desastrosa e incontornável no caso de crianças e adolescentes. Senão, veja-se na perspectiva de alguns contrapontos e observações pontuais, conforme a proposta de Modesto, nos moldes seguintes.

> A escolarização obrigatória encontra suporte em diversas normas constitucionais que valorizam a formação plural e complexa da criança e *associam o dever de educação ao ambiente escolar* (artigo 206, I; 208, I e IV; da CF) e, no plano infraconstitucional, são expressas na Lei de Diretrizes e Bases da Educação Nacional (artigo 6º) e no Estatuto da Criança e do Adolescente (artigo 55). Além disso, a escolarização obrigatória dificulta a formação de "bolhas sociais", o insulamento de elites em suas casas, cumprindo a escolarização o ideal republicano de respeito ao pluralismo.[34]

---

34. MODESTO, Paulo. Homeschooling é um prejuízo aos direitos da criança e do adolescente. *Consultor Jurídico*, 25 de julho de 2019. Disponível em: https://www.conjur.com.br/2019-jul-25/interesse-publico-homescho-

No âmbito da Convenção Europeia de Direitos Humanos, o dispositivo em questão é o artigo 2º do Protocolo n.º 1 que estabelece: "Direito à instrução. A ninguém pode ser negado o direito à instrução. O Estado, no exercício das funções que tem de assumir no campo da educação e do ensino, respeitará o direito dos pais a assegurar aquela educação e ensino consoante as suas convicções religiosas e filosóficas".

Suportarão as escolas tradicionais sob o mote do "direito dos pais de educar os filhos conforme suas próprias convicções e afins", as demandas voltadas à educação domiciliar, ensino domiciliar, ensino em casa, educação escolar em casa; educação em casa; educação não-formal; escola em casa; ensino doméstico; ensino domiciliar; autonomia educacional da família; liberdade de ensino; direito à educação; limites à intervenção do Estado; liberdade religiosa? Mais, traduzido em uma única palavra – pela dimensão do *Homescholing*[35] – suportarão, a família, a sociedade e o Estado a tarefa educacional?

A resposta (melhor seria afirmar "as respostas"), no caso brasileiro, já foi objeto de decisão perante a Corte Superior brasileira e em muitos outros países[36], cujo principal e remansoso argumento é a responsabilidade paterna-materna, tratada sob o condão, já pontuado anteriormente, mas conveniente a repetição, traça a linha do direito dos pais de assegurar a educação e o ensino dos filhos em conformidade com suas convicções religiosas e filosóficas.

---

oling-prejuizo-aos-direitos-crianca-adolescente. Acesso em: 29 jul. 2021.

35. No Brasil, conforme indicado por Modesto, o caso foi debatido no Recurso Extraordinário 888.815-RS, submetido à sistemática da repercussão geral, tendo sido adotada a tese com o seguinte teor: "Não existe direito público subjetivo do aluno ou de sua família ao ensino domiciliar, inexistente na legislação brasileira" (Tema 822).

36. Andrade apresenta o seguinte panorama quanto à permissão, proibição ou indefinição do *homeschooling*, tomada na acepção de educação familiar: Esses permitem: Canadá, Austrália, Nova Zelândia, África do Sul, Israel; na Europa: Finlândia, França, Inglaterra, Irlanda, Itália e Portugal e Israel; na América Latina: Chile, Colômbia, Equador. Proibida: Alemanha; na Espanha o Tribunal Constitucional Espanhol reconheceu que o *homeschooling* não se insere no direito fundamental à educação; A situação está indefinida, Argentina, Bolívia, China, Peru, México, Holanda, Índia, Gana e Japão, enquanto que a Turquia reconhece a constitucionalidade da exigência de educação obrigatória e contínua pelo período de 8 anos, sob o controle e supervisão do Estado, enquanto, de outro modo, também o Estado pode determinar o período de 8 ou mais anos para formação no ensino compulsório continuado – seria um caminho do meio; nos Estados Unidos da América, as questões encontram-se assim dirimidas: Em *Wisconsin versus Yoder, o* interesse do Estado de garantir educação universal à população precisa ser sopesado quando interfere em direitos fundamentais como, por exemplo, o direito dos pais de educar seus filhos conforme suas convicções religiosas. Demonstrando-se que o ensino obrigatório, após certa idade, coloca a liberdade dos pais em grave risco, cabe ao Estado demonstrar com mais propriedade como seu interesse pode ser afetado; Em Oregon, é permitido, porque "É inconstitucional a lei estadual que determina a matrícula obrigatória de todas as crianças em escolas públicas"; Em Nebraska, a questão é dividida, sendo considerada "inconstitucional a lei estadual que proíbe o ensino de línguas estrangeiras modernas em todas as escolas públicas. A liberdade garantida pela 14ª Emenda Constitucional protege não apenas o direito de ir e vir, mas a interferência arbitrária do Estado que não tenha relação proporcional a um objetivo inserido no âmbito de sua competência". Para mais detalhes sobre a legislação internacional do tema, especialmente nos Estados Unidos e na Europa, veja ANDRADE, Édison Prado. *Educação Domiciliar*: encontrando o Direito. In: *Proposições*, v. 28, n. 2 (83), maio/ago. 2017. Disponível em: https://www.scielo.br/j/pp/a/S4RmdxXpsYjwZwmJLNDmPZg/?format=pdf&lang=pt. Acesso em: 28 jul. 2021.

Trata-se de tema com alto grau de subjetividade, que merece acirrada atenção nesses novos tempos, sobretudo porque, se relegado às decisões sob tutela do algoritmo – segundo já vem sendo acenado – as respostas dos julgamentos poderão ser imprevisíveis, por mais que dirigidas com a justificativa da neutralidade robótica, sendo por isso mesmo tarefa complexa interpretar e delimitar referido direito, na medida em que enfrenta um certo grau de maturidade cultural e de reconhecimento de direitos, espaço esse que deixa a proteção de direitos dos pequenos, dependendo do país e de sua vocação democrática em uma típica posição de enfrentar uma controvérsia delicada, às voltas com "a definição dos contornos da relação entre Estado e família na educação das crianças e adolescentes, bem como os limites da autonomia privada contra imposições estatais", como aconteceu no caso brasileiro.[37]

Também, o conjunto da educação domiciliar que já está tomando novos enfrentamentos, em decorrência dos novos modelos que começam a ser reconhecidos e adotados, a dar azo ao sistema de inclusão de direitos e de oportunidades – ou simplesmente inclusão 4.0 – são representativos os seguintes "modelos": a tecnologia do livro; a educação a distância (EAD); ambientes virtuais de aprendizagem, reconhecido pela educação on-line; e os dispositivos móveis, possíveis por diversas plataformas, verdadeiros canais em redes, a comportar uma aprendizagem nova, dita emergente. Esses e muitos outros questionamentos restarão guindados ao seu lugar de não substituição do espaço convencional?

A organização social, jurídica e as próprias instituições estão cada vez mais reconhecendo isso de forma proativa, alavancando a tecnologia como parte das estratégias de recepção e de proteção de direitos – com especificidade para os relativos à criança e ao adolescente – em todos os espaços organizacionais, tais como alcançar "Fraternidade, Equidade e Inclusão 4.0". Sem essa abordagem integrada cada vez mais serão suportadas e enfrentadas consequências e riscos na implementação de novas ferramentas tecnológicas que, de outro modo, poderá macular as oportunidades, permitidas pela inclusão 4.0.

5. CONSIDERAÇÕES FINAIS: O APELO DAS REDES

O presente estudo, de forma bem específica, permitiu a análise de dois grandes pontos, conforme expostos e decorrentes das influências da tecnologia e da própria *internet*, cuja marca e influência segue na sociedade informacional: de um lado, foi apresentada a proteção de direitos, relativos à criança e ao adolescente; de outro, foi examinada a inclusão, em específico, por meio de uma categoria qualificada, a "inclusão 4.0" extraída que foi dos efeitos da esfera tecnológica. Há ainda um outro aspecto que se desdobra desses dois pontos, qual seja, sob a evidência da exacerbação da tecnologia nestes dois últimos anos, o estudo também conferiu atenção ao con-

---

37. Conforme decisão do STF que reconheceu a repercussão geral do tema RE 888.815-RG, do Rio Grande do Sul, sob o condão seguinte: "O debate acerca da proibição ou possibilidade de implementar o direito à educação por meio do ensino domiciliar é de natureza constitucional e possui repercussão geral".

junto das transformações que definiram o cenário que está diante de nós – pertinente à proteção de direitos.

Se há um ponto definidor da contemporaneidade, segundo a marca que a define, essa se apresenta, sobre o fundamento do cenário tecnológico plasmado na esfera de dois anos aparentemente infindáveis. Com efeito, 2020-2021 encontram-se formados sob diversas égides, sobretudo mediante as potencialidades afeitas ao mundo digital. Dão conta desse estado, a exacerbação tecnológica, de um lado, enquanto que, de outro, em sua lógica protetiva, persiste a promoção e a defesa dos direitos – no caso, em razão dos direitos da criança e do adolescente, segundo a dimensão da Doutrina da Proteção Integral, e conforme direitos recepcionados na perspectiva do Estatuto da Criança e do Adolescente.

Em termos de dados pessoais, adotados como um dos exemplos examinados, têm-se uma forte carga por fazer em termos de uma legislação que dedicou na Seção III, um único artigo e uma única seção a tratar da matéria. Não que seja pouco, mas é evidente que há muito o que fazer, pois nem mesmo a categoria "adolescente' encontra-se ali verdadeiramente recepcionado. É fato, não se trata de clareza, ou objetividade e sim de direitos a proteger. O que consta tão somente é uma simples referência à existência de sua figura, mas nada há de dispositivo específico a esse respeito, ou seja, trata-se de direitos esquecidos ou de direitos desprotegidos, ou de direitos adormecidos.

Também, em relação à categoria "criança" na esfera da LGPD não há muito o que comemorar, posto que, quanto à referida categoria, os dispositivos trataram apenas do tratamento de dados. Nesse sentido, não caberá neste dizer que o Estatuto da Criança e do Adolescente falhou, pois esse é da década de 1990, em que se principiavam as questões da tecnologia e a esfera do mundo digital ainda era incipiente. Logo, na medida em que, se bem construído, o Estatuto deverá receber as adequadas modificações e redefinições, a atingir o razoável e urgente grau de maturidade, a regular essas importantes questões relativas à privacidade, à liberdade de expressão (presentes especialmente nas figuras da publicidade, do consumo, dos *gamers* e outros) e no desenvolvimento da personalidade.

Há ainda outras questões relevantes, independentemente de menor ou maior significado pela ênfase quanto aos direitos da criança e do adolescente, as quais o estudo conferiu os seguintes destaques:

i) em sua lógica adversa, segundo a expropriação de direitos, incorrendo no oposto da *inclusão 4.0*, qual seja, de não garantias educativas, formativas e inclusivas, o que é um contrassenso em um mundo cada vez mais carente de relações educativas, digitais e tecnológicas; em sua lógica inclusiva, e sem o condão de tirar uma conclusão apressada, porém, é certo que a exacerbação da tecnologia, sobretudo da *internet*, a mesma se configura como aliada do ensino-aprendizagem, da leitura e da escrita, a adoção de informações, e a incorporação do uso de computadores pessoais como ferramenta parceira do processo educacional. Sob esse prisma, é conclusivo afirmar que se está à frente da proteção de direitos em face da criança e do adolescente, que de outro modo, teriam o ano letivo essencialmente prejudicado, neste longo período da pandemia.

ii) na esfera da *indústria 4.0* há cada vez mais vocação para as "necessidades industriais" ou do mercado, segundo uma clara intenção utilitarista, quando, na realidade, faz-se urgente a defesa das capacidades, no sentido educativo e não simplesmente uma defesa de habilidades, para "atender" as demandas e exigências do mercado. Para tanto, o destaque fica por conta dos papéis da família, da escola e do Estado, que necessitam estar fortalecidos quanto à proteção de direitos, de oportunidades e de suas garantias – a traduzir mais acesso aos direitos e não a simples adoção assistencialista deles.

iii) em uma brevíssima síntese: ao referir-se à inclusão na dinâmica do Estatuto da Criança e do Adolescente, o propósito é exatamente este: levar adiante a proteção, promoção e defesa dos direitos, conforme previstos no Sistema de Garantias dos Direitos da Criança e do Adolescente, com o condão da inclusão, qual seja, visando a adoção de oportunidades, e de típica inclusão 4.0 para as crianças e os adolescentes.

A partir de tais indicações, a presente reflexão, voltada à proteção de direitos segundo o Sistema de Garantias dos Direitos da Criança e do Adolescente, foi examinada em contraponto às disposições da contemporaneidade, tendo-se em consideração o momento em que as questões tecnológicas foram potencializadas, e que, segundo se nos apresenta, questões que, pela presença da pandemia (deram conta de um divisor de água: a afirmação da tecnologia e das questões digitais, demandando acentuada disposição à favor da proteção, promoção e defesa dos direitos, inclusive os pertinentes à criança e ao adolescente, conferindo o tom do processo de desenvolvimento global na exata correspondência da dinâmica do cuidado com o próprio ser humano.

O sistema de garantias que se encontra disposto ao longo da LGPD, em suas seções, capítulos, artigos, incisos e letras, em alusão às questões tecnológicas, foram considerados a título de modelo de processos e de produtos, articulados enquanto ferramentas, cuja implementação, acaso não tomada de forma inclusiva, arriscam consequências que podem, em última análise, minar a reputação e a posição dos direitos. Hoje, mais que nunca, novas tecnologias e práticas digitais não são meramente "neutras" em relação aos resultados da fraternidade, equidade e inclusão. Faz-se necessário concebê-las e tratá-las como ferramentas, verdadeiros dispositivos que dão conta de alavancar a si própria como parte das estratégias para alcançar a tríplice hélice do mundo 4.0, frise-se: "Fraternidade, Equidade e Inclusão 4.0".

Ademais, conforme foi possível extrair do resultado da pesquisa, sem essa abordagem integrada, cada vez mais serão enfrentados consequências e riscos na implementação de novas ferramentas tecnológicas, que afetarão a tríade da proteção, promoção e defesa dos direitos.

Com a finalidade de nortear os objetivos propostos, a divisão do trabalho, além da introdução e das considerações finais, foi assim distribuída: na primeira parte foi exposto o espaço reservado ao sistema de garantias e de inclusão de direitos e de oportunidades em face do Estatuto da Criança e do Adolescente, tendo como pano de fundo o papel legitimador da dominação em face da ciência, da técnica e da tecnologia na sociedade da informação; na segunda parte, foi analisada a agenda e o projeto de inclusão na sociedade tecnológica, tendo por razão, motivação e fundamento o Estatuto da Criança e do Adolescente.

Os espaços que demandam de questões que tais, conferem marcos – locais, regionais e globais – contrapondo a dinâmica que está sendo desenhada na atualidade. Com efeito, é tarefa primordial deste, identificar e localizar a gramática da proteção, promoção e defesa dos direitos, na medida em que dependente dos parâmetros internacionais, por mais que afeita a uma realidade nacional local são os documentos expressos no Estatuto da Criança e do Adolescente que reafirmam a tônica de reconhecimento e reafirmação desses direitos e de suas garantias.

6. REFERÊNCIAS

AGUIAR, Antonio Carlos. *Direito do Trabalho 2.0*: digital e disruptivo. São Paulo: LTr, 2018.

ANDRADE, Édison Prado. Educação domiciliar: encontrando o Direito. In: *Proposições*, v. 28, n. 2 (83), maio/ago. 2017. Disponível em: https://www.scielo.br/j/pp/a/S4RmdxXpsYjwZwmJLNDmPZg/?-format=pdf&lang=pt. Acesso em: 28 jul. 2021.

APPLEBAUM, Anne. *A fome vermelha*: a guerra de Stalin na Ucrânia. Trad. Joubert de Oliveira Brízida. Rio de Janeiro – São Paulo: Editora Record, 2019.

BOBBIO, Norberto. *A era dos direitos*. Trad. Carlos Nelson Coutinho. 5ª. reimpressão. Rio de Janeiro: Elsevier, 2004.

BOBBIO, Norberto. *O filósofo e a política*: antologia. Trad. César Benjamin e Vera Ribeiro. Rio de Janeiro: Contraponto, 2003.

BONILLA, Juan Miguel Hernández. Em 95% dos artigos científicos, inglês cria 'ditadura da língua'. Apenas 1% está em português e espanhol. *El País*, 28 de julho de 2021. Disponível em: https://brasil.elpais.com/ciencia/2021-07-28/em-95-dos-artigos-cientificos-ingles-cria-ditadura-da-lingua-apenas-1-esta-em-portugues-e-espanhol.html. Acesso em: 28 jul. 2021.

BRASIL. *Constituição da República Federativa do Brasil de 1988*. Disponível em: http://www.planalto.gov.br/ccivil_03/constituicao/constituicao.htm. Acesso em: 25 jul. 2021.

BRASIL. *Lei 13.709, de 14 de agosto de 2018*. Lei Geral de Proteção de Dados Pessoais (LGPD). Disponível em: http://www.planalto.gov.br/ccivil_03/_ato2015-2018/2018/lei/l13709.htm. Acesso em: 25 jul. 2021.

CASTELLS, Manuel. *O poder da identidade*. Trad. Klauss Brandini Gerhardt. 9. ed., rev. Ampl. São Paulo/Rio de Janeiro: Paz e Terra, 2018.

CASTELLS, Manuel. *Fim de milênio*. Trad. Klauss Brandini Gerhardt e Roneide Venancio Majer. 7. ed., Rio de Janeiro/São Paulo: Paz e Terra, 2020.

CHATIER, Roger. *Os desafios da escrita*. Trad. Fulvia M. L. Moretto. São Paulo: UNESP, 2002.

DONEDA, Danilo. *Da privacidade à proteção de dados pessoais*: elementos de formação da Lei geral de proteção de dados. 2. ed. revista e atualizada. São Paulo: Thomson Reuters Brasil, 2019.

FINGUERMAN, Ariel. *A teologia judaica do holocausto*: como os pensadores ortodoxos modernos enfrentam o desafio de explicar a Shoá. Tese apresentada ao Programa de Pós-graduação em Língua Hebraica, Literatura e Cultura Judaicas do Departamento de Letras Orientais da Faculdade de Filosofia, Letras e Ciências Humanas da Universidade de São Paulo (USP), 2008. Disponível em: http://www.teses.usp.br/teses/disponiveis/8/8152/tde-12012009-172012/pt-br.php. Acesso em: 29 jul. 2021.

JONAS, Hans. *Ensaios filosóficos*: da crença antiga ao homem tecnológico. Trad. Wendell Evangelista Soares Lopes. São Paulo: Paulus, 2017.

LEMKIN, Raphaël. *Genocídio*: escritos. Madrid-ES: Centro de Estudios Políticos Y Constitucionales, 2015.

MENDES, Laura Schertel. *Privacidade, proteção de dados e defesa do consumidor*: linhas gerais de um novo direito fundamental. São Paulo: Saraiva, 2014.

MENDES, Laura Schertel; FONSECA, Gabriel C. Soares da. Proteção De Dados Para Além Do Consentimento: tendências contemporâneas de materialização. *Revista Estudos Institucionais*, v. 6, n. 2, p. 507-533, maio/ago. 2020.

MODESTO, Paulo. Homeschooling é um prejuízo aos direitos da criança e do adolescente. *Consultor Jurídico*, 25 de julho de 2019. Disponível em: https://www.conjur.com.br/2019-jul-25/interesse-publico-homeschooling-prejuizo-aos-direitos-crianca-adolescente. Acesso em: 29 jul. 2021.

RODOTÁ, Stefano. *A vida na sociedade da vigilância*: a privacidade hoje. Trad. Danilo Doneda e Luciana Cabral Doneda. Rio de Janeiro/São Paulo/Recife: Renovar, 2008.

SUPREMO TRIBUNAL FEDERAL (STF). Após decisão do STF, jovens com comorbidade entram em grupo prioritário de vacinação contra a Covid-19. Ministro Gilmar Mendes. Disponível em: http://portal.stf.jus.br/noticias/verNoticiaDetalhe.asp?idConteudo=470165&tip=UN. Acesso em: 30 jul. 2021.

VERONESE, Josiane Rose Petry. Estatuto da Criança e do Adolescente – 30 anos – entre avanços e omissões. In: VERONESE, Josiane Rose Petry. *Estatuto da Criança e do Adolescente – 30 anos*: grandes temas, grandes desafios. Rio de Janeiro: Lumen Juris, 2020, p. 11-22.

VERONESE, Josiane Rose Petry. O Poder Judiciário frente aos Direitos de Crianças e Adolescente. In: VERONESE, Josiane Rose Petry. *Estatuto da Criança e do Adolescente – 30 anos*: grandes temas, grandes desafios. Rio de Janeiro: Lumen Juris, 2020, p. 627-649.

2
AUTORIDADE PARENTAL: OS DEVERES DOS PAIS FRENTE AOS DESAFIOS DO AMBIENTE DIGITAL

Ana Carolina Brochado Teixeira

Doutora em Direito Civil pela UERJ. Mestre em Direito Privado pela PUC Minas. Professora de Direito Civil do Centro Universitário UNA. Advogada. Coordenadora editorial da Revista Brasileira de Direito Civil – RBDCivil. Advogada. Membro do IBERC, IBDCivil e IBDFAM.

Renata Vilela Multedo

Doutora e mestre em Direito Civil pela UERJ. MBA em Administração de Empresas pela PUC-Rio. Professora Titular de Direito Civil do Centro Universitário IBMEC. Professora dos cursos de pós-graduação *lato sensu* da PUC-Rio. Advogada e Mediadora de conflitos. Membro efetivo do IAB, IBERC, IBDCivil, IBDFAM e IBPC e do conselho executivo da civilistica.com – Revista eletrônica de direito civil.

Sumário: 1. Introdução – 2. O exercício da autoridade parental no ambiente virtual – 3. *Sharenting* – 4. Conduta abusiva dos pais no ambiente digital – 5. Conclusão – 6. Referências bibliográficas.

1. INTRODUÇÃO

O ambiente virtual tem trazido novos desafios para a proteção da privacidade e dignidade das pessoas, o que, paralelamente, caminha com a necessidade de se pensar em novos mecanismos de proteção, principalmente quando, em frente às telas, estão crianças e adolescentes, ainda despreparados para uma navegação segura.

A pandemia da Covid-19 acabou por colocar a todos diante de uma realidade em que uma das únicas formas seguras de relacionamento foi por meio de telas: reuniões, aulas, palestras, tudo passou a ser online. A vida online não é mais separada da vida offline. Conquanto a Internet tenha promovido a possibilidade jamais antes vista de interatividade por meio de diversos canais (*Facebook, WhatsApp, Instagram, YouTube, Twitter,* dentre outros), ela também potencializou riscos. A "Internet apresenta-se cada vez mais como uma trama de possibilidades ainda não resolvida, como um conjunto de promessas contraditórias".[1]

Diante dessa realidade pós-moderna, é crescente o uso da Rede por crianças e adolescentes. A pesquisa TIC Kids Online Brasil é realizada anualmente, e vem

---

1. RODOTÀ, Stefano. *A vida na sociedade da vigilância*: a privacidade hoje. MORAES, Maria Celina Bodin de (Org., seleção e apresentação). Trad. Danilo Doneda e Luciana Cabral Doneda. Rio de Janeiro: Renovar, 2008. p. 169.

apontando constante tendência de crescimento no acesso à internet por crianças e adolescentes. Em 2019, os dados indicam que 89% da população brasileira entre 9 e 17 anos utiliza internet (em 2015, a proporção era de 79%),[2] sendo que 68% fazem uso de redes sociais.[3] De acordo com a pesquisa, "a frequência de acesso varia de acordo com a classe social e com o fato de a criança ou adolescente residir ou não em um domicílio com acesso à rede. O uso da Internet mais de uma vez por dia nas classes A/B (89%) e C (81%) foi superior ao das classes D/E (64%)". Todos esses índices são elevados, indicando a intensidade da presença do jovem na internet.[4] Paralelamente, no entanto, os dados apontam que apenas "55% das crianças têm pais que verificavam os amigos ou contatos adicionados às suas redes; 51% que verificavam os seus e-mails; 50% o histórico de registro dos sites visitados e 48% suas redes sociais".[5] E ressalte-se: são dados anteriores à pandemia, na qual a utilização dos meios digitais aumentaram expressivamente.

Em 2020, aumentou ainda mais: 94% de crianças e adolescentes de 10 a 17 anos usaram a Internet no Brasil.[6] Estatísticas relevantes também foram apuradas sobre o crescente uso de redes sociais por crianças e adolescentes:

"64% da população de 10 a 17 anos reportou possuir uma conta no Instagram. A tendência de aumento da plataforma já havia sido identificada na pesquisa TIC Kids Online Brasil, na qual o Instagram apresentava o maior crescimento em relação à posse de perfil pela população de 9 a 17 anos (passou de 36%, em 2016, para 45%, em 2018). De maneira inédita, a TIC Domicílios 2020 investigou a posse de perfil no TikTok, reportado por 46% da população de 10 a 17 anos. A proporção foi expressivamente superior aos que possuíam perfil no Snapchat (18%) e no Twitter (14%). Ainda que o WhatsApp (86%) e o Facebook (61%) sejam as plataformas em que a população investigada mais possui perfil, o Instagram (35%) e o TikTok (27%), plataformas cujas funcionalidades centrais estão no compartilhamento e acesso a vídeos, foram reportados como as redes sociais mais utilizadas".[7]

Outra questão que merece atenção sob a ótica dos direitos da criança e do adolescente e de sua privacidade e a responsabilidade parental é a hiperexposição pelos próprios pais de imagens e informações de seus filhos menores nas redes sociais, fenômeno denominado como *sharenting*.[8]

---

2. NÚCLEO de Informação e Coordenação do PontoBR. TIC Kids Online Brasil 2019. São Paulo: Comitê Gestor da Internet no Brasil, 2020. Disponível em: https://cetic.br/media/docs/publicacoes/2/20201123093344/tic_kids_online_2019_livro_eletronico.pdf. Acesso em: 20 dez. 2021. p. 73.

3. NÚCLEO de Informação e Coordenação do PontoBR. TIC Kids Online Brasil 2019, cit., p. 24.

4. NÚCLEO de Informação e Coordenação do PontoBR. TIC Kids Online Brasil 2019, cit., p. 72.

5. NÚCLEO de Informação e Coordenação do PontoBR. TIC Kids Online Brasil 2019, cit., p. 83.

6. NÚCLEO de Informação e Coordenação do PontoBR. TIC Kids Online Brasil 2020. São Paulo: Comitê Gestor da Internet no Brasil, 2021. Disponível em: https://cetic.br/media/docs/publicacoes/2/20211125083634/tic_kids_online_2020_livro_eletronico.pdf . Acesso em: 20 dez. 2021.

7. NÚCLEO de Informação e Coordenação do PontoBR. TIC Kids Online Brasil 2020, cit., p. 30.

8. Diz o art. 20 do CC: Salvo se autorizadas, ou se necessárias à administração da justiça ou à manutenção da ordem pública, a divulgação de escritos, a transmissão da palavra, ou a publicação, a exposição ou a utilização da imagem de uma pessoa poderão ser proibidas, a seu requerimento e sem prejuízo da indenização que couber, se lhe atingirem a honra, a boa fama ou a respeitabilidade, ou se se destinarem a fins comerciais.

Como se verifica, é de grande importância que os pais, no exercício da autoridade parental, possam auxiliar os filhos orientando-lhes tanto em relação ao comportamento digital como no que se refere aos mecanismos necessários para uma navegação segura. Trata-se da educação digital.

Sob esse prisma, o presente artigo busca investigar os deveres dos pais no ambiente virtual, analisando especificamente o fenômeno do *sharenting*, a fim de se apurar se ele configura conduta abusiva dos pais no exercício da sua liberdade de expressão.

2. O EXERCÍCIO DA AUTORIDADE PARENTAL NO AMBIENTE VIRTUAL

A família reproduz padrões culturais no indivíduo, proporcionando à criança não só sua primeira instrução sobre as regras sociais predominantes, mas também moldando profundamente seu caráter e utilizando vias sobre as quais nem sempre ela tem consciência.[9]

Portanto, esse poder-dever dos pais não pode se assentar em mero voluntarismo e constitui, antes de tudo, um poder jurídico atribuído pelo Estado para que possam utilizá-lo na concreção do princípio do melhor interesse do filho, eis que a autoridade parental representa uma situação subjetiva complexa que conjuga poderes e deveres que devem ser exercidos sempre em favor dos filhos menores.[10]

Tendo em vista as mudanças na realidade social – inclusive na de crianças e adolescentes – é essencial uma releitura ampliativa das funções da autoridade parental, que existe no âmbito de uma família democrática,[11] na qual se pretende a construção de uma relação parental pautada no diálogo sem descurar da autoridade dos pais, advindas da maior vivência e experiência. Por isso o diálogo educativo é o recurso prioritário no exercício da autoridade parental contemporânea, pois é por meio dele que se possibilita uma relação de confiança, na qual crianças e adolescentes, aos poucos, vão amadurecendo e entendendo as consequências das suas escolhas. Nesses termos, este processo educacional viabiliza a formação paulatina de um adulto livre e responsável.[12]

A autoridade parental pressupõe o exercício dos deveres constitucionais de criação, assistência e educação (art. 229 CF). Os deveres de criação e educação desdobram-se em outros que, embora aplicáveis no ambiente offline, adequam-se às atividades online. Entende-se que, no ambiente digital, é muito importante um

---

9. LASCH, Christopher. *Refúgio num mundo sem coração — a família: santuário ou instituição sitiada?* Rio de Janeiro: Paz e Terra, 1991. p. 25
10. TEIXEIRA, Ana Carolina Brochado. *Família, guarda e autoridade parental,* 2 ed. Rio de Janeiro: Renovar, 2009. p. 97 e ss.
11. Sobre o tema, ver BODIN DE MORAES, Maria Celina. *A família democrática.* Disponível em http://www.ibdfam.org.br/assets/upload/anais/31.pdf.
12. TEIXEIRA, Ana Carolina Brochado. NERY, Maria Carla Moutinho. *Vulnerabilidade digital de crianças e adolescentes*: a importância da autoridade parental para uma educação nas redes. In: EHRHARDT JR., Marcos; LOBO, Fabíola (Orgs.). *Vulnerabilidade e sua compreensão no direito brasileiro.* Indaiatuba: Foco, 2021. p. 133-147.

papel ativo dos pais, para que os filhos possam compreender a importância da segurança nas Redes para que, a depender da fase de desenvolvimento, possam trafegar com seus próprios *clicks*, independente de seus pais. Por isso, elegeu-se aqui cinco condutas que se entende essenciais por parte dos pais, inclusive no ambiente virtual.

a) *Orientar* implica que os pais guiem, conduzam, encaminhem seus filhos, estando sempre presente, tornando-se a pessoa com as quais os filhos confiem e possam conversar, tirar dúvidas, falar dos seus medos, se aconselhar. Atrela-se a uma influência no aspecto anímico dos filhos, à formação da sua personalidade, ao ponderar prós e contras de determinada conduta, a fim de se apurar alternativas que coadunam com seu melhor interesse. Orientar é influenciar positivamente.

b) *Acompanhar* é "ir junto", ficar com, desenvolver uma escuta ativa do que os filhos têm a dizer (verbalmente ou não) e, a partir daí, compreender suas questões, seus desejos para então, participar e assessorá-los. É estar com os filhos diariamente para ajudá-los com seus comportamentos, atitudes, relacionamentos.

c) *Dialogar* também é essencial, pois pressupõe conversar para entender-se e ajustar-se. Muitas vezes, os pais precisam dizer não, mas nesse sistema de parentalidade que se busca instaurar, o "não" deve ser explicado para que os filhos desenvolvam um entendimento dos riscos, do que é adequado para sua idade e desenvolvimento;

d) **Consentir** significa autorizar. Essa ação tem duplo destinatário no ambiente digital: (i) os filhos, por meio da permissão do uso de determinados aplicativos no universo virtual e (ii) as plataformas, na medida em que, de acordo com o art. 14 da Lei Geral de Proteção de Dados, pelo menos um dos pais ou responsáveis deve dar o consentimento específico e em destaque para o tratamento de dados pessoais de criança;[13]

e) *Fiscalizar* quer dizer observar e supervisionar o comportamento dos filhos no ambiente digital, o que pressupõe a interface com as plataformas, o relacionamento com "amigos" virtuais, as emoções que essa interface gera nos seus filhos. Trata-se de conduta dos pais – até certo ponto passiva – que é o gatilho dos outras "ações" analisadas até aqui e que tem como ponto de partida as necessidades individualizadas de cada filho.

Reitera-se que a função da autoridade parental é contribuir para a construção da personalidade do filho com base nos valores eleitos pelos pais como mais adequados, até que o filho tenha condições de avaliá-los e escolher o seu ideário de vida boa por si próprio. As ações dos pais são moldadas pelos próprios valores, mas não devem ignorar a personalidade dos filhos, que também é condicionante ao modo do exercício da autoridade parental.

No caso do ambiente virtual, é necessário que esses deveres caminhem juntos, para que haja um controle parental acompanhado de diretrizes orientadoras justificadas, de modo a propiciar que haja real compreensão da situação em si, com riscos que lhe são inerentes, para que eles possam, aos poucos, entender a necessidade de segurança e o comportamento necessário no ambiente virtual. Embora possa transparecer uma invasão da sua intimidade, entende-se ser papel dos pais o exercício

---

13. Sobre o tema, seja consentido remeter ao nosso TEIXEIRA, Ana Carolina Brochado; RETTORE, Anna Cristina de Carvalho. A autoridade parental e o tratamento de dados pessoais de crianças e adolescentes. In: TEPEDINO, Gustavo; FRAZÃO, Ana; OLIVA, Milena Donato (Coords.). *Lei Geral de Proteção de Dados Pessoais e suas repercussões no Direito brasileiro*. São Paulo: Thomson Reuters Brasil, 2019, p. 516.

dessa função, para que os filhos não fiquem abandonados à própria sorte. Orientá-los e direcioná-los em termos de valores, relacionamentos e escolhas é parte inegável do dever de educar dos pais. Diante disto, busca-se a implementação de uma autoridade dialógica, pautada na orientação respeitosa, mas com a autoridade necessária, conduta que espera ser realizada no âmbito de uma família democrática.

O conjunto dessas ações coordenadas constituirá o que vem se denominando educação digital. Trata-se de atuação dos pais para orientar seus filhos, crianças e adolescentes, para a compreensão da importância da segurança na Rede, navegando de forma saudável e segura no ambiente virtual. São condutas dos pais para preparação dos filhos para o mundo tecnológico. O monitoramento de uso do perfil em redes sociais, *WhatsApp*, jogos *online* são alguns exemplos do que deve ser objeto da educação digital, e que deve ser modulado segundo a fase de desenvolvimento da criança ou do adolescente, pois o processo educacional pressupõe conjugar autonomia e vulnerabilidade também no ambiente online. A assistência parental deve ser segura e permanente, a respeito do uso e limites dos equipamentos e dos riscos em potencial, além de os pais respeitarem as normas de idade das próprias redes sociais.

A falsa ilusão de que os filhos, por estarem fisicamente em casa, em cômodo ao lado de onde se encontram os pais, estão em total segurança, deve ser encarada de forma realista. É importante que os próprios pais tenham a dimensão de que relegá-los à própria sorte nas Redes pressupõe seu abandono digital, que é deixá-los sozinhos, em situação de inerente vulnerabilidade, sem qualquer acompanhamento. "Você deixaria seu filho sozinho o dia todo, sentado na calçada, sem saber com quem ele poderia estar falando? Mas por que será que hoje há tantos jovens assim, abandonados na calçada digital da internet?"[14] A resposta é: em razão da fantasia de que a presença física no mesmo ambiente livra os filhos de qualquer perigo, o que é completamente irreal. Por isso, a necessidade de se assumir uma postura ativa na condução da educação digital dos filhos, o que pode ocorrer, inclusive, por meio de programas de controle parental, previsto pelo art. 29 do Marco Civil da Internet, cabendo aos pais a eleição dos conteúdos adequados para seus filhos.

O Comitê dos Direitos da Criança, em fevereiro de 2021, publicou o Comentário Geral nº 25 sobre os Direitos das Crianças[15] em relação ao ambiente digital. Trata-se de importante documento que visa a estabelecer parâmetros para a interface entre criança e tecnologia, de modo a resguardar os direitos da criança no ambiente digital. Parte-se da premissa de que a criança deve ser protegida enquanto tal, não por ser o

---

14. PINHEIRO, Patricia Peck. *Abandono digital*. Disponível em https://www.huffpostbrasil.com/patricia-peck--pinheiro/abandono-digital_b_5408043.html. Acesso em: 20 dez. 2021. No mesmo sentido: "O 'abandono digital' é a negligência parental configurada por atos omissos dos genitores, que descuidam da segurança dos filhos no ambiente cibernético proporcionado pela internet e por redes sociais, não evitando os efeitos nocivos delas diante de inúmeras situações de risco e de vulnerabilidade". ALVES, Jones Figueiredo. Negligência dos pais no mundo virtual expõe criança a efeitos nocivos da rede. Disponível em: https://www.conjur.com.br/2017-jan-15/processo-familiar-abandono-digital-expoe-crianca-efeitos-nocivos-internet. Acesso em: 20 dez. 2021.

15. A Convenção dos Direitos das Crianças trata criança como a pessoa de 0 a 18 anos.

futuro ou como um pequeno adulto. Por estar em fase de desenvolvimento, deve ser resguardado cada fase de sua vida, de acordo com suas condições de maturidade e do que consegue compreender, a fim de que seus direitos fundamentais sejam protegidos, nos moldes do art. 227 do Texto Constitucional.

O Comentário afirma que se deve alcançar um equilíbrio entre o universo digital e a vida presencial, pois os dispositivos não devem substituir as interações presenciais entre crianças, entre elas e mães, pais ou cuidadores, principalmente nos primeiros anos de vida, nos quais a plasticidade cerebral é máxima e os relacionamentos, essenciais para construir o desenvolvimento cognitivo, emocional e social das crianças. Por isso, os pais devem receber treinamento e aconselhamento sobre o uso adequado de dispositivos digitais, para que saibam orientar adequadamente, em especial nos períodos de crescimento neurológico da infância e adolescência.[16] Isso é importante porque, em alguns casos, a educação digital não é feita em razão da própria dificuldade dos pais em lidar com o ambiente digital. Por isso, é necessário que os pais se apropriem desse conhecimento para que possam auxiliar os filhos de maneira efetiva.

Tudo isso é importante porque são muitos os direitos fundamentais de crianças e adolescentes que estão envolvidos nessa interface com a Rede, tais como a imagem, a privacidade, a identidade, entre outros. O Comentário ainda prevê uma série de liberdades que devem ser resguardadas pelos Estados-Partes, como por exemplo, o acesso à informação, liberdade de expressão, de pensamento, consciência e religião, de associação e reunião pacífica.

A conjugação entre proteção e autonomia também é uma preocupação demonstrada em várias oportunidades do Comentário, de modo que os Estados deverão formalizar orientações nesse sentido:

> "Essa orientação deve apoiar as mães e pais na manutenção de um equilíbrio adequado entre a proteção da criança e a sua autonomia emergente, baseada na empatia e respeito mútuos, ao invés da proibição ou controle. Para ajudar mães, pais e cuidadores a manter um equilíbrio entre as responsabilidades parentais e os direitos das crianças, o melhor interesse da criança, aplicado juntamente com a consideração do desenvolvimento progressivo das capacidades da criança, devem ser os princípios orientadores. A orientação às mães, pais e cuidadores deve encorajar as atividades sociais, criativas e de aprendizagem das crianças no ambiente digital e enfatizar que o uso de tecnologias digitais não deve substituir interações diretas e responsivas entre as próprias crianças ou entre as crianças e as mães, pais ou cuidadores".[17]

Nota-se, portanto, a relevância de uma postura ativa dos pais para que a autoridade parental se verta para uma postura ativa dos pais a fim de construírem a educação

---

16. Comentário geral 25 (2021) sobre os Direitos das Crianças em relação ao ambiente digital, p. 3. Disponível em https://criancaeconsumo.org.br/wp-content/uploads/2021/04/comentario-geral-n-25-2021.pdf. Acesso em: 20 dez. 2021.

17. Comentário geral 25 (2021) sobre os Direitos das Crianças em relação ao ambiente digital, p. 17. Disponível em https://criancaeconsumo.org.br/wp-content/uploads/2021/04/comentario-geral-n-25-2021.pdf. Acesso em: 20 dez. 2021.

digital dos seus filhos. Isso implica em critérios para a exposição da imagem destes no ambiente digital, entendendo-se a liberdade de expressão dos pais encontra limites em relação à imagem da prole. Esse limite se tornou ainda mais forte na medida em que a proteção dos dados pessoais foi alçado expressamente à categoria de direito fundamental por força da Emenda Constitucional 115, que acrescentou o inciso LXXIX ao art. 5º que dispõe que "é assegurado, nos termos da lei, o direito à proteção dos dados pessoais, inclusive nos meios digitais".

Dado pessoal é toda informação relacionada a pessoa natural identificada ou identificável, segundo o art. 5º, I, da Lei Geral de Proteção de Dados Pessoais – LGPD. Não há dúvida de que a imagem é algo que identifica a pessoa, sendo, portanto, um dado pessoal. Portanto, o tratamento conferido à imagem na internet deve ter como premissa a qualificação jurídica da imagem como dado pessoal, cuja proteção é a de direito fundamental. Isso requer ainda mais cuidado quando está em questão o uso de imagem por terceiros – pais – que são as pessoas que mais devem zelar pela proteção e cuidado dos filhos, seja no ambiente digital seja fora dele. É sob essas premissas que deve-se analisar o *sharenting*, o que passará a ser feito no próximo item.

3. *SHARENTING*

O exercício da parentalidade vem se tornando uma experiência compartilhada digitalmente pelos pais em dimensões nunca vistas. Decorre daí o surgimento do fenômeno que foi nomeado de *sharenting*, isto é, o hábito de os pais utilizarem as mídias sociais para compartilhar informações – fotos, vídeos e acontecimentos – sobre seus filhos.

Esta forma de compartilhamento digital pelos pais de suas experiências em relação ao exercício da parentalidade é comparada ao que seria, no passado, a um vídeo ou álbum público de fotos. Mas a potencialidade da Internet de eternizar informações que estejam na Rede é infinitas vezes maior. Tudo isso contribui para que hoje, se tenha reduzida possibilidade de avaliação do impacto que as informações dessas crianças e adolescentes no universo *online* irão ter em seu desenvolvimento social e qual o destino que a inteligência artificial dará às informações lançadas na rede voluntariamente pelos pais. Isso acaba com que crianças e adolescentes, ao chegar em uma idade de maior maturidade, não possam construir suas identidades digitais por elas mesmas, pois carregam um passado digital que não foi responsavelmente construído por elas.

Cogita-se em doutrina, a interferência que tal fenômeno irá gerar na vida escolar, universitária e profissional dessas crianças, sendo inclusive possível já prever "a toda criança um dia será permitida trocar seu nome a fim de se livrar de seu passado digital".[18] Isto se deve, principalmente, ao fato dos pais tenderem a compartilhar

---

18. BROSCH, A. When the Child is Born into the Internet: Sharenting as a Growing Trend among Parents on Facebook. *The New Educational Review*, n. 43, v. 1, p. 233-234, mar. 2016.

conteúdo sobre crianças incluindo data de nascimento, o nome completo da criança ou a publicação de fotos que podem ser constrangedoras, o que pode colocá-las em risco ainda maior. Essa questão recebeu referência expressa do Comentário geral 25:

> "As ameaças à privacidade das crianças podem surgir da coleta e processamento de dados por instituições públicas, empresas e outras organizações, bem como de atividades criminosas como o roubo de identidade. As ameaças também podem surgir das próprias atividades das crianças e das atividades de membros da família, colegas ou outros, por exemplo, por mães e pais que compartilham fotografias online ou por um estranho que compartilha informações sobre uma criança".[19]

Destaca-se que esse compartilhamento pode satisfazer a necessidade de autorrealização e de aprovação social dos pais, principalmente nos primeiros momentos da parentalidade, caracterizados por maior isolamento social.[20] No entanto, suas divulgações *on-line* podem prejudicar seus filhos, seja intencionalmente ou não, já que a decisão dos pais em compartilhar as informações pessoais de um filho na Rede é uma fonte potencial de danos que permanece em grande parte sem solução. Infelizmente, não há um link de "exclusão" para crianças e as decisões tomadas por seus pais resultarão em dados indeléveis.

Embora muitos pais sejam iludidos pela falsa sensação de segurança acreditando que as informações compartilhadas sobre as crianças não passarão de uma audiência selecionada por eles – já que algumas redes sociais oferecem opções de privacidade –, a realidade é que esses posts podem ser salvos e repostados em sites alternativos sem permissão.[21]

Sob o aspecto da privacidade, deve ainda se considerar que esses filhos não apenas possam ter interesse, no futuro, em proteger informações negativas sobre si mesmos no feed de notícias de seus pais, mas também que, muitas vezes, não tinham a capacidade de consentir e concordar com a decisão dos pais de compartilhar qualquer informação pessoal – negativa ou positiva – sobre eles no mundo *on-line*.

Além dos riscos de segurança atuais e da permanência no contexto *online*, o *sharenting* pode causar outras consequências no futuro. Devido ao compartilhamento pelos próprios pais, crianças crescem com um conceito de privacidade totalmente diferente, tornando-se normal para elas que tudo seja de domínio público. Essa superexposição nas redes sociais passa a ser naturalizada e assim o conceito de privacidade vai desaparecendo rapidamente, o que pode não ser saudável para seu crescimento biopsíquico. Por isso, a atuação dos pais no manejo da *Internet* é tão relevante.

Caso recentemente levado a conhecimento público foi o da pequena Alice, criança que ficou conhecida na internet por falar palavras difíceis com 5 anos.

---

19. Comentário geral 25 (2021) sobre os Direitos das Crianças em relação ao ambiente digital, p. 13. Disponível em: https://criancaeconsumo.org.br/wp-content/uploads/2021/04/comentario-geral-n-25-2021.pdf. Acesso em: 20 dez. 2021.
20. BROSCH, A. When the Child is Born into the Internet: Sharenting as a Growing Trend among Parents on Facebook. *The New Educational Review*, n. 43, v. 1, p. 233, mar. 2016.
21. STEINBERG, S. B. *Sharenting*: Children's Privacy in the Age of Social. 66 Emory L.J. 839, p. 850, 2017.

Alice tem um perfil no Instagram administrado pela mãe, Tainara Paradelas. No final de 2021, Alice fez o comercial de Natal do banco Itaú, junto com Fernanda Montenegro, e a menina fofa ficou conhecida nacionalmente. A partir daí, a imagem da pequena Alice começou a ser usada para variados fins, inclusive memes, finalidades políticas e religiosas, o que descontentou a mãe de Alice, obviamente. No entanto, a grande questão é que, quem deu o *start* para a divulgação das imagens da criança no ambiente digital foi a própria mãe e, como já dito, a Internet é um "mundo em descontrole", ou seja, é muito difícil controlar as imagens da filha já divulgadas no ambiente virtual.

É no âmbito familiar que o indivíduo começa a desenvolver sua personalidade e a construir sua autonomia. A responsabilidade dos pais na criação dos filhos menores inclui a construção de um ambiente saudável, democrático e hábil à formação da autonomia individual da criança. Sob essa orientação se inspirou o legislador brasileiro, ao ampliar significativamente o conteúdo da autoridade parental e dos deveres a esta inerentes, de modo a concretizar a autonomia da criança e do adolescente em seu melhor interesse, priorizando seu desenvolvimento em consonância com suas particularidades. [22]

Para garantir o bem-estar das crianças e dos adolescentes, reconhecidamente vulneráveis,[23] a tutela especial que lhes é deferida pode se estender até mesmo em face dos seus pais, nas hipóteses de eventual malversação dessa autoridade.[24] Assim, "na concepção contemporânea, a autoridade parental não pode ser reduzida nem a uma pretensão juridicamente exigível em favor dos seus titulares nem a um instrumento jurídico de sujeição (dos filhos à vontade dos pais)".[25] Ela tem a finalidade

---

22. O interesse da criança, como destaca Perlingieri, identifica-se "com a obtenção de uma autonomia pessoal e de juízo, que pode se concretizar na possibilidade de exprimir escolhas nos mais diversos setores, [...] desde que sejam salvaguardados a sua integridade psicofísica e o crescimento global de sua personalidade". (PERLINGIERI, Pietro. A doutrina do direito civil na legalidade constitucional. In: TEPEDINO, Gustavo (Org.). *Direito civil contemporâneo*: novos problemas à luz da legalidade constitucional. São Paulo: Atlas, 2008. p. 1003.)

23. Heloisa Helena Barboza destaca que a vulnerabilidade é, na verdade, característica ínsita do ser humano: "Considerada que seja a cláusula geral de tutela da pessoa humana, constata-se que a vulnerabilidade se apresenta sob múltiplos aspectos existenciais, sociais, econômicos. Na verdade, o conceito de vulnerabilidade (do latim, vulnerabilis, 'que pode ser ferido', de vulnerare, 'ferir', de vulnus, 'ferida') refere-se a qualquer ser vivo, sem distinção, que pode, eventualmente, ser 'vulnerado' em situações contingenciais. Trata-se, portanto, de característica ontológica de todos os seres vivos." (BARBOZA, Heloisa Helena. 'Vulnerabilidade e cuidado: aspectos jurídicos'. In: PEREIRA, Tânia da Silva; OLIVEIRA, Guilherme. *Cuidado & Vulnerabilidade*. Atlas: São Paulo, 2009. p. 110). Complementa Thaís Sêco que a referência a uma "vulnerabilidade que tende à extinção" no caso da criança e do adolescente, portanto, é à vulnerabilidade específica da doutrina da tutela integral, e não à vulnerabilidade geral, a qual fundamenta até mesmo os próprios direitos humanos e fundamentais como um todo, além de ramos específicos como o direito do trabalho e o direito do consumidor.

24. BODIN DE Moraes, Maria Celina. Danos morais em família? In: *Na medida da pessoa humana*: estudos de direito civil-constitucional. Rio de Janeiro: Renovar, 2010. p. 448.

25. Assim, complementa Gustavo Tepedino, a "interferência na esfera jurídica dos filhos só encontra justificativa funcional na formação e no desenvolvimento da personalidade dos próprios filhos, não caracterizando posição de vantagem juridicamente tutelada em favor dos pais" (TEPEDINO, Gustavo. A disciplina jurídica da guarda e da autoridade parental. *Revista Trimestral de Direito Civil*, v. 17, n. 5, p. 40-41, jan.-mar. 2004).

precípua de promover o desenvolvimento da personalidade dos filhos, respeitando sua dignidade pessoal.[26]

Ao assumir essa função, a autoridade parental não significa mais somente o cerceamento de liberdade ou, na expressão popular, a *"imposição de limites"*, mas, principalmente, a promoção dos filhos em direção à emancipação. A estes devem ser conferidas as escolhas existenciais personalíssimas para as quais eles demonstrem o amadurecimento e a competência necessários no processo de construção de sua própria identidade.[27]

O desafio está justamente em encontrar a medida entre cuidar e emancipar.[28] A relação entre pais e filhos não pode ser pensada exclusivamente como contraposição, já que diz respeito, também, ao chamado desenvolvimento fisiológico de uma família.[29] O contraste ou a conexão ocorrem entre situações jurídicas subjetivas complexas, delineando o conteúdo dessa relação que se altera e que se desenvolve conforme as diferentes exigências dos filhos.[30]

É sob o enfoque das relações dialéticas, democráticas e concretas entre pais e filhos — com todas as particularidades que envolvem a criança e o adolescente em cada etapa de seu desenvolvimento – que se pretende investigar o impacto do compartilhamento excessivo pelos pais da imagem e da vida dos filhos menores nas redes sociais, bem como, sob o prisma da autonomia existencial dos filhos, se há justificativas para heteronomia estatal no exercício da autoridade parental no que tange à exposição dos filhos no ambiente virtual.

Embora o assunto ainda seja pouco explorado no Brasil, na Europa, há uma tendência geral no sentido de se exigir o consentimento de ambos os pais,[31] sendo essa exigência relativizada quando o escopo da publicação é restrito a familiares e amigos, e não em todos os casos, dado o risco de que essa publicação restrita possa acabar em uma republicação (*repost*) não autorizada da imagem. De fato, a necessidade de obter o consentimento do outro genitor favorece a reflexão do que

---

26. MENEZES, Joyceane Bezerra de; BODIN DE MORAES, Maria Celina. Autoridade parental e a privacidade do filho menor: o desafio de cuidar para emancipar. *Revista Novos Estudos Jurídicos*, v. 20, n. 2, p. 504, maio.-ago. 2015.
27. VILELA MULTEDO, Renata. *Liberdade e Família*: limites para a intervenção do Estado nas relações conjugais e parentais. Rio de Janeiro: Ed. Processo, 2017, p 107 e ss.
28. MENEZES, Joyceane Bezerra de; BODIN DE MORAES, Maria Celina. Autoridade parental e a privacidade do filho menor: o desafio de cuidar para emancipar. *Revista Novos Estudos Jurídicos*, v. 20, n. 2, p. 505, maio.-ago. 2015.
29. STANZIONE, Pasquale. Personalidade, capacidade e situações jurídicas do menor. In: TEIXEIRA, Ana Carolina Brochado; RIBEIRO, Gustavo Pereira Leite; COLTRO, Antônio Carlos Mathias; TELLES, Marília Campos Oliveira e (Orgs.). *Problemas da família no direito*. Belo Horizonte: Del Rey, 2011. p. 222.
30. STANZIONE, Pasquale. Personalidade, capacidade e situações jurídicas do menor. In: TEIXEIRA, Ana Carolina Brochado; RIBEIRO, Gustavo Pereira Leite; COLTRO, Antônio Carlos Mathias; TELLES, Marília Campos Oliveira e (Orgs.). *Problemas da família no direito*. Belo Horizonte: Del Rey, 2011. p. 222.
31. TORAL LARA, E. (2020). Menores y redes sociales: consentimiento, protección y autonomía. *Derecho Privado y Constitución,* 36, 179-218. Disponível em: https://doi.org/10.18042/cepc/dpc.36.05 Acesso em: 20 dez. 2021.

está em jogo e se determinada exposição beneficia o melhor interesse da criança. Em caso de desacordo entre os pais será necessária a intervenção estatal para que o juiz determine qual decisão se coaduna com o melhor interesse da criança envolvida, da mesma forma como dispõe o parágrafo único do art. 1.631 do Código Civil brasileiro.[32]

> "Os pais são os naturais protetores da identidade digital de seus filhos. No entanto, muitas vezes essa abertura online da vida pessoal de seus filhos pode prejudicá-los, intencionalmente ou não. Muitas crianças e adolescentes têm interesse em proteger informações que consideram negativas sobre elas mesmas no feed de seus pais e também podem desejar que nenhuma informação pessoal – negativa ou positiva – a seu respeito seja divulgada. Embora os adultos tenham a capacidade de definir seus próprios parâmetros ao compartilhar suas informações pessoais no mundo virtual, as crianças não têm tal controle sobre sua pegada digital, a menos que haja limites para os pais."[33]

Assim, em colisão entre os direitos à privacidade e imagem dos filhos e o da liberdade de expressão dos pais, deve-se ponderar pela maior proteção ao segmento vulnerável. Isso não significa que os pais não possam postar fotos de família em que os filhos estejam presentes, mas que essa prática seja moderada, para que os filhos tenham a possibilidade de, eles mesmos, sob a orientação dos pais no exercício da autoridade parental, criar sua identidade no mundo virtual, no gozo do seu direito à autodeterminação informativa. Isso porque, a rigor, trata-se da imagem do filho, que além de titularizar esse direito da personalidade, também deve exercê-lo. Assim, parece não ser recomendável a exposição "do filho pelo filho", sem qualquer relação ou senso de pertencimento ao grupo familiar, principalmente em imagens da criança em situações vexatórias, de nudez ou seminudez que possa comprometê-la e potencializar riscos de danos. Entende-se que, nessas hipóteses, há um excesso, uma abusividade na conduta dos pais.[34]

---

32. Nesse sentido, o Tribunal Distrital de Haia condenou um influenciador a remover permanentemente todo o conteúdo de suas redes sociais em que aparecem seus filhos menores. Além disso, proibiu o pai postar conteúdo desse tipo no futuro. A decisão baseou-se no fato de que a decisão de publicar imagens ou vídeos de filhos menores nas redes sociais deve ser adotada em conjunto pelos pais. Isto sem prejuízo de que, na falta de acordo, se recorra ao Tribunal para a retirada e futura proibição das publicações nos casos em que os filhos tenham sua privacidade comprometida. No entanto, o Tribunal autorizou a publicação nas redes sociais privadas com menos de 250 seguidores. Disponível em https://uitspraken.rechtspraak.nl/inzien-document?id=ECLI:NL:RBDHA:2018:13105 Acesso em: 20 dez. 2021.
33. STEINBERG, S. B. *Sharenting*: Children's Privacy in the Age of Social. 66 Emory L.J. 839, p. 842-843, 2017.
34. "Quanto ao sharenting, a atividade de crianças e adolescentes é clicada, registrada e divulgada, e isso sem mencionar que, por vezes, seus nomes, a escolas onde estudam, local que realizam atividades extracurriculares, e, ainda, alguma condição peculiar de vida (como alguma doença, por exemplo), são amplamente divulgados. Tudo isso pode ser veiculado em redes sociais por meio de conteúdos 'fofos', em situações absolutamente vexatórias, ou, ainda, pela exposição de conflitos intrafamiliares que antes mesmo de serem judicializados, foram submetidos ao crivo do 'tribunal da internet', que, não raras vezes, são carregados de discursos de ódio (hate speech) e outras manifestações violentas e prejudiciais ao desenvolvimento sadio de crianças e adolescentes, seja em curto, médio ou longo prazo." (VIDAL, Bruna; CALMON, Patricia Novaes. Sharenting: a Exposição Virtual de Filhos pelos Próprios Pais. *Revista Nacional de Direito de Família e Sucessões*, n. 46, jan.-fev. 2022. p. 33)

Os casos julgados pelos tribunais brasileiros ainda são poucos. Mas o conflito parece vir da discordância entre os pais, geralmente divorciados/separados. Em caso examinado pelo TJSP, o autor, pai de um filho menor, pleiteou a remoção de postagem feita pela mãe, no Facebook, sem sua autorização. Argumentou que detém a guarda compartilhada e não foi consultado sobre o *post* que versava sobre seu filho e ainda publicava sua foto. Tratava-se de uma postagem em que a mãe compartilhava seus sentimentos ao descobrir o autismo do filho, razão pela qual, na contestação, ela alegou que não ofendeu a dignidade, imagem ou identidade do filho. O magistrado entendeu pela inexistência de ofensa aos direitos da personalidade do menor, agindo a mãe no exercício da sua liberdade de expressão:

> "Pelo teor do texto publicado, pode-se perceber uma mãe, preocupada com o diagnóstico de autismo do filho, relatando, de forma emotiva, a descoberta da moléstia e a confusão de sentimentos que se seguiu. Percebe-se, nitidamente, que não houve qualquer mácula à imagem do menor. Pelo contrário, nota-se uma mãe preocupada com o filho que tanto ama, compartilhando seus sentimentos na rede social, em busca de afeto, reconhecimento e identificação. (...) De todo o exposto, pode-se perceber que a pretensão do apelante não merece acolhimento, não tendo a postagem da ré capacidade de ofender a imagem ou privacidade do menor".[35]

Não parece ser possível, de antemão, estabelecer um *standard* de número de postagens de família que seja razoável se admitir em razão do senso de pertencimento ao coletivo familiar, mesmo porque os critérios definidores não são apenas quantitativos, mas também, qualitativos, pois não é qualquer foto que pode ser exibida, vez que ela não pode transmitir qualquer conteúdo constrangedor que possa, no futuro, comprometer a integridade do filho, por isso, não deve ser permitida a exibição de crianças nuas ou seminuas, em momentos da sua reserva máxima de intimidade (banho, necessidades fisiológicas etc.), mesmo que seja num contexto familiar. O que parece ser possível afirmar é que os pais precisam refletir que, ao fazerem uma postagem, perdem totalmente o controle sobre seu conteúdo. Por isso, é preciso se pensar no risco de potencial lesão tanto no presente, quanto no futuro.

O que se constata é o expressivo potencial danoso dessa exposição exacerbada, razão pela qual se fala em *(over)sharenting*, situação que se configura na abusividade no exercício da autoridade parental e do direito à liberdade de expressão dos pais. Portanto, a hiperexposição parece estar vedada por si só, mesmo que não incomode o filho, pois ela pode trazer graves consequências relativas à criação de rastros digitais para o futuro da criança.

---

35. "Direito de imagem. Postagem, pela mãe, em rede social, acerca da doença de seu filho (autismo). Contrariedade do pai. Não cabimento. Embora se deva evitar a superexposição dos filhos em redes sociais, privilegiando a proteção à imagem e à intimidade do incapaz, necessário balizar tais direitos fundamentais com a liberdade de expressão da genitora. Postagem que não ofende ou desmoraliza o infante. Teor do texto publicado que demonstra preocupação e afeto com o menor. Sentença mantida. Recurso desprovido." (TJSP, Ap. Civ. 1015089-03.2019.8.26.0577, 6ª Câm. Dir. Priv., rel. Des. Vito Guglielmi, julg. 13.07.2020).

"Como se procurou demonstrar, não há como voltar atrás. Seria impossível imaginar que pais e familiares vão parar de postar fotos, vídeos e informações de crianças e adolescentes na *Internet*. Seria como lutar contra a maré da realidade social, numa sociedade marcada pela exibição e pelo consumo. O que se deve fazer é estar atento para prevenir e reprimir os abusos, como aqueles associados à captura das rédeas da construção da história e da narrativa dos filhos nas redes sociais na *Internet*".[36]

4. CONDUTA ABUSIVA DOS PAIS NO AMBIENTE DIGITAL

O *(over)sharenting* se configura, como já analisado, pelo excesso no exercício do direito à liberdade de expressão dos pais no ambiente virtual, ao postar imagens dos filhos menores de idade na Rede, que acaba por sacrificar seus direitos fundamentais à privacidade e à imagem, injustificadamente. Justamente aqueles que devem ser os mais comprometidos com o desenvolvimento dos filhos, acabam por colocar em risco sua identidade digital e autonomia privada futura.[37]

Os pais, por serem pais, entendem que podem manejar tais direitos fundamentais dos filhos, sem dimensionar os riscos aos quais estão expondo-os. Essa conduta ocorre por meio do exercício da autoridade parental que pode levar à falsa ideia de que os pais podem gerenciar a imagem dos filhos da mesma forma que fazem com a sua. E, verdadeiramente, não podem, por dois motivos: (i) a autonomia privada dos pais para definir o exercício dos direitos fundamentais próprios não se estende aos filhos, pois o que funda o poder decisório dos pais em relação aos filhos é o *múnus* da autoridade parental, voltada exclusivamente para o bem-estar e desenvolvimento saudável dos filhos menores; (ii) o desempenho da autoridade parental e o apoio ao exercício dos direitos fundamentais dos filhos leva em consideração que crianças e adolescentes estão em fase de desenvolvimento, o que atrai proteção prioritária do ordenamento jurídico; tendo como base essas premissas, devem ser tratados de forma diferente dos adultos, de modo que seus direitos de imagem e à privacidade são exercidos de forma diversa de seus pais.

Assim, quando os pais excedem os espaços de liberdade de expressão consentidos que compõem o universo comum, do que é familiar, agem de forma excessiva, atraindo a disciplina do abuso do direito. Daí a afirmativa de que o *(over)sharenting* configura-se como abuso do direito, definido pelo art. 187 do Código Civil da seguinte forma:

---

36. MEDON, Filipe. (Over)sharenting: a superexposição da imagem e dos dados da criança na internet. In: TEIXEIRA, Ana Carolina Brochado; DADALTO, Luciana (Coords.). *Autoridade parental*: dilemas e desafios contemporâneos. 2. ed. Indaiatuba: Foco, 2021. p. 371.

37. Investigou-se, nesse trabalho, se o abuso seria do direito à liberdade de expressão dos pais ou do exercício da autoridade parental. Por ora, entendeu-se que a conduta abusiva se refere ao excesso à liberdade de expressão dos pais, vez que, embora se entenda como lícita a exposição dos filhos no ambiente digital, ele tem algumas limitações que visa à preservação da criança. Ademais, como a natureza jurídica da autoridade parental é a de poder jurídico, pressupõe-se que ela deve ser exercida em prol dos filhos, razão pela qual a liberdade de expressão na rede, ao desatender os critérios aqui estabelecidos, acaba por tornar a conduta parental disfuncional, por ofensa ao dever de cuidado (mas não, tecnicamente, por abuso do direito).

"Art. 187. Também comete ato ilícito o titular de um direito que, ao exercê-lo, excede manifestamente os limites impostos pelo seu fim econômico ou social, pela boa-fé ou pelos bons costumes."

Tal dispositivo, além de qualificar o ato abusivo como ilícito, define como pressuposto o excesso aos limites impostos pelo seu fim social, boa-fé e bons costumes. Segundo César Fiuza, o art. 187 confunde abuso do direito com o ato ilícito propriamente dito, misturando os institutos e analisando-os apenas quanto aos seus efeitos. Conforme o autor, no abuso do direito há o exercício ilegítimo de um direito legítimo[38], pois o agente ultrapassa certos limites impostos pela ordem jurídica e pela ordem social.

Conquanto tradicionalmente esse instituto seja relacionado às situações patrimoniais, ele também pode ser aplicado às situações existenciais. Destaque-se ainda que, em se tratando de situações existenciais é preciso especial cuidado no que tange às situações jurídicas de eficácia interpessoal, como esclarece Thamis Dalsenter

"este tipo de situação gera repercussão em esferas jurídicas distintas do titular da situação, alcançando pessoas que não praticaram o ato de autonomia. Estas pessoas precisam ser individualmente identificadas e devem comprovar a situação de serem afetadas pelos efeitos diretos e imediatos do ato de autonomia que lesionaram ou apresentam risco real de lesão a seus direitos. Trata-se, portanto, de situação que gera concreto conflito de interesses entre a realização de interesses existenciais em esferas jurídicas distintas. Nessas situações, torna-se possível aplicar a cláusula de bons costumes para limitar, em concreto, os atos de autonomia existencial."[39]

O abuso do direito representa violação aos espaços de liberdade em situações jurídicas familiares atreladas à realização da pessoa, delimitados por seus fins sociais, pela boa-fé ou, essencialmente, pelos bons costumes.[40] A conduta dos pais de expor a imagem de seus filhos deliberadamente acaba excedendo os limites do direito próprio à liberdade de expressão, por acabar desvirtuando, extrapolando os limites ao direito que lhe é próprio, pois viola a legítima expectativa da confiança dos filhos em relação aos pais, quando à gestão do exercício dos seus direitos fundamentais enquanto não puderem fazê-lo por si só. Thamis Dalsenter classifica os atos de autonomia existencial em três esferas: pessoal, interpessoal e social. "Os atos de autonomia de eficácia interpessoal são consequência do exercício de situação subjetiva que gera repercussão em esferas jurídicas distintas do titular da situação, alcançando pessoas que não praticaram o ato de autonomia. (...) Nessas situações, torna-se possível aplicar restrições concretas aos atos de autonomia existencial, especialmente por meio da cláusula geral de bons costumes, como se verá adiante." Nesse caso, a cláusula

---

38. FIUZA, César; BRITO, Lucas Pimenta de Figueiredo. Para uma compreensão integral do abuso de direito no contexto da responsabilidade delitual e da boa-fé objetiva. In: FIUZA, César; NAVES, Bruno Torquato de Oliveira Naves; SÁ, Maria de Fátima Freire de. *Direito Civil*: atualidades. v. III. Belo Horizonte: Del Rey, 2009. p. 360.
39. CASTRO, Thamis Dalsenter Viveiros de. Bons costumes no direito civil brasileiro. São Paulo: Almedina Brasil, 2017. p. 28.
40. Segundo Thamis Dalsenter, a cláusula de bons costumes deve ser o cânone interpretativo nos atos de autonomia existencial, enquanto o exercício abusivo da autonomia patrimonial continuará sendo guiado pela ideia de respeito à boa-fé e à função social. (CASTRO, Thamis Dalsenter Viveiros de. Bons costumes no direito civil brasileiro. São Paulo: Almedina Brasil, 2017. p. 279).

de bons costumes acaba por funcionar como limitadora da autonomia existencial interpessoal, para o direito dos filhos possam estar preservados da conduta excessiva dos pais.[41] Por isso, o abuso do direito, consubstanciado em *(over)sharenting*, viola diretamente os direitos fundamentais da criança e do adolescente e, por via de consequência, o princípio do melhor interesse.

Como se sabe, o sistema legal de proteção reconhece à criança e ao adolescente os mesmos direitos fundamentais destinados às pessoas adultas e ainda outros que decorrem da sua condição de pessoas em desenvolvimento e atribui aos pais o dever de cuidado. Todavia, isso não significa que aos pais confere-se o direito irrestrito de dizer aquilo que constitui o melhor interesse dos filhos, tanto que em algumas circunstâncias, o Estado toma para si essa faculdade, retirando até mesmo dos pais esse poder primário de decisão.[42]

Em verdade, o que precisa se considerar é a inafastabilidade do princípio da dignidade da pessoa humana enquanto medida de ponderação,[43] aplicável à aferição do que seja o conteúdo do melhor interesse em cada situação concreta. Isto porque, a despeito do conteúdo abstrato desse princípio, o melhor interesse da criança está inteiramente imbricado à garantia do desenvolvimento da pessoa e, consequentemente, ao respeito da sua dignidade e autonomia.[44] Assim, o conteúdo do melhor interesse não coincidirá, necessariamente, com a vontade imperativa dos pais, do Estado ou mesmo da própria criança/adolescente.[45]

Ao considerar o aspecto funcional da autoridade parental de buscar o melhor interesse, os pais devem considerar a privacidade, as pretensões, as características e o paulatino processo de amadurecimento dos filhos, de modo que eles também sejam chamados a protagonizar sua história como sujeitos ativos na formação de sua personalidade e identidade.[46]

---

41. CASTRO, Thamis Dalsenter Viveiros de. A função da cláusula de bons costumes no Direito Civil e a teoria tríplice da autonomia privada existencial. *Revista Brasileira de Direito Civil – RBDCivil*, Belo Horizonte, v. 14, p. 112-114, out.-dez. 2017.

42. ARANTES, Esther Maria de Magalhães. Proteção integral à criança e ao adolescente: proteção *versus* autonomia? *Psicol. clin.*, 2009, v. 21, n. 2, p. 431-450. ISSN 0103-5665. Disponível em: http://www.scielo.br/pdf/pc/v21n2/12.pdf. Acesso em: 20 dez. 2021.

43. BODIN DE MORAES, Maria Celina. *Danos à pessoa humana*. uma leitura Civil-Constitucional dos danos morais. Rio de Janeiro: Renovar, 2003. p. 108.

44. STANZIONE, Pasquale e SCIANCALEPORE, Giovanni. *Minore e diritti fondamentali*. Milano: Giuffrè Editore, 2006. p. 9-11.

45. MENEZES, Joyceane Bezerra de; MULTEDO, Renata Vilela. A autonomia éticoexistencial do adolescente nas decisões sobre o próprio corpo e a heteronomia dos pais e do Estado no Brasil. A&C – Revista de Direito Administrativo & Constitucional, Belo Horizonte, ano 16, n. 63, p. 187-210, jan.-mar. 2016. p. 188.

46. Nesse sentido, o Comentário geral 25 (2021) do Comitê dos direitos da Criança afirma: "As ameaças à privacidade das crianças podem surgir da colega e processamento de dados por instituições públicas, empresas e outras organizações, bem como de atividades criminosas como o roubo de identidade. As ameaças também podem surgir das próprias atividades das crianças e das atividades de membros da família, colegas ou outros, por exemplo, por mães e pais que compartilham fotografias online ou por um estranho que compartilha informações sobre uma criança." (Comentário geral 25 (2021) sobre os Direitos das Crianças em relação ao ambiente digital, p. 13. Disponível em https://criancaeconsumo.org.br/wp-content/uploads/2021/04/comentario-geral-n-25-2021.pdf. Acesso em: 20 dez. 2021).

Em se tratando do (over)sharenting, quando se exerce a liberdade de expressão e se atinge a privacidade e dignidade de terceiro, configura-se o abuso do direito no exercício dessa liberdade. Tal situação se agrava na medida em que justamente aqueles que tem o *múnus* de cuidar e proteger os filhos são os que os expõem de forma excessiva a ponto de causar danos à sua dignidade. Seja ao colocá-los em situação vexatória, podendo até lhes causar situações de *bullying*, seja ao colocar em risco a própria segurança e privacidade dos filhos menores, por meio de divulgação de dados pessoais, como já ocorreu nos casos de sequestro digital de identidade e endereço de crianças em tenra idade.

É importante mencionar que o dano nos casos de *oversharenting* também é maior, pois justamente aqueles que desfrutam do acesso irrestrito aos dados e imagens dos filhos, bem como têm o dever de protegê-los em razão de sua vulnerabilidade, são os que colocam em risco a dignidade e segurança ao exercer abusivamente sua liberdade de expressão ao envolver terceiros, como se valer da posição de pais e guardiões para os exporem de forma excessiva e inadequada nas redes sociais.

Portanto, o ato abusivo constitui-se em "atividade que formalmente se mostra legítima – por decorrer dos poderes que a ordem jurídica atribui ao titular de certo direito –, mas que, a rigor, se afigura disfuncional – por contrariar a razão pela qual o ordenamento assegura poderes ao titular".[47] Entende-se que o comportamento dos pais é fruto do influxo social e não propriamente de um componente doloso, que visa deliberadamente lesar os filhos. Por isso, o primeiro passo para se estabelecer um uso saudável da internet é que os próprios pais tenham consciência de que sua conduta que expõe os filhos excessivamente no ambiente digital pode lhes causar danos.

Como se buscou demonstrar anteriormente, expor a imagem dos filhos pelos pais na internet é um comportamento lícito, autorizado conforme interpretação sistemática da ordem jurídica, desde que obedecidos alguns parâmetros limitadores no ambiente virtual, já desenvolvidos no item anterior, vistos tanto sob o aspecto qualitativo quanto sob o quantitativo. Se esses critérios forem desatendidos, a conduta permitida acaba por se desvirtuar, contrariando uma finalidade social, o dever de agir conforme a boa-fé em relação aos seus filhos e os bons costumes, ou seja, configura-se conduta abusiva, chamando para si todas as consequências geradas por atos dessa natureza.

No entanto, é importante admitir que nesse momento em que se vive, é o manejo correto e saudável da internet por pais e filhos, para que a Rede possa realizar toda a sua potencialidade social, de aprendizagem e todas as facilidades que ela pode promover, sem causar danos, principalmente aos mais vulneráveis.

---

47. TEPEDINO, Gustavo; OLIVA, Milena Donato. *Fundamentos de direito civil*: teoria geral do direito civil. v. I. Rio de Janeiro: Forense, 2020. p. 371.

5. CONCLUSÃO

A ideia de democracia inicia-se dentro dos lares, com o desenvolvimento e o crescimento relativamente saudável dos indivíduos[48]. Com base nessa premissa, destaca-se que, embora não haja nada de novo em afirmar que a família é um dado essencial de nossa civilização, todo o conhecimento empírico sobre aquela só demonstra a necessidade de estudos cada vez mais detalhados.[49] O psiquiatra Donald Winnicott relata que

> durante o último meio século tem havido um crescente aumento na consciência do valor do lar (infelizmente, essa consciência provém da compreensão dos efeitos de um lar ruim). Conhecemos algumas razões que fazem essa longa e exigente tarefa — o trabalho dos pais de compreender os filhos — valer a pena; e, de fato, acreditamos que esse trabalho provê a única base real para a sociedade, sendo o único fator para a tendência democrática do sistema social de um país.[50]

"Quanto mais famílias democráticas, maior o fortalecimento da democracia no espaço público, e vice-versa. Além disso, e evidentemente, quanto mais democracia houver nos pequenos grupos, mais democrática será a sociedade na qual eles coexistem."[51]

É sob o enfoque das relações dialéticas, democráticas e concretas entre pais e filhos — com todas as particularidades que envolvem a criança e o adolescente em cada etapa de seu desenvolvimento — que se pretendeu analisar a autonomia existencial dos filhos e a responsabilidade parental no ambiente digital.

A educação digital perpassa por uma maior conscientização dos pais para orientação dos seus filhos sobre os riscos, tornando-se importante instrumento de prevenção de danos e, sobretudo, do aprendizado para a construção de uma história digital saudável. É por esse motivo que se detalhou que a autoridade parental no ambiente digital deve passar por alguns comportamentos dos pais: orientar, acompanhar, dialogar, consentir e fiscalizar, sempre respeitando a autonomia e a fase de desenvolvimento de suas crianças e adolescentes.

Nesse sentido, analisou-se o *sharenting*, ou seja, o compartilhamento de fotografias dos filhos na *Internet*, demonstrando que essa conduta não pode ser praticada à revelia pelos pais, sob pena de se caracterizar abusiva e causar danos para os filhos. Assim, não deve nem ser excessiva – *(over)sharenting* – nem pode se valer de qualquer imagem que possa lhes causar constrangimentos futuros.

Quando as publicações desatenderem os parâmetros acima propostos, há configuração de abuso do direito do exercício da liberdade de expressão dos pais.

---

48. WINNICOTT, Donald W. *A família e o desenvolvimento individual*. Trad. Marcelo Brandão Cipolla. 4. ed. São Paulo: Martins Fontes, 2011. p. 69.
49. WINNICOTT, 2011, p. 59.
50. WINNICOTT, Donald W. *Tudo começa em casa*. São Paulo: Martins Fontes, 1999. p. 118.
51. BODIN DE MORAES, Maria Celina. *Na medida da pessoa humana*: estudos de direito civil-constitucional. Rio de Janeiro: Renovar, 2010. p. 214.

Entendeu-se, por ora, que o abuso se refere à liberdade de expressão e não ao exercício da autoridade parental, uma vez que as postagens não decorrem do exercício dos poderes/deveres oriundos da autoridade parental, mas sim do descumprimento do dever de cuidado.

6. REFERÊNCIAS BIBLIOGRÁFICAS

ALVES, Jones Figueiredo. *Negligência dos pais no mundo virtual expõe criança a efeitos nocivos da rede.* Disponível em: https://www.conjur.com.br/2017-jan-15/processo-familiar-abandono-digital-expo-e-crianca-efeitos-nocivos-internet. Acesso em: 20 dez. 2021.

BARBOZA, Heloisa Helena. 'Vulnerabilidade e cuidado: aspectos jurídicos'. In: PEREIRA, Tânia da Silva; OLIVEIRA, Guilherme. *Cuidado & Vulnerabilidade.* Atlas: São Paulo, 2009.

BODIN DE Moraes, Maria Celina. Danos morais em família? In: *Na medida da pessoa humana*: estudos de direito civil-constitucional. Rio de Janeiro: Renovar, 2010.

BODIN DE MORAES, Maria Celina; TEIXEIRA, Ana Carolina Brochado. Comentário ao artigo 226. In: CANOTILHO, José Joaquim Gomes et al. (Coords.). *Comentários à Constituição do Brasil.* São Paulo: Saraiva/Almedina, 2013.

BROSCH, A. When the Child is Born into the Internet: Sharenting as a Growing Trend among Parents on Facebook. *The New Educational Review*, n. 43, v. 1, p. 233-234, mar. 2016.

CHEUNG, Helier. *Publicar fotos dos filhos nas redes sociais é invasão de privacidade?* Disponível em: https://www.bbc.com/portuguese/geral-47731061. Acesso em: 20 dez. 2021.

CHILDREN in a Digital World. *The state of the world's children 2017.* Disponível em: https://www.unicef.org/media/48581/file/SOWC_2017_ENG.pdf. Acesso em: 20 dez. 2021.

CORRÊA DE OLIVEIRA, José Lamartine; MUNIZ, Francisco José Ferreira. *Curso de direito de família.* 2. ed. Curitiba: Juruá, 1998.

EBERLIN, Fernando Büscher von Teschenhausen. *Direitos da criança na sociedade da informação.* Ambiente digital, privacidade e dados pessoais. São Paulo: Ed. RT, 2020.

FACHIN, Luiz Edson. *Elementos críticos do direito de família.* Rio de Janeiro: Renovar, 1999.

GUERRA, Alexandre Dartanhan de Mello. Responsabilidade civil por abuso de direito. In: ROSENVALD, Nelson; MILAGRES, Marcelo. *Responsabilidade civil*: novas tendências. São Paulo: Foco, 2018.

GODINHO, Adriano Marteleto; DRUMOND, Marcela Maia de Andrade. Autoridade Parental e cyberbullying. In: TEIXEIRA, Ana Carolina Brochado; DADALTO, Luciana (Orgs.). Autoridade Parental: dilemas e desafios contemporâneos. 2. ed. Indaiatuba, SP. Editora: Foco, 2021.

LASCH, Christopher. *Refúgio num mundo sem coração – a família*: santuário ou instituição sitiada? Rio de Janeiro: Paz e Terra, 1991.

MEDON, Filipe. (Over)sharenting: a superexposição da imagem e dos dados da criança na internet. In: TEIXEIRA, Ana Carolina Brochado; DADALTO, Luciana (Coords.). *Autoridade parental*: dilemas e desafios contemporâneos. 2. ed. Indaiatuba: Foco, 2021.

MEIRELES, Rose Melo Vencelau; ABÍLIO, Viviane da Silveira. Autoridade parental como relação pedagógica: entre o direito à liberdade dos filhos e o dever de cuidado dos pais. In: TEPEDINO, Gustavo; FACHIN, Luiz Edson (Orgs.). *Diálogos sobre direito civil.* Rio de Janeiro: Renovar, 2012. v. 3.

MENEZES, Joyceane Bezerra de; BODIN DE MORAES, Maria Celina. Autoridade parental e a privacidade do filho menor: o desafio de cuidar para emancipar. *Revista Novos Estudos Jurídicos*, v. 20, n. 2, p. 504, maio.-ago. 2015.

MATOS, Ana Carla Harmatiuk; TEIXEIRA, Ana Carolina Brochado. Responsabilidade civil e família. In: ROSENVALD, Nelson; RUZYK, Carlos Eduardo Pianovski (Coords.). *Novas fronteiras da responsabilidade civil*: direito comparado. Indaiatuba: Foco, 2020.

MEDON, Filipe. Influenciadores digitais e o direito à imagem de seus filhos: uma análise a partir do melhor interesse da criança. *Revista Eletrônica da Procuradoria Geral do Estado do Rio de Janeiro – PGE-RJ*, Rio de Janeiro, v. 2 n. 2, p. 1-26, maio.-ago. 2019.

NÚCLEO de Informação e Coordenação do PontoBR. TIC Kids Online Brasil 2019. São Paulo: Comitê Gestor da Internet no Brasil, 2020. Disponível em: https://cetic.br/media/docs/publicacoes/2/20201123093344/tic_kids_online_2019_livro_eletronico.pdf. Acesso em: 20 dez. 2021.

PERLINGIERI, Pietro. A doutrina do direito civil na legalidade constitucional. In: TEPEDINO, Gustavo (Org.). *Direito civil contemporâneo: novos problemas à luz da legalidade constitucional*. São Paulo: Atlas, 2008.

PINHEIRO, Patricia Peck. *Abandono digital*. Disponível em: https://www.huffpostbrasil.com/patricia-peck-pinheiro/abandono-digital_b_5408043.html. Acesso em: 20 dez. 2021.

POMPEU, Renata Guimarães. A mediação nos conflitos familiares: convite ao exercício dialógico da autonomia privada. In: TEIXEIRA, Ana Carolina Brochado; RIBEIRO, Gustavo Pereira Leite (Orgs.). *Problemas da família no direito*. Belo Horizonte: Del Rey, 2012.

RODOTÀ, Stefano. *A vida na sociedade da vigilância*: a privacidade hoje. Organização, seleção e apresentação de Maria Celina Bodin de Moraes. Trad. Danilo Doneda e Luciana Cabral Doneda. Rio de Janeiro: Renovar, 2008.

ROSENVALD, Nelson. Um possível conceito de responsabilidade civil. *Revista IBERC*, v. 1, n. 1, 1 nov. 2019, p. 4.

SCHREIBER, Anderson. Cyberbullying: *responsabilidade civil e efeitos na família*. Disponível em: http://www.cartaforense.com.br/m/conteudo/colunas/cyberbullying-responsabilidade-civil-e-efeitos-na-familia/18295. Acesso em: 20 dez. 2021.

STANZIONE, Pasquale. Personalidade, capacidade e situações jurídicas do menor. In: TEIXEIRA, Ana Carolina Brochado; RIBEIRO, Gustavo Pereira Leite; COLTRO, Antônio Carlos Mathias; TELLES, Marília Campos Oliveira e (Orgs.). *Problemas da família no direito*. Belo Horizonte: Del Rey, 2011.

STEINBERG, S. B. Sharenting: Children's Privacy in the Age of Social. *Emory Law Journal*, v. 66, 839, p. 849, 2017.

TORAL LARA, E. (2020). *Menores y redes sociales*: consentimiento, protección y autonomía. Derecho Privado y Constitución, 36, 179-218. Disponível em: https://doi.org/10.18042/cepc/dpc.36.05 Acesso em: 20 dez. 2021.

TEFFÉ, Chiara Spadaccini de; BODIN DE MORAES, Maria Celina. Redes sociais virtuais: privacidade e responsabilidade civil. Análise a partir do Marco Civil da Internet. *Revista Pensar*, Fortaleza, v. 22, n. 1, p. 108-146, jan.-abr. 2017.

TEFFÉ, Chiara. *Revista IBERC*, Minas Gerais, v. 1, n. 1, p. 01-28, nov.-fev. 2019, p. 5. Disponível em: https://docs.wixstatic.com/ugd/5d72ed_bab4da105706419dbbbc3804ce8add99.pdf Acesso em: 20 dez. 2021.

TEIXEIRA, Ana Carolina Brochado. *Família, guarda e autoridade parental*. 2 ed. Rio de Janeiro: Renovar, 2009.

TEIXEIRA, Ana Carolina Brochado; RETTORE, Anna Cristina Carvalho. A autoridade parental e o tratamento de dados pessoais de crianças e adolescentes. In: FRAZÃO, Ana; TEPEDINO, Gustavo; OLIVA, Melina Donato. (Org.). *Lei Geral de Proteção de Dados Pessoais e suas repercussões no Direito brasileiro*. São Paulo: Ed. RT, 2019. v. 1. p. 505-530.

TEIXEIRA, Ana Carolina Brochado; RETTORE, Anna Cristina de Carvalho. Desenvolvimento infanto-juvenil e riscos da interação das crianças e adolescentes com sistemas de inteligência artificial. In: TEPEDINO, Gustavo; GUIA, Rodrigo da (Coords.). *O direito civil na era da inteligência artificial.* São Paulo: Ed. RT, 2020. p. 183-201.

TEIXEIRA, Ana Carolina Brochado. NERY, Maria Carla Moutinho. Vulnerabilidade digital de crianças e adolescentes: a importância da autoridade parental para uma educação nas redes. In: EHRHARDT JR., Marcos; LOBO, Fabíola (Orgs.). *Vulnerabilidade e sua compreensão no direito brasileiro.* Indaiatuba: Foco, 2021. p. 133-147.

TEPEDINO, Gustavo. A disciplina jurídica da guarda e da autoridade parental. *Revista Trimestral de Direito Civil*, v. 17, n. 5, p. 40-41, jan.-mar. 2004.

TREND among Parents on Facebook. *The New Educational Review*, n. 43, v. 1, p. 230-231, mar. 2016.

VIDAL, Bruna; CALMON, Patricia Novaes. Sharenting: a Exposição Virtual de Filhos pelos Próprios Pais. *Revista Nacional de Direito de Família e Sucessões*. n. 46, jan.-fev. 2022.

VILELA MULTEDO, Renata. *Liberdade e Família*: limites para a intervenção do Estado nas relações conjugais e parentais. Rio de Janeiro: Ed. Processo, 2017.

VILELA MULTEDO, Renata; MEIRELES, Rose Melo Vencelau. Autonomia Privada nas Relações Familiares: Direitos do Estado dos Direitos nas Famílias. In: EHRHARDT JUNIOR, Marcos; CORTIANO JUNIOR, Eroulths (Org.). *Transformações no Direito Privado nos 30 anos da Constituição*: estudos em homenagem a Luiz Edson Fachin. Belo Horizonte: Fórum, 2018.

VILELA MULTEDO, Renata. Desafios da responsabilidade civil nas relações familiares: redes sociais e os métodos adequados de solução de conflitos. *Revista IBERC*, v. 2, n. 2, 1 set. 2019. p. 1-35.

3
PROTEÇÃO INTEGRAL E NOVAS TECNOLOGIAS: A TUTELA DO CORPO ELETRÔNICO DA CRIANÇA E DO ADOLESCENTE

Arthur Pinheiro Basan

Doutor em Direito da Universidade do Vale do Rio dos Sinos (UNISINOS). Mestre em Direito da Universidade Federal de Uberlândia (UFU). Pós-graduado em Direito Constitucional Aplicado da Faculdade Damásio. Professor Adjunto da Universidade de Rio Verde (UNIRV). Associado Titular do Instituto Brasileiro de Estudos em Responsabilidade Civil (IBERC). Contato eletrônico: arthurbasan@hotmail.com

Luís Fernando Rosa

Pós-graduando em Ciências Penais e Segurança Pública pelo Centro de Ensino Superior de São Gotardo. Especialista em Direito de Família e Sucessões pela Faculdade de Direito Damásio de Jesus. Graduado em Direito pela Universidade Federal de Uberlândia. Assessor de Juiz do Tribunal de Justiça de Minas Gerais. Contato eletrônico: l.fernandorosa@hotmail.com

Sumário: 1. Introdução – 2. A proteção integral da criança e do adolescente no sistema jurídico brasileiro – 3. O problema da publicidade infantil fundada em dados pessoais – 4. A tutela do corpo eletrônico e a imposição de limites ao mercado – 5. Considerações finais – 6. Referências.

1. INTRODUÇÃO

É evidente que, ao se analisar a sociedade atual, surge como fator destacado o desenvolvimento das novas tecnologias, notadamente as tecnologias de informação e comunicação. Com efeito, nota-se também no âmbito jurídico essa influência, comprovada, inclusive, a partir da exigência, pelo Ministério da Educação (MEC), da obrigatoriedade do oferecimento da disciplina de Direito Digital nas faculdades jurídicas brasileiras.

Obviamente, enquanto a sociedade é absorvida pelas novas tecnologias, o Direito é instigado a resolver os novos conflitos e problemas delas decorrentes. Como se sabe, o sistema jurídico é um instrumento social de grande importância não só na imposição de limites, mas também na consagração da liberdade, de modo a permitir o exercício da autonomia privada. Em resumo, cotidianamente as novas tecnologias impõem releituras dos institutos jurídicos já consagrados, fazendo com que a tutela das pessoas seja repensada, agora diante dos novos riscos, ameaças e lesões.

É neste contexto que a tutela das crianças e dos adolescentes merece destaque, afinal, as novas gerações, já inseridas no meio tecnológico desde o nascimento, por suas peculiaridades, demandam atenção ainda mais incisiva do sistema jurídico.[1] Não é à toa que o Direito qualifica esses sujeitos como hipervulneráveis, dadas as características de seres humanos em formação que ostentam, agravada pela exposição às práticas agressivas de mercado. Afinal, "nas estratégias de *marketing*, a criança transformou-se em alvo preferencial, porque é consumidora do presente, do futuro e ainda é poderosa promotora de vendas no âmbito da família."[2]

Por isso, para fins de delimitação do tema, ressalta-se que as novas tecnologias permitiram uma evolução das publicidades direcionadas ao público infantil. Atualmente, o mercado se aproveita dos dados pessoais, isto é, informações que identificam ou permitem a identificação de alguma pessoa, para a formação de perfis de consumo e, consequentemente, para a promoção de ofertas personalizadas e direcionadas. Evidentemente, esse tipo de prática de mercado, em especial quando realizada às escusas da legalidade, indica não só o abuso de direito como também a alocação do público infantil em uma vulnerabilidade ainda mais agravada.

Partindo dessas considerações, pode-se desenhar a problemática do presente texto a partir da seguinte questão: de que maneira o sistema jurídico brasileiro garante a proteção integral da criança e do adolescente frente as novas tecnologias, especialmente diante das publicidades infantis baseadas em dados pessoais?

Destaca-se que a pesquisa se justifica a partir da constatação de que na realidade social atual os aparelhos de comunicação estão cada vez mais presentes na vida das pessoas, incluindo crianças e adolescentes. E esses aparelhos instrumentalizam o que pode ser denominado de "corpo eletrônico"[3], isto é, a projeção da personalidade da pessoa humana no ambiente de rede, a partir dos dados pessoais. Atualmente, a existência de uma pessoa pode até ser menorizada se não houver um correspondente virtual, em redes sociais, o qual necessariamente demanda dados pessoais como fotos, descrições de perfil, cidade natal, data de nascimento etc.

Trabalha-se, portanto, com a hipótese de que as novas tecnologias ampliaram os riscos às crianças e adolescentes, de modo que a proteção integral não se limita mais ao espaço físico, real ou concreto, tendo também sua manifestação, cada vez mais necessária socialmente no ambiente da *Internet*, virtual e eletrônico. Daí porque é possível afirmar, desde já que, que a proteção de dados pessoais surge como meio necessário para a tutela dessas pessoas em formação.

---

1. A doutrina aponta que "80% da população brasileira entre 9 e 17 anos utiliza internet, de modo a não deixar dúvidas sobre a necessidade e urgência de que haja uma tutela efetiva para essa camada da população" TEIXEIRA, Ana Carolina Brochado; RETTORE, Anna Cristina de Carvalho. A autoridade parental e o tratamento de dados pessoais de crianças e adolescentes. In: FRAZÃO, Ana; TEPEDINO, Gustavo; OLIVA, Milena Donato (Coord.). *Lei Geral de Proteção de Dados Pessoais e suas repercussões no direito brasileiro*. São Paulo: Thomson Reuters Brasil, 2019. p. 509.
2. PASQUALOTTO, Adalberto (Org.). *Publicidade e proteção da infância*. Porto Alegre: Livraria do Advogado, 2014, p. 13.
3. BASAN, Arthur Pinheiro; FALEIROS JÚNIOR, José Luiz de Moura. A tutela do corpo eletrônico como direito básico do consumidor. *Revista dos Tribunais*, São Paulo, v. 1021, p. 1-29, 2020.

Com base nessas ideias, a pesquisa utilizará o método de abordagem dedutivo, investigando o desenvolvimento da proteção integral da criança e do adolescente, especialmente destacando o direito de proteção de dados pessoais. Para tanto, o texto promoverá a análise bibliográfico-doutrinária, apresentando como considerações finais a ideia de que a proteção das crianças e dos adolescentes demanda, atualmente, abordagem amplificada, não só impondo novos limites ao mercado, mas também prevendo novas garantias, tendo em vista que a integridade humana passa a ser considerada em seu aspecto físico e também digital, na metáfora do "corpo eletrônico".

2. A PROTEÇÃO INTEGRAL DA CRIANÇA E DO ADOLESCENTE NO SISTEMA JURÍDICO BRASILEIRO

A atenção dispensada pelo ordenamento jurídico brasileiro à criança e ao adolescente nem sempre foi tão ampla e prioritária como se vê hodiernamente. É possível estabelecer a promulgação da Constituição da República Federativa do Brasil como o mais notável giro normativo da proteção jurídica integralizada aos direitos infantojuvenis.[4]

Não que antes da Constituição Cidadã não houvesse diploma normativo que tratasse da criança e do adolescente. Isso porque, de 1927 a 1979, vigeu a Lei de Assistência e Proteção aos Menores, apelidada de "Código Mello Mattos"[5], que proibiu a "Roda dos Expostos", situação de abandono de recém-nascidos bastante corriqueira à época, e tornou os jovens imputáveis até os 18 anos. Além disso, sob a égide desta vetusta legislação, criou-se a "escola de preservação para delinquentes" e a "escola de reforma para o abandonado".[6]

A partir de 1979, passou a viger o Código de Menores, que, a despeito de trazer pela primeira vez a expressão "proteção integral", restringiu sua aplicação aos menores em "situação irregular", às crianças órfãs, em situação de abandono e aos adolescentes que cometessem atos infracionais, dando enfoque a uma perspectiva de confinamento, cognominada de "sequestro social", e que foi superada pela doutrina da proteção integral, vista como visionária na época.

---

4. A histórica sessão do Congresso Nacional em que foi promulgada a CRFB/1988, no dia 5 de outubro de 1988, foi marcada por debates emocionados e acalorados. Quando a cerimônia terminou, pouco depois das 17h, o país havia concluído a transição entre a ditadura e a democracia. Assim, no dia 5 de outubro o país, viveu uma situação inusitada: até as 15h50 daquele dia, o Estado e a sociedade foram regidos por uma Constituição e, doravante, por outra bastante distinta da primeira. Disponível em: https://www.camara.leg.br/internet/agencia/infograficos-html5/constituinte/index.html. Acesso em: 18 jul. 2021.
5. Nome do primeiro juiz de Menores do Brasil e da América Latina, nomeado em 02.02.1924, exercendo o cargo na então Capital Federal, cidade do Rio de Janeiro, até o seu falecimento, em 1934.
6. PEDROSA, Leyberson. ECA completa 25 anos: mas ações de proteção a crianças começaram na época colonial. *Portal EBC*. 13 jul. 2015. Disponível em: https://memoria.ebc.com.br/cidadania/2015/07/eca--25-anos-direitos-criancas-e-adolescentes. Acesso em: 18 jul. 2021.

A proteção da criança e do adolescente no Brasil, como dito, passou a receber tratamento prioritário do ordenamento jurídico brasileiro a partir da previsão contida no art. 227 da Constituição Federal de 1988, que traz a seguinte norma, insculpida em seu *caput*:

> É dever da família, da sociedade e do Estado assegurar à criança, ao adolescente e ao jovem, com absoluta prioridade, o direito à vida, à saúde, à alimentação, à educação, ao lazer, à profissionalização, à cultura, à dignidade, ao respeito, à liberdade e à convivência familiar e comunitária, além de colocá-los a salvo de toda forma de negligência, discriminação, exploração, violência, crueldade e opressão.

Esse dispositivo constitucional esmiúça como deve dar-se a tutela integral da criança e adolescente em seus oito parágrafos e diversos incisos.

Vários doutrinadores têm o art. 227 da CRFB/1988 como um fidedigno resumo da Convenção sobre os Direitos da Criança[7], aprovada pela Assembleia Geral da Organização das Nações Unidas (ONU) e ratificada por 196 países em 1989, tendo servido de esteio para a normatização do Estatuto da Criança e do Adolescente. Dentre esses estudiosos, tem-se Pedro Hartung, para quem o mencionado dispositivo:

> É o artigo mais importante da nossa Constituição, responsável por uma mudança paradigmática. Em nenhum outro lugar há a junção tão forte dessas palavras que colocam a criança como prioridade e abriram caminho para a aprovação do Estatuto das Crianças e Adolescentes (ECA).[8]

Aprovada em 13 de julho de 1990, a Lei nº 8.069, popularmente denominada de Estatuto da Criança e do Adolescente, ou simplesmente de "ECA", instituiu nova doutrina de proteção à infância, bem como à adolescência e, revogando o Código de Menores, passou a definir a criança e o adolescente como sujeitos de direitos[9], e não como "objeto de tutela", como até então eram vistos. Além disso, reconheceu a condição peculiar de desenvolvimento em que se encontram, reiterando a necessidade de prioridade absoluta. Estava, enfim, instituída a doutrina da proteção integral da criança e do adolescente. Segundo Guilherme Barros:

> É fundamental a compreensão do caráter principiológico adotado pelo Estatuto da Criança e do Adolescente. A Lei tem o objetivo de tutelar a criança e o adolescente de forma ampla, não se limitando apenas a tratar de medidas repressivas contra seus atos infracionais. Pelo contrário, o Estatuto dispõe sobre direitos infantojuvenis, formas de auxiliar sua família, tipificação de crimes praticados contra crianças e adolescentes, infrações administrativas, tutela coletiva etc. Enfim, por proteção integral deve-se compreender um conjunto amplo de mecanismos jurídicos voltados à tutela da criança e do adolescente.[10]

---

7. ONU. Convenção sobre os Direitos da Criança. Disponível em: https://www.unicef.org/brazil/convencao-sobre-os-direitos-da-crianca. Acesso em: 19 jun. 2021.

8. CNJ. *Constituição de 1988, um novo olhar sobre a criança e o adolescente*. 09 out. 2018. Disponível em: https://www.cnj.jus.br/constituicao-de-1988-um-novo-olhar-sobre-a-crianca-e-o-adolescente Acesso em: 19 jun. 2021.

9. O art. 2º do Eca considera criança, para os efeitos legais, a pessoa até doze anos de idade incompletos, e adolescente aquela entre doze e dezoito anos de idade e o art. 6º do mesmo diploma prevê que na interpretação desta Lei levar-se-ão em conta os fins sociais a que ela se dirige, as exigências do bem comum, os direitos e deveres individuais e coletivos, e a condição peculiar da criança e do adolescente como pessoas em desenvolvimento.

10. MELLO BARROS, Guilherme Freire de. *Estatuto da Criança e do Adolescente*. Salvador: JusPodivm, 2020. p. 25.

A doutrina da proteção integral da criança e do adolescente está calcada no princípio do melhor interesse da criança e do adolescente[11], vértice interpretativo do ordenamento infantojuvenil[12], o qual se traduz na ideia de que, a partir de minuciosa análise do caso concreto, o aplicador do direito deve buscar a solução que proporcione o maior benefício possível para criança ou adolescente. Isto é, a interpretação da norma infantojuvenil a um caso concreto deve ser a que dê maior concretude aos direitos fundamentais da criança e do adolescente. Neste norte, aponta Roberta Densa que:

> A proteção integral visa ao desenvolvimento físico, mental, moral, espiritual e social da criança e do adolescente. Segundo esse princípio, é dever da família, da sociedade e do Estado garantir todas as necessidades da pessoa em desenvolvimento, tais como educação, saúde, alimentação, lazer, convivência familiar e comunitária.[13]

De molde a balizar a função interpretativa a ser exercida pelo aplicador da norma infantojuvenil, o parágrafo único do art. 4º do Estatuto estabelece que a garantia de prioridade compreende: a) primazia de receber proteção e socorro em quaisquer circunstâncias; b) precedência de atendimento nos serviços públicos ou de relevância pública; c) preferência na formulação e na execução das políticas sociais públicas; d) destinação privilegiada de recursos públicos nas áreas relacionadas com a proteção à infância e à juventude.

Com o mesmo desiderato, isto é, auxiliar na função interpretativa das normas que dizem respeito à criança e ao adolescente, tem-se a norma insculpida no art. 6º do ECA, segundo o qual os fins sociais a que se dirige o Estatuto, assim como as exigências do bem comum, os direitos e deveres individuais e coletivos, e a condição peculiar da criança e do adolescente como pessoas em desenvolvimento deverão ser levadas em conta não só por toda comunidade jurídica, como também por todos aqueles que se relacionem direta ou indiretamente com crianças ou adolescentes.

Também é digno de registro que a tutela de direitos da criança e do adolescente, concomitante à evolução de tratamento legislativo, passou por avanço no âmbito jurisprudencial, merecendo destaque as decisões proferidas pelo Superior Tribunal de Justiça.[14]

---

11. *Grosso modo*, podemos afirmar que, pelo princípio do melhor interesse do menor, devemos interpretar todo o Estatuto da Criança e do Adolescente, bem como toda a situação que envolva a criança e o adolescente em juízo, de modo a proteger a pessoa do incapaz, preservando a sua autonomia progressiva e garantindo o desenvolvimento saudável. DENSA, Roberta. *Proteção Jurídica da Criança Consumidora*: entretenimento, classificação indicativa, filmes, jogos, jogos eletrônicos. Indaiatuba: Foco, 2018. p. 42.
12. TEIXEIRA, Ana Carolina Brochado; RETTORE, Anna Cristina de Carvalho. A autoridade parental e o tratamento de dados pessoais de crianças e adolescentes. In: FRAZÃO, Ana; TEPEDINO, Gustavo; OLIVA, Milena Donato (Coord.). *Lei Geral de Proteção de dados Pessoais e suas repercussões no direito brasileiro*. São Paulo: Thomson Reuters Brasil, 2019. p. 511.
13. DENSA, Roberta. *Proteção jurídica da criança consumidora*: entretenimento, classificação indicativa, filmes, jogos, jogos eletrônicos. Indaiatuba: Foco, 2018. p. 41.
14. Em seus 30 anos de existência (coincidentemente a mesma idade do ECA), o Superior Tribunal de Justiça tem criado jurisprudência essencial para a adequada aplicação dos dispositivos do ECA e de outros instrumentos jurídicos de proteção às crianças e aos adolescentes.

Dentre os vários julgados paradigmáticos com repercussão no Direito da Criança e do Adolescente proferidas pelo Tribunal da Cidadania, cuja função precípua é uniformizar a interpretação e, consequentemente, a aplicação da lei federal em todo território brasileiro, sobreleva-se: a) o voto do eminente ministro Herman Benjamin no bojo dos Recursos Especiais 1.653.359 e 1.726.973, que, respectivamente, trataram da intervenção por irregularidades em um centro de internação em Belo Horizonte e da condição de dependente, para todos os efeitos, incluindo-se os previdenciários, da criança e do adolescente sob guarda[15]; b) o voto do ministro Napoleão Nunes Maia Filho, proferido no REsp 1.697.904, que afirmou a garantia dada a crianças de serem matriculadas em creches próximas à residência, assim como a obrigação estatal de prover esse serviço[16]; c) o voto do min. Rogério Schietti Cruz em recurso julgado pela Sexta Turma, por meio do qual se invocou o princípio da proteção integral ao julgar um caso de estupro de vulnerável, cometido contra uma menina com menos de 14 anos[17] e d) voto do ministro Moura Ribeiro afirmando que, em casos nos quais ainda não estejam estabelecidos laços afetivos entre as crianças e os pretensos guardiões, é possível abrigar o menor em instituição, até ele ser colocado em uma família registrada legalmente no cadastro de adoção.[18]

Consoante se nota, não só a legislação como também a própria jurisprudência se alinham na direção de garantir a proteção integral da criança e do adolescente. Não poderia ser diferente em um sistema jurídico que aloca a dignidade da pessoa humana como epicentro, de onde a tutela prioritária dos seres em formação ganha destaque. Exatamente por essa razão que novos problemas, surgidos a partir do desenvolvimento tecnológico, instigam a promoção de tutelas diferenciadas, ganhando relevância, no atual contexto, a proteção de dados pessoais.

---

15. BRASIL. Superior Tribunal de Justiça (2. Turma). *Recurso Especial 1.653.359/MG*. Recorrente: Ministério Público de Minas Gerais. Recorrido: Estado de Minas Gerais. Relator Min. Herman Benjamin. Brasília, Julgado em: 19 out. 2017. Disponível em: https://stj.jusbrasil.com.br/jurisprudencia/549846767/recurso-especial-resp-1653359-mg-2017-0027890-8/inteiro-teor-549846778 Acesso em: 20 jun. de 2021; e BRASIL. Superior Tribunal de Justiça (2. Turma). *Recurso especial 1.726.973/SP*. Recorrente: Fundação da Seguridade Social dos Servidores do Município de Sorocaba. Recorrido: Sandro Felisbino de Proença. Rel. Min. Herman Benjamin. Brasília, Julgado em: 24 abr. 2018. Disponível em: https://stj.jusbrasil.com.br/jurisprudencia/652110338/recurso-especial-resp-1726973-sp-2018-0041676-3/inteiro-teor-652110357. Acesso em: 20 jun. de 2021.
16. BRASIL. Superior Tribunal de Justiça (2. Turma). *Recurso Especial 1.697.904/DF*. Recorrente: Distrito Federal. Recorrido: (parte em sigilo) Relator Min. Herman Benjamin. Brasília, Julgado em: 16 nov. 2017. Disponível em: https://stj.jusbrasil.com.br/jurisprudencia/860431181/recurso-especial-resp-1697904-df-2017-0207260-4/inteiro-teor-860431220?ref=serp. Acesso em: 20 jun. de 2021.
17. BRASIL. Superior Tribunal de Justiça (6. Turma). *Recurso Especial 160.522/MS*. Recorrente: Ministério Público do Mato Grosso do Sul. Recorrido: (parte em sigilo) Defensoria Pública do Mato Grosso do Sul Relator Rogério Schietti Cruz. Brasília, Julgado em: 28 jun. 2016. Disponível em: https://stj.jusbrasil.com.br/jurisprudencia/368869167/recurso-especial-resp-1605222-ms-2016-0127379-3/relatorio-e-voto-368869206. Acesso em: 20 jun. 2021.
18. BRASIL. Superior Tribunal de Justiça (3. Turma). *Recurso Especial 174188/CE*. Recorrente: Ministério Público do Ceará. Recorrido: (parte em sigilo). Relator min. Moura Ribeiro. Brasília, Julgado em: 20 jun. 2018. Disponível em: https://stj.jusbrasil.com.br/jurisprudencia/595755264/recurso-especial-resp-1741888-ce-2018-0117974-4. Acesso em: 20 jun. 2021.

3. O PROBLEMA DA PUBLICIDADE INFANTIL FUNDADA EM DADOS PESSOAIS

Conforme supracitado, ao analisar-se a sociedade atual, é evidente que há forte influência das tecnologias de informação e comunicação, não só nas relações sociais como também nas relações econômicas. Além disso, o advento e a popularização da *internet*, cada vez mais presente e influente na vida das pessoas, revelou um espaço propício para a atividade negocial. Exatamente por isso é possível qualificar a *internet* como um verdadeiro "espaço-mercado"[19], utilizando-se a metáfora do imenso *shopping center* virtual, onde a coleta de informações sobre os consumidores e a publicidade sustentam boa parte dos serviços oferecidos.

Em verdade, partindo do pressuposto de que a própria informação tornou-se produto oferecido amplamente no mercado virtual, a publicidade ganha destaque como instrumento estratégico de *marketing*. No último século, o desenvolvimento da publicidade, promovida por meio da *internet*[20], foi um dos fatores que mais contribuiu para a mudança paradigmática no mercado, transformando o sistema econômico em uma verdadeira economia virtualizada.[21] Neste sentido, afirma a doutrina que:

> Antes restrita a outdoors, televisores, flyers etc., a publicidade se utiliza das telas dos celulares, computadores, laptops e tablets como banners. A inclusão digital fez com que as crianças também pudessem usar com maior facilidade a rede mundial de computadores e outras tecnologias da informação e comunicação, férteis em anúncios publicitários.[22]

Não há como negar, neste ponto, que "a construção da condição da criança consumidora na pós-modernidade é marcada pela intensidade da participação dos infantes nas compras da família."[23] Não obstante, atualmente, as informações são, de um modo geral, o substrato do mercado, de forma que as ofertas passaram a se apoiar em dados pessoais. A Lei Geral de Proteção de Dados (LGPD) define dado pessoal como toda informação relacionada a pessoa natural identificada ou identificável. Desse modo, as publicidades passam aproveitar dessas informações para promoverem ofertas personalizadas e direcionadas, e consequentemente, mais efetivas na missão de instigar ao consumo.

---

19. MARQUES, Claudia Lima. *Contratos no Código de Defesa do Consumidor*: o novo regime das relações contratuais. São Paulo: Ed. RT, 2014. p. 128.
20. Cláudio Torres aponta que "a *Internet* trouxe para o mundo dos negócios uma grande novidade: o acesso instantâneo às informações sobre produtos e serviços." TORRES, Cláudio. *A bíblia do marketing digital*: tudo o que você queria saber sobre marketing e publicidade na internet e não tinha a quem perguntar. São Paulo: Novatec, 2018. p. 22.
21. MARTINS, Fernando Rodrigues. Sociedade da Informação e proteção da pessoa. *Revista da Associação Nacional do Ministério Público do Consumidor*, Brasília, DF, v. 2, n. 2, p. 5, 2016.
22. SILVEIRA JÚNIOR, Antônio Morais da; VERBICARO, Dennis. A tutela normativa da publicidade infantil na relação de consumo e seus desafios. *Revista de Direito do Consumidor*, São Paulo, v. 26, n. 112, jul.-ago. 2017. p. 206.
23. MARQUES, Cláudia Lima; BERTONCELLO, Karen. Rick Danilevics. Publicidade e infância: sugestões para a tutela legal das crianças consumidoras. In: PASQUALOTTO, Adalberto (Org.). *Publicidade e proteção da infância*. Porto Alegre: Livraria do Advogado, 2014, p. 103.

Assim, os dados pessoais são coletados e formam um banco de informações, especialmente destinado a criar um perfil de consumo (um "avatar"). Em outras palavras, a técnica é capaz de elaborar um perfil de comportamento, representando o consumidor a partir da reunião de diversos dados pessoais, como os relacionados às preferências, costumes, hábitos de consumo, classe social, *hobbys* etc. (o denominado "*profiling*"). Consoante se nota, os dados pessoais são tratados por diversos métodos a fim de se obter uma "metainformação", ou seja, através de um conjunto de comportamentos, hábitos, preferências e desejos, traçando-se um quadro com possíveis decisões futuras.[24] Conforme citado, essa técnica potencializa o envio seletivo e direcionado de publicidades somente aos potenciais consumidores.

Um dos casos mais conhecidos da efetividade dessa estratégia de mercado é citado no caso da empresa *Target*[25]. Esta fornecedora, por meio da coleta de dados pessoais das consumidoras inseridas em seu banco de dados, tornou-se capaz de descobrir quais clientes estavam grávidas, antes mesmo das próprias mulheres, para, então, enviar ofertas de produtos direcionados para gestantes e para bebês. Em verdade, essa prática se tornou pública em razão de um americano, ao notar as publicidades de roupas de bebê e berço direcionadas a sua filha pela empresa *Target*, entrar em contato com a loja em busca de explicações, uma vez que a garota ainda era uma adolescente. Posteriormente o pai descobriu que a filha, de fato, estava grávida.

Esse episódio revelou que a empresa possui um sistema que, por meio de cruzamento de dados pessoais das consumidoras, é capaz de descobrir quais clientes estão grávidas, as vezes mesmo antes das futuras mães, para, então, enviar ofertas de produtos para gestantes e bebês.[26] Como se não bastasse, esse fato demonstrou o descaso com o cuidado dos dados pessoais de adolescentes, ao serem inseridas em perfis de consumo e se tornarem alvo de publicidades preciosamente direcionadas, sem nenhuma permissão legal.

O que se percebe é que, juntamente ao processamento de dados pessoais, desenvolveram-se nos últimos anos diversas estratégicas específicas para direcionar ofertas requintadas ao público infantil, aproveitando-se da hipervulnerabilidade e do desenvolvimento intelectual incompleto desses consumidores. Neste ponto, vale desde já destacar que, considerando um sistema jurídico pautado na proteção integral, "o consumismo voluptuário que marca a nossa época não deve ser introjetado em quem ainda não desenvolveu a capacidade crítica necessária para tomar decisões."[27]

---

24. DONEDA, Danilo. *Da privacidade à proteção de dados pessoais*. Rio de Janeiro: Renovar, 2006. p. 173.
25. BIONI, Bruno Ricardo. *Proteção de dados pessoais*: a função e os limites do consentimento. Rio de Janeiro: Forense, 2019. p. 42.
26. AGOSTINI, Renata. A nova indústria da espionagem explora o consumo. *Revista Exame*, São Paulo, 28 abr. 2012. Disponível em: https://exame.abril.com.br/revista-exame/a-nova-industria-da-espionagem/. Acesso em: 13 nov. 2019.
27. PASQUALOTTO, Adalberto (Org.). *Publicidade e proteção da infância*. Porto Alegre: Livraria do Advogado, 2018. v. 2. p. 7.

Ademais, "o excesso de informação e de meios disponíveis para viabilizar esse acesso traduz hoje um pouco da dificuldade encontrada pelos pais e educadores em filtrar ou mesmo controlar o conteúdo veiculado às crianças na mídia eletrônica ou impressa."[28] Não há como defender, no atual contexto, que a responsabilidade pela postura da criança no mercado seja definida tão somente pelos pais, afinal, o Estado tem o dever fundamental de tutelar de maneira peculiar os vulneráveis, notadamente a partir do momento em que o mercado se organiza de forma mais invasiva em desfavor desse público. É dizer que a criança e o adolescente não podem ser considerados meros objetos, o público-alvo do lucro mercantil pretendido pelas publicidades.[29]

A demonstração real das práticas agressivas de *marketing* infantil é visível nos famosos vídeos de "*unboxing*"[30], que se aproveitam nitidamente da hipervulnerabilidade das crianças e dos adolescentes.[31] A mesma abusividade é identificada na atuação dos denominados "influenciadores digitais infantis"[32], que dissimulam as publicidades na atividade que exercem, e ainda é agravado pelo fato de o influenciador geralmente também ser uma criança ou um adolescente[33], afinal, as crianças acreditam de forma ingênua no que outras crianças dizem.[34]

---

28. MARQUES, Cláudia Lima; BERTONCELLO, Karen. Rick Danilevics. Publicidade e infância: sugestões para a tutela legal das crianças consumidoras. In: PASQUALOTTO, Adalberto (Org.). *Publicidade e proteção da infância*. Porto Alegre: Livraria do Advogado, 2014. p. 105.

29. "A privacidade e a intimidade são aspectos do direito à personalidade e que demonstram ainda maior relevância na fase mais vulnerável do desenvolvimento humano, que é o infanto-juvenil. Zelar para que o desenvolvimento do ser humano aconteça nas melhores condições é dever da sociedade como um todo, o que inclui os controladores do tratamento de dados pessoais." COTS, Márcio; OLIVEIRA, Ricardo. Lei Geral de Proteção de Dados Pessoais comentada. São Paulo: Thomson Reuters Brasil, 2018. p. 146.

30. Segundo Renata Kretzmann: "[...] o *unboxing* é um tipo de vídeo que mostra a abertura de uma embalagem, a retirada de um produto de sua caixa. Os vídeos são produzidos de modo a transmitir o elemento surpresa no momento da revelação do conteúdo da caixa. Mesmo que previamente planejado, busca-se mostrar a emoção verdadeira da pessoa ao desempacotar algo que ganhou ou comprou. Os vídeos que mostram o momento em que os produtos são desembrulhados são muito assistidos. Segundo dados do Google, por exemplo, 53% das mulheres que assistem a vídeos de *unboxing* são influenciadas pelas demonstrações dos produtos. Em virtude do grande interesse por esse formato, os anunciantes aproveitam para vender seus produtos." KRETZMANN, Renata Pozzi. O princípio da identificação da publicidade e a abusividade da publicidade dirigida às crianças no Youtube. In: PASQUALOTTO, Adalberto (Org.). *Publicidade e proteção da infância*. Porto Alegre: Livraria do Advogado, 2018. v. 2. p. 139.

31. Destaca-se que o site Youtube foi recentemente multado nos Estados Unidos pela utilização indevida de dados pessoais de crianças para o direcionamento de publicidades. Tal situação provocou inclusive a alteração, pela própria empresa, das diretrizes para postagem de vídeos para crianças. KLEINA, Nilton. YouTube inicia mudança de diretrizes em vídeos para crianças. *Tecmundo*, 6 jan. 2019. Disponível em: https://www.tecmundo.com.br/redes-sociais/149007-youtube-inicia-mudanca-diretrizes-videos-criancas.htm. Acesso em: 08 jun. 2021.

32. BARBOSA, Caio César do Nascimento; BRITTO, Priscila Alves de; SILVA, Michael César. Publicidade Ilícita e Influenciadores Digitais: Novas Tendências da Responsabilidade Civil. *Revista IBERC*, Belo Horizonte, v. 2, n. 2, p. 01-21, maio.-ago. 2019.

33. "Uma questão que chama atenção, contudo, é o papel dos pais na exposição de seus filhos nas redes sociais, com fins comerciais." BRASILEIRO, Luciana; HOLANDA, Maria Rita. A proteção de dados pessoais na infância e o dever parental de preservação da privacidade. In: EHRHARDT JÚNIOR, Marcos; LOBO, Fabíola Albuquerque (Coord.). *Privacidade e sua compreensão no direito brasileiro*. Belo Horizonte: Fórum, 2019. p. 271.

34. "A publicidade se tornou mais sutil e mais convincente. Multiplicam-se as *storytelling* e os influenciadores, ao mesmo tempo em que se apagam as diferenças entre publicidade propriamente dita e programação. Pode-se falar, sem dúvida, em uma crise do princípio da identificação, o que potencializa o risco comunicacional das crianças." PASQUALOTTO, Adalberto (Org.). *Publicidade e proteção da infância*. Porto Alegre: Livraria do Advogado, 2018. v. 2. p. 7.

A partir daí pode-se afirmar que "todo conteúdo publicitário destinado ao público infantil se aproveita dessa inexperiência e falta de julgamento, uma vez que essas são características próprias daquele."[35] Soma-se a isso o uso ilegal de dados pessoais, com a violação do princípio da identificação de oferta[36-37], e as publicidades infantis digitais se tornam nitidamente abusivas.[38]

É sempre oportuno lembrar que as crianças e jovens não podem ser considerados "miniadultos", e sim seres em fase peculiar de desenvolvimento, que dependem de tratamento jurídico diferenciado para cuidado, atenção e proteção, na medida da sua heteronomia.[39] Isso porque "a criança e o adolescente não têm, portanto, autonomia para tomada de decisões. O termo 'autonomia' [...] indica a possibilidade de se estabelecer normas para si mesmo."[40] Neste sentido, aponta a doutrina que:

> O drama de tal contexto se dá pelo fato pouco refletido do que as crianças destinatárias dessas mensagens publicitárias não tem discernimento suficiente para sequer distinguir com precisão elementar o quanto da mensagem é realidade ou fantasia, e, tanto menos, têm convidadas a consumir. A explicação dessa incapacidade facilmente constatada – e reconhecida pelo ordenamento jurídico na Constituição Federal, no Código Civil, bem como no Estatuto da Criança e do Adolescente – tem raízes no desenvolvimento neurológico da pessoa humana.[41]

---

35. SILVEIRA JÚNIOR, Antônio Morais da; VERBICARO, Dennis. A tutela normativa da publicidade infantil na relação de consumo e seus desafios. *Revista de Direito do Consumidor*, São Paulo, v. 26, n. 112, jul.-ago. 2017. p. 206.
36. Segundo consta no artigo 36 do CDC, toda oferta ou publicidade deve ser veiculada de tal forma que o consumidor, fácil e imediatamente, a identifique como tal.
37. "A publicidade se tornou mais sutil e mais convincente. Multiplicam-se as *storytelling* e os influenciadores, ao mesmo tempo em que se apagam as diferenças entre publicidade propriamente dita e programação. Pode-se falar, sem dúvida, em uma crise do princípio da identificação, o que potencializa o risco comunicacional das crianças." PASQUALOTTO, Adalberto (Org.). *Publicidade e proteção da infância*. Porto Alegre: Livraria do Advogado, 2018. v. 2. p. 7.
38. A doutrina ainda alerta para diversas publicidades infantis digitais abusivas, a saber, "há ainda publicidade incutida em jogos eletrônicos, especialmente por meio dos chamados "Advergames", os quais se valem de personagem ou símbolo, próprio de determinada marca, para influenciar seu público infantil. Alguns destes dizem ser educativos, porém utilizam personagens apelativos, justamente para influenciar a criança que se diverte com o jogo. Alguns jogos eletrônicos utilizam outros artifícios para veicular publicidade, como a limitação de vezes que o usuário pode jogar, especialmente por meio de aparelhos móveis (como smartphones e tablets). São dadas, por exemplo, cinco "vidas" aos jogadores e, com o fim destas, há a opção de se esperar determinado período para recuperar as vidas gastas, usar uma espécie de moeda própria do jogo ou assistir publicidade para recuperá-las imediatamente. Diante desse cerco formado pelo setor produtivo, a família se vê incapaz de exercer de forma eficaz o dever previsto no art. 227 da CF/88 (LGL\1988\3), o que poderia ser atenuado caso houvesse um auxílio efetivo do Estado e da Sociedade, aplicando sanções, fiscalizando, denunciando e pressionando o setor produtivo, no sentido de inibir tais práticas. In: SILVEIRA JÚNIOR, Antônio Morais da; VERBICARO, Dennis. A tutela normativa da publicidade infantil na relação de consumo e seus desafios. *Revista de Direito do Consumidor*, São Paulo, v. 26, n. 112, jul.-ago. 2017, p. 206.
39. HENRIQUES, Isabella. O capitalismo, a sociedade de consumo e a importância da restrição da publicidade e da comunicação mercadológica voltadas ao público infantil. In: PASQUALOTTO, Adalberto (Org.). *Publicidade e proteção da infância*. Porto Alegre: Livraria do Advogado, 2014, p. 121.
40. DENSA, Roberta. *Proteção jurídica da criança consumidora*: entretenimento, classificação indicativa, filmes, jogos, jogos eletrônicos. Indaiatuba: Editora Foco, 2018. p. 60.
41. ALVAREZ, Ana Maria Blanco Montiel. Publicidade dirigida à criança e regulação de mercado. In: PASQUALOTTO, Adalberto (Org.). *Publicidade e proteção da infância*. Porto Alegre: Livraria do Advogado, 2014, p. 131.

Exatamente por isso é importante destacar que "as práticas abusivas frente as crianças são duplamente agressivas, pois já por sua vulnerabilidade não entendem a diferença entre a fantasia e a realidade, e a vontade de vender da própria mensagem publicitária".[42] Como se não bastasse, é oportuno mencionar os riscos inerentes a publicidade infantil, tais como: "consumismo, formação de valores materialistas, obesidade infantil, distúrbios alimentares, erotização precoce, estresse familiar, diminuição das brincadeiras criativas e violência pela busca de bens de consumo."[43]

Ressalta-se que a discussão da ilegalidade ou não das publicidades infantis não é tema pacífico. Apesar de existirem defensores da ideia de que a publicidade projeta-se como um aspecto do direito à informação, tal posicionamento dá indícios de ser incoerente, afinal, a tônica da publicidade é enaltecer uma marca ou instigar ao consumo de produtos e serviços. Aliás, neste ponto, importante mencionar que a doutrina diferencia os conceitos de "propaganda" enquanto meio, de um modo geral, de difusão de ideias; de "publicidade" enquanto instrumento de incitação ao consumo.[44] Assim, a propaganda é instrumento de liberdade de expressão ("a informação é neutra"[45]), enquanto a publicidade é manifestação da atividade econômica, visando o lucro. Consequentemente, a propaganda possui maior âmbito de liberdade, enquanto a publicidade deve ser sempre limitada quando ameaçar direitos fundamentais.

Em razão desses fatos, portanto, é possível defender que a publicidade infantil, ao direcionar as mensagens de consumo a um público com vulnerabilidade agravada, por si só, torna-se abusiva. Aqui, importante lembrar que o CDC prevê como prática abusiva prevalecer-se da fraqueza ou ignorância do consumidor, tendo em vista sua idade, conhecimento ou condição social, para impingir-lhe produtos ou serviços, nos termos do art. 39, inciso IV. Neste sentido:

> A publicidade e a comunicação mercadológica não poderiam, em hipótese alguma, ser dirigidas a pessoas com menos de 12 anos de idade na medida em que, segundo as mais abalizadoras

---

42. PASQUALOTTO, Adalberto (Org.). *Publicidade e proteção da infância*. Porto Alegre: Livraria do Advogado, 2018. v. 2. p. 9.

43. HENRIQUES, Isabella. O capitalismo, a sociedade de consumo e a importância da restrição da publicidade e da comunicação mercadológica voltadas ao público infantil. In: PASQUALOTTO, Adalberto (Org.). *Publicidade e proteção da infância*. Porto Alegre: Livraria do Advogado, 2014, p. 123.

44. Em resumo, aponta Antônio Benjamin que: "Como relembram os autores, o vocábulo publicidade deriva do latim *publicus*, tornar público, publicar de forma geral, vulgarizar, divulgar, e teria sua utilização com o atual aspecto comercial generalizada no início do século XIX, também como forma de distinção para a então existente propaganda nazifacista, política ou governamental. Captando a atenção do público consumidor, informando ou persuadindo, divulgando, promovendo o produto ou serviço e estimulando ao consumo, certo é que a publicidade tem clara feição e finalidade comercial: é ato negocial de um profissional consciente no mercado de consumo massificado." BENJAMIN, Antônio Herman V; MARQUES, Claudia Lima Marques; MIRAGEM, Bruno. *Comentários ao Código de Defesa do Consumidor*. 3. ed. São Paulo: Thomson Reuters Brasil, 2019. *E-book*.

45. PASQUALOTTO, Adalberto (Org.). *Publicidade e proteção da infância*. Porto Alegre: Livraria do Advogado, 201. p. 7.

pesquisas científicas realizadas em todo o mundo, não conseguem responder com igualdade aos apelos mercadológicos, nem realizar uma análise crítica dessas mesmas mensagens.[46]

E conforme supramencionado, a abusividade fica ainda mais evidente nas publicidades que se aproveitam de maneira obscura dos dados pessoais da criança e do adolescente. Com efeito, no atual sistema jurídico brasileiro, é possível reconhecer uma porção de limites necessários às práticas publicitárias, principalmente com base na necessária proteção integral desses sujeitos. Soma-se a isso a nova projeção da personalidade humana, agora também pautada na emancipação da identidade pessoal, realizada através das redes sociais virtuais.

Consoante se descreve, muito além de se basear nas normas já existentes que identificam um tratamento protetivo diferenciado ao público infantil, é possível dizer que o sistema demonstra que essa tutela demanda ainda maiores garantias, destacando a importância da recente Lei Geral de Proteção de Dados. Neste sentido, é inegável que a proteção de dados pessoais das crianças e dos adolescentes também possui particularidades de amparo, que convergem para a ideia de que a proteção integral depende da imposição cada vez mais extensa de limites ao mercado, principalmente na crescente atividade publicitária.

4. A TUTELA DO CORPO ELETRÔNICO E A IMPOSIÇÃO DE LIMITES AO MERCADO

A partir do desenvolvimento e da maior utilização dos aparelhos de comunicação, tornou-se prática comum, especialmente pelos adolescentes, a projeção de uma parcela da existência humana através de relações virtuais. Atualmente, um adolescente é discriminado se não tiver presença em redes sociais, canais do *YouTube*, aplicativos de comunicação (como o *WhatsApp*), *TikTok*, dentre diversos outros aplicativos que permitem a interação social.[47] Há, portanto, um aspecto do livre desenvolvimento da personalidade humana necessariamente projetado em rede, e instrumentalizado por meio de dados pessoais. De maneira geral, "é um problema que gira em torno da necessidade atual de as pessoas se tornarem visíveis para existir."[48]

---

46. HENRIQUES, Isabella. O capitalismo, a sociedade de consumo e a importância da restrição da publicidade e da comunicação mercadológica voltadas ao público infantil. In: PASQUALOTTO, Adalberto (Org.). *Publicidade e proteção da infância*. Porto Alegre: Livraria do Advogado, 2014, p. 122.

47. A doutrina alerta que "83% dos jovens que cursam entre o quinto ano do Ensino Fundamental e o segundo ano do Ensino Médio no Brasil acessam redes sociais – onde muitos dados podem ser captados" TEIXEIRA, Ana Carolina Brochado; RETTORE, Anna Cristina de Carvalho. A autoridade parental e o tratamento de dados pessoais de crianças e adolescentes. In: FRAZÃO, Ana; TEPEDINO, Gustavo; OLIVA, Milena Donato (Coord.). *Lei Geral de Proteção de dados Pessoais e suas repercussões no direito brasileiro*. São Paulo: Thomson Reuters Brasil, 2019, p. 509.

48. NASCIMENTO, Valéria Ribas do. Direitos fundamentais da personalidade na era da sociedade da informação: transversalidade da tutela à privacidade. *Revista de Informação Legislativa: RIL*, Brasília, DF, v. 54, n. 213, p. 285, jan.-mar. 2017. Disponível em: http://www12.senado.leg.br/ril/edicoes/54/213/ril_v54_n213_p265. Acesso em: 12 dez. 2019.

Dito de outra maneira, é prática comum dos jovens brasileiros relacionarem entre si através das inúmeras ferramentas de comunicação oferecidas na *internet*. E toda a base desse convívio é estruturada a partir de dados pessoais, como fotos, vídeos, nome, cidade natal, escolaridade, hábitos, hobbys, relações familiares etc. Nas redes sociais, as pessoas "compartilham e permutam mensagens, imagens, opiniões, informações, ideologias cujo conteúdo passa a compor a plataforma do provedor, com sérias possibilidades de associação a toda rede mundial."[49] Conforme já mencionado, no atual contexto, a existência real, física e material pode ser até menorizada se não tiver lugar na *internet*.

É exatamente por isso que é possível dizer que essa estrutura de dados pessoais, que possibilita a relação das pessoas no âmbito virtual, pode ser considerada um verdadeiro "corpo eletrônico". Em outras palavras, o "corpo eletrônico" é composto pelo conjunto de dados pessoais sistematizados, de maneira a representar a projeção da pessoa na *internet*. Consoante já se defendeu:

> A formação de uma projeção da personalidade, um avatar, corpo eletrônico ou persona digital aponta um novo arcabouço de valores da dignidade individual – passível de proteção e tutela jurídica –, nascendo uma preocupação desdobrada das inúmeras consequências que este indivíduo enfrentará em sua "vida tecnológica". Ora, se 'cada ser humano possui um valor intrínseco e desfruta de uma posição especial no universo', com uma dimensão individual e própria, dotada de valor, e outra extrínseca, orbitada por deveres para com outrem, será desumano, portanto, tudo aquilo que puder reduzir o indivíduo à condição de objeto.[50]

Essa nova dimensão do ser humano, exige medidas jurídicas diferentes, que ampliem o âmbito dos direitos fundamentais da pessoa, inclusive no que se refere ao ambiente virtual.[51] Por óbvio, não seria diferente na tutela das crianças e dos adolescentes, que atrai para si ainda maior proteção, por manterem relações mais frequentes com as redes, e ainda assim, por presumir-se a vulnerabilidade agravada.[52] Mormente por isso que se insiste que, ao se tratar de dados pessoais de crianças e adolescentes, a ideia central é a imposição de limites. Isso porque é sabido que "redes sociais são meios de transmissão de novas modalidades de publicidade."[53]

---

49. MARTINS, Fernando Rodrigues; FERREIRA, Keila Pacheco. Da idade média à idade mídia: a publicidade persuasiva digital na virada linguística do direito. In: PASQUALOTTO, Adalberto (Org.). *Publicidade e proteção da infância*. Porto Alegre: Livraria do Advogado, 2018. v. 2. p. 99.
50. BASAN, Arthur Pinheiro; FALEIROS JÚNIOR, José Luiz de Moura. A tutela do corpo eletrônico como direito básico do consumidor. *Revista dos Tribunais*, São Paulo, v. 1021, p. 1-29, 2020.
51. RODOTÀ, Stefano. *El derecho a tener derechos*. Trotta: Madrid, 2014. p. 289.
52. "Juridicamente, a compreensão da ideia de tratamento de dados de crianças e adolescentes é a de proteção integral de dados de crianças e adolescentes, com prioridade absoluta. Portanto, a proteção de dados pessoais que lhes deve ser assegurada é diferenciada, não se submetendo os limites da proteção geral." AMARAL, Claudio do Prado Amaral. Proteção de Dados Pessoais de Crianças e Adolescentes. In: LIMA, Cíntia Rosa Pereira de (Org.) *Comentários à Lei Geral de Proteção de Dados*. São Paulo: Almedina, 2020, p. 166.
53. MARTINS, Fernando Rodrigues; FERREIRA, Keila Pacheco. Da idade média à idade mídia: a publicidade persuasiva digital na virada linguística do direito. *In*: PASQUALOTTO, Adalberto (Org.). *Publicidade e proteção da infância*. Porto Alegre: Livraria do Advogado, 2018. v. 2. p. 99.

Vale lembrar que o fato dos dados pessoais, que compõe o "corpo eletrônico", serem disponibilizados pelos próprios titulares não afasta nenhuma espécie de proteção, conforme se defende com a ideia do "direito à extimidade" e se extrai da autodeterminação informativa. De uma maneira geral, é possível conceituar a ideia de extimidade como sendo "o desejo e o ato de revelar partes selecionadas da intimidade, em locais de sociabilidade e perante terceiros, a fim de, a partir das respostas do outro, autoconhecer-se e transformar-se em autoestima, intimidade e identidade".

Conforme se percebe, a extimidade "é a intimidade que se desenvolve naquela esfera híbrida de sociabilidade que abraça o público e o privado concomitantemente (o cotidiano-ordinário onde vive-se, ama-se, diverte-se, discute-se, trabalha-se)"[54], sendo a prova, no ciberespaço, da nítida mutação do binômio público-privado. Com efeito, o que se apresenta em rede não pode mais ser considerado íntimo, em sua pureza, mas nem por isso se torna público, e sim "êxtimo", ou seja, vai para social e não (necessariamente) para o público.

Com isso, é oportuno ressaltar que o fato de a criança ou o adolescente disponibilizar na *internet* seu "corpo eletrônico" não significa que o mercado pode se aproveitar dessas informações para as práticas mercadológicas. A análise do uso de redes sociais é relevante pois as publicidades que se utilizam de dados pessoais das pessoas nestes acessos se tornam mais efetivas e, em última análise, induzem as pessoas ao consumo irracional[55], justificando ainda mais a qualificação das publicidades infantis fundadas em dados pessoas como práticas abusivas.

Em verdade, as redes sociais, aparentemente gratuitas, auferem desproporcionais lucros frente a prestação de serviços oferecidas, tendo em vista que se valem dos dados e informações inseridas pelos próprios usuários possibilitando o oferecimento de um amplo espaço para os negócios jurídicos virtuais, em especial a publicidade[56], que pode ser preciosamente direcionada aos consumidores que representam maior potencial de conversão da oferta.

Daí porque a gratuidade é tão somente aparente, tendo em vista que toda a remuneração dessas redes socais se faz de maneira indireta, com amplos riscos aos dados pessoais dos usuários. Como se não bastasse, as redes sociais têm uma característica marcante que é a busca pela captura dos desejos de consumo, além da criação de

---

54. BOLESINA, Iuri. *Direito à extimidade*: as inter-relações entre identidade, ciberespaço e privacidade. Florianópolis: Empório do Direito, 2017. p. 232.

55. Tristan Harris, cofundador do *Center for Humane Technology* descreve em seu site como a tecnologia *sequestra* a mente das pessoas, gerando como resultado o vício, o isolamento social, a indignação a desinformação e a polarização política. HARRIS, Tristan. How technology hijacks people's minds-from a magician and Google's design ethicist. [S. l.], 3 jun. 2017. Disponível em: http://www.tristanharris.com/2016/05/how-technology-hijacks-peoples-minds%e2%80%8a-%e2%80%8afrom-a-magician-and-googles-design-ethicist/. Acesso em: 18 dez. 2019.

56. MARTINS, Fernando Rodrigues; FERREIRA, Keila Pacheco. Da idade média à idade mídia: a publicidade persuasiva digital na virada linguística do direito. In: PASQUALOTTO, Adalberto (Org.). *Publicidade e proteção da infância*. Porto Alegre: Livraria do Advogado, 2018. v. 2. p. 99.

necessidades artificiais que fomentam a atividade publicitária, em uma verdadeira "economia do engano".[57]

Pode-se dizer, portanto, que a "publicidade dirigida às crianças pode ser reconhecida como forma de assédio de consumo, haja vista o elenco aberto de práticas abusivas do art. 39 do CDC."[58] Esse assédio se refere à prática agressiva, que pressiona o consumidor de forma a influenciar, paralisar ou impor sua decisão de consumo, explorando emoções, sentimentos, fraquezas, medos e a confiança em relação a posição de *expert* do fornecedor, especialmente se aproveitando das circunstâncias de vulnerabilidade da pessoa, como ingenuidade infantil.[59]

Conforme se percebe, é preciso impor limites às empresas que se aproveitam da (hiper)vulnerabilidade do consumidor infantojuvenil, conectado em rede, para lhe ofertar produtos e serviços com base em seus dados pessoais, promovendo o indesejado assédio de consumo. Neste mesmo sentido, destaca a doutrina que:

> "[...] a liberdade do empresário deve ser concretizada proporcionalmente à luz das demais liberdades previstas na Constituição da República, tais como liberdades políticas, liberdades sociais, liberdades coletivas, liberdades ambulatoriais, porquanto se tratam de liberdades fundamentais, próprias da pessoa humana."[60]

Dessa forma, além da liberdade da atividade econômica dever respeito às outras liberdades, maiores limites ainda devem ser reconhecidos quando houver risco aos vulneráveis. Com efeito, visando a proteção do "corpo eletrônico" da criança e do adolescente, é possível destacar que a Lei 12.965/14 (Marco Civil da Internet), de maneira tímida previu, em seu art. 29, a responsabilidade conjunta do poder público, dos provedores de conexão e de aplicações de *internet* e da sociedade civil na promoção da educação digital e nas boas práticas informacionais dos menores.

Já a LGPD cuidou de modo diferenciado do tratamento de dados da criança e do adolescente, dedicando inteiramente a seção III do capítulo de tratamento de dados pessoais (capítulo II) à tutela desses vulneráveis. Neste ponto, para além das críticas cabíveis a exigência do consentimento específico somente no tratamento de dados pessoais de crianças, isto é, menores de 12 anos, é importante ressaltar a previsão do *caput* do art. 14, segundo o qual "o tratamento de dados pessoais de crianças e de adolescentes deverá ser realizado em seu melhor interesse, nos termos deste artigo e da legislação pertinente".

---

57. BRITO, Dante Ponte de. Publicidade nas redes sociais e a violação à privacidade do consumidor. *In*: EHRHARDT JÚNIOR, Marcos; LOBO, Fabíola Albuquerque (Coord.). *Privacidade e sua compreensão no direito brasileiro*. Belo Horizonte: Fórum, 2019. p. 62.
58. MARQUES, Cláudia Lima. Nota sobre a vulnerabilidade das crianças e a publicidade infantil. In: PASQUALOTTO, Adalberto (Org.). *Publicidade e proteção da infância*. Porto Alegre: Livraria do Advogado, 2018. v. 2. p. 29.
59. MARQUES, Claudia Lima. *Contratos no Código de Defesa do Consumidor*: o novo regime das relações contratuais. São Paulo: Thomson Reuters Brasil, 2019. *E-book*.
60. MARTINS, Fernando Rodrigues; FERREIRA, Keila Pacheco. Da idade média à idade mídia: a publicidade persuasiva digital na virada linguística do direito. In: PASQUALOTTO, Adalberto (Org.). *Publicidade e proteção da infância*. Porto Alegre: Livraria do Advogado, 2018. v. 2. p. 94.

Conforme se nota, a LGPD, de maneira acertada, provocou o necessário diálogo de fontes, determinando que, para o tratamento de dados pessoais desses sujeitos com vulnerabilidade agravada, é preciso o respeito ao microssistema de proteção da criança do adolescente, como o ECA. Aqui, evidentemente, há a necessidade de se revisitar o conteúdo do princípio do melhor interesse, sob a ótica da proteção integral, agora no contexto do universo digital.[61] A tutela do corpo da criança e do adolescente, portanto, encontra amplo abrigo normativo, tanto no seu aspecto físico (integridade física), quando na sua projeção informacional (integridade psíquica).

Desse modo, é possível afirmar que todo o sistema jurídico brasileiro procura convergência na tutela da criança e do adolescente, de modo que no âmbito virtual, na perspectiva dos dados pessoais, o raciocínio não poderia ser diferente. É essa a tônica de diversas legislações, como o Código de Defesa do Consumidor e a Lei Geral de Proteção de Dados, que, para a proteção desses seres fragilizados socialmente, impõem notáveis e necessários limites.

5. CONSIDERAÇÕES FINAIS

À vista do exposto, evidencia-se que a tutela jurídica da criança e do adolescente ganhou nova roupagem com a promulgação da Constituição da República Federativa do Brasil, porquanto, a partir de 1988, o público infantojuvenil deixou de ser considerado "objeto" de direito, visão até então adotada pelo ordenamento jurídico pátrio, para ser visto e encarado como "sujeito" de direito.

Esse advento abriu as portas do mundo jurídico pátrio para o "Estatuto da Criança e do Adolescente" que, calcado no princípio do melhor interesse da criança e do adolescente, pôde instituir e, ao longo dos anos, consolidar a doutrina da proteção integral dessas pessoas consideradas hipervulneráveis pelo ordenamento jurídico pátrio. Em outras palavras, a especial condição da criança e do adolescente como seres humanos em desenvolvimento deverá ser levada em conta não só por toda comunidade jurídica, mas por todos os que se relacionarem direta ou indiretamente com o público infantojuvenil.

Daí porque é possível afirmar que, na atual sociedade, amplamente conectada, as novas projeções da personalidade humana também devem considerar a relevância dada pelo sistema jurídico à proteção da criança e do adolescente. Não à toa, as legislações que amparam direitos exsurgentes, como o direito de proteção de dados pessoais, também apresentam convergência neste sentido, descrevendo de maneira específica a tutela infantojuvenil.

---

61. TEIXEIRA, Ana Carolina Brochado; RETTORE, Anna Cristina de Carvalho. A autoridade parental e o tratamento de dados pessoais de crianças e adolescentes. In: FRAZÃO, Ana; TEPEDINO, Gustavo; OLIVA, Milena Donato (Coord.). *Lei Geral de Proteção de dados Pessoais e suas repercussões no direito brasileiro*. São Paulo: Thomson Reuters Brasil, 2019. p. 515.

Dito de outro modo, a proteção de dados pessoais da criança e do adolescente também tem tratamento diferenciado, sempre com vistas à proteção integral destes seres em formação. Exatamente por isso é possível afirmar que a proteção do corpo eletrônico da criança e do adolescente também encontra amparo legal, como forma aperfeiçoada de tutela da pessoa humana em desenvolvimento.

Tal fato ganha ainda maior destaque ao notar que o mercado rotineiramente desenvolve estratégias publicitárias para, a partir de informações capazes de identificar ou tornar identificável o titular de dados menor de idade, aproveita-se dessa situação para concretizar ofertas com maior conversão de venda. Obviamente, a oferta publicitária, direcionada de forma específica e personalizada ao público que não tem total autonomia para as decisões da vida civil, deve ser considerada abusiva.

Em resumo, não há como negar que as novas tecnologias trazem novos desafios ao Direito. Ao se tratar da publicidade, estes desafios ganham ainda maiores contornos, afinal, é a atividade que movimenta hoje um mercado bilionário, como fonte de diversas outras atividades virtuais, como as redes sociais. Exatamente por isso que é possível identificar um novo espaço de perigo às crianças e aos adolescentes, agora não só expostos às ofertas, mas também induzidos, seduzidos e hipnotizados pelos produtos e serviços oferecidos.

Como se não bastasse, a utilização, de modo obscuro, dos dados pessoais desses titulares demonstra ainda maior repugnância à publicidade virtual infantil. Afinal, na *Internet*, este grande mercado virtual, a criança e o adolescente tornam-se alvo fácil para o indesejado assédio de consumo, que se instrumentaliza da maneira ainda mais odiosa quando feito de forma personalizada, a partir de dados pessoais.

A conclusão que se chega é que não há mais como o Direito se esquivar das novas projeções da pessoa humana, agora virtualizadas, que demandam, obviamente, também novas abrangências de tutela. Por isso, deve-se sempre lembrar que a proteção integral dos menores deve permear todo o sistema jurídico, determinando de maneira cogente o diálogo de fontes entre diversas normas, como o ECA, o CDC e a LGPD. Tudo isso para que a conclusão, já conhecida, seja destacada: a necessária proibição das práticas publicitárias que utilizam novas tecnologias para captar dados pessoais e personalizar as publicidades direcionadas ao público infantojuvenil. Só assim será possível garantir não só a tutela do corpo eletrônico da criança e do adolescente como também a concretização da proteção integral desses seres.

6. REFERÊNCIAS

ADOLFO, Luiz Gonzaga Silva; BAGATINI, Julia. Sociedade de informação e direito do consumidor: uma abordagem a partir do jogo Pokémon GO. *Revista de Direito do Consumidor*, São Paulo, v. 110, p. 259-279, mar.-abr. 2017.

AGOSTINI, Renata. A nova indústria da espionagem explora o consumo. *Revista Exame*, São Paulo, 28 abr. 2012. Disponível em: https://exame.abril.com.br/revista-exame/a-nova-industria-da-espionagem/. Acesso em: 13 nov. 2019.

ALVAREZ, Ana Maria Blanco Montiel. Publicidade dirigida à criança e regulação de mercado. In: PASQUALOTTO, Adalberto (Org.). *Publicidade e proteção da infância*. Porto Alegre: Livraria do Advogado, 2014.

AMARAL, Claudio do Prado Amaral. Proteção de Dados Pessoais de Crianças e Adolescentes. In: LIMA, Cíntia Rosa Pereira de (Org.) *Comentários à Lei Geral de Proteção de Dados*. São Paulo: Almedina, 2020.

BARBOSA, Caio César do Nascimento; BRITTO, Priscila Alves de; SILVA, Michael César. Publicidade Ilícita e Influenciadores Digitais: Novas Tendências da Responsabilidade Civil. *Revista IBERC*, Belo Horizonte, v. 2, n. 2, p. 01-21, maio-ago. 2019.

BASAN, Arthur Pinheiro; FALEIROS JÚNIOR, José Luiz de Moura. A tutela do corpo eletrônico como direito básico do consumidor. *Revista dos Tribunais*, São Paulo, v. 1021, p. 1-29, 2020.

BENJAMIN, Antônio Herman V; MARQUES, Claudia Lima Marques; MIRAGEM, Bruno. *Comentários ao Código de Defesa do Consumidor*. 3. ed. São Paulo: Thomson Reuters Brasil, 2019. *E-book*.

BIONI, Bruno Ricardo. *Proteção de dados pessoais*: a função e os limites do consentimento. Rio de Janeiro: Forense, 2019

BOLESINA, Iuri. *Direito à extimidade*: as inter-relações entre identidade, ciberespaço e privacidade. Florianópolis: Empório do Direito, 2017.

BRASIL. Superior Tribunal de Justiça (2. Turma). *Recurso Especial 1.653.359/MG*. Recorrente: Ministério Público de Minas Gerais. Recorrido: Estado de Minas Gerais. Relator Min. Herman Benjamin. Brasília, Julgado em: 19 de outubro de 2017. Disponível em: https://stj.jusbrasil.com.br/jurisprudencia/549846767/recurso-especial-resp-1653359-mg-2017-0027890-8/inteiro-teor-549846778. Acesso em: 20 jun. de 2021.

BRASIL. Superior Tribunal de Justiça (2. Turma). *Recurso Especial 1.726.973/SP*. Recorrente: Fundação da Seguridade Social dos Servidores do Município de Sorocaba. Recorrido: Sandro Felisbino de Proença. Relator Min. Herman Benjamin. Brasília, Julgado em: 24 de abril de 2018. Disponível em: https://stj.jusbrasil.com.br/jurisprudencia/652110338/recurso-especial-resp-1726973-sp-2018-0041676-3/inteiro-teor-652110357. Acesso em: 20 jun. de 2021.

BRASIL. Superior Tribunal de Justiça (2. Turma). *Recurso Especial 1.697.904/DF*. Recorrente: Distrito Federal. Recorrido: (parte em sigilo) rel. Min. Herman Benjamin. Brasília, Julgado em: 16 nov. 2017. Disponível em: https://stj.jusbrasil.com.br/jurisprudencia/860431181/recurso-especial--resp-1697904-df-2017-0207260-4/inteiro-teor-860431220?ref=serp. Acesso em: 20 jun. de 2021.

BRASIL. Superior Tribunal de Justiça (3. Turma). *Recurso Especial 174.188/CE*. Recorrente: Ministério Público do Ceará. Recorrido: (parte em sigilo). Relator min. Moura Ribeiro. Brasília, Julgado em: 20 de junho de 2018. Disponível em: https://stj.jusbrasil.com.br/jurisprudencia/595755264/recurso-especial-resp-1741888-ce-2018-0117974-4. Acesso em: 20 jun. 2021

BRASIL. Superior Tribunal de Justiça (6. Turma). *Recurso especial 160.522/MS*. Recorrente: Ministério Público do Mato Grosso do Sul. Recorrido: (parte em sigilo) Defensoria Pública do Mato Grosso do Sul, rel. Min. Rogério Schietti Cruz. Brasília, Julgado em: 28 jun. 2016. Disponível em: <https://stj.jusbrasil.com.br/jurisprudencia/368869167/recurso-especial-resp-1605222-ms-2016-0127379-3/relatorio-e-voto-368869206. Acesso em: 20 jun. 2021

BRASILEIRO, Luciana; HOLANDA, Maria Rita. A proteção de dados pessoais na infância e o dever parental de preservação da privacidade. In: EHRHARDT JÚNIOR, Marcos; LOBO, Fabíola Albuquerque (Coord.). *Privacidade e sua compreensão no direito brasileiro*. Belo Horizonte: Fórum, 2019

BRITO, Dante Ponte de. Publicidade nas redes sociais e a violação à privacidade do consumidor. In: EHRHARDT JÚNIOR, Marcos; LOBO, Fabíola Albuquerque (Coord.). *Privacidade e sua compreensão no direito brasileiro*. Belo Horizonte: Fórum, 2019.

COTS, Márcio; OLIVEIRA, Ricardo. *Lei Geral de Proteção de Dados Pessoais comentada*. São Paulo: Thomson Reuters Brasil, 2018.

DENSA, Roberta. *Proteção jurídica da criança consumidora*: entretenimento, classificação indicativa, filmes, jogos, jogos eletrônicos. Indaiatuba: Foco, 2018.

DONEDA, Danilo. *Da privacidade à proteção de dados pessoais*. Rio de Janeiro: Renovar, 2006.

HARRIS, Tristan. How technology hijacks people's minds-from a magician and google's design ethicist. *[S. l.]*, 3 jun. 2017. Disponível em: http://www.tristanharris.com/2016/05/how-technology-hijacks--peoples-minds%e2%80%8a-%e2%80%8afrom-a-magician-and-googles-design-ethicist/. Acesso em: 18 jun. 2021.

HENRIQUES, Isabella. O capitalismo, a sociedade de consumo e a importância da restrição da publicidade e da comunicação mercadológica voltadas ao público infantil. In: PASQUALOTTO, Adalberto (Org.). *Publicidade e proteção da infância*. Porto Alegre: Livraria do Advogado, 2014.

KLEINA, Nilton. YouTube inicia mudança de diretrizes em vídeos para crianças. *Tecmundo*, 6 jan. 2019. Disponível em: https://www.tecmundo.com.br/redes-sociais/149007-youtube-inicia-mudanca-di-retrizes-videos-criancas.htm. Acesso em: 08 jun. 2021.

KRETZMANN, Renata Pozzi. O princípio da identificação da publicidade e a abusividade da publicidade dirigida às crianças no Youtube. In: PASQUALOTTO, Adalberto (Org.). *Publicidade e proteção da infância*. Porto Alegre: Livraria do Advogado, 2018. v. 2.

MARQUES, Claudia Lima. *Contratos no Código de Defesa do Consumidor*: o novo regime das relações contratuais. São Paulo: Thomson Reuters Brasil, 2019. E-book.

MARQUES, Cláudia Lima. Nota sobre a vulnerabilidade das crianças e a publicidade infantil. In: PASQUALOTTO, Adalberto (Org.). *Publicidade e proteção da infância*. Porto Alegre: Livraria do Advogado, 2018. v. 2.

MARQUES, Cláudia Lima; BERTONCELLO, Karen. Rick Danilevics. Publicidade e infância: sugestões para a tutela legal das crianças consumidoras. In: PASQUALOTTO, Adalberto (Org.). *Publicidade e proteção da infância*. Porto Alegre: Livraria do Advogado, 2014.

MARTINS, Fernando Rodrigues. Sociedade da Informação e proteção da pessoa. *Revista da Associação Nacional do Ministério Público do Consumidor*, Brasília, DF, v. 2, n. 2, p. 5, 2016.

MARTINS, Fernando Rodrigues; FERREIRA, Keila Pacheco. Da idade média à idade mídia: a publicidade persuasiva digital na virada linguística do direito. In: PASQUALOTTO, Adalberto (Org.). *Publicidade e proteção da infância*. Porto Alegre: Livraria do Advogado, 2018. v. 2

MELLO BARROS, Guilherme Freire de. *Estatuto da Criança e do Adolescente*. Salvador: JusPodivm, 2020.

NASCIMENTO, Valéria Ribas do. Direitos fundamentais da personalidade na era da sociedade da informação: transversalidade da tutela à privacidade. *Revista de Informação Legislativa: RIL*, Brasília, DF, v. 54, n. 213, p. 285, jan./mar. 2017. Disponível em: http://www12.senado.leg.br/ril/edicoes/54/213/ril_v54_n213_p265. Acesso em: 12 dez. 2019.

ONU. Convenção sobre os Direitos da Criança. Disponível em: https://www.unicef.org/brazil/convencao-sobre-os-direitos-da-crianca. Acesso em: 19 jun. 2021.

PASQUALOTTO, Adalberto (Org.). *Publicidade e proteção da infância*. Porto Alegre: Livraria do Advogado, 2014.

PEDROSA, Leyberson. ECA completa 25 anos: mas ações de proteção a crianças começaram na época colonial. *Portal EBC*. 13 jul. 2015. Disponível em: https://memoria.ebc.com.br/cidadania/2015/07/eca-25-anos-direitos-criancas-e-adolescentes. Acesso em: 18 jul. 2021

RODOTÀ, Stefano. *El derecho a tener derechos*. Trotta: Madrid, 2014.

SILVEIRA JÚNIOR, Antônio Morais da; VERBICARO, Dennis. A tutela normativa da publicidade infantil na relação de consumo e seus desafios. *Revista de Direito do Consumidor*, São Paulo, v. 26, n. 112, p. 206, jul.-ago. 2017.

TEIXEIRA, Ana Carolina Brochado; RETTORE, Anna Cristina de Carvalho. A autoridade parental e o tratamento de dados pessoais de crianças e adolescentes. In: FRAZÃO, Ana; TEPEDINO, Gustavo; OLIVA, Milena Donato (Coord.). *Lei Geral de Proteção de dados Pessoais e suas repercussões no direito brasileiro*. São Paulo: Thomson Reuters Brasil, 2019.

TORRES, Cláudio. *A bíblia do marketing digital*: tudo o que você queria saber sobre marketing e publicidade na internet e não tinha a quem perguntar. São Paulo: Novatec, 2018.

4
PROTEÇÃO DA CRIANÇA EM MEIO DIGITAL: ANÁLISE DOS RISCOS E DAS ORIENTAÇÕES CONFORME A ORGANIZAÇÃO PARA COOPERAÇÃO E DESENVOLVIMENTO (OCDE)

Roberta Densa

Doutora em Direitos Difusos e Coletivos pela Pontifícia Universidade Católica de São Paulo (PUC-SP). Professora contratada da Faculdade de Direito de São Bernardo do Campo. Advogada em São Paulo. Foi consultora do PNUD sobre Publicidade Infantil. Autora da obra "Proteção jurídica da criança consumidora". Membro do IBERC, IAPD e do BRASILCON.

Cecília Dantas

Advogada em São Paulo. Pós-graduanda em Direito Administrativo pelo IDP – Instituto de Direito Público.

Sumário: 1. Introdução – 2. Do mapeamento dos riscos – 3. Riscos de tecnologia na internet; 3.1 Riscos de conteúdo; 3.2 Riscos de contato; 3.3 Riscos relacionados ao consumo; 3.3.1 Marketing on-line; 3.3.2 Spam, banners e e-mails; 3.3.3 Publicidade de alimentos e bebidas com altos índices de açúcar, sal e gordura; 3.3.4 Tempo *on-line*; 3.3.5 Transações fraudulentas; 3.4 Riscos relacionados a informações e dados pessoais; 3.4.1 Privacidade das informações das crianças; 3.4.2 Informação pessoal como *commodity*; 3.4.3 Compartilhamento de dados pessoais e socialização em meio on-line; 3.4.4 O paradoxo da proteção de dados – 4. Políticas públicas para proteção da criança em ambiente digital; 4.1 Políticas *multicamadas*; 4.1.1 Medidas legais; 4.1.2 Autorregulação e corregulação; 4.1.3 Conscientização e educação; 4.2 Política *multissetorial*; 4.3 Política *multinível* – 5. Proteção da criança em meio digital no cenário internacional; 5.1 Plano político; 5.2 Perspectiva sobre os direitos das crianças e adolescentes; 5.3 *Committee on the Rights of the Child* (CRC); 5.4 *Council of Europe* (COE) – 6. Conclusões do relatório da OCDE – 7. Notas conclusivas.

1. INTRODUÇÃO

A Organização para Cooperação e Desenvolvimento (OCDE) é organização internacional que tem por objetivo constituir políticas públicas para melhoria da qualidade de vida dos cidadãos, trabalha o estabelecimento de padrões internacionais baseados em evidências científicas e busca de soluções para os desafios sociais, econômicos e ambientais.[1]

---

1. Disponível em: http://www.oecd.org/about/. Acesso em: 31 out. 2021.

O foco do trabalho da OCDE é o melhor desempenho econômico, a criação de empregos, além do incentivo à educação e o combate à evasão fiscal internacional. São oferecidos fóruns de discussão e centro de conhecimento exclusivos para dados e análises, troca de experiências, compartilhamento de melhores práticas e consultoria sobre políticas públicas e estabelecimento de padrões internacionais.

Há inúmeros estudos e orientações da OCDE em relação ao desenvolvimento da criança, em especial no que diz respeito às políticas públicas educacionais e de saúde. Na mesma linha, há estudos que indicam a necessidade de proteção da infância no ambiente digital.

Em maio de 2011, o órgão publicou as primeiras diretrizes a respeito dos cuidados e das ferramentas relacionadas aos riscos do uso da internet por crianças e adolescentes, denominadas "*The Protection of Children Online: risks faced by children online and policies to protect them*".[2] Na mesma linha, em maio de 2020, o órgão emitiu novas diretrizes com o título "*Protecting children online: an overview of recent developments in legal frameworks and policies – OCDE digital economy papers*".[3]

O presente texto visa apresentar breve resenha sobre os estudos e orientações neles apresentadas, com o objetivo de esclarecer a posição do órgão sobre o tema e, eventualmente, orientar políticas públicas e estudos relativos ao tema no Brasil.

2. DO MAPEAMENTO DOS RISCOS

Para iniciar o estudo, a OCDE analisa as classificações de riscos que foram desenvolvidas pelos seguintes órgãos: Força-Tarefa Técnica de Segurança na Internet dos EUA (ISTTF); US Online Safety and Technology Working Group (OSTWG); Australian Communications and Autoridade de mídia (ACMA); EU Kids Online; European Youth Protection Roundtable Toolkit (YPRT); e as Diretrizes da União Internacional de Telecomunicações (UIT) para Formulação de Políticas de Proteção às Crianças *On-line*.

Embora cada uma das classificações reflita a abordagem particular adotada por esses estudos, todos distinguem entre riscos relacionados a *conteúdo nocivo* e aqueles relacionados a *interações nocivas* e, grosso modo, classifica os riscos em três categorias: i) riscos de tecnologia na internet; ii) riscos relacionados ao consumo; e iii) privacidade da informação e riscos de segurança.

---

2. OCDE (2011-05-02), "The Protection of Children Online: Risks Faced by Children Online and Policies to Protect Them", OCDE Digital Economy Papers, N°. 179, OCDE Publishing, Paris. Disponível em: http://dx.doi.org/10.1787/5kgcjf71pl28-en. Acesso em: 31 out. 2021.
3. Disponível em: https://www.oecd.org/education/protecting-children-online-9e0e49a9-en.htm. Acesso em: 31 out. 2021.

ANÁLISE DOS RISCOS E DAS ORIENTAÇÕES CONFORME OCDE

De forma didática e ilustrativa, apresentou-se o quadro abaixo:

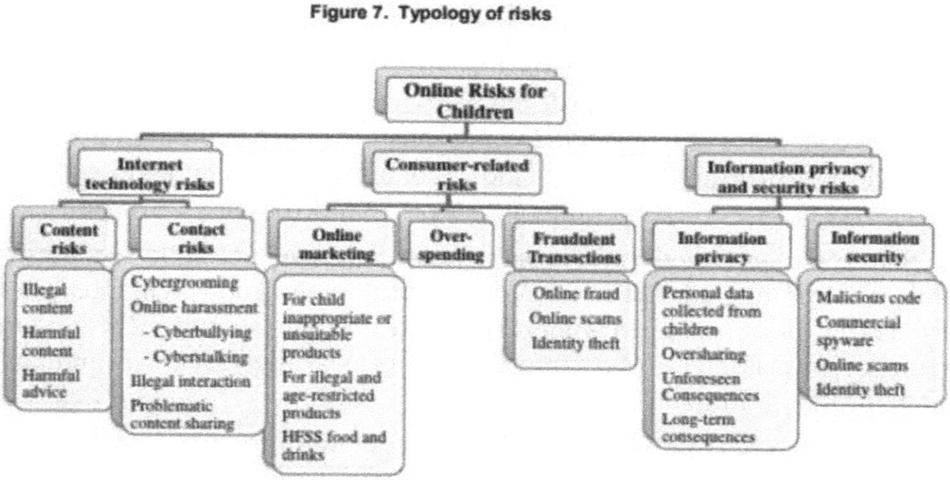

Figure 7. Typology of risks

Figura 1 – Typology of risks
Fonte: http://www.oecd.org/about/.

Assim, os estudos estão baseados em dados coletados no Reino Unido, na Austrália, no Japão e na União Europeia, considerando a idade, o local onde as crianças acessam a rede mundial de computadores (se de casa, da escola, de estabelecimento comercial), entre outras informações.

Apesar de apresentar dados quantitativos e qualitativos que dão base para a pesquisa, o órgão esclarece que a disponibilidade de dados quantitativos varia de acordo com o risco, uma vez que poucos são os dados sobre as interações ilegais, sobre o marketing *on-line* destinado a crianças, especialmente sobre as transações fraudulentas, bem como sobre a segurança da informação e os riscos de privacidade.

Deve-se esclarecer que, para desenhar a figura acima, foram utilizados especialmente os dados da pesquisa denominada "Revisão de Pesquisas Existentes de Segurança Cibernética Australiana e Internacional" e do estudo "*EU Kids Online*", que fornecem informações detalhadas sobre o tema.

3. RISCOS DE TECNOLOGIA NA INTERNET

Crianças e adolescentes são hoje denominados "nativos digitais", ou seja, desde muito cedo tem acesso à rede mundial de computadores. Por essa razão, incluem-se aqui os riscos de conteúdo, ou seja, quando a criança recebe passivamente ou é exposta a conteúdo disponível para todos os usuários da Internet em um relacionamento "um-para-muitos" e riscos de contato, quando a criança está ativamente envolvida em um relacionamento ou interação personalizada, seja de forma bilateral ou multilateral.

3.1 Riscos de conteúdo

Os riscos de conteúdo compreendem três subcategorias principais: i) conteúdo ilegal; ii) impróprio ou prejudicial para a idade; e iii) orientações prejudiciais. A questão relacionada ao *conteúdo ilegal* varia de acordo com cada país, podendo ser citada a promoção de racismo, o discurso de ódio e discriminação em alguns países (nesses casos, esses conteúdos são considerados, pelo relatório, flexíveis, já que essa lista não faz parte de boa parte dos países estudados). Por outro lado, o conteúdo associado à exploração sexual de crianças é conteúdo ilegal em todo os países estudados.

Quanto ao *conteúdo impróprio ou prejudicial para a idade*, cita-se a presença de violência e pornografia. Tais conteúdos, podem ser acessados sem intenção (ou busca) da criança, ou seja, apenas por pesquisa aleatória na internet, além de estarem presentes em mídias interativas (como nos videogames) que podem ser vendidos ou disponibilizados gratuitamente.

O estudo ressalta que a definição de conteúdo impróprio para a idade reflete a base cultural, ou seja, os valores sociais de cada país e normalmente são regulados pelos órgãos de regulação da mídia através das classificações indicativas.

Já as *orientações prejudiciais*, estão relacionadas ao suicídio, uso de drogas ou álcool, desenvolvimento de distúrbios alimentares (como, por exemplo, a anorexia), entre outros. O documento ressalta que os conteúdos podem estar na plataforma, podendo ter abordagem educativa, mas com orientações potencialmente prejudiciais aos mais vulneráveis.

Nesses casos, é tênue a linha que distingue entre as orientações prejudiciais, inofensivas ou mesmo inúteis, aumentando ainda mais a complexidade e o controle das informações na rede.

3.2 Riscos de contato

Os riscos de contato ocorrem quando as crianças interagem em meio digital, como, por exemplo, ao participar de bate-papos *on-line*, jogos interativos, entre outros. Podem ser distinguidos conforme: i) a interação ocorre com a intenção de prejudicar a criança (por exemplo, *cybergrooming*); ii) as crianças são expostas a interações que incitam ódio; ou iii) a criança causa danos a si mesma por sua conduta (com compartilhamento ilegal de arquivos, por exemplo).

No *cybergrooming* um adulto utiliza a Internet para formar uma relação de confiança com uma criança com a intenção de abuso sexual. Trata-se de atitude criminosa em vários países, em consonância com o disposto na Convenção do Conselho da Europa sobre a Proteção das Crianças contra a Exploração Sexual que criminaliza a conduta.

Outra forma de interação com a intenção de prejudicar a criança é o assédio *on-line*, sendo o risco de contato mais comum enfrentado por crianças. Pode variar entre a intimidação, constrangimento, humilhação e a ameaças graves. Esse tipo de interação pode culminar em *cyberbullying*, em que indivíduos ou grupos usam tecnologias de informação, comunicação deliberada e repetidamente para prejudicar crianças e adolescentes. Os *cyberbullies* e suas vítimas são, muitas vezes, menores, mas também existem casos de adultos que assediam crianças.

As estratégias incluem ameaças repetidas por e-mail, mensagens de texto ou *chat*, publicação na *web* ou circulação de fotos, muitas vezes aproveitando o relativo anonimato do meio digital.

Flaming é uma forma de *cyberbullying* em que as crianças têm um comportamento ainda mais intenso e verbalmente agressivo. Em tais interações, agressores e vítimas geralmente são crianças. Já o *cyberstalking* é um tipo de assédio em que a conduta do indivíduo é uma forma extrema de perseguição *on-line* envolvendo contato repetido e ameaças maliciosas. O praticante também pode comprometer os dados pessoais da vítima para causar sofrimento psíquico e físico.

Pode também ocorrer situações em que os menores, em busca de ajuda ou assistência recebam orientações prejudiciais ou de intenção duvidosa, seja através das redes sociais ou salas de bate-papo. Este risco de contato espelha o risco de ser exposto a orientações prejudiciais em conteúdo da rede, conforme cima citado. No entanto, a interação com um grupo de pessoas afins os usuários podem normalizar e reforçar práticas perigosas, tais como automutilação ou anorexia.

No compartilhamento de conteúdo problemático (*sharing of problematic content*) as crianças criam conteúdo que colocam a si ou outras crianças em situação de risco. O fato ocorre, muitas vezes, utilizando um telefone com câmera ou webcam e, em seguida, compartilhando o conteúdo em redes sociais ou grupos *on-line*.

Esses vídeos ou imagem podem retratar violência em grupo, ou autoinfligida, e a prática do *sexting*, em que menores compartilham vídeos ou fotografias nuas ou seminuas de si mesmos.

Dedipix é uma tendência recente, aparentemente iniciada na França, na qual as crianças postam foto de uma de suas partes do corpo, às vezes nua ou seminua, com uma mensagem escrita nela. Há também o chamado "tapa feliz" (*happy slapping*) que se refere a uma agressão por adolescentes a um desconhecido ou transeunte, só por diversão ou como parte de um assalto ou roubo, enquanto alguém filma a ação com uma câmera de celular. Os vídeos são então postados em plataformas de compartilhamento de vídeos ou compartilhados através de telefones celulares.

Por fim, as interações e compartilhamentos tidos como ilegais podem colocar menores ou seus pais em risco de penalidades criminais ou civis. Como exemplo, a pirataria *on-line* ou compartilhamento de material protegido por direitos autorais.

De outra banda, o acesso aos jogos de azar *on-line* por menores, o que é ilegal na maioria dos países, é uma ameaça para os pais se os menores tiverem acesso a um crédito cartão ou outro meio de pagamento, o que pode ocasionar grande prejuízo financeiro. É também uma fonte potencial de dano psicológico à criança.

3.3 Riscos relacionados ao consumo

Nessa seara da relação de consumo, a OCDE aponta que as crianças estão em risco quando: i) recebem mensagens *on-line* com conteúdo inapropriado, dirigido ao público adulto (como publicidades relacionadas a bebidas alcoólicas ou que ofereçam serviço de namoro *on-line*); ii) estão expostas a conteúdo publicitário sem a correta identificação da mensagem publicitária; e iii) são expostas a conteúdo que explore sua inexperiência, criando risco econômico para si e sua família (como nas situações de fraude).

3.3.1 Marketing on-line

A publicidade *on-line* relacionada a produtos e serviços restritos a adultos, como álcool, cigarro e medicamentos é constante preocupação diante do risco que representa às crianças. Isso porque, especialmente para adolescentes, pode ocorrer promoção e venda de produtos não apropriados para a idade.

Embora haja restrições de idade para a compra desses produtos *on-line*, elas não necessariamente são respeitadas pelos compradores. O estudo traz como exemplo uma pesquisa feita nos Estados Unidos da América em 2006, indicando que mais de 70% dos adolescentes tentaram comprar cigarros *on-line* com sucesso; outra pesquisa de 2002 descobriu que apenas 2,2% de 1.689 adolescentes que fumaram compraram seus cigarros *on-line*. Da mesma forma, a promoção e a venda de produtos ilegais como drogas e substâncias entorpecentes na internet representam um risco principalmente para adolescentes.

A publicidade dirigida ao público infantil inserida em conteúdo *on-line*, ou que seja vinculado à página da *web* destinada ao público infantil, pode ser considerado um problema, visto que, na maioria das vezes, inexiste uma separação entre conteúdo e publicidade, não deixando claro o conteúdo publicitário do anúncio para as crianças.

Segundo os documentos da OCDE, para menores de idade, especialmente crianças pequenas, conteúdos comerciais são de difícil identificação, especialmente se comparados aos anúncios destinados ao público adulto, uma vez que a criança não tem capacidade para fazer críticas ao conteúdo por ela recebido, tornando-a extremamente vulnerável às influências do marketing digital.

Advergame é um exemplo de técnica de marketing controversa que mistura publicidade com jogos ou vídeos *on-line*. Segundo estudo citado no trabalho da OCDE, crianças não têm compreensão suficiente de como o conteúdo da internet é produzido e financiado, o que traz maior dificuldade em avaliar criticamente as mensagens publicitárias. O estudo está fundamentado em análise feita pelo Departamento do Reino Unido para Crianças, Escolas e Famílias e pelo Departamento de Cultura e Mídia e Esporte.

Por esse motivo, muito se tem questionado a respeito do uso de publicidade incorporada e *branding* comercial em *sites* voltados para crianças; além disso,

ANÁLISE DOS RISCOS E DAS ORIENTAÇÕES CONFORME OCDE

discute-se a partir de que idade as crianças deveriam ser submetidas a práticas de marketing *on-line*.

3.3.2 Spam, banners e e-mails

O estudo revela que existe preocupação relacionada ao conteúdo de produto ou serviço promovido por algumas publicidades, que podem expor crianças a riscos ainda maiores. Nesse sentido, conteúdos inadequados às crianças, tais como *banners* ou *e-mails* contendo *spam* de cunho sexual, ou, ainda, promoção de jogos, serviços de namoro, entre outros, podem provocar a curiosidade do menor, levando-o a ter acesso a conteúdo impróprio e ocasionando até perdas financeiras para a família.[4]

3.3.3 Publicidade de alimentos e bebidas com altos índices de açúcar, sal e gordura

Outra preocupação trazida pelo documento diz respeito ao marketing de produtos alimentícios com altas taxas de açúcar, sal ou gordura (os chamados alimentos HFSS pela OCDE – *high in fat, sugar and salt*), visto que são considerados um grande risco para a saúde da criança, podendo ser um verdadeiro incentivo à obesidade infantil.

Essa questão tem sido discutida e regulamentada em muitos países tanto na televisão quanto em *websites* que tenham como público-alvo as crianças, especifica-mente com medidas contra o marketing desses produtos.

3.3.4 Tempo on-line

O documento cita outro problema enfrentado pela sociedade: o tempo gasto por crianças e adolescentes na internet. Além de ser prejudicial ao desenvolvimento social desse público, os serviços *on-line* podem trazer gastos aos pais. Como exemplo, cita a inscrição em serviços *on-line* com taxas mensais ou o gasto em jogos, quando os menores têm acesso aos meios de pagamento *on-line*.

Aponta também o fato de que ainda não existem informações suficientes sobre quantos são os *sites* que condicionam a navegação em jogos a uma taxa de inscrição, nem mesmo quanto seriam os gastos dessas crianças e adolescentes em tais ambientes.

3.3.5 Transações fraudulentas

O estudo aborda, ainda, o controle de fraudes e transações enganosas envolvendo crianças e adolescentes e as vendas a eles submetidas. Sugere que o tema deva ser alvo de discussões e de forte regulamentação no futuro próximo.

---

4. Um estudo do Conselho Nacional de Consumo Britânico e Conselho Internacional sobre Comércio Infan-til indica que 9% da publicidade é destinada aos jogos e 4%, aos serviços de namoro *on-line*. Além disso, anúncios *pop-up* de pornografia são a principal fonte de conteúdo explícito, acessado por crianças que não percebem a temática do *pop-up* ao clicarem em seu conteúdo.

Esbarramos, nesse contexto, em outra questão envolvendo o risco de fraude a que as crianças estão submetidas, quando em um ambiente virtual: diante de uma contratação *on-line*, a criança não recebe o produto ou serviço pelo qual pagou ou, ainda, contrata-o sem saber das condições de pagamento.

As transações fraudulentas podem ocorrer quando as crianças celebram um contrato de vendas a distância, mas, tendo pagado, não recebem o produto/serviço ou efetivam assinaturas sem conseguir o cancelamento do serviço. Um exemplo notório no setor de telefonia móvel é o *download* de *ringtones* para telefones celulares. As crianças podem não perceber que pagam custos adicionais ou mesmo que tenham assinado um serviço cujas taxas são regularmente debitadas em cartões telefônicos pré-pagos.[5] Obviamente, o mesmo pode ser dito dos aplicativos de celulares.

As ofertas desses aplicativos nem sempre são claras em relação aos pagamentos e assinaturas, além de os valores serem diretamente debitados no cartão de crédito cadastrado para pagamento da conta telefônica, faltando aos menores conhecimento sobre os mecanismos de pagamento de um cartão de crédito.

Os riscos econômicos são agravados pela inexperiência das crianças, o que as torna alvos fáceis para fraude e golpes no ambiente virtual. Menores que ainda não possuem conta em banco ou cartão de crédito são menos propensos a incorrer em perdas financeiras imediatas. No entanto, ainda podem ser vítimas de utilização indevida dos dados que podem resultar em registros de crédito falsos.

3.4 Riscos relacionados a informações e dados pessoais

Outro risco relatado pela OCDE diz respeito ao compartilhamento de dados pessoais na internet. Nesse sentido, as crianças são um grupo particularmente vulnerável, visto sua capacidade reduzida de prever perigos e consequências da exposição de suas informações no meio digital.

3.4.1 Privacidade das informações das crianças

As crianças correm riscos relacionados à privacidade das informações quando seus dados são coletados sem que percebam, através de *cookies*, ou ainda por meio da contratação de serviços *on-line*. Assim como o comportamento dos pais e responsáveis, as crianças aprovam os termos de privacidade dos serviços *on-line* sem fazer a leitura (e compreender todos os seus termos), já que, muitas vezes, são longos e escritos em linguagem técnica o que os torna ainda mais difíceis de serem compreendidos pelas crianças.

Nesse sentido, os serviços *on-line* populares entre crianças quase sempre falham em oferecer procedimentos que assegurem aos pais as informações quanto ao

---

5. Conforme o estudo, em 2008, 23,7% dos adolescentes belgas declararam ter contratado serviços de *ringtones* sem saber das condições de pagamento.

ANÁLISE DOS RISCOS E DAS ORIENTAÇÕES CONFORME OCDE | **75**

tratamento dos dados de seus filhos, bem como em obter autorização expressa para tanto. Essa situação dificulta o controle dos pais no tratamento de dados dos filhos em meio digital.

3.4.2 Informação pessoal como commodity

As informações pessoais tornaram-se uma espécie de *commodity* no meio digital, e essa também é uma realidade para as crianças. O estudo trazido pela OCDE aponta que 95% (noventa e cinco por cento) dos adolescentes britânicos estão cientes desse fato e demonstram preocupação com as informações coletadas por *websites*. Além disso, ainda de acordo com o documento, de quarenta *websites* constantemente acessados por crianças, quase dois terços requerem dados pessoais para acesso e navegação.[6]

Nesse contexto, algumas campanhas publicitárias, com objetivo de atingir o seu público-alvo, têm como forma de cativar as crianças o uso de jogos, questionários e outros conteúdos, que acabam coletando informações pessoais (da criança e de sua família), muitas vezes sem requerer o consentimento dos pais. A possibilidade de ganhar um prêmio ou receber conteúdo *on-line* gratuito é, muitas vezes, a motivação para que crianças forneçam seus dados.

Dessa forma, o documento ressalta a maior vulnerabilidade das crianças em fornecer seus dados em meio digital. Isso porque, diante da sua percepção ainda imatura sobre a vida, é extremamente difícil para elas compreenderem a intenção comercial e os riscos nela envolvidos quando do fornecimento de dados pessoais.[7]

Por conseguinte, o grande desafio nesse contexto é informar adequadamente tanto os pais quanto as crianças sobre o propósito e a extensão do uso desses dados, além de não permitir qualquer tipo de utilização de dados sem o conhecimento e a permissão dos pais ou responsáveis.

3.4.3 Compartilhamento de dados pessoais e socialização em meio on-line

Conforme o relatório da OCDE, estudos recentes apontam que crianças consideram os contextos da vida *on-line* e *offline* parte de uma mesma realidade: isso porque elas usam a internet primariamente como forma de socializar com pessoas que já conhecem pessoalmente, compreendendo o mundo *on-line* um espaço privado de atividade social entre seus pares.

Uma forma muito utilizada de compartilhar informações pessoais nessa faixa etária se dá por meio de mídias sociais, plataformas de *blog* e outros meios e aplicações comuns ao cotidiano. Através da postagem contendo informações, imagens e

---

6. Conforme o estudo, em 70%, é requerido o nome; em 53%, o endereço de e-mail; em 43%, a data de nascimento; em 40%, o código postal; em 24%, o endereço residencial; em 24%, o telefone celular.

7. O estudo cita pesquisa trazida pelo Escritório Australiano Comissário de Privacidade (*Australian Office of the Privacy Commissioner*) indicou que australianos jovens são mais suscetíveis em prover dados pessoais em detalhes em vista de receber algum desconto ou prêmio *on-line*.

vídeos, essas crianças compartilham uma gama de informações, não só sobre elas, como também sobre seu meio social e sua família.

Nesse sentido, elas podem presumir, de forma incorreta, que todas as informações submetidas ao universo digital são restritas às pessoas imediatamente próximas a elas, sem contar com a possibilidade de ter seus dados compartilhados com uma imensidão de pessoas.

Dessa forma, existe o risco de crianças concederem informações *on-line*, o que pode colocá-las em situações de risco. Tal risco advém da sensação de pertencimento quando presentes nas redes sociais. Dados mostram que o uso dessas redes por jovens é cada dia menos cuidadoso e cresce aceleradamente.[8]

Nesse contexto, estudos demonstram que, apesar de jovens acreditarem ter privacidade na vida *on-line*, um número grande deles compartilha, cada vez mais, suas informações pessoais nas redes. De acordo com dados trazidos pelo estudo, entre 2000 e 2005 a porcentagem de jovens americanos que compartilha informações pessoais nas redes cresceu cerca de 24% (vinte e quatro por cento). Ainda nesse sentido, outro estudo americano concluiu que 81% (oitenta e um por cento) dos jovens inscritos na rede MySpace postavam com frequência fotos suas, e que, desses jovens, 93% (noventa e três por cento) indicavam sua cidade natal em tais postagens.

Ressalta-se ainda que, de acordo com informações do relatório da OCDE, apesar de muitas mídias sociais como Facebook, Bebo e MySpace requisitarem idade mínima (classificação etária) de 13 (treze) anos para o registro na rede, um número crescente de crianças abaixo dessa idade tem criado contas nas mencionadas redes.

Nesse sentido, a falsa sensação de privacidade que a opção de perfis fechados dá nessas redes sociais faz com que os jovens se sintam cada vez mais seguros para postar fotos, vídeos e informações pessoais. Esse fato também traz uma falsa sensação de segurança aos pais, já que 93% (noventa e três por cento) dos pais de crianças que utilizam essas redes estão cientes das referidas postagens.

Ressalta-se, nesse contexto, que as informações pessoais de usuários podem ser postadas por outras pessoas. Como exemplo, citamos as *tags*, que são marcações de outros indivíduos em fotos, vídeos e informações em perfis variados. Tal prática é comum entre jovens, e, na maior parte das vezes, não é necessária a permissão da pessoa "marcada" para que as informações apareçam em seu perfil.[9]

Ainda nessa toada, importante destacar que o uso de informações e dados pessoais de crianças na internet pode também ser um risco em relação a terceiros com

---

8. De acordo com a pesquisa, o uso das redes sociais pelos adolescentes é bem conhecido pela sociedade atual. Em 2007, 51% dos adolescentes americanos criaram um perfil em alguma rede social e 21% fazem uso regular dessa plataforma. Nesse sentido, o número é maior entre meninas (69% de meninas contra 50% de meninos, com idade entre 15 e 17 anos). O uso de redes sociais aumenta conforme a criança cresce: 27% das crianças têm entre 8 e 11 anos, 55% têm entre 12 e 15 anos e 67% têm entre 16 e 17 anos.

9. Ainda nesse sentido, estudos comprovam que pouco mais de 40% dos jovens tiveram suas fotos postadas em perfis diversos sem sua permissão. Outro estudo revela ainda que 6% dos jovens reportam fotos embaraçosas postadas em redes sociais sem suas devidas permissões.

intenções criminosas. Segundo estudo trazido pela OCDE, em 2006 a Comissão Federal do Comércio dos Estados Unidos reportou 1.498 denúncias de vazamento de dados de pessoas menores de 18 (dezoito) anos; isso representa 2% de todas as ações criminosas envolvendo roubos de identidade naquele ano.

Destaca-se que os dados de crianças e adolescentes podem ser usados também como forma de conhecer os locais acessados por eles, dando informações a respeito de sua casa, escola e locais de lazer, não só por outros indivíduos com intenções maliciosas, mas também pelos próprios *websites*, tais como Facebook, Google e outros, que utilizam essas informações para finalidades diversas. No caso do uso de celulares, tal fato pode ser ainda mais evidente, gerando o rastreio de todos os passos dados pela criança, sem qualquer limite em relação à sua privacidade.

3.4.4 O paradoxo da proteção de dados

Crianças também têm direito à privacidade, tanto *on-line* quanto *offline*. É necessário, por exemplo, que elas possam socializar *on-line* com seus pares sem a constante supervisão dos pais ou responsáveis. Nesse sentido, é possível que exista um paradoxo entre a privacidade e a proteção indispensável dos pais no meio cibernético.

Nesse contexto, a OCDE traz exemplos de controle parental na internet e do paradoxo entre a privacidade e a supervisão de pais e responsáveis. Algumas ferramentas de controle parental trazem dados detalhados sobre a atividade *on-line* de crianças aos pais e responsáveis, bem como escolas e bibliotecas oferecem programas que evoluem e ficam cada vez mais funcionais, demonstrando com precisão o comportamento das crianças no meio digital, tudo como estratégia de segurança cibernética.

Ocorre que, além de muitas vezes extrapolarem os limites da privacidade e liberdade do próprio indivíduo, os programas que auxiliam pais e responsáveis a rastrear os passos de jovens e crianças *on-line* podem levar a riscos ainda maiores em relação ao uso dos dados infantis. Isso porque os próprios serviços *on-line* de rastreio podem usar as informações obtidas para além dos motivos inicialmente declarados ou, ainda, podem ter suas informações "roubadas" por outros servidores.

Tal paradoxo leva a diversas discussões sobre como se deve dar a proteção de crianças e adolescentes no mundo digital. Claro que os pais precisam conhecer os ambientes acessados pela criança, zelando pela sua integridade física e mental. É evidente, porém, que essa vigilância precisa respeitar os limites de privacidade, não só a fim de garantir seus direitos fundamentais, mas também de resguardar seus passos de intenções maliciosas.

4. POLÍTICAS PÚBLICAS PARA PROTEÇÃO DA CRIANÇA EM AMBIENTE DIGITAL

Tendo desenhado os riscos, o relatório para a analisar as três dimensões das políticas para proteger as crianças em ambiente digital, afirmando que a maioria das políticas para proteger as crianças online são complexas: as políticas abordam diferentes riscos e muitas iniciativas de partes interessadas a coexistem em diferentes níveis.

No estudo, nota-se que as medidas de política nacional refletem, até certo ponto, a classificação de riscos adotada no relatório, uma vez que geralmente abordam uma das três principais categorias de riscos, mas raramente uma combinação delas.

A discussão apresentada demonstra as várias dimensões da política de proteção à criança e como elas são implementadas na maioria dos países: i) políticas *multicamadas* que compreendem ferramentas diretas e indiretas; ii) políticas *multissetoriais* relacionadas aos vários papéis e responsabilidades dos atores; e iii) mecanismos de política *multinível*: nível nacional e internacional.

4.1   Políticas *multicamadas*

A proteção de crianças *on-line* é uma área relativamente recente para a análise de políticas públicas e os países estão em processo de reavaliar as políticas existentes e formular novas respostas políticas diante do desafio.

Alguns países estão mais avançados do que outros nesta área: Austrália, Canadá e Reino Unido elaboraram estratégias nacionais que visam reunir vários instrumentos e atividades políticas e operacionais. Na Austrália e no Reino Unido, a visibilidade e transparência de suas políticas nacionais para proteger as crianças online tem promovido uma compreensão geral dos principais desafios dos formuladores de políticas.

As perspectivas dos países analisados combinam as abordagens legislativa, autorregulatória, corregulatória, técnica, de conscientização e medidas educacionais, bem como fornecimento de conteúdo positivo e zonas de segurança para crianças.

4.1.1   Medidas legais

A maioria dos países concordaria com a afirmação de que o que é ilegal fora da internet deve ser ilegal na internet, além de defender uma abordagem normativa à proteção infantil no ambiente. Nesses países, o principal desafio está em melhorar o cumprimento e a aplicação dos instrumentos existentes, em vez de adotar leis adicionais e regulamentos.

Assim, na maioria dos países, a regulamentação do conteúdo online é a pedra angular de sua política nacional. Geralmente se aplica ao conteúdo publicado na Internet e não ao conteúdo transmitido através troca de dados individuais.

A regulamentação de conteúdo adota uma abordagem em duas frentes: proibição geral de conteúdo ilegal e regulamentação de conteúdo impróprio para crianças até faixas etárias definidas por meio das classificações indicativas.

ANÁLISE DOS RISCOS E DAS ORIENTAÇÕES CONFORME OCDE **79**

As definições de ilegal e inapropriado para crianças conteúdo estão sujeitas a interpretação nacional e refletem valores culturais e sociais. A maioria dos países tem regulamentações de conteúdo atualizadas para incluir na Internet, alguns aprovaram legislação específica para a Internet (Japão, Coreia, Turquia) e alguns (Canadá e Estados Unidos) não emitiram nova legislação, principalmente por causa de requisitos constitucionais. No entanto, em algum grau, a utilização da autorregulação e corregulação tem sido cada vez mais comuns.

Em relação aos riscos de contato, em alguns países há previsão expressa de criminalização da conduta. O *cybergrooming*, por exemplo, é um novo tipo de crime em vários países. O *cyberbullying*, por outro lado, é apontado como um caso limítrofe. Dependendo de sua gravidade, pode ser punível de acordo com as leis de assédio existentes.

A proteção das crianças contra os riscos relacionados ao consumo é, em certa medida, abordada através de medidas legais relacionadas com as atividades regulamentadas. Por exemplo, em muitos países, o jogo online não pode ser oferecido aos menores. Para o marketing on-line voltado para crianças, os países tendem a regular certos aspectos (na União Europeia apenas os países escandinavos têm regulamentação abrangente) ou promovem a autorregulação e corregulação, como na Austrália, Canadá e Estados Unidos.

A OCDE alerta para a análise da eficiência da legislação para proteger a privacidade das crianças, já que a lei é não é autoaplicável. Na maioria das jurisdições (por exemplo, Canadá, países europeus) leis gerais de proteção de dados se aplicam à coleta de dados pessoais de crianças, mas não há disposições específicas para muitos dos problemas trazidos no relatório.

No entanto, os Estados Unidos fornecem um exemplo de uma resposta direcionada, através da *Children's Online Privacy Protection Act* (COPPA), que protege crianças até 13 anos e exige que os operadores de sites crianças ou de sites utilizados navegados por crianças, para coletar o consentimento dos pais de forma segura.

O Japão, por sua vez, tem diretrizes específicas para proteção dos dados dos alunos na escola, trazendo orientações relativas às medidas a serem tomadas pelas entidades para garantir o tratamento adequado de informações pessoais de alunos e outros nas escolas, que é aplicado principalmente para aplicação da Lei sobre a Proteção de Informações Pessoais para escolas particulares que lidam com dados pessoais de estudantes.

4.1.2   Autorregulação e corregulação

Os governos tendem a concordar que a autorregulação e a corregulação podem ser convenientes. Os compromissos voluntários podem ser melhor adaptados a situações específicas (como, por exemplo, nas redes sociais) e mais rapidamente atualizado para ficar em consonância com o desenvolvimento tecnológico e as tendências sociais que são os pontos fortes deste modelo.

As abordagens de autorregulação e corregulação devem permanecer em linha com a proteção dos direitos fundamentais e liberdades de comunicação e são formas de os fornecedores apoiarem os esforços para proteger as crianças no ambiente digital.

Como exemplo, a OCDE cita a possiblidade de os intermediários da Internet se comprometem voluntariamente a dar efeito às políticas nacionais, aderindo ao aviso e regimes de remoção e/ou filtragem voluntária de certos de conteúdo ilegal.

Além disso, *sites* de alto tráfego como serviços de redes sociais podem promover melhores práticas e padrões de segurança cibernética, em particular onde os governos não têm jurisdição. Quando os mercados estão concentrados como resultado de uma rede substancial efeitos (redes sociais, comunidades *on-line*, motores de busca, entre outros) os maiores fornecedores também estão em melhor posição para proteger as crianças entre seus usuários.

4.1.3   Conscientização e educação

A conscientização e a educação parecem ser reconhecidas em todos os países como importantes ferramentas políticas que ajudam a capacitar crianças, pais, cuidadores, tutores e educadores. Eficaz e sustentável, as campanhas de conscientização podem abordar as oportunidades e os riscos juntos, além de promover estratégias ativas de mitigação e enfrentamento de riscos.

A tendência atual de integrar a alfabetização em mídia e/ou Internet nos currículos escolares pode ser uma forma de ajudar as crianças com o conhecimento e as habilidades necessárias para se manterem seguras online e usar a Internet para seu benefício.

O conteúdo e os resultados de aprendizagem dos cursos de alfabetização na Internet variam muito, com muitos países que enfatizam a segurança cibernética (por exemplo, Estados Unidos) e ética da informação (por exemplo, Japão). Dado que a política pode mitigar, mas não eliminar totalmente todos os riscos online, Austrália, Nova Zelândia e o Reino Unido embarcou em um conceito mais inclusivo de alfabetização na Internet.

A educação digital para a cidadania leva adiante a alfabetização da Internet para incluir estratégias de enfrentamento e treina as crianças para envolver de forma responsável em atividades online criativas e participativas.

4.2   Política *multissetorial*

Existe um entendimento comum de que uma política de proteção infantil *on--line* deve ser fundamentada no compromisso e **responsabilidades compartilhadas** de todas as partes interessadas. Portanto, é essencial identificar os participantes e definir suas funções

Em relação aos **governos** e **autoridades públicas**, é necessária a adoção de objetivos políticos claros no mais alto nível do governo, oferecendo visibilidade às políticas nacionais para proteger as crianças online. Tais políticas ajudam a envolver todas as partes interessadas e a facilitar a coordenação de esforços. Uma abordagem política adequada requer responsabilidades claras e coordenação entre todos os órgãos públicos envolvidos.

Já em relação às próprias **crianças**, o documento ressalta o direito destas à liberdade de expressão e de comunicação, conforme estabelecido no artigo 13.º da Convenção das Nações Unidas sobre os Direitos da Criança e nas constituições dos países. Também é amplamente reconhecido que as crianças diferem em idade, grau de vulnerabilidade e resiliência, e que algumas estão mais em risco do que outras.

Portanto, é comumente entendido que as políticas para proteger as crianças *on-line* devem ser adaptadas para suas necessidades, riscos e estágios de desenvolvimento. Em muitos países, certas abordagens educacionais são adaptadas a faixas etárias e políticas específicas os fabricantes enfatizam que filtros como os implantados nos controles dos pais devem, portanto, ser personalizadas.

A União Europeia e alguns países (por exemplo, Austrália, Reino Unido) reconhecem as crianças como interessados na formulação de políticas e processos de implementação. Crianças são convidadas a participar de fóruns nos quais podem dar suas opiniões sobre riscos e políticas *on-line*. Envolver as crianças mais ativamente no desenvolvimento de tais políticas pode contribuir para uma melhor medidas. As crianças também podem se envolver mais em estratégias de educação de pares e podem ajudar a transmitir informações sobre riscos online e estratégias de mitigação de riscos.

Quanto aos **pais** e **cuidadores**, as políticas de todos os países são fundamentadas, em geral, em medidas voluntárias tomadas pelos pais e outros cuidadores para proteger as crianças.

Todos os países reconhecem que os pais têm um papel especial e responsabilidade na educação do filho. Nos países em que a intervenção do Estado no controle de conteúdo da Internet e atividades online são mínimas (por exemplo, Canadá, Estados Unidos), o papel dos pais é ainda mais central.

Os pais podem ajudar seus filhos e mitigar os riscos, especialmente por meio da orientação parental e a instituição de regras em família sobre quando e como usar a Internet. Há também ferramentas técnicas, como, por exemplo, o uso de *software* de controle parental que podem auxiliar os pais nessa tarefa. No entanto, para agir de forma eficaz, os pais devem receber informações e ferramentas adequadas, e mesmo assim, há limites para imputar a responsabilização dos pais.

O papel dos **educadores** e **instituições públicas** também é ressaltado, especialmente quanto à necessidade de proteger as crianças quando estas usam recursos de instituições públicas, como escolas e bibliotecas, para ficarem conectadas.

Alguns países introduziram treinamento de segurança na Internet para educadores e começaram a incluir alfabetização na formação de professores (como, por exemplo, na Austrália, Reino Unido). Na maioria dos países, materiais de conscientização e recursos de ensino são disponibilizados para educadores (como, por exemplo, na Austrália, Nova Zelândia) e pode ser usado com os alunos. A formação de professores e seu acesso a recursos didáticos adequados é essencial para uma estratégia bem-sucedida de alfabetização na Internet.

O **setor privado** também desempenha papel fundamental para proteger as crianças e é amplamente reconhecido. Vários prestadores de serviços aceitaram a responsabilidade de introduzir salvaguardas para crianças e para autopoliciar seus sites e implementar políticas de uso.

Muitos países promovem ativamente a indústria autorregulação e corregulação para envolver o setor privado e aumentar o cumprimento. Muitas organizações privadas sem fins lucrativos trabalham para tornar a Internet um lugar mais seguro para as crianças.

4.3 Política *multinível*

É reconhecida a necessidade de atuação nacional e internacional para desenho e efetivação das políticas de proteção infantil em ambiente digital. Quanto à atuação dos Estados, muitos governos reconhecem seu papel para proteger as crianças *on-line* e entendem que os esforços devem ser no interesse superior da criança, de acordo com o art. 3º da Convenção das Nações Unidas sobre os Direitos da Criança.

Assim, o papel do poder público da liderança vai além da intervenção de "comando e controle" e passa para a cooperação, coordenação, assistência e apoio aos interessados. Muitas vezes, os esforços do governo ajudam a direcionar questões problemáticas com outras partes interessadas.

Dadas as complexidades da formulação de políticas na área de proteção de crianças *on-line*, alguns países optaram por um quadro político mais holístico em que as prioridades nacionais são definidas com vista a reforçar a coerência das políticas (por exemplo, a União Europeia no âmbito das suas competências, Austrália, Canadá e Estados Reino).[10]

---

10. O Plano de Segurança Cibernética de 2008 da Austrália é citado como um bom exemplo de estratégia nacional. Ele se comprometeu cerca de 81 milhões de euros ao longo de quatro anos, entre outros para educação e sensibilização sobre *cibersegurança* atividades, aplicação da lei e a exploração de um esquema de filtragem de conteúdo nacional que deverá se tornar obrigatório para provedores de serviços de Internet.

5. PROTEÇÃO DA CRIANÇA EM MEIO DIGITAL NO CENÁRIO INTERNACIONAL

A proteção da criança em meio digital é assunto em voga no cenário internacional e está presente em muitos programas de organizações governamentais e não governamentais. O documento elaborado pela OCDE cita exemplos dessas organizações, como os trabalhos feitos pela *International Telecommunication Union* (ITU)[11], *International Conference of Data Protection and Privacy Commissioners and Internet Governance Forum* (ICDPPC)[12], conferências sobre o assunto que aconteceram nos últimos anos. Nesse sentido, o trabalho dessas conferências e organizações procura sanar as falhas existentes no cenário global em relação aos riscos envolvendo o uso da internet pelas crianças.

5.1 Plano político

Desde novembro de 2008, a chamada *Child Online Protection Initiative* (COP), iniciativa promovida pela mencionada ITU, funciona como uma rede de colaboração internacional (incluindo países, seus setores privados e sociedade civil, além de outras organizações internacionais) que trabalha em pró da promoção de políticas de proteção específicas da criança em ambiente *on-line*. O COP desenvolve suas estratégias em cinco áreas: i) medidas legais; ii) regras técnicas e processuais; iii) estruturas organizacionais; iv) formação de competências; e v) cooperação internacional.

Como parte do COP, a ITU lançou o *Guidelines for Child Online Protection*, que trata separadamente dos sujeitos envolvidos nas relações da criança online, entre eles: a criança, os pais, guardiões ou educadores; os criadores das políticas sobre o assunto; e por fim, as indústrias.

O documento foi desenvolvido em parceria com a UNICED e oferece diversas informações sobre como a indústria de tecnologia e comunicação pode ajudar na promoção de políticas públicas de segurança *on-line* para crianças e adolescentes.

Por fim, como parte do COP, o chamado *Council Working Group on Child Online Protection* promove reuniões anuais em que diversas opiniões e experiências diferentes

---

11. De acordo com seu site oficial, a ITU é uma organização das Nações Unidas responsável por assuntos de comunicações e tecnologias, denominados 'information and communication technologies' (ICTs). É formada por 193 países membros e mais de 900 empresas, universidades e organizações internacionais e é responsável por coordenar o uso global de espectro radioeléctrico, promovendo cooperação internacional em assuntos envolvendo órbitas satélites, melhorando as infraestruturas de comunicação e desenvolvimento em nível global. Membership| ITU/UN tech agency – My ITU

12. De acordo com o site oficial da organização, a Conferência é um fórum anual promovido por diversas nações, em que autoridades reguladoras independentes de proteção de dados e tecnologia discutem resoluções do tema, destinadas à governos e organizações internacionais. Atuando desde 1979, conecta mais de 122 autoridades relacionadas ao tema e oferece sessões fechadas para membros e outras públicas para vida civil, acadêmica e social, na intenção de expandir as discussões dos temas tratados. About ICDPPC – ICDPPC (privacyconference2019.info).

podem ser trocadas, com a finalidade de se promover avanços na temática. Além disso, relatórios sobre as atividades dos membros são compartilhados periodicamente.

Já o anteriormente mencionado *International Conference of Data Protection and Privacy Commissioners* (ICDPPC) é um grupo de mais de cem autoridades envolvidas na proteção de dados e privacidade. Desde que foi criada, diversas resoluções foram concebidas acerca de questões-chave sobre educação e direitos de crianças e adolescentes relacionadas principalmente à proteção de dados e privacidade.

O trabalho do grupo tem como objetivo geral entender até que ponto menores de idade são capazes de exercer seus direitos de forma independente ao compartilhar informações relacionadas aos seus dados pessoais em âmbito *on-line*, tendo como base nos direitos da criança e do adolescente já existentes.

Ainda sobre políticas globais desenvolvidas sobre o tema, destacamos o *Global Kids Online*, uma iniciativa de colaboração entre a UNICEF, a *London School of Economics and Political Science* e a *EU Kids Online Network*. Tal organização promove pesquisas conjuntas que objetivam preencher as grandes lacunas entre países de alta e baixa renda, relacionadas a tópicos como alfabetização e desenvolvimento de habilidades digitais e engajamento da sociedade na conscientização sobre o uso da internet.

Nessa toada, o estudo pretende prover pesquisas e análises comparativas para formação de diretrizes levando-se em consideração informações encontradas em cada país específico. A intenção é promover iniciativas diferentes para cada região, tentando combater as desigualdades de educação e informação entres as nações.

Nesse sentido, uma interessante síntese de estudo, cobrindo os anos de 2015 a 2016 foi feita, e o resultado procedeu em um conjunto de ferramentas para pesquisas, que permitiria uma comparação a nível internacional do uso da criança na internet e os diferentes riscos que são submetidas em diversos países.

5.2 Perspectiva sobre os direitos das crianças e adolescentes

O documento da OCDE aqui analisado é focado no exame de políticas responsivas de proteção da criança em meio online, e muitos são os esforços feitos para que exista um maior desenvolvimento da questão. Entretanto, os estudos aqui mencionados, em especial os realizados pela UNICEF, demonstram que ainda existe uma deficiência grande em relação às pesquisas e informações de direitos infantis na internet e o assunto ainda é novo no cenário global.

Nesse sentido, os diversos órgãos reguladores seguem tomando atitudes com a finalidade de assegurar que o direito da criança e do adolescente sejam resguardados. Entretanto, chama-se atenção o fato de que inúmeros estudos e políticas atualmente existentes tem deixado de lado o protagonismo da criança sobre a temática. Tal fato demonstra certa negligência desses trabalhos, que não levam em consideração que elas também são produtoras de conteúdo digital e tem o direito de participar e receber informações nas discussões que as afetam, além de se expressar nas diversas mídias existentes.

5.3 *Committee on the Rights of the Child* (CRC)

O *Committee on the Rights of the Child* (CRC)[13] promoveu um dia de discussões em 2014 acerca da mídia digital e dos direitos das crianças e adolescentes. As recomendações desse dia incluem:

- Os países membros devem reconhecer a importância do acesso da criança e adolescente às mídias digitais e às informações acerca das proteções de seus direitos nelas;
- Os países membros devem assumir suas próprias pesquisas e coleta de dados para entender como suas crianças e adolescentes usam as mídias digitais e como isso impacta suas vidas;
- Os países membros devem realizar ações que informem suas crianças, dando suporte e educação sobre o uso de mídias digitais;
- A privacidade da criança e do adolescente em meio online deve ser protegida;
- Os países membros precisam abordar todos os riscos submetidos pelas mídias online e plataformas de informações e tecnologias em relação às crianças e adolescentes, incluindo os riscos de assédio sexual, de acesso a violência e conteúdos sexuais;
- Os países membros devem oferecer reparações para as crianças e adolescentes vítimas do uso de mídias digitais;
- Os países membros devem implementar políticas públicas para assegurar o acesso das crianças com deficiência nas mídias digitais;
- Informações sobre mídias digitais devem ser incluídas em relatórios periódicos ao Comitê.

Desde então, alguns eventos como esse têm sido promovidos. Em 2019, o comitê mais uma vez organizou uma reunião na busca de desenvolvimento dos direitos da criança e do adolescente em meio digital. O compilado de informações discutidas servirá como instrumento elucidador dos impactos, positivos e negativos, que o grande e rápido desenvolvimento do ambiente digital tem causado na vida das crianças.

Nesse sentido, o Comitê considera, para essas pesquisas, as questões mais apontadas nos fóruns de discussões acerca do tema, como por exemplo: a visão e experiências das crianças em mundo *on-line*, como o marketing e os negócios digitais podem promover a segurança e direito das crianças em plataformas digitais e a extensão do papel dos pais nesse processo.

5.4 *Council of Europe* (COE)

Desde 2011, outra organização, o Comitê Europeu – Council of Europe (COE)[14] veem ganhando espaço nas discussões sobre o tema. O órgão elaborou um documento contendo estratégias para promoção dos direitos infantis *on-line* para os anos de

---

13. Trata-se de comitê também organizado pelas Nações Unidas que monitora as ações desenvolvidas por convenções do órgão em favor dos direitos das crianças, incluindo aquelas contra conflitos armados, exploração e pornografia infantil e tráfico de crianças e adolescentes. OHCHR Committee on the Rights of the Child.

14. O COE é uma organização internacional da União Europeia fundada em 1949 e que conta com 47 membros países, grande parte da Europa. Entre os objetivos gerais da instituição citamos a abolição da pena de morte, a promoção de reforço dos direitos humanos, a luta contra o racismo, o progresso da liberdade de expressão, a igualdade de gênero e a proteção dos direitos das crianças. Council of Europe (coe.int).

2016 a 2021, e o chamado desafio do 'Growing up in a Digital World' promovido pela organização, tem trazidos bons frutos no desenvolvimento de regras em meio digital.

Nessa toada, o Conselho Europeu ainda criou o comitê denominado 'Ad Hoc Committee for the Rights of the Child', que elaborou o 'Drafting Group of Specialists on Children and the Digital Environment' (CAHENF-IT)'. Tal documento foi criado numa reunião em setembro de 2018, implementando regras e parâmetros a serem adotados pelos Estados países em relação à proteção dos direitos infantis em meio digital.

O guia ainda traz medidas concretas que reforçam a implementação do chamado 'Lanzarote Convention' e 'Cybercrime Convention', organizações que pesquisam e criam regramentos sobre políticas criminais relacionadas a exploração sexual e abuso infantil. O CAHENF-IT enfatiza a importância da adoção de estratégias que impeçam a ocorrência de tais crimes em ambiente *on-line*, revelando a necessidade de cooperação dos entes públicos e privados, além da participação da criança e dos pais no desenvolvimento desses parâmetros.

São princípios do guia: *i*) participação da criança no avanço das discussões; *ii*) não discriminação; *iii*) acesso ao ambiente digital; *iv*) liberdade de expressão e informação; *v*) privacidade e proteção de dados; *vi*) educação; *vii*) segurança e; *viii*) direito a uma proteção integra. Por fim, o guia também oferece regras concretas para a política e legislação em cenários nacionais e internacionais.

6. CONCLUSÕES DO RELATÓRIO DA OCDE

As crianças são submetidas a diferentes níveis de riscos em diferentes países do mundo. Tudo depende da educação e da cultura em que estão emergidas, além, é claro, das condições sociais em que vivem. Alguns países conseguem controlar tais riscos de forma mais efetiva que outros.

De acordo com a OCDE, na Suécia e Dinamarca, ainda que exista um massivo uso da internet por parte das crianças, os riscos relacionados ao seu uso podem ser considerados menores que em muitos outros países com menos acessibilidade ao universo digital. Isso sugere que uma política forte de uso responsável e uma educação *on-line* podem melhorar a segurança e a qualidade da vida *on-line* das pessoas.

Assim como as habilidades, a cultura e a educação variam entre os públicos infantis de diferentes países, também variam seus comportamentos.[15] Isso porque a vulnerabilidade da criança em ambiente digital depende de suas experiências, capacidades críticas, educação e do conhecimento sobre o ambiente em que ela circula.

---

15. A OCDE cita como exemplo a preocupação do Japão em relação aos *sites* de namoro *on-line* e a algumas páginas que incitam métodos de suicídio, uma grande questão social no país; a Finlândia, que enxerga o marketing digital e informações pessoais como uma questão que necessita ser regulamentada urgentemente; o Canadá, a Austrália e o Reino Unido, que têm enfrentado grandes problemas relacionados ao *cyberbullying*.

A consequência dos riscos a que são submetidas as crianças na internet também varia, e pode incluir complicações desde psicológicas até físicas, além de questões econômicas e sociais, que podem afetar toda a sociedade contemporânea.

Dessa forma, são necessários informação e educação sobre riscos *on-line*, não só por parte da família, como também do Estado, para que políticas públicas evitem todos os riscos aqui expostos, que influenciam não só o indivíduo, mas também toda uma sociedade, sua cultura e seus valores.

7. NOTAS CONCLUSIVAS

Tendo o Brasil sido convidado a integrar[16] a OCDE, é de extrema relevância que a fiquemos atentos aos estudos e orientações feitas pelo órgão. Trata-se de importe passo para que as políticas públicas brasileiras fiquem alinhadas aos países desenvolvidos e democráticos que integram o grupo.

Sem dúvidas, os riscos apresentados pelos estudo são reais e as crianças brasileiras estão expostas a eles (e outros) já que a realidade brasileira em termos de educação e conscientização da população pode ser diferente da dos países estudados.

Nota-se que, por outro lado, que a legislação brasileira tem avançado significativamente na proteção da criança em ambiente digital e que o Estatuto da Criança e do Adolescente traz regras e princípios úteis para enfrentar os desafios que as novas gerações hoje vivenciam.

Da mesma forma, o Marco Civil da Internet, a Lei Geral de Proteção de Dados, o Código Penal, o Código de Defesa do Consumidor, bem como a autorregulação publicitária trazida pelo CONAR através do Código Brasileiro de Autorregulamentação Publicitária, pode resolver boa parte das questões debatidas no relatório da OCDE.

Por outro lado, a formulação de políticas públicas, em especial no quesito relacionado a educação digital de crianças, adolescentes e de seus pais, parecem estar muito longe do sugerido pela OCDE para a prevenção e mitigação dos riscos aqui tratados.

Oxalá possamos debater o assunto com mais seriedade em terras brasileiras.

---

16. Disponível em: https://www.oecd.org/latin-america/paises/brasil-portugues/.

5
O *MARKETING* DIGITAL
E A PROTEÇÃO DA INFÂNCIA

Juliana Nakata Albuquerque

Mestre em Direitos Difusos, Pós-graduada (latu sensu) em Direito Constitucional e
Bacharel em Direito pela Pontifícia Universidade Católica de São Paulo.

Charlene Miwa Nagae

Especialista em Propriedade Intelectual e Novos Negócios pela Fundação Getúlio
Vargas (FGV/SP) e Bacharel em Direito pela Universidade de São Paulo.

Sumário: 1. Introdução – a criança e o mundo digital – 2. A publicidade que envolve o público
infantojuvenil. A importância da compreensão do quadro normativo: restrição de temas e produtos
impróprios; e da exploração da inexperiência e credulidade da criança – 2.1 O controle misto da
publicidade infantil: o regime e os princípios éticos da Autorregulamentação e o comparativo com
os padrões internacionais – 3. Respostas regulatórias em face dos riscos às crianças associados ao
marketing digital – 3.1 Os riscos às crianças e aos adolescentes no ambiente online associados à
publicidade digital – 3.2 Princípios do conteúdo da publicidade enfatizados para o âmbito digital
– 4. Abordagem regulatória funcional: programação e configuração éticas, códigos de conduta e
autorregulamentação – 5. Considerações finais – 6. Referências.

1. INTRODUÇÃO – A CRIANÇA E O MUNDO DIGITAL

A expressão *"onlife"* foi cunhada pelo filósofo de Oxford Luciano Floridi[1], que
a descreve em analogia com a foz de um rio, em que a água não é salgada e nem doce,
mas sim salobra. Da mesma forma, tendo a tecnologia em nosso habitat, não haveria
mais sentido perguntar se estamos ou não conectados.

É nesse processo de mediação das atividades cotidianas pelos dispositivos digitais, acelerado ainda mais pela pandemia global, que o Estatuto da Criança e do
Adolescente completa 30 anos. Também para as crianças, o ambiente on-line é parte
da vida diária. As últimas pesquisas[2] estimam que, no mundo todo, *um em cada três
usuários da Internet é uma criança*. No Brasil, os dados da pesquisa TIC Kids[3] ante-

---

1. "The Online Manifesto. Being Human in a Hyperconnected Era". Editor Luciano Floridi. Oxford Internet
   Institute. University of Oxford, Oxfordshire. United Kingdom. 2015.
2. UNICEF, Children in a Digital World. 2017.
   OECD Innovation Blog. "Ensuring a safe and beneficial digital environment for children By Elettra Ronchi",
   Andras Molnar and Lisa Robinson. (2021). Disponível em: https://oecd-innovation-blog.com/2021/06/01/
   oecd-recommendation-children-digital-environment-online-safety-risks/. Acesso em: jul. 2021.
3. Conforme a pesquisa TIC Kids Online 2019. Resumo Executivo, pg. 23: "*Em 2019, 89% da população entre
   9 e 17 anos era usuária de Internet no Brasil, proporção que equivale a cerca de 24 milhões de crianças e adolescentes na faixa etária investigada*".

rior à pandemia apontam o aumento da conectividade. Entretanto o mesmo estudo revela os elevados números de exclusão digital, acentuada em alguns segmentos socioeconômicos e regiões do país.

Esse avanço da tecnologia tem sido acompanhado pela amplificação também de seus impactos individuais e coletivos. Muito além das alegrias pelos benefícios e oportunidades ilimitadas oferecidas pelas redes de um lado, da fadiga pela exorbitância e da indicação de problemas e consequências negativas ao tecido sociopolítico e ao bem-estar, de outra parte, a dimensão digital está integrada à nova condição humana.

Frente a esse contexto, nos últimos relatórios e recomendações das autoridades internacionais sobre a proteção da criança é possível notar uma mudança significativa; ressaltam o papel crucial do ambiente digital, como parte importante do cotidiano e das interações das crianças, instrumento de aprendizagem, de comunicação, participação, de expressão de si e de sua identidade, e, ainda, decisivo para garantir grandes benefícios e oportunidades de desenvolvimento no mundo contemporâneo.

As dramáticas projeções mundiais de aumento da distância entre estratos socioeconômicos encontram no acesso à tecnologia uma base para a busca por mudança e maior equilíbrio. Como apontado no relatório da *United Nations Children's Fund* (UNICEF) "*Children in a Digital World*":

> "A conectividade pode ser uma virada de jogo para algumas das crianças mais marginalizadas do mundo, ajudando-as a realizar seu potencial e quebrar os ciclos intergeracionais de pobreza."[4]

Considerando esse quadro, sem a necessidade aqui de adentrar no debate das posições filosóficas divergentes sobre a presença da criança nos diversos ambientes online, mas tendo em conta as elementares recomendações de tempo de tela[5] para cada faixa etária, importa analisar o quadro jurídico estabelecido e em vigor no país e impõe, crucialmente, a generalizada assunção de que a proteção da infância exige hoje o elevado compromisso, compartilhado por todos os atores políticos, econômicos e sociais, de possibilitar as oportunidades que o ambiente digital pode trazer para as crianças, respeitando seus direitos e protegendo-as dos riscos.

Para melhor compreensão deste compromisso e das medidas para sua concretização no que tange às comunicações comerciais, o presente texto inicialmente elenca as regras aplicáveis à publicidade digital, com enfoque nos anúncios que impactam crianças e jovens, analisando, ainda as estratégias de adaptação recomendadas por entidades internacionais, adotadas por diversos países e no Brasil, voltadas para melhor alcance do referido equilíbrio entre a garantia equitativa de acesso a todas

---

4. UNICEF, "Children in a Digital World". 2017, Key Messages, p. 01.
5. Recomendações estabelecidas por diversas autoridades. Vide "WHO Guidelines on physical activity, sedentary behavior and sleep for children under 5 years of age". 2019. Disponível em: https://apps.who.int/iris/handle/10665/311664. Acesso em: ago. 2021.

as crianças, o fomento à criação de ambientes e conteúdos digitais de qualidade e diversificados; e a proporcionalidade das medidas de controle.

2. A PUBLICIDADE QUE ENVOLVE O PÚBLICO INFANTOJUVENIL. A IMPORTÂNCIA DA COMPREENSÃO DO QUADRO NORMATIVO: RESTRIÇÃO DE TEMAS E PRODUTOS IMPRÓPRIOS; E DA EXPLORAÇÃO DA INEXPERIÊNCIA E CREDULIDADE DA CRIANÇA

Os fundamentos que orientam a matéria estão traçados na Constituição Federal (CF): a proteção da criança e do adolescente, prevista como um dever de todos (família, sociedade e Estado) (artigo 227); o direito à informação e à liberdade de expressão, vedada a censura prévia (artigo 5°, incisos IV, IX e XIV, e artigo 220); e a livre iniciativa (artigo 170). Partindo da premissa de liberdade da comunicação, a Constituição estabelece, ainda, a possibilidade de restrições da publicidade de determinados produtos (tabaco, bebidas alcoólicas, agrotóxicos, medicamentos e terapias[6]), na forma expressamente prevista (mediante lei federal, nos termos do artigo 22, inciso XXIX, e do artigo 220, §2°, inciso II)[7] e atendendo a critérios também estabelecidos de necessidade e da finalidade de prover às pessoas informações para melhor decisão de consumo.

A Convenção Internacional dos Direitos da Criança, ratificada e promulgada no Brasil por meio do Decreto 99.710/1990, também estatui os preceitos básicos, prevendo a necessidade de balanceamento entre a tutela da vulnerabilidade da criança e do respeito ao exercício de direitos, com a preparação para o desenvolvimento e autonomia, garantindo-lhe, ao lado dos direitos de proteção à vida, à saúde e à dignidade, os direitos à liberdade de expressão, de receber informações corretas e adequadas para gerar melhores escolhas e seu bem-estar, de ter sua opinião considerada e de participar do sistema de comunicação (artigos 12, 13 e 14), observando-se os valores e cuidados previstos em seu artigo 17.

No âmbito federal, a Lei 9.294/1996, que regulamenta o artigo 220, § 4°, da CF, estabelece diversas limitações para a publicidade dos produtos de consumo restrito, vedando a participação de crianças em anúncios de produtos fumígenos (artigo 3°, § 1°, inciso VI).

---

6. O inciso II do artigo 220, CF, menciona, ainda, os meios legais para garantir às pessoas a possibilidade de se defenderem da propaganda de produtos, práticas ou serviços que possam ser nocivos à saúde.

7. Recente decisão proferida pelo STF na ADI 5631 reconheceu a constitucionalidade de lei baiana que proibiu a publicidade de alimentos de baixo valor nutricional no ambiente escolar. Contudo, essa possibilidade foi reconhecida em virtude de ter restado caracterizado o interesse local e, portanto, a competência concorrente no que diz respeito à proteção da saúde de crianças e adolescentes em local específico. Cabe ressaltar que, para as políticas públicas – o que aparenta ser o caso da lei baiana –, há previsão na Lei 13.257/2016 (Marco Legal da Primeira Infância) de proteção das crianças até 6 anos da denominada "pressão consumista" e a necessidade de *"adoção de medidas que evitem a exposição precoce à comunicação mercadológicas"* (art. 5°).

Ainda sobre os produtos impróprios à faixa etária, o Estatuto da Criança e do Adolescente (ECA) veda a publicidade de bebidas alcoólicas, tabaco, armas e munições nas publicações destinadas ao público infantojuvenil (Lei 8.078/1990, artigo 79).

Tendo a criança como destinatária dos produtos, as Normas Brasileiras de Comercialização de Alimentos para Lactentes e Crianças de Primeira Infância – NB-CAL[8], cuidam do sensível segmento dos alimentos para os primeiros anos de vida, restringindo a promoção comercial de alguns produtos ao público em geral, com divulgação limitada ao público especializado.

A Lei Geral de Proteção de Dados (LGPD) prevê que o tratamento de dados pessoais de crianças e adolescentes deverá ser realizado no seu melhor interesse, com a necessidade de consentimento específico e destacado por um dos pais ou pelo responsável legal.

O preceito de maior generalidade, aplicável a toda publicidade que impacta crianças e adolescentes, consta do Código de Defesa do Consumidor (CDC), em seu art. 37, § 2º, e proíbe a publicidade que "se aproveite da deficiência de julgamento e experiência da criança."

Desse quadro constitucional e legal descrito em vigor no Brasil, à semelhança da extensa maioria de países, se extrai, portanto, a ausência de vedação deste segmento da publicidade. Respeitada a regulamentação, a comunicação comercial que envolve crianças e jovens é atividade regular, relevante ao sistema de comunicação, também importante na progressiva e amparada participação da criança nos assuntos e atividades inerentes ao sistema socioeconômico vigente, submetendo-se às restrições relativas a assuntos e produtos impróprios à faixa etária, e devendo respeitar os direitos relacionados à fase de desenvolvimento e as características peculiares da criança, de reduzida maturidade e maior credulidade.

Nesta mesma linha é a conclusão da análise da jurisprudência sobre o tema. Decisões do Tribunal de Justiça de São Paulo refutam as defesas do banimento deste segmento, apontando a inexistência de proibição genérica[9], conforme o quadro jurídico no país.

Do exame da jurisprudência dos tribunais estaduais[10] na aplicação das normas vigentes é possível extrair, de forma geral, a tendência à reprovação de apelos específicos, tidos como abusivos por ultrapassarem justamente as restrições já descritas, ao apoiarem-se em assuntos adultos[11] (como o excessivo apreço à aparência física, em particular a estética feminina e a sensualidade); o estímulo

---

8. Lei 11.265/2006, Decreto 9.579/18 e RDC ANVISA 222/02.
9. Nesse sentido, as decisões proferidas nos processos: 0164688-72.2006.8.26.0000; 9197805-66.2004.8.26.0000; 0125013-34.2008.8.26.0000; 0029619-23.2010.8.26.0002; 1015328-03.2014.8.26.0053; 1010889-46.2014.8.26.0053; 1043711-20.2016.8.26.0053.
10. Sobre o tema a maior parte dos julgados é do Tribunal de Justiça de São Paulo, tendo sido identificado uma decisão no Tribunal de Justiça do Rio de Janeiro (pesquisa realizada em julho de 2021).
11. Vide decisões proferidas nos processos: 0014636-55.2013.8.26.0053; 0095435-37.2016.8.19.0001.

ao consumo excessivo de guloseimas[12], a indução ao erro sobre as características do produto[13]; o uso de estratégias persuasivas de imperativo de consumo voltado ao público infantil[14] e a falta de clara identificação da natureza publicitária do conteúdo[15].

A 2ª Turma do Superior Tribunal de Justiça (STJ), nos dois únicos casos julgados no mérito sobre o tema até o momento[16], reprovou o direcionamento a crianças, em duas campanhas específicas, de publicidade de alimentos classificados como de baixa qualidade nutricional, nas quais eram ofertados brindes colecionáveis associados ao consumo dos produtos, tendo a corte expressamente manifestado sua preocupação com os altos índices de obesidade infantil. Em virtude dessa preocupação e do entendimento de que cabe aos adultos a tomada de decisão sobre a aquisição destes produtos, nesses dois casos a publicidade foi considerada abusiva. Sobre esse mesmo tema, pende o julgamento do Recurso Especial 1.728.623/SP (2018/0005841-1), distribuído à 4ª Turma do STJ.

Muito embora não tenha ingressado no mérito, decisão monocrática[17] do Ministro Benedito Gonçalves negou seguimento a recurso especial, em virtude da incidência da Súmula 7 do STJ[18] e da Súmula 283 do STF[19], tendo sido ressaltado que a pretensão recursal "é inadmissível, pois o recorrente não impugnou o fundamento do acórdão recorrido de inexistência de vedação à publicidade infantil no Código de Defesa do Consumidor, no Estatuto da Criança e do Adolescente, tampouco no Código de Auto Regulamentação Publicitária". Referida decisão indica a relevância do fundamento da decisão do tribunal estadual[20], que não reconheceu a vedação *per se* à publicidade infantil.

---

12. Vide decisões proferidas nos processos: 0044517-82.2010.8.26.0053; 1001885-82.2014.8.26.0053.
13. Vide decisões proferidas nos processos: 0035614-58.2010.8.26.0053; 0021696-50.2011.8.26.0053; 1001885-82.2014.8.26.0053; 1031445-64.2017.8.26.0053; 1019307-31.2018.8.26.0053.
14. Vide decisão proferida no processo: 0035614-58.2010.8.26.0053.
15. Vide decisões proferidas nos processos: 1054077-72.2019.8.26.0002 (nesse caso, apesar de considerar irregular a publicidade pela falta de clareza quanto à natureza publicitária do conteúdo, a decisão expressamente ressalva o entendimento de que "nem toda publicidade direcionada ao público infantil é ou deve ser proibida pelo ordenamento jurídico, em atenção aos princípios da liberdade de manifestação do pensamento, de expressão e de informação"); 1019307-31.2018.8.26.0053.
16. REsp 1.558.086/SP, Rel. Ministro Humberto Martins, Segunda Turma, j. 10.03.2016, DJe 15.04.2016; e REsp 1.613.561/SP, Rel. Ministro Herman Benjamin, Segunda Turma, j. 25.04.2017, DJe 01.09.2020.
17. Agravo em Recurso Especial 1.457.936 - SP (2019/0054851-0).
18. "A pretensão de simples reexame de prova não enseja recurso especial." (SÚMULA 7, CORTE ESPECIAL, j. 28.06.1990, DJ 03.07.1990, p. 6478.
19. "É inadmissível o recurso extraordinário, quando a decisão recorrida assenta em mais de um fundamento suficiente e o recurso não abrange todos eles." (Súmula 283, Plenário, j. 13.12.1963).
20. "Ato Administrativo. Ação Anulatória. Multa aplicada pelo PROCON. Publicidade abusiva. Não verificação da efetiva violação do art. 37, § 2º, do CDC. A publicidade com atrativo de personagens populares do universo infantil, não constituiu prática capaz de iludir o consumidor. Precedentes jurisprudenciais. Sentença de procedência mantida. Recurso Desprovido." (TJSP; Apelação Cível 1043711-20.2016.8.26.0053; Relator (a): Isabel Cogan; Órgão Julgador: 12ª Câmara de Direito Público; Foro Central – Fazenda Pública/Acidentes – 5ª Vara de Fazenda Pública; Data do Julgamento: 18.10.2017; Data de Registro: 18.10.2017).

2.1 O controle misto da publicidade infantil: o regime e os princípios éticos da Autorregulamentação e o comparativo com os padrões internacionais

No Brasil, como ocorre na extensa maioria dos países[21] de economia de mercado, vigora o sistema misto de controle das comunicações comerciais, baseado em regulação pública e autorregulamentação.

Essa abordagem de regulação multicamadas vem sendo requisitada e encorajada por autoridades nacionais[22] e internacionais[23], que reconhecem na autorregulamenta-

---

21. De acordo com a rede internacional ICAS, os regimes de autorregulamentação da publicidade estão atualmente estruturados em 51 países: África do Sul (ARB The Advertising Regulatory Board); Alemanha (DW WBZ Deutscher Werberat Zentrale zur Bekämpfung unlauteren Wettbewerbs e.V); Austria (ÖWR Österreichischer Werberat – Austrian Advertising Council); Argentina (CONARP Consejo de Autorregulación Publicitaria); Australia (Ad Standards); Emirados Árabes (ABG Advertising Business Group); Brasil (CONAR – Conselho Nacional de Autorregulamentação Publicitária); Bélgica (JEP Jury d'Ethique Publicitaire); Bulgária (NCSR National Council for Selfregulation); Canadá (Ad Standards); Chile (CONAR Consejo de Autorregulación y Ética Publicitaria); Chipre (Cyprus Advertising Regulation Organisation); Colombia (Autocontrol Colombia); Coreia (KARB Korea Advertisingh Review Board); Equador (SAC Special Advertisement Committee); El Salvador (CNP Consejo Nacional de la Publicidad); Espanha (Autocontrol); Eslovênia (SOZ Slovenian Advertising Chamber); Eslováquia (RPR Rada Pre Reklamu); Estados Unidos da América (BBB NP – BBB National Programs); França (Autorité de Régulation Professionnelle de la Publicité); Filipinas (ASC Advertising Standards Council); Finlândia (Mainonnan eettinen neuvosto/The Council of Ethics in Advertising Finland Liiketapalautakunta/The Board of Business Practice Finland); Grécia (Advertising Self-Regulation Council); Hungria (ÖRT Önszabályozó Reklám Testület/ Hungarian Advertising Self Regulatory Board); Indonesia (DPI Dewan Periklanan Idonesia/Indonesian Advertising Council); Irlanda (ASAI The Advertising Standards Authority for Ireland); India (The Advertising Standards Council of India); Italia (IAP Istituto dell'Autodisciplina Pubblicitaria); Japão (JARO Japan Advertising Review); Luxemburgo (CLEP Commision Luxembourgeoise pour l'Ethique en Publicité); Malasia (CMCF Communications and Multimedia Content Forum of Malaysia); México (CONAR Consejo de Autorregulación y Ética Publicitaria); Países Baixos (SRC Stichting Reclame Code); Nova Zelândia (ASA Advertising Standards Authority); Noruega (MFU Matbransjens Faglige Utvalg (the Food and Drink Industry Professional Practices Committee); Peru (CONAR Consejo Nacional de Autorregulación Publicitaria); Paraguai (CERNECO Centro de Regulacion,

    Normas y Estudios de la Communicacion); Polônia (RR Zliąnjek SłolarnjLJЄnjeń Rada Reklamy; Portugal (ARP Auto Regulação Publicitária); Reino Unido (ASA The Advertising Standards Authority/Clearcast); República Checa (RPR Rada Pro Reklamu); Romênia (RAC Romanian Advertising Council); Russia (AMI Advertising Council); Sérvia (NAESO National Association for Ethical Standards in Advertising); Suécia (RO Reklamombudsmannen); Singapura (ASAS Advertising Standards Authority of Singapore); Suíça (Schweizerische Lauterkeitskommission/ Commission Suisse pour la Loyauté); Turquia (ROK The Advertising Self-Regulatory Board); Uruguai (CONARP Consejo Nacional de Autorregulación Publicitaria); Zimbabue (ASAZIM The Advertising Standards Authority of Zimbabwe). Em diversos outros países existem também iniciativas de constituição de regimes de autorregulamentação. Nos países asiáticos, a lista completa das entidades consta no documento Advertising Self-Regulation in Asia and Australia, Sankaran Ramanathan. Asian Federation of Advertising Associations (AFAA) e International Advertising Association (IAA). 2011. Disponível em: https://icas.global/wp-content/uploads/2011_04_Ad_SR_Asia_Australia.pdf. Acesso em: jul. 2021.

22. Vide referência à autorregulamentação em decisão do Supremo Tribunal Federal, no julgamento da ADO 22. Referência também no Enunciando CFJ-STJ 85[6]: "O Poder Público – inclusive o Poder Judiciário – e a sociedade civil deverão estimular a criação, no âmbito das entidades de classe, de conselhos de autorregulamentação, voltados para a solução de conflitos setoriais."

23. Autorregulamentação da publicidade recomendada no item 31 do importante documento "Guidelines for consumer protection", 2015, e em capítulo do "Manual on consumer protection", 2018, ambos da UNITED NATIONS CONFERENCE ON TRADE AND DEVELOPMENT (UNCTAD). Disponíveis em: https://unctad.org/en/PublicationsLibrary/ditccplpmisc2016d1_en.pdf e https://unctad.org/system/files/official-document/ditccplp2017d1_en.pdf. Acesso em: julho.2021. Regimes recomendados e detalhados também pela

O *MARKETING* DIGITAL E A PROTEÇÃO DA INFÂNCIA

ção uma ferramenta fundamental de apoio para solução dos grandes problemas contemporâneos, marcados pelo volume, rápida e ampla disseminação e complexidade.

A entidade brasileira, o Conselho Nacional de Autorregulamentação Publicitária (CONAR), estruturada em 1980, implementa as regras do Código Brasileiro de Autorregulamentação Publicitária (CBAP) ao teor das mensagens publicitárias.

Na relação com controle público, o regime de autorregulamentação ocupa posição complementar, partindo do imperativo cumprimento da lei, para estabelecer compromissos adicionais, expressão da responsabilidade do segmento pelos impactos de suas atividades. O pacto normativo é acompanhado do sistema de implementação das normas, mediante monitoramento, manejo de queixas, órgão e procedimentos fundamentados e céleres para solução de disputas, medidas corretivas e sanções.

O Código Brasileiro de Autorregulamentação da Publicidade possui seção sobre os cuidados com crianças e jovens. Além do pré-requisito de conformidade às normas constitucionais e às leis, os princípios da autorregulamentação estão apoiados no consenso jurídico, social e científico da condição peculiar da criança, de ser humano em fase de formação de suas capacidades cognitivas, e tem por base as pesquisas sobre a capacidade de compreensão das mensagens publicitárias pelas crianças e seu desenvolvimento e amadurecimento ao longo do tempo.

Observando essas peculiaridades dos níveis de compreensão da publicidade pela criança, o Código Brasileiro de Autorregulamentação Publicitária divide em três eixos os cuidados e princípios que regem a comunicação nesse segmento:

I) *Proteção do desenvolvimento e bem-estar da criança*: expressa na responsabilidade social exigida das empresas (artigos 2° e 37, *caput*); nos valores sociais que devem ser refletidos nas mensagens (artigos 6° e 37, *caput*); na vedação da associação do consumo a valor pessoal ou vantagem, status ou êxito (artigo 37, inciso I, alínea "d"); na vedação da discriminação ou inferioridade dos que não possuem o produto ou serviço anunciado (artigo 37, inciso I, alínea "b"); nos princípios de equilíbrio, moderação, primazia do bem-estar da criança, valores sociais positivos e educativos; na dignidade e respeito às diferenças, grupos e ao meio ambiente (artigo 36 e Anexo "U").

II) *Proteção da segurança e saúde* (artigos 33 e 37, *caput*): vedação da destinação de publicidade de quaisquer produtos ou serviços incompatíveis com a condição infantil, tais como bebidas alcoólicas, armas de fogo, loterias, entre outros (artigo 37, § 1°). No que tange aos alimentos, é vedado estímulo ao consumo excessivo e a substituição de refeições, prevendo-se, ainda, o encorajamento do consumo equilibrado e responsável, visando o desenvolvimento saudável (Anexo "H").

ORGANIZATION FOR ECONOMIC CO-OPERATION AND DEVELOPMENT (OECD), nos relatórios "Industry self-regulation – role and use in suport consumer interests" (OCDE), maio de 2015. Disponível em: http://www.oecd.org/officialdocuments/publicdisplaydocumentpdf/?cote=DSTI/CP(2014)4/FINAL&docLanguage=Em; e "Report – alternatives to traditional regulation" (OECD). 2002. Disponível em: https://www.oecd.org/gov/regulatory-policy/42245468.pdf. Acesso em: jul. 2021.

III) *Proteção das fases cognitivas da criança e do adolescente*: respeito aos níveis reduzidos de compreensão, vedando a exploração da inexperiência ou credulidade da criança (artigo 37, II, alíneas "b" e "c") e determinando que seja enfatizada a identificação da natureza publicitária e sua distinção com os demais conteúdos (artigos 9°, 28, 29, 30 e 37, itens 3 a 5). Impõe-se, ainda, a adoção de linguagem clara e não utilização de fantasia passível de induzir a erro sobre o consumo (artigos 23, 27 e 37, inciso II, alíneas "b" e "c", CBAP); e veda-se a utilização argumentos de êxito pessoal em função do consumo (artigo 37, inciso I, alínea "d").

No comparativo internacional, embora as regulações nacionais reflitam os aspectos culturais, realidades e particularidades de cada país, é possível identificar consensos sobre os cuidados com o público infantil, parâmetros que justamente correspondem aos citados princípios em vigor no Brasil. Neste sentido, sem embargo da variação acerca da definição legal etária da criança (consideradas desde os menores 12 anos até o grupo menores de 18 anos, havendo, ainda, definições de faixas progressivas em determinados países, bem como a ausência de fixação legal dos marcos de definição da infância), a grande maioria de países[24], incluindo o Brasil, estabelece como base para publicidade que impacta crianças e adolescentes o respeito ao bem-estar físico e moral, consagrando, por conseguinte, a vedação à exploração da inexperiência e credulidade, bem como da apresentação publicitária de assuntos e produtos impróprios à respectiva faixa etária.

É fundamental também ressaltar o princípio da equivalência das regras[25] do conteúdo da publicidade aos diversos meios e formatos de divulgação. Isto abre, então, as discussões sobre a necessidade de adaptação dos programas e formas de implementação das normas vigentes à publicidade no âmbito digital. Considerada a fase fraca do ciclo regulatório nos diversos países, é na etapa de implementação dos normativos que se elevam os desafios diante dos elementos muito debatidos contemporaneamente: volume, rápida profusão, transnacionalidade e complexidade, característicos do ambiente digital.

Além disso, no caso da criança, a experiência online é marcada pelo uso de dispositivos pessoais (smartphones), fortalecendo a chamada "cultura do quarto" (*bedroom culture*[26]), marcadamente individual, personalizada e sem supervisão.

---

24. A principal referência normativa para a publicidade é o Código "ICC Advertising and Marketing Communications Code" https://iccwbo.org/publication/icc-advertising-and-marketing-communications-code, referência declarada dos países europeus, conforme estatuído na sessão infantil <https://www.easa-alliance.org/issues/children> do órgão continenal EASA – European Advertising Standards Alliance.

    O documento "Children and Digital Marketing – Industry Toolkit". 2018. UNICEF, também conceitua como: "*not appropriate for children – Generally speaking, UNICEF defines advertising as 'not appropriate for children' when it promotes products or services that are not suitable for children; that are unhealthy as defined by the World Health Organization and other independent bodies (e.g., foods and beverages that are high in fat, sugar or salt); that are harmful/illegal for children to consume or access (e.g., alcohol, tobacco, gambling products); or when it contains content that undermines children's rights (e.g., gender stereotypes or negative body images).*" (p. 04).

25. Conforme artigo 30 do CDC e artigo 8°, *caput* e 18 do CBAP.

26. Apontada no relatório UNICEF – "Children in a Digital World". 2017. p. 8.

Diante desse contexto, verifica-se um quadro de estratégias inovadoras e medidas alternativas internacionalmente requisitadas e consolidadas para a consecução dos objetivos regulatórios.

Por isso, além da clareza acerca do normativo vigente, que apoia num só tempo o cumprimento das regras, o desenvolvimento regular das atividades publicitárias e a proteção ao público infantojuvenil, dois aspectos têm sido ressaltados por especialistas e autoridades: a adaptação aos novos formatos e métodos publicitários e a abordagem regulatória funcional e inclusiva.

3. RESPOSTAS REGULATÓRIAS EM FACE DOS RISCOS ÀS CRIANÇAS ASSOCIADOS AO MARKETING DIGITAL

Como visto, os relatórios e documentos mais recentes sobre a influência da tecnologia e conectividade na vida das crianças e adolescentes ressaltam a busca premente de um maior equilíbrio das medidas de controle e proteção frente aos riscos, com a necessidade da criação de condições seguras, benéficas e equitativas de acesso.

Nesse sentido, os trabalhos recentes do Comitê dos Direitos da Criança das Nações Unidas[27], sobre o cumprimento, no ambiente digital, dos princípios estabelecidos na Convenção dos Direitos da Criança e da UNICEF[28], assim como a revisão da Recomendação Organização da Cooperação e Desenvolvimento Econômico OCDE (0389) sobre Crianças no Ambiente Digital[29] apresentam estruturas semelhantes, tendo como valores fundamentais a defesa do melhor interesse da criança[30] e o compartilhamento das responsabilidades por todos os atores envolvidos (organizações públicas ou privadas participantes das políticas e do fornecimento de serviços e conteúdos digitais), incumbindo a todos a identificação dos direitos das crianças e da forma como podem ser protegidos e respeitados no ambiente digital. São recomendadas medidas proporcionais aos riscos e que promovam a liberdade de

---

27. UN / CDC – "Comentário Geral 25, sobre os Direitos das Crianças em relação ao ambiente digital (2021)". Disponível em: https://www.ohchr.org/EN/HRBodies/CRC/Pages/GCChildrensRightsRelationDigitalEnvironment.aspx. Acesso em: jul. 2021. "Our Rights in a Digital World. A snapshot of children's views from around the world" (2021), Resumo sobre a consulta de crianças para o Comentário geral 25. Disponível em: https://5rightsfoundation.com/uploads/Our%20Rights%20in%20a%20Digital%20World.pdf.

28. United Nations Children's Fund (UNICEF). "Children in a Digital World" (2017). Disponível em: https://www.unicef.org/media/48581/file/SOWC_2017_ENG.pd;
United Nations Children's Fund (UNICEF). "Children and Digital Marketing - Industry Toolkit" (2018).
United Nations Children's Fund (UNICEF). Policy Brief. "Children's Rights in the Digital Age". 2017.

29. OECD Legal Instruments. "Recomendação do Conselho sobre Crianças no Ambiente Digital". OECD LEGAL 0389. Aprovada em 15.12.2012. Alterada em 30.05.2021. Disponível em: https://legalinstruments.oecd.org/en/instruments/OECD-LEGAL-0389. Acesso em: jul. 2021.

30. O melhor interesse da criança é princípio estatuído pelas diversas autoridades. No "Comentário Geral 25, sobre os Direitos das Crianças em relação ao ambiente digital (2021)", do Comitê dos Direitos da Criança das Nações Unidas, é pontuado ser conceito dinâmico e que exige avaliação contextual. Aponta que o melhor interesse da criança inclui: i) direito das crianças de informação (de buscar, receber e difundir), ii) de participação (ter sua opinião considerada) e iii) de ser protegida de danos. Recomenda, ainda, que deve haver transparência sobre a avaliação do critério que sustenta o melhor interessa da criança aplicado.

expressão, garantam as oportunidades, respeitem direitos e liberdades fundamentais, sem restringir indevidamente o fornecimento dos serviços digitais.

3.1 Os riscos às crianças e aos adolescentes no ambiente *on-line* associados à publicidade digital

Os riscos às crianças relacionados ao ambiente online [31] são objeto de estudos e relatórios de apoio às recomendações de autoridades, com sistematização nas seguintes categorias: riscos de conteúdo (conteúdo de ódio, impróprio, prejudicial, ilegal e desinformação); riscos de conduta e de contato (comportamentos ou contatos prejudiciais, de ódio ou ilegal); riscos de consumo (relacionados à publicidade e à análise de dados pessoais para uso comercial, financeiros e de segurança) e riscos transversais (relacionados à privacidade, às tecnologias mais avançadas, à saúde e ao bem-estar).

Os riscos relacionados ao marketing digital constituem, portanto, uma fração dos potenciais problemas constatados. No âmbito da OCDE, eles estão apontados no texto *"Children in the digital environment: Revised typology of risk"*, que os elenca como: i) a exposição à publicidade de produtos ou conteúdo impróprio para crianças (como produtos com restrição de idade ou com temática adulta); ii) a exposição a mensagens comerciais que não são prontamente identificadas como tal (por exemplo, no caso de publicidade não identificada feita por influenciadores); ou iii) a exploração da credulidade e inexperiência, possivelmente criando um risco econômico (por exemplo, as fraudes online) [32]. São mencionados, ainda, os riscos de uso de dados de crianças para inserção de publicidade comportamental, assim como técnicas mais persuasivas de consumo (como premiações, sorteios, engajamentos e competições apoiadas na aquisição de produtos ou serviços).

O documento da *International Consumer Protection Enforcement Network* (ICPEN), *"Best Practice Principles – Marketing Practices Directed Towards Children Online"* aponta como principais questões destacadas pelas autoridades do consumidor dos países membros:

> "A pesquisa revelou que os entrevistados estavam especificamente preocupados com quatro questões principais; 1) a falta de transparência na mistura de conteúdo comercial e não comercial; 2) práticas de marketing que exploram a falta de conhecimento comercial, ingenuidade e

---

31. Na Pesquisa sobre o Uso da Internet por Crianças e Adolescentes no Brasil "TIC KIDS ONLINE BRASIL. – 2019", do Comitê Gestor da Internet no Brasil, 2020, são apontados riscos em geral na Tabela na p. 25. Descrição, pg. 72 à 75, elencando primordialmente: o impacto de conteúdos sensíveis, situações de discriminação, conteúdos violentos, ofensivos, de estímulo à comportamentos negativos ('autodano' etc.) e temáticas sexuais. Vide também o artigo "Global Kids Online: das evidências ao impacto". Sonia Livingstone e Daniel Kardefelt-Winther, na mesma publicação, p. 95 a 97.

32. OECD (2021), "Children in the digital environment: Revised typology of risk", OECD Digital Economy Papers, No. 302, OECD Publishing, Paris, Disponível em: https://doi.org/10.1787/9b8f222e-en., acesso em: jul. 2021. p. 10 e 11.

O *MARKETING* DIGITAL E A PROTEÇÃO DA INFÂNCIA **99**

credulidade das crianças; 3) a falta de transparência no que diz respeito ao processamento de dados de crianças e ao uso de dados de crianças em anúncios personalizados; e 4) marketing de produtos inadequados para crianças."[33]

Perigos semelhantes são apontados no texto recente publicado pela UNICEF, *"Children and Digital Marketing – Industry Toolkit"*[34], na definição, por parte da entidade, da publicidade não apropriada para crianças como aquela que promove produtos ou serviços que não são adequados à faixa etária, que são prejudiciais ou restritos (como álcool ou tabaco); que não são saudáveis, conforme definido pela Organização Mundial de Saúde e outros órgãos independentes; ou quando contém conteúdo que prejudica os direitos das crianças.

3.2   Princípios do conteúdo da publicidade enfatizados para o âmbito digital

Diante de tal quadro, além da equivalência das regras em vigor que disciplinam o conteúdo da publicidade que envolva o público infantil, válidas para quaisquer meios e formas de divulgação, são enfatizados em recomendações de organismos e autoridades[35] os princípios particularmente importantes[36] para o ambiente online; i) a identificação da natureza publicitária; ii) conteúdo apropriado (vedada a destinação de publicidade de produtos e temática adultos); e iii) respeito às características peculiares da criança, de maior credulidade e menor experiência (abstendo-se de linguagem ou técnicas de pressão ou persuasivas de exortação ao engajamento e ao consumo); iv) respeito à legislação e à proteção do melhor interesse da criança nas configurações e ações de tratamento de dados.

Os referidos princípios estão expressos e detalhados no quadro jurídico brasileiro[37] e dos diversos países, por meio da regulação pública e da autorregulação da publicidade, com disseminada relevância da dedicação aos cuidados com a proteção da criança no ambiente digital. Como destacado pela *European Advertising Standards Alliance* (EASA), organização europeia que reúne órgãos de autorregulamentação da publicidade do continente:

"A maioria dos códigos de publicidade nacionais que são aplicados pelos órgãos de autorregulação baseia-se no Código Consolidado de Práticas de Publicidade e Comunicação de Marketing da Câmara de Comércio Internacional (ICC) (2018). O Código ICC contém várias disposições relativas

---

33. ICPEN. *"Best Practice Principles – Marketing Practices Directed Towards Children Online"* (2020), p. 4 e 5.
34. United Nations Children's Fund (UNICEF). Discussion Paper. Nyst, Carly. "Children and Digital Marketing: Rights, risks and responsibilities". April 2018.
35. Os referidos princípios constam do documento do International Consumer Protection and Enforcement Network – ICPEN, organização que reúne autoridades de defesa do consumidor de 65 países. *"Best Practice Principles. Marketing Practices Direct Towards Children Online"*. 2020. Disponível em: https://icpen.org/sites/default/files/2020-06/ICPEN%20-%20Best%20Practice%20Principles%20for%20Marketing%20Practices%20Directed%20Towards%20Children%20Online%202020.pdf. Acesso em: jul. 2021.
36. Sem prejuízo da aplicação dos demais princípios do conteúdo da publicidade em geral, como a vedação à enganosidade ou à discriminação.
37. Nos artigos 36 e 37, § 2º do Código de Defesa do Consumidor; artigo 14 da LGPD e artigos 28, 30 e 37 do Código Brasileiro de Autorregulamentação Publicitária.

à publicidade para crianças, como o artigo 18 'Crianças e jovens' e o artigo D5 'Comunicações de marketing digital e crianças', criadas porque as crianças costumam ser adeptas da adoção de novas tecnologias, mídia e dispositivos."[38]

Além do destaque das citadas regras materiais do conteúdo da publicidade que possuem particular relevância no ambiente online, é enfatizada a necessidade do enfoque nos formatos e métodos da publicidade, como apontado no documento "UNICEF – *Children and Digital Marketing – Industry Toolkit*"[39], que prioriza o exame dos novos formatos de produção (inserção, contexto, posição) e destinação de conteúdos (critérios de priorização, sugestão e uso de dados pessoais), indicando para cada grupo de envolvidos as medidas recomendáveis para impedir a destinação daquelas publicidades que versarem sobre produtos ou conteúdos impróprios ao público infantil.

Medida nesse sentido foi configurada e estabelecida no âmbito da autorregulamentação brasileira, por meio da publicação pelo CONAR do Guia de Publicidade por Influenciadores Digitais. Trata-se de orientação para a aplicação das regras em vigor ao teor da publicidade gerada por usuários das redes sociais. Considerando a nova configuração da produção de conteúdo, o Guia agrupa as principais situações e recomenda medidas para cada parte, proporcionais aos papéis desempenhados. O Guia tem como base o quadro jurídico em vigor no país, porém, com referencial declarado no aprofundado estudo da regulação internacional da matéria, para gerar solução harmônica. Acompanhando as estratégias de regulação inteligente e relevância em âmbito digital, o Guia exibe um item dedicado às boas práticas e à campanha educativa, em vetor preventivo que busca a capacidade de toda a cadeia no benefício comum do conteúdo comercial correto e ético. Está previsto expressamente:

> Item 1.1.2: Crianças e adolescentes Considerando a característica da publicidade por Influenciadores, imersa ou integrada ao conteúdo editorial circundante, todos os envolvidos na divulgação da publicidade devem ser particularmente cuidadosos para que a identificação da natureza publicitária seja aprimorada, assegurando o reconhecimento pelas crianças e adolescentes do intento comercial, devendo ser perceptível e destacada a distinção da publicidade em relação aos demais conteúdos gerados pelo Influenciador.[40]

Além da aplicação do quadro jurídico em vigor e destaque para princípios particularmente relevantes ao ambiente virtual, as alterações provocadas pela tecnologia da informação e comunicação (TIC) vêm exigindo adaptações em todas as etapas regulatórias.

---

38. European Advertising Standards Alliance (EASA), seção infantil. Disponível em: https://www.easa-alliance.org/issues/children. Acesso em: jul. 2021.
39. United Nations Children's Fund (UNICEF). "Children and Digital Marketing. Industry Toolkit". December. 2018.
40. Disponível em: http://conar.org.br/pdf/CONAR_Guia-de-Publicidade-Influenciadores_2021-03-11.pdf.

4. ABORDAGEM REGULATÓRIA FUNCIONAL: PROGRAMAÇÃO E CONFIGURAÇÃO ÉTICAS, CÓDIGOS DE CONDUTA E AUTORREGULAMENTAÇÃO

No âmbito da UNICEF, o relatório *"Children in a Digital World"*[41] registra o reconhecimento do papel dos governos e do setor privado na missão de criar ambiente seguro, e aponta dentre as prioridades:

> "Alavancar o poder do setor privado para promover padrões éticos e práticas que protejam e beneficiem as crianças online. As ações devem incluir o desenvolvimento ético de produtos e marketing que reduza os riscos para as crianças e um maior compromisso com a expansão do acesso das crianças à conectividade e ao conteúdo online. O setor privado – especialmente as indústrias de tecnologia e telecomunicações – tem uma responsabilidade especial e uma capacidade única de moldar o impacto da tecnologia digital nas crianças."[42]

No mesmo texto enfatiza-se o papel da configuração tecnológica ética[43] (*ethical design*), crucial diante da escala massiva de alcance, e a premência dos compromissos éticos com a integração nas vidas das crianças de tecnologias mais poderosas, com a inteligência artificial e as tecnologias imersivas, como a realidade virtual e aumentada.

Nessa linha, com maior destaque na área das comunicações e tecnologia, tem sido reconhecida de forma expressiva a necessidade de medidas alternativas à regulação tradicional, com progressiva adoção por diversos países e autoridades internacionais, de abordagem de regulação funcional e multinível, em particular no âmbito digital, encontrando na autorregulação ou corregulação[44] instrumentos fundamentais. Importantes textos legais e recomendações de autoridades requisitam a adoção da autorregulação e corregulação na elaboração de códigos de conduta ou códigos de ética, acompanhados de respectivos programas de implementação. É o caso da principal diretiva de regulação do conteúdo das comunicações no bloco europeu, a Diretiva sobre os Serviços de Mídia Audiovisual AVMSD (Diretiva 2010/13/EU), que em 2018 foi revisada (Diretiva 2018/1808/EU), para focar e intensificar a participação ativa do setor privado na regulação e para incluir em seu escopo, além dos conteúdos em TV e VoD (*Video On Demand*), as plataformas de compartilhamento de vídeo (*Video-sharing Platforms* – VSPs). A referida diretiva requisita aos estados membros a adoção ou encorajamento da autorregulação ou corregulação em particular na área das comunicações comerciais e proteção de crianças e adolescentes. Como destacado no trabalho do Observatório Audiovisual Europeu (Conselho Europeu):

---

41. United Nations Children's Fund (UNICEF). "Children in a Digital World". (2017). Disponível em: https://www.unicef.org/media/48581/file/SOWC_2017_ENG.pdf. Acesso em: jul. 2021.

42. Ibid., p. 11. Vide também p. 129.

43. Ibid., p. 108

44. Na definição da Comissão europeia para corregulação: "The mechanism whereby a EC legislative act delegates the attainment of the objectives defined by in the legislation to relevant parties such as economic operators, social partners, non-governmental organisations, or associations.". EUROPEAN COMMISSION, "Study on the impact of marketing through social media, online games and mobile applications on children's behavior. Final Report". 2016. Disponível em: https://ec.europa.eu/info/publications/study-impact-marketing-through-gh-social-media-online-games-and-mobile-applications-childrens-behaviour_en. Acesso em: jul. 2021.

"A última revisão da Diretiva Serviços de Comunicação Social Audiovisual, realizada em 2018, viu os legisladores europeus darem um passo em frente a favor das partes interessadas, e em particular dos prestadores de serviços, sendo mais envolvidos no processo regulatório através da autorregulação e corregulação. Na verdade, a autorregulação e a corregulação já estavam introduzidas na Diretiva AVMS de 2007, no que diz respeito aos serviços de comunicação audiovisuais lineares, uma vez que os legisladores da UE consideraram a necessidade de ajustar a legislação europeia dos meios de comunicação aos desenvolvimentos tecnológicos e de mercado em curso. Sob a influência da globalização e do papel crescente das empresas privadas como atores globais, iniciativas voluntárias de autorregulação foram realizadas em muitos setores. Coincidentemente, em alguns países, o papel do Estado começou a mudar de uma abordagem dirigista tradicional para uma mais "inclusiva", onde a indústria desempenha um papel cada vez mais importante. Além disso, várias disposições estabelecidas em instrumentos de autorregulação, como diretrizes, acordos e códigos de conduta, derivam de padrões internacionalmente reconhecidos entre as partes interessadas. Consequentemente, o impacto dos instrumentos de autorregulação na legislação europeia e nacional, em termos de definição de normas, é notável. No entanto, tais instrumentos não devem ser considerados uma alternativa à legislação estatal, mas sim complementares a ela."[45]

Nos Estados Unidos há também consolidado sistema misto de controle da publicidade infantil, apoiado na autorregulamentação pelo *Children's Advertising Review Unit* (CARU), entidade que implementa as regras *"CARU Advertising Guidelines"* e faz parte do programa autorizado de implementação da Lei de Proteção à Privacidade Online das Crianças (COPPA).

Recentemente foi lançada a atualização do *"CARU Advertising Guidelines"*[46], normas que entrarão em vigor em janeiro de 2022 e que abrangem previsões para a publicidade por influenciadores, as ofertas de vendas online e publicidade em jogos e aplicativos.

Como colocado, o sistema brasileiro, de normativos baseados na proteção da criança e dos adolescentes e do controle misto da publicidade, por meio de regulação pública e autorregulamentação, insere-se neste quadro global de medidas voltadas ao avanço tecnológico sustentável e à responsabilidade no ambiente de comunicação comercial.

5. CONSIDERAÇÕES FINAIS

As transformações e impactos da tecnologia nas comunicações em geral e na publicidade estão em curso, com projeções de aumento do uso da Inteligência Artificial para a criação e distribuição de conteúdos, com a personalização, a customização e os sistemas de curadoria e recomendação.

---

45. EUROPEAN AUDIOVISUAL OBSERVATORY – Council of Europe. Self- and Coregulation in the new AVMSD. Disponível em: https://rm.coe.int/iris-special-2019-2-self-and-co-regulation-in-the--new-avmsd/1680992dc2. Acesso em: jul. 2021. p. 01.
46. Disponível em: https://bbbnp-bbbp-stf-use1-01.s3.amazonaws.com/docs/default-source/caru/caru_advertisingguidelines.pdf. Acesso em: ago. 2021.

A porta para o futuro está aberta, em momento decisivo para o destino da revolução tecnológica. A rápida evolução das famílias de tecnologias, em especial a convergência entre a conectividade promovida pela internet e a capacidade de exploração e uso de dados pela Inteligência Artificial, é acompanhada de perspectivas de grandes benefícios, avanços disruptivos e melhoria da eficiência em muitos domínios. Este cenário faz despontar também as implicações sobre a amplificação dos riscos e consequências negativas, em particular pelo impacto na relação de poder: as sugestões e recomendações geradas pelos sistemas tecnológicos podem dificultar para adultos e crianças a avaliação dos fundamentos das decisões às quais ficaremos todos nós sujeitos.

Esse reconhecimento da potência pela conjunção da produção mundial de conhecimento clama pela mesma unificação dos esforços em compromissos éticos consistentes e compartilhados por todos os atores, em particular pelo setor privado que desenvolve as atividades tecnológicas, com a configuração de ambiente seguro, voltado para o bem-estar do ser humano, respeito aos diversos grupos e cuidado com o meio ambiente.

A regulamentação dessas atividades não é simples e demanda medidas inovadoras. O quadro existente no Brasil, de proteção à criança no ambiente online e de regulamentação da publicidade digital, encontra ressonância nos parâmetros mais avançados. Entretanto a velocidade das inovações e tecnologia demanda maior atenção, coordenação de esforços e a adoção, por parte de todos os envolvidos no segmento de comunicação, de compromissos e programas consistentes para o desenvolvimento ético.

Algumas culturas ancestrais sustentam que as crianças mais novas conhecem a realidade, enquanto os adultos não, justamente pela capacidade de perceber a ausência de espaço entre nós e os outros, com visão inigualável da unidade entre si e o mundo. A proteção da cultura, dos valores, da capacidade e dos sonhos das crianças é fundamental para preservação da vida e do espírito do ser humano. Por isso, devem ser amparados e estimulados.

6. REFERÊNCIAS

ARENDT, Hannah. *A condição humana*. Trad. Adriano Correia. 13. ed. Rio de Janeiro: Forense, 2014.

COMITÊ GESTOR DA INTERNET NO BRASIL. TIC Kids Online Brasil. *Pesquisa sobre o Uso da Internet por Crianças e Adolescentes no Brasil – 2019*. Vários Colaboradores. Disponível em: https://www.cetic.br/media/docs/publicacoes/2/20201123093344/tic_kids_online_2019_livro_eletronico.pdf. Acesso em: ago.2021.

CONSELHO NACIONAL DE AUTORREGULAMENTAÇÃO PUBLICITÁRIA. *Código Brasileiro de Autorregulamentação Publicitária (1978 e alterações) e Guia de Publicidade por Influenciadores Digitais (2020)*.

EUROPEAN AUDIOVISUAL OBSERVATORY – Council of Europe. *Artificial Intelligence in the audiovisual sector*. Autores Mira Burri, Sarah Eskens, Kelsey Farish, Giancarlo Frosio, Riccardo Guidotti, Atte Jääskeläinen, Andrea Pin, Justina Raižyt . IRIS Special, European Audiovisual Observatory,

Strasbourg 2020. Disponível em: https://rm.coe.int/iris-special-2-2020en-artificial-intelligence--in-the-audiovisual-secto/1680a11e0b. Acesso em: jul. 2021.

EUROPEAN AUDIOVISUAL OBSERVATORY – Council of Europe. *Self– and Coregulation in the new AVMSD*. Autores Amedeo Arena, Mark D. Cole, Jan Henrich, Bernardo Herman, Pascal Kamina, Susanne Lackner, Michèle Ledger, Roberto Mastroianni, Gabor Polyak, Andrej Školkay, Jörg Ukrow, Krzysztof Wojciechowski. Cappello M. (ed.). IRIS Special, European Audiovisual Observatory. Strasbourg, 2019. Disponível em: https://rm.coe.int/iris-special-2019-2-self-and-co-regulation-in--the-new-avmsd/1680992dc2. Acesso em: jun. 2021.

EUROPEAN STANDARDS ADVERTISING ALLIANCE (EASA). *Children Section*. Disponível em: https://www.easa-alliance.org/issues/children. Acesso em: jun. 2021.

FLORIDI, Luciano (editor). Diversos autores. *The Onlife Manifesto*. Being Human in a Hyperconnected Era. Springer Cham Heidelberg New York Dordrecht London. Oxford Internet Institute, University of Oxford. Oxfordshire, United Kingdom. 2015.

International Consumer Protection and Enforcement Network – ICPEN. "*ICPEN Guidelines for Digital Influencers*". 2016.

International Consumer Protection and Enforcement Network – ICPEN. "*Best Practice Principles – Marketing Practices Directed Towards Children Online*". 2020.

INTERNATIONAL COUNCIL FOR AD SELF-REGULATION – ICAS. *Diretrizes para influenciadores nas mídias sociais*. Disponível em: https://icas.global/advertising-selfregulation/influencer-guidelines/. Acesso em: jun. 2021.

INTERNATIONA CHAMBER OF COMMERCE. *Código "ICC Advertising and Marketing Communications Code"*. Disponível em: https://iccwbo.org/publication/icc-advertising-and-marketing-communications-code. Acesso em: jun.2021.

ORGANIZATION FOR ECONOMIC CO-OPERATION AND DEVELOPMENT (OECD). *Report – alternatives to traditional regulation*. 2002. Disponível em: https://www.oecd.org/gov/regulatory-policy/42245468.pdf. Acesso em: jun. 2021.

ORGANIZATION FOR ECONOMIC CO-OPERATION AND DEVELOPMENT (OECD). OECD Legal Instruments. "*Recomendação do Conselho sobre Crianças no Ambiente Digital*". OECD LEGAL 0389. Aprovada em 15.12.2012. Alterada em 30.05.2021. Disponível em: https://legalinstruments.oecd.org/en/instruments/OECD-LEGAL-0389. Acesso em: jun. 2021.

ORGANIZATION FOR ECONOMIC CO-OPERATION AND DEVELOPMENT (OECD). *Industry self--regulation – role and use in suport consumer interests (OCDE)*, maio de 2015. Disponível em: http://www.oecd.org/officialdocuments/publicdisplaydocumentpdf/?cote=DSTI/CP(2014)4/FINAL&docLanguage=En. Acesso em: jun. 2021.

ORGANIZATION FOR ECONOMIC CO-OPERATION AND DEVELOPMENT (OECD). *Diretrizes da OCDE para a proteção do consumidor no contexto do comércio eletrônico*. 1999. Atualizado em 2016. Parte 2 – Princípios de implementação, n. 53, 'v'. Disponível em: http://www.oecd.org/sti/consumer/ECommerce-Recommendation-2016.pdf. Acesso em: jun. 2021.

ORGANIZATION FOR ECONOMIC CO-OPERATION AND DEVELOPMENT (OECD). OECD. *Digital Economy Papers*. 2019. Good Practice Guide on Online Advertising. Protecting Consumers in E-Commerce. Disponível em: https://read.oecd-ilibrary.org/science-and-technology/good-practice-guide-on-online-advertising_9678e5b1-en#page3. Acesso em: jun. 2021.

ORGANIZATION FOR ECONOMIC CO-OPERATION AND DEVELOPMENT (OECD). *Innovation Blog. "Ensuring a safe and beneficial digital environment for children By Elettra Ronchi"*, Andras Molnar and Lisa Robinson. (2021). Disponível em: https://oecd-innovation-blog.com/2021/06/01/oecd-recommendation-children-digital-environment-online-safety-risks/ Acesso em: jul. 2021.

ORGANIZATION FOR ECONOMIC CO-OPERATION AND DEVELOPMENT (OECD). 2021. *"Children in the digital environment: Revised typology of risk"*, OECD Digital Economy Papers, N°. 302, OECD Publishing, Paris, Disponível em: https://doi.org/10.1787/9b8f222e-en. Acesso em: jun. 2021.

Parlamento e Conselho Europeus. AVMSD – *Audio Visual Media Services Directive*. Diretiva 2010/13/EU alterada pela Diretiva 2018/1808/UE (Diretiva sobre Serviços de Comunicação Social Audiovisual). Versão consolidada disponível em: https://eur-lex.europa.eu/legal-content/EN/TXT/?uri=CELE-X:02010L0013-20181218. Acesso em: jun. 2021.

UNITED NATIONS. COMMITTEE ON THE RIGHTS OD THE CHILDREN. *Comentário Geral n. 25, sobre os Direitos das Crianças em relação ao ambiente digital (2021)*. Disponível em: https://www.ohchr.org/EN/HRBodies/CRC/Pages/GCChildrensRightsRelationDigitalEnvironment.aspx. Acesso em: jul. 2021.

UNITED NATIONS CHILDREN'S FUND (UNICEF). *Policy Brief.* "hildren's Rights in the Digital Age. 2017.

UNITED NATIONS CHILDREN'S FUND (UNICEF). *Children in a Digital World*. 2017.

UNITED NATIONS CHILDREN'S FUND (UNICEF). *Children and Digital Marketing* – Industry Toolkit. 2018.

UNITED NATIONS CONFERENCE ON TRADE AND DEVELOPMENT (UNCTAD). *Guidelines for consumer protection*, 2015. Disponível em: https://unctad.org/en/PublicationsLibrary/ditccplpmis-c2016d1_en.pdf. Acesso em: 21 jun. 2020.

UNITED NATIONS CONFERENCE ON TRADE AND DEVELOPMENT (UNCTAD). *Manual on consumer protection*, 2018. Disponível em: https://unctad.org/en/PublicationsLibrary/ditccplp2017d1_en.pdf. Acesso em: 21 jun. 2020.

6
BIOÉTICA E DIREITO DIGITAL: UMA PONTE PARA O FUTURO DA PROTEÇÃO DOS MENORES

Luciana Dadalto

Doutora em Ciências da Saúde pela faculdade de Medicina da UFMG. Mestre em Direito Privado pela PUCMinas. Professora da Escola de Direito do Centro Universitário Newton Paiva. Coordenadora do Grupo de Estudos e Pesquisa em Bioética (GEPBio) do Centro Universitário Newton Paiva. Email: luciana@lucianadadalto.com.br

Willian Pimentel

Pós-Graduando em Direito Digital pelo ITS-Rio/UERJ. Membro do Grupo de Estudos e Pesquisa em Bioética (GEPBio) do Centro Universitário Newton Paiva. Advogado.

Sumário: 1. Bioética, infância e adolescência – 2. Questões éticas e jurídicas quanto ao tratamento de dados de menores – 3. Análise bioética do tratamento de dados da criança e do adolescente na LGPD – 4. Considerações finais – 5. Referências.

1. BIOÉTICA, INFÂNCIA E ADOLESCÊNCIA

A Bioética é uma área do conhecimento transdisciplinar cujo termo, apesar de ter sido cunhado por Hans Jonas no começo do século XX, ganhou relevância social e científica apenas na segunda metade desse mesmo século. Inúmeros bioeticistas tentaram, desde então, conceituá-la. O conceito mais aceito até os dias de hoje é o apresentado na primeira edição da Enciclopédia de Bioética, em 1978: "o estudo sistemático da conduta humana na área das ciências da vida e da saúde, enquanto esta conduta é examinada à luz de valores morais e princípios".[1]

Historicamente, a Bioética e os Direitos Humanos estão diretamente ligados. Segundo Aline Albuquerque, "(...)surgem como formas de assegurar determinados valores e de proteger a pessoa humana, reconhecendo-lhe uma dignidade inerente. Assim, a bioética e os direitos apresentam dois pontos de aproximação: a dignidade humana e determinados valores básicos."[2]

Sabe-se que, atualmente, a Bioética tem muitas classificações e correntes, mas, apesar dessa diversidade, a preocupação e proteção com o ser humano vulnerável é uma marca comum a todas, presente na Declaração Universal dos Direitos Humanos,

---

1. REICH, Warren. T. *Encyclopedia of Bioethics.* New York: Free Press-Macmillan, 1978, p. 116.
2. OLIVEIRA, Aline Albuquerque S. de. Interface entre bioética e direitos humanos: o conceito ontológico de dignidade humana e seus desdobramentos. *Revista Bioética*, 2007 15 (2): p. 171. Disponível em: http://revistabioetica.cfm.org.br/index.php/revista_bioetica/article/view/39. Acesso em: 23 jun. 2021.

na Declaração de Helsinque e, especialmente, na Declaração Universal sobre Bioética e Direitos Humanos[3]:

> Artigo 8 – Respeito pela Vulnerabilidade Humana e pela Integridade Individual
>
> A vulnerabilidade humana deve ser levada em consideração na aplicação e no avanço do conhecimento científico, das práticas médicas e de tecnologias associadas. Indivíduos e grupos de vulnerabilidade específica devem ser protegidos e a integridade individual de cada um deve ser respeitada.

Tida como "o instrumento de direitos humanos mais aceito na história universal"[4], a Convenção sobre os Direitos da Criança, aprovada em 1989, é de extrema importância para a Bioética e serve como estatuto epistemológico que liga os dilemas bioéticos e os problemas jurídicos[5] da infância e da adolescência.

O conceito de proteção integral surge aqui e reconhece, internacionalmente, os:

> direitos próprios da criança, que deixou de ocupar o papel de apenas parte integrante do complexo familiar para ser mais um membro individualizado da família humana que, em virtude de sua falta de maturidade física e mental, necessita de proteção e cuidados especiais, inclusive da devida proteção legal, tanto antes quanto após seu nascimento.[6]

Etimologicamente, vulnerabilidade é proveniente da palavra latina *vulnus* e significa "ferida/lesão", assim, vulnerável ou *vulnerabilis* é aquele que pode ser ferido ou lesado. Pode-se afirmar, nesse sentido, que os menores são sujeitos vulneráveis por excelência, tendo em vista que ainda não dispõem de condições cognitivas, sociais e jurídicas para se autodeterminarem e, portanto, precisam de proteção. Pode parecer óbvia a relação entre Bioética, infância e adolescência, mas a falta de estudos sobre o tema demonstra o contrário.

As discussões bioéticas sobre infância e adolescência são amplas e permeiam a bioética clínica, a bioética emergente e a bioética persistente. Temas como aborto, redesignação sexual de menores trans, recusa e aceitação de tratamento médico, eutanásia, distanásia, mistanásia, menores com deficiência, saúde mental na infância e adolescência, exploração sexual e laboral, moradia, saneamento básico, alimentação saudável, entre outros, são temas que necessitam de abordagem bioética. Nota-se, contudo, que há na literatura internacional, uma preferência pela bioética clínica

---

3. UNESCO. Declaração Universal sobre Bioética e Direitos Humanos. Disponível em: https://unesdoc.unesco.org/ark:/48223/pf0000146180_por. Acesso em: 06 jul. 2021.
4. UNICEF. *Convenção sobre os direitos da criança*. https://www.unicef.org/brazil/convencao-sobre-os-direitos-da-crianca. Acesso em: 29 jun. 2021.
5. Sobre a diferença entre dilemas bioéticos e problemas jurídicos recomenda-se a leitura de: DADALTO, Luciana; SARSUR, Marcelo. Problemas jurídicos e dilemas bioéticos. In: DADALTO, Luciana (Coord.). *Bioética & Covid-19*. 2. ed. Indaiatuba: Foco, 2021. p. 01-12.
6. BARBOSA, Heloisa Helena. O princípio do melhor interesse da criança e do adolescente. In: PEREIRA, Rodrigo da Cunha (Coord.). *A família na travessia no milênio*: anais do II Congresso Brasileiro de Direito de Família. Belo Horizonte: IBDFAM, OAB_MG, 2000, p. 203. Disponível em: https://ibdfam.org.br/_img/congressos/anais/69.pdf#page=215. Acesso em: 05 jun. 2021.

nas discussões bioéticas envolvendo infantes e uma carência de estudos acerca da relação entre os menores e a tecnologia.

Pedro Sarmiento[7] afirma que, apesar de a atenção à infância ser, *de per se*, uma necessidade e um dever pessoal, social e cultural, é também "uma responsabilidade bioética que foi descuidada durante décadas" pois nos últimos anos "a Bioética se preocupou em atender as urgências trazidas pelo impacto da tecnologia".

Nesse cenário, emerge a Bioética da Intervenção (BI), corrente que surgiu em 2002 com o objetivo de se contrapor à bioética principialista norte-americana, e estudar a bioética a partir de uma perspectiva anti-hegemônica, em uma "proposta que quebra os paradigmas impostos e reinaugura um utilitarismo orientada para a busca da equidade entre os segmentos da sociedade, e capaz de dissolver essa divisão estrutural centro-periférica do mundo e de assumir um consequencialismo solidário, sobre a superação da desigualdade."[8]

Atualmente, a BI deve ser compreendida como uma proposta que objetiva o bem comum, cabendo aos detentores do poder "considerar as perspectivas dos demais grupos e segmentos para estabelecer políticas que suprimam a desigualdade entre todos".[9] Significa dizer que a perspectiva das crianças e adolescentes precisa ser considerada por qualquer política pública que envolva os direitos desses sujeitos.

Nota-se que a BI já vem sendo utilizada como fundamento teórico nas discussões sobre regulação de publicidade e comercialização de alimentos para crianças pois "atribui ao Estado a responsabilidade por garantir a proteção dos direitos individuais e coletivos da população"[10], o que demonstra a adequação dessa corrente a discussões sobre formas de proteção das crianças e adolescentes brasileiros em todas as searas, inclusive, nas questões que envolvam tecnologia.

2. QUESTÕES ÉTICAS E JURÍDICAS QUANTO AO TRATAMENTO DE DADOS DE MENORES

A evolução tecnológica das últimas décadas tem possibilitado a interação cada vez mais frequente do ser humano com a máquina. Por meio da internet estamos conectados com indivíduos de todas as partes do mundo, trocando informações e nos relacionando em um mundo virtual.

---

7. SARMIENTO, Pedro. BIOÉTICA E INFANCIA: compromiso ético con el futuro. In: *Persona y Bioética*, v. 14, 2010. p. 13. Disponível em: https://dialnet.unirioja.es/servlet/articulo?codigo=5749748. Acesso em: 05 jun. 2021.

8. PORTO, Dora; GARRAFA, Volnei. INTERVENTION BIOETHICS: a proposal for peripheral countries in a context of power and injustice. In: *Bioethics*, v. 17, n. 5-6, 2003, p. 415. Disponível em: https://pubmed.ncbi.nlm.nih.gov/14870763/. Acesso em: 05 jun. 2021.

9. PORTO, Dora. Bioética da Intervenção nos tempos da Covid-19. In: DADALTO, Luciana (Coord.). *Bioética & Covid-19*. Indaiatuba: Foco, 2021. p. 15.

10. VEIGA, Erika Matos da et al. A legitimidade da intervenção estatal na publicidade de produtos sujeitos à vigilância sanitária. In: *Revista de Direito Sanitário*, 2021, 12 (2), p. 108. Disponível em: https://www.revistas.usp.br/rdisan/article/view/13251. Acesso em: 05 jun. 2021.

Essa maneira de interagir à qual os adultos de hoje tiveram que se adaptar é algo que faz parte do dia a dia das crianças e adolescentes do século XXI, a chamada geração "Z"[11]. Estima-se que 76% das crianças e adolescentes utilizam a internet mais de uma vez por dia, sendo os principais locais de acesso a casa (onde reside ou a casa de outra pessoa) e a escola.[12]. Fala-se, portanto, de uma geração de nativos digitais, pessoas que desconhecem o mundo sem a conectividade da rede mundial dos computadores, que interagem desde cedo com telas que permitem ver seus colegas em outras cidades, que são transportados para outras realidades por avatares que aprendem com crianças – quais só conhecem no meio virtual – como os mais diversos brinquedos funcionam.[13]

Contudo, esses sujeitos, em sua maioria, ignoram o que sejam dados pessoais e a forma com que eles são capturados e armazenados na rede, quer seja em uma brincadeira online com um amigo, em uma visita ao *site* do personagem favorito, ao jogar uma partida de videogame, ao assistir um vídeo no YouTube que revela qual o doce preferido de seu ídolo, dando um comando à assistente virtual para que toque uma música ou mesmo em uma conversa despretensiosa com seu novo brinquedo que está conectado à rede e usando de algoritmos [14] para dar respostas adequadas ao questionamento da criança.[15]

Em contrapartida, para o mercado, a relevância dos dados fica cada vez mais clara. Cotidianamente ouvimos a expressão "os dados são o novo petróleo", originada da expressão inglesa *data is the new oil,* que remonta ao propósito das potencialidades do *Big data* e exprime a convicção enraizada de que os dados irão representar na era digital um papel análogo ao que o petróleo e os demais combustíveis fósseis desem-

---

11. "Também conhecidos como iGeneration@, Net Generation, Generatiion AO (Always on), Generation Text, os Z nascem durante o processo de desdobramento da Web 2.0, desenvolvimento da banda larga, como também no período de criação e popularização de novos aparelhos e ferramentas digitais. INDALÉCIO, A. B. *Entre imigrantes e nativos digitais*: a percepção docente sobre as novas tecnologias da informação e comunicação (NTIC) e o ensino da educação física. 2015. 206 f. Dissertação (Mestrado em Educação) – Universidade Federal de São Carlos, São Carlos, SP, 2015.
12. COMITÊ GESTOR DA INTERNET NO BRASIL; NÚCLEO DE INFORMAÇÃO E COORDENAÇÃO DO PONTO BR. *Pesquisa Tic Kids Online Brasil*, 2018. Disponível em: https://cetic.br/media/docs/publicacoes/216370220191105/tic_kids_online_2018_livro_eletronico.pdf. Acesso em: 06 jul. 2021.
13. FERNANDES, Elora Raad. *A proteção de dados de crianças e adolescentes no Brasil*: um estudo de caso do YouTube. 2018. Tese de Doutorado. Dissertação (Mestrado em Direito). Faculdade de Direito, Universidade Federal de Juiz de Fora. Juiz de Fora. Disponível em: http://www.repositorio.ufjf.br:8080/jspui/bitstream/ufjf/10246/6/eloraraadfernandes.pdf. Acesso em: 29 jun. 2021.
14. No ambiente tecnológico, é possível definir os algoritmos como regras de matemática de computador anteriormente definidas, que determinam a solução de problemas através da leitura de dados inicialmente informados pelo programador ou pelo usuário. BORGES, Gustavo Silveira; GRAMINHO, Vivian Maria Caxambu. Inteligência Artificial e Direitos Humanos: interface regulatória e os desafios. In: BARBOSA, Mafalda Miranda; et al. (Coord.) *Direito digital e Inteligência Artificial*: diálogos entre Brasil e Europa. Indaiatuba, SP: Foco, 2021.
15. No Brasil, em pesquisa realizada pelo Nic.br (2019), 83% das crianças e adolescentes entrevistados utilizavam a Internet para assistir a vídeos, programas, filmes ou séries. COMITÊ GESTOR DA INTERNET NO BRASIL; NÚCLEO DE INFORMAÇÃO E COORDENAÇÃO DO PONTO BR. *Pesquisa Tic Kids Online Brasil*, 2019. Disponível em: https://www.cgi.br/media/docs/publicacoes/2/20201123093344/tic_kids_online_2019_livro_eletronico.pdf. Acesso em: 06 jul. 2021

penharam a partir da Revolução industrial".[16] Destaca-se a relevância dos dados, pelo seu valor econômico, com a grande vantagem de ser um recurso renovável, produzido pelas pessoas em suas interações virtuais cada vez mais frequentes.[17]

A coleta massiva de dados pode colocar em risco a privacidade e a intimidade de qualquer pessoa, independentemente da idade, mas, certamente, torna-se ainda mais preocupante quando o os dados coletados são de uma criança ou adolescente, pois estes sujeitos são mais vulneráveis à ação das Big Techs, em virtude de seu estado de maturação cognitiva. Mônica Aguiar e Amanda Souza Barbosa, relatam "a importância desse processo biológico de maturação da estrutura cerebral, sendo este elemento mais decisivo do que o processo de consentimento esclarecido, pois o fornecimento de informações não se perfaz de forma plena se o sujeito não tem condições de processá-las adequadamente".[18]

Como o principal mercado das grandes plataformas digitais é o estadunidense, elas se utilizam dos limites etários desse país para a definição do acesso. Assim, plataformas como Instagram, Facebook, Tik Tok, entre outras, fixam a idade mínima de 13 anos para a criação da conta, sem que haja, entretanto, qualquer validação da informação, prática deveras importante. Estabelecido pelo Children's Online Privacy Protection Rule (COPPA)[19], esse critério etário não se mostra suficiente para proteção dos infantes, uma vez que "aos treze anos os menores não estão cientes do risco que enfrentam, nem mesmo qual a finalidade de recolha dos dados".[20]

Ressalta-se a vulnerabilidade das crianças e adolescentes no meio digital, principalmente por estarem em período de desenvolvimento, o que pode dificultar a compreensão dos desafios da internet. Mesmo tendo habilidade em usar as "novas tecnologias de informação e comunicação, não conseguem, muitas vezes, compreender as complexas dinâmicas de causa e consequência atreladas a essas ferramentas"[21]

Salienta-se que o direito brasileiro fulcra-se na doutrina da proteção integral da criança e do adolescente, sendo necessárias ações conjuntas entre o Estado, a família e a sociedade para priorizar o melhor interesse desse grupo em desenvolvimento e protegê-lo.

---

16. CORDEIRO, A. Barreto Menezes. *Direito da proteção de dados*: à luz do RGPD e da Lei 58/2019. Almedina, 2020. p. 29.
17. SMITH. Brad; BROWNE, Carol Ann. *Armas e ferramentas*: o futuro e o perigo da era digital. Traduzido por Cibelle Ravaglia. Rio de Janeiro. Alta Books. 2020.
18. AGUIAR, Mônica; BARBOZA, Amanda Souza. Autonomia bioética de crianças e adolescentes e o processo de assentimento livre e esclarecido. *Revista Brasileira de Direito Animal*, v. 12, n. 02, 2017.
19. ESTADOS UNIDOS DA AMÉRICA. Children's Online Privacy Protection Rule. Disponível em: https://www.ftc.gov/enforcement/rules/rulemaking-regulatory-reform-proceedings/childrens-online-privacy-protection-rule. Acesso em: 14 jun. 2021.
20. MENDES, Eva Sofia Tomázio Gomes. *Práticas comerciais desleais sob a ótica da criança e o regime geral da proteção de dados*. 2020. Dissertação de Mestrado. Mestrado em Solicitadoria de Empresa. Leiria, 2020 p. 81.
21. HENRIQUES, Isabella; PITA, Marina; HARTUNG, Pedro. A proteção de dados pessoais de crianças e adolescentes. In: DONEDA, Danilo et al. (Coord.). *Tratado de Proteção de Dados Pessoais*. Rio de Janeiro: Forense, 2021.

O crescimento exponencial do fluxo de dados na economia digital desperta anseios sociais, pois não existem dados insignificantes no atual contexto tecnológico. Todos os indivíduos têm o direito de autodeterminar o compartilhamento de seus dados, e diante do status de pessoas em situação peculiar de desenvolvimento, cabe à família, à sociedade e ao Estado assegurar a proteção das informações relacionadas a crianças e adolescentes (art. 227, da Constituição Federal de 1988).[22]

Ocorre que, no caso do tratamento dos dados dos menores, nem o Estado nem a família possuem informação suficiente para proteger integralmente o público infanto-juvenil. Isso porque o Estado não consegue regulamentar todos os dispositivos que coletam dados; e os responsáveis legais pelo menor (pais ou tutores) não são devidamente informados pelos desenvolvedores acerca do que é coletado, da forma de coleta, da finalidade e do local de armazenamento dos dados. Sem essas informações não é possível consentir de maneira realmente clara e inequívoca sobre a possibilidade de utilização dos dados que devem ser fornecidos para o funcionamento de uma plataforma, jogo, brinquedo ou para a interação através de redes sociais.

Outro ponto relevante é a falta de informação sobre o consentimento dado pela própria criança ou adolescente, pois as plataformas digitais não usam estratégias para a validação da idade real do usuário, possibilitando, assim, o aceite de autorizações feitas pelos próprios menores de idade. [23] Salienta-se que embora as crianças e adolescentes tenham aptidão para o uso de *sites* e aplicativos da internet e as regras das empresas sejam para utilização a partir de 13 anos, o consentimento do responsável é a regra legal.

Uma reportagem publicada no jornal Folha de São Paulo, em novembro de 2020, ilustra a habilidade das crianças para a utilização de aplicativos ligados à internet e a falta de verificação do real usuário: uma criança de três anos realizou uma compra virtual no valor de quatrocentos reais em uma rede de *fast food*, o que foi percebido apenas no momento da entrega dos produtos.[24]

Não se pode olvidar dos aplicativos de jogos ou *softwares* gratuitos que permitem a compra de produtos e acessórios (virtuais) durante a sua utilização. Essa facilidade induz e seduz as crianças e adolescentes, que acabam comprando esses itens, sem supervisão ou consentimento do responsável.[25]

---

22. FONSECA, Ingrid Dias da; REGO, Maria Beatriz Torquato. A proteção de dados pessoais das crianças e adolescentes no âmbito da educação online. *FIDES*, Natal, v. 11, n. 2, ago.-dez. 2020. Disponível em: http://revistafides.ufrn.br/index.php/br/article/view/518/526. Acesso em: 14 jun. 2021.
23. MOZETIC, Vinicius Almada; BABARESCO, Daniele Vedovatto Gomes da Silva. *Lei Geral de Proteção de Dados de Crianças e Adolescentes no Brasil*: Coleta de Dados e o Problema da Obrigatoriedade do Consentimento dos Pais. Disponível em: https://www.academia.edu/42044798/LGPD_E_A_OBRIGATORIEDADE_DO_CONSENTIMENTO_NA_COLETA_DE_DADOS_DE_CRIAN%C3%87AS_E_ADOLESCENTES_NO_BRASIL?email_work_card=thumbnail. Acesso em: 22 jun. 2021.
24. FOLHA DE SÃO PAULO. *Criança pega celular da mãe e gasta R$ 400 no McDonald's*. Disponível em: https://f5.folha.uol.com.br/voceviu/2020/11/crianca-de-tres-anos-pega-celular-da-mae-e-gasta-r-400-no-mcdonalds.shtml. Acesso em: 22 jun. 2021.
25. UOL. *Crianças compram itens em apps e causam rombo nos pais*. Disponível em: https://www.uol.com.br/tilt/noticias/redacao/2015/04/16/criancas-compram-itens-em-apps-e-causam-rombo-nos-pais-saiba-como-prevenir.htm. Acesso em: 29 jun. 2021.

Um questionamento oportuno é se, no atual estado da técnica, seria viável às grandes plataformas, que já conseguem gerar um perfil do usuário a ponto de oferecer a eles os produtos de desejo, identificar a provável idade desse indivíduo através do mapeamento da utilização da rede. Dessa forma seria possível, havendo interesse das empresas, excluir ou notificar a suspeita de uso pelo menor de 13 anos de idade.

A empresa ByteDance (dona do aplicativo TikTok) foi multada, pelo governo estadunidense, por não ser diligente na análise e no bloqueio de crianças menores de treze anos em sua plataforma. Logo após, apresentou algumas soluções que permitiam a filtragem de palavras e conteúdo, bem como o cadastro de um genitor ou responsável para auxiliar no controle do conteúdo acessado. Contudo, nada ou pouco foi feito para que a utilização dos dados dessas crianças fosse realmente controlada pelos pais/tutores ou para efetivamente bloquear a possibilidade de o público infantil criar suas contas nessa rede social.[26]

Nesse ponto, ressalta-se que o art. 14, parágrafo primeiro, da LGPD, impõe o consentimento específico e destacado dos pais ou responsáveis pela criança (nada mencionado sobre o adolescente), para que seus dados sejam tratados, cabendo ao controlador [27] os esforços e uso da tecnologia disponível para identificar se foi realmente o responsável do infante quem assinalou o consentimento. Destaca-se que a legislação nacional não cuidou de exemplificar quais seriam as técnicas utilizadas, sendo necessário recorrer ao direito comparado, mais especificamente na legislação estadunidense, na *Children's Online Privacy Protection Act*, para essa análise:

> O §312.5, b, da Children's Online Privacy Protection Act, aponta esses métodos, quais sejam: (i) o fornecimento de um formulário de consentimento a ser assinado pelos pais ou responsáveis e ser devolvido ao operador por e-mail, fax ou digitalização eletrônica; (ii) o requerimento de uma transação monetária, que notifique o titular do cartão de crédito/débito (ou outro sistema de pagamento online) sobre cada transação; (iii) ter um número de telefone para o qual o responsável possa ligar, gratuitamente, e falar com pessoas treinadas; (iv) ter acesso, por videoconferência, a pessoas treinadas, e possivelmente fornecer o consentimento; (v) verificar a identidade dos pais ou responsáveis comparando com formulários do governo, devendo esses dados serem excluídos dos registros do operador logo após a verificação ser concluída; ou (vi) utilizar um e-mail com etapas adicionais para garantir que quem está consentindo é o pai ou responsável, dentre as etapas adicionais estão incluídos: carta, ligação ou outro e-mail[28].

Salienta-se que os controladores também não podem impedir as crianças e adolescentes da participação em aplicações ou jogos pela falta do consentimento,

---

26. FALEIROS JÚNIOR, José Luiz de Moura; DENSA, Roberta. *O 'caso TikTok' e a necessidade de efetivação da proteção de dados de crianças em plataformas digitais*. Disponível em: https://www.migalhas.com.br/coluna/migalhas-de-protecao-de-dados/339938/tiktok-e-a-protecao-de-dados-de-criancas-em-plataformas-digitais. Acesso em: 26 jun. 2021.
27. Segundo a LGPD, em seu artigo 5º, VI – controlador: pessoa natural ou jurídica, de direito público ou privado, a quem competem as decisões referentes ao tratamento de dados pessoais.
28. FONSECA, Ingrid Dias da; REGO, Maria Beatriz Torquato. A proteção de dados pessoais das crianças e adolescentes no âmbito da educação online. *FIDES*, Natal, v. 11, n. 2, ago.-dez. 2020. Disponível em: http://revistafides.ufrn.br/index.php/br/article/view/518/526. Acesso em: 14 jun. 2021.

ou seja, "o objetivo do consentimento parental não é privar a criança e o adolescente do uso das ferramentas digitais disponíveis, mas garantir que, ao utilizá-las, seus dados não sejam tratados ou processados sem o devido consentimento de seus responsáveis legais".[29]

O parágrafo sexto do art. 14 da LGPD[30] ressalta a importância de informar a criança sobre a utilização de seus dados pessoais, restando evidente a intenção de criar uma cultura de educação digital, a partir das características de desenvolvimento do sujeito, preocupada com as informações sobre privacidade dessas aplicações [31].

Além disso, é necessário que os representantes legais ponderem os riscos e benefícios do uso dessas tecnologias, levando em conta que muitas vezes esse é o ambiente em que a criança e o adolescente estudarão e desenvolverão atividades de lazer.

Pensar em uma proibição de acesso como dever estatal o ou como atribuição da autoridade parental não parece a melhor solução, pois a Declaração Universal sobre o Direito das Crianças, a Constituição Federal e o Estatuto da Criança e do Adolescente são incontestes ao afirmar a necessidade de que seja garantida a liberdade de autodeterminação ao menor. Em contrapartida, a liberação total, sem o devido cuidado e análise dos caminhos percorridos na internet, pode causar danos de difícil reparação.[32]

Nesse contexto, a não discriminação, o direito à vida, à sobrevivência e ao desenvolvimento e o respeito pela opinião da criança devem ser considerados para a tomada de decisão quanto ao melhor interesse da criança e do adolescente.[33] É preciso, portanto, saber como agir quando as informações geradas pelo contato da criança e do adolescente com esse meio virtual são utilizadas para incentivar o consumo, levando em consideração que "[a]s crianças e os jovens não estão ainda munidos de um escudo de defesa cognitivo que lhes permita criar um filtro para proteção dos raios influenciadores ou mesmo hipnóticos da publicidade que os atingem provin-

---

29. HENRIQUES, Isabella; PITA, Marina; HARTUNG, Pedro. A proteção de dados pessoais de crianças e adolescentes. In: DONEDA, Danilo et al. (Coord.). *Tratado de Proteção de Dados Pessoais*. Rio de Janeiro: Forense, 2021. p. 214.

30. § 6º As informações sobre o tratamento de dados referidas neste artigo deverão ser fornecidas de maneira simples, clara e acessível, consideradas as características físico-motoras, perceptivas, sensoriais, intelectuais e mentais do usuário, com uso de recursos audiovisuais quando adequado, de forma a proporcionar a informação necessária aos pais ou ao responsável legal e adequada ao entendimento da criança.

31. HENRIQUES, Isabella; PITA, Marina; HARTUNG, Pedro. A proteção de dados pessoais de crianças e adolescentes. *In*: DONEDA, Danilo; et al. (Coord.). *Tratado de Proteção de Dados Pessoais*. Rio de Janeiro: Forense, 2021.

32. PINHEIRO, Patrícia Peck. Abandono digital. In: PINHEIRO, Patrícia Peck (Coord.). *Direito Digital Aplicado 2.0*. 2. ed. São Paulo: Ed. RT, 2016. p. 98.

33. ONU. *Comitê dos Direitos da Criança. Comentário geral 25 (2021) sobre os Direitos das Crianças em relação ao ambiente digital*. Tradução não oficial do Instituto Alana do inglês para o português (abril/2021). Disponível em: https://criancaeconsumo.org.br/wp-content/uploads/2021/04/comentario-geral-n-25-2021.pdf. Acesso em: 30 jun. 2021.

dos de diversas fontes"[34]. E, mais importante ainda, é preciso saber como proteger as crianças e adolescentes nesse ambiente.

Ressalta-se que a utilização, cada vez mais precoce, de equipamentos como *smartphones* faz com que o próprio infante exponha seus dados, desconhecendo a gravidade desse ato. Os pais ou responsáveis, por sua vez, também divulgam, na rede mundial dos computadores, as mais diversas informações de seus filhos, desde a mais tenra idade. Fotografias que antes eram mostradas apenas a amigos e familiares hoje rodam todo o mundo, vídeos que eram restritos à família podem se tornar motivos de risos em outro continente, podendo, além de gerar um constrangimento ao indivíduo, criar um rastro digital que permitirá formar um perfil daquela criança.[35]

> O problema em relação aos infantes torna-se maior à medida que sua intimidade é publicada no chamado ciberespaço. Isso pode ocorrer por iniciativa das próprias crianças, que já têm acesso a smartphones desde muito novas, mas normalmente os posts são feitos pelos seus pais ou responsáveis, que muitas vezes compartilham fotografias ou vídeos que consideram engraçados, adoráveis, etc., mas que podem ser, por pouco ou muito tempo depois, tidos como embaraçosos pelos pequenos.[36]

Filipe Medon usa a analogia do Big Brother Brasil para explicar a exposição excessiva dos dados das crianças pelos seus responsáveis legais, afinal, muitas vezes, desde o nascimento o infante tem seus momentos divulgados em plataformas digitais, com milhares ou milhões de visualizações, muitos *likes* e comentários positivos e negativos.[37]

Ainda, segundo Medon, o uso dos dados das crianças para a promoção de produtos e serviços – seja para a realização financeira ou pessoal dos pais, algo contrário ao ensinamento das doutrinas que pregam o melhor interesse e a parentalidade responsável – pode gerar riscos que justificam um acompanhamento mais atento pelos atores do direito, ponderando e sopesando a liberdade de expressão dos pais para que não se coloque em risco a integridade física e psíquica do infante.[38]

---

34. ALMEIDA, Susana. A Publicidade Infanto-Juvenil e o Assédio pela Internet. In: FROTA, M. (Org.). *Revista Luso Brasileira de Direito do Consumo*, n. 14 2014, vol. IV I Trimestral, p. 154. Disponível em: http://www.revistajudiciaria.com.br/wp-content/uploads/2018/02/revista-luso-brasileira-de-direito-do-consumon-14.pdf#page=150. Acesso em: 29 jun. 2021.
35. SAMPAIO, Vinícius Garcia Ribeiro; FUJITA, Jorge Shiguemitsu. *A privacidade da criança na internet*: Sharenting, responsabilidade parental e tratamento de dados pessoais. 2º Congresso Intern. Information Society and Law. FMU – SP. 06 a 08.11.2019. p. 481-500.
36. SAMPAIO, Vinícius Garcia Ribeiro; FUJITA, Jorge Shiguemitsu. *A privacidade da criança na internet*: Sharenting, responsabilidade parental e tratamento de dados pessoais. 2º Congresso Intern. Information Society and Law. FMU – SP. 06 a 08.11.22019. p. 482.
37. MEDON, Filipe. (Over)Sharenting: A superexposição da imagem e dos dados da criança na internet e o papel da autoridade parental. In: BROCHADO TEIXEIRA, Ana Carolina; DADALTO, Luciana (Coord.). *Autoridade Parental*: dilemas e desafios contemporâneos. 2. ed. Indaiatuba. Foco, 2021, p. 353.
38. MEDON, Filipe. (Over)Sharenting: A superexposição da imagem e dos dados da criança na internet e o papel da autoridade parental. In: BROCHADO TEIXEIRA, Ana Carolina; DADALTO, Luciana (Coord.). *Autoridade Parental*: dilemas e desafios contemporâneos. 2. ed. Indaiatuba. Foco, 2021. p. 355.

Muitas vezes, a naturalização dessa divulgação faz com que os responsáveis se esqueçam que cabe a eles o dever de zelar pela proteção integral da criança, preservando a sua intimidade e privacidade, seriamente afetadas pela divulgação por meio da rede mundial dos computadores.[39] Assim, os adultos, que deveriam proteger os infantes, acabam por gerar "uma exposição incontrolada e irrefletida da imagem, dos dados e informações faz exatamente o oposto: vulnera em vez de proteger".[40]

A virtualização da educação, também merece destaque. É certo que o ensino virtual foi impulsionado pela pandemia da Covid-19, com a edição e publicação de muitas normativas que regulamentaram as aulas à distância por todo o Brasil. Contudo, essas normas não se preocuparam em proteger os dados pessoais dos alunos menores – voz, imagem e até as opiniões.[41]

Não bastasse a importância da proteção desses dados, a urgência e a falta de preparo das instituições de ensino brasileiras levaram à contratação de plataformas proprietárias[42], como *Zoom, YouTube* e *Google Meeting,* possibilitando a empresas privadas a obtenção massiva e controle dessas informações e, por conseguinte, a formação de perfis que poderão ser usados para manipular essas crianças e adolescentes.[43] Isso ocorre pela relevância e valor dos dados coletados por estas plataformas, com destaque às "imagens, falas e manifestações de preferências e opiniões dos estudantes",[44] e à forma como o tratamento dessas informações pode influenciar na vida adulta desses indivíduos.

O mercado infantil é tão rentável que as grandes empresas de tecnologia criam estratégias voltadas diretamente para as crianças e adolescentes, o que pode ser exemplificado com a plataforma *YouTube Kids.* Segundo a empresa *Google* a intenção era criar uma plataforma de vídeos que visasse dar maior segurança às crianças e adolescentes, contudo, foi mantida a coleta de dados dos usuários e realizado o

---

39. SAMPAIO, Vinícius Garcia Ribeiro; FUJITA, Jorge Shiguemitsu. *A privacidade da criança na internet*: Sharenting, responsabilidade parental e tratamento de dados pessoais. 2º Congresso Intern. Information Society and Law. FMU – SP. 06 a 08.11.2019. p. 481-500.

40. MEDON, Filipe. (Over)Sharenting: A superexposição da imagem e dos dados da criança na internet e o papel da autoridade parental. In: BROCHADO TEIXEIRA, Ana Carolina; DADALTO, Luciana (Coord.). *Autoridade Parental*: dilemas e desafios contemporâneos. 2. ed. Indaiatuba. Foco, 2021. p. 366.

41. MARRAFON, Marco Aurélio; FERNANDES, Elora Raad. *A necessária proteção de dados das crianças e adolescentes na educação online*. Disponível em: https://www.conjur.com.br/2020-jul-06/constituicao-poder-necessaria-protecao-dados-criancas-adolescentes-educacao-online. Acesso em: 14 jun. 2021.

42. As plataformas proprietárias são aquelas baseadas em softwares pertencentes a uma empresa controladora, geralmente privada, que determinam as condições para o uso, permitindo ou não que desenvolvedores realizem modificações em seus sistemas. DO CARMO, Fábio Martins. *Mundo virtual 3D em plataforma aberta como interface para ambientes de aprendizagem.* Tese. São Paulo. 2013. Departamento de Engenharia da Computação e Sistemas Digitais.

43. MARRAFON, Marco Aurélio; FERNANDES, Elora Raad. *A necessária proteção de dados das crianças e adolescentes na educação online*. Disponível em: https://www.conjur.com.br/2020-jul-06/constituicao-poder-necessaria-protecao-dados-criancas-adolescentes-educacao-online. Acesso em: 14 jun. 2021.

44. MARRAFON, Marco Aurélio; FERNANDES, Elora Raad. *A necessária proteção de dados das crianças e adolescentes na educação online*. Disponível em: https://www.conjur.com.br/2020-jul-06/constituicao-poder-necessaria-protecao-dados-criancas-adolescentes-educacao-online. Acesso em: 14 jun. 2021.

direcionamento de propagandas. A relevância desse público pode ser exemplificada com o caso do menino Ryan Kaji, o *youtuber* mais bem pago do mundo nos anos de 2018, 2019 e 2020.[45]

Não se pode negar que desde o advento da televisão, as artes visuais atraem também o público infanto-juvenil, todavia, também é inegável que há riscos para esse público. À medida que a tecnologia foi avançando, as plataformas de vídeos passaram a oferecer uma ferramenta de controle parental, dando aos adultos – e às crianças – uma falsa sensação de proteção. Na realidade, porém, continua havendo a disponibilização e coleta de dados importantes das crianças e adolescentes, que propiciam às empresas a criação do perfil do consumidor e o oferecimento de uma gama de informações publicitárias a fim de influenciar o desejo e restringir possíveis experiências, com a oferta apenas de conteúdos filtrados por algoritmos pouco transparentes.[46]

A violação da privacidade, da segurança (sexual, moral psíquica, física) e, da liberdade e discriminação (tratamento e proteção desiguais) pode se tornar cada vez mais frequentes se não for dada a real importância para a forma com que as plataformas digitais tratam os dados daqueles que merecem a proteção integral, já determinada nas normas jurídicas nacionais e internacionais.

Deve-se, assim, compreender a necessidade de proteger as crianças *na* internet e não *da* internet, já que não é mais possível – e, sequer, desejável – que esses sujeitos sejam desconectados.

Isso posto, cabe aos pais e responsáveis fazer com que os infantes possam usar a tecnologia na sua melhor potencialidade, dando acesso a conteúdo que possibilite a educação, por exemplo. Ao Estado, cabe zelar pela aplicação das normas já existentes, com a implementação de políticas públicas de educação e segurança, além de punir os abusos.

3. ANÁLISE BIOÉTICA DO TRATAMENTO DE DADOS DA CRIANÇA E DO ADOLESCENTE NA LGPD

O microssistema de proteção de dados, no Brasil, é formado pela Constituição Federal de 1988, com o remédio constitucional *Habeas Data*[47] pelo Código de

---

45. FORBES. *10 YouTubers mais bem pagos do mundo.* Disponível em: https://forbes.com.br/listas/2020/12/10-youtubers-mais-bem-pagos-de-2020/. Acesso em: 29 jun 2021.

46. FERNANDES, Elora Raad. *A proteção de dados de crianças e adolescentes no Brasil: um estudo de caso do YouTube.* 2018. Tese de Doutorado. Dissertação (Mestrado em Direito). Faculdade de Direito, Universidade Federal de Juiz de Fora. Juiz de Fora. Disponível em: http://www.repositorio.ufjf.br:8080/jspui/bitstream/ufjf/10246/6/eloraraadfernandes.pdf. Acesso em: 29 jun. 2021.

47. Notadamente no Art. 5º, LXXII da CRFB/88. BRASIL. *Constituição da República Federativa do Brasil de 1988.* Disponível em: http://www.planalto.gov.br/ccivil_03/constituicao/constituicao.htm. Acesso em: 05 jun. 2021.

Defesa do Consumidor[48], pela Lei de Acesso à Informação[49] e pelo Marco Civil da Internet[50].

Contudo, recentemente, verificou-se a necessidade de uma legislação específica para regulamentação do tratamento de dados, visando acompanhar a tendência mundial de preocupação com esse bem, tão valioso para a sociedade da informação.[51]

> A partir do desenvolvimento de tecnologias cada vez mais sofisticadas para o tratamento de dados, de uma maior aplicação da inteligência artificial em sistemas e processos e da ampliação da capacidade de armazenamento de informações, mostrou-se urgente a atualização, ou mesmo a edição, de legislações e documentos nos planos nacional, regional e internacional, para tratar de maneira mais específica e atualizada as demandas e questões enfrentadas no que concerne à proteção da privacidade e dos dados pessoais.[52]

Lei Geral de Proteção de Dados (LGPD),[53] inspirada na lei europeia GDPR,[54] visa tratar diretamente dos dados gerados pelas pessoas naturais, sejam eles armazenados em meios físicos ou virtuais. Aprovada em 2018, passou por uma longa *vacatio legis* e tem previsão de que suas sanções administrativas sejam aplicáveis no mês de agosto de 2021.[55]

Nesse contexto é primordial entender que "os dados pessoais dos cidadãos converteram-se em um fator vital para a engrenagem da economia da informação"[56], verificando e aplicando a lei no contexto constitucional e bioético, principalmente quando o foco do tratamento são as crianças. Afinal, "as questões bioéticas relacionadas à infância são apresentadas como uma questão de máxima complexidade, uma

---

48. BRASIL. *Lei Federal 8.078/1990*. Disponível em: http://www.planalto.gov.br/ccivil_03/leis/l8078compilado. htm. Acesso em: 05 jun. 2021.
49. BRASIL. *Lei Federal 12.527/2011*. Disponível em: http://www.planalto.gov.br/ccivil_03/_ato2011-2014/2011/ lei/l12527.htm. Acesso em: 05 jun. 2021.
50. BRASIL. *Lei Federal 12.965/2014*. Disponível em: http://www.planalto.gov.br/ccivil_03/_ato2011-2014/2014/ lei/l12965.htm. Acesso em: 05 jun. 2021.
51. Danilo Doneda defende, dentro de um microssistema de proteção de dados anterior a LGPD, o Código Civil, o Código de Processo Civil, o Código Penal e os Códigos Comercial e Tributário, além dos incisos IX, X, XI, XII, XIV do art. 5º e art. 220 da CRFB. DONEDA, Danilo. *Da privacidade a proteção de dados pessoais*. 2. ed. São Paulo: Thomson Reuters Brasil, 2019.
52. TEFFÉ, Chiara Spadaccini de. *Tratamento de Dados Pessoais de Crianças e Adolescentes*: Proteção e Consentimento. Comitê Gestor da Internet no Brasil. Pesquisa TIC KIDS ONLINE Brasil. Artigos. p. 47. Disponível em: https://cetic.br/media/docs/publicacoes/216370220191105/tic_kids_online_2018_livro_ eletronico.pdf. Acesso em: 04 jun. 2021.
53. BRASIL. *Lei Federal 13.709/2018*. Disponível em: http://www.planalto.gov.br/ccivil_03/_ato2015-2018/2018/ lei/l13709.htm. Acesso em: 05 jun. 2021.
54. Regulamento Europeu de Proteção de Dados. *Regulamento 2016/679*. Disponível em: https://gdpr-info.eu/. Acesso em: 05 jun. 2021.
55. De acordo com a Lei 14.010/2020. BRASIL. *Lei Federal 14.010/2020*. Disponível em: http://www.planalto. gov.br/ccivil_03/_ato2019-2022/2020/lei/L14010.htm. Acesso em: 05 jun. 2021.
56. BIONI, Bruno Ricardo. *Proteção de Dados Pessoais*: a função e os limites do consentimento. 2. ed. Rio de Janeiro. Florense. 2020. p. 12.

vez que refletem, em primeira instância, a necessidade de um trabalho interdisciplinar que combine experiências científicas, de saúde, culturais, sociais e éticas".[57]

Em seu artigo 5º, inciso II, a LGPD define os dados sensíveis, denotando uma preocupação especial com as informações que versam sobre "dado pessoal sobre origem racial ou étnica, convicção religiosa, opinião política, filiação a sindicato ou a organização de caráter religioso, filosófico ou político, dado referente à saúde ou à vida sexual, dado genético ou biométrico, quando vinculado a uma pessoa natural".

Igual ou especial preocupação observa-se com a inclusão de uma seção específica para o tratamento de dados das crianças e adolescentes (Seção III do Capítulo I), que embora contenha apenas um artigo e seis parágrafos (art. 14), deve ser lida e interpretada em conjunto com os demais artigos da LGPD. Pensar em uma interpretação mais benéfica, levando em consideração o estado maturacional da criança e do adolescente, pode garantir o almejado melhor interesse destes seres em desenvolvimento.

A garantia do amplo desenvolvimento dos infantes perpassa, necessariamente, pelo entendimento de que o meio virtual está em constante evolução[58] e pela aceitação de que o contato desse público com esse meio é cada vez mais frequente e, muitas vezes inevitável. É preciso compreender, também, que "[o] acesso efetivo às tecnologias digitais pode ajudar as crianças a exercer toda a gama de seus direitos civis, políticos, culturais, econômicos e sociais. Entretanto, se a inclusão digital não for alcançada, é provável que as desigualdades existentes aumentem e que novas desigualdades possam surgir".[59]

Nesse sentido, a lei deve ser aplicada e interpretada, como o próprio artigo 14 determina, em total consonância com a Constituição vigente, no melhor interesse da criança, cabendo aos pais e responsáveis o auxílio para que isso ocorra, por imposição do parágrafo primeiro do mesmo artigo, dando seu consentimento específico para o tratamento dos dados dessa criança.

> Com relação às crianças (pessoas até doze anos de idade incompletos), afirma-se que o tratamento dos dados pessoais deverá ser realizado com o consentimento específico e em destaque dado por, pelo menos, um dos pais ou pelo responsável legal (§1º). Tal consentimento, deve ser também livre, informado, inequívoco e direcionado a tratamento de dados pessoais para uma

---

57. VICENTE, Agustin Lozano. Panorama da Bioética infantil na América Latina. *Revista Bioética* (Impr.). 2019; 27 (1). p. 77.

58. O ambiente digital está em constante evolução e expansão, englobando tecnologias de informação e comunicação, incluindo redes, conteúdos, serviços e aplicativos digitais; dispositivos e ambientes conectados; realidade virtual e aumentada; inteligência artificial; robótica; sistemas automatizados, algoritmos e análise de dados; biometria e tecnologia de implantes. ONU. Comitê dos Direitos da Criança. Comentário geral nº 25 (2021) sobre os Direitos das Crianças em relação ao ambiente digital. Tradução não oficial do Instituto Alana do inglês para o português (abril/2021). Disponível em: https://criancaeconsumo.org.br/wp-content/uploads/2021/04/comentario-geral-n-25-2021.pdf. Acesso em: 30 jun. 2021.

59. ONU. *Comitê dos Direitos da Criança. Comentário geral nº 25 (2021) sobre os Direitos das Crianças em relação ao ambiente digital.* Tradução não oficial do Instituto Alana do inglês para o português (abril/2021). Disponível em: https://criancaeconsumo.org.br/wp-content/uploads/2021/04/comentario-geral-n-25-2021.pdf. Acesso em: 30 jun. 2021. p. 1.

finalidade determinada. Sobre a mencionada disposição, não restam dúvidas, visto que se trata de criança, sujeito hipervulnerável e absolutamente incapaz, o qual deve ser representado, sob pena de nulidade absoluta do ato praticado.[60]

É importante ressaltar que, ao contrário da divisão colocada pelo Estatuto da Criança e do Adolescente (ECA)[61], a LGPD não informa sobre uma eventual relativização dessa norma quando os dados são pertencentes ao adolescente, levando em consideração, inclusive, o seu estado maturacional de desenvolvimento, na busca de paulatinamente despertar a noção para a autonomia de suas decisões.

> Vale lembrar que, como regra, as principais redes sociais determinam a idade mínima de 13 anos para a criação de perfis e utilização dos canais. Como exemplos, recordamos os termos de uso do Instagram, Facebook, WhatsApp, YouTube, Twitter e Snapchat para o Brasil. Essa determinação tem como fundo a norma norte-americana, que considera criança o indivíduo com menos de 13 anos de idade. O Children's Online Privacy Protection Act de 1998 (COPPA), dos Estados Unidos, proíbe atos ou práticas injustas ou enganosas relacionadas à coleta, uso e/ ou divulgação de informações pessoais de e sobre crianças na Internet (§312.1).[62]

O tratamento específico para os dados das crianças e adolescentes na LGPD foi condensada pelo legislador, deixando uma lacuna interpretativa que pode ter sido proposital, haja vista a proteção civil e criminal disposta principalmente no ECA. Todavia, o tema merece destaque devido às situações rotineiras da internet, que vão desde a captação de dados para oferta de produtos, até a utilização indevida da imagem ou penalizações futuras pelo rastro digital deixado ao longo da sua vida digital.

Um aspecto importante da lei, que vai ao encontro de questões bioéticas sensíveis, é a necessidade da informação concreta dos motivos do tratamento dos dados, haja vista que o controlador dos dados pode utilizá-los com o objetivo de restringir o acesso a aplicativos ou para limitar os seus recursos.

A coleta de dados sem respeitar os princípios da finalidade ou da necessidade[63] pode ser prejudicial ao proporcionar um número excessivo de propagandas ou deixar de apresentar informações relevantes às crianças e adolescentes pela escolha feita através do perfil gerado pela análise dos seus dados de navegação/utilização. Um exemplo seria a utilização da geolocalização como determinante de preços ou

---

60. TEFFÉ, Chiara Spadaccini de. *Tratamento de Dados Pessoais de Crianças e Adolescentes:* Proteção e Consentimento. Comitê Gestor da Internet no Brasil. Pesquisa TIC KIDS ONLINE Brasil. Artigos. p. 49. Disponível em: https://cetic.br/media/docs/publicacoes/216370220191105/tic_kids_online_2018_livro_eletronico.pdf. Acesso em: 04 jun. 2021.

61. BRASIL. *Lei Federal 8.069/90.* Disponível em: http://www.planalto.gov.br/ccivil_03/leis/l8069.htm. Acesso em: 05 jun. 2021.

62. TEFFÉ, Chiara Spadaccini de. *Tratamento de Dados Pessoais de Crianças e Adolescentes:* Proteção e Consentimento. Comitê Gestor da Internet no Brasil. Pesquisa TIC KIDS ONLINE Brasil. Artigos. p. 50. Disponível em: https://cetic.br/media/docs/publicacoes/216370220191105/tic_kids_online_2018_livro_eletronico.pdf. Acesso em: 04 jun. 2021.

63. Os princípios da proteção de dados pessoais estão elencados no art. 6º da LGPD. BRASIL. Lei 13.709/2018. Disponível em: http://www.planalto.gov.br/ccivil_03/_ato2015-2018/2018/lei/L13709compilado.htm. Acesso em: 27 jun. 2021.

para não informar a respeito de um serviço, isto é, para impor preços diferenciados à produtos infanto-juvenis ou esconder determinada prestação de serviço, a depender de que lugar a criança ou adolescente residem.[64]

A febre do *Pokemon Go* – um jogo virtual baseado em um desenho infantil –, que gerou um aumento de circulação de pessoas nas áreas comerciais devido ao objetivo de capturar personagens virtuais em qualquer local do bairro ou da cidade, usando sistemas de geolocalização (que fazem os cálculos de onde o aparelho celular está e o localiza no mapa)[65] mostra como é possível a transformação de um desenho animado infantil em um jogo que coleta dados em tempo real de todos os usuários indistintamente, vendendo essas informações para diversos seguimentos empresariais que podem direcionar a aparição de personagens importantes do jogo em uma loja de brinquedos ou de venda de doces, por exemplo.

A possibilidade da utilização dos rastros gerados pelas crianças e adolescentes para a formação dos chamados filtros bolhas, definidos "como um conjunto de dados gerados por todos os mecanismos algorítmicos utilizados para se fazer uma edição invisível voltada à customização da navegação on-line"[66], precisa analisada e discutida. Essa técnica passa a direcionar conteúdos que o usuário normalmente acessa, gerando um ciclo de informações que reforçam o gosto da pessoa e que pode trazer prejuízos irreparáveis ao desenvolvimento do infante, por limitar a amplitude de vivências que a rede mundial de computadores poderia possibilitar, repetindo informações de acordo com o perfil gerado pela sua navegação.

Nesse sentido, interessante saber que pesquisadores foram capazes de inferir – através de algoritmos e *cookies*[67] – as preferências de uma pessoa melhor do que seus colegas de trabalho, analisando apenas 10 curtidas. Ao chegar ao quantitativo de 300 curtidas, esses mesmos algoritmos de inteligência artificial, cruzaram os dados sendo capazes de entender melhor a personalidade da pessoa do que seu próprio cônjuge.[68]

Esse método utilizado para determinar o perfil de acesso a rede é chamado de perfilamento, sendo "uma técnica de tratamento (parcialmente) automatizado de dados pessoais e/ou não pessoais, que visa a produção de conhecimento por meio da inferência de correlações de dados na forma de perfis que podem ser posteriormente

---

64. CARVALHO MACHADO, Diego; SCHERTEL MENDES, Laura. Tecnologias de perfilamento e dados agregados de geolocalização no combate à COVID-19 do Brasil. *Revista Brasileira de Direitos Fundamentais & Justiça*, v. 14, n. 1, p. 105-148, 22 dez. 2020.

65. NYBØ, Erik Fontenele. *O poder dos algoritmos*. São Paulo: Enlaw, 2019, p 13-18.

66. MAGRANI, Eduardo. *Democracia conectada*: a internet como ferramenta de engajamento político-democrático. Curitiba, Juruá, 2014. p. 118.

67. São pequenas fichas eletrônicas que ficam no disco rígido do computador e armazenam dados pessoais como o nome, endereço eletrônico, buscas realizadas, sites visualizados (dentre outros) sempre que se acessa determinados sites, permitindo que estes direcionem ações publicitárias a este usuário. COUTO, Margarida. *Privacidade e tecnologias digitais*: visão europeia. Disponível em: https://egov.ufsc.br/portal/sites/default/files/anexos/5299-5291-1-PB.htm. Acesso em: 30 jun. 2021.

68. NYBØ, Erik Fontenele. *O poder dos algoritmos*. São Paulo: Enlaw. 2019. p 13-18.

aplicados como base para a tomada de decisão".[69] Dito de outra forma, essa é a técnica que permite analisar as preferências do usuário na internet e, com isso, proporcionar uma experiência personalizada de conteúdo, que vai desde a visualização de postagem de "amigos" que publicam algo similar até o direcionamento de propagandas com produtos pesquisados anteriormente; isso com grande assertividade.

Pelo cálculo dos algoritmos é possível verificar a relevância dos conteúdos curtidos pela pessoa e gerar um padrão de consumo de informações, limitando o acesso e reforçando o padrão de comportamento. "Tal processo pode resultar em pessoas vivendo em uma bolha. Esse efeito bolha ocorre pois, dentro das mídias sociais, o usuário corre o risco de ter acesso sempre às mesmas informações dentro de determinado padrão, sem a consciência de que isso ocorra".[70]

Ocorre que esse efeito reduz a diversidade de informações, produtos, serviços ou mesmo de pessoas. A bolha gerada é capaz de restringir a chegada de pensamentos contrários, o que pode influenciar no crescimento intelectual do infante com tendências a extremismo e polarização, pois o sistema tende a reforçar o retorno de pensamentos e comportamentos iguais ao do indivíduo.[71]

Embora seja necessária atenção especial dos pais e responsáveis para que a navegação na internet seja uma experiência positiva e edificante, conforme impõe o ordenamento pátrio e também o art. 3º da Convenção dos direitos da crianças, é sempre importante lembrar que "todas as ações relativas à criança, sejam elas levadas a efeito por instituições públicas ou privadas de assistência social, tribunais, autoridades administrativas ou órgãos legislativos, devem considerar primordialmente o melhor interesse da criança".[72]

Sabe-se que ao regulamentar a proteção de dados, diante do choque de direitos individuais e interesses mercadológicos, o legislador fez uma escolha acerca dos interesses a serem defendidos e, a princípio, optou pela proteção dos primeiros.

Contudo, não se é possível olvidar que "na dimensão das macrorrelações políticas, o poder que determina essa desigualdade relaciona-se diretamente à possibilidade de produzir tecnologia, condição que permite ditar as regras de mercado e se apropriar de grande parte da riqueza"[73]. Isso posto, reduzir a proteção dos dados das crianças e adolescentes ao controle parental parece ser uma medida ineficaz e contrária à BI, pois transfere a responsabilidade estatal de proteção do menor para os responsáveis legais – pais e tutores.

---

69. BOSCO, Francesca et al. Profiling technologies and fundamental rights: an introduction. In: CREEMERS, Niklas et al. *Profiling Technologies in Practice*: Applications and Impact on Fundamental Rights and Values. Oisterwijk: Wolf Legal Publishers, 2017. p. 9.
70. NYBØ, Erik Fontenele. *O poder dos algoritmos*. São Paulo: Enlaw. 2019.
71. NYBØ, Erik Fontenele. *O poder dos algoritmos*. São Paulo: Enlaw. 2019.
72. UNICEF. *Convenção sobre o direito das crianças*. Disponível em: https://www.unicef.org/brazil/convencao-sobre-os-direitos-da-crianca. Acesso em: 13 jun. 2021.
73. PORTO, Dora; GARRAFA Volnei. *Bioética de Intervenção*: considerações sobre a economia de mercado. Bioética, Brasília, v. 13, n. 1, 2005, p. 111.

Verifica-se, portanto, que a LGPD e os mecanismos já existentes no mercado tecnológico são insuficientes para concretizar a proteção integral da criança e do adolescente, de modo que se torna imperioso o desenvolvimento de mecanismos mais eficazes para o tratamento dos dados das crianças e dos adolescentes, inclusive com punições diferenciadas entre as violações de tratamento de dados de menores e de adultos.

4. CONSIDERAÇÕES FINAIS

Enquanto a proteção dos direitos das crianças e dos adolescentes remonta à década de 1980, o entendimento de que dentre esses direitos estão os dados pessoais é produto do século XXI e a interseção entre esses direitos e a Bioética ainda é incipiente na literatura mundial. Fala-se muito em proteção dos dados de adultos consumidores. Fala-se pouco em proteção dos dados dos infantes consumidores.

Todavia, resta claro que a falta de importância conferida pela legislação e pelos doutrinadores não significa que a questão é irrelevante, ao contrário, significa que, apesar de sua relevância, os legisladores, os pesquisadores e os operadores do Direito reproduzem a cultura na qual estão inseridos: uma cultura que pouco se preocupa com a infância e a adolescência, entendendo que esses serem em desenvolvimento já estão devidamente tutelados pelas normas internacionais e nacionais específicas.

Diante desse contexto, conclui-se que a Bioética da Intervenção precisa orientar políticas públicas voltadas aos direitos das crianças e adolescentes frente às novas tecnologias, de modo que o Estado assuma seu papel protetivo e desenvolva mecanismos legais e administrativos para proteger os sujeitos vulneráveis, reconhecendo que a criança e o adolescente são consumidores atraentes para as novas tecnologias e, ao mesmo tempo, são serem em desenvolvimento que precisam de um tratamento diferenciado.

Delegar essa função aos pais por meio do controle parental é por demais simplista diante dos inumeráveis impactos que a tecnologia trouxe para as relações existenciais e comerciais das quais os infantes fazem parte.

5. REFERÊNCIAS

AGUIAR, Mônica; BARBOZA, Amanda Souza. Autonomia bioética de crianças e adolescentes e o processo de assentimento livre e esclarecido. *Revista Brasileira de Direito Animal*, v. 12, n. 02, 2017.

ALMEIDA, Susana. A Publicidade Infanto-Juvenil e o Assédio pela Internet. In Frota, M. (Org.). *Revista Luso Brasileira de Direito do Consumo*, n. 14 2014, v. IV I Trimestral. Disponível em: http://www.revistajudiciaria.com.br/wp-content/uploads/2018/02/revista-luso-brasileira-de-direito-do-consumon-14.pdf#page=150. Acesso em: 29 jun. 2021.

BARBOSA, Heloisa Helena. O princípio do melhor interesse da criança e do adolescente. In: PEREIRA, Rodrigo da Cunha (Coord.). *A família na travessia no milênio*: anais do II Congresso Brasileiro de Direito de Família. Belo Horizonte: IBDFAM, OAB_MG, 2000. Disponível em: https://ibdfam.org.br/_img/congressos/anais/69.pdf#page=215. Acesso em: 05 jun. 2021.

BIONI, Bruno Ricardo. *Proteção de Dados Pessoais*: a função e os limites do consentimento. 2. ed. Rio de Janeiro. Forense, 2020.

BORGES, Gustavo Silveira; GRAMINHO, Vivian Maria Caxambu. Inteligência Artificial e Direitos Humanos: interface regulatória e os desafios. In: BARBOSA, Mafalda Miranda, et. al. (Coord.). *Direito digital e Inteligência Artificial*: diálogos entre Brasil e Europa. Indaiatuba: Foco, 2021.

BOSCO, Francesca et al. Profiling technologies and fundamental rights: an introduction. In: CREEMERS, Niklas et al. (Coord.). *Profiling Technologies in Practice*: Applications and Impact on Fundamental Rights and Values. Oisterwijk: Wolf Legal Publishers, 2017.

BRASIL. *Constituição da República Federativa do Brasil de 1988*. Disponível em: http://www.planalto.gov.br/ccivil_03/constituicao/constituicao.htm. Acesso em: 05 jun. 2021.

BRASIL. *Lei Federal 8.069/90*. Disponível em: http://www.planalto.gov.br/ccivil_03/leis/l8069.htm. Acesso em: 05 jun. 2021.

BRASIL. *Lei Federal 12.527/2011*. Disponível em: http://www.planalto.gov.br/ccivil_03/_ato2011-2014/2011/lei/l12527.htm. Acesso em: 05 jun. 2021.

BRASIL. *Lei Federal 12.965/2014*. Disponível em: http://www.planalto.gov.br/ccivil_03/_ato2011-2014/2014/lei/l12965.htm. Acesso em: 05 jun. 2021.

BRASIL. *Lei Federal 13.709/2018*. Disponível em: http://www.planalto.gov.br/ccivil_03/_ato2015-2018/2018/lei/l13709.htm. Acesso em: 05 jun. 2021.

BRASIL. *Lei Federal 14.010/2020*. Disponível em: http://www.planalto.gov.br/ccivil_03/_ato2019-2022/2020/lei/L14010.htm. Acesso em: 05 jun. 2021.

BRASIL. *Lei Federal 8.078/1990*. Disponível em: http://www.planalto.gov.br/ccivil_03/leis/l8078compilado.htm. Acesso em: 05 jun. 2021.

CARMO, Fábio Martins do. *Mundo virtual 3D em plataforma aberta como interface para ambientes de aprendizagem*. Dissertação (Mestrado) – Escola Politécnica da Universidade de São Paulo, São Paulo, 2013. Disponível em: https://www.teses.usp.br/teses/disponiveis/3/3141/tde-04042013-171436/publico/CARMO_2013_MV_interface_ambiente_aprendizagem_v019_jan_edRev.pdf. Acesso em: 29 jun. 2021.

COMITÊ GESTOR DA INTERNET NO BRASIL; NÚCLEO DE INFORMAÇÃO E COORDENAÇÃO DO PONTO BR. *Pesquisa Tic Kids Online Brasil*, 2018. Disponível em: https://cetic.br/media/docs/publicacoes/216370220191105/tic_kids_online_2018_livro_eletronico.pdf Acesso em: 06 jul. 2021.

COMITÊ GESTOR DA INTERNET NO BRASIL; NÚCLEO DE INFORMAÇÃO E COORDENAÇÃO DO PONTO BR. *Pesquisa Tic Kids Online Brasil*, 2019. Disponível em: https://www.cgi.br/media/docs/publicacoes/2/20201123093344/tic_kids_online_2019_livro_eletronico.pdf. Acesso em: 06 jul. 2021

CORDEIRO, A. Barreto Menezes. *Direito da proteção de dados*: à luz do RGPD e da Lei 58/2019. Almedina, 2020.

COUTO, Margarida. *Privacidade e tecnologias digitais*: visão europeia. Disponível em: https://egov.ufsc.br/portal/sites/default/files/anexos/5299-5291-1-PB.htm. Acesso em: 30 jun. 2021.

DADALTO, Luciana; SARSUR, Marcelo. Problemas jurídicos e dilemas bioéticos. In: DADALTO, Luciana (Coord.). *Bioética & Covid-19*. 2. ed. Indaiatuba: Foco, 2021, p. 1-12.

DONEDA, Danilo. *Da privacidade a proteção de dados pessoais*. 2. ed. São Paulo: Thomson Reuters Brasil, 2019.

ESTADOS UNIDOS DA AMÉRICA. Children's Online Privacy Protection Rule. Disponível em: https://www.ftc.gov/enforcement/rules/rulemaking-regulatory-reform-proceedings/childrens-online-privacy-protection-rule. Acesso em 14 jun. 2021.

FALEIROS JÚNIOR, José Luiz Moura; DENSA, Roberta. *O 'caso TikTok' e a necessidade de efetivação da proteção de dados de crianças em plataformas digitais*. Disponível em: https://www.migalhas.com.br/coluna/migalhas-de-protecao-de-dados/339938/tiktok-e-a-protecao-de-dados-de-criancas-em-plataformas-digitais. Acesso em: 26 jun. 2021

FERNANDES, Elora Raad. *A proteção de dados de crianças e adolescentes no Brasil:* um estudo de caso do YouTube. 2018. Tese de Doutorado. Dissertação (Mestrado em Direito). Faculdade de Direito, Universidade Federal de Juiz de Fora. Juiz de Fora. Disponível em: http://www.repositorio.ufjf.br:8080/jspui/bitstream/ufjf/10246/6/eloraraadfernandes.pdf. Acesso em: 29 jun. 2021.

FOLHA DE SÃO PAULO. *Criança pega celular da mãe e gasta R$ 400 no McDonald's.* Disponível em: https://f5.folha.uol.com.br/voceviu/2020/11/crianca-de-tres-anos-pega-celular-da-mae-e-gasta-r-400-no--mcdonalds.shtml. Acesso em: 22 jun. 2021.

FONSECA, Ingrid Dias da; REGO, Maria Beatriz Torquato. A proteção de dados pessoais das crianças e adolescentes no âmbito da educação online. *FIDES*, Natal, v. 11, n. 2, ago.-dez. 2020. Disponível em: http://revistafides.ufrn.br/index.php/br/article/view/518/526. Acesso em: 14 jun. 2021.

FORBES. *10 YouTubers mais bem pagos do mundo.* Disponível em: https://forbes.com.br/listas/2020/12/10-youtubers-mais-bem-pagos-de-2020/. Acesso em: 29 jun. 2021.

HENRIQUES, Isabella; PITA, Marina; HARTUNG, Pedro. A proteção de dados pessoais de crianças e adolescentes. In: DONEDA, Danilo; et al. (Coord.). *Tratado de proteção de dados pessoais.* Ed. Forense. Rio de Janeiro. 2021.

INDALÉCIO, Anderson Bençal. *Entre imigrantes e nativos digitais*: a percepção docente sobre as novas tecnologias da informação e comunicação (NTIC) e o ensino da educação física. 2015. Dissertação (Mestrado em Educação) – Universidade Federal de São Carlos, São Carlos, 2015. Disponível em: https://repositorio.ufscar.br/handle/ufscar/7634, acesso em: 29 jun. 2021.

MACHADO, Diego Carvalho; MENDES, Laura Schertel. Tecnologias de perfilamento e dados agregados de geolocalização no combate à Covid-19 do Brasil. *Revista Brasileira de Direitos Fundamentais & Justiça*, v. 14, n. 1, 22 dez. 2020.

MAGRANI, Eduardo. *Democracia conectada*: a internet como ferramenta de engajamento político-democrático. Curitiba, Juruá, 2014.

MARRAFON, Marco Aurélio; FERNANDES, Elora Raad. *A necessária proteção de dados das crianças e adolescentes na educação online.* Disponível em: https://www.conjur.com.br/2020-jul-06/constituicao--poder-necessaria-protecao-dados-criancas-adolescentes-educacao-online. Acesso em: 14 jun. 2021.

MEDON, Filipe. (Over)Sharenting: A superexposição da imagem e dos dados da criança na internet e o papel da autoridade parental. In: TEIXEIRA, Ana Carolina Brochado; DADALTO, Luciana (Coord.). *Autoridade Parental*: dilemas e desafios contemporâneos. 2. ed. Indaiatuba: Foco, 2021. p. 351-375.

MENDES, Eva Sofia Tomázio Gomes. *Práticas comerciais desleais sob a ótica da criança e o regime geral da proteção de dados.* Dissertação de Mestrado. Mestrado em Solicitadoria de Empresa. Leiria, 2020. Disponível em: http://hdl.handle.net/10400.8/5508. Acesso em: 29 jun. 2021.

MOZETIC, Vinicius Almada; BABARESCO, Daniele Vedovatto Gomes da Silva. *Lei Geral de Proteção de Dados de Crianças e Adolescentes no Brasil*: Coleta de Dados e o Problema da Obrigatoriedade do Consentimento dos Pais. Disponível em: https://www.academia.edu/42044798/LGPD_E_A_OBRIGA-TORIEDADE_DO_CONSENTIMENTO_NA_COLETA_DE_DADOS_DE_CRIAN%C3%87AS_E_ADOLESCENTES_NO_BRASIL?email_work_card=thumbnail. Acesso em: 22 jun. 2021.

NYBØ, Erik Fontenele. *O poder dos algoritmos.* São Paulo: Enlaw, 2019.

OLIVEIRA, Aline Albuquerque S. de. Interface entre bioética e direitos humanos: o conceito ontológico de dignidade humana e seus desdobramentos. *Revista Bioética*, 2007 15 (2). Disponível em: http://revistabioetica.cfm.org.br/index.php/revista_bioetica/article/view/39. Acesso em: 23 jun. 2021.

ORGANIZAÇÃO DAS NAÇÕES UNIDAS. Comitê dos Direitos da Criança. *Comentário geral 25 (2021) sobre os Direitos das Crianças em relação ao ambiente digital.* Tradução não oficial do Instituto Alana do inglês para o português (abril/2021). Disponível em: https://criancaeconsumo.org.br/wp-content/uploads/2021/04/comentario-geral-n-25-2021.pdf. Acesso em: 30 jun. 2021.

PINHEIRO, Patrícia Peck. Abandono digital. In: PINHEIRO, Patrícia Peck (Coord.). *Direito Digital Aplicado 2.0*. 2. ed. São Paulo: Ed. RT, 2016. p. 98-99.

PORTO, Dora; GARRAFA, Volnei. INTERVENTION BIOETHICS: a proposal for peripheral countries in a context of power and injustice. *Bioethics*, v. 17, n. 5-6, 2003. Disponível em: https://pubmed. ncbi.nlm.nih.gov/14870763/. Acesso em: 05 jun. 2021.

PORTO, Dora; GARRAFA Volnei. *Bioética de Intervenção*: considerações sobre a economia de mercado. Bioética, Brasília, v. 13, n. 1, 2005, p. 111-123. Disponível em https://revistabioetica.cfm.org.br/ index.php/revista_bioetica/article/view/96/91. Acesso em: 05 jun. 2021.

PORTO, Dora. Bioética da Intervenção nos tempos da Covid-19. In: DADALTO, Luciana. (Coord.). *Bioética & Covid-19*. Indaiatuba: Foco, 2021. p. 13-20.

REGULAMENTO EUROPEU DE PROTEÇÃO DE DADOS. *Regulamento 2016/679*. Disponível em: https://gdpr-info.eu/. Acesso em: 05 jun. 2021.

REICH, Walter. T. *Encyclopedia of Bioethics*. New York: Free Press-Macmillan, 1978.

SAMPAIO, Vinícius Garcia Ribeiro; FUJITA, Jorge Shiguemitsu. *A privacidade da criança na internet*: Sharenting, responsabilidade parental e tratamento de dados pessoais. 2º Congresso Intern. Information Society and Law. FMU–SP. 06 a 08.11.2019.

SARMIENTO, Pedro. BIOÉTICA E INFANCIA: compromiso ético con el futuro. *Persona y Bioética*, v. 14, 2010. Disponível em: https://dialnet.unirioja.es/servlet/articulo?codigo=5749748. Acesso em: 05 jun. 2021.

SMITH. Brad; BROWNE, Carol Ann. *Armas e ferramentas*: o futuro e o perigo da era digital. Traduzido por Cibelle Ravaglia. Rio de Janeiro. Alta Books. 2020.

TEFFÉ, Chiara Spadaccini de. Tratamento de Dados Pessoais de Crianças e Adolescentes: Proteção e Consentimento. Comitê Gestor da Internet no Brasil. *Pesquisa TIC KIDS ONLINE Brasil*. Artigos. 2018. Disponível em: https://cetic.br/media/docs/publicacoes/216370220191105/tic_kids_online_2018_livro_eletronico.pdf. Acesso em: 04 jun. 2021.

UNESCO. *Declaração Universal sobre Bioética e Direitos Humanos*. Disponível em: https://unesdoc.unesco. org/ark:/48223/pf0000146180_por. Acesso em: 06 jul. 2021.

UNICEF. *Convenção sobre o direito das crianças*. Disponível em: https://www.unicef.org/brazil/convencao-sobre-os-direitos-da-crianca. Acesso em: 13 jun. 2021.

UNICEF. *Convenção sobre os Direitos da Criança*. Disponível em: https://www.unicef.org/brazil/convencao-sobre-os-direitos-da-crianca. Acesso em: 29 jun. 2021.

UOL. *Crianças compram itens em apps e causam rombo nos pais*. Disponível em: https://www.uol.com.br/ tilt/noticias/redacao/2015/04/16/criancas-compram-itens-em-apps-e-causam-rombo-nos-pais-saiba-como-prevenir.htm. Acesso em: 29 jun. 2021.

VEIGA, Erika Matos da et. al. A legitimidade da intervenção estatal na publicidade de produtos sujeitos à vigilância sanitária. *Revista de Direito Sanitário*, 2021, 12 (2), p. 108. Disponível em: https://www. revistas.usp.br/rdisan/article/view/13251. Acesso em: 05 jun. 2021.

VICENTE, Agustin Lozano. Panorama da Bioética infantil na América Latina. *Revista Bioética* (Impr.). 2019; 27 (1). Disponível em: https://www.scielo.br/j/bioet/a/z7xtdWRX47fbLThJY3pW5QH/?lang=pt. Acesso em: 05 jun. 2021.

PARTE II
EDUCAÇÃO, INCLUSÃO E RESPONSABILIDADE CIVIL

7
TECNOLOGIA ASSISTIVA E DIREITO À EDUCAÇÃO DE CRIANÇAS COM DEFICIÊNCIA: CRÍTICAS E DESAFIOS DA MEDIAÇÃO EDUCACIONAL *ON-LINE*

Joyceane Bezerra de Menezes

Doutora em Direito pela Universidade Federal de Pernambuco. Mestre em Direito pela Universidade Federal do Ceará. Professora titular da Universidade de Fortaleza. Programa de Pós-Graduação *Strictu Senso* em Direito (Mestrado/Doutorado) da Universidade de Fortaleza, na Disciplina de Direitos de Personalidade. Professora associado, da Universidade Federal do Ceará. Editora da Pensar, Revista de Ciência Jurídica da Universidade de Fortaleza. E-mail: <joyceane@unifor.br>

Luana Adriano Araújo

Doutoranda em Direito pela Universidade Federal do Rio de Janeiro. Mestre em Direito pela Universidade Federal do Ceará. Editora Adjunta da Revista Teorias Jurídicas Contemporâneas do PPGD/UFRJ. Bolsista CAPES. E-mail: <luanadriano@ufrj.br>

Sumário: 1. Introdução – 2. Definição de "tecnologia assistiva" a partir da CDPD e da LBI: acessibilidade, desenho universal e ajustes razoáveis; 2.1 Tecnologia assistiva na CDPD: a ausência de assistência como barreira; 2.2 Tecnologia assistiva na LBI: avanços conceituais e desdobramentos regulamentares – 3. Educação inclusiva e participação *on-line*: premissas e desafios; 3.1 Características convencionais do direito à educação inclusiva e as tecnologias assistivas *on-line*; 3.2 Desafios para a mediação na participação *on-line* de crianças com deficiência; 3.2.1 Progressividade e realização imediata: a mediação *on-line* como custo de direito; 3.2.2 Não discriminação: a mediação *on-line* como possível via de segregação; 3.2.3 Falta de consulta às pessoas com deficiência no desenvolvimento e no uso personalizado de produtos e serviços – 4. Conclusão – 5. Referências.

> *Research on assistive technology to facilitate work and education is required from a human rights perspective as well as to reduce poverty.*[1]

Analisando de forma crítica, o uso da Tecnologia Assistiva pode tanto servir para o recrudescimento do poder, das desigualdades e da marginalização social, quanto para o reforço de práticas inclusivas, solidárias, diversificadas e de participação social, considerando a diferença enquanto expressão da vida e singularidade humana.[2]

---

1. BORG, Johan; LINDSTRÖM, Anna; LARSSON, Stig. Assistive technology in developing countries: a review from the perspective of the Convention on the Rights of Persons with Disabilities. *Prosthetics and orthotics international*, v. 35, n. 1, p. 20-29, 2011. p. 26.
2. CONTE, Elaine; OURIQUE, Maiane Liana Hatschbach; BASEGIO, Antonio Carlos. Tecnologia Assistiva, direitos humanos e educação inclusiva: uma nova sensibilidade. *Educação em Revista*, v. 33, 2017. p. 3.

1. INTRODUÇÃO

Embora a dinâmica relação entre humanidade e tecnologia seja pacífica sob a perspectiva da área da Ciência, Tecnologia e Sociedade, tanto a definição do que vem a ser "tecnologia" quanto a qualificação de determinados bens e serviços tecnológicos como direitos, não são triviais. De igual sorte, a despeito da reconhecida importância do direito social à educação de crianças para o exercício de outros direitos fundamentais, a natureza, a delimitação e a individualização do serviço educacional considerado essencial são pontos controversos, sobretudo no âmbito da chamada "educação inclusiva" prevista na Constituição da República e na Convenção sobre os Direitos da Pessoa com Deficiência. Mesmo quando se afirma a educação inclusiva como consenso, os custos para a sua implementação e a resistência da formação pedagógica em aceitar as novas tecnologias tem sido justificativas apontadas para explicar a sua não disponibilização.

Sob esse cenário, o presente texto tem por objetivo geral fixar o conceito e extensão da "tecnologia assistiva" como um instrumental essencial à garantia da acessibilidade à educação. Para tanto, adota-se a noção de acessibilidade adotada pela Convenção sobre os Direitos da Pessoa com Deficiência (CDPD). Como objetivos específicos, o texto visa estabelecer as conexões entre o direito à educação e os recursos da tecnologia assistiva, identificando os desafios para a sua implementação, no âmbito da educação inclusiva voltada para crianças com deficiência.

Destacamos que a investigação sobre tecnologia assistiva demanda uma abordagem metodológica multidisciplinar que permita compreender a tecnologia como um elemento imprescindível ao direito à inclusão, cujo alcance envolve o binômio *desenho universal* e *ajustes razoáveis*. Partimos da análise dos autores que se dedicam ao tema da tecnologia assistiva na chave teórica da CDPD e da Ciência, Tecnologia e Sociedade[3], perpassando a interconexão entre deficiência e tecnologia[4] e a acessibilidade[5] em educação.[6]

---

3. BORG, Johan; LINDSTRÖM, Anna; LARSSON, Stig. Assistive technology in developing countries: national and international responsibilities to implement the Convention on the Rights of Persons with Disabilities. *The Lancet*, v. 374, n. 9704, p. 1863-1865, 2009. BORG, Johan; LINDSTRÖM, Anna; LARSSON, Stig. Assistive technology in developing countries: a review from the perspective of the Convention on the Rights of Persons with Disabilities. *Prosthetics and orthotics international*, v. 35, n. 1, p. 20-29, 2011. BORG, Johan; LARSSON, Stig; ÖSTERGREN, Per-Olof. The right to assistive technology: For whom, for what, and by whom? *Disability & Society*, v. 26, n. 2, p. 151-167, 2011. GOULD, Martin et al. Convention on the rights of persons with disabilities, assistive technology and information and communication technology requirements: where do we stand on implementation? *Disability and Rehabilitation: Assistive Technology*, v. 10, n. 4, p. 295-300, 2015. SHERRY, Mark; RAVNEBERG, Bodil; SÖDERSTRÖM, Sylvia. *Disability, society and assistive technology*. Routledge, 2017.

4. GIANNOUMIS, G. Anthony; STEIN, Michael Ashley. Conceptualizing universal design for the information society through a universal human rights lens. *International Human Rights Law Review*, v. 8, n. 1, p. 38-66, 2019. LADNER, Richard E. Accessible technology and models of disability. In: *Design and Use of Assistive Technology*. Springer, New York, NY, 2011. p. 25-31. LAZAR, Jonathan; STEIN, Michael Ashley (Ed.). *Disability, human rights, and information technology*. University of Pennsylvania Press, 2017.

5. DE ASÍS, Rafael. Lo razonable en el concepto de ajuste razonable. In: SALMON, Elizabeth. BREGAGLIO, Renata. (Coord.). *Nueve conceptos claves para entender la Convención sobre los derechos de las personas con*

O texto, que se subdivide em duas partes, inicia-se com a análise conceitual da locução "tecnologia assistiva", considerando, em primeiro lugar, o arcabouço principiológico da Convenção sobre os Direitos da Pessoa com Deficiência e a Lei Brasileira de Inclusão, em especial, a acessibilidade, o desenho universal e os ajustes razoáveis. O segundo tópico dispõe sobre a caracterização do Direito à Educação no quadrante proposto por Tomasevski, levando em consideração o Comentário Geral 3 do Comitê sobre Direitos Econômicos, Sociais e Culturais e o Comentário Geral 4 do Comitê sobre Direitos das Pessoas com Deficiência da ONU. Por fim, aborda-se, na segunda parte, três desafios para a consideração da tecnologia assistiva ciberné-tica como prestação de direito pertinente ao direito à educação inclusiva de pessoas com deficiência.

2. DEFINIÇÃO DE "TECNOLOGIA ASSISTIVA" A PARTIR DA CDPD E DA LBI: ACESSIBILIDADE, DESENHO UNIVERSAL E AJUSTES RAZOÁVEIS

A CDPD não chega a conceituar a locução "tecnologia assistiva", embora a mencione, usando o plural, como um artefato a serviço da acessibilidade.[7] Para a Lei Brasileira de Inclusão da Pessoa com Deficiência, a "tecnologia assistiva" está capitulada no âmbito do desenho universal e é conceituada como uma ajuda técnica que se disponibiliza por meio de "produtos, equipamentos, dispositivos, recursos, metodologias, estratégias, práticas e serviços que objetivem promover a funciona-lidade, relacionada à atividade e à participação da pessoa com deficiência ou com

---

discapacidad. Lima: IDEHPUCP. 2015. DE ASÍS, Rafael. La accesibilidad universal desde la perspectiva jurídica. In: *Congreso Internacional Discapacidad, Derechos e Inclusión*, Guipúzcoa, España. 2019. DE ASÍS, Rafael. De nuevo sobre la accesibilidad: diseño, medidas, ajustes, apoyos y asistencia. *Colección Working Papers "El tiempo de los derechos" HURI-AGE*. Número, v. 4, p. 3-19, 2017. DE ASIS, Rafael. Sobre discapa-cidad y derechos. *Sobre discapacidad y derechos*, p. 1-165, 2013.

6. ADRIANO, Luana. *Desafios teóricos à efetivação do direito à educação inclusiva*. Curitiba: CRV, 2019. DE BECO, Gauthier; QUINLIVAN, Shivaun; LORD, Janet E. (Ed.). *The right to inclusive education in interna-tional human rights law*. Cambridge University Press, 2019. DE BECO, Gauthier. The right to inclusive education according to Article 24 of the UN Convention on the rights of persons with disabilities: back-ground, requirements and (remaining) questions. *Netherlands Quarterly of Human Rights*, v. 32, n. 3, p. 263-287, 2014.

7. Sobre o impacto da indefinição conceitual nas políticas educacionais, conferir: DOS SANTOS CALHEI-ROS, David; MENDES, Enicéia Gonçalves; LOURENÇO, Gerusa Ferreira. Considerações acerca da tecnologia assistiva no cenário educacional brasileiro. *Revista Educação Especial*, v. 31, n. 60, p. 229-244, 2018. GALVÃO FILHO, T. A. A Tecnologia Assistiva: de que se trata? In: MACHADO, G. J. C.; SOBRAL, M. N. (Orgs.). *Conexões*: educação, comunicação, inclusão e interculturalidade. 1 ed. Porto Alegre: Redes Editora, p. 207-235, 2009. Galvão aponta ainda que, no âmbito da TA, é necessária "uma maior precisão conceitual que, ao mesmo tempo em que se apoie numa concepção e conceituação ampla e interdisciplinar de TA, igualmente distinga as fronteiras, percebendo e buscando identificar com crescente clareza também o que não é TA". GALVÃO FILHO, T. A. A construção do conceito de Tecnologia Assistiva: alguns novos interrogantes e desafios. Revista Entreideias, Salvador, v. 2, n. 1, 2013. p. 28. Entendendo que este não é o espaço para fechar conceitualmente a ideia de "tecnologia assistiva", buscamos tão somente delimitar na legislação convencional e infralegal seu aporte normativo perpassado pela acessibilidade, resguardando a possibilidade de que um diagnóstico da avaliação orientada para a definição seja o de que a carência de regulamentação legal é uma barreira metodológica à sua implementação nas bases educacionais.

mobilidade reduzida, visando à sua autonomia, independência, qualidade de vida e inclusão social" (art. 3º, III).[8]

Nesse âmbito conceitual albergam-se os serviços e produtos aptos a proporcionar "à pessoa com deficiência maior independência, qualidade de vida e inclusão social, por meio da ampliação de sua comunicação, mobilidade, controle de seu ambiente, habilidades de seu aprendizado, trabalho e integração com a família, amigos e sociedade".[9] Conquanto esteja correlacionada diretamente à ideia de acessibilidade, nem todas as medidas que melhoram a acessibilidade e incrementam as chances de realização da autonomia podem ser classificadas como tecnologia assistiva. A construção de rampas[10] e o apoio técnico de profissionais especializados como o intérprete de linguagem de sinais, por exemplo, nada tem a ver com a tecnologia assistiva, exceto quanto ao fim comum de promoção da acessibilidade.

Asis Roig compreende que a demanda por acessibilidade, passível de ser alcançada por variadas vias, é habitualmente realizada a partir da combinação entre o desenho universal[11-12] e os ajustes razoáveis.[13] Similarmente e, de modo mais específico ao tema que se desenvolve neste texto, Waddington e Toepke afirmam que a acessibilidade é o ponto de início da educação inclusiva. Uma vez que as escolas e as instalações se tornem acessíveis a todos pelo desenho universal, os sistemas de ensino devem se adaptar às demandas individuais dos alunos que ainda não lograram ser alcançadas pela solução mais geral. É assim que as adaptações razoáveis e as medidas de apoio individualizadas se prestam a complementar a inclusão, devendo por isso,

---

8. Veja-se que o fornecimento de tais recursos sob o viés do desenho universal depende, de acordo com a Nota Técnica 04/2014/MEC/SECADI/DPEE, da declaração de demanda por meio do Educa Censo. É este levantamento que permite identificar "o número de estudantes que necessitam de material didático em diversos formatos de acessibilidade, assim como, demais recursos de tecnologia assistiva, tais como: scanner com voz, impressora e máquina Braille, software de comunicação alternativa, sistema de frequência modulada, além de serviços de tradução e interpretação da Língua Brasileira de Sinais e do atendimento educacional especializado".

9. SALA, José Blanes. O acesso à tecnologia assistiva como um direito subjetivo do deficiente no âmbito internacional e no nacional. *Cadernos de Direito*, v. 11, n. 21, 2011. p. 10.

10. BORG, Johan; LARSSON, Stig; ÖSTERGREN, Per-Olof. Op. cit., 2011.

11. No art. 2º da CDPD, o "desenho universal" é definido como "a concepção de produtos, ambientes, programas e serviços a serem usados, na maior medida possível, por todas as pessoas, sem necessidade de adaptação ou projeto específico" Veja-se que a LBI avança nessa concepção, incluindo os recursos de tecnologia assistiva como parte do desenho universal (art. 3º, II). A expressão "desenho universal" (de *universal design*) provém dos Estados Unidos. Na Europa, o termo "desenho para todos" é mais comum, enquanto o "desenho inclusivo" é um termo mais utilizado em Grã-Bretanha. Neste trabalho, mantemos o conceito proposto no art. 3º, II, da LBI, qual seja o de "desenho universal". Sobre a definição, cf. GIANNOUMIS, G. Anthony; STEIN, Michael Ashley. Conceptualizing universal design for the information society through a universal human rights lens. *International Human Rights Law Review*, v. 8, n. 1, p. 38-66, 2019.

12. A expressão "desenho universal" (de *universal design*) provém dos Estados Unidos. Na Europa, o termo "desenho para todos" é mais comum, enquanto o "desenho inclusivo" é um termo mais utilizado em Grã--Bretanha. Neste trabalho, mantemos o conceito proposto no art. 3º, II, da LBI, qual seja o de "desenho universal". Sobre a definição, cf. GIANNOUMIS, G. Anthony; STEIN, Michael Ashley. Conceptualizing universal design for the information society through a universal human rights lens. *International Human Rights Law Review*, v. 8, n. 1, p. 38-66, 2019.

13. ASIS ROIG, Rafael de. Op. cit., 2015. p. 102.

ser garantidas[14], conforme constante no art. 24, parágrafo 2, alíneas 'c' e 'e' do texto convencional. Em suma, as demandas de inclusão não são supridas pelo desenho universal, serão acolhidas e satisfeitas pelo ajuste razoável.

Embora se compreenda a tecnologia assistiva no âmbito do desenho universal para a garantia da educação inclusiva, a ideia de recursos cibernéticos como parte de uma tecnologia assistiva educacional tem sido compreendida sob o viés da adaptação razoável.[15] Há situações nas quais o próprio desenho universal não satisfaz as demandas por acessibilidade, como nos casos da impossibilidade de sua concretização efetiva, em virtude de limites da ciência, da técnica ou do conhecimento; da não razoabilidade do desenho proposto, em virtude da afetação de outros direitos ou ensejo de carga desproporcionada; ou na hipótese de inexistência de desenho universal, mesmo quando possível e razoável. Neste último caso, a falta de acessibilidade não é injustificável e repercute em discriminação por motivos de deficiência. Sua existência e implementação são condições inexoráveis à acessibilidade ao bem, ao serviço ou ao direito em questão. Já nos dois primeiros casos, a falta de acessibilidade pode ser justificável e, com isso, reclamar o imediato emprego das adaptações razoáveis[16-17]. Entenda-se que o desenho universal se localiza no plano geral para oferecer bens, serviços, produtos de acesso a todos, respeitados os limites do conhecimento, os custos associados e o sacrifício de outros direitos; enquanto os ajustes razoáveis, situados no plano mais específico, visam atender as demandas específicas de certas pessoas que não tiveram a inclusão concretizada pela solução genérica do desenho universal. Nessa medida, o ajuste razoável complementa o desenho universal na

---

14. WADDINGTON, Lisa. TOEPKE, Carly. *Moving Towards Inclusive Education as a Human Right*: An Analysis of International Legal Obligations to Implement Inclusive Education in Law and Policy (December 8, 2014). Maastricht Faculty of Law Working Paper N°. 2014-7, p. 59.

15. Nesse sentido, o texto do documento orientador para a implementação da PNEEPI aproxima as tecnologias assistivas do fornecimento de ajustes razoáveis: "No processo de avaliação, o professor deve criar estratégias considerando que alguns estudantes podem demandar ampliação do tempo para a realização dos trabalhos e o uso da língua de sinais, de textos em Braille, de informática ou de tecnologia assistiva como uma prática cotidiana" BRASIL, Orientações para implementação da política de educação especial na perspectiva da educação inclusiva. Disponível em: http://portal.mec.gov.br/index.php?option=com_docman&view=-download&alias=17237-secadi-documento-subsidiario-2015&Itemid=30192. Acesso em: 18 ago. 2021.

16. ASIS ROIG, Rafael de. Op. cit., 2015. p. 102-106.

17. É neste sentido que o Comentário Geral 4 do Comitê de Direitos das Pessoas com Deficiência aponta como um exemplo de adaptação razoável o uso de tecnologias assistivas no processo de avaliação e de aprendizagem. ONU. Observación General 4. Educación inclusiva. Comité sobre los derechos de las personas con discapacidad. CRPD/C/GC/4. 2016. Par. 30. Veja-se que o documento não conta com uma definição, embora a "tecnologia assistiva" seja mencionada pelo Comitê ao abordar a efetivação do art. 24, 3 (que trata da educação de cegos, surdos e surdocegos), a cooperação internacional para a realização dos Objetivos do desenvolvimento Sustentável (par. 43) e o fornecimento de recursos suficientes (par. 69). Por outro lado, o Comentário Geral 6, sobre Não Discriminação e Igualdade, contém uma redação que gera controvérsias. Isso porque nele se admite que "o dever de fornecer acessibilidade através de um design universal ou tecnologias assistivas é um dever *ex ante*, enquanto o dever de fornecer ajustes razoáveis é um dever" (par. 24). Nesse sentido, à questão da indefinição legislativa, soma-se a dúvida quanto ao meio de excelência para o fornecimento de TA: se pelas medidas coletivas de acessibilidade ou pelas adaptações razoáveis individuais. A principal questão é saber quando a ausência de fornecimento de uma TA pode ser considerada como razoável ou justificável, de forma que não haja sanções ao agente responsável.

tentativa de ampliarem-se as possibilidades de inclusão.[18] Considere-se a vida do físico britânico Stephen Hawking, cuja interação com o mundo era integralmente mediada com os recursos da tecnologia.

2.1 Tecnologia assistiva na CDPD: a ausência de assistência como barreira

O acesso aos recursos, serviços e procedimentos de tecnologia assistiva constitui uma demanda que viabiliza a titularidade e a efetivação de direitos. Na medida em que as populações envelhecem globalmente e as doenças não transmissíveis aumentam, a necessidade de ampliação de tal acesso cresce, em desacordo com o seu silenciamento nas agendas globais desenvolvimentistas.[19] A afirmação de que a tecnologia assistiva cibernética consiste em um direito ainda é uma afirmação incipiente e *avant-garde*, invisibilizada pelas pautas gerais de acesso à informação. Nessa mesma medida, a tecnologia assistiva para pessoas com deficiência não é generalizadamente compreendida como um artefato fundamental para a derrocada de barreiras que geram desigualdades de direitos e de oportunidades.

De acordo com Borg et al., embora seja promissor que a CDPD trate especificamente do fornecimento de recursos de tecnologia assistiva, a dispersão das medidas relacionadas ao tema em diferentes artigos do texto convencional dificulta aos usuários e titulares de direitos a identificação de qual serviço deve ser prestado e por quem.[20] Uma outra interpretação pode consignar dois motivos diversos pelos quais essas respostas não sejam oferecidas. O primeiro, é o de que o fornecimento de tecnologia assistiva consiste em uma medida de realização transversal, devendo ser considerada quando da efetivação de todas as outras medidas impostas convencionalmente. Sua fixação em um único preceptivo isolado poderia ampliar a invisibilidade e ser considerada como estrategicamente inviável. O segundo motivo, consubstancia-se no fato de que a tecnologia assistiva é, por natureza, dinâmica; devendo ser pensada e estabelecida conforme exsurjam as barreiras que se pretende mitigar ou eliminar.

Validadas as duas interpretações, observa-se que os diversos dispositivos convencionais que se reportam à tecnologia assistiva, tratam-na como um instrumento para a realização de determinados direitos. Confira-se a tabela 1, a seguir:[21]

---

18. ASIS ROIG, Rafael de. Op. cit., 2015. p. 104-105.
19. WORLD HEALTH ORGANIZATION. *Policy brief*: Access to assistive technology within universal health coverage. The GATE initiative. Geneva: ONU, WHO, 2021.
20. BORG, Johan; LARSSON, Stig; ÖSTERGREN, Per-Olof. The right to assistive technology: For whom, for what, and by whom? *Disability & Society*, v. 26, n. 2, 2011. p. 152.
21. Para um outro levantamento sobre o termo na CDPD, cf. BORG, Johan; LARSSON, Stig; ÖSTERGREN, Per-Olof. Id. Ressalte-se que o mapeamento de artigos em dispositivos legais mostra-se como método adequado quando não há material prévio na pesquisa jurídica que se dedique a levantar o arcabouço relativo a um tema específico. Essa análise de conteúdo é, portanto, tópica, focada especificamente em dois textos, quais sejam a CDPD e a LBI, e controlada, na medida em que parte de conteúdos oficiais, dotados de interpretação legitimada por órgãos específicos.

Tabela 1 – Dispositivos da CDPD relativos à Tecnologia Assistiva

	Dispositivo	Conteúdo
Medidas gerais sobre tecnologia assistiva	Art. 4, Obrigações Gerais, 'g'	Realizar ou promover a pesquisa e o desenvolvimento, bem como a disponibilidade e o emprego de novas tecnologias, inclusive as tecnologias da informação e comunicação, ajudas técnicas para locomoção, dispositivos e tecnologias assistivas, adequados a pessoas com deficiência, dando prioridade a tecnologias de custo acessível;
	Art. 4, Obrigações Gerais, 'h'	Propiciar informação acessível para as pessoas com deficiência a respeito de ajudas técnicas para locomoção, dispositivos e tecnologias assistivas, incluindo novas tecnologias bem como outras formas de assistência, serviços de apoio e instalações;
	Art. 9, 'Acessibilidade', 1	A fim de possibilitar às pessoas com deficiência viver de forma independente e participar plenamente de todos os aspectos da vida, os Estados Partes tomarão as medidas apropriadas para assegurar às pessoas com deficiência o acesso, em igualdade de oportunidades com as demais pessoas, ao meio físico, ao transporte, à informação e comunicação, inclusive aos sistemas e tecnologias da informação e comunicação, bem como a outros serviços e instalações abertos ao público ou de uso público, tanto na zona urbana como na rural.
	Art. 9, 'Acessibilidade', 2, 'g'	Promover o acesso de pessoas com deficiência a novos sistemas e tecnologias da informação e comunicação, inclusive à Internet;
	Art. 9, 'Acessibilidade', 2, 'h'	Promover, desde a fase inicial, a concepção, o desenvolvimento, a produção e a disseminação de sistemas e tecnologias de informação e comunicação, a fim de que esses sistemas e tecnologias se tornem acessíveis a custo mínimo.
Medidas específicas sobre tecnologias assistivas	Art. 20, 'Mobilidade', 'b'	Facilitando às pessoas com deficiência o acesso a tecnologias assistivas, dispositivos e ajudas técnicas de qualidade, e formas de assistência humana ou animal e de mediadores, inclusive tornando-os disponíveis a custo acessível
	Art. 20, 'Mobilidade', 'd'	Incentivando entidades que produzem ajudas técnicas de mobilidade, dispositivos e tecnologias assistivas a levarem em conta todos os aspectos relativos à mobilidade de pessoas com deficiência.
	Art. 21, 'Liberdade de expressão e de opinião e acesso à informação', 'a'	Fornecer, prontamente e sem custo adicional, às pessoas com deficiência, todas as informações destinadas ao público em geral, em formatos acessíveis e tecnologias apropriadas aos diferentes tipos de deficiência.
	Artigo 24, 'Educação', 2, 'b'	Adaptações razoáveis de acordo com as necessidades individuais sejam providenciadas.
	Artigo 24, 'Educação', 2, 'c'	As pessoas com deficiência recebam o apoio necessário, no âmbito do sistema educacional geral, com vistas a facilitar sua efetiva educação.
	Artigo 24, 'Educação', 2, 'd'	Medidas de apoio individualizadas e efetivas sejam adotadas em ambientes que maximizem o desenvolvimento acadêmico e social, de acordo com a meta de inclusão plena.
	Artigo 24, 'Educação', 3 'a', 'b' e 'c'	Os Estados Partes assegurarão às pessoas com deficiência a possibilidade de adquirir as competências práticas e sociais necessárias de modo a facilitar às pessoas com deficiência sua plena e igual participação no sistema de ensino e na vida em comunidade. Para tanto, os Estados Partes tomarão medidas apropriadas, incluindo (...)
	Art. 26, 'Habilitação e Reabilitação', 3	Os Estados Partes promoverão a disponibilidade, o conhecimento e o uso de dispositivos e tecnologias assistivas, projetados para pessoas com deficiência e relacionados com a habilitação e a reabilitação.
	Art. 29, 'Participação na vida política e pública', 'a.ii'	Proteção do direito das pessoas com deficiência ao voto secreto em eleições e plebiscitos, sem intimidação, e a candidatar-se nas eleições, efetivamente ocupar cargos eletivos e desempenhar quaisquer funções públicas em todos os níveis de governo, usando novas tecnologias assistivas, quando apropriado.
	Art. 32, 'Cooperação internacional', 'd'	Propiciar, de maneira apropriada, assistência técnica e financeira, inclusive mediante facilitação do acesso a tecnologias assistivas e acessíveis e seu compartilhamento, bem como por meio de transferência de tecnologias.

Fonte: Elaborado pelas autoras

Somente pela quantidade de dispositivos arrolados, vislumbra-se a preocupação convencional com a aplicação da tecnologia assistiva para viabilizar o acesso a diversas áreas da vida, perpassando âmbitos diversos como a educação, o trabalho, a participação política e a cooperação internacional.[22] Observa-se, em especial, a conexão fundamental que se estabelece entre tecnologia assistiva e uma comunicação adequada, a qual deve ser pressuposta em qualquer relação intersubjetiva entabuladas entre pessoas com e/ou sem deficiência, sobretudo quando se consideram os estereótipos e as barreiras que permeiam essas interações.

Mas é correto destacar que a ausência de uma definição explícita acaba por implicar em osbstáculo à identificação das áreas primordiais que requerem a formatação de recursos de tecnologia autenticamente assistiva, dentre as quais: produção, disponibilidade, acessibilidade financeira, informação, treinamento, uso, acompanhamento e avaliação.[23] Uma solução possível poderia vir de uma resolução ou parecer originário do Comitê de Direitos das Pessoas com Deficiência, contendo os parâmetros de qualidade para o uso de tecnologia assistiva nos diferentes campos. Orientações dessa ordem poderiam pacificar as interpretações realizadas pelos diferentes países, os quais, a depender da quantidade de recursos disponíveis, alegam a impossibilidade da realização das demandas. Estas alegações, contudo, são feitas sem que sejam devidamente consideradas a progressividade com realização imediata e a possibilidade de cooperação internacional.[24]

Ante à ausência de regulamentação, Borg et al. chegam a auspiciar que "os governos sigam o espírito da CDPD, em vez da redação exata"[25] do texto convencional. Embora a confiança no "espírito convencional" mova nossos ideais mais utópicos em relação à inclusão, nossos comandos de obrigações imediatas sobre a tecnologia assistiva merecem mais, queremos crer, do que a segurança de uma tônica hermenêutica inespecífica, bem-intencionada e abstrata.

---

22. De acordo com Borg et al., contudo, é de se notar que a menção expressa às TA se dê apenas em três dispositivos referentes à direitos humanos específicos, quais sejam o de Liberdade de expressão e de Participação Política (art. 21), o de Educação (art. 24) e de Participação na Vida Política (art. 29). Para os autores, "Resta saber por que a tecnologia assistiva não é explicitamente mencionada entre as medidas para garantir outros direitos humanos básicos, como saúde e trabalho, apesar das evidências científicas dos benefícios. No entanto, o uso de termos abrangentes como 'medidas apropriadas' e 'medidas necessárias' não fecha a porta para tais tecnologias" (Tradução das autoras). BORG, Johan; LARSSON, Stig; ÖSTERGREN, Per-Olof. Ibid., p. 162.
23. BORG, Johan; LARSSON, Stig; ÖSTERGREN, Per-Olof. Ibid., p. 156.
24. Oportunamente, ressaltamos que a obrigação imediata no limite dos recursos disponíveis inclui o envidar esforços para a realização de cooperações internacionais. Em acesso à informação, a internacionalização das políticas tem oportunizado a disseminação do uso da informação, de forma justa e equitativa em países com menor quantidade de recursos. O mesmo deve ser pensado no âmbito do fornecimento de TA. Nesse sentido, cf. BORG, Johan; LINDSTRÖM, Anna; LARSSON, Stig. Op. cit., 2009.
25. BORG, Johan; LARSSON, Stig; ÖSTERGREN, Per-Olof. Id., p. 156.

2.2 Tecnologia assistiva na LBI: avanços conceituais e desdobramentos regulamentares

Em âmbito nacional, a primeira previsão sobre tecnologia assistiva está no Decreto 3.298 de 1999, reportando-se às ajudas técnicas, assim consideradas como os "elementos que permitem compensar uma ou mais limitações funcionais motoras, sensoriais ou mentais da pessoa portadora de deficiência, com o objetivo de permitir-lhe superar as barreiras da comunicação e da mobilidade e de possibilitar sua plena inclusão social".[26]

O termo foi reproduzido pela redação do Decreto 5.294 de 2004, cujo art. 61 consigna que, "consideram-se ajudas técnicas os produtos, instrumentos, equipamentos ou tecnologia adaptados ou especialmente projetados para melhorar a funcionalidade da pessoa portadora de deficiência ou com mobilidade reduzida, favorecendo a autonomia pessoal, total ou assistida". Interpreta-se como uma evolução legislativa, o fato de este último decreto já não falar em "compensação de limitações". Fala de equipamentos ou tecnologia adaptada para melhor a funcionalidade da pessoa, indicando alguma influência do modelo social. Admitia a integração da funcionalidade pessoal pelo aporte do meio externo, antes mesmo da promulgação da CDPD.

Em dezembro de 2007, foi instituído o Comitê de Ajudas Técnicas (CAT), estabelecendo-se a primeira definição de "Tecnologia Assistiva"[27], assim compreendida como:

> (...) uma área do conhecimento, de característica interdisciplinar, que engloba produtos, recursos, metodologias, estratégias, práticas e serviços que objetivam promover a funcionalidade, relacionada à atividade e participação de pessoas com deficiência, incapacidades ou mobilidade reduzida, visando sua autonomia, independência, qualidade de vida e inclusão social.[28]

---

26. Art. 19 do Decreto 3.298 de 1999. O parágrafo único delimita quais ajudas eram então consideradas como enquadradas no dispositivo: "Parágrafo único. São ajudas técnicas: I – próteses auditivas, visuais e físicas; II – órteses que favoreçam a adequação funcional; III – equipamentos e elementos necessários à terapia e reabilitação da pessoa portadora de deficiência; IV – equipamentos, maquinarias e utensílios de trabalho especialmente desenhados ou adaptados para uso por pessoa portadora de deficiência; V – elementos de mobilidade, cuidado e higiene pessoal necessários para facilitar a autonomia e a segurança da pessoa portadora de deficiência; VI – elementos especiais para facilitar a comunicação, a informação e a sinalização para pessoa portadora de deficiência; VII – equipamentos e material pedagógico especial para educação, capacitação e recreação da pessoa portadora de deficiência; VIII – adaptações ambientais e outras que garantam o acesso, a melhoria funcional e a autonomia pessoal; e IX – bolsas coletoras para os portadores de ostomia.

27. Para uma revisão dos termos legislativos estudados pelo CAT para a formação de um conceito nacional, cf. BERSCH, Rita. *Introdução à tecnologia assistiva*. Porto Alegre: RS. 2017. Disponível em: http://www. assistiva.com.br/Introducao_Tecnologia_Assistiva.pdf. Acesso em: 20 jul. 2021. GALVÃO FILHO, T. A. A Tecnologia Assistiva: de que se trata? In: MACHADO, G. J. C.; SOBRAL, M. N. (Orgs.). *Conexões*: educação, comunicação, inclusão e interculturalidade. 1 ed. Porto Alegre: Redes Editora, p. 207-235, 2009.

28. CAT. Ata da Reunião III, de abril de 2007, Comitê de Ajudas Técnicas, Secretaria Especial dos Direitos Humanos da Presidência da República (CORDE/SEDH/PR). Disponível em: < https://www.assistiva.com. br/Ata_VII_Reuni%C3%A3o_do_Comite_de_Ajudas_T%C3%A9cnicas.pdf> Acesso em: 05 jul. 2021.

Cabe ressaltar uma diferenciação fundamental entre a Tecnologia Assistiva como área de produção de conhecimento, a qual fornece artefatos para que determinadas funcionalidades sejam concretizadas por pessoas especificamente consideradas; e os recursos, procedimentos e serviços de Tecnologia Assistiva, resultantes do trabalho empreendido na área. Por esta via de diferenciação, temos um paralelo importante com a Educação Especial, que, como área de produção de conhecimento e como serviço individualizado (expresso no Atendimento Educacional Especializado complementar ou suplementar) goza de uma definição polissêmica e disputada.

Após a ratificação da CDPD, o Decreto 7.611 de 2011 que dispôs sobre a educação especial e sobre o atendimento educacional especializado, não utilizou o termo "tecnologia assistiva". Referia-se ao apoio técnico à acessibilidade e, especificamente no art. 5º, §§ 3º e 4º, dispôs sobre "salas de recursos multifuncionais" e "ajudas técnicas", sem, contudo, especificar os recursos afetos a tais "ajudas técnicas". De acordo com Bersch, é preciso encorajar o uso do termo "Tecnologia Assistiva", em substituição ao de "Ajudas Técnicas", bem como se deve buscar preservar sua formatação gramatical no singular, demarcando-se a especificidade metodológica da área.[29] Especificamente na educação infantil, essa referência à tecnologia assistiva no singular garante que ela seja considerada como "área que agrega recursos e estratégias de acessibilidade"[30], o que evita que os recursos sejam considerados isoladamente.

Coube à LBI utilizar a locução "tecnologia assistiva", tratando-a como sinônimo de "ajuda técnica". Diz o art. 3º., III, da LBI que a tecnologia assistiva ou ajuda técnica engloba produtos, equipamentos, dispositivos, recursos, metodologias, estratégias, práticas e serviços que objetivem promover a funcionalidade, relacionada à atividade e à participação da pessoa com deficiência ou com mobilidade reduzida, visando à sua autonomia, independência, qualidade de vida e inclusão social.

Segundo o parâmetro legal, a tecnologia assistiva está firmada em quatro aportes axiológicos: autonomia, independência, qualidade de vida e inclusão social. Nessa medida, qualquer tipo de serviço, procedimento ou produto voltado para o aprimoramento de funcionalidades deve seguir esses princípios que também são parâmetros de avaliação de sua eficiência. A considerar a tabela abaixo (Tabela 2), listamos os dispositivos que se reportam à tecnologia assistiva como um instrumental para efetivação de direitos específicos:

---

29. BERSCH, Rita. op. cit., 2017.
30. Nota Técnica Conjunta 02/2015/MEC/SECADI/DPEE, que contém orientações para a organização e oferta do Atendimento Educacional Especializado na Educação Infantil.

Tabela 2 – Dispositivos da LBI relativos à Tecnologia Assistiva

	Dispositivo	Conteúdo
Medidas transversais afetas à Tecnologia Assistiva	Art. 16, III, Direito à Habilitação e à Reabilitação	Nos programas e serviços de habilitação e de reabilitação para a pessoa com deficiência, são garantidos: III – *tecnologia assistiva*, tecnologia de reabilitação, materiais e equipamentos adequados e apoio técnico profissional, de acordo com as especificidades de cada pessoa com deficiência;
	Art. 24, Direito à Comunicação Assistiva na área de Saúde	É assegurado à pessoa com deficiência o acesso aos serviços de saúde, tanto públicos como privados, e às informações prestadas e recebidas, por meio de *recursos de tecnologia assistiva* e de todas as formas de comunicação previstas no inciso V do art. 3º desta Lei.
	Art. 28, VI, VII, XII, Direito à Educação Inclusiva	Incumbe ao poder público assegurar, criar, desenvolver, implementar, incentivar, acompanhar e avaliar: VI – pesquisas voltadas para o desenvolvimento de novos métodos e técnicas pedagógicas, de materiais didáticos, de equipamentos e de recursos de *tecnologia assistiva*; VII – planejamento de estudo de caso, de elaboração de plano de atendimento educacional especializado, de organização de recursos e serviços de acessibilidade e de disponibilização e usabilidade pedagógica de recursos de *tecnologia assistiva*; XII – oferta de ensino da Libras, do Sistema Braille e de uso de recursos de *tecnologia assistiva*, de forma a ampliar habilidades funcionais dos estudantes, promovendo sua autonomia e participação;
	Art. 30, II, IV, Ensino Superior Inclusivo	Nos processos seletivos para ingresso e permanência nos cursos oferecidos pelas instituições de ensino superior e de educação profissional e tecnológica, públicas e privadas, devem ser adotadas as seguintes medidas: II – disponibilização de formulário de inscrição de exames com campos específicos para que o candidato com deficiência informe os recursos de acessibilidade e de tecnologia assistiva necessários para sua participação; IV – disponibilização de recursos de acessibilidade e de tecnologia assistiva adequados, previamente solicitados e escolhidos pelo candidato com deficiência;
	Art. 37, p. único, II, Direito ao Mercado de Trabalho Inclusivo	A colocação competitiva da pessoa com deficiência pode ocorrer por meio de trabalho com apoio, observadas as seguintes diretrizes: II – provisão de suportes individualizados que atendam a necessidades específicas da pessoa com deficiência, inclusive a disponibilização de recursos de tecnologia assistiva, de agente facilitador e de apoio no ambiente de trabalho;
	Art. 67, Serviços Básicos de Tecnologia Assistiva em radiodifusão	Os serviços de radiodifusão de sons e imagens devem permitir o uso dos seguintes recursos, entre outros: I – subtitulação por meio de legenda oculta; II – janela com intérprete da Libras; III – audiodescrição.
	Art. 76, § 1º, II, Participação política	À pessoa com deficiência será assegurado o direito de votar e de ser votada, inclusive por meio das seguintes ações: II – incentivo à pessoa com deficiência a candidatar-se e a desempenhar quaisquer funções públicas em todos os níveis de governo, inclusive por meio do uso de novas tecnologias assistivas, quando apropriado.
	Art. 77, Fomento à pesquisa em TA, § 1º, § 2º e § 3º	§ 1º O fomento pelo poder público deve priorizar a geração de conhecimentos e técnicas que visem à prevenção e ao tratamento de deficiências e ao desenvolvimento de tecnologias assistiva e social. § 2º A acessibilidade e as tecnologias assistiva e social devem ser fomentadas mediante a criação de cursos de pós-graduação, a formação de recursos humanos e a inclusão do tema nas diretrizes de áreas do conhecimento. § 3º Deve ser fomentada a capacitação tecnológica de instituições públicas e privadas para o desenvolvimento de tecnologias assistiva e social que sejam voltadas para melhoria da funcionalidade e da participação social da pessoa com deficiência.
	Art. 79, Acesso à Justiça	O poder público deve assegurar o acesso da pessoa com deficiência à justiça, em igualdade de oportunidades com as demais pessoas, garantindo, sempre que requeridos, adaptações e recursos de tecnologia assistiva.
	Art. 80, Acesso à Justiça e participação processual	Devem ser oferecidos todos os recursos de tecnologia assistiva disponíveis para que a pessoa com deficiência tenha garantido o acesso à justiça, sempre que figure em um dos polos da ação ou atue como testemunha, partícipe da lide posta em juízo, advogado, defensor público, magistrado ou membro do Ministério Público.

Medidas transversais afetas à Tecnologia Assistiva	Art. 75, Planejamento sobre Medidas de Tecnologia Assistiva	O poder público desenvolverá plano específico de medidas, a ser renovado em cada período de 4 (quatro) anos, com a finalidade de: I – facilitar o acesso a crédito especializado, inclusive com oferta de linhas de crédito subsidiadas, específicas para aquisição de tecnologia assistiva; II – agilizar, simplificar e priorizar procedimentos de importação de tecnologia assistiva, especialmente as questões atinentes a procedimentos alfandegários e sanitários; III – criar mecanismos de fomento à pesquisa e à produção nacional de tecnologia assistiva, inclusive por meio de concessão de linhas de crédito subsidiado e de parcerias com institutos de pesquisa oficiais; IV – eliminar ou reduzir a tributação da cadeia produtiva e de importação de tecnologia assistiva; V – facilitar e agilizar o processo de inclusão de novos recursos de tecnologia assistiva no rol de produtos distribuídos no âmbito do SUS e por outros órgãos governamentais. Parágrafo único. Para fazer cumprir o disposto neste artigo, os procedimentos constantes do plano específico de medidas deverão ser avaliados, pelo menos, a cada 2 (dois) anos.

Fonte: Elaborado pelas autoras

Observa-se, o caráter transversal atribuído à tecnologia assistiva na facilitação da efetivação de direitos fundamentais. Mas também se identifica um dispositivo específico sobre o fornecimento da tecnologia assistiva (art. 74) e um outro que trata da elaboração de uma política específica de fornecimento dessa tecnologia (art. 75). Foi assim que se fixaram as diretrizes, objetivos e eixos previstos do Plano Nacional de Tecnologia Assistiva, cuja elaboração deflagrada por este último preceptivo, foi regulamentada pelo Decreto 10.645, de 11 de março de 2021. Linhas gerais, são dois os principais enfoques do regulamento: o fornecimento de linhas de crédito subsidiadas para o desenvolvimento e aquisição de recursos de tecnologia assistiva; e a isenção fiscal ou redução de tributos sobre a sua produção e circulação. Embora uma das diretrizes do Plano seja promover a inserção da tecnologia assistiva no campo do trabalho, da educação, do cuidado e da proteção social[31], não há um destaque específico de sua aplicação à educação inclusiva ou para a fixação de cooperações internacionais, segundo determina o art. 32 da CDPD.

3. EDUCAÇÃO INCLUSIVA E PARTICIPAÇÃO *ON-LINE*: PREMISSAS E DESAFIOS

De acordo com González[32], as tecnologias da informação e comunicação tem adentrado o âmbito do campo educacional na introdução de novos recursos didáticos no processo de ensino-aprendizagem e nos conteúdos curriculares. Para o autor, o sistema educacional não pode ignorar o fato de que as novas gerações se desenvolvem imersas na sociedade da informação, de forma que são cotidianamente confrontados, estudantes e professores, pela necessidade de aquisição de novos conhecimentos em matéria de tecnologia.

Infelizmente, porém, sob a perspectiva jurídica, o uso da tecnologia para a garantia de acesso igualitário às experiências de aprendizagem de qualidade para

---

31. Art. 5º, § 2º, II do Decreto 10.645, de 11 de março de 2021.
32. TORRES GONZÁLEZ, José Antônio. *Educação e diversidade*: bases didáticas e organizativas. Trad. Ernani Rosa. Porto Alegre: Artmed, 2002. p. 183-184.

pessoas com deficiências é previsto de modo precário pela lei e mais inconsistente ainda na prática dos atores da educação.[33]

A ausência de delimitação do que deve ser garantido como Direito à Educação Inclusiva por meio de tecnologia assistiva é um dos motivos pelos quais tais bens e serviços ainda não entram nas investigações jurídicas sobre Direito à Educação. Para Bersch[34], a distinção entre tecnologia assistiva utilizada no âmbito educacional e tecnologia educacional é intrincada. A autora recomenda que o recurso seja considerado como típico de tecnologia assistiva quando se perceber que, retirado o suporte fornecido pelo recurso, o aluno ficar com dificuldade ou impedido de realizar a tarefa, ficando excluído da participação.[35]

Nessa seção, buscamos fazer um cruzamento da literatura sobre educação inclusiva e tecnologia assistiva, considerando, especificamente, a aplicação desse recurso na participação *on-line* do estudante com deficiência em meio educacional virtual. Fixamos, primeiramente, as características convencionais do direito à educação inclusiva, que seguem o paradigma do "4ª" sugerido por Tomasevski, o qual é adotado pelas Nações Unidas e instrumentalizado pelo Comitê de Direitos das Pessoas com Deficiência.[36] Em seguida, levantamos os principais desafios conceituais e jurídicos para avançar a ideia de mediação *on-line,* por meio de recursos de tecnologia assistiva, para a prestação da educação inclusiva à crianças com deficiência.

3.1 Características convencionais do direito à educação inclusiva e as tecnologias assistivas *on-line*

A CDPD é o primeiro instrumento internacional vinculativo a exigir que os Estados partes efetivem o direito à educação inclusiva, nos termos do art. 24. Na visão da Observação Geral 4 do Comitê de Direitos das Pessoas com Deficiência, redigida com base na Observação Geral 13 do Comitê de Direitos Econômicos, Sociais e Culturais da ONU, para cumprir a obrigação referente à alínea 'b' do parágrafo 2 do art. 24 da CDPD, pertinente à educação de crianças com deficiência, o sistema educacional deve conjugar quatro características inter-relacionadas: disponibilidade, acessibilidade, aceitabilidade e adaptabilidade.

---

33. ZIEGLER, Mary. SLOAN, David. Accessibility and Online Learning. In: LAZAR, Jonathan; STEIN, Michael Ashley (Ed.). *Disability, human rights, and information technology*. University of Pennsylvania Press, 2017.
34. BERSCH, Rita. op. cit., 2017.
35. Id., p. 12. Bersch aponta ainda que uma via para fixar a diferenciação consiste em responder às seguintes perguntas: 1. O estudante que utiliza o recurso enfrenta barreiras (sensoriais, motoras, intelectuais ou comunicacionais) especificamente endereçadas em função da tecnologia?; 2. O recurso utilizado visa proporcionar autonomia na realização de uma tarefa, auxiliando na superação de uma barreira não enfrentada por outros estudantes?; 3. Em ausente o recurso, o estudante enfrentaria uma situação de exclusão ou segregação?. Diante de respostas afirmativas, trata-se, assim, de uma tecnologia assistiva educacional.
36. De Beco aponta: "The right to education is often divided into the so-called 4-A framework: availability, accessibility, acceptability and adaptability. The 4-A framework was developed by Katarina Tomasevski, the former UN Special Rapporteur on the right to education, and subsequently taken over by the Committee on Economic, Social and Cultural Rights". In: DE BECO, Gauthier. Op. cit., 2014. p. 267.

Nessa seção, analisamos como essas características se relacionam com o ensino *on-line*, destacando quais os novos fatores que deveram ser considerados quando da fixação de instrumentos avaliativos que mensurem a qualidade da implementação do direito à inclusão educacional.

De acordo com Tomasevski, a disponibilidade se traduz em duas obrigações governamentais diversas consubstanciadas na exigência de que não se criem empecilhos ao estabelecimento de instituições educacionais por atores não estatais; e na exigência de que o governo estabeleça ou financie instituições educacionais, de sorte a garantir o acesso à educação. Enquanto a primeira obrigação expressa a educação sob o aspecto de direito civil e político; a segunda evoca a educação como um direito social e econômico.[37]

Vê-se que a disponibilidade pressupõe uma dotação orçamentária apta a realizar as demandas de ensino. No âmbito de tecnologias assistivas cibernéticas, que incluem o acesso à internet na sede da escola e nas residências dos estudantes, demanda-se um gasto operacional ainda elevado. É certo que ao garantir o acesso à internet ao estudante, garante-se o mesmo acesso aos demais membros da família que também passam a aceder a informação mais facilmente.

A acessibilidade de um sistema educacional visa assegurar o acesso global não apenas aos edifícios, mas às ferramentas de informação e comunicação, currículos, materiais educacionais, métodos de ensino e serviços de avaliação, linguagem e suporte.[38] Nesse sentido, promove-se e assegura-se não somente a acessibilidade física, cuja ausência já escancara, por si, a inadequação do sistema ao paradigma da inclusão.

A acessibilidade de um sistema educacional está associada à derrocada das barreiras físicas, sociais e atitudinais, relacionadas, por exemplo, a fatores concernentes às estruturas físicas da escola, à formatação do currículo, à preparação dos profissionais educacionais, aos modos de comunicação, a questões socioeconômicas, ao financiamento do acesso à educação, à organização do sistema educacional e à configuração das políticas. No Brasil, a Política Nacional de Educação Especial na perspectiva da Educação Inclusiva (PNEEPI), que mal pode ser implementada, foi efetivamente revogado pelo Decreto 10.502/2020, que implementou a Política Nacional de Educação Especial – caracterizada por romper com o paradigma da inclusão. Tal decreto está com a sua eficácia suspensa, por decisão liminar do Supremo Tribunal Federal em sede de Ação Direta de Inconstitucionalidade 6590 e Ação de Descumprimento de Preceito Fundamental 751.[39]

---

37. TOMASEVSKI, Katarina. *Human rights obligations*: making education available, accessible, acceptable and adaptable. Lund: Right to Education Primers, 2001. p. 13.
38. ONU. Op. cit., 2016. par. 22.
39. SUPREMO TRIBUNAL FEDERAL. ADI 6590/DF. Relator: Ministro Dias Toffoli. Requerente: Partido Socialista Brasileiro (PSB), 2020. SUPREMO TRIBUNAL FEDERAL. ADPF 751/DF. Relator: Ministro Dias Toffoli. Requerente: Rede Sustentabilidade. 2020.

TECNOLOGIA ASSISTIVA E DIREITO À EDUCAÇÃO DE CRIANÇAS COM DEFICIÊNCIA | **143**

Retomando a questão do uso de tecnologia assistiva cibernética para crianças com deficiências, a característica da acessibilidade pode ser questionada naquelas situações em que há a influência dos estereótipos negativos ou uma segregação proporcionada pelos produtos e serviços determinados.[40] A título de exemplo, a mera existência de uma sala virtual com aulas síncronas *on-line* não viabilizará o acesso efetivo da criança surda sem o apoio do intérprete, tampouco se concretizará sem a audiodescrição para crianças cegas. De igual modo, a acessibilidade pode ser prejudicada com a utilização do serviços *on-line* em substituição definitiva do ensino regular[41]; e com a utilização de serviços *on-line* para flexibilizações curriculares padronizadas, sem personalização individualizada apta a concretizar o ajuste razoável.[42] Em todas as hipóteses, a acessibilidade é desatendida se, por qualquer forma, o sistema de ensino vier a produzir ou favorecer as desigualdades nos convívios sociais escolares entre estudantes com e sem deficiência.[43]

Discrepa da ideia de acessibilidade e inclusão a afirmação do Ministro da Educação, Sr, Milton Ribeiro, em entrevista recente concedida ao Programa da rede estatal TV Brasil, de que a criança com deficiência atrapalha o aprendizado das demais.[44] Grave

---

40. Cf. SHINOHARA, Kristen; WOBBROCK, Jacob O. In the shadow of misperception: assistive technology use and social interactions. In: *Proceedings of the SIGCHI conference on human factors in computing systems.* 2011. p. 705-714.

41. A esse respeito, verifique-se o caso do Programa GNETS da Geórgia, investigado em 2015 pelo Departamento de Justiça Americano. Nesta investigação, concluiu-se que o programa oferece uma educação desigual para crianças com deficiência, em relação aos demais. Neste sentido: "To the extent that GNETS programs offer elective courses, they are generally limited exclusively to computer-based courses. Computer-based courses fail to provide the student–teacher, student–peer interactions and learning opportunities that students in the GNETS Program would receive if they could take the courses in a general education school". US DEPARTMENT OF JUSTICE. United States' Investigation of the Georgia Network for Educational and Therapeutic Support, D.J. 169-19-71. July 15, 2015.

42. Conte *et al* aponta ainda que a própria ideia de adaptação que a tecnologia assistiva aduz "pode produzir silêncios e ausências, capazes de gerar um sentimento de exclusão, instituído e naturalizado em forma de estigmas sociais". Id. p. 4.

43. Nesse sentido, Conte *et al* apontam que "existem ambiguidades e paradoxos nesse progresso técnico, sendo que a acessibilidade dos espaços pedagógicos é acompanhada pela perda do contato com as necessidades e os desafios concretos da experiência social provocada pelo imperialismo das tecnologias importadas e desligadas das dificuldades de quem as utiliza, perdendo-se o sentido da inclusão em termos pragmáticos". CONTE, Elaine; OURIQUE, Maiane Liana Hatschbach; BASEGIO, Antonio Carlos. op. cit., 2017, p. 18.

44. Por oportuno, transcrevemos o trecho da fala do Ministro em que o tema é abordado: "A questão da criança, da deficiência, que é uma das questões que passa pelo nosso ministério foi tratada. E eu acho também, por razões mais ideológicas do que técnicas, [que] ela foi rejeitada por um grupo que fez um pouco mais de barulho e o assunto foi levado ao STF. O assunto está lá para análise porque se julgou que a nossa lei era uma lei excludente. Uma lei que não olhava com carinho para os deficientes e suas famílias, mas ao contrário (...). A minha secretaria e a minha secretária, Professora Hilda, ela enfrentou problemas com seus filhos. E eu tenho ali na minha secretaria pessoas que de fato tiveram dificuldades com seus filhos. Não estou falando de teóricos de livros, estou falando de pessoas que viveram e vivem de uma maneira muito direta essa problemática. Pra você ter uma ideia, eu tenho uma diretora que é surda. Nós estamos falando em bilíngues, em sinais, em libras, mas eu tenho uma diretora muito capacitada que é surda, lá nesse grupo. Agora, como fazer? (...) *No passado, primeiro, não se falava em atenção ao deficiente. Simples assim. Eles fiquem aí e nós vamos viver a nossa vida aqui. Aí depois esse foi um programa que caiu para um outro extremo, o inclusivismo. O que que é o inclusivismo? A criança com deficiência era colocada dentro de uma sala de alunos sem deficiência. Ela não aprendia. Ela atrapalhava, entre aspas, essa palavra falo com muito cuidado, ela atrapalhava o aprendizado dos outros porque a professora não tinha equipe, não tinha conhecimento para dar a ela atenção especial.*

desatenção do governante aos comandos convencionais que impõem justamente o contrário – a inclusão pelo desenho universal do sistema que deve ser pensado para atender as demandas gerais somado ao ajuste razoável para acolher as demandas residuais que ainda se quedarem não atendidas.

O caractere da aceitabilidade associa-se à exigência de que todas as instalações, bens e serviços relacionados à educação sejam concebidos e utilizados de forma a acolher as necessidades, as culturas, as opiniões e as línguas das pessoas com deficiência. Nesse ponto, mencione-se a Lei 14.191/21 sobre educação em LIBRAS.

A provisão de aprendizagem on-line acessível deve "ajudar as organizações educacionais a cumprir suas obrigações legais para com os alunos, os membros da família dos alunos e o pessoal que contribui ou apoia as pessoas com deficiências".[45] Entendemos que não apenas a mediação *on-line* pode ser relevante no fornecimento direto da provisão educacional, mas também na capacitação e preparo dos profissionais encarregados de conduzir o processo educativo.

Nesse sentido, veja-se os resultados do OBEDUC, Programa Observatório da Educação, da Coordenação de Aperfeiçoamento de Pessoal de Nível Superior (Capes), vinculada ao Ministério da Educação do Brasil, que trabalha com a capacitação no modelo de Universidade Aberta e de Educação Continuada.[46] Em nível estadual, considere-se os resultados de pesquisa alcançados pela Secretaria de Educação do Estado de São Paulo, no contexto da formação continuada dos professores do ensino básico da rede estadual. De acordo com pesquisadores que acompanharam, entre março de 2014 a junho de 2015, o curso de especialização "Educação Especial na Perspectiva da Educação Inclusiva", a tutoria *online* fornecida aos professores capacitados permitiu aos formandos avaliar, em tempo real, "o quanto conseguiram transformar em conhecimento as informações e os conteúdos incorporados ao longo do curso, de modo a permitir que percebessem e identificassem como avançar, revisar ou aprofundar em suas concepções relacionadas a teoria e a prática".[47]

É preciso destacar que a aprendizagem *on-line* acessível precisará integrar todos os profissionais escolares responsáveis pelo ensino de pessoas com e sem deficiência. Enquanto a PNEEPI destacou, em suas diretrizes, que a tecnologia assistiva consta

---

E assim foi. Eu ouvi a pretensão dessa secretaria e faço alguma coisa diferente para a escola pública. Eu monto sala com recursos e deixo a opção de matrícula da criança com deficiência à família e aos pais. Tiro do governo e deixo com os pais. Se você quer matricular sua filha ou seu filho aqui, tudo bem, mas nós temos em tal escola um grupo de pessoas especializadas, salas monitoradas. Pra você ter uma ideia, existem crianças com graus de autismo que elas se jogam na parede, por exemplo. Então, são salas almofadadas, tem lá os recursos. Nós não estamos nos omitindo, como Estado, de estender a mão pra essas pessoas, sobretudo as pessoas públicas, ou melhor, mais de baixa renda. Pelo contrário, nós queremos ajudar" (Grifos das autoras). TVBRASIL. Programa "Sem Censura" do dia 9 de agosto de 2021. Disponível em: https://www.youtube.com/watch?v=6JyH4faRwpY&t=1490s. Acesso em: 17 ago. 2021.

45. ZIEGLER, Mary. SLOAN, David. Op. cit., 2017, p. 162-163.

46. SANTOS, Danielle Aparecida do Nascimento et al. OBEDUC: o uso da tecnologia assistiva. *Journal of Research in Special Educational Needs*, v. 16, p. 774-777, 2016.

47. MORIYA, Schlunzen Elisa Tomoe et al. MEDIAÇÃO PEDAGÓGICA ON-LINE EM EDUCAÇÃO INCLUSIVA. *Journal of Research in Special Educational Needs*, v. 16, p. 713-718, 2016.

como uma das atividades de atendimento educacional especializado (AEE), a proposta de aprendizagem *on-line* demanda que a formação para uso de tecnologias assistivas *on-line* seja transversal. Não apenas o professor alocado na Sala de Recursos Multifuncionais[48], na qual é organizado o AEE, deve ser capacitado para o uso de tais recursos. Contudo, por meio da Nota Técnica SEESP/GAB/11/2010, se aponta "o ensino da informática acessível e do uso dos recursos de Tecnologia Assistiva – TA" como atribuição específica do Professor de AEE.

Ressalta-se que os princípios da não discriminação e do respeito à diferença não vinculam apenas à estrutura e aos pressupostos de um sistema educacional inclusivo, mas a todos os bens, serviços e instalações correlacionados, que devem ser aceitáveis para todos e todas. Tais requisitos, conforme a Observação Geral 4 do CDPD, estão diretamente associados à garantia de uma educação de boa qualidade para todos[49], devendo se adequar às demandas dos estudantes com deficiência sem prejuízo da qualidade do ensino a toda a comunidade escolar.

O equilíbrio desta comunidade escolar depende da boa convivência e da cultura de paz entre os estudantes, de modo que fatores como assédio e bullying sejam considerados como indicativos da ausência de aceitabilidade. Nesse particular, a declaração do Ministro da Educação antes apontada, também atenta contra o caractere da aceitabilidade,

É em atenção à aceitabilidade que o uso de tecnologia assistiva deve ser adequadamente empregado para não se reproduzir como mais um fator estigmatizante. A diferença entre os modos de aprender é um aspecto da própria diversidade humana. De acordo com Bennett *et al*, produtos de tecnologia assistiva podem retratar usuários determinados como vulneráveis ou incapazes, levando a situações depreciativas mesmo quando a autonomia é visada.[50]

Por fim, o último caractere constitui-se na adaptabilidade, mais comumente associada às questões de deficiência.[51] Sobre este ponto, a Observação Geral 4 do

---

48. Na Nota Técnica 123/2013/MEC/SECADI/DPEE, em resposta à pergunta acerca dos recursos de tecnologia assistiva disponibilizados na sala de aula comum, a resposta ministerial destacou apenas aqueles alocados para as SRMs. Dentre os recursos distribuídos, se listou: "mouse com entrada para acionador; mouse estático de esfera; acionador de pressão; teclado expandido com colméia; lupa eletrônica; notebook com diversas aplicações de acessibilidade; software para comunicação aumentativa e alternativa; esquema corporal; sacolão criativo; quebra cabeça superpostos – sequência lógica; caixa com material dourado; tapete alfabético encaixado; dominó de associação de ideias; memória de numerais; alfabeto móvel e sílabas; caixa de números em tipo ampliado e em braille; kit de lupas manuais; alfabeto braille; dominó tátil; memória tátil de desenho geométrico; plano inclinado; bolas com guizo; scanner com voz; máquina de escrever em braille; globo terrestre tátil; calculadora sonora; kit de desenho geométrico; regletes de mesa; punções; soroban; guias de assinatura; caixa de números em tipo ampliado e em Braille".

49. ONU. op. cit., 2016. Par. 25.

50. BENNETT, Cynthia L.; BRADY, Erin; BRANHAM, Stacy M. Interdependence as a frame for assistive technology research and design. In: *Proceedings of the 20th international acm sigaccess conference on computers and accessibility*. 2018. p. 161-173.

51. Sobre isto, Tomasevski afirma: "Adaptability has been best conceptualized through the many court cases addressing the right to education of children with disabilities. Domestic courts have uniformly held that schools ought to adapt to children, following the thrust of the idea of the best interests of each child in

CDPD recomenda o reconhecimento da singularidade de aprendizagem de cada aluno, o que implica em: desenvolver formas flexíveis de aprendizagem, criando-se entornos participativos nas salas de aula; depositar altas expectativas em todos os alunos, permitindo diferentes maneiras de atender a essas expectativas; capacitar o pessoal docente para mudar seus pensamentos sobre seus próprios métodos de ensino; e enfocar nos resultados do ensino para todos.

Um dos conceitos associados à tecnologia assistiva que podem se intercruzar com este requisito da inclusão da ONU é a noção de *usabilidade*, assim definida como "a medida em que um produto ou o serviço pode ser usado por uma pessoa com deficiência tão eficazmente quanto pode ser usado por uma pessoa sem essa deficiência".[52] Nesse sentido, embora o mecanismo de adaptações razoáveis apresente-se como uma via oportuna para às situações nas quais o suprimento da demanda sob o desenho universal não seja possível e/ou razoável, a adaptabilidade intrínseca ao uso dos equipamentos educacionais deve prezar pela usabilidade, que permite que pessoas diversas possam acessar de maneira personalizada o mesmo serviço ou bem com a menor quantidade de modificações.

3.2 Desafios para a mediação na participação *on-line* de crianças com deficiência

As expectativas em relação à tecnologia partem do pressuposto de que todos e todas poderão acessar igualdade os recursos tecnológicos. De acordo com Asís Roig, esse "igual acesso" está correlacionado à ideia de acessibilidade como não discriminação e à luta pela efetivação dos demais direitos humanos.[53] Mas esse pressuposto de igual acesso encontra seus principais nós programáticos, no *digital divide*, nas desigualdades de acesso cibernético e nos entraves orçamentários, exigindo que se identifiquem e se enfrentem os desafios para que mediação *on-line* seja uma via apta a minimizar a desigualdade em vez de acentuá-la.

Nessa seção, analisamos três destes desafios: a progressividade, o mandato de não discriminação e a exigência de participação ativa de crianças com deficiência e seus representantes na regulamentação e no desenvolvimento de recursos cibernéticos educacionais.

---

the Convention on the Rights of the Child. This reconceptualization has implicitly faulted the heritage of forcing children to adapt to whatever schools may have been made available to them; the school effectively had a right to reject a child who did not fit or could not adapt". TOMASEVSKI, Katarina. Op. cit., 2001. p. 15.

52. JOKELA, Timo et al. The standard of user-centered design and the standard definition of usability: analyzing ISO 13407 against ISO 9241-11. In: *Proceedings of the Latin American conference on Human-computer interaction*. 2003. p. 53-60.

53. Ao lado da igual capacidade, a igual acessibilidade é um direito abstrato de todas as pessoas, com e sem deficiência. Veja-se: "Así, los derechos a la capacidad (igual capacidad), a la accesibilidad (igual accesibilidad) y a elegir una forma de vida, son derechos que poseen un alcance general y abstracto y que pertenecen a todas las personas con independencia de rasgos y/o situaciones". DE ASIS, Rafael. Op. cit., 2013, p. 144.

3.2.1 Progressividade e realização imediata: a mediação on-line como custo de direito

O art. 24 da CIDPCD contém uma norma de direito social de natureza progressiva, realizáveis por meio de políticas públicas em matéria de educação. Por mais que os direitos dessa natureza não tenham a sua concretização materializada em curto prazo, os Estados-partes signatários da CDPD não podem se escusar da "tomada de medida concretas e delimitadas da forma mais clara possível em direção às obrigações assumidas".[54]

Assim, caso se entenda (e é assim que entendemos) que a tecnologia assistiva compõe a realização do acesso educacional inclusivo, o seu fornecimento será de "aplicabilidade imediata, embora sua realização só possa se dar de forma progressiva".[55-56] Nesse sentido, embora Sala argumente que "não existe ainda nenhum compromisso em termos orçamentários neste sentido que faça do acesso à tecnologia assistiva um verdadeiro direito subjetivo"[57], a previsão convencional de progressividade e o comando de realização imediata da Constituição impõem o dever estatal de regulamentação da temática.

Enquanto o *acesso* direto à internet pela mediação *on-line* já é uma realidade para uma grande parte da população infantil e adolescente, a *qualidade* deste acesso pode ser questionada pela ausência de acessibilidade comunicacional e informacional nos conteúdos disponibilizados[58] e pela inexistência de mediação pedagógica apta a orientar o uso das informações *on-line*.[59] Embora a integralização ideal do direito à educação não ocorra de imediato, a obrigação de regulamentação que vise o sanea-

---

54. DUARTE, Clarice Seixas. A educação como um direito fundamental de natureza social. In: *Educ. Soc.*, Campinas, v. 28, n. 100 – Especial, out. 2007. p. 699.
55. DUARTE, Clarice Seixas. Op. cit., 2007. p. 710.
56. De acordo com o art. 4, parágrafo 2, da CIDPCD, os Estados Parte se comprometem Em relação aos direitos econômicos, sociais e culturais, "a tomar medidas, tanto quanto permitirem os recursos disponíveis e, quando necessário, no âmbito da cooperação internacional, a fim de assegurar progressivamente o pleno exercício desses direitos, sem prejuízo das obrigações contidas na presente Convenção que forem imediatamente aplicáveis de acordo com o direito internacional". Este preceptivo deve ser lido em conformidade com o disposto na Observação Geral 4, que prevê que a progressiva efetividade deve ser interpretada conjuntamente com a plena efetividade, o que torna inviável, por exemplo, a compatibilidade entre dois sistemas educacionais: um geral e um segregado. A progressividade deve ser entendida não como uma justificativa para o malogro da inclusão e sim como um comando de obrigação concreta e permanente de promover o mais rápido e eficazmente possível a plena aplicação do art. 24. ONU. Op. cit., 2016. p. 13.
57. SALA, José Blanes. Op. cit., 2011, p. 19.
58. Sobre a ausência de acessibilidade *online* como um fator que prejudica o acesso a direitos durante a pandemia, cf. ADRIANO, Luana; DE SOUSA, Alessandra Moraes. El derecho de acceso a la información en tiempos de pandemia: justificación ética y legal para la accesibilidad comunicacional. *Revista Latinoamericana en Discapacidad, Sociedad y Derechos Humanos*, v. 4, n. 2, 2021.
59. Nesse sentido, sobre a midiatização do processo pedagógico: "A relação pedagógica pode ser objeto de midiatização. Mas essa distinção implica em uma ambiguidade: os processos de mediação cognitiva, que dizem respeito, particularmente, às características próprias das mídias, como o impacto dos sistemas de representação sobre os processos de aprendizagem, encontram-se, assim, relegados à dimensão da midiatização, impondo dificuldades teóricas e metodológicas". PEIXOTO, Joana; DE CARVALHO, Rose Mary Almas. Mediação pedagógica midiatizada pelas tecnologias? *Teoria e Prática da Educação*, v. 14, n. 1, 2011. p. 37.

mento de tais problemas de qualidade de acesso é imediata. Este é o sentido do art. 2º, parágrafo 1º do Pacto Internacional de Direitos Econômicos, Sociais e Culturais.[60]

Ademais, a promoção da acessibilidade deve ser considerada uma obrigação de fazer permanente, cuja infração, por si só, gera a discriminação. No caso de descumprimento pretérito, tal obrigação deve sofrer novação por prestações de reparação material ou moral – isto garante que a realização imediata não perca sua densidade na perspectiva intencional de programas não responsivos a metas de natureza principiológica.[61]

Veja-se, por fim, que a consideração das demandas por tecnologia assistiva como de alta especificidade pode gerar uma restrição de sucesso mercadológico, o que encarece os produtos e os torna menos atraentes para produção em larga escala. Produtos de tecnologia assistiva são frequentemente manufaturados por entidades que "podem ser cortadas das operações mais amplas dos mercados de tecnologia, e dos sistemas de distribuição e varejo que servem a todos os consumidores, incluindo aqueles com deficiências".[62] No mesmo sentido, os estigmas associados ao desenho universal fazem com que os produtos de tecnologia assistiva de uso geral findem por não encontrar demanda no mercado de massa, em virtude da discriminação estrutural e atitudinal relacionada à deficiência.[63] A falha na percepção de tais entraves mercadológicos à realização imediata do fornecimento da tecnologia assistiva pode significar uma proteção insuficiente.

3.2.2 Não discriminação: a mediação on-line como possível via de segregação

Conforme Observação Geral 4 da CDPD, o paradigma da inclusão requer um endosso de concepções, termos e instrumentos que promovam a reforma do meio educacional, visando a oportunizar experiências equânimes de aprendizagem e participação a todas as crianças, em um ambiente que permita o aproveitamento de todas

---

60. O dispositivo manda que os Estados-Parte devem "adotar medidas, tanto por esforço próprio como pela assistência e cooperação internacionais, principalmente nos planos econômico e técnico, até o máximo de seus recursos disponíveis, que visem a assegurar, progressivamente, por todos os meios apropriados, o pleno exercício dos direitos reconhecidos no presente Pacto, incluindo, *em particular, a adoção de medidas legislativas.*" (grifos nossos).

61. Esta, que é uma tese inédita e ainda não trabalhada doutrinariamente, carece de melhor fundamentação em nosso contexto nacional – mas já é possível considerar, por exemplo, que uma empresa inativa de serviços educacionais em recuperação judicial permaneça obrigada a reparar a falha de uma acessibilidade não prestada quando em funcionamento. O mesmo se dá com entidades da federação sob cuja gestão estão vinculadas instituições educacionais públicas, as quais podem ser consideradas como virtualmente devedoras da reparação pela acessibilidade não prestada preteritamente, enquanto ainda vinculadas à obrigação de fazer permanente de tornar acessíveis seus bens e serviços atuais.

62. GOGGIN, Gerard. Op. cit., 2018. p. 85.

63. Existem, a esse teor, exemplos de produtos universais mal-sucedidos que mostram que a acessibilidade é por vezes insuficiente para convencer o mercado de massa: por exemplo, o carro Toyota Raum com melhor acessibilidade, que foi concebido e comercializado para pessoas idosas, foi visto como estigmatizante e não encontrou seu mercado. Cf. PLOS, Ornella et al. A Universalist strategy for the design of Assistive Technology. *International Journal of Industrial Ergonomics*, v. 42, n. 6, p. 533-541, 2012.

as suas potencialidades.[64] Atentos a isso, um dos principais temores que circundam o uso da mediação *on-line* é o de que venha a significar uma maneira de confinar as crianças com deficiência no ambiente domiciliar, reascendendo o paradigma da segregação. Aquele do qual migramos[65] e que ocorre quando "a educação dos estudantes com deficiências é fornecida em ambientes separados projetados ou usados para responder a uma deficiência específica ou a várias deficiências, isoladamente dos estudantes sem deficiências".[66]

Além do perigo de segregação, dois outros problemas potenciais despontam: o decréscimo da valorização social à diversidade, em função da redução da convivência pessoal com as diferenças pelo aumento de um ensino prioritariamente *on-line*[67]; e a deflação da escola como referência de acolhimento das pessoas com deficiência, haja vista que é a instituição educacional que patrocina ou facilita, em localidades mais vulnerabilizadas, o acesso de muitos outros serviços ao cidadão e à comunidade.[68]

Transformar as escolas, a partir do paradigma da inclusão, requer maior atenção às demandas individuais de cada estudante, por meio de respostas educativas efetivas. Nesse processo, devem-se prover os meios mais adequados para que o estudante possa atingir o máximo de desenvolvimento possível. Considere-se a premissa de valorização de todos os estudantes, com ou sem deficiência, tal como consagrada no art. 24, parágrafo 2, alínea 'e' do texto convencional.[69]

Distanciando-nos da busca por soluções personalizadas, não haverá tecnologia cibernética apta a superar os obstáculos à inclusão e a romper com as barreiras existentes. Importa evitar aquilo que Malaggi qualificou de "panaceia tecno-educacional", consistente em mais uma "ideologia pedagógica" não neutra na conta da qual se coloca a solução miraculosa de problemas de discriminação estrutural.[70]

---

64. ONU. Op. cit., 2016. par. 11.
65. Aquele que o Decreto 10.502/2020 pretende restabelecer. Destaque que este documento sequer conceitua "tecnologia assistiva", resguardando-se a considerá-la como um recurso da Educação Especial (art. 7º, XVII).
66. Id., par. 11.
67. Nesse sentido: "Entendemos que a tecnologia pode promover a aproximação e a interação entre as pessoas, mas também sabemos que o uso desmedido distancia o sujeito do convívio com os outros, perturbando as noções sociais de realidade e tempo, a expressão das emoções, o exercício da afetividade, da tolerância, do respeito mútuo". CONTE, Elaine; OURIQUE, Maiane Liana Hatschbach; BASEGIO, Antonio Carlos. Op. cit., 2017. p. 3.
68. ADRIANO, Luana. *Desafios teóricos à efetivação do direito à educação inclusiva.* Curitiba: CRV, 2019.
69. Todos os alunos se beneficiam se as escolas centralizarem seu interesse em desenvolver estratégias de apoio para eles, ou seja, em proporcionar uma educação que responda às diferenças individuais de cada membro da escola. Todos os recursos podem ser usados para assessorar as necessidades instrutivas, adaptar o processo de ensino-aprendizagem e proporcionar apoio aos alunos. Nas escolas inclusivas, nenhum aluno tem de se deslocar para receber apoio, pois o mesmo é dado dentro da própria sala de aula, o que exige que os recursos estejam incluídos e que os professores das salas de recurso realizem uma importante tarefa de coordenação com o professor da sala de aula regular. Apoio social e educativo pode ser dado a todos os estudantes, uma vez que as escolas inclusivas trabalham em prol da construção da interdependência, do respeito mútuo e da responsabilidade.
70. MALAGGI, Vitor. Tecnologia em tempos de pandemia: a educação a distância enquanto panacéia tecnológica na educação básica. *Criar Educação*, v. 9, n. 2, p. 51-79, 2020. Em abordando criticamente a conexão entre

O fato é que a tecnologia assistiva sequer foi incorporada ao quotidiano da pessoa com deficiência, menos ainda à vida escolar. Por ocasião da pandemia, muitas crianças com deficiência tiveram a sua participação gravemente comprometida e não apenas pela falta do acesso material aos equipamentos e serviços imprescindíveis ao acesso às salas virtuais.

Caso emblemático é identificado na Apelação Cível 1021126-66.2019.8.26.0053, movida pela menor A.K.P.N. contra o Município de São Paulo (SP). A apelante, criança com doença neuromuscular degenerativa, aluna da rede pública municipal de ensino, representada por sua mãe, se insurgiu contra a sentença que denegou o pedido, formulado em ação de obrigação de fazer ajuizada em face daquele município. Pleiteava o atendimento pedagógico domiciliar por professor especializado e o fornecimento de equipamentos de tecnologia assistiva, notadamente, *mouse* ocular *PCEye mini basic*, *software* comunicador BR e computador notebook (com, no mínimo, as seguintes configurações: processador intel core i5, sistema operacional Windows 10, memória RAM 8GB e HD 1TB), indispensáveis à mediação de seu processo de aprendizagem que, em virtude de suas limitações físicas, não poderia ocorrer apenas com o uso de materiais convencionais.

Como a ação foi julgada improcedente e denegado o pedido, aprouve à interessada interpor o recurso de apelação ao tribunal estadual que entendeu por anular a sentença a fim de determinar a realização de prova pericial tendente a esclarecer sobre as efetivas limitações da estudante e as suas correspondentes demandas, com vistas a identificar a amplitude do seu direito. Nas palavras do Desembargador Relator,

> Malgrado o arcabouço normativo que ampara o direito fundamental à educação de crianças e adolescentes com necessidades especiais, isso não significa que a extensão do referido direito corresponda ao desejo ao ensino idealizado por cada indivíduo, cabendo ao Poder Judiciário, no caso concreto, verificar qual a amplitude desse direito.
>
> Na hipótese dos autos, mostra-se necessária a realização de perícia, para aferir: (a) as reais condições de saúde da autora; (b) se é imprescindível a disponibilização à criança de professor de atendimento educacional especializado, para assisti-la em sua moradia; (c) se os materiais escolares convencionais (cadernos, livros, lápis e canetas) são inadequados ou insuficientes para o desenvolvimento pedagógico da infante; e (d) se os equipamentos tecnológicos solicitados na exordial são essenciais para viabilizar o ensino residencial da apelante, a justificar o custeio destes pelo Poder Público.[71]

---

tecnologia e deficiência, Goggin aponta: "Various scholars and activists have critiqued the governing myth of technology as akin to a luminous salvation and deliverance from disability. Future research is needed to further explore the narratives, metaphors, and other tools and forms of imagination of technology when it comes to disability. Creative, critical work allied to this endeavour is also required to open up and reimagine disability for the different, diverse, rich worlds that people actually do and wish to inhabit". GOGGIN, Gerard. Technology na social futures. In: ELLIS, Katie et al. (Ed.). *Manifestos for the Future of Critical Disability Studies*: volume 1. Routledge, 2018.

71. TJ-SP. AC: 10005566120198260505. Relator: Des. Issa Ahmed. Data de Julgamento: 03 dez. 2020. Data de Publicação: 03 dez. 2020.

Observa-se a necessariedade específica de certos equipamentos que servirão para integrar a funcionalidade da estudante. São equipamentos que certamente deveriam compor o acervo das escolas e que, no entanto, não parecem haver sido efetivamente incorporados em atenção à demanda de acessibilidade do público usuário. A reivindicação judicial de apenas um estudante certamente esconde um sem-número de sujeitos invisíveis que não vem sendo acolhidos em suas necessidades de acesso efetivo à educação.

3.2.3   Falta de consulta às pessoas com deficiência no desenvolvimento e no uso personalizado de produtos e serviços

As soluções de mediação educacional *on-line* para crianças com deficiência deve considerar o superior interesse deste sujeito e o seu "direito de expressar livremente sua opinião sobre todos os assuntos que lhes disserem respeito, [tendo] a sua opinião devidamente valorizada de acordo com sua idade e maturidade, em igualdade de oportunidades com as demais crianças".[72] Mas é indubitável a dificuldade de se incorporar essa participação das crianças e/ou de seus representantes no processo de desenvolvimento da tecnologia educacional, especialmente quando a condução ética dessa escuta é desafiada pela heterogeneidade do público usuário.[73]

Considerando a vulnerabilidade das crianças com e sem deficiência no acesso aos conteúdos cibernéticos[74], a demanda por acessibilidade é complexificada pela urgência de qualificação do acesso e de mediação apta a orientar o processo de fornecimento de dados *on-line*. É nesse sentido que se justifica a "necessidade urgente de interrogar as relações sócio-tecnológicas-organizacionais através de um design metodológico que considere pessoas com deficiência como inventores, criadores e usuários finais de novas tecnologias".[75]

Esse processo de incorporação da perspectiva de pessoas com deficiência desde as fases iniciais de desenho da tecnologia leva em conta a necessidade de consulta. A consulta é exigida pela CDPD[76] e pode facilitar a definição adequada dos titulares de direitos e a proteção de sua integridade. No entanto, o envolvimento inadequado dos

---

72. Art. 7, 3, da CDPD.
73. OISHI, Meeko Mitsuko K.; MITCHELL, Ian M.; VAN DER LOOS, HF Machiel (Ed.). *Design and use of assistive technology*: social, technical, ethical, and economic challenges. Springer Science & Business Media, 2010.
74. Sobre os impactos à saúde mental infantil causados pelo uso intensivo da internet, cf. DESLANDES, Suely Ferreira; COUTINHO, Tiago. O uso intensivo da internet por crianças e adolescentes no contexto da Covid-19 e os riscos para violências autoinflingidas. *Ciência & Saúde Coletiva*, v. 25, p. 2479-2486, 2020.
75. GOODLEY, Dan et al. Rebooting inclusive education? New technologies and disabled people. *Canadian Journal of Disability Studies*, v. 9, n. 5, p. 515-549, 2020.
76. A CRPD deixa claro que "na elaboração e implementação de legislação e políticas para aplicar a presente Convenção e em outros processos de tomada de decisão relativos às pessoas com deficiência, os Estados Partes realizarão consultas estreitas e envolverão ativamente pessoas com deficiência, inclusive crianças com deficiência, por intermédio de suas organizações representativas".

sujeitos pode resultar em uma regulamentação da tecnologia assistiva que não seja verdadeiramente inclusiva.[77] A inexistência de regulamentações legais ou executivas permite a valoração de modelos de programação educacional estandardizados (*one-size-fits-all*) que, frequentemente, não atendem aos requisitos da adaptabilidade e aceitabilidade próprios ao sistema educacional inclusivo.

Embora a tecnologia assistiva tenha o potencial de aumentar a qualidade de vida e a participação[78], não há garantias de sucesso quando as demandas apresentadas não orientam os parâmetros de formatação.[79] É necessário olhar para além da tecnologia e das características físicas do usuário; pois as suas necessidades, preferências e expectativas também precisam ser atendida.[80] O processo de consulta garante, assim, que a aparente neutralidade das escolhas tecnológicas seja povoada por uma orientação respeitosa do modelo social de deficiência. Veja-se que "se o valor de uma tecnologia não reside na abstração (mecanização) ou no afastamento dos problemas sociais concretos, seu sentido vincula-se diretamente à linguagem e às relações que estabelecemos no campo da práxis vital".[81]

O processo de consulta deve ser qualificado pelo fornecimento de informações adequadas e de estudos relevantes. Afinal, o fornecimento de tecnologia assistiva não se dá por meio de atividades isoladas, como design, fornecimento de produtos ou entrega de serviços. Embora não se possa prescindir de pesquisas sobre os componentes tecnológicos separados, há uma necessidade crescente de pesquisas mais globais e sistemáticas para orientar o desenvolvimento de estratégias integradas entre as diferentes áreas. Para orientar a utilização dos recursos disponíveis, são necessários estudos de boa qualidade.[82]

De acordo com Borg et al., os países que forem diligentes em cumprir a CDPD, constatarão a imperiosidade de implementação de tecnologia assistiva em nível nacional,[83] nas variadas áreas da vida social. Sem um plano nacional integrado de tecnologia assistiva, é provável que prevaleça o acesso desigual, com diferenças significativas entre as pessoas que vivem em locais diferentes ou com deficiências diferentes, e que os recursos disponíveis não sejam utilizados de forma otimizada.

---

77. BORG, Johan; LINDSTRÖM, Anna; LARSSON, Stig. Op. cit., 2011.
78. Para Owuor et al. "AT is a mediator for people with ID to attain not just their rights but also the highest possible quality of life and sense of participation and belonging in Society". OWUOR, John et al. Does assistive technology contribute to social inclusion for people with intellectual disability? A systematic review protocol. *BMJ open*, v. 8, n. 2, p. e017533, 2018, *on-line*.
79. Nesse sentido, tratando de mal-entendidos sobre tecnologia assistiva que afetam seu desenvolvimento, cf. SHINOHARA, Kristen; WOBBROCK, Jacob. Op. cit., 2011.
80. BORG, Johan; LINDSTRÖM, Anna; LARSSON, Stig. Op. cit., 2011.
81. CONTE, Elaine; OURIQUE, Maiane Liana Hatschbach; BASEGIO, Antonio Carlos. Op. cit., 2017. p. 5.
82. BORG, Johan; LINDSTRÖM, Anna; LARSSON, Stig. Op. cit., 2011.
83. Id.

4. CONCLUSÃO

Nosso interesse pelo uso das tecnologias na promoção da justiça da deficiência e na transformação inclusiva das estruturas sociais nos leva a pensar de forma crítica sobre o modo como a tecnologia assistiva deve ser considerada na efetivação de direitos fundamentais, dentre os quais o direito à educação inclusiva. A partir do escopo geral da CDPD em promover a inclusão, a tecnologia assistiva emerge como um instrumento apto à garantia da acessibilidade pelo desenho universal e ajuste razoável.

Embora a tecnologia haja sido uma parceira comum aos planos educacionais anteriores à CDPD, a feição que assume no âmbito da educação inclusiva alcança novos contornos matizados a partir da articulação interdisciplinar entre o campo sociológico da Ciência, Sociedade e Tecnologia, o campo jurídico dos Direitos das Pessoas com Deficiência e o campo educacional da Educação Especial na perspectiva da Educação Inclusiva.

Sob o vetor da acessibilidade, a tecnologia assistiva ingressa no âmbito educacional para otimizar as características do sistema educacional inclusivo – quais sejam a adaptabilidade, a aceitabilidade, a disponibilidade e a acessibilidade. E assim, considerando, apontamos três desafios para que tal tecnologia seja efetivamente compatível com o intuito convencional da inclusão, quais sejam: a sua aplicação para a concretização da educação inclusiva que, como todo direito social é de aplicabilidade imediata, ainda que sob um plano de consolidação progressiva; a possibilidade de utilização da via *on-line* como um a tecnologia que finda contribuindo para a segregação na ausência de acessibilidade; e a falta de consulta das pessoas com deficiência e seus representantes no processo de desenho, implementação e avaliação dos recursos.

O sistema de educação inclusiva no Brasil, cujo marco constitucional é o art. 208, III, e o texto convencional (art. 24), teve as suas bases gerais instituídas pelo Decreto 7.611/2011, nas quais se insere a tecnologia assistiva com sua indiscutível importância. Mas pouco se concretizou para operacionalizá-la na direção da efetiva inclusão e, já em 2020, grave retrocesso se levanta com o advento do Decreto 10.502/2020 que retoma o modelo segregacionista de educação, em flagrante desprezo ao escopo da CDPD ratificada pelo país com o status de norma constitucional.

Com esta investigação propedêutica, nossa intenção é a de iniciar o debate sobre tema que não tem atraído o olhar dos juristas, ainda quando a sua relevância é inquestionável para a consolidação da inclusão e dos direitos da pessoa com deficiência e a sua implementação esteja sob segura ameaça.

5. REFERÊNCIAS

ADRIANO, Luana. *Desafios teóricos à efetivação do direito à educação inclusiva*. Curitiba: CRV, 2019.

ADRIANO, Luana; DE SOUSA, Alessandra Moraes. El derecho de acceso a la información en tiempos de pandemia: justificación ética y legal para la accesibilidad comunicacional. *Revista Latinoamericana en Discapacidad, Sociedad y Derechos Humanos*, v. 4, n. 2, 2021.

ALVES, Maria Dolores Fortes; PEREIRA, Guilherme Vasconcelos; VIANA, Maria Aparecida Pereira. Tecnologia assistiva na perspectiva de educação inclusiva: o ciberespaço como lócus de autonomia e autoria. *Laplage em revista*, v. 3, n. 2, p. 159-169, 2017.

BENNETT, Cynthia L.; BRADY, Erin; BRANHAM, Stacy M. Interdependence as a frame for assistive technology research and design. In: *Proceedings of the 20th international acm sigaccess conference on computers and accessibility*. 2018. p. 161-173.

BERSCH, Rita. *Introdução à tecnologia assistiva*. Porto Alegre: RS. 2017. Disponível em: http://www.assistiva.com.br/Introducao_Tecnologia_Assistiva.pdf. Acesso em: 20 jul. 2021.

BOOT, Fleur Heleen et al. Intellectual disability and assistive technology: opening the GATE wider. *Frontiers in public health*, v. 5, p. 10, 2017.

BORG, Johan; LARSSON, Stig; ÖSTERGREN, Per-Olof. The right to assistive technology: For whom, for what, and by whom? *Disability & Society*, v. 26, n. 2, p. 151-167, 2011.

BORG, Johan; LINDSTRÖM, Anna; LARSSON, Stig. Assistive technology in developing countries: a review from the perspective of the Convention on the Rights of Persons with Disabilities. *Prosthetics and orthotics international*, v. 35, n. 1, p. 20-29, 2011.

BORG, Johan; LINDSTRÖM, Anna; LARSSON, Stig. Assistive technology in developing countries: national and international responsibilities to implement the Convention on the Rights of Persons with Disabilities. *The Lancet*, v. 374, n. 9704, p. 1863-1865, 2009.

CAT. Ata da Reunião III, de abril de 2007, Comitê de Ajudas Técnicas, Secretaria Especial dos Direitos Humanos da Presidência da República (CORDE/SEDH/PR). Disponível em: < https://www.assistiva.com.br/Ata_VII_Reuni%C3%A3o_do_Comite_de_Ajudas_T%C3%A9cnicas.pdf. Acesso em: 05 jul. 2021.

CONTE, Elaine; OURIQUE, Maiane Liana Hatschbach; BASEGIO, Antonio Carlos. Tecnologia Assistiva, direitos humanos e educação inclusiva: uma nova sensibilidade. *Educação em Revista*, v. 33, 2017.

DOS SANTOS CALHEIROS, David; MENDES, Enicéia Gonçalves; LOURENÇO, Gerusa Ferreira. Considerações acerca da tecnologia assistiva no cenário educacional brasileiro. *Revista Educação Especial*, v. 31, n. 60, p. 229-244, 2018.

DE BECO, Gauthier; QUINLIVAN, Shivaun; LORD, Janet E. (Ed.). *The right to inclusive education in international human rights law*. Cambridge University Press, 2019.

DE BECO, Gauthier. The right to inclusive education according to Article 24 of the UN Convention on the rights of persons with disabilities: background, requirements and (remaining) questions. *Netherlands Quarterly of Human Rights*, v. 32, n. 3, p. 263-287, 2014.

DE ASÍS, Rafael. Lo razonable en el concepto de ajuste razonable. In: SALMON, Elizabeth. BREGAGLIO, Renata. (Coord.). *Nueve conceptos claves para entender la Convención sobre los derechos de las personas con discapacidad*. Lima: IDEHPUCP. 2015

DE ASÍS, Rafael. La accesibilidad universal desde la perspectiva jurídica. In: *Congreso Internacional Discapacidad, Derechos e Inclusión*, Guipúzcoa, España. 2019.

DE ASÍS, Rafael. De nuevo sobre la accesibilidad: diseño, medidas, ajustes, apoyos y asistencia. *Colección Working Papers" El tiempo de los derechos" HURI-AGE. Número*, v. 4, p. 3-19, 2017.

DE ASIS, Rafael. Sobre discapacidad y derechos. *Sobre discapacidad y derechos*, p. 1-165, 2013.

DESLANDES, Suely Ferreira; COUTINHO, Tiago. O uso intensivo da internet por crianças e adolescentes no contexto da COVID-19 e os riscos para violências autoinflingidas. *Ciência & Saúde Coletiva*, v. 25, p. 2479-2486, 2020.

DOS SANTOS, Martinha Clarete Dutra. O direito das pessoas com deficiência à educação inclusiva e o uso pedagógico dos recursos de tecnologia assistiva na promoção da acessibilidade na escola. *InFor*, v. 1, n. 1, p. 51-60, 2016.

DUARTE, Clarice Seixas. A educação como um direito fundamental de natureza social. In: *Educ. Soc.*, Campinas, vol. 28, n. 100 – Especial, p. 691-713, out. 2007.

GALVÃO FILHO, T. A. A Tecnologia Assistiva: de que se trata? In: MACHADO, G. J. C.; SOBRAL, M. N. (Orgs.). *Conexões*: educação, comunicação, inclusão e interculturalidade. 1 ed. Porto Alegre: Redes Editora, p. 207-235, 2009.

GALVÃO FILHO, T. A. A construção do conceito de Tecnologia Assistiva: alguns novos interrogantes e desafios. *Revista Entreideias*, Salvador, v. 2, n. 1, p. 25-42, 2013.

GIANNOUMIS, G. Anthony; STEIN, Michael Ashley. Conceptualizing universal design for the information society through a universal human rights lens. *International Human Rights Law Review*, v. 8, n. 1, p. 38-66, 2019.

GOGGIN, Gerard. Technology na social futures. In: ELLIS, Katie et al. (Ed.). *Manifestos for the Future of Critical Disability Studies*: volume 1. Routledge, 2018.

GOODLEY, Dan et al. Rebooting inclusive education? New technologies and disabled people. *Canadian Journal of Disability Studies*, v. 9, n. 5, p. 515-549, 2020.

LAZAR, Jonathan; STEIN, Michael Ashley (Ed.). *Disability, human rights, and information technology*. University of Pennsylvania Press, 2017.

MALAGGI, Vitor. Tecnologia em tempos de pandemia: a educação a distância enquanto panacéia tecnológica na educação básica. *Criar Educação*, v. 9, n. 2, p. 51-79, 2020.

MANKOFF, Jennifer; HAYES, Gillian R.; KASNITZ, Devva. Disability studies as a source of critical inquiry for the field of assistive technology. In: *Proceedings of the 12th international ACM SIGACCESS conference on Computers and accessibility*. 2010. p. 3-10.

OISHI, Meeko Mitsuko K.; MITCHELL, Ian M.; VAN DER LOOS, HF Machiel (Ed.). *Design and use of assistive technology*: social, technical, ethical, and economic challenges. Springer Science & Business Media, 2010.

OWUOR, John et al. Does assistive technology contribute to social inclusion for people with intellectual disability? A systematic review protocol. *BMJ open*, v. 8, n. 2, p. e017533, 2018.

PALACIOS, Agustina. *El modelo social de discapacidad*: Orígenes, caracterización y plasmación en la Convención Internacional sobre los Derechos de las Personas con Discapacidad. Madrid: CINCA. 2008.

PASSOS, Izabel Christina Friche. A construção da autonomia social e psíquica no pensamento de Cornelius Castoriadis. *Pesqui Prat Psicos*, v. 1, n. 1, p. 1-10, 2006.

PEIXOTO, Joana; DE CARVALHO, Rose Mary Almas. Mediação pedagógica midiatizada pelas tecnologias? *Teoria e Prática da Educação*, v. 14, n. 1, p. 31-38, 2011.

PLOS, Ornella et al. A Universalist strategy for the design of Assistive Technology. *International Journal of Industrial Ergonomics*, v. 42, n. 6, p. 533-541, 2012.

SALA, José Blanes. O acesso à tecnologia assistiva como um direito subjetivo do deficiente no âmbito internacional e no nacional. *Cadernos de Direito*, v. 11, n. 21, p. 159-173, 2011.

SHERRY, Mark; RAVNEBERG, Bodil; SÖDERSTRÖM, Sylvia. *Disability, society and assistive technology*. Routledge, 2017.

SHINOHARA, Kristen; WOBBROCK, Jacob O. In the shadow of misperception: assistive technology use and social interactions. In: *Proceedings of the SIGCHI conference on human factors in computing systems*. 2011. p. 705-714.

TOMASEVSKI, Katarina. *Human rights obligations:* making education available, accessible, acceptable and adaptable. Lund: Right to Education Primers, 2001.

TORRES GONZÁLEZ, José Antônio. *Educação e diversidade*: bases didáticas e organizativas. Trad. Ernani Rosa. Porto Alegre: Artmed, 2002.

WADDINGTON, Lisa. TOEPKE, Carly. *Moving Towards Inclusive Education as a Human Right*: An Analysis of International Legal Obligations to Implement Inclusive Education in Law and Policy (December 8, 2014). Maastricht Faculty of Law Working Paper No. 2014-7.

8
RESPONSABILIDADE CIVIL DOS PAIS NO CONTEXTO DE ENSINO A DISTÂNCIA

Ana Cristina de Melo Silveira

Doutora em Direito Privado pela PUC Minas Gerais. Mestre em Direito pela Universidade de Itaúna/MG, Bolsista CAPES. Especialista em Direito Processual Civil pela PUC/SP, Servidora Pública da Procuradoria Geral de Justiça de Minas Gerais, Revisora e Consultora de Trabalhos Acadêmicos. Associada do Instituto Brasileiro de Estudos de Responsabilidade Civil – IBERC @anamelosilveira, *E-mail:* anamelosilveira@gmail.com

Nelson Rosenvald

Professor do corpo permanente do Doutorado e Mestrado do IDP/DF. Procurador de Justiça do Ministério Público de Minas Gerais. Pós-Doutor em Direito Civil na *Università Roma Tre* (IT-2011). Pós-Doutor em Direito Societário na Universidade de Coimbra (PO-2017). *Visiting Academic Oxford University* (UK– 2016-17). Professor Visitante na Universidade de Carlos III (ES-2018). Doutor e Mestre em Direito Civil pela Pontifícia Universidade Católica de São Paulo-PUC-SP. Presidente do Instituto Brasileiro de Estudos de Responsabilidade Civil – IBERC.

Sumário: 1. Introdução – 2. Direito à educação fundamental, ensino a distância autoridade parental – 3. Responsabilidade civil dos pais no ensino a distância – 4. Conclusão – 5. Referências.

1. INTRODUÇÃO

O ensino fundamental formal a distância, até há pouco mais de um ano, não era uma realidade vivenciada no Brasil, pois a legislação impõe como regra o formato de ensino presencial. O contexto pandêmico conduziu à sua adoção, em caráter excepcional, como forma de viabilizar a continuidade das atividades escolares de crianças e adolescentes.

Seguiu-se, assim, uma situação bastante peculiar, pais e filhos compartilhando o mesmo ambiente para a realização de atividades escolares e profissionais. Grande parte dos pais passou a trabalhar em casa, de maneira remota. Em meio a reuniões, atendimentos a clientes e atividades domésticas cotidianas, insere-se a demanda diária referente às atividades escolares dos filhos. A maioria das famílias se viu sem babás, mediadores educacionais e auxiliares domésticos no dia a dia.

O desafio imposto a pais e filhos é imenso. Conflitos familiares e problemas psicoemocionais de crianças e adolescentes se intensificaram.[1] Sem desconsiderar as

---

1. POLANCZYK, Guilherme V. O custo da pandemia sobre a saúde mental de crianças e adolescentes. *Jornal da USP*, São Paulo, 20 maio 2020. Disponível em: https://jornal.usp.br/a rtigos/o-custo-da-pandemia-so-bre-a-saude-mental-de-criancas-e-adolescentes/. Acesso em: 21 set. 2021.

dificuldades enfrentadas pelos pais, o fato é que não cabem exceções à autoridade parental. O seu exercício é integral, não admite férias, licenças ou flexibilidade em razão de cenários excepcionais. Somado a isso, a vulnerabilidade de crianças e adolescentes impõe aos pais, no ensino a distância, um esforço ainda maior para atender às suas demandas concretas.

Nesse contexto, o presente trabalho propõe a análise da efetivação do direito à educação formal e a possibilidade de geração de danos à esfera existencial de crianças e adolescentes por omissão ou negligência dos pais no ensino a distância. É necessário perquirir no que consiste tal dano, assim como a sua natureza, não escapando, ainda, a necessária averiguação do nexo causal entre omissão e dano. E, por fim, refletir sobre as medidas judiciais e administrativas viáveis que podem ter efetividade em tais situações.

Metodologicamente, a pesquisa desenvolveu-se pela vertente teórico-dogmática, utilizando-se do método lógico-dedutivo. O tema é atual e seu debate necessário, pois, não bastasse o contexto de isolamento social, já se anuncia a tendência de adoção de ensino a distância híbrido para o futuro da educação formal.[2] De toda sorte, o tema é incipiente, pouco investigado pela doutrina, não escapando à necessidade de análise casuística.

2. DIREITO À EDUCAÇÃO FUNDAMENTAL, ENSINO A DISTÂNCIA AUTORIDADE PARENTAL

O direito à educação está previsto expressamente na legislação brasileira. A Constituição da República de 1988 dispõe, no *caput* do art. 227[3], ser um dever da família, da sociedade e do Estado assegurar à criança e ao adolescente, com absoluta prioridade o direito à educação. Em seguida, impõe no art. 229[4] o dever dos pais em assistir, criar e educar os filhos menores.

A educação é um direito fundamental, diretamente atrelado à possibilidade de exercício da autonomia e ao livre desenvolvimento da personalidade. Por isso, afirma-se que é uma espécie de direito necessário à consecução de uma série de outros direitos, formando uma espécie de alicerce sobre o qual se funda um edifício de valores e interesses comungados socialmente. Tem-se, assim, uma função instrumental do direito à educação para a promoção do desenvolvimento humano.[5]

---

2. Ensino híbrido é tendência para a vida escolar no mundo pós-pandemia. *Agência Brasil*, São Paulo, 14 jul. 2020. Disponível em: https://agenciabrasil.ebc.com.br/educacao/noticia/2020-07/ensino-hibrido-e-tendencia-para-vida-escolar-no-mundo-pos-pandemia. Acesso em: 21 set. 2021.
3. "Art. 227. É dever da família, da sociedade e do Estado assegurar à criança, ao adolescente e ao jovem, com absoluta prioridade, o direito à vida, à saúde, à alimentação, à educação, ao lazer, à profissionalização, à cultura, à dignidade, ao respeito, à liberdade e à convivência familiar e comunitária, além de colocá-los a salvo de toda forma de negligência, discriminação, exploração, violência, crueldade e opressão".
4. "Art. 229. Os pais têm o dever de assistir, criar e educar os filhos menores, e os filhos maiores têm o dever de ajudar e amparar os pais na velhice, carência ou enfermidade".
5. BERLINI, Luciana Fernandes; FUZIGER, Rodrigo José. Homeschooling e o direito à educação: as tutelas civil e penal da responsabilidade parental. *Revista IBERC*, Belo Horizonte, v. 3, n. 1, p. 1-31, jan.-abr. 2020. Disponível em: https://revistaiberc.responsabilidadecivil.org/iberc/article/view/108. Acesso em: 21 set. 2021.

Nesse sentido, o Estatuto da Criança e do Adolescente reitera esse direito[6], atribuindo-lhe o caráter de direito público subjetivo que deve ser assegurado pelo Estado.[7] Aos pais ou responsáveis cabe o dever de providenciar a matrícula do menor em rede regular de ensino[8], sob pena de, até mesmo, configuração de crime de abandono intelectual.[9]

A Lei de Diretrizes Base da Educação (LBD), Lei 9.394/96, impõe como regra o ensino fundamental e médio no modelo presencial. Somente em situações excepcionais ou para complementação de aprendizagem, poderá ser adotado o ensino a distância. Para a educação infantil, que se estende até os 5 anos de idade, não há previsão excetiva para o uso do modelo.[10]

Quanto ao direito à educação, duas observações se fazem relevantes. Primeiramente, há de se distinguir a educação formal da informal. Aquela ocorre no âmbito de instituições de ensino regular, se submetendo a uma maior intervenção do Estado, por meio da regulamentação da atividade educacional. Já a educação informal, está atrelada às interações familiares, às convicções e escolhas dos pais.

Um segundo aspecto, se conecta diretamente à temática deste trabalho. O direito à educação formal não se encerra na realização da matrícula da criança e do adolescente em um estabelecimento de ensino. Engloba toda a assistência cotidiana necessária, desde providências relacionadas ao deslocamento escola-casa, ao acompanhamento das atividades pedagógicas diárias, do desenvolvimento e do desempenho educacional do menor.

Vislumbra-se nada mais do que um dos deveres inerentes à autoridade parental, competindo a ambos os pais o dever de dirigir a criação e educação dos filhos.[11] E, neste ponto, importante destacar que a relação entre pais e filhos não é mais pauta-

---

6. "Art. 53. A criança e o adolescente têm direito à educação, visando ao pleno desenvolvimento de sua pessoa, preparo para o exercício da cidadania e qualificação para o trabalho, assegurando-se-lhes: [...]".
7. "Art. 53 [...]. V – acesso à escola pública e gratuita, próxima de sua residência, garantindo-se vagas no mesmo estabelecimento a irmãos que frequentem a mesma etapa ou ciclo de ensino da educação básica".
8. "Art. 55. Os pais ou responsável têm a obrigação de matricular seus filhos ou pupilos na rede regular de ensino".
9. Código Penal: "Art. 246 – Deixar, sem justa causa, de prover à instrução primária de filho em idade escolar: Pena – detenção, de quinze dias a um mês, ou multa".
10. Observa-se que a LDB não menciona a possibilidade de EAD para a educação infantil, que vai até os 5 anos de idade. Quanto ao ensino fundamental, LDB dispõe: "Art. 32 [...]. § 4º O ensino fundamental será presencial, sendo o ensino a distância utilizado como complementação da aprendizagem ou em situações emergenciais. Já para o ensino médio dispõe: Art. 36. [...] § 11. Para efeito de cumprimento das exigências curriculares do ensino médio, os sistemas de ensino poderão reconhecer competências e firmar convênios com instituições de educação a distância com notório reconhecimento, mediante as seguintes formas de comprovação: I – demonstração prática; II – experiência de trabalho supervisionado ou outra experiência adquirida fora do ambiente escolar; II – atividades de educação técnica oferecidas em outras instituições de ensino credenciadas; IV – cursos oferecidos por centros ou programas ocupacionais; V – estudos realizados em instituições de ensino nacionais ou estrangeiras; VI – cursos realizados por meio de educação a distância ou educação presencial mediada por tecnologias".
11. Código Civil de 2020. "Art. 1.634. Compete a ambos os pais, qualquer que seja a sua situação conjugal, o pleno exercício do poder familiar, que consiste em, quanto aos filhos: I – dirigir-lhes a criação e a educação; [...]".

da em um modelo verticalizado, no qual crianças e adolescentes eram submetidos, muitas vezes, ao mero arbítrio dos desejos dos pais que deixavam os interesses dos filhos em segundo plano. Como lembra Paulo Lôbo, a criança era vista mais como objeto de cuidado e correção do que como sujeito de direitos.[12]

A adoção do modelo de Estado Democrático de Direito e a elevação da dignidade da pessoa humana ao centro do ordenamento jurídico, conduziram ao reconhecimento e fortalecimento da compreensão de que crianças e adolescentes são sujeitos de direitos. Consequentemente, a compreensão de "pátrio poder" se deslocou para a de autoridade parental.

Esta deve assumir uma função educativa voltado à promoção das potencialidades criativas dos filhos e seu exercício deve se concentrar exclusivamente no interesse do menor.[13] O objetivo da autoridade parental, sem dúvidas, é a promoção da autonomia dos filhos e a promoção de todas as condições para o seu desenvolvimento saudável.

A alteração de paradigma passou a exigir dos pais o exercício da paternidade de maneira responsável. Nesse passo, os contornos dos deveres para com o filho ficam cada dia mais evidentes. A vulnerabilidade inerente à peculiar situação de desenvolvimento de crianças e adolescentes, impõe o cuidado em todos as esferas, desde a saúde, a educação, a socialização e a construção da pessoalidade do filho. Tudo isso se justifica, pois é no âmbito familiar que, em princípio, o indivíduo começa a desenvolver sua personalidade de modo saudável e a construir a autonomia para se inserir no meio social, formando as bases para a sua existência digna.[14]

A lei confia aos pais a tarefa de determinar aquilo que constitui o melhor para seus filhos, como função instrumental e promocional da personalidade destes. A autoridade parental, portanto, tem como principal substrato a responsabilidade e não a poder em si.[15] Em outras palavras, a condução da vida e do desenvolvimento do filho corresponde a um dever e não a uma faculdade fundada exclusivamente em concepções pessoais de vida dos pais.

A compreensão da autoridade como instrumento para o desenvolvimento integral dos filhos, evidencia, no tema de debate deste trabalho, que a viabilização e efetivação do direito à educação do contexto pandêmico de ensino a distância é um dever inafastável de pais e responsáveis.

---

12. LÔBO, Paulo. Direito de família e os princípios constitucionais. *In*: PEREIRA, Rodrigo da Cunha (Org.). *Tratado de direito das famílias*. 2 ed. Belo Horizonte: IBDFAM, 2016. p. 127.

13. PERLINGIERI, Pietro. *Perfis do direito civil*: introdução ao direito civil constitucional. Rio de Janeiro: Renovar, 2002. p. 259-260.

14. MORAES, Maria Celina Bodin de. A nova família, de novo – estruturas e função das famílias contemporâneas. *Pensar*, Fortaleza, v. 18, n. 2, p. 587-628, maio.-ago. 2013. p. 594.

15. MENEZES, Joyceane Bezerra; MULTEDO, Renata Vilela. A autonomia ético-existencial do adolescente nas decisões sobre o próprio corpo e a heteronomia dos pais e do Estado no Brasil. In: TEPEDINO, Gustavo; TEIXEIRA, Ana Carolina Brochado; ALMEIDA, Vitor (Coord.). *O direito civil*: entre o sujeito e a pessoa – estudos em homenagem ao professor Stefano Rodotà. Belo Horizonte: Fórum, 2016. p. 318.

O isolamento social e a comunicação digital entre alunos e professores, devolve aos pais uma maior parcela de responsabilidade quanto à educação formal. O período em que os filhos estariam sob a guarda escolar e, portanto, sob uma maior ingerência da instituição de ensino no processo educacional, é deslocado para a companhia dos pais, aos quais passará a caber, em grande medida, a condução e intervenção desse processo. Sem dúvidas, exige-se um esforço ainda maior para que sejam atendidas às necessidades concretas de aprendizagem dos filhos.

Por essa razão, a relevância de se debater as consequências que a negligência ou omissão dos pais em relação às demandas de implantação e efetivação da educação a distância pode gerar na esfera existencial dos filhos. Como destacado no tópico anterior, não cabem exceções, licenças ou férias no exercício da autoridade parental. O contexto extraordinário delineado pela pandemia, apesar de justificar diversas flexibilizações e exceções jurídicas, não isenta, reduz ou flexibiliza, os deveres inerentes a esse múnus em relação a pais aptos ao seu exercício.

A desídia com a assistência educacional não é uma novidade restrita ao estado pandêmico. Ela sempre existiu, tanto que o próprio Estatuto da Criança e do Adolescente já estabelece o dever das instituições de ensino de comunicar ao Conselho Tutelar[16] situações que podem decorrer desse tipo de omissão parental.

O que o isolamento social trouxe de novo, especialmente às classes economicamente abastadas, foi a impossibilidade – ou redução da possibilidade – de a assistência educacional dos pais no dia a dia ser intermediada por terceiros, como o mediador escolar, o professor particular ou a babá. Tais ações passaram a ter que ser desempenhadas diretamente pelos pais. Estes tiveram que fornecer aos filhos computadores ou smartphones conectados à *Internet* para o acesso às aulas. Junto disso, possibilitar um ambiente propício para o menor se concentrar para assistir às aulas, inclusive providenciando, eventualmente, até fones de ouvido. *Pari passu*, observar as recomendações da instituição de ensino, se atentar para que no horário da atividade escolar esteja o filho conectado ou para que seja realizada e devidamente postada. Enfim, tomar todas as medidas para que o processo educacional seja bem-sucedido.

A viabilidade concreta e a efetividade da educação formal pelo modelo a distância, pelo menos no que se trata da classe economicamente privilegiada, depende, em sua maior parte do exercício concreto do dever de cuidado inerente à autoridade parental. Neste ponto, cabe aqui uma advertência sobre o debate proposto neste trabalho. A omissão e negligência com o dever de assistência à educação dos filhos no ensino a distância, tendo em vista a realidade brasileira, tende a ser um debate que circunda as classes sociais mais abastadas, pois, infelizmente, a maior parte da classe baixa durante o isolamento social não teve acesso a esse modelo de ensino.

---

16. É o que se observa da redação do art. 56: "Os dirigentes de estabelecimentos de ensino fundamental comunicarão ao Conselho Tutelar os casos de: I – maus-tratos envolvendo seus alunos; II – reiteração de faltas injustificadas e de evasão escolar, esgotados os recursos escolares; III – elevados níveis de repetência".

Mas no que consiste a negligência ou omissão de cuidado dos pais no ensino a distância?

Obviamente, não se trata de exigir dos pais uma formação pedagógica. Nos referimos às situações em que os interesses educacionais do filho são preteridos em relação aos anseios dos pais, a posturas egoísticas que se isentam completamente ou deixam faltar concretamente o auxílio necessário ao filho para se inserir, adaptar-se e realizar as atividades pedagógicas necessárias. De toda sorte, sobreleva aqui a análise casuística.

Por outro lado, é preciso ter razoabilidade ao se considerar omissões pontuais e relacionadas a falibilidade humana. Não é toda e qualquer negligência e omissão apta a gerar danos. Os pais falham, isso é humano! É preciso saber distinguir o que realmente é uma violação ao poder parental. Ademais, é necessário razoabilidade para se compreender a compatibilização entre as atividades profissionais dos pais e a educação dos filhos no contexto excepcional. Enfim, verificar concretamente o que é esperado e aceitável no cenário da pandemia, sob pena de se tornar a família um lugar inóspito e perigo para (con)viver.

A omissão ou negligência pode ser verificada em situações nas quais os filhos reiteradamente não comparecem às aulas *online* ou não realizam as atividades pedagógicas determinadas pela instituição de ensino. Ou, ainda, pela ausência de mediação dos pais no ambiente virtual educacional. A sala de aula virtual é muito diversa do modelo presencial. Ilustrativamente, basta pensar em 20 crianças falando ao mesmo tempo em uma chamada de vídeo. Qualquer tentativa de solicitar silêncio por parte do professor pode ser fracassada se este não tiver a possibilidade de silenciar os áudios individuais do aluno. Em tais circunstâncias, a intervenção de um adulto no local onde está a criança é fundamental.

A relação professor-aluno foi redesenhada. A atenção que antes poderia ser compartilhada em um único momento, passou a ser, quase que sempre, individualizada. Se antes o professor poderia dispensar atenção a uma criança que mostra o tênis novo enquanto acalentava outros dois alunos, no ensino a distância a comunicação é quase sempre direcionada a indivíduo por indivíduo. A reiteração de situações nas quais a criança se sente abandonada ou negligenciada pelo professor pode acarretar frustrações que levam ao desinteresse pelo ambiente escolar e até comprometimentos de nível psíquico emocional. Por isso, a mediação dos pais junto ao professor e a instituição de ensino é fundamental. Muitas vezes, uma chamada de vídeo individualizada de cinco a dez minutos entre professor e aluno pode suprir a necessidade afetiva da criança ou uma explicação sobre o conteúdo pedagógico.

É possível ainda pensar em situações nas quais os pais deixam o filho livremente à frente do computador, sem qualquer fiscalização, oportunizando que o acesso à *Internet* seja desvirtuado para redes sociais ou páginas de jogos *online*. Aqui, aparentemente o filho assiste à aula, mas efetivamente navega indiscriminadamente pelo mundo virtual.

Entretanto, haverá outras circunstâncias em que a criança faltou à aula ou não postou a atividade na data e horário designados pelo professor, porque, excepcionalmente, no acúmulo de atividades, os pais se esqueceram de pagar a fatura da *Internet*. Tem-se aqui uma situação pontual que não pode ser considerada negligência dos pais com a educação formal dos filhos, ainda mais, quando são tomadas providências céleres para a retomada da prestação de serviços.

A omissão ou negligência dos pais para com o filho no ensino a distância se difere dos ilícitos civis de omissão de cuidado, abandono digital e da alienação parental.

Na omissão de cuidado, já reconhecida pelo Superior Tribunal de Justiça[17], tem-se o reconhecimento do cuidado como um valor jurídico objetivo. Não se discute a metafísica ofensa a um suposto dever de afeto no sentido de amar ou da etérea cláusula geral da dignidade da pessoa humana. A análise circunscreve-se à objetiva conduta antijurídica consubstanciada na omissão do dever de cuidado mencionado nos incisos I e II do art. 1.634 do Código Civil (CC/02). Portanto, na violação dos deveres de criação, educação, companhia e guarda.[18] O reconhecimento desse ilícito está lastreado no reconhecimento da solidariedade familiar que impõe deveres a serem cumpridos reiteradamente no tempo, enquanto perdurar a menoridade dos filhos.

Diferentemente, a omissão ou negligência dos pais com o ensino a distância tem um recorte temporal imposto pelo próprio contexto pandêmico. Ademais, circunda apenas o dever parental em relação educação formal. Os demais deveres, como criação, educação informal e companhia, por exemplo, tendem a ser preservados.

O abandono digital representa uma situação na qual o filho menor, ainda vulnerável aos perigos do ambiente, navega livremente pela Rede, independentemente de orientação e acompanhamento.[19]

Diversos são os riscos de danos que podem atingir várias das esferas da personalidade de crianças e adolescentes, tais como, a honra, a imagem e a integridade física, psíquica e emocional de maneira irreversível. *Cyberbullying*, pedofilia, cooptação de grupos de terroristas, vício em jogos, são alguns dos exemplos, que podem acarretar danos, até mesmo, irreversíveis.[20]

---

17. Nos referimos ao *leading case*: BRASIL. Superior Tribunal de Justiça (3. Turma). *Recurso Especial 159.242/ SP*. Relatora Min. Nancy Andrighi, 24 abr. 2012. Brasília: STJ, 2021. Disponível em: https://scon.stj.jus.br/ SCON/GetInteiroTeorDoAcordao?num_registro=200901937019&dt_publicacao=10/05/2012. Acesso em: 05 jun. 2021.

18. FARIAS, Cristiano Chaves; BRAGA NETTO, Felipe; ROSENVALD, Nelson. *Novo tratado de responsabilidade civil*. 2. ed. São Paulo: Saraiva, 2017. p. 951.

19. TEIXEIRA, Ana Carolina Brochado; MOUTINHO NERY, Maria Carla. Vulnerabilidade digital de crianças e adolescentes: a importância da autoridade parental para uma educação nas redes. In: EHRARDT JÚNIOR, Marcos; LOBO, Fabíola (Org.). *Vulnerabilidade e sua compreensão no direito brasileiro*. Indaiatuba/SP: Ed. Foco, 2021. p. 139.

20. SILVEIRA, Ana Cristina de Melo. CYBERBULLYING: entre estatísticas e danos: a vulnerabilidade de meninas na internet. *In*: FALEIROS JÚNIOR, José Luiz; LONGHI, João Victor Rozatti; GUGLIARA, Rodrigo (Coord.). *Proteção de dados pessoais na sociedade de informação*: entre dados e danos. Ituiutaba/SP: Ed. Foco, 2021. p. 292.

Assim, ainda que se entenda que o acesso à *Internet* seja um direito fundamental de crianças e adolescentes, o exercício desse direito impõe riscos. Paralelamente, é dever dos pais tomar medidas que os minimizem, seja por meio de uso de aplicativos ou *softwares*, seja por diálogos ou, a depender, a checagem dos *e-mails* e redes sociais, e desde que no estrito interesse do menor. É nesse contexto, que a omissão de cuidado decorrente da negligência com a interação da criança e do adolescente com o mundo digital também tem aptidão para acarretar danos que acompanharão a pessoa ao longo da vida, atraindo a responsabilização civil dos pais.[21] Obviamente, é o caso concreto que direcionará as ações dos pais.

Por fim, a omissão ou negligência dos pais pelo ensino a distância também se difere do ilícito consubstanciado na alienação parental. Trata-se de um abuso de direito (art. 187, CC) de um dos pais no exercício da autoridade parental, que se volta a deslegitimar o outro pai ou mãe. Quando as ações ou omissões alienantes geram danos psíquicos, para além das sanções civis descritas no art. 6º da Lei 12.318/10, será viável a imposição da obrigação de indenizar, presente os pressupostos da responsabilidade civil.[22]

Consubstanciando a educação formal um direito fundamental de tamanha dimensão para o desenvolvimento da autonomia e personalidade dos filhos, a omissão dos pais no contexto de ensino a distância pode acarretar danos aos filhos e, portanto, configurar um ilícito que lhes impõe a responsabilização civil. Cumpre analisar no que consiste esse dano e quais os seus critérios de responsabilização, sobre o que nos debruçaremos no tópico que se segue.

3. RESPONSABILIDADE CIVIL DOS PAIS NO ENSINO A DISTÂNCIA

A responsabilidade civil por omissão ou negligência dos pais é *sui generis* pelo próprio recorte temporal inerente ao contexto de isolamento social, o que afeta o próprio descortinar do ilícito.

Nas hipóteses de alienação parental e de omissão de cuidado, nas quais é comum a existência de um contexto de litígio entre os pais, um se aproveita para praticar atos de deslegitimação do outro ou para se omitir dos deveres para com o filho. Os ilícitos, aqui, são continuados e, geralmente, estabelecidos na conjuntura de separação dos pais e, muitas vezes, no exercício unilateral da guarda. Assim, a violação aos interesses do menor acaba sendo revelada por um dos pais, na ação judicial em que se debate a guarda do menor.

Entretanto, na hipótese da omissão do cuidado com o ensino a distância, muitas das situações que acarretam dano situam-se em relações não litigiosas entre os pais,

---

21. SILVEIRA, Ana Cristina de Melo. Responsabilidade parental em tempos digitais. *Portal Migalhas*, São Paulo, 22 set. 2020. Disponível em: https://www.migalhas.com.br/coluna/migalhas-de-responsabilidade--civil/333668/responsabilidade-parental-em-tempos-digitais. Acesso em: 21 set. 2021.
22. FARIAS, Cristiano Chaves; BRAGA NETTO, Felipe; ROSENVALD, Nelson. *Novo tratado de responsabilidade civil*. 2. ed. São Paulo: Saraiva, 2017. p. 977

seja porque o casal ainda compõe uma família, seja porque o exercício da guarda é uma questão pacífica entre os pais. Portanto, em muitos casos, dificilmente, a omissão escapará à intimidade da família. A discussão dos danos causados ao filho terá palco apenas em eventuais litígios no qual se discute a guarda do menor.

Mas, o que no que consiste o dano decorrente da omissão ou negligência dos pais no ensino a distância?

Dispõe o art. 186 do Código Civil de 2002, "aquele que, por ação ou omissão voluntária, negligência ou imperícia, violar o direito e causar dano a outrem, ainda que exclusivamente moral, comete ato ilícito". Trata-se de uma cláusula geral de ilicitude culposa, ou seja, revela que no direito privado os fatos ilícitos não são tipificados.

O ilícito é um fenômeno cultural e contingente, abrangendo todo o comportamento que viole não apenas as regras, mas também os princípios e direitos fundamentais. Como norma de caráter vago, poderá o poder judiciário renovar as hipóteses de ilicitude ao passo da dinâmica social.[23] Portanto, os novos danos decorrentes da sociedade de informação e suas inúmeras possibilidades seguem amplamente amparados pela responsabilidade civil.

O dano a que se refere o Código Civil deve ser compreendido como a lesão a um interesse concretamente merecedor de tutela, seja patrimonial, extrapatrimonial, individual ou metaindividual. Nota-se que o vocábulo injusto qualifica um dano que ofende um interesse merecedor de tutela. "O dano indenizável como injusto é aquele relevante segundo uma ponderação de interesses em jogo à luz de princípios constitucionais".[24]

Portanto, é crucial compreender que não é qualquer dano que desencadeia o dever de indenizar. Imprescindível que o prejuízo sofrido pela vítima seja injusto na acepção jurídica, ou seja, é injusto de acordo com uma valoração comparativa dos interesses em conflito.

Em outras palavras, o que torna o dano indenizável é o fato de decorrer de uma conduta antijurídica.[25] E, essa antijuridicidade, tendo em vista a adoção de uma cláusula geral do dano, será analisada no caso concreto, por meio da técnica de ponderação de interesses.

A guinada da responsabilidade civil na direção da proteção da pessoa humana, possibilitou que o dano transpusesse a noção de prejuízo material para alcançar prejuízos na esfera existencial, passando a englobar aspectos materiais e extrapatrimoniais.

Quando a lesão afeta um interesse existencial concretamente merecedor de tutela, quatro espécies de dano são diferenciadas pela doutrina: o dano à imagem, o

---

23. FARIAS, Cristiano Chaves; BRAGA NETTO, Felipe; ROSENVALD, Nelson. *Novo tratado de responsabilidade civil.* 2. ed. São Paulo: Saraiva, 2017. p. 166.

24. FARIAS, Cristiano Chaves; BRAGA NETTO, Felipe; ROSENVALD, Nelson. *Novo tratado de responsabilidade civil.* 2. ed. São Paulo: Saraiva, 2017. p. 251.

25. MIRAGEM, Bruno. *Responsabilidade civil.* 2. ed. Rio de Janeiro: Forense, 2021. p. 80.

dano estético, o dano existencial e o dano moral. Tal taxonomia busca, na medida do possível, contribuir para uma reparação integral, sem que, ao mesmo tempo, o dano extrapatrimonial seja inflado a ponto de nada representar.[26] Quanto à omissão ou negligência dos pais pela educação dos filhos por ensino a distância, coerente se cogitar de danos existenciais ou morais.

O dano existencial pode ser conceituado como a modificação prejudicial relevante na vida de uma pessoa decorrente de um fato danoso que acompanha a vítima na operosidade, dinamismo e qualidade de sua vida. Ilustrativamente, pode-se cogitar de consequências graves e irreversíveis a atividades do cotidiano como se alimentar e vestir, decorrentes de um acidente de um eletricista ou na infertilidade da vítima.[27]

Nos casos do ensino a distância é possível pensar em situações nas quais a criança foi de tal forma relegada ao abandono em frente às telas nos momentos de aula ou às tarefas *online* determinadas pela instituição de ensino, que desenvolveu alguma aversão ou trauma que comprometerá a sua inserção no ambiente escolar e desempenho no aprendizado, de maneira permanente. Ou, ainda, um o sofrimento emocional relacionado ao ensino formal que o acompanhará por anos a fio. No caso, a ausência ou insuficiente mediação dos pais entre aluno e professor, aluno e atividades *online* acarretou o dano. São hipóteses mais graves e, talvez, (felizmente) mais escassas na concretude da vida.

Em princípio, parecem-nos que eventuais lesões estarão mais voltadas para o campo do dano moral. Tem-se aqui uma lesão que deve ser aferida por exclusão, representando hipótese de lesão a um interesse existencial concretamente merecedor de tutela, que não seja a captação indevida da imagem ou da funcionalidade orgânica (dano estético). Serão, portanto, as ofensas à reputação, privacidade e integridade psíquica. Ademais, o dano moral resulta de uma violação à personalidade cujas consequências deletérias se circunscrevem ao evento danoso. Por outro lado, o dano existencial tem a sua medida na permanência da eficácia danosa sobre a operosidade, dinamismo e qualidade de uma vida.[28]

A distinção tem repercussões jurídicas práticas. A compreensão de dano existencial pode gerar a discussão da aplicabilidade do termo inicial do prazo prescricional trienal do Código Civil. Ademais, a distinção justifica a condenação em valores mais significativos nas hipóteses de danos existenciais em relação aos casos de danos mo-

---

26. ROSENVALD, Nelson. Por uma tipologia aberta dos danos extrapatrimoniais. *Portal Migalhas*, São Paulo, 23 abr. 2020. Disponível em: https://www.migalhas.com.br/coluna/migalhas-de-responsabilidade-civil/325209/por-uma-tipologia-aberta-dos-danos-extrapatrimoniais. Acesso em 21 set. 2021.

27. ROSENVALD, Nelson. Por uma tipologia aberta dos danos extrapatrimoniais. *Portal Migalhas*, São Paulo, 23 abr. 2020. Disponível em: https://www.migalhas.com.br/coluna/migalhas-de-responsabilidade-civil/325209/por-uma-tipologia-aberta-dos-danos-extrapatrimoniais. Acesso em 21 set. 2021.

28. ROSENVALD, Nelson. Por uma tipologia aberta dos danos extrapatrimoniais. *Portal Migalhas*, São Paulo, 23 abr. 2020. Disponível em: https://www.migalhas.com.br/coluna/migalhas-de-responsabilidade-civil/325209/por-uma-tipologia-aberta-dos-danos-extrapatrimoniais. Acesso em 21 set. 2021.

rais, afastando uma possível hipertrofia do dano moral pela vida da adição de critérios punitivos como forma de ampliação do montante compensatório.[29]

Entretanto, ainda que o dano seja detectado, a responsabilização civil dos pais depende da verificação do elemento nexo causal, pois não escapa à relação de causa e efeito entre o fato gerador e o dano. É preciso que, por laudos técnicos ou provas testemunhais, seja possível demonstrar que o dano afirmado à esfera existencial do menor está relacionado ao não exercício adequado da autoridade parental no contexto de ensino a distância. Da mesma forma, importante que seja demonstrada a culpa, pois a responsabilidade dos pais na hipótese é direcionada pela teoria subjetiva.

O fato é que o dano pode se revelar de inúmeras formas e em cada uma delas o nexo causal deverá ser perquirido casuisticamente.

A título de exemplo, a perda do ano letivo, à luz do caso concreto, pode ser compreendida como um dano de natureza psíquica ao menor. Mas, para tanto, parece-nos imprescindível que a criança ou o adolescente, psíquica ou emocionalmente, seja abalado pela reprovação. Não basta a reprovação em si, é necessária a alteração no estado psíquico do menor, o que deve ser demonstrado por estudos técnicos que demonstrem o nexo causal entre o abalo e a reprovação. No caso, a contribuição dos pais para o fato perda do ano letivo pode ser verificada mais facilmente quando a reprovação decorrer do excesso de faltas ou pela não entrega das atividades pedagógicas determinadas pela instituição de ensino.

A par dos pressupostos de responsabilização civil – ilícito civil, culpa, dano e nexo causal – é preciso verificar em quais situações os pais podem ser responsabilizados pelos danos causados aos filhos.

A guarda, sem dúvida, é o primeiro fator de aferição, entretanto, contemporaneamente, não é o único.

A autoridade parental não se esgota na guarda, pois compreende uma multiplicidade de deveres na relação com os filhos, como o dever de proteção, cuidado e educação.[30] Em outras palavras, a guarda unilateral, por si só, não alija o pai ou mãe da ingerência na vida do filho. Aquele que não a exerce, nos termos do § 3º do art. 1.539 CC/02, fica obrigado a supervisionar os interesses do filho.[31] Os deveres persistem no que se refere à educação, pois o *caput* do art.

---

29. ROSENVALD, Nelson. Por uma tipologia aberta dos danos extrapatrimoniais. *Portal Migalhas*, São Paulo, 23 abr. 2020. Disponível em: https://www.migalhas.com.br/coluna/migalhas-de-responsabilidade-civil/325209/por-uma-tipologia-aberta-dos-danos-extrapatrimoniais. Acesso em 21 set. 2021.

30. Nesse sentido, o Superior Tribunal de Justiça tem reiterado o seu posicionamento (BRASIL. Superior Tribunal de Justiça (4. Turma). *Recurso Especial 1.436.401/MG*. Relator Min. Luiz Felipe Salomão, 1º fev. 2017. Brasília: STJ, 2021. Disponível em: https://scon.stj.jus.br/SCON/GetInteiroTeorDoAcordao?num_registro=201303517147&dt_publicacao=16/03/2017. Acesso em: 05 jun. 2021).

31. "Art. 1.583 [...] 3º: A guarda unilateral obriga o pai ou a mãe que não a detenha a supervisionar os interesses do filho".

1.589[32], dispõe que, além de poder visitar e ter os filhos em sua companhia, o pai não guardião pode fiscalizar a manutenção e educação dos menores. Apesar de a redação do dispositivo sugerir uma faculdade do pai, tem-se aqui mais um poder decorrente da autoridade parental. Não poderia se admitir que a guarda unilateral representasse o deslocamento sob os ombros de apenas um dos pais os deveres de educação, cuidado e manutenção.

Entretanto, as afirmações apriorísticas e abstratas também podem redundar em decisões desproporcionais e inexatas. É preciso reconhecer que há exceções, tanto no exercício da guarda unilateral como na compartilhada. É comum, que o pai ou a mãe que não tem a guarda não tenha, de fato, nenhuma ascendência ou controle sobre o que faz o menor, nem tampouco sobre a sua educação, como ocorre, infelizmente, em casos de alienação parental. Por isso, nessas situações não se pode cogitar da responsabilização civil do pai ou a mãe pelo dano decorrente da omissão de cuidado com o ensino a distância.[33]

Os moldes da guarda compartilhada são diversos e serão delineados pelo juiz ou consensualmente pelas partes com vistas à realidade fática dos envolvidos. Por isso, a fixação da residência do menor junto da mãe ou do pai, também não afasta o dever de educação do outro. Tampouco o fato de o pai ou a mãe exercer o direito de visitas aos finais de semana ou quinzenalmente. Em todas os diversos moldes, caberá a ambos os pais, no exercício da autoridade parental, tomar todas as providências necessárias para que o ensino a distância seja viabilizado e efetivado para o filho. Ainda que o filho não tenha uma convivência diária com o pai ou mãe, incumbe a este verificar como o filho está vivenciando o ensino a distância. Para tanto, pode, até mesmo, solicitar à instituição de ensino informações sobre o desenvolvimento do filho.

Certamente, são circunstâncias que podem iluminar de razoabilidade as soluções. Por isso, não cabem soluções apriorísticas e abstratas.

Dando um passo à frente, cumpridos os pressupostos de responsabilização civil do pai ou da mãe que foi omisso ou negligente na educação a distância, pode-se, além de todo o exposto até aqui, indagar sobre a efetividade de eventual sentença que o condene a compensar o filho pelos danos sofridos.

A responsabilidade civil é uma tutela nitidamente repressiva, portanto, posterior ao dano. Ela aguarda a ocorrência da lesão, para só então agir, objetivando a restauração do estado anterior, seja pela via da indenização de danos patrimoniais ou pela compensação de danos morais. Quando os danos são de natureza extrapatrimonial, como os que podem ser gerados pela omissão ou negligência dos pais no ensino a

---

32. "Art. 1.589. O pai ou a mãe, em cuja guarda não estejam os filhos, poderá visitá-los e tê-los em sua companhia, segundo o que acordar com o outro cônjuge, ou for fixado pelo juiz, bem como fiscalizar sua manutenção e educação".

33. FARIAS, Cristiano Chaves; BRAGA NETTO, Felipe; ROSENVALD, Nelson. *Novo tratado de responsabilidade civil*. 2. ed. São Paulo: Saraiva, 2017. p. 610.

distância, o valor pecuniário arbitrado limitará a compensar o menor, mas, jamais o recomporá psíquica ou emocionalmente.

São danos que têm fundamento na dignidade da pessoa humana. Por isso, afirma-se que os danos extrapatrimoniais são merecedores de tutela privilegiada.[34]

E, justamente, pelo caráter inestimável dos danos à esfera da personalidade humana e a impossibilidade de se repristinar *ao status quo ante*, verifica-se que a função reparatória extrapola, em muito, a noção de indenização. Na verdade, na hipótese o princípio da reparação integral atua como um ideal que, ainda, que inatingível, serve como diretriz para se buscar amplamente, e desde que respeitados os demais princípios de ordem constitucional, amparar a vítima de um dano extrapatrimonial.

Por essa razão, vista pelo âmbito exclusivo da reparação civil, a responsabilidade civil é um medicamento que ataca os sintomas sem combater a doença.[35]

Nessa toada, ganham relevância as tutelas inibitórias como resposta às necessidades diferenciadas, especialmente na proteção à efetivação dos interesses de crianças e adolescentes. Isso porque elas operam para a prevenção de futuros danos a direitos, com base na mera ameaça de violação do *neminem laedere*, ou ao perigo de reiteração de violação de deveres genéricos. A tutela inibitória é uma ferramenta intimamente vinculada ao ilícito e que merece especial atenção do estudioso do direito civil, especialmente por seu caráter preventivo, consistente em não aguardar que os danos tenham lugar para que ele se faça valer.

Havendo risco de violação ao direito à educação formal de crianças e adolescentes – interesse inegavelmente de direcionado à construção da autonomia e do exercício do livre desenvolvimento da personalidade – não se pode aguardar a implementação do dano. A doutrina da proteção integral e o princípio do melhor interesse impõem à busca por tutelas de caráter preventivo, e a tutela inibitória a tanto se presta.

No caso concreto poderá o magistrado determinar medidas que atendam à necessidade individual de efetivação desse direito, seja determinado que os pais observem o horário de aulas *online* do menor, providenciando que este esteja presente ou realize as atividades nos prazos determinados.

Nesse sentido, há de se lembrar que as sanções preventivas, visam a própria proteção do bem jurídico, como a possibilidade de suspensão da autoridade parental, conforme autoriza o caput do art. 1.637, do Código Civil[36], ou mesmo

---

34. MONTEIRO FILHO, Carlos Edison do Rêgo. Limites ao princípio da reparação integral no direito brasileiro. *Civilistica.com*, Rio de Janeiro, a. 7, n. 1, 2018. Disponível em: http://civilistica.com/limites-ao-principio--da-reparacao-integral/. Acesso em: 21 set. 2021.

35. ROSENVALD, Nelson. *As funções da responsabilidade civil*. 3. ed. São Paulo: Saraiva, 2017. p. 113.

36. "Art. 1.637. Se o pai, ou a mãe, abusar de sua autoridade, faltando aos deveres a eles inerentes ou arruinando os bens dos filhos, cabe ao juiz, requerendo algum parente, ou o Ministério Público, adotar a medida que lhe pareça reclamada pela segurança do menor e seus haveres, até suspendendo o poder familiar, quando convenha".

a aplicação das medidas protetivas elencadas do Estatuto da Criança e do Adolescente.[37]

Vale ressaltar que a aplicação de tutela inibitória prescinde da implementação do dano, pois a violação à norma é suficiente. A antijuridicidade de um comportamento lesivo surge ainda antes que o dano se verifique e dele prescinde. Os dois elementos, antijuridicidade e dano, são ontologicamente distintos e somente se encontram quando há um fato ilícito danoso. Verificada a omissão ou negligência dos pais apta a gerar danos ao menor no contexto de ensino a distância, não se deve aguardar a implementação de lesões. Ao contrário, é fundamental que se lance mão de medidas que possam paralisar o ilícito, evitando-se que se atinja a lesão.

Por isso, é um erro de perspectiva dimensionar a responsabilidade civil pelo filtro apriorístico do binômio ilícito/dano, pois equivale em conceber que o direito recorre a essa pretensão para evitar um dano futuro. Mas, na verdade, o que se pretende combater é o próprio ilícito, já verificado pela prática de um ato de agressão ao sistema jurídico.[38]

Restam, ainda, medidas de cunho administrativo, operadas por meio do Conselho Tutelar. Como já mencionado, as instituições de ensino deverão comunicar ao órgão a reiteração de faltas injustificadas e os casos de omissão dos pais, o que contribui para que medidas preventivas sejam tomadas, evitando-se a lesão ao direito fundamental de educação formal.

O que avulta, de fato, é eleger medidas que tenham a maior efetividade possível para assegurar o direito à educação formal de crianças e adolescentes no ensino a distância.

4. CONCLUSÃO

A implementação do ensino a distância para crianças e adolescentes, como forma excepcional de viabilizar a continuidade da educação formal revelou os próprios arranjos cotidianos das famílias de classe média e alta quanto às atividades relacionadas à dinâmica escolar dos filhos no Brasil. Todavia, ao desvelar as dinâmicas familiares, acabou por demonstrar contextos propícios para a violação dos interesses educacionais de crianças e adolescentes por meio da omissão ou negligência dos pais. A autoridade parental não tira férias ou licenças, devendo, em qualquer circunstância ou conjuntura ser exercida com foco no melhor interesse da criança e do adolescente.

---

37. Lei 8.036 de 1990: "Art. 101. Verificada qualquer das hipóteses previstas no art. 98, a autoridade competente poderá determinar, dentre outras, as seguintes medidas: I – encaminhamento aos pais ou responsável, mediante termo de responsabilidade; II – orientação, apoio e acompanhamento temporários; III – matrícula e freqüência obrigatórias em estabelecimento oficial de ensino fundamental; IV – inclusão em serviços e programas oficiais ou comunitários de proteção, apoio e promoção da família, da criança e do adolescente; V – requisição de tratamento médico, psicológico ou psiquiátrico, em regime hospitalar ou ambulatorial; VI – inclusão em programa oficial ou comunitário de auxílio, orientação e tratamento a alcoólatras e toxicômanos; VII – acolhimento institucional; VIII – inclusão em programa de acolhimento familiar; X – colocação em família substituta. [...]".

38. FARIAS, Cristiano Chaves; BRAGA NETTO, Felipe; ROSENVALD, Nelson. *Novo tratado de responsabilidade civil*. 2. ed. São Paulo: Saraiva, 2017. p. 944.

O tema é árduo e não autoriza soluções apriorísticas e abstratas. Não é qualquer omissão ou negligência apta ensejar a responsabilização civil dos pais. Há de se reconhecer ainda que, frequentemente, a aferição do nexo causal entre o dano e a omissão será fluida e dependerá de interpretações dos magistrados.

Somente a análise casuística pode indicar se o pai ou mãe pode ser responsabilizado. A concessão de guarda unilateral não se presta para *a priori*, afastar a responsabilidade daquele que não detém a guarda. Da mesma forma, não autoriza a responsabilização automática de ambos os pais nas hipóteses de guarda compartilhada.

O fato é que, seja qual for o contexto individual de implementação do dano pela omissão dos pais, a tutela reparatória não pode ser vista como suficiente. O direito que se busca assegurar demanda medidas que evitem a implementação do dano pela paralização do ilícito.

Há no tema duas diretrizes essenciais: efetivação do direito à educação formal e prevenção da implementação do dano.

5. REFERÊNCIAS

BERLINI, Luciana Fernandes; FUZIGER, Rodrigo José. Homeschooling e o direito à educação: as tutelas civil e penal da responsabilidade parental. *Revista IBERC*, Belo Horizonte, v. 3, n. 1, p. 1-31, jan.-abr. 2020. Disponível em: https://revistaiberc.responsabilidadecivil.org/iberc/article/view/108. Acesso em: 02 jun. 2020.

BRASIL. Constituição (1988). *Constituição da República Federativa do Brasil de 1988*. Brasília, DF: Presidência da República, 2021. Disponível em: http://www.planalto.gov.br/ccivil_03/constituicao/constituicaocompilado.htm. Acesso em: 10 fev. 2021.

BRASIL. *Decreto-Lei 2.848 de 07 de dezembro de 1940*. Código Penal. Brasília, DF: Presidência da República, 2021. Disponível em: http://www.planalto.gov.br/ccivil_03/decreto -lei/del2848compilado.htm. Acesso em: 21 set. 2021.

BRASIL. *Lei 8.069, de 13 de julho de 1990*. Institui o Estatuto da Criança e do Adolescente. Brasília, DF: Presidência da República, 2021. Disponível em: http://www.planalto.gov.br/ccivil_03/leis/l8069.htm. Acesso em: 21 set. 2021.

BRASIL. *Lei 9.394, de 20 de dezembro de 1996*. Estabelece as diretrizes e bases da educação nacional. Brasília, DF: Presidência da República, 2021. Disponível em: http://www.planalto.gov.br/ccivil_03/leis/l9394.htm. Acesso em: 21 set. 2021.

BRASIL. *Lei 10.406, de 10 de janeiro de 2002*. Institui o Código Civil. Brasília, DF: Presidência da República, 2021. Disponível em: http://www.planalto.gov.br/ccivil_03/leis/200 2/L10406compilada.htm. Acesso em: 21 set. 2021.

BRASIL. Superior Tribunal de Justiça (3. Turma). *Recurso Especial 159.242/SP*. Relatora Min. Nancy Andrighi, 24 abr. 2012. Brasília: STJ, 2021. Disponível em: https://scon.stj.jus.br/SCON/GetInteiroTeorDoAcordao?num_registro=200901937019&dt_publicacao=10/05/2012. Acesso em: 21 set. 2021.

BRASIL. Superior Tribunal de Justiça (4. Turma). *Recurso Especial 1.436.401/MG*. Relator Min. Luiz Felipe Salomão, 01 fev. 2017. Brasília: STJ, 2021. Disponível em: https://scon.stj.jus.br/SCON/GetInteiroTeorDoAcordao?num_registro=201303517147&dt_publicacao=16/03/2017. Acesso em: 05 jun. 2021.

ENSINO híbrido é tendência para a vida escolar no mundo pós-pandemia. *Agência Brasil*, São Paulo, 14 jul. 2020. Disponível em: https://agenciabrasil.ebc.com.br/educacao/noticia/2020-07/ensino-hibrido-e-tendencia-para-vida-escolar-no-mundo-pos-pandemia. Acesso em: 21 set. 2021.

FARIAS, Cristiano Chaves; BRAGA NETTO, Felipe; ROSENVALD, Nelson. *Novo tratado de responsabilidade civil*. 2. ed. São Paulo: Saraiva, 2017.

LÔBO, Paulo. Direito de família e os princípios constitucionais. In: PEREIRA, Rodrigo da Cunha (Org.). *Tratado de direito das famílias*. 2. ed. Belo Horizonte: IBDFAM, 2016. p. 103-131.

MENEZES, Joyceane Bezerra; MULTEDO, Renata Vilela. A autonomia ético-existencial do adolescente nas decisões sobre o próprio corpo e a heteronomia dos pais e do Estado no Brasil. In: TEPEDINO, Gustavo; TEIXEIRA, Ana Carolina Brochado; ALMEIDA, Vitor (Coord.). *O direito civil – entre o sujeito e a pessoa – estudos em homenagem ao professor Stefano Rodotà*. Belo Horizonte: Fórum, 2016. p. 305-311.

MIRAGEM, Bruno. *Responsabilidade civil*. 2. ed. Rio de Janeiro: Forense, 2021.

MONTEIRO FILHO, Carlos Edison do Rêgo. Limites ao princípio da reparação integral no direito brasileiro. *Civilistica.com*, Rio de Janeiro, a. 7, n. 1, 2018. Disponível em: http://civilistica.com/limites-ao-principio-da-reparacao-integral/. Acesso em: 23 set. 2021.

MORAES, Maria Celina Bodin de. A nova família, de novo – estruturas e função das famílias contemporâneas. *Pensar*, Fortaleza, v. 18, n. 2, p. 587-628, maio.-ago. 2013.

PERLINGIERI, Pietro. *Perfis do direito civil*: introdução ao direito civil constitucional. Rio de Janeiro: Renovar, 2002.

POLANCZYK, Guilherme V. O custo da pandemia sobre a saúde mental de crianças e adolescentes. *Jornal da USP*, São Paulo, 20 maio 2020. Disponível em: https://jornal.usp.br/artigos/o-custo-da-pandemia-sobre-a-saude-mental-de-criancas-e-adolescentes/. Acesso em: 21 set. 2021.

ROSENVALD, Nelson. *As funções da responsabilidade civil*. 3. ed. São Paulo: Saraiva, 2017.

ROSENVALD, Nelson. Por uma tipologia aberta dos danos extrapatrimoniais. *Portal Migalhas*, São Paulo, 23 abr. 2020. Disponível em: https://www.migalhas.com.br/coluna/migalhas-de-responsabilidade-civil/325209/por-uma-tipologia-aberta-dos-danos-extrapatrimoniais. Acesso em 21 set. 2021.

SILVEIRA, Ana Cristina de Melo. CYBERBULLYING: entre estatísticas e danos: a vulnerabilidade de meninas na internet. In: FALEIROS JÚNIOR, José Luiz; LONGHI, João Victor Rozatti; GUGLIARA, Rodrigo (Coord.). *Proteção de dados pessoais na sociedade de informação*: entre dados e danos. Ituiutaba/SP: Ed. Foco, 2021. p. 291-310.

SILVEIRA, Ana Cristina de Melo. Responsabilidade parental em tempos digitais. *Portal Migalhas*, São Paulo, 22 set. 2020. Disponível em: https://www.migalhas.com.br/coluna/migalhas-de-responsabilidade-civil/333668/responsabilidade-parental-em-tempos-digitais. Acesso em: 22 set. 2021.

TEIXEIRA, Ana Carolina Brochado; MOUTINHO NERY, Maria Carla. Vulnerabilidade digital de crianças e adolescentes: a importância da autoridade parental para uma educação nas redes. In: EHRARDT JÚNIOR, Marcos; LOBO, Fabíola (Org.). *Vulnerabilidade e sua compreensão no direito brasileiro*. Indaiatuba/SP: Ed. Foco, 2021. p. 133-147.

9
AUTORREGULAÇÃO E RESPONSABILIDADE CIVIL DOS PROVEDORES DE APLICAÇÃO COMO FERRAMENTA NO COMBATE AO *CYBERBULLYING*

Rafael de Freitas Valle Dresch

Pós-doutor na University of Illinois/US. Doutor em Direito na Pontifícia Universidade Católica do Rio Grande do Sul (PUCRS), com estágio doutoral na University of Edinburgh/UK. Mestre pela Universidade Federal do Rio Grande do Sul (UFRGS) em Direito Privado. Professor da UFRGS.

Lílian Brandt Stein

Mestranda em Direito na UFRGS. Especialista em Direito dos Contratos e da Responsabilidade Civil na Escola de Direito Unisinos LES – Law, Economics and Society. Bacharel em Direito e em Jornalismo pela Unisinos.

Sumário: 1. Introdução – 2. Crianças e adolescentes na internet: riscos, desafios e possibilidades; 2.1 O direito de crianças e adolescentes frente às novas tecnologias e a ameaça do *cyberbullying;* 2.2 Controle do *cyberbullying* a partir da regulação: o microssistema de responsabilização civil dos provedores por conteúdo gerado por seus usuários – 3. Os provedores se organizam espontaneamente: medidas adotadas com base na autorregulação; 3.1 A autonomia dos provedores a partir da autorregulação: conceito e possibilidades; 3.2 Termos de uso e de serviços, diretrizes e padrões de comunidade: o que as redes sociais têm feito para enfrentar o *cyberbullying* – 4. Considerações finais – 5. Referências.

1. INTRODUÇÃO

TikTok, Likee, Instagram, Twitter, Pinterest, Facebook... são muitas as opções, dentre variadas propostas, para quem quer se aventurar nas redes sociais. Várias delas ganham cada vez mais força junto ao público jovem: o TikTok, aplicativo que permite gravar vídeos curtos, geralmente com danças e dublagens, foi o mais baixado do mundo em 2020[1] – e não é raro, hoje em dia, deparar-se com crianças e adolescentes ensaiando suas características coreografias em frente ao celular.

Em um cenário de mudanças nas formas de se relacionar (especialmente para aqueles que passaram a encontrar colegas e amigos apenas virtualmente), a internet se mostrou uma, cada vez mais utilizada, ferramenta para ver o mundo. Entre os mais jovens, o acesso às redes já vinha se mostrando massivo. Conforme dados da pesquisa Consulta Brasil: o que as crianças e adolescentes têm a dizer sobre o uso

---

1. APP ANNIE INTELLIGENCE. *State of mobile 2021*. São Francisco, 2021. Disponível em: https://www.appannie.com/en/go/state-of-mobile-2021/. Acesso em: 29 jul. 2021. p. 50.

das tecnologias da informação e comunicação (TIC),[2] divulgada em junho de 2020, dos 6,3 mil entrevistados, com idades entre nove e 17 anos, 86% declararam utilizar a internet pelo menos uma vez ao dia, e 70% disseram que o acesso partia de dispositivos próprios, em especial, o celular. Apenas metade dos participantes declarou ter suas atividades online acompanhadas pelos pais ou por um responsável.

Não se mostram frutíferas as discussões sobre como manter esse público longe do online: o avanço das tecnologias, afinal, tem servido de indiscutível ferramenta a fortalecer seus direitos, seja porque viabiliza a socialização, seja porque permite o acesso à educação, bem como a produtos e serviços. As muitas possibilidades, no entanto, igualmente podem conduzir a violações e abusos – dentre elas, o *cyberbullying*.

Este estudo pretende lançar luz sobre o papel das redes sociais no combate a esse tipo de prática, sobretudo a partir da perspectiva da autorregulação e termos de uso. Para tanto, a primeira parte busca traçar um panorama sobre a presença de crianças e adolescentes na internet, bem como os riscos que esse espaço representa, especialmente considerando o *cyberbullying*. Ainda, analisa-se, de maneira breve, o microssistema de responsabilidade civil dos provedores frente a danos causados por conteúdo gerado por seus usuários – porque importante ferramenta a moldar e condicionar, também, o agir espontâneo das plataformas em relação a condutas lesivas no ambiente virtual.

Apresentado o cenário sob a perspectiva da regulação estatal, passa-se a analisar, na segunda parte do estudo, as alternativas sob o ponto de vista da autorregulação (ou, ainda, da autorregulação regulada), para, ao fim, observar medidas que já vêm sendo adotadas por redes sociais como o Facebook, Instagram e o TikTok, com base em seus termos de uso e diretrizes de comunidade, no que diz respeito ao *cyberbullying*.

2. CRIANÇAS E ADOLESCENTES NA INTERNET: RISCOS, DESAFIOS E POSSIBILIDADES

A primeira parte deste estudo se volta, para fins de contextualização, a analisar, ainda que brevemente, o acesso e uso de crianças e adolescentes à internet e, principalmente, às redes sociais – que tem, entre suas principais ameaças, as práticas de agressão comumente chamadas de *cyberbullying*, conceito que igualmente será explorado. Na sequência, analisa-se, sob o ponto de vista da regulação estatal, o microssistema de responsabilidade civil dos provedores de aplicação em relação a danos causados por conteúdos gerados por terceiros (seus usuários).

Ainda que a abordagem aqui proposta trate do combate ao *cyberbullying* no âmbito da autorregulação, a compreensão do referido microssistema, que emerge

---

2. VIRAÇÃO EDUCOMUNICAÇÃO. *Consulta Brasil:* o que as crianças e adolescentes têm a dizer sobre o uso das tecnologias da informação e comunicação (TIC). São Paulo, dez. 2019. Disponível em: https://www.gov.br/mdh/pt-br/assuntos/noticias/2020-2/julho/201912_Relatorio_PesquisaEAtividadesConsultaBrasil-ViracaoRedeCS.pdf. Acesso em: 30 jul. 2021.

da Lei 12.965, de 23 de abril de 2014 (Marco Civil da Internet),[3] se faz de absoluta relevância. Isso porque, ao mesmo tempo que permite identificar vulnerabilidades que demandam uma atuação mais incisiva dos provedores no sentido de proteger os usuários, também estimula importante uma reflexão a respeito dos incentivos conferidos a esses provedores para que efetivamente busquem tornar o ambiente virtual mais seguro e saudável

2.1 O direito de crianças e adolescentes frente às novas tecnologias e a ameaça do *cyberbullying*

A proteção integral à criança e ao adolescente foi assegurada antes mesmo da promulgação, no Brasil, da Convenção sobre os Direitos da Criança,[4] em novembro de 1990. A Constituição Federal de 1988,[5] afinal, especificamente por meio do artigo 227, já conferia à família, à sociedade e ao Estado o dever à promoção de direitos e garantias da criança, do adolescente e do jovem, "*com absoluta prioridade*".[6]

A essa importante disposição, se somou o Estatuto da Criança e do Adolescente (Lei 8.069, de 13 de julho de 1990 – ECA),[7] considerando criança a pessoa com até 12 anos incompletos e adolescente, aquele entre 12 e 18 anos – ambos gozando, nos termos de seu artigo 3º, de "todos os direitos fundamentais inerentes à pessoa humana", e tendo asseguradas "todas as oportunidades e facilidades, a fim de lhes facultar o desenvolvimento físico, mental, moral, espiritual e social, em condições de liberdade e de dignidade".

Muito mudou desde então. Mais de trinta anos depois, os cenários descortinados pela tecnologia carregam, por certo, uma série de facilidades, e as inovações têm impactado fortemente no dia a dia de milhões de pessoas no mundo todo, inseridas na Sociedade em Rede de Manuel Castells.[8] Crianças e adolescentes fazem parte desse movimento e, de fato, assim não poderia deixar de ser, especialmente em um período no qual, no mundo todo, até mesmo a educação acabou condicionada ao acesso à internet. Não há dúvidas de que "O acesso efetivo às tecnologias digitais pode ajudar as crianças a exercer toda a gama de seus direitos civis, políticos, cul-

---

3. BRASIL. *Lei 12.965, de 23 de abril de 2014*. Estabelece princípios, garantias, direitos e deveres para o uso da Internet no Brasil. Disponível em: http://www.planalto.gov.br/ccivil_03/_ato2011-2014/2014/lei/l12965.htm. Acesso em: 25 jul. 2021.
4. BRASIL. *Decreto 99.710, de 21 de novembro de 1990*. Promulga a Convenção sobre os Direitos da Criança. Disponível em: http://www.planalto.gov.br/ccivil_03/decreto/1990-1994/d99710.htm. Acesso em: 30 jul. 2021.
5. BRASIL. *Constituição (1988)*. Constituição da República Federativa do Brasil de 1988. Disponível em: http://www.planalto.gov.br/ccivil_03/constituicao/constituicao.htm. Acesso em: 28 jul. 2021.
6. Art. 227, CF. É dever da família, da sociedade e do Estado assegurar à criança, ao adolescente e ao jovem, com absoluta prioridade, o direito à vida, à saúde, à alimentação, à educação, ao lazer, à profissionalização, à cultura, à dignidade, ao respeito, à liberdade e à convivência familiar e comunitária, além de colocá-los a salvo de toda forma de negligência, discriminação, exploração, violência, crueldade e opressão.
7. BRASIL. *Lei 8.069, de 13 de julho de 1990*. Dispõe sobre o Estatuto da Criança e do Adolescente e dá outras providências. Disponível em: http://www.planalto.gov.br/ccivil_03/leis/l8069.htm. Acesso em: 29 jul. 2021.
8. CASTELLS, Manuel. *A sociedade em rede*. São Paulo: Paz e Terra, 1999.

turais, econômicos e sociais", de modo que "se a inclusão digital não for alcançada, é provável que as desigualdades existentes aumentem e que novas desigualdades possam surgir".[9]

Se, por um lado, vários aspectos da vida são facilitados pela ampliação do acesso à internet, e se vários direitos de crianças e adolescentes – como à educação - podem ser exercidos por meio da tecnologia, por outro, é certo que os riscos também se intensificam. É de se citar não apenas o *cyberbullying*, mas, também, situações de abuso e exploração sexual, exposição a conteúdos inapropriados, troca de insultos, publicação de informações privadas, pedofilia, extorsão, roubo de identidade e de informação e *grooming*.[10]

Antes do advento e da ampliação do acesso à internet, práticas intimidatórias entre crianças e adolescentes geralmente se restringiam ao ambiente escolar ou a outros círculos sociais. Para fugir do *bullying*, ao menos momentaneamente, bastaria o resguardo no aconchego do lar. Hoje, essa realidade já não se sustenta, e o *cyberbullying* tem potencial para acompanhar suas vítimas de maneira constante – basta que estejam conectadas.

O *bullying* e o *cyberbullying* são objeto da Lei 13.185/2015,[11] que cuidou de instituir o Programa de Combate à Intimidação Sistemática (*Bullying*).[12] Em seu artigo 1º, a lei indica que, no ordenamento jurídico brasileiro, *bullying* é caracterizado como "todo ato de violência física ou psicológica, intencional e repetitivo que ocorre sem motivação evidente, praticado por indivíduo ou grupo, contra uma ou mais pessoas, com o objetivo de intimidá-la ou agredi-la, causando dor e angústia à vítima, em uma relação de desequilíbrio de poder entre as partes envolvidas". Dentre as práticas adotadas à intimidação, figuram os insultos pessoais, comentários sistemáticos, apelidos pejorativos, ameaças e expressões preconceituosas.

---

9. ORGANIZAÇÃO DAS NAÇÕES UNIDAS (ONU). Comitê dos Direitos da Criança. *Comentário geral 25 (2021) sobre os Direitos das Crianças em relação ao ambiente digital*. Disponível em: https://criancaeconsumo. org.br/wp-content/uploads/2021/04/comentario-geral-n-25-2021.pdf. Acesso em: 27 jul. 2021. p. 01.

10. Conforme definição da Organização dos Estados Americanos, em material elaborado acerca dos riscos da internet para crianças e adolescentes, o *grooming* seria caracterizado por situações de "assédio sexual de crianças e adolescentes pela internet em que o adulto abusador se faz passar por alguém da idade da vítima para criar um laço de amizade". Em: ORGANIZAÇÃO DOS ESTADOS AMERICANOS (OEA). *Diretrizes para o empoderamento e a proteção dos direitos das crianças e adolescentes na internet na América Central e República Dominicana*. Washington, DC, jan. 2018. Disponível em: http://www.oas.org/es/sadye/publicaciones/RESUMEN-WEB-008-POR.pdf. Acesso em: 31 jul. 2021.

11. BRASIL. *Lei 13.185, de 6 de novembro de 2015*. Institui o Programa de Combate à Intimidação Sistemática (*Bullying*). Disponível em: http://www.planalto.gov.br/ccivil_03/_ato2015-2018/2015/lei/l13185.htm. Acesso em: 30 jul. 2021.

12. Anotam Elcio Nacur Rezende e Lélio Braga Calhau que a legislação adotou o termo "*intimidação sistemática*" como sinônimo de *bullying* e *cyberbullying*, enquanto a doutrina costuma se valer tão somente da nomenclatura original. Ainda assim, os autores observam que a adoção do termo teria fatores positivos, pois evidenciaria a ocorrência de perseguições, e não de atos isolados. Em: REZENDE, Elcio Nacur; CALHAU, Lélio Braga. Cyberbullying, direito educacional e responsabilidade civil: uma análise jurídica e deontológica da realidade brasileira. *Revista on-line de Política e Gestão Educacional*, Araraquara, v. 24, n. 2, p. 504, maio-ago. 2020. Disponível em: https://periodicos.fclar.unesp.br/rpge/article/view/13630/9084. Acesso em: 31 jul. 2021.

Tal tipo de conduta acaba por configurar *cyberbullyng*, conforme o art. 2º, parágrafo único, quando ocorrida na internet e "quando se usarem os instrumentos que lhe são próprios para depreciar, incitar a violência, adulterar fotos e dados pessoais com o intuito de criar meios de constrangimento psicossocial". As redes sociais são apenas um dos meios pelos quais um usuário pode ser acessado e, em consequência, agredido. Há que se considerar que é justamente nesse ambiente, no qual se estabelecem inúmeras conexões, que a intimidação pode assumir maiores dimensões.

O fenômeno, conforme pontua Anderson Schreiber, "eleva o *bullying* a outro patamar de violência psicossocial", porque "(a) permite ataques anônimos; (b) é indelével e, portanto, permanente; (c) desconhece limites espaciais; e (d) pode envolver um número significativamente maior de expectadores".[13] Significa dizer que, não bastasse, em muitas oportunidades, a vítima sequer conseguir identificar a origem e a autoria da agressão (partida de e disseminada, frequentemente, por perfis sem identificação), ainda tem de lidar com o amplo alcance do ambiente virtual, muitas vezes por prolongados períodos. O *cyberbullying* é, portanto, uma forma de violência que acompanha a vítima em todo lugar, de modo que, diferentemente do que ocorre nos casos de bullying, "o lar já não é um lugar de refúgio.[14]

Em pesquisa realizada pelo Instituto Ipsos em 2018, com a participação de pais de crianças e adolescentes de 28 países, o Brasil figurou em segundo lugar entre as nações com maior frequência de relatos de casos de *cyberbullying*, perdendo apenas para a Índia. Dentre os pais brasileiros entrevistados, 29% afirmaram que seus filhos já haviam sofrido práticas de intimidação sistemática na internet. A média dos países participantes ficou em 17%. No Brasil, redes sociais vinham em primeiro lugar como o ambiente em que mais casos eram identificados, sendo citadas por 70% dos pais e responsáveis entrevistados.[15]

Um dos mais famosos casos, tendo dado início a massivas discussões a respeito do tema, é o da jovem norte-americana Megan Meier, ocorrido ainda em 2006. Aos treze anos, a moradora do estado de Missouri cometeu suicídio após receber mensagens agressivas, por meio da rede social MySpace, de um perfil com o nome Josh Evans. Após meses de contato, o suposto jovem de 16 anos desfez a amizade com Megan, afirmando que "o mundo ficaria melhor" sem ela. Posteriormente, descobriu-se que se tratava de uma conta falsa, criada pela mãe de uma ex-amiga de Megan, e gerenciada pelas duas mulheres e uma funcionária da família, com a intenção de humilhar a jovem.[16]

---

13. SCHREIBER, Anderson. Cyberbullying: responsabilidade civil e efeitos na família. *GEN Jurídico*, [S.l.], 11 out. 2018. Disponível em: http://genjuridico.com.br/2018/10/11/Cyberbullying-responsabilidade-civil-e--efeitos-na-familia/. Acesso em: 30 jul. 2021.
14. ROCHA, Telma. *Cyberbullying*: ódio, violência virtual e profissão docente. Brasília: Liber Livro, 2012. p. 87.
15. IPSOS. *Cyberbullying*: a global advisor survey. [S.l.], 2018. Disponível em: https://www.ipsos.com/sites/default/files/ct/news/documents/2018-06/cyberbullying_june2018.pdf. Acesso em: 28 jul. 2021. p. 07.
16. STEINHAUER, Jennifer. Verdict in MySpace Suicide Case. *The New York Times*, Nova Iorque, 26 nov. 2008. Disponível em: https://www.nytimes.com/2008/11/27/us/27myspace.html. Acesso em: 31 jul. 2021.

Desde então, como já mencionado, o acesso à internet e às redes sociais tem se massificado, e episódios envolvendo ataques a usuários são recorrentes. No início de agosto de 2021, ganhou repercussão o caso do brasileiro Lucas Santos, de 16 anos, encontrado morto após uma série de comentários negativos em um vídeo que havia publicado na rede social TikTok. A mãe de Lucas acabou se manifestando nas redes sociais, explicando que o filho vinha recebendo acompanhamento psicológico, mas que os ataques sofridos teriam sido determinantes para o desfecho.[17] O episódio motivou a elaboração do Projeto de Lei 2699/2021,[18] que tem por objetivo a responsabilização civil e criminal de autores de comentários que causem dano "à integridade psíquica da criança e do adolescente".

2.2 Controle do *cyberbullying* a partir da regulação: o microssistema de responsabilização civil dos provedores por conteúdo gerado por seus usuários

Muito embora este artigo pretenda se ater à discussão sobre o *cyberbullying* a partir da perspectiva de autorregulação das redes sociais, não se pode deixar de abordar, ainda que brevemente, o microssistema de responsabilização civil dos provedores de aplicação por danos causados por conteúdos gerados por terceiros. Trata-se de reflexão importante porque as alterações promovidas pelo Marco Civil da Internet servem, também, a pautar ações adotadas (inclusive espontaneamente) pelas plataformas quanto a condutas adotadas por seus usuários, exercendo amplo impacto sobre o ambiente virtual.

Do ponto de vista da regulação estatal, os danos causados em razão da publicação, por usuários, de conteúdo nas redes sociais é objeto do Marco Civil da Internet, cujo artigo 19 dispõe que "Com o intuito de assegurar a liberdade de expressão e impedir a censura, o provedor de aplicações de internet somente poderá ser responsabilizado civilmente por danos decorrentes de conteúdo gerado por terceiros se, após ordem judicial específica, não tomar as providências para, no âmbito e nos limites técnicos do seu serviço e dentro do prazo assinalado, tornar indisponível o conteúdo apontado como infringente, ressalvadas as disposições legais em contrário".[19]

Em outras palavras: constatado dano em razão de um conteúdo, a responsabilização só se dará se, após determinação judicial, o provedor em questão não proceder à sua retirada. Há exceções, referentes a questões envolvendo direitos autorais, por

---

17. APÓS morte do filho, cantora Walkyria faz alerta: 'Vigiem. A internet está doente'. *G1 RN*, [*S. l.*], 03 ago. 2021. Disponível em: https://g1.globo.com/rn/rio-grande-do-norte/noticia/2021/08/03/apos-morte-do-filho-cantora-walkyria-faz-alerta-vigiem-a-internet-esta-doente-video.ghtml. Acesso em: 04 ago. 2021.

18. LEMOS, Julian. *Projeto de Lei 2699/2021*. Dispõe sobre a criminalização da prática de *haters* na rede mundial de computadores e dá outras providências. Disponível em: https://www.camara.leg.br/proposicoesWeb/fichadetramitacao?idProposicao=2292364. Acesso em: 06 ago. 2021.

19. BRASIL. *Lei 12.965, de 23 de abril de 2014*. Estabelece princípios, garantias, direitos e deveres para o uso da Internet no Brasil. Disponível em: http://www.planalto.gov.br/ccivil_03/_ato2011-2014/2014/lei/l12965.htm. Acesso em: 25 jul. 2021.

força do disposto artigo 19, § 2º, do Marco Civil; e a publicações, nos termos do art. 21, que contenham violações de intimidade decorrente da divulgação, sem autorização dos envolvidos, de quaisquer materiais contendo cenas de nudez e atos sexuais de caráter privado. Nesses casos, a retirada deve se dar a partir de mera ciência da plataforma.

O regramento serviu a alterar entendimento até então adotado a respeito do tema.[20] Antes da entrada em vigor do Marco Civil, os tribunais brasileiros, inclusive o Superior Tribunal de Justiça, se posicionavam, majoritariamente, no sentido de que, cientificado quanto a texto ou imagem supostamente ilícitos, o provedor deveria retirar o conteúdo imediatamente, "sob pena de responder solidariamente com o autor direto do dano, em virtude da omissão praticada".[21] Adotava-se, então, o sistema tradicionalmente conhecido como *notice and takedown*, advindo da sistemática legal norte-americana, que aponta para a responsabilidade civil a partir da ciência quanto a determinado conteúdo, sem a necessidade de determinação judicial para fins de remoção.[22]

Dentre as críticas a essa corrente, hoje ultrapassada (mas ainda não esquecida, porque o microssistema de responsabilidade civil atual não é unanimidade na doutrina[23]), João Quinelato de Queiroz[24] aponta para o fato de que a ausência de intervenção por parte do Judiciário criaria um "empoderamento dos provedores", que poderiam, por conta própria e com base em critérios subjetivos, julgar se um conteúdo é adequado ou não (e, a partir daí, removê-lo).

A alteração promovida pelo Marco Civil da Internet privilegia expressamente a liberdade de expressão e de informação, em detrimento de possíveis violações a direitos de personalidade, conforme observa André Zonaro Giacchetta[25]. O provedor

---

20. DRESCH, Rafael de Freitas Valle. Reflexões sobre a responsabilidade civil de provedores pelo conteúdo postado por usuários. In: BARBOSA, Mafalda Miranda; ROSENVALD, Nelson; MUNIZ, Francisco (Coord.). *Desafios da nova responsabilidade civil*. São Paulo: Editora JusPodivm, 2019. p. 397.

21. BRASIL. Superior Tribunal de Justiça. *Agravo Regimental no Recurso Especial 1.309.891/MG*. Agravante: Google Brasil Internet LTDA. Agravada: Jéssica Carla Leite Rodrigues. Relator: Ministro Sidnei Beneti. Brasília, DF, 26 jun. 2012.

22. MARTINS, Guilherme Magalhães. *Responsabilidade civil por acidentes de consumo na internet*. São Paulo: Thomson Reuters, 2020. *E-book* não paginado.

23. Anderson Schreiber, por exemplo, sustenta que "A vítima, que antes propunha ação judicial como seu último recurso, para obter a responsabilização do réu, agora precisa propor ação e pleitear a emissão de uma ordem judicial específica, para que, só então e apenas em caso de descumprimento da referida ordem judicial, a proprietária do site ou rede social possa ser considerada responsável. [...] A verdade é que, muito ao contrário de proteger a vítima com um sistema mais eficiente de tutela dos seus direitos fundamentais, o art. 19 tutela as empresas que exploram a redes [...]". Em: SCHREIBER, Anderson. Marco Civil da Internet: avanço ou retrocesso? A responsabilidade civil por dano derivado do conteúdo gerado por terceiro. In: DE LUCCA, Newton; SIMÃO FILHO, Adalberto; LIMA, Cíntia Rosa Pereira de (Coord.). *Direito & Internet III* – Tomo II: Marco Civil da Internet (Lei 12.965/2014). São Paulo: Quartier Latin, 2015. p. 290-291.

24. QUEIROZ, João Quinelato. Responsabilidade civil solidária entre provedores de conteúdo ofensivo à luz do Marco Civil: critérios objetivos na perspectiva constitucional. In: SCHREIBER, Anderson; MORAES, Bruno Terra de; TEFFÉ, Chiara Spadaccini de (Coord.). *Direito e mídia*: tecnologia e liberdade de expressão. Indaiatuba: Editora Foco, 2020. p. 299.

25. GIACHETTA, André Zonaro. Atuação e responsabilidade dos provedores diante das fake news e da desinformação. In: RAIS, Diogo (Coord.). *Fake news*: a conexão entre a desinformação e o direito. 2. ed. São Paulo: Thomson Reuters Brasil, 2020. p. 282.

de hospedagem, como as redes sociais, fica eximido da função editorial em relação ao conteúdo publicado por seus usuários. Ainda assim, ponderam Carlos Affonso Souza e Ronaldo Lemos,[26] o microssistema atual serviria a fomentar a prevenção e eliminação do conteúdo causador do dano – sem, contudo, dar espaço a comportamentos arbitrários, que poderiam ser estimulados pelo temor de uma responsabilização futura.

Vê-se que a grande diferença entre os entendimentos adotados anterior e posteriormente ao Marco Civil diz respeito ao momento em que se passa a justificar a imposição de responsabilidade ao provedor: no primeiro caso, isso se dá quando da mera notificação privada; no segundo, quando da determinação do Poder Judiciário, após a valoração de ilicitude do conteúdo a ser removido.

É de se registrar que essas disposições englobam quaisquer conteúdos causadores de danos publicados nas redes sociais, no que se incluem, evidentemente, os ataques que configuram o *cyberbullying*. Nesse sentido, cabe referir que parte da doutrina questiona o artigo 19, sustentando, como João Victor Rozatti Longhi,[27] que a disposição "acaba por deixar desprotegida a vítima de violações à sua personalidade, uma vez que terá que buscar o judiciário para ver resguardado seu direito à imagem, honra, privacidade, intimidade etc.".[28]

É de se notar que há, por parte da doutrina, ainda que minoritária, entendimento no sentido de que o Marco Civil da Internet, indicando a responsabilização apenas após a notificação judicial, estaria vedando ao provedor que promovesse a exclusão de conteúdo anteriormente à determinação do Poder Judiciário.[29] O Marco Civil, de fato, é silente em relação à retirada unilateral de conteúdo por parte do provedor. O mais correto, contudo, seria dizer que a liberdade contratual viabilizaria, sim, a tomada de decisões unilaterais, como se verá adiante.

A discussão empreendida aqui diz respeito à responsabilidade dos provedores de aplicação em hipóteses nas quais, havendo um dano provocado pela publicação

---

26. SOUZA, Carlos Affonso; LEMOS, Ronaldo. *Marco civil da internet:* construção e aplicação. Juiz de Fora: Editar Editora Associada LTDA., 2016. p. 102

27. LONGHI, João Victor Rozatti. Marco Civil da Internet no Brasil: breves considerações sobre seus fundamentos, princípios e análise crítica do regime de responsabilidade civil dos provedores. In: MARTINS, Guilherme Magalhães; LONGHI, João Victor Rozatti (Coord.). *Direito digital:* direito privado e internet. 3. ed. Indaiatuba: Editora Foco, 2020. p. 128.

28. Nota-se que há, por parte da doutrina, ainda que minoritária, entendimento no sentido de que o Marco Civil da Internet, indicando a responsabilização apenas após a notificação judicial, estaria vedando ao provedor que promovesse a exclusão de conteúdo sem a prévia determinação do Poder Judiciário. É o caso de Tarcísio Teixeira, ao referir que, se essa decisão coubesse ao provedor, ele poderia ser acusado de censura prévia. Por esse motivo, defende, somente o Poder Judiciário "poderá avaliar se certo conteúdo (produzido em razão do exercício da liberdade de expressão) é prejudicial ou não a outrem". A doutrina majoritária, contudo, defende a possibilidade de remoção de conteúdo nos causos de violação aos termos de uso da plataforma, demandando-se a intervenção do Poder Judiciário tão somente com vistas à valoração da violação ao direito de personalidade da vítima. Em: TEIXEIRA, Tarcísio. *Direito digital e processo eletrônico.* 5. ed. São Paulo: Saraiva Educação, 2020. p. 45.

29. É o caso de Tarcísio Teixeira, ao referir que, se essa decisão coubesse ao provedor, ele poderia ser acusado de censura prévia. Mais em: TEIXEIRA, Tarcísio. *Direito digital e processo eletrônico.* 5. ed. São Paulo: Saraiva Educação, 2020. p. 45.

de conteúdo, e sendo determinada a remoção desse conteúdo pelo Poder Judiciário, a plataforma se mantiver inerte. O que se depreende, portanto, é que, nessas situações – de dano evidenciado, sublinhe-se –, dispara-se o dever de indenizar da plataforma em relação à vítima da violação aos direitos de personalidade.

Ocorre que compensar a vítima pelo dano, sabe-se, muitas vezes, não é suficiente – e essa questão exige ainda mais cautela quando se está a falar de situações que têm, inclusive, conduzido a desfechos trágicos, como nos mencionados casos dos jovens Megan Meier e, muito recentemente, do brasileiro Lucas Santos. Se, por um lado, há que se garantir a liberdade de expressão na internet e nas redes sociais, por outro, constantes devem ser as discussões com vistas a tornar esse ambiente mais seguro. Nesse aspecto, entende-se que a autorregulação tem muito a contribuir.

Por fim, cumpre referir que uma interpretação sistemático-constitucional seria viável para considerar que as exceções à regra geral de responsabilidade civil dos provedores com base em notificação judicial não estão circunscritas apenas aos casos expressos em lei acima mencionados (violação de direitos autorais e cenas de nudez e sexo), pois não se estaria diante de um rol taxativo de exceções, mas tão somente exemplificativo.

Assim, inicialmente, é possível a argumentação em favor de exceções que possam decorrer de aplicação direta de direitos fundamentais em situações de grave viola-ção à dignidade humana. Situações extremas de *cyberbullying*, de nítida violação a direito de proteção de crianças e adolescentes, podem ser interpretadas, através do princípio da proporcionalidade, como ensejadoras de um dever geral de cuidado e de proteção de crianças e adolescentes, sendo que a violação a tal dever, causadora de dano grave, pode ensejar a responsabilidade civil.

Nesses casos de flagrante violação de direito de criança e adolescente, ainda, em que os provedores, tendo sido notificados pelas vítimas ou seus responsáveis, faltem com a segurança que legitimamente se pode esperar, não retirando da rede conteú-do flagrantemente lesivo a criança e adolescente, prestando, assim, um serviço de provedor de aplicação, nitidamente, defeituoso, nos termos do art. 14 do Código de Defesa do Consumidor - pode haver a excepcional responsabilização civil pela não remoção imediata desse conteúdo, mesmo sem a notificação judicial.[30]

3. OS PROVEDORES SE ORGANIZAM ESPONTANEAMENTE: MEDIDAS ADOTADAS COM BASE NA AUTORREGULAÇÃO

O Marco Civil da Internet consolidou a necessidade de notificação judicial para que se passasse a considerar a responsabilidade de provedores de aplicação em razão de danos causados por conteúdos de terceiros. Ainda assim, é imprescindível

---

30. Sobre a excepcional aplicação direta de direito fundamental nas relações privadas ver: DRESCH, Rafael de Freitas Valle. *Fundamentos do Direito Privado*: uma teoria da justiça e da dignidade humana. 2. ed. Curitiba: Editora Processo, 2018.

refletir a respeito de instrumentos para evitar que esse tipo de dano se concretize ou, ao menos, com vistas a que ele seja mitigado. Ao se tratar de publicações em redes sociais, afinal, sabe-se que a velocidade de propagação é muito rápida.

Nos casos de *cyberbullying*, não é diferente: crianças e adolescentes podem sofrer significativos impactos à saúde mental, sendo submetidos até mesmo a massivas agressões, por centenas e até milhares de outros usuários, em poucas horas. Há que se discutir, nesse cenário, estratégias de atuação atenta e célere dos provedores não apenas frente a situações concretas de *cyberbullying*, mas, também, com vistas a contribuir para que esse tipo de prática se torne menos frequente.

A segunda parte da reflexão aqui proposta avança sobre a compreensão da autorregulação a partir das redes sociais – bem como sobre seus limites, inclusive quanto à mencionada necessidade de se evitar comportamentos arbitrários –, para, ao fim, abordar medidas concretas que têm sido adotadas por plataformas de grande alcance no combate e na conscientização quanto ao *cyberbullying*.

3.1 A autonomia dos provedores a partir da autorregulação: conceito e possibilidades

Bastante ricas são as discussões que, hoje, têm sido empreendidas em relação à atuação do Estado frente às redes sociais. Em muitas delas, ventila-se a dificuldade, do ente estatal, de compreender e atuar junto às dinâmicas que se desenrolam nesse ambiente – e que residem, por exemplo, até mesmo na "falta de conhecimento do Estado para poder intervir de forma eficiente em ambientes digitais muito dinâmicos e muitas vezes constituídos por efeitos de redes e interação com inteligência artificial".[31]

É certo que disposições como o artigo 19 do Marco Civil da Internet têm o condão, como se demonstrou, não apenas de socorrer a vítima de danos sofridos nas redes sociais, mas, igualmente, de moldar o comportamento dos provedores em relação ao conteúdo que ali é publicado.[32] Ainda assim, importa refletir sobre normas e padrões de conduta que podem emergir dos próprios provedores e que contribuam a que sejam assegurados os direitos fundamentais da criança e dos adolescentes, inclusive quanto ao *cyberbullying*. Cabe, então, analisar as possibilidades de moderação de conteúdo ofensivo ou abusivo por parte desses provedores, discussão que deixa a esfera da regulação estatal para avançar às possibilidades apontadas pela autorregulação.

Observe-se que se está a tratar, aqui, da regulação que parte dos próprios agentes, em normas individuais e específicas – esclarecimento importante porque o conceito

---

31. ABBOUD, Georges; CAMPOS, Ricardo. A autorregulação regulada como modelo de Direito proceduralizado: regulação de redes sociais e proceduralização. In: ABBOUD, Goerges; NERY JR., Nelson; CAMPOS, Ricardo. *Fake News e regulação*. 2. ed. São Paulo: Thomson Reuters Brasil, 2020. *E-book* não paginado.

32. Buscando expresso amparo na Análise Econômica do Direito, cabe citar Eugênio Battesini, ao referir que a responsabilidade civil tem o propósito de "criação de incentivos aos potenciais autores e vítimas para a adoção que evite ou minimize os custos de acidentes". BATTESINI, Eugênio. *Direito e economia*: novos horizontes no estudo da responsabilidade civil no Brasil. São Paulo: LTr, 2011. p. 105.

de autorregulação costumeiramente levanta controvérsias.[33] Sem entrar na discussão a respeito da nomenclatura utilizada, apenas se pontua que, na abordagem ora proposta, o foco se volta a compreender as medidas que vêm sendo adotadas pelos provedores de maneira autônoma, sem que haja, até o momento, o estabelecimento de um órgão ou grupo comum às plataformas, com vistas a apontar normas de conduta e padrões de comportamento no que diz respeito à análise e moderação de conteúdo potencialmente lesivo, como é o caso do *cyberbullying*.

Nada impede, afinal, que, de maneira espontânea, as redes sociais manejem disposições com vistas a disciplinar o espaço que disponibilizam aos usuários, não havendo dúvida de que gozam de autonomia para tanto. As plataformas, na condição de ofertantes de um serviço, podem dispor sobre suas condições, estabelecendo os parâmetros de uma relação privada e alcançando a liberdade contratual, como observa Giacchetta,[34] como corolário da livre-iniciativa, um dos fundamentos da ordem econômica, nos termos da Constituição Federal, em seu artigo 170.[35]

Muito embora sua atividade não seja a de fiscalização prévia do conteúdo produzido e compartilhado por seus usuários, como mencionado, os provedores podem proceder à retirada espontânea do conteúdo, sob o argumento de violação de seus termos de uso. Quando um usuário cria uma conta no Facebook, no Twitter ou no TikTok, por exemplo, é estabelecida uma relação privada, de natureza contratual, conforme observa Giacchetta,[36] de modo que, a partir daí, essas plataformas "podem – e devem – estabelecer o modo pelo qual seu serviço será fornecido e a forma como poderá ser utilizado pelos usuários, por meio da estipulação de condutas e práticas proibidas".

A autorregulação privada (adotando-se termo utilizado por Wolfgang Hoffmann-Riem),[37] nesse caso, se dá por meio de termos e condições gerais elaboradas por essas empresas. A conclusão de um cadastro e consequente criação de um perfil nas redes sujeita os usuários a disposições próprias – inclusive em relação à exclusão

---

33. Conforme bem esclarece Sofia Mentz Albercht, "A expressão 'auto-regulação' pareceria, num primeiro momento, mais própria para se referir à dicção de normas pessoais, para conduta interna do indivíduo, num sentido de autonomia, o que, obviamente, não é o caso. Auto-regulação dá a idéia de normalização do próprio agente por ele mesmo, e, como veremos, na maior parte dos casos que estamos tratando, o que se verifica é a produção de normas por um ente privado para a orientação da conduta de outros privados." Quando há, portanto, a produção de normas de um entre privado a outro, seria mais adequado falar em regulação privada. Considerando que este estudo se presta a analisar os padrões de condutas que partem dos próprios provedores, sendo esses também os destinatários das diretrizes, entende-se adequada a adoção do termo "autorregulação". ALBERCHT, Sofia Mentz. Auto-regulação: exemplos internacionais. In: DI PIETRO, Maria Sylvia Zanella. *Direito regulatório*: temas polêmicos. 2. ed. Belo Horizonte: Editora Fórum, 2004. p. 624.
34. GIACHETTA, André Zonaro. Atuação e responsabilidade dos provedores diante das fake news e da desinformação. In: RAIS, Diogo (Coord.). *Fake news*: a conexão entre a desinformação e o direito. 2. ed. São: Thomson Reuters Paulo Brasil, 2020. p. 300-301.
35. BRASIL. *Constituição (1988)*. Constituição da República Federativa do Brasil de 1988. Disponível em: http://www.planalto.gov.br/ccivil_03/constituicao/constituicao.htm. Acesso em: 28 jul. 2021.
36. GIACHETTA, André Zonaro. Atuação e responsabilidade dos provedores diante das *fake news* e da desinformação. In: RAIS, Diogo (Coord.). *Fake news*: a conexão entre a desinformação e o direito. 2. ed. São Paulo: Thomson Reuters Brasil, 2020. p. 299.
37. HOFFMANN-RIEM, Wolfgang. *Teoria geral do direito digital*: transformação digital: desafios para o direito. Rio de Janeiro: Forense, 2021. p. 138.

e/ou diminuição de alcance de conteúdo, ou, até mesmo, ao bloqueio de contas, temporária ou definitivamente. Por óbvio, os limites dessa atuação exigem intenso debate, que aqui não se pretende esgotar.

Deve-se considerar, evidentemente, que "qualquer mecanismo de controle que envolva a exclusão ou retirada de conteúdo ou perfis tem o potencial de afetar a liberdade de expressão", conforme anotam Juliano Maranhão e Ricardo Campos.[38] Também por isso é que se deve prestar à atuação dos provedores, para se garantir que não cometam abusos na referida autonomia de que gozam. Caso constatada, a propósito, a efetivação de censura prévia, eventualmente violando a liberdade de expressão sem um motivo justificado, poderia, também, haver responsabilização, em razão de ato ilícito, nos termos do artigo 186, ou até mesmo pelo 187, do Código Civil, se constatado abuso de poder.

Conclui-se que os provedores podem, sob o ponto de vista da autorregulação, tomar decisões e adotar medidas baseadas em diretrizes e termos de usos próprios. Na última parte desde estudo, passa-se a observar de que forma isso tem ocorrido na prática, não apenas no que diz respeito à remoção de conteúdo e à exclusão de contas em razão de episódios de *cyberbullying*, mas, ainda, referentemente a ferramentas que vêm sendo utilizadas com o objetivo de tornar os usuários mais conscientes quanto aos limites das relações que se desenvolvem nesse ambiente.

3.2 Termos de uso e de serviços, diretrizes e padrões de comunidade: o que as redes sociais têm feito para enfrentar o *cyberbullying*

Não se pode tratar de termos de uso sem, inicialmente, pontuar que, de maneira geral, as redes sociais delimitam a idade mínima de 13 anos para a criação de um perfil. É o caso de aplicativos como o Facebook[39] e Instagram,[40] que pertencem ao mesmo conglomerado, e TikTok.[41] Parte-se, aqui, de um ponto sensível, tendo em vista que não há exigência de comprovação, pelo usuário, da veracidade das informações declaradas no momento do cadastro. A exigência de documento de identidade para fins de registro em rede social, aliás, foi um dos mais controvertidos pontos do Projeto de Lei 2.630/2020,[42] popularmente conhecido como Lei das Fake News, e acabou eliminada da versão aprovada pelo Senado em junho de 2020.

---

38. MARANHÃO, Juliano; CAMPOS, Ricardo. Fake news e autorregulação regulada das redes sociais no Brasil: fundamentos constitucionais. In: ABBOUD, Georges; NERY JR., Nelson.; CAMPOS, Ricardo. (Coords.). *Fake news e regulação*. São Paulo: Thomson Reuters Brasil, 2018. *E-book* não paginado.
39. FACEBOOK. *Termos de serviço*. [S.l.], 2021. Disponível em: https://www.facebook.com/terms/. Acesso em: 28 jul. 2021.
40. INSTAGRAM. *Termos de uso*. [S.l.], 2021. Disponível em: https://www.facebook.com/help/instagram/478745558852511. Acesso em: 28 jul. 2021.
41. TIKTOK. *Termos de serviço*. [S.l.], jul. 2020. Disponível em: https://www.tiktok.com/legal/terms-of-service?lang=pt_BR. Acesso em: 28 jul. 2021.
42. BRASIL. *Lei 12.965, de 23 de abril de 2014*. Estabelece princípios, garantias, direitos e deveres para o uso da Internet no Brasil Disponível em: http://www.planalto.gov.br/ccivil_03/_ato2011-2014/2014/lei/l12965.htm. Acesso em: 25 jul. 2021.

Para a criação de um perfil em rede social, portanto, basta a mera declaração de informações pessoais, com indicação de idade acima de 13 anos. No caso do TikTok, os usuários brasileiros são sujeitos a disposição complementar,[43] por meio da qual declaram ter consentimento de seus pais ou guardiões para usar os serviços e criar uma conta.

O cadastro de crianças tem chamado a atenção dos provedores, cujos termos de uso informam expressamente que contas criadas por menores de 13 anos serão excluídas. Em junho de 2021, o TikTok informou a remoção de mais de 7,2 milhões de perfis em razão de "pertencerem a uma pessoa menor de 13 anos", número que corresponde a menos de 1% de todas as contas da rede.[44] Recentemente, o Instagram anunciou estar desenvolvendo ferramentas com o objetivo de, por meio de inteligência artificial e *machine learning*, identificar usuários que estejam abaixo do limite mínimo de idade.[45]

Manter crianças distantes das redes é apenas um dos desafios – o acesso do público jovem, afinal, é plenamente aceito e autorizado. A presença de adolescentes nesse ambiente, bem como as investidas que configuram *cyberbullying*, demandam especial atenção justamente porque a adolescência é o período em que essas práticas são mais frequentes,[46] sendo, ainda, um período de significativa vulnerabilidade. Também por isso é que, dentre uma série de riscos e ameaças do ambiente virtual, o *cyberbullying* tem sido alvo de ações específicas dos provedores.

O Facebook se resguarda o direito de remover ou restringir o acesso a conteúdo que violem os Termos de Uso e Padrões de Comunidade, nos quais há um capítulo destinado especificamente a casos de *bullying* e assédio.[47] Ao se tratar de figuras públicas, a plataforma remove ataques graves, mas manifesta preocupação em assegurar o debate, sendo mais flexível no que diz respeito a comentários críticos. Em relação a indivíduos privados, exclui conteúdo "publicado com o objetivo de degradar ou constranger". Reconhecendo que esse tipo de prática pode ter um "impacto emocional maior em menores de idade", refere que a política adotada "oferece proteção intensificada aos usuários com idades entre 13 e 18 anos".

---

43. TIKTOK. *Supplemental terms – Jurisdiction-specific*. [S.l.], fev. 2019. Disponível em: https://www.tiktok.com/legal/terms-of-service?lang=en#supplemental-jurisdiction. Acesso em: 29 jul. 2021.

44. TIKTOK. *Relatório de aplicação das diretrizes da comunidade do TikTok no 1º semestre de 2021*. [S.l.], 30 jun. 2021. Disponível em: https://newsroom.tiktok.com/pt-br/relatorio-de-aplicacao-das-diretrizes-da-comunidade-do-tiktok-q-12021. Acesso em: 31 jul. 2021.

45. INSTAGRAM. *Continuing to make Instagram safer for the youngest members of our community*. [S.l.], 17 mar. 2021. Disponível em: https://about.instagram.com/blog/announcements/continuing-to-make-instagram--safer-for-the-youngest-members-of-our-community. Acesso em: 31 jul. 2021.

46. LI, Qing. Bullying in the new playground: research into cyberbullying and cyber victimization. *Australasian Journal of Educational Technology*, Melbourne, vol. 23, n. 4, p. 437, out. 2007. Disponível em: https://ajet.org.au/index.php/AJET/article/view/1245/617. Acesso em: 1º ago. 2021.

47. FACEBOOK. *Padrões de Comunidade*: bullying e assédio. Disponível em: https://www.facebook.com/communitystandards/bullying. Acesso em: 30 jul. 2021.

Os Padrões de Comunidade do conglomerado Facebook, que também inclui o Instagram, apontam uma série de comportamentos proibidos que se enquadram nas diretrizes contra o *bullying* online, dentre as quais é possível destacar tentativas repetidas de contato indesejado, sexualmente constrangedor ou direcionado a grande número de pessoas, sem solicitação prévia (marcando o perfil de um usuário sem sua autorização, por exemplo); bem como fazer apelos a *bullying*, automutilação, suicídio, além de ataques por meio de termos depreciativos e a criação de páginas com o objetivo de promover ataques.

Em relação à extensa lista de comportamentos considerados proibidos, o Facebook se posiciona no sentido de exigir "informações e/ou contexto adicional" para tomada de medidas de exclusão de conteúdo. Significa dizer que a plataforma excluirá publicações quando houver denúncia da vítima ou de um "representante autorizado" – ou, ao menos, quando a vítima ou seu representante confirmar que o conteúdo é indesejado. No primeiro trimestre de 2021, 8,8 milhões de peças que configuravam *bullying* ou assédio foram excluídas da rede, contra 6,3 milhões no quarto trimestre de 2020. A plataforma considera que o aumento se deu, também, em razão do aprimoramento de tecnologias de detecção proativa.[48]

Embora faça parte do conglomerado Facebook – de modo que as diretrizes e ações das plataformas sejam bastante similares –, o Instagram mantém uma página específica *anti-bullying*, na qual apresenta as medidas que podem ser tomadas por usuários que se considerem vítimas da prática.[49] É possível restringir contas, ocultando mensagens de alguém que esteja praticando bullying.

Os comentários da pessoa restrita serão visíveis apenas para ela, que igualmente não poderá identificar quando o usuário está ativo na rede, ou quando leu suas mensagens diretas; ou mesmo bloquear, impedindo o acesso ao perfil. Perfis, comentários e mensagens podem ser denunciados, além da plataforma contar com recursos de inteligência artificial para notificar pessoas quando o comentário delas pode ser considerado ofensivo, antes mesmo da publicação.[50] O Instagram também anunciou alterações em relação a contas de menores de 16 anos. Perfis de usuários de 13 a 15 anos serão privados, ou seja, exigirão a aprovação do usuário para que alguém possa seguir, curtir e comentar postagens.[51]

---

48. FACEBOOK. *Relatório de aplicação dos Padrões de Comunidade, primeiro trimestre de 2021*. [S.l.], 16 mai. 2021. Disponível em: https://about.fb.com/br/news/2021/05/relatorio-de-aplicacao-dos-padroes-da-comunidade-primeiro-trimestre-de-2021/. Acesso em: 30 jul. 2021.
49. INSTAGRAM. *Anti-bullying*. [S.l., 2021?]. Disponível em: https://about.instagram.com/community/anti-bullying. Acesso em: 31 jul. 2021.
50. INSTAGRAM. *Introducing New Ways to Protect Our Community from Abuse*. [S.l] 10 ago. 2021. Disponível em: https://about.instagram.com/blog/announcements/introducing-new-ways-to-protect-our-community-from-abuse. Acesso em: 12 ago. 2021.
51. INSTAGRAM. *Giving young people a safer, more private experience*. [S.l.], jul. 27, 2021. Acesso em: 11 ago. 2021. Disponível em: https://about.instagram.com/blog/announcements/giving-young-people-a-safer-more-private-experience.

O TikTok tem atuado no mesmo sentido, inclusive com a ferramenta que torna privadas contas de usuários menores de 16 anos.[52] Enquanto o Facebook, por exemplo, faz referência à análise do contexto do conteúdo, a plataforma de vídeos curtos parece ser mais incisiva, assegurando que, embora possa permitir comentários críticos a respeito de figuras públicas, removerá "todas as expressões de abuso, incluindo ameaças ou declarações degradantes destinadas a ridicularizar, humilhar, constranger, intimidar ou magoar um indivíduo".[53]

Quanto a conteúdo enquadrado na categoria "assédio e *bullying*", o Relatório de Transparência do TikTok[54] indicou que, entre 1º de janeiro a 31 de março de 2021, pouco mais de 6,1 milhões de vídeos foram removidos no Brasil, dos quais 8% em razão de práticas de assédio e *cyberbullying*. Ainda de acordo com o documento, dentre as publicações, 66,2% haviam sido removidas antes de receberem qualquer denúncia (remoção proativa) e 83,8% das exclusões havia se dado em até 24 horas após a publicação. A rede de vídeos ainda tem disponibilizado uma série de recursos para os criadores, com ferramentas de comentários, reporte e bloqueio, voltadas a situações que violem os termos de uso.

Importante parcela do conteúdo removido e de contas suspensas ou encerradas está relacionada ao *cyberbullying*. Observa-se, das diretrizes e termos de uso, que há um movimento também de conscientização dos usuários não apenas com vistas a que identifiquem publicações e postagens potencialmente lesivas, mas que denunciem e busquem ajuda a respeito – inclusive fora das redes. A página de *anti-bullying* do Instagram, por exemplo, também apresenta a ferramenta aos pais,[55] para que contribuam para a identificação e adoção de medidas com vistas a garantir a segurança de seus filhos; o TikTok, por sua vez, promove animações que auxiliam a identificar comportamentos inadequados, bem como os papéis dos envolvidos (não apenas aquele que pratica e o que sofre, mas o que testemunha).[56]

4. CONSIDERAÇÕES FINAIS

Este breve estudo teve, por objetivo, contribuir para o debate acerca do enfrentamento ao *cyberbullying* sob a perspectiva da atuação das redes sociais – questão que, sem quaisquer dúvidas, exige comprometida reflexão, especialmente em razão de danos, muitas vezes irreversíveis, que os ataques em ambiente virtual podem ocasionar.

---

52. TIK TOK. *Bullying prevention*. [S.l.], 2021. Disponível em: https://www.tiktok.com/safety/en/bullying-prevention/. Acesso em: 10 ago. 2021.

53. TIK TOK. *Diretrizes da comunidade*. [S.l.], 2021. Disponível em: https://www.tiktok.com/community-guidelines?lang=pt_BR#36. Acesso em: 04 ago. 2021.

54. TIKTOK. *Relatório de transparência do TikTok*. [S.l.], 2021. Disponível em: https://www.tiktok.com/safety/resources/tiktok-transparency-report-2021-h-1?lang=pt-BR. Acesso em: 30 jul. 2021.

55. INSTAGRAM. *Helping your teen navigate Instagram safely*. [S.l., 2021?]. Disponível em: https://about.instagram.com/community/parents. Acesso em: 10 ago. 2021.

56. TIK TOK. *Bullying prevention*. [S.l.], 2021. Disponível em: https://www.tiktok.com/safety/en/bullying-prevention/. Acesso em: 10 ago. 2021.

Não há, evidentemente, qualquer pretensão de esgotar o tema, até mesmo porque, daí, emerge uma série de discussões paralelas. Ainda assim, frequentes episódios de abuso nas redes demandam um debate urgente, que permita o aprimoramento das ferramentas utilizadas no combate a essas práticas lesivas.

Tal como verificado, não há como se cogitar manter o público jovem afastado da internet, porque o ambiente virtual se mostra, hoje e cada vez mais, uma importante ferramenta à efetivação de seus direitos – inclusive à educação, o que se tornou ainda mais evidente ao longo do período de pandemia de Covid-19, em que a necessidade de manutenção de distanciamento social impôs o fechamento de escolas e alterou significativamente a forma de se relacionar. Crianças e jovens estão na internet, e esse acesso demanda cuidado especial. Adultos, por óbvio também estão sujeitos aos riscos desse ambiente, mas os efeitos de práticas abusivas tendem a ser mais nocivos aos mais jovens.

O microssistema de responsabilização civil dos provedores por conteúdo gerado por seus usuários foi abordado porque se mostra uma relevante ferramenta a moldar o agir das plataformas frente ao que circula nos ambientes aos quais viabilizam o acesso. A partir dessa reflexão, viu-se que é imprescindível lançar luz aos incentivos conferidos às plataformas, na condição de agente econômicos, a fim de que não apenas cumpram as regras que formam o microssistema trazido pelo Marco Civil da Internet – mas que respondam a essas regras de forma proativa, atuando no sentido de perseguirem e aprimorarem suas práticas no ambiente virtual, com vistas a torná-lo o mais seguro, transparente e saudável possível.

É justamente nesse ponto que a autorregulação tem a contribuir. A partir de normas e padrões de conduta que emergem das próprias redes sociais, torna-se possível agir de forma mais célere frente a episódios de *cyberbullying*, inclusive com a identificação de práticas abusivas por meio de inteligência artificial, que possibilite a chamada remoção proativa, sem que seja necessária a denúncia da vítima. Trata-se, por certo, de tema candente, inclusive em relação aos tênues limites entre liberdade de expressão e a violação a direitos de personalidade. É de se pensar, ainda assim, que, no caso do *cyberbullying*, não se está falando de um ato isolado, mas de uma conduta reiterada, por vezes praticada por vários agressores, com potencial para alcançar milhares de testemunhas – e que, corriqueiramente, demanda resposta praticamente instantânea das redes sociais.

Para além da regulação estatal e da autorregulação, cabe, aos provedores, promover um trabalho cada vez mais comprometido, também, com a educação digital dessas crianças e adolescentes, e igualmente de seus responsáveis, a fim de que possam tanto se munir de elementos que lhes permitam identificar a prática de *cyberbullying* (seja na condição de vítimas, seja na condição de testemunhas), quanto, evidentemente, a não reproduzir esse tipo de comportamento. São, enfim, medidas que exigem debate e aprimoramento contínuos, que acompanhem a dinamicidade que é típica da internet.

Nesse contexto, foi ainda defendido que em situações extremas, excepcionalmente, mesmo sem a notificação judicial poderia haver responsabilidade dos provedores pela aplicação direta do direito fundamental à proteção de crianças e adolescentes combinada com a análise de responsabilidade por defeito no serviço prestado, em decorrência da não garantia da segurança que legitimamente se poderia exigir do provedor nos termos do art. 14 do Código de Defesa do Consumidor. Assim, é viável criar os corretos incentivos para que os provedores estabeleçam um formato de autorregulação atento a casos especiais em que a necessidade de retirada imediata de conteúdos lesivos é flagrante.

5. REFERÊNCIAS

ABBOUD, Georges; CAMPOS, Ricardo. A autorregulação regulada como modelo de Direito proceduralizado: regulação de redes sociais e proceduralização. In: ABBOUD, Goerges; NERY JR., Nelson; CAMPOS, Ricardo. *Fake News e regulação*. 2. ed. São Paulo: Thomson Reuters Brasil, 2020. *E-book* não paginado.

ALBERCHT, Sofia Mentz. Auto-regulação: exemplos internacionais. In: DI PIETRO, Maria Sylvia Zanella. *Direito regulatório*: temas polêmicos. 2. ed. Belo Horizonte: Editora Fórum, 2004. p. 619-636.

APÓS morte do filho, cantora Walkyria faz alerta: 'Vigiem. A internet está doente'. *G1 RN*, [S. l.], 03 ago. 2021. Disponível em: https://g1.globo.com/rn/rio-grande-do-norte/noticia/2021/08/03/apos--morte-do-filho-cantora-walkyria-faz-alerta-vigiem-a-internet-esta-doente-video.ghtml. Acesso em: 04 ago. 2021.

APP ANNIE INTELLIGENCE. *State of mobile 2021*. São Francisco, 2021. Disponível em: https://www.appannie.com/en/go/state-of-mobile-2021/. Acesso em: 29 jul. 2021.

BRASIL. *Constituição (1988)*. Constituição da República Federativa do Brasil de 1988. Disponível em: http://www.planalto.gov.br/ccivil_03/constituicao/constituicao.htm. Acesso em: 28 jul. 2021.

BRASIL. *Decreto 99.710, de 21 de novembro de 1990*. Promulga a Convenção sobre os Direitos da Criança. Disponível em: http://www.planalto.gov.br/ccivil_03/decreto/1990-1994/d99710.htm. Acesso em: 30 jul. 2021.

BRASIL. *Lei 12.965, de 23 de abril de 2014*. Estabelece princípios, garantias, direitos e deveres para o uso da Internet no Brasil. Disponível em: http://www.planalto.gov.br/ccivil_03/_ato2011-2014/2014/lei/l12965.htm. Acesso em: 29 jul. 2021.

BRASIL. *Lei 13.185, de 6 de novembro de 2015*. Institui o Programa de Combate à Intimidação Sistemática (Bullying). Disponível em: http://www.planalto.gov.br/ccivil_03/_ato2015-2018/2015/lei/l13185.htm. Acesso em: 30 jul. 2021.

BRASIL. *Lei 8.069, de 13 de julho de 1990*. Dispõe sobre o Estatuto da Criança e do Adolescente e dá outras providências. Disponível em: http://www.planalto.gov.br/ccivil_03/leis/l8069.htm. Acesso em: 29 jul. 2021.

BRASIL. Superior Tribunal de Justiça. *Agravo Regimental no Recurso Especial 1.309.891/MG*. Agravante: Google Brasil Internet LTDA. Agravada: Jéssica Carla Leite Rodrigues. Relator: Ministro Sidnei Beneti. Brasília, DF, 26 jun. 2012.

CASTELLS, Manuel. *A sociedade em rede*. São Paulo: Paz e Terra, 1999.

DRESCH, Rafael de Freitas Valle Dresch. Reflexões sobre a responsabilidade civil de provedores pelo conteúdo postado por usuários. In: BARBOSA, Mafalda Miranda; ROSENVALD, Nelson; MUNIZ, Francisco (Coord.). *Desafios da nova responsabilidade civil*. São Paulo: Editora JusPodivm, 2019. p. 395-406.

FACEBOOK. *Padrões de Comunidade*: bullying e assédio. Disponível em: https://www.facebook.com/communitystandards/bullying. Acesso em: 30 jul. 2021.

FACEBOOK. *Relatório de aplicação dos Padrões de Comunidade, primeiro trimestre de 2021*. [S.l.], 16 maio 2021. Disponível em: https://about.fb.com/br/news/2021/05/relatorio-de-aplicacao-dos-padroes--da-comunidade-primeiro-trimestre-de-2021/. Acesso em: 30 jul. 2021.

FACEBOOK. *Termos de serviço*. [S.l.], 2021. Disponível em: https://www.facebook.com/terms/. Acesso em: 28 jul. 2021.

GIACHETTA, André Zonaro. Atuação e responsabilidade dos provedores diante das fake news e da desinformação. In: RAIS, Diogo (Coord.). *Fake news*: a conexão entre a desinformação e o direito. 2. ed. São Paulo: Thomson Reuters Brasil, 2020. p. 277-312.

HOFFMANN-RIEM, Wolfgang. *Teoria geral do direito digital*: transformação digital: desafios para o direito. Rio de Janeiro: Forense, 2021.

INSTAGRAM. *Anti-bullying*. [S.l., 2021?]. Disponível em: https://about.instagram.com/community/anti-bullying. Acesso em: 31 jul. 2021.

INSTAGRAM. *Continuing to make Instagram safer for the youngest members of our community*. [S.l.], 17 mar. 2021. Disponível em: https://about.instagram.com/blog/announcements/continuing-to-make--instagram-safer-for-the-youngest-members-of-our-community. Acesso em: 31 jul. 2021.

INSTAGRAM. *Giving young people a safer, more private experience*. [S.l.], jul. 27, 2021. Acesso em: 11 ago. 2021. Disponível em: https://about.instagram.com/blog/announcements/giving-young-people-a-safer-more-private-experience.

INSTAGRAM. *Helping your teen navigate Instagram safely*. [S.l., 2021?]. Disponível em: https://about.instagram.com/community/parents. Acesso em: 10 ago. 2021.

INSTAGRAM. *Introducing New Ways to Protect Our Community from Abuse*. [S.l], 10 ago. 2021. Disponível em: https://about.instagram.com/blog/announcements/introducing-new-ways-to-protect-our--community-from-abuse. Acesso em: 12 ago. 2021

INSTAGRAM. *Termos de uso*. [S.l.], 2021. Disponível em: https://www.facebook.com/help/instagram/478745558852511. Acesso em: 28 jul. 2021.

IPSOS. *Cyberbullying*: a global advisor survey. [S.l.], 2018. Disponível em: https://www.ipsos.com/sites/default/files/ct/news/documents/2018-06/cyberbullying_june2018.pdf. Acesso em: 28 jul. 2021.

LEMOS, Julian. *Projeto de Lei 2699/2021*. Dispõe sobre a criminalização da prática de haters na rede mundial de computadores e dá outras providências. Disponível em: https://www.camara.leg.br/proposicoesWeb/fichadetramitacao?idProposicao=2292364. Acesso em: 06 ago. 2021.

LI, Qing. Bullying in the new playground: research into cyberbullying and cyber victimization. *Australasian Journal of Educational Technology*, Melbourne, v. 23, n. 4, p. 435-454, out. 2007. Disponível em: https://ajet.org.au/index.php/AJET/article/view/1245/617. Acesso em: 1º ago. 2021.

LONGHI, João Victor Rozatti. Marco Civil da Internet no Brasil: breves considerações sobre seus fundamentos, princípios e análise crítica do regime de responsabilidade civil dos provedores. In: MARTINS, Guilherme Magalhães; LONGHI, João Victor Rozatti. *Direito digital*: direito privado e internet. 3. ed. Indaiatuba: Editora Foco, 2020. p. 115-144.

MARANHÃO, Juliano; CAMPOS, Ricardo. Fake news e autorregulação regulada das redes sociais no Brasil: fundamentos constitucionais. In: ABBOUD, Goerges; NERY JR., Nelson; CAMPOS, Ricardo. *Fake News e regulação*. 2. ed. São Paulo: Thomson Reuters Brasil, 2020. *E-book* não paginado.

MARTINS, Guilherme Magalhães. *Responsabilidade civil por acidentes de consumo na internet*. São Paulo: Thomson Reuters, 2020. *E-book* não paginado.

ORGANIZAÇÃO DAS NAÇÕES UNIDAS (ONU). Comitê dos Direitos da Criança. *Comentário geral 25 (2021) sobre os Direitos das Crianças em relação ao ambiente digital*. Disponível em: https://

criancaeconsumo.org.br/wp-content/uploads/2021/04/comentario-geral-n-25-2021.pdf. Acesso em: 27 jul. 2021.

ORGANIZAÇÃO DOS ESTADOS AMERICANOS (OEA). *Diretrizes para o empoderamento e a proteção dos direitos das crianças e adolescentes na internet na América Central e República Dominicana.* Washington, DC, jan. 2018. Disponível em: http://www.oas.org/es/sadye/publicaciones/RESUMEN--WEB-008-POR.pdf. Acesso em: 31 jul. 2021.

QUEIROZ, João Quinelato. Responsabilidade civil solidária entre provedores de conteúdo ofensivo à luz do Marco Civil: critérios objetivos na perspectiva constitucional. In: SCHREIBER, Anderson; MORAES, Bruno Terra de; TEFFÉ, Chiara Spadaccini de (Coord.). *Direito e mídia:* tecnologia e liberdade de expressão. Indaiatuba: Editora Foco, 2020. p. 291-324.

REZENDE, Elcio Nacur; CALHAU, Lélio Braga. Cyberbullying, direito educacional e responsabilidade civil: uma análise jurídica e deontológica da realidade brasileira. *Revista on-line de Política e Gestão Educacional*, Araraquara, v. 24, n. 2, p. 494-517, maio-ago. 2020. Disponível em: https://periodicos.fclar.unesp.br/rpge/article/view/13630/9084. Acesso em: 31 jul. 2021.

ROCHA, Telma. *Cyberbullying*: ódio, violência virtual e profissão docente. Brasília: Liber Livro, 2012.

SCHREIBER, Anderson. Cyberbullying: responsabilidade civil e efeitos na família. *GEN Jurídico*, [S.l.], 11 out. 2018. Disponível em: http://genjuridico.com.br/2018/10/11/Cyberbullying-responsabilidade-civil-e-efeitos-na-familia/. Acesso em: 30 jul. 2021.

SCHREIBER, Anderson. Marco Civil da Internet: avanço ou retrocesso? A responsabilidade civil por dano derivado do conteúdo gerado por terceiro. DE LUCCA, Newton; SIMÃO FILHO, Adalberto; LIMA, Cíntia Rosa Pereira de (Coord.). *Direito & Internet III* – Tomo II: Marco Civil da Internet (Lei 12.965/2014). São Paulo: Quartier Latin, 2015. p. 277-305.

SOUZA, Carlos Affonso; LEMOS, Ronaldo. *Marco civil da internet*: construção e aplicação. Juiz de Fora: Editar Editora Associada LTDA., 2016.

STEINHAUER, Jennifer. Verdict in MySpace Suicide Case. *The New York Times*, Nova Iorque, 26 nov. 2008. Disponível em: https://www.nytimes.com/2008/11/27/us/27myspace.html. Acesso em: 31 jul. 2021.

TEIXEIRA, Tarcísio. *Direito digital e processo eletrônico.* 5. ed. São Paulo: Saraiva Educação, 2020.

TIK TOK. *Bullying prevention.* [S.l.], 2021. Disponível em: https://www.tiktok.com/safety/en/bullying--prevention/. Acesso em: 10 ago. 2021.

TIK TOK. *Diretrizes da comunidade.* [S.l.], 2021. Disponível em: https://www.tiktok.com/community-guidelines?lang=pt_BR#36. Acesso em: 04 ago. 2021.

TIKTOK. *Relatório de aplicação das diretrizes da comunidade do TikTok no 1º semestre de 2021.* [S.l.], 30 jun. 2021. Disponível em: https://newsroom.tiktok.com/pt-br/relatorio-de-aplicacao-das-diretrizes-da-comunidade-do-tiktok-q-12021. Acesso em: 31 jul. 2021.

TIKTOK. *Relatório de transparência do TikTok.* [S.l.], 2021. Disponível em: https://www.tiktok.com/safety/resources/tiktok-transparency-report-2021-h-1?lang=pt-BR. Acesso em: 30 jul. 2021.

TIKTOK. *Supplemental terms – Jurisdiction-specific.* [S.l.], fev. 2019. Disponível em: https://www.tiktok.com/legal/terms-of-service?lang=en#supplemental-jurisdiction. Acesso em: 29 jul. 2021.

TIKTOK. *Termos de serviço.* [S.l.], jul. 2020. Disponível em: https://www.tiktok.com/legal/terms-of-service?lang=pt_BR. Acesso em: 28 jul. 2021.

VIRAÇÃO EDUCOMUNICAÇÃO. *Consulta Brasil:* o que as crianças e adolescentes têm a dizer sobre o uso das tecnologias da informação e comunicação (TIC). São Paulo, dez. 2019. Disponível em: https://www.gov.br/mdh/pt-br/assuntos/noticias/2020-2/julho/201912_Relatorio_PesquisaEAtividadesConsultaBrasilViracaoRedeCS.pdf. Acesso em: 30 jul. 2021.

10
CYBERBULLYING, DEEPFAKE E *DEEPNUDE*: A VULNERABILIDADE DAS CRIANÇAS E ADOLESCENTES NA INTERNET E A RESPONSABILIDADE CIVIL DECORRENTE DOS ILÍCITOS CIBERNÉTICOS

Adriano Marteleto Godinho

Professor dos cursos de graduação e pós-graduação *stricto sensu* da Universidade Federal da Paraíba. Pós-Doutorando em Direito Civil pela Universidade de Coimbra. Doutor em Ciências Jurídicas pela Universidade de Lisboa. Mestre em Direito Civil pela Universidade Federal de Minas Gerais.

Marcela Maia de Andrade Drumond

Pós-graduanda em Direito Processual Civil pelo Complexo de Ensino Renato Saraiva. Graduada em Direito pela Universidade Federal da Paraíba.

Sumário: 1. Notas introdutórias: a tutela de direitos fundamentais de crianças e adolescentes – 2. A prática do *cyberbullying*; 2.1 O *cyberbullying* na perspectiva do ofensor; 2.2 O *cyberbullying* na perspectiva da vítima – *3. Deepfake* e *deepnude*: transgressões aos direitos da personalidade de menores – 4. Responsabilidade civil decorrente dos ilícitos cibernéticos – 5. Considerações finais – 6. Referências.

1. NOTAS INTRODUTÓRIAS: A TUTELA DE DIREITOS FUNDAMENTAIS DE CRIANÇAS E ADOLESCENTES

Na sociedade da tecnologia e da informação, poucas discussões se revelam tão turbulentas quanto a que se propõe a debater o modo como crianças e adolescentes interagem na internet – particularmente, nas diversas redes sociais de amplo acesso e disseminação de informações. Por mais vigilantes que sejam os pais, e ainda que tais redes tencionem limitar o acesso de menores de idade ao seu conteúdo, é difícil exercer amplo controle sobre as atividades dos filhos no âmbito virtual.

Entre os diversos dilemas que concernem à utilização destas redes por crianças e adolescentes, emergem alguns fenômenos de difícil controle: a prática de atos como *cyberbullying, deepfake* e *deepnude*, dirigidos contra outros usuários da internet, muitos deles menores de idade e, portanto, particularmente vulneráveis.

De acordo com o teor da Constituição Federal, são fundamentais e inerentes a toda pessoa os direitos à vida, à liberdade, à igualdade e à segurança, entre outros, explícitos ou implícitos ao longo do seu texto. Crianças e adolescentes são indivíduos dotados de todos os direitos fundamentais assegurados constitucionalmente à pessoa humana, como reforça o art. 3º do Estatuto da Criança e do Adolescente (doravante ECA). Por serem os menores pessoas em desenvolvimento, é primordial que possam gozar e exercer tais direitos, a fim de que tenham sua dignidade respeitada e possam edificar-se enquanto membros também do meio social. Todo infante deve ter espaço de opinar e se expressar – noção que também se consagra no texto do art. 16, inciso II do ECA –, de construir sua própria personalidade e buscar sua realização, sendo oportunizado pelos pais o franco diálogo, sempre com vistas à promoção do melhor interesse do menor.

Ademais, sobrelevam duas regras imprescindíveis no bojo do aludido Estatuto protetor: consoante seu art. 15, "a criança e o adolescente têm direito à liberdade, ao respeito e à dignidade como pessoas humanas em processo de desenvolvimento e como sujeitos de direitos civis, humanos e sociais garantidos na Constituição e nas leis"; já o art. 17 preconiza que "o direito ao respeito consiste na inviolabilidade da integridade física, psíquica e moral da criança e do adolescente, abrangendo a preservação da imagem, da identidade, da autonomia, dos valores, ideias e crenças, dos espaços e objetos pessoais". Destes dispositivos, em particular, emerge a percepção da necessidade de plena tutela e promoção da dignidade e da personalidade de crianças e adolescentes.

Quando o assunto é autoridade parental, alguns desses direitos fundamentais se destacam, eis que podem gerar insegurança e conflito na relação entre pais e filhos. É o caso dos direitos à liberdade, à intimidade, ou privacidade, ao respeito e à dignidade, no que tange à criação e educação. Como o menor, enquanto pessoa em desenvolvimento, é amparado de forma especial pelo ordenamento jurídico, seu direito fundamental à liberdade é expressamente assegurado, tendo por objetivo proporcionar-lhe o direito de criar, aprender, significar e ressignificar, se expressar e construir suas próprias crenças e personalidade. Assim, vai se desenvolvendo enquanto sujeito e adquirindo maior grau de discernimento, responsabilidade e capacidade de autonomia.[1]

Quanto ao direito à intimidade e, como decorrência, à privacidade, assegura-se, como preceitua o ECA, que o menor deva ter sua imagem, identidade e autonomia preservadas, de forma que seu espaço pessoal – que remete ao seu íntimo e à construção de quem se é – não pode ser violado. Assim também prevê a própria Carta Magna, de forma mais ampla, a toda e qualquer pessoa, referindo-se, inclusive, a questões de correspondência e comunicação.[2]

---

1. TEIXEIRA, Ana Carolina Brochado. *Família, guarda e autoridade parental*. 2 ed. rev. e atual. Rio de Janeiro: Renovar, 2009. p. 213-214.
2. TEIXEIRA, Ana Carolina Brochado. *Família, guarda e autoridade parental*. 2 ed. rev. e atual. Rio de Janeiro: Renovar, 2009. p. 204.

Tratar dos direitos à liberdade e à intimidade necessariamente remete a outros dois direitos fundamentais, de extrema relevância, correspondentes ao respeito e à dignidade. Os menores, ao terem sua liberdade e intimidade preservadas, consequentemente têm assegurados seus direitos ao respeito e à dignidade, pois estes estão intimamente ligados à individualidade e ao crescimento de cada indivíduo, em especial a pessoa em desenvolvimento, que se encontra em fase de descoberta e formação de sua personalidade. Poder se descobrir, se fazer respeitar, ser e tornar-se quem é também são, enfim, projeções da dignidade de uma pessoa.

Entretanto, com os avanços tecnológicos e a presença cada vez mais constante e individualizada dos aparelhos eletrônicos na vida das pessoas, especialmente os *smartphones* e *tablets*, com acesso à rede de internet e à sua infinidade de conteúdo, uma grande crise de autoridade vem se instaurando no meio familiar. Além de contribuir para distanciar as relações e interações entre familiares, o acesso constante aos meios tecnológicos cria maior insegurança aos pais, que muitas vezes não conseguem lidar com os novos hábitos dos filhos. O resultado deste distanciamento é o acesso precoce dos menores a conteúdos indevidos, o que influencia de forma negativa a construção de sua personalidade, fazendo com que etapas da vida e do amadurecimento sejam antecipadas ou mesmo, na pior das hipóteses, expondo-os a riscos de violência física e psicológica.

As linhas que se seguem se propõem ao enfrentamento do tema, ao tratar de fenômenos específicos que revelam a extrema vulnerabilidade das crianças e adolescentes no âmbito virtual, nomeadamente o *cyberbullying*, *deepfake* e *deepnude*, dos quais podem emergir severos danos à dignidade e aos direitos da personalidade de suas vítimas.

2. A PRÁTICA DO *CYBERBULLYING*

Diante da popularização do uso das tecnologias da informação, inúmeras atividades do cotidiano se tornaram mais ágeis: facilidade na comunicação instantânea e massificada e o acesso constante à informação são exemplos das mudanças que se tornaram parte indissociável do hábito humano. Porém, ao mesmo tempo em que as ferramentas tecnológicas propiciam inegáveis benefícios, seu uso desmedido e desarrazoado inaugurou um cenário de potenciais danos em série, particularmente verificados por meio de ofensas a direitos da personalidade, como a imagem, o nome, a honra e a privacidade.

Como bem pontua Luiz Carlos Vieira Segundo:

> Não há dúvidas em afirmar que a internet é imprescindível para a sociedade. Comunicações, envios de documentos, acesso a informações, enfim, coisas que antes demoravam certo tempo para a efetiva realização, hoje, com o uso da internet ocorrem imediatamente. Entretanto, a internet também é um instrumento utilizado para disseminar o mal, e o mais comum deles e assunto da pauta é o Cyberbullying.[3]

---

3. VIEIRA SEGUNDO, Luiz Carlos Furquim; SPERANZA, Henrique de Campos Gurgel. Cyberbullying. *Revista Síntese Direito de Família*, São Paulo, Síntese. Ano XI, n. 81, p. 220-221, dez.-jan., 2014. p. 221.

Atribui-se a Bill Belsey a criação da expressão *"cyberbullying"*. Belsey, para além de cunhar o termo, que ganhou notoriedade mundial, cuidou também de precisar seu significado:

> O *cyberbullying* envolve o uso de informações e de tecnologias da comunicação como o e-mail, o telefone celular e aparelhos de envio de mensagens de texto, as mensagens instantâneas, os *sites* pessoais difamatórios e os *sites* difamatórios de votações na internet com o objetivo de apoiar o comportamento deliberado, repetido e hostil por parte de um indivíduo ou de um grupo que tem a intenção de prejudicar outros indivíduos.[4]

O termo *cyberbullying* advém da conjunção das expressões *"cyber"* e *"bullying"*: enquanto esta indica o "comportamento agressivo e persistente com a intenção de causar dano físico ou moral"[5] a outrem, aquela sugere a prática de atos de intimidação, assédio, maledicência, humilhação, opressão e ofensa em âmbito virtual. Assim compõe-se o termo em apreço, que traduz a ideia de violência exercida nos domínios virtuais. Tal prática constantemente se apoia na aparente fragilidade, baixa autoestima e vulnerabilidade das vítimas, frequentemente crianças e adolescentes.

O *cyberbullying* é, pois, a virtualização do *bullying*, ou seja, o agente ofensor se utiliza de ferramentas virtuais para perpetrar ameaças ou ofensas contra terceiros. O aparente anonimato dos usuários de internet – aliado ao distanciamento físico entre agressor e vítima, o que impede a contraofensiva imediata por parte desta – propicia ao autor do ilícito a sensação de impunidade, que serve como força motriz para a prática em apreço, que, de forma preocupante, vai se tornando cada vez mais corriqueira. A potencialidade dos danos daí derivados é imensurável: agressões que transgridem fronteiras e podem ser disseminadas ilimitadamente afetam a construção da identidade do indivíduo (sobretudo de crianças e adolescentes, cuja personalidade se encontra em estágio de constante modelagem), abalam suas relações e podem se revelar irreversíveis.

De fato, o potencial destrutivo das ofensas praticadas em redes virtuais é inequivocamente avassalador:

> Antes, as condutas não ultrapassavam os muros das escolas ou, pelo menos, não adentravam ao local de segurança das vítimas (seus lares). Hoje, o agressor pode atingir a vítima em qualquer lugar e momento, por meio das facilidades e recursos tecnológicos que permitem rápida replicação e permanência das informações. Exemplo: com rapidez e comodidade o agressor pode copiar e colar mensagens e imagens e reenviá-las, no mesmo instante, para grupos de pessoas constantes em sua lista de contatos. As motivações dos agressores para a prática do *cyberbullying* costumam ser frívolas, como o rompimento de um relacionamento, inveja, um dissabor entre o agressor e a vítima. Também constituem brincadeiras de mau gosto, mas que ganham proporções imensuráveis, devido às características de persistência ou permanência das informações na rede

---

4. SHARIFF, Shaheen. *Cyberbullying*: questões e soluções para a escola, a sala de aula e a família. Porto Alegre: Artmed, 2010. p. 58.
5. BANDEIRA, Cláudia de Moraes; HUTZ, Claudio Simon. As implicações do bullying na auto-estima de adolescentes. *Psicol. Esc. Educ. (Impr.)*, Campinas, v. 14, n. 1, jan.-jun. 2010.

e de replicabilidade dos conteúdos, ocasionando, muitas vezes, danos irreparáveis ou de difícil superação pelo ofendido.[6]

O *cyberbullying* se revela, assim, um dos mecanismos mais cruéis de violação a direitos personalíssimos; trata-se de um odioso mecanismo de deterioração da dignidade da pessoa humana. Especialmente quando a ofensa é propagada por meio das redes virtuais, ambiente em que inexiste pleno controle sobre o alcance e impacto do conteúdo disseminado, o registro danoso poderá promover danos em caráter permanente.

É fundamental enquadrar o tema, de notável relevância, sob dupla perspectiva, ora da vítima, ora do ofensor, para, enfim, verificar as possíveis repercussões jurídicas em tema de responsabilidade civil pelos danos derivados do *cyberbullying*.

2.1 O *cyberbullying* na perspectiva do ofensor

A presença da autoridade parental, consoante apontado outrora, é de extrema importância para a efetivação de direitos fundamentais das crianças e dos adolescentes, como, por exemplo, a descoberta e edificação da própria personalidade, assim como a apropriação de valores morais e, consequentemente, a conquista de maior responsabilidade e discernimento. Porém, a omissão dos pais com relação à educação dos filhos menores, como a falta de limites e de diálogo, pode ser considerada como fator de motivação para atitudes irresponsáveis dos jovens, como ocorre no caso da prática de *cyberbullying*.

Os praticantes do *cyberbullying* apresentam, em seu perfil geral, alguns possíveis sintomas que desencadeiam esta conduta: a falta de limites, inconsequência, crise de identidade, juntamente com a necessidade de autoafirmação e de aceitação por determinado grupo. Suas atitudes se caracterizam por ataques e perseguições às vítimas em redes sociais e podem ser perpetradas de forma individual ou orquestradas por um grupo. Conforme se depreende do texto "Cyberbullying: um desafio à investigação e à formação",[7] há estudiosos[8] que segregam os autores de *cyberbullying* de acordo com uma perspectiva de consciência do ato, em que um perfil de ofensor não manifesta ter perfeita noção dos reflexos causados por seu comportamento, e o outro perfil, que age por pura diversão e satisfação com as consequências nocivas decorrentes de sua conduta.

---

6. CONTE, Christiany Pegorari; ROSSINI, Augusto Eduardo de Souza. Aspectos jurídicos do cyberbullying. *Revista FMU Direito*, São Paulo, ano 24, n. 34, 2010, p. 52. Disponível em: https://revistaseletronicas.fmu.br/index.php/FMUD/article/view/94. Acesso em: 12 jun. 2021.
7. AMADO, J. et al. Cyberbullying: um desafio à investigação e à formação. *Interacções*, Portugal, v. 5, n. 13, p. 311, jan. 2009.
8. Vide NEVES, J. P.; PINHEIRO, L. *A emergência do cyberbullying: uma primeira aproximação*. Comunicação às Conferências Lusófona, VI SOPCOM/IV IBÉRICO, 2009; também assim para PINHEIRO, L. O. *Cyberbullying em Portugal*: uma perspectiva sociológica. (Tese de Mestrado não publicada). Universidade do Minho: Braga, 2009.

O distanciamento relacional com a família, juntamente com a sensação de anonimato gerada pela internet, permitem que menores, com dificuldades na formação identitária e na assimilação de valores e regras de convivência, suponham que, no ambiente virtual – em princípio, reservado e oculto –, tudo é permitido, e que suas identidades jamais serão descobertas. Ademais, o fato de as perseguições serem cometidas mediante o uso de aparelhos eletrônicos, e não diante da presença do ofendido, atua como mais um elemento encorajador para as agressões. Tal elemento também pode ser considerado como causa para a falta de empatia que acomete muitos praticantes do *cyberbullying*, pois, ocultos e afastados pela tela de um dispositivo eletrônico, não se mantêm diretamente em contato com as consequências causadas pelos seus atos.[9]

O escritor João Pedro Roriz, em entrevista ao periódico "Folha Dirigida",[10] afirma que a prática de *cyberbullying* não se dá necessariamente em razão de grande liberdade proporcionada pelos pais aos filhos menores; segundo ele, no momento em que os jovens conquistam gradualmente algum espaço para tomar suas próprias decisões, estão sujeitos a erros e desvios, mormente por serem pessoas em desenvolvimento. A propósito, uma pesquisa realizada pela Organização Mundial da Saúde em 2012 para países da Europa e América do Norte constatou que essa prática agressiva possui menor ocorrência com o avanço da idade dos jovens,[11] o que leva a crer que, quanto maior o grau de discernimento adquirido, igualmente maior a consciência moral e responsabilidade diante dos atos e escolhas.

De todo modo, ainda que os autores do *cyberbullying* sejam incapazes e imaturos, a ponto de não compreenderem plenamente os efeitos maléficos de seu comportamento, não se pode ignorar o fato de que o diálogo com seus pais possivelmente levará o menor a incorporar ao seu crescimento as noções de respeito, tolerância, cooperação, dignidade e convivência com o outro.[12] Muitas vezes, estes são valores que faltam por omissão dos pais, pelo distanciamento dos seus filhos menores – que passam a maior parte do tempo envoltos em um ambiente virtual e artificial –, ou mesmo como reflexo de agressões já sofridas, inclusive pela prática de *bullying* ou *cyberbullying* que possa tê-los vitimado.

Particularmente, quando um menor toma a decisão de ferir a dignidade alheia por prazer ou diversão, tendo plena ciência das consequências de seu comporta-

---

9. AMADO, J. et al. Cyberbullying: um desafio à investigação e à formação. *Interacções*, Portugal, v. 5, n. 13, p. 301-326, jan. 2009.
10. NASCIMENTO, Gabriel. *O bullying é uma violência invisível*. Folha Dirigida, Rio de Janeiro, 4 a 10 de abril de 2013. Disponível em: https://www.paulus.com.br/portal/wp-content/uploads/2013/04/Folha-Dirigida--04-a-10-de-abril.pdf. Acesso em: 02 maio 2021.
11. IBGE – INSTITUTO BRASILEIRO DE GEOGRAFIA E ESTATÍSTICA. Pesquisa Nacional de Saúde do Escolar, 2012. Disponível em: https://biblioteca.ibge.gov.br/visualizacao/livros/liv64436.pdf. Acesso em: 11 jun. 2021.
12. COSTA, Ivna Maria Mello; SOARES, Saulo C. de Aguiar. *Cyberbullying: a violência no ambiente virtual*. Universidade Federal do Piauí – UFPI, PI, 2010. Disponível em: http://leg.ufpi.br/subsiteFiles/ppged/arquivos/files/VI.encontro.2010/GT.7/GT_07_07_2010.pdf. Acesso em: 12 jun. 2021.

mento, a motivação para o ato precisa ser identificada e devidamente combatida. Crianças e adolescentes, como pessoas em desenvolvimento, estão mais propensos a erros e desvios de conduta; porém, educação, constante monitoramento parental e diálogo são medidas imprescindíveis para que os menores tomem consciência de suas consequências.

2.2   O *cyberbullying* na perspectiva da vítima

Uma vez compreendidas as dimensões da nefasta prática do *cyberbullying*, faz-se imperioso discutir acerca dos direitos das vítimas mais vulneráveis de sua prática – crianças e adolescentes –, às quais cumpre deferir instrumentos especiais de proteção jurídica. Afinal,

> a Constituição Federal protege os direitos fundamentais da criança e do adolescente, especialmente no tocante à dignidade do menor e a tutela de sua liberdade e integridade físico-psíquica, tendo em vista a sua condição especial de pessoa em desenvolvimento. Os direitos da criança e do adolescente são protegidos por normas constitucionais de natureza obrigatória (e não meramente programáticas – conforme o art. 5°, parágrafo 1°, CF/88), isto é, são dotadas de aplicabilidade direta e imediata.[13]

Seja na condição de ofensores ou, sobretudo, no papel de vítimas, crianças e adolescentes são frequentemente envolvidos em atos de *cyberbullying*. Quando ofendidos, os menores podem desenvolver traumas permanentes, cujas consequências podem chegar ao extremo do cometimento de suicídio. No Brasil e no mundo, diversos relatos de casos que tiveram desfecho fatal são noticiados com frequência, em alerta à seriedade com que se deve tratar o comportamento destrutivo de reputações e biografias de inúmeros indivíduos.[14]

A gravidade do impacto do *cyberbullying* no cotidiano de suas vítimas pode ser avassalador: pesquisas científicas revelam que os ofendidos têm duas vezes mais chances de necessitar de apoio de profissionais de saúde mental e três vezes mais probabilidade de abandonar a escola que crianças e adolescentes que jamais sofreram *cyberbullying*.[15]

Em setembro de 2019, o Fundo das Nações Unidas para a Infância (UNICEF) divulgou resultados de uma pesquisa realizada com mais de 170 mil jovens de 13

---

13. CONTE, Christiany Pegorari; ROSSINI, Augusto Eduardo de Souza. Aspectos jurídicos do cyberbullying. *Revista FMU Direito*, São Paulo, ano 24, n. 34, 2010. p. 47. Disponível em: https://revistaseletronicas.fmu.br/index.php/FMUD/article/view/94. Acesso em: 12 jun. 2021.

14. Eis, como exemplo, o relato publicado na página virtual da Agência Fiocruz de Notícias: "Em novembro de 2013, nas ondas da internet, (...) o óbito de duas adolescentes, uma de 16 e outra de 17 anos, chocou o país. O motivo foi o mesmo: *cyberbullying*. As meninas não resistiram à vergonha e à humilhação de verem suas fotos íntimas circulando nas mídias sociais, especialmente o Facebook, e se suicidaram. Os dois casos trouxeram à tona a questão do *cyberbullying* e seus efeitos nas vítimas" (PORTELA, Graça. Cyberbullying e casos de suicídio aumentam entre jovens. In: *Agência Fiocruz de Notícias*. Disponível em https://agencia.fiocruz.br/cyberbullying-e-casos-de-suic%C3%ADdio-aumentam-entre-jovens. Acesso em: 14 jun. 2021).

15. CONNOLY, Maureen; GIOUROUKAKIS, Vicky. Cyberbullying: taking control through research-based letter writing. *English Journal*, 101.6, 2012. p. 70.

a 24 anos, de 30 países, incluindo o Brasil. De acordo com *U-Report*, ferramenta de mensagens sociais utilizada para a coleta de dados, um em cada três jovens relatou já ter sido vítima de *cyberbullying* e um a cada cinco teria saído da escola por esta razão. Um dos resultados mais alarmantes aponta o Brasil, dentre os demais países participantes da pesquisa, como o de maior porcentagem no quesito de vítimas do *bullying online*.[16]

Tais consequências, profundamente nocivas, se explicam precisamente pelo fato de crianças e adolescentes se encontrarem em um estágio de suas vidas em que estão moldando suas personalidades e edificando seus valores e sua autoestima; para que tal ocorra de forma saudável, é fundamental cercá-los de um ambiente de desenvolvimento social, familiar e psicológico harmonioso.

O acompanhamento familiar – e, possivelmente, também profissional – é importante tanto para evitar que crianças e adolescentes pratiquem ou facilitem a ocorrência desse tipo de violência, quanto, sobretudo, para reagir de maneira rápida e eficaz nos casos em que filhos menores sejam vítimas de *cyberbullying*.

Mais do que simplesmente atuar para conter os efeitos já consumados, é preciso adotar comportamentos proativos e preventivos na abordagem da questão: impõe-se a atuação coletiva de pais, professores, estudantes e instituições de ensino para fazer com que a *ação* informativa contra o *cyberbullying* prevaleça sobre a *reação* à sua prática.[17] Com efeito, mesmo sendo inequívoco que a ocorrência de ofensas virtuais possa desencadear a responsabilidade civil (e quiçá penal) do agente ou de seus responsáveis legais – o que se analisará cuidadosamente no tópico final deste texto –, impõe-se, por meio da educação familiar e escolar, a necessidade de promover a redução e a prevenção de casos de *cyberbullying*. A vigilância e o apoio (pessoal e virtual) de familiares e colegas de escola, a denúncia pontual quando da ocorrência de hipóteses de ofensas em âmbito eletrônico e a constante conscientização dos riscos da internet e das consequências maléficas do *cyberbullying* são os instrumentos mais eficazes de combate à sua prática.[18]

Haverá circunstâncias, todavia, em que as medidas preventivas serão incapazes de evitar a ocorrência de *cyberbullying*. Se a prática for imputada a pessoas incapazes, restará, enfim, tentar remediar os danos infligidos a terceiros, emergindo, como primordial instrumento de reparação, a figura da responsabilidade civil, que poderá

---

16. 37% dos respondentes brasileiros afirmaram já ter sido vítima de *cyberbullying* e 36% informaram já ter faltado à escola após ter sofrido *bullying online* de colegas de classe. (UNICEF. *Pesquisa do UNICEF: Mais de um terço dos jovens em 30 países relatam ser vítimas de bullying online*. Disponível em: https://www.unicef.org/brazil/comunicados-de-imprensa/mais-de-um-terco-dos-jovens-em-30-paises-relatam-ser-vitimas-bullyin-g-online#:~:text=Cerca%20de%2032%25%20dos%20entrevistados,%25%2C%20as%20empresas%20de%20internet.&text=No%20Brasil%2C%2037%25%20dos%20respondentes,ter%20sido%20v%C3%A-Dtima%20de%2. Acesso em: 7 jun. 2021).

17. HOZIEN, Hafa. Cyberbullying: a proactive approach. *Education News*, out. 2016. Disponível em: http://www.educationviews.org/cyberbullying-proactive-approach/. Acesso em: 13 jun. 2021.

18. COWIE, Helen; COLLIETY, Pat. Cyberbullying: sanctions or sensitivity? *Pastoral Care in Education: An International Journal of Personal, Social and Emotional Development*, 28:4, 261-268, 2010.

recair particularmente sobre os responsáveis legais dos ofensores, ainda que de sua parte não tenha havido negligência na criação e educação de seus filhos menores.

3. *DEEPFAKE* E *DEEPNUDE*: TRANSGRESSÕES AOS DIREITOS DA PERSONALIDADE DE MENORES

Quando o assunto é o ambiente virtual, sobretudo na era das redes sociais, pode-se destacar como um aspecto de grande relevância o uso da imagem. Nada mais comum nos novos tempos que a exposição da imagem e, muitas vezes, a sua indevida manipulação por terceiros, seja por objetivos comerciais ou mesmo por diversão, sendo um bom exemplo disso os chamados "filtros", ferramentas simples e muito populares que, todavia, podem ser utilizadas de forma nociva, com objetivos maliciosos.

As técnicas de manipulação de imagem, que atualmente ganham novos contornos e grande popularidade, não são de fato uma recente descoberta no mundo da computação. Muito antes do surgimento das redes sociais essas ferramentas tecnológicas já vinham sendo utilizadas e aprimoradas por profissionais de efeitos visuais, sobretudo na indústria cinematográfica. Todavia, foi no ano de 2017 que essa prática ultrapassou o âmbito profissional das tecnologias e se popularizou de uma forma negativa, ficando conhecida como *deepfake*.[19]

A nomenclatura *deepfake* está associada à junção da expressão em inglês "*deep learning*", definida basicamente como um método de aprendizagem e treinamento de inteligência artificial através do reconhecimento de padrões por meio de uma base de dados, e "*fake*", termo de origem inglesa correspondente a "falso".[20] Portanto, *deepfakes* são vídeos falsos, manipulados a partir de inteligência artificial para reproduzir de forma realística a imagem, as expressões e a voz de uma pessoa, que pode ser falsamente retratada reproduzindo ideias ou praticando atos que na vida real não ocorreram. As figuras de diversas personalidades do mundo político e artístico já foram utilizadas nesses vídeos falsos, mas é certo que qualquer pessoa é suscetível a esse tipo de violação da imagem, tendo em vista que para a sua confecção basta que se tenha acesso a fotografias da vítima, o que nos dias de hoje, com o amplo acesso à rede de internet, é algo fácil de se obter.[21] Ademais, no que concerne ao seu conteúdo, este pode variar de sátira política – o que, à partida, não caracterizará a prática de ato ilícito, eis que as manifestações jocosas encontram abrigo no direito fundamental à

---

19. CABRAL, Isabela. O que é deepfake? Inteligência artificial é usada pra fazer vídeo falso. *TechTudo*. Disponível em: https://www.techtudo.com.br/noticias/2018/07/o-que-e-deepfake-inteligencia-artificial-e-usada-pra--fazer-videos-falsos.ghtml. Acesso em: 28 abr. 2021.

20. LIMA, Ramalho. Deepfake: o que é e como funciona?. *TecMundo*, nov. 2020. Disponível em: https://www.tecmundo.com.br/internet/206706-deepfake-funciona.htm. Acesso em: 29 abr. 2021.

21. LALONDE, D. Policy Options on Non-Consensual Deepnudes and Sexual Deepfakes. *Learning Network Brief 39*. London, Ontario: Learning Network, Centre for Research & Education on Violence Against Women & Children. ISBN: 978-1-988412-49-8. Disponível em: http://www.vawlearningnetwork.ca/our-work/briefs/brief_39.html. Acesso em: 07 maio 2021.

liberdade de expressão – até a reprodução de discursos de ódio ou mesmo de temas de teor pornográfico, o que vem gerando alerta para as graves proporções que esse tipo de produção tecnológica pode atingir.

De forma semelhante, em 2019 foi identificada uma nova ferramenta de manipulação fotográfica ou imagética, denominada *deepnude*, a qual também se utiliza de inteligência artificial para, a partir de uma imagem verdadeira, realizar uma montagem realística de pessoa (normalmente do sexo feminino)[22] em situação de nudez, isto é, tem como função "despir" a pessoa na imagem reproduzida. Apesar das semelhanças com o chamado *deepfake*, a nova ferramenta se mostra ainda mais preocupante, tanto pela facilidade quanto pela velocidade de se produzir um *deepnude*, o que a torna ainda mais acessível aos usuários da rede, conforme análise do especialista e professor da UC Berkeley, Hany Farid.[23]

Todo o contexto descrito por si só já seria motivo de alarde, considerando-se a forte presença do universo digital na vida das pessoas e os riscos de violação a que sua imagem, e por consequência, seus direitos da personalidade estão expostos. Todavia, essa preocupação é potencializada ao se encarar o fato de que crianças e adolescentes representam um número cada vez maior de usuários do ambiente virtual[24] e assim, tornam-se possíveis adeptos e vítimas mais vulneráveis dessas inovações maliciosas, sobretudo na prática de *cyberbullying*.[25]

Os *deepfakes* e *deepnudes* como instrumentos de *cyberbullying* entre crianças e adolescentes adquirem implicações ainda mais graves justamente pelo enorme potencial ofensivo. Está-se falando, em primeiro plano, de violação à imagem, e por imagem pode-se entender como figura externa, aparência (imagem-retrato), bem como a referente à reputação (imagem-atributo), por atos que não ocorreram e exposições de corpos que sequer pertencem às vítimas. Fato é que a crença social de que tais imagens são verdadeiras, ou mesmo o constrangimento de se ver envolvido nessa situação, não apenas são circunstâncias capazes de causar todo o sofrimento que já é inerente ao *cyberbullying*, como também gerar danos ainda mais graves e até mesmo

---

22. Por essa razão, tais práticas têm sido reconhecidas como atos de violência de gênero (LALONDE, D. Policy Options on Non-Consensual Deepnudes and Sexual Deepfakes. *Learning Network Brief 39*. London, Ontario: Learning Network, Centre for Research & Education on Violence Against Women & Children. ISBN: 978-1-988412-49-8. Disponível em: http://www.vawlearningnetwork.ca/our-work/briefs/brief_39.html. Acesso em: 07 maio 2021).

23. COLE, Samantha. This Horrifying App Undresses a Photo of Any Woman With a Single Click. *Motherboard by Vice*, nov. 2020. Disponível em: https://www.vice.com/en/article/kzm59x/deepnude-app-creates-fake--nudes-of-any-woman. Acesso em: 28 abr. 2021.

24. Segundo estudo realizado pelo UNICEF, em 2020, a respeito do número de crianças e jovens com acesso à internet em casa, apenas na região da América Latina e do Caribe, onde inclui o Brasil, cerca de 77 milhões de crianças e adolescentes entre 3 e 17 anos o possuem. (UNICEF. *Dois terços das crianças em idade escolar no mundo não têm acesso à internet em casa, diz novo relatório do UNICEF-ITU*. Disponível em: https://www.unicef.org/brazil/comunicados-de-imprensa/dois-tercos-das-criancas-em-idade-escolar-no-mundo-nao--tem-acesso-a-internet. Acesso em: 12 maio 2021).

25. HINDUJA, Sameer. *Deepfakes and Cyberbullying*. Cyberbullying Research Center. Disponível em: https://cyberbullying.org/deepfakes. Acesso em: 28 abr. 2021.

irreversíveis, principalmente sendo os ofendidos sujeitos em desenvolvimento, em formação de identidade e cheios de inseguranças. Há que considerar ainda o risco das falsas produções de fotos e vídeos, em casos de conteúdo pornográfico, tornarem-se instrumentos de assédio e exploração sexual infantil, sobretudo de menores do sexo feminino, visto que, no caso dos *deepnudes*, a montagem é feita marcantemente em figuras femininas, potencializando sua vulnerabilidade.

Ressalte-se que as produções de *deepfake* e *deepnude* não são perfeitas e, em alguns casos, a manipulação da imagem é evidente. Entretanto, as falhas podem facilmente passar despercebidas a olhos desatentos ou mesmo mal intencionados, e com a velocidade com que imagens e informações se replicam pela internet, em especial pelas redes sociais, sem qualquer juízo de autenticidade ou mesmo de responsabilidade, essas montagens terminam por gerar grande repercussão.[26] Como se sabe, uma vez inserido um arquivo nas redes, torna-se praticamente impossível exercer-se algum controle sobre sua propagação, podendo se tornar "viral"[27] sua difusão, e por isso as consequências suportadas pelas vítimas costumam ser devastadoras.

Por mais que sejam inegáveis os benefícios e avanços econômicos e sociais advindos das inovações tecnológicas, também há que se reconhecer que o ambiente virtual é potencialmente perigoso e capaz de causar danos reais, ainda que alguns usuários se sintam supostamente ocultos ou protegidos por uma tela e uma ilusão de anonimato. Desde 2019, grandes empresas como Facebook, Microsoft e Partnership on AI vêm trabalhando com acadêmicos de universidades renomadas em busca de tecnologias que possam detectar *deepfakes*, assim como têm buscado alterar suas políticas de uso e privacidade nas plataformas digitais no sentido de oferecer maior proteção, excluindo as falsas produções e alertando seus usuários.[28] Além disso, vale ressaltar a importância de se promover, enquanto sociedade, uma educação digital mais efetiva, sobretudo por meio da conscientização, em especial dos jovens como usuários e consumidores desse universo de informações, tanto para evitar a produção de materiais nocivos como *deepfakes* e *deepnudes*, que servem de instrumento, entre outros, para a prática de *cyberbullying*, como também para se estimular o juízo crítico sobre esses materiais, seus danos e possíveis dimensões, de forma que não sejam criados e desmedidamente replicados.[29]

Conforme mencionado, para a produção de *deepfakes* e *deepnudes* são utilizadas imagens divulgadas através das redes virtuais e que acabam ficando armazenadas e acessíveis a qualquer usuário. Dessa forma, é um erro comum a crença de que, por

---

26. CABRAL, Isabela. O que é deepfake? Inteligência artificial é usada pra fazer vídeo falso. *TechTudo*. Disponível em: https://www.techtudo.com.br/noticias/2018/07/o-que-e-deepfake-inteligencia-artificial-e-usada-pra-fazer-videos-falsos.ghtml. Acesso em: 28 abr. 2021.
27. Expressão comumente utilizada no âmbito virtual para denominar algo amplamente visualizado e compartilhado pelos usuários da internet.
28. SCHROEPFER, Mike. Creating a dataset and a challenge for deepfakes. *Facebook AI*, set. 2019. Disponível em: https://ai.facebook.com/blog/deepfake-detection-challenge/. Acesso em: 16 maio 2021.
29. CHILDHOOD. *Navegação segura*. Disponível em: https://www.childhood.org.br/navegacao-segura. Acesso em: 08 maio 2021.

estarem disponíveis *on-line*, as imagens tornam-se automaticamente públicas e passíveis de utilização para quaisquer fins. Entretanto, a Constituição Federal, nomeadamente em seu art. 5º, inciso X, acompanhada pela legislação infraconstitucional, destacadamente pelo art. 20 do Código Civil, pelos arts. 10 e 23 da Lei 12.965/2014 (Marco Civil da Internet) e pelo art. 2º, inciso IV da Lei 13.709/2018 (Lei Geral de Proteção de Dados), consagra a preservação da imagem, de forma autônoma e sem prejuízo de demais direitos decorrentes dela, como sendo um direito fundamental e relativo à dignidade humana; por isso, a potencial violação através de manipulações e reproduções não consentidas gera dano imaterial, a reclamar sua devida reparação.[30]

Não obstante a legislação brasileira possua disposições no sentido de resguardar os direitos da personalidade, sobretudo de sujeitos vulneráveis como crianças e adolescentes, assim como formas de repressão a cibercrimes, fato é que as inovações tecnológicas se desenvolvem em ritmo muito mais acelerado do que as determinações legislativas são capazes de reger. Atualmente, dificilmente haverá meios de impedir que tais violações ocorram; afinal, a tecnologia existe, é plenamente acessível e vem sendo cada vez mais aprimorada. Inclusive, a rápida evolução e as proporções que as ferramentas de *deepfake* vêm tomando são motivos de espanto e preocupação até mesmo para um dos maiores especialistas e pioneiros nesta técnica, Hao Li, responsável por grandes produções cinematográficas e professor associado da Universidade do Sul da Califórnia. Li prevê que em pouco tempo as produções falsas, que hoje podem ser detectadas, podem vir a se tornar perfeitas,[31] o que certamente ainda exigirá extrema diligência dos gerenciadores das plataformas virtuais e, naturalmente, respostas e formas mais eficientes de lidar com essa questão por parte da comunidade jurídica.

4. RESPONSABILIDADE CIVIL DECORRENTE DOS ILÍCITOS CIBERNÉTICOS

A partir do momento em que um indivíduo, com seu comportamento, causa dano a outrem, ficará sujeito à correspondente reparação – sendo este, a propósito, o sentido fulcral do texto do art. 927 do Código Civil: "aquele que, por ato ilícito (arts. 186 e 187), causar dano a outrem, fica obrigado a repará-lo". Esta é, portanto, a função primordial da responsabilidade civil: a de reparar danos, seja por meio da restituição "*in natura*" do desfalque provocado (o que ocorrerá, por exemplo, com a reposição do mesmo bem sobre o qual recaiu a ofensa), seja por meio do pagamento de uma indenização por prejuízo econômico, quando se tornar inviável a medida anterior, ou da compensação de danos imateriais. Há, com efeito, certas consequências

---

30. MAGRO, Américo Ribeiro; ANDRADE, Landolfo. "Deepfakes": implicações jurídicas das manipulações multimídia ao direito de imagem. *Meu Site Jurídico*, Editora JusPodivm, set./2020. Disponível em: https://meusitejuridico.editorajuspodivm.com.br/2020/09/30/deepfakes-implicacoes-juridicas-das-manipulacoes-multimidia-ao-direito-de-imagem/. Acesso em: 07 maio 2021.

31. O'NEILLARCHIVE, Patrick Howell. The world's top deepfake artist: 'Wow, this is developing more rapidly than I thought.'. *MIT Technology Review*, set. 2019. Disponível em: https://www.technologyreview.com/2019/09/18/132961/the-worlds-top-deepfake-artist-wow-this-is-developing-more-rapidly-than-i-thought/. Acesso em: 16 maio 2021.

lesivas que não admitem plena reconstituição: é o caso das situações em que uma pessoa sofre danos extrapatrimoniais, tais como os morais, estéticos, ou psíquicos, mediante afrontas graves à sua dignidade, que não permitirão à vítima retornar ao estado em que se achava antes de sofrê-los.

A tradicional visão da responsabilidade civil, de viés marcantemente subjetivo, considerava que o dever de reparar um dano somente emergiria quando se verificasse que o seu causador, deliberadamente ou por descuido, havia deixado de cumprir com os deveres gerais de cautela impostos a toda a sociedade, contrariando, assim, os ditames do ordenamento jurídico, que não permitem, a quem quer que seja, lesar terceiros impunemente. Assim, a responsabilidade civil, em sua concepção original, partia da verificação de dois elementos essenciais: a prática de um ato ilícito e o comportamento doloso – ou ao menos culposo – do ofensor, o que fazia com que o instituto tivesse por objetivo, essencialmente, estabelecer uma sanção para o responsável pela ocorrência de um dano.

A Constituição da República de 1988 cuidou de ditar parâmetros diversos para reger a matéria, permitindo rever a função a ser desempenhada pelo instituto da responsabilidade civil. Em primeiro lugar, consagrou-se o princípio da solidariedade, que inaugurou nova concepção no contexto daquela figura. A partir do momento em que o texto constitucional erige a construção de uma sociedade livre, justa e *solidária* entre os objetivos fundamentais da República, desloca-se o cerne da questão, que passa a abstrair do comportamento do ofensor para se concentrar sobre o dano (sobretudo quando ofensivo à personalidade)[32] sofrido pela vítima, que, à partida, não pode ficar privada da reparação a que faz jus. Assim, concebeu-se a noção de que também os comportamentos não culposos ou dolosos, e até mesmo os atos lícitos, podem acarretar a obrigação de reparar. Com isso, foi-se aos poucos abandonando a noção de culpa, para atingir o conceito de responsabilidade objetiva, centrada no dano e na necessidade de haver a sua reparação, o que, em última instância, altera o propósito do instituto, que não mais visa à punição do ofensor, mas ao socorro da vítima, em razão do dano que experimentou.

A necessária consagração de um sistema que passa a permitir o ressarcimento em ampla escala dos danos sofridos pelos indivíduos somente se tornou possível com o deslocamento do eixo da responsabilidade civil, que, em larga medida, se desvinculou da culpa para enfocar o próprio dano – e, não por acaso, sugere-se constantemente o emprego da expressão "direito de danos" para definir este particular regime de atenção e amparo à vítima de ofensas alheias.

A objetivação da responsabilidade civil e a imposição da tutela das vítimas de danos imateriais – e não apenas puramente econômicos – representam, enfim, aspectos da releitura do Direito Civil em conformidade com os princípios constitu-

---

32. FARIAS, Cristiano Chaves de; BRAGA NETTO, Felipe; ROSENVALD, Nelson. *Novo tratado de responsabilidade civil*. 2. ed. São Paulo: Saraiva, 2017. p. 49.

cionais, que contribuíram para *humanizar* o instituto. Esses fenômenos conferem à figura contornos que autorizam a afirmação de que a responsabilidade civil passa a ter de cumprir uma função social, sensível à necessidade de se estabelecer uma justa repartição dos riscos da existência e de não permitir que as vítimas arquem com as consequências dos danos que sofreram.

Todo este cenário de ressignificação do conceito de responsabilidade civil contribui para amparar vítimas de *cyberbullying* e de suas manifestações específicas – *deepfake* e *deepnude* – que, consoante explanado algures, podem sofrer danos morais e psíquicos e desenvolver, a partir daí, quadros de severa depressão, donde podem emanar tentativas de suicídio. A propósito, esclareça-se que, sob a perspectiva da profusão de danos imateriais, impõe-se a distinção entre danos morais e psíquicos: enquanto aqueles, em sentido amplo, afligem os direitos da personalidade e representam, afinal, um atentado à dignidade humana, estes se manifestam pela

> constituição de uma patologia, a se desenvolver a partir de uma lesão ou de um trauma ao funcionamento do cérebro, do sistema nervoso (o substrato orgânico da psique) ou das reações e desenvolvimentos psicológicos que podem modificar o equilíbrio psíquico básico ou agravar um desequilíbrio já instaurado. Fala-se, portanto, de um dano que atinge a saúde do indivíduo, ao provocar uma patologia psíquica, acarretando, por consequência, uma lesão à integridade mental da pessoa humana.[33]

A regra geral da responsabilidade civil implica a atribuição do dever de reparar danos ao seu próprio causador. Assim, à partida, ao praticante dos ilícitos cibernéticos destacados neste texto caberá responder pelas ofensas dirigidas a terceiros.

Em certas situações, todavia, a lei impõe que alguns indivíduos devam responder pelos danos causados por outros, o que se justifica pela existência de uma relação jurídica prévia entre as partes, seja de parentesco, de representação legal ou de natureza contratual. Tais circunstâncias, qualificadas como "responsabilidade indireta" ou "por fato de terceiro", se encontram previstas no artigo 932 do Código Civil, das quais se destacam duas, para fins deste estudo: a responsabilidade que compete aos pais, pelos filhos menores que estiverem sob sua autoridade e em sua companhia (inciso I) e aquela que se dirige às instituições de ensino, pela conduta de seus educandos (inciso IV). Importa, desde logo, afirmar que a responsabilidade das pessoas que respondem por outrem é objetiva, nos termos do art. 933 do Código Civil, o que significa que os pais ou as instituições de ensino podem ser chamados a responder pelos atos de seus filhos ou estudantes menores, independentemente de culpa. Assim, não importa perquirir se, por parte das escolas ou dos genitores, houve negligência no acompanhamento das crianças e adolescentes que estejam sob seu cuidado: sendo estas praticantes de *cyberbullying*, *deepfake* ou *deepnude*, respondem aqueles pelos danos morais, psíquicos e mesmo materiais daí decorrentes.

---

33. BARROSO, Lucas Abreu; DIAS, Eini Rovena. O dano psíquico nas relações civis e de consumo. *Revista de Direito do Consumidor*, v. 94, jul. 2014. p. 8.

A responsabilidade pela reparação dos danos provocados por incapazes recai, num primeiro momento, sobre seus representantes legais – os pais, primordialmente –, e poderá ser também imputada às instituições de ensino, se houver nexo de causalidade entre a ofensa e os deveres de cuidado que se impõem a tais entidades, nos casos em que as ofensas são perpetradas em ambiente escolar ou para ele se estendem. Neste sentido, Henrietta Fore, diretora executiva do UNICEF, assegura que "as salas de aula conectadas significam que a escola não termina mais quando o aluno sai da aula e, infelizmente, o *bullying* também não termina no pátio da escola".[34] Outrossim, interessante trazer à baila o recente molde de educação *on-line* que se fez necessário com o advento da pandemia de Covid-19, que assolou o Brasil e o mundo no ano de 2020, e no qual se mostra plenamente cabível a hipótese de responsabilidade das instituições educacionais na ocorrência de *bullying* em seus ambientes virtuais, tendo em vista que as plataformas de ensino à distância são por elas disponibilizadas e geridas.

Todavia, o art. 928 do Código Civil permite que o próprio incapaz seja responsabilizado civilmente pelos danos que causar a outrem. A responsabilidade do incapaz, contudo, será sempre subsidiária (incidirá apenas quando as pessoas por ele responsáveis não tiverem a obrigação de responder pelos danos que ele causar, ou quando não tiverem condições econômicas de suportar a reparação) e mitigada (mesmo quando o incapaz vier a responder com seu próprio patrimônio, a indenização será equitativa, jamais se permitindo que a indenização venha a privar o incapaz ou as pessoas que dele dependem de um mínimo patrimonial suficiente para a sua subsistência). Verifica-se, portanto, que em última análise – ainda que raros sejam os casos em que a medida se imponha – os próprios incapazes, agentes do *cyberbullying*, podem ser pessoalmente responsabilizados pelas consequências lesivas de seu comportamento.

Verifica-se, pois, um sistema de responsabilidade civil que, calcado no princípio constitucional da solidariedade, no primado da dignidade humana e na necessidade primordial de socorrer a vítima e evitar que ela sofra em desamparo, termina por atribuir o dever de reparar os danos derivados dos ilícitos cibernéticos aos pais, às instituições de ensino e, em última instância, aos próprios ofensores, ainda que incapazes. Em sendo possível impedir que as ofensas ocorram – o que corresponde à medida ideal, capaz de evitar a consumação dos danos – restará, ao menos, recorrer às regras civis da responsabilidade civil, com o fito de satisfatoriamente repará-los.

---

34. UNICEF. *Pesquisa do UNICEF*: Mais de um terço dos jovens em 30 países relatam ser vítimas de bullying online. Disponível em: https://www.unicef.org/brazil/comunicados-de-imprensa/mais-de-um-terco-dos--jovens-em-30-paises-relatam-ser-vitimas-bullying-online#:~:text=Cerca%20de%2032%25%20dos%20 entrevistados,%25%2C%20as%20empresas%20de%20internet.&text=No%20Brasil%2C%2037%25%20 dos%20respondentes,ter%20sido%20v%C3%ADtima%20de%2. Acesso em: 07 jun. 2021.

5. CONSIDERAÇÕES FINAIS

Sendo cada vez mais corriqueira a nefasta prática de atos como *cyberbullying*, *deepfake* e *deepnude*, cumpre tornar igualmente frequente sua discussão nos âmbitos familiar e escolar, sempre com o intuito tanto de despertar nas crianças e adolescentes um sentido de responsabilidade, que possa prevenir sua ocorrência, quanto de amparar suas vítimas, nos casos em que os danos já se tenham verificado. Educação e diálogo tornam-se, neste domínio, mecanismos fundamentais de disseminação de informações que podem contribuir para criar um ambiente de convivência saudável entre os pais e seus filhos menores, e entre estes e seus pares, sem que se sacrifique a autoridade parental ou o direito ao livre desenvolvimento da personalidade das crianças e adolescentes.

Uma vez constatada a prática dos indigitados ilícitos cibernéticos, restará, enfim, recorrer ao sistema protetivo da lei: quando infrutífero o propósito de precaver, em primeiro lugar, pelo diálogo e educação, caberá imputar o dever de reparar os danos, por mais drásticos que sejam, aos pais, às instituições escolares, se o ato tiver relação com as atividades educacionais nelas empreendidas, ou, finalmente, aos próprios ofensores, mesmo que incapazes.

Fundamental, neste âmbito, é jamais permitir que as vítimas de *cyberbullying*, *deepfake* e *deepnude* tenham de sofrer solitariamente com a dor da humilhação, da diminuição de sua dignidade e do isolamento, que somente contribuem para agravar os lesivos sintomas destas degradantes práticas.

6. REFERÊNCIAS

AMADO, J. et al. Cyberbullying: um desafio à investigação e à formação. *Interacções*, Portugal, v. 5, n. 13, p. 301-326, jan. 2009.

BANDEIRA, Cláudia de Moraes; HUTZ, Claudio Simon. As implicações do bullying na auto-estima de adolescentes. *Psicol. Esc. Educ. (Impr.)*, Campinas, v. 14, n. 1, jan.-jun. 2010.

BARROSO, Lucas Abreu; DIAS, Eini Rovena. O dano psíquico nas relações civis e de consumo. *Revista de Direito do Consumidor*, v. 94, jul. 2014.

CABRAL, Isabela. O que é deepfake? Inteligência artificial é usada pra fazer vídeo falso. *TechTudo*. Disponível em: https://www.techtudo.com.br/noticias/2018/07/o-que-e-deepfake-inteligencia-artificial-e-usada-pra-fazer-videos-falsos.ghtml. Acesso em: 28 abr. 2021.

CHILDHOOD. *Navegação segura*. Disponível em: https://www.childhood.org.br/navegacao-segura. Acesso em: 08 maio 2021.

COLE, Samantha. This Horrifying App Undresses a Photo of Any Woman With a Single Click. *Motherboard by Vice*, nov. 2020. Disponível em: https://www.vice.com/en/article/kzm59x/deepnude-app-creates-fake-nudes-of-any-woman. Acesso em: 28 abr. 2021.

CONNOLY, Maureen; GIOUROUKAKIS, Vicky. Cyberbullying: taking control through research-based letter writing. *English Journal*, 101.6, 2012. p. 70.

CONTE, Christiany Pegorari; ROSSINI, Augusto Eduardo de Souza. Aspectos jurídicos do cyberbullying. *Revista FMU Direito*, São Paulo, ano 24, n. 34, 2010. Disponível em: https://revistaseletronicas.fmu.br/index.php/FMUD/article/view/94. Acesso em: 12 jun. 2021.

COSTA, Ivna Maria Mello; SOARES, Saulo C. de Aguiar. *Cyberbullying*: a violência no ambiente virtual. Universidade Federal do Piauí – UFPI, PI, 2010. Disponível em: http://leg.ufpi.br/subsiteFiles/ppged/arquivos/files/VI.encontro.2010/GT.7/GT_07_07_2010.pdf. Acesso em: 12 jun. 2021.

COWIE, Helen; COLLIETY, Pat. Cyberbullying: sanctions or sensitivity? *Pastoral Care in Education: An International Journal of Personal, Social and Emotional Development*, 28:4, 261-268, 2010.

DENSA, Roberta. Controle parental de conteúdo na internet para filhos menores. In: LEITE, George Salomão; LEMOS, Ronaldo (Coord.). *Marco Civil da Internet*. São Paulo: Atlas, 2014.

FARIAS, Cristiano Chaves de; BRAGA NETTO, Felipe; ROSENVALD, Nelson. *Novo tratado de responsabilidade civil*. 2. ed. São Paulo: Saraiva, 2017.

HINDUJA, Sameer. Deepfakes and Cyberbullying. *Cyberbullying Research Center.* Disponível em: https://cyberbullying.org/deepfakes. Acesso em: 28 abr. 2021.

HOZIEN, Hafa. Cyberbullying: a proactive approach. *Education News*, out. 2016. Disponível em http://www.educationviews.org/cyberbullying-proactive-approach/. Acesso em: 13 jun. 2021.

IBGE – INSTITUTO BRASILEIRO DE GEOGRAFIA E ESTATÍSTICA. *Pesquisa Nacional de Saúde do Escolar*, 2012. Disponível em: https://biblioteca.ibge.gov.br/visualizacao/livros/liv64436.pdf. Acesso em: 11 jun. 2021.

LALONDE, D. *Policy Options on Non-Consensual Deepnudes and Sexual Deepfakes.* Learning Network Brief 39. London, Ontario: Learning Network, Centre for Research & Education on Violence Against Women & Children, 2021. ISBN: 978-1-988412-49-8. Disponível em: http://www.vawlearningnetwork.ca/our-work/briefs/brief_39.html. Acesso em: 07 maio 2021.

LIMA, Ramalho. Deepfake: o que é e como funciona? *TecMundo*, nov. 2020. Disponível em: https://www.tecmundo.com.br/internet/206706-deepfake-funciona.htm. Acesso em: 29 abr. 2021.

MAGRO, Américo Ribeiro; ANDRADE, Landolfo. "Deepfakes": implicações jurídicas das manipulações multimídia ao direito de imagem. *Meu Site Jurídico*, Editora JusPodivm, set. 2020. Disponível em: https://meusitejuridico.editorajuspodivm.com.br/2020/09/30/deepfakes-implicacoes-juridicas--das-manipulacoes-multimidia-ao-direito-de-imagem/. Acesso em: 07 maio 2021.

MENEZES, Joyceane Bezerra de; MORAES, Maria Celina Bodin de. Autoridade parental e privacidade do filho menor: o desafio de cuidar para emancipar. *Revista Novos Estudos Jurídicos – Eletrônica*, v. 20, n. 2, p. 501-532, maio-ago. 2015.

NASCIMENTO, Gabriel. O bullying é uma violência invisível. *Folha Dirigida*, Rio de Janeiro, 4 a 10 de abril de 2013. Disponível em: https://www.paulus.com.br/portal/wp-content/uploads/2013/04/Folha-Dirigida-04-a-10-de-abril.pdf. Acesso em: 02 maio 2021.

NEVES, J. P.; PINHEIRO, L. *A emergência do cyberbullying*: uma primeira aproximação. Comunicação às Conferências Lusófona, VI SOPCOM/IV IBÉRICO, 2009.

O'NEILLARCHIVE, Patrick Howell. The world's top deepfake artist: 'Wow, this is developing more rapidly than I thought.'. *MIT Technology Review*, set. 2019. Disponível em: https://www.technologyreview.com/2019/09/18/132961/the-worlds-top-deepfake-artist-wow-this-is-developing-more-rapidly--than-i-thought/. Acesso em: 16 maio 2021.

PINHEIRO, L. O. *Cyberbullying em Portugal*: uma perspectiva sociológica. (Tese de Mestrado não publicada). Universidade do Minho: Braga, 2009.

PORTELA, Graça. Cyberbullying e casos de suicídio aumentam entre jovens. In: *Agência Fiocruz de Notícias*. Disponível em https://agencia.fiocruz.br/cyberbullying-e-casos-de-suic%C3%ADdio-aumentam-entre-jovens. Acesso em: 14 jun. 2021.

SHARIFF, Shaheen. *Cyberbullying*: questões e soluções para a escola, a sala de aula e a família. Porto Alegre: Artmed, 2010.

SCHROEPFER, Mike. Creating a dataset and a challenge for deepfakes. *Facebook AI*, set. 2019. Disponível em: https://ai.facebook.com/blog/deepfake-detection-challenge/. Acesso em: 16 maio 2021.

TEIXEIRA, Ana Carolina Brochado. *Família, guarda e autoridade parental*. 2 ed. rev. e atual. Rio de Janeiro: Renovar, 2009.

UNICEF. *Dois terços das crianças em idade escolar no mundo não têm acesso à internet em casa, diz novo relatório do UNICEF-ITU*. Disponível em: https://www.unicef.org/brazil/comunicados-de-imprensa/dois-tercos-das-criancas-em-idade-escolar-no-mundo-nao-tem-acesso-a-internet. Acesso em: 12 maio 2021.

UNICEF. Pesquisa do UNICEF: *Mais de um terço dos jovens em 30 países relatam ser vítimas de bullying online*. Disponível em: https://www.unicef.org/brazil/comunicados-de-imprensa/mais-de-um--terco-dos-jovens-em-30-paises-relatam-ser-vitimas-bullying-online#:~:text=Cerca%20de%2032%25%20dos%20entrevistados,%25%2C%20as%20empresas%20de%20internet.&text=No%20Brasil%2C%2037%25%20dos%20respondentes,ter%20sido%20v%C3%ADtima%20de%2. Acesso em: 07 jun. 2021.

VIEIRA SEGUNDO, Luiz Carlos Furquim; SPERANZA, Henrique de Campos Gurgel. Cyberbullying. *Revista Síntese Direito de Família*, São Paulo, Síntese. Ano XI, n. 81, p. 220-221, dez.-jan., 2014.

11
EDUCAÇÃO A DISTÂNCIA NA LDB COMO FORMA DE INCLUSÃO SOCIAL E A REALIDADE NO PROCESSO DE EFETIVAÇÃO DA (RE)DEMOCRATIZAÇÃO DO SISTEMA EDUCACIONAL NO BRASIL

Filipe Venturini Signorelli

Mestrando em Direito Administrativo pela Pontifícia Universidade Católica de São Paulo. Pós-graduado em Governança, Gestão Pública e Direito Administrativo. Pós-graduado em Direito Público. Pós-graduado em Ciências criminais e docência superior. Linha de pesquisa na área de Autorregularão e Controle na administração pública. Conselheiro no IPMA Brasil – *International Project Management Associate*. Gestor Jurídico e Acadêmico. Professor. Advogado e Consultor Jurídico no Bordalo Densa & Venturini Advogados.

Sumário: 1. Notas introdutórias – 2. (RE)democratização do ensino – 3. A educação a distância na LDB; 3.1 O processo de inclusão socioeducacional pelo EAD; 3.2 Realidade da educação a distância – a falta de políticas públicas eficientes de acesso aos meios para implementação – 4. Considerações finais – 5. Referências.

1. NOTAS INTRODUTÓRIAS

Vivenciamos um momento de transformação no processo de ensino-aprendizagem, e a educação, como artifício integrador do Estado para com a sociedade, deve buscar uma incessante materialização da dignidade do humana e efetivação dos direitos sociais. A Lei de Diretrizes e Bases da Educação Nacional (Lei 9394 de 20 dezembro de 1996) em seu artigo 1º concebe a educação como um processo necessário que se desenvolve na integração do cidadão em sua vida familiar, convivência humana, trabalho, instituições de ensino e pesquisa, movimentos sociais, organizações da sociedade civil e manifestações culturais, e deste modo, podemos vislumbrar esta como uma das mais importantes fontes primárias para construção psíquica do ser humano.

O processo educacional está em constante mutação, e desta forma, apesar da educação a distância compor a LDB desde a sua promulgação, vislumbramos uma acentuação no que tange este formato pedagógico, mais precisamente, pelo momento pandêmico que a sociedade presencia. O universo on-line invade de forma abrupta o cotidiano dos estudantes na Educação Básica (educação infantil, ensino fundamental e ensino médio) e na Educação Superior, e isso deve ser encarado como algo definitivo, um "futuro antecipado", mas que pode ser um grande aliado, desde que os mecanismos para sua efetivação sejam disponibilizados integralmente.

Todavia, o que deve ser evidenciado é o fato do Brasil ser um país de múltiplas realidades, e para que qualquer processo de (re)democratização da educação seja alcançado, devemos conferir oportunidade à História para que os atores envolvidos possam de fato compor este cenário de transformação, e a igualdade no processo de inclusão digital seja materializado.

O Estado deverá, em todas as suas facetas, fomentar as políticas públicas de inclusão educacional de acordo com a realidade atual para uma construção equânime da formação intelecto-social de todo e qualquer cidadão, e isso perpassa, obrigatoriamente, pela necessidade do Poder Executivo se manter atualizado na evolução dos mecanismos de ensino e suas tecnologias.

2. (RE)DEMOCRATIZAÇÃO DO ENSINO

O Educação é sem dúvida o pilar transformador da sociedade, e os caminhos observados no que tange a evolução do ensino, bem como a mutante realidade social vivenciada a partir da crise pandêmica do coronavírus nos apontam no sentido de que as políticas sociais da educação, em especial, o manejo estatal, sejam efetivadas para que o estudo se (re)democratize com celeridade.

O Papel do Estado com a sociedade, e aqui, traçamos uma linha direta com a Educação, e pela realidade ora vivenciada, em potencial com a Educação a Distância, nos força a dizer que a prática das questões sociais, constitucional e legalmente respaldadas, não se enraízem no plano teórico, e o Estado passe a agir de modo direto e eficaz para alcançar a verdadeira essência da democracia, e suas políticas públicas educacionais acompanhem o *modus* evolutivo das novas concepções educacionais, seja na Educação Básica (educação infantil, ensino fundamental e ensino médio) e a Educação Superior, ou qualquer outra modalidade que possa ser considerada eficaz para que o cidadão tenha alcance ao conhecimento, e assim, a sociedade observe sua realidade verdadeiramente transformada.

A Constituição Federal é clara em seu artigo 205: "A educação, direito de todos e dever do Estado e da família, será promovida e incentivada com a colaboração da sociedade, visando ao pleno desenvolvimento da pessoa, seu preparo para o exercício da cidadania e sua qualificação para o trabalho".[1] E no mesmo caminho, o artigo 1° da Lei de Diretrizes e Bases da Educação Nacional (Lei 9.394, de 20 dezembro de 1996) define que "a educação abrange os processos formativos que se desenvolvem na vida familiar, na convivência humana, no trabalho, nas instituições de ensino e

---

1. BRASIL. Constituição (1988). *Constituição da República Federativa do Brasil*. Disponível em: http://www.planalto.gov.br/ccivil_03/constituicao/constituicao.htm. Acesso em: 10 ago. 2021.

pesquisa, nos movimentos sociais e organizações da sociedade civil e nas manifestações culturais".[2]

A educação no que contextualiza os direcionamentos do Estado é um processo integrado, e que deverá ser construído sobre a égide da Dignidade da Pessoa Humana, pois temos assim, a busca incessante por uma efetivação dos direitos sociais, que

> é a reunião e manutenção ilesa da vida e de seus prolongamentos, de maneira que o direito à integridade corporal, à saúde, assim como direito à liberdade socialmente regulada, o direito a honra, à privacidade, o direito ao trabalho e à educação, a uma velhice adequada e assistida, e o direito ao lazer, espelham a dignidade do ser humano.[3]

Enfatizaremos este processo de (re)democratização do ensino com base no universo *on-line*, que se aduz a mais pura realidade no processo de transformação do ensino-aprendizagem vivenciado no mundo, e para que o melhor desenvolvimento educacional de todo e qualquer cidadão seja alcançado, em nada podemos desarrazoar a formação intelectual, e toda esta trajetória começa pela necessidade do estado se manter atualizado nos processos de evolução dos mecanismos de ensino.

As políticas de educação há muito se manifestam consolidadas nas práticas de tecnológicas, e a busca incessante pela democratização por muitas vezes é lenta pela má condução da gestão pública, e o sistema avança de forma desigual entre o público e o privado.

O que tentamos mostrar é que a gestão democrática da educação deve permear o campo da igualdade, pautando-se nos princípios constitucionais que postulam o desenvolvimento humano num processo de hegemonia social, inclusivo no que tange à formação intelecto-social, e, no mundo contemporâneo, isso somente é alcançado a partir da gestão democrática e planejada da educação, de forma bem integrada entre estado, sociedade e a família, nesta última, por oportuno, enfatizamos que deverá se dar em todas as suas formas e possibilidades.

Pois, não podemos nos esquecer de que a realidade em nosso país é latente quando se fala em "crianças abandonadas", e o papel do Estado deverá ser ainda mais eficiente enquanto "família", visto que, ele, o próprio Estado, manifesta a necessidade deste instituto no processo de formação do indivíduo como vimos acima, com respaldo na Constituição e na LDB.

> Nesta perspectiva, a escola tem um papel fundamental. Ao lado da família e do meio social mais amplo, a escola é uma das esferas de produção de capacidade de trabalho. Por isso, é ela hoje objeto de tantas discussões e, mais, de propostas de reestruturação. Numa sociedade rasgada por contradições cada vez mais agudas, a esfera ideológica assume grande importância enquanto elemento de coesão social. A escola, portanto, não pode mais permanecer nas franjas dos mecanis-

---

2. BRASIL. Lei 9.394, de 20 de dezembro de 1996. *Estabelece as diretrizes e bases da educação nacional*. Disponível em: http://www.planalto.gov.br/ccivil_03/leis/l9394.htm. Acesso em: 10 ago. 2021.
3. JABUR, Gilberto Haddad. *Liberdade de pensamento e direito à vida privada*: conflitos entre direito da personalidade. São Paulo: Ed. RT, 2000. p. 210.

mos de controle social e econômico do sistema capitalista. Além disso, o custo dessa produção de trabalho tem que ser racionalizado, já que para o capital trata-se da produção de uma mercadoria como qualquer outra. É esta uma das razões pelas quais os sistemas educacionais em todo mundo entraram em crise e começam a ser reestruturados mais ou menos rapidamente.[4]

E, assim, vislumbra-se a necessidade de uma gestão pública eficiente, como dissemos, em que os processos evolutivos das modalidades de educação devem ser democratizados, e o Estado deve agir para que uma educação já deficiente num processo de igualdade não passe a ser fator determinante para uma composição segregadora de cunho intelectual em todos os níveis de formação.

A desigualdade social e regional presente em nosso País deve ser o ponto de partida para que a regulamentação seja revista na seara educacional, os últimos acontecimentos devido à crise da Covid-19 mostram que a presença do Estado é peça fundamental enquanto prestador de serviço público e entidade regulamentadora, e na educação não poderá ser diferente, pelo contrário, deverá ser ainda mais presente.

O processo de (re)democratização da educação deve ser hoje considerado como uma das maiores prioridades quando observamos a formação social do cidadão num contexto geral, pois a partir dela que definiremos como as gerações futuras irão contornar os processos sociais existentes quando do seu surgimento. Podemos afirmar que a educação tem o poder de definir o futuro de uma nação, inclusive, no cenário econômico, o que é peça fundamental para manutenção da ordem estrutural de uma sociedade. Assim, de forma assertiva, a professora Maria de Paula Dallari Bucci aduz:

> Extensão, hoje, do cumprimento do direito à educação é uma das variáveis a definir a posição relativa de um Estado no cenário mundial, em termos de desenvolvimento. Esse processo de direitos, por demanda da cidadania, enseja um incremento da intervenção do Estado no domínio econômico. A intervenção do Estado na vida econômica e social é uma realidade, a partir do século XX. E, apesar das alterações qualitativas dessa presença estatal que foram realizadas em diversas ocasiões, a pretextos variados, ao longo desse período, o fato essencial é a indispensabilidade da presença do Estado, seja como partícipe, introdutor ou regulador do processo econômico.[5]

O Estado deverá, em todas as suas vertentes, fomentar políticas públicas de inclusão educacional de acordo com a realidade atual, e as projeções para o presente necessita de uma súbita igualdade, pois, caso isso não ocorra, no futuro a desigualdade intelectual e social será ainda mais visível.

Os mecanismos de ensino sofreram uma mudança abrupta, e talvez, não mais teremos na história da humanidade o formato até então utilizado, que, como mencionamos, vislumbrava-se desigual, e hoje, com a massificação necessária do ensino *on-line*, poderá ser ainda mais desigual, e as lutas de classes tomarem o rumo do

---

4. BRUNO, Lucia. Poder e administração no capitalismo contemporâneo. In: OLIVEIRA, Dalila Andrade (Org.). *Gestão democrática da educação*: desafios contemporâneos. Petrópolis: Vozes, 1997. p. 39.
5. BUCCI, Maria Paula Dallari. *Políticas públicas*: reflexões sobre o conceito jurídico. São Paulo: Saraiva, 2006. p. 3.

retrocesso, e, como é de límpido conhecimento, o domínio de uma classe intelectualmente "superior" é o caminho para a escravidão psíquica de parte da sociedade, e assim, um novo ciclo de domínio de classes poderá ser iniciado.

Rodolf Von Ihering, nos ensina que "o sentido de justiça apresenta graus diversos, conforme a classe social e a profissão considerada"[6]; "de forma que a ótica de cada um define a intensidade com que se defenderão os direitos em determinado ponto"[7]. Então, a necessidade de uma válida, efetiva e real (re)democratização do ensino básico e superior deve ser pauta mestra nas prioridades do Estado.

Em suma, o que tentamos aqui demonstrar é que podemos estar vivenciando um processo de retrocesso na democratização do ensino, visto que, o universo *on-line* ainda alcança uma parte da sociedade muito restrita, seja por condições sociais, seja pelas desigualdades regionais presentes em nosso País, a realizada considerada por muitos é desigual, e isso quer dizer que as políticas públicas de educação devem ser revistas, o direcionamento para o alcance de uma educação qualitativa deve ser urgentemente reavaliado. Nesse sentido, importante as palavras de Ohlweiler quando observa que as políticas públicas se concretizam como:

> Conjunto de ações desenvolvidas pelo Poder Público para materializar as indicações do bem comum, a justiça social e a igualdade dos cidadãos. Ao realizar-se o exame das indicações constitucionais, é crível concluir pela existência efetiva de diversas ações a serem desenvolvidas pelo Estado e pelos próprios cidadãos, até porque é um bem de toda comunidade.[8]

O acesso à internet, os meios de acesso, o letramento digital, até mesmo o acesso à energia elétrica, algo considerado tão comum pela maioria, mas limitado a uma parte considerável da população, são fatores que geram desigualdade. Assim, democratizar o ensino nos dias atuais é traçar, por parte do Estado, políticas públicas que possam incluir num curso espaço de tempo o ensino on-line para todo e qualquer cidadão.

> O fim do direito é a paz e o meio para atingi-lo é a luta. Enquanto o direito precisar estar pronto ante a agressão da injustiça, o que ocorrerá enquanto existir o mundo, não poderá ele poupar-se da luta. A vida do direito é a luta, uma luta dos povos, do poder do estado, das classes, dos indivíduos.[9]

A afirmação da própria existência constitui uma lei suprema no instinto da autopreservação. Ao ser humano não se trata apenas da liberdade da vida física, mas da sua existência intelectual em relação ao que uma das condições é a afirmação do direito, e a educação, sem dúvida, compõe o mosaico da igualdade na relação do homem enquanto cidadão dentro de um Estado Democrático de Direito.

---

6. IHERING, Rudolf von. *A luta pelo direito*. Trad. Edson Bini. São Paulo: Edipro, 2001. p. 51.
7. IHERING, Rudolf von. *A luta pelo direito*. Trad. Edson Bini. São Paulo: Edipro, 2001. p. 58.
8. OHLWEILER, Leonel Pires. Políticas púbicas e controle jurisdicional: uma análise hermenêutica à luz do Estado Democrático de Direito. In: SARLET, Ingo Wolfgang; TIMM, Luciano Benetti; BARCELLOS, Ana Paula de (Org.). *Direitos fundamentais*: orçamento e "reserva do possível". 2 ed. rev. e ampl. Porto Alegre: Livraria do Advogado, 2010, p. 289.
9. IHERING, Rudolf von. *A luta pelo direito*. Trad. Edson Bini. São Paulo: Edipro, 2001. p. 1.

FILIPE VENTURINI SIGNORELLI

Por fim, vale mencionar que trataremos, ainda que de forma tímida, sobre a Lei de Diretrizes e Bases da Educação Nacional e o que ela regra sobre o ensino a distância, todavia, tal fato serve como uma diretriz para o fortalecimento de uma política de (re)democratização da educação, como tratamos neste tópico.

3. A EDUCAÇÃO A DISTÂNCIA NA LDB

O ensino a distância tonou-se exponencialmente conhecido a partir de sua quase que obrigatoriedade com o advento da crise pandêmica. Todavia, não é algo que surgiu de modo abrupto, mas a partir de uma necessidade adaptacional, o que ocorreu foi a sua rápida evolução, tanto é que a Lei de Diretrizes e Bases da Educação Nacional (Lei 9394/96), que regulamenta a educação no País, também é a lei base direcionadora das diretrizes da educação a distância, e em seu artigo 80 aduz: "Art. 80. O Poder Público incentivará o desenvolvimento e a veiculação de programas de ensino a distância, em todos os níveis e modalidades de ensino, e de educação continuada".

Desta forma, o mencionado artigo fora regulamentado mais recentemente pelo Decreto 9.057/2017[10], trazendo em seu artigo 1º o próprio conceito do que deve ser considerado ensino a distância:

> Art. 1º Para os fins deste Decreto, considera-se educação a distância a modalidade educacional na qual a mediação didático-pedagógica nos processos de ensino e aprendizagem ocorra com a utilização de meios e tecnologias de informação e comunicação, com pessoal qualificado, com políticas de acesso, com acompanhamento e avaliação compatíveis, entre outros, e desenvolva atividades educativas por estudantes e profissionais da educação que estejam em lugares e tempos diversos.

Assim, observamos que a educação básica e superior são devidamente regulamentadas em nosso País, e, em tese, passam a ser uma condicionante potencial para otimização dos estudos, o que deveríamos considerar um marco evolutivo no processo de inclusão social, pois, a própria letra da lei menciona que os processos de ensino e aprendizagem devem ocorrer com a utilização de meios de tecnologias de informação e comunicação, com pessoal qualificado e políticas de acesso, bem como acompanhamento e avaliações compatíveis.

Neste ponto, a Lei de Diretrizes e Bases da Educação, particularmente, por meio de sua regulamentação, é exponencialmente importante e amplia a possibilidade do debate sobre políticas públicas de acesso à educação, o que se traduz na busca do que tentamos demonstrar no tópico anterior sobre a (re)democratização da educação no Brasil.

A educação a distância já vinha sendo aprimorada há algum tempo, todavia, o processo teórico muitas vezes torna-se discrepante do processo prático, em especial, no que tange o caráter psicopedagógico, podendo causar déficits homéricos na aprendizagem, em especial, no que diz respeito ao ensino básico, em que o acompanhamento individual é notadamente necessário na formação da criança e do adolescente.

---

10. Revogando a anterior regulamentação contida no Decreto 5.622, de 19 de dezembro de 2005.

Entretanto, em nosso pensar, duas são as vertentes que devemos ponderar sobre a educação a distância no Brasil, a primeira se perfaz no caráter potencial de inclusão que a normatização pertinente proporciona, o que é indiscutível. A segunda, é a realidade vivenciada por parte da sociedade brasileira no que tange os meios para usufruírem deste processo e as políticas governamentais de fomento e infraestrutura necessária para que o ensino a distância possa chegar a todos os cidadãos, fazendo jus ao que contém a normatização, em especial, ao aos ditames constitucionais de igualdade de condições para o acesso à educação e garantia de padrão de qualidade.

3.1 O processo de inclusão socioeducacional pelo EAD

Sem dúvida é inquestionável que a educação a distância é um mecanismo que proporciona inclusão social nas mais variadas formas, vivemos em um País considerado em desenvolvimento, e inúmeras são as dificuldades enfrentadas pelos cidadãos para o alcance de uma educação.

> Nesse sentido, a educação a distância (EAD) surge como importante ferramenta de inclusão social, especialmente em um país em desenvolvimento como o Brasil, onde existem diversas pessoas que não possuem acesso à educação de qualidade por diversos motivos, especificamente: (a) número de municípios onde não há universidades públicas geograficamente próximas, ou (b) necessidade de pessoas com baixa renda trabalhar com o objetivo de auxiliar nas despesas familiares, limitando seu tempo para se adequar às exigências de uma instituição pública convencional/presencial.[11]

A inclusão social é algo que deve ser quotidianamente debatida, e proporcionada de forma exponencial pelos gestores públicos, por isso, tanto mencionamos a necessidade de políticas públicas educacionais que edifiquem a dignidade do cidadão como ponto nodal para transformação da sociedade. Reiteramos que a educação é o caminho mais curto para que a sociedade possa progredir de forma sólida, e neste contexto, a educação a distância revigora a esperança daqueles que assim a buscam. Importante estudo de Guimarães, Lima e Souza acerca do EAD, e sua abrangência:

> A modalidade de ensino a distância, permite que pessoas residentes de pequenos municípios e sem perspectivas de oportunidade de acesso à educação em nível superior, possam estudar em uma instituição pública de qualidade, buscando sua qualificação profissional. Evidencia-se que a EAD pode se tornar a única opção para algumas pessoas que possuem fatores limitantes, como o trabalho em tempo integral, a ausência de tempo para dedicação exclusiva a graduação presencial ou residem em locais que não possuem proximidade com as universidades públicas tradicionais.

> E educação a distância se transforma em uma importante ferramenta de inclusão social e digital, na medida em que oferece oportunidade para alunos que provavelmente não seriam incluídos pela modalidade presencial. No brasil, em especial, sabem-se diversos fatores sociais e culturais (...), que estão associados a pobreza e educação básica de má qualidade oferecida pelos peque-

---

11. GUIMARÃES, José Bastos; LIMA, Izabel França de; SOUSA, Marckson Roberto Ferreira de. Educação a distância como Ferramenta de Inclusão Social e Digital: Um Estudo de Caso com Alunos da UFPBVirtual. *Encontros Bibli: Revista Eletrônica de Biblioteconomia e Ciência da Informação*, Florianópolis, v. 24, n. 56, p. 1-19, 2019. Disponível em: https://doi.org/10.5007/1518-2924.2019.e58846. Acesso em: 10 ago. 2021.

nos municípios que interferem diretamente no ingresso ou não de pessoas em uma instituição de ensino superior.[12]

Apenas em complementação, a EAD não oportuniza a educação de qualidade apenas a universidades públicas de qualidade, como observamos na citação, mas também, verificamos de forma louvável importantes Instituições de Ensino Superior que multiplicam suas expertises neste sentido, e investem na qualidade do ensino, traduzindo e aproximando a educação conforme a realidade daqueles que buscam o saber, em especial, quando falamos das regiões norte e nordeste do País.

Neste sentido, observamos um movimento regulatório por parte do Estado em um direcionamento de inclusão social no que tange a educação a distância, e tal maneira serve como instrumento de acesso ao conhecimento nos lugares em que muitas vezes a educação presencial não chegaria, e assim, o processo de ensino-aprendizagem digital torna-se um efetivador do direito constitucionalmente garantido pela Constituição.

3.2 Realidade da educação a distância – a falta de políticas públicas eficientes de acesso aos meios para implementação

Como bem sabido, o Brasil é um país multifacetado, com realidades diversas dentro de uma mesma região, bem como um país em que esta mesma realidade se distancia ainda mais visto sua grandiosidade territorial e desigualdade socioeconômica.

As ideias de políticas educacionais devem ser concebidas de modo muito particular conforme a necessidade local, e quando falamos de inclusão digital, em especial, no campo da educação, em que temos observado de modo reiterado uma política de incentivo ao letramento digital[13], porém, sem uma eficiente política de inclusão sócio digital, em que os recursos materiais para que tal ocorra são escassos.

---

12. GUIMARÃES, José Bastos; LIMA, Izabel França de; SOUSA, Marckson Roberto Ferreira de. Educação a distância como Ferramenta de Inclusão Social e Digital: Um Estudo de Caso com Alunos da UFPBVirtual. *Encontros Bibli: Revista Eletrônica de Biblioteconomia e Ciência da Informação*, Florianópolis, v. 24, n. 56, p. 1-19, 2019. Disponível em: https://doi.org/10.5007/1518-2924.2019.e58846. Acesso em: 10 ago. 2021.

13. O letramento digital implica a apropriação de uma tecnologia. Ele surge para designar novos fenômenos, da cultura escrita na sociedade. Mas para ser letrado não basta saber o código escrito, conhecer o sistema de escrita, pois para participar das práticas sociais da cultura escrita, é necessário conhecimentos, valores. E por não se disseminarem igualmente todas essas práticas que temos a exclusão. A inclusão digital é o acesso as tecnologias. Podemos estabelecer uma cultura digital a partir da inclusão digital. A cultura digital é aquela que acompanha a comunicação mediada por computador. E o letramento digital poderá proporcionar à sociedade se inserir na moderna era da informação, nos oportunizar a ter acesso a novas ferramentas e meios tecnológicos. [...] O espaço da escrita mudou do papel para a tela do computador, possibilitando novas formas e gêneros textuais. O letramento digital engloba redes de práticas sociais, que nos permite construir, explorar e pesquisar, ensinar e criticar. Letrado digitalmente é muito mais do que saber usar o computador, usar o teclado, é saber localizar, selecionar, filtrar e avaliar informações disponibilizadas digitalmente. SCHONS, Mariane Maria; VALENTINI, Carla Beatris. Movimentos de letramento digital nas práticas de leitura e escrita. Um estudo de caso de uma criança do ensino fundamental. In: *Anais do IX ANPEDSUL – Seminário de Pesquisa em Educação da Região Sul*. 2012. Disponível em: http://www.ucs.br/etc/conferencias/index.php/anpedsul/9anpedsul/paper/viewFile/3289/943. Acesso em: 10 ago. 2021.

É latente o avanço da educação tecnológica, e seus mecanismos pedagógicos visivelmente se tornam definitivos, posto isso, o debate dever ser exaustivo no cenário socioacadêmico brasileiro, desta maneira, as políticas públicas de inclusão digital, por muitos também chamada de infoinclusão é uma realidade que deve ser efetivada com celeridade. No atual cenário pandêmico (e pós-pandêmico) a (re)democratização da educação somente se materializará por meio de um maciço fomento governamental de acesso as tecnologias em todas as suas vertentes e necessidades[14], uma vez que

> Inclusão digital significa, antes de tudo, melhorar as condições de vida de uma determinada região ou comunidade com ajuda da tecnologia (...). Em termos concretos, incluir digitalmente não é apenas 'alfabetizar' a pessoa em informática; é também melhorar os quadros sociais a partir do manuseio dos computadores.[15]

E neste tom, observando as palavras da professa Vani Moreira Kenski, em que as características dos recursos tecnológicos garantem aos processos de aprendizagem uma real possibilidade de abrir e oferecer educação para todos de modo indistinto, potencializando o alcance dos sistemas educacionais, intensificando em nossa realidade o imperativo da utilização das mais novas tecnologias digitais, o que é um mecanismo transformador das dimensões da educação, concedendo aos ambientes educacionais o 'tamanho do mundo'.[16]

Todavia, devemos observar com profundidade quais são as políticas públicas de inclusão social digital, e se a Administração Pública, em todas as suas esferas, desenvolve uma gestão eficiente voltada para que haja equalização aos meios de acesso, equipamentos e conexões estáveis para que sejam garantidas as condições de participação efetiva aos processos de ensino-aprendizagem por meios tecnológicos.

Neste processo, uma política ineficiente de inclusão educacional digital gerará uma "elite intelectual", e neste tom, reiteramos nosso entendimento que com a exclusão digital ora observada, caminhamos para uma real desigualdade na formação da sociedade, seja por meio da Educação Básica (educação infantil, ensino fundamental e ensino médio) e/ou Educação Superior. Podemos afirmar que caso não haja uma transformação radical neste no modelo utilizado, e seja fomentada a busca pela igualdade de inclusão aos meios de acesso ao ensino on-line, notadamente surgirá um retrocesso educacional em nosso País. Será potencializada uma espécie de submissão

---

14. ARAÚJO, Verônica Danieli Lima; GLOTZ, Raquel Elza Oliveira. O letramento digital como instrumento de inclusão social e democratização do conhecimento: desafios atuais. *Educação Pública*, 15 jul. 2014. Disponível em: https://educacaopublica.cecierj.edu.br/artigos/14/26/o-letramento-digital-como-instrumento-de-inclusatildeo-social-e-democratizaccedilatildeo-do-conhecimento-desafios-atuais. Acesso em: 10 ago. 2021.

15. REBÊLO, Paulo. Inclusão digital: o que é e a quem se destina? *Apud* ARAÚJO, Verônica Danieli Lima; GLOTZ, Raquel Elza Oliveira. O letramento digital como instrumento de inclusão social e democratização do conhecimento: desafios atuais. *Educação Pública*, 15 jul. 2014. Disponível em: https://educacaopublica.cecierj.edu.br/artigos/14/26/o-letramento-digital-como-instrumento-de-inclusatildeo-social-e-democratizaccedilatildeo-do-conhecimento-desafios-atuais. Acesso em: 10 ago. 2021.

16. KENSKI, Vani Moreira. *Educação e tecnologia*: o novo ritmo da informação. Campinas: Papirus, 2007. p. 124.

psíquica, e por consequente, o alargamento da divisão social com características de segregação intelectual, e que, ao largo do tempo, estará solidificando este ciclo de domínio de classes.

Assim, o Estado deverá, em todas as suas vertentes, fomentar políticas públicas de inclusão educacional de acordo com a realidade hodierna, e as projeções para o presente apontam uma necessidade imediata de isonomia, pois, caso isso não ocorra, no futuro a desigualdade intelectual e social será ainda mais visível. Os mecanismos de ensino sofreram uma mudança brusca com as necessidades impostas pelo momento pandêmico, e talvez, não mais teremos o emprego integral do formato até então utilizado, que, como mencionamos, vislumbrava-se desigual, e hoje, com a massificação necessária do ensino *on-line*, poderá ser ainda mais desigual, e as lutas de classes poderão tomar o rumo do retrocesso, e, como é de límpido conhecimento, o domínio de uma classe intelectualmente "superior" é o caminho para a escravidão psíquica de parte da sociedade, e assim, um novo ciclo de domínio de classes poderá ser iniciado, por isso, o direito a uma educação igualitária, com real inclusão digital para todo cidadão brasileiro deve ser imediatamente implementado.

Como nos ensina Bobbio, "o problema do fundamento de um direito apresenta-se diferente conforme se trate o fundamento de um *direito que se tem* ou de um *direito que se gostaria de ter*"[17], e, no que tange a educação, nunca devemos suportar um direito que se gostaria de ter, e sim, num processo efetivo de um direito que se deve ter, e em nosso estudo, enfatizamos o direito a uma educação de qualidade, e nos caminhos atuais e futuros, a educação a distância já se vislumbra um fator real para que esta qualidade seja real.

O foco deste estudo não visa dividir o estudo básico e superior, pois num contexto geral, a prejudicialidade quando vislumbramos a falta de políticas públicas esta afeta a toda sociedade, seja na formação infantojuvenil ou adulta. O que trazemos à baila é que possuímos uma estrutura normativa regulamentadora do estudo a distância, tendo como ponto de partida a Lei de Diretrizes e Bases da Educação (Lei 9394 de 20 dezembro de 1996), inclusive normas reguladoras no período pandêmico.

Todavia, a falta de políticas públicas, principalmente por parte do governo federal, que fomente a educação a distância, e consequentemente, o acesso à internet, é um desfavor para a formação intelectual do cidadão brasileiro. Como exemplo da falta de fomento e incentivo, em especial, as classes sociais mais prejudicadas, quando então presidente Jair Messias Bolsonaro vetou integralmente o projeto de lei da Câmara dos Deputados que previa ajuda financeira de R$ 3,5 bilhões da União para estados, distrito federal e municípios, para garantir acesso à internet e dispositivos de conectividade para alunos e professores das redes públicas da educação básica em decorrência da pandemia, o que, em momento posterior, tal veto fora derrubado

---

17. BOBBIO, Norberto. *A era dos direitos*. Trad. Carlos Nelson Coutinho. 5. reimpr. Rio de Janeiro: Elsevier, 2004. p. 35.

pelo Congresso, porém, não elimina uma realidade que demonstra a falta de planejamento e ação das políticas públicas no processo evolutivo das novas concepções educacionais em relação a tecnologia.

Não vislumbramos ações eficientes por parte do governo central nos processos de gestão da Educação a Distância, pelo contrário, observamos um desgoverno daquele que deveria ser o direcionador principal neste sentido, com ações mínimas que não suprem a realidade de um país como o nosso.

> Em que pese a importância do governo federal nas políticas de conectividade, a única ação do Executivo Federal para facilitar o acesso à internet por estudantes da rede pública durante a pandemia limitou-se à aquisição de chips e pacotes de dados para atender cerca de 906 mil estudantes em situação de vulnerabilidades socioeconômica matriculados em universidades federais e nas instituições federais. Ou seja, não houve nenhuma ação de grande porte, em 2020, realizada pelo federal para melhorar a condição das aulas na Educação Básica, cabendo aos municípios e estados preencher este vazio.
>
> A atuação do MEC durante todo o ano de 2020 em relação às dificuldades impostas pelas aulas remotas pode ser resumida na declaração do ministro Milton Ribeiro, que assumiu o posto em julho: "É o estado e o município que têm de cuidar disso aí. Esse não é um problema do MEC, é um problema do Brasil. (...) É a iniciativa de cada um, de cada escola. Não foi um problema criado por nós".
>
> Esta omissão do governo federal obrigou uma rápida e, em muitos casos, improvisada movimentação de estados e municípios, levando a diferentes graus de colaboração entre as Secretarias de Educação e o compartilhamento de experiências entre governos, sociedade civil e terceiro setor.
>
> Ao ser obrigada a mudar a lógica de condução do ensino abruptamente, a educação pública teve um desafio enorme de coordenação, comunicação, transformação dos dados em inteligência, e acima de tudo, de manutenção da oferta de aulas independente do avanço da pandemia.[18]

Neste tópico o que objetivamos é demonstrar que nossas políticas públicas são ineficientes para acompanhar as necessidades atuais da educação no Brasil, e que os processos de inclusão social digital deverão ser implementados com urgência, visto que, é latente a necessidade de planejamentos e ações para que a educação seja (re) democratizada, e neste sentido, a comunidade socioacadêmica deve manifestar-se para demonstrar que a educação a distância carece de políticas públicas a curto, médio e longo prazo para que tenhamos uma educação viável no futuro.

4. CONSIDERAÇÕES FINAIS

As dificuldades enfrentadas pela transformação dos processos educacionais, sobretudo no presente momento pandêmico, se observam de múltiplas ordens, e se materializam na falta de políticas públicas efetivas, em especial, quando observamos as ações do Governo Federal para fomentar e oportunizar aos cidadãos o alcance

---

18. IDEC – Instituto Brasileiro de Defesa do Consumidor. *Acesso à internet residencial dos estudantes*. Série: Desafios para a universalização da internet no Brasil. Disponível em: https://idec.org.br/arquivos/pesquisas--acesso-internet/idec_pesquisa-acesso-internet_acesso-a-internet-residencial-dos-estudantes.pdf. Acesso em: 10 ago. 2021.

aos meios tecnológicos necessários para garantia da educação, mais precisamente, da Educação a Distância.

Em trabalho desenvolvido no final dos anos 90, porém, extremamente atual, seja pelo contexto vivenciado, seja pela falta de políticas públicas efetivamente transformadoras no cenário da educação nacional, a professora Lúcia Bruno, em obra conjunta sobre a Gestão Democrática da Educação preleciona:

> Nesta perspectiva, a escola tem um papel fundamental. Ao lado da família e do meio mais amplo, a escola é uma das esferas de produção de capacidade de trabalho. Por isso, é ela hoje objeto de tantas discussões e, mais, de propostas de reestruturações. Numa sociedade rasgada por contradições cada vez mais agudas, a esfera ideológica assume grande importância enquanto elemento de coesão social.[19]

Devemos aqui enxergar a "escola" em seu sentido amplo, e abarcar todos os mecanismos de aplicação dos processos de ensino-aprendizagem, e no decorrer deste estudo, percebemos a inexistência de políticas públicas eficientes para que a educação possa de fato servir como mecanismo transformador da sociedade.

No que tange a educação a distância, há muito já vinha sendo discutida e aprimorada, em especial, no que tange a sua importância como mecanismo de inclusão social, o que se mostra uma realidade pelo alcance que a mesma possui em um país tão grande e plural como o nosso. Todavia, a prática realiza-se divergente da teoria, e as ações do Estado, particularmente, do Governo Federal, não oportunizam os meios de acesso, equipamentos e conexões estáveis para que sejam garantidas as condições de participação efetiva aos processos de ensino-aprendizagem por meios tecnológicos para que os cidadãos alcancem o conhecimento, e assim, a sociedade observe sua realidade verdadeiramente transformada.

5. REFERÊNCIAS

ARAÚJO, Verônica Danieli Lima; GLOTZ, Raquel Elza Oliveira. O letramento digital como instrumento de inclusão social e democratização do conhecimento: desafios atuais. *Educação Pública*, 15 jul. 2014. Disponível em: https://educacaopublica.cecierj.edu.br/artigos/14/26/o-letramento-digital-como-instrumento-de-inclusatildeo-social-e-democratizaccedilatildeo-do-conhecimento-desafios-atuais. Acesso em: 10 ago. 2021.

BOBBIO, Norberto. *A era dos direitos*. Trad. Carlos Nelson Coutinho. 5. reimpr. Rio de Janeiro: Elsevier, 2004.

BRASIL. Constituição (1988). *Constituição da República Federativa do Brasil*. Disponível em: http://www.planalto.gov.br/ccivil_03/constituicao/constituicao.htm. Acesso em: 10 ago. 2021.

BRASIL. Lei 9.394, de 20 de dezembro de 1996. *Estabelece as diretrizes e bases da educação nacional*. Disponível em: http://www.planalto.gov.br/ccivil_03/leis/l9394.htm. Acesso em: 10 ago. 2021.

---

19. BRUNO, Lucia. Poder e administração no capitalismo contemporâneo. In: Gestão democrática da educação: desafios contemporâneos: Desafios contemporâneos/ Dalila Abdrade Oliveira (org.) – Petópolis, RJ: Vozes, 1997. p. 39/40.

BRUNO, Lucia. Poder e administração no capitalismo contemporâneo. In: OLIVEIRA, Dalila Andrade (Org.). *Gestão democrática da educação*: desafios contemporâneos. Petrópolis: Vozes, 1997.

BUCCI, Maria Paula Dallari. *Políticas públicas*: reflexões sobre o conceito jurídico. São Paulo: Saraiva, 2006.

GUIMARÃES, José Bastos; LIMA, Izabel França de; SOUSA, Marckson Roberto Ferreira de. Educação a distância como Ferramenta de Inclusão Social e Digital: Um Estudo de Caso com Alunos da UFPB-Virtual. *Encontros Bibli: Revista Eletrônica de Biblioteconomia e Ciência da Informação*, Florianópolis, v. 24, n. 56, p. 1-19, 2019. Disponível em: https://doi.org/10.5007/1518-2924.2019.e58846. Acesso em: 10 ago. 2021.

IDEC – Instituto Brasileiro de Defesa do Consumidor. *Acesso à internet residencial dos estudantes*. Série: Desafios para a universalização da internet no Brasil. Disponível em: https://idec.org.br/arquivos/pesquisas-acesso-internet/idec_pesquisa-acesso-internet_acesso-a-internet-residencial-dos-estudantes.pdf. Acesso em: 10 ago. 2021.

IHERING, Rudolf von. *A luta pelo direito*. Trad. Edson Bini. São Paulo: Edipro, 2001.

JABUR, Gilberto Haddad. *Liberdade de pensamento e direito à vida privada*: conflitos entre direito da personalidade. São Paulo: Ed. RT, 2000.

KENSKI, Vani Moreira. *Educação e tecnologia*: o novo ritmo da informação. Campinas: Papirus, 2007.

OHLWEILER, Leonel Pires. Políticas púbicas e controle jurisdicional: uma análise hermenêutica à luz do Estado Democrático de Direito. In: SARLET, Ingo Wolfgang; TIMM, Luciano Benetti; BARCELLOS, Ana Paula de (Org.). *Direitos fundamentais*: orçamento e "reserva do possível". 2 ed. rev. e ampl. Porto Alegre: Livraria do Advogado, 2010.

SCHONS, Mariane Maria; VALENTINI, Carla Beatris. Movimentos de letramento digital nas práticas de leitura e escrita. Um estudo de caso de uma criança do ensino fundamental. In: *Anais do IX ANPED-SUL – Seminário de Pesquisa em Educação da Região Sul*. 2012. Disponível em: http://www.ucs.br/etc/conferencias/index.php/anpedsul/9anpedsul/paper/viewFile/3289/943. Acesso em: 10 ago. 2021.

PARTE III
IMAGEM, PRIVACIDADE E INTIMIDADE

PART III
IMAGEM PRIVACIDADE
E INTIMIDADE

12
PRIVACIDADE INFANTOJUVENIL: DILEMA DE GENTE GRANDE

Lara Rocha Garcia

Doutoranda em Direito Político e Econômico pela Universidade Presbiteriana Mackenzie, Visiting Scholar pela Columbia Law School (EUA). Mestre em Direito Político e Econômico pela Universidade Presbiteriana Mackenzie, com foco em Inovação e Saúde. Especialista em Inovação e Empreendedorismo por Stanford Graduate School of Business (EUA). Professora e Advogada de Direito Digital, Inovação, *Compliance* e Proteção de Dados. Foi Gerente de Inovação do Hospital Israelita Albert Einstein e liderou a área de produtos do Dr. Consulta.

Sumário: 1. Introdução – 2. A infância transformada em dados – 3. Minha privacidade, minhas regras – 4. Manifesto: aprendizados internacionais da UNICEF, ICO E OCDE – 5. Considerações finais – 6. Referências.

1. INTRODUÇÃO

Digital First, já ouviu essa expressão? Para quem trabalha com inovação ou com o mundo digital talvez isso não seja novidade. *Digital First*, como o próprio nome diz, significa priorizar versão digital, ou realizar digitalmente tarefas, processos, ações. Em transformação digital, você deve pensar primeiro digital.

Esse conceito nasceu em busca de uma mudança cultural das gerações que não nasceram com a existência da internet, ou seja, que viveram em um mundo 100% off-line, afinal, a internet, que tem ainda menos do que 25 anos, ainda busca maturidade. A ideia da criação do movimento *Digital First* seria encontrar formas de promover a adaptação da sociedade ao mundo digital como primeira opção, não como se existissem duas vidas, uma analógica e outra digital, mas uma única integrada.

Durante a Pandemia da Covid-19, o mundo passou inteiramente a adotar o *Digital First,* adaptando todos os seus processos e relações para o mundo digital. Relações profissionais, educacionais e pessoais são permitidas e intensificadas pelo uso de telas em função do isolamento compulsório como medida de combate ao Coronavírus. Apesar do cenário de muitas mortes, doenças, adaptações; há também nascimentos e, com eles, novos comportamentos.

A geração nascida durante a pandemia fundamentalmente teve sua vida *Digital First.* Seus primeiros contatos com o mundo exterior – conhecer avós, familiares, amigos – foram, em sua grande maioria, pelas telas. Para os já nascidos, com as escolas fechadas, as telas se configuraram como educadoras, tanto nos diversos aplicativos, sistemas e softwares, como também como o suporte de professores durante esse processo. Até mesmo o processo crucial de alfabetização, um dos marcos da infância, aconteceu online.

Isoladas em suas residências, especialmente nos grandes centros urbanos, essas crianças, em seus primeiros anos de vida, encontram nas telas o seu refúgio para um outro mundo, na tentativa de manter seus amigos e parte da vida que tinham pré-isolamento. Há uma grande preocupação sobre a consequência do *Digital First* forçada nestas gerações, somente serão mensuradas pelo tempo. Nesse contexto, preocupam-se com os dados das crianças e seus familiares trafegados nos mais diversos ambientes, estruturados ou não, oficiais e oficiosos.

Além dessa realidade, considere também a sociedade do espetáculo[1], em que pais e familiares divulgam, desde o nascimento, fotos e dados de seus filhos, registrando e publicando tudo o que julgam interessante, emocionante. Teremos a primeira geração que, ao completar a maioridade, já terá quase duas décadas de vida online. Que terá a internet como testemunha de seu crescimento, de sua evolução, de sua mudança de ideias, gostos, opiniões, como é típico da fase infantil e adolescente. Ao se tornarem adultos, com plena capacidade civil, deveriam conviver com o que foi por outros publicado ou discutiremos a possibilidade de *"right to be let alone[2]"* ou um direito de reinvenção digital de sua personalidade? Estes rastros talvez não o representem mais aos 18 anos ou fazer parte de uma trajetória que gostariam de fixar em sua intimidade.

Essa preocupação com os dados de crianças e adolescentes não é somente brasileira. Neste artigo, iremos analisar as recomendações sobre privacidade e proteção de dados de crianças e adolescentes publicadas durante os anos pandêmicos até o momento (2020 e 2021) pela OCDE, Unicef e ICO.

2. A INFÂNCIA TRANSFORMADA EM DADOS

Na era da inovação, em que as oportunidades crescem, os riscos acompanham e as crianças são mais propensas a testar novos produtos e serviços, mesmo sem entender exatamente a que estão expostas. Tal dificuldade se confirma ao pensar que os conceitos de proteção, privacidade, consentimento são confusos, sobrepostos e ainda não sedimentados para os próprios adultos. Por exemplo, para eles, não faz sentido o fato de que, ao bloquearem seus conteúdos nas configurações de privacidade, ainda assim terceiros poderem ter acesso a seus metadados ou inferências.

Os documentos analisados por este artigo indicam que as crianças têm interesse no assunto da privacidade online, mas querem decidir por si, não desejando que tal assunto seja compulsoriamente delegado a seus pais ou responsáveis legais. Até

---

1. Cf. DEBORD, Guy. *Sociedade do espetáculo*. Tradução de Estela dos Santos Abreu. São Paulo: Contraponto, 2007.
2. Cf. WARREN, Samuel; BRANDEIS, Louis. The right to privacy. *Harvard Law Review*, Cambridge, v. IV, n. 5, 1890.

porque eles engajam em ações para manter seus conteúdos "longe" das pessoas que eles não querem que consuma.

Stoilova, Livingstone e Nandari[3], recuperando o conceito de empoderamento da própria criança, conduziram pesquisa na *London School of Economics* com perguntas fundamentais para sobre entendimento, capacidade, vulnerabilidade, implicações e lacunas a serem preenchidas. As quatro perguntas abaixo conduziram a pesquisa de Stoilova com crianças, professores e pais em todo o mundo.

a) How do children understand, value and negotiate their privacy online?

b) What capabilities or vulnerabilities shape children's navigation of the digital environment?

c) What evidence gaps regarding children's data and privacy online impede the development of policy and practice?

d) What are the implications of children's understanding and practices for the realisation of their rights by relevant stakeholders?[4]

Considerando a privacidade como um fim e também um meio, com valor próprio e vital para a autonomia, identidade, participação e bem-estar, Stoilova criou três contextos de classificação de privacidade: *Interpessoal, Institucional* e *Comercial*.[5]

Por *Interpessoal*, a autora entende os dados criados e propagados por meio de conexões do próprio titular; diferente de *Institucional* e *Comercial*, que seriam coletados por pessoas de direito público, no primeiro caso, e de direito privado, no segundo.

Distinguishing between interpersonal, institutional and commercial contexts helps resolve the so-called privacy paradox – namely, that young people say they care about their privacy yet in practice they share personal information on public platforms.[6]

Paradoxal saber que há o entendimento – e a vontade – pela privacidade, mas também há a necessidade de compartilhar e de criar sua própria persona digital, com identidade, amigos e interesses. Além do contexto da privacidade, é preciso contrastar com o tipo de dado disponível – Dados Disponibilizados; Dados Rastreados e Dados Inferidos[7], que nos levaria a seguinte matriz[8]:

---

3. STOILOVA, Mariya; LIVINGSTONE, Sonia; NANDARI, Nandagiri. *Children's data and privacy online*: Growing up in a digital age. Research findings. London: London School of Economics and Political Science, 2019, passim.

4. STOILOVA, Mariya; LIVINGSTONE, Sonia; NANDARI, Nandagiri. *Children's data and privacy online*: Growing up in a digital age. Research findings. London: London School of Economics and Political Science, 2019. p. 6.

5. Tradução livre da autora. Original: *Interpersonal, Institutional* e *Commercial*.

6. STOILOVA, Mariya; LIVINGSTONE, Sonia; NANDARI, Nandagiri. *Children's data and privacy online*: Growing up in a digital age. Research findings. London: London School of Economics and Political Science, 2019. p. 7.

7. Tradução livre da autora. Original: *Data Given, Data Traces* e *Inferred Data*.

8. STOILOVA, Mariya; LIVINGSTONE, Sonia; NANDARI, Nandagiri. *Children's data and privacy online*: Growing up in a digital age. Research findings. London: London School of Economics and Political Science, 2019. p. 7.

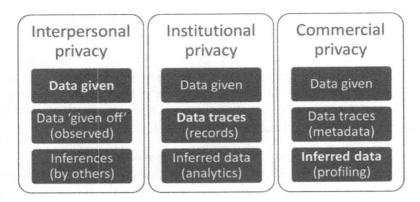

Figura 1: Matriz de classificação de dados com exemplos

Esta matriz que une contexto de privacidade com tipologia de dados ainda fornece exemplos para ficar mais claro sua aplicação. Para o contexto mais simples, *Interpessoal*, o tipo principal de dado é aquele fornecido de livre espontânea vontade pelo titular, sofre observação por parte do receptor original e inferências de terceiros alheios a esta relação.

No caso *Institucional*, em que se foca especialmente em instituições públicas e sem fins lucrativos, o dado entregue também é presente, mas já se percebe traços de dados oriundos de registros e gravações, bem como dados inferidos por meio de sistema analíticos. Na terceira coluna, *Comercial*, a presença da necessidade de monetização acrescenta os metadados e criação de perfil como elementos mais presentes.

Pensando no processo de empoderar crianças e adolescentes, entender sua opinião com relação a esta classificação, a pesquisa buscou cruzar a tipologia e o contexto com a idade das crianças, como se vê no item a seguir.

3. MINHA PRIVACIDADE, MINHAS REGRAS

Embora estejam na mesma categoria de crianças e adolescentes, nesse período, o crescimento, a evolução, entendimento, é muito diferente, não há homogeneidade etárias. Na pesquisa conduzida por Stoilova et al., o agrupamento acontece 3 grupos, que contemplam 5 a 7 anos; 8 a 11 anos e 12 a 17 anos. Na tabela 1, podemos perceber a matriz que apresenta a visão de cada um destes grupos com seu entendimento do que acontece com seus dados, também classificados em interpessoal, institucional e comercial.

	Interpersonal privacy	Institutional and commercial privacy
5- to 7-year-olds	• A developing sense of ownership, fairness and independence • Learning about rules but may not follow them, and don't get consequences • Use digital devices confidently, for a narrow range of activities • Getting the idea of secrets, know how to hide, but tend to regard tracking/monitoring by a trusted adult as helpful	• Limited evidence exists on understanding of the digital world • Low risk awareness (focus on device damage or personal upset) • Few strategies (can close the app, call on a parent for help) • Broadly trusting
8- to 11-year-olds	• Starting to understand risks of sharing but generally trusting • Privacy management means rules not internalised self-regulation of behaviour • Still see monitoring by a parent or other trusted adult positively, to ensure their safety • Privacy risks linked to 'stranger danger' and interpersonal harms • Struggle to identify risks or distinguish what applies offline/online •	• Still little research available • Gaps in ability to decide about trustworthiness or identify adverts • Gaps in understanding privacy Terms and Conditions • Interactive learning shown to improve awareness and transfer to practice
12- to 17-year-olds	• Online as 'personal space' for expression, socialising, learning • Concerned about parental monitoring yet broad trust in parental and school restrictions • Aware of/attend to privacy risks, but mainly seen as interpersonal • Weigh up risks and opportunities, but decisions influenced by desire for immediate benefits	• Privacy tactics focus on online identity management not data flows (seeing data as static and fragmented) • Aware of 'data traces' (e.g., ads) and device tracking (e.g., location) but less personally concerned or aware of future consequences • Willing to reflect and learn but do so retrospectively • Media literacy education is most effective if adolescents can use their knowledge to make meaningful decisions in practice

Tabela 1: Entendimento dos tipos de dados por idade

As crianças mais novas já começam a desenvolver um senso de propriedade de seus dados como a iniciação da autodeterminação informativa, justiça e independência. Podem demonstrar algum entendimento que existem regras, mesmo que não as sigam e não tenham dimensão das consequências em caso negativo; sabem que estão sendo monitoradas online e não se preocupam com isso, pois ser monitorada por alguém, ainda que sejam seus pais é comum. Não tem mais medos dos dispositivos eletrônicos, só recorrem a adultos em casos específicos. Este grupo apresenta grande confiança no mundo, não acredita que comercial e institucionalmente possam ser interessantes para alguém e não acreditam em prejuízo ou dano, conceito que começa a aparecer na faixa etária seguinte.

Dos 8 aos 11 anos, a gestão da privacidade passa a ser uma regra externa imposta e não ainda uma necessidade sentida, inclusive por confiar no monitoramento de um adulto e a segurança que dele emana, especialmente pela sua dificuldade de entender os riscos inerentes aos seus dados interpessoais. No que tange a relação comercial e institucional, os termos e condições são entes estranhos, que não fazem sentido e/ou desnecessário, exceto pela insistência de alguns pais/professores no assunto. Continuam a não entender por que organizações se interessariam pelos seus dados e não sabem distinguir as advertências que são apresentadas.

O terceiro grupo, dos 12 aos 17 anos, mais focado no que entendemos como adolescentes no Brasil, utilizam o espaço online como afirmação de sua personalidade, interesses, grupos de amigos e socialização com pares, inicia-se sua expressão como individuo questionador do monitoramento de forma paradoxal: se incomoda com o acompanhamento dos pais, porém, se sente seguro com ele. Já percebe que existem riscos e danos possíveis pois tomam consciências dos traços e rastros digitais, embora ainda veja de forma segmentada as inferências possíveis a partir dos dados, cujo aprendizado sobre o assunto é percebido, mas realizado de forma introspectiva. Querem refletir sobre o assunto, aceitam literacia e educação digital com entendimento de que suas decisões têm reflexos. Ainda assim, a tomada de decisão se pauta por benefícios e desejos imediatistas.

Já a Tabela 2 apresenta correlaciona em formato de matriz as mesmas formas etárias com o seu entendimento de como o mundo digital deveria se comportar, enquanto que a Tabela 1 se configura em achados da pesquisa. A possibilidade de terem vez e voz respeitadas apresenta um novo mundo para as crianças e adolescentes, como se assumissem a responsabilidade outrora terceirizada.

	What children want to know about their data and privacy online	What children think companies should do differently
All ages	• Who has got my personal data, how long do they keep it and what do they do with it? • Why do they collect, share and sell my information? • Where does deleted data go, is it really gone?	• Make deleted apps or information permanently 'gone' • Provide more and better privacy, security and safety options • Make accounts private, turn off geo-location and disable cameras by default • Don't share my data with other sites or services • Better responsiveness to user concerns and complaints • Make Terms and Conditions understandable, short and visual
11- to 12-year-olds	• Why do apps need to know your phone number? • Who controls the websites? • Who can find out about my information? • Why do they set age restrictions so high (e.g., WhatsApp)? • Why don't companies remove scamming sites? • Why is reporting stuff so hard? • Why do they make mistakes about who you are?	• Let under-13s use social media but keep their account private • Make online content more appropriate for our age • Take down hostile content (e.g., fat shaming)
13- to 14-year-olds	• Who can see what I search? • Can people see me through my camera or hear my voice? • What do social media sites do with your information? • What happens when you get hacked? • What happens to your data when you die? • What is the dark web? • What do they do with your face when you use facial recognition?	• Allow paid-for but private apps • Not sell our data • Not show me what I'm not interested in • Make it easier to erase your account
15- to 16-year olds	• Where is data kept, how does it travel across the internet, and what is shared with other companies? • Why do they need to know so much about me (e.g., my gender)? • Is sensitive data shared?	• Leave me alone • Keep biometric data safely • Delete our data after a certain time (e.g., two years) • Only ask for information when relevant • Allow you to opt out of data collection • Better checks on age restrictions • Explain what information they have about you

Tabela 2: O que as crianças querem saber sobre seus dados online e o que elas pensam que as empresas deveriam fazer diferente

De forma geral, em todas as idades, as crianças e adolescentes se perguntam por que alguém fora de seu círculo familiar e de amigos se interessaria por seus dados a ponto de armazenar, coletar e até mesmo vende-los. Também o conceito de apagar não fica claro, eles não acreditam que algo deletado realmente "desaparece do mundo" de forma irreversível, sendo esta, inclusive, a principal questão que gostariam de alterar: o "apagar" deveria ensejar uma ação definitiva. Na linha de se sentirem parte da decisão, pedem por termos e condições mais claras, em sua própria linguagem, de preferência, com elementos visuais; querem que geolocalização e câmera sejam, por padrão, desabilitados e que não haja compartilhamento de seus dados com outras empresas ou serviços. Parecem bem razoáveis.

Como a característica dessa tabela envolve a possibilidade de formular perguntas específicas sobre o assunto e de propor soluções, as faixas etárias são diferentes, começando aos 11-12 anos; 13-14 anos e 15-16 anos.

Para os mais novos, curiosamente, as perguntas orbitam em busca de motivos, começando majoritariamente com "Por que", seguindo de "Quem". Parecem querer entender como funciona esse mundo digital, a importância dos dados para outros além deles e, afinal, quem seriam estas pessoas que controlam (ou parecer controlar) todos os dados. Suas proposições são diretas: deixar o ambiente adequado a sua idade, incluindo a retirada de conteúdo hostil. Quase que um mundo digital "kids".

Na faixa intermediária, que já teria capacidade para consentir, de acordo com critério etário estabelecido no COPPA, questionam mais sobre "o que" pois parece preocupados com as consequências, com o que aconteceria em cada situação, com cada tipo de dado compartilhado, consentimento dado/negado e/ou revogado. Seus pedidos se referem à proibição da venda de seus dados, aumento de facilidade a pagar a conta, não apresentar coisas que não o interessem e estão dispostos a pagar por privacidade.

Os mais velhos parecem ter menos perguntas, mas mais solicitações. Suas perguntas se referem a dados sensíveis, o que demonstra seu discernimento na categoria de dados e na possibilidade maior de dano dos dados pessoais sensíveis. Outro ponto interessante questionado foi sobre o funcionamento da internet – armazenamento, compartilhamento e sincronicidade. A pesquisa aponta como demanda primeira o conceito de *"Leave me Alone"*.[9] Interpreto como um pedido de "cansei de brincar disso", utilizando o jargão brasileiro de forma didática. Outras demandas parecem derivar desta, tais como *"Delete our data after a certain time (e.g. two years)"* e *"Allow you to opt out of a data collection"*. Além disso, demonstram interesse em seus direitos como titular ao solicitar que *"Explain what information they have about you"*; *"Keep biometric data safely"* e *"Only ask for information when relevant"*.

---

9. Tradução da autora: Deixe-me sozinho; Deixe-me em paz.

4. MANIFESTO: APRENDIZADOS INTERNACIONAIS DA UNICEF, ICO E OCDE

No Brasil, o Sistema Nacional de Inovação não tem legislação para proteção de dados de crianças e adolescentes além do pouco tratado na LGPD – Lei Geral de Proteção de Dados[10] e do ECA – Estatuto da Criança e do Adolescente.[11]

> Dizer que crianças e adolescentes se encontram em uma posição de vulnerabilidade significa admitir que não terão o mesmo discernimento e controle sobre seus dados que um adulto, carecendo de especial proteção. Considerando a condição de desenvolvimento dessas pessoas, o 'Estatuto da Criança e do Adolescente' é um importante referencial no Direito brasileiro, bem como o Código Civil, que aborda a capacidade da pessoa natural para a realização de atos da vida civil. Ainda que a LGPD não tenha previsto os dados pessoais de crianças e adolescentes no rol de dados sensíveis do Art. 5º, II, a lei imprime obrigações mais rígidas para o seu tratamento. Em outras palavras, o tratamento de dados pessoais de crianças e adolescentes exige medidas mais cautelosas, para a sua proteção.[12]

A vulnerabilidade da criança e do adolescente demanda cuidados, ainda que não sejam considerados dados pessoais sensíveis. Ao mesmo tempo, essa vulnerabilidade não deve impedir autonomia.

No campo internacional, o GDPR – *General Data Protection Regulation*[13] e o COPPA – *Children's Online Privacy Protection Act*[14] pautam o tratamento deste tipo de dado no consentimento nas idades de 16 e 13 anos, respectivamente. Mesmo nas hipóteses que considera o consentimento dos pais, questiona-se essa validade já que adultos também não necessariamente possui literacia adequada e gestão de consequências para este esclarecimento.

> The age of consent and the ability to consent should be viewed separately from child-specific data protection. Children are entitled to special protection and consideration for their data until they reach the age of maturity (18) irrespective of the age of consent. This protection extends to the right of rectification and erasure (often referred to as the right to be forgotten) and protection from profiling based on automated processing.[15]

---

10. BRASIL. Lei 13.709, de 14 de agosto de 2018. *Lei Geral de Proteção de Dados Pessoais (LGPD)*. Brasília, DF: Presidência da República, [2018]. Disponível em: http://www.planalto.gov.br/ccivil_03/_ato2015-2018/2018/lei/l13709.htm#art65. Acesso em 09 jul. 2021.
11. BRASIL. Lei 8.069, de 13 de julho de 1990. *Dispõe sobre o Estatuto da Criança e do Adolescente e dá outras providências*. Brasília, DF: Presidência da República, 1990. Disponível em: http://www.planalto.gov.br/ccivil_03/leis/l8069.htm. Acesso em: 09 jul. 2021.
12. FUNDAÇÃO GETÚLIO VARGAS. *Guia de Proteção de Dados Pessoais*: crianças e adolescentes, out. 2020. Disponível em: https://portal.fgv.br/sites/portal.fgv.br/files/criancas_e_adolescentes.pdf. Acesso em: 09 jul. 2021.
13. UNIÃO EUROPEIA. Regulation (EU) 2016/679. *General Data Protection Regulation*. Disponível em: https://gdpr-info.eu/. Acesso em: 09 jul. 2021.
14. ESTADOS UNIDOS DA AMÉRICA. *Children's Online Privacy Protection Rule ("COPPA")*. Disponível em: https://www.ftc.gov/enforcement/rules/rulemaking-regulatory-reform-proceedings/childrens-online-privacy-protection-rule. Acesso em: 09 jul. 2021.
15. UNICEF. *The Case for Better Governance of Children's Data*: A Manifesto. New York: United Nations, 2021. p. 36.

Já no Reino Unido, a visão sobre o consentimento funciona de modo diverso, em nova recomendação do ICO publicada em setembro de 2020 com *vacatio legis* de 12 meses: deve-se mudar de mentalidade de *vulnerability by design* para data *protection by design*[16].

O ICO – *Information Comissoner's Office* defende que não devemos proteger as crianças *do* mundo digital, mas protegê-las *nesse* mundo, entendendo que este é o mundo, que não é possível marginalizá-las ou criá-las em uma realidade digital não exista, especialmente a geração pandêmica e alfabetizada pelo sistema *on-line*. Para o ICO, um dos maiores problemas da proteção das crianças reside no fato de que elas utilizam sistemas, apps e sites que não foram desenvolvidos para elas, para suas necessidades e realidades, mas sim, adaptados dos adultos.

O entendimento da vulnerabilidade infantil e, por isso, da necessidade de proteção por meio de responsáveis adequados é nobre, focado no genuíno interesse de cuidar das crianças. No entanto, ao não as envolver, pode fazer com que o feitiço se vire contra o feiticeiro. O ICO caminha nessa direção: prever padrões e diretrizes para permitir que as crianças brinquem e explorem o mundo digital.

> Settings must be "high privacy" by default (unless there's a compelling reason not to); only the minimum amount of personal data should be collected and retained; children's data should not usually be shared; geolocation services should be switched off by default. Nudge techniques should not be used to encourage children to provide unnecessary personal data, weaken or turn off their privacy settings. The code also addresses issues of parental control and profiling.[17]

Para garantir a execução, tal código que complementa a GDPR faz um chamamento para desenvolvedores, designers a aprenderem e implementarem a proposta de uma nova internet, que prevê a utilização por crianças, já que a versão atual está preparada para adultos.[18]

Nesta nova versão, adaptada, as crianças podem usar soluções e produtos que amplifiquem suas vozes e possibilitem que engajamento em proteção de dados.[19]

A OCDE, cujo conceito sobre crianças repousa na idade menor a 18 anos, lançou uma recomendação em maio de 2021 principalmente para fins de educação já que reconhece o aumento do tráfego de dados de crianças e adolescentes durante a pan-

---

16. ICO – Information Commissioner's Office. *The Children's Code*. Disponível em: https://ico.org.uk/for-organisations/age-appropriate-design/additional-resources/introduction-to-the-childrens-code/. Acesso em 09 jul. 2021.
17. ICO – Information Commissioner's Office. *Age appropriate design*: a code of practice for online services. Disponível em: https://ico.org.uk/for-organisations/guide-to-data-protection/key-data-protection-themes/age-appropriate-design-a-code-of-practice-for-online-services/. Acesso em 09 jul. 2021.
18. ICO – Information Commissioner's Office. *Age appropriate design*: a code of practice for online services. Disponível em: https://ico.org.uk/for-organisations/guide-to-data-protection/key-data-protection-themes/age-appropriate-design-a-code-of-practice-for-online-services/. Acesso em 09 jul. 2021.
19. UNICEF. *The Case for Better Governance of Children's Data*: A Manifesto. New York: United Nations, 2021. p. 47.

demia. Esse trabalho configura-se como evolução da Recomendação sobre Proteção de Crianças Online publicado em 2012.

> *In recent years, the digital landscape has dramatically changed. Notably, children spend significantly more time in the digital environment, through a number of devices (e.g. smart phones, tablets, smart watches, and connected speakers). The reasons why children go online have also evolved. They do not simply undertake discrete tasks, such as for research or educational purposes, but for a wider range of reasons, including entertainment, communicating and socialising with peers. It is apparent that the digital environment brings enormous benefits and opportunities to children.*[20]

Baseada na obra de Uwe Hasebrink do modelo do 4C de Riscos Online (Conteúdo, Contrato, Contato e Conduta) em que os dois primeiros se relacionam com a plataforma e provedores de serviço também enquanto os 2 últimos riscos se referem a criança/adolescente propriamente dito.[21]

Por isso, reflete a OCDE, que o desafio não se concentra em regular as grandes empresas, tampouco só educar as crianças, mas em ambos. Em colocá-las como agentes desse ecossistema digital assim como preparar tal ambiente para recebê-las são atitudes complexas e encadeadas.

> *Two issues stand out from the analysis and are worth highlighting. Firstly, the variety of digital devices and platforms, social contexts and online environments do not easily lend themselves to simple policy and legal measures. Secondly, most countries face the challenge of having to balance the tensions between promoting greater use of digital media while also protecting minors from the potential risks of that use.*[22]

Outro importante documento, publicado Unicef – Manifesto Global para Governança de Dados – possui duplo objetivo com a publicação – o de conscientizar para a preocupação com os dados das crianças e de indicar possíveis caminhos para os estados membro, iniciativa privada e todos que lidam com o tema, quase que um diálogo com a OCDE.

Para isso, reconhece que a infância é o momento de experimentação, cujas escolhas devem mudar até atingirem a vida adulta. Por isso, a experimentação deve ser estimulada e não retraída. Se o mundo é digital, a experimentação também será. Apesar disso, sua limitada autonomia e entendimento de mundo não permite que alcance todos os perigos que possam derivar dessas experimentações, especialmente pela assimetria de poder inerente a relação adulto/criança; corporações/indivíduos

---

20. OCDE. *Protecting children online*: An overview of recent developments in legal frameworks and policies. Disponível em: https://www.oecd-ilibrary.org/docserver/9e0e49a9-en.pdf?expires=1629393211&id=i-d&accname=guest&checksum=B118FEDDF923F55BC981283C59AF2B11. Acesso em 12 jul. 2021.
21. OCDE. *Protecting children online*: An overview of recent developments in legal frameworks and policies. Disponível em: https://www.oecd-ilibrary.org/docserver/9e0e49a9-en.pdf?expires=1629393211&id=i-d&accname=guest&checksum=B118FEDDF923F55BC981283C59AF2B11. Acesso em 12 jul. 2021. p. 14.
22. OCDE. *Protecting children online*: An overview of recent developments in legal frameworks and policies. Disponível em: https://www.oecd-ilibrary.org/docserver/9e0e49a9-en.pdf?expires=1629393211&id=i-d&accname=guest&checksum=B118FEDDF923F55BC981283C59AF2B11. Acesso em 12 jul. 2021. p. 9.

e governos/sociedade. Ainda assim, com limitação e assimetria, pesquisas[23] indicam que a criança se importa com sua privacidade e quer poder discutir sobre este tema, ainda que tenham consciência inicial sobre o assunto e se confunda com alguns conceitos – se com adulto acontece, estranho seria se não tivessem – e tem pouco poder sobre o que postam sobre ela, especialmente no caso de pais e familiares.

> Children generally care about the collection and use of their data, but feel they do not have a choice in decisions about how their data are collected and used. Evidence shows that children have different levels of awareness that online disclosure of information has privacy consequences. They continuously navigate between the desire to engage with others and the desire to protect themselves. However, even when they are careful with the data they share, children have little control over the data others (parents, peers) share about them and how their data are used by third parties, leading to a seemingly ambivalent or resigned attitude to data privacy.[24]

A complexidade do sistema de dados digitais e das incertezas quanto ao futuro, de todos os potenciais benefícios e desafios que somos capazes de vislumbrar, com relação às crianças, essa insegurança aumenta. Enquanto mantê-los *on-line* pode significar exposição, exclui-los pode torná-los a margem de serviços que podem ser benéficos para seu desenvolvimento.[25] Concordando com esse processo, Stoilova e Livingstone buscar preparar as crianças para agir como agentes em desenhar seus direitos digitais e participação civil, bem como a necessidade de suporte.[26]

Para a Unicef, o *UK Age Appropriate Code* pode ser um norte para guiar e identificar as capacidades e estágios e desenvolvimento de cada criança, a saber: entre os zero e cinco anos é a fase de literacia inicial; entre os seis e nove anos, são os anos de ensino básico; entre dez e doze anos, a criança se encontra em seu período de transição para a adolescência, que será subdividida em duas fases, entre os treze e quinze anos, em seu começo; e dezesseis e dezessete anos, em que se aproximam da fase adulta[27].

Para melhor analisar, cabe dizer que o Manifesto da Unicef se pauta em 10 mandamentos[28], cuja soma foca na tripla hélice da inovação, em unir a força da iniciativa privada com o poder estatal e a profundidade da academia, de forma internacional.

---

23. Umas das pesquisas mais recentes foi conduzida na London School of Economics, *Children's data and privacy online: Growing up in a digital age*. Trataremos dela com mais detalhes ainda neste artigo.
24. UNICEF. *The Case for Better Governance of Children's Data*: A Manifesto. New York: United Nations, 2021. p. 11.
25. UNICEF. *The Case for Better Governance of Children's Data*: A Manifesto. New York: United Nations, 2021. p. 22
26. STOILOVA, Mariya; LIVINGSTONE, Sonia; NANDARI, Nandagiri. *Children's data and privacy online*: Growing up in a digital age. Research findings. London: London School of Economics and Political Science, 2019. p. 11.
27. UNICEF. *The Case for Better Governance of Children's Data*: A Manifesto. New York: United Nations, 2021. p. 60.
28. 1. PROTECT children and their rights through child-centred data governance; 2. PRIORITIZE children's best interests in all decisions about children's data; 3. CONSIDER children's unique identities, evolving capacities and circumstances in data governance frameworks; 4. SHIFT responsibility for data protection from children to companies and governments; 5. COLLABORATE with children and their communities in policy building and management of their data; 6. REPRESENT children's interests within administrative and judicial processes, as well as redress mechanisms; 7. PROVIDE adequate resources to implement chil-

Não há como discordar das intenções do Manifesto, mas não é possível analisá-lo sem se preocupar com sua aplicabilidade. Nessa linha, a Unicef defende a Política de Inovação em Governança de Dados como forte instrumento para resolver problemas complexos, recomendando a ampliação de *regulatory sandboxes*.

Dessa maneira, finalizamos este artigo com uma reflexão: caberia, na semelhança do *Open Banking* e do *Open Insurance*, iniciativas quem fomentam a inovação no mercado financeiro e securitário, existir uma política pública de inovação para incentivar a adaptação do mundo digital para o universo infantojuvenil?

Diferente dos existentes, que focam setores econômicos independente do público ou solução, um *regulatory sandbox* que foque no público independente do setor econômico com vistas a criar um mundo digital adaptado a infância e adolescência faria sentido?

Problemas complexos requerem soluções conjuntas, defendem o ICO, OCDE e Unicef. Por isso, a provocação como um convite a reflexão: quais seriam os princípios, os requisitos e os caminhos para uma política de inovação voltada às crianças, em analogia com o *regulatory sandbox*? Espero que estimule novas pesquisas e parcerias a serem contadas em artigo futuro.

5. CONSIDERAÇÕES FINAIS

Criança e adolescente é criança e adolescente em qualquer lugar do mundo, ainda que os lugares do mundo sejam diferentes quanto a estrutura política, modelo econômico e experiências socioculturais.

Vida digital pautada em dados também é uma realidade global, ainda que existam nuances na coleta, tratamento e legislação pertinente.

Logo, analisar privacidade e proteção de dados à luz do Panorama Internacional parece condição *sine qua non* para entender a dimensão do problema e aumentar a velocidade a caminho da solução, usando as lições aprendidas de outros países.

Acontece que, nesse caso, não ocorre bem assim. Ao analisar as pesquisas e publicações sobre privacidade e proteção de dados nos anos de 2020 e 2021 pela *London School of Economics, Information Comissioner's Office,* Organização para a Cooperação e Desenvolvimento Econômico e a Unicef, percebemos profundidade na análise e recomendações convergentes.

Percebe-se, portanto, uma convergência dos institutos supranacionais pesquisados no caminho de reverberar a voz infantil, garantir seu acesso e inclusão

---

d-inclusive data governance frameworks; 8. USE policy innovation in data governance to solve complex problems and accelerate results for children; 9. BRIDGE knowledge gaps in the realm of data governance for children; 10. STRENGTHEN international collaboration for children's data governance and promote knowledge and policy transfer among countries; in UNICEF. *The Case for Better Governance of Children's Data*: A Manifesto. New York: United Nations, 2021.

no mundo digital, ainda que, para isso acontecer, seja preciso ações de apoio e proteção.

As crianças entendem que se expõem ao publicar seus dados, são capazes de imaginar possíveis danos a partir dos dados publicados, mas, apesar dos esforços, não compreendem o alcance dos dados inferidos e rastreados.

Ainda assim, apenas dos perigos, há que se pensar em mantê-las no mundo digital e preparando-o para este público que, inclusive, nasce e cresce mais digitais que seus pais, embora tenha sido para os adultos a projeção do *on-line*.

Este artigo não pretendeu exaurir o tema tão complexo, nem propor soluções. Ao contrário, pretende contribuir com a reflexão à luz de literatura internacional. A inovação, sempre focada em resolver problemas, e o *Digital First*, não poderiam ser um caminho para discutir este problema tão complexo?

Mais especificamente, à semelhança do *regulatory sandbox* do *Open Banking,* deveríamos prever um ambiente para discutir como endereçar proteção de dados e privacidade das crianças? Diz a Unicef que pode ser um caminho possível, mas somente a partir da união entre iniciativa privada, Estado e academia.

Portanto, convite à reflexão feito. Portas para o diálogo abertas. Caminho de longo debate, mas necessário.

6. REFERÊNCIAS

BRASIL. *Lei 8.069, de 13 de julho de 1990.* Dispõe sobre o Estatuto da Criança e do Adolescente e dá outras providências. Brasília, DF: Presidência da República, 1990. Disponível em: http://www.planalto. gov.br/ccivil_03/leis/l8069.htm. Acesso em: 09 jul. 2021.

BRASIL. *Lei 13.709, de 14 de agosto de 2018.* Lei Geral de Proteção de Dados Pessoais (LGPD). Brasília, DF: Presidência da República, [2018]. Disponível em: http://www.planalto.gov.br/ccivil_03/_ato2015-2018/2018/lei/l13709.htm#art65. Acesso em 09 jul. 2021.

DEBORD, Guy. *Sociedade do espetáculo.* Trad. Estela dos Santos Abreu. São Paulo: Contraponto, 2007.

ESTADOS UNIDOS DA AMÉRICA. *Children's Online Privacy Protection Rule ("COPPA").* Disponível em: https://www.ftc.gov/enforcement/rules/rulemaking-regulatory-reform-proceedings/childrens-on-line-privacy-protection-rule. Acesso em: 09 jul. 2021.

FUNDAÇÃO GETULIO VARGAS. *Guia de Proteção de Dados Pessoais*: crianças e adolescentes, out. 2020. Disponível em: https://portal.fgv.br/sites/portal.fgv.br/files/criancas_e_adolescentes.pdf. Acesso em: 09 jul. 2021.

ICO – Information Commissioner's Office. *Age appropriate design*: a code of practice for online services. Disponível em: https://ico.org.uk/for-organisations/guide-to-data-protection/key-data-protection--themes/age-appropriate-design-a-code-of-practice-for-online-services/. Acesso em 09 jul. 2021.

ICO – Information Commissioner's Office. *The Children's Code.* Disponível em: https://ico.org.uk/for--organisations/age-appropriate-design/additional-resources/introduction-to-the-childrens-code/. Acesso em 09 jul. 2021.

OCDE. *Protecting children online*: An overview of recent developments in legal frameworks and policies. Disponível em: https://www.oecd-ilibrary.org/docserver/9e0e49a9-en.pdf?expires=1629393211&id=i-d&accname=guest&checksum=B118FEDDF923F55BC981283C59AF2B11. Acesso em 12 jul. 2021.

STOILOVA, Mariya; LIVINGSTONE, Sonia; NANDARI, Nandagiri. *Children's data and privacy online*: Growing up in a digital age. Research findings. London: London School of Economics and Political Science, 2019.

UNIÃO EUROPEIA. Regulation (EU) 2016/679. *General Data Protection Regulation*. Disponível em: https://gdpr-info.eu/. Acesso em: 09 jul. 2021.

UNICEF. *The Case for Better Governance of Children's Data*: A Manifesto. New York: United Nations, 2021.

WARREN, Samuel; BRANDEIS, Louis. The right to privacy. *Harvard Law Review*, Cambridge, v. IV, n. 5, 1890.

13
CRIANÇAS E ADOLESCENTES EM UMA *ONLIFE EXPERIENCE* E O CONSENTIMENTO PREMATURO VIRTUAL: DO *LEGAL FRAMEWORK* À *LEGE FERENDA*

Cláudia Bressler

Especialista em Direito Processual Civil e Direito do Trabalho pela Unisinos. Graduação no Curso de Formação Pedagógica, pela FEEVALE. MBA em Direito de Empresa pela Fundação Getúlio Vargas. Formação Executiva em Responsabilidade dos Executivos no Brasil e Direito Digital pelo INSPER-SP. LLM em Direito dos Negócios pela Unisinos. Professora da Instituição Evangélica de Novo Hamburgo, do MBA em Gestão Educacional da UNILASALLE, Instituto de Educação Ivoti e Sociedade Educacional Três de Maio; e-mail: claudia@begadvocacia.com.br

Cristiano Colombo

Pós-Doutor em Direito, Pontifícia Universidade Católica do Rio Grande do Sul (PUCRS). Doutor e Mestre em Direito, Programa de Pós-Graduação em Direito da Universidade Federal do Rio Grande do Sul (UFRGS). Professor Permanente do Mestrado Profissional em Direito da Empresa e dos Negócios da UNISINOS; Professor de graduação em Direito e Relações Internacionais da UNISINOS; Professor de Graduação em Direito das Faculdades Integradas São Judas Tadeu; Pesquisador FAPERGS: Projeto Inteligência Artificial e Proteção de Dados Pessoais: Diálogos entre princípios da Centralidade do ser Humano e Eticidade rumo à concretização no ordenamento jurídico brasileiro. e-mail: cristianocolombo@unisinos.br

Sumário: 1. Introdução – 2. Crianças e adolescentes em uma onlife experience e o consentimento virtual prematuro; 2.1 Crianças e adolescentes do mundo físico à *Onlife Experience*; 2.2 Consentimento prematuro virtual – 3. *Legal framework* em matéria de proteção de dados pessoais à *lege ferenda* para uma prática de efetivo cuidado; 3.1 *Legal Framework*; 3.2 Da *Lege Ferenda* para uma prática de efetivo cuidado – 4. Considerações finais – 5. Referências.

Para Bibiana e Cecília: desejamos que a autonomia de pensamento permita relações pautadas na ética, na emoção e na empatia, e que a centralidade humana permita ver um mundo dotado de sentido e de sentidos.

1. INTRODUÇÃO

O presente artigo tem por escopo refletir sobre a inserção das crianças e adolescentes em uma nova realidade denominada de *Onlife Experience*, em que mundos *offline e online* se fusionam e se confundem em uma experiência única.[1] Diariamente,

---

1. FLORIDI, Luciano. *The onlife manifesto*: being human in a hyperconnected era. Oxford: Springer, 2015. p. 2.

crianças e adolescentes estão expostos a games, aplicativos, serviços *online*, cujo acesso exige o consentimento que, por vezes, é concedido de forma prematura, alheia à vontade dos pais ou representantes legais. Buscar-se-á, a partir da análise de normas jurídicas, nacionais e internacionais, estruturar um *Legal Framework*, em que seja possível, diante do ordenamento jurídico brasileiro e sua pluralidade de fontes, emoldurar um quadro jurídico, a indicar proposta, inclusive, de alteração legislativa, em nível de *lege ferenda*. O problema de pesquisa, portanto, é qual a idade limite para o consentimento de crianças adolescentes, sem a presença de pais ou de responsáveis legais? O objetivo geral é analisar a condição jurídica de crianças e adolescentes diante do consentimento virtual. Os objetivos específicos se voltam à construção de recomendações e à proposta de alteração legislativa.

Na primeira parte, explicar-se-á em que consiste a *Onlife Experience* e como crianças e adolescentes estão vivendo este momento. Posteriormente, verificar-se-á a exigência de idade para manifestar o consentimento, nas plataformas, bem como na legislação, em nível internacional e nacional. Na segunda parte, estruturar-se-á um *Legal Framework,* a partir de princípios, como a centralidade da pessoa humana, aplicando a teoria do diálogo das fontes, à luz da legislação vigente, e, ao final, apresentar-se-á proposta de alteração legislativa, a *Lege Ferenda*, bem como ações concretas. Quanto à metodologia, a abordagem da pesquisa é substancialmente teórica, exploratória e descritiva. Os procedimentos técnicos utilizados são bibliográficos, com pesquisa em obras e legislação nacional e internacional.

2. CRIANÇAS E ADOLESCENTES EM UMA *ONLIFE EXPERIENCE* E O CONSENTIMENTO VIRTUAL PREMATURO

2.1 Crianças e adolescentes do mundo físico à *Onlife Experience*

O ser humano que, por gênese, é nativo do mundo físico, viu-se imerso em uma nova experiência, orquestrada pelas novas tecnologias. Gradativamente, passou a enxergar-se como alguém integrante de uma realidade dual, oscilando em estar conectado ou não,[2] transitando do concreto ao digital, entre o território geográfico e o ciberespaço.[3] Na fase atual, a exposição e o estímulo à utilização de smartphones para dar soluções às mais diversas tarefas, tanto domésticas como profissionais, promoveu a aproximação dos mundos *offline* e *online*[4], provocando a sobreposição de seus domínios. A alternância, o vaivém acelerado, acabou por resultar em uma vivência totalizante, vibrante e única, sendo impossível separá-la, a elaborar aos seus destinatários uma *Onlife Experience.*[5] É aquela sensação ambígua de, efetivamente, não lembrar se alguém esteve fisicamente ao seu lado ou se

---

2. CHATFIELD, Tom. *Como viver na era digital*. Trad. Bruno Fiuza. Rio de Janeiro: Objetiva, 2012. p. 42.
3. KU, Raymond. *Cyberspace Law*: cases and materials. New York: Wolter Kluwer, 2016. p. 1-16.
4. FLORIDI, Luciano. *The 4th Revolution*: how the infosphere is reshaping human reality. Oxford: Oxford University Press, 2014. p. vi.
5. FLORIDI, Luciano. *The onlife manifesto*: being human in a hyperconnected era. Oxford: Springer, 2015. p. 2.

a conversa foi mediada por pacotes de dados; se uma parte das pessoas estava ao seu lado e outra parte se fez presente pelos recursos da telemática, tudo de maneira simultânea e coincidente.

O neologismo *Onlife* representa uma nova experiência de hiper conexão da realidade, acabando por transmudar a concepção de si mesmo, das relações sociais, da realidade, desestabilizando conceitos até então bem delineados, como físico e virtual, máquina e humano, transformando relações binárias em complexas ligações em rede.[6] As vivências física e virtual se entrelaçam, fusionam-se, apresentando-se como uma só aos sujeitos. Experimenta-se, nos ensinamentos de Floridi, a Hiper História, em que os seres humanos se tornam totalmente dependentes das Tecnologias de Informação e Comunicação (TICs), contando com uma grande quantidade de dados e se valendo de conectividade. Interrupções no fluxo das infovias geram impacto direto na fruição de bens e serviços, afetando de forma significativa a existência humana.[7] Parece impossível viver *offline* diante da conexão.

Nesse contexto, estão inseridos crianças e adolescentes que, por serem nativos digitais, poderiam ser considerados, em um primeiro olhar, preparados para os novos riscos. No entanto, mesmo não tendo vivido em um mundo sem internet, experimentam dificuldades, seja para "diferenciar a vida *online* da *off-line*", seja no acelerado ritmo de suas demandas, já que querem "tudo para agora".[8] A imediata resposta dada pela tecnologia, associada à sua variabilidade de escolha, faz com que haja nova compreensão do tempo, sem que possam esperar, concordam e discordam, mergulhados em ambiguidades nos textos expostos na internet, com apuros para selecionar "materiais confiáveis".[9]

Em estudo publicado, no ano de 2021, denominado de *Developing Literacy Skills in a Digital World*, a Organização para a Cooperação e Desenvolvimento Econômico (OCDE), conduziu importantes reflexões acerca da literacia de estudantes de 15 anos, no mundo digital, tendo como ponto de partida o PISA (Programa Internacional de Avaliação de Alunos) 2018. À vista do estudo, a literacia é a capacidade de ler e interpretar os textos disponíveis na rede mundial de computadores[10], enfim, habilidades que se voltam à "alfabetização digital". A pesquisa abordou tanto o ambiente de navegação pela internet a que estão submetidos os estudantes como seu comportamento diante de suas funcionalidades. O estudo aponta que a informação,

---

6. FLORIDI, Luciano. *The onlife manifesto*: being human in a hyperconnected era. Oxford: Springer, 2015. p. 1.
7. FLORIDI, Luciano. *The 4th Revolution*: how the infosphere is reshaping human reality. Oxford: Oxford University Press, 2014. p. 1.
8. MENDONÇA, Heloísa. Conheça a Geração Z: nativos digitais que impõem desafios às empresas. *El País*, São Paulo, fev. 2015. Disponível em: https://brasil.elpais.com/brasil/2015/02/20/politica/1424439314_489517. html. Acesso em: 14 set. 2021.
9. NATIVOS digitais não sabem buscar conhecimento na internet, diz OCDE. *BBC*, 31 maio 2021. Disponível em: https://www.bbc.com/portuguese/geral-57286155. Acesso em: 14 set. 2021.
10. PISA. 21st-Century Readers *Developing Literacy Skills in a Digital World*. Disponível em: https://read.oecd-ilibrary.org/education/21st-century-readers_a83d84cb-en#page1. Acesso em: 14 set. 2021.

antes tratada e preparada pelos docentes, atualmente, é acessada de forma crua e com rapidez pelos próprios estudantes, na rede mundial da internet.[11]

Existe, hoje, uma grandiosa disponibilidade de dados, o que traz imensos desafios na construção e validação do conhecimento. São milhões de respostas devolvidas pelos buscadores, muitas contraditórias, sem que, no momento da pesquisa, esteja presente um educador que possa validar o que é verdadeiro ou o que é falso. O conhecimento disponível na rede mundial é apresentado como ambíguo, com vários pontos de vista, que apresentam obstáculos para que seja encontrado o seu sentido.[12] Novas habilidades, como a identificação de vieses, conteúdos falsos e ameaças por vírus, necessitam ser aprimorados. No Brasil, apurou-se que somente 33% (trinta e três por cento) dos estudantes foram capazes de diferenciar fatos de opiniões, em uma das perguntas aplicadas no PISA 2018, demonstrando as dificuldades em interpretação de textos.

Outra situação preocupante é que o acesso apenas a leituras fragmentadas, comuns em blogs e páginas na web, tornaram o desempenho dos estudantes inferior àqueles que leem livros, que se beneficiam com a "leitura de profundidade".[13] Ler ficções e textos mais longos aumenta a performance interpretativa.[14] Trata-se da importância de preservar o processo saudável de assimilação da narrativa existente em um livro ou um filme de ficção, em que a fantasia permanece em local protegido pelo distanciamento do corpo. Inúmeros jogos virtuais investem em estímulos sensoriais, tornando a criança "apassivada" e "espectadora de um verdadeiro bombardeio de percepções[15]. Nesse sentido, pelos resultados apontados a alunos de quinze anos, depara-se com uma geração que tem embaraços no que lê e, no que pode vir a compreender e, por conseguinte, o que pode vir a consentir.

A psicóloga Danile John afirma que o excesso de exposição à internet faz com que as crianças caiam "em uma espécie de limbo no qual brincar já perdeu seus efeitos, mas falar ainda é muito difícil".[16] Por sua vez, Adela Stoppel de Gueller alerta para o fato que "se uma criança pode ficar tanto tempo jogando ou assistindo, é porque a tela afasta sentimentos de solidão, angústia, raiva, culpa ou qualquer outro estado

---

11. PISA. 21st-Century Readers *Developing Literacy Skills in a Digital World*. Disponível em: https://read.oecd-ilibrary.org/education/21st-century-readers_a83d84cb-en#page1. Acesso em: 14 set. 2021.

12. PISA. 21st-Century Readers *Developing Literacy Skills in a Digital World*. Disponível em: https://read.oecd-ilibrary.org/education/21st-century-readers_a83d84cb-en#page1. Acesso em: 14 set. 2021.

13. PISA. 21st-Century Readers *Developing Literacy Skills in a Digital World*. Disponível em: https://read.oecd-ilibrary.org/education/21st-century-readers_a83d84cb-en#page1. Acesso em: 14 set. 2021.

14. NATIVOS digitais não sabem buscar conhecimento na internet, diz OCDE. *BBC*, 31 maio 2021. Disponível em: https://www.bbc.com/portuguese/geral-57286155. Acesso em: 14 set. 2021.

15. Cf. JERUSALINSKY, Julieta. Que rede nos sustenta no balanço da web? – O sujeito na era das relações virtuais. In: BAPTISTA, Angela; JERUSALINSKY, Julieta (Org.). *Intoxicações eletrônicas*: o sujeito da era das relações virtuais. Salvador: Ágalma, 2017.

16. JOHN, Daniela. Celulares na sessão de análise: manejo na clínica com púberes e adolescentes. In: BAPTISTA, Angela; JERUSALINSKY, Julieta (Org.). *Intoxicações eletrônicas*: o sujeito da era das relações virtuais. Salvador: Ágalma, 2017. p. 182-186.

afetivo que gere tensões psíquicas e iniba fantasias e medos".[17] Na linha desses estudos, em entrevista à BBC News Mundo, o neurocientista francês Michel Desmurget declarou que os dispositivos estão afetando para o mal o desenvolvimento neural das crianças e adolescentes. Entre os resultados de sua pesquisa estão: a redução da qualidade e da quantidade de interações no ambiente familiar, o que afeta a linguagem e o emocional; diminuição de atividades como leitura, música, arte e lição de casa; perturbação do sono; superestimulação de atenção e subestimação intelectual; e, ainda, o sedentarismo excessivo, que tem consequências no desenvolvimento corporal e no amadurecimento cerebral.[18]

O excesso de exposição digital tem alterado a significação dos laços familiares. A interação digital tem substituído os aprendizados nas relações entre pais e filhos, desde a tenra infância, ao passo que as mães, ao invés de se valer da transmissão familiar ou de seu círculo de amizades de experiências, acabam por eleger o uso das informações presentes no Google para buscar soluções.[19] Há crescente ausência de criatividade para encontrar alternativas ou disposição para construir os vínculos a partir da sua própria identidade. Sob o argumento de alcançar a educação digital aos seus filhos, preparando-os para conviver a um mundo que exige a exposição à tecnologia, os adultos têm ignorado o alerta de especialistas e promovido o acesso precoce aos meios digitais (televisão, tablet, celulares, jogos, entre outros), sem a desejável mediação ou supervisão. Os adultos, portanto, permitem ou, até mesmo incentivam, a utilização excessiva dos meios eletrônicos por crianças e adolescentes, como se essa pudesse ser entendida como uma realidade inafastável dos tempos atuais.

A crítica que se estabelece não guarda relação apenas para o acesso, mas também para o excesso ou à inserção de crianças muito pequenas, porquanto a captura do olhar na tela portátil costuma, em muitos casos, funcionar como uma "chupeta eletrônica, que suspende as demandas e os deslocamentos do bebê pelo espaço na construção das suas relações".[20] As observações apontadas guardam relação essencial com a própria compreensão de mundo pelas crianças e adolescentes, cabendo aos adultos a mediação crítica. Serve de alerta a notícia veiculada pela BBC News, afirmando que a China havia determinado toque de recolher a jogadores menores de 18 (dezoito) anos, com a proibição de jogar online das 22 horas às 8 horas da manhã. A

---

17. Cf. GUELLER, Adela Stoppel de. Droga de celular! Reflexões psicanalíticas sobre o uso de eletrônicos. In: BAPTISTA, Angela; JERUSALINSKY, Julieta (Org.). *Intoxicações eletrônicas*: o sujeito da era das relações virtuais. Salvador: Ágalma, 2017.
18. GERAÇÃO digital: por que, pela 1ª vez, filhos têm QI inferior ao dos pais. *BBC*, 30 out. 2020. Disponível em: https://www.bbc.com/portuguese/geral-54736513. Acesso em: 14 set. 2021.
19. Cf. JERUSALINSKY, Julieta. Que rede nos sustenta no balanço da web? – O sujeito na era das relações virtuais. In: BAPTISTA, Angela; JERUSALINSKY, Julieta (Org.). *Intoxicações eletrônicas*: o sujeito da era das relações virtuais. Salvador: Ágalma, 2017.
20. Cf. JERUSALINSKY, Julieta. As crianças entre os laços familiares e as janelas virtuais. In: BAPTISTA, Angela; JERUSALINSKY, Julieta (Org.). *Intoxicações eletrônicas*: o sujeito da era das relações virtuais. Salvador: Ágalma, 2017.

restrição também limita o tempo de exposição do jogador, sendo noventa minutos durante a semana e três horas em finais de semana e feriados.[21]

Mais recentemente, em agosto de 2021, o governo chinês chamou os games de "drogas eletrônicas", com consequente queda no valor das ações de empresas de tecnologia. A Companhia Tencent se manifestou no sentido de minimizar o acesso às crianças e o tempo gasto no jogo Honor of Kings, com a implementação de políticas para seus jogos.[22] Mesmo que se possa questionar a estratégia utilizada pela China, assim como outras iniciativas que vêm a partir da normatização pura e simples, o fato é que não há mais delimitação clara entre os ambientes em que as crianças estão presentes no tempo e no espaço. Parecem estar em todos os lugares, durante todo o tempo. No caminho da escola ou para casa, ou mesmo de forma concomitante às atividades letivas, utilizando-se de diversas aplicações de troca de mensagens, já planejam encontrar seus colegas em salas de jogos virtuais.

A pesquisa TIC Kids Online Brasil, conduzida pelo Comitê Gestor da Internet no Brasil e realizada no período de outubro de 2019 a março de 2020, destacou oportunidades desfrutadas pelos internautas, entre 9 e 17 anos, como atividades de multimídia de educação, comunicação e entretenimento. Na pandemia, a tecnologia sustentou o laço com os educadores, bem como foi verificado o aumento de sua utilização, para momentos de lazer, com destacada "flexibilização" pelos genitores.[23] Por outro lado, também adverte que as crianças e adolescentes são submetidos a diferentes riscos. Em sua tipologia, os riscos podem ser de conteúdo, de contato, ou, ainda, de conduta. Os riscos de conteúdo se ligam a situações de pornografia ou violência, por exemplo. Por sua vez, os riscos de contato se referem à atuação de adultos que podem trazer algum dano à criança ou adolescente. Enquanto os riscos de conduta estão relacionados àqueles que instigam crianças e adolescentes a praticarem danos a si próprios, seus amigos ou colegas, ou, ainda, serem alvo de lesões.[24]

Logo, vive-se, hoje, uma experiência complexa e única, na qual percebe-se com unicidade o material e o imaterial. Crianças e adolescentes, em que pese nascidos em um mundo conectado, o que deveria ser um indicativo de melhor adaptação, apresentam dificuldade de assimilação deste conteúdo exponencial, e, inclusive, sua própria compreensão, acendendo debates sobre o consentimento dado pelas crianças e adolescentes, seja em aplicativos, redes sociais e jogos.

---

21. POR QUE a China passou a chamar jogos online de 'drogas eletrônicas'. *BBC*, 6 ago. 2021. Disponível em: https://www.bbc.com/portuguese/geral-57286155 Acesso em: 14 set. 2021.
22. POR QUE a China passou a chamar jogos online de 'drogas eletrônicas'. *BBC*, 6 ago. 2021. Disponível em: https://www.bbc.com/portuguese/geral-57286155 Acesso em: 14 set. 2021.
23. TIC KIDS ONLINE BRAZIL 2019. Pesquisa sobre o Uso da Internet por Crianças e Adolescentes no Brasil. *Cetic*, 23 nov. 2020. Disponível em: https://cetic.br/media/docs/publicacoes/2/20201123093344/tic_kids_online_2019_livro_eletronico.pdf. Acesso em: 14 set. 2021.
24. TIC KIDS ONLINE BRAZIL 2019. Pesquisa sobre o Uso da Internet por Crianças e Adolescentes no Brasil. *Cetic*, 23 nov. 2020. Disponível em: https://cetic.br/media/docs/publicacoes/2/20201123093344/tic_kids_online_2019_livro_eletronico.pdf. Acesso em: 14 set. 2021.

2.2 Consentimento prematuro virtual

A descrição do oceano caudaloso da rede mundial da internet, repleto de novos riscos, impõe a conquista de habilidades específicas aos intrépidos marujos que, em grande número e na ponta dos pés, esticam os seus olhos para alcançar a tela. As práticas de navegação ora vigentes, como estão dispostas, poderão levar a avarias e naufrágios. O curioso é que, enquanto para atos da vida civil, que envolvem conteúdo patrimonial, são aplicados os institutos da representação e da assistência; para a manifestação de vontade, nos aplicativos, redes sociais, games, que podem tanto se voltar a questões econômicas como afetar diretamente dimensões existenciais, paira uma omissão conveniente. Sob o discutível argumento de que formalidades poderão interferir na usabilidade da plataforma ou produto, ou mesmo, dificultar o acesso da meninada a serviços, o ato de consentir é flexibilizado e, qualquer mínima exigência, vista como cerimoniosa e desarrazoada. Termos e aceitações promovem experiências burocratizantes. Emergem, naturalmente, temáticas como o limite etário e a forma como se dá o consentimento nas aplicações digitais, seja para o uso de jogos e redes sociais, bem como a (o)missão dos responsáveis nesse contexto.

O ato de consentir, seja no mundo tradicional dos contratos, seja no ambiente virtual, requer a compreensão dos direitos, enfim, seus benefícios, bem como a plena intelecção das obrigações, especialmente, quanto à assunção de ônus e potenciais riscos. Para tanto, exige-se maturidade, fruto do tempo, da experiência e da reflexão crítica, capacidades que são assimiladas pelo sedimentar dos anos. Pontes de Miranda apontou a idade como elemento "cuja existência é essencial à validade do negócio jurídico". Trata-se da presunção absoluta de que menores de 16 (dezesseis) anos são incapazes de compreender os atos da vida civil, não admitindo prova em contrário. A fixação do limite etário, conclui o autor, está a substituir "perícias psicológicas pelo quantitativo dos anos vividos pela pessoa"[25].

Buscando a raiz do instituto jurídico, significa dizer que se trata de uma presunção *jure et jure*, ou seja, é absoluta, que não admite questionamento, nem prova, tampouco, contraprova. Para que não paire dúvida: é inepta a demanda levada a um Tribunal que tem como escopo comprovar que uma pessoa de 13 (treze) anos, que comprou uma casa ou celebrou a contratação de um serviço, sabia o que estava fazendo e, portanto, o negócio não é nulo. As exceções, quanto ao dever de cumprir um contrato por incapazes, são indicadas como portas estreitas, são *numerus clausus* no ordenamento jurídico brasileiro, e dependem de expressa disposição legal. Como é o caso do mútuo, nos termos do artigo 588 e 589 do Código Civil Brasileiro, que determina sua exequibilidade, quando presente a malícia (adolescente que quer se passar por adulto) ou comprovado efetivo proveito à criança e ao adolescente, como questão de alimentos ou quando o dinheiro é utilizado para uma necessidade inequívoca. Quanto ao maior de dezesseis anos, Pontes de Miranda lecionou que não houve

---

25. PONTES DE MIRANDA, Francisco Cavalcanti. *Tratado de Direito Privado*. Rio de Janeiro: Editor Borsoi, 1954. v. IV. p. 93.

ainda atingimento da maioridade civil, aduzindo que há "falta de fração do elemento fático", ou seja, a "fração" do relativamente incapaz deve ser "adicionada" à vontade do titular do poder familiar ou de seu tutor para que o consentimento seja perfeito.[26]

Ocorre que, a partir do comportamento de todos os atores envolvidos, sejam os provedores, o Estado, os responsáveis legais, e, mesmo as crianças e adolescentes, que estão radicados, sintonizados e embebidos na *Onlife Experience*, criou-se cenário regulatório, no mínimo, instigante e de solução questionável, a adiantar no tempo o ato de consentir, gerando o que se identifica como consentimento prematuro. A expressão escolhida é aqui utilizada como o ato de consentir antes da maturidade, já que no Brasil, como já explanado, menores de dezesseis anos são absolutamente incapazes, a depender do instituto da representação, seja legal ou judicial. Se a tratativa envolver sujeitos entre dezesseis e dezoito anos incompletos, esses são relativamente incapazes, aplicando-se o instituto da assistência, nos termos dos artigos 3º e 4º, ambos do Código Civil Brasileiro. Uma pessoa aos treze anos estaria consentindo antes de ter atingido a maturidade, nos termos da lei civil, portanto, justifica-se o termo "consentimento prematuro". E, ainda, pergunta-se: a manutenção do atual cenário não estaria criando modalidade inexistente de capacidade, uma capacidade virtual, como é o caso da capacidade eleitoral, ou, ainda, elevando a idade do consentimento sem alterar o Código Civil?![27]

A prática corrente confirma que para alguns aplicativos, basta o cadastro de nome, correio eletrônico e data de nascimento, cujo cálculo resulte em idade mínima de 13 anos para que a criança ou adolescente esteja imediatamente inserido nas múltiplas plataformas de comunicação digital, jogos e demais aplicações. O Facebook, por exemplo, permite que um internauta com 13 anos de idade possa criar um conta, sem qualquer procedimento de consentimento parental: "Tentamos fazer com que o Facebook esteja amplamente disponível para todos, mas você não poderá usá-lo se: Você for menor de 13 anos (ou se estiver abaixo da idade legal mínima em seu país para usar nossos Produtos)".[28] O provedor disponibiliza um link específico denominado "Como denuncio uma criança menor de 13 anos no Facebook", como medida a evitar que crianças com doze anos ou menos possam ter acesso.[29] O Instagram, por sua vez, em notícia veiculada em 31 de agosto de 2021, informou que "passa a exigir", nas próximas semanas, data de nascimento, do que se conclui inexistir uma maior preocupação até então para permitir a interação na plataforma.[30]

---

26. PONTES DE MIRANDA, Francisco Cavalcanti. *Tratado de Direito Privado*. Rio de Janeiro: Editor Borsoi, 1954. v. IV. p. 112.
27. Questionamento que vai acompanhado do símbolo "?!", que, na linguagem enxadrística, significa jogada duvidosa.
28. TERMOS de serviço do Facebook. Disponível em: https://pt-br.facebook.com/terms/ Acesso em: 14 set. 2021.
29. COMO denuncio uma criança menor de 13 anos no Facebook? https://www.facebook.com/help/157793540954833?helpref=faq_content Acesso em: 14 set. 2021.
30. PACINI, Laura. Instagram passa a exigir data de nascimento para proteger usuários jovens. *Exame*, 31 ago. 2021. Disponível em: https://exame.com/tecnologia/instagram-idade-obrigatoria/. Acesso em: 14 set. 2021.

O TikTok aplica diferentes regras, de acordo com o país dos usuários. Em sendo residentes nos Estados Unidos, há exigência expressa do consentimento dos pais ou do tutor para a utilização dos serviços pelo menor de 18 (dezoito) anos, certificando que tenha havido revisão e discussão entre eles.[31] Para os internautas da União Europeia, Reino Unido e Suíça, o mesmo aplicativo estabelece a idade mínima de 13 (treze) anos, havendo a aceitação diretamente pelo menor, sem qualquer necessidade de manifestação conjunta com os pais. Quanto aos que estão na Índia, exige-se serem capazes legalmente, apontando ao final que devem no mínimo ter 13 (treze) anos. Embora pareça estar consolidada a prática de que está autorizado o consentimento a partir dos 13 anos nas aplicações digitais, é urgente a indagação: qual o motivo dos 13 anos de idade? A resposta poderia se aproximar daquela dada pelo célebre Chicó, personagem do Auto da Compadecida, da obra de Ariano Suassuna que, questionado sobre o motivo para que determinada estória tivesse dado desfecho, concluía: "Não sei, só sei que foi assim!"[32] A prática corrente está de tal modo sedimentada, que se denota a surpresa sobre eventual impossibilidade de consentimento autônomo de crianças e adolescentes.

Encaminhando-se para respondê-la, em se tratando de direito estatal, o *Children's Online Privacy Protection Act (COPPA)*, dos Estados Unidos da América, de 1998, com atualização pela Emenda de 17 de janeiro de 2013, é diploma vocacionado a colocar os pais no controle das informações coletadas e armazenadas de seus filhos. O diploma aponta a proteção de menores de (13) treze anos de idade, voltando-se a sites comerciais e de serviços online, aos aplicativos, bem como aos dispositivos de Internet da Coisas (IoT) e também aos brinquedos inteligentes.[33] Entre as disposições do diploma estadunidense estão: a construção de uma política clara, comunicando quais as informações são coletadas das crianças; notificar os pais e obter o *"verifiable parental consent"*, ou seja, um consentimento parental verificável, antes de coletar quaisquer informações online das crianças; conceder aos pais a possibilidade de consentir com a coleta dos dados da criança, proibindo a divulgação a terceiros, a menos que faça parte do serviço (exemplo, site de modelos infantis); ter acesso aos dados pessoais que estão armazenados da criança, inclusive, no sentido de revisá-los ou excluí-los; dar aos pais o direito de fazer cessar o uso das informações das crianças; promover a segurança da informação, em especial, o tripé da confidencialidade, integridade e disponibilidade, com adoção de medidas razoáveis; respeitar o princípio da finalidade, bem como armazenar o dado pessoal pelo tempo necessário, observando, portanto, tempo de retenção;

---

31. "The Terms form a legally binding agreement between you and us. Please take the time to read them carefully. If you are under age 18, you may only use the Services with the consent of your parent or legal guardian. Please be sure your parent or legal guardian has reviewed and discussed these Terms with you". TERMS of Service. Disponível em: https://www.tiktok.com/legal/terms-of-service?lang=pt_BR%20%3Cacesso%20em%2026/07/2021%3E#terms-us. Acesso em: 14 set. 2021.

32. OS CASOS de Chicó – versão completa. *"Não sei, só sei que foi assim!"* Disponível em: https://www.youtube.com/watch?v=fhxO9u-FBi4 Acesso em: 14 set. 2021.

33. FEDERAL TRADE COMMISSION. *Complying With Coppa*: Frequently Asked Questions. Disponível em: https://www.ftc.gov/tips-advice/business-center/guidance/complying-coppa-frequently-asked-questions-0. Acesso em: 14 set. 2021.

e não estabelecer como condição para participar de uma atividade a entrega de mais dados pessoais, senão o necessário para a fruição do serviço. [34]

O COPPA se aplica apenas às crianças (*Children*), menores de 13 anos, por verificar que são mais vulneráveis aos comerciantes (marqueteiros), por não compreenderem sobre questões de segurança e privacidade. O COPPA não se aplica aos "teenagers", mas recomenda que também devam ser empregadas medidas fortes, contudo, mais flexíveis, para a faixa etária maior. Eis o motivo a revelar a preferência das plataformas em ter entre seus usuários *teenagers*, portanto, com treze anos completos, com o fim de estar imunes à aplicação do *Children's Online Privacy Protection Act (COPPA)*. Assim, se o *verifiable parental consent*[35] se volta para crianças menores de 13 anos, em uma interpretação *contrario sensu*, dispensada esta exigência aos que já completaram o décimo terceiro aniversário.

Por sua vez, o Regulamento Geral sobre a Proteção de Dados da União Europeia (Regulamento EU 2016/679), em seu Considerando (38), reconhece às crianças a "proteção especial quanto aos dados pessoais", pois estão "menos cientes dos riscos", sobretudo, no caso de "comercialização ou criação de perfis de personalidade". Ainda, faz ressalva de não haver necessidade de "consentimento do titular das responsabilidades parentais" para "serviços preventivos ou de aconselhamentos oferecidos diretamente a uma criança".[36] Como é o caso de serviços estatais ou de Organizações Não-Governamentais, que oferecem apoio a crianças que buscam auxílio por estarem, por exemplo, em situação de abuso[37], como SOS Crianças, em Portugal.[38] Outrossim, em seu Considerando (58), determina que "qualquer informação ou comunicação" deverá estar "redigida numa linguagem clara e simples que a criança compreenda facilmente".[39] E, mais especificamente quanto à temática em estudo, o artigo 8°, do Regulamento Geral da União Europeia, dispõe que aos menores de 16 (dezesseis) anos deverá haver consentimento dos titulares das responsabilidades parentais da criança:

> "1. Quando for aplicável o artigo 6°., n.° 1, alínea a), no que respeita à oferta direta de serviços da sociedade da informação às crianças, dos dados pessoais de crianças é lícito se elas tiverem pelo menos 16 anos. Caso a criança tenha menos de 16 anos, o tratamento só é lícito se e na medida em que o consentimento seja dado ou autorizado pelos titulares das responsabilidades parentais da criança. Os Estados-Membros podem dispor no seu direito uma idade inferior para os efeitos referidos, desde que essa idade não seja inferior a 13 anos."

---

34. FEDERAL TRADE COMMISSION. *Complying With Coppa*: Frequently Asked Questions. Disponível em: https://www.ftc.gov/tips-advice/business-center/guidance/complying-coppa-frequently-asked-questions-0. Acesso em: 14 set. 2021.

35. FEDERAL TRADE COMMISSION. *Complying With Coppa*: Frequently Asked Questions. Disponível em: https://www.ftc.gov/tips-advice/business-center/guidance/complying-coppa-frequently-asked-questions-0. Acesso em: 14 set. 2021.

36. UNIÃO EUROPEIA. *Regulamento (UE) 2016/679*. Disponível em: https://eur-lex.europa.eu/legal-content/PT/TXT/HTML/?uri=CELEX:32016R0679&from=P. Acesso em: 14 set. 2021.

37. MENDO, Rita. *SOS-Criança*: Linha de apoio à criança, um serviço para os mais novos. *Vida Ativa*, 10 maio 2017. Disponível em https://www.vidaativa.pt/linha-de-apoio-a-crianca/. Acesso em: 14 set. 2021.

38. PINHEIRO, Alexandre Sousa (Coord.). *Comentário ao Regulamento Geral de Proteção de Dados*. Coimbra: Almedina, 2018. p. 232.

39. UNIÃO EUROPEIA. *Regulamento (UE) 2016/679*. Disponível em: https://eur-lex.europa.eu/legal-content/PT/TXT/HTML/?uri=CELEX:32016R0679&from=P. Acesso em: 14 set. 2021.

Dispõe, entretanto, em sua parte final, que os Estados-Membros podem fixar idade inferior, desde que não menos que 13 anos, aplicando-se o sistema de fontes multinível, ao determinar a imediata aplicação do Regulamento, neste ponto, com a possibilidade de redução, nos termos do artigo 8º, 1, a depender da realidade de cada país da União Europeia.[40]

Na Espanha, por exemplo, a idade para consentir no mundo virtual é de 14 anos, nos termos do artigo 13.1 do RLOPD (Reglamento de desarrollo de la Ley Organica de Protección de Datos), salvo nos casos em que, por imperativo legal, há necessidade de assistência de quem exerce seu poder familiar ou tutela. A Autoridade Espanhola de Proteção de Dados já manifestou no sentido de que ser menor de idade não supõe uma causa de incapacidade, como contemplada no Código Civil, devendo ser analisada, no caso concreto, observado o ato de disposição e a maturidade do manifestante.[41] Aqui parece ser possível dissociar uma capacidade civil da própria capacidade de consentir no mundo virtual. Na Alemanha, embora não esteja oficialmente fixada, a idade é bastante considerada e dependerá de cada caso específico.[42]

No Brasil, com o advento da Lei Geral de Proteção de Dados Pessoais, sob o nº 13.709 de 2018, a matéria restou disposta em seu artigo 14, estabelecendo que:

> Art. 14. O tratamento de dados pessoais de crianças e de adolescentes deverá ser realizado em seu melhor interesse, nos termos deste artigo e da legislação pertinente.
>
> § 1º O tratamento de dados pessoais de crianças deverá ser realizado com o consentimento específico e em destaque dado por pelo menos um dos pais ou pelo responsável legal.
>
> (...) § 5º O controlador deve realizar todos os esforços razoáveis para verificar que o consentimento a que se refere o § 1º deste artigo foi dado pelo responsável pela criança, consideradas as tecnologias disponíveis.

Da leitura do dispositivo, depreende-se que o legislador brasileiro, em seu *caput*, abarcou crianças e adolescentes, consagrando o princípio de seu melhor interesse. No entanto, em seu parágrafo primeiro, somente exigiu consentimento específico e em destaque dado pelos pais ou responsável legal às crianças. Assim, a norma brasileira, em uma análise perfunctória e literal, apresenta-se, ao menos em um primeiro momento, ainda menos protetiva. Enquanto a legislação estadunidense autoriza que aos 13 anos possa o *teenager* consentir, independentemente da manifestação parental, no Brasil, a pessoa com 12 anos de idade completos poderia fazê-lo, em uma interpretação *contrario sensu*. Isto se dá, tendo em vista que, nos termos do artigo 2º, do Estatuto da Criança e do Adolescente, criança é quem tem até 11 anos e 364 dias e 23 horas e 59 segundos.

---

40. COLAPIETRO, Carlo. Il Diritto alla Protezione dei Dati Personali. In: *Un Sistema delle Fonti Multilivello*. Napoli: Editora Scientifica, 2018. p. 41.
41. HERNANDO, Javier Alvarez. *Practicum Protección de Datos*. Navarra: Editorial Aranzadi, 2018. p. 109.
42. KOSTA, Eleni. *The EU General Data Protection Regulation*: a commentary. Oxford: Oxford University, 2020. p. 358.

Logo, poder-se-ia levantar uma tese que, em território brasileiro, se consideradas somente as disposições da Lei Geral de Proteção de Dados, em uma interpretação literal, com 12 anos de idade, ao adolescente seria possível consentir, sem a representação dos pais ou representantes legais. Outra interpretação possível seria no sentido de que o parágrafo primeiro, do artigo 14 da LGPD, apenas regulamentou a forma como deve ser dado o consentimento da criança, não tendo afastado a necessidade do consentimento parental para o adolescente, sobretudo, se este for menor de 16 anos. Afinal, o consentimento é matéria regulada no Código Civil e a forma como a matéria restou positivada gera ambiguidades.

Além da conduta das plataformas, na relação entre pais e filhos, os adultos, em várias ocasiões, posicionam-se de forma licenciosa, na medida em que permitem o uso por tempo além do recomendável e toleram a inscrição de crianças e adolescentes em aplicações que indicam idade mais avançada para o cadastro. Segundo Yves de La Taille[43], "autoridade demanda esforço, talento e tempo" e esse investimento merece ser mais bem empregado na construção da autoridade parental. Na inserção da criança no universo ativo das tecnologias digitais, o "conflito primordial está em compatibilizar a responsabilidade de cuidar e educar, cerceando a liberdade da criança, com a função de emancipar pela promoção da autonomia individual"[44]. Os pais e responsáveis costumam manifestar seu receio relacionado à interação com terceiros ou estranhos, mas desconsideram a própria imaturidade da criança para acessar determinados conteúdos. O acesso não supervisionado a conteúdos digitais pode colocar a criança em contato com imagens que ela não está preparada para assimilar.

As crianças e adolescentes, a seu turno, contam as horas para serem presenteados com um *smartphone,* aproveitando dispositivos dos pais, tios e avós, e, muitas vezes, criam pastas com seus nomes, para se inserirem, a reunir aplicativos que mais gostam e são de seu uso, quando conseguem acessar. Dessa forma, depreende-se que a orquestração de múltiplos atores gerou a antecipação o momento eleito para a manifestação livre e consciente. As legislações resolvem a temática de diferentes formas, inclusive, a indicar uma nova capacidade para consentir no mundo virtual, e, muitas vezes, o contexto familiar empurra crianças e adolescentes para esta realidade *Onlife.* A *lege lata,* que é ambígua, poderia até autorizar o consentimento prematuro virtual, no Brasil, pela literalidade, aos 12 anos completos. Logo, a questão é: como se poderá aprimorar o contexto ora vivido, a partir de uma *lege ferenda* que melhor atenda o princípio da proteção integral às crianças e adolescentes, colocando-as como centro?

---

43. TAILLE, Yves de la. *Formação ética*: do tédio ao respeito de si. Porto Alegre: Artmed, 2009. p. 184.

44. MENESES, Joyceane Bezerra de; MORAES, Maria Celina Bodin de. Autoridade parental e privacidade do filho menor: o desafio de cuidar para emancipar. *Revista Novos Estudos Jurídicos – Eletrônica*, [S.l], v. 20, n. 2, maio/ago., 2015. Disponível em: https://www.academia.edu/14693618/Autoridade_parental_e_privacidade_do_filho_menor_o_desafio_de_cuidar_para_emancipar?email_work_card=title. Acesso em: 08 ago. 2021.

CRIANÇAS E ADOLESCENTES EM UMA *ONLIFE EXPERIENCE* **255**

3. *LEGAL FRAMEWORK* EM MATÉRIA DE PROTEÇÃO DE DADOS PESSOAIS À *LEGE FERENDA* PARA UMA PRÁTICA DE EFETIVO CUIDADO

3.1 *Legal Framework*

Com o fito de dar encaminhamento à questão do consentimento das crianças e adolescentes, em serviços *online*, faz-se necessário estabelecer o *Legal Framework* para sua compreensão, no sentido de criar harmoniosa conexão entre as normas jurídicas vigentes. O quadro jurídico a ser orquestrado, para além do texto, deve ter contexto, não pode ser pura e simplesmente o ato de enumerar comandos legislativos de possível incidência, com um olhar fragmentado, alheio aos seus fins sociais. As normas a serem emolduradas devem reconhecer que se está tratando de crianças e adolescentes, matéria de patamar constitucional, bem como dispondo acerca das novas tecnologias, cujas normas devem ter como bússola a Centralidade no Ser Humano. Destaca-se que Natalino Irti proclamou a evolução do Direito Privado de um monossistema para polissistema, no sentido de que as soluções não se esgotam no Código Civil, como a única fonte para resolver questões entre particulares. Não se busca mais escrever um novo *Corpus Juris*.[45] Vive-se a idade de descodificação, marcada por plúrimas legislações.

Nesse ambiente, cabe à Constituição ser o "vértice da pirâmide normativa", a garantir sua coerência, por princípios unificantes;[46] promovendo uma releitura dos diplomas, tomando-a como verdadeira caixa-forte valorativa.[47] A Constituição Federal, em 1988, reconheceu a proteção integral das crianças e adolescentes e com absoluta prioridade[48], materializando os valores sociais que foram sendo consolidados. Apontou a infância como preocupação e responsabilidade de todos os atores sociais (família, Estado e sociedade), partindo de uma nova lógica para o cuidado com aqueles que não têm maturidade para responder por si. Iluminando este polissistema, a Carta Constitucional conduz para uma leitura afinada dos ditames do Código Civil, do Estatuto da Criança e do Adolescente (ECA)[49] e, mais recentemente, da Lei Geral de Proteção de Dados.

O Estatuto da Criança e do Adolescente, que é de 1990, foi esculpido em período em que o aprendizado, o convívio e a proteção estavam de forma inafastável demarcadas pelo tempo e o espaço. As crianças e adolescentes estavam ou deveriam estar em espaços organizados e sob a supervisão de um adulto para orientar, alimentar,

---

45. COUTO E SILVA, Clóvis Veríssimo do. *O direito privado brasileiro na visão de Clóvis do Couto e Silva*. Vera Maria Jacob de Fradera (Org.). Porto Alegre: Livraria do Advogado, 1997. p. 29.
46. IRTI, Natalino. *L'età della decodificazione*. Milano: Giuffrè, 1999. p. 77.
47. PATTI, Salvatore. *Codificazioni ed evoluzione del diritto privato*. Roma-Bari: Gius. Laterza, 1999. p. 19.
48. "Art. 227. É dever da família, da sociedade e do Estado assegurar à criança, ao adolescente e ao jovem, com absoluta prioridade, o direito à vida, à saúde, à alimentação, à educação, ao lazer, à profissionalização, à cultura, à dignidade, ao respeito, à liberdade e à convivência familiar e comunitária, além de colocá-los a salvo de toda forma de negligência, discriminação, exploração, violência, crueldade e opressão".
49. Art. 1º da Lei 8.069/90: "Esta Lei dispõe sobre a proteção integral à criança".

ensinar, proteger. Miguel Reale bem aponta, em sua teoria tridimensional do Direito, a necessidade de se realizar a observação dos fatos da vida humana, ponderados pelos valores do seu tempo, o que resulta na definição da norma vigente até os dias atuais que nos lançam a esta nova realidade.[50] Essa perspectiva de tempo, em que as ações começam e terminam para, na sequência, iniciar-se um novo ciclo, traduz-se nos valores da época em que o diploma entrou em vigor. Tempo cronológico é aquele em que se está diante de experiências com "início, meio e fim", tanto no aspecto objetivo (passagem do tempo), como subjetivo (compreensão do tempo), enquanto a introdução das vivências digitais trouxe a realidade do tempo lógico, como destaca Jacques Lacan, em que as ações se dão de modo superposto, exemplificando-se no ser humano multitarefa, em que tudo é feito "ao mesmo tempo", muitas vezes, sem o espaço para a reflexão.[51] Interessante o esclarecimento trazido por Diana Corso e Mário Corso[52], ao apontar que a multitarefa como a capacidade do computador em rodar diferentes programas e atender várias solicitações de forma alternada, de modo que elas são finalizadas em conjunto, prática já exigida também dos seres humanos, em tempos de *Onlife Experience*.

Por sua vez, a vocação do Código Civil de 2002 foi inaugurar um novo momento, vencendo a visão patrimonialista para a centralidade da pessoa humana. Vivia-se, antes de sua chegada, em uma constante superação da literalidade dos dispositivos do Código Civil de 1916, que eram mentalmente preenchidos e recombinados pelo intérprete, a partir da nova paleta de cores, matizadas pela Constituição Federal. Identificam-se três princípios fundantes, no Código Civil de 2002: a socialidade, no sentido de prevalecer valores coletivos sobre individuais; a eticidade, no sentido de encontrar a solução mais justa ou equitativa no caso concreto; e, por último, a operabilidade, tratando-se da "obrigação que tem o legislador de não legislar em abstrato, para um indivíduo perdido na estratosfera, mas, quanto possível, legislar para o indivíduo situado: legislar para o homem enquanto marido; para a mulher enquanto esposa; para o filho enquanto um ser subordinado ao poder familiar."[53]. Cada um dos princípios trazidos contribui para a presente reflexão, a seu modo, seja para responder o que se deseja como sociedade, o que se busca do ético, enfim, enxergar pessoas, não postulados e meras construções cerebrinas. Aliás, nem sempre o que atende ao raciocínio lógico ou bem resulta de um silogismo pode ser a melhor solução.

A Lei Geral de Proteção de Dados (LGPD), de 2018, deve ser vista como parte integrante de um fluxo de comandos normativos, de impacto internacional, que busca regular os novos riscos decorrentes das novas tecnologias, que tem como insumo os dados das pessoas humanas. Esse feixe legislativo, em formação e crescimento,

---

50. Cf. REALE, Miguel. *Filosofia do Direito*. 20. ed. 11. tiragem. São Paulo: Saraiva, 2013.
51. Cf. LACAN, Jacques. *Escritos*: o tempo lógico e a asserção de certeza antecipada – um novo sofisma. Rio de Janeiro: Zahar, 1998.
52. Cf. CORSO, Diana Lichtenstein; CORSO, Mário. *Adolescência em cartaz*: filmes e psicanálise para compreendê-la. Porto Alegre: Artmed. 2018.
53. REALE, Miguel. *O projeto do novo Código Civil*. São Paulo: Saraiva, 1999. p. 12.

CRIANÇAS E ADOLESCENTES EM UMA *ONLIFE EXPERIENCE* **257**

promove a regulação da inserção dos avanços da técnica no dia a dia, chamando atenção para que o ser humano deva ser centro da ordem jurídica, seu construtor e destinatário. Desde Asimov, que da ficção científica estabeleceu as Leis da Robótica, que se voltam à proteção da pessoa humana[54], passando pela "Resolução do Parlamento Europeu, de 16 de fevereiro de 2017, que contém recomendações à Comissão sobre disposições de Direito Civil sobre Robótica"[55], e, em 2020, o "Regime relativo aos aspectos éticos da inteligência artificial, da robótica e das tecnologias conexas"[56], depreende-se o "protagonismo do ser humano frente aos entes autônomos"[57], sejam com materialidade (robôs, veículos), sejam imateriais, como, no caso, algoritmos em aplicativos. É o que se depreende de estudo desenvolvido acerca de softwares que utilizam dados pessoais:

> Sintonizado ao cenário europeu, percebe-se que o Brasil busca inscrever a "Centralidade no Ser Humano" entre os elementos formadores da base principiológica da disciplina de tratamento da Inteligência Artificial, ao referi-lo, de forma expressa, no Projeto de Lei sob o n. 21 de 2020, que "Estabelece princípios, direitos e deveres para o uso de inteligência artificial no Brasil, e dá outras providências". Como se lê, em seu artigo 6º, II, pode-se compreender a sua definição: "Centralidade no Ser Humano: respeito à dignidade humana, à privacidade e à proteção de dados pessoais e aos direitos trabalhistas".[58]

A LGPD, portanto, é integrante desse quadro jurídico, porquanto se volta aos dados das pessoas naturais, nos termos do artigo 1º. Ressalte-se que, em seu artigo 2º, estão a privacidade, a autodeterminação informativa, o livre desenvolvimento da personalidade, os direitos humanos, a dignidade, bem como o exercício da cidadania, a demonstrar estar centrada no ser humano. Nesse sentido, para a leitura de seus dispositivos, faz-se necessário considerar seus fundamentos, valores e princípios, para promover o "diálogo das fontes", para harmonizar a Constituição, os Direitos Humanos, o direito supranacional e o direito nacional.[59] Trata-se de um olhar ao pluralismo de fontes legislativas, com o objetivo de proteger grupos e agentes[60] em suas relações particulares, nos veios da constitucionalização do Direito Privado.

---

54. ASIMOV, Isaac. *Eu Robô [recurso eletrônico]*. Trad. Aline Sotoria Pereira. São Paulo: Amazon, 2017. Kindle Edition, posição 687.
55. PARLAMENTO EUROPEU. *Resolução de 16 de fevereiro de 2017*. Disponível em: https://www.europarl. europa.eu/doceo/document/TA-8-2017-0051_PT.html. Acesso em: 13 set. 2021.
56. UNIÃO EUROPEIA. *Regime relativo aos aspetos éticos da inteligência artificial, da robótica e das tecnologias conexas*. Disponível em: https://www.europarl.europa.eu/doceo/document/TA-9-2020-0275_PT.html Acesso em: 13 set. 2021.
57. COLOMBO, Cristiano; GOULART, Guilherme Damasio. Softwares que emulam perfis de falecidos e dados pessoais de mortos. In: SARLET, Gabrielle Bezerra Sales; TRINDADE, Manoel Gustavo Neubarth; MELGARÉ, Plínio (Coord.). *Proteção de dados*: temas controvertidos. Indaiatuba: Foco, 2021. p. 95-114.
58. COLOMBO, Cristiano; GOULART, Guilherme Damasio. Softwares que emulam perfis de falecidos e dados pessoais de mortos. In: SARLET, Gabrielle Bezerra Sales; TRINDADE, Manoel Gustavo Neubarth; MELGARÉ, Plínio (Coord.). *Proteção de dados*: temas controvertidos. Indaiatuba: Foco, 2021. p. 95-114.
59. JAYME, Erik. Diálogos com a doutrina: Entrevista concedida por Erick Jayme à RTDC. *Cadernos do Programa de Pós-graduação em Direito da UFRGS*, Porto Alegre, v. 1, n. 1, mar. 2003. p. 66.
60. MARQUES, Claudia Lima. *Laudatio* para Erik Jayme: memórias e utopia. *Cadernos do Programa de Pós-graduação em Direito da UFRGS*, Porto Alegre, v. 1, n. 1, mar. 2003. p. 59.

Dessa forma, tendo a pessoa humana como centro, observando-se os vetores do Código Civil, no sentido da socialidade, eticidade e operabilidade, e, à luz dos dispositivos do Estatuto da Criança e do Adolescente e da LGPD, mostra-se necessário estruturar um *Legal Framework*, para a solução da temática relacionada ao consentimento de crianças e adolescentes em aplicativos e demais interações digitais. A interpretação deve ter como ponto de partida a pessoa humana, nesse caso, a identificação de alguém que é de carne e osso, ponto de partida para qualquer definição, sendo hipervulnerável[61], por ser criança ou adolescente, associado a um ambiente acelerado, inserido em uma *Onlife Experience*. Nesse caldo jurídico, estão a Constituição Federal, o Código Civil e o Estatuto da Criança e do Adolescente e, a partir de 2018, a LGPD, todos instrumentos normativos trazendo elementos sobre o consentimento.

À luz da legislação em vigor, antes mesmo do advento da LGPD, o artigo 3º do Código Civil Brasileiro já dispunha que pessoa menor de 16 (dezesseis) anos é absolutamente incapaz, e, portanto, não pode consentir, e, dessa forma, não poderá fazê-lo em aplicativos, games ou serviços *online*, necessitando do consentimento de seus pais ou responsáveis legais. E essa solução, aliás, como visto, está em consonância com o Regulamento Geral de Proteção de Dados Pessoais da União Europeia, que também estabelece 16 anos como idade mínima para que a pessoa possa consentir no mundo digital.[62] Saliente-se que construção do referido critério etário está fundada na conjunção de múltiplos saberes que passam pela educação, pela construção de habilidades socioemocionais, pela maturidade para assimilar conteúdos, não se podendo limitar à mera facilidade para manejar as tecnologias.

A imaturidade de crianças faz com que não possam "usufruir da capacidade de eleger critérios para agir" e, portanto, lhes falta a "liberdade de quem pode escolher como vai se comportar"[63]. Destaca-se que, em se tratando de crianças e adolescentes, menores de 16 anos, não existem condições psicoemocionais para dar o consentimento. Shoshana Zuboff[64] adverte que "aceitamos a ideia de que a tecnologia não deve ser impedida se é uma condição para a sociedade prosperar, e dessa maneira nos rendemos ao determinismo tecnológico". O fato é que os riscos ou prejuízos têm crescido de forma vertiginosa e assustadora.[65]

---

61. COLOMBO, Cristiano; GOULART, Guilherme Damásio. Hipervulnerabilidade do consumidor no ciberespaço e o tratamento dos dados pessoais à luz da lei geral de proteção de dados. In: *9 Congreso Iberoamericano de Investigadores y Docentes de Derecho e Informatica*, 2019, Montevidéu. 9 Congreso Iberoamericano de Investigadores y Docentes de Derecho e Informatica, 2019.

62. UNIÃO EUROPEIA. *Regulamento (UE) 2016/679*. Disponível em: https://eur-lex.europa.eu/legal-content/PT/TXT/HTML/?uri=CELEX:32016R0679&from=P. Acesso em: 14 set. 2021.

63. TAILLE, Yves de la. *Formação ética*: do tédio ao respeito de si. Porto Alegre: Artmed, 2009. p. 224.

64. ZUBOFF, Shoshana. *A era do capitalismo de vigilância*. Trad. George Schlesinger. Rio de Janeiro: Intrínseca, 2020. p. 261.

65. TIC KIDS ONLINE BRASIL 2019. Principais resultados. *Cetic*, 23 jun. 2020. Disponível em: https://cetic.br/media/analises/tic_kids_online_brasil_2019_coletiva_imprensa.pdf. Acesso em: 08 ago. 2021.

Da leitura do artigo 14, § 1º da LGPD, no trecho que dispõe "o tratamento de dados pessoais de crianças deverá ser realizado com o consentimento específico e em destaque dado por pelo menos um dos pais ou pelo responsável legal", compreende-se que não se pode extrair do texto, observando o seu contexto, que se operou revogação ou derrogação do artigo 3º do Código Civil Brasileiro, nesta matéria de consentimento virtual. Explica-se: o dispositivo não pode ser lido como uma autorização para que uma pessoa com doze anos, que já é adolescente, em uma interpretação *contrario sensu*, possa assumir obrigações, transferir seus dados, aceitar políticas de uso, sem estar acompanhada de seus pais ou responsáveis. Seria compreendido como *minus*, um retrocesso protetivo, que não é o tom da LGPD.

A Lei Geral de Proteção de Dados é fruto de uma visão policêntrica do ordenamento jurídico, indo além do código dos pares, que é o Código Civil, para olhar aos vulneráveis, assim como estão a criança e o adolescente para o ECA, o consumidor para o CDC, o Inquilino para a Lei das Locações, e, enfim, o titular de dados para a LGPD. Equivocado extrair dela comando que tornaria mais frágil a condição jurídica de quem se destina a proteger. Afinal, da jabuticabeira se colhe jabuticaba, não limões. Em uma interpretação sistemática, nos veios do princípio da centralidade da pessoa humana, do diálogo das fontes, trata-se de um reforço protetivo, de garantias mínimas de como deve se dar a forma do consentimento, que, inclusive, pode ser estendido, à luz da Constituição e do Estatuto da Criança e do Adolescente ao menor de 16 anos, já que depende de seus pais e responsáveis para consentir.

Entende-se que todos os danos causados a crianças e adolescentes, sem a observância dessa medida, pode gerar demandas indenizatórias de toda a ordem, sem ignorar os prejuízos para a formação da identidade do sujeito. Dessa forma, pela leitura dos dispositivos legais apontados, não há sustentação jurídica para que seja entendido como válido o cadastro realizado por menores de 16 anos. Danilo Doneda alerta que consentimento formalizado por adultos deve estar fundado nos princípios da finalidade e da informação, quando buscam o seu cadastro junto às plataformas que estabelecem interações no mundo virtual.[66] O mesmo autor afirma que se faz necessária "a completa consciência do interessado sobre o destino dos seus dados pessoais". Por sua vez, compreende-se que os que completaram os seus 16 (dezesseis) anos já atingiram a sua "fração" de vontade, podendo consentir em aplicativos, redes sociais e games, no entanto, cabe-lhes ainda a proteção oferecida pelo instituto da anulabilidade bem como um olhar mais atento pelas plataformas. Ademais, para alguns serviços, cujos riscos de violações a direitos de personalidades são maiores, é possível ao provedor criar ferramentas de controle parental, atendendo aos princípios que conformam o quadro jurídico do objeto de estudo.[67]

---

66. DONEDA, Danilo. *Da privacidade à proteção de dados pessoais*: fundamentos da Lei Geral de Proteção de Dados. 2. ed. São Paulo: Thomson Reuters Brasil, 2019. p. 306.
67. FALEIROS JÚNIOR, José Luiz de Moura; DENSA, Roberta. O caso "TikTok" e a necessidade de efetivação da proteção de dados de crianças em plataformas digitais. *Migalhas de Proteção de Dados*, 5 fev. 2021. Disponível

Importante referir que a construção do *Legal Framework* deve estar acompanhada de medidas efetivas que possam conferir a implementação prática dessa proteção, justamente porque a norma deve produzir efeitos na realidade dos atores sociais. A alteração do texto legal sugerida confere maior objetividade à proteção de crianças e adolescentes, a partir da Lei Geral de Proteção de Dados, todavia a efetividade buscada deve ser empreendida também por outros meios. A sociedade identificada no texto constitucional e no Estatuto da Criança e do Adolescente se materializa nas instituições de ensino, nas empresas (presentes ou não no espaço digital), nas associações de classe, que podem ser chamados à participação, tanto em nome da sua responsabilidade social ou legal como pela provocação da própria Autoridade Nacional de Proteção de Dados[68].

Muitas escolas possuem projetos de educação digital, mas cabe indagar se essa educação passa pela reflexão crítica acerca do consentimento e da proteção de dados dos alunos. Como sustentar a educação digital, se os professores, coordenadores e demais integrantes da comunidade escolar interagem por meio de redes sociais e demais aplicações com alunos, menores de 13 anos, que indevidamente possuem cadastro nas referidas aplicações? São perguntas que demandam mais que respostas formais: exigem posicionamento efetivo para a ação pedagógica, como um dos elementos de transformação da realidade, na busca da proteção. Também as empresas, entidades e plataformas são parte integrante da sociedade e igualmente são responsáveis pela proteção integral prevista no Estatuto da Criança e do Adolescente. No caso específico daquelas empresas que possuem ações de tratamento de dados pessoais de crianças, seu dever está expresso e delimitado na Lei Geral de Proteção de Dados, não sendo suficiente entender sua atuação somente com o aspecto de corrigir erros ou ações equivocadas, mas com a necessidade de agir de modo proativo e utilizando-se de mecanismos preventivos.

Debate necessário e inadiável é a responsabilidade das plataformas, provedores de jogos e demais aplicações sobre o uso do aprendizado de máquina ou da própria inteligência artificial para realizar a efetiva gestão sobre a presença de crianças ou adolescentes cadastrados em suas redes, uma vez que, se as referidas aplicações têm o alcance de identificar preferências, relacionamentos, geolocalização, é de se indagar qual o fundamento para que as mesmas plataformas mantenham crianças ou adolescentes indevidamente cadastrados. As plataformas, ao realizar discursos de que possuem mecanismos de controle parental, configurações específicas, tutoriais de segurança, na verdade buscam esconder-se em argumento que pode soar amigável ou sedutor, contudo, revela-se insuficiente diante do fato de que as aplicações possuem tecnologia para implementar a efetiva proteção da infância e da adolescência de modo ativo, por meio de aprendizagem de máquina (*machine learning*) e inteligência arti-

---

em: https://www.migalhas.com.br/coluna/migalhas-de-protecao-de-dados/339938/tiktok-e-a-protecao--de-dados-de-criancas-em-plataformas-digitais. Acesso em: 14 set. 2021.

68. A definição legal da ANPD consta do inciso XIX do artigo 5º da LGPD, o qual dispõe que a autoridade nacional consiste em "órgão da administração pública responsável por zelar, implementar e fiscalizar o cumprimento desta Lei em todo o território nacional".

ficial. Deve haver mais assertividade nas exigências voltadas ao cumprimento da lei àqueles que oferecem produtos e serviços, cujo tratamento de dados envolve crianças e adolescentes, responsabilidade a ser assumida de forma expressa pela Autoridade Nacional de Proteção de Dados.

Por sua vez, o Estado deve zelar pela implementação efetiva de seus sistemas normativos e regulação, de modo integrado e eficiente, por meio de ações que possam efetivamente observar o que representa garantir a proteção integral de crianças e adolescentes no manejo das aplicações digitais. No que diz respeito à Lei Geral de Proteção de Dados, é inafastável que a Autoridade Nacional de Proteção de Dados (ANPD), no uso de suas atribuições promova ações preventivas, regulatórias e sancionatórias na hipótese de inobservância dos limites e proteção da infância e da adolescência nas interfaces do ambiente digita. A ANPD é vocacionada a desempenhar múltiplas tarefas, como as funções consultiva, de fiscalização, de promoção de iniciativa legislativa, de desenvolvimento de políticas públicas, bem como estimular a construção de Códigos de Boas Práticas pelas empresas, governo e terceiro setor[69]. Em sendo assim, poderá expedir pareceres, encaminhar projetos de lei, bem como exigir de *players* do mercado que respeitem a legislação, inclusive, que apliquem parte de seus recursos em políticas públicas, de esclarecimento e observância dos direitos das crianças e adolescentes. Além disso, exigir que existam Códigos de Boas Práticas, ou, no mínimo, seções que tratem especificamente sobre crianças e adolescentes.

Sendo assim, é que se rendem homenagens a Massimo Bianca, em sábia contribuição para o tema, quando afirma que a incapacidade civil é medida que deve ser aplicada a favor da criança e do adolescente, portanto, não pode significar um afastamento da participação na vida da relação social às normais exigências de sua personalidade, contudo, ressalva que deve se ter cuidado no que toca a "atos que exponham a um relevante preconceito" e que "assuma incautamente graves obrigações".[70] Esse é o equilíbrio e a medida da proteção que se harmoniza e deve conduzir o estudo.

3.2   Da *Lege Ferenda* para uma prática de efetivo cuidado

A partir dos estudos desenvolvidos, compreende-se que a proteção da infância, considerando sua presença na *Onlife Experience* e do consentimento necessário para o ingresso de menores de 16 anos, é absoluta prioridade e que a proteção integral de crianças e adolescentes sejam assumidas não somente pela família, mas pela sociedade e pelo Estado. A leitura combinada do texto constitucional, do Código Civil, do Estatuto da Criança e do Adolescente e da Lei Geral de Proteção de Dados não deixa dúvidas quanto à atuação integrada e que respeita as etapas de desenvolvimento, de modo que não é razoável pensar que a LGPD tenha revogado ou derrogado dispositivos que tratam sobre capacidade civil.

---

69.   LIMA, Cíntia Rosa Pereira de. *Autoridade Nacional de Proteção de Dados e a Efetividade da Lei Geral de Proteção de Dados*. São Paulo: Almedina, 2020. p. 251-269.
70.   BIANCA, Massimo. *Diritto Civile*. La norma giuridica. I soggetti. Milano: Giuffrè Editore, 2002. v. 1. p. 218.

Assim, a título de *lege ferenda* propõe-se que o artigo 14 da LGPD, em seu parágrafo primeiro, passe a estabelecer que o consentimento para menores de 16 anos seja realizado por pelo menos um dois pais ou pelo responsável legal: "§ 1º O tratamento de dados pessoais de menores de 16 (dezesseis) anos deverá ser realizado com o consentimento específico e em destaque dado por pelo menos um dos pais ou pelo responsável legal". Tal alteração afastará dúvidas e ambiguidades, hoje vividas no ordenamento jurídico, a exigir esforço hermenêutico para o encontro da solução adequada e sistemática dos textos legais.

No entanto, a alteração da norma precisa vir acompanhada de medidas práticas, envolvendo todos os responsáveis pela infância e adolescência. Sem o comprometimento de famílias, plataformas, instituições de ensino, empresas, organizações e Poder Público, as alternativas de proteção ficam distantes. O crescimento das dificuldades decorrentes do acesso inadequado a conteúdos, do tratamento abusivo de dados, da exposição de crianças e adolescentes a situações de violência ou sofrimento tendem a crescer, prejudicando até mesmo a formação desses jovens para a responsabilidade perante os demais.

Ademais, não se pode colocar somente o consentimento dos pais o ônus do acesso ao universo digital, assim como não se pode deixar exclusivamente em métricas de maturidade da criança. O consentimento do art. 14 é qualificado, assim como no parágrafo 6º há a indicação de que a linguagem deve ser compreendida pela criança. A legislação aponta a expectativa de que a criança possa entender sobre a sua proteção de dados.

Ao apontar recomendações, não se pode ignorar a necessidade de identificar o ente que possa ocupar o lugar de coordenação das ações concretas e combinadas aptas a trazer a efetividade para a proteção de crianças e adolescentes. Pelas disposições da Lei Geral de Proteção de Dados, entende-se que a Autoridade Nacional de Proteção de Dados detém as prerrogativas legais para assumir o protagonismo das ações práticas e que possam, de forma reflexiva, levar a efeito a efetiva proteção de crianças e adolescentes.

Recomenda-se, portanto:

A responsabilidade dos pais e responsáveis deve ser reforçada, orientada e conduzida pelas instituições sociais, dotadas de conhecimento, estrutura e poder para interferir nos processos educativos, que não se restringem às crianças e aos adolescentes. Os adultos não cresceram no universo digital, foram tardiamente apresentados às múltiplas possibilidades da *Onlife Experience*, sendo possível identificar comportamento ambíguo com relação às interações digitais, na medida em que apontam o excesso dos filhos, mas não têm consciência da sua presença permanente nas aplicações de interação nas plataformas. Para tanto, os pais e responsáveis devem ser envolvidos em campanhas, ações e iniciativas voltadas também para a educação dos adultos, a serem empreendidas por instituições de ensino, organizações e pelas próprias empresas, plataformas ou aplicações presentes no ambiente digital.

As instituições de ensino, já integradas às demandas dos ambientes digitais, tanto pela adoção de plataformas de gestão como pela incorporação de estratégias pedagógicas para a inserção de

CRIANÇAS E ADOLESCENTES EM UMA *ONLIFE EXPERIENCE* | **263**

crianças e adolescentes de forma consciente e responsável na *Onlife Experience*, têm empreendido iniciativas de formação para os pais e responsáveis. Entretanto, há que se avaliar medidas que envolvem a ação concreta de professores e demais integrantes da comunidade escolar, que nem sempre estão atentos aos limites etários estabelecidos pela lei ou pelas próprias plataformas. Observar e orientar para a idade mínima para o ingresso em aplicações ou plataformas de interação vai além da mera orientação teórica: exige conduta efetiva de afirmar que o espaço de determinadas redes não deve ser ocupado por crianças, mesmo que a prática corrente seja essa. A escola é a instituição que permite não só a reflexão sobre as condutas, mas também sua aplicação prática na construção de espaços saudáveis e de proteção. Estabelecer práticas ativas, em que a comunidade escolar assume respeitar a lei e os contratos, pressupõe orientar alunos e famílias sobre as idades mínimas para cadastro e interação nas aplicações digitais.

Dentre as responsabilidades das empresas, destacam-se especificamente as plataformas e aplicações que têm potencial para cadastro e tratamento de dados de crianças e adolescentes. Apontam-se recomendações voltadas para a educação dos adultos, bem como para a adoção de técnicas de aprendizagem de máquina ou inteligência artificial. As plataformas, especialmente aquelas com grande abrangência de usuários (Google, Facebook, TikTok e outras), não podem ficar restritas a meras recomendações em suas políticas de privacidade, mas devem ser instadas à adoção de técnicas ativas, tanto na promoção de campanhas dirigidas aos adultos, sobre o consentimento e a idade mínima para a utilização de suas tecnologias, como na implementação de estratégias de aprendizagem de máquina ou inteligência artificial para identificar a presença de crianças ou adolescentes que não tenham a idade para legalmente manifestar o seu consentimento no uso de aplicações.

O Poder Público, por sua vez, deverá tomar medidas, a fim de trazer uma legislação consentânea e adequada à *Onlife Experience,* bem como que a Autoridade Nacional de Proteção de Dados, com atribuições amplas para editar regulamentos e procedimentos sobre proteção de dados pessoais e privacidade, de modo que possa, efetivamente, como elo entre os titulares de dados, famílias, plataformas e demais integrantes da sociedade, atuar na busca da proteção integral da infância e da adolescência, aliada às finalidades da Lei Geral de Proteção de Dados

Nesse sentido, o presente estudo se apresenta como um espaço de reflexão e proposta de medidas concretas.

4. CONSIDERAÇÕES FINAIS

A partir do estudo realizado, são apresentadas algumas considerações finais, com o intuito de implementar práticas: A uma, a alteração do texto legal, para que o art. 14, §1º da Lei 13.709/2018 passe a ter a seguinte redação: "§ 1º O tratamento de dados pessoais de menores de 16 (dezesseis) anos deverá ser realizado com o consentimento específico e em destaque dado por pelo menos um dos pais ou pelo responsável legal."; A duas, a realização de campanhas de educação digital voltadas a adultos, promovidas tanto por organizações da sociedade civil como pelas próprias plataformas digitais; A três, a implicação de instituições de ensino no debate e na adoção de medidas concretas para a educação, não somente de crianças e adolescentes, mas também para a capacitação de famílias e dos próprios docentes quanto aos limites etários estabelecidos para crianças; A quatro, as plataformas digitais devem ser instadas a realizar campanhas educativas acerca dos limites etários para o consentimento, bem como devem ser demandadas a partir das autoridades regulatórias para implementar o aprendizado de máquina e a inteligência artificial para identificar comportamentos que apontem a presença de crianças em suas plataformas e adotando medidas para a sua efetiva proteção; A cinco, o Poder Público, por meio da Autoridade Nacional de Dados, tem a prerrogativa e a possibilidade de implementar todas as ações sugeridas, uma vez que essa é a responsabilidade que decorre tanto do papel de autoridade que ocupa, como do posto que a lei lhe confere.

5. REFERÊNCIAS

ASIMOV, Isaac. *Eu Robô [recurso eletrônico]*. Trad. Aline Sotoria Pereira. São Paulo: Amazon, 2017.

BIANCA, Massimo. *Diritto Civile*. La norma giuridica. I soggetti. Milano: Giuffrè Editore, 2002. v. 1.

CHATFIELD, Tom. *Como viver na era digital*. Trad. Bruno Fiuza. Rio de Janeiro: Objetiva, 2012.

COLAPIETRO, Carlo. Il Diritto alla Protezione dei Dati Personali. In: *Un Sistema delle Fonti Multilivello*. Napoli: Editora Scientifica, 2018.

COLOMBO, Cristiano; GOULART, Guilherme Damásio. Hipervulnerabilidade do consumidor no ciberespaço e o tratamento dos dados pessoais à luz da lei geral de proteção de dados. In: *9 Congreso Iberoamericano de Investigadores y Docentes de Derecho e Informatica*, 2019, Montevidéu. 9 Congreso Iberoamericano de Investigadores y Docentes de Derecho e Informatica, 2019.

COLOMBO, Cristiano; GOULART, Guilherme Damasio. Softwares que emulam perfis de falecidos e dados pessoais de mortos. In: SARLET, Gabrielle Bezerra Sales; TRINDADE, Manoel Gustavo Neubarth; MELGARÉ, Plínio (Coord.). *Proteção de dados*: temas controvertidos. Indaiatuba: Foco, 2021.

COMO denuncio uma criança menor de 13 anos no Facebook? https://www.facebook.com/help/157793540954833?helpref=faq_content Acesso em: 14 set. 2021.

CORSO, Diana Lichtenstein; CORSO, Mário. *Adolescência em cartaz*: filmes e psicanálise para compreendê-la. Porto Alegre: Artmed. 2018.

COUTO E SILVA, Clóvis Veríssimo do. *O direito privado brasileiro na visão de Clóvis do Couto e Silva*. Vera Maria Jacob de Fradera (Org.). Porto Alegre: Livraria do Advogado, 1997.

DONEDA, Danilo. *Da privacidade à proteção de dados pessoais*: fundamentos da Lei Geral de Proteção de Dados. 2. ed. São Paulo: Thomson Reuters Brasil, 2019.

FALEIROS JÚNIOR, José Luiz de Moura; DENSA, Roberta. O caso "TikTok" e a necessidade de efetivação da proteção de dados de crianças em plataformas digitais. *Migalhas de Proteção de Dados*, 5 fev. 2021. Disponível em: https://www.migalhas.com.br/coluna/migalhas-de-protecao-de-dados/339938/tiktok-e-a-protecao-de-dados-de-criancas-em-plataformas-digitais. Acesso em: 14 set. 2021

FEDERAL TRADE COMMISSION. *Complying With Coppa*: Frequently Asked Questions. Disponível em: https://www.ftc.gov/tips-advice/business-center/guidance/complying-coppa-frequently-asked-questions-0. Acesso em: 14 set. 2021.

FLORIDI, Luciano. *The 4th Revolution*: how the infosphere is reshaping human reality. Oxford: Oxford University Press, 2014.

FLORIDI, Luciano. *The onlife manifesto*: being human in a hyperconnected era. Oxford: Springer, 2015.

GERAÇÃO digital: por que, pela 1ª vez, filhos têm QI inferior ao dos pais. BBC, 30 out. 2020. Disponível em: https://www.bbc.com/portuguese/geral-54736513. Acesso em: 14 set. 2021.

GUELLER, Adela Stoppel de. Droga de celular! Reflexões psicanalíticas sobre o uso de eletrônicos. In: BAPTISTA, Angela; JERUSALINSKY, Julieta (Org.). *Intoxicações eletrônicas*: o sujeito da era das relações virtuais. Salvador: Ágalma, 2017.

HERNANDO, Javier Alvarez. *Practicum Protección de Datos*. Navarra: Editorial Aranzadi, 2018.

IRTI, Natalino. *L'età della decodificazione*. Milano: Giuffrè, 1999.

JAYME, Erik. Diálogos com a doutrina: Entrevista concedida por Erick Jayme à RTDC. *Cadernos do Programa de Pós-graduação em Direito da UFRGS*, Porto Alegre, v. 1, n. 1, mar. 2003.

JERUSALINSKY, Julieta. As crianças entre os laços familiares e as janelas virtuais. In: BAPTISTA, Angela; JERUSALINSKY, Julieta (Org.). *Intoxicações eletrônicas*: o sujeito da era das relações virtuais. Salvador: Ágalma, 2017.

JERUSALINSKY, Julieta. Que rede nos sustenta no balanço da web? – O sujeito na era das relações virtuais. In: BAPTISTA, Angela; JERUSALINSKY, Julieta (Org.). *Intoxicações eletrônicas*: o sujeito da era das relações virtuais. Salvador: Ágalma, 2017.

JOHN, Daniela. Celulares na sessão de análise: manejo na clínica com púberes e adolescentes. In: BAPTISTA, Angela; JERUSALINSKY, Julieta (Org.). *Intoxicações eletrônicas*: o sujeito da era das relações virtuais. Salvador: Ágalma, 2017.

KOSTA, Eleni. *The EU General Data Protection Regulation*: a commentary. Oxford: Oxford University, 2020.

KU, Raymond. *Cyberspace Law*: cases and materials. New York: Wolter Kluwer, 2016.

LACAN, Jacques. *Escritos*: o tempo lógico e a asserção de certeza antecipada – um novo sofisma. Rio de Janeiro: Zahar, 1998.

LIMA, Cíntia Rosa Pereira de. *Autoridade Nacional de Proteção de Dados e a Efetividade da Lei Geral de Proteção de Dados*. São Paulo: Almedina, 2020.

MARQUES, Claudia Lima. *Laudatio* para Erik Jayme: memórias e utopia. *Cadernos do Programa de Pós-graduação em Direito da UFRGS*, Porto Alegre, v. 1, n. 1, mar. 2003.

MENDO, Rita. *SOS-Criança*: Linha de apoio à criança, um serviço para os mais novos. *Vida Ativa*, 10 maio 2017. Disponível em https://www.vidaativa.pt/linha-de-apoio-a-crianca/. Acesso em: 14 set. 2021

MENDONÇA, Heloísa. Conheça a Geração Z: nativos digitais que impõem desafios às empresas. *El País*, São Paulo, fev. 2015. Disponível em: https://brasil.elpais.com/brasil/2015/02/20/politica/1424439314_489517.html. Acesso em: 14 set. 2021.

MENESES, Joyceane Bezerra de; MORAES, Maria Celina Bodin de. Autoridade parental e privacidade do filho menor: o desafio de cuidar para emancipar. *Revista Novos Estudos Jurídicos – Eletrônica*, [S.l], v. 20, n. 2, maio/ago., 2015. Disponível em: https://www.academia.edu/14693618/Autoridade_parental_e_privacidade_do_filho_menor_o_desafio_de_cuidar_para_emancipar?email_work_card=title Acesso em: 08 ago. 2021.

NATIVOS digitais não sabem buscar conhecimento na internet, diz OCDE. *BBC*, 31 maio 2021. Disponível em: https://www.bbc.com/portuguese/geral-57286155. Acesso em: 14 set. 2021.

OS CASOS de Chicó – versão completa. *"Não sei, só sei que foi assim!"* Disponível em: https://www.youtube.com/watch?v=fhxO9u-FBi4 Acesso em: 14 set. 2021.

PACINI, Laura. Instagram passa a exigir data de nascimento para proteger usuários jovens. *Exame*, 31 ago. 2021. Disponível em: https://exame.com/tecnologia/instagram-idade-obrigatoria/. Acesso em: 14 set. 2021.

PARLAMENTO EUROPEU. *Resolução de 16 de fevereiro de 2017*. Disponível em: https://www.europarl.europa.eu/doceo/document/TA-8-2017-0051_PT.html. Acesso em: 13 set. 2021.

PATTI, Salvatore. *Codificazioni ed evoluzione del diritto privato*. Roma-Bari: Gius. Laterza, 1999.

PINHEIRO, Alexandre Sousa (Coord.). *Comentário ao Regulamento Geral de Proteção de Dados*. Coimbra: Almedina, 2018.

PISA. 21st-Century Readers *Developing Literacy Skills in a Digital World*. Disponível em: https://read.oecd-ilibrary.org/education/21st-century-readers_a83d84cb-en#page1. Acesso em: 14 set. 2021.

PONTES DE MIRANDA, Francisco Cavalcanti. *Tratado de Direito Privado*. Rio de Janeiro: Editor Borsoi, 1954. v. IV.

POR QUE a China passou a chamar jogos online de 'drogas eletrônicas'. *BBC*, 6 ago. 2021. Disponível em: https://www.bbc.com/portuguese/geral-57286155 Acesso em: 14 set. 2021.

REALE, Miguel. *O projeto do novo Código Civil*. São Paulo: Saraiva, 1999.

REALE, Miguel. *Filosofia do direito*. 20. ed. 11. tiragem. São Paulo: Saraiva, 2013.

TAILLE, Yves de la. *Formação ética*: do tédio ao respeito de si. Porto Alegre: Artmed, 2009.

TERMOS de serviço do Facebook. Disponível em: https://pt-br.facebook.com/terms/. Acesso em: 14 set. 2021.

TERMS of Service. Disponível em: https://www.tiktok.com/legal/terms-of-service?lang=pt_BR%20%3Cacesso%20em%2026/07/2021%3E#terms-us. Acesso em: 14 set. 2021.

TIC KIDS ONLINE BRAZIL 2019. Pesquisa sobre o Uso da Internet por Crianças e Adolescentes no Brasil. *Cetic*, 23 nov. 2020. Disponível em: https://cetic.br/media/docs/publicacoes/2/20201123093344/tic_kids_online_2019_livro_eletronico.pdf. Acesso em: 14 set. 2021.

TIC KIDS ONLINE BRASIL 2019. Principais resultados. *Cetic*, 23 jun. 2020. Disponível em: https://cetic.br/media/analises/tic_kids_online_brasil_2019_coletiva_imprensa.pdf. Acesso em: 08 ago. 2021.

UNIÃO EUROPEIA. *Regulamento (UE) 2016/679*. Disponível em: https://eur-lex.europa.eu/legal-content/PT/TXT/HTML/?uri=CELEX:32016R0679&from=P. Acesso em: 14 set. 2021.

UNIÃO EUROPEIA. *Regime relativo aos aspetos éticos da inteligência artificial, da robótica e das tecnologias conexas*. Disponível em: https://www.europarl.europa.eu/doceo/document/TA-9-2020-0275_PT.html Acesso em: 13 set. 2021.

ZUBOFF, Shoshana. *A era do capitalismo de vigilância*. Trad. George Schlesinger. Rio de Janeiro: Intrínseca, 2020.

14
CLASSIFICAÇÃO INDICATIVA E PRODUÇÃO DE CONTEÚDOS DIGITAIS POR CRIANÇAS E ADOLESCENTES

Deborah Soares Dallemole

Doutoranda e Mestre em Direito pela Universidade Federal do Rio Grande do Sul.

Simone Tassinari Cardoso Fleischmann

Doutora em Direito pela Pontifícia Universidade Católica do Rio Grande do Sul,
Professora de Direito Civil da Faculdade de Direito da UFRGS.

Sumário: 1. Introdução – 2. Da classificação indicativa – 3. Deveres parentais de proteção, *oversharenting* e exposição à conteúdos audiovisuais – 4. Os casos de melody e pedrinho pisadinha: é possível pensar na classificação indicativa para a *produção* de conteúdos? – 5. Conclusão – 6. Referências.

1. INTRODUÇÃO

Neste trabalho pretende-se analisar os *possíveis impactos à classificação indicativa de conteúdos digitais produzidos por crianças e adolescentes*. Busca-se, com isso, entender de que maneira o atual sistema de classificação dos conteúdos considerados apropriados a cada faixa etária pode ser compatibilizado com a crescente produção audiovisual na internet por crianças e adolescentes na sociedade da informação.

Para atingir este objetivo, utiliza-se a abordagem dedutiva. A partir da construção doutrinária a ser realizada, dos documentos legais sobre a temática, e dos princípios adotados por nosso ordenamento jurídico, buscaremos identificar qual a maneira mais adequada para abordar-se a produção de conteúdo digital por crianças e adolescentes e sua classificação indicativa. Tendo em vista a atualidade e as peculiaridades deste tema de pesquisa, analisaremos casos concretos relevantes, que nos permitam traçar alguns contornos fáticos sobre as implicações da exposição de crianças a partir da produção midiática, e apontar possíveis soluções para a proteção dos direitos envolvidos.

Na primeira parte deste trabalho, será estudada a forma pela qual é realizada a classificação indicativa no Brasil. Este tópico servirá de base para que possa ser formada a compreensão acerca da maneira e das razões pelas quais existe um sistema de classificação de conteúdos e sua indicação para determinadas faixas etárias. O que se buscará é fixar as bases pelas quais se deve analisar a classificação indicativa, seus fundamentos, suas características e a qual parcela da população buscam atender.

O segundo tópico será destinado à análise dos deveres parentais de proteção. Nele, explora-se o conteúdo da autoridade parental, voltada ao caso da divulgação de informações dos filhos. Vez que se trata de fenômeno cada vez mais recorrente, apresentam-se os aspectos do chamado *oversharenting*, a prática de pais exporem em excesso seus filhos na internet. Pretende-se entender, portanto, quais são os deveres dos pais quanto à presença *online* dos filhos, e a sua situação mais extremada, quando houver a monetização da imagem das crianças na internet.

Por fim, na terceira parte, analisam-se dois casos concretos de crianças que detêm grande popularidade na internet, gerando a elas e às suas famílias significativos rendimentos em decorrência desta exposição. Os objetos de pesquisa serão os casos de Pedrinho Pisadinha, cantor forró eletrônico com doze anos de idade, e de Melody, cantora de funk e atualmente com catorze anos, tendo se popularizado na internet ainda em 2015, com apenas nove anos de idade. Ambos os casos são emblemáticos e possuem peculiaridades importantes que se possa analisar qual o impacto destas produções audiovisuais por crianças, geralmente com conteúdo sexualizado, na divulgação de conteúdos adequados à classificação indicativa e o cumprimento dos deveres parentais.

2. DA CLASSIFICAÇÃO INDICATIVA

A classificação indicativa dos conteúdos de mídia e diversões a serem transmitidos por televisão, rádio e serviços de *streaming* num geral, além de jogos eletrônicos e de interpretação de personagens, é realizada através de uma série de Portarias, em geral elaboradas pelo Ministério da Justiça.[1] Atualmente, está em vigor a Portaria 502, de 23 de novembro de 2021.[2] Antes dela, vigorava a Portaria 1.189, de 03 de agosto de 2018, elaborada para se adequar ao julgamento de inconstitucionalidade de parte do artigo 254 do Estatuto da Criança e do Adolescente, no qual se decidiu por não ser de competência da União impor os horários de exibição da programação, incumbindo-lhe apenas a recomendação sobre isto, mantendo-se o dever de avisar ao público a classificação indicativa antes e no decorrer da veiculação do conteúdo.[3]

---

1. LEITE, Rita de Cássia Curvo. *Direito à prevenção especial da criança na classificação indicativa. Doutorado em Direito*. 2016. 270p. Tese (Doutorado em Direito) – Pontifícia Universidade Católica de São Paulo, Programa de Pós-Graduação em Direito, São Paulo, 2016. p. 147.

2. MINISTÉRIO DA JUSTIÇA. Portaria 502, de 23 de novembro de 2021. *Regulamenta o processo de classificação indicativa de que tratam o art. 74 da Lei 8.069, de 13 de julho de 1990, o art. 3º da Lei 10.359, de 27 de dezembro de 2001, e o art. 11 da Lei 12.485, de 12 de setembro de 2011.* Disponível em: https://www.in.gov.br/en/web/dou/-/portaria-mjsp-n-502-de-23-de-novembro-de-2021-361633258. Acesso em: 19 jul. 2021.

3. Na Ação Direta de Inconstitucionalidade 2.404/DF, o Supremo Tribunal Federal declarou inconstitucional a parte final do artigo 254 do Estatuto da Criança e do Adolescente, quanto à previsão de multa para transmissão de espetáculo em rádio ou televisão "em horário diverso do autorizado". Entendeu-se que esta expressão gera tipificação de infração administrativa, que viola o artigo 5º, IX, artigo 21, XVI, e artigo 220, *caput* e parágrafos, da Constituição Federal. De acordo com o entendimento exarado, a competência

CLASSIFICAÇÃO INDICATIVA E PRODUÇÃO DE CONTEÚDOS DIGITAIS POR CRIANÇAS E ADOLESCENTES

Porém, não se pode desvincular a elaboração das classificações indicativas de conteúdos da política e dos interesses ligados ao tema. A já citada Ação Direta de Inconstitucionalidade (ADI) 2.404 se iniciou como uma estratégia de enfrentamento do Poder Executivo pelas emissoras. De acordo com João Castro, a ADI foi marcada pelo uso de estratégias políticas, sendo assinada sua petição inicial por Eros Grau, e, com o ingresso da Associação Brasileira de Emissoras de Rádio e Televisão (Abert) como *amicus curiae*, foi marcada uma postura de visita aos Ministros do Supremo para apresentação de estudos e de suas teses jurídicas que embasavam a defesa de que a vinculação entre faixas horárias e faixas etárias não era necessária, adequada ou proporcional.[4] O voto do Ministro Dias Toffoli, relator da ADI, direcionou-se no sentido da autorregulação dos indivíduos em decidir o que seria assistido pelos seus filhos, não cabendo ao Estado estabelecer os horários de transmissão como verdadeira *censura prévia*. Acabou por prevalecer, no julgamento da ADI, uma sacralização da liberdade de expressão enquanto direito com mais densidade de proteção, e de identificação dos meios de massa como seus titulares.[5]

Todavia, cabe aqui fazer uma crítica a isto. Estabelecer emissoras de rádio e de televisão como detentoras desta liberdade de expressão plena, que permite a desvinculação entre faixas horárias e faixas etárias, nos parece contrária ao vértice principiológico do ordenamento jurídico pátrio, sobretudo no momento em que os destinatários da proteção são crianças ou adolescentes. Não é possível pensar-se em nenhum direito da personalidade como *absoluto* e impassível de sofrer alguma forma de regulamentação. Cita-se, por exemplo, a Convenção Americana de Direitos Humanos – também conhecida como *Pacto de San José* –, que, em seu artigo 13.1 e 13.2 reconhece ampla liberdade de expressão sem sujeição à censura prévia, em que pese ressalvada a possibilidade de responsabilidade posterior por danos aos direitos de outras pessoas. Contudo, mesmo com este seu caráter mais liberal, em seu artigo 13.4 traz importante restrição à livre expressão como forma de proteger crianças e adolescentes, prevendo que "a lei pode submeter os espetáculos públicos a censura prévia, com o objetivo exclusivo de regular o acesso a eles, para proteção moral da infância e da adolescência".[6]

---

da União é quanto à classificação para efeito indicativo, mas não de autorização ou de ato de licença, não podendo se entender que há poder para determinar que a exibição se dê somente nos horários determinados pelo Ministério da Justiça. Trata-se de uma *recomendação*, e não de uma *imposição*. Logo, determinou o Supremo que há um horário *recomendado*, e não um horário *autorizado*.

4. CASTRO, João Caldeira Brandt Monteiro de. *A atuação das empresas de televisão como grupo de interesse: estratégias e táticas de pressão no caso da política de classificação indicativa.* 2018. 333p. Tese (Doutorado em Ciência Política) – Universidade de São Paulo, Programa de Pós-Graduação em Ciência Política, São Paulo, 2018. p. 242-243.

5. CASTRO, João Caldeira Brandt Monteiro de. *A atuação das empresas de televisão como grupo de interesse: estratégias e táticas de pressão no caso da política de classificação indicativa.* 2018. 333p. Tese (Doutorado em Ciência Política) – Universidade de São Paulo, Programa de Pós-Graduação em Ciência Política, São Paulo, 2018. p. 256.

6. ORGANIZAÇÃO DOS ESTADOS AMERICANOS (OEA). *Convenção Americana sobre Direitos Humanos.* São José, Costa Rica, 1969. Disponível em: https://www.cidh.oas.org/basicos/portugues/c.convencao_americana. htm. Acesso em: 19 jul. 2021.

Sobre este ponto, cabe citar a visão de Perlingieri acerca da liberdade de imprensa, citando o autor que "tal atividade de informação deve ser exercida respeitando o valor da pessoa".[7] Ou seja, não se pode pensar na liberdade de expressão como um direito absoluto da imprensa, mas sim como norma constitucional "condicionada por dentro, pela própria razão profunda do seu reconhecimento: contribuir à promoção, à formação e informação, isto é, ao desenvolvimento da personalidade dos consociados".[8] Deste modo, o entendimento de que a previsão de sanção administrativa em caso de descumprimento das faixas horárias sugeridas para cada faixa etária configuraria *censura*, não nos parece correto à luz do ordenamento jurídico nacional e dos documentos internacionais dos quais o Brasil é signatário. Vincular-se a faixa horária à faixa etária mostra-se, em verdade, uma atuação estatal protetiva, no intuito de auxiliar os pais no controle do conteúdo que está sendo assistido pelos filhos – por exemplo, podendo ficar tranquilos que a criança, assistindo televisão às onze horas da manhã, não estará sendo exposta a conteúdo excessivamente violento para a sua idade. Não se trata de eximir os pais do dever de vigilância e cuidado, mas sim em uma atitude do Estado para possibilitar e facilitar o exercício deste dever, justamente para que a criança possa ter um desenvolvimento saudável, funcionalizando o exercício da liberdade de expressão pelas emissoras audiovisuais para que atendam à sua finalidade, minimizados riscos de prejuízos à população infantojuvenil.

Superada a questão da atual não obrigatoriedade da vinculação entre faixa horária e faixa etária, passa-se à análise da forma pela qual é atribuída a classificação indicativa às produções audiovisuais. Na Portaria vigente sobre o tema, tem-se como critérios para a classificação indicativa o uso de três eixos temáticos que se consideram mais prejudiciais, quais sejam, *sexo e nudez*, *drogas* e *violência*.[9] O processo pelo qual é realizada a classificação indicativa de conteúdos audiovisuais integra o sistema de garantias dos direitos da criança e do adolescente[10], e a classificação indicativa estava definida na Portaria 1.189/2018 como uma "informação fornecida aos pais e responsáveis acerca do conteúdo de obras e diversões não recomendáveis a determinadas

---

7. PERLINGIERI, Pietro. *O direito civil na legalidade constitucional*. Trad. Maria Cristina de Cicco. Rio de Janeiro: Renovar, 2008. p. 856.

8. PERLINGIERI, Pietro. *O direito civil na legalidade constitucional*. Trad. Maria Cristina de Cicco. Rio de Janeiro: Renovar, 2008. p. 857.

9. "Art. 2º. Para os efeitos desta Portaria, considera-se: I – classificação indicativa: a informação fornecida aos pais e responsáveis acerca do conteúdo de obras e diversões não recomendáveis a determinadas faixas etárias, considerando-se três eixos temáticos: "sexo e nudez", "drogas" e "violência"". MINISTÉRIO DA JUSTIÇA. Portaria 1.189, de 03 de agosto de 2018. *Regulamenta o processo de classificação indicativa de que tratam o art. 74 da Lei 8.069, de 13 de julho de 1990, o art. 3º da Lei 10.359, de 27 de dezembro de 2001, e o art. 11 da Lei 12.485, de 12 de setembro de 2011*. Disponível em: https://www.in.gov.br/materia/-/asset_publisher/Kujrw0TZC2Mb/content/id/35518982/do1-2018-08-06-portaria-n-1-189-de-3-de-agosto-de-2018-35518938. Acesso em: 19 jul. 2021.

10. LEITE, Rita de Cássia Curvo. *Direito à prevenção especial da criança na classificação indicativa. Doutorado em Direito*. 2016. 270p. Tese (Doutorado em Direito) – Pontifícia Universidade Católica de São Paulo, Programa de Pós-Graduação em Direito, São Paulo, 2016. p. 163.

faixas etárias".[11] Na Portaria 502/2021, a definição vem como "classificação, para efeito indicativo, é a informação fornecida pelo Ministério da Justiça e Segurança Pública, de forma definitiva, ou pelos sujeitos que realizam a autoclassificação, de forma provisória, aos pais e responsáveis".[12] Trata-se, portanto, de atendimento à previsão do artigo 220, § 3º, inciso II, da Constituição Federal, que determina que compete à lei federal estabelecer os "meios legais que garantam à pessoa e à família a possibilidade de se defenderem de programas ou programações de rádio e televisão" que contrariem o previsto no artigo 221, em relação ao qual se chama a atenção ao seu inciso IV, que versa sobre o "respeito aos valores éticos e sociais da pessoa e da família".[13]

Assim, pode-se colocar a classificação indicativa como um instrumento de realização do direito à educação de crianças e de adolescentes.[14] O Estado realiza uma espécie de filtro dos conteúdos, elaborando indicativos a partir dos quais considera determinados conteúdos como *inadequados* para certas faixas etárias, e impõe às empresas veiculadoras da mídia que informem, antes e durante a transmissão, esta indicação etária. Ainda, com o julgado do Supremo Tribunal Federal, o Poder Público tem a competência para recomendar horários de transmissão de conteúdos de cada classificação indicativa – em que pese não possa aplicar sanções em caso de descumprimento. Tudo isto serve de auxílio aos pais para que, no exercício de sua autoridade parental, decidam a quais mídias seus filhos terão acesso, quais conteúdos audiovisuais entendem como adequados para a formação da criança, de acordo com o seu período de desenvolvimento.

Os critérios para a atribuição de faixa etária estão explicados de forma mais minuciosa no Guia Prático da Classificação Indicativa, do Ministério da Justiça.[15] Como já referido, a indicação etária leva em conta os critérios de violência, sexo e drogas, e no Guia Prático são descritas as situações em que cada uma destes critérios

---

11. MINISTÉRIO DA JUSTIÇA. Portaria 1.189, de 03 de agosto de 2018. *Regulamenta o processo de classificação indicativa de que tratam o art. 74 da Lei 8.069, de 13 de julho de 1990, o art. 3º da Lei 10.359, de 27 de dezembro de 2001, e o art. 11 da Lei 12.485, de 12 de setembro de 2011.* Disponível em: https://www.in.gov.br/materia/-/asset_publisher/Kujrw0TZC2Mb/content/id/35518982/do1-2018-08-06-portaria-n-1-189-de-3-de-agosto-de-2018-35518938. Acesso em: 19 jul. 2021.

12. "Art. 2º Classificação, para efeito indicativo, é a informação fornecida pelo Ministério da Justiça e Segurança Pública, de forma definitiva, ou pelos sujeitos que realizam a autoclassificação, de forma provisória, aos pais e responsáveis, acerca: (...)". MINISTÉRIO DA JUSTIÇA. Portaria 502, de 23 de novembro de 2021. *Regulamenta o processo de classificação indicativa de que tratam o art. 74 da Lei 8.069, de 13 de julho de 1990, o art. 3º da Lei 10.359, de 27 de dezembro de 2001, e o art. 11 da Lei 12.485, de 12 de setembro de 2011.* Disponível em: https://www.in.gov.br/en/web/dou/-/portaria-mjsp-n-502-de-23-de-novembro-de-2021-361633258. Acesso em: 19 jul. 2021.

13. BRASIL. *Constituição da República Federativa do Brasil de 1988.* Brasília: 1988. Disponível em: http://www.planalto.gov.br/ccivil_03/constituicao/constituicao.htm. Acesso em: 19 jul. 2021.

14. LEITE, Rita de Cássia Curvo. *Direito à prevenção especial da criança na classificação indicativa. Doutorado em Direito.* 2016. 270p. Tese (Doutorado em Direito) – Pontifícia Universidade Católica de São Paulo. programa de Pós-Graduação em Direito, São Paulo, 2016. p. 167.

15. MINISTÉRIO DA JUSTIÇA. *Classificação Indicativa:* Guia Prático. Brasília, 2018. Disponível em: https://www.gov.br/mj/pt-br/assuntos/seus-direitos/classificacao-1/paginas-classificacao-indicativa/guia-de-classificacao. Acesso em: 19 jul. 2021.

é indicada para determinada idade, a partir dos elementos que atenuam ou agravam a presença de cenas com tais conteúdos, inclusive trazendo exemplos para permitir melhor visualização ao leitor. Este Guia tem o intuito de simbolizar que a "classificação seria disponibilizada pelo Estado como uma ferramenta de auxílio no controle cotidiano de crianças e adolescentes enquanto espectadores de programações midiáticas, não uma imposição de fora para dentro ou de cima para baixo".[16] A ideia é de que se realize uma avaliação a partir da complexidade e intensidade das situações de violência, drogas e sexuais no conteúdo, tendência esta que deve ser proporcional à indicação etária, como meio de permitir aos pais tomar uma decisão informada acerca do conteúdo ao qual seus filhos terão acesso:

Cita-se, a título exemplificativo, duas diferentes faixas quanto ao conteúdo sexual, para demonstrar a maneira pela qual se pode verificar a forma pela qual a intensidade interfere na sua classificação indicativa:

B.3. Não recomendado para menores de 12 anos

B.3.5. LINGUAGEM DE CONTEÚDO SEXUAL

– Diálogos, narrações, sinalizações ou cartelas gráficas sobre sexo, sem que haja apresentação de vulgaridades. Os termos descrevem a prática do ato sexual ou do comportamento sexual, sem que a sua descrição seja detalhista e/ou banalizada. EXEMPLO 1: dois personagens conversam: "Vocês dois transaram mesmo? Quando foi isso?".

EXEMPLO 2: por meio de uma linguagem gestual, um personagem insinua que uma relação sexual está ocorrendo.

B.4. Não recomendado para menores de 14 anos.

B.4.1. EROTIZAÇÃO

– Apresentação de imagens, diálogos e contextos eróticos, sensuais ou sexualmente estimulantes, tais como strip-teases e danças eróticas. Existe a valorização imagética do contexto sexual. Nestes casos, o contexto erótico é estimulado ativamente pela personagem enfocada.

EXEMPLO 1: um homem realiza um strip-tease.

EXEMPLO 2: uma mulher se insinua, ficando apenas de biquíni para seduzir outra pessoa, enquanto faz gestos sexualmente estimulantes para provocar seu parceiro.[17]

Aqui é possível vislumbrar a progressividade com a qual deve ser tratada a classificação indicativa. A mera presença de nudez ou teor sexual não é o indicativo de para qual faixa etária não será indicada a visualização do conteúdo. A presença deste tipo de conteúdo é escalonada conforme sua complexidade que, conforme se intensifica, acompanha isto o aumento da faixa etária indicada. Vê-se que a mera linguagem com teor sexual é permitida para crianças a partir de doze anos, ao passo

---

16. REIS, Rodolfo Moraes. *Quando classificar é proteger*: uma etnografia da política brasileira de classificação indicativa de audiovisuais. 2021. 201p. Tese (Doutorado em Antropologia Social) – Universidade Estadual de Campinas, Instituto de Filosofia e Ciências Humanas, Campinas, 2021. p. 88.

17. MINISTÉRIO DA JUSTIÇA. *Classificação Indicativa*: Guia Prático. Brasília, 2018. Disponível em: https://www.gov.br/mj/pt-br/assuntos/seus-direitos/classificacao-1/paginas-classificacao-indicativa/guia-de-classificacao. Acesso em: 19 jul. 2021.

CLASSIFICAÇÃO INDICATIVA E PRODUÇÃO DE CONTEÚDOS DIGITAIS POR CRIANÇAS E ADOLESCENTES

que, tal linguagem transformando-se em *erotização*, com o intuito de estímulo e de valorização do contexto sexual, então passa-se à faixa dos catorze anos.

De acordo com a Portaria do Ministério da Justiça em vigência, o processo de classificação indicativa de obra poderá ser originária ou matricial, quando se tratar da primeira apresentação da obra à classificação, ou derivada, em caso de reedição com acréscimo ou supressão de conteúdo.[18] Ambos se dão através de análise da totalidade do conteúdo, salvo na hipótese de obra seriada, caso em que a análise prévia será de, no mínimo, 10% do material a ser exibido.[19] No caso das obras audiovisuais destinadas às salas de exibição ou ao mercado de vídeo doméstico, prevê o artigo 27 que é necessária a formulação do pedido acompanhado de ficha técnica no qual o produtor indica a *autoclassificação* pretendida e a cópia integral da obra, cujo resultado da análise prévia será publicado antes da veiculação do conteúdo, com os tempos de antecedência variando de acordo com a sua extensão de sua duração.

Ressalte-se, ainda, que as obras audiovisuais veiculadas pela televisão aberta, são dispensadas de análise prévia, bastando a formulação do pedido acompanhado de ficha técnica indicando a autoclassificação, com antecedência mínima de doze horas de sua exibição – ou, não ocorrendo isto, seja disponibilizado o material completo em até vinte e quatro horas. Ainda no caso da televisão aberta, sendo dispensada a análise prévia, a autoclassificação será publicada em até vinte dias do protocolo do pedido, salvo em casos excepcionais e devidamente justificados.

No caso da *televisão por assinatura ou a cabo e vídeo por demanda*, exige-se que seja disponibilizado sistema de bloqueio de canais ou de programas, divulgação ampla deste sistema e possibilitar aos assinantes acessar a qualquer tempo a informação completa da classificação indicativa, conforme previsto no artigo 37. Ou seja, há uma preocupação, nos serviços por demanda e televisão por assinatura, que podem conter canais e conteúdos considerados *inadequados* para determinadas faixas etárias acessíveis a qualquer momento do dia, em que seja fornecido aos pais

---

18. "Art. 3º Para os efeitos desta Portaria considera-se: I – classificação indicativa originária ou matricial: a primeira classificação indicativa atribuída a conteúdo de diversões e espetáculos públicos, obras audiovisuais e demais produtos classificáveis, com validade nos veículos, nas mídias e nos segmentos do mercado em que se apresentam; II – classificação indicativa derivada: classificação indicativa atribuída à obra já classificada matricialmente ou originalmente, em razão do acréscimo ou da supressão de conteúdo". MINISTÉRIO DA JUSTIÇA. Portaria 502, de 23 de novembro de 2021. *Regulamenta o processo de classificação indicativa de que tratam o art. 74 da Lei 8.069, de 13 de julho de 1990, o art. 3º da Lei 10.359, de 27 de dezembro de 2001, e o art. 11 da Lei 12.485, de 12 de setembro de 2011.* Disponível em: https://www.in.gov.br/en/web/dou/-/portaria-mjsp-n-502-de-23-de-novembro-de-2021-361633258. Acesso em: 19 jul. 2021.
19. "Art. 25. O processo de classificação indicativa derivado se dará mediante análise prévia integral da obra, exceto na hipótese de obra seriada, quando a análise prévia será de, no mínimo, dez por cento do material a ser exibido, a título de amostra". MINISTÉRIO DA JUSTIÇA. Portaria 502, de 23 de novembro de 2021. *Regulamenta o processo de classificação indicativa de que tratam o art. 74 da Lei 8.069, de 13 de julho de 1990, o art. 3º da Lei 10.359, de 27 de dezembro de 2001, e o art. 11 da Lei 12.485, de 12 de setembro de 2011.* Disponível em: https://www.in.gov.br/en/web/dou/-/portaria-mjsp-n-502-de-23-de-novembro-de-2021-361633258. Acesso em: 19 jul. 2021.

alguma forma de controle sobre o conteúdo que possa ser acessado pelos filhos[20], exatamente porque não se tem a maior segurança quanto à vinculação entre grade horária e classificação indicativa que se tem na televisão aberta, exigindo-se maior atenção dos responsáveis pelas crianças.

As crianças e os adolescentes não devem ser compreendidos como meros sujeitos passivos em face à mídia, mas sim como o "elo frágil de uma relação extremamente assimétrica"[21], pois, para além do impacto do contato com conteúdos *impróprios* para a idade, a criança também se encontra em posição de vulnerabilidade perante a dificuldade de acesso a programações de qualidade para sua idade, especialmente nos canais de televisão abertos.[22]

Pensando no conteúdo midiático como forma de acesso ao direito à educação, pode-se cogitar da possibilidade de fazer-se um *uso crítico* dos conteúdos. Segundo Rodolfo Reis, a preocupação com a sexualidade, violência e drogas, passa por uma questão moral – a de que a criança exposta a este tipo de conteúdo não o compreenderá e será afetada por ele, centrando-se na influência de tais conteúdos sobre subjetividades e comportamentos.[23] Para fins deste trabalho, a questão está para além da moralidade, mas no campo ético da formação humana. A partir de uma adequada explicação à criança do contexto e fatores envolvidos, cuja complexidade deverá, claro, respeitar o seu estágio de maturidade, para que ela possa compreender os conteúdos vistos como não sendo representação fiel à realidade e ir, aos poucos, desenvolvimento um senso crítico acerca dos conteúdos que consome. Trata-se de uma questão de respeito ao desenvolvimento da personalidade deste ser em condição peculiar.

Feita esta breve exposição sobre a atual regulamentação da classificação indicativa no Brasil, pode-se concluir que se trata de um instrumento aos pais – cujos destinatários de proteção da norma são as crianças e adolescentes -, para que, exercendo poder familiar, possam decidir, de forma consciente, os tipos de conteúdos aos quais seus filhos terão acesso. Em que pese pareça ter-se colocado a liberdade de

---

20. É o caso, por exemplo, do que há no *Youtube* e na *Netflix*, nas quais há um pré-definido usuário "*kids*", para o qual somente podem ser selecionados conteúdos liberados para todas as faixas etárias. Ambas as plataformas permitem, também, que os pais criem usuários com restrições de visualização, limitando determinadas classificações indicativas e bloqueando o acesso a determinados filmes e séries. Com estes perfis diferenciados, não é possível acessar as configurações da conta, e podem os pais ter acesso ao histórico de mídias assistidas. Na *Netflix* e no *Youtube*, é permitido aos pais, ainda, utilizar uma senha individualizada para os usuários vinculados à conta principal, de maneira que os filhos não possam acessar o perfil dos pais e assistir conteúdos de outras classificações indicativas, ou modificar as configurações.

21. REIS, Rodolfo Moraes. *Quando classificar é proteger*: uma etnografia da política brasileira de classificação indicativa de audiovisuais. 2021. 201p. Tese (Doutorado em Antropologia Social) – Universidade Estadual de Campinas, Instituto de Filosofia e Ciências Humanas, Campinas, 2021. p. 67.

22. REIS, Rodolfo Moraes. *Quando classificar é proteger*: uma etnografia da política brasileira de classificação indicativa de audiovisuais. 2021. 201p. Tese (Doutorado em Antropologia Social) – Universidade Estadual de Campinas, Instituto de Filosofia e Ciências Humanas, Campinas, 2021. p. 67.

23. REIS, Rodolfo Moraes. *Quando classificar é proteger*: uma etnografia da política brasileira de classificação indicativa de audiovisuais. 2021. 201p. Tese (Doutorado em Antropologia Social) – Universidade Estadual de Campinas, Instituto de Filosofia e Ciências Humanas, Campinas, 2021. p. 68.

expressão como algo absoluto, ainda assim não se pode deixar de enxergar a classificação indicativa como algo que permite a sua funcionalização para a informação da população, inclusive infantojuvenil, devendo os conteúdos produzidos servirem para, de algum modo, contribuir com este fim social do desenvolvimento saudável da personalidade do público consumidor. É uma ferramenta que o Estado, na sua função de fiscalização, põe à disposição dos pais, para que estes, de acordo com as suas peculiaridades e nos limites de seu direito à livre criação dos filhos[24], escolham quais os tipos de produções audiovisuais serão ou não permitidas para a criança, e, no caso de serviços por assinatura ou *streaming* (por demanda), ter acesso a uma ferramenta de controle efetiva para isto.

3. DEVERES PARENTAIS DE PROTEÇÃO, *OVERSHARENTING* E EXPOSIÇÃO À CONTEÚDOS AUDIOVISUAIS

Abordadas as características da classificação indicativa e a sua finalidade, passa-se agora a buscar entender quais são os deveres de proteção que incumbem aos pais quanto à presença *online* dos filhos. Neste tópico, busca-se conceituar a autoridade parental no ordenamento jurídico pátrio e, em decorrência dela, como se poderia pensar nas responsabilidades dos pais quando seus filhos estiverem se "super expondo" na internet, e monetizando os conteúdos produzidos.

Deve-se ter em mente que a Constituição Federal de 1988 colocou a *pessoa humana* no centro do ordenamento jurídico, de maneira que o Direito passa a encontrar o seu fundamento na proteção e na promoção do desenvolvimento dos indivíduos. Sendo a pessoa o fundamento maior do sistema jurídico, a sua tutela não pode ser fracionada em hipóteses autônomas, mas sim apresentada enquanto um "problema unitário, dado seu fundamento representado pela unidade do valor da pessoa".[25] Com a pessoa no centro do ordenamento, tem-se como núcleo principiológico a Dignidade Humana, que norteia a aplicação dos demais princípios e direitos.[26] A preocupação do ordenamento deverá ser a de promover a realização pessoal de cada um, de forma que a legislação será adequada à Constituição se servir para esta finalidade. Ainda, sendo a Dignidade Humana o princípio maior, todos os demais princípios representam uma densificação específica deste, devendo ser possível identificar o encadeamento principiológico-material que vai desde a Dignidade ampla até, aos poucos, se especializando até chegar-se no princípio específico aplicável ao caso – que, aqui, será o do Melhor Interesse da criança e do adolescente.

---

24. Ressalte-se que o direito à liberdade na criação dos filhos encontra limites no direito dos próprios filhos ao crescimento saudável e adequado ao seu estágio de desenvolvimento. Este limite diz respeito às questões físicas, materiais, biológicas, mas também destina-se ao psicológico, intelectual, afetivo, relacional e social, de forma que viabilizar acessos antecipados a questões totalmente relacionadas ao mundo adulto, importa em desrespeito à etapa de desenvolvimento específica infantojuvenil.

25. PERLINGIERI, Pietro. *O direito civil na legalidade constitucional*. Trad. Maria Cristina de Cicco. Rio de Janeiro: Renovar, 2008. p. 764.

26. SARLET, Ingo Wolfgang. *La eficacia de los derechos fundamentales*: una teoría desde la perspectiva constitucional. Lima: Palestra Editores, 2019. p. 98.

No âmbito da família, tem-se que o papel do Estado passa a ser o de lhe propiciar garantias condições de que ela se torne um local de realização pessoal e afetiva dos indivíduos.[27] Assim, a Dignidade da Pessoa Humana deve ser vista como princípio "reitor e unificador da Constituição Federal"[28], que, no caso específico da população infantil, é representada na concretização da dignidade e na promoção da de seus direitos fundamentais, de maneira que há uma responsabilidade conjunta do Estado, família e sociedade, que se traduz num dever interdependente ou numa correspon-sabilidade.[29] Em outras palavras, o papel do Poder Público é o de dar às famílias as condições necessárias para que atinjam sua finalidade – aqui, coloca-se como exemplo disto a classificação indicativa de conteúdos, que possui caráter informativo e instrumental aos pais –, ao passo que a família deverá ser compreendida enquanto um local de desenvolvimento de seus membros, que atinge sua finalidade na medida em que efetiva a dignidade humana de cada um dos envolvidos, com respeito a cada uma das etapas de desenvolvimento humano.

Para o problema de pesquisa proposto, cabe-nos abordar o *sharenting*, que pode ser definido como o "hábito de pais ou responsáveis legais postarem informações, fotos e dados" de crianças na internet.[30] A prática de expor-se na internet, através da produção de conteúdos disponibilizados em plataformas e redes sociais, tais como *YouTube*, *Instagram*, *TikTok*, pode ser monetizada, a depender do alcance do usuário. Ou seja, quanto maior a exposição, maiores as chances de *viralizar* e a presença *online* tornar-se uma fonte de rendimentos ou de recebimento de produtos através de parcerias com marcas em troca de divulgação:

> Bloggers derive income in several ways: through "sponsored posts" in which the blogger is sent an item to review asked to post on a theme related to the product. Payment may either be monetary or in-kind (which can be equivalent to a considerable sum in the case of a luxury vacuum cleaner or family holiday). Bloggers also receive in-kind goods to "host giveaways" or receive direct payment for a banner or sidebar advertisements or through "affiliate links," where the blogger receives a small percentage of the cost each time if a reader clicks a link and then buys an item.[31]

Pode-se pensar, portanto, em um *oversharenting*. Na prática de, na busca de popularidade na internet, gerar uma exposição intensa dos filhos, na expectativa de que estes possam monetizar sua presença *online*. São pais que, vendo o potencial de os filhos se tornarem "famosos" na internet, permitem – ou até mesmo incentivam – uma mais forte exposição e criação de conteúdos, na busca de se tornarem rele-

---

27. LÔBO, Paulo. *Direito Civil*: Famílias. 8. ed. v. 5. São Paulo: Saraiva Educação, 2018. p. 32.
28. PERLINGIERI, Pietro. *O direito civil na legalidade constitucional*. Trad. Maria Cristina de Cicco. Rio de Janeiro: Renovar, 2008, prefácio à edição italiana, sem página.
29. COSTA, Ana Paula Motta. *Os adolescentes e seus direitos fundamentais*: da invisibilidade à indiferença. Porto Alegre: Livraria do Advogado, 2012. p. 143.
30. EBERLIN, Fernando Büscher von Teschenhausen. Sharenting, liberdade de expressão e privacidade de crianças no ambiente digital: o papel dos provedores de aplicação no cenário jurídico brasileiro. *Revista Brasileira de Políticas Públicas*, Brasília, v. 7, n. 3, dez. 2017. p. 258.
31. BLUM-ROSS, Alicia; LIVINGSTONE, Sonia. "Sharenting", parent blogging, and the boundaries of the digital self. *Popular Communication: The International Journal of Media and Culture*, [S.l], v. 15, n. 2, 2017. p. 119.

vantes o suficiente para que esta presença *online* possa gerar rendimentos. É possível fazer um paralelo com o que ocorria antes com o sonho de ser jogador de futebol – diante se tratar de profissão que, bem-sucedida, pode gerar milhões de reais, os pais incentivavam os filhos a buscarem esta carreira desde pequenos. Agora, a profissão milionária da juventude é a de *influencer* na internet, ao que os pais podem, portanto, não ver problemas na autoexposição mais intensa, entendida como um meio para se alcançar a relevância na comunidade *online*.[32]

Vê-se que, nem sempre, os pais serão os protetores dos filhos, tendo-se em vista que este compartilhamento *online* pode prejudicar as crianças, seja de forma intencional ou não. Os pais exercem o poder de decisão em compartilhar em redes sociais mídias envolvendo seus filhos, todavia, as crianças, especialmente as mais jovens, acabam por não ter um poder de escolha neste mérito – suas informações, positivas ou negativas, acabam sendo divulgadas no *feed* dos pais:

> There is no 'opt-out' link for children and split-second decisions made by their parents will result in indelible digital footprints. While adults have the ability to set their own parameters when sharing their personal information in the virtual world, children are not afforded such control over their digital footprint unless there are limits on parents.[33]

Deve-se buscar proteger a privacidade a partir da forma que a mesma é compreendida hoje, em tempos nos quais há um intenso compartilhamento de informações e de experiências pessoais, uma vez que "o conceito de privacidade é contextual, temporal e depende muito do modo de vida e nível de exposição que o titular do direito está disposto a oferecer".[34] Impõe-se o reconhecimento de que se vive numa *sociedade da informação*, marcada por relações em rede, e por uma constante e rápida mudança nos exercícios das liberdades, do tratamento de informações, modos de expressão, "possibilitando ainda mais a imortalização e o compartilhamento de notícias e dados diversos sem limites de tempo e espaço".[35] Logo, incumbe aos pais, no exercício de seu dever de proteção, tomar o cuidado quanto ao conteúdo e à quantidade de informações disponibilizadas *online* em relação aos filhos, tendo em vista os riscos que isto poderá representar ao saudável desenvolvimento do indivíduo, bem como aos problemas inerentes à exposição a um grande público, especialmente na internet, com facilidade de expor suas opiniões sobre a pessoa, podendo ocasionar um intenso *bullying*.

---

32. No *Youtube*, por exemplo, estima-se que o produtor de conteúdos receba valores entre U$ 0,25 e U$ 4,50 a cada mil visualizações em seus vídeos, em se tratando de vídeos monetizados por meio da inserção de anúncios de terceiros. Fonte: https://fdr.com.br/2021/05/22/quanto-ganha-um-youtuber-descubra-valor--mensal-dos-criadores-de-conteudo/. Acesso em: 17 jul. 2021.
33. STEINBERG, Stacey B. Sharenting: children's privacy in the age of social media. *Emory Law Journal*, [S.l], v. 66, 2017. p. 843-844.
34. EBERLIN, Fernando Büscher von Teschenhausen. Sharenting, liberdade de expressão e privacidade de crianças no ambiente digital: o papel dos provedores de aplicação no cenário jurídico brasileiro. *Revista Brasileira de Políticas Públicas*, Brasília, v. 7, n. 3, dez. 2017. p. 259.
35. MOREIRA, Rodrigo Pereira; MEDEIROS, Jaquelaine Souza. Direito ao esquecimento: entre a sociedade da informação e a civilização do espetáculo. *Revista de Direito Privado*, São Paulo, n. 70, 2016. p. 83.

A família, uma teia complexa de relações pautada pela afetividade e pela solidariedade entre seus membros[36], não admite que se configure de forma autoritária, violadora de direitos fundamentais. Embora o artigo 1.634, inciso IX, preveja aos pais o direito sobre os filhos de "exigir que lhes prestem obediência, respeito e os serviços próprios de sua idade e condição", deve-se olhar para esta previsão legal a partir de sua instrumental função de servir à educação e parte do processo de progressiva independização da criança e preparação para sua vida em sociedade quando adulto capaz, jamais como forma de exercício autoritário do poder familiar.

Os pais, em nome do dever de cuidado e de promoção do desenvolvimento, podem legitimamente intervir na vida privada dos filhos, especialmente para evitar ou encerrar situações de riscos. Porém, o limite desta legitimidade desta intervenção será justamente se a mesma "tiver fundamento na promoção do seu desenvolvimento, na garantia da sua integridade e no respeito à sua dignidade, em conformidade com a doutrina da proteção integral."[37] O dever de proteção dos pais não poderá, jamais, implicar em ilegítima invasão da esfera da privacidade dos filhos. A prática de incentivar-se que o filho se torne uma figura pública na internet deve ser pautada pelo respeito à privacidade da criança, não podendo este desejo de que o filho se torne um *influencer* justificar uma exposição que se mostre excessiva a ponto de representar risco à criança, seja à sua integridade física, seja à sua integridade psicológica.

Deve-se ter evidente que esta discussão perpassa não somente a supervisão dos pais quanto às redes sociais dos filhos, mas, também, os seus deveres de proteção quando vislumbrem que o filho pode se tornar influente na internet e monetizar sua presença *online*, e a necessidade de se considerar os interesses das crianças – ainda que estas não tenham, no momento, discernimento para entender as implicações disto. O problema surge quando os pais, não levando em consideração as implicações aos filhos, permitem compartilhamento de fotos ou vídeos que podem ser futuramente, quando esta criança tiver discernimento, considerados vexatórios, ou ainda compartilhar informações da esfera íntima da criança, gerando então um risco de violar sua privacidade.[38] Necessário ter-se em tela que a família deve servir como local de realização pessoal, motivo pelo qual possuem os pais a incumbência de proteger os filhos e educá-los para que, progressivamente, adquiram capacidade própria para decidir o nível de exposição de suas informações que gostariam de ter. Quando se está diante de pais que praticam ou que incentivam um *oversharenting*, pode-se prejudicar a percepção da criança quanto aos limites entre a esfera pública e a esfera privada e, mais do que isto, chegar-se a um ponto em que se tem todos os aspectos de suas vidas expostos *online*, aptos a serem julgados por terceiros, e eternizados na internet.

---

36. LÔBO, Paulo. *Direito Civil*: Famílias. 8. ed. v. 5. São Paulo: Saraiva Educação, 2018. p. 34.
37. MENEZES, Joyceane Bezerra de; MORAES, Maria Celina Bodin de. Autoridade parental e privacidade do filho: o desafio de cuidar para emancipar. *Revista Novos Estudos Jurídicos – Eletrônica*, [S.l], v. 20, n. 2, p. 501-532, maio/ago. 2015. p. 518.
38. BROSCH, Anna. When the child is born into the internet: sharenting as a growing trend among parents on Facebook. *The New Educational Review*, [S.l], v. 43, n. 1, 2016. p. 227.

Faz-se necessário superar as noções tradicionais de total ingerência dos genitores sobre a vida e atividades dos filhos, e reconhecer os deveres parentais de propiciar aos filhos uma convivência *online* com segurança, reconhecendo potenciais riscos. A solução não será proibir-se a presença de crianças *online*, mas sim pensar em formas de guiar-se o seu desenvolvimento enquanto indivíduo, para que faça um uso consciente das redes sociais, sempre com atenção ao dever de cuidado dos pais nesta trajetória do amadurecimento dos filhos – não podendo os pais, eles próprios, serem os causadores de violações à privacidade.

4. OS CASOS DE MELODY E PEDRINHO PISADINHA: É POSSÍVEL PENSAR NA CLASSIFICAÇÃO INDICATIVA PARA A *PRODUÇÃO* DE CONTEÚDOS?

Agora, abordadas as características da classificação indicativa e as responsabilidades dos pais quanto à segurança dos filhos na internet, especialmente diante de exposições excessivas que possam violar sua intimidade ou privacidade, passa-se a analisar dois casos paradigmáticos. Pretende-se, a partir deles, entender as peculiaridades das crianças que se tornam famosas na internet e o conteúdo produzido, e a forma pela qual se podem utilizar estas experiências para responder ao problema proposto.

Pedrinho Pisadinha é um garoto de doze anos, de Porteira, no Ceará, que se popularizou na internet em 2020, com a música "Sextou". A música em questão foi gravada junto com o cantor Biu do Biseiro e narra uma noite intensa de festa após o trabalho, possuindo trechos com teor sexual e de violência, enaltecendo a ideia de comemorar, quase que sem limites, a chegada do final de semana.

> Mas hoje é sexta-feira, dia de torrar salário
> Dar bicudo em rapariga, fumar cigarro ao contrário
> Ver se a muda é muda mesmo, mastigar abelha com mel
> Mandar foto pra ex, pelado com três no motel
> (…) Sextou, sextou, sextou, eu sei
> E já que tu sextou, tu vai sentar mais uma vez.[39]

O menino Pedrinho se encontra no ensino fundamental, e tenta conciliar a vida de estudos com a carreira de cantor. Após o sucesso com a gravação de "Sextou", um produtor musical abriu caminho para que Pedrinho passasse a gravar e realizar shows através de uma produtora. De acordo com informações coletadas em entrevistas, Pedrinho dedicou o tempo livre de suas férias escolares para gravar o primeiro DVD, no qual a canção principal é "Espelho Dela"[40]. Nesta música, Pedrinho traça

---

39. BIU DO PISEIRO, PEDRINHO PISADINHA. *Sextou*. 2020. Disponível em: https://www.letras.mus.br/biu-do-piseiro/sextou/. Acesso em: 19 jul. 2021.
40. LIMA NETO, João. Piseiro infantil? Pedrinho Pisadinha e Railena Show crescem com derivado do forró. *Diário do Nordeste*, 08 de janeiro de 2021. Disponível em: https://diariodonordeste.verdesmares.com.br/entretenimento/e-hit/piseiro-infantil-pedrinho-pisadinha-e-railena-show-crescem-com-derivado-do-forro-1.3030868. Acesso em: 19 jul. 2021.

paralelos entre a mulher e um controle de videogame, quase como se o ato sexual fosse um jogo:

> Espelho espelho dela
>
> Me diz no mundo quem é mais vagabunda que ela
>
> Ela é terrível, eu falo pra vocês
>
> Ninguém controla ela, nem o meu ps6
>
> X, quadrado, triângulo ela para
>
> X, quadrado, triângulo ela para
>
> Gira o analógico que é bunda na sua cara
>
> Gira o analógico que é bunda na sua cara
>
> Pressiona o R1 e depois aperta bola
>
> Pressiona o R1 e depois aperta bola
>
> Agora observa como a novinha rebola
>
> Agora observa como a novinha rebola
>
> (...) Você conseguiu tudo, mas vai ficar complicado
>
> Você conseguiu tudo, mas vai ficar complicado
>
> Agora aperte tudo e você descontrola o rabo
>
> Agora aperte tudo e você descontrola o rabo[41]

O cantor infantil, em seu tempo livre, jogaria futebol com os amigos, e teria relatado que, quando vai brincar na praça, é solicitado para fotos com fãs, conforme relatado na entrevista citada. Em seu perfil de *instagram*, há divulgações de músicas, clipes, contato para *shows*, link para suas músicas, e informa-se que a administração do perfil é realizada por sua mãe[42]. As postagens são majoritariamente ligadas às músicas de Pedrinho e comemora-se a marca de doze milhões de visualizações no *YouTube*. Divulga-se o lançamento da música "50 tons de cinza", homônima da série de livros *bestseller* de teor erótico, que envolve o romance de uma jovem com um homem sadomasoquista. No mesmo sentido das outras músicas do autor, também possui linguagem sexual, "você quicando com vontade/descendo até embaixo com toque de sacanagem/só eu que sei fazer".

Passa-se agora ao caso da cantora Melody. A menina é nascida em 2007, contando atualmente com catorze anos. Sua notoriedade iniciou em 2015, quando ela possuía apenas oito anos, após ser divulgado em seu *Facebook* um vídeo dela cantando a música "Falem de Mim", escrita por seu pai, no qual tentou reproduzir um falsete com uma amiga de seu pai que, não tendo sucesso, acabou por *viralizar* na internet[43]. Diferentemente de Pedrinho, Melody aparentemente não consegui conciliar a vida

---

41. PEDRINHO PISADINHA. *Espelho dela*. 2021. Disponível em: https://www.suasletras.com.br/pedrinho-pisadinha/espelho-dela. Acesso em: 19 jul. 2021.
42. Disponível em: https://www.instagram.com/pedrinhopisadinha/. Acesso em: 19 jul. 2021.
43. O GLOBO. MC Melody e Debora fazem duelo de falsetes. Disponível em https://oglobo.globo.com/cultura/mc-melody-debora-fazem-duelo-de-falsetes-17516904. Acesso em: 19 jul. 2021.

de famosa com a escola, chegando-se ao ponto de ter que se proibir que os demais alunos fossem atrás da menina durante o intervalo[44].

A menina possuía, desde pequena, clipes musicais extremamente sexualizados. Seu pai chegou a ser investigado em inquérito aberto ainda em 2015 pelo Ministério Público do Trabalho de São Paulo, por suspeita de violação ao direito ao respeito e à dignidade de crianças e adolescentes, devido ao visual adulto que Melody utilizava em seus vídeos, ao teor sexual das músicas e as poses sensualizadas realizadas pela menina[45]. Foi firmado Termo de Ajustamento de Conduta, comprometendo-se o pai a impedir que as atividades exercidas pela filha a expusessem a expressões de conotação pornográfica, e a observar as roupas utilizadas pela menina, para evitar um caráter sexual, sob pena de multa de R$ 10.000,00.

Em 2018, quando tinha somente onze anos, Melody lançou a música "Vai Rebola", em cujo clipe ela utiliza roupas justas e dança de forma sensualizada. Surpreende, pois, à época, a menina possuía onze anos de idade, e as suas vestimentas – calça legging justa, sutiã com bojo, jaqueta de brilhos, sapato de salto alto –, e a sua aparência – cabelo longo e alisado, pintado de loiro, utilizando também forte maquiagem –, a fazem parecer alguns anos mais velha[46].

Em seu perfil no *instagram*, a cantora conta com dez milhões de seguidores, e informa-se que a conta é administrada por seu pai[47]. Pelas postagens realizadas, a maior parte fotos pessoais, e algumas voltadas à divulgação de suas músicas, permanece a impressão de que se está diante de uma menina no final de sua adolescência, talvez até mesmo no início de sua vida adulta, porém, ela possui somente catorze anos. As roupas utilizadas são sensuais, como shorts justos com tops, ou vestidos curtos e colados ao corpo. Mantém o cabelo pintado de loiro e uso de maquiagem que lhe faz parecer mais adulta. Cita-se, como exemplo, um vídeo seu que possui um milhão de visualizações no *instagram*, no qual a cantora dança de forma sensualizada uma música, utilizando um short jeans curto e uma blusa justa, que mostra seu abdômen, está de maquiagem e com cabelo pintado de roxo[48].

O que ambos os casos nos demonstram é que houve uma produção de conteúdos de teor erótico pelas crianças, antes que completassem doze anos de idade. Logo, músicas e clipes que não lhes seria indicado sequer assistir, a partir dos critérios da classificação indicativa que se tem hoje. São crianças produzindo músicas com teor

---

44. NEVES, Marília. MC Melody sobre assédio na escola: 'se ficar atrás de mim, leva suspensão'. *Ego Globo*, 13 de outubro de 2017. Disponível em http://ego.globo.com/famosos/noticia/2015/10/mc-melody-sobre-assedio-na-escola-se-ficar-atras-de-mim-leva-suspensao.html. Acesso em: 19 jul. 2021.

45. SENRA, Ricardo. Ministério Público abre inquérito sobre 'sexualização' de MC Melody. *BBC Brasil*, 2 de abril de 2015. Disponível em bbc.com/portuguese/noticias/2015/04/150424_salasocial_inquerito_mcmelody_rs. Acesso em 19 jul. 2021.

46. MELODY. *Vai rebola*. 2018. Disponível em https://www.letras.mus.br/mc-melody/vai-rebola/. Acesso em: 19 jul. 2021.

47. Disponível em: https://www.instagram.com/melodyoficial3/. Acesso em: 19 jul. 2021.

48. Disponível em: https://www.instagram.com/p/CPjf02uHBs6/. Postado em 31 de maio de 2021. Acesso em: 19 jul. 2021.

sexual – que, no caso de Pedrinho, por exemplo, demonstram sua inocência, ao comparar uma mulher com botões de controle de videogame, e, no caso de Melody, demonstram indícios de uma superexposição pelo pai/empresário, dada sua imagem sexualizada e "adultizada" desde muito jovem. O ponto comum nos dois casos é a administração da carreira musical por um dos pais, demonstrando que há concordância com a exposição da criança a estes tipos de conteúdo.

No caso de Pedrinho, aparentemente, sua vida pessoal e sua infância foram menos afetados pela carreira musical e pela exposição, do que quando se pensa no caso de Melody. Porém, talvez nos caiba aqui atribuir estas diferenciações aos papeis de gênero impostos a cada uma destas crianças. Melody é apresentada de maneira sexualizada e com roupas que acentuam seu corpo, não parecendo em nenhum momento ter a sua real idade. Pedrinho, por sua vez, parece não se expor tanto, focando-se sua presença *online* mais na divulgação das músicas do que em compartilhar momentos pessoais, motivo pelo qual se poderia atribuir a mais fácil conciliação dos estudos e das atividades de final de semana, como o futebol.

Aponta-se que a criação de uma imagem pública da criança pelos pais, para atender ao público a que se dirige o conteúdo por ela produzido, não pode ser feita de forma que limite, ou interfira negativamente para o seu desenvolvimento. É papel dos pais enquanto adultos responsáveis por guiar as crianças no processo de formação de suas identidades, não as restringirem a papéis sociais, e levarem sempre em mente o seu melhor interesse. Os pais, possuindo esta função inerente à autoridade parental, têm o dever de zelar por propiciar um ambiente no qual a criança se sinta confortável em explorar interesses não prejudiciais a ela, ao que o reforço de estereótipos em suas representações *online* poderá ser um empecilho:

> Before children develop their independent thinking and have their own social interactions, parents are the sole guardians who set the path for theis children. Children also look up to their parents to validate their activities. Thus, when these children see their associations that are set by their parents, they might be less inclined to experiment outside of their established grounding.[49]

Entende-se o apelo de tornar o filho famoso através da internet, tendo em vista as possibilidades de alta visibilidade, reconhecimento social e remunerações. Porém, não se pode olvidar da primordial responsabilidade dos pais em zelarem pelo bem-estar dos filhos, não podendo agir de modo que coloque seus direitos em risco. A *persona* de uma criança que aborda conteúdos de teor sexual em suas músicas pode afetar não apenas o adequado desenvolvimento da personalidade, como também lhe deixar exposta a riscos – como o assédio, por exemplo. Os pais, na sua incumbência de guiar e de proteger os filhos no seu desenvolvimento, não podem chancelar – ou até mesmo incentivar – atitudes *online* que ultrapassem um certo limite de exposi-

---

49. CHOI, Grace Yiseul; LEWALLEN, Jennifer. "Say Instagram, Kids!": examining sharenting and children's digital representations on Instagram. *Howard Journal of Communications*, [S.l], 2018. p. 157.

CLASSIFICAÇÃO INDICATIVA E PRODUÇÃO DE CONTEÚDOS DIGITAIS POR CRIANÇAS E ADOLESCENTES **283**

ção, ou promover representações dos filhos que acabem por engessar o seu processo autônomo de descobrimento da sua própria personalidade.

Assim, a classificação indicativa, enquanto ferramenta destinada a auxiliar os pais na decisão de quais conteúdos audiovisuais permitirão que seus filhos acessem, pode se mostrar uma boa diretriz para solucionar o impasse da exposição de crianças na internet. É cabível utilizar as diretrizes da classificação indicativa, sobre a quais faixas etárias cada tipo de conteúdo é destinado, para, por analogia, aplicá-la a quais conteúdos crianças poderiam produzir. Um verdadeiro guia para que os pais, ao intentarem uma carreira na mídia para os filhos, analisarem o tipo de conteúdo a ser produzido, e se o mesmo é adequado para a faixa etária da criança.

Seria um tanto quanto absurdo pensar que, pela classificação indicativa, não seria considerado adequado que Pedrinho e Melody consumissem os próprios conteúdos, dado o seu teor sexual e a idade inferior a doze anos à época das produções. Por isso, defende-se que a classificação é aplicável, também, ao que produzem as crianças. Em se tratando de diretrizes elaboradas com o intuito de proteção à integridade psicológica e ao seu adequado desenvolvimento, os parâmetros para a classificação de conteúdos por faixa etária se mostram hábeis a verificar o tipo de mídia e o nível de exposição a nudez, drogas e violência que se pode ter sem que se interfira no bem-estar da criança. Tal exposição vai além do simples consumo destas mídias, podendo abranger, também, os temas em relação aos quais pode se considerar que não representem riscos à criança que está produzindo músicas ou vídeos.

5. CONCLUSÃO

Diante o abordado neste artigo, verifica-se que a classificação indicativa é uma ferramenta disponibilizada pelo Poder Público, destinada a auxiliar os pais no exercício de seu dever de educação aos filhos. A liberdade de expressão não pode ser tratada juridicamente de modo absoluto, de forma que a classificação indicativa permite a sua funcionalização para a informação da população, inclusive infantojuvenil, devendo os conteúdos produzidos servirem para, de algum modo, contribuir com este fim social do desenvolvimento da personalidade do público consumidor. Logo, trata-se de instrumento que permite aos pais e responsáveis decidir, de forma consciente e informada, qual o tipo de conteúdo as crianças terão acesso, e como se posiciona o Estado quanto às faixas etárias que poderiam assistir, sem prejuízo ao seu desenvolvimento, a conteúdos com teor sexual, violência ou drogas. Lembre-se que a liberdade de decisão dos pais encontra limites no desenvolvimento saudável dos filhos.

A problemática se intensifica quando se pensa na presença *online* de crianças, de forma que possa gerar rendimentos, através de uma exposição pessoal e produção de conteúdos, especialmente em plataformas na internet. Devem-se reconhecer os deveres parentais de propiciar aos filhos uma convivência *online* com segurança, protegendo-os de potenciais riscos. A autoridade parental, na sociedade da informação, deve se pautar pela busca por formas de guiar-se o desenvolvimento dos filhos enquanto indivíduos, para que faça um uso consciente da internet, sempre com atenção ao dever de cuidado dos pais nesta trajetória do amadurecimento dos filhos – não podendo os pais, eles próprios, serem os causadores de violações à privacidade.

Diante dos casos de Melody e de Pedrinho Pisadinha, tem-se que há uma presença infantil na internet, destinada à produção de conteúdos com teor erótico, destinado ao público no final da adolescência ou jovens adultos. A exposição desta forma pode representar um empecilho ao saudável desenvolvimento destas crianças criadoras de conteúdo, vez que as colocam em posições de assumir falas ou portarem-se de forma mais sensualizada, abordando temáticas que não vivenciam – pois não são experiências próprias de suas idades –, com o aval e incentivo dos genitores.

A classificação indicativa, como ferramenta de auxílio no dever educacional dos pais, mostra-se um bom guia para avaliar a adequação do conteúdo produzido à faixa etária na qual se insere o cantor mirim. Por analogia, pode-se aplicá-la como um guia para que os pais, ao incentivarem uma carreira midiática aos filhos, analisem o tipo de conteúdo a ser produzido, e se o mesmo é adequado para a faixa etária.

Hoje, o que se tem, são crianças que estão na mídia produzindo conteúdo que, caso fossem assistir ou ouvir, não lhes seria indicado devido ao teor sexual. Assim, defende-se neste artigo que se possa aplicar a classificação indicativa também ao que produzem as crianças. São classificações destinadas à proteção da integridade psicológica e do adequado desenvolvimento de crianças e de adolescentes, razão pela qual os parâmetros para a classificação de conteúdos por faixa etária se mostram aptos a verificar o tipo de mídia e o nível de exposição a nudez, drogas e violência que se pode ter sem que se interfira no bem-estar da criança. Ressalta-se que a intensidade de cada conteúdo tido como prejudicial à criança – nudez, drogas ou violência – impacta na faixa etária à qual será indicado, de modo que a classificação se atenta ao progressivo desenvolvimento e amadurecimento. Consequentemente, tendo-se a compreensão de que o *consumo* destas mídias não é saudável a crianças, não se pode cogitar que a produção de conteúdos envolvendo as temáticas de sexo, drogas ou violência, o poderia ser, razão pela qual o teor das músicas e vídeos produzidos deve seguir as mesmas nuances da classificação indicativa para o seu consumo.

6. REFERÊNCIAS

BIU DO PISEIRO, PEDRINHO PISADINHA. *Sextou.* 2020. Disponível em https://www.letras.mus.br/biu-do-piseiro/sextou/. Acesso em: 19 jul. 2021

BLUM-ROSS, Alicia; LIVINGSTONE, Sonia. "Sharenting", parent blogging, and the boundaries of the digital self. *Popular Communication: The International Journal of Media and Culture*, [S.l], v. 15, n. 2, p. 110-125, 2017.

BRASIL. *Constituição da República Federativa do Brasil de 1988.* Brasília: 1988. Disponível em: http://www.planalto.gov.br/ccivil_03/constituicao/constituicao.htm. Acesso em: 19 jul. 2021.

BROSCH, Anna. When the child is born into the internet: sharenting as a growing trend among parents on Facebook. *The New Educational Review*, [S.l], v. 43, n. 1, p. 225-235, 2016.

CASTRO, João Caldeira Brandt Monteiro de. *A atuação das empresas de televisão como grupo de interesse: estratégias e táticas de pressão no caso da política de classificação indicativa*. 2018. 333p. Tese (Doutorado em Ciência Política) – Universidade de São Paulo, Programa de Pós-Graduação em Ciência Política, São Paulo, 2018.

CHOI, Grace Yiseul, LEWALLEN, Jennifer. "Say Instagram, Kids!": examining sharenting and children's digital representations on Instagram. *Howard Journal of Communications*, [S.l], p. 144-164, 2018.

COSTA, Ana Paula Motta. *Os adolescentes e seus direitos fundamentais*: da invisibilidade à indiferença. Porto Alegre: Livraria do Advogado, 2012.

EBERLIN, Fernando Büscher von Teschenhausen. Sharenting, liberdade de expressão e privacidade de crianças no ambiente digital: o papel dos provedores de aplicação no cenário jurídico brasileiro. *Revista Brasileira de Políticas Públicas*, Brasília, v. 7, n. 3, p. 256-274, dez. 2017.

LEITE, Rita de Cássia Curvo. *Direito à prevenção especial da criança na classificação indicativa. Doutorado em Direito*. 2016. 270p. Tese (Doutorado em Direito) – Pontifícia Universidade Católica de São Paulo, Programa de Pós-Graduação em Direito, São Paulo, 2016.

LIMA NETO, João. Piseiro infantil? Pedrinho Pisadinha e Railena Show crescem com derivado do forró. *Diário do Nordeste*, 08 de janeiro de 2021. Disponível em https://diariodonordeste.verdesmares.com.br/entretenimento/e-hit/piseiro-infantil-pedrinho-pisadinha-e-railena-show-crescem-com-derivado-do-forro-1.3030868. Acesso em: 19 jul. 2021.

LÔBO, Paulo. *Direito Civil*: Famílias. 8. ed. v. 5. São Paulo: Saraiva Educação, 2018.

MELODY. *Vai rebola*. 2018. Disponível em https://www.letras.mus.br/mc-melody/vai-rebola/. Acesso em: 19 jul. 2021.

MENEZES, Joyceane Bezerra de; MORAES, Maria Celina Bodin de. Autoridade parental e privacidade do filho: o desafio de cuidar para emancipar. *Revista Novos Estudos Jurídicos – Eletrônica*, [S.l], v. 20, n. 2, p. 501-532, maio/ago. 2015.

MINISTÉRIO DA JUSTIÇA. *Classificação Indicativa*: Guia Prático. Brasília, 2018. Disponível em: https://www.gov.br/mj/pt-br/assuntos/seus-direitos/classificacao-1/paginas-classificacao-indicativa/guia-de-classificacao. Acesso em: 19 jul. 2021.

MINISTÉRIO DA JUSTIÇA. Portaria 1.189, de 03 de agosto de 2018. *Regulamenta o processo de classificação indicativa de que tratam o art. 74 da Lei nº 8.069, de 13 de julho de 1990, o art. 3º da Lei nº 10.359, de 27 de dezembro de 2001, e o art. 11 da Lei nº 12.485, de 12 de setembro de 2011*. Disponível em: https://www.in.gov.br/materia/-/asset_publisher/Kujrw0TZC2Mb/content/id/35518982/do1-2018-08-06-portaria-n-1-189-de-3-de-agosto-de-2018-35518938. Acesso em: 19 jul. 2021.

MINISTÉRIO DA JUSTIÇA. Portaria 502, de 23 de novembro de 2021. *Regulamenta o processo de classificação indicativa de que tratam o art. 74 da Lei nº 8.069, de 13 de julho de 1990, o art. 3º da Lei nº 10.359, de 27 de dezembro de 2001, e o art. 11 da Lei nº 12.485, de 12 de setembro de 2011*. Disponível em: https://www.in.gov.br/en/web/dou/-/portaria-mjsp-n-502-de-23-de-novembro-de-2021-361633258 Acesso em: 19 jul. 2021.

MOREIRA, Rodrigo Pereira; MEDEIROS, Jaquelaine Souza. Direito ao esquecimento: entre a sociedade da informação e a civilização do espetáculo. *Revista de Direito Privado*, São Paulo, n. 70, p. 71-98, 2016.

NEVES, Marília. MC Melody sobre assédio na escola: 'se ficar atrás de mim, leva suspensão'. *Ego Globo*, 13 de outubro de 2017. Disponível em http://ego.globo.com/famosos/noticia/2015/10/mc-melody-sobre-assedio-na-escola-se-ficar-atras-de-mim-leva-suspensao.html. Acesso em: 19 jul. 2021.

O GLOBO. MC Melody e Debora fazem duelo de falsetes. Disponível em https://oglobo.globo.com/cultura/mc-melody-debora-fazem-duelo-de-falsetes-17516904. Acesso em: 19 jul. 2021.

ORGANIZAÇÃO DOS ESTADOS AMERICANOS (OEA). *Convenção Americana sobre Direitos Humanos*. São José, Costa Rica, 1969. Disponível em: https://www.cidh.oas.org/basicos/portugues/c.convencao_americana.htm. Acesso em: 19 jul. 2021.

PEDRINHO PISADINHA. *Espelho dela*. 2021. Disponível em https://www.suasletras.com.br/pedrinho-
-pisadinha/espelho-dela. Acesso em: 19 jul. 2021.

PERLINGIERI, Pietro. *O direito civil na legalidade constitucional*. Tradução de Maria Cristina de Cicco.
Rio de Janeiro: Renovar, 2008.

REIS, Rodolfo Moraes. *Quando classificar é proteger*: uma etnografia da política brasileira de classificação
indicativa de audiovisuais. 2021. 201p. Tese (Doutorado em Antropologia Social) – Universidade
Estadual de Campinas, Instituto de Filosofia e Ciências Humanas, Campinas, 2021.

SARLET, Ingo Wolfgang. *La eficacia de los derechos fundamentales*: una teoría desde la perspectiva constitucional. Lima: Palestra Editores, 2019.

SENRA, Ricardo. Ministério Público abre inquérito sobre 'sexualização' de MC Melody. *BBC Brasil*, 2
de abril de 2015. Disponível em bbc.com/portuguese/noticias/2015/04/150424_salasocial_inque-
rito_mcmelody_rs. Acesso em 19 jul. 2021.

STEINBERG, Stacey B. Sharenting: children's privacy in the age of social media. *Emory Law Journal*,
[S.l], v. 66, p. 838-884, 2017.

15
O APLICATIVO 'TIKTOK' E A PROTEÇÃO À PRIVACIDADE DE CRIANÇAS EM PLATAFORMAS DIGITAIS

José Luiz de Moura Faleiros Júnior

Doutorando em Direito Civil pela Universidade de São Paulo – USP/Largo de São Francisco. Doutorando em Direito, na área de estudo 'Direito, Tecnologia e Inovação', pela Universidade Federal de Minas Gerais – UFMG. Mestre e Bacharel em Direito pela Universidade Federal de Uberlândia – UFU. Especialista em Direito Digital, em Direito Civil e Empresarial. É um dos Associados Fundadores do Instituto Avançado de Proteção de Dados – IAPD. Membro do Instituto Brasileiro de Estudos de Responsabilidade Civil – IBERC. Advogado e professor. E-mail: jfaleiros@usp.br

Roberta Densa

Doutora em Direitos Difusos e Coletivos pela Pontifícia Universidade Católica de São Paulo (PUC/SP), mestre em Direito Político e Econômico pela Universidade Presbiteriana Mackenzie (2005). Editora Jurídica na Editora Foco. Professora de Direito Civil e Direitos Difusos e Coletivos. Professora da Faculdade de Direito de São Bernardo do Campo. Advogada. Membro da Comissão dos Direitos do Consumidor da OAB/SP.

Sumário: 1. Introdução – 2. A plataforma TikTok – 3. O TikTok e a proteção de dados de crianças e adolescentes – 4. Considerações finais – 5. Referências.

1. INTRODUÇÃO

A popularização da plataforma TikTok vem despertando atenção de pais, educadores e órgãos reguladores pelo mundo afora. Isso porque, especialmente após a pandemia de Covid-19, a expansão do aplicativo e sua grande aceitação por crianças e adolescentes fizeram surgir inquietações sobre os impactos de seus termos de uso e de suas políticas de privacidade.

No contexto da proteção de dados pessoais, que ganha novos contornos em todo o mundo, nota-se crescente preocupação com a adequação da referida plataforma às conjecturas e particularidades que envolvem as atividades de tratamento de dados pessoais de crianças e adolescentes. No Brasil, o advento da Lei Geral de Proteção de Dados Pessoais (Lei 13.709/2018) desencadeou o aumento dessa preocupação, haja vista a plêiade de aspectos contidos no artigo 14 da referida lei, com impactos diretos sobre tal plataforma.

O presente trabalho, em linhas gerais, trabalhará com o tema-problema da compatibilização do aplicativo TikTok às regras de proteção de dados pessoais brasileiras, bem como aos ditames do Estatuto da Criança e do Adolescente. A hipótese da pesquisa envolverá a necessidade de parametrização de aspectos que ultrapassam aqueles previstos na LGPD, especialmente a partir do labor da Autoridade Nacional de Proteção de Dados. A pesquisa se baseará na metodologia dedutiva e em pesquisa bibliográfico-doutrinária.

2. A PLATAFORMA TIKTOK

A popularidade da plataforma de compartilhamento de vídeos curtos TikTok no Ocidente tem suscitado dúvidas quanto aos métodos adotados por sua desenvolvedora para a proteção de dados pessoais de seus usuários e – mais do que isso – para a garantia de preservação de direitos fundamentais de crianças.

Se o tema não é, em si, um problema absolutamente novo, haja vista a proeminência das discussões em torno dos termos de uso de outras grandes plataformas de mídias sociais como Twitter[1] e Facebook[2], é inegável que os impactos gerados pelo TikTok têm peculiaridades que merecem elucidação mais detida.

Recente notícia informa o descumprimento de acordo, formalizado pela empresa ByteDance, criadora do TikTok, com a Federal Trade Commission (FTC) norte-americana, que previa multa de US$ 5,7 milhões caso não fossem removidos os dados tratados a partir de contas utilizadas por usuários com menos de 13 anos de idade.[3]

A medida sancionatória é resultante de disposições contidas no *Communications Dececy Act* (CDA) – que está contido no *Telecommunications Act* norte-americano, de 1996 –, cujas previsões prepararam o terreno para várias tentativas de regular a comunicação na Internet e nas mídias sociais, tornando explicitamente ilegal enviar ou disponibilizar conscientemente a menores qualquer material indecente ou obs-

---

1. Jeremy Lipschultz explica os delineamentos da plataforma quanto às exigências para a criação de novas contas e sua utilização: "Twitter users must be at least 13 years old, and the service will delete data if it becomes aware that a younger child is using it. As an international SNS, Twitter follows European rules: 'Twitter complies with the U.S.-E.U. and U.S.-Swiss Safe Harbor Privacy Principles of notice, choice, onward transfer, security, data integrity, access, and enforcement'". LIPSCHULTZ, Jeremy Harris. *Social media communication*: concepts, practices, data, law and ethics. 2. ed. Londres: Routledge, 2018, p. 221.
2. A idade mínima para a criação de contas no Facebook é de 13 anos e são adotadas técnicas algorítmicas de confirmação etária na plataforma: "As per our terms, we require people to be at least 13 years old to sign up for Facebook or Instagram. In some countries, our minimum age is higher. (…) Artificial intelligence is the cornerstone of the approach we're taking. We've developed technology that allows us to estimate people's ages, like if someone is below or above 18. We train the technology using multiple signals. We look at things like people wishing you a happy birthday and the age written in those messages, for example, "Happy 21st Bday!" or "Happy Quinceañera." We also look at the age you shared with us on Facebook and apply it to our other apps where you have linked your accounts and vice versa – so if you share your birthday with us on Facebook, we'll use the same for your linked account on Instagram. This technology isn't perfect, and we're always working to improve it, but that's why it's important we use it alongside many other signals to understand people's ages". DIWANJI, Pavni. How Do We Know Someone Is Old Enough to Use Our Apps? *Facebook, Inc.*, 27 jul. 2021. Disponível em: https://about.fb.com/news/2021/07/age-verification/. Acesso em: 25 jul. 2021.
3. CASTRO, Alex. TikTok hit with complaint from child privacy advocates who say it's still flouting the law. *The Verge*, 14 maio 2020. Disponível em: https://www.theverge.com/2020/5/14/21258502/tiktok-complaint-child-privacy-ftc. Acesso em: 25 jul. 2021.

ceno. A Suprema Corte dos EUA, no entanto, considerou inconstitucional parte das disposições sobre indecência do CDA. No caso *Reno v. ACLU* (1997), foi reconhecida a preocupação do Congresso em impedir que crianças sejam alvos ou tenham acesso a comunicações sexuais explícitas, embora a previsão sobre conteúdo 'indecente' fosse vaga e exagerada. Quanto ao conteúdo 'obsceno', os tribunais estadunidenses se reportam ao caso *Miller v. Califórnia* (1973) para definir obscenidade em todas as mídias – incluindo mídias sociais. Porém, a despeito de existir repertório de precedentes que dá lastro a sanções administrativas no referido país, o tema ainda é polêmico e gera dúvidas sobre o alcance conceitual das proibições.

Vale notar que esse foi o segundo caso de multa aplicada pelo FTC por coleta indevida de dados de crianças. O primeiro caso foi investigado pela *Federal Trade Commission* em 2019 e terminou em acordo com imposição de multa à Google de US$ 170 milhões por violações à privacidade de crianças no YouTube (a multa mais alta aplicada pelo órgão até hoje). Conforme o acordo firmado, a Google LLC e a subsidiária YouTube LLC teriam violado as regras do COPPA (*Children's Online Privacy Protection Act*) ao coletar informações pessoais de crianças utilizando *cookies*[4] para rastrear usuários na Internet sem antes identificar e obter o consentimento expresso dos pais ou responsável. Com tais dados, o YouTube, usando os identificadores, praticou a denominada publicidade comportamental direcionada às crianças e adolescentes, sem expresso consentimento dos pais.

Essa preocupação com a preservação de crianças em razão do implemento de estratégias algorítmicas abstrusas no âmbito de plataformas de mídias sociais é decorrência de abusos reconhecidos em razão de problemas recorrentes na internet, como a falta de transparência e as dificuldades para a realização de controle parental. Revisitações ao tema se tornaram mais frequentes no século XXI, em especial com a proeminência dessas plataformas, embora já em 2002 se tivesse notícias de importantes escritos que sinalizavam para a necessidade de melhor elucidação do problema, como a clássica obra de Sonia Livingstone, que sinalizava para a rápida mudança das novas mídias.[5]

Voltando ao TikTok e, mais particularmente, ao seu funcionamento, pode-se descrever o processo de cadastramento de uma nova conta e seu imediato uso de forma bastante objetiva: feito o *download* de um aplicativo que está disponível para

---

4. Em linhas gerais, pode-se definir um *cookie* como o "fragmento de texto armazenado por servidor da web no disco rígido do usuário, amplamente utilizado por páginas da internet com a finalidade de identificar e armazenar dados dos visitantes". DENSA, Roberta; DANTAS, Cecília. Notas sobre publicidade digital: cookies e spams. *In*: MARTINS, Guilherme Magalhães; LONGHI, João Victor Rozatti (Coord.). *Direito digital*: direito privado e internet. 4. ed. Indaiatuba: Foco, 2021, p. 694.

5. LIVINGSTONE, Sonia. *Young people and new media*: childhood and the changing media environment. Londres: Sage, 2002, p. 200-201. Segundo a autora, "Families are only now coming to terms with the individualisation of leisure which the multiplication and personalisation of media goods affords. Even under one roof, family members can develop and sustain different forms of knowledge or expertise and, in key respects (for which ICT is an obvious example), it is ever less the case that parents can assume they know more than their children".

os principais sistemas operacionais móveis (como Android e iOS), é realizado um cadastro que permite aos usuários a gravação de vídeos curtos (originalmente, de 3 a 15 segundos, e, mais recentemente, com duração que alcança alguns minutos de duração) para a realização de sincronia labial (*lip-sync*) com músicas ou trechos de outros vídeos, ou vídeos em autorrepetição (*looping*) com duração de 3 a 60 segundos, tendo por objetivo precípuo o compartilhamento desses conteúdos para a propagação de diversão interativa e para a confecção de *memes*[6].

Originalmente, a plataforma era chamada Dǒuyīn (抖音) e sua popularidade era restrita aos países do Oriente, destacadamente a China. Entre 2017 e 2018, com a aquisição de uma outra plataforma chamada Musical.ly, passou a ganhar maior projeção nos Estados Unidos da América, e foi nesse contexto que a FTC impôs a mencionada multa – antes mesmo da adoção da marca TikTok.

Entretanto, o debate que se apresenta vai muito além das práticas de outrora e passa a sinalizar a necessidade inevitável de que a Ciência Jurídica apresente respostas aos abusos perpetrados em detrimento de crianças, que "estão em posição de maior debilidade em relação à vulnerabilidade reconhecida ao consumidor-padrão".[7] Estratégias interativas e baseadas em gamificação constituem o núcleo da plataforma TikTok, que possui interface baseada nos jogos e na "busca por recursos e soluções de *design* inspirados na lógica dos *games*, no sentido de provocar, de alguma maneira, experiências de envolvimento e diversão, mas que não são caracterizados efetivamente como jogos".[8]

Com o tempo dedicado pelos usuários à criação, ao compartilhamento e à troca de reações no 'TikTok', a plataforma mais parece um *playground* eletrônico do que um aplicativo de compartilhamento de vídeos passivo. O 'TikTok' instiga seu usuário a 'jogar' através da criação de vídeos criativos, usualmente de teor cômico e aptos à "viralização", inclusive noutras redes sociais. É o ambiente perfeito para que crianças, exatamente pela vulnerabilidade fática descrita nas linhas acima, sejam instigadas a se inscreverem, criando contas na plataforma para poderem aderir à diversão 'do momento'.

3.   O TIKTOK E A PROTEÇÃO DE DADOS DE CRIANÇAS E ADOLESCENTES

Os riscos são evidentes e podemos sintetizá-los a partir de uma reflexão de Jaqueline Vickery: "computadores, Internet, tecnologias móveis, jogos de compu-

---

6.   HERRMAN, John. How TikTok is rewriting the world. *The New York Times*, 10 mar. 2019. Disponível em: https://www.nytimes.com/2019/03/10/style/what-is-tik-tok.html. Acesso em: 25 jul. 2021.

7.   CARVALHO, Diógenes Faria de; OLIVEIRA, Thaynara de Souza. A categoria jurídica de 'consumidor-criança' e sua hipervulnerabilidade no mercado de consumo brasileiro. *Revista Luso-Brasileira de Direito do Consumo*, Curitiba, v. V, n. 17, p. 207-230, mar. 2015, p. 224. Os autores ainda acrescentam: "Cuida-se de uma vulnerabilidade fática (física, psíquica e social) agravada ou dupla vulnerabilidade, isto é: o consumidor-criança, em razão de suas qualidades específicas (reduzido discernimento, falta de percepção) são mais susceptíveis aos apelos dos fornecedores".

8.   FAVA, Fabrício. A emergência da gamificação na cultura do jogo. *In*: SANTAELLA, Lucia; NESTERIUK, Sérgio; FAVA, Fabrício (Orgs.). *Gamificação em debate*. São Paulo: Blucher, 2018, p. 54.

tador e mídias sociais não são exceções; isto é, são simultaneamente consideradas tecnologias de oportunidade, bem como tecnologias de risco na vida dos jovens; eles evocam muita ansiedade e atenção de adultos".[9] Fala-se na necessidade de indicação de classificação indicativa em portais eletrônicos e na disponibilização de mecanismos de controle parental (*parental control*), na prevenção ao *cyberbullying*[10], em ferramentas de entretenimento na Internet como exemplos[11] do escopo protetivo que o artigo 29 da Lei 12.965/2014 (Marco Civil da Internet, ou MCI) já anunciava.[12] Nem todo controle é facilmente exercido pelos pais, o que revela a importância do debate mais específico sobre dados pessoais.

É exatamente o caso do 'TikTok', cuja ascensão desregulada[13] e desprovida de mecanismos de controle eficientes revelou a imperiosidade da proteção aos dados de crianças eventualmente expostas à plataforma, com consequências como a sanção imposta pela FTC. De fato, entre os anos de 2020 e 2021, algumas atualizações dos Termos de Uso do TikTok tornaram mais evidente a preocupação com o consentimento para participar da plataforma, com novas definições que, dentre outros fins, visam:

> (...) garantir que sua participação nos Serviços não resultará, em nenhum caso, em qualquer violação das leis e regulamentos aplicáveis relacionados à proteção infantil. Se você não tiver o consentimento de seus pais ou responsáveis legais e seus pais ou responsáveis não estiverem dispostos a abrir a conta em seu nome, você deve parar de acessar os Serviços.[14] (tradução livre)

No Brasil, a Lei 13.709, de 14 de agosto de 2018 (Lei Geral de Proteção de Dados Pessoais, ou apenas LGPD) dedicou dispositivos específicos ao assunto, definindo que o "tratamento de dados pessoais de crianças e de adolescentes deverá ser realizado em seu melhor interesse" (art. 14, *caput*), a demandar "consentimento específico e em destaque dado por pelo menos um dos pais ou pelo responsável legal" (art. 14, § 1º).

Também na nova Política de Privacidade da plataforma passou a constar, expressamente, que "o TikTok não é direcionado a crianças com menos de 13 anos. Em

---

9. VICKERY, Jacqueline R. *Worried about the wrong things*: Youth, risk, and opportunity in the digital world. Cambridge: The MIT Press, 2018, p. 6, tradução livre. No original: "Computers, the Internet, mobile technologies, computer games, and social media are not exceptions; that is, they are simultaneously considered to be technologies of opportunity, as well as technologies of risk in the lives of young people; they evoke a lot of adult anxiety and attention."

10. MILOSEVIC, Tijana. *Protecting children online?* Cyberbullying policies of social media companies. Cambridge: The MIT Press, 2017, p. 33-34.

11. DENSA, Roberta. *Proteção jurídica da criança consumidora*. Indaiatuba: Foco, 2018. p. 191.

12. "Art. 29. O usuário terá a opção de livre escolha na utilização de programa de computador em seu terminal para exercício do controle parental de conteúdo entendido por ele como impróprio a seus filhos menores, desde que respeitados os princípios desta Lei e da Lei 8.069, de 13 de julho de 1990 - Estatuto da Criança e do Adolescente."

13. Sobre isso, conferir, por todos, STOKEL-WALKER, Chris. *TikTok boom*: China's dynamite app and the superpower race for social media. Kingston-upon-Thames: Canbury Press, 2021

14. TIKTOK. *Terms of service*. Disponível em: https://www.tiktok.com/legal/terms-of-service. Acesso em: 25 jul. 2021. No original: "(...) ensuring that any of your participation in Services will not, in any event, result in any violation of applicable laws and regulations relating to child protections. If you do not have consent from your parent(s) or legal guardian(s) and your parent(s) or guardian(s) is not willing to open the account under their name, you must cease accessing the Services".

certos casos, essa idade pode ser maior devido a exigências regulamentares locais, consulte os termos suplementares locais para obter mais informações".[15]

No Brasil, toda política de privacidade deve estar alinhada ao disposto no artigo 227 da Constituição da República[16] e no artigo 4º da Lei 8.069, de 13 de julho de 1990 (Estatuto da Criança e do Adolescente, ou ECA)[17], realçando a condição especial da criança enquanto pessoa em condição peculiar de desenvolvimento para que a sociedade coopere no intuito de livrá-la de riscos. E, obviamente, isso inclui uma série de deveres protetivos atribuíveis a quem desenvolve e explora *software* de Internet, se enquadrando no conceito de provedor de aplicações, o que implica a obrigação de "prestar, na forma da regulamentação, informações que permitam a verificação quanto ao cumprimento da legislação brasileira referente à coleta, à guarda, ao armazenamento ou ao tratamento de dados, bem como quanto ao respeito à privacidade e ao sigilo de comunicações" (art. 11, § 3º, do MCI).

A questão deve ser analisada, ainda, para que se possa considerar os limites etários definidos em cada legislação. No Brasil, o limite etário que definem a criança como a pessoa com 12 anos incompletos (art. 2º do ECA) permite que prepondere a opção-limite mais restritiva indicada na Política de Privacidade do TikTok. Em simples termos, é prudente que se impeça o ingresso de menores de 13 anos, ao invés de menores de 12 anos. Dessa forma, não há dúvidas de que a restrição um pouco mais rigorosa do que o conceito do ECA é lícita.

Não se pode negar, para além dessas questões, a relevância de diretrizes de governança da plataforma. No TikTok, a edição do documento chamado de *Community Guidelines* indica, dentre várias restrições importantes, a proibição de que pessoas condenadas pela prática de crimes contra crianças ingressem na plataforma[18]; também constam limitações mais específicas, como uma que válida para menores de 16 anos, que os impede de utilizar a ferramenta de *chat (direct messaging)* da plataforma, e outra, válida para menores de 18 anos, que não podem se valer da função de envio

---

15. TIKTOK. *Política de Privacidade*. Disponível em: https://www.tiktok.com/legal/privacy=-policy-row?lang-pt-BR. Acesso em: 25 jul. 2021.
16. "Art. 227. É dever da família, da sociedade e do Estado assegurar à criança, ao adolescente e ao jovem, com absoluta prioridade, o direito à vida, à saúde, à alimentação, à educação, ao lazer, à profissionalização, à cultura, à dignidade, ao respeito, à liberdade e à convivência familiar e comunitária, além de colocá-los a salvo de toda forma de negligência, discriminação, exploração, violência, crueldade e opressão."
17. "Art. 4º É dever da família, da comunidade, da sociedade em geral e do poder público assegurar, com absoluta prioridade, a efetivação dos direitos referentes à vida, à saúde, à alimentação, à educação, ao esporte, ao lazer, à profissionalização, à cultura, à dignidade, ao respeito, à liberdade e à convivência familiar e comunitária."
18. Com efeito: "We do not allow users who have been convicted of crimes against children to have an account on our platform. These crimes include: sexual assault, molestation, murder, physical abuse or neglect, abduction, international parental kidnapping, trafficking, exploitation of minors for prostitution, live online sexual abuse of a minor, sexual exploitation of minors in the context of travel and tourism, attempts to obtain or distribute child sexual abuse material (CSAM), and the production, possession, or distribution of child sexual abuse material (CSAM). If we discover any such users, we ban the account. Any self-disclosed user information that states the account holder is a pedophile or minor sex offender will be taken at face value and the account may be deleted". TIKTOK. *Community guidelines*. Disponível em: https://www.tiktok.com/community-guidelines?lang=en. Acesso em: 25 jul. 2021.

ou recebimento de presentes virtuais (*virtual gifts*).[19] Essas emanações se coadunam, ainda, com o direito ao respeito, que, nos termos do artigo 17 do ECA, contemplam a "inviolabilidade da integridade física, psíquica e moral da criança e do adolescente, abrangendo a preservação da imagem, da identidade, da autonomia, dos valores, ideias e crenças, dos espaços e objetos pessoais".

Nesse sentido, se os brinquedos já se transformaram em aparatos de alta tecnologia, com a substituição da diversão lúdica e da imaginação construída a partir de objetos por *gadgets* e aplicativos interconectados – denotando verdadeira *"Internet of Toys"*, como sugere a doutrina[20]–, será ainda mais importante a atuação conjunta dos pais ou responsáveis, em cooperação com o Poder Público e os provedores de aplicação, na fiscalização e efetiva prevenção de riscos e danos às crianças, cabendo aos últimos, ainda, "promover a educação e fornecer informações sobre o uso de programas de computador, inclusive para a definição de boas práticas para a inclusão digital de crianças e adolescentes".[21]

É fundamental que sejam criadas salvaguardas e, para isso, a já citada LGPD exercerá papel de destaque. Para além da dúvida sobre o escopo de seu art. 14, que trata de crianças e adolescentes em seu *caput*, mas apenas de crianças em seus parágrafos[22], devem os provedores de aplicação implementar mecanismos de segurança de dados, como os listados por Bruno Bioni:

> (...) a principal salvaguarda nesses casos é a adoção de mecanismos de transparência que permitam ao titular dos dados se opor a tal tipo de tratamento (*opt-out*). Quanto mais visível for tal prática e mais fácil for o exercício do *opt-out*, maiores serão as chances de a aplicação do legítimo interesse ser considerada como uma base legal válida. (...) Retoma-se, com isso, o vocabulário próprio da privacidade contextual que ganha gatilhos no próprio desenho normativo da LGPD. Como seu saldo final: a) deve haver um fluxo informacional que seja íntegro-apropriado para o livre desenvolvimento da personalidade do titular do dado (proteção dos seis direitos e liberdades fundamentais); b) que esteja dentro da sua esfera de controle (legítimas expectativas), garantindo-se, inclusive, medidas de transparência que reforcem a sua carga participativa no fluxo das suas informações, ainda que *a posteriori*.[23]

---

19. Eis a previsão: "Our platform is designed with the safety of minors in mind and some of our features are age restricted. Account holders who are under the age of 16 cannot use direct messaging or host a livestream and their content is not eligible to appear in the For You feed; the age thresholds may be higher in some regions. Account holders who are under the age of 18 cannot send or receive gifts via our virtual gifting features". TIKTOK. *Community guidelines*. Disponível em: https://www.tiktok.com/community-guidelines?lang=en. Acesso em: 25 jul. 2021.

20. Para um estudo que analisa especificamente a adoção de técnicas de design de software voltadas às crianças e a seus brinquedos, leia-se: YAMADA-RICE, Dylan. Including children in the design of the Internet of Toys. *In*: MASCHERONI, Giovanna; HOLLOWAY, Donell (Eds.). *The Internet of Toys*: Practices, affordances and the political economy of children's smart play. Londres: Palgrave Macmillan, 2019.

21. LEAL, Lívia Teixeira. Internet of Toys: os brinquedos conectados à Internet e o direito da criança e do adolescente. *Revista Brasileira de Direito Civil*, Belo Horizonte, v. 12, p. 175-187, abr.-jun. 2017, p. 183.

22. Sobre o tema, veja-se: AMARAL, Claudio do Prado. Proteção de dados pessoais de crianças e adolescentes. *In*: LIMA, Cíntia Rosa Pereira de (Coord.). *Comentários à Lei Geral de Proteção de Dados*. São Paulo: Almedina, 2020. p. 175.

23. BIONI, Bruno Ricardo. *Proteção de dados pessoais*: a função e os limites do consentimento. Rio de Janeiro: Forense, 2019. p. 265; 267-268.

O que se notou com o 'TikTok', porém, foi uma completa desatenção a parâmetros mínimos de controle na plataforma quanto à criação de perfis por crianças. A título de exemplo, não havia mecanismo adequado para a confirmação etária, o que catalisava o número de contas criadas e gerenciadas por crianças, sem qualquer supervisão parental.[24] E, na metáfora do *playground*, diferentemente do mundo real, onde um genitor ou responsável pode monitorar as brincadeiras das crianças, no mundo virtual e no espaço restrito dos *smartphones* e *tablets*, a dificuldade de cognição das atividades empreendidas dificulta sobremaneira a prevenção da superexposição danosa.

A pressão sofrida pela empresa ByteDance, após duras críticas no ano de 2019, culminou em atualizações que passaram a permitir, por exemplo, o cadastramento de um genitor-supervisor (*designed parent*), com acesso às atividades do menor na plataforma.[25] Além disso, foram desenvolvidos algoritmos para a realização de varreduras rotineiras e para a exclusão de palavrões e comentários abusivos e/ou obscenos[26], mas o percurso ainda é longo: não se tem uma política rígida para prevenir a criação de contas por crianças, não se tem um mecanismo de controle que permita ao genitor/responsável amplo controle sobre os acervos de dados coletados (ou coletáveis) dos menores – inclusive de dados pessoais sensíveis, como a geolocalização –, ou mesmo sobre a existência de um sistema '*opt-out*'.

Embora a experiência estrangeira já demonstre quais são os principais gargalos dessa plataforma, no Brasil, a LGPD está em vigência apenas desde setembro de 2020 e, embora a Autoridade Nacional de Proteção de Dados (ANPD) já esteja formalmente criada há mais tempo – uma vez que os dispositivos que dela trataram (arts. 55-A a 55-L, LGPD) tiveram vigência imediata, e não diferida (art. 65, I, LGPD) –, o *enforcement* de qualquer dos demais dispositivos da lei ainda demandará tempo.

Em atuação administrativa, porém, o Procon-SP já solicitou à ByteDance informações sobre a coleta e o tratamento de dados realizado pelo 'TikTok'.[27] A medida, a nosso ver, é válida e necessária, mesmo na ausência de desejável atuação ostensiva da ANPD.

Não obstante, os diversos desdobramentos previsíveis para casos como esse ainda suscitarão discussões que irão muito além da evidente necessidade de investimentos

---

24. TIMBERG, Craig; ROMM, Tony. The U.S. government fined the app now known as TikTok $5.7 million for illegally collecting children's data. *The Washington Post*, 27 fev. 2019. Disponível em: https://www.washingtonpost.com/technology/2019/02/27/us-government-fined-app-now-known-tiktok-million-illegally-collecting-childrens-data/. Acesso em: 25 jul. 2021.

25. FANG, Alex. TikTok parent ByteDance to launch smartphone as app family grows. *Nikkei Asia*, 31 jul. 2019. Disponível em: https://asia.nikkei.com/Business/China-tech/TikTok-parent-ByteDance-to-launch-smartphone-as-app-family-grows. Acesso em: 25 jul. 2021.

26. BRESNICK, Ethan. Intensified Play: Cinematic study of TikTok mobile app. *Medium*, 25 abr. 2019. Disponível em: https://medium.com/@ethanbresnick/intensified-play-cinematic-study-of-tiktok-mobile-app-b8e848befaa8. Acesso em: 25 jul. 2021.

27. SÃO PAULO. Secretaria Extraordinária de Defesa do Consumidor - Procon/SP. *Notificação TikTok*. Disponível em: https://www.procon.sp.gov.br/notificacao-tik-tok/. Acesso em: 25 jul. 2021.

para a operacionalização da ANPD. A questão é, também, cultural e sociológica, e implica reflexões sobre o papel da tecnologia na formação das novas gerações[28], no fomento à educação digital e, enfim, quanto à indispensabilidade da atenção constante de pais e educadores, em cooperação com o Poder Público e os provedores, às atividades realizadas por crianças na Internet.

4. CONSIDERAÇÕES FINAIS

Embora a experiência estrangeira já demonstre quais são os principais gargalos dessa plataforma, no Brasil, a LGPD está em vigência apenas desde setembro de 2020 e, embora a Agência Nacional de Proteção de Dados (ANPD) já esteja formalmente criada há mais tempo – uma vez que os dispositivos que dela trataram (arts. 55-A a 55-L, LGPD) tiveram vigência imediata, e não diferida (art. 65, I, LGPD) –, o *enforcement* de qualquer dos demais dispositivos da lei ainda demandará tempo.

Assim como fez a FTC norte-americana, em atuação administrativa, o Procon-SP já solicitou à ByteDance informações sobre a coleta e o tratamento de dados realizado pelo 'TikTok'. A medida, a nosso ver, é válida e necessária, mesmo na ausência de desejável atuação ostensiva da ANPD.

Não obstante, os diversos desdobramentos previsíveis para casos como esse ainda suscitarão discussões que irão muito além da evidente necessidade de investimentos para a operacionalização da ANPD. A questão é, também, cultural e sociológica, e implica reflexões sobre o papel da tecnologia na formação das novas gerações, no fomento à educação digital e, enfim, quanto à indispensabilidade da atenção constante de pais e educadores, em cooperação com o Poder Público e os provedores, às atividades realizadas por crianças na Internet.

5. REFERÊNCIAS

AMARAL, Claudio do Prado. Proteção de dados pessoais de crianças e adolescentes. *In*: LIMA, Cíntia Rosa Pereira de (Coord.). *Comentários à Lei Geral de Proteção de Dados*. São Paulo: Almedina, 2020.

BOGOST, Ian. *How to talk about videogames*. Minneapolis: University of Minnesota Press, 2015.

BRESNICK, Ethan. Intensified Play: Cinematic study of TikTok mobile app. *Medium*, 25 abr. 2019. Disponível em: https://medium.com/@ethanbresnick/intensified-play-cinematic-study-of-tiktok--mobile-app-b8e848befaa8. Acesso em: 25 jul. 2021.

CARVALHO, Diógenes Faria de; OLIVEIRA, Thaynara de Souza. A categoria jurídica de 'consumidor--criança' e sua hipervulnerabilidade no mercado de consumo brasileiro. *Revista Luso-Brasileira de Direito do Consumo*, Curitiba, v. V, n. 17, p. 207-230, mar. 2015.

CASTRO, Alex. TikTok hit with complaint from child privacy advocates who say it's still flouting the law. *The Verge*, 14 maio 2020. Disponível em: https://www.theverge.com/2020/5/14/21258502/tiktok-complaint-child-privacy-ftc. Acesso em: 25 jul. 2021.

---

28. BOGOST, Ian. *How to talk about videogames*. Minneapolis: University of Minnesota Press, 2015. p. 185.

DENSA, Roberta; DANTAS, Cecília. Notas sobre publicidade digital: cookies e spams. *In*: MARTINS, Guilherme Magalhães; LONGHI, João Victor Rozatti (Coord.). *Direito digital*: direito privado e internet. 4. ed. Indaiatuba: Foco, 2021.

DIWANJI, Pavni. How Do We Know Someone Is Old Enough to Use Our Apps? *Facebook*, Inc., 27 jul. 2021. Disponível em: https://about.fb.com/news/2021/07/age-verification/. Acesso em: 25 jul. 2021.

FANG, Alex. TikTok parent ByteDance to launch smartphone as app family grows. *Nikkei Asia*, 31 jul. 2019. Disponível em: https://asia.nikkei.com/Business/China-tech/TikTok-parent-ByteDance-to--launch-smartphone-as-app-family-grows. Acesso em: 25 jul. 2021.

FAVA, Fabrício. A emergência da gamificação na cultura do jogo. In: SANTAELLA, Lucia; NESTERIUK, Sérgio; FAVA, Fabrício (Orgs.). *Gamificação em debate*. São Paulo: Blucher, 2018.

HERRMAN, John. How TikTok is rewriting the world. *The New York Times*, 10 mar. 2019. Disponível em: https://www.nytimes.com/2019/03/10/style/what-is-tik-tok.html. Acesso em: 25 jul. 2021.

LEAL, Lívia Teixeira. Internet of Toys: os brinquedos conectados à Internet e o direito da criança e do adolescente. *Revista Brasileira de Direito Civil*, Belo Horizonte, v. 12, p. 175-187, abr.-jun. 2017.

LIPSCHULTZ, Jeremy Harris. *Social media communication*: concepts, practices, data, law and ethics. 2. ed. Londres: Routledge, 2018.

LIVINGSTONE, Sonia. *Young people and new media*: childhood and the changing media environment. Londres: Sage, 2002.

MILOSEVIC, Tijana. *Protecting children online?* Cyberbullying policies of social media companies. Cambridge: The MIT Press, 2017.

SÃO PAULO. Secretaria Extraordinária de Defesa do Consumidor - Procon/SP. *Notificação TikTok*. Disponível em: https://www.procon.sp.gov.br/notificacao-tik-tok/. Acesso em: 25 jul. 2021.

STOKEL-WALKER, Chris. *TikTok boom*: China's dynamite app and the superpower race for social media. Kingston-upon-Thames: Canbury Press, 2021.

TIKTOK. *Community guidelines*. Disponível em: https://www.tiktok.com/community-guidelines?lang=en. Acesso em: 25 jul. 2021.

TIKTOK. *Política de Privacidade*. Disponível em: https://www.tiktok.com/legal/privacy=-policy-row?lang-pt-BR. Acesso em: 25 jul. 2021.

TIKTOK. *Terms of service*. Disponível em: https://www.tiktok.com/legal/terms-of-service. Acesso em: 25 jul. 2021.

TIMBERG, Craig; ROMM, Tony. The U.S. government fined the app now known as TikTok $5.7 million for illegally collecting children's data. *The Washington Post*, 27 fev. 2019. Disponível em: https://www.washingtonpost.com/technology/2019/02/27/us-government-fined-app-now-known-tiktok--million-illegally-collecting-childrens-data/. Acesso em: 25 jul. 2021.

VICKERY, Jacqueline R. *Worried about the wrong things*: Youth, risk, and opportunity in the digital world. Cambridge: The MIT Press, 2018.

YAMADA-RICE, Dylan. Including children in the design of the Internet of Toys. *In*: MASCHERONI, Giovanna; HOLLOWAY, Donell (Eds.). *The Internet of Toys*: Practices, affordances and the political economy of children's smart play. Londres: Palgrave Macmillan, 2019.

PARTE IV
PROTEÇÃO DE DADOS PESSOAIS

16
DADOS SENSÍVEIS DE CRIANÇAS E ADOLESCENTES: APLICAÇÃO DO MELHOR INTERESSE E TUTELA INTEGRAL

Chiara Spadaccini de Teffé

Doutoranda e mestre em Direito Civil pela Universidade do Estado do Rio de Janeiro (UERJ). Atualmente, é professora de Direito Civil e de Direito e Tecnologia na Faculdade de Direito do IBMEC. Leciona em cursos de pós-graduação do CEPED-UERJ, na Pós-graduação da PUC-Rio, na Pós-graduação do Instituto New Law e na Pós-graduação da EBRADI. É também professora da Escola da Magistratura do Estado do Rio de Janeiro (EMERJ) e do Instituto de Tecnologia e Sociedade do Rio (ITS Rio). Membro da Comissão de Proteção de Dados e Privacidade da OABRJ. Membro do conselho executivo da revista eletrônica *civilistica.com*. Membro do Fórum permanente de mídia e liberdade de expressão da EMERJ. Foi professora de Direito Civil na UFRJ e pesquisadora do Instituto de Tecnologia e Sociedade do Rio (ITS Rio). Associada ao Instituto Brasileiro de Estudos em Responsabilidade Civil (IBERC). Advogada e consultora em proteção de dados pessoais. E-mail: chiaradeteffe@gmail.com

Sumário: 1. Crianças e adolescentes em ambientes digitais – 2. Dados sensíveis de crianças e adolescentes – 3. Instrumentos para a garantia do melhor interesse dos menores no tratamento de informações sensíveis – 4. Conclusão.

1. CRIANÇAS E ADOLESCENTES EM AMBIENTES DIGITAIS

Conforme os mecanismos de comunicação e de interação on-line avançam, o ambiente digital vem se tornando cada vez mais relevante na vida das pessoas. Especialmente após o início da pandemia de Covid-19, diversas operações e atividades foram intensificadas ou migraram para o referido ambiente, como o ensino em escolas, universidades e cursos, serviços governamentais, parte do comércio e ferramentas de entretenimento e jogos. Não há dúvidas de que a Internet, em razão das potencialidades e recursos que oferece, apresenta novas oportunidades para a realização dos direitos de crianças e adolescentes. Além disso, o acesso permanente a tecnologias digitais pode ajudá-los a realizar uma série de direitos civis, políticos, culturais, econômicos e sociais. Contudo, diante dos diversos sujeitos que nela interagem e das sofisticadas formas de tratamento de dados disponíveis, ela apresenta também riscos de violação ou abuso a direitos dos menores.

O acesso a conteúdos que estimulam violência, automutilação[1] ou o uso de drogas, o vazamento de imagens íntimas[2], o tratamento indevido de dados pesso-

---

1. TEFFÉ, Chiara Spadaccini de. Desafio da Baleia Azul: o que se sabe até agora. ITS FEED, 25 abr. 2017. Disponível em: https://feed.itsrio.org/desafio-da-baleia-azul-o-que-se-sabe-at%C3%A9-agora-b4b85ae77a56 Acesso em 04 jun. 2021.
2. TEFFÉ, Chiara Spadaccini de. Exposição não consentida de imagens íntimas: como o Direito pode proteger as mulheres? In: Nelson Rosenvald; Rafael Dresch; Tula Wesendonck (Org.). *Responsabilidade civil*: novos riscos. Indaiatuba: Foco, 2019. p. 91-113.

ais[3], o *cyberbullying* e o aliciamento sexual são exemplos de riscos significativos a menores na rede. A relação das crianças e dos adolescentes com a Internet é marcada pela *conectividade* e pela *mobilidade* no acesso à rede, sendo o *smartphone* um dos principais dispositivos para a sua conexão. Inclusive, ele foi responsável muitas vezes por manter os menores conectados e acompanhando as aulas escolares em lares brasileiros. Segundo pesquisa realizada em 2019, considerando o total de usuários de 9 a 17 anos, 83% assistiram a vídeos, programas, filmes ou séries na Internet; 76% pesquisaram na Internet para trabalhos escolares; e 68% utilizaram redes sociais.[4]

Mostra-se, assim, necessário analisar os diversos instrumentos de proteção a crianças e adolescentes e destacar a importância de um uso ético e responsável da Internet. Neste sentido, promover uma *educação digital* de qualidade para pais, professores e menores resultará em um melhor uso da rede, capaz de oferecer mais benefícios aos sujeitos. Adicionalmente, é importante manter canais para um *diálogo aberto* com os menores, de forma que eles se sintam seguros para tirar dúvidas e relatar situações de abuso que estejam sofrendo.

O controle e a *mediação parental* – necessários para a orientação de menores no uso da rede – devem ser aplicados em intensidades compatíveis com as idades da criança e do adolescente, respeitando seus graus de autonomia e discernimento, bem como seus processos de aquisição gradual de competências e entendimentos.[5] Os riscos e oportunidades relacionados com o envolvimento dos menores no ambiente digital mudam a depender de sua idade e estágio de desenvolvimento. Sendo possível e seguro, entende-se adequado conferir espaços de liberdade e privacidade para o menor, para que desenvolva sua autonomia e comunicação, tendo os seus pontos de vista devidamente considerados. O *design* de medidas apropriadas a cada idade deve ser informado pelas mais atualizadas pesquisas e práticas nos campos da educação e da tecnologia. Observa-se também que as referidas considerações devem ser equilibradas com a importância de os menores exercerem seus direitos em ambientes apoiados, assim como com a gama de experiências e circunstâncias individuais.

---

3. TEPEDINO, Gustavo; TEFFÉ, Chiara Spadaccini de. O consentimento na circulação de dados pessoais. *Revista Brasileira De Direito Civil*, v. 25, p. 83-116, 2020.
4. Resumo Executivo – Pesquisa sobre o uso da Internet por crianças e adolescentes no Brasil – TIC Kids Online Brasil 2019. Novembro de 2020. p.04. Disponível em: https://cetic.br/pt/publicacao/resumo-executivo-pesquisa-sobre-o-uso-da-internet-por-criancas-e-adolescentes-no-brasil-tic-kids-online-brasil-2019/ Acesso em: 05.06.21
5. O comentário 25 acerca dos direitos da criança no ambiente digital foi importante embasamento teórico para o presente artigo. Committee on the Rights of the Child. General comment No. 25 (2021) on children's rights in relation to the digital environment. 2 March 2021. Disponível em: https://tbinternet.ohchr.org/_layouts/15/treatybodyexternal/Download.aspx?symbolno=CRC%2fC%2fGC%2f25&Lang=en Acesso em: 05 jun. 2021.

Outros instrumentos igualmente relevantes, a depender da idade e da maturidade, são: a realização de atividades em conjunto com os pais, o estabelecimento de determinadas limitações quanto ao tempo de uso de tecnologias, a utilização de ferramentas e filtros para restringir atividades dos menores on-line e o monitoramento de interações diversas realizadas na Internet. Um adequado controle parental atrelado a uma educação digital de cunho emancipatório, pautada em responsabilidade e diálogo aberto, mostram-se essenciais para a proteção de crianças e adolescentes.[6]

O uso de dispositivos digitais não deve ser um substituto para as necessárias interações entre crianças e seus pais e crianças e seus colegas de escola. Além disso, verifica-se a importância de se prestar atenção aos efeitos da tecnologia nos primeiros anos de vida da criança, momento de grande relevância para o seu desenvolvimento cerebral e quando o ambiente social, em particular as relações com os pais e cuidadores, revela-se crucial para moldar seu desenvolvimento cognitivo, emocional e social.

O ambiente digital deve apoiar e promover um engajamento seguro e equitativo dos menores, sendo relevante o desenvolvimento de políticas e ações que visem a uma efetiva *inclusão digital*. Caso isso não ocorra, as desigualdades existentes provavelmente aumentarão e outras poderão surgir, como no acesso à educação e à informação. O *direito a não discriminação* deve garantir que crianças e adolescentes tenham um acesso de qualidade ao ambiente digital. Neste sentido, mostram-se relevantes políticas públicas que facilitem o acesso a dispositivos conectados, uma internet aberta e serviços digitais. Além disso, com base no direito a não discriminação, deve-se proteger crianças e adolescentes de dados tendenciosos, falsos ou parciais, de tratamentos indevidos ou ilícitos de informações, além da criação de perfis voltados ao direcionamento de publicidade.[7]

Todas as ações direcionadas a crianças e adolescentes devem necessariamente visar ao seu *melhor interesse*, como, por exemplo, no fornecimento, regulamentação, design, gestão e uso do ambiente digital. O reconhecimento e a tutela de sua *hiper-*

---

6. Parágrafo extraído de: TEFFÉ, Chiara Spadaccini de. Proteção de dados de crianças e adolescentes. *Revista do Advogado*, v. 39, 2019.

7. Adicionalmente, o comentário 25 acerca dos direitos da criança no ambiente digital afirma que: "The Committee calls upon States parties to take proactive measures to prevent discrimination on the basis of sex, disability, socioeconomic background, ethnic or national origin, language or any other grounds, and discrimination against minority and indigenous children, asylum-seeking, refugee and migrant children, lesbian, gay, bisexual, transgender and intersex children, children who are victims and survivors of trafficking or sexual exploitation, children in alternative care, children deprived of liberty and children in other vulnerable situations. Specific measures will be required to close the gender-related digital divide for girls and to ensure that particular attention is given to access, digital literacy, privacy and online safety."

vulnerabilidade[8] ou vulnerabilidade agravada[9] podem ser inferidos do artigo 227 da Constituição Federal, o qual dispõe acerca do *princípio da prioridade absoluta* aos direitos da criança e do adolescente.[10] Caminha, assim, o Direito buscando harmonizar o respeito à capacidade e autodeterminação da pessoa e a necessária proteção jurídica que deve ser conferida a determinados grupos, para que gozem plenamente de seus direitos fundamentais. Longe de uma ótica paternalista, busca-se garantir efetividade e aplicação direta das normas constitucionais.[11]

A construção da doutrina da *proteção integral e prioritária* das crianças e dos adolescentes, segundo a qual tais "pessoas em desenvolvimento" devem receber total amparo e proteção do sistema jurídico[12], remonta à *Declaração dos Direitos da Criança* adotada pela Assembleia-Geral das Nações Unidas no ano de 1959.[13] Posteriormente, em 1989, através da *Convenção das Nações Unidas sobre os Direitos da Criança*[14], houve a ampliação dos direitos da criança no cenário internacional. Este documento considerou como criança todo ser humano com menos de 18 anos de

---

8. A construção da noção de hipervulnerabilidade pelos Tribunais parece estar associada à ideia de que as pessoas assim qualificadas se encontram em situação de maior desigualdade e, por essa razão, carentes de maior proteção. Nesse sentido, Cláudia Lima Marques explica que a noção foi desenvolvida "como um corolário positivo da proibição de discriminação, logo do princípio da igualdade (um dever ser), e mandamento de pleno desenvolvimento da personalidade, diretamente ligada, pois, a nossa visão de dignidade da pessoa humana." (MARQUES, Cláudia Lima. O diálogo das fontes como método da nova teoria geral do direito: um tributo a Erik Jayme. In.: _____ (Coord.). *Diálogo das fontes:* do conflito à coordenação de normas no direito brasileiro novo regime das relações contratuais. São Paulo: Ed. RT, 2012. p. 46-47.) "Quanto à pergunta sobre se os hipervulneráveis são apenas os mencionados no texto constitucional (crianças, adolescentes, idosos e portadores de deficiência), parece-me cedo para responder de forma definitiva. A diferença está em que os hipervulneráveis mencionados nas normas constitucionais se beneficiam do mandamento de proteção constitucional (com efeitos e força normativa no direito privado), enquanto, por exemplo, os doentes e analfabetos são hipervulneráveis cuja proteção especial dependerá da atuação ativa do Judiciário e das especificidades do caso concreto (por exemplo, conhecimento pelo parceiro contratual de sua condição agravada de vulnerabilidade, tipo de contrato, onerosidade ou gratuidade deste, etc.)." (MARQUES, Cláudia Lima. O diálogo das fontes como método da nova teoria geral do direito: um tributo a Erik Jayme. In.: _____ (coord.) *Diálogo das fontes*: do conflito à coordenação de normas no direito brasileiro novo regime das relações contratuais. São Paulo: Ed. RT, 2012. p. 48.)
9. MIRAGEM, Bruno. *Curso de Direito do Consumidor.* 3. ed. São Paulo: Ed. RT, 2012. p. 102.
10. Art. 227. É dever da família, da sociedade e do Estado assegurar à criança, ao adolescente e ao jovem, com absoluta prioridade, o direito à vida, à saúde, à alimentação, à educação, ao lazer, à profissionalização, à cultura, à dignidade, ao respeito, à liberdade e à convivência familiar e comunitária, além de colocá-los a salvo de toda forma de negligência, discriminação, exploração, violência, crueldade e opressão.
11. "10. Configura dano moral coletivo ofensa a direitos coletivos ou difusos de caráter extrapatrimonial associados a sujeitos ou bens vulneráveis e hipervulneráveis – pessoas com deficiência, consumidor, criança e adolescente, idoso, meio ambiente, ordem urbanística, entre outros." (STJ. REsp 1.793.332/MG, Rel. Ministro Herman Benjamin, Segunda Turma, DJe 26 ago. 2020).
12. STJ. REsp 1.587.477. Quarta Turma. Rel. Min. Luis Felipe Salomão, DJe 27 ago. 2020.
13. Princípio II – A criança gozará de proteção especial e disporá de oportunidade e serviços, a serem estabelecidos em lei por outros meios, de modo que possa desenvolver-se física, mental, moral, espiritual e socialmente de forma saudável e normal, assim como em condições de liberdade e dignidade. Ao promulgar leis com este fim, a consideração fundamental a que se atenderá será o interesse superior da criança. (Declaração dos Direitos da Criança, 1959).
14. Disponível em: https://www.unicef.org/brazil/convencao-sobre-os-direitos-da-crianca Acesso em: 05 jun. 2021.

idade, salvo quando, em conformidade com a lei aplicável à criança, a maioridade seja alcançada antes.

A referida Convenção foi ratificada pelo Brasil em 1990 e influenciou diretamente a elaboração do *Estatuto da Criança e do Adolescente* (Lei 8.069/90 – ECA), que em seus artigos 3º e 4º destaca que todas[15] as crianças (pessoa até doze anos de idade incompletos) e adolescentes (aquela entre doze e dezoito anos de idade incompletos) gozam dos direitos fundamentais inerentes à pessoa humana, sem prejuízo da proteção integral de que trata esta Lei, sendo assegurados a eles todas as oportunidades e facilidades, a fim de lhes facultar o desenvolvimento físico, mental, moral, espiritual e social, em condições de liberdade e de dignidade.[16]

Ato contínuo, o ECA dispõe que a criança e o adolescente têm direito à liberdade, ao respeito e à dignidade como *pessoas humanas em processo de desenvolvimento* e como sujeitos de direitos civis, humanos e sociais garantidos na Constituição e nas leis (Art. 15). O direito ao respeito consiste na inviolabilidade da integridade física, psíquica e moral da criança e do adolescente, abrangendo a preservação da imagem, da identidade, da autonomia, dos valores, ideias e crenças, dos espaços e objetos pessoais (Art. 17). A lei não menciona expressamente a proteção de dados pessoais dos menores, porém, diante da ampla tutela aplicada, é possível afirmar que o referido direito se encontra contemplado. Observa-se também que eles têm direito à informação, cultura, lazer, esportes, diversões, espetáculos e produtos e serviços que respeitem sua condição peculiar de pessoa em desenvolvimento (Art. 71). Isso é especialmente relevante quando consideramos os novos dispositivos conectados e os serviços disponibilizados na rede, como *games*, mídias sociais e aplicativos interativos.

A tutela diferenciada das crianças e adolescentes em qualquer relação na qual participem justifica-se exatamente por lhes faltar o completo discernimento, ra-

---

15. Art. 3º, parágrafo único: "Os direitos enunciados nesta Lei aplicam-se a todas as crianças e adolescentes, sem discriminação de nascimento, situação familiar, idade, sexo, raça, etnia ou cor, religião ou crença, deficiência, condição pessoal de desenvolvimento e aprendizagem, condição econômica, ambiente social, região e local de moradia ou outra condição que diferencie as pessoas, as famílias ou a comunidade em que vivem."

16. Recorda-se também a Lei 13.257, de 8 de março de 2016, chamada de *Marco Legal da Primeira Infância*: "Art. 1º Esta Lei estabelece princípios e diretrizes para a formulação e a implementação de políticas públicas para a primeira infância em atenção à especificidade e à relevância dos primeiros anos de vida no desenvolvimento infantil e no desenvolvimento do ser humano, em consonância com os princípios e diretrizes da Lei 8.069, de 13 de julho de 1990 (Estatuto da Criança e do Adolescente) ; altera a Lei 8.069, de 13 de julho de 1990 (Estatuto da Criança e do Adolescente); altera os arts. 6º, 185, 304 e 318 do Decreto-Lei 3.689, de 3 de outubro de 1941 (Código de Processo Penal); acrescenta incisos ao art. 473 da Consolidação das Leis do Trabalho (CLT), aprovada pelo Decreto-Lei 5.452, de 1º de maio de 1943; altera os arts. 1º, 3º, 4º e 5º da Lei 11.770, de 9 de setembro de 2008; e acrescenta parágrafos ao art. 5º da Lei 12.662, de 5 de junho de 2012. Art. 2º Para os efeitos desta Lei, considera-se primeira infância o período que abrange os primeiros 6 (seis) anos completos ou 72 (setenta e dois) meses de vida da criança. Art. 3º A prioridade absoluta em assegurar os direitos da criança, do adolescente e do jovem, nos termos do art. 227 da Constituição Federal e do art. 4º da Lei 8.069, de 13 de julho de 1990, implica o dever do Estado de estabelecer políticas, planos, programas e serviços para a primeira infância que atendam às especificidades dessa faixa etária, visando a garantir seu desenvolvimento integral."

dicando nesse ponto a *ratio* protetiva. Contudo, deve-se ressaltar que não se trata apenas de uma proteção adequada ao estágio de desenvolvimento em que crianças e adolescentes se encontram, mas de uma proteção prospectiva, a fim de garantir a dignidade deles hoje e no futuro.[17] Temos, nos últimos tempos, a geração mais observada de toda a história. Cada vez mais, o *rastro digital* de menores vem sendo iniciado mais cedo e de forma ampliada, seja por meio de aplicativos para serem usados pelas mães durante a gestação, seja por meio de postagens realizadas pelos próprios pais, em mídias sociais, ainda quando são nascituros ou já nascidos.

Diante disso, cabe salientar a questão do *oversharenting*: hábito de os pais postarem constantemente e de forma intensa imagens e informações na Internet sobre os menores que estão sob sua responsabilidade. Abarca também situações em que os pais fazem a gestão da vida digital de seus filhos na internet, criando perfis em nome das crianças em redes sociais e postando sempre informações sobre sua rotina. Com isso, verifica-se que a intensa exposição dos filhos feita pelos pais vem causando uma verdadeira mudança na caracterização da infância, de forma que a nova geração já cresce com responsabilidades, anseios e expectativas de uma vida adulta. Ocorre também, neste cenário, a divulgação da família e dos filhos menores pelos chamados influenciadores digitais, os quais conjugam tal exposição com a divulgação de marcas e serviços.

Recomenda-se, portanto, que antes da publicação de conteúdos que envolvam menores, os responsáveis reflitam criticamente acerca das consequências de suas ações. Além disso, mostra-se relevante incluí-los no processo decisório sobre o que vai ser postado sobre eles, de forma a educá-los sobre privacidade, consentimento e como se portar nas redes sociais.[18] *Oversharenting* pode trazer sérios impactos emocionais e subjetivos às crianças. Dentro das consequências negativas, é possível elencar: bullying em ambientes coletivos; invasão de senhas, falsificação de identidade e fraudes variadas; dificuldade de conseguir vaga de estágio ou mesmo crédito em instituições bancárias; e ser alvo de manipulação (política, comercial ou para qualquer fim de controle). Há, inclusive, uma preocupação acerca das consequências (presentes e futuras) da construção de uma memória pública e de um registro amplo de eventos e momentos que envolvam diretamente menores de idade.

---

17. Pietro Perlingieri apresenta a definição de igual dignidade social em duas perspectivas convergentes: "como o instrumento que confere a cada um o direito ao respeito inerente à qualidade de homem, assim como a pretensão de ser colocado em condições idôneas a exercer as próprias aptidões pessoais." (PERLINGIERI, Pietro. *Perfis do direito civil*: introdução ao direito civil-constitucional. Rio de Janeiro: Renovar, 1997. p. 37.)

18. STEINBERG, Stacey. *Growing Up Shared*: How Parents Can Share Smarter on Social Media-and What You Can Do to Keep Your Family Safe in a No-Privacy World. Sourcebooks, 2020. PLUNKETT, Leah A. *Sharenthood*: Why We Should Think before We Talk about Our Kids Online. The MIT Press, 2019. EBERLIN, Fernando Büscher von Teschenhausen. Sharenting, liberdade de expressão e privacidade de crianças no ambiente digital: o papel dos provedores de aplicação no cenário jurídico brasileiro. *Revista Brasileira de Políticas Públicas*. Brasília, v. 7, 3, 2017. p. 255-273.

Outro tema que permeia os debates envolve a *Internet dos brinquedos*, com bonecas, bichinhos de pelúcia e robôs conectados e inteligentes.[19] Ela se insere no amplo universo da Internet da Coisas (*Internet of Things*), que representa a integração de objetos físicos e virtuais em redes conectadas à Internet, permitindo que "coisas" tratem uma enorme quantidade de dados em nuvem, sendo possível o gerenciamento de dispositivos, mesmo à distância, para aumentar a eficiência de sistemas e processos. Cada vez mais, percebe-se a incorporação da IOT na vida de adultos, adolescentes e crianças. Relógios, geladeiras, leitores de digitais, vibradores sexuais, detectores de movimento, câmeras, peças de vestuário e brinquedos já se encontram conectados à Internet e presentes nas casas e corpos das mais diversas pessoas, enquanto empresas coletam dados sobre movimentos, preferências e hábitos de seus usuários, que não têm, por vezes, nem mesmo plena capacidade civil.

Dentro da *Internet of Toys*, despontam questões acerca: a) da falta de transparência e informação sobre o tratamento de dados de menores; b) do compartilhamento expressivo de dados com terceiros; c) da ausência de adequação das instituições à LGPD e às boas práticas internacionais em proteção de dados; d) de tratamentos indevidos de informações pessoais de terceiros que se encontram na residência, como pais, visitantes e amigos, sendo o brinquedo, por vezes, considerado um verdadeiro dispositivo de vigilância; e) da exposição excessiva da intimidade e de dados sensíveis do menor, a partir da coleta de informações, da interação realizada e das respostas oferecidas pela criança; e f) da qualidade do conteúdo que é direcionado a quem interage com os dispositivos, tendo em vista a possibilidade de inserção de publicidade implícita de bens durante as interações dos brinquedos com as crianças.

Adicionalmente, ainda na seara relativa à proteção de dados, há sérias preocupações acerca da segurança e da proteção da integridade dos menores. Questiona-se, por exemplo: como fica a responsabilidade dos agentes em casos de incidentes de segurança e de danos? Quais padrões éticos e boas práticas eles deveriam adotar? Como mapear e sanar riscos e vulnerabilidades? O hackeamento de dispositivos, a reidentificação de dados anonimizados, o rastreamento de indivíduos e o *profiling* mostram-se presentes em diversas estruturas de tratamento de dados de crianças e adolescentes. Por fim, destaca-se também o impacto que a relação com o brinquedo conectado pode gerar nas formas de comunicação, interação e expressão das crianças.[20]

---

19. Cf. TEFFÉ, Chiara Spadaccini de; SOUZA, Carlos Affonso. Infância conectada: direitos e educação digital. In: Comitê Gestor da Internet no Brasil. (Org.). Pesquisa sobre o uso da internet por crianças e adolescentes no Brasil: TIC kids online Brasil 2017. São Paulo: Comitê Gestor da Internet no Brasil, 2018. v. 1. p. 31-40.

20. "Como regra, a comunicação estabelecida com esses dispositivos é pouco complexa e, muitas vezes, realizada na forma de comandos, sendo desnecessário utilizar expressões como "por favor" e "obrigado" (Lemos, 2017). Isso poderia influenciar negativamente as formas de expressão das crianças, prejudicando a sua interação com outros seres humanos. Em última instância, a diversão se transformou em um processo de criação de bases de dados. Quantas vezes a criança acessou o brinquedo? Quais informações ela trocou com ele? Quem tem acesso a essa comunicação e onde os dados são armazenados? O que pode

Outro tema que vale recordar envolve o uso de mídias sociais por menores.[21] Como regra, as principais mídias sociais estabelecem, nos termos de uso apresentados no Brasil, a idade mínima de 13 anos para a abertura de contas e a utilização de seus serviços. Essa determinação tem como base norma norte-americana que considera criança o indivíduo com menos de 13 anos de idade: o *Children's Online Privacy Protection Act* de 1998 (COPPA). Para a Europa, a idade mínima estabelecida nas redes sociais costuma ser a de 16 anos[22] , tendo em vista que alguns países ainda vêm se adequando ao GDPR. O artigo 8º da norma europeia dispõe, em síntese, que, quando for aplicável o artigo 6º, n. 1, "a"[23], que traz a base legal do consentimento, quanto à oferta direta de serviços da sociedade da informação para crianças, o tratamento dos dados pessoais delas será legal quando tiverem pelo menos 16 anos de idade. Caso a criança tenha menos de 16 anos, o tratamento só será lícito se o consentimento for dado ou autorizado pelos titulares da autoridade parental. Contudo, destaca-se que os Estados-Membros poderão estabelecer idade menor para os efeitos referidos, desde que não inferior a 13 anos.[24]

Tanto a LGPD quanto o GDPR determinam que o responsável pelo tratamento deverá promover todos os esforços razoáveis para verificar se o consentimento foi dado ou autorizado pelo titular das responsabilidades parentais sobre a criança,

---

ser feito com eles, além de melhorar a performance do brinquedo e do jogo? Existe um debate complexo sobre o consentimento dos pais e responsáveis para o tratamento de dados pessoais de seus filhos. Ainda que os pais tenham consentido com o uso do brinquedo e instalado um aplicativo que permite que eles controlem a brincadeira, há aspectos nebulosos nessa relação que precisam ser melhor debatidos. O que acontece se uma outra criança brincar junto e se comunicar com a boneca ou jogo? Enquanto cada vez mais brinquedos e jogos se conectam à rede, mais cedo as crianças também passam a utilizar a Internet. Duas certezas provenientes desse cenário são a transformação das práticas de diversão e os desafios constantes para a proteção da privacidade e dos dados pessoais." (TEFFÉ, Chiara Spadaccini de; SOUZA, Carlos Affonso. Infância conectada: direitos e educação digital. In: Comitê Gestor da Internet no Brasil. (Org.). Pesquisa sobre o uso da internet por crianças e adolescentes no Brasil: TIC kids online Brasil 2017. São Paulo: Comitê Gestor da Internet no Brasil, 2018. v. 1. p. 31-40.)

21. Cf. TEFFÉ, Chiara Spadaccini de; FERNANDES, Elora. Contratação em redes sociais e proteção de dados de crianças e adolescentes. Artigo enviado para publicação em obra coletiva. 2021.

22. Como exemplo, vale recordar os termos de uso do WhatsApp: "Se você reside em um país do Espaço Econômico Europeu (que inclui a União Europeia) ou em qualquer outro país ou território incluído (coletivamente, Europa), deve ter pelo menos 16 anos (ou mais, se for exigido em seu país) para se cadastrar e usar o WhatsApp. Se você reside em qualquer outro país, e não nos países pertencentes à Região Europeia, você deve ter pelo menos 13 anos (ou mais, se for exigido em seu país) para se cadastrar e usar o WhatsApp." Disponível em: https://faq.whatsapp.com/general/security-and-privacy/minimum-age-to-use-whatsapp/?lang=pt_br Acesso em: 05.06.21.

23. Artigo 6.º Licitude do tratamento 1. O tratamento só é lícito se e na medida em que se verifique pelo menos uma das seguintes situações: a) O titular dos dados tiver dado o seu consentimento para o tratamento dos seus dados pessoais para uma ou mais finalidades específicas; (...).

24. No estudo *The GDPR child's age of consent for data processing across the EU – one year later* (July 2019) foram apresentadas as idades mínimas estabelecidas por alguns países europeus para um menor consentir com o tratamento de seus dados por serviços da sociedade da informação. Disponível em: https://www. betterinternetforkids.eu/web/portal/practice/awareness/detail?articleId=3017751 Acesso em: 05. jun. 2021.

tendo em conta a tecnologia disponível.[25] O uso de linguagem clara e acessível para os menores nas plataformas também é sempre recordado.[26]

Em junho de 2021, uma mudança na política de privacidade da mídia social *TikTok*, nos EUA,[27] mostrou-se bastante preocupante, ao dispor inclusive sobre o tratamento de dados sensíveis biométricos:

> Podemos coletar informações sobre as imagens e áudio que fazem parte de seu Conteúdo de Usuário, como a identificação dos objetos e cenários que aparecem, a existência e localização dentro de uma imagem de características e atributos de rosto e corpo, a natureza do áudio e o texto das palavras faladas em seu Conteúdo do Usuário. Podemos coletar essas informações para habilitar efeitos especiais de vídeo, moderação de conteúdo, classificação demográfica, recomendações de conteúdo e anúncios e outras operações sem identificação pessoal. Podemos coletar identificadores biométricos e informações biométricas conforme definido nas leis dos Estados Unidos, como impressões faciais e de voz, de seu Conteúdo de Usuário. Quando exigido por lei, buscaremos suas permissões exigidas antes de qualquer coleta.[28]

---

25. "The GDPR contains a number of specific protections for children's data protection rights, including the specific provisions in Article 8 GDPR, setting out the conditions applicable to obtaining a child's consent in relation to information society services.10 It should be noted, however, that consent is not the only possible legal basis for the processing of children's personal data, and controllers should assess on a case-by-case basis which is the most appropriate legal basis for any proposed processing. Where such services are offered directly to a child, and the controller seeks to rely on consent as a legal basis, the child's must be at least 16 years old to consent independently, or, if the child is younger, the holder of parental responsibility must have given or authorised the consent. Whilst Article 8(1) does allow for Member States to set the age at a lower level (between 13 and 16), the 2018 Act has maintained the age cut-off for consent to such services at 16 years old in Ireland. In cases involving children under 16, controllers must make reasonable efforts to verify that consent is given or authorised by the holder of parental responsibility over the child, taking into consideration available technology." (Autoridade de proteção de dados irlandesa. Guidance Note: Legal Bases for Processing Personal Data. December 2019. p. 09.)
26. "Additional protection is granted to this type of personal data since children are less aware of the risks and consequences of sharing data and of their rights. Any information addressed specifically to a child should be adapted to be easily accessible, using clear and plain language. For most online services the consent of the parent or guardian is required in order to process a child's personal data on the grounds of consent up to a certain age. This applies to social networking sites as well as to platforms for downloading music and buying online games. The age threshold for obtaining parental consent is established by each EU Member State and can be between 13 and 16 years. (...) Companies have to make reasonable efforts, taking into consideration available technology, to check that the consent given is truly in line with the law. (...) Preventive or counselling services offered directly to children are exempted from the requirement for parental consent as they seek to protect a child's best interests." Disponível em: https://ec.europa.eu/info/law/law-topic/data-protection/reform/rights-citizens/how-my-personal-data-protected/can-personal-data-about-children-be-collected_en Acesso em: 05 jun. 2021.
27. A idade mínima para utilização da mídia social nos EUA é de 13 anos. No Brasil, o mesmo critério etário é utilizado.
28. "Image and Audio Information. We may collect information about the images and audio that are a part of your User Content, such as identifying the objects and scenery that appear, the existence and location within an image of face and body features and attributes, the nature of the audio, and the text of the words spoken in your User Content. We may collect this information to enable special video effects, for content moderation, for demographic classification, for content and ad recommendations, and for other non-personally-identifying operations. We may collect biometric identifiers and biometric information as defined under US laws, such as faceprints and voiceprints, from your User Content. Where required by law, we will seek any required permissions from you prior to any such collection." Disponível em: https://www.tiktok.com/legal/privacy-policy Acesso em: 28 jul. 2021.

Parece que tal prática já era realizada pela empresa, restando agora de alguma forma expressa em sua política, na busca por oferecer uma aparente transparência ao usuário. Contudo, pouco se informa acerca de como será o desenvolvimento do tratamento de tais informações e quais leis poderão embasar eventual tratamento. Há ainda preocupação de que as referidas informações sejam utilizadas para práticas comerciais mais agressivas.[29] No Brasil, a política de privacidade do *TikTok* não aborda o tratamento de dados biométricos.[30]

No momento pandêmico, o uso de redes sociais foi substancialmente alargado em razão de *trends* virais, desafios, filtros e práticas de unboxing, o que motivou, inclusive, que crianças buscassem tais plataformas, mesmo diante da vedação de sua presença nos termos de uso. Como evitar que crianças acessem serviços e conteúdos inadequados para a sua idade em mídias sociais? Quais mecanismos podem ser utilizados para se verificar a idade real do sujeito?[31] Sugere-se a implementação de medidas de verificação de idade como, por exemplo: fazer uma pergunta que uma criança não seja capaz de responder, solicitar que o menor forneça o e-mail de seus pais para que eles manifestem o consentimento por escrito, solicitar o número de determinados documentos do menor e de seu responsável (como o CPF e o número de um cartão de crédito) e/ou analisar o hábito de navegação do sujeito para verificar se é compatível com a idade que diz ter.

Contudo, será a idade de 13 anos já adequada para o uso desacompanhado de mídias sociais? Proibir ou controlar diretamente o uso seria a solução? As referidas questões desafiam pesquisadores e pais, devendo ser analisadas caso a caso, conforme as características, a autonomia e o discernimento do menor. As diversas e dinâmicas relações desenvolvidas na Internet, que envolvem tratamentos de dados e, por vezes, sua monetização e utilização para fins comerciais, nem sempre são adequadamente compreendidas por adolescentes. Além disso, durante a adolescência o sujeito não goza ainda de plena capacidade civil (a menos que seja emancipado aos 16 anos), o que traz questionamentos acerca da validade do consentimento manifestado em termos de uso, contratos e ferramentas on-line.

---

29. Disponível em: https://canaltech.com.br/apps/tiktok-podera-coletar-dados-biometricos-dos-usuarios-inclusive-rostos-e-voz-186559/ Acesso em: 28. jul. 2021.

30. Disponível em: https://www.tiktok.com/legal/privacy-policy?lang=pt_BR/ Acesso em: 28 jul. 2021.

31. "The ongoing debate around age assurance is often centred around restricting access to the internet for children and young people. But done properly, age assurance can drive the development of new products and services to create a richer and more diverse digital ecosystem in which children (one in three internet users) are a recognised user group. (...) Rather than viewing it as simply restricting access, we should be looking at age assurance as a chance to invite children into a digital world that offers them greater privacy, freedom from commercial pressures, content and information in formats and language that they like, protection from misinformation or material that promotes harmful activities (such as suicide, self-harm or disordered eating), alongside supporting digital services in their legal duty not to provide children with age restricted contact and content." (But how do they know it is a child? Age Assurance in the Digital World. 5Rights Foundation. Março de 2021. Disponível: https://5rightsfoundation.com/in-action/but-how-do-they-know-it-is-a-child-age-assurance-in-the-digital-world.html Acesso em: 11 jun. 2021).

Isso nos faz refletir sobre o processo de tomada de decisões na Internet e a respeito das escolhas jurídicas para a proteção da criança e do adolescente, compreendidos em caráter concreto e dentro de sua multiplicidade. Não se pode cair no equívoco de um excessivo formalismo, sob pena de prejudicarmos desproporcionalmente novos modelos de negócio e relações relevantes para a dinâmica comunicacional do ser humano. A análise do discernimento e da maturidade do sujeito se mostra fundamental, pois, ainda que o critério etário seja importante, ele não deverá ser em todos os casos único e absoluto.

2. DADOS SENSÍVEIS DE CRIANÇAS E ADOLESCENTES

A cada segundo, uma infinidade de dados pessoais é extraída, transferida e organizada nos mais variados meios de comunicação e de prestação de serviços. Logins em sites, identificação pessoal por biometria e a utilização de mídias sociais e de objetos conectados fornecem dados pessoais a diversos destinatários sem que, muitas vezes, seja possível ao titular controlar efetivamente a finalidade da utilização de suas informações, bem como quem realizará o tratamento delas.[32]

Conforme aumenta o grau de exposição dos indivíduos e de sua sujeição a estruturas tecnológicas, verifica-se a relevância de se desenvolver instrumentos que coloquem os direitos à proteção de dados e à privacidade em posição de pre-eminência em face de situações patrimoniais. Nesse sentido, certas categorias de dados – pela sensibilidade e pela qualidade das informações que guardam – deve-rão receber garantias adicionais, não devendo ser utilizadas para fins meramente negociais.[33]

A LGPD, ainda que não defina expressamente o que são dados sensíveis, apresenta em seu Art. 5°, inciso II, dados assim considerados, como aqueles que versam sobre origem racial ou étnica, convicção religiosa, opinião política e filiação a sindicato ou a organização de caráter religioso, filosófico ou político. São também sensíveis informações pessoais referentes à saúde ou à vida sexual e dados genéticos ou biométricos.[34] A legislação brasileira seguiu, em grande parte, a noção europeia de dados sensíveis, estabelecida em 2016 pelo Regulamento Geral de Proteção de Dados Pessoais (*General Data Protection Regulation* – GDPR), e expandiu rol já de-senvolvido pela Lei do Cadastro Positivo (Lei 12.414/11).[35]

---

32. TEPEDINO, Gustavo; TEFFÉ, Chiara Spadaccini de. O consentimento na circulação de dados pessoais. *Revista Brasileira de Direito Civil – RBDCivil*, Belo Horizonte, v. 25, p. 83-116, jul.-set. 2020.

33. RODOTÀ, Stefano. *A vida na sociedade da vigilância – a privacidade hoje.* Coord. Maria Celina Bodin de Moraes. Trad. Danilo Doneda e Luciana Cabral Doneda. Rio de Janeiro: Renovar, 2008. p. 19.

34. Cf. TEFFÉ, Chiara Spadaccini de. *A categoria especial dos dados sensíveis:* fundamentos e contornos. No prelo. 2021.

35. "Art. 3° Os bancos de dados poderão conter informações de adimplemento do cadastrado, para a formação do histórico de crédito, nas condições estabelecidas nesta Lei. § 3° Ficam proibidas as anotações de: (...) II – informações sensíveis, assim consideradas aquelas pertinentes à origem social e étnica, à saúde, à informação genética, à orientação sexual e às convicções políticas, religiosas e filosóficas."

Mas o que torna um dado pessoal um dado sensível? Quais fundamentos legitimam a categoria? Costuma-se fundamentar o estabelecimento de uma categoria especial de dados com base nos princípios do *livre desenvolvimento da personalidade* e da *não discriminação*, visando-se a tutelar informações relacionadas à intimidade da pessoa natural, que, como regra, só a ela dizem respeito diretamente.[36]

Quando se afirma a relevância do livre desenvolvimento da personalidade, entende-se que cada pessoa deve eleger o seu modo de vida, podendo desenvolver e expor, de forma ampla, seu projeto pessoal.[37][38] Garante-se autonomia para que cada um constitua sua personalidade de forma livre, sem qualquer imposição ou interferência de terceiros, havendo tanto um direito à individualidade quanto um direito à diferença. A proteção da dignidade da pessoa dar-se-á para além dos direitos positivados expressamente no ordenamento. Em contraponto a uma lógica paternalista, segundo a qual as pessoas deveriam ser protegidas de si próprias pelo Estado, promove-se a autonomia individual e a liberdade de escolha acerca do próprio destino.

Vale ressaltar que o livre desenvolvimento da personalidade, enquanto direito, deve ser também garantido pelo Estado e por terceiros. Recomenda-se, portanto, a elaboração e implementação de iniciativas, políticas e quadro normativo que propiciem o reconhecimento de capacidades, a atribuição de poderes e a determinação de deveres, de modo a possibilitar condições para o pleno desenvolvimento da personalidade.

O papel do ordenamento deve ser o de garantir à pessoa humana espaço para o desenvolvimento de suas escolhas, em todas as fases da vida, sabendo-se que de toda liberdade decorrerão também responsabilidades. Um dos limites ao referido direito seria a proteção da dignidade de terceiro(s). Ao se tutelar os dados pessoais, tutela-se diretamente a liberdade, a igualdade e a integridade, tanto do indivíduo quanto das coletividades, garantindo-se direitos e livres expressões de personalidades.

Nesse sentido, a proteção dos dados sensíveis mostra-se especialmente relevante para a garantia dos direitos e liberdades fundamentais de seu titular, devendo ser pro-

---

36. Observa-se que alguns dados sensíveis podem revelar ou facilitar inferências sobre informações de terceiros. É o caso, por exemplo, do tratamento de dados genéticos, que podem revelar informações sobre a saúde ou a filiação da pessoa ou de terceiros.

37. Rodotà nos ensina: "O direito ao livre desenvolvimento da personalidade não é uma descoberta dos últimos tempos. É solenemente reconhecido pelo parágrafo 2° da Constituição alemã (...) e, de forma menos evidente, do artigo 2° da Constituição italiana, onde se afirma "a República reconhece e garante os direitos invioláveis do homem, seja como indivíduo, seja nas formações sociais nas quais se desenvolve sua personalidade." Pode-se legitimamente indagar, portanto, se a escolha de redefinir a própria identidade na internet pode ser considerada como um elemento essencial do desenvolvimento da personalidade e se as comunidades virtuais podem ser consideradas como "formações sociais"." (RODOTÀ, Stefano. *A vida na sociedade de vigilância*: a privacidade hoje. Rio de Janeiro: Renovar, 2008. p. 116.)

38. "A exigência do respeito da personalidade, de seu livre desenvolvimento, incide sobre a noção de ordem pública, sobre os limites e sobre a função da autonomia negocial, sobre a interpretação dos atos através dos quais se manifesta – na individuação das fronteiras do ilícito e de seu fundamento, sobre as configurações não apenas das relações familiares, mas também daquelas patrimoniais, sobre a concepção e a tutela da relação de trabalho, sobre o juízo de valor do associativismo e de seus possíveis escopos; incide, em suma, sobre toda a organização da vida em «comunidade»" (PERLINGIERI, Pietro. *O direito civil na legalidade constitucional*. Rio de Janeiro: Renovar, 2008. p. 768-769).

tegidos de forma mais específica e cuidadosa pelas diversas estruturas normativas.[39] Isso porque, em virtude da qualidade e da natureza das informações que trazem, seu tratamento ou eventual vazamento poderá gerar riscos significativos à pessoa humana, podendo ser fonte para preconceitos e discriminações ilícitas ou abusivas.[40]

Não há dúvidas de que o tratamento de dados sensíveis por parte, por exemplo, de empregadores[41-42], recrutadores, ambientes de ensino, companhias seguradoras, planos de saúde ou governos, se não observadas salvaguardas adequadas, poderá ampliar cenários de discriminações e de violações a direitos.[43] Outro ponto de preo-

---

39. Dispõe o considerando 51 do GDPR que: "Personal data which are, by their nature, particularly sensitive in relation to fundamental rights and freedoms merit specific protection as the context of their processing could create significant risks to the fundamental rights and freedoms. Those personal data should include personal data revealing racial or ethnic origin, whereby the use of the term 'racial origin' in this Regulation does not imply an acceptance by the Union of theories which attempt to determine the existence of separate human races. The processing of photographs should not systematically be considered to be processing of special categories of personal data as they are covered by the definition of biometric data only when processed through a specific technical means allowing the unique identification or authentication of a natural person. Such personal data should not be processed, unless processing is allowed in specific cases set out in this Regulation, taking into account that Member States law may lay down specific provisions on data protection in order to adapt the application of the rules of this Regulation for compliance with a legal obligation or for the performance of a task carried out in the public interest or in the exercise of official authority vested in the controller. In addition to the specific requirements for such processing, the general principles and other rules of this Regulation should apply, in particular as regards the conditions for lawful processing. Derogations from the general prohibition for processing such special categories of personal data should be explicitly provided, inter alia, where the data subject gives his or her explicit consent or in respect of specific needs in particular where the processing is carried out in the course of legitimate activities by certain associations or foundations the purpose of which is to permit the exercise of fundamental freedoms." Disponível em: https://eur-lex.europa.eu/legal-content/EN/TXT/HTML/?uri=CELEX:32016R0679&from=PT Acesso em: 11. jun. 2021

40. DONEDA, Danilo. *Da privacidade à proteção de dados pessoais*. 2. ed. São Paulo: Thomson Reuters Brasil, 2019.

41. A Convenção 111 da Organização Internacional do Trabalho (1960), ratificada pelo Brasil, traz medidas para eliminar toda discriminação em matéria de emprego e ocupação, incentivando leis e programas de educação sobre o tema e que invistam na política promovida no documento. Em relação ao ambiente laboral, o artigo 7º, incisos XXX e XXXI, da Constituição Federal, proíbem diferença de salários, de exercício de funções e de critério de admissão por motivo de sexo, idade, cor ou estado civil, bem como qualquer discriminação no tocante a salário e critérios de admissão do trabalhador portador de deficiência.

42. "(...) não há dúvida de que o conhecimento, por parte do empregador ou de uma companhia seguradora, de informações sobre uma pessoa infectada pelo HIV, ou que apresente características genéticas particulares, pode gerar discriminações. Estas podem assumir a forma da demissão, da não admissão, da recusa em estipular um contrato de seguro, da solicitação de um prêmio de seguro especialmente elevado." (RODOTÀ. Op. cit., p. 70.)

43. "A ligação entre proteção de dados e prevenção da discriminação é intuitiva. Ao se restringir ou condicionar o uso de determinados dados pessoais pelos agentes de tratamento, tem-se, como corolário, o impedimento de sua consideração em prejuízo do titular deles. Em uma sociedade cada vez mais digital, os instrumentos fornecidos aos indivíduos pelas leis de proteção de dados, como o direito de acesso aos dados tratados pelo controlador e os direitos à explicação e revisão das decisões automatizadas, afiguram-se essenciais para a exposição e minimização de tratamentos discriminatórios. Some-se a eles, ainda, a explicitação de um princípio da não discriminação ilícita ou abusiva, a possível exigência de um relatório de impacto à proteção de dados pessoais (RIPD) e uma auditoria pela ANPD para verificação de aspectos discriminatórios nos tratamentos automatizados, e logo se conclui: o controle da discriminação nas relações entre privados no Brasil tende a mudar de patamar com a entrada em vigor da Lei Geral de Proteção de Dados (LGPD)." (JUNQUEIRA, Thiago. *Tratamento de Dados Pessoais e Discriminação Algorítmica nos Seguros*. São Paulo, Ed. RT, 2020. p. 240.)

cupação é o desenvolvimento contínuo de análises e de perfis comportamentais com tais dados, especialmente quando são de menores de idade, visando a direcionar e a personalizar, com elevada precisão, bens e serviços.

O direito constitucional brasileiro compreende a afirmação do direito à igualdade como mandamento de *proibição de discriminação*. Almeja-se, assim, "(...) afastar toda e qualquer diferenciação injusta, em especial práticas e regimes de subordinação contra indivíduos e grupos histórica e socialmente injustiçados e vítimas de preconceito."[44] Na Constituição Federal de 1988 foi estabelecido que é objetivo fundamental da República a promoção do bem de todos, sem preconceitos de origem, raça, sexo, cor, idade e quaisquer outras formas de discriminação. Isso resultou na formulação de um *direito da antidiscriminação*. Neste sentido, Roger Rios destaca que:

> Passa-se a atentar para os prejuízos injustos suportados pelos destinatários de tratamentos desiguais, objetivando enfrentar situações de estigma e subordinação experimentadas por grupos discriminados (RIOS, 2008, p. 36; MOREIRA, 2017, p. 67; SOLANKE, 2017). A discriminação enfrentada pelo direito da antidiscriminação é, portanto, tomada por uma perspectiva mais substantiva que formal: importa enfrentar a desigualdade prejudicial e injusta, pois nem sempre a adoção de tratamentos distintos se revela maléfica, sendo mesmo tantas vezes exigida, como alerta a dimensão material do princípio da igualdade (o de tratar igualmente os iguais e desigualmente os desiguais na medida de suas desigualdades).[45]

O princípio da não discriminação – relevante fundamento para a tutela ampliada dos dados sensíveis – aparece na LGPD duas vezes: na primeira, no inciso IX do art. 6º, que o conceitua como "impossibilidade de realização do tratamento para fins discriminatórios ilícitos ou abusivos", e na segunda, no § 2º do art. 20, que prevê a possibilidade de a Autoridade Nacional de Proteção de Dados realizar auditoria para a verificação de aspectos discriminatórios em tratamento automatizado de dados pessoais.[46]

O fundamento comum para a proteção dos dados sensíveis gira em torno da necessidade de se evitar formas prejudiciais, ilícitas ou abusivas de discriminação em face dos titulares de dados.[47] Desta forma, o tratamento de dados sensíveis deve

---

44. RIOS, Roger Raupp; LEIVAS, Paulo Gilberto Cogo; SCHÄFER, Gilberto. Direito da antidiscriminação e direitos de minorias: perspectivas e modelos de proteção individual e coletivo. *Rev. direitos fundam. democ.*, v. 22, n. 1, p. 126-148, jan.-abr. 2017.

45. RIOS, Roger Raupp. Tramas e interconexões no Supremo Tribunal Federal: Antidiscriminação, gênero e sexualidade. *Rev. Direito Práx.*, Rio de Janeiro, v. 11, n. 2, p. 1332-1357, abril. 2020.

46. Como define Cathy O'Neil, algoritmos são opiniões embutidas em código, que repetem práticas e padrões passados e, assim, automatizam o *status quo*. Para que os algoritmos sejam justos, é preciso fiscalizá-los, repará-los e aprimorá-los. Dessa forma, além de se ter uma regulamentação adequada, que privilegie a transparência e a explicação quanto às decisões algorítmicas, o princípio da não discriminação deve estar presente desde a concepção dos sistemas de inteligência artificial, tanto na parte técnica dessa construção quanto na garantia de diversidade dos times responsáveis pelo desenvolvimento dos algoritmos. Mostra-se fundamental exigir responsabilidade e prestação de contas de corporações que tomam decisões capazes de prejudicar pessoas e comunidades. (O'NEIL, Cathy. *Weapons of Math Destruction*: How Big Data Increases Inequality and Threatens Democracy. Crown: 2016.)

47. Mulholland apresenta dois casos graves em que o perfilamento (*profiling*) gerou tratamentos discriminatórios: "Os casos ocorreram nos EUA e se referiram à contratação de serviços médicos e de segurança. No primeiro

vir acompanhado de garantias adequadas, que considerem os riscos em jogo e os direitos a serem protegidos, como, por exemplo, bases legais específicas e mais restritas (como o art. 11 da LGPD)[48]; obrigação de sigilo profissional; análises de risco; e medidas técnicas e de segurança organizacional específicas. Cuidados adicionais para a proteção de dados sensíveis são essenciais para o seu regular tratamento, uma vez que a tônica de sua tutela é "permitir uma igualdade substancial no tratamento dos dados, vedando a discriminação e o abuso que dele podem surgir."[49]

Como se sabe, a depender da base de dados utilizada para treinar o algoritmo e/ou de como ele foi programado, ele poderá oferecer um resultado discriminatório. Tão importante quanto o algoritmo é a base de dados a ele subjacente e o enviesamento que pode vir a reboque. Como a inteligência artificial tem sido frequentemente usada para a tomada de decisões, a vida das pessoas fica cada vez mais vulnerável a tratamentos discriminatórios, como em situações que envolvem análise de probabilidade de cometimento de crimes[50], tutela da saúde, concessão de crédito e participação em processos seletivos de emprego.

Decisões que, até pouco tempo, eram tomadas exclusivamente por seres humanos vêm sendo delegadas – no todo ou em parte – para sistemas automatizados, algoritmos de ranking e modelos de risco preditivo, que, por sua vez, acabam controlando desde a concessão de crédito a uma pessoa até quem tem mais chances de delinquir, com base na análise computadorizada de estatísticas.[51] Percebe-se, assim,

---

caso, algumas seguradoras utilizaram dados pessoais relacionados às vítimas de violência doméstica, acessíveis em banco de dados públicos. O resultado do tratamento dos dados levou a uma discriminação negativa, ao sugerir que mulheres vítimas de violência doméstica não poderiam contratar seguros de vida, saúde e invalidez, pois o risco contratado seria muito alto. Em outro caso, relacionado a dados de saúde, "quando uma pessoa tem um derrame, alguns bancos, ao descobrir tal fato, começam a cobrar o pagamento dos empréstimos realizados"." (MULHOLLAND, Caitlin. Os contratos de seguro e a proteção dos dados pessoais sensíveis. In: GOLDBERG, Ilan; JUNQUEIRA, Thiago (Coords.). *Temas Atuais de Direito dos Seguros*, Tomo I. São Paulo: Thomson Reuters. 2020.)

48. VIOLA, Mario; TEFFÉ, Chiara Spadaccini de. Tratamento de dados pessoais na LGPD: estudo sobre as bases legais dos artigos 7º e 11. In: Bruno Bioni, Laura Schertel Mendes, Danilo Doneda, Otavio Luiz Rodrigues Jr., Ingo Sarlet. (Org.). *Tratado de Proteção de dados pessoais*. Rio de Janeiro: Forense, 2021. v. 1. p. 117-148.

49. MULHOLLAND, Caitlin. Dados pessoais sensíveis e consentimento na Lei Geral de Proteção de Dados Pessoais. *Migalhas*, publicado em 22 de junho de 2020.

50. Cf. BRAYNE, Sarah. *Predict and Surveil*: Data, Discretion, and the Future of Policing. Oxford University Press: 2020. SKINNER-THOMPSON, Scott. *Privacy at the Margins*. Cambridge university press: 2020. COSTANZA-CHOCK, Sasha. *Design Justice*. Community-Led Practices to Build the Worlds We Need. The MIT Press: 2020. NOBLE, Safiya Umoja. *Algorithms of Oppression*: How Search Engines Reinforce Racism. NYU Press, 2018.

51. "As decisões automatizadas, referentes a um indivíduo determinado, que se baseiam em um método estatístico para análise de grande volume de dados e informações, podem ter grande impacto sobre os direitos individuais, especialmente no que se refere à autonomia, igualdade e personalidade. Afinal, na sociedade atual, caracterizada pelas relações remotas, os dados pessoais acabam por se constituir na única forma de representação das pessoas perante as mais diversas organizações estatais e privadas, sendo determinantes para "abrir ou fechar as portas de oportunidades e acessos" (LYON, 2003, p. 27). Dessa forma, uma eventual representação equivocada em determinados contextos sociais – por meio de um equívoco do algoritmo ou dos dados em que o algoritmo se baseou – afetaria tanto a forma como o indivíduo se percebe como também o modo como a sociedade o enxerga e o avalia, afetando a sua integridade moral e a sua personalidade (BRITZ, 2008, p. 179). Ademais, se essa representação, conforme alertado por Lyon (2003), acarretar a perda de chances

o potencial de algumas decisões automatizadas de violarem direitos fundamentais, se tomadas sem o cumprimento de determinados parâmetros éticos e constitucionais, que garantam sua transparência, possibilidade de controle e segurança.[52]

Nesse contexto, alude-se ao tratamento conferido ao tema na LGPD, que previu o direito de o titular dos dados solicitar a revisão de decisões tomadas unicamente com base em tratamento automatizado de dados pessoais que afetem seus interesses, incluídas as decisões destinadas a definir o seu perfil pessoal, profissional, de consumo e de crédito ou os aspectos de sua personalidade. Segundo parte da doutrina, o artigo 20 da LGPD[53] seria, em certa medida, a sede do "direito à explicação"[54], o qual derivaria do *princípio da transparência* para o tratamento de dados pessoais.

A priori, parece que um grupo relativamente amplo de informações pessoais pode ser considerado sensível, especialmente diante de alguns tratamentos específicos realizados. Por consequência, os dados pessoais deverão ser avaliados considerando-se por exemplo: (I) o contexto que determina seu tratamento; (II) interesses específicos do responsável pelo tratamento, assim como dos destinatários potenciais dos dados; (III) fins e propósitos para os quais os dados serão tratados; (IV) condições do tratamento; (V) relações que podem ser estabelecidas com as demais informações disponíveis sobre o titular ou o grupo de que ele faz parte; (VI) as possibilidades tecnológicas atuais e futuras envolvendo dados; (VII) como a informação pode afetar o indivíduo a quem ela diz respeito e o livre desenvolvimento de sua personalidade; e (VIII) a potencialidade do tratamento do dado servir como instrumento de estigmatização ou discriminação ilícita ou abusiva da pessoa.[55]

---

e oportunidades do indivíduo na sociedade, dar-se-á uma restrição indevida à sua autonomia, limitando a sua liberdade de ação, suas escolhas econômicas e até mesmo existenciais. Por fim, destaca-se também a possibilidade de violação do princípio da igualdade, na hipótese de que a classificação e seleção operada por algoritmos produza resultados desiguais para pessoas em situações semelhantes, afetando negativamente as suas oportunidades de vida na sociedade (LYON, 2003, p. 27)." (DONEDA et al. Considerações iniciais sobre inteligência artificial, ética e autonomia pessoal. *Pensar*, Fortaleza, v. 23, n. 4, p. 1-17, 2018.)

52. Cf. TEFFÉ, Chiara Spadaccini de; MEDON, Filipe. responsabilidade civil e regulação de novas tecnologias: questões acerca da utilização de inteligência artificial na tomada de decisões empresariais. *Revista estudos institucionais*, v. 6, p. 301-333, 2020.

53. Art. 20. O titular dos dados tem direito a solicitar a revisão de decisões tomadas unicamente com base em tratamento automatizado de dados pessoais que afetem seus interesses, incluídas as decisões destinadas a definir o seu perfil pessoal, profissional, de consumo e de crédito ou os aspectos de sua personalidade. § 1º O controlador deverá fornecer, sempre que solicitadas, informações claras e adequadas a respeito dos critérios e dos procedimentos utilizados para a decisão automatizada, observados os segredos comercial e industrial. § 2º Em caso de não oferecimento de informações de que trata o § 1º deste artigo baseado na observância de segredo comercial e industrial, a autoridade nacional poderá realizar auditoria para verificação de aspectos discriminatórios em tratamento automatizado de dados pessoais.

54. No processo de aprovação da LGPD houve veto a trecho do artigo 20 que determinava o direito de revisão como um direito de revisão humana, ou seja, feito por uma pessoa natural. A crítica que se faz é a possibilidade então de tal revisão ser feita apenas por máquinas, ao contrário do que dispõe o direito europeu sobre a temática. Cf. FRAZÃO, Ana; MULHOLLAND, Caitlin (Org.). *Inteligência Artificial e Direito*: Ética, Regulação e Responsabilidade – revisto e atualizado. 2. ed. São Paulo: Ed. RT, 2020. FRAZÃO, Ana. Algoritmos e inteligência artificial, *Jota*, publicado em 15 de maio de 2018. ZANATTA, Rafael A. F. *Perfilização, Discriminação e Direitos*: do Código de Defesa do Consumidor à Lei Geral de Proteção de Dados Pessoais. Disponível em: https://www.researchgate.net/publication/331287708 Acesso em: 09 jan. 2021.

55. "(...) mais importante do que identificar a natureza própria ou conteúdo do dado, é constatar a potencialidade discriminatória no tratamento de dados pessoais. Isto é, a limitação para o tratamento de dados se concretizaria

Acerca da finalidade/propósito do agente, cabe questionar: o controlador pretende tirar conclusões do tratamento que possam ser consideradas dados de natureza sensível? Para se analisar a questão, mostra-se relevante verificar, entre outros aspectos, o histórico do agente e se a intenção declarada é, de fato, objetivamente verificável.

É importante também considerar quais outros dados podem estar disponíveis para o controlador, pois a combinação de vários conjuntos de dados pode aumentar a probabilidade de que conclusões de natureza sensível sejam alcançadas. Em ambientes cada vez mais interconectados, isso pode envolver levar em consideração não apenas dados que estejam com o controlador, mas também dados que ele possa ter acesso em outros ambientes. Um segundo fator são as habilidades técnicas do controlador de dados. Isso incluirá a capacidade computacional e o *know-how* técnico disponíveis. Tendo em vista que tais fatores estão em constante evolução e que o acesso a conjuntos de dados potencialmente complementares está sempre aumentando, o contexto específico de um tratamento deverá, como regra, ser compreendido de forma dinâmica e mutável. O tratamento de dados que pode não ter sido considerado sensível no passado pode muito bem ser considerado sensível no futuro.

Diante disso, não se mostra possível definir, antecipadamente e de forma absoluta, os efeitos de um tratamento de informações nem o grau de sensibilidade de um dado pessoal. Por exemplo, dados que pareçam não relevantes em determinado momento, que não façam referência a alguém diretamente ou, ainda, que não sejam formalmente sensíveis, uma vez transferidos, cruzados e/ou organizados, podem resultar em dados bastante específicos sobre determinada pessoa, trazendo informações, inclusive, de caráter sensível sobre ela.

Em importante ensinamento, Danilo Doneda destaca que:

> A elaboração desta categoria e de disciplinas específicas a ela aplicadas não foi isenta de críticas, como a que afirma que é impossível, em última análise, definir antecipadamente os efeitos do tratamento de uma informação, seja ela da natureza que for. Desta forma, mesmo dados não qualificados como sensíveis, quando submetidos a um determinado tratamento, podem revelar aspectos sobre a personalidade de alguém, podendo levar a práticas discriminatórias. Afirma-se, em síntese, que um dado, em si, não é perigoso ou discriminatório – mas o uso que dele se faz pode sê-lo. (...) deve-se ter em conta que o próprio conceito de dados sensíveis atende à uma necessidade de delimitar uma área na qual a probabilidade de utilização discriminatória da informação é potencialmente maior – sem deixarmos de reconhecer que há situações onde tal consequência pode advir sem que sejam utilizados dados sensíveis, ou então que a utilização destes dados se preste a fins legítimos e lícitos.[56]

---

na proibição de seu uso de maneira a gerar uma discriminação, um uso abusivo e não igualitário de dados. Não só a natureza de um dado, estruturalmente considerado, deve ser avaliada para sua determinação como sensível, mas deve-se admitir que certos dados, ainda que não tenham a princípio essa natureza especial, venham a ser considerados como tal, a depender do uso que deles é feito no tratamento de dados." (MULHOLLAND, Caitlin. Dados pessoais sensíveis e consentimento na Lei Geral de Proteção de Dados Pessoais. *Migalhas*, publicado em 22 de junho de 2020.)

56. DONEDA, Danilo. *A proteção de dados pessoais nas relações de consumo*: para além da informação creditícia. Escola Nacional de Defesa do Consumidor. Brasília: SDE/DPDC, 2010. p. 26-27.

Sabe-se que, diante dos avanços tecnológicos e científicos, até mesmo informações pessoais que tradicionalmente não eram classificadas como sensíveis, como nome, nacionalidade e CEP do domicílio, podem causar tanto (a) um tratamento discriminatório ilícito ou abusivo quanto (b) a dedução ou inferência de dados sensíveis.[57-58]

Ainda sobre informações que podem se tornar sensíveis, vale lembrar o histórico de compras de uma pessoa em um supermercado ou em uma farmácia[59] ou o acesso à fatura de seu cartão de crédito, uma vez que, a partir disso, é possível inferir dados sensíveis, como convicções religiosas, estado de saúde[60] ou orientação sexual. Dados de geolocalização podem, também, ser manipulados para usos lesivos a seu titular

---

57. Embora o tratamento de nomes e sobrenomes possa, em muitas circunstâncias, não trazer riscos para os indivíduos, ele pode, em alguns casos, envolver dados sensíveis, como, por exemplo, quando o objetivo for revelar a origem étnica ou as crenças religiosas dos indivíduos. Recorda-se caso em que se verificou que motoristas com nomes não ingleses, como *Mohammed Ali*, recebiam cotações de seguros de carros mais altas do que *Johns*. Segundo reportagem de 2018, grandes firmas ofereciam valores menores quando o motorista tinha nome considerado inglês, como, por exemplo, *John, Jack Jones* ou *David Smith*. (Disponível em: https://www.thesun.co.uk/motors/5393978/insurance-race-row-john-mohammed/ Acesso em: 02.11.20) Há casos, também, de negativa de concessão de crédito para pessoas cujos nomes são, estatisticamente, os mais recorrentes na comunidade afrodescendente. É dizer: o simples prenome, em certo contexto, pode ser considerado dado sensível para fins de tutela da igualdade. (Disponível em: https://www.oabrj.org.br/colunistas/gustavo-tepedino/as-tecnologias-renovacao-direito-civil Acesso em: 02 nov. 2020).

58. Doneda e Monteiro analisam caso de solicitação de dados de nacionalidade, o qual ensejou questionamentos a respeito da razão de seu requerimento e de possíveis tratamentos discriminatórios que poderia ensejar. Determinado pró-reitor da Universidade Federal de Santa Maria solicitou algumas informações aos programas de pós-graduação da instituição, estando, entre elas, questionamento acerca da presença de alunos e/ou professores de nacionalidade israelense. O pedido procurava atender a uma solicitação de acesso à informação dirigida à Universidade por algumas entidades. Analisando o caso e a ponderação entre transparência e proteção de dados, os autores destacaram que: "[...] o fato de a informação referente à nacionalidade ter elevado potencial discriminatório – ainda que a nacionalidade não seja comumente considerada em si como uma informação sensível – depreende-se do tratamento sensível que pode ser dado a tal informação, capaz de estigmatizar, classificar, pré-julgar e mesmo comprometer a segurança dos cidadãos afetados. Note-se que a discriminação em razão da procedência nacional é, inclusive, tipificada como crime no Art. 1º da Lei 7.716/1989. Para tal ponderação contribui, igualmente, a motivação discriminatória passível de ser inferida pela série de considerandos ao pedido de acesso à informação, ao julgar de forma contundente atos que eventualmente teriam sido praticados pelo Estado de Israel." (DONEDA, Danilo; MONTEIRO, Marília. Acesso à informação e privacidade no caso da Universidade Federal de Santa Maria. *Jota*. 2 jul. 2015. Disponível em: https://www.jota.info/opiniao-e-analise/artigos/acesso-a-informacao-e-privacidade-no-caso-da-universidade-federal-de-santa-maria-02072015. Acesso em: 14 jun. 2020).

59. "Por exemplo, ao fornecer o número do CPF para obter descontos nas farmácias, a lista de medicamentos associada a esse dado pode conter informações delicadas sobre nossa saúde. É possível que essas informações sejam utilizadas de maneira discriminatória por seguradoras de saúde, alterando o valor da franquia de acordo com o perfil. Da mesma forma, nosso histórico de compras *online* diz bastante sobre poder aquisitivo e preferências pessoais. Por meio dessas informações, é possível embasar o direcionamento de propagandas compatíveis com o nosso gosto, tentando-nos a comprar algo que não precisamos, bem como cobrar preços mais altos ou limitar o acesso ao crédito para determinados perfis. Dados sobre orientação sexual, em uma sociedade que ainda vive preconceitos contra a diversidade, também podem servir a práticas de segregação, restringindo, por exemplo, as oportunidades de trabalho." (VARON, Joana. Entrevista II. *Panorama Setorial da Internet*, v. 11, n. 2, p. 12-14, 2019. Privacidade e dados pessoais. Disponível em: https://www.cetic.br/media/docs/publicacoes/6/15122520190717-panorama_setorial_ano-xi_n_2_privacidade_e_dados_pessoais.pdf. Acesso em: 31 maio 2020. p. 12).

60. Caso famoso envolve a empresa *Target* e o uso de dados para a realização de previsão de gravidez de clientes. Cf. DUHIGG, Charles. How companies learn your secrets. *The New York Times*. 26 fev. 2012. Disponível em:

e para a verificação de informações íntimas. Eles podem revelar, por exemplo, sua religião (pessoa localizada em determinado templo religioso) ou permitir que seja presumida alguma condição de saúde (pessoa localizada em clínica de saúde especializada em determinada doença).

O próprio dado relativo à identidade de gênero ou à orientação sexual pode ser utilizado para discriminações ilícitas ou abusivas. Da mesma forma, é importante ter especial atenção com os dados financeiros[61] de pessoas naturais, dados sobre antecedentes, processos ou condenações criminais e dados relativos a alguma forma de deficiência[62]. Em um contexto em que o rastro digital de crianças vem sendo iniciado cada vez mais cedo, as mencionadas considerações representam importantes pontos de atenção no momento de se desenvolver garantias e proteções especiais a tais sujeitos.

Além disso, a partir de *metadados* é possível inferir diversas informações sensíveis sobre uma pessoa. Praticamente todos os dispositivos geram metadados conforme são utilizados, sendo exemplo emblemático o *smartphone,* ferramenta cada vez mais utilizada por menores de idade. Ao tirar uma foto, por exemplo, além da imagem ficar gravada na memória do celular, metadados são associados a ela, descrevendo informações sobre o modelo da câmera, data, tamanho e formato do arquivo e o local de onde a foto foi tirada.

O conteúdo de comunicações pode revelar informações altamente sensíveis sobre as pessoas envolvidas[63], desde experiências pessoais e emoções até condições

---

https://www.nytimes.com/2012/02/19/magazine/shopping-habits.html?pagewanted=1&_r=1&hp Acesso em: 31 maio 2020.

61. A segurança das informações deve ser um pilar estratégico e prioritário para todas as instituições financeiras, especialmente aquelas que oferecem serviços digitais. Para garantir a segurança dos usuários e da própria empresa, alguns investimentos mostram-se essenciais, como, por exemplo: o uso amplo de criptografia e a constituição de equipe de segurança de alto padrão, havendo, portanto, profissionais capacitados em *cyber security*. Para a segurança dos dados financeiros, também é necessário que a empresa esteja em *compliance* com a LGPD e com padrões mundiais, como o CIS (Center for Internet Security) e o ISO/IEC 27001, tanto a nível de hardware quanto a nível de software. Por fim, deve-se incrementar dentro da instituição uma elevada cultura de segurança e proteção de dados, bem como a realização de certificações na área. Fonte: https://cryptoid.com.br/identidade-digital-destaques/seguranca-digital-quais-cuidados-as-fintechs-devem-ter-com-os-dados-financeiros-dos-clientes/ Acesso em: 17 mar. 2021.

62. "A preocupação com a proteção de dados pessoais de pessoas em situação de vulnerabilidade é ainda mais acentuada, notadamente em relação aos dados sensíveis. Assegurar os direitos da pessoa de manter o controle sobre seus dados, por meio da autodeterminação informativa, de forma a evitar a não discriminação, é ainda mais difícil para integrantes de grupos vulneráveis. Se já é tormentosa a proteção da liberdade e da igualdade no contexto da proteção de dados diante das assimetrias de poder na sociedade da informação, no caso de pessoas vulneradas é dramática sua tutela. Entre eles, as pessoas com deficiência constituem grupo estigmatizado e inferiorizado socialmente que representa significativa parcela da população e que o Direito brasileiro somente em tempos mais recentes se voltou à sua tutela na medida de suas vulnerabilidades". (BARBOZA, Heloisa Helena; PEREIRA, Paula Moura Francesconi de Lemos; ALMEIDA, Vitor. Proteção dos dados pessoais da pessoa com deficiência. In: TEPEDINO, Gustavo; FRAZÃO, Ana; OLIVA, Milena Donato (Coord). *Lei Geral de Proteção de Dados Pessoais e suas repercussões no direito brasileiro.* São Paulo: Thomson Reuters: 2020.)

63. HOF, Simone van der. I agree, or do I? A rights-based analysis of the law on children's consent in the digital world. *Wisconsin International Law Journal*, v. 34, n. 2, p. 409-445, 2016.

médicas, preferências sexuais e visões políticas, cuja divulgação pode resultar em danos pessoais e sociais, perdas econômicas e/ou constrangimentos. Da mesma forma, metadados derivados de comunicações eletrônicas também podem revelar informações muito pessoais. Números chamados, os sites visitados, a localização geográfica e a data e a duração de uma chamada são informações que permitem tirar conclusões precisas sobre a vida privada das pessoas, como suas relações sociais, seus hábitos, atividades da vida cotidiana e seus interesses e gostos.

As complexas e variadas formas de tratar dados pessoais exigem o estabelecimento de novas categorias, relações e tutelas, especialmente quando envolvem crianças e adolescentes. Diante disso, mostra-se fundamental definir critérios e garantias que ampliem a tutela oferecida a dados sensíveis e a tratamentos que revelem informações sensíveis de menores, levando-se em conta também a necessária aplicação da doutrina do melhor interesse e da proteção integral.

3. INSTRUMENTOS PARA A GARANTIA DO MELHOR INTERESSE DOS MENORES NO TRATAMENTO DE INFORMAÇÕES SENSÍVEIS

Dados sensíveis podem alcançar diferentes níveis de sensibilidade, a depender da informação em si que guardam e/ou do titular a quem dizem respeito, impactando em graus de intensidade diversos a esfera íntima de seu titular. Quanto mais sensíveis forem as informações pessoais, maiores serão os riscos e os danos se houver um incidente de segurança ou violação de privacidade envolvendo as mesmas.

Por exemplo, as informações de contato profissional de uma pessoa são dados pessoais, mas é pouco provável que ela sofra danos graves se tais informações forem disponibilizadas publicamente. Por outro lado, se informações específicas de saúde de um indivíduo caírem nas mãos erradas isso poderá causar um alto risco de lesão a ele e, até mesmo, a terceiros. Em geral, quanto maior a sensibilidade da informação, maiores deverão ser as salvaguardas.

Detalhes sobre a saúde mental de um indivíduo ou sobre seus dados genéticos serão, como regra, mais sensíveis do que a informação se ele está com uma perna quebrada, ainda que todos os dados mencionados sejam relativos à saúde. Indaga-se, então, se não seria mais adequado, e inclusive necessário, criar categorias especiais de dados e, consequentemente, tutelas diferenciadas para elas, de forma a se proteger mais amplamente a pessoa humana.

Excelentes exemplos para se pensar em dados altamente sensíveis são dados biométricos de crianças e dados de saúde de menores de idade com deficiência[64], os quais além de serem sensíveis dizem respeito a sujeitos hipervulneráveis e destina-

---

64. Sugere-se a leitura de caso que envolveu multa aplicada pela Autoridade de Proteção de Dados da Noruega ao município de Rælingen. Disponível em: https://www.datatilsynet.no/en/news/2020/final-decision-administrative-fine-for-ralingen-municipality/ Acesso em: 06 jun. 2021.

DADOS SENSÍVEIS DE CRIANÇAS E ADOLESCENTES **319**

tários de tutela integral. Neste caso, o melhor interesse e o dever de cuidado impõem grau de zelo maior com tais dados pessoais.

Para ilustrar, recorda-se interessante caso ocorrido em 2019 em que a Autoridade de Proteção de Dados Sueca[65] multou um município em aproximadamente 20.000 euros por usar tecnologia de reconhecimento facial para monitorar a frequência de alunos em escola.[66] Uma escola no norte da Suécia conduziu um projeto piloto realizando reconhecimento facial para monitorar a frequência dos alunos. O teste foi realizado em uma turma da escola por um período limitado. A Autoridade sueca concluiu que o teste violava disposições do GDPR e aplicou a referida multa. Entendeu que a escola havia tratado dados biométricos ilegalmente e que deveria ter realizado uma avaliação de impacto adequada, além de consulta prévia à Autoridade. A escola baseou o tratamento na base legal do consentimento, mas a Autoridade considerou que esta não era uma base válida, dado o claro desequilíbrio entre o titular dos dados e o responsável pelo tratamento.

Em 2020, o Presidente do Gabinete Polaco de Proteção de Dados Pessoais aplicou uma multa de 20.000 PLN por violação que consistia no tratamento de dados biométricos de menores para a utilização de cantina escolar.[67] A escola estava processando categorias especiais de dados (dados biométricos) de 680 crianças, quando, na verdade, poderia usar outros recursos menos invasivos para identificar os alunos. Por essa violação, uma multa administrativa foi imposta à Escola Primária nº 2 em Gdansk. Além disso, foram ordenados o apagamento dos dados pessoais relativos às impressões digitais das crianças e a cessação de qualquer nova coleta de dados.

Foi apurado que a escola utilizava um leitor biométrico na entrada da cantina escolar que identificava as crianças para verificar o pagamento da taxa de alimentação. Ela obtinha os dados e os tratava com base no consentimento por escrito dos pais ou responsáveis legais. A solução estava em vigor desde 1 de abril de 2015. No ano letivo 2019/2020, 680 alunos utilizaram o leitor biométrico, enquanto quatro alunos usaram sistema de identificação alternativo.

Ressaltou-se que o processamento de dados biométricos não era essencial para se atingir o objetivo de identificar o direito de uma criança ao almoço. A escola poderia realizar a identificação por outros meios que não interferissem tanto na privacidade da criança. Inclusive, de forma alternativa, a própria escola possibilitava a utilização dos serviços da cantina por meio de cartão eletrônico ou através da indicação do nome e do número do contrato. Contudo, de acordo com o regulamento, os alunos que não

---

65. Fonte: https://edpb.europa.eu/news/national-news/2019/facial-recognition-school-renders-swedens-first-gdpr-fine_en Acesso em: 06 jun. 2021.
66. Recomenda-se a leitura da Opinion 2/2009 on the protection of children's personal data (General Guidelines and the special case of schools), adotada em 11 de fevereiro de 2009. Disponível em: https://ec.europa.eu/justice/article-29/documentation/opinion-recommendation/files/2009/wp160_en.pdf Acesso em: 06 jun. 2021.
67. Fonte: https://edpb.europa.eu/news/national-news/2020/fine-processing-students-fingerprints-imposed-school_en Acesso em: 06 jun. 2021.

possuíam identificação biométrica deveriam aguardar no final da fila até que todos os alunos com a referida identificação entrassem na cantina. Na opinião da Autoridade, tais regras introduziam um tratamento desigual aos alunos e sua diferenciação era injustificada, pois favorecia claramente os alunos com identificação biométrica. Além disso, a utilização de dados biométricos, tendo em conta a finalidade para a qual eram processados, era significativamente desproporcional.

O Presidente da Autoridade destacou que os menores necessitam de especial proteção para os seus dados pessoais. O sistema biométrico identifica características que não estão sujeitas a alterações, como no caso dos dados dactiloscópicos. Devido ao caráter único e permanente dos dados biométricos, eles devem ser usados com o devido cuidado. Os dados biométricos são únicos à luz dos direitos e liberdades fundamentais e, portanto, requerem proteção especial. Seu possível vazamento pode resultar em um alto risco para os direitos e liberdades das pessoas naturais.

Aplicar uma proteção ainda maior a dados sensíveis de crianças e adolescentes requer uma série de instrumentos, recursos e boas práticas, sendo fundamental a implantação de programas de *compliance*[68] comprometidos com as questões acima. Contar com o comprometimento das instituições públicas no tema também é de suma importância, havendo tanto a aplicação de severas sanções[69], por descumprimento das normas de proteção de dados, quanto a adequada orientação dos agentes por meio da publicação de guias e instruções.

Neste sentido, a Autoridade irlandesa de proteção de dados publicou, até março de 2021, um *draft* para consulta pública intitulado *"Children Front and Centre: Fundamentals for a Child-Oriented Approach to Data Processing"*. Os Fundamentos estabelecem 14 princípios-chave que as organizações devem seguir ao tratar dados de crianças (na Irlanda, para fins de proteção de dados, uma criança é alguém com menos de 18 anos.). Isso inclui serviços direcionados / destinados ou que provavelmente serão acessados por crianças.[70] Meses antes, a Autoridade do Reino Unido (*Information Commissioner's Office* – ICO) publicou o relevante *"Age appropriate design: a code of practice for online services"*, devendo as organizações estarem em conformidade com ele até setembro de 2021.[71]

Em junho de 2021, a Autoridade Francesa de Proteção de Dados (*Commission Nationale de l'Informatique et des Libertés* – CNIL) publicou oito recomendações para

---

68. TEFFÉ, Chiara Spadaccini de. LGPD em programas de compliance: vantagem competitiva e aderência às práticas ESG. *Jota*, publicado em 10 de junho de 2021. Disponível em: https://www.jota.info/opiniao-e-analise/artigos/lgpd-em-programas-de-compliance-vantagem-competitiva-e-aderencia-as-praticas-esg-10062021 Acesso em: 11 jun. 2021.

69. Recorda-se que desde agosto de 2021 a Autoridade Nacional de Proteção de Dados brasileira pode aplicar sanções aos setores público e privado.

70. Fonte: https://www.dataprotection.ie/en/dpc-guidance/blogs/the-children-fundamentals Acesso em: 06 jun. 2021.

71. Disponível em: https://ico.org.uk/for-organisations/guide-to-data-protection/key-data-protection-themes/age-appropriate-design-a-code-of-practice-for-online-services/executive-summary/ Acesso em: 06 jun. 2021.

a proteção de menores[72], quais sejam: a) supervisionar a capacidade dos menores de agir on-line; b) incentivar os menores a exercerem seus direitos; c) apoiar os pais na educação digital; d) obter o consentimento de um dos pais para menores de 15 anos; e) promover ferramentas de controle parental que respeitem a privacidade e o melhor interesse da criança; f) fortalecer a informação e os direitos dos menores por design; g) verificar a idade da criança e o consentimento dos pais com respeito à sua privacidade; e h) oferecer garantias específicas para proteger os interesses da criança.

Aplicações tanto de inteligência artificial quanto que envolvem o tratamento de dados de crianças e adolescentes necessitam ser desenvolvidas a partir de orientações que considerem princípios[73] e valores éticos, além de haver a proteção aos direitos humanos inserida no desenho de todo o sistema. Ações alinhadas à lógica do *privacy by design* [74] [75] – que preconiza que a privacidade e a proteção de dados devem ser consideradas desde a concepção e durante todo o ciclo de vida do projeto, sistema, serviço, produto ou processo – devem sempre ser tomadas no desenvolvimento de tecnologias, sendo incluídas também avaliações prévias de impacto e medidas técnicas e organizacionais de prestação de contas (*accountability*).

A privacidade por *design* garante que os dados pessoais sejam protegidos automaticamente em qualquer sistema de TI ou prática comercial. Portanto, nenhuma ação será necessária por parte da pessoa natural para proteger a sua privacidade e seus dados pessoais: isso será integrado de forma automática ao sistema, por padrão (*by default*). Do ponto de vista técnico, alguns procedimentos devem ser priorizados, como, por exemplo, a minimização dos dados tratados, a anonimização deles (quando possível) e o uso de ferramentas tecnológicas capazes de dar transparência aos critérios utilizados para a tomada de decisões.

De modo a ampliar as garantias aos dados sensíveis e a afirmar a relevância do *princípio da não discriminação* nas atividades de tratamento, recorda-se que na LGPD o titular dos dados poderá *revogar o consentimento* manifestado (Art. 18, IX) ou plei-

---

72. Disponível em: https://www.cnil.fr/fr/la-cnil-publie-8-recommandations-pour-renforcer-la-protection-des-mineurs-en-ligne Acesso em: 11 jun. 2021.

73. BURLE, Caroline; CORTIZ, Diogo. Mapeamento de princípios de inteligência artificial. Disponível em: https://ceweb.br/publicacoes/mapeamento-de-principios-de-inteligencia-artificial/?page=1 Acesso em: 30 dez. 2020.

74. CAVOUKIAN, Ann. Operationalizing Privacy by Design: A Guide to Implementing Strong Privacy Practices. Dez. 2012. CAVOUKIAN, Ann. Privacy by Design: The 7 Foundational Principles. Disponível em: https://iapp.org/resources/article/privacy-by-design-the-7-foundational-principles/ Acesso em: 09 abr. 2021. EDPB. Guidelines 4/2019 on Article 25 Data Protection by Design and by Default. Adopted on 20 October 2020. Disponível em: https://edpb.europa.eu/our-work-tools/our-documents/guidelines/guidelines-42019-article-25-data-protection-design-and_en Acesso em: 10 maio 2021.

75. LGPD, "Art. 46. Os agentes de tratamento devem adotar medidas de segurança, técnicas e administrativas aptas a proteger os dados pessoais de acessos não autorizados e de situações acidentais ou ilícitas de destruição, perda, alteração, comunicação ou qualquer forma de tratamento inadequado ou ilícito. (...) § 2º As medidas de que trata o caput deste artigo deverão ser observadas desde a fase de concepção do produto ou do serviço até a sua execução." "Art. 49. Os sistemas utilizados para o tratamento de dados pessoais devem ser estruturados de forma a atender aos requisitos de segurança, aos padrões de boas práticas e de governança e aos princípios gerais previstos nesta Lei e às demais normas regulamentares."

tear o *direito à oposição* (Art. 18 § 2°) quando o tratamento ocorrer com fundamento em uma das hipóteses de dispensa de consentimento, em caso de descumprimento ao disposto nesta Lei. Ainda, o agente deverá certificar-se de estar tratando apenas o mínimo necessário de dados sensíveis (*princípio da necessidade*). Devido às restrições legais, havendo dúvidas sobre a necessidade da informação, a solução mais adequada será a sua não coleta ou, se já coletada, a sua eliminação.[76] Outro princípio relevante é o da *prevenção*, o qual preconiza a adoção de medidas técnicas, organizacionais e jurídicas para prevenir a ocorrência de danos em virtude do tratamento de dados.

Devem ser documentados, de forma ampla, os tratamentos que envolverem dados sensíveis de crianças e adolescentes, as técnicas adotadas e as estruturas de compartilhamento e descarte empregadas. Da mesma forma, é essencial diagnosticar e mitigar riscos nas operações. No Brasil, o *relatório de impacto à proteção de dados pessoais*[77] não é, como regra, obrigatório. Entretanto, ele é claramente considerado uma boa prática quando há o tratamento de dados de menores e representa instrumento de conformidade e prestação de contas. Além disso, dispõe a LGPD que a Autoridade Nacional (ANPD) poderá determinar ao controlador que elabore relatório de impacto referente a suas operações de tratamento de dados, nos termos de regulamento, observados os segredos comercial e industrial.[78]

O relatório pode ser definido como a documentação do controlador que contém a descrição dos processos de tratamento de dados pessoais que podem gerar riscos às liberdades civis e aos direitos fundamentais, bem como medidas, salvaguardas e mecanismos de mitigação de risco.[79] Ele deverá conter, no mínimo, a descrição dos tipos de dados coletados, a metodologia utilizada para a coleta e para a garantia da

---

76. Disponível em: https://www.cnil.fr/en/sheet-ndeg7-minimize-data-collection Acesso em: 02 nov. 2020.
77. Cf. GOMES, Maria Cecília Oliveira. Relatório de Impacto a Proteção de Dados. Uma breve análise da sua definição e papel na LGPD. *Revista da AASP*, n. 144, 2019. _____. Entre o método e a complexidade: compreendendo a noção de risco na LGPD. In: *Temas atuais de proteção de dados*. São Paulo: Thomson Reuters Brasil, 2020. p 245-271. Kloza, D., Van Dijk, N., Gellert, R. M., Borocz, I. M., Tanas, A., Mantovani, E., & Quinn, P. Analyse d'impact relative à la protection des données dans l'Union européenne: une protection des personnes plus solide en complétant le nouveau cadre juridique. *d.pia.lab Policy Brief*, 2017(1), 1-8. QUELLE, Claudia. 2018: Enhancing Compliance under the General Data Protection Regulation: The Risky Upshot of the Accountability-and-Risk-based Approach, *European Journal of Risk Regulation*, 9, p. 502-526.
78. LGPD, "Art. 38. A autoridade nacional poderá determinar ao controlador que elabore relatório de impacto à proteção de dados pessoais, inclusive de dados sensíveis, referente a suas operações de tratamento de dados, nos termos de regulamento, observados os segredos comercial e industrial. Parágrafo único. Observado o disposto no *caput* deste artigo, o relatório deverá conter, no mínimo, a descrição dos tipos de dados coletados, a metodologia utilizada para a coleta e para a garantia da segurança das informações e a análise do controlador com relação a medidas, salvaguardas e mecanismos de mitigação de risco adotados." Recorda-se também aqui: "Art. 46. Os agentes de tratamento devem adotar medidas de segurança, técnicas e administrativas aptas a proteger os dados pessoais de acessos não autorizados e de situações acidentais ou ilícitas de destruição, perda, alteração, comunicação ou qualquer forma de tratamento inadequado ou ilícito. § 1° A autoridade nacional poderá dispor sobre padrões técnicos mínimos para tornar aplicável o disposto no caput deste artigo, considerados a natureza das informações tratadas, as características específicas do tratamento e o estado atual da tecnologia, especialmente no caso de dados pessoais sensíveis, assim como os princípios previstos no caput do art. 6° desta Lei. (...)"
79. Este documento dialoga diretamente com a seguinte norma técnica: ABNT NBR ISO/IEC 29134:2020 – Tecnologia da informação – Técnicas de segurança – Avaliação de impacto de privacidade. Outra norma

segurança das informações e a análise do controlador com relação a medidas, salvaguardas e mecanismos de mitigação de risco adotados.[80] O documento deverá ser elaborado antes de a instituição iniciar o tratamento de dados: preferencialmente, na fase inicial do programa, projeto ou serviço que tem o propósito de usar esses dados.

Os casos previstos pela LGPD em que o RIPD deverá ou poderá ser solicitado são, por exemplo: a) para tratamento de dados pessoais realizado para fins de segurança pública, defesa nacional, segurança do Estado ou atividades de investigação e repressão de infrações penais (exceções previstas no inciso III do art. 4º); b) alguns autores[81] entendem, a partir da combinação dos arts. 31 e 32 da LGPD, que quando houver infração dela, em decorrência do tratamento de dados pessoais por órgãos públicos, o relatório também será necessário; c) a qualquer momento sob determinação da ANPD[82]; e d) quando o tratamento tiver como fundamento o legítimo interesse do controlador (Art. 10, § 3º).

Conforme orientação de Guia Operacional para adequação à LGPD[83], o qual aborda o relatório de impacto, é indicada a sua elaboração ou atualização sempre que existir a possibilidade de ocorrer impacto na proteção dos dados pessoais resultante de, por exemplo: a) uma tecnologia, serviço ou outra nova iniciativa em que dados pessoais e dados sensíveis sejam ou devam ser tratados; b) rastreamento da localização dos indivíduos ou qualquer outra ação de tratamento que vise à formação de perfil comportamental de pessoa natural, se identificada (LGPD, art. 12 § 2º); c) tratamento de dado pessoal sobre "origem racial ou étnica, convicção religiosa, opinião política, filiação a sindicato ou a organização de caráter religioso, filosófico ou político, dado referente à saúde ou à vida sexual, dado genético ou biométrico, quando vinculado a uma pessoa natural" (LGPD, art. 5º, II); e d) tratamento de dados pessoais de crianças e adolescentes (LGPD, art. 14).

No cenário brasileiro, quando se advoga pela ampliação das bases legais para o tratamento de dados pessoais de crianças e adolescentes, o relatório de impacto à proteção de dados pessoais representa documento essencial para a tutela do melhor interesse dos menores. Como se depreende da leitura do artigo 14 da LGPD,

---

relevante no tema é: ABNT NBR ISO/IEC 29151:2020 – Tecnologia da informação – Técnicas de segurança – Código de prática para proteção de dados pessoais.

80. A elaboração de um RIPD para todas as operações de tratamento de dados pessoais ou de um RIPD para cada projeto, sistema ou serviço deve ser avaliada de forma criteriosa por cada instituição. Por exemplo, uma instituição que realize tratamento de quantidade reduzida de dados, com poucos processos e serviços, pode optar por um RIPD único. Por outro lado, instituição que implemente vários processos e projetos que envolvam o tratamento de expressiva quantidade e diversidade de dados pessoais pode optar por elaborar RIPDs específicos, por ser mais adequado a sua realidade. Fonte: Guia operacional sobre o Relatório de Impacto de proteção de dados https://www.gov.br/governodigital/pt-br/governanca-de-dados/guias-operacionais-para-adequacao-a-lgpd Acesso em: 10 maio 2021.

81. Guia operacional... op. cit.

82. Art. 38. A autoridade nacional poderá determinar ao controlador que elabore relatório de impacto à proteção de dados pessoais, inclusive de dados sensíveis, referente a suas operações de tratamento de dados, nos termos de regulamento, observados os segredos comercial e industrial.

83. Guia operacional... op. cit.

o consentimento[84] é uma das bases legais para o tratamento de dados de crianças e adolescentes, mas não a única. Entende-se que podem ser aplicadas, além das normas do Art. 14[85], as disposições dos artigos 7º e 11 da LGPD, com algumas limitações, quando, respectivamente, se tratar dado pessoal de caráter geral e dado pessoal sensível de criança ou adolescente.

Diante da redação dos parágrafos 1º e 3º do Art. 14, ampliar as bases legais para o tratamento de dados de crianças pode parecer uma tese mais arriscada para alguns agentes, tendo em vista que as referidas disposições, ao mencionarem estritamente crianças, poderiam sinalizar uma possível restrição das hipóteses legais de tratamento para tais sujeitos. Por outro lado, tal situação não envolve diretamente a figura do adolescente, o qual apenas é mencionado no *caput* do art. 14 da LGPD.

O pilar central e inegociável será sempre o *melhor interesse da criança e do adolescente*. Contudo, levando em conta as práticas de agentes públicos e privados, bem como a experiência europeia positivada no GDPR, expandir o rol de bases legais mostra-se uma tese possível e por vezes necessária, ainda que se ressalve a aplicação do legítimo interesse e da tutela do crédito. Nessa lógica, já se afirmou que tal entendimento:

> (...) pode ser facilmente verificado no tratamento de dados de crianças e adolescentes no âmbito de políticas públicas (Art. 7º, III, da LGPD), pela Administração Pública, visando-se a promover sua saúde e educação. Outros exemplos encontram-se no tratamento de dados para o cumprimento de obrigação legal ou regulatória pelo controlador (inciso II), no necessário tratamento de dados para a proteção da vida ou da incolumidade física (inciso VII) e para a tutela da saúde (inciso VIII), bases legais que, definitivamente, podem ser utilizadas para garantir o melhor interesse e proteção. (...) Ainda que o presente entendimento não seja pacífico e encontre várias polêmicas, defende-se que o art. 14 da LGPD traria, em si, especificidades quanto ao consentimento como base legal, mas não um rol extremamente restrito para o tratamento de dados de crianças. Dessa forma, como complemento às hipóteses de autorização legal para o tratamento de dados, afirma-se, no parágrafo 3º, do artigo 14, que poderão ser coletados dados pessoais de crianças sem o consentimento a que se refere o parágrafo 1º, do mencionado artigo, quando: a) a coleta for necessária para contatar os pais ou o responsável legal, devendo os dados serem utilizados uma única vez e sem armazenamento; ou b) para a proteção da criança. Porém, em nenhum caso, esses dados poderão ser repassados a terceiros sem o consentimento de que trata o § 1º.[86]

---

84. Sobre o consentimento e suas polêmicas ver: TEFFÉ, Chiara Spadaccini de. Proteção de dados de crianças e adolescentes. *Revista do Advogado*, v. 39, 2019.

85. "Art. 14. O tratamento de dados pessoais de crianças e de adolescentes deverá ser realizado em seu melhor interesse, nos termos deste artigo e da legislação pertinente. § 1º O tratamento de dados pessoais de crianças deverá ser realizado com o consentimento específico e em destaque dado por pelo menos um dos pais ou pelo responsável legal. (...) § 3º Poderão ser coletados dados pessoais de crianças sem o consentimento a que se refere o § 1º deste artigo quando a coleta for necessária para contatar os pais ou o responsável legal, utilizados uma única vez e sem armazenamento, ou para sua proteção, e em nenhum caso poderão ser repassados a terceiro sem o consentimento de que trata o § 1º deste artigo." Observa-se que tanto o parágrafo 1º quanto o 3º mencionam apenas "crianças".

86. Cf. TEFFÉ, Chiara Spadaccini de; FERNANDES, Elora. *Contratação em redes sociais e proteção de dados de crianças e adolescentes*. Artigo enviado para publicação em obra coletiva. 2021.

Acerca da base legal do consentimento, disposta no par. 1º do Art. 14, mostra-se necessário tecer algumas considerações. Na lei, em relação às crianças, afirma-se que o tratamento dos dados pessoais desses sujeitos deverá ser realizado com o consentimento específico e em destaque dado por, pelo menos, um dos pais ou pelo responsável legal, devendo esse consentimento ser também livre, informado e direcionado a tratamento de dados pessoais para finalidade determinada. Diante disso, o consentimento dado por sujeito fora do requisito legal ou pela própria criança não poderá ser admitido. Optou a lei por oferecer tutela destacada à criança, sujeito hipervulnerável e absolutamente incapaz, o qual deve ser representado sob pena de nulidade absoluta do ato praticado. Como visto, o par. 1º não menciona o adolescente, criando, assim, dúvida se o consentimento manifestado por ele sem assistência ou representação deveria ser considerado válido, como hipótese de capacidade especial, ou se simplesmente o legislador teria optado por não tratar do tema, por já existir legislação geral sobre a matéria no Código Civil (Arts. 3º, 4º e 1.634, VII).

A priori, parece que o legislador pretendeu reconhecer validade ao consentimento manifestado diretamente pelo adolescente no que concerne, especificamente, ao tratamento de seus dados pessoais (quando a base legal adotada para o caso for o consentimento). Como já afirmado, "Tomando-se como base a realidade da utilização da internet e das mídias sociais, que têm entre seus usuários milhares de adolescentes, é possível que se tenha optado por considerar jurídica hipótese fática dotada de ampla aceitação social."[87] Recorda-se, inclusive, que tanto o Código Civil quanto o Estatuto da Criança e do Adolescente trazem em suas normas disposições que valorizam a vontade dos menores e oferecem hipóteses de capacidade especial a eles.[88]

Em sentido contrário[89], parte da doutrina entende que levando em conta as normas do Código Civil e a doutrina do melhor interesse, tanto para o tratamento de dados de criança quanto de adolescente, seria necessário ocorrer a manifestação do consentimento de, pelo menos, um dos pais ou responsável legal. No caso de adolescentes entre 16 e 18 anos, seria necessário o consentimento dele e de seu responsável.[90]

---

87. TEPEDINO, Gustavo; TEFFÉ, Chiara Spadaccini de. O consentimento na circulação de dados pessoais. *Revista Brasileira De Direito Civil*, v. 25, 2020. p. 109-110.

88. Exemplos de flexibilização do regime das incapacidades no ECA: art. 16, II; art. 28, §§ 1º e 2º; art. 100, XII; art. 111, V; e art. 161, § 3º. Além desses exemplos, pode-se citar o próprio Código Civil, em seu art. 1.740, III. Existem também atos e negócios que os relativamente incapazes podem praticar, mesmo sem assistência, como se casar, exigindo-se autorização de ambos os pais ou de seus representantes legais; elaborar testamento; servir como testemunha de atos e negócios jurídicos; e ser eleitor.

89. TEIXEIRA, Ana Carolina Brochado; RETTORE, Anna Cristina de Carvalho. A autoridade parental e o tratamento de dados pessoais de crianças e adolescentes. *In*: TEPEDINO, Gustavo; FRAZÃO, Ana; OLIVA, Milena Donato. *Lei Geral de Proteção de Dados Pessoais e suas repercussões no direito brasileiro*. São Paulo: Revista dos Tribunais, 2019. HENRIQUES, Isabella; PITA, Marina; HARTUNG, Pedro. A proteção de dados pessoais de crianças e adolescentes. In: Bruno Bioni, Laura Schertel Mendes, Danilo Doneda, Otavio Luiz Rodrigues Jr., Ingo Wolfgang Sarlet. (Org.). *Tratado de Proteção de dados pessoais*. Rio de Janeiro: Forense, 2021. *Ebook*.

90. (...) ainda que o § 1º não mencione os adolescentes, não faria sentido deixá-los desprovidos da igual e devida proteção, sob pena de se violar as garantias constitucionais dessas pessoas. Há que se defender, nesse caso,

Acerca da aplicação das demais bases legais dispostas na LGPD aos menores, há corrente que apresenta interessante entendimento, buscando conciliar uma perspectiva de ampliação das bases legais (por meio do Art. 11 da LGPD) com o Art. 14 da Lei e a doutrina do melhor interesse:

> (...) a hipótese do art. 14, §1º, da LGPD, de consentimento parental, é semelhante à hipótese de consentimento de titular adulto prevista na regra para o tratamento de dados pessoais sensíveis do art. 11, I, da LGPD, no que diz respeito a suas características de ser específico e destacado – além, é claro, de livre, informado e inequívoco, como previsto no art. 5.º, XII, da LGPD. Há, com efeito, uma equivalência entre tais dispositivos legais (...) Diante dessa similitude de condições, é possível que se entenda que as outras hipóteses que dispõem sobre o tratamento de dados pessoais sensíveis, previstas no inciso II do art. 11 da LGPD – que não a do consentimento, que possui previsão específica no art. 14, § 1.º –, são válidas também para o tratamento de quaisquer dados pessoais de crianças e adolescentes, mesmo que não sejam considerados sensíveis nos termos da definição do art. 5.º, II, da LGPD, e contanto que haja observância ao melhor interesse dessas pessoas. Isso porque, no referido dispositivo, o legislador aumentou a proteção dos dados pessoais, por entender que dados pessoais sensíveis merecem maior cuidado, tal qual a criança e o adolescente por suas inerentes características.[91]

A referida corrente entende que, para fins de Direito, os dados pessoais de crianças e adolescentes serão sempre considerados sensíveis, visto que, por estarem em uma situação peculiar de desenvolvimento de suas capacidades, elas são mais vulneráveis e suscetíveis, inclusive às atividades de tratamento, manipulação e hiperexposição de dados pessoais. Dessa forma, além da hipótese de consentimento parental prevista no Art. 14, §1º, são também hipóteses legais para o tratamento de dados de crianças e adolescentes aquelas arroladas no Art. 11, II, da LGPD, que apresenta hipóteses mais restritas em relação à norma geral do Art. 7º. Há, portanto, pelo menos três correntes e possíveis interpretações para as bases legais aplicáveis ao tratamento de dados de crianças.

De forma a ampliar as garantias no tratamento de dados de crianças e adolescentes, doutrina e autoridades de proteção de dados ao redor do mundo vêm afirmando

---

a aplicação do Código Civil, a fim de se promover a integralidade de seus direitos. De fato, a proteção de dados pessoais, entendida enquanto parte do contrato civil, reforça a objeção à capacidade legal de crianças e de adolescentes consentirem quanto ao tratamento de seus dados, uma vez que, pelo exercício do poder familiar, compete a mães, pais e responsáveis representá-los até os 16 anos, nos atos da vida civil, e assisti-los, após essa idade, nos atos em que forem partes, suprindo-lhes o consentimento. Não se coadunaria, com efeito, com as garantias legais ao melhor interesse e à absoluta prioridade do adolescente que lhe fosse facultada a outorga de consentimento autônomo ilimitado para o tratamento de seus dados pessoais. Dessa forma, entende-se indispensável o consentimento parental ou de pessoa responsável legal para o tratamento de dados pessoais de crianças e de adolescentes de até 16 anos de idade, observando-se a forma prevista no referido 14, § 1º, da LGPD, devendo, assim, o consentimento ser específico e em destaque. No caso de adolescentes entre 16 e 18 anos, será necessário o consentimento de ambos, não bastando o consentimento parental. (HENRIQUES, Isabella; PITA, Marina; HARTUNG, Pedro. A proteção de dados pessoais de crianças e adolescentes. In: Bruno Bioni, Laura Schertel Mendes, Danilo Doneda, Otavio Luiz Rodrigues Jr., Ingo Wolfgang Sarlet. (Org.). *Tratado de Proteção de dados pessoais*. Rio de Janeiro: Forense, 2021. *Ebook.*)

91. HENRIQUES, Isabella; PITA, Marina; HARTUNG, Pedro. A proteção de dados pessoais de crianças e adolescentes. In: Bruno Bioni, Laura Schertel Mendes, Danilo Doneda, Otavio Luiz Rodrigues Jr., Ingo Wolfgang Sarlet. (Org.). *Tratado de Proteção de dados pessoais*. Rio de Janeiro: Forense, 2021. *Ebook.*

a necessidade de se desenvolver um relatório de impacto. Nessa lógica, a Agência Espanhola de Proteção de Dados destaca que precisarão de avaliação de impacto: *"Tratamientos de datos de sujetos vulnerables o en riesgo de exclusión social, incluyendo datos de menores de 14 años, mayores con algún grado de discapacidad, discapacitados, personas que acceden a servicios sociales y víctimas de violencia de género, así como sus descendientes y personas que estén bajo su guardia y custodia."*[92] Ela lista também diversos tratamentos que envolvem dados pessoais sensíveis.

O *"Age appropriate design: a code of practice for online services"*, publicado pela ICO, dispõe acerca da avaliação de impacto à proteção de dados. Segundo o código, deve-se realizar um DPIA (*Data Protection Impact Assessment*)[93] para avaliar e mitigar os riscos aos direitos e liberdades das crianças que provavelmente terão acesso aos serviços ali mencionados. Afirma-se também que o agente deverá levar em consideração as diferentes idades, capacidades e necessidades de desenvolvimento dos menores, além de se certificar de que seu DPIA seja elaborado em conformidade com o referido código. Orientações que devem, sem dúvida, ser aplicadas no cenário brasileiro.

4. CONCLUSÃO

O contexto tecnológico atual – dinâmico e hiperconectado – traz diversas oportunidades e recursos para as crianças e adolescentes, auxiliando inclusive na promoção de seus direitos. Contudo, os riscos enfrentados e as diversas situações de tratamento indevido de dados trazem consigo desafios para a proteção integral dos referidos sujeitos. Temas como *cyberbullying*, divulgação não autorizada de imagens íntimas, uso saudável de dispositivos digitais, privacidade e canais para denúncia de abusos devem sempre ser desenvolvidos, de forma a se orientar adequadamente os menores e estimular um debate crítico e informado.

Recomenda-se também que pais e educadores conversem, de forma franca e aberta, sobre como os menores podem se proteger e interagir com segurança e respeito na rede. Além disso, devem acompanhar e monitorar o uso de mídias sociais e aplicativos, respeitando sempre os graus de discernimento, autonomia e capacidade de cada sujeito. Compreender as necessidades, expressões e novas práticas de crianças e adolescentes é fundamental para o sucesso da interação.

---

92. Fonte: https://www.aepd.es/sites/default/files/2019-09/listas-dpia-es-35-4.pdf Acesso em: 06 jun. 2021.
93. "A DPIA is a defined process to help you identify and minimize the data protection risks of your service – and in particular the specific risks to children who are likely to access your service which arise from your processing of their personal data. You should begin a DPIA early in the design of your service, before you start your processing. It should include these steps: Step 1: identify the need for a DPIA Step 2: describe the processing Step 3: consider consultation Step 4: assess necessity and proportionality Step 5: identify and assess risks arising from your processing Step 6: identify measures to mitigate the risks Step 7: sign off, record and integrate outcomes." (Disponível em: https://ico.org.uk/for-organisations/guide-to-data-protection/key-data-protection-themes/age-appropriate-design-a-code-of-practice-for-online-services/2-data-protection-impact-assessments/ Acesso em: 06 jun. 2021.)

Ameaças à integridade física, psíquica ou moral, a hiperexposição de dados pessoais, a discriminação, a manipulação de comportamentos e a publicidade infantil são exemplos de impactos negativos e problemas concretos enfrentados pelos menores. Diante disso, a LGPD trouxe uma série de direitos, orientações e garantias para a proteção de crianças e adolescentes, nos meios físicos e digitais, as quais deverão ser conjugadas com a doutrina do melhor interesse e a proteção integral.

Levando isso em conta, foi desenvolvido no presente artigo estudo sobre a atuação dos menores no ambiente digital; a tutela ampla e especial que deverá ser promovida aos dados pessoais sensíveis de crianças e adolescentes, os quais por vezes serão altamente sensíveis; a importância da discussão acerca das bases legais aplicáveis para o tratamento de dados de crianças e adolescentes; e a aplicação do relatório de impacto à proteção de dados quando houver o tratamento de informações de menores.

Em seguida, foi enfatizada a relevância do *compliance* de dados nas instituições e da atuação das autoridades nacionais de proteção de dados para uma efetiva proteção dos direitos e das informações das crianças e adolescentes na presente sociedade, marcada pela vigilância e pelo estabelecimento de rastros e perfis desde muito cedo na vida das pessoas. Como apontado na Constituição Federal, proteger os menores é dever de todos e seus direitos devem ser assegurados com absoluta prioridade.

17
PROTEÇÃO DE DADOS PESSOAIS E OS PRONTUÁRIOS MÉDICOS DE CRIANÇAS E ADOLESCENTES

Taisa Maria Macena de Lima

Doutora e Mestre em Direito Civil (UFMG). Professora no Curso de Graduação em Direito e no Programa de Pós-graduação (mestrado e doutorado) em Direito na PUC Minas. Desembargadora Federal do Trabalho. Ex-bolsista do DAAD – Serviço alemão de intercâmbio acadêmico. Membro do IBERC e da AJUCH-BH.

Maria de Fátima Freire de Sá

Doutora (UFMG) e Mestre (PUC Minas) em Direito. Professora no Curso de Graduação em Direito e no Programa de Pós-graduação (mestrado e doutorado) em Direito na PUC Minas. Coordenadora do Curso de Especialização em Direito Médico e Bioética do IEC/PUC Minas. Pesquisadora no Centro de Estudos em Biodireito – CEBID. Membro do IBERC e da AJUCH-BH.

Sumário: 1. Introdução – 2. Lei geral de proteção de dados pessoais e dados sensíveis – 3. Prontuário físico e eletrônico do paciente – 4. A proteção de dados de saúde de crianças e adolescentes e sua dimensão documental – 5. Considerações finais – 6. Referências.

1. INTRODUÇÃO

Foi amplamente divulgado pela mídia o caso de uma menina de dez anos de idade que engravidou do tio, que dela abusava, desde que tinha seis anos. Uma criança que vivia na companhia dos avós e que nada podia dizer sobre os estupros sofridos, sob pena de perder aqueles que a criavam. Se dissesse alguma coisa, ele [o tio] mataria seu avô. Foram quatro anos de violência e silêncio. Quatro anos de uma infância roubada, até que o sintoma de uma dor abdominal fez sua avó levá-la ao hospital e ali foi revelada a gravidez.[1]

Essa narrativa é trazida para revolver o papel dos pais, dos profissionais de saúde, da mídia e da sociedade na proteção dos vulneráveis.

Além da violência sexual sofrida dentro de sua casa, essa criança teve seus dados sensíveis amplamente divulgados, o que levou a uma comoção popular. Ativistas tiveram conhecimento do nome da paciente, do médico e do hospital onde se faria o

---

1. MENINA de 10 anos engravida após estupro; suspeito é o tio e está foragido. *Istoé*, Rio de Janeiro, 14 ago. 2020. Geral. Disponível em: https://g1.globo.com/pe/pernambuco/noticia/2020/08/17/menina-de-10-anos-estuprada-pelo-tio-no-es-tem-gravidez-interrompida.ghtml. Acesso em: 02 ago. 2021.

procedimento de interrupção da gravidez e ali, à frente do estabelecimento hospitalar, ergueram suas vozes contra o aborto, a despeito da legalidade do procedimento médico.

A maneira desastrada como foram tratados os dados pessoais sensíveis da criança expõe a necessidade de harmonização de marcos regulatórios para a proteção dos direitos da personalidade, em especial os referentes aos dados de saúde contidos em prontuário, físico ou eletrônico.

Nesse texto, abordaremos a dimensão documental do direito à saúde de crianças e adolescentes, tendo como parâmetros a Lei Geral de Proteção de Dados, a Lei do Prontuário Eletrônico e as normas legais protetivas da infância e da adolescência.

2. LEI GERAL DE PROTEÇÃO DE DADOS PESSOAIS E DADOS SENSÍVEIS

A Lei 13.709/2018, denominada Lei Geral de Proteção de Dados Pessoais – LGPD, possui sessenta e cinco artigos divididos em dez capítulos. Diante de sua amplitude, fixar-nos-emos nos aspectos mais relevantes para a tutela dos direitos da criança e do adolescente, especialmente os dados sensíveis de saúde na sua dimensão documental.

A LGPD volta-se para o tratamento de dados pessoais, inclusive nos meios digitais por pessoa natural ou por pessoa jurídica de direito público ou privado com o objetivo de proteger os direitos fundamentais de liberdade e de privacidade e o livre desenvolvimento da pessoa natural, enunciado em seu art. 1º. Tal proteção não foi estendida à pessoa jurídica.

Foram adotados como fundamentos da disciplina da proteção de dados pessoais: o respeito à privacidade; a autodeterminação informativa; a liberdade de expressão, de informação, de comunicação e de opinião; a inviolabilidade da intimidade, da honra e da imagem; o desenvolvimento econômico e tecnológico e a inovação; a livre iniciativa, a livre concorrência e a defesa do consumidor; e os direitos humanos, o livre desenvolvimento da personalidade, a dignidade e o exercício da cidadania pelas pessoas naturais (art. 2º).

Como todo microssistema jurídico tem sua própria principiologia, o art. 6º da Lei destaca a boa-fé, enunciando mais dez princípios a serem observados nas atividades de tratamento de dados pessoais. Para ser fiel aos parâmetros legais, abaixo, transcrevemos o disposto no art. 6º[2]:

> Art. 6º As atividades de tratamento de dados pessoais deverão observar a boa-fé e os seguintes princípios:
>
> I - finalidade: realização do tratamento para propósitos legítimos, específicos, explícitos e informados ao titular, sem possibilidade de tratamento posterior de forma incompatível com essas finalidades;

---

2. BRASIL. Lei 13.709 de 14 de agosto de 2018. Lei Geral de Proteção de Dados Pessoais (LGPD). *Diário Oficial da União*, Brasília, 14 ago. 2018.

PROTEÇÃO DE DADOS PESSOAIS E OS PRONTUÁRIOS MÉDICOS DE CRIANÇAS E ADOLESCENTES **331**

II - adequação: compatibilidade do tratamento com as finalidades informadas ao titular, de acordo com o contexto do tratamento;

III - necessidade: limitação do tratamento ao mínimo necessário para a realização de suas finalidades, com abrangência dos dados pertinentes, proporcionais e não excessivos em relação às finalidades do tratamento de dados;

IV - livre acesso: garantia, aos titulares, de consulta facilitada e gratuita sobre a forma e a duração do tratamento, bem como sobre a integralidade de seus dados pessoais;

V - qualidade dos dados: garantia, aos titulares, de exatidão, clareza, relevância e atualização dos dados, de acordo com a necessidade e para o cumprimento da finalidade de seu tratamento;

VI - transparência: garantia, aos titulares, de informações claras, precisas e facilmente acessíveis sobre a realização do tratamento e os respectivos agentes de tratamento, observados os segredos comercial e industrial;

VII - segurança: utilização de medidas técnicas e administrativas aptas a proteger os dados pessoais de acessos não autorizados e de situações acidentais ou ilícitas de destruição, perda, alteração, comunicação ou difusão;

VIII - prevenção: adoção de medidas para prevenir a ocorrência de danos em virtude do tratamento de dados pessoais;

IX - não discriminação: impossibilidade de realização do tratamento para fins discriminatórios ilícitos ou abusivos;

X - responsabilização e prestação de contas: demonstração, pelo agente, da adoção de medidas eficazes e capazes de comprovar a observância e o cumprimento das normas de proteção de dados pessoais e, inclusive, da eficácia dessas medidas.

Esses princípios tanto visualizam a situação do ponto de vista do exercício de autonomia pelo titular dos dados pessoais como a proteção em face da ingerência ou uso não autorizado de dados pessoais por outrem. São plenamente aplicáveis aos dados contidos no prontuário físico e eletrônico de paciente de qualquer idade.

O microssistema também se caracteriza por linguagem e conceitos próprios. O art. 5º da Lei traz um catálogo de nomes e designações que são usados na disciplina dos dados pessoais, bem como o significado de tais termos técnicos. Aqui não se faz necessário discorrer sobre cada um deles; basta focar naqueles diretamente ligados aos dados sobre a saúde da pessoa, inseridos em prontuário físico ou eletrônico.

São eles: a) dado pessoal: informação relacionada à pessoa natural identificada ou identificável (I); b) dado pessoal sensível: dado pessoal sobre origem racial ou étnica, convicção religiosa, opinião política, filiação a sindicato ou a organização de caráter religioso, filosófico ou político, dado referente à saúde ou à vida sexual, dado genético ou biométrico, quando vinculado a uma pessoa natural (II); c) tratamento: toda operação realizada com dados pessoais, como as que se referem a coleta, produção, recepção, classificação, utilização, acesso, reprodução, transmissão, distribuição, processamento, arquivamento, armazenamento, eliminação, avaliação ou controle da informação, modificação, comunicação, transferência, difusão ou extração (X); d) titular: pessoa natural a quem se referem os dados pessoais que são objeto de tratamento (V); e) controlador: pessoa natural ou jurídica, de direito público ou privado, a quem competem as decisões referentes ao tratamento de dados pessoais (VI); f) operador: pessoa natural ou jurídica, de direito público ou privado, que realiza o tratamento de dados pessoais em nome do controlador (VII).

Assim, "dado pessoal" é conceito mais amplo, abarcando qualquer tipo de informação sobre a pessoa natural. Quando ele recebe a qualificação de "sensível", o significado é restringido a situações existenciais. De modo geral, em prontuário de paciente, não se cogita inserir dados políticos e sindicais, mas, eventualmente, pode ser fundamental indicar a construção religiosa ou filosófica de uma pessoa que porventura tenha objeções de consciência a determinados medicamentos ou procedimentos médicos.[3]

As figuras do controlador e do operador se ramificam nas atividades dos profissionais de saúde encarregados de coletar, registrar e arquivar os dados da pessoa.

Após a abordagem panorâmica do direito legislado, é importante adentrar nos conceitos atinentes aos dados pessoais de saúde para a melhor compreensão das repercussões do prontuário do paciente na prática médica, para posteriormente analisar a situação no contexto da infância e da adolescência.

A LGPD não utiliza a expressão *dados médicos*. Todavia, no presente estudo o sentido e a extensão do termo *dados médicos* é essencial para delinear o próprio limite do dever de sigilo do profissional de saúde e a extensão do direito da personalidade do paciente.

Dados médicos são subespécies do gênero dados pessoais sensíveis; melhor esclarecendo, são dados pessoais no âmbito sanitário,

> "[...] que são capazes de revelar o estado (passado, presente e/ou futuro) de saúde física e psíquica de seu titular, bem como, cuja divulgação possa fazer surgir uma condição físico-psíquica capaz de conduzir à discriminação ou causar prejuízo ao seu titular, familiares ou pessoas próximas."[4]

Dessa conceituação sobressaem as consequências danosas para o paciente da divulgação de seus dados médicos, enquanto dados pessoais sensíveis. Daí a necessidade do consentimento do paciente ou de seu representante legal em caso de paciente incapaz.

O consentimento, como regra geral, é pressuposto do tratamento de dados pessoais e, como mais razão, em se tratando de dados pessoais sensíveis. A LGPD

---

3. Em artigo intitulado "Electronic patient-generated health data to facilitate prevention and health promotion: a scoping rewiew protocol", Nittas; Mütsch; Ehrler; Puhan sugerem a inserção das seguintes informações no banco de dados: "Accordingly, the term emphasises digital ˈhealth-related dataˌ including health history, symptoms, biometric data, treatment history, lifestyle choices, and other information – created, recorded, gathered, or inferred by or from patients or their designees (ie, care partners or those who assist them) to help address a health concernˈ and are captured outside tradicional healthcare contexts." (NITTAS Vasileios et al. Electronic patient-generated health data to facilitate prevention and health promotion: a scoping review protocol. *BMJ Open* 2018;8:e021245. doi: 10.1136/bmjopen-2017-021245, p. 4. Disponível em: https://bmjopen.bmj.com/ content/bmjopen/8/8/e021245.full.pdf. Acesso em: 20 jul. 2021).

4. SCHAEFER, Fernanda. Proteção de dados de saúde como direito fundamental. *Cadernos da Escola de Direito e Relações Internacionais*. Curitiba, v. 1, n. 17, 2012. p. 143.

delineou modelo de consentimento qualificado, devendo ser prévio, livre, informado, específico, inequívoco e por escrito ou por outro meio capaz de demonstrar a vontade do titular. Thiago Luís Santos Sombra esclarece o sentido dos condicionantes do consentimento salientando que: "A rigor, quanto mais qualificado o consentimento, maiores as dificuldades para sua obtenção e os óbices ao fluxo informacional."[5]. Pode-se acrescentar que o consentimento qualificado também é uma barreira de proteção à violação de direitos dos pacientes.

A despeito disso, o art. 11 da LGPD disciplina hipóteses nas quais o consentimento do titular não é exigido. Em se tratando de inserção de dados médicos no prontuário de paciente, o consentimento do titular dos dados é dispensável, porquanto a produção do documento, seja físico ou digital, decorre de obrigação legal ou regulatória do médico, inserindo-se no permissivo da alínea a, do inciso II, do art. 11 da LGPD.[6]

Naturalmente que o mesmo não ocorre em relação à divulgação dos dados médicos do paciente que foram inseridos no prontuário, salvo situações em que exista obrigação legal de notificação compulsória de doença. Afora isso, os dados são sigilosos, exigindo-se o consentimento do paciente ou de seu representante para divulgação.

Merece destaque o uso compartilhado de dados pessoais sensíveis que estão inseridos em prontuário eletrônico do paciente. O compartilhamento traz vantagens, é certo, basta pensar na possibilidade de que informações acerca de uma pessoa possam ser aproveitadas e seu tratamento otimizado, dispensando-se exames e investigações já feitas por outro profissional. Por outro lado, se as informações estiverem em rede, como evitar que elas sejam acessadas fora dos objetivos clínicos, configurando violação dos direitos da personalidade do paciente?

Sobre o uso compartilhado, dispõe o parágrafo 4º do art. 11 da LGPD[7]:

> Parágrafo 4º É vedada a comunicação ou o uso compartilhado entre controladores de dados pessoais sensíveis referentes à saúde com o objetivo de obter vantagem econômica, exceto nas hipóteses relativas a prestação de serviços de saúde, de assistência farmacêutica e de assistência à saúde, desde que observado o parágrafo 5º deste artigo, incluídos os serviços auxiliares de diagnose e terapia, em benefício dos interesses dos titulares de dados, e para permitir: I – a portabilidade de dados quando solicitada pelo titular; ou II – as transações financeiras resultantes do uso e da prestação de serviços de que trata este parágrafo.

---

5. SOMBRA, Thiago Luís Santos. *Fundamentos da regulação de dados e proteção de dados pessoais*: pluralismo jurídico e transparência em perspectiva. São Paulo: Thomson Reuters (Revista dos Tribunais), 2019. p. 137.

6. "Art. 11. O tratamento de dados pessoais sensíveis somente poderá ocorrer nas seguintes hipóteses: I – quando o titular ou seu representante legal consentir, de forma específica e destacada, para finalidades específicas; II – sem fornecimento do consentimento do titular, nas hipóteses em que for indispensável para: a) Cumprimento de obrigação legal ou regulatória pelo controlador." (BRASIL. Lei 13.709 de 14 de agosto de 2018. Lei Geral de Proteção de Dados Pessoais (LGPD). *Diário Oficial da União*, Brasília, 14 ago. 2018).

7. BRASIL. Lei 13.709 de 14 de agosto de 2018. Lei Geral de Proteção de Dados Pessoais (LGPD). *Diário Oficial da União*, Brasília, 14 ago. 2018.

A leitura do parágrafo 4º parece revelar uma permissão ampla para o compartilhamento, entre os controladores, dos dados clínicos, desde que este se dê sem objetivos econômicos. No entanto, as hipóteses de compartilhamento de dados clínicos, com objetivos econômicos, afiguram-se tão genéricas que se chega à conclusão de que, na prática, o compartilhamento dos dados sobre saúde da pessoa, com ou sem objetivo econômico, é amplamente autorizado. Nos termos da Lei é mais difícil o compartilhamento, entre os controladores, do endereço da pessoa ou de sua filiação partidária do que a informação sobre seu tipo sanguíneo. Isso significa dizer que os profissionais da medicina terão amplo acesso aos dados dos pacientes, nos termos da LGPD.

Inobstante a permissão de compartilhamento de dados pessoais sensíveis, o legislador teve o cuidado de vedar às operadoras de planos privados de assistência à saúde, o tratamento de dados de saúde para a prática de seleção de riscos na contratação de qualquer modalidade, assim como na contratação e exclusão de beneficiários (parágrafo 5º, art. 11[8]).

Os limites ao compartilhamento de dados clínicos inseridos em prontuário do paciente poderiam ter sido tratados na Lei n. 13.787/2018, que dispõe sobre a digitalização e a utilização de sistemas informatizados para a guarda, o armazenamento e o manuseio de prontuário de paciente. Seria uma oportunidade para esclarecer quem teria acesso à certificação digital e, por consequência, a todos os prontuários em rede ou para fixar as restrições de acesso aos dados sanitários registrados em prontuários.

Ainda que o gerenciamento de prontuários eletrônicos venha a ser implementado com parâmetros mais rígidos de modo a restringir acessos aos profissionais que tratam do titular dos dados, não está descartada a possibilidade de abusos no compartilhamento ou divulgação de dados do paciente. Impõe-se, portanto, refletir sobre as sanções jurídicas que podem ser aplicadas em tais situações.

3. PRONTUÁRIO FÍSICO E ELETRÔNICO DO PACIENTE

A palavra "prontuário" transmite a ideia de que informações relativas a uma pessoa estão ao alcance de pronto. "O objetivo central do prontuário é organizar e sistematizar todo o histórico de saúde da pessoa. Tais informações podem servir de suporte à pesquisa e ao gerenciamento dos serviços de saúde"[9].

A expressão "prontuário médico" cristalizou-se na linguagem comum e especializada, como fruto de um modelo paternalista e verticalizado de relação médico-paciente. Aos poucos o reconhecimento da autonomia do paciente impulsionou a substituição da verticalização e do paternalismo pela horizontalização e dialogicidade.

---

8. BRASIL. Lei 13.709 de 14 de agosto de 2018. Lei Geral de Proteção de Dados Pessoais (LGPD). *Diário Oficial da União*, Brasília, 14 ago. 2018.

9. NAVES, Bruno Torquato de Oliveira; SÁ, Maria de Fátima Freire de. *Direitos da Personalidade*. 2ª ed., Belo Horizonte: Arraes, 2021. p. 148.

A Resolução CFM n. 1.638/2002[10] assim define prontuário do paciente:

[...] documento único constituído de um conjunto de informações, sinais e imagens registradas, geradas a partir de fatos, acontecimentos e situações sobre a saúde do paciente e a assistência a ele prestada, de caráter legal, sigiloso e científico, que possibilita a comunicação entre membros da equipe multiprofissional e a continuidade da assistência prestada ao indivíduo.

Antecipando-se à edição de lei pelo Congresso Nacional, o Conselho Federal de Medicina editou a Resolução CFM n. 1.821/2007 que autoriza o uso de sistema informatizado para o prontuário do paciente.[11]

Em 27 de dezembro de 2018, foi promulgada a Lei n. 13.787 que disciplina o prontuário eletrônico do paciente, estabelecendo normas sobre a sua digitalização e a sua utilização. A norma legal contém apenas sete artigos que se destinam, precipuamente, a traçar diretrizes para a documentação digital, sem voltar-se para uma tutela mais efetiva dos direitos da personalidade do titular dos dados.

Os temas abordados são: a) digitalização, de forma a assegurar a integridade, a autenticidade e a confidencialidade do documento digital; b) requisitos técnicos para a digitalização, prevendo certificado digital a ser emitido no âmbito da Infraestrutura de Chaves Públicas Brasileira (ICP-Brasil) ou outro padrão legalmente aceito, além dos requisitos que vierem a ser fixados em Regulamento; c) possibilidade de destruição de documentos originais após a digitalização, precedida de análise por uma comissão permanente de revisão de prontuários e avaliação de documentos; d) preservação de documentos considerados de valor histórico pela comissão; e) segurança do sistema informatizado de modo a proteger os documentos digitalizados do acesso, do uso, da alteração, da reprodução e da destruição não autorizados; f) equivalência de valor probatório entre o documento escrito e o digitalizado; g) período de armazenamento dos prontuários, podendo ser eliminados após vinte anos contados do último registro.

---

10. CONSELHO FEDERAL DE MEDICINA. *Resolução CFM n. 1.638, de 09 de agosto de 2007*. Define prontuário médico e torna obrigatória a criação da Comissão de Revisão de Prontuários nas instituições de saúde Disponível em: https://sistemas.cfm.org.br/normas/visualizar/resolucoes/BR/2002/1638. Acesso em: 20 jul. 2021.

11. "Art. 2° Autorizar a digitalização dos prontuários dos pacientes, desde que o modo de armazenamento dos documentos digitalizados obedeça a norma específica de digitalização contida nos parágrafos abaixo e, após análise obrigatória da Comissão de Revisão de Prontuários, as normas da Comissão Permanente de Avaliação de Documentos da unidade médico-hospitalar geradora do arquivo. § 1° Os métodos de digitalização devem reproduzir todas as informações dos documentos originais. § 2° Os arquivos digitais oriundos da digitalização dos documentos do prontuário dos pacientes deverão ser controlados por sistema especializado (Gerenciamento eletrônico de documentos – GED), que possua, minimamente, as seguintes características: a) Capacidade de utilizar base de dados adequada para o armazenamento dos arquivos digitalizados; b) Método de indexação que permita criar um arquivamento organizado, possibilitando a pesquisa de maneira simples e eficiente; c) Obediência aos requisitos do "Nível de garantia de segurança 2 (NGS2)", estabelecidos no Manual de Certificação para Sistemas de Registro Eletrônico em Saúde." (CONSELHO FEDERAL DE MEDICINA. *Resolução CFM n. 1.821, de 23 de novembro de 2017*. Aprova as normas técnicas concernentes à digitalização e uso dos sistemas informatizados para a guarda e manuseio dos documentos dos prontuários dos pacientes, autorizando a eliminação do papel e a troca de informação identificada em saúde. Disponível em: https://sistemas.cfm.org.br/normas/visualizar/resolucoes/BR/2007/1821. Acesso em: 22 jul. 2019).

Muitos dos aspectos mencionados acima dependem de regulamentação ainda inexistente, bem como de uma comissão permanente cujos parâmetros de criação e composição não foram claramente definidos na Lei, razão pela qual, embora vigente, sua operabilidade fica comprometida.

A Lei 13.787, de 27 de dezembro de 2018 (Lei do Prontuário Eletrônico), em seu art. 1º, faz expressa remissão à Lei 13.709, de 14 de agosto de 2018 (Lei Geral de Proteção de Dados Pessoais), com as modificações introduzidas pela Lei 13.853 de 8 de julho de 2019[12-13].

É possível visualizar a interseção do direito à privacidade e do direito à saúde uma vez que, na busca de tratamentos e terapias, o paciente expõe dados íntimos e também disponibiliza materiais que carregam informações acerca do seu corpo e da sua história de vida.

Daí surge, tanto para o médico como para o paciente, a necessidade de que esses dados sejam documentados. Do ponto de vista jurídico, é dever do médico produzir, com fidelidade, essa documentação clínica e é direito do paciente ter acesso à sua história clínica, ao mesmo tempo em que titulariza o direito à confidencialidade e ao acesso dos dados documentados.

Nas palavras de Fernanda Schaefer[14], "o direito à história clínica e à documentação clínica gera um direito fundamental (e geral) à confidencialidade dos dados ali colhidos que são denominados indistintamente como: dados médicos, dados clínicos ou dados de saúde.".

A dimensão informativa e documental do direito à proteção à saúde se revela nas relações privadas como direitos da personalidade. A confidencialidade dos dados clínicos conecta-se com o direito à intimidade, alcançando também a intimidade genética, bem como o direito à privacidade. Conquanto relacionados, intimidade genética e privacidade são conceitualmente distintas.

A intimidade situa-se no compartimento mais restrito da pessoa, com situações que não se deseja compartilhar. A privacidade retrata a vida pública, familiar ou social da pessoa abrangendo o direito ao controle de coleta e utilização de dados pessoais. Nesse contexto, privacidade e intimidade são aspectos da vida privada que retratam nuances diversas da vida cotidiana de alguém.[15-16]

---

12. BRASIL. Lei 13.787 de 27 de dezembro de 2018. Dispõe sobre a digitalização e a utilização de sistemas informatizados para a guarda, o armazenamento e o manuseio de prontuário de paciente. *Diário Oficial da União*, 27 dez. 2018.

13. BRASIL. Lei 13.853 de 08 de julho de 2019. Altera a Lei 13.709, de 14 de agosto de 2018, para dispor sobre a proteção de dados pessoais e para criar a Autoridade Nacional de Proteção de Dados; e dá outras providências. *Diário Oficial da União*. 08 jul. 2019.

14. SCHAEFER, Fernanda. *Proteção de dados de saúde na sociedade de informação*: a busca pelo equilíbrio entre privacidade e interesse social. Curitiba: Juruá, 2010. p. 47.

15. NAVES, Bruno Torquato de Oliveira; SÁ, Maria de Fátima Freire de. *Direitos da personalidade*. Belo Horizonte: Arraes, 2017. p. 96.

16. O entendimento adotado coincide com o de Roxana Cardoso Brasileiro Borges em: BORGES, Roxana Cardoso Brasileiro. *Direitos de personalidade e autonomia privada*. 2ª ed. São Paulo: Saraiva, 2007, p. 167. Entendimento

A intimidade genética,[17] enquanto desdobramento da intimidade é focada na confidencialidade dos dados genéticos de modo que sua revelação a terceiros, sem a prévia e expressa concordância de seu titular configura ofensa ao direito à intimidade.

O prontuário do paciente é documento sigiloso, porquanto traz informações íntimas da pessoa. A confiança que embasa a relação médico-paciente já seria suficiente para justificar a própria existência de um dever de sigilo imputável ao profissional da medicina.

Por isso, a divulgação não autorizada de dados constantes no prontuário foi e continua sendo um tema que perpassa o direito médico e alcança o direito civil, no capítulo referente à reparação de danos e à pena civil.

Se, em um regime de prontuário escrito os danos sofridos por pacientes podem ser de grande extensão, em um regime de prontuário eletrônico, as consequências são potencialmente ainda mais danosas pela repercussão de informações nos meios digitais. Veja-se, por exemplo, a exposição de notícias de pacientes que contraíram AIDS, sífilis, hanseníase, disfunção erétil, ou mesmo a exposição de fotografias e resultados de exames, que podem ocasionar lesão aos direitos da personalidade.[18]

As vantagens do prontuário eletrônico não obscurecem a preocupação com os direitos da personalidade dos pacientes e com as medidas jurídicas para compensar danos, sancionar condutas e precaver novos danos.

A preocupação com a proteção de dados sensíveis ultrapassa as fronteiras nacionais. Em 2018, em Portugal,[19] matéria veiculada pela mídia digital trouxe o caso de acessos indevidos a processos clínicos cuja consequência foi a aplicação de multa de quatrocentos mil euros ao Hospital do Barreiro. Ficou provado, por peritos vincula-

---

diverso adotado por Anderson Schreiber em: SCHREIBER, Anderson. *Direitos da personalidade*. 2ª ed. São Paulo: Atlas, 2013 e Pablo Stolze Gagliano e Rodolfo Pamplona Filho em: GAGLIANO, Pablo Stolze; PAMPLONA FILHO, Rodolfo. *Novo curso de direito civil*. 18. ed. São Paulo: Saraiva, 2016. v. 1. Os doutrinadores entendem vida privada e privacidade como sinônimos.

17. Sobre este tema ver: NICOLÁS JIMÉNEZ, Pilar. *La protección jurídica de los datos genéticos de carácter personal*. Bilbao-Granada, Espanha: Comares, 2006.

18. Sobre os dados sensíveis armazenados em prontuários eletrônicos: "A maior possibilidade de sua circulação pela internet, especialmente pelas mídias sociais, não dispensa a observância da confidencialidade das informações médicas e sua individualização. Ao revés, reforça o dever de segurança no recolhimento dos dados, sua conexão, transmissão, utilização e publicação. É por isso que, no campo autorregulatório, os Conselhos Regionais e Federal de Medicina têm editado resoluções que visam proteger os dados dos pacientes sem se afastar das novas tecnologias." (BARBOZA, Heloisa Helena; PEREIRA, Paula Moura Francesconi de Lemos; ALMEIDA, Vitor. Proteção dos dados pessoais da pessoa com deficiência. In: TEPEDINO, Gustavo; FRAZÃO, Ana; OLIVA, Milena Donato (Coord.). *Lei Geral de Proteção de Dados Pessoais e suas repercussões no direito brasileiro*. São Paulo: Thomson Reuters (Revista dos Tribunais), 2019. p. 554).

19. "O Hospital do Barreiro tem 296 médicos colocados, mas os sistemas internos permitiam que mais de 900 médicos continuassem com as contas de acesso a repositórios clínicos ativas. Contas de assistentes sociais, falhas no sistema de autenticação e a inexistência de regras de acesso também contribuíram para a aplicação de coimas ao abrigo do novo regulamento Geral de Proteção de Dados." (SÉNECA, Hugo. CNPD: Hospital do Barreiro multado em 400 mil euros por permitir acessos indevidos a processos clínicos. *Exame Informática*, Portugal, 19 out. 2018. Disponível em: http://exameinformatica.sapo.pt/noticias/mercados/2018-10-19-CNPD-Hospital-do-Barreiro-multado-em-400-mil-euros-por-permitir-acessos-indevidos-a-processos-clinicos. Acesso em: 24. Jul. 2019).

dos à Comissão Nacional de Proteção de Dados – CNPD – a fragilidade do sistema, porquanto os profissionais, por meio de teste, acederam a dados clínicos de pacientes de outro hospital, dados estes que se encontravam em arquivos digitais. Outras lacunas ficaram evidentes, quais sejam, o hospital não dispunha de regras internas para a criação de contas ou para os diferentes níveis de acesso à informação clínica, e o método de autenticação não levava em consideração dados de identificação que vinculam os diferentes profissionais do hospital.[20]

O Código de Ética Médica (Resolução CFM n. 2.217/2018[21]) disciplina o sigilo profissional prescrevendo, em seu art. 73, que é vedado ao médico revelar fato de que tenha conhecimento em virtude do exercício de sua profissão, salvo por motivo justo, dever legal ou consentimento por escrito do paciente. Essa proibição remanesce mesmo que o fato seja de conhecimento público ou o paciente tenha falecido, quando de seu depoimento como testemunha.

Interpretando a norma deontológica à luz do prontuário eletrônico do paciente, o sigilo profissional é potencializado por prescrições legais que podem ser simultaneamente aplicadas ao profissional da medicina que venha também a ser punido pela entidade de classe pelo vazamento de dados constantes no prontuário eletrônico.

O item II, das Disposições Gerais do Código de Ética Médica[22] (Capítulo XIV), preceitua que os médicos que cometerem faltas graves previstas na Resolução e cuja continuidade do exercício profissional constitua risco de danos irreparáveis ao paciente ou à sociedade poderão ter o exercício profissional suspenso mediante procedimento administrativo específico.

Em 18 de maio de 2021 foi aprovado pelo Senado Federal o Projeto de Lei n. 3.814/2020, que atribui à União, aos Estados, ao Distrito Federal e aos Municípios o dever de manter plataforma digital com informações relativas ao histórico de saúde dos pacientes atendidos em estabelecimentos de saúde públicos e privados. Caso o Projeto venha a tornar-se norma legal, a Lei n. 13.787/2018 passará a vigorar com o acréscimo do art. 6º-A, de seguinte redação: "O Sistema Único de Saúde (SUS) manterá plataforma digital única com informações relativas ao histórico de saúde dos pacientes atendidos em estabelecimentos de saúde públicos ou privados"[23].

---

20. SÉNECA, Hugo. CNPD: Hospital do Barreiro multado em 400 mil euros por permitir acessos indevidos a processos clínicos. *Exame Informática*, Portugal, 19 out. 2018. Disponível em: http://exameinformatica.sapo. pt/noticias/mercados/2018-10-19-CNPD-Hospital-do-Barreiro-multado-em-400-mil-euros-por-permitir-acessos-indevidos-a-processos-clinicos. Acesso em: 24. Jul. 2019.

21. CONSELHO FEDERAL DE MEDICINA (Brasil). *Código de Ética Médica:* resolução CFM 2.217, de 01 de novembro de 2018. Disponível em: https://sistemas.cfm.org.br/normas/visualizar/resolucoes/BR/2018/2217. Acesso em: 22 jul. 2019.

22. CONSELHO FEDERAL DE MEDICINA (Brasil). *Código de Ética Médica:* resolução CFM 2.217, de 01 de novembro de 2018. Disponível em: https://sistemas.cfm.org.br/normas/visualizar/resolucoes/BR/2018/2217. Acesso em: 22 jul. 2019.

23. MOURA, Confúcio. *Projeto de Lei 3.814, de 2020*. Altera a Lei 8.080, de 19 de setembro de 1990, (Lei Orgânica da Saúde), e a Lei 13.787, de 27 de dezembro de 2018, que dispõe sobre a digitalização e a utilização de sistemas informatizados para a guarda, o armazenamento e o manuseio de prontuário de paciente, para obrigar o Sistema Único de Saúde a manter plataforma digital única com informações de saúde dos

PROTEÇÃO DE DADOS PESSOAIS E OS PRONTUÁRIOS MÉDICOS DE CRIANÇAS E ADOLESCENTES | **339**

Essa inovação atribui ao SUS a função de manter a idoneidade e operabilidade dessa plataforma, na qual poderão ser registrados prontuários médicos, resultados e laudos de exames complementares e de apoio diagnóstico, procedimentos ambulatoriais e hospitalares, prescrições médicas e outros dados demográficos e da saúde (§ 2º).

No entanto, para que sejam feitos os registros é necessária a autorização do paciente (§ 3º). Cabe ressaltar que o Projeto de Lei é silente em se tratando de dados de crianças ou adolescentes. Mas a atual redação da LGPD já prevê a autorização do representante da criança e do adolescente para o tratamento de seus dados.

O sigilo de informações está disciplinado no § 4º, ao dispor que apenas o titular dos dados e profissionais de saúde diretamente envolvidos no atendimento do paciente poderão acessar as informações contidas na plataforma digital. Contudo, abre-se espaço ao acesso de informações sobre o paciente – ainda que sem a sua autorização – em situação de emergência, se estas forem consideradas indispensáveis para o seu atendimento adequado.

O Projeto de Lei deixa em aberto o que se deve entender por "situação de emergência" e "informações indispensáveis", o que pode levar à aplicação de normas deontológicas quanto a esse aspecto.

4. A PROTEÇÃO DE DADOS DE SAÚDE DE CRIANÇAS E ADOLESCENTES E SUA DIMENSÃO DOCUMENTAL

A preocupação com os direitos da personalidade de crianças e adolescentes é claramente visualizada com a vinculação do tratamento de dados pessoais ao princípio do seu melhor interesse (*caput* do art. 14, LGPD).

Embora a seção III do capítulo II tenha como título "Do Tratamento de Dados Pessoais de Crianças e de Adolescentes", os seis parágrafos do art. 14 não utilizam a expressão adolescente, ampliando o conceito de criança para todas as pessoas com idade inferior a dezoito anos. Afastou-se, portanto, da técnica adotada no Estatuto da Criança e do Adolescente para o qual as crianças são as pessoas com idade inferior a doze anos e os adolescentes, aquelas com idade igual ou superior a doze e inferior a dezoito anos.

O parágrafo 1º do art. 14 determina que "O tratamento de dados pessoais de crianças deverá ser realizado com o consentimento específico e em destaque dado por pelo menos um dos pais ou pelo responsável legal."[24]

Veja-se que a Lei se afastou de conceitos desenvolvidos em normas deontológicas tendentes a respeitar a participação de pessoas incapazes em processos decisórios

---

pacientes. Brasília: Câmara, 15 jul. 2020. Disponível em: https://www.camara.leg.br/proposicoesWeb/fichadetramitacao?idProposicao=2283910. Acesso em: 30 ago. 2021.

24. BRASIL. Lei 13.709 de 14 de agosto de 2018. Lei Geral de Proteção de Dados Pessoais (LGPD). *Diário Oficial da União*, Brasília, 14 ago. 2018.

em questões de saúde. Exemplo disso é a Resolução CNS n. 510 de 7 de abril de 2016, que dispõe sobre normas aplicáveis à pesquisa em ciências humanas e sociais. Essa norma procede a diferenciação entre consentimento dado pelo responsável e o assentimento de pessoas incapazes, nos termos do art. 2º, inciso I[25]:

> assentimento livre e esclarecido: anuência do participante da pesquisa – criança, adolescente ou indivíduos impedidos de forma temporária ou não de consentir, na medida de sua compreensão e respeitadas suas singularidades, após esclarecimentos sobre a natureza da pesquisa, justificativa, objetivos, métodos, potenciais benefícios e riscos. A obtenção do assentimento não elimina a necessidade do consentimento do responsável.

O assentimento livre e esclarecido também é tratado no item 4.1[26] da Recomendação CFM n. 1/2016 e no item II.2[27] da Resolução CNS n. 466/12.

É criticável a diretriz adotada pelo legislador ao ignorar completamente a possibilidade de assentimento da criança e do adolescente no tratamento de seus dados pessoais, atribuindo apenas aos responsáveis o poder jurídico de consentir ou dissentir. Toda uma construção legal, doutrinária e jurisprudencial sobre a autonomia progressiva e dialógica da criança e do adolescente foi desconsiderada.

A Lei se revela ainda mais inadequada diante da divergência entre o que a criança e o adolescente entendem ser o seu melhor interesse e o que o(s) seu(s) pai(s) ou representante legal reputam ser o melhor para eles. Por óbvio, tal reflexão se dá diante de pessoas com competência[28] para tomadas de decisões, ainda que legalmente incapazes. Pela literalidade da Lei, a manifestação de vontade do menor de dezoito anos, sobre o tratamento dos seus dados pessoais, é irrelevante.

Outra hipótese a ser analisada é aquela em que os titulares do poder familiar divergem quanto ao tratamento de dados. A Lei fala em consentimento de um dos pais. Ocorre que o poder familiar é atribuído aos genitores em igualdade de condi-

---

25. CONSELHO NACIONAL DE SAÚDE. *Resolução 510, de 7 de abril de 2016*. Disponível em: https://bvsms. saude.gov.br/bvs/saudelegis/cns/2016/res0510_07_04_2016.html. Acesso em: 20 jul. 2021.

26. "O assentimento livre e esclarecido consiste no exercício do direito de informação do paciente legalmente incapaz, para que, em conjunto com seu representante legal, possa, de forma autônoma e livre, no limite de sua capacidade, anuir aos procedimentos médicos que lhe são indicados ou deles discordar. Crianças, adolescentes e pessoas que, mesmo com deficiência de ordem física ou mental, estão aptas a compreender e a manifestar sua vontade por intermédio do assentimento, de forma livre e autônoma, não devem ser afastadas do processo de informação e compreensão do procedimento médico que lhes é recomendado." (CONSELHO FEDERAL DE MEDICINA. *Recomendação CFM 1/2016*. Dispõe sobre o processo de obtenção de consentimento livre e esclarecido na assistência médica. Disponível em: https://portal.cfm.org.br/images/Recomendacoes/1_2016.pdf. Acesso em: 20 jul. 2021).

27. "[...] assentimento livre e esclarecido – anuência do participante da pesquisa, criança, adolescente ou legalmente incapaz, livre de vícios (simulação, fraude ou erro), dependência, subordinação ou intimidação. Tais participantes devem ser esclarecidos sobre a natureza da pesquisa, seus objetivos, métodos, benefícios previstos, potenciais riscos e o incômodo que esta possa lhes acarretar, na medida de sua compreensão e respeitados em suas singularidades; [...]." (CONSELHO NACIONAL DE SAÚDE. *Resolução 466, de 12 de dezembro de 2012*. Disponível em: https://bvsms.saude.gov.br/bvs/saudelegis/cns/2013/res0466_12_12_2012. html. Acesso em: 20 jul. 2021).

28. Sobre capacidade e competência de crianças e adolescentes ver: LIMA; Taisa Maria Macena de; SÁ, Maria de Fátima Freire de. *Ensaios sobre a infância e a adolescência*. 2. ed. Belo Horizonte: Arraes, 2019.

PROTEÇÃO DE DADOS PESSOAIS E OS PRONTUÁRIOS MÉDICOS DE CRIANÇAS E ADOLESCENTES **341**

ções. Afora isso, há que se considerar as novas configurações familiares nas quais a autoridade sobre os filhos pode ser exercida por dois pais ou duas mães, ou por múltiplos pais e mães. Em caso de divergência entre esses titulares do poder familiar, haverá necessidade de judicialização? A solução normativa não estaria a trazer mais conflitos?

O requisito do consentimento tratado no parágrafo 1º é dispensado nas duas hipóteses descritas no parágrafo 3º: quando a coleta de dados pessoais for necessária para contatar os pais ou o responsável legal ou para a proteção da criança.

Não há dúvida que, ainda que os dados tenham sido coletados sem consentimento, a Lei exige, para o repasse desses dados pessoais, que se obtenha o consentimento de um dos pais ou do responsável pela criança que os titulariza.

Há controvérsia sobre o alcance da expressão "utilizados uma única vez e sem armazenamento", porquanto a interpretação literal do parágrafo 3º leva à conclusão de que tais restrições se aplicam apenas à hipótese de coleta de dados sem consentimento quando necessário para contatar o pai ou o responsável, não se aplicando à hipótese de coleta de dados sem consentimento para proteção da criança.

Para atender o melhor interesse da criança e do adolescente, essas restrições deveriam ser aplicadas às duas situações. Numa interpretação sistemática do parágrafo 3º com o *caput* do art. 14 é defensável que a segunda interpretação deva ser adotada.

Os parágrafos 2º, 4º e 5º, referem-se à atuação dos controladores atribuindo-lhes deveres específicos para o tratamento de dados de crianças e adolescentes: deverão manter pública a informação sobre os tipos de dados coletados, a forma de sua atualização e os procedimentos para o exercício dos direitos previstos no art. 18 da LGPD (parágrafo 2º); deverão condicionar a participação das crianças (e adolescentes) em jogos, aplicações de internet e outras atividades ao fornecimento de informações pessoais além das estritamente necessárias à atividade (parágrafo 4º); e deverão realizar todos os esforços razoáveis para verificar que o consentimento foi dado pelo responsável pela criança consideradas as tecnologias disponíveis (parágrafo 5º).[29]

O parágrafo 6º[30] elenca as características das informações sobre o tratamento de dados de crianças e adolescentes. Essas deverão ser fornecidas de maneira simples, clara e acessível, "considerando as características físico-motoras, perceptivas, sensoriais, intelectuais e mentais do usuário, com uso de recursos audiovisuais quando adequado, de forma a proporcionar a informação necessária aos pais ou ao responsável legal e adequada ao entendimento da criança.".

---

29. BRASIL. Lei 13.709 de 14 de agosto de 2018. Lei Geral de Proteção de Dados Pessoais (LGPD). *Diário Oficial da União*, Brasília, 14 ago. 2018.
30. BRASIL. Lei 13.709 de 14 de agosto de 2018. Lei Geral de Proteção de Dados Pessoais (LGPD). *Diário Oficial da União*, Brasília, 14 ago. 2018.

A despeito das críticas formuladas acima, o que se vê é o alargamento da proteção dada à criança e ao adolescente em situações jurídicas existenciais. Nesse contexto, insere-se os dados de saúde e sua dimensão documental.

Para a mais ampla tutela dos direitos da personalidade da criança e do adolescente fundamental se faz o diálogo das fontes normativas, quais sejam, a LGPD, a Lei do Prontuário Eletrônico, o ECA, o Código Civil e a Constituição da República.

Conquanto haja a necessidade desse diálogo, todas as normas convergem para assegurar o exercício da autoridade parental no melhor interesse da criança e do adolescente.

Os direitos da personalidade da criança e do adolescente e autonomia dialógica, se não chegam a construir uma relação paritária, afastam o modelo autoritário na criação e na educação dos filhos. Portanto, não há como negar a existência de um direito de participação da criança e do adolescente em processos decisórios, nos assuntos que lhe digam respeito. Necessário aprofundar o significado desse direito de participação na tomada de decisões:

> Existem duas definições de *participação possíveis*: participação no sentido de *tomar parte em*, e participação no sentido de *saber que os actos de quem participa serão tomados em conta*. O direito em análise só faz verdadeiramente sentido se for entendido nesta segunda acepção; pois só assim se assegura à criança o direito de influenciar as decisões que lhe respeitem, só assim se garante à criança um papel activo na condução da sua vida.[31]

Essa segunda acepção do termo "participação" viabiliza o exercício da autoridade parental em harmonia com a autonomia progressiva da criança e do adolescente. Vale dizer: são diferentes sujeitos jurídicos que atuam na decisão sobre o tratamento de dados sensíveis. De um lado, os próprios titulares dos dados, que diante do profissional da saúde revelam aspectos da sua vida íntima e que têm legítima expectativa de confidencialidade e, de outro lado, os genitores que decidem sobre questões médicas a partir dos dados ali armazenados.

Situações há em que a criança e o adolescente não desejam revelar aos pais certos fatos ou condições pessoais, tais como como gravidez, interrupção da gravidez, violência sexual, uso de drogas ilícitas ou ilícitas, uso de anticoncepcional, orientação sexual. Nesses casos, caberá ao profissional decidir sobre a necessidade de compartilhar ou não tais revelações com os representantes legais.

Sendo as informações contidas no prontuário do paciente objeto de direitos da personalidade, cabe aos pais ou outro representante legal velar para que tais dados não sejam divulgados e utilizados em prejuízo da criança e do adolescente.

---

31. MARTINS, Rosa. Responsabilidades parentais no século XXI: a tensão entre o direito de participação da criança e a função educativa dos pais. In: PEREIRA, Tânia da Silva; OLIVEIRA, Guilherme de (Coord.). *Cuidado e vulnerabilidade*. São Paulo: Atlas, 2009. p. 88.

5. CONSIDERAÇÕES FINAIS

Na Introdução desse Capítulo, para revisitar o papel dos pais, dos profissionais de saúde, da mídia e da sociedade na proteção dos vulneráveis, trouxemos a triste narrativa acerca da criança abusada sexualmente pelo tio, cujos dados sensíveis – inclusive os dados de saúde – foram amplamente divulgados pela mídia diante do impacto do caso na sociedade.

No desenrolar do texto, para o enfrentamento do tema "Proteção de dados pessoais e os prontuários médicos de crianças e adolescentes", fez-se necessário empreender, num primeiro momento, o estudo sobre a legislação vigente e as normas deontológicas que regem, tanto a proteção de dados pessoais como o prontuário do paciente, físico ou eletrônico.

A Lei Geral de Proteção de Dados Pessoais dedica o capítulo II da seção III ao tratamento de dados de crianças e adolescentes, revelando preocupação com seus direitos da personalidade, em especial com os direitos à privacidade e à intimidade, de modo a implementar o princípio do melhor interesse.

A referida Lei exige o consentimento dos pais ou outro representante legal para o tratamento de dados de crianças e adolescentes e aqueles, no exercício do múnus (autoridade parental ou tutela), devem atuar para evitar o mau uso dos dados e ainda velar para que estes não sejam indevidamente divulgados.

Relativamente à dimensão documental do direito à saúde, pode-se visualizar na Lei do Prontuário Eletrônico, ao fazer expressa remissão à Lei Geral de Proteção de Dados Pessoais, a interseção do direito à privacidade e do direito à saúde porquanto, na busca de tratamentos e terapias, o paciente expõe dados íntimos e disponibiliza materiais que carregam informações acerca do seu corpo e da sua história de vida, que ficam documentados.

Na perspectiva jurídica, cabe ao médico produzir, com fidelidade, a documentação clínica, sendo direito do paciente – mesmo aquele com idade inferior a dezoito anos – ter acesso à sua história clínica, ao mesmo tempo em que titulariza o direito à confidencialidade e ao acesso dos dados documentados.

Naturalmente, essa proteção se estende aos dados sanitários inseridos, pelo profissional da Medicina, no prontuário do paciente. É claro que a situação concreta exigirá a interpretação sistêmica, para além da literalidade das normas legais, a fim de verificar se a criança ou o adolescente tem competência para participar do processo decisório sobre as questões de saúde, o que alcança as decisões sobre o uso e a divulgação dos dados sensíveis.

6. REFERÊNCIAS

BARBOZA, Heloisa Helena; PEREIRA, Paula Moura Francesconi de Lemos; ALMEIDA, Vitor. Proteção dos dados pessoais da pessoa com deficiência. In: TEPEDINO, Gustavo; FRAZÃO, Ana; OLIVA, Milena Donato (Coord.). *Lei Geral de Proteção de Dados Pessoais e suas repercussões no direito brasileiro*. São Paulo: Thomson Reuters (Revista dos Tribunais), 2019. p. 531- 560.

BORGES, Roxana Cardoso Brasileiro. *Direitos de personalidade e autonomia privada*. 2. ed. São Paulo: Saraiva, 2007.

BRASIL. Lei 13.709 de 14 de agosto de 2018. Lei Geral de Proteção de Dados Pessoais (LGPD). *Diário Oficial da União*, Brasília, 14 ago. 2018.

BRASIL. Lei 13.787 de 27 de dezembro de 2018. Dispõe sobre a digitalização e a utilização de sistemas informatizados para a guarda, o armazenamento e o manuseio de prontuário de paciente. *Diário Oficial da União*, 27 dez. 2018.

BRASIL. Lei 13.853 de 08 de julho de 2019. Altera a Lei 13.709, de 14 de agosto de 2018, para dispor sobre a proteção de dados pessoais e para criar a Autoridade Nacional de Proteção de Dados; e dá outras providências. *Diário Oficial da União*, 08 jul. 2019.

CONSELHO FEDERAL DE MEDICINA. *Recomendação CFM 1/2016*. Dispõe sobre o processo de obtenção de consentimento livre e esclarecido na assistência médica. Disponível em: https://portal.cfm.org. br/images/Recomendacoes/1_2016.pdf. Acesso em: 20 jul. 2021.

CONSELHO FEDERAL DE MEDICINA. *Resolução CFM 1.638, de 09 de agosto de 2007*. Define prontuário médico e torna obrigatória a criação da Comissão de Revisão de Prontuários nas instituições de saúde Disponível em: https://sistemas.cfm.org.br/normas/visualizar/resolucoes/BR/2002/1638. Acesso em: 20 jul. 2021.

CONSELHO FEDERAL DE MEDICINA. *Resolução CFM 1.821, de 23 de novembro de 2017*. Aprova as normas técnicas concernentes à digitalização e uso dos sistemas informatizados para a guarda e manuseio dos documentos dos prontuários dos pacientes, autorizando a eliminação do papel e a troca de informação identificada em saúde. Disponível em: https://sistemas.cfm.org.br/normas/ visualizar/resolucoes/BR/2007/1821. Acesso em: 22 jul. 2019.

CONSELHO FEDERAL DE MEDICINA (Brasil). *Código de Ética Médica*: resolução CFM n. 2.217, de 01 de novembro de 2018. Disponível em: https://sistemas.cfm.org.br/normas/visualizar/resolucoes/ BR/2018/2217. Acesso em: 22 jul. 2019.

CONSELHO NACIONAL DE SAÚDE. *Resolução 466, de 12 de dezembro de 2012*. Disponível em: https:// bvsms.saude.gov.br/bvs/saudelegis/cns/2013/res0466_12_12_2012.html. Acesso em: 20 jul. 2021.

CONSELHO NACIONAL DE SAÚDE. *Resolução 510, de 7 de abril de 2016*. Disponível em: https://bvsms. saude.gov.br/bvs/saudelegis/cns/2016/res0510_07_04_2016.html. Acesso em: 20 jul. 2021.

GAGLIANO, Pablo Stolze; PAMPLONA FILHO, Rodolfo. *Novo curso de direito civil*. 18. ed. São Paulo: Saraiva, 2016. v. 1.

LIMA; Taisa Maria Macena de; SÁ, Maria de Fátima Freire de. *Ensaios sobre a infância e a adolescência*. 2. ed. Belo Horizonte: Arraes, 2019.

MARTINS, Rosa. Responsabilidades parentais no século XXI: a tensão entre o direito de participação da criança e a função educativa dos pais. In: PEREIRA, Tânia da Silva; OLIVEIRA, Guilherme de (Coord.). *Cuidado e vulnerabilidade*. São Paulo: Atlas, 2009. p. 76-95.

MENINA de 10 anos engravida após estupro; suspeito é o tio e está foragido. *Istoé*, Rio de Janeiro, 14 ago. 2020. Geral. Disponível em: https://g1.globo.com/pe/pernambuco/noticia/2020/08/17/menina-de-10-anos-estuprada-pelo-tio-no-es-tem-gravidez-interrompida.ghtml. Acesso em: 02 ago. 2021.

MOURA, Confúcio. *Projeto de Lei 3.814, de 2020*. Altera a Lei 8.080, de 19 de setembro de 1990, (Lei Orgânica da Saúde), e a Lei 13.787, de 27 de dezembro de 2018, que dispõe sobre a digitalização e a utilização de sistemas informatizados para a guarda, o armazenamento e o manuseio de prontuário de paciente, para obrigar o Sistema Único de Saúde a manter plataforma digital única com informações de saúde dos pacientes. Brasília: Câmara, 15 jul. 2020. Disponível em: https://www.camara.leg.br/ proposicoesWeb/fichadetramitacao?idProposicao=2283910. Acesso em: 30 ago. 2021.

NAVES, Bruno Torquato de Oliveira; SÁ, Maria de Fátima Freire de. *Direitos da personalidade*. Belo Horizonte: Arraes, 2017.

NICOLÁS JIMÉNEZ, Pilar. *La protección jurídica de los datos genéticos de carácter personal*. Bilbao-Granada, Espanha: Comares, 2006.

NITTAS, Vasileios et al. Electronic patient-generated health data to facilitate prevention and health promotion: a scoping review protocol. *BMJ Open* 2018;8:e021245. doi: 10.1136/bmjopen-2017-021245. Disponível em: https://bmjopen.bmj.com/content/bmjopen/8/8/e021245.full.pdf. Acesso em: 20 jul. 2021.

SÉNECA, Hugo. CNPD: Hospital do Barreiro multado em 400 mil euros por permitir acessos indevidos a processos clínicos. *Exame Informática*, Portugal, 19. out. 2018. Disponível em: http://exameinformatica.sapo.pt/noticias/mercados/2018-10-19-CNPD-Hospital-do-Barreiro-multado-em-400-mil-euros-por-permitir-acessos-indevidos-a-processos-clinicos. Acesso em: 24 jul. 2019.

SCHAEFER, Fernanda. *Proteção de dados de saúde na sociedade de informação*: a busca pelo equilíbrio entre privacidade e interesse social. Curitiba: Juruá, 2010.

SCHAEFER, Fernanda. Proteção de dados de saúde como direito fundamental. *Cadernos da Escola de Direito e Relações Internacionais*. Curitiba, v. 1, n. 17, 2012. p. 139-157.

SCHREIBER, Anderson. *Direitos da personalidade*. 2. ed. São Paulo: Atlas, 2013.

SOMBRA, Thiago Luís Santos. *Fundamentos da regulação de dados e proteção de dados pessoais*: pluralismo jurídico e transparência em perspectiva. São Paulo: Thomson Reuters (Revista dos Tribunais), 2019.

18
PROTEÇÃO DE DADOS DE CRIANÇAS E ADOLESCENTES EM REDES SOCIAIS: UMA LEITURA DO ARTIGO 14 DA LGPD PARA ALÉM DO MERO CONTROLE PARENTAL

José Luiz de Moura Faleiros Júnior

Doutorando em Direito Civil pela Universidade de São Paulo – USP/Largo de São Francisco. Doutorando em Direito, na área de estudo 'Direito, Tecnologia e Inovação', pela Universidade Federal de Minas Gerais – UFMG. Mestre e Bacharel em Direito pela Universidade Federal de Uberlândia – UFU. Especialista em Direito Digital, em Direito Civil e Empresarial. É um dos Associados Fundadores do Instituto Avançado de Proteção de Dados – IAPD. Membro do Instituto Brasileiro de Estudos de Responsabilidade Civil – IBERC. Advogado e professor. E-mail: jfaleiros@usp.br

Fernanda Pantaleão Dirscherl

Mestra em Direito pela Universidade Federal de Uberlândia. Especialista em direito das famílias e sucessões, pela Fundação do Ministério Público do Rio Grande do Sul, em direito público, com ênfase em administrativo, constitucional e tributário, Estácio de Sá, em processo civil, Unyleya, e psicologia jurídica, Uniara. Integrante do Grupo de Pesquisa sobre "Família, Sucessões, Criança e Adolescente e Direitos Transindividuais" junto ao Programa de Mestrado em Direito da Fundação Escola Superior do Ministério Público. Graduada em Biomedicina e Direito pela mesma universidade. Coordenadora do Núcleo IBDFam Uberlândia. Advogada e professora. E-mail: fernandapantaleaod@gmail.com

Sumário: 1. Introdução – 2. Redes sociais, controle parental e a insuficiência das provisões do marco civil da internet para a proteção de dados de crianças e adolescentes – 3. O artigo 14 da LGPD e as peculiaridades de sua aplicação – 4. Considerações finais – 5. Referências.

1. INTRODUÇÃO

A Lei Geral de Proteção de Dados Pessoais – LGPD (Lei 13.709, de 14 de agosto de 2018) trouxe delineamentos específicos para o tema do tratamento de dados pessoais de crianças e adolescentes, evidenciando o papel da intervenção parental para a sua efetivação, que esbarra em limitações naturais – decorrentes da estrutura civilista conferida à teoria da capacidade jurídica –, mas que também desbordam da compreensão estruturada, na lei, a nível fundamental (art. 2º, inciso II), para a autodeterminação informativa.

O artigo 14 da LGPD é o dispositivo dedicado especificamente a esse tema e, em seu *caput* e em seus seis parágrafos, algumas peculiaridades são percebidas quanto aos limites que se impõe aos pais ou responsáveis legais para o atendimento do melhor interesse do infante.

Na presente pesquisa, com o propósito de revisitar as nuances concernentes a esse tema específico, problematiza-se a deflagração de verdadeiro dirigismo informacional quanto à proteção de dados pessoais. Isso realça a necessidade de que se garanta a autonomia individual e o controle efetivo do cidadão sobre seus dados, algo que crianças e adolescentes, por inegável vulnerabilidade, não têm condições de realizar com igual alcance.

Como hipótese, deve-se trabalhar com a necessidade de conjugação do citado dispositivo da LGPD ao repositório de princípios e conceitos do Estatuto da Criança e do Adolescente (Lei 8.069, de 13 de julho de 1990) e com disposições do Código Civil para que se possa detalhar a forma e a extensão do consentimento para o tratamento de dados dos infantes. É isso o que a presente pesquisa pretende explorar, a partir de análise dedutiva. Ao final, de forma a congregar as constatações obtidas no percurso exploratório, uma conclusão será apresentada no intuito de indicar os contornos específicos da forma e da extensão que se espera quanto ao sobredito consentimento.

2. REDES SOCIAIS, CONTROLE PARENTAL E A INSUFICIÊNCIA DAS PROVISÕES DO MARCO CIVIL DA INTERNET PARA A PROTEÇÃO DE DADOS DE CRIANÇAS E ADOLESCENTES

O controle parental realizado por pais ou responsáveis legais é tema que remonta ao Marco Civil da Internet (Lei 12.965, de 23 de abril de 2014), que previu, em suas disposições finais e transitórias, a "opção de livre escolha na utilização de programa de computador (...) para exercício do controle parental de conteúdo entendido [pelo usuário] como impróprio a seus filhos menores".

Trata-se de passagem pouco lembrada e que foi inserida no Marco Civil de forma abstrusa. De fato, o escopo do dispositivo envolve a utilização de software para a fiscalização realizada pelos pais ou responsáveis quanto às atividades on-line dos filhos com menos de 18 anos. Esse tema, por si só, gera polêmicas o suficiente para outros contextos de discussão, especialmente pela falta de clareza do artigo de lei quanto a eventuais confrontações desse tipo de fiscalização com direitos fundamentais dos infantes, em especial a intimidade e a privacidade.

Para o momento, importa saber que prepondera o princípio do melhor interesse da criança ou adolescente – que não é vetor apenas do atingimento do bem-estar do infante – deve ser considerado, em sentido mais abrangente[1], princípio orientador

---

1. PEREIRA, Tânia da Silva. O "melhor interesse da criança". In: PEREIRA, Tânia da Silva (Coord.). *O melhor interesse da criança*: um debate interdisciplinar. Rio de Janeiro: Renovar, 1999, p. 3. Comenta a autora que "a aplicação do princípio do *best interest* permanece como um padrão considerando, sobretudo, as necessidades da criança em detrimento dos interesses de seus pais, devendo realizar-se sempre uma análise do caso concreto".

da garantia de sua autonomia progressiva e de seu livre desenvolvimento, de forma individual e personalizada, com respeito à sua essência.[2] Nesse cerne, o debate em torno da educação digital adquire contornos relevantes, como explicam Ana Carolina Brochado Teixeira e Anna Cristina de Carvalho Rettore:

> Concluiu-se, nesse sentido, ser de primordial importância verter a atenção ao atendimento e observação dos direitos fundamentais de crianças e adolescentes também no ambiente dignidade, privacidade, intimidade e imagem. É este o principal norte hermenêutico já apontado pelo STJ, ao qual se somam outros dois: a necessidade de consentimento parental, o qual deve estar sempre orientado à consecução do objetivo de sua própria existência, que é o próprio interesse do filho; e a participação das próprias crianças e adolescentes nas decisões, a se ampliar gradualmente na medida em que se desenvolvem, mediante devida preparação para tanto, fruto de uma nova vertente da educação a ser fornecida pela família e pela sociedade, de importância cada vez mais evidente – a educação digital, a fim de que todos efetivamente compreendam que "é cada vez mais importante que as crianças adquiram uma compreensão do ambiente digital, incluindo sua infraestrutura, práticas comerciais, estratégias persuasivas e os usos do processamento automatizado e dos dados pessoais e vigilância, e dos possíveis efeitos negativos da digitalização nas sociedades.[3]

Nos dizeres de Guilherme Calmon Nogueira da Gama, "há elementos concretos no bojo do Estatuto da Criança e do Adolescente que permitem identificar e qualificar o princípio do melhor interesse da criança não apenas como princípio geral, mas também sob o formato de norma específica em determinados setores envolvendo a criança."[4] A partir disso, a noção de paternidade responsável e o corolário princípio

---

2. No âmbito internacional, o art. 3º da Convenção Internacional sobre os Direitos da Criança de 1989 prevê o seguinte: "§ 1. Todas as medidas relativas às crianças, tomadas por instituições de bem-estar social públicas ou privadas, tribunais, autoridades administrativas ou órgãos legislativos, terão como consideração primordial os interesses superiores da criança. § 2. Os Estados Membros se comprometem a assegurar à criança a proteção e os cuidados necessários ao seu bem-estar, tendo em conta os direitos e deveres dos pais, dos tutores ou de outras pessoas legalmente responsáveis por ela e, para este propósito, tomarão todas as medidas legislativas e administrativas apropriadas. § 3. Os Estados Membros assegurarão que as instituições, serviços e instalações responsáveis pelos cuidados ou proteção das crianças conformar-se-ão com os padrões estabelecidos pelas autoridades competentes, particularmente no tocante à segurança e à saúde das crianças, ao número e à competência de seu pessoal, e à existência de supervisão adequadas". O artigo 24 da carta dos direitos fundamentais da União Europeia (2000/C 364/01) também prevê o direito à proteção integral e o melhor interesse: "1. Children shall have the right to such protection and care as is necessary for their well-being. They may express their views freely. Such views shall be taken into consideration on matters which concern them in accordance with their age and maturity. 2. In all actions relating to children, whether taken by public authorities or private institutions, the child's best interests must be a primary consideration. 3. Every child shall have the right to maintain on a regular basis a personal relationship and direct contact with both his or her parents, unless that is contrary to his or her interests".
3. TEIXEIRA, Ana Carolina Brochado; RETTORE, Anna Cristina de Carvalho. O princípio do melhor interesse no ambiente digital. In: LATERÇA, Priscilla; FERNANDES, Elora; TEFFÉ, Chiara de; BRANCO, Sérgio (Coord.). *Privacidade e proteção de dados de crianças e adolescentes*. Rio de Janeiro: Instituto de Tecnologia e Sociedade do Rio de Janeiro; Obliq, 2021. p. 286.
4. GAMA, Guilherme Calmon Nogueira da. Princípio da paternidade responsável. *Revista de Direito Privado*, São Paulo, v. 18, abr. 2004. p. 31.

da parentalidade[5] adquirem contornos mais amplos, denotando sentidos mais amplos do que aqueles inseridos no artigo 226, §7º, da Constituição da República.

O papel dos pais e responsáveis não deve se circunscrever, portanto, à mera fiscalização das atividades virtuais da criança ou do adolescente. Bem ao contrário, o que se entende por "controle parental" para os fins do Marco Civil da Internet não é um conceito limitante e restritivo. O que está expressado no texto da lei revela unicamente uma dimensão mais singela dessa proteção, que não se esgota apenas no dever de cuidado, que é, por sua vez, composto por uma série de responsabilidades especificamente alinhadas ao propósito de garantir o atendimento de seu melhor interesse.

Em tempos de virtualização constante, significa dizer que o modo de exercício do controle parental sofre influxos decorrentes das próprias repercussões que se tem em razão da introjeção da internet no cotidiano. Para os chamados "nativos digitais", é preciso considerar os contextos nos quais as crianças interagem em ambientes virtuais e como assimilam os reflexos dessas interações quanto à privacidade.[6] Segundo Fernando Büscher von Teschenhausen Eberlin, no caso das crianças, "a vulnerabilidade técnica ocorrerá casuisticamente, dependendo da idade da criança e do conhecimento que ela possui sobre o produto ou serviço adquirido"[7], o que revela essa natureza contextual da aferição almejada.

Se os brinquedos já se transformaram em aparatos de alta tecnologia, com a substituição da diversão lúdica[8] e da imaginação construída a partir de objetos físicos por *gadgets* e aplicativos interconectados – denotando verdadeira "*Internet of Toys*",

---

5. Sobre o tema, deve-se ressaltar, consoante explica Vanessa Ribeiro Corrêa Sampaio Souza, que "o princípio da responsabilidade parental, mencionado de forma tímida no art. 226, §7º, da Constituição, expande seu sentido ao ter sua interpretação preenchida pela norma do art. 227, *caput*, que coloca a família como um dos entes devedores de respeito aos direitos fundamentais das crianças e adolescentes, e pelo art. 299, que impõe o dever recíproco de cuidado para os pais e filhos, a depender da vulnerabilidade de cada um no decorrer da vida e do desenvolvimento da relação parental". SOUZA, Vanessa Ribeiro Corrêa Sampaio. Sanções decorrentes da irresponsabilidade parental. *Civilistica.com – Revista Eletrônica de Direito Civil*, Rio de Janeiro, ano 2, n. 2, 2013. p. 25.

6. LIVINGSTONE, Sonia; STOILOVA, Mariya; NANDAGIRI, Rishita. *Children's data and privacy online*: Growing up in a digital age. An evidence review. Londres: London School of Economics and Political Science, 2019. p. 13.

7. EBERLIN, Fernando Büscher von Teschenhausen. *Direitos da criança na sociedade da informação*: ambiente digital, privacidade e dados pessoais. São Paulo: Thomson Reuters Brasil, 2020, p. 163. O autor ainda acrescenta: "Muitas vezes, o entendimento técnico das crianças em relação a produtos e serviços da sociedade da informação pode ser maior do que o dos adultos. A melhora na qualidade das informações técnicas e a boa-fé na sua transmissão ao consumidor são formas de minimizar essa assimetria".

8. O próprio adjetivo remete às reflexões de Johan Huizinga sobre o *"homo ludens"* e o papel do jogo na cultura da sociedade contemporânea. O próprio autor, em obra seminal sobre o assunto, já refletira: "Whenever we are seized with vertigo at the ceaseless shuttlings and spinnings in our mind of the thought: What is play? What is serious? we shall find the fixed, unmoving point that logic denies us, once more in the sphere of ethics. Play, we began by saying, lies outside morals. In itself it is neither good nor bad. But if we have to decide whether an action to which our will impels us is a serious duty or is licit as play, our moral conscience will at once provide the touchstone." HUIZINGA, Johan. *Homo Ludens*: study of the play element in culture. 2 Reimpr. Londres: Routledge & Kegan Paul, 1980. p. 213.

que vai além dos jogos eletrônicos[9], como sugere a doutrina[10] –, será ainda mais importante a atuação conjunta dos pais ou responsáveis para a fiscalização e efetiva prevenção de riscos e danos às crianças, cabendo aos últimos, ainda, "promover a educação e fornecer informações sobre o uso de programas de computador, inclusive para a definição de boas práticas para a inclusão digital de crianças e adolescentes."[11]

A tecnologia torna-se, então, um meio ativo para as crianças e adolescentes desenvolverem, em vista de que o crescimento pessoal se relaciona não apenas com o sentido físico, mas também com o psíquico voltado para escolhas próprias. Nesse sentido, Elora Fernandes e Filipe Medon destacam que os pais possuem atuação perante a tomada de decisão dos dados pessoais dos filhos, quando há a necessidade do consentimento para tanto, mas que com a evolução etária dos filhos, a criança ou adolescente passam a manifestar os próprios interesses e vontades. O papel tomado pelos responsáveis reduz para que seja demonstrado o respeito, naquilo em que couber, em relação as decisões dos filhos. O que, conforme os autores pontuam "[...] não significa dizer, contudo, que os pais se exoneram de suas responsabilidades [...][12]".

Afinal, compreende-se que as responsabilidades parentais estão conectadas com o dever de sustento, mas também como dever de educação. Alessandra Gatto destaca que "os deveres educativos possuem o objeto não apenas de indicação das regras, do conhecimento e dos modos de comportamento, mas também dispõe, no confronto com os filhos, dos instrumentos indispensáveis a construção de relação humana efetivamente significativa para a melhor realização da personalidade desses"[13]. Assim verifica-se que a responsabilidade dos pais na contemporaneidade ultrapassa o sustento ou educação formal, mas leva a caminho dos ensinamentos envolvendo

---

9. Sobre esses, é importante a lembrança de Ian Bogost quanto à proeminência das estruturas *"free-to-play"* direcionadas ao público mais jovem: "Between 2003 and 2009 two big shifts took place in the games marketplace. The first was Facebook, which released a platform for developers to make apps and games that would run within the social network's ecosystem. The second was the iPhone, the Apple App Store, and the copycats and spin-offs that it inspired. By the end of the first decade of the new millennium, free-to-play had become the norm for new games, particularly those being released for play online, via downloads, on social networks, and on smartphones—a category that is quickly overtaking disc-based games in both sales and cultural significance." BOGOST, Ian. *How to talk about videogames*. Minneapolis: University of Minnesota Press, 2015. p. 49-50.

10. Para um estudo que analisa especificamente a adoção de técnicas de design de software voltadas às crianças e a seus brinquedos, leia-se: YAMADA-RICE, Dylan. Including children in the design of the Internet of Toys. *In*: MASCHERONI, Giovanna; HOLLOWAY, Donell (Eds.). *The Internet of Toys*: Practices, affordances and the political economy of children's smart play. Londres: Palgrave Macmillan, 2019.

11. LEAL, Lívia Teixeira. Internet of Toys: os brinquedos conectados à Internet e o direito da criança e do adolescente. *Revista Brasileira de Direito Civil*, Belo Horizonte, v. 12, abr.-jun. 2017. p. 183.

12. FERNANDES, Elora; MEDON, Filipe. Proteção de crianças e adolescentes na LGPD: Desafios interpretativos. *Revista Eletrônica da PGE-RJ*, Rio de Janeiro, v. 4, n. 2, maio-ago. 2021. p. 4.

13. GATTO, Alessandra. Responsabilità genitoriale e controllo *Facebook*. In: BIANCA, Mirzia. *The best interest of the child*. Roma: Sapienza Università Editrice, 2021. p. 211, tradução livre. No original: "I doveri educativi hanno a oggetto non solo l'indicazione delle regole, delle conoscenze e dei moduli di comportamento ma anche la messa a disposizione, nei confronti della prole, di strumenti indispensabili alla costruzione di relazioni umane effettivamente significative per la migliore realizzazione della loro personalità."

apenas a cidadania perante a sociedade, mas voltada para a proteção do indivíduo perante as novas conformidades sociais.

Os riscos são evidentes e podemos sintetizá-los a partir de uma reflexão de Jaqueline Vickery: "computadores, Internet, tecnologias móveis, jogos de computador e mídias sociais não são exceções; isto é, são simultaneamente consideradas tecnologias de oportunidade, bem como tecnologias de risco na vida dos jovens; eles evocam muita ansiedade e atenção de adultos."[14] Fala-se na necessidade de indicação de classificação indicativa em portais eletrônicos e na disponibilização de mecanismos de controle parental (*parental control*) em ferramentas de entretenimento na Internet, por exemplo.[15] Nem todo controle é facilmente exercido pelos pais, o que revela a importância do debate mais específico sobre dados pessoais.

Em relação à autonomia do infante, significa dizer que, embora o ritmo irrefreável da inovação tecnológica torne cada vez mais precoce o contato de crianças com aparatos eletrônicos, é dever dos pais ou responsáveis zelar para que não haja utilização potencialmente danosa, que eleve riscos e acabe por violar exatamente os estágios mais sensíveis de formação da personalidade.

3. O ARTIGO 14 DA LGPD E AS PECULIARIDADES DE SUA APLICAÇÃO

O artigo 14 da LGPD é integralmente dedicado ao tratamento de dados pessoais de crianças e adolescentes. Trata-se do único dispositivo da seção III do capítulo II da lei e os regramentos que apresenta estão listados em seu *caput* – que, textualmente, consagra a proteção ao melhor interesse – e em seis parágrafos.[16] O legislador brasileiro se inspirou no artigo 8.º do Regulamento Geral sobre a Proteção de Dados

---

14. VICKERY, Jacqueline R. *Worried about the wrong things*: Youth, risk, and opportunity in the digital world. Cambridge: The MIT Press, 2018, p. 6, tradução livre. No original: "Computers, the Internet, mobile technologies, computer games, and social media are not exceptions; that is, they are simultaneously considered to be technologies of opportunity, as well as technologies of risk in the lives of young people; they evoke a lot of adult anxiety and attention."

15. DENSA, Roberta. *Proteção jurídica da criança consumidora*. Indaiatuba: Foco, 2018. p. 191.

16. "Art. 14. O tratamento de dados pessoais de crianças e de adolescentes deverá ser realizado em seu melhor interesse, nos termos deste artigo e da legislação pertinente.

§ 1º O tratamento de dados pessoais de crianças deverá ser realizado com o consentimento específico e em destaque dado por pelo menos um dos pais ou pelo responsável legal.

§ 2º No tratamento de dados de que trata o § 1º deste artigo, os controladores deverão manter pública a informação sobre os tipos de dados coletados, a forma de sua utilização e os procedimentos para o exercício dos direitos a que se refere o art. 18 desta Lei.

§ 3º Poderão ser coletados dados pessoais de crianças sem o consentimento a que se refere o § 1º deste artigo quando a coleta for necessária para contatar os pais ou o responsável legal, utilizados uma única vez e sem armazenamento, ou para sua proteção, e em nenhum caso poderão ser repassados a terceiro sem o consentimento de que trata o § 1º deste artigo.

§ 4º Os controladores não deverão condicionar a participação dos titulares de que trata o § 1º deste artigo em jogos, aplicações de internet ou outras atividades ao fornecimento de informações pessoais além das estritamente necessárias à atividade.

§ 5º O controlador deve realizar todos os esforços razoáveis para verificar que o consentimento a que se refere o § 1º deste artigo foi dado pelo responsável pela criança, consideradas as tecnologias disponíveis.

(Regulamento UE 2016/679), da União Europeia, para delimitar os contornos mais específicos das atividades relacionadas ao tratamento de dados de crianças e adolescentes.[17] Contudo, é importante registrar que "o regulamento europeu, da mesma forma que a LGPD, não dispõe de forma específica sobre os meios que deverão ser empregados para garantir a obtenção do consentimento nos termos legais".[18]

A análise das particularidades que estão relacionadas ao tratamento de dados pessoais de crianças e adolescentes, aferidas a partir da identificação da observância ao melhor interesse, no caso concreto, devem perpassar temas como saúde, educação, aplicação de medidas socioeducativas e medidas de proteção, em sintonia até mesmo com a necessidade de adequada formatação de políticas públicas direcionadas a essa faixa etária, tudo em sintonia com os requisitos do artigo 7º, incisos III, IV, VII e VIII, da LGPD.[19] Ademais, o artigo 14, em seu *caput*, elenca crianças e adolescentes como destinatárias dessa proteção, que não encontra similar no que dispõem seus seis parágrafos, nos quais apenas há menção à proteção de crianças.[20]

O §1º do artigo 14 é particularmente importante, pois é o dispositivo que determina a obtenção do consentimento específico e em destaque para o tratamento de dados pessoais de crianças. Tal consentimento deve ser expressado por ao menos

---

§ 6º As informações sobre o tratamento de dados referidas neste artigo deverão ser fornecidas de maneira simples, clara e acessível, consideradas as características físico-motoras, perceptivas, sensoriais, intelectuais e mentais do usuário, com uso de recursos audiovisuais quando adequado, de forma a proporcionar a informação necessária aos pais ou ao responsável legal e adequada ao entendimento da criança."

17. Referido dispositivo prevê o seguinte: "Artigo 8.º Condições aplicáveis ao consentimento de crianças em relação aos serviços da sociedade da informação. 1. Quando for aplicável o artigo 6.º, n. 1, alínea a), no que respeita à oferta direta de serviços da sociedade da informação às crianças, dos dados pessoais de crianças é lícito se elas tiverem pelo menos 16 anos. Caso a criança tenha menos de 16 anos, o tratamento só é lícito se e na medida em que o consentimento seja dado ou autorizado pelos titulares das responsabilidades parentais da criança. Os Estados-Membros podem dispor no seu direito uma idade inferior para os efeitos referidos, desde que essa idade não seja inferior a 13 anos. 2. Nesses casos, o responsável pelo tratamento envida todos os esforços adequados para verificar que o consentimento foi dado ou autorizado pelo titular das responsabilidades parentais da criança, tendo em conta a tecnologia disponível. 3. O disposto no n.º 1 não afeta o direito contratual geral dos Estados-Membros, como as disposições que regulam a validade, a formação ou os efeitos de um contrato em relação a uma criança."

18. YANDRA, Barbara Fernanda Ferreira; SILVA, Amanda Cristina Alves; SANTOS, Jéssica Guedes. Lei Geral de Proteção de Dados e a tutela dos dados pessoais de crianças e adolescentes: a efetividade do consentimento dos pais ou responsáveis legais. *Internet & Sociedade*, São Paulo, n. 1, v. 1, p. 230-249, fev. 2020, p. 238.

19. Sobre as bases legais aplicáveis ao tratamento de dados de crianças e adolescentes, conferir MULHOLLAND, Caitlin; PALMEIRA, Mariana. As bases legais para tratamento de dados de crianças e adolescentes. In: LATERÇA, Priscilla; FERNANDES, Elora; TEFFÉ, Chiara de; BRANCO, Sérgio (Coord.). *Privacidade e proteção de dados de crianças e adolescentes*. Rio de Janeiro: Instituto de Tecnologia e Sociedade do Rio de Janeiro; Obliq, 2021. p. 315-341.

20. Na visão de Ana Carolina Brochado Teixeira e Anna Cristina de Carvalho Rettore, "aparentemente priorizando a praticidade do trâmite da vida digital, a LGPD optou pela exigência do consentimento parental apenas no caso das crianças, reservando a essas duas camadas de proteção: não apenas a exigência de participação de um dos pais ou responsável, como de que esse consentimento seja expresso ao invés de tácito. Tratou, por outro lado, os adolescentes em condição de igualdade com os adultos." TEIXEIRA, Ana Carolina Brochado; RETTORE, Anna Cristina de Carvalho. A autoridade parental e o tratamento de dados pessoais de crianças e adolescentes. In: TEPEDINO, Gustavo; FRAZÃO, Ana; OLIVA, Milena Donato (Coord.). *Lei Geral de Proteção de Dados Pessoais e suas repercussões no direito brasileiro*. São Paulo: Thomson Reuters Brasil, 2019. p. 527-528.

um dos pais ou pelo responsável legal. Por outro lado, não se nota igual previsão quanto a adolescentes, o que revela a opção do legislador brasileiro pela dispensa do consentimento específico para aqueles com idades entre 12 e 18 anos (art. 2º, ECA). Surge uma evidente dúvida: seria o consentimento expressado pelo próprio adolescente lícito e suficiente para lastrear o tratamento de seus dados pessoais?

Sobre o consentimento no contexto do tratamento de dados pessoais de crianças e adolescentes, lembram Ana Paula Motta Costa e Gabrielle Bezerra Sales Sarlet que "não é demasiado reforçar que o consentimento, regra de ouro no tocante à proteção de dados pessoais, assume uma posição emblemática quando se refere as crianças e aos adolescentes que, por força dos artigos 226 e 227 são considerados a partir da ótica da prioridade absoluta."[21] Por isso, até mesmo a verificação da autenticidade subjetiva do consentimento expressado em benefício dos interesses da criança, para os efeitos do §1º do artigo 14, deve ser coerente e suficientemente aferida pelos agentes de tratamento.

É o que reafirma Chiara Spadaccini de Teffé:

> Além disso, os controladores deverão realizar todos os esforços razoáveis para verificar se o consentimento a que se refere o §1º foi manifestado pelo responsável pela criança, consideradas as tecnologias disponíveis (artigo 14, §5º). Identifica-se, aqui, dever de cuidado atribuído ao controlador. Pondera a doutrina que se, por um lado, o controlador não pode tratar dados antes do consentimento, por outro, precisará de tais dados para contatar o responsável legal pela criança. Dessa forma, os controladores deverão apurar sua verdadeira idade, para, se for o caso, suspender o tratamento de seus dados até a obtenção do consentimento do responsável.[22]

De fato, a análise envolve apreciação detida da teoria da capacidade – que não se confunde com a personalidade jurídica (art. 2º, CC) – e que é subdividida na capacidade de direito, extraída da dicção literal do artigo 1º do Código Civil, que define que "toda pessoa é capaz de direitos e obrigações na ordem civil", com observância as ressalvas elencadas no *caput* do artigo 3º do CC, segundo o qual "são absolutamente incapazes de exercer pessoalmente os atos da vida civil os menores de 16 (dezesseis) anos, nos incisos do artigo 4º do mesmo Código. Tais ressalvas evidenciam a chamada

---

21. COSTA, Ana Paula Motta; SARLET, Gabrielle Bezerra Sales. A perspectiva da proteção de dados pessoais em face dos direitos das crianças e adolescentes no sistema normativo brasileiro. In: SARLET, Gabrielle Bezerra Sales; TRINDADE, Manoel Gustavo Neubarth; MELGARÉ, Plínio. *Proteção de dados*: temas controvertidos. Indaiatuba: Foco, 2021. p. 174. As autoras ainda relembram os usos abstrusos do consentimento para o tratamento de dados de crianças e adolescentes na pandemia de Covid-19: "E, em síntese, tem sido continuamente olvidado, negligenciado ou utilizado de modo fraudulento como uma espécie de presunção em face dos problemas e das situações referentes à pandemia." Sobre esse mesmo contexto, valiosa a leitura de FERNANDES, Elora Raad; CANTANHEDE, Cindyneia Ramos. Proteção de crianças e adolescentes por design: um debate necessário em meio à pandemia de Covid-19. In: BIONI, Bruno Ricardo; ZANATTA, Rafael A. F.; RIELLI, Mariana; VERGILI, Gabriela; FAVARO, Iasmine (Org.). *Os dados e o vírus*: pandemia, proteção de dados e democracia. pandemia, proteção de dados e democracia. São Paulo: Data Privacy Brasil, 2020, p. 73-81.
22. TEFFÉ, Chiara Spadaccini de. Tratamento de dados pessoais de crianças e adolescentes: considerações sobre o artigo 14 da LGPD. In: MULHOLLAND, Caitlin (Org.). *A LGPD e o novo marco normativo no Brasil*. Porto Alegre: Arquipélago Editorial, 2020. p. 170.

capacidade de fato, que envolve a permissão, conferida pelo ordenamento, para a prática de atos da vida civil.

Marcos Bernardes de Mello, a esse respeito, diferencia a capacidade de praticar atos jurídicos *stricto sensu* da capacidade negocial: "ambas podem ser consideradas como espécies de uma capacidade genérica de praticar ato jurídico (*lato sensu*), mas têm conteúdos próprios, em face de se referirem a categorias distintas de atos jurídicos."[23] Logo, a criança e o adolescente não têm *autonomia* para a tomada de decisões. Desse modo, quando tenham entre 16 e 18 anos (incompletos), são consideradas relativamente incapazes e devem ser assistidas pelos pais ou responsáveis, sobre pena de anulabilidade do ato jurídico.

É importante lembrar que as regras sobre a capacidade civil, bem como aquelas concernentes à nulidade ou anulabilidade do negócio jurídico, têm por finalidade garantir a liberdade consciente de escolha das partes. Considerando que o incapaz ou relativamente incapaz não manifesta vontade de forma livre e consciente, esbarram em limitação decorrente da falta de autonomia para a prática de determinados atos jurídicos.

Na LGPD, o art. 5º, inciso XII, define consentimento como sendo a "manifestação livre, informada e inequívoca pela qual o titular concorda com o tratamento de seus dados pessoais para uma finalidade determinada". A lei ainda prevê que o consentimento deve ser fornecido por escrito, com cláusula destacada das demais cláusulas, ou por outro meio que demonstre a manifestação de vontade do titular (art. 8º). O ônus da prova de que o consentimento foi obtido em conformidade com a lei é do controlador (art. 8º, § 2º), sendo vedado o tratamento de dados pessoais mediante vício de consentimento (art. 8º, § 3º).

Para o tratamento de dados lastreado noutras hipóteses (ou "bases legais") diversas do consentimento, quais sejam, aquelas listadas no art. 7º, incisos II ao X, não há que se falar na necessidade de consentimento dos pais ou do próprio adolescente para as atividades de tratamento. Assim, a título exemplificativo, hipóteses como a aferição de frequência e acompanhamento escolar (que se efetiva a partir de dados), tornam dispensável o consentimento dos responsáveis legais, já que esses dados são coletados e tratados com base na Lei de Diretrizes e Bases da Educação (Lei 9.394,

---

23. MELLO, Marcos Bernardes de. Achegas para uma teoria das capacidades em direito. *Revista de Direito Privado*, São Paulo, v. 3, jul. 2000. p. 12-13. O autor ainda complementa: "Em regra, porém, as normas sobre a capacidade negocial, especialmente sobre incapacidade e suas consequências (validade e invalidade), são aplicáveis à capacidade de atos jurídicos stricto sensu, porque em ambas as espécies se leva em conta a vontade relevante como elemento nuclear do suporte fáctico. Note-se, inclusive, que se defere, em certos casos, plena capacidade negocial ao que possui menos de 21 anos e maior de 16 anos, de modo que, independentemente do assentimento dos titulares do pátrio poder ou do tutor, pode realizar negócio jurídico, como, por exemplo, fazer testamento e aceitar ou renunciar mandato. Da mesma maneira se lhe defere capacidade de praticar ato jurídico stricto sensu, em determinadas hipóteses, como para interpelar, para ser testemunha em testamento; no processo penal, se maior de 18 anos, poderá oferecer queixa e conceder perdão e.g. As capacidades negocial e de ato jurídico *stricto sensu* são as mais importantes, considerando-se a amplitude da área de sua influência."

de 20 de dezembro de 1996), para o cumprimento de obrigação legal que incumbe ao estabelecimento de ensino.[24] Da mesma forma, informações sobre vacinação não dependem do consentimento dos pais ou responsáveis, pois, além de comprovar o cumprimento de obrigação legal do posto de saúde ou clínica, tais dados se prestam à formulação de políticas públicas de saúde e ao cumprimento integral do disposto no art. 14 do ECA.

É importante destacar, ademais, que o art. 14, § 3º, da LGPD prevê a possibilidade de coleta (que, é, pela dicção do inciso X do artigo 5º) de dados pessoais de crianças, sem o consentimento, quando for necessária para contatar os pais ou o responsável legal, utilizados uma única vez e sem armazenamento, ou para sua proteção. Nessas hipóteses, nenhum dado pode ser repassado a terceiros sem o consentimento dos pais ou responsável.

Eis o dispositivo que pode causar polêmica e dificuldade de interpretação. Ora, pela regra do art. 14, § 1º, os *adolescentes* não precisariam dar expressa anuência para coleta e tratamento dos dados. Com isso, os impúberes (entre 12 e 16 anos) estariam aptos, conforme a lei, para consentir sem a representação paterna e os relativamente incapazes (entre 16 e 18 anos), da mesma forma, não precisariam de assistência dos pais ou representante legal.

Na doutrina, há entendimentos que apontam para a suficiência do dispositivo legal quanto à simples dispensa da autoridade parental para a coleta e tratamento de dados de adolescentes. Nesse sentido, já se manifestaram Gustavo Tepedino e Chiara de Teffé:

> Todavia, ao não mencionar o adolescente (pessoa entre 12 e 18 anos de idade incompletos), o § 1º do art. 14 não deixou claro se o consentimento manifestado diretamente por ele e sem assistência ou representação deveria ser considerado plenamente válido, como hipótese de capacidade especial, ou se simplesmente o legislador teria optado por não tratar do tema, por já existir legislação sobre a matéria no Código Civil. Ao que parece, o legislador pretendeu reconhecer a validade do consentimento manifestado pelo adolescente. Tomando como base a realidade da utilização da Internet e das mídias sociais, que tem entre seus usuários legiões de adolescentes, é possível que tenha optado por considerar jurídica hipótese fática dotada de ampla aceitação social.[25]

De outro lado, autores como Claudio do Prado Amaral defendem que tal diferenciação deveria ser melhor analisada para que também se possa exigir o consentimento para o tratamento de dados de adolescentes:

---

24. Sobre o papel das instituições de ensino e a imperiosa reestruturação de suas práticas para adequação da proteção de dados pessoais de crianças e adolescentes na sociedade contemporânea, conferir, por todos, BRESSLER, Claudia; COLOMBO, Cristiano. Ciberespaço e comunidade escolar: riscos em matéria de proteção de dados pessoais e implementação de novas práticas pelas instituições educacionais. In: FALEIROS JÚNIOR, José Luiz de Moura; LONGHI, João Victor Rozatti; GUGLIARA, Rodrigo (Coord.). *Proteção de dados pessoais na sociedade da informação*: entre dados e danos. Indaiatuba: Foco, 2021. p. 273-290.

25. TEPEDINO, Gustavo; TEFFÉ, Chiara Spadaccini de. O consentimento na circulação de dados pessoais. *Revista Brasileira de Direito Civil – RBDCivil*, Belo Horizonte, v. 25, p. 83-116, jul./set. 2020, p. 109.

(...) não pode haver diferenciação quanto ao procedimento, exigindo-se o consentimento específico e em destaque dado por pelo menos um dos pais ou pelo responsável legal para o tratamento de dados pessoais de crianças e de adolescentes (art. 14, §1º). Impõe-se que sejam desenvolvidas funcionalidades para a tomada de consentimento de pais ou responsáveis de adolescentes também.[26]

De fato, não se pode negar que adolescentes também são alvos de práticas espúrias levadas a efeito na internet e que demandam controle parental. O próprio *bullying* virtual (ou *cyberbullying*) é exemplo disso, como ressalta Ana Cristina de Melo Silveira: "diferentemente do *bullying* tradicional, no qual a vítima identifica claramente seus ofensores, no *cyberbullying* a identificação é mais complexa, comprometendo a própria possibilidade de reação da vítima."[27]

Embora não se possa afirmar que o legislador se equivocou na redação da norma que dispensa a assistência ou representação dos adolescentes, que leva ao entendimento de que não se fez necessária a presença de um dos pais ou do responsável quando o titular dos dados for adolescente, podendo o consentimento ser por ele oferecido, trata-se de debate ainda em construção e que não pode desconsiderar as particularidade e idiossincrasias de cada contexto.

Como assevera Rosane Leal da Silva, "o maior desafio, doravante, não será na seara da normatização, mas de buscar a sua efetivação, evitando que se deturpe o sentido e o alcance do princípio do melhor interesse".[28] Isso pode ocorrer, aliás, quanto à efetivação do importantíssimo rol de direitos do titular de dados, estabelecido no artigo 18 da LGPD. Em situações nas quais algoritmos estejam envolvidos, também não se pode desconsiderar a necessidade de aclaramento específico.

Sérgio Marcos Carvalho de Ávila Negri e Maria Regina Rigolon Korkmaz anotam ser importante, ademais, a estruturação de mecanismos "*child frendly*" para a efetivação de direitos específicos, como a revisão e a explicação, no contexto das decisões automatizadas:

> Em última análise, mecanismos como o direito à revisão, direito à explicação – em formato *child friendly* –, medidas preventivas e relatórios de impacto à proteção de dados pessoais não podem ser utilizados para legitimar práticas que são, evidentemente, abusivas e discriminatórias, principalmente quando se considera grupos vulneráveis, como é o caso de crianças e adolescentes. Como resultado, devem ser desenvolvidos também parâmetros diferenciados e, principalmente, muito mais rigorosos do que aqueles que são aplicados normalmente à proteção de dados de adultos. É o que a proteção prioritária constitucional demanda.[29]

---

26. SILVEIRA, Ana Cristina de Melo. Cyberbullying – entre estatísticas e danos: a vulnerabilidade de adolescentes na internet. In: FALEIROS JÚNIOR, José Luiz de Moura; LONGHI, João Victor Rozatti; GUGLIARA, Rodrigo (Coord.). *Proteção de dados pessoais na sociedade da informação*: entre dados e danos. Indaiatuba: Foco, 2021, p. 294.

27. AMARAL, Claudio do Prado. Proteção de dados pessoais de crianças e adolescentes. In: LIMA, Cíntia Rosa Pereira de (Coord.). *Comentários à Lei Geral de Proteção de Dados*. São Paulo: Almedina, 2020. p. 177.

28. SILVA, Rosane Leal da. A infância conectada: a proteção de dados pessoais de crianças e adolescentes em perspectiva comparada entre a União Europeia e o Brasil. In: DE LUCCA, Newton; SIMÃO FILHO, Adalberto; LIMA, Cíntia Rosa Pereira de; MACIEL, Renata Mota (Coord.). *Direito & Internet IV*: sistema de proteção de dados pessoais. São Paulo: Quartier Latin, 2019. p. 284.

29. NEGRI, Sergio Marcos Carvalho de Ávila; KORKMAZ, Maria Regina Rigolon. Decisões automatizadas e a proteção de crianças e adolescentes. In: LATERÇA, Priscilla; FERNANDES, Elora; TEFFÉ, Chiara de;

Portanto, em qualquer hipótese, os dados de crianças e adolescentes devem respeitar o referido princípio para garantia de sua progressiva autonomia. Certamente, a casuística ajudará a trazer maiores esclarecimentos ao longo da aplicação da lei em especial quanto à função e aos limites do consentimento.

4. CONSIDERAÇÕES FINAIS

Pelo exposto, conclui-se que o artigo 14 da LGPD, a despeito da disparidade quanto aos sujeitos elencados nas disposições de seu *caput* e de seus parágrafos, indica limites que se impõe aos pais ou responsáveis legais para o atendimento do melhor interesse do infante, com interpretação que deve ser considerada a partir da compreensão da extensão desse princípio – extraída de interpretação conjunta com o que dispõe o ECA – e da teoria da capacidade jurídica, que permite distinguir a capacidade para a prática de atos jurídicos *stricto sensu* da capacidade de fato e da noção jurídica de autonomia.

De fato, a menção aos adolescentes exclusivamente no *caput* do artigo 14 da LGPD os afasta do campo de incidência dos parágrafos do dispositivo, de modo que, apenas quando o titular de dados for criança é que se exigiria o consentimento de ao menos um dos pais ou do responsável legal (§1º), com observância ao conceito do artigo 5º, inciso XII, e ao disposto no artigo 8º, todos da LGPD. Porém, a dúvida mais inquietante quanto à aplicação do dispositivo envolve infantes com menos de 16 anos de idade – portanto, com idade inferior à definida no Código Civil para a evocação da mera assistência (e não da representação) para a prática de atos da vida civil –, mas superior a 12 anos de idade.

Interpretação literal da LGPD permitiria concluir que, por se tratar de lei especial em relação ao Código Civil, teria conferido maior autonomia aos adolescentes, o que, em tese, englobaria todos os que tenham entre 12 e 18 anos de idade. Porém, não se pode desconsiderar a necessidade de conjugação dos dispositivos da LGPD concernentes aos requisitos (ou "bases legais", a saber, artigos 7º e 11) para o tratamento de dados e quanto ao consentimento (que é uma das "bases legais" definidas na lei) ao repositório de princípios e conceitos do ECA e do Código Civil para que se possa detalhar a forma e a extensão do consentimento para o tratamento de dados de crianças e adolescentes.

Não há dúvidas de que a casuística será imprescindível manancial de exemplos a partir dos quais se poderá inferir se a aplicação dos requisitos da LGPD para o tratamento, mesmo que eventual consentimento seja expressado por adolescente, à luz da imprescindível observância do melhor interesse, que se aplica a todas as faixas etárias inferiores a 18 anos.

BRANCO, Sérgio (Coord.). *Privacidade e proteção de dados de crianças e adolescentes*. Rio de Janeiro: Instituto de Tecnologia e Sociedade do Rio de Janeiro; Obliq, 2021. p. 137.

Como consequência, maior responsabilidade se exige de controladores e operadores de dados, que devem realizar suas atividades, desenvolvendo meios elucidativos e explícitos para a legitimação do tratamento de dados, sempre em respeito ao princípio do melhor interesse. Caso contrário, a inobservância de tal princípio – que, repita-se, está elencado no próprio *caput* do artigo 14 e tem aplicação a crianças e adolescentes – já representará violação à lei e poderá desencadear consequências civis e administrativas.

5. REFERÊNCIAS

AMARAL, Claudio do Prado. Proteção de dados pessoais de crianças e adolescentes. In: LIMA, Cíntia Rosa Pereira de (Coord.). *Comentários à Lei Geral de Proteção de Dados*. São Paulo: Almedina, 2020.

BOGOST, Ian. *How to talk about videogames*. Minneapolis: University of Minnesota Press, 2015.

BRESSLER, Claudia; COLOMBO, Cristiano. Ciberespaço e comunidade escolar: riscos em matéria de proteção de dados pessoais e implementação de novas práticas pelas instituições educacionais. In: FALEIROS JÚNIOR, José Luiz de Moura; LONGHI, João Victor Rozatti; GUGLIARA, Rodrigo (Coord.). *Proteção de dados pessoais na sociedade da informação*: entre dados e danos. Indaiatuba: Foco, 2021.

COSTA, Ana Paula Motta; SARLET, Gabrielle Bezerra Sales. A perspectiva da proteção de dados pessoais em face dos direitos das crianças e adolescentes no sistema normativo brasileiro. In: SARLET, Gabrielle Bezerra Sales; TRINDADE, Manoel Gustavo Neubarth; MELGARÉ, Plínio. *Proteção de dados*: temas controvertidos. Indaiatuba: Foco, 2021.

DENSA, Roberta. *Proteção jurídica da criança consumidora*. Indaiatuba: Foco, 2018.

EBERLIN, Fernando Büscher von Teschenhausen. *Direitos da criança na sociedade da informação*: ambiente digital, privacidade e dados pessoais. São Paulo: Thomson Reuters Brasil, 2020.

FERNANDES, Elora Raad; CANTANHEDE, Cindyneia Ramos. Proteção de crianças e adolescentes por design: um debate necessário em meio à pandemia de Covid-19. In: BIONI, Bruno Ricardo; ZANATTA, Rafael A. F.; RIELLI, Mariana; VERGILI, Gabriela; FAVARO, Iasmine (Org.). *Os dados e o vírus*: pandemia, proteção de dados e democracia. pandemia, proteção de dados e democracia. São Paulo: Data Privacy Brasil, 2020.

FERNANDES, Elora; MEDON, Filipe. Proteção de crianças e adolescentes na LGPD: Desafios interpretativos. *Revista Eletrônica da PGE-RJ*, Rio de Janeiro, v. 4, n. 2, maio-ago. 2021.

GAMA, Guilherme Calmon Nogueira da. Princípio da paternidade responsável. *Revista de Direito Privado*, São Paulo, v. 18, p. 21-41, abr. 2004.

GATTO, Alessandra. Responsabilità genitoriale e controllo *Facebook*. In: BIANCA, Mirzia. *The best interest of the child*. Roma: Sapienza Università Editrice, 2021.

HUIZINGA, Johan. *Homo Ludens*: study of the play element in culture. 2. Reimpr. Londres: Routledge & Kegan Paul, 1980.

LEAL, Lívia Teixeira. Internet of Toys: os brinquedos conectados à Internet e o direito da criança e do adolescente. *Revista Brasileira de Direito Civil*, Belo Horizonte, v. 12, p. 175-187, abr.-jun. 2017.

LIVINGSTONE, Sonia; STOILOVA, Mariya; NANDAGIRI, Rishita. Children's data and privacy online: Growing up in a digital age. *An evidence review*. Londres: London School of Economics and Political Science, 2019.

MELLO, Marcos Bernardes de. Achegas para uma teoria das capacidades em direito. *Revista de Direito Privado*, São Paulo, v. 3, p. 9-34, jul. 2000.

MULHOLLAND, Caitlin; PALMEIRA, Mariana. As bases legais para tratamento de dados de crianças e adolescentes. In: LATERÇA, Priscilla; FERNANDES, Elora; TEFFÉ, Chiara de; BRANCO, Sérgio (Coord.). *Privacidade e proteção de dados de crianças e adolescentes*. Rio de Janeiro: Instituto de Tecnologia e Sociedade do Rio de Janeiro; Obliq, 2021. *E-book*.

NEGRI, Sergio Marcos Carvalho de Ávila; KORKMAZ, Maria Regina Rigolon. Decisões automatizadas e a proteção de crianças e adolescentes. In: LATERÇA, Priscilla; FERNANDES, Elora; TEFFÉ, Chiara de; BRANCO, Sérgio (Coord.). *Privacidade e proteção de dados de crianças e adolescentes*. Rio de Janeiro: Instituto de Tecnologia e Sociedade do Rio de Janeiro; Obliq, 2021. *E-book*.

PEREIRA, Tânia da Silva. O "melhor interesse da criança". In: PEREIRA, Tânia da Silva (Coord.). *O melhor interesse da criança*: um debate interdisciplinar. Rio de Janeiro: Renovar, 1999.

SILVA, Rosane Leal da. A infância conectada: a proteção de dados pessoais de crianças e adolescentes em perspectiva comparada entre a União Europeia e o Brasil. In: DE LUCCA, Newton; SIMÃO FILHO, Adalberto; LIMA, Cíntia Rosa Pereira de; MACIEL, Renata Mota (Coord.). *Direito & Internet IV*: sistema de proteção de dados pessoais. São Paulo: Quartier Latin, 2019.

SILVEIRA, Ana Cristina de Melo. Cyberbullying – entre estatísticas e danos: a vulnerabilidade de adolescentes na internet. In: FALEIROS JÚNIOR, José Luiz de Moura; LONGHI, João Victor Rozatti; GUGLIARA, Rodrigo (Coord.). *Proteção de dados pessoais na sociedade da informação*: entre dados e danos. Indaiatuba: Foco, 2021.

SOUZA, Vanessa Ribeiro Corrêa Sampaio. Sanções decorrentes da irresponsabilidade parental. *Civilistica. com – Revista Eletrônica de Direito Civil*, Rio de Janeiro, ano 2, n. 2, 2013.

TEIXEIRA, Ana Carolina Brochado; RETTORE, Anna Cristina de Carvalho. A autoridade parental e o tratamento de dados pessoais de crianças e adolescentes. In: TEPEDINO, Gustavo; FRAZÃO, Ana; OLIVA, Milena Donato (Coord.). *Lei Geral de Proteção de Dados Pessoais e suas repercussões no direito brasileiro*. São Paulo: Thomson Reuters Brasil, 2019.

TEIXEIRA, Ana Carolina Brochado; RETTORE, Anna Cristina de Carvalho. O princípio do melhor interesse no ambiente digital. In: LATERÇA, Priscilla; FERNANDES, Elora; TEFFÉ, Chiara de; BRANCO, Sérgio (Coord.). *Privacidade e proteção de dados de crianças e adolescentes*. Rio de Janeiro: Instituto de Tecnologia e Sociedade do Rio de Janeiro; Obliq, 2021. *E-book*.

TEFFÉ, Chiara Spadaccini de. Tratamento de dados pessoais de crianças e adolescentes: considerações sobre o artigo 14 da LGPD. In: MULHOLLAND, Caitlin (Org.). *A LGPD e o novo marco normativo no Brasil*. Porto Alegre: Arquipélago Editorial, 2020.

TEPEDINO, Gustavo; TEFFÉ, Chiara Spadaccini de. O consentimento na circulação de dados pessoais. *Revista Brasileira de Direito Civil – RBDCivil*, Belo Horizonte, v. 25, p. 83-116, jul.-set. 2020.

VICKERY, Jacqueline R. *Worried about the wrong things*: Youth, risk, and opportunity in the digital world. Cambridge: The MIT Press, 2018.

YAMADA-RICE, Dylan. Including children in the design of the Internet of Toys. In: MASCHERONI, Giovanna; HOLLOWAY, Donell (Eds.). *The Internet of Toys*: Practices, affordances and the political economy of children's smart play. Londres: Palgrave Macmillan, 2019.

YANDRA, Barbara Fernanda Ferreira; SILVA, Amanda Cristina Alves; SANTOS, Jéssica Guedes. Lei Geral de Proteção de Dados e a tutela dos dados pessoais de crianças e adolescentes: a efetividade do consentimento dos pais ou responsáveis legais. *Internet & Sociedade*, São Paulo, n. 1, v. 1, p. 230-249, fev. 2020.

Parte V
INFLUENCIADORES DIGITAIS MIRINS

PART V
INFLUÊNCIA DOS RES DIGITAIS MIRINS

19
INFLUENCIADOR DIGITAL: PUBLICIDADE TESTEMUNHAL EM AMBIENTE VIRTUAL

Lucia Ancona Lopez de Magalhães Dias

Possui graduação em Direito pela Pontifícia Universidade Católica de São Paulo (2002). Doutora pela Faculdade de Direito da Universidade de São Paulo (2010) pelo Departamento de Direito Civil (enfoque Direito do Consumidor), aprovada com louvor. Advogada de Magalhães, Nery e Dias – Advocacia, atuando principalmente nas seguintes áreas: relações de consumo, publicidade, direito concorrencial e contencioso cível.

Sumário: 1. Notas introdutórias sobre o conceito de publicidade em ambiente virtual, publicidade por influenciador digital e as chamadas mensagens ativadas – 2. Breve digressão sobre a interpretação conferida pelos órgãos acerca da natureza (comercial) do conteúdo gerado pelos youtubers e influenciadores. Prática que está regulamentada no Brasil e no mundo e requer cuidados especiais em vista do ambiente *on-line* – 3. Desafios: como fazer *"disclosures"* adequados especialmente para crianças. O princípio da identificação do caráter publicitário da mensagem na publicidade por influenciador digital. Critérios e evidências – 4. Conclusões – 5. Referências.

1. NOTAS INTRODUTÓRIAS SOBRE O CONCEITO DE PUBLICIDADE EM AMBIENTE VIRTUAL, PUBLICIDADE POR INFLUENCIADOR DIGITAL E AS CHAMADAS MENSAGENS ATIVADAS

Podemos afirmar com segurança que nos dias de hoje a internet se tornou uma atividade cotidiana das pessoas. Anunciar nesse meio digital passou a ser tarefa obrigatória às empresas que buscam diferenciar sua marca, bem como promover produtos ou serviços com maior acuracidade, sobretudo quando pretendem direcioná-los a públicos-alvo específicos. A Internet passou também a ser um negócio rentável para os criadores de conteúdo, muitas vezes pessoas comuns que hoje são verdadeiros *influencers* na vida de sua comunidade.

A *publicidade digital* ou *comunicação publicitária em meios digitais* pode ser definida como toda comunicação que se utiliza de meios interativos digitais para promover a marca, os produtos ou serviços e, de alguma forma, impactar a conduta dos consumidores reais ou potenciais.

Inúmeros podem ser os *"meios interativos digitais"* que servem de *veículo* para a publicidade digital, sendo, na atualidade, muito comum a promoção de conteúdo comercial por um influenciador. As técnicas mais conhecidas são as comunicações de caráter comercial em redes sociais (Facebook, Twitter, YouTube, Instagram, Snapchat), mas podemos citar, ainda, em caráter exemplificativo, os *blogs*, as páginas da *web* próprias das empresas ou de terceiros contratados, digital *outdoor*, anúncio patrocinado em *sites* de busca como o Google, publicidade para telefones (MMS/SMS), para aplicativos (app), *advergames* ou qualquer outra tecnologia digital.[1]

Com efeito, tornou-se cada vez mais comum na internet o uso de mensagens publicitárias em *formato* e *conteúdo* estreitamente integrados e menos diferenciáveis do conteúdo regular oferecido em um *site* ou editorial. Na mídia digital, é fácil e barato para um editor ou terceiro autorizado formatar um anúncio de modo a corresponder ao estilo e à diagramação do conteúdo ao qual ele é integrado, situação que não estava disponível na mídia tradicional.

Nesse contexto, surge o que os publicitários denominam de "*native advertising*" ou "*marketing* de conteúdo" – mensagens pagas, direta ou indiretamente, pelo anunciante, e que se apresentam em formato integrado ao conteúdo regular oferecido no meio interativo digital.

Segundo definição da Federal Trade Commission (FTC), "a publicidade com formatação nativa abrange uma ampla gama de mensagens publicitárias e promocionais com *design*, estilo e comportamento semelhantes aos da mídia digital em que são disseminadas. Os anúncios podem aparecer em uma ampla variedade de formas, incluindo narrativas escritas, vídeos, infográficos, imagens, animações, módulos de jogos e listas de reprodução em serviços de *streaming*. É comum que os anúncios em formatação nativa sejam inseridos no fluxo de conteúdo regular oferecido por um editor, geralmente designado neste contexto como um '*site* de editor', tais como *sites* de notícias ou agregação de notícias e plataformas de mídia social. [...] Mensagens publicitárias e promocionais também podem ser inseridas na programação de entretenimento, incluindo vídeos produzidos profissionalmente ou gerados pelos usuários em mídias sociais".[2]

O *influenciador digital* se insere nesse contexto do conteúdo gerado por usuários em mídias sociais e pode ser considerado uma evolução do então chamado "garoto-propaganda" das décadas anteriores.

O *influencer*, como a própria palavra traduz, pode ser definido como alguém que possui o potencial de entusiasmar, instigar, motivar, inspirar outras pessoas a mudarem seu comportamento. As pessoas afetadas pelos influenciadores são definidas como uma pessoa ou grupo que toma uma atitude ou muda de opinião como resultado da exposição a informações fornecidas por um influenciador. Isso pode

---

1. O guia de boas práticas do EASA exemplifica as seguintes técnicas de publicidade digital: advergames, Ads on DVD/CDrom, in-app advertising, digital outdoor, displays ads (moving, non-moving), marketer-generated or endorsed advertising content; MMS/SMS advertisements on mobile advertising, in-game advertising (whether offline or online), online public classified (*i.e.*, classified ads placed by companies not private individuals), paid inclusion/paid search; interactive TV services advertising; social media advertising, text ads, marketer owned apps (cf. item 2.2.3 – do *Digital Marketing Communications, Best Practice Recommendation*, publicado pela EASA – European Advertising Standards Alliance, 2015).

2. *Native Advertising: a guide for Businesses.* Federal Trade Commission (December 2015).

ocorrer em um blog, site de mídia social ou outras publicações de mídia. Os influenciadores também podem ser conhecidos *criadores de conteúdo*.[3]

Em vista da potencial confusão em se distinguir o conteúdo espontâneo de terceiro (esse desinteressado e realizado no exercício da liberdade de expressão) daquele conteúdo gerado a partir de uma conexão com a marca (e, assim, "publicidade nativa"), as mais recentes *guidelines* sobre comunicações publicitárias na internet advertem para o cuidado do anunciante e do influenciador em observarem com rigor o princípio da identificação nas mídias digitais, sobretudo em mensagens que se assemelham a conteúdos editoriais, tanto em *blogs*, redes sociais, quanto em *sites* próprios ou de terceiros.[4]

Isso porque não há dúvidas de que tais comunicações publicitárias digitais estão igualmente sujeitas a todas as regras aplicáveis às comunicações publicitárias dos meios tradicionais. Vale dizer, as regras devem ser cumpridas pelos anunciantes independentemente da plataforma digital utilizada. Pode-se dizer, inclusive, que os princípios próprios da publicidade – em especial da *identificação, veracidade e não abusividade* da mensagem publicitária[5] – devem ser aplicados com rigor ainda maior às mídias digitais, haja vista as dificuldades próprias desse meio que não raras vezes podem induzir os consumidores em erro, seja quanto à forma, seja quanto ao conteúdo da mensagem publicitária.[6]

---

3. DIAS, Lucia Ancona Lopez. Desafios e responsabilidades da construção de marcas em um mundo "figital" (físico, digital e social). In: MARTINELLI, Sandra; ROMA, Andréia (Coord.). *Reputação*: os consumidores compram reputação e não produtos. São Paulo: Leader, 2021. p. 93 e ss.

4. Todas as legislações exigem a observância ao princípio da identificação da mensagem publicitária. Algumas, porém, são mais enfáticas para mídias digitais, como o CAP Code do Reino Unido (autorregulamentação), que, adicionalmente, menciona expressamente a exigência de que os consumidores identifiquem um "*advertorial*" como uma comunicação de *marketing*. Segundo o seu item "2.4 Marketers and publishers must make clear that advertorials are marketing communications; for example, by heading them 'advertisement feature'". Por seu turno, a lei inglesa (*The Consumer Protection from Unfair Trading Regulations 2008* – Schedule 1, item 11) é também expressa em consignar que são ilegais, em qualquer circunstância, práticas que não deixem clara a natureza comercial de um *advertorial*: "Commercial practices which are in all circumstances considered unfair [...] 11. Using editorial content in the media to promote a product where a trader has paid for the promotion without making that clear in the content or by images or sounds clearly identifiable by the consumer (advertorial)". O FTC, como já mencionado, contempla orientação expressa para que o anunciante revele, sempre, a natureza publicitária de qualquer "*native advertising*".

5. O artigo 36 do Código de Defesa do Consumidor (CDC) estabelece que "a publicidade deve ser veiculada de tal forma que o consumidor, fácil e imediatamente, a identifique como tal". No mesmo sentido é a disposição do art. 28 do Código Brasileiro de Autorregulamentação Publicitária (CBAP). Ao lado da identificação do seu caráter comercial, a mensagem publicitária também não pode ser enganosa ou induzir o consumidor em erro (art. 37, § 1º, CDC), sendo que para a aferição do potencial enganoso dever-se-á levar em conta a capacidade de discernimento do seu público-alvo, que no caso das crianças, é sempre menor, haja vista a sua vulnerabilidade agravada. A mensagem também não pode ser abusiva, assim definida pelo CDC como aquela que "se aproveita da deficiência de julgamento e inexperiência da criança" (art. 37, § 2º), cláusula aberta, cujo exame de abusividade deverá ser feito caso a caso. O CBAP contempla disposições similares sobre os conceitos de enganosidade e abusividade, além de apresentar uma seção específica dedicada à publicidade infantil (seção 37), impondo diversas restrições e orientações, dentre elas, a proibição do *merchandising* infantil.

6. Confira-se, para aprofundamento sobre os princípios próprios aplicados à publicidade, cf. DIAS, Lucia Ancona Lopez de Magalhães. *Publicidade e direito*. 3. ed., São Paulo: Saraiva, 2018, Capítulo 3º "Princípios

Isso se aplica igualmente à publicidade por influenciador digital que não raras vezes confere seu testemunho aos produtos e serviços. Com efeito, a publicidade testemunhal tem sido cada vez mais comum no meio digital, envolvendo, sobretudo, celebridades ou "influencers". Trata-se de técnica que tem um relevante impacto, pois os consumidores, em geral, tendem a atribuir maior credibilidade a opiniões de celebridades, ou de influenciadores que seguem nas redes sociais do que àquelas manifestadas pelo próprio anunciante[7] – pelo que a observância da regra do princípio da identificação se faz extremamente necessária pelo anunciante e influenciador como forma de se conferir transparência aos seguidores.

O tema ganha ainda grande relevância quando se está a falar de mídia digital para o público infantil, na medida em que tal dever de zelo e transparência se impõe de forma ainda mais contundente.

Nesse passo, é importante definir "influencer marketing" com base em critérios que permitam decidir quando a atividade do influenciador nas redes sociais é uma comunicação *comercial* que visa promover a reputação da empresa ou de suas marcas do mero conteúdo editorial desinteressado. Se os profissionais de marketing ou anunciantes abordarem os usuários para gerar conteúdo em *troca de pagamento ou outros acordos recíprocos*, e detiverem *controle editorial*, essa relação claramente precisará ser identificada como comunicação de marketing.

Portanto, são necessárias as condições de *compensação* e *controle editorial* para se poder identificar a mensagem de um influenciador como comunicação de marketing que visa promover a reputação da empresa (ou de suas marcas).

Como forma de aportar maior segurança jurídica, o Conselho Nacional de Autorregulamentação Publicitária (CONAR) – entidade autorregulamentar que atua desde a década de 70 para regular a ética publicitária e combater abusos no mercado brasileiro[8] – alinhando-se a tais critérios consolidados internacionalmente, sobretudo

---

jurídicos próprios da publicidade", p. 67-109. E, ainda, MIRAGEM, Bruno. *Curso de Direito do Consumidor*. 8. ed. São Paulo: Thompson Reuters Brasil, 2019. p. 348 e ss.

7. Sobre publicidade testemunhal, cf. DIAS, Lucia Ancona Lopez de Magalhães. Publicidade e Direito, 3. ed. São Paulo: Saraiva Educação, 2018, p. 344 e ss.

8. No Brasil vigora o controle misto da publicidade (estatal e autorregulamentar), resultado maduro encontrado em praticamente todos os países do mundo. O controle autorregulamentar é realizado pelo Conselho Nacional de Autorregulamentação Publicitária (CONAR), entidade sem fins lucrativos, que surgiu no final dos anos 1970 com a finalidade de zelar pela liberdade de expressão comercial e pela ética na publicidade, defendendo, ao mesmo tempo, os interesses dos profissionais e dos consumidores. Incumbe ao Conar, dentre outras finalidades, "zelar pela comunicação social, sob todas as formas de propaganda" e "funcionar como órgão judicante nos litígios éticos que tenham por objeto a indústria da propaganda ou questões a ela relativas" (art. 5º do seu Estatuto Social). É a instituição privada por excelência que fiscaliza a ética e adequação da propaganda comercial veiculada no Brasil a partir das disposições contidas no seu atualizado Código Brasileiro de Autorregulamentação Publicitária (CBAP). Suas decisões podem determinar a sustação e/ou alteração do conteúdo publicitário, inclusive em caráter liminar, além de impor a pena de advertência. Trata-se de sistema dinâmico, com elevada aderência dos anunciantes e legitimidade social, de modo que se mostra efetivo para fins de rápida correção e adequação do mercado à publicidade ética. O controle estatal da publicidade, por sua vez, decorre da aplicação do Código de Defesa do Consumidor e leis correlatas pelos agentes que fazem parte do Sistema Nacional de Defesa do Consumidor.

por meio da *European Advertising Standards Alliance* (EASA) – publicou em janeiro de 2021 o *"Guia de Publicidade por Influenciadores Digitais"*.

O Guia, de forma bastante didática, define claramente o conceito de "Publicidade por Influenciador" e, como tal, sujeito às normas do Código Brasileiro de Autorregulamentação Publicitária (CBAP) e fonte de intepretação para os demais aplicadores do direito.[9]

De acordo com o Guia, *Publicidade por Influenciador*, "é a mensagem de terceiro destinada a estimular o consumo de bens e/ou serviços, realizada pelos chamados Influenciadores Digitais, a partir de contratação pelo Anunciante e/ou Agência". Para tanto, *três elementos cumulativos* são necessários para caracterizar a referida publicidade:

(i) a divulgação de produto, serviço, causa ou outro sinal a eles associado;

(ii) a compensação ou relação comercial, ainda que não financeira, com Anunciante e/ou Agência; e

(iii) a ingerência por parte do Anunciante e/ou Agência sobre o conteúdo da mensagem (controle editorial na postagem do Influenciador).

O conceito de *controle editorial*, também recepcionado em outras autorregulamentações, foi bastante importante aos anunciantes, pois distingue quando o mero envio de kits pode ou não ser uma publicidade contratada. Como é sabido, é comum que os influenciadores recebam produtos. Nem sempre, porém, essa relação indireta poderá ser uma publicidade, para fins de atribuição das responsabilidades e consequências do Código.

Destarte, o Guia define o controle editorial como a "contratação (formal ou informal), por meio da qual se solicite ou sugira a divulgação publicitária, com maior ou menor detalhamento de conteúdo, tempo, frequência ou forma de postagem a serem propostos ao Influenciador". Não é, porém, considerado controle editorial "o mero contato do Anunciante junto ao Usuário, com a simples apresentação do produto, orientação quanto ao consumo ou cuidados necessários

---

9. Assim dispõe o art. 16 do CBAP: "Embora concebido essencialmente como instrumento de autodisciplina da atividade publicitária, este Código é também destinado ao uso das autoridades e Tribunais como documento de referência e fonte subsidiária no contexto da legislação da propaganda e de outras leis, decretos, portarias, normas ou instruções que direta ou indiretamente afetem ou sejam afetadas pelo anúncio." Ainda, importante mencionar o artigo 14-A do recém alterado Decreto 2.181/97 que orienta expressamente para que na análise de controle da publicidade sejam consideradas as práticas da autorregulamentação: "Art. 14-A. Para fins do disposto no art. 14, o órgão de proteção e defesa do consumidor deverá considerar as práticas de autorregulação adotadas pelo mercado de publicidade em geral". Alteração essa ocorrida por meio do Decreto n.º 10.887, de 7 de dezembro de 2021 e que está em perfeita harmonia com as orientações do ICC ("Reference Guide on Advertising to Children") e da OCDE ("Industry Self-Regulation: Role and Use in Supporting Consumer Interests"), Estados Unidos e Comunidade Europeia, que têm na autorregulamentação um caminho seguro, eficaz e célere para implementações de atualizações e aperfeiçoamento controle da publicidade.

no caso de sua eventual e incerta divulgação, em observância às normas éticas e legais aplicáveis".

O Guia, neste sentido, trouxe uma figura bastante importante a que denominou de *"mensagem ativada"*, conhecida como os *"recebidos/brindes"*.[10] Tema de grande polêmica por ocasião do surgimento de tais conteúdos nas redes sociais, os recebidos são as conhecidas postagens de retribuição, agradecimento por brindes, viagens, hospedagens, experiências, convites etc. De acordo com os critérios estabelecidos no Guia – inspirado em legislações autorregulamentares mundiais –os referidos conteúdos não configuram anúncios, por não possuírem natureza comercial, com os três requisitos acima descritos. Porém, o CONAR entende que, em observância ao *princípio da transparência,* ao *direito à informação do consumidor* e *tendo em conta que tal conexão ou benefício pode afetar o teor da mensagem,* é necessária a menção da relação que originou a referência. Indica, neste particular, as formas adequadas de *disclosure* desta relação específica[11] que não é publicidade contratada, mas também não é uma menção espontânea à marca.

Quando se tratar de publicidade por influenciador, o Guia orienta para que haja indicação de uso de # (hashtag) clara e inequívoca que se trata propriamente de uma publicidade contratada.[12]

Ao nosso ver, a maior dificuldade segue ainda em bem informar as crianças quando o conteúdo de um influenciador é publicidade e não mero entretenimento ou opinião espontânea do influenciador. Com efeito, quando se fala de público infantil (crianças até 12 anos de idade), cuja capacidade de discernimento ainda se encontra em desenvolvimento, as comunicações devem ser feitas de modo extremamente cuidadoso e em atenção à essa condição peculiar da criança, de modo que tal público possa entender quando uma mensagem tem caráter publicitário, ainda que realizada por youtubers ou por qualquer outro meio digital. O grande desafio está, porém, em traçar os parâmetros que possibilitam tal identificação, sem ao mesmo tempo interferir na liberdade criativa dos influenciadores. O critério há de ser não apenas o da identificação (por meio de #), mas também de distinção do conteúdo das demais mensagens existentes no canal. É o que se passa a abordar.

---

10. "2. Mensagem Ativada ("recebidos/brindes"): é assim considerada a referência feita por Usuário a produto, serviço, causa ou outro sinal característico a eles associado, a partir de conexão ou benefício não remuneratório oferecido por Anunciante ou Agência, sem que tenha havido controle editorial sobre a referência".

11. Neste sentido, orienta para os seguintes indicadores quando se tratar de mensagem ativada: #recebido, [viagem/show/evento] a convite da [marca]; obrigada à [marca] pelo [produto, viagem, convite] ou ainda, #promoção ou # promo (se for ativação mediante brindes ou prêmio).

12. Neste sentido, adverte o Guia: (i) expressões claras: #publicidade, #anúncio, #patrocinado, #conteúdo pago, #parceria paga; (ii) Expressões compreensíveis conforme o contexto: #embaixador, #publipost, #publi. Desrecomenda, pela falta de clareza, #ad, #adv, #advertisement, #ambassador, #parceiro, #marcaXYZ, colaboração, #colab.

2. BREVE DIGRESSÃO SOBRE A INTERPRETAÇÃO CONFERIDA PELOS ÓRGÃOS ACERCA DA NATUREZA (COMERCIAL) DO CONTEÚDO GERADO PELOS *YOUTUBERS* E INFLUENCIADORES. PRÁTICA QUE ESTÁ REGULAMENTADA NO BRASIL E NO MUNDO E REQUER CUIDADOS ESPECIAIS EM VISTA DO AMBIENTE *ON-LINE*

Tema de grande atualidade refere-se aos critérios para a exibição de produtos em canais do YouTube, notadamente se protagonizadas por crianças, em seus próprios canais ou de terceiros, por meio dos chamados *youtubers* mirins ou influenciadores[13], mensagens – direcionadas naturalmente para uma audiência tipicamente infantil – cuja natureza publicitária não nos parece adequadamente identificada.

Tornou-se bastante comum, e verdadeira febre na internet, a prática do que se denominou nos Estados Unidos de *unboxing*, que, pela tradução simples, consiste no ato de desempacotar um produto, especialmente brinquedos. Tais vídeos, protagonizados por crianças, têm chamado a atenção não apenas pela sua viralidade e número de *views*, mas sobretudo por ser um novo meio de comunicação de *marketing*.

A grande temática está à luz deste cenário em identificar, do ponto de vista da principiologia própria que informa a publicidade, os limites e as regras que devem informar a veiculação de tais "publicidades", em especial à luz do princípio da identificação da mensagem publicitária, tendo em vista, para tanto, a menor capacidade de discernimento do seu público-alvo, qual seja, a própria criança.

Na atualidade, diversos formatos de vídeos podem chamar a atenção da audiência infantil. Além do já mencionado *unboxing* – mais frequente e adorado na internet –, podemos imaginar tipos de *videoblog* (*vlog*), *video game*, ou ainda, a simples aparição do influenciador como convidado em certo programa ou evento para "desvendar" ou "demonstrar" certo produto.

Uma primeira reflexão que se deve fazer sobre tais vídeos caminha no sentido de que, ao contrário do que se pode imaginar, na maior parte das vezes, eles apresentam natureza publicitária, *i.e.*, intuito comercial. Tal intuito pode ser revelado tanto direta, quanto indiretamente. Na primeira hipótese, o influenciador é formalmente contratado pelo anunciante. No segundo caso, por exemplo, a criança recebe em sua casa, ainda que gratuitamente e sem qualquer solicitação prévia, produtos para demonstração. Em ambos os casos, parece-nos correto afirmar que o anunciante deseja motivar o chamado *unboxing* para uma audiência infantil, sendo necessário revelar de forma clara a natureza da ação, do testemunho e da conexão com a marca.

Segundo orientação do Children's Advertising Review Unit – CARU (órgão de autorregulamentação dos EUA, específico para crianças), os vídeos patrocinados consistem em publicidade veiculada na internet. Podem ser enquadrados na mais

---

13. A palavra *youtuber* designa a pessoa produtora de conteúdo para o YouTube, em regra com canal próprio, sendo responsável ainda por carregar e compartilhar seus vídeos de forma regular. O *youtuber* mirim é, portanto, criança que produz vídeos para o YouTube, de modo a alcançar uma audiência infantil.

ampla modalidade do que se denominou de *"native advertising"*, ("publicidade nativa" ou, ainda, "publicidade de conteúdo patrocinado"), assim definida pelo FTC como a publicidade cujo "conteúdo tem semelhança com as notícias, artigos de destaque, comentários sobre produtos, entretenimento e outros materiais *on-line*".[14] E podem induzir os consumidores em erro mais facilmente ao tornar menos nítida a distinção entre publicidade e conteúdo não comercial. Para o CARU, tanto a contratação direta quanto o envio de produtos pelo anunciante configuram intuito comercial.[15]

Em 2021, o CARU atualizou suas normas e lançou um Guia que trata exclusivamente de publicidade infantil ("Children's Advertising"). Definiu novas regras e orientações para regulação dos testemunhos por youtubers.[16] No que tange à publicidade testemunhal por influenciador, o guia traz cinco regras que serão pormenorizadas no item seguinte, em que trataremos dos *"disclosures"* adequados para crianças.

No Brasil, o Conselho Nacional de Autorregulamentação Publicitária (CONAR), em casos analisados no início dos primeiros vídeos de *unboxing*, pelos idos de 2016, decidiu no sentido de que os mesmos teriam intuito comercial, ainda que decorrentes do envio de kits a crianças. Em tais decisões – que envolviam vídeos veiculados em canais próprios do YouTube, todos eles de apresentadores mirins – o órgão aprofundou sua análise para concluir que deveriam, *a priori*, ser enquadrados como "publicidade", nos termos do art. 18 do CBARP.

Segundo as primeiras decisões do CONAR, quando o art. 18 CBARP define que a palavra anúncio só abrange a *publicidade realizada em espaço ou tempo pagos pelo Anunciante*, dá-se margem a interpretar que "os vídeos veiculados pelos *youtubers* e os comentários divulgados prelo referido blog não configurariam publicidade e sim *free media*, a exposição espontânea". No entanto, ressalta, que "atualmente, em função dos canais digitais (como *sites*, portais e canais próprios em redes sociais como Facebook, YouTube etc.), o conceito de espontaneidade tem sido enriquecido por uma série de modalidades de veiculação de mensagens notoriamente publicitárias que não necessariamente demandam um pedido de inserção, sem com isso deixarem de configurar investimento em *marketing* e publicidade". Diante dessa tendência, deve-se concluir pela abrangência e tipologia dada ao termo publicidade pelo artigo 18 do CBARP.

---

14. Enforcement Policy Statement on Deceptively Formatted Advertisements, Federal Trade Commission (December 2015).

15. CARU, Case EvanTube HD e Evantube YouTube Channels (8-12-2016), Challenger: Children´s Advertising Review Unit, ao analisar vídeos do YouTube postados nos canais próprios da criança, sobretudo de *"unboxing toys"* e patrocinados por anunciantes.

16. Children´s Advertising Review Unit – CARU. "Self-Regulatory Guidelines fo Childrens's Advertising". Disponível em: https://bbbprograms.org/programs/all-programs/children's-advertising-review-unit/Ad-Guidelines.

O Conar concluiu que os investimentos na produção e no envio de *kits* promocionais para influenciadores se caracterizariam como publicidade.[17]

Mais recentemente, com a publicação do Guia de Publicidade por Influenciador, e alinhado às melhores práticas internacionais sobre o tema, o CONAR tratou dos recebidos e brindes como uma "mensagem ativada", que pode não ser necessariamente uma publicidade contratada, mas ainda assim deve ser dada toda a transparência acerca do recebimento do brinde que motivou aquela postagem pelo influenciador.

Todavia, particularmente em relação às crianças, qualquer que seja a mensagem comercial, o Guia da autorregulamentação trouxe uma regra específica no sentido de que as mensagens devem ser *identificadas* e *distintas* do restante do conteúdo (item 1.1 do Guia[18]), pelo que, para esse público-específico, não basta o uso de # (hashtags). Esse é o grande desafio da atualidade, e o presente estudo se propõe a detalhar e refletir sobre como o Brasil e demais países vêm tratando do princípio da identificação para a publicidade por influenciador.

Neste contexto, há de se observar, porém, que tanto no Brasil quanto no mundo, a publicidade por influenciador está *regulada*, a partir de critérios claros que protegem a criança no ambiente online sem, todavia, impor medidas de proibições absolutas[19], sabido que hoje a própria criança é uma produtora de conteúdo. Mais do que proibir – certos de que a exclusão não educa nem prepara a criança para a

---

17. Representações 129 A ("McDonald´s – Mclanche Feliz e Victor Soares"), 129 B (McDonald´s – Mclanche Feliz e e Gameblast TV), 129 C (McDonald´s – Mclanche Feliz e Garotas Greek), de 2016. Ressaltou, ainda, em citação ao art.37 do CBARP, que os menores não devem ser usados para vocalizar apelos de consumo e que o formato jornalístico não é apropriado para mensagens ao *target* infantil. Ainda, na Representação n. 223/2016 ("Brinquedos e Surpresas"), o Conar determinou a sustação de anúncio veiculado em internet em formato de *unboxing* no canal Brinquedos e Surpresas, que mostrava Kinder Ovo com brinquedos da linha Peppa Pig. Entendeu o órgão haver estímulo à compra por meio de oferta de itens colecionáveis, o que poderia levar ao consumo excessivo, em desacordo com as recomendações do CBARP. A empresa Ferrero comprovou que não possuía qualquer relacionamento com o canal Brinquedos e Surpresas, e que também não havia enviado quaisquer produtos para a gravação, tendo sido o canal o único responsável pela idealização do anúncio, pelo que determinou o Conar a sustação agravada por advertência ao canal Brinquedos e Surpresas (alterando-se, nesta parte, a advertência anteriormente aplicada a empresa Ferrero, que não teve qualquer envolvimento na ação).

18. "1.1. Considerando a característica da publicidade por influenciadores, imersa ou integrada ao conteúdo editorial circundante, todos os envolvidos na divulgação da publicidade devem ser particularmente cuidadosos para que a identificação da natureza publicitária seja aprimorada, assegurando o reconhecimento pelas crianças e adolescentes do intento comercial, devendo ser perceptível e destacada a distinção da publicidade em relação aos demais conteúdos gerados pelo influenciador".

19. Como expõe com clareza Roberta Densa, acerca especificamente da publicidade infantil "Toda e qualquer restrição deve ser fundamentada na razoabilidade e na racionalidade e devidamente expressa em lei. São rechaçados, portanto, quaisquer argumentos que defendam restrições de publicidade com a finalidade de corrigir os rumos tomados pela sociedade, para evitar que a criança seja consumista, para garantir que ela seja feliz, ou por qualquer outro ideal de vida. Essas escolhas devem ser feitas pela família e, mais tarde, pela própria pessoa que atingir a maturidade" (DENSA, Roberta. Publicidade Infantil: fundamentos e critérios para definição dos limites da atuação do Estado. In: MIRAGEM, Bruno; MARQUES, Claudia Lima; DIAS, Lucia Ancona Lopez de Magalhães. (Org.). *Direito do Consumidor:* 30 anos do CDC: da consolidação como direito fundamental aos atuais desafios. Rio de Janeiro: Forense, 2021. p. 288-289).

sociedade – parece-nos que o caminho é o da implementação das importantes normas protetivas já existentes e sua fiscalização, aliado a medidas de política pública de educação para todo o conteúdo midiático, seja ele publicitário ou não, tanto para os pais quanto para as crianças.

Tendo isso em vista, e reconhecido que a Internet traz benefícios, riscos e oportunidades, a OCDE recomenda que, ao formular políticas online para a proteção de crianças online, os governos e todas as demais partes interessadas devem levar em conta o *princípio do empoderamento*, por meio da capacitação das crianças e dos pais para avaliar e minimizar riscos e se envolver online de maneira mais segura e responsável, bem como através do reconhecimento de que todas as partes interessadas são responsáveis por criar um ambiente online mais seguro para as crianças. Além disso, há de se aplicar na formulação das políticas públicas *proporcionalidade e atenção a valores fundamentais*. Neste sentido, a OCDE orienta para que:

- as políticas para proteger crianças online devem ser proporcionais aos riscos, eficazes e equilibradas. Devem maximizar a proteção contra riscos online enfrentados por crianças sem restringir as oportunidades e benefícios da Internet para crianças e para outros usuários.

- políticas públicas para proteger crianças online não devem prejudicar as condições básicas que permitem à Internet operar como uma organização global, aberta para a comunicação, inovação, crescimento econômico e progresso social. A consistência das políticas projetadas para proteger as crianças online com outras políticas econômicas e sociais da Internet deve ser cuidadosamente avaliada.

- As políticas para proteger crianças online devem ser consistentes com os valores fundamentais das sociedades democráticas, pois se aplicam a todos os indivíduos, incluindo crianças. Em particular, devem apoiar a liberdade de expressão, a proteção da privacidade e o livre fluxo de informações.

Trata-se de orientação de proteção à criança consistente com os valores fundamentais das sociedades democráticas, mas que também respeita o necessário "balanço entre sua vulnerabilidade e autonomia, previsto no nosso ordenamento jurídico de proteção: Constituição Federal, Estatuto da Criança e do Adolescente e na Convenção Internacional dos Direitos das Crianças, ratificada e promulgada no Brasil por meio do Decreto 99.710/90".[20] Isso poque, há de se ter em conta que a Convenção das Nações Unidas sobre os Direitos das Crianças (CNUDC, 1989) considera que a criança deve estar plenamente preparada para a vida independente na sociedade, ao tempo em que reconhece seu direito à livre expressão, incluindo a liberdade de procurar, receber e divulgar informações e ideias de todo tipo (CNDUC, preâmbulo e art. 13). Para tanto, naturalmente, a presença da criança no ambiente de comunicação deve ser protegida e acompanhada, respeitando-se as etapas do seu desenvolvimento e progressiva autonomia, o que impõe a observância do arcabouço normativo e autorregulamentar vigente e que visam a essa proteção.

---

20. NARCHI, Edney G. e ALBUQUERQUE, Juliana N. Evolução da publicidade e os meios digitais à luz do CDC e do CONAR. In: *"Os 30 anos do Código de Defesa do Consumidor*: evolução e desafios no relacionamento com clientes". GUIDO JÚNIOR, Antonio Carlos et al. BRESEGHELLO, Fabíola Meira de Almeida Santos; FILOMENO, José Geraldo Brito (Coord.). Indaiatuba, SP: Ed. Foco, 2021. p. 29.

3. DESAFIOS: COMO FAZER *"DISCLOSURES"* ADEQUADOS ESPECIALMENTE PARA CRIANÇAS. O PRINCÍPIO DA IDENTIFICAÇÃO DO CARÁTER PUBLICITÁRIO DA MENSAGEM NA PUBLICIDADE POR INFLUENCIADOR DIGITAL. CRITÉRIOS E EVIDÊNCIAS

Como vimos, no caso de vídeos ou conteúdos patrocinados ou de alguma forma contratados, é fundamental que a natureza publicitária do seu conteúdo esteja clara e adequadamente revelada ao público infantil. E a eficácia de tal informação deverá ser avaliada à luz das dificuldades próprias que a criança tem de bem compreender a sua natureza comercial, sendo presumida a sua menor capacidade de discernimento.

É consenso que, diferentemente do formato tradicional, os vídeos lançados pelos influenciadores na internet sugerem uma "espontaneidade" às mensagens que, porém, são, em sua grande maioria, de cunho comercial. Por essas razões são facilmente confundidos com "entretenimento" ou "conteúdo editorial", de modo que podem adquirir contornos de publicidade velada para a venda de produtos ou serviços.

Assim, sem pretender esgotar o tema, é imperativo que todo e qualquer *vídeo patrocinado traga um adequado destaque de que se trata de uma publicidade*. A capacidade de identificação deverá levar em conta o público-alvo. No caso das crianças, presume-se a sua menor capacidade de discernimento, seu limitado vocabulário e conhecimento linguístico.

Como forma de adequar tal informação, o CARU tem orientado para a necessidade de se ajustar a linguagem informativa sobre o conteúdo publicitário dos vídeos patrocinados *vis-à-vis* o público-alvo de menor capacidade de discernimento. Fazemos menção ao caso "Evantube" envolvendo Evan – um garoto de dez anos de idade, com três canais próprios no YouTube e mais de dois milhões de seguidores. Nesse caso, o CARU recomendou que, para além do texto, fosse verbalizado pelo *youtuber* um áudio que indicasse de modo claro que os vídeos são propagandas. Tudo isto deveria ser divulgado no início da exibição do vídeo, antes mesmo que ele começasse. Segundo a decisão, as mídias digitais – diferentemente das tradicionais – não dispõem de métodos conhecidos pelas crianças para as alertarem sobre a presença de conteúdo publicitário (como ocorre na TV, por exemplo, com os intervalos comerciais). Sem essas "divulgações padronizadas", na internet, os vídeos patrocinados, como aqueles no EvanTube channel, poderiam dar a impressão de que são opiniões imparciais e independentes.

Recomendou-se, assim, que os canais no YouTube divulguem às crianças que os vídeos patrocinados com os produtos de uma marca são "publicidade" (por meio da palavra *"ad"* ou *"advertising"*), em locução oral, e não apenas na forma escrita, haja vista as dificuldades próprias das crianças muitas vezes em lerem os chamados *"disclosures"*.[21]

---

21. CARU, Case EvanTube HD e Evantube YouTube Channels.

Como já mencionado supra, o CARU (Children´s Advertising Review Unit) – órgão autorregulamentar dos Estados Unidos – publicou, em 2021, guia que atualiza as "guidelines" para publicidade infantil. O princípio fundamental que sustenta essas guidelines é que os anunciantes devem reconhecer que têm responsabilidades especiais em relação às crianças, que tem experiência, conhecimento, sofisticação e maturidade limitados.

Assim, um ponto importante a ser considerado é que, embora outras influências possam afetar o desenvolvimento pessoal e social de uma criança, os pais continuam sendo os principais responsáveis pela orientação de seus filhos. Por isso, a publicidade deve sempre preservar essa relação pai-filho.[22]

Além disso, CARU entende que os anunciantes devem aproveitar o potencial da publicidade para servir a um papel informativo e influenciar qualidades pessoais e comportamentos positivos em crianças, por exemplo, ser honesto e respeitoso com os outros, tomar precauções de segurança e participar de atividades físicas.

Particularmente em relação à *publicidade testemunhal por influenciadores*, o Guia do CARU traz cinco regras que devem ser observadas pelos anunciantes e influenciadores[23]:

(i) Os anunciantes devem reconhecer que a mera aparência de uma celebridade, influenciador ou figura de autoridade com um produto ou serviço pode alterar significativamente a percepção de uma criança do produto ou serviço. Assim, a publicidade não deve insinuar falsamente que o uso do produto ou serviço melhorou o desempenho da celebridade, influenciador ou autoridade.

(ii) Todas as alegações publicitárias devem refletir as experiências e crenças reais do influenciador.

(iii) Um influenciador que seja representado, direta ou indiretamente, como um especialista deve possuir as qualificações adequadas para os conhecimentos específicos descritos nos claims utilizados.

(iv) Os anunciantes devem garantir que a publicidade realizada pelo influenciador não contenha quaisquer alegações que violem as orientações da autorregulamentação, ou que, se feita pelo próprio Anunciante, exigiria prova que o Anunciante não possui.

---

22. Children´s Advertising Review Unit – CARU. "Self-Regulatory Guidelines for Childrens's Advertising", 2021. Disponível em: https://bbbprograms.org/programs/all-programs/children's-advertising-review-unit/Ad-Guidelines.

23. 1. Advertisers should recognize that the mere appearance of a celebrity, influencer, or authority figure with a product or service can significantly alter a Child's perception of the product or service. Advertising that uses such figures should not falsely imply that the use of the product or service enhanced the celebrity's, influencer's, or authority figure's performance.

2. All Endorsements should reflect the actual experiences and beliefs of the Endorser.

3. An Endorser who is represented, either directly or indirectly, as an expert must possess qualifications appropriate to the particular expertise depicted in the Endorsement.

4. Advertisers should ensure that Endorsements do not contain any claims, including in Endorser-generated content, that violate these Guidelines, or that if made by the Advertiser itself would require proof the Advertiser does not possess.

5. Advertisers should ensure that their Endorsers Clearly and Conspicuously disclose that they have a material connection to the Advertiser (i.e., a connection that is not expected by ordinary Children).

(v) Os anunciantes devem garantir que seus influenciadores divulguem de forma clara e visível que têm uma conexão material com o Anunciante (ou seja, uma conexão que não é esperada por crianças comuns).

Já no Reino Unido, o Committe of Advertising Practice (CAP) apresenta um guia de boas práticas para a melhor identificação do marketing online para crianças até 12 anos de idade (*Recognition of advertising: online marketing to children under 12*). Ele recomenda a adoção de "enhanced disclosures" para as crianças, sempre que a publicidade estiver integrada a certo conteúdo editorial, os quais devem ser:

(i) proeminentes – de modo que o informe publicitário fique próximo do conteúdo e com fonte e cor destacadas;

(ii) interruptivos – i.e., que sejam imediatamente aparentes e, idealmente, antecedam o contato da criança com o conteúdo da mídia digital (se houver limitações de tempo e espaço, o *disclosure* deve ser veiculado tão logo a mídia digital se inicie); e

(iii) suficientes para identificação do anunciante (caso não esteja de qualquer modo claro deve ser indicado adequadamente o intuito comercial do conteúdo digital). Abaixo, sugestão do *Advertising Guidance* do CAP de como seria idealmente revelada a natureza publicitária de um vídeo no Youtube:

Esses critérios foram auditados em 2020 pelo Comitê de Prática de Publicidade (Committee of Advertising Practice – CAP) que realizou um chamado à apresentação de informações ("call for evidence")[24] para verificar seu entendimento e testar

---

24. CAP – Committee of Advertising Practice, "Call for evidence on children's recognition of advertising: outcome". 2020. Disponível em: https://www.asa.org.uk/uploads/assets/1ede2764-42ab-49f4-8007adfac528951b/74e2d975-5b8e-4068-81ee205f8586693e/Guidance-statement-on-childrens-recognition-of-online-advertising-outcome.pdf.

a eficácia dessa orientação[25] e conclusão foi de que *não há argumentos substantivos para uma mudança nas orientações.*[26]

Ainda acerca dos limites para a realização de publicidade por influenciador para crianças, importante destacar as orientações do International Consumer Protection and Enforcement Network (ICPEN) – organização composta de autoridades de proteção ao consumidor de 65 países – que, em junho de 2020, publicou guia sobre "Marketing Practices Directed to Towards Childeren Online". Por meio de tal documento, que é verdadeira referência internacional, o ICPEN estabelece quatro princípios para encorajar melhores práticas direcionadas a crianças no ambiente virtual ("online world").[27]

De acordo com as orientações do ICPEN, é possível a publicidade online para crianças desde que os anunciantes: (i) deixem claro o que é e o que não é publicidade; (ii) não usem técnicas publicitárias que explorem a ingenuidade, credulidade ou falta de conhecimento comercial das crianças; (iii) não realizem a coleta e o uso

---

25. O Código do CAP ("CAP Code" ou "UK Code of non-Broadcast Advertising, Direct & Promotional Marketing") determina que as comunicações publicitárias devem ser claramente identificáveis como tais (rule 2.1). Como parte da estrutura de regras destinadas a combater práticas de marketing enganosas estão incluídas as chamadas "recognition rules" (regras de reconhecimento), que refletem disposições da legislação de proteção ao consumidor do Reino Unido.

Além disso, o CAP desenvolveu orientações específicas para identificar situações na mídia online nas quais deve-se tonar cuidado especial para garantir que público jovens reconheça o conteúdo publicitário como tal e, adicionalmente, oferece sugestões de como isso pode ser alcançado. Estas orientações entraram em vigor em dezembro de 2017 e servem como guia para a ASA (Advertising Standards Authority) na interpretação e aplicação do Código do CAP e estão ilustradas neste artigo.

Doze meses após a implementação da orientação, como parte do seu processo de revisão, foi realizada uma avaliação do trabalho de casos da ASA que envolviam as "regras de reconhecimento". Essa análise mostrou que foram recebidas poucas reclamações sobre o reconhecimento de publicidade online envolvendo crianças. Contudo, ciente de que os ambientes on-line estão evoluindo rapidamente, o CAP emitiu um chamado à apresentação de informações ("call for evidence") a fim de coletar informações, para comprovar seu raciocínio e testar ainda mais a eficácia da orientação. Embora o comitê tenha destacado seu especial interesse em submissões de, por exemplo, acadêmicos, formuladores de políticas, ONGs ou órgãos com funções estatutárias relacionadas com a proteção de crianças com experiência no campo, o chamado do CAP era aberto e poderia ser respondido por qualquer um, pessoa física ou jurídica.

26. "Outcome: CAP considers that there is no substantive case for change to the guidance. Submissions did not call into question CAP's stance on the underlying evidence base. The primary evidence submitted or cited was either supportive of the present approach or related to issues outside the scope of the call for evidence. [...] One of the key questions going into the call for evidence was whether the guidance has been effective in focusing on under-12s only. Responses did not make a case for extension of the guidance. However, it is important to note that CAP's recognition policies for general audiences – that disclosure like '#AD' should be used where the nature of a communication is not clear – already protect children aged 12-15s as they do adult audiences. The guidance's purpose is to identify scenarios where additional actions by marketers – enhanced disclosure – are necessary to protect younger children. On a more practical level, there were no indications from the responses of non-compliance or of areas of uncertainty that might require clarification. Industry responses provide a reasonable indication that the guidance is being put into practice in key sectors. [...]." (CAP – Committee of Advertising Practice, "Call for evidence on children's recognition of advertising: outcome". 2020).

27. ICPEN. *Best Practice Principles Marketing Practices directed towards Children Online*, jun. 2020. In: https://icpen.org/sites/default/files/2020-06/ICPEN%20-%20Best%20Practice%20Principles%20for%20Marketing%20Practices%20Directed%20Towards%20Children%20Online%202020.pdf. Acesso em: 05 dez. 2021.

enganoso ou prejudicial de dados de crianças; (iv) não divulguem produtos ou serviços impróprios online para crianças.

Ao tratar do primeiro princípio, que nada mais é do que a necessidade de incluir clara identificação do caráter publicitário, o guia de melhores práticas do ICPEN traz a questão da publicidade testemunhal por influenciadores e destaca que, uma vez que esses também publicam conteúdo pessoal em suas mídias sociais, crianças podem ter grande dificuldade para distinguir entre posts publicitários e pessoais.

Tendo isso em vista, o guia ressalta que é necessário considerar que as crianças são especialmente inclinadas a confiar nas opiniões dos influenciadores que seguem e, por isso, podem facilmente entender a publicidade por influenciador como uma recomendação pessoal, o que muitas vezes é determinante para a vontade ou o desejo das crianças de comprar um determinado produto. Por essa razão, a orientação do ICPEN é que deve ficar claro e inequívoco que a recomendação é, em verdade, uma publicidade testemunhal e não fruto de uma opinião pessoal.[28]

Com orientação similar, embora *sem detalhar a sua forma de execução*, em 2016 o CONAR exigiu dos anunciantes que, caso venham a se utilizar de influenciadores digitais, quaisquer que sejam, estimulem de forma transparente o cumprimento das normas do CBARP por parte de seus parceiros comerciais na mídia.[29] Isto significa não apenas zelar pelo princípio da identificação como igualmente preservar que o seu conteúdo não seja enganoso nem abusivo.

Há muito debate sobre o conteúdo publicitário de Internet, dado que nesse ambiente não há "intervalos comerciais", assim, de forma a deixar essa obrigação ainda mais clara, o CONAR, como dito, editou o Guia de Publicidade por Influenciadores Digitais, que inova no que tange à questão da necessidade de *identificação* e *distinção* da mensagem publicitária do restante do conteúdo editorial circundante em conteúdos digitais ressaltando-se, sempre, que a criança tem capacidade de discernimento reduzida e, assim, deve haver um cuidado maior para a efetividade dessa informação.

Com efeito, de acordo com o item 1.1.2. do "Guia de Publicidade por Influenciador" do CONAR, "considerando a característica da publicidade por influenciadores, imersa ou integrada ao conteúdo editorial circundante, todos os envolvidos na divul-

---

28. "21. Many traders also pay "influencers" to advertise on their behalf, giving them free products, services or discounts in return. Because influencers also post personal content, it can be difficult for children to distinguish between the two. Children are likely to trust the opinions of influencers they follow on social media and therefore may perceive influencer marketing as a personal recommendation and act on it.

    Influencers can also attract users to their posts by offering discount or promotional codes for products and services. For every sale made using the discount code the influencer will receive commission. It may affect children's willingness or desire to buy a certain product if they knew the recommendation was a paid endorsement and not personal opinion.

    22. The decisions traders make about who markets their products might also contribute to the blurring or non-disclosure of marketing. For example, children might find it particularly difficult to identify commercial intent where products are being advertised by other children." (ICEPEN, *Best Practice Principles: Marketing Practices Directed Towards Children Online*, p. 8).

29. Representações n. 129 A, 129 B, 129 C/2016, CONAR.

gação da publicidade devem ser particularmente cuidadosos para que a identificação da natureza publicitária seja aprimorada, *assegurando o reconhecimento pelas crianças e adolescentes do intento comercial, devendo ser perceptível e destacada a distinção da publicidade* em relação aos demais conteúdos gerados pelo influenciador".

Exige-se, para fins de respeito à menor capacidade de discernimento da criança, que a mensagem publicitária imersa em conteúdo circundante de blog ou rede social (Instagram, Facebook, Tiktok etc.), quando direcionado à criança, seja perceptível e distinta do restante do conteúdo daquele canal. Em termos práticos, deve o influenciador ou youtuber, quando contratado pelo anunciante, deixar claro no conteúdo apresentado que há uma relação com a marca, não apenas por indicadores próprios (#publicidade; #parceria paga), mas por outros meios que possibilite tal *distinção* (e.g., locução verbal; espaço específico da marca dentro do vídeo, adotando um intervalo ou mudança de espaço dentro do conteúdo; há liberdade para a criação desse *disclosure*, desde que possibilite identificação e distinção de que se trata de um conteúdo publicitário).

Portanto, havendo conteúdo publicitário dentro de um perfil de influenciador, deve o influenciador e anunciante redobrarem os cuidados com o princípio da identificação, previsto tanto no artigo 36, parágrafo único do CDC quanto nos artigos 9 e 28 do CBAP.[30]

Vale destacar que, em 2017, antes mesmo da publicação do Guia de Influenciadores, o CONAR já havia determinado a alteração de conteúdo de vídeo veiculado por conhecida e querida youtuber das crianças no Brasil.[31] Em série de 12 vídeos, a jovem Julia Silva promoveu um "curso de formação de youtubers" com desafios relacionados à marca de bonecas Monster High. Os vídeos tinham por objetivo ensinar as crianças "como se tornar uma youtuber", o que fazia por meio da exibição de bonecas da marca. A Mattel havia patrocinado os vídeos. Tal informação, porém, não estava clara para as crianças, seja em razão de seu conteúdo de entretenimento e linguagem própria das redes sociais, seja porque não foram veiculados "disclosures" proeminentes e suficientes sobre o conteúdo patrocinado dos vídeos. Tudo isto dificultava sobremaneira a identificação pelas crianças do conteúdo publicitário dos vídeos, determinada, pois, sua alteração pelo CONAR.[32].

Desde então, o CONAR segue apreciando, orientando e educando o mercado acerca do tema da publicidade infantil na internet, decidindo pela alteração ou sus-

---

30. "Art. 9. A atividade publicitária de que trata este Código será sempre ostensiva" e "Art. 28. O anúncio deve ser claramente distinguido como tal, seja qual for a sua forma ou meio de veiculação".
31. Representação n. 214/17, CONAR.
32. A informação, por exemplo, de que o vídeo era patrocinado apenas aparecia quando clicado o botão "mostrar mais". Utilizava-se, ainda, de expressão ambígua e sem clareza do seu conteúdo comercial ("*Fui convidada pela Escola Monster High...*"). A decisão do CONAR recomendou a alteração dos vídeos para tornar fácil e imediata a identificação da anunciante de brinquedos como patrocinadora dos vídeos. A Mattel foi condenada no Judiciário, que declarou haver violação ao princípio da identificação em vídeos publicados por youtuber sem o devido esclarecimento de sua natureza publicitária, reforçando o entendimento do CONAR (TJSP, Apelação 1054077-72.2019.8.26.0002, Rel. Renato Genzani Filho, j. 14.12.2020).

tação de anúncios sempre que considerado insuficiente a identificação publicitária, para que reste clara essa natureza[33], o que já tem se mostrado bastante educativo e efetivo ao mercado.[34]

Em suma, para que a *informação seja clara e inequívoca quanto à natureza publicitária do conteúdo digital*, as melhores práticas recomendam igualmente que:

(i) não sejam utilizadas palavras e frases com sentido "ambíguo" (e.g: "obrigado por"; "em colaboração com"; "convidada por") ou abreviações e símbolos desconhecidos, uma vez que não comunicam adequadamente a natureza de "publicidade", sobretudo no que tange às crianças, que têm menor capacidade de discernimento e limitado conhecimento linguístico;

(ii) sejam tais *disclosures* veiculados em local de destaque da publicidade, onde os consumidores possam ler (e/ou escutar) a informação (e.g., nas três primeiras linhas do texto e não no campo "visualizar mais"/ "more" button). Também não cumpre adequadamente a função de destaque, o "disclosure" que é veiculado em meio a "muitos hashtags" ou "no meio de letras miúdas", especialmente quando o vídeo ou a mensagem publicitária atinge crianças, as quais não tem capacidade de compreensão e nem mesmo de leitura de tais informações.

(iii) A linguagem utilizada deve ser simples e clara. Além disso, em caso de publicidade testemunhal, o influenciador não deve falar sobre a experiência com produto que não usou ou experimentou, expressar opinião que não condiz com sua real impressão do produto (i.e. elogiar um produto que, na realidade, não gostou). Por fim, o influenciador não pode trazer alegações que exijam comprovação por estudos científicos que o anunciante não dispõe.[35]

Assim, a constante atuação do CONAR reforça todas essas orientações, já presentes em nosso arcabouço normativo e autorregulamentar. Em particular, o Guia do CONAR, em reforço às suas normas de publicidade testemunhal (art. 27, § 9º, CBAP), dispõe que o influenciador, em seu *depoimento, ao retratar uma experiência pessoal, seja genuíno e contenha apresentação verdadeira do produto ou serviço anunciado* (item 3), além da cumprir com a já mencionada obrigação de *identificação mensagem*, que deve ser especialmente *clara, visível* e *distinta* para as crianças.

---

33. Cf., por exemplo, Representação 068/21; Representação 231/20; Representação 213/20; Representação 108/18; Representação 045/18; Representação 031/18, CONAR.

34. Cumpre observar que, como esclarecem NARCHI e ALBUQUERQUE, "a autorregulamentação estabelece uma camada complementar de proteção, promovendo a fiscalização e aplicação de todo aquele arcabouço às mensagens publicitárias. A expansão desta modalidade de controle em diversos segmentos – em particular na publicidade e atividades relacionadas às liberdades e aos espaços subjetivos individuais – é objeto de diversos documentos nacionais (como o registro no julgamento pelo STF da ADO 22/DF e a Súmula 85 do CFSTJ – encorajando a criação de Conselhos de Autorregulamentação em diversas áreas)e internacionais (vide discurso do Presidente em exercício do FTC no Senado Norte-Americano e o documento "*Industry Self-Regulation: Role and use in supporting consumer interests*, OCDE)". [NARCHI, Edney G. e ALBUQUERQUE, Juliana N. *Evolução da publicidade e os meios digitais à luz do CDC e do CONAR*, cit., p. 27]. A Súmula citada assim dispõe "CFSTJ 85: O Poder Público – inclusive o Poder Judiciário – e a sociedade civil deverão estimular a criação, no âmbito das entidades de classe, de conselhos de autorregulamentação, voltados para solução de conflitos setoriais".

35. FEDERAL TRADE COMMISSION. *Disclosure 101 for Social Media Influencers*. Nov. 2019. Disponível em: https://www.ftc.gov/system/files/documents/plain-language/1001a-influencer-guide-508_1.pdf.

4. CONCLUSÕES

A publicidade testemunhal por influenciador – inclusive no tocante ao público infantil – está autorizada e regulada no Brasil e no mundo. Todavia, os cuidados dos anunciantes em relação às mensagens publicitárias direcionadas ao público infantil nos meios digitais devem ser redobrados. Para a melhor identificação do caráter publicitário de tais mensagens, deve o anunciante zelar para que as informações e os *"disclosures"* sejam proeminentes, veiculados idealmente antes que a criança tenha contato com o conteúdo publicitário (ou se não for possível que passe a ser veiculado tão logo a comunicação seja iniciada) e suficientes para identificação do anunciante ou do seu intuito comercial. Devem ainda ser distintos do restante do conteúdo do canal.

Tal orientação se faz ainda mais necessária tendo em vista que na internet, diferentemente das mídias tradicionais, não há restrições de horários de exibição e nem mesmo espaços claramente definidos ou destacados para a veiculação de publicidade, confundindo-se não raras vezes com o conteúdo editorial ou entretenimento.

Naturalmente, vídeos ou posts não patrocinados (direta ou indiretamente), e dentro do que se reputa de verdadeira *"free media"*, estariam fora do alcance da responsabilidade do anunciante. Contudo, há de se adotar cautela para o endosso de conteúdos espontâneos nas redes sociais por empresas, pois, em tal situação, a mensagem endossada pela marca passa a configurar *novo conteúdo de natureza publicitária* e sujeita a conformar-se a todas as regras aplicáveis.[36] Isso significa que se o conteúdo – mesmo espontâneo – não for adequado à luz do direito das crianças, não deve ser compartilhado ou endossado pela marca.[37]

Por fim, em vista desses novos formatos e da liberdade de expressão de cada pessoa, o próprio CONAR impõe que tais pessoas, elas mesmas, sejam conhecedoras das normas e responsáveis por atos que, por assim dizer, "em excesso de mandato", transgridam as normas autorregulamentares e as recomendações prévias de *compliance* dos anunciantes quando realizada uma publicidade por influenciador.[38]

---

36. O Guia de Publicidade por Influenciador do CONAR dispõe em seu item 3 que "a conduta ativa dos Anunciantes e Agências compartilhando as mensagens de Usuário em seus próprios perfis e canais oficiais implica em divulgação autônoma, deixando de constituir mera postagem do usuário, configurando tal postagem do Anunciante novo conteúdo de natureza publicitária e sujeita a conformar-se a todas as regras aplicáveis".

37. Neste sentido, confira-se, por exemplo, Representação 278/2013, cujo vídeo de uma criança de dois anos verbalizando imperativos de consumo de certo iogurte foi compreendida como inadequada, ainda que espontaneamente compartilhado pelo pai da criança no YouTube, recomendando o Conar que a empresa não se aproveitasse de tal vídeo de forma publicitária. Determinou, por conseguinte, a sustação do "vídeo endossado publicitariamente" pela empresa. Com a edição do Guia, em 2021, tais orientações passaram a ficar ainda mais claras, cf. disposição citada do seu item 3.

38. "1.2 Regras gerais e específicas do CBAP: aplicam-se ao teor das publicidades por Influenciadores contratados, devendo o Anunciante e/ou a Agência envidar os maiores esforços e adotar as melhores práticas para informar o Influenciador sobre os cuidados que devem acompanhar a divulgação e zelar pelo cumprimento das regras. Fica também o Influenciador incumbido do conhecimento e conformidade com as normas aplicáveis, em especial que o seu depoimento, ao retratar uma experiência pessoal, seja genuíno e contenha apresentação verdadeira do produto ou serviço anunciado" (Guia Influenciadores, CONAR, dez. 2020).

5. REFERÊNCIAS

CARU. Children´s Advertising Review Unit – CARU. *Self-Regulatory Guidelines for Childrens's Advertising*, 2021.

CAP. Committe of Advertising Practice. *Recognition of advertising: online marketing to children under 12*.

CAP. Committe of Advertising Practice. *Call for evidence on children's recognition of advertising: outcome*. 2020.

CONAR. *Guia de Publicidade por Influenciadores Digitais*, 2021.

DENSA, Roberta. Publicidade Infantil: fundamentos e critérios para definição dos limites da atuação do Estado. In: OLIVEIRA, Amanda Flávio de et al. MIRAGEM, Bruno; MARQUES, Claudia Lima; DIAS, Lucia Ancona Lopez de Magalhães (Org.). *Direito do Consumidor*: 30 anos do CDC: da consolidação como direito fundamental aos atuais desafios da sociedade. Rio de Janeiro: Forense, 2021.

DIAS, Lucia Ancona Lopez de Magalhães. *Publicidade e Direito*, 3. ed. São Paulo: Saraiva Educação, 2018.

DIAS, Lucia Ancona Lopez de Magalhães. Desafios e responsabilidades da construção de marcas em um mundo "figital" (físico, digital e social). In: MARTINELLI, Sandra; ROMA, Andréia (Coord.). *Reputação*: os consumidores compram reputação e não produtos. São Paulo: Leader, 2021. p. 93 e ss.

EASA. *Digital Marketing Communications, Best Practice Recommendation*. EASA – European Advertising Standards Alliance, 2015.

FEDERAL TRADE COMMISSION. *Disclosure 101 for Social Media Influencers*. November, 2019.

FEDERAL TRADE COMMISSION. *Native Advertising*: a guide for Businesses. December, 2015.

ICC. *Reference Guide on Advertising to Children*, 2016.

ICPEN. *Best Practice Principles Marketing Practices directed towards Children Online*, jun. 2020.

MIRAGEM, Bruno. *Curso de Direito do Consumidor*. 8. ed. São Paulo: Thompson Reuters Brasil, 2019.

NARCHI, Edney G. e ALBUQUERQUE, Juliana N. *Evolução da publicidade e os meios digitais à luz do CDC e do CONAR*. In: "Os 30 anos do Código de Defesa do Consumidor: evolução e desafios no relacionamento com clientes". GUIDO JÚNIOR, Antonio Carlos et al. (Coord.). BRESEGHELLO, Fabíola Meira de Almeida Santos; FILOMENO, José Geraldo Brito. Indaiatuba, SP: Ed. Foco, 2021.

OCDE. *The Protection on Children Online*. Recommendation OECD Council, 2012.

OCDE. *Industry Self-Regulation*: Role and Use in Supporting Consumer Interests, 2015.

20
PEQUENOS INFLUENCIADORES, GRANDES DESAFIOS: ADMINISTRAÇÃO DE BENS DOS INFLUENCIADORES MIRINS

Bruna Lyra Duque

Doutora e Mestre pelo Programa de Pós-Graduação *stricto sensu* em Direitos e Garantias Fundamentais da Faculdade de Direito de Vitória (FDV). Especialista em Direito Empresarial pela FDV. Coordenadora do curso de pós-graduação *lato sensu* em Direito de Família e das Sucessões da FDV. Professora de Direito Civil da graduação e pós-graduação *lato sensu* da FDV. Advogada do Lyra Duque Advogados. E-mail: bruna@lyraduque.com.br

Schamyr Pancieri Vermelho

Pós-graduanda *lato sensu* em Direito de Família e das Sucessões pela Escola Paulista de Direito (EPD). Membro do grupo de pesquisa "Planejamento patrimonial" da faculdade Milton Campos – MG. Advogada do Lyra Duque Advogados. E-mail: schamyr@lyraduque.com.br

Sumário: 1. Introdução – 2. Esboço conceitual para influenciadores mirins – 3. (In)capacidade e tutela dos vulneráveis – 4. Deveres fundamentais dos pais na tutela dos pequenos influenciadores – 5. Alguns desafios jurídicos para a administração dos bens dos influenciadores: pais não podem tudo – 6. Considerações finais – 7. Referências.

1. INTRODUÇÃO

A era digital trouxe novas possibilidades de exploração econômica da internet, principalmente com o surgimento de novas profissões, como a do influenciador digital, que é aquela pessoa que está nas redes sociais por meio de um perfil, criando conteúdo e compartilhando o seu estilo de vida, de modo a atrair um grande número de seguidores e influenciar comportamentos.

O público infantojuvenil não se livrou dessa expansão das profissões na internet e das novas formas de exploração econômica nos ambientes digitais. Hoje é possível encontrar, nas mais variadas redes sociais, crianças com mais de milhões de seguidores, que figuram em contratos publicitários milionários e atuam como verdadeiros influenciadores e empreendedores digitais mirins. A grande questão é: como fica a administração dos bens dos pequenos influenciadores?

Quando o assunto é a tutela da criança e do adolescente, tanto o Estado como a família têm o dever fundamental de atuarem incisivamente em busca do melhor interesse do menor. Neste aspecto, existem alguns desafios jurídicos que precisam ser superados de maneira a equalizar a proteção da criança e do seu patrimônio, seja ele material ou imaterial, mas sem inviabilizar a administração dos bens pelos representantes.

Para melhor delimitar tais desafios, o presente artigo tratará, primeiramente, do esboço conceitual acerca do termo influenciadores digitais mirins. Feita essa definição, será discutido acerca da (in)capacidade e da vulnerabilidade dos menores para, posteriormente, tratar de forma mais específica sobre os deveres fundamentais dos pais. Depois desta trilha protetiva, os desafios para a administração dos bens dos influenciadores mirins serão identificados e, diante do panorama apresentado, serão também apontadas sugestões de como superar tais desafios.

A metodologia utilizada no presente artigo é a dialética, objetivando-se analisar criticamente a atuação de influenciadores digitais mirins na internet, bem como os desafios jurídicos dos pais na administração dos bens conquitados pelos pequenos influenciadores, considerando os vetores axiológicos presentes nas normas que regulam a tutela dos vulneráveis.

2. ESBOÇO CONCEITUAL PARA INFLUENCIADORES MIRINS

A era digital trouxe novas possibilidades de exploração econômica da internet, principalmente com o surgimento de novas profissões, como a do influenciador digital. Alguns mais famosos chegam a alcançar milhões de reais na internet com parcerias e contratos fechados com marcas e produtos para a divulgação do produto ou serviço como item integrante de sua rotina.

O grande diferencial dos influenciadores digitais é a relação de confiança e intimidade que essas pessoas constroem com os seus inúmeros seguidores, já que compartilham questões da rotina de vida, trabalho e lazer, dentre outras coisas que normalmente só se compartilha com amigos e família.

Com esse relacionamento cultivado diariamente, acaba sendo propagada uma espécie de publicidade camuflada, uma vez que os influenciadores são apresentados pelas marcas nas redes como verdadeiras provas sociais dos benefícios, da integridade e da eficácia do produto recomendado, e os seguidores, pelo vínculo criado, dão maior credibilidade para o que é ofertado, mesmo com a inclusão da legenda informando o caráter publicitário do post, os "publipost".[1]

O termo "influencer digital", portanto, é empregado para aquelas pessoas que se destacam nas redes e mídias sociais por meio da sua capacidade de atrair um grande número de seguidores, pautando opiniões e comportamento, pois a exposição do seus estilos de vida e gostos acabam repercurtindo de maneira a influenciar a escolha das pessoas em alguns segmentos.[2]

---

1. "Publipost" significa post patrocinado, ou seja, é quando uma pessoa física ou jurídica patrocina determinado conteúdo para aumentar a visibilidade daquilo que pretende divulgar em suas redes sociais.
2. SILVA, Cristiane Rubim Manzina da; TESSAROLO, Felipe Maciel. Influenciadores Digitais e as Redes Sociais Enquanto Plataformas de Mídia. In: XXXIX Congresso Brasileiro de Ciências da Comunicação. 2016, São

ADMINISTRAÇÃO DE BENS DOS INFLUENCIADORES MIRINS

O mesmo fenômeno acontece com o público infantojuvenil, o que aqui se optou por denominar de influenciadores mirins, que são crianças e adolescentes das mais variadas idades que decidem compartilhar em suas mídias socias suas vidas, suas escolhas de estilos, brincadeiras, dentre outras coisas, produzindo um conteúdo exclusivo para o público infantojuvenil.[3]

O influenciador mirim é ainda mais poderoso e persuasivo do que o "influencer" digital plenamente capaz, uma vez que o público de seguidores deste pequeno influenciador é formado predominantemente de crianças e adolescentes que não possuem o discernimento completo para avaliar criticamente o tipo de conteúdo que é propagado nas redes e, em regra, também não são acompanhados pelos seus representantes nas buscas virtuais. Talvez esse seja também um dos motivos que justifiquem o crescimento exponencial do consumo do conteúdo por menores na internet.

Segundo pesquisa realizada por determinado jornal eletrônico, nos cem canais de maior audiência do YouTube brasileiro, 48 abordam conteúdo consumido por crianças de até 12 anos.[4] Além disso, segundo o estudo feito pela coordenadora da área de Família e Tecnologias da ESPM Media Lab, entre outubro de 2015 e setembro de 2016, os canais infantis alcançaram a marca de mais de 50 bilhões de visualizações.[5]

O elevado número de visualizações desses pequenos produtores de conteúdo digital é o que desperta o interesse de empresas do ramo infantojuvenil para monetizar essa visibilidade. Para isso, são fechados contratos de parceiras e de divulgação de produtos e serviços para publicação nas redes pessoais dos influenciadores.

A grande dificuldade, principalmente para o público dos influencidores mirins, está no caráter atribuído à oferta empregada pelo divulgador, ou seja, identificar se a recomendação do produto ou serviço foi feito de forma sincera e espontânea, ou se foi motivado por um propósito publicitário nas redes sociais dos menores.

Para minimizar os efeitos desse desafio, o CONAR (Conselho Nacional de Autorregulamentação Publicitária) já se manifestou informando que não existe regulamentação específica para propagandas ou conteúdos publicitários feitos por

---

Paulo. *Anais de Congresso.* p. 5. Disponível em: http://portalintercom.org.br/anais/nacional2016/resumos/R11-2104-1.pdf Acesso em: 22 jul. 2021.

3. TENORIO, Carolina Fontes Lima. OMENA. Georgia Alecio Barbosa. *A omissão legal na regulamentação do trabalho dos influencers mirins: a proteção dos direitos humanos da criança e do adolescente na era virtual.* V ENPEJUD: O poder Judiciário como garantidor dos direitos humanos. p 94. Disponível em: http://enpejud.tjal.jus.br/index.php/exmpteste01/article/view/524. Acesso em: 22 jul. 2021.

4. MARIANI, Christiana; MARTINS, Danilea; FROTA, Etel. Quase metade dos cem canais mais vistos tem conteúdo para criança. *Folha de S. Paulo,* 2016. Disponível em: http://temas,folha.uol.com.br/influenciadores-digitais/a-sociedade/quase-metade-dos-cem-canais-mais-vistos-tem-conteudo-para-crianca.shtml. Acesso em: 22 jul. 2021.

5. CORREA, Luciana Bolzani. O que tem dentro da caixa? Crianças hipnotizadas pelo YouTube Brasil, as fronteiras entre entretenimento, conteúdo proprietário e publicidade. *Encontro de pesquisadores em Publicidade e Propaganda,* v. 7, 2016. Disponível em: http://pesquisasmedialab.espm.br/wp-content/uploads/2016/09/CORREA_Luciana_Propesq_2016.pdf. Acesso em: 22 jul. 2021.

influenciadores digitais, mas que mesmo assim tais conteúdos devem respeitar os princípios gerais da atividade publicitária, quais sejam: ostensividade e identificação publicitária (art. 9º e 28).

Dessa forma, nos casos de propaganda realizada por influenciadores digitais capazes ou não, parece ser indispensável a descrição do interesse publicitário no conteúdo produzido. Em se tratando de influenciador mirim, essa informação deve ser exposta de uma forma ainda mais acessível para garantir a proteção e o interesse das crianças que são consumidoras daquele tipo de conteúdo.

Um exemplo de "influencer" mirim e produtor de conteúdo digital de grande alcance nas redes sociais é o Isaac do VINE (@isaacdovine), que atualmente possui uma conta no aplicativo instagram com 1.700.000 seguidores.

Esse é apenas um exemplo dos 24 milhões de crianças[6] que seguem conectados nas redes sociais e que se ajustam à realidade consumerista digital. A realidade virtual chega cada vez mais cedo no mundo das crianças, sendo um fato que necessidade de um olhar holístico, humanizado e voltado à tutela dos vulneráveis envolvidos e da condução das suas ações por seus responsáveis.

3. (IN)CAPACIDADE E TUTELA DOS VULNERÁVEIS

A proteção do incapaz encontra justificativa histórica, na medida em que a legislação sempre buscou impedir que seu patrimônio fosse dilapidado por atos praticados sem o seu pleno discernimento.[7]

A capacidade de compreensão do ato praticado, isto é, o discernimento, acaba sendo o aspecto mais relevante no debate da liberdade ou da sua restrição dos atos praticados pelos menores. Ademais, as tensões neste aspecto da vontade do menor também estão ligadas ao exercício da autoridade parental.

Numa noção ordinária de capacidade[8], entende-se que quando a personalidade jurídica é alcançada, a pessoa passa a ser capaz de direitos e obrigações, sendo dotada de capacidade de direito. A aptidão para exercer pessoalmente os direitos e

---

6. TIC KIDS ONLINE BRASIL (LIVRO ELETRÔNICO). *Pesquisa sobre o uso da internet por crianças e adolescentes no Brasil*. 2015 Núcleo de Informação e Coordenação do Ponto BR. – São Paulo: Comitê Gestor da Internet no Brasil, 2016. Disponível em: https://cetic.br/media/docs/publicacoes/2/TIC_Kids_2015_LIVRO_ELETRONICO.pdf. Acesso em: 22 jul. 2021.

7. NEVARES, Ana Luiza Maia. SCHREIBER, Anderson. Do sujeito à pessoa: uma análise da incapacidade civil. In: TEPEDINO, Gustavo et al. *O Direito Civil entre o sujeito e a pessoa*: estudos em homenagem ao professor Stefano Rodotà. Belo Horizonte: Fórum, 2016. p. 41.

8. Para Orlando Gomes, "a capacidade de direito confunde-se, hoje, com a personalidade, porque toda pessoa é capaz de direitos. Ninguém pode ser totalmente privado dessa espécie de capacidade". "A capacidade de fato condiciona-se à capacidade de direito. Não se pode exercer um direito sem ser capaz de adquiri-lo. Uma não se concebe, portanto, sem a outra. Mas a recíproca não é verdadeira. Pode-se ter capacidade de direito, sem capacidade de fato; adquirir o direito e não poder exercê-lo por si. A impossibilidade do exercício é, tecnicamente, incapacidade". In: GOMES, Orlando. *Introdução ao Direito Civil*. 10. ed. Rio de Janeiro: Forense, 1993. p. 172.

atos inerentes à vida civil, no entanto, não podem ser feitos indistintamente sem a capacidade de fato ou de exercício.

Tal noção ordinária passa a ser relativizada, quando, do ponto de vista da compreensão efetiva da autonomia do indivíduo, observa-se que os titulares de direito podem manifestar o seu discernimento apesar dos contornos legais restritivos da idade, como acontece com a criança e com o adolescente. Como observa Ana Carolina Brochado, "os menores, além de serem dotados de dignidade, como qualquer pessoa, são, também, sujeitos de direito, visto que capazes de direito."[9]

Considerando o tema incapacidade, no contexto das relações familiares, devido à importância que a família possui para a vida de suas crianças e seus adolescentes, torna-se indispensável que todos os membros consigam realizar, de forma plena, suas respectivas responsabilidades para um desenvolvimento sustentável do ambiente familiar.[10]"A convivência saudável e a afeição entre os familiares deverão ser os ingredientes que permitirão a proteção da família, aí considerada na pessoa dos seus componentes."[11]

A autoridade parental busca equilibrar a "promoção do autogoverno progressivo dos filhos, proporcionalmente à possibilidade deles assumirem responsabilidades na condução da própria vida, de acordo com o seu discernimento", conforme esclarece Ana Carolina Brochado Teixeira.[12]

Nenhum ato no exercício da autonomia e do discernimento a ser apurado no caso concreto e no ato praticado pelo menor, então, estará livre do exame axiológico cabível, diante de notório prejuízo aos sujeitos envolvidos na relação. E, no que tange à proteção dirigida à criança e ao adolescente, que são vulneráveis merecedores de tutela especial, essa análise deve levar em conta a especial axiologia prevista na Constituição da República, no Código Civil e no Estatuto da Criança e do Adolescente.

Sobre o exame axiológico cabível nas manifestações de vontade praticadas pelos vulneráveis, as autoras Aline de Miranda e Ana Carolina Brochado[13] alertam para o exame dos aspectos voltados à proteção dos bens de natureza patrimonial e existencial, de forma a considerar a importante conexão existente entre a titularidade e o exercício do direito. A real tutela dos vulneráveis, no ordenamento jurídico brasileiro,

---

9. BROCHADO TEIXEIRA, Ana Carolina. *A disciplina jurídica da autoridade parental*. Disponível em: https://ibdfam.org.br/assets/upload/anais/5.pdf. Acesso em: 22 jul. 2021.
10. DUQUE, Bruna Lyra. LEITE, Letícia Durval. Dever fundamental de afeto e alienação parental. *Revista de Direito de Família e das Sucessões*, São Paulo, v. 7, ano 3, p. 15-31, jan.-mar, 2016.
11. NOGUEIRA DA GAMA, Guilherme Calmon. *Princípios constitucionais de direito de família*. São Paulo: Atlas, 2008. p. 121.
12. BROCHADO, Ana Carolina. *Família, guarda e autoridade parental*. Rio de Janeiro: Renovar, 2009. p. 224.
13. TERRA, Aline de Miranda Valverde; TEIXEIRA, Ana Carolina Brochado. É possível mitigar a capacidade e a autonomia da pessoa com deficiência para a prática de atos patrimoniais e existenciais? *Civilistica.com*. Rio de Janeiro, a. 8, n. 1, 2019. p. 16. Disponível em: http://civilistica.com/e-possivel- mitigar-a-capacidade/. Acesso em: 22 jul. 2021.

se volta à realização do "projeto constitucional em dado campo específico, sempre atendendo à necessidade de preservação do caráter sistêmico da ordem jurídica".[14]

Ademais, para além do exame da capacidade e da incapacidade, no que tange à tutela dos pequenos influenciadores mirins pode ser viável o uso de relevantes teorias – a serem utilizadas na hermenêutica contratual das relações contratuais digitais constituídas – para perquirir os interesses patrimoniais do contrato dos influenciadores, tais como: a justiça contratual na busca do equilíbrio econômico ou enfatizar a igualdade material subjetiva.

No que diz respeito à justiça contratual, a base da teoria se sustenta na ideia de que a preservação das relações privadas passou por uma transição histórica, mas, atualmente, se coaduna com os variados exemplos de proteção aos direitos fundamentais no conflito particular *versus* particular, tanto é que inúmeros são os casos encontrados na hermenêutica constitucional brasileira, como é o caso da horizontalidade dos direitos fundamentais e, ainda, da horizontalidade dos deveres fundamentais.[15]

Sobre o alcance do equilíbrio econômico, combinada com a noção de justiça contratual, o contrato envolvendo os influenciadores mirins precisa ser compreendido como um instrumento de tutela da pessoa humana, mais que isso, um sustentáculo para o desenvolvimento livre de existência do indivíduo como uma verdadeira diretriz de solidariedade[16], nos termos propostos no artigo 1º, inciso III, da Constituição Federal[17]. A dimensão do valor passa a ser objeto inerente à contratação digital com a presença do pequeno influenciador e, portanto, ponto de partida e de interpretação do negócio, especialmente, diante do princípio da justiça contratual.

4. DEVERES FUNDAMENTAIS DOS PAIS NA TUTELA DOS PEQUENOS INFLUENCIADORES

A imposição dos deveres está ligada diretamente à eficácia dos direitos fundamentais nas relações privadas, e se perfaz para fundamentar a constitucionalidade das normas que, em favor de direitos, impõem limitações à autonomia dos atores privados.[18]

---

14. SCHREIBER, Anderson. KONDER, Carlos Nelson. Uma agenda para o Direito civil-constitucional. *Revista brasileira de Direito Civil*, Rio de Janeiro, v. 10, p. 9-27. out.-dez., 2016.

15. DUQUE, Bruna Lyra. PEDRA, Adriano Sant'Ana. A harmonização entre os deveres fundamentais de solidariedade e o espaço da liberdade dos particulares no exercício da autonomia privada. In: RODRIGUES JR Otávio Luiz; ROBERTO, Giordano Bruno Soares; PINTO, Nelson Luiz (Org.). *Relações privadas e democracia*. Florianópolis: FUNJAB, 2012. p. 164-183.

16. Diante da perspectiva de solidariedade, percebe-se que a autonomia privada, em face das novas realidades sociais e econômicas, precisa se adaptar e ganhar uma nova função, que, no dizer de Cláudia Lima Marques, significa a realização da justiça e o equilíbrio nas relações. In: MARQUES, Cláudia Lima. *Contratos no Código de Defesa do Consumidor*: o novo regime das relações contratuais. 5. ed. São Paulo: Ed. RT, 2002. p. 154.

17. DUQUE, Bruna Lyra. Teoria da causa do contrato e sua relação com a justiça contratual. *Revista Fórum de Direito Civil*, v. 12, p. 45-61, 2016.

18. DUQUE, Bruna Lyra. PEDRA, Adriano Sant'Ana. *Deveres fundamentais e justiça constitucional*: um exame da liberdade de expressão e da proteção da criança e do adolescente. 2015. Disponível em: https://www.academia.edu/36422988/DUQUE_BL_PEDRA_AS._Deveres_funda. Acesso em: 22 jul. 2021.

A Constituição da República Federativa do Brasil não apresenta somente normas que conferem direitos, mas apresenta diversos deveres dos sujeitos como membros do Estado. Um Estado não é concebido apenas de direitos.[19] Os deveres fundamentais são correspectivos aos direitos fundamentais (ou direitos da liberdade), pois se limitam por estes e se prestam ao mesmo tempo como garantia para o exercício da liberdade.[20]

Os deveres fundamentais, como categoria jurídico-constitucional, são condutas positivas ou negativas que promovem a efetivação dos direitos fundamentais. O reconhecimento dos deveres fundamentais se projeta a enfatizar a importância da aplicação dos direitos em vários pontos de vista, seja a pública ou a privada, o que levará a reconhecer o outro e, consequentemente, a sociedade.[21]

Os deveres autônomos são pautados em condutas que podem ser impostas à pessoa humana sem que para isso exista um direito. O dever dos pais de prestarem a devida assistência material aos filhos seria um exemplo de dever sem direito, como exemplos também desse enquadramento, pode-se considerar o direito ao afeto, o reconhecimento do filho ou a assistência prestada pelos pais nos campos moral, ético e religioso.[22]

Reinhold Zippelius[23], neste sentido, esclarece que "[...] em constituições mais recentes foi também acolhida a ideia dos deveres fundamentais dos cidadãos" que visam não apenas garantir a liberdade, "[...] mas também garantir outros fundamentos de uma comunidade devidamente organizada e funcional", tais como: "[...] o dever de assistência em casos de necessidade e de defesa contra perigo comum, e, ocasionalmente, ainda o dever dos pais educarem os seus filhos".

A correspectividade entre os direitos e os deveres fundamentais está, portanto, amplamente relação com a tutela da criança e do adolescente como "pessoas em

---

19. Sobre a necessidade de a sociedade organizar-se com direitos e deveres, Carlos Alberto Gabriel Maino adverte: "pensadores han advertido que no es posible organizar humanamente a la sociedad alrededor del concepto de derechos exclusivamente". O mesmo autor, citando Danilo Castellano, esclarece que "ha puesto el acento en que los derechos humanos son en realidad el ejercicio de los deberes del hombre, o derechos derivados de los deberes de otros, o aún derivados de la utilización de bienes que son fruto de actividades personales como, por ejemplo, el trabajo o la propiedad". In: MAINO, Carlos Alberto Gabriel. Derechos fundamentales y la necesidad de recuperar los deberes: aproximación a la luz del pensamiento de Francisco Puy. In: LEITE, George Salomão; SARLET, Ingo Wolfgang; CARBONELL, Miguel (Coord.). *Direitos, deveres e garantias fundamentais*. Salvador: JusPodium, 2011, p. 36.
20. DUQUE, Bruna Lyra. PEDRA, Adriano Sant'Ana. A harmonização entre os deveres fundamentais de solidariedade e o espaço da liberdade dos particulares no exercício da autonomia privada. In: RODRIGUES JR., Otávio Luiz; ROBERTO, Giordano Bruno Soares; PINTO, Nelson Luiz. (Org.). *Relações privadas e democracia*. Florianópolis: FUNJAB, 2012. p. 164-183.
21. DUQUE, Bruna Lyra. *Causa do contrato*: entre direitos e deveres. Belo Horizonte: Conhecimento, 2018. p. 43-44.
22. DUQUE, Bruna Lyra. *Causa do contrato*: entre direitos e deveres. Belo Horizonte: Conhecimento, 2018. p. 52.
23. ZIPPELLIUS, Reinhold. *Teoria geral do Estado*. Trad. Karin Praefke-Aires Coutinho. Lisboa: Fundação Calouste Gulberkian, 1997. p. 450.

desenvolvimento, que exercem papel ativo no próprio processo educacional, e não como objeto das ações e dos direitos de terceiros, principalmente dos adultos".[24]

Sobre a extensão dos deveres e como eles são aplicáveis às relações contratuais dos influenciadores mirins, um outro aspecto a ser considerado reside na exigibilidade equilibrada das prestações. Neste ponto, interessante análise é apresentada por Marcos Ehrhardt Junior[25]:

> [...] Pode-se destacar outra questão de fundamental importância para a correta delimitação da extensão dos deveres exigíveis em uma relação obrigacional: até que ponto podem ser exigidos sacrifícios do sujeito da relação jurídica obrigacional para que não seja violado o mencionado dever de cooperação? O limite pode ser encontrado na preservação dos próprios interesses do sujeito, ou seja, a pretexto de atendimento do dever de cooperação, não se pode exigir sacrifício desmesurado, causando nítido desequilíbrio entre as partes [...].

Na linha de compreensão do Direito Civil na legalidade constitucional[26], tem-se que a premissa axiológica sustentada para a compreensão das atividades exercidas pelo pequeno influenciador pode servir como fundamento para a imposição de deveres fundamentais na relação entre pais e filhos.[27]

5. ALGUNS DESAFIOS JURÍDICOS PARA A ADMINISTRAÇÃO DOS BENS DOS INFLUENCIADORES: PAIS NÃO PODEM TUDO

Para discutir os desafios jurídicos da administração dos bens dos influenciadores mirins, se faz necessário distinguir, primeiramente, os bens materiais e imateriais envolvidos nesse cenário. No que tange aos bens imateriais temos a tutela da imagem, da honra e demais direitos da personalidade que devem ser tutelados pelos pais, considerando a incapacidade e vulnerabilidade dos menores influenciadores.

O direito à imagem encontra respaldo jurídico no artigo 20 do Código Civil, que determina que toda pessoa tem direito a proibir o uso e a exposição de sua imagem "se lhe atingirem a honra, boa fama ou respeitabilidade". Na verdade, a proteção é ainda mais ampla do que dispõe a redação do Código, pois como defendido por Anderson Schreiber[28], a tutela deste direito independe de lesão a qualquer outro direito da personalidade, podendo ser defendida de forma autônoma.

---

24. BROCHADO TEIXEIRA, Ana Carolina. *A disciplina jurídica da autoridade parental*. Disponível em: https://ibdfam.org.br/assets/upload/anais/5.pdf. Acesso em: 22 jul. 2021.

25. EHRHARDT JUNIOR, Marcos Augusto Albuquerque. As funções da boa-fé e a construção de deveres de conduta nas relações privadas. *Pensar*, Fortaleza, v. 18, n. 2, p. 551-586, maio-ago. 2013.

26. Segundo Pietro Perlingieri "[...] a realização de objetivos qualificados", tais como: "redefinir o fundamento e a extensão dos institutos jurídicos", compreender e "[...] destacar a função de determinadas categorias, em uma tentativa de revitalização a cada normativa à luz de um renovado juízo de valor". In: PERLINGIERI, Pietro. *O Direito Civil na legalidade constitucional*. Trad. Maria Cristina de Cicco. Rio de Janeiro: Renovar, 2008. p. 591.

27. DUQUE, Bruna Lyra. PEDRA, Adriano Sant'Ana. *Deveres fundamentais e justiça constitucional*: um exame da liberdade de expressão e da proteção da criança e do adolescente. 2015. Disponível em: https://www.academia.edu/36422988/DUQUE_BL_PEDRA_AS._Deveres_funda.

28. SCHREIBER, Anderson. *Direitos da personalidade*, 2. ed. São Paulo: Atlas, 2013, p. 105.

O Superior Tribunal de Justiça inclusive já sumulou o tema, por meio da Súmula 403, a saber: "Independe de prova do prejuízo a indenização pela publicação não autorizada de imagem de pessoa com fins econômicos ou comerciais".

No caso dos influenciadores mirins, há preocupante disposição voluntária da imagem do menor que cede o seu direito de imagem, por intermédio dos pais, para exploração econômica de uma marca ou cumprimento de obrigações de fazer para fornecedores diversos. Tal disposição é juridicamente possível, como se observa em "contratos de licenciamento do uso de imagem celebrados por artistas e atletas, além de situações mais extremas, como a dos contratos celebrados pelos participantes de *reality shows* (...)".[29]

Apesar da possibilidade jurídica de disposição voluntária da imagem, seria possível defender a validade dessa disposição no caso dos influenciadores mirins? Essa é uma preocupação de toda a sociedade, pois os menores envolvidas nas relações contratuais ainda estão em estado de vulnerabilidade, já que estão em fase de desenvolvimento de sua personalidade, de sua formação física e psíquica.

A participação da família e do Estado no desenvolvimento dessa atividade de exposição e, em alguns casos de exploração econômica, se faz também necessária para a delimitação de contornos e regulações, quando ocorrer notório abuso do direito no exercício do controle patrimonial dos influenciadores mirins.

Num primeiro aspecto, a organização familiar deve se dirigir ao acompanhamento da rotina da criança nas redes sociais e na assinatura de contratos de maneira a tutelar o melhor interesse do menor. No segundo aspecto, o Estado precisa estar presente com órgão de fiscalização e com normas mais protetivas para regulamentar esse desafio que é a disposição de direitos por parte dos menores de maneira a garantir o melhor interesse da criança. Neste mesmo sentido, esclarece David Cury Júnior[30]:

> O reconhecimento de um direito da personalidade especial, peculiar às pessoas em desenvolvimento, amparado nos princípios da proteção integral e da maior vulnerabilidade, garante que, em caso de colisão com outros direitos de natureza igualmente absoluta, para a solução do conflito, prevaleça o melhor interesse da criança e do adolescente, como na hipótese do exercício prioritário dos direitos sociais, ou da restrição de direitos, como, por exemplo, de liberdade da informação, que há de ser exercida com respeito à dignidade dos menores de idade (v.g., art. 247, par. 2º, da Lei n. 8.069/90)

Partindo do premissa de que o Estado é um necessário interventor nesses casos, o Estatuto da Criança e do Adolescente (Lei 8.069/1990), como um marco regulatório na proteção dos interesses da criança e do adolescente, impõe em seu artigo

---

29. SCHREIBER, Anderson. *Manual de direito civil contemporâneo*. São Paulo: Saraiva Educação, 2018. p. 134-135.

30. CURY JÚNIOR, David. *A proteção jurídica da imagem da criança e do adolescente*. Tese de Doutorado em Direito. Pontifícia Universidade Católica, São Paulo, 2006. p. 85. Disponível em: http://www.dominiopublico.gov.br/download/teste/arqs/cp011640.pdf Acesso em: 22 jul. 2021.

149 que os pais devem requerer autorização judicial para exposição publicitária dos filhos na internet.

Dessa forma, no contexto de exposição virtual e considerando o objetivo publicitário de algumas postagens dos influenciadores mirins, não há que se questionar acerca da necessidade de alvará judicial que permita a exploração econômica da imagem da criança, além da autorização de ambos os genitores.

No que diz respeito à administração dos bens materiais, ou seja, do patrimônio desse influenciador, que vem aumentando a cada contrato realizado com empresas e prestadores de serviço, os desafios são outros. Segundo o artigo 1.689 e seguintes do Código Civil, os bens adquiridos e os valores auferidos em função da atividade desempenhada pelo menor não emancipado estão sujeitos à administração dos pais e às regras de usufruto legal.[31]

Essa imposição se justifica devido a incapacidade jurídica dos menores, o que os impede de praticar plenamente atos da vida civil, como por exemplo fechar contratos, comprar e vender imóveis, dentre outros atos da vida. Nesse cenário, os pais na figura de representantes dos interesses do filho são igualmente responsáveis pela gestão e preservação do patrimônio do menor, devendo sempre reverter os recursos e os frutos auferidos em prol dos filhos, arcando com os custos de educação, saúde, lazer e alimentação.

No entanto, o poder dever de administração dos pais em relação ao patrimônio dos filhos não é absoluto e talvez esse seja o maior desafio, pois os pais não têm o direito de fazer o que bem entenderem com o patrimônio dos menores. Segundo disposição do artigo 1.691 do Código Civil, os pais não podem agir de maneira a reduzir o patrimônio do menor, ou seja, não é permitido alienar ou gravar de ônus reais os imóveis dos filhos, nem contrair, em nome deles, obrigações que ultrapassem os limites da administração.

Dessa forma, caso um desses influenciadores fosse de origem humilde e com o sucesso nas redes sociais conquistasse um patrimônio significativo, os pais não poderiam, a *priori*, comprar um imóvel para melhorar as condições e qualidade de vida da família, pois estariam de certa forma reduzindo o patrimônio do filho, e legalmente não possuem autorização automática para tanto.

No entanto, o artigo 1.691 do Código Civil traz esse limite no poder de administração do patrimônio dos menores, mas também estabelece uma ressalva, que diz respeito aos casos de "necessidade ou evidente interesse dos filhos". Apesar da subjetividade dos termos utilizados pelo artigo, é possível interpretar que caso a disposição do patrimônio fosse para custear tratamento médico, ou arcar com estudos do filho, tal investimento poderia ser feito, por se enquadrar na ressalva do Código, mas, mesmo no exercício de tais condutas, não estão os pais dispensados da prévia autorização judicial.

---

31. CURY JÚNIOR, David. *A proteção jurídica da imagem da criança e do adolescente*. Tese de Doutorado em Direito. Pontifícia Universidade Católica, São Paulo, 2006. p. 169. Disponível em: http://www.dominiopublico.gov. br/download/teste/arqs/cp011640.pdf. Acesso em: 22 jul. 2021.

Essa limitação se justifica no princípio da maior proteção e melhor interesse do menor, para que o patrimônio possa ser protegido em caso de eventual falha, má-fé, abusos ou negligências na administração patrimonial praticada pelos pais. É o que também observam Pablo Stolze Gagliano e Rodolfo Pamplona Filho:

> Essa limitação da autonomia da vontade dos pais na administração dos bens se justifica exatamente pela busca da preservação dos interesses dos menores. Se os bens não são de titularidade dos pais, mas, sim, dos próprios menores, a responsabilidade pela eventual dilapidação desse patrimônio, sem motivo razoável, justificaria a intervenção judicial.[32]

Dessa forma, pais não podem tudo e não têm direito às interferências desmedidas na vida dos filhos, especialmente, se os menores tiverem discernimento sobre a prática de alguns atos. Caso os genitores precisem ou queiram realizar algum tipo investimento, que irá reverter em benefícios ao menor, é preciso a intervenção judicial.

A autonomia dos pais e do próprio influenciador mirim para realização de atos da vida civil não são plenas, uma vez que precisam respeitar as regras estabelecidas em lei para a garantia do melhor interesse do menor. Tais regras também não podem ser interpretadas de maneira a inviabilizar o exercício da atividade de influenciador, se esse for um latente desejo do menor e não apresentar prejuízos ao seu pleno desenvolvimento, bem como inviabilizar a administração do patrimônio conquistado.

As normas devem tutelar a personalidade do menor e possibilitar o exercício de seus direitos fundamentais, devendo prevalecer, sempre que possível, a autonomia dos menores enquanto sujeitos de direito. A "autoridade parental deve, portanto, buscar respeitar as inclinações e as aspirações naturais do filho, bem como estimular o exercício de uma autonomia responsável[33]", estabelecendo, quando preciso, os limites impostos na lei.

6. CONSIDERAÇÕES FINAIS

O presente estudo apresentou os principais desafios jurídicos para a administração de bens dos influenciadores digitais mirins. Para tanto, ponderações foram apresentadas de forma a conjugar os direitos das crianças e dos adolescentes envolvidos nas relações jurídicas digitais. Também foi estruturado um possível conceito para a categoria de influenciadores mirins, e foram apresentados os caminhos de como é possível tutelar a administração do patrimônio desses vulneráveis, o que não poderá se distanciar da compreensão dos deveres fundamentais dos pais, nas projeções patrimonial e extrapatrimonial dos pequenos influenciadores.

---

32. GAGLIANO, Pablo Stolze; PAMPLONA FILHO, Rodolfo. *Novo Curso de Direito Civil*: direito de família. 10. ed. São Paulo: Saraiva Educação, 2020. v. 6. p. 585.
33. MENEZES, Joyceane Bezerra de; MORAES, Maria Celina Bodin de. Autoridade parental e privacidade do filho menor: o desafio de cuidar para emancipar. *Revista Novos Estudos Jurídicos – Eletrônica*, v. 20, n. 2, maio-ago., 2015. p. 509. Disponível em: https://siaiap32.univali.br/seer/index.php/nej/article/view/7881. Acesso em: 22 jul. 2021.

Os pais não podem tudo. Existem limites na condução dos seus deveres e que têm relação com a autoridade parental. Caso os genitores precisem ou queiram realizar algum tipo investimento que irá reverter em benefícios ao menor, é preciso, sempre que necessário, contar com a intervenção judicial.

Sendo Estado um interventor necessário, por meio das normas protetivas do Estatuto da Criança e do Adolescente, tem-se aí um grande âmbito de controle às atividades exercidas na administração dos bens e dos interesses dos pequenos influenciadores.

No que diz respeito à administração dos bens materiais ou imateriais, as relações constituídas devem tutelar a personalidade do menor e possibilitar o exercício de seus direitos fundamentais, nunca esquecendo dos deveres fundamentais correspectivos dos pais, devendo prevalecer, sempre que possível, a autonomia da vontade do menor enquanto pessoa humana. Além disso, o reconhecimento dos deveres fundamentais dos pais se projetará a enfatizar a importância da aplicação dos direitos dos menores em vários pontos de vista, indo da preservação da esfera patrimonial até a tutela dos direitos inerentes à personalidade.

7. REFERÊNCIAS

BROCHADO TEIXEIRA, Ana Carolina. *Família, guarda e autoridade parental*. Rio de Janeiro: Renovar, 2009.

BROCHADO TEIXEIRA, Ana Carolina. *A disciplina jurídica da autoridade parental*. Disponível em: https://ibdfam.org.br/assets/upload/anais/5.pdf. Acesso em: 22 jul. 2021.

CORREA, Luciana Bolzani. O que tem dentro da caixa? Crianças hipnotizadas pelo YouTube Brasil, as fronteiras entre entretenimento, conteúdo proprietário e publicidade. *Encontro de pesquisadores em Publicidade e Propaganda*, v. 7, 2016. Disponível em: http://pesquisasmedialab.espm.br/wp-content/uploads/2016/09/CORREA_Luciana_Propesq_2016.pdf. Acesso em: 22 jul. 2021.

CURY JÚNIOR, David. *A proteção jurídica da imagem da criança e do adolescente*. Tese de Doutorado em Direito. Pontifícia Universidade Católica, São Paulo, 2006. p. 169. Disponível em: http://www.dominiopublico.gov.br/download/teste/arqs/cp011640.pdf Acesso em: 22 jul. 2021.

DUQUE, Bruna Lyra; PEDRA, Adriano Sant'Ana. A harmonização entre os deveres fundamentais de solidariedade e o espaço da liberdade dos particulares no exercício da autonomia privada. In: RODRIGUES JR., Otávio Luiz; ROBERTO, Giordano Bruno Soares; PINTO, Nelson Luiz (Org.). *Relações privadas e democracia*. Florianópolis: FUNJAB, 2012. p. 164-183.

DUQUE, Bruna Lyra; PEDRA, Adriano Sant'Ana. *Deveres fundamentais e justiça constitucional*: um exame da liberdade de expressão e da proteção da criança e do adolescente. 2015. Disponível em: https://www.academia.edu/36422988/DUQUE_BL_PEDRA_AS._Deveres_funda.

DUQUE, Bruna Lyra. Teoria da causa do contrato e sua relação com a justiça contratual. *Revista Fórum de Direito Civil*, v. 12, p. 45-61, 2016.

DUQUE, Bruna Lyra; LEITE, Letícia Durval. Dever fundamental de afeto e alienação parental. *Revista de Direito de Família e das Sucessões*, São Paulo, v. 7, ano 3, p. 15-31, jan./mar, 2016.

DUQUE, Bruna Lyra. *Causa do contrato*: entre direitos e deveres. Belo Horizonte: Conhecimento, 2018.

EHRHARDT JUNIOR, Marcos Augusto Albuquerque. As funções da boa-fé e a construção de deveres de conduta nas relações privadas. *Pensar*, Fortaleza, v. 18, n.2, p. 551-586, maio-ago. 2013.

GAGLIANO, Pablo Stolze; PAMPLONA FILHO, Rodolfo. *Novo Curso de Direito Civil*: direito de família. 10. ed. v. 6. São Paulo: Saraiva Educação, 2020.

GOMES, Orlando. *Introdução ao Direito Civil*. 10. ed. Rio de Janeiro: Forense, 1993.

MAINO, Carlos Alberto Gabriel. Derechos fundamentales y la necesidad de recuperar los deberes: aproximación a la luz del pensamiento de Francisco Puy. In: LEITE, George Salomão; SARLET, Ingo Wolfgang; CARBONELL, Miguel (Coord.). *Direitos, deveres e garantias fundamentais*. Salvador: JusPodivm, 2011. p. 36.

MARIANI, Christiana; MARTINS, Danilea; FROTA, Etel. Quase metade dos cem canais mais vistos tem conteúdo para criança. *Folha de S. Paulo*, 2016. Disponível em: http:// temas,folha.uol.com.br/ influenciadores-digitais/a-sociedade/quase-metade-dos-cem-canais-mais-vistos-tem-conteudo-para-crianca.html Acesso em: 22 jul. 2021.

MARQUES, Cláudia Lima. *Contratos no Código de Defesa do Consumidor*: o novo regime das relações contratuais. 5. ed. São Paulo: Ed. RT, 2002.

MENEZES, Joyceane Bezerra de; MORAES, Maria Celina Bodin de. Autoridade parental e privacidade do filho menor: o desafio de cuidar para emancipar. *Revista Novos Estudos Jurídicos – Eletrônica*, v. 20, n. 2, maio-ago., 2015. p. 509. Disponível em: https://siaiap32.univali.br/seer/index.php/nej/article/view/7881. Acesso em: 22 jul. 2021.

NEVARES, Ana Luiza Maia. SCHREIBER, Anderson. Do sujeito à pessoa: uma análise da incapacidade civil. In: TEPEDINO, Gustavo et al. *O Direito Civil entre o sujeito e a pessoa*: estudos em homenagem ao professor Stefano Rodotà. Belo Horizonte: Fórum, 2016.

NOGUEIRA DA GAMA, Guilherme Calmon. *Princípios constitucionais de direito de família*. São Paulo: Atlas, 2008.

PERLINGIERI, Pietro. *O Direito Civil na legalidade constitucional*. Trad. Maria Cristina de Cicco. Rio de Janeiro: Renovar, 2008.

SCHREIBER, Anderson. *Direitos da personalidade*. 2. ed. São Paulo: Atlas, 2013.

SCHREIBER, Anderson. *Manual de direito civil contemporâneo*. São Paulo: Saraiva Educação, 2018.

SCHREIBER, Anderson. KONDER, Carlos Nelson. Uma agenda para o Direito civil-constitucional. *Revista brasileira de Direito Civil*, Rio de Janeiro, v. 10, p. 9-27. out.-dez., 2016. Disponível em: https://rbdcivil.ibdcivil.org.br/rbdc/article/view/42. Acesso em: 22 jul. 2021.

SILVA, Cristiane Rubim Manzina da; TESSAROLO, Felipe Maciel. Influenciadores Digitais e as Redes Sociais Enquanto Plataformas de Mídia. In: XXXIX Congresso Brasileiro de Ciências da Comunicação. 2016, São Paulo. *Anais de Congresso*. Disponível em: http://portalintercom.org.br/anais/nacional2016/resumos/ R11-2104-1.pdf. Acesso em: 22 jul. 2021.

TENORIO, Carolina Fontes Lima. OMENA. Georgia Alecio Barbosa. *A omissão legal na regulamentação do trabalho dos influencers mirins*: a proteção dos direitos humanos da criança e do adolescente na era virtual. V ENPEJUD: O poder Judiciário como garantidor dos direitos humanos. Disponível em: http://enpejud.tjal.jus.br/index.php/exmpteste01/article/view/524. Acesso em: 22 jul. 2021.

TERRA, Aline de Miranda Valverde; TEIXEIRA, Ana Carolina Brochado. É possível mitigar a capacidade e a autonomia da pessoa com deficiência para a prática de atos patrimoniais e existenciais? *Civilistica. com*. Rio de Janeiro, a. 8, n. 1, 2019. p. 16. Disponível em: http://civilistica.com/e-possivel-mitigar-a-capacidade/. Acesso em: 22 jul. 2021.

TIC KIDS ONLINE BRASIL (LIVRO ELETRÔNICO). Pesquisa sobre o uso da internet por crianças e adolescentes no Brasil. Núcleo de Informação e Coordenação do Ponto BR. Comitê Gestor da Internet no Brasil, 2016. Disponível em: https://cetic.br/media/docs/publicacoes/2/TIC_Kids_2015_LIVRO_ELETRONICO.pdf Acesso em: 22 jul. 2021.

ZIPPELLIUS, Reinhold. *Teoria geral do Estado*. Trad. Karin Praefke-Aires Coutinho. Lisboa: Fundação Calouste Gulberkian, 1997.

21
INFLUENCIADORES DIGITAIS MIRINS E *(OVER) SHARENTING*: UMA ABORDAGEM ACERCA DA SUPEREXPOSIÇÃO DE CRIANÇAS E ADOLESCENTES NAS REDES SOCIAIS

Michael César Silva

Doutor e Mestre em Direito Privado pela Pontifícia Universidade Católica de Minas Gerais. Especialista em Direito de Empresa pela Pontifícia Universidade Católica de Minas Gerais. Professor Convidado do LLM em Lei Geral de Proteção de Dados da Universidade do Vale do Rio dos Sinos (UNISINOS). Professor Convidado do LLM em Fashion Law da Universidade Mackenzie. Professor da Dom Helder Escola de Direito. Professor da Escola de Direito do Centro Universitário Newton Paiva. Membro fundador do Instituto Brasileiro de Estudos de Responsabilidade Civil (IBERC). Advogado. Mediador Judicial credenciado pelo Tribunal de Justiça de Minas Gerais (TJMG). ORCID n. 0000-00021142-4672

Caio César do Nascimento Barbosa

Bacharel em Direito – modalidade Integral – pela Dom Helder Escola de Direito. Alumni da University of Pennsylvania pelo "English Language and US Legal System Program", realizado na Philadelphia (EUA). Diretor Adjunto da AGEJ – Associação Guimarães de Estudos Jurídicos. Diretor Adjunto e membro do Conselho Editorial do Portal Jurídico Magis. Advogado.

Glayder Daywerth Pereira Guimarães

Pós-graduando em Direito Digital e Proteção de Dados pelo Centro Universitário – UniAmérica. Bacharel em Direito – modalidade Integral – pela Dom Helder Escola de Direito. Copresidente da AGEJ – Associação Guimarães de Estudos Jurídicos. Diretor Executivo e membro do Conselho Editorial do Portal Jurídico Magis. Advogado.

Sumário: 1. Considerações iniciais – 2. Redes sociais e influenciadores mirins – 3. Considerações acerca do *sharenting* – 4. A principiologia do estatuto da criança e do adolescente (ECA) na proteção do público infantojuvenil – 5. A superexposição dos influenciadores mirins – 6. A exploração comercial da imagem dos influenciadores mirins – 7. Considerações finais – 8. Referências.

1. CONSIDERAÇÕES INICIAIS

A sociedade contemporânea perpassou uma série de modificações, as quais, por sua vez, alteraram de modo distinto o Direito. Nesse giro, numerosos avanços tecnológicos ensejaram uma revisitação do Direito Privado a fim de desenvolver as necessárias adequações ao novo paradigma tecnológico estabelecido perante o advento do mercado de consumo digital.

Nesse contexto, a comunicação se tornou transfronteiriça, dinâmica e adquiriu celeridade nunca antes imaginada, de modo que, mesmo para indivíduos separados por grandes distâncias a comunicação se efetiva instantaneamente por meio dos aplicativos de mensagens e das redes sociais. A referida alteração permitiu a ocorrência de uma revolução digital no que diz respeito à comunicação, remodelando de modo significativo os padrões de comunicações previamente estabelecidos.

Concomitantemente as repercussões do novo paradigma tecnológico e as transformações do mercado de consumo digital, os fornecedores buscaram novos mecanismos de promoção e divulgação da publicidade em ambiente digital, com a finalidade de expandir seus limites e atingir os novos espaços comunicacionais, notadamente, por meio da utilização massiva do marketing digital.

Atualmente, as plataformas digitais, sobretudo, o *Facebook, Instagram, TikTok* e o *Youtube*, conectam milhões de pessoas, possibilitando a difusão de conteúdos de forma célere. Nesse cenário, verificou-se, nos últimos anos, um fenômeno mundial de ascensão de pessoas, as quais, por meio das plataformas digitais se estabeleceram como influenciadores de opinião em nichos específicos de mercado.

Diante de tal conjuntura, os fornecedores perceberam uma oportunidade de maximizar os efeitos de suas publicidades, atrelando-as a figuras de renome da internet, os denominados *influenciadores digitais (digital influencers)*, os quais se apresentam como indivíduos que possuem a capacidade de influenciar a vida de seus seguidores, especialmente, em relação a seus hábitos de consumo e padrões de comportamento.

Dentre essas celebridades virtuais, destacam-se os *influenciadores mirins*. Trata-se de um grupo de influenciadores composto exclusivamente por crianças e adolescentes, os quais produzem conteúdo para as mídias sociais alcançando em determinados casos, números de seguidores e engajamento expressivos e, deste modo, tornando-se capazes de alterar significativamente os hábitos de consumo do público infantojuvenil.

Constata-se que os influenciadores mirins em sua atuação nas redes sociais são em sua maioria representados por seus pais. Nesse giro, em algumas situações, os representantes legais dos influenciadores mirins exercem de forma abusiva a sua autoridade parental, e, nesse sentido, realizam a divulgação excessiva de fotos e vídeos das crianças e adolescentes, configurando o que se denomina *(over)sharenting*.

Nessa linha de intelecção, o estudo propõe analisar criticamente a temática do *(over)sharenting*, notadamente, no que se refere as repercussões jurídicas causadas pela superexposição das crianças e adolescentes em publicidades veiculadas pelos perfis dos influenciadores mirins em plataformas digitais. Isso pois, as crianças e adolescentes não podem ser vislumbras, em nenhuma hipótese, como meros objetos de satisfação da vontade de seus responsáveis, sendo, em verdade, sujeitos titulares de direitos.

Nessa perspectiva, deve-se verificar se a prática do *sharenting* e do *(over)sharenting* constituem, ou não, uma violação ao direito à autodeterminação informacional, nome, imagem, privacidade e intimidade das crianças e adolescentes. Torna-se imprescindível nesse cenário, verificar os limites da autoridade parental frente aos direitos da personalidade dos infantes.

Relativamente aos aspectos metodológicos da pesquisa, afirma-se tratar, na classificação proposta por Jorge Witker,[1] bem como por Miracy Barbosa de Sousa Gustin e Maria Tereza Fonseca Dias,[2] o tipo jurídico-projetivo, amoldando-se à vertente metodológica jurídico-sociológica. De acordo com a técnica de análise do conteúdo, afirma-se que se trata de uma pesquisa teórica, o que será possível a partir da apreciação da doutrina, jurisprudência e da legislação pertinente.

Por fim, tem-se como necessária a reflexão da controvérsia em suas diversas matizes, a partir de uma abordagem crítica, dialética e construtiva, com a finalidade de se permitir a compreensão consentânea de suas peculiares repercussões no âmbito do direito digital, buscando apresentar soluções adequadas a temática em estudo.

2. REDES SOCIAIS E INFLUENCIADORES MIRINS

Ao longo dos séculos a humanidade presenciou uma série de mudanças de cunho significativo, as quais alteraram a estrutura e o comportamento da sociedade. Nesse âmbito, a revolução tecnológica digital assumiu notável papel de desempenho na formação da sociedade contemporânea, a qual se pauta, principalmente, pelos avanços tecnológicos e comunicacionais.

> A revolução digital propiciou um contexto no qual as pessoas estão aptas a exercer uma comunicação muito mais dinâmica e célere com as outras pessoas (segundo elemento – Comunicação Digital), o que não ocorria em épocas anteriores, com a comunicação por cartas ou mesmo com a comunicação pelos telefones fixos, por exemplo. As novas opções de comunicação digital alteraram significativamente o modo como as pessoas se comunicam na atualidade. Uma vez que todos contemplam oportunidades de se comunicar e colaborar com qualquer pessoa, em qualquer momento e em qualquer lugar, é necessário versar sobre as decisões apropriadas para cada momento e opção advinda da comunicação digital.[3]

Com o advento da *World Wide Web*, caracterizado como o novo paradigma tecnológico, ocorre uma grande evolução no campo digital e informacional, ocasionando a interconexão de pessoas de todo o mundo por intermédio da utilização de computadores, *tablets* e *smartphones*.

---

1. WITKER, Jorge. *Como elaborar una tesis en derecho*: pautas metodológicas y técnicas para el estudiante o investigador del derecho. Madrid: Civitas, 1985.
2. GUSTIN, Miracy Barbosa de Sousa; DIAS, Maria Tereza Fonseca. *(Re)pensando a pesquisa jurídica*: teoria e prática. 3. ed. Belo Horizonte: Del Rey, 2010.
3. SIQUEIRA, Dirceu Pereira; NUNES, Danilo Henrique. Conflitos digitais: cidadania e responsabilidade civil no âmbito das lides cibernéticas. *Revista Jurídica da UNI7*, Centro Universitário 7 de Setembro, Fortaleza, v. 15, n. 2, 2018. p. 130.

A rede mundial de computadores fomentou e potencializou a globalização da economia, inserindo a sociedade na era da informação. A internet tornou possível, o acesso de milhares de pessoas em diversos lugares do mundo de forma veloz e concomitante, bem como a transferência de dados, e-mail e arquivos com as mais variadas extensões, compartilhamento de fotos, vídeos e músicas em tempo real.[4]

Destarte, a internet se introjetou profundamente no cotidiano de cada membro da sociedade, de modo que, na contemporaneidade, é impossível considerar uma vida sem as facilidades do mundo digital. Nesse viés, Pierre Lévy suscita a existência de um fenômeno participativo e socializador na internet, em que a facilidade de acesso à internet ocasionou a massificação da conexão, originando, assim, uma *sociedade digitalizada*.[5]

Entretanto, "se os louros dos recentes avanços tecnológicos para a humanidade são amplamente notáveis, não raro este progresso tecnoeconômico é recebido com gigantesca desconfiança."[6]

O fenômeno de digitalização é um fato incontestável, de forma que pessoas físicas e jurídicas ingressaram massivamente nas plataformas digitais objetivando alcançar o maior número de pessoas possível, configurando o que se denomina como *hiperconectividade*, consequência ocasionada pelas constantes evoluções no espaço cibernético.

Logo, os avanços tecnológicos ressignificaram as relações humanas, o contexto digital e a própria hiperconectividade, de modo a moldar padrões de comportamento e hábitos intrínsecos a nova realidade, marcada pela própria natureza da interação dos indivíduos com o corpo social que o rodeia.

A partir dos altos índices de conexão verificados *on-line*, presenciam-se distintas alterações sociais, as quais não se limitam apenas ao efeito comunicacional, sendo notória a expansão para diversas outras formas de interação com o advento das novas tecnologias.

> O homem sempre buscou formas de se comunicar, seja por meio de imagens, escritos, símbolos, sinais visuais ou sonoros. A interlocução entre sujeitos sempre teve seu espaço na vida das pessoas. Entretanto, no século XXI a comunicação passou por um processo de remodelação e redefinição. A digitalização criou assim um novo modelo de sociedade, pautada por novos paradigmas comunicacionais.[7]

---

4. OLIVEIRA, Bruno Bastos de; PISSOLATO, Solange Teresinha Carvalho. Direito e tecnologia no ambiente de hiperconectividade: aspectos jurídicos da internet das coisas e seus desafios. *Relações Internacionais no Mundo Atual*, v. 1, n. 26, 2020. p. 224. Disponível em: http://revista.unicuritiba.edu.br/index.php/RIMA/article/view/4076/371372384. Acesso em: 12 maio 2021.

5. LÉVY, Pierre. *Cibercultura*. São Paulo: Editora 34. 1999. Disponível em: https://mundonativodigital.files.wordpress.com/2016/03/cibercultura-pierre-levy.pdf. Acesso em: 15 maio 2021. Nesse sentido ver: LACERDA, Bruno Torquato Zampier. *Bens digitais*: cybercultura, redes sociais, e-mails, músicas, livros, milhas aéreas, moedas virtuais. 2. ed. Indaiatuba, São Paulo: Editora Foco, 2021. p. 18-19.

6. EHRHARDT JÚNIOR, Marcos; ACIOLI, Bruno de Lima. Privacidade e os desafios de sua compreensão contemporânea: do direito de ser deixado em paz ao direito ao esquecimento. In: MENEZES, Joyceane Bezerra de; TEPEDINO, Gustavo (Coords.). *Autonomia privada, liberdade existencial e direitos fundamentais*. Belo Horizonte: Fórum, 2019. p. 160.

7. GUIMARÃES, Glayder Daywerth Pereira; SILVA, Michael César. Fake News à luz da responsabilidade civil digital: o surgimento de um novo dano social. *Revista Jurídica da FA7*, Centro Universitário 7 de Setembro, v. 16, n. 2, 2019. p. 101.

Conteúdos são gerados e divulgados por meio da internet, sendo destacável o alto grau de propagação, bem como seu transfronteirismo, possibilitando o rompimento das barreiras físicas e, assim, alcançando um grande número de pessoas, sob a facilidade de divulgação a partir de uma tela de celular, por exemplo.[8] Nessa linha de intelecção, Alexandre Rodrigues Atheniense destaca que "o conteúdo divulgado na rede atinge um enorme grau de exposição, com alcance global e alta velocidade de disseminação e alta possibilidade de formação de convencimento de um público alvo."[9]

Assim, a sociedade contemporânea assume um viés digital.[10] Trata-se de recente fenômeno caracterizado pela inserção das redes sociais à rotina dos indivíduos, sendo consideradas como um dos principais motivos do expressivo acesso à internet, conferindo protagonismo aos indivíduos e seus pensamentos, e, por conseguinte, transcendendo barreiras.[11]

No aludido contexto, surgem no âmbito das plataformas digitais personalidades denominadas de *influenciadores digitais (digital influencers)*, figuras em ascensão que atualmente integram o cotidiano de milhões de pessoas.[12]

Os *digital influencers* podem ser definidos como indivíduos que exercem grande influência sobre determinado público, possuindo a habilidade de criar e moldar opiniões, bem como conceber padrões comportamentais por meio de diálogos diretos com seus seguidores.

Com massiva presença nas mídias sociais mais relevantes, como o *YouTube, Instagram, TikTok, Facebook, Snapchat e Twitter*, tais personalidades virtuais demarcam seu espaço no contexto virtual, por meio da *produção de conteúdo próprio*, interação com terceiros (denominados de seguidores), ditando padrões de comportamento e atrelando sua imagem e nome a determinados produtos e serviços por meio do marketing de influência.

Os *digital influencers* moldam opiniões, influenciam comportamentos e definem novas tendências consumeristas aos indivíduos que os acompanham nas redes sociais, por meio de uma relação direta com seu público/nicho específico,

---

8. GUIMARÃES, Glayder Daywerth Pereira; SILVA, Michael César. Implicações das fake News na responsabilidade civil digital: a eclosão de um novo dano social. In: FERRI, Carlos Alberto; ALMEIDA, José Luiz Galvão de; LELLIS, Lélio Maximo. (Coords.). *Direito, ética e cidadania:* estudos em homenagem ao professor Jorge Luiz de Almeida. v. 1, Curitiba: Editora CRV, 2020. p. 185-204.

9. ATHENIENSE, Alexandre Rodrigues. O enfrentamento jurídico da reputação na mídia digital. In: BRANT, Cassio Augusto Barros (Coord.). REINALDO FILHO, Democrito Ramos; ATHENIENSE, Alexandre Rodrigues (Orgs.). *Direito Digital e Sociedade 4.0*. Belo Horizonte: D'Plácido, 2020. p. 233.

10. Acerca da temática recomenda-se a leitura de: DONEDA, Danilo. *Da privacidade à proteção de dados pessoais:* elementos da formação da Lei Geral de Proteção de Dados. 2. ed. São Paulo: Thomsom Reuters, 2019.

11. Nesse sentido ver: LACERDA, Bruno Torquato Zampier. *Bens digitais:* cybercultura, redes sociais, e-mails, músicas, livros, milhas aéreas, moedas virtuais. 2. ed. Indaiatuba, São Paulo: Editora Foco, 2021. p. 35-39.

12. Sobre o assunto recomenda-se a leitura de: SILVA, Michael César; GUIMARÃES, Glayder Daywerth Pereira; BARBOSA, Caio César do Nascimento. Publicidade Ilícita e sociedade digital: delineamentos da responsabilidade civil do digital influencer. In: BARBOSA, Mafalda Miranda; BRAGA NETTO, Felipe Peixoto; SILVA, Michael César; FALEIROS JÚNIOR, José Luiz de Moura (Coords.). *Direito Digital e Inteligência Artificial:* Diálogos entre Brasil e Europa. Indaiatuba, São Paulo: Editora Foco, 2021. p. 381-410.

pois gozam de credibilidade (confiança) junto a seus seguidores e atuam com espontaneidade, peças chaves para promoção de uma aproximação concreta entre influenciador e seguidor.

> A identificação do consumidor com o digital influencer é formada justamente pelo fato deste último ser considerado uma pessoa normal, que se conecta com muitas outras por meio das plataformas digitais, se relacionando em áreas de que têm conhecimento. Formadores de opiniões, os influenciadores não apresentam ou representam personagens, mas sim eles mesmos em seu cotidiano, tornando sua aproximação com seus seguidores mais acessível e descomplicada.[13]

Atuando em diferentes nichos e angariando a atenção de determinados públicos em específico, estas personalidades se fazem presentes no cotidiano virtual, sendo que sua atuação poderá se dar em qualquer plataforma digital e, em qualquer ramo específico. Nesse mesmo giro, segundo Issaaf Karhawi, "um influenciador pode ser tanto aquele que estimula debates ou agenda temas de discussão em nichos, quanto aquele que influencia na compra de um lançamento de determinada marca."[14]

Assim, os influenciadores assumem distintas posições de atuação no âmbito digital, focando em diferentes públicos-alvo. Neste sentido, insta frisar a expressiva e notável presença nas plataformas digitais, em especial, no Youtube e no Instagram, dos chamados "*influencers* mirins".

Os influenciadores mirins se apresentam como crianças e adolescentes que, por meio das mídias sociais, adquirem enorme poder de influência sobre o público infantojuvenil, ao atuarem como produtores de conteúdo do referido segmento, promovendo entretenimento, acontecimentos do dia a dia e, também, divulgando novos produtos e serviços, em sua maioria relacionados ao setor de brinquedos e games.

> É importante ressaltar que existem canais infantis que apresentam crianças como atores do discurso, os chamados youtubers mirins; mas também há canais com mensagem infantil apresentados por adultos. Contudo, esse procedimento não os converte em youtubers mirins; apenas ostentam, como nicho e público, as crianças, e proporcionam a elas seu conteúdo infantil.[15]

Destaca-se, que cada vez mais os jovens desejam se tornar influenciadores digitais, conquistando a relevância digital de seus "novos ídolos", como demonstram dados de pesquisa realizada no ano de 2019 pela Morning Consult:

---

13. BARBOSA, Caio César do Nascimento; BRITTO, Priscila Alves de; SILVA, Michael César. A responsabilidade civil dos influenciadores digitais pela publicidade ilícita por eles veiculada. *Revista Jurídica Luso-Brasileira*, Lisboa, a. 7, n. 3, 2021. p. 357.
14. KARHAWI, Issaaf. Influenciadores digitais: conceitos e práticas em discussão. *Revista Communicare*, v.17, 2017. p. 59. Disponível em: https://casperlibero.edu.br/communicare-17-edicao-especial-de-70-anos-da-faculdade-casper-libero/. Acesso em: 19 maio 2021.
15. BARCELLOS, Lívia Inglesis. *Youtubers mirins e o incentivo ao consumo*: uma leitura semiótica. 2020. Dissertação de Mestrado. 2020. 123 f. Dissertação (Mestrado em Comunicação) Faculdade de Arquitetura, Artes e Comunicação – FAAC, Universidade Estadual Paulista "Júlio de Mesquita Filho" – UNESP, p. 53. Disponível em: https://repositorio.unesp.br/handle/11449/202527. Acesso em: 19 maio 2021.

But young people don't only trust influencers, they want to be them: 86% of Gen Z and millennials surveyed would post sponsored content for money, and 54% would become an influencer given the opportunity, according to the report by research firm Morning Consult, which surveyed 2,000 Americans ages 13 to 38 about influencer culture.[16]

Acompanhados pelos genitores ou responsáveis legais, tais influenciadores cativam o público infantojuvenil, com conteúdo leve que os aproxima das crianças e adolescentes, uma vez que produzem entretenimento diretamente direcionado ao referido público.

Ser um youtuber mirim de sucesso é um negócio bastante promissor, e isso se constata pelo comportamento da família diante da atividade desenvolvida pelos pequenos. Não é incomum ouvir relatos de famílias inteiras que deixaram seus empregos para investirem na carreira do filho, ou que já estejam pensando no futuro e preparando os "herdeiros", cuja herança são os assinantes do canal.[17]

Lado outro, existem perfis em redes sociais direcionados a menores de idade que, mesmo sem a criação de conteúdo de entretenimento, ostentam altos números de seguidores e relevante engajamento, como é o caso de Maria Alice, nascida em maio de 2021, filha da influenciadora Virginia Fonseca e do cantor Zé Felipe, com 5.1 milhões de seguidores em agosto de 2021.[18]

Logo, os influenciadores mirins conseguem criar conteúdo e engajamento, focando em seu nicho de atuação, qual seja a produção de entretenimento infantojuvenil, apresentando em seus perfis, vídeos de brincadeiras, relatos de acontecimentos cotidianos, *unboxing* de novos produtos e a promoção de determinados serviços etc.

Muitos deles gravam vídeos em que exibem produtos como roupas e brinquedos, falam sobre marcas e dão dicas de uso. Uma prática comum em vídeo de youtubers mirins é o chamado "unboxing", em que se filma a abertura da embalagem de um produto novo, mostrando em detalhes seus itens e características.[19]

---

16. Tradução nossa: Mas os jovens não confiam apenas nos influenciadores, eles querem ser eles: 86% da Geração Z e da geração do milênio pesquisados postariam conteúdo patrocinado por dinheiro, e 54% se tornariam um influenciador se tivessem a oportunidade, de acordo com o relatório da empresa de pesquisas Morning Consult, que pesquisou 2.000 americanos com idades entre 13 e 38 anos sobre a cultura do influenciador. (LOCKE, Taylor. 86% of young people say They want to post social media content for money. *CNBC*. 2019. Disponível em: https://www.cnbc.com/2019/11/08/study-young-people-want-to-be-paid-influencers. html#:~:text=But%20young%20people%20don't,ages%2013%20to%2038%20about. Acesso em: 21 maio 2021).

17. ALMEIDA, Claudia Pontes. Youtubers mirins, novos influenciadores e protagonistas da publicidade dirigida ao público infantil: uma afronta ao Código de Defesa do Consumidor e às leis protetivas da infância. *Revista Luso-Brasileira de Direito do Consumo*, v. VI, n. 23, 2016. p. 176.

18. Perfil de Maria Alice se torna o segundo com mais engajamento no Instagram. *Revista Caras*. 2021. Disponível em:https://caras.uol.com.br/bebe/perfil-de-maria-alice-se-torna-o-segundo-com-mais-engajamento-no-instagram.phtml. Acesso em: 26 ago. 2021.

19. MOURA, Ana Luiza; CARVALHO, Eric de. Youtubers Mirins: Relações Públicas, Publicidade Infantil e Responsabilidade Social. Communicare, *Revista do Centro Interdisciplinar de Pesquisa* - Faculdade Cásper Líbero, v. 19, 2019. p. 48. Disponível em: https://casperlibero.edu.br/wp-content/uploads/2019/06/Nova-vers%C3%A3o_Communicare-19.1-atualizada.pdf. Acesso em: 12 maio 2021.

Destarte, a "habilidade de certas crianças em gerar conteúdo, gerenciar e criar uma comunidade de seguidores tem chamado a atenção de marcas que desejam se comunicar de forma empática."[20] Nesse viés, os responsáveis pelas crianças e adolescentes passaram empregar esforços com a *monetização do conteúdo criado*, por meio do próprio sistema de remuneração da plataforma do Youtube e, também, por conteúdos publicitários veiculados pelos próprios filhos nas plataformas digitais.

> [...] o mercado de consumo foi desenvolvido, inicialmente, quase com exclusividade, para o público adulto. No entanto, no final do século XX e início do século XXI, a criança e o adolescente passaram também a fazer parte da festa do consumo.
>
> Elas deixaram de ser apenas um "subconsumidor" para ser um "megaconsumidor". Por toda parte, os produtos destinados ao público infantojuvenil tomam as prateleiras, os espaços de publicidade em todos os produtos e serviços, especialmente no mundo do entretenimento.[21]

Entretanto, em algumas situações se verifica um exercício abusivo da autoridade parental, que se perfectibiliza pela (super)exposição das crianças e adolescentes em redes sociais, por meio de difusão excessiva de diversos direitos da personalidade dos infantes com intuito lucrativo, com evidentes prejuízos à saúde, discernimento e desenvolvimento psicológico do público infantojuvenil, a partir do momento em que são colocados em situações que perpassam o limite do mero entretenimento legal.[22]

3. CONSIDERAÇÕES ACERCA DO *SHARENTING*

No contexto de uma sociedade hiperconectada exsurge o denominado *sharenting*. Trata-se da exposição excessiva, normalmente, por parte dos pais, de fotos, vídeos, notícias e demais formas de conteúdo sobre seus filhos nas redes sociais.[23]

Filipe José Medon Affonso preleciona que o "neologismo vem da junção das palavras de língua inglesa *share* (compartilhar) e *parenting* (cuidar, exercer a auto-

---

20. No original: *The skills shown by some children to generate content, manage it and create a community of followers has aroused the interest of those brands that wish to communicate empathically.* (TUR-VIÑES, Victoria; NÚÑEZ-GÓMEZ, Patrícia; GONZÁLEZ-RÍO, María José. Kid influencers on YouTube. A space for responsibility. *Revista Latina de Comunicación Social*. n. 73, 2018. p. 1212. Disponível em: http://www.revistalatinacs.org/073paper/1303/62en.html. Acesso em: 18 maio 2021).
21. DENSA, Roberta. *Proteção jurídica da criança consumidora*: entretenimento, classificação indicativa, filmes, jogos, jogos eletrônicos, exposição de arte. Indaiatuba: Editora Foco, 2018. p. XVIII.
22. Acerca da temática recomenda-se a leitura de: MENEZES, Joyceane Bezerra de; MORAES, Maria Celina Bodin de. Autoridade parental e privacidade do filho menor: o desafio de cuidar para emancipar. *Revista Novos Estudos Jurídicos*. v. 20, n. 2, 2015. Disponível em: https://siaiap32.univali.br/seer/index.php/nej/article/view/7881. Acesso em: 01 ago. 2021.
23. STEINBERG, Stacey B. Sharenting: Children's Privacy in the Age of Social Media. *Emory Law Journal*, v. 66, i. 4, 2017. p. 839-884. Disponível em: https://scholarship.law.ufl.edu/cgi/viewcontent.cgi?article=1796&context=facultypub. Acesso em: 18 maio 2021. Nesse mesmo sentido, o dicionário Collins da língua inglesa define *sharenting* como "o uso habitual das redes sociais para compartilhar notícias, imagens etc. dos filhos". No original: "the habitual use of social media to share news, images, etc of one's children." (COLLINS DICTIONARY. *Sharenting*. 2021. Disponível em: https://www.collinsdictionary.com/pt/dictionary/english/sharenting. Acesso em: 19 maio 2021).

ridade parental)"[24], e que a referida prática não se restringe aos pais, de forma que tios, amigos e pessoas próximas também podem ser "expositores".[25]

Constata-se que o referido fenômeno possui implicações diretas com os direitos fundamentais das crianças e adolescentes. Portanto, se faz necessário compatibilizar o exercício da autoridade parental de compartilhamento dos aspectos e elementos da vida dos com a imprescindível proteção dos direitos da personalidade da criança e do adolescente, notadamente, seu nome, imagem, privacidade e intimidade.[26]

Vislumbra-se, atualmente, a primeira geração de crianças e adolescentes que ao adentrar as redes sociais já possui algum conteúdo sobre sua pessoa previamente postado.[27] A conjuntura descrita se torna especialmente complexa, quando se constata que grande parte dessas crianças e adolescentes *não são favoráveis a tais postagens*, uma vez que, comumente, são expostas a situações que julgam vexatórias ou constrangedoras. Outra controvérsia diz respeito ao aspecto da privacidade, uma vez que as postagens efetuadas pelos representantes legais representam riscos que, muitas vezes, os infantes não estariam dispostos a se submeter, tais como o de roubo de identidade, criação de perfis falsos, golpes e, até mesmo, pedofilia.[28]

> A proteção da privacidade é um dos temas mais delicados na matéria dos direitos da personalidade, pois o potencial de ofensas à privacidade cresceu abruptamente com o desenvolvimento tecnológico e também com a dificuldade dos instrumentos de tutela tradicionais do ordenamento realizarem adequadamente esta proteção.[29]

As pegadas digitais – *digital footprint*[30] – são deixadas cada vez mais cedo, usualmente, antes mesmo do nascimento dos infantes. Progressivamente, os pais compartilham cada vez mais sobre seus filhos, seja por meio de fotos do ultrassom, do primeiro banho, a primeira amamentação, ou diversas outras ocasiões que julguem

---

24. AFFONSO, Filipe José Medon. Little Brother Brasil: pais quarentenados, filhos expostos e vigiados. *JotaInfo*. 2020. Disponível em: https://www.jota.info/opiniao-e-analise/artigos/big-little-brother-brasil-pais-quarentenados-filhos-expostos-e-vigiados-14042020. Acesso em: 18 maio 2021.
25. AFFONSO, Filipe José Medon. (Over)sharenting: a superexposição da imagem e dos dados da criança na internet e o papel da autoridade parental. *In*: TEIXEIRA, Ana Carolina Brochado Teixeira; DADALTO, Luciana. *Autoridade Parental*: dilemas e desafios contemporâneos. 2. ed. Indaiatuba: Foco, 2021. [E-book]
26. BOLESINA, Iuri.; FACCIN, Talita de Moura. A responsabilidade civil por sharenting. *Revista da Defensoria Pública do Estado do Rio Grande do Sul*, a. 11, n. 27, 2021. p. 208-229. Disponível em: https://revista.defensoria.rs.def.br/defensoria/article/view/285. Acesso em: 18 maio 2021.
27. BLUM-ROSS, Alicia; LIVINGSTONE, Sonia. Sharenting: parent blogging and the boundaries of the digital self. *Popular Communication*, v. 15, i. 2, 2017. p. 110-125. Disponível em: https://eprints.lse.ac.uk/67380/1/Blum-Ross_Sharenting_revised_2nd%20version_2017.pdf. Acesso em: 18 maio 2021.
28. SIIBAK, Andra; TRAKS, Keily. The dark sides of sharenting. *Catalan Journal of Communication and Cultural Studies*, v. 11, i. 1, 2019. p. 115-121. Disponível em: https://www.researchgate.net/publication/333607170_The_dark_sides_of_sharenting. Acesso em: 18 maio 2021.
29. DONEDA, Danilo. Os direitos da personalidade no Código Civil. *In*: TEPEDINO, Gustavo (Coord.). *A parte geral do novo Código Civil*: Estudos na perspectiva civil-constitucional. 3. Ed. Rio de Janeiro: Renovar: 2007. p. 53.
30. BROSCH, Anna. When the Child is Born into the Internet: Sharenting as a Growing Trend among Parents on Facebook. *The New Educational Review*, v. 43, i. 1, 2016. p. 225-235. Disponível em: https://depot.ceon.pl/handle/123456789/9226. Acesso em: 18 maio 2021.

especiais ou merecedoras de uma postagem em suas redes sociais. Nesse contexto, as informações tidas como privadas reduzem consideravelmente, visto que diversas informações e dados a respeito da criança e do adolescente são postados na internet pelos seus próprios responsáveis legais.[31]

A investigação do *sharenting*, no contexto do direito pátrio, necessariamente se estabelece em torno dos direitos de personalidade da criança e do adolescente, do exercício abusivo da autoridade parental, da autonomia e liberdade de expressão dos infantes.[32]

Nesse contexto, alguns questionamentos podem exsurgir a respeito do *sharenting*:

> haveria algum limite a essa exposição? Poderia um dos genitores pleitear a cessação dessa exposição? Faria alguma diferença ter intuito lucrativo? Poderia o Ministério Público intervir? Dependeria de autorização judicial em qualquer caso? Quais são os limites do poder familiar?[33]

A prática do *sharenting* é usual no cenário dos influenciadores digitais mirins, pois, muitos responsáveis se utilizam das crianças e adolescentes para a criação de conteúdo para suas redes sociais ou para as redes sociais dos infantes, com a finalidade de angariar seguidores, adquirir engajamento e, desse modo, auferir lucro por meio de publicidades no ambiente digital.

Notadamente, em um período de isolamento social e de restrição do contato humano, os indivíduos, por intermédio das mídias sociais, paulatinamente, passam a compartilhar cada vez mais conteúdo na internet sobre si e sobre aqueles que convivem diariamente. Logo, se demonstra desmedido exigir que os pais deixem de publicar qualquer conteúdo na internet sobre seus filhos, mas, de igual modo, é imoderada a prática do *(over)sharenting*, por constituir-se em *exercício abusivo da autoridade parental*.[34]

> A publicação de fotos dos pequenos na rede pode acontecer, mas tem que ser uma ação dosada. "Não pode, tudo que a criança fizer, ser compartilhado com todas as pessoas, pois esta exposição exagerada pode causar danos tanto para ela, quanto para a família", diz. Isto porque, com as publicações, as pessoas podem desenvolver uma imagem da criança que não é verdadeira e

---

31. VERSWIJVELA, Karen; WALRAVEA, Michel; HARDIESA, Kris; HEIRMAN, Wannes. Sharenting, is it a good or a bad thing? Understanding how adolescents think and feel about sharenting on social network sites. *Children and Youth Services Review*, v. 104, 2019. p. 1-10. Disponível em: https://www.sciencedirect.com/science/article/abs/pii/S0190740919303482. Acesso em: 19 maio 2021.

32. Sobre o assunto recomenda-se a leitura de: EBERLIN, Fernando Büscher von Teschenhausen. Sharenting, liberdade de expressão e privacidade de crianças no ambiente digital: o papel dos provedores de aplicação no cenário jurídico brasileiro. *Revista Brasileira de Políticas Públicas*, v. 7, n. 3, 2017. p. 256-273.

33. AFFONSO, Filipe José Medon. Influenciadores digitais e o direito à imagem de seus filhos: uma análise a partir do melhor interesse da criança. *Revista Eletrônica da Procuradoria Geral do Estado do Rio de Janeiro - PGE-RJ*, Rio de Janeiro, v. 2, n. 2, 2019. p. 2.

34. Acerca da temática recomenda-se a leitura de: TEPEDINO, Gustavo; MEDON, Filipe. A superexposição de crianças por seus pais na internet e o direito ao esquecimento. In: SARLET, Gabrielle Bezerra Sales; TRINDADE, Manoel Gustavo Neubarth; MELGARÉ, Plínio. *Proteção de dados*: temas controvertidos. Indaiatuba: Editora Foco, 2021. [E-book]

a exposição passar a ser uma fonte geradora de ansiedade para o pequeno. Segundo Cláudia, os pais precisam lembrar que os filhos, ainda bebês, não têm maturidade para interferir no que é postado. "Pode acontecer de o conteúdo das fotos vir a constranger aquela pessoa quando ela crescer. Então, é preciso que os pais façam uso do bom senso.

A análise dos sentimentos, desejos e vontades das crianças e adolescentes é fundamental na diferenciação do *sharenting* para o *(over)sharenting*.[35]

> Assim, inicialmente, a superioridade do interesse da criança revela em situações nas quais é o interesse dela *versus* o de outrem que está em jogo, enquanto o melhor interesse da criança se manifesta em hipóteses onde o interesse da criança participa de uma escolha comparativa de opções.[36]

Nessa linha de intelecção, a liberdade de escolha dos infantes – autodeterminação informativa – é fator determinante na verificação de existência de responsabilidade dos pais pela prática do *(over)sharenting*.[37]

4. A PRINCIPIOLOGIA DO ESTATUTO DA CRIANÇA E DO ADOLESCENTE (ECA) NA PROTEÇÃO DO PÚBLICO INFANTOJUVENIL

As crianças e adolescentes encontram-se em uma relevante fase de desenvolvimento da própria personalidade, e, por esse motivo, demandam do Estado uma série de medidas protetivas em seu favor. Assim, se estabeleceu um regime de tutelas específicas, por meio de diversos diplomas legais, que lhes garantem especial tratamento e objetivam possibilitar o adequado processo de formação física e psicológica dos infantes bem como resguardá-los de eventuais riscos ou lesões a seus direitos fundamentais.

Destaca-se, portanto, que "as crianças e os adolescentes no decorrer da história humana foram elevados ao patamar de titulares dos próprios direitos. Ascenderam, assim, como protagonistas das próprias escolhas e vontades"[38], sendo-lhes assegurados direitos aptos à promoção de sua plena formação sem que terceiros lhe retirem suas escolhas.

---

35. BARBIERI, Erika Ferreira; SOUZA, Regina Maria de. A prática do oversharenting e o compartilhamento excessivo da vida parental por meio de identidades digitais. *Anais do fórum de iniciação científica do UNIFUNEC*, v.11, n.11, 2021. Disponível em: https://seer.unifunec.edu.br/index.php/forum/article/view/5053. Acesso em: 19 maio 2021.

36. MEIRELLES, Rose Melo Venceslau. O princípio do melhor interesse da criança. In: *Princípios do Direito Civil Contemporâneo*. MORAES. Maria Celina Bodin de Moraes. Rio de Janeiro: Renovar, 2006. p. 470.

37. TARGINO, Sandra Simone Valladão. O sharenting e o direito à indenização dos filhos. In: BARBOSA, Mafalda Miranda; ROSENVALD, Nelson; MUNIZ, Francisco. *Responsabilidade Civil e Comunicação*: IV jornadas luso-brasileiras de responsabilidade civil. Indaiatuba: Editora Foco, 2021. p. 399-408.

38. MARUM, Mariana Garcia Duarte. *O direito à privacidade ameaçado pelo sharenting*: podem os pais serem responsabilizados civilmente à luz do direito civil português? 2020. 139 f. Tese (Doutorado em Direito) Universidade de Coimbra, p. 59. Disponível em: https://eg.uc.pt/handle/10316/92768. Acesso em: 21 maio 2021.

Quando se trata de pessoas maiores e capazes, parece haver pouco espaço para discussão. Afinal, se a vontade era hígida e livre de quaisquer vícios do consentimento, a pessoa que posta determinado conteúdo na rede se sujeita às repercussões daquela postagem. A situação se difere, contudo, quando a postagem se refere a terceiros. E, especialmente quando diz respeito a crianças, cuja vontade é ignorada, o quadro começa a ser digno de nota, principalmente quando tais postagens decorrem do exercício eventualmente abusivo da autoridade parental.[39]

Corroborando com esse entendimento, o ordenamento jurídico brasileiro reconhece a hipervulnerabilidade do público infantojuvenil e estabelece que a proteção dos infantes deve ser preservada em sua máxima amplitude, sendo que o Estatuto da Criança e do Adolescente se demonstra como a legislação específica para nortear os seus direitos, em consonância com os preceitos normativos previstos no Código Civil e na Constituição da República de 1988.

> Na análise, aparecem as duas faces da proteção à criança e ao adolescente, um direta (proteção da criança e do adolescente como sujeito), que encontra legislação própria no Estatuto da Criança e do Adolescente e no Código Civil de 2002 e uma indireta, enquanto igualdade na família, de direitos e de qualificações (art. 227, §°, da CF), as quais se entrelaçam.

> [...] O pluralismo vem da própria identificação da criança e do adolescente como sujeito de direitos a proteger, hoje, sujeito de direitos fundamentais, *ex vi* arts. 226 e 227 da CF/1988. No direito pós-moderno, significa afirmar que hoje a expressão 'melhor interesse' (*best interest*), 'bem-estar' ou a expressão do art. 43 do ECA, 'vantagem' para a criança deve ser interpretada à luz da Convenção dos Direitos da Criança da ONU, à luz dos direitos básicos assegurados no ECA, exatamente como faz a Convenção de Haia.[40]

As redes sociais proporcionam uma exposição massiva da vida – pública e privada – de quem a compartilha (*oversharing*), sendo que tal prática assume diferente concepção na hipótese em que os responsáveis se utilizam abusivamente da imagem e nome dos infantes para promoção pessoal e finalidade lucrativa, afrontando, assim, direitos da personalidade da criança e do adolescente. Nesse mesmo giro, ainda, deve ser destacada a necessidade de proteção integral do público infantojuvenil, com a finalidade de se resguardar sua identidade pessoal.

Assim, a violação do direito à imagem e a vida privada das crianças e adolescentes restam como abalados nessa perspectiva virtual, pois se cria uma identidade digital que nem sempre parte da iniciativa dos próprios infantes, sendo que o "menor é penalizado a viver com uma identidade digital que ele não escolheu para si, já que a prática do *sharenting* "rouba-lhe" o poder de deliberar sobre as próprias escolhas, de construir a própria identidade e de caminhar por si mesmo."[41]

---

39. TEPEDINO, Gustavo; MEDON, Filipe. A superexposição de crianças por seus pais na internet e o direito ao esquecimento. In: SARLET, Gabrielle Bezerra Sales; TRINDADE, Manoel Gustavo Neubarth; MELGARÉ, Plínio. *Proteção de dados:* temas controvertidos. Indaiatuba: Editora Foco, 2021. [*E-book*].

40. MARQUES, Claudia Lima; MIRAGEM, Bruno. *O novo direito privado e a proteção dos vulneráveis.* São Paulo: Ed. RT, 2012. p. 131. Nesse sentido ver: SCHMIT, Cristiano Heineck. *Consumidores Hipervulneráveis:* A proteção do idoso no mercado de consumo. São Paulo: Atlas, 2014. p. 217.

41. MARUM, Mariana Garcia Duarte. *O direito à privacidade ameaçado pelo sharenting:* podem os pais serem responsabilizados civilmente à luz do direito civil português? 2020. 139 f. Tese (Doutorado em Direito)

Ainda que as próprias crianças e adolescentes indiquem o desejo de se tornar uma celebridade digital, tal como seus ídolos da nova geração, os responsáveis legais devem se nortear pelo *melhor interesse dos infantes*, não desvirtuando os objetivos e necessidades de seus filhos com outros interesses ou fins.

Contudo, são rotineiros os episódios em que os pais ultrapassam os limites estabelecidos para o exercício da autoridade parental, violando os direitos preconizados aos infantes na legislação pátria e, por conseguinte, perpetrando a prática do *(over)sharenting*,

O princípio do melhor interesse da criança, assim, se perfaz como a palavra de ordem na temática, devendo ser obedecido rigorosamente. A primeira menção ao termo surge em 1813 na *Supreme Court of Pennsylvania*, no paradigmático caso *Commonwealth v. Addicks*,[42] ocasião em que a referida Corte decidiu que a conduta da esposa adúltera em relação ao marido não influenciava os cuidados que ela dispensava aos filhos.

Introduzia-se a chamada *"Tender Years Doctrine"*[43], em que indicava que, nos anos tenros da criança, ela dependia de cuidados dos seus genitores, que seriam as pessoas responsáveis por cuidar e zelar pela integridade e necessidades de seus filhos.

A evolução do termo "melhor interesse do menor" evoluiu *a posteriori*, sendo que, no Brasil, foi ratificado pela Convenção Internacional sobre os Direitos da Criança, (posteriormente Decreto n. 99.710/90), sendo refletido em outros dispositivos legais, como a própria Constituição da República de 1988, em seu artigo 227:

> Art. 227. É dever da família, da sociedade e do Estado assegurar à criança, ao adolescente e ao jovem, com absoluta prioridade, o direito à vida, à saúde, à alimentação, à educação, ao lazer, à profissionalização, à cultura, à dignidade, ao respeito, à liberdade e à convivência familiar e comunitária, além de colocá-los a salvo de toda forma de negligência, discriminação, exploração, violência, crueldade e opressão. [44]

De mesmo modo, o Estatuto da Criança e do Adolescente estabelece, de forma específica sobre a temática, em seu artigo 4º:

> Art. 4º É dever da família, da comunidade, da sociedade em geral e do poder público assegurar, com absoluta prioridade, a efetivação dos direitos referentes à vida, à saúde, à alimentação, à educação, ao esporte, ao lazer, à profissionalização, à cultura, à dignidade, ao respeito, à liberdade e à convivência familiar e comunitária.[45]

Universidade de Coimbra. p. 91. Disponível em: https://eg.uc.pt/handle/10316/92768. Acesso em: 21 maio 2021.

42. SUPREME COURT OF PENNSYLVANIA. *Commonwealth v. Addicks*. Caselaw Access Project Harvard Law School. 1816. Disponível em: https://cite.case.law/serg-rawle/2/174/. Acesso em: 21 maio 2021.

43. ARTIS, Julie E. Judging the Best Interests of the Child: Judges' Accounts of the Tender Years Doctrine. *Law and Society Review*, v. 38, i. 4, 2004. p. 769-806. Disponível em: https://onlinelibrary.wiley.com/doi/abs/10.1111/j.0023-9216.2004.00066.x. Acesso em: 07 jun. 2021.

44. BRASIL. *Constituição da República Federativa do Brasil*. 1988. Disponível em: http://www.planalto.gov.br/ccivil_03/constituicao/constituicao.htm. Acesso em: 16 maio 2021.

45. BRASIL. *Estatuto da Criança e do Adolescente*. Lei 8.069. 1990. Disponível em: http://www.planalto.gov.br/ccivil_03/leis/l8069.htm. Acesso em: 21 maio 2021.

Denota-se, que a axiologia principiológica que envolve o melhor interesse do menor visa, em suma, a assegurar à criança e adolescente direitos considerados como básicos, de modo que suas necessidades sejam supridas e sua formação seja adequada.

> Desse modo, o princípio do melhor interesse da criança tem principal suporte a condição da criança como pessoa humana, mas, além disso, merecedora de proteção especial devido à sua especial posição de pessoa em desenvolvimento. Pautadas nesta ideia estão todos os direitos e deveres que devem observância ao melhor interesse da criança.[46]

Logo, a superexposição nas mídias sociais acaba, de certo modo, por repercutir negativamente no desenvolvimento físico e psicológico dos infantes, vez que evidencia ofensa a seus direitos da personalidade preconizados no Código Civil, em especial, ao nome, imagem, privacidade e intimidade.[47]

O surgimento de novas tecnologias acaba por impor na necessidade de regulamentação específica de certos casos que restam como desamparados ante a carência de diretrizes legais.

> Portanto, é a partir desta característica que surge a dificuldade de resolução dos casos que envolvem a colisão do direito à privacidade com outros direitos, pelo fato de ser um tema muito recente e sobre o qual não há nenhuma legislação específica. Fato este que leva à necessidade de uma profunda investigação e análise do caso concreto para encontrar a solução adequada e menos danosa ao indivíduo em estado de vulnerabilidade, como a criança, principalmente nos casos em que a violação desse direito é proveniente de seus progenitores.[48]

As crianças e adolescentes na condição de absoluta ou relativamente incapazes – a depender de sua idade e discernimento –, por si só não são plenamente capazes para a realização de determinados atos da vida civil. Logo, seus pais, na posição de responsáveis legais devem nortear-se pelo melhor interesse dos mesmos, com a finalidade de se garantir o adequado e necessário desenvolvimento físico e psicológico dos infantes.

5. A SUPEREXPOSIÇÃO DOS INFLUENCIADORES MIRINS

Os influenciadores digitais tornaram-se significativos agentes formadores de opinião no ambiente digital, visto que possuem enorme facilidade de comunicação com seus seguidores e ostentam considerável presença rotineira nas redes sociais, sendo que "por meio da fama obtida nas redes sociais, tais celebridades digitais são

---

46. MEIRELLES, Rose Melo Venceslau. O princípio do melhor interesse da criança. In: *Princípios do Direito Civil Contemporâneo*. MORAES. Maria Celina Bodin de Moraes. Rio de Janeiro: Renovar, 2006. p. 466-467.
47. Sobre o assunto recomenda-se a leitura de: TEFFÉ, Chiara Antonia Spadaccini de. Considerações sobre a proteção do direito à imagem na internet. *Revista de informação legislativa*: RIL, v. 54, n. 213. p. 173-198, jan./mar. 2017. Disponível em: https://www12.senado.leg.br/ril/edicoes/54/213/ril_v54_n213_p173. Acesso em: 01 ago. 2021.
48. TURRA, Karin Kelbert. Seria o "Oversharing" uma Violação ao Direito à Privacidade e à Imagem da Criança? *Alethes*, v. 6, n. 10, 2016. p. 112.

hodiernamente capazes de ditar padrões de comportamento para milhares – e por vezes milhões – de indivíduos conectados nas plataformas digitais."[49]

Destarte, os influenciadores mirins, ainda que com auxílio de seus responsáveis, conseguem exercer relevante influência sobre o público infantojuvenil, ao estabelecer padrões de consumo, bem como, também, formar a opinião e comportamento de crianças e adolescentes.

> Uma das principais razões pelas quais as crianças são hoje um dos alvos preferidos da publicidade é que elas se tornam consumidoras de três formas diferentes: utilizando os bens anunciados, convencendo seus pais a adquiri-los e também fidelizando-se às empresas anunciantes, tornando-se também futuros consumidores (eis que não são todas as crianças que têm acesso a dinheiro para que possam consumir).

> A influência exercida pelas crianças sobre os pais, aliás, tem despertado cada vez mais o mercado, eis que uma pesquisa recentemente demonstrou que mais de 80% das compras das famílias sofrem influência das crianças (aqui não se fala somente em produtos de consumo infantil, mas em compras que revertem para toda a família e até mesmo automóveis).[50]

Os jovens influenciadores possuem maior atuação na plataforma do YouTube, onde possuem liberdade criativa para transmitir seus vídeos para o público infantojuvenil. Destaca-se, ainda, que a referida plataforma possui maior expressão para as crianças e adolescentes, as quais preferem os formatos de vídeos como forma de entretenimento, em relação a plataformas como o Instagram que servem, em regra, como mídia de apoio aos influenciadores mirins.

> O YouTube é a maior plataforma de vídeos do mundo e o Brasil é o segundo país em consumo desses vídeos. De acordo com a segunda edição da pesquisa Geração YouTube, realizada, em 2014, pelo ESPM Media Lab, crianças de 0 a 12 anos foram responsáveis por bilhões de visualizações de vídeos no YouTube até setembro de 2015. Ainda acerca dessa audiência, uma pesquisa realizada pela startup OpenSlate, apontou uma lista com os 10 canais mais bem pagos da plataforma, os quais incluem DisneyCollectorBR, Little Baby Boom e Get Movies, todos direcionados ao público infantil.[51]

Contudo, para além dos milhões de *views* nos vídeos destes influenciadores mirins, notórios são os casos em que os responsáveis, em busca de fama e lucros, expõem os infantes de forma demasiadamente desnecessária, ultrapassando a esfera legal do mero entretenimento e, assim, acabam, por ricochete, prejudicando-os e expondo conteúdo excessivo para outras crianças e adolescentes.

---

49. BARBOSA, Caio César do Nascimento; GUIMARÃES, Glayder Daywerth Pereira; SILVA, Michael César. A responsabilidade civil dos influenciadores digitais em tempos de coronavírus. In: FALEIROS JÚNIOR, José Luiz de Moura; LONGHI Rozatti, João Victor; GUGLIARA, Rodrigo (Coords.). *Proteção de Dados na Sociedade da Informação*: entre dados e danos. Indaiatuba: Editora Foco, 2021 p. 317.

50. D'AQUINO, Lúcia Souza. *Criança e publicidade*: hipervulnerabilidade? Rio de Janeiro: Lumen Juris, 2017. p. 26-27.

51. MOURA, Ana Luiza; CARVALHO, Eric de. Youtubers Mirins: Relações Públicas, Publicidade Infantil e Responsabilidade Social. Communicare, *Revista do Centro Interdisciplinar de Pesquisa - Faculdade Cásper Líbero*, v. 19, 2019. p. 48. Disponível em: https://casperlibero.edu.br/wp-content/uploads/2019/06/Nova-vers%C3%A3o_Communicare-19.1-atualizada.pdf. Acesso em: 12 maio 2021.

A prática do *(over)sharenting* pode ser verificada contemporaneamente no perfil das redes sociais de inúmeras crianças e adolescentes. Todavia, as que vivenciam o fenômeno em maior profundidade são aquelas que pertencem ao grupo dos influenciadores mirins.

Os influenciadores mirins são um dos diversos grupos que compõem o gênero influenciador digital, sendo esse composto exclusivamente por crianças e adolescentes, que realizam atividades de marketing de influência junto ao público infantojuvenil. A título de exemplo, pode-se citar o canal "Vlad and Niki", na plataforma do *YouTube*, o qual já conta com mais de 68,2 milhões de inscritos e contabiliza mais de 350 vídeos publicados na plataforma.[52]

Nessa linha de intelecção, Vidal Serrano e Adriana Cerqueira de Souza prelecionam que "Diante, ainda, de um indivíduo especialmente vulnerável, hipossuficiente por razões físicas, surgem questões de alta indagação acerca dos limites da publicidade e do incentivo ao consumo voltado a esse público tão especialmente protegido."[53]

Os influenciadores mirins atuam nas redes sociais de modo massivo, produzindo conteúdo de forma incessante e realizando a publicidade de produtos e serviços, notadamente, de brinquedos e demais produtos e serviços voltados ao púbico infantojuvenil.

> Nos conteúdos protagonizados pelos youtubers mirins a publicidade é velada e o entretenimento tão dissimulado que não enganam somente as crianças, mas também os pais que, em sua grande maioria, ainda não conseguem ver qualquer ilegalidade no conteúdo que os seus filhos assistem nos canais infantis.[54]

Em sua atuação nas plataformas digitais, verifica-se que os influenciadores mirins auferem lucros elevados, evidenciando-se, assim, a urgência em se analisar a controvérsia em estudo pelos mais diversos prismas do Direito.

A exposição dos filhos por meio das mídias sociais – *sharenting* – é uma prática que se estabelece dentro dos limites da autoridade parental e, geralmente, não ofende o direito ao nome, imagem, privacidade ou intimidade das crianças e adolescentes. Isso porque, as postagens são esporádicas e inexiste qualquer expressão de vontade da criança ou do adolescente no sentido de proibir a publicação nas redes sociais. Lado outro, o *(over)sharenting* pode ser compreendido como um *exercício abusivo da autoridade parental*, uma vez que se caracteriza por meio da *superexposição dos infantes* em plataformas digitais.[55]

---

52. YOUTUBE. *Vlad and Niki*. 2021. Disponível em: https://www.youtube.com/c/VladandNiki/featured. Acesso em: 01 jun. 2021.
53. SERRANO, Vidal; SOUZA, Adriana Cerqueira de. A discussão legal da publicidade comercial dirigida ao público infantil. In: Fontenelle, Lais (Org.). *Criança e consumo:* 10 anos de transformação. São Paulo: Alana, 2016. p. 346.
54. ALMEIDA, Claudia Pontes. Youtubers mirins, novos influenciadores e protagonistas da publicidade dirigida ao público infantil: uma afronta ao Código de Defesa do Consumidor e às leis protetivas da infância. *Revista Luso-Brasileira de Direito do Consumo.* v. VI, n. 23, 2016. p. 172.
55. AFFONSO, Filipe José Medon. (Over)sharenting: a superexposição da imagem e dos dados da criança na internet e o papel da autoridade parental. *In:* TEIXEIRA, Ana Carolina Brochado Teixeira; DADALTO, Luciana. *Autoridade Parental:* dilemas e desafios contemporâneos. 2. ed. Indaiatuba: Foco, 2021. [*E-book*]

Nessa perspectiva, uma vez que à luz dos ditames constitucionais os pais são responsáveis pelas crianças e adolescentes[56], depreende-se que esses devem zelar pela incolumidade psicológica e física dos filhos, abstendo-se de postagens que possam ensejar, situações de desconforto, angústia, constrangimento ou humilhação, quando do amadurecimento da criança ou do adolescente.

Ademais, em consonância com o princípio da proteção integral e do melhor interesse da criança e do adolescente, os pais devem buscar minimizar a exposição desmedida dos filhos, prestigiando, desse modo, os direitos da personalidade dos infantes, notadamente, o nome, imagem, privacidade e intimidade.

A busca pela compatibilização entre o compartilhamento de conteúdo e a necessária proteção das crianças e adolescentes demonstra-se uma tarefa cada vez mais difícil, sobretudo, em um período de isolamento social, no qual em razão da necessidade de contato com pessoas, indivíduos compartilham cada vez mais sobre o seu dia a dia.[57]

6. A EXPLORAÇÃO COMERCIAL DA IMAGEM DOS INFLUENCIADORES MIRINS

Os influenciadores mirins paulatinamente crescem em número, de modo que, se outrora o sonho das crianças e adolescentes era de se tornar um jogador de futebol ou um ator, hoje, sonham em se tornar influenciadores digitais. Esse grupo, por sua vez, alcança novos públicos, obtendo renome, prestígio social e vantagens econômicas advindas da realização de publicidade por meio das mídias sociais.

Há de se ressaltar, todavia, que a atuação dos influenciadores mirins se assemelha em grandes aspectos ao trabalho artístico infantil[58], e como tal demandaria uma série de pressupostos para que a criança ou adolescente pudesse exercer suas atividades nas plataformas digitais, especialmente, alvará específico expedido por um Juiz da Vara da Infância e da Juventude,[59] de modo a garantir que seus estudos não sejam prejudicados, que possua tempo para o lazer e o devido acompanhamento psicológico.

---

56. Art. 229. Os pais têm o dever de assistir, criar e educar os filhos menores, e os filhos maiores têm o dever de ajudar e amparar os pais na velhice, carência ou enfermidade. (BRASIL. *Constituição da República Federativa do Brasil*. 1988. Disponível em: http://www.planalto.gov.br/ccivil_03/constituicao/constituicao.htm. Acesso em: 16 maio 2021).
57. RAMOS, André Luiz Arnt. Sharenting: Notas sobre liberdade de expressão, autoridade parental, privacidade e melhor interesse de crianças e adolescentes. In: EHRHARDT JÚNIOR, Marcos; LOBO, Fabíola Albuquerque; ANDRADE, Gustavo (Coords.). *Liberdade de Expressão e Relações Privadas*. Belo Horizonte: Editora Fórum, 2021. p. 363-378.
58. Nesse sentido, recomenda-se a leitura de: DENSA, Roberta; DANTAS, Cecília. Regulamentação sobre o trabalho dos youtubers mirins na França e no Brasil. *Migalhas*. 2020. Disponível em: https://www.migalhas.com.br/coluna/migalhas-de-responsabilidade-civil/337127/regulamentacao-sobre-o-trabalho-dos-youtubers-mirins-na-franca-e-no-brasil. Acesso em: 01 jun. 2021.
59. Em consonância com os preceitos determinados pela Constituição da República, a Convenção 138 da Organização Internacional do Trabalho, a Consolidação das Leis Trabalhistas e o Estatuto da Criança e do Adolescente.

Outro ponto que suscita grandes controvérsias diz respeito aos proveitos obtidos pela publicidade realizada pelas crianças e adolescentes, uma vez que, muitas vezes, os pais e responsáveis pelos influenciadores mirins passam a gozar imoderadamente dos ganhos dos infantes, sem considerar as futuras necessidades socioeconômicas.

Nesse giro, a França aprovou a *Lei n. 2020-1266*, de 19 de outubro de 2020, que regulamentou a exploração comercial da imagem dos youtubers mirins em plataformas *on- line*[60], determinando uma série de requisitos para que as crianças e adolescentes possam exercer suas atividades em redes sociais.

> Com a maior vigilância do Estado sobre o desempenho dessas crianças on-line, outras questões pertinentes ao trabalho serão supervisionadas, tais como horários, duração de turnos, obrigações e outros aspectos das normas trabalhistas, impondo-se limites para que não haja prejuízo da vida escolar e de lazer da criança.[61]

Logo, é imprescindível que a atuação de influencers mirins que exercem atividades de marketing de influência nas mídias sociais seja efetivamente regulamentada, com a finalidade de se conferir a adequada proteção as crianças e adolescentes no ambiente virtual, tanto no cenário nacional quanto internacional. Exemplificativamente, tem-se casos notórios de celebridades mirins que em decorrência de sua excessiva exposição ao longo de seu crescimento sofreram uma série de abalos psicológicos, como nos casos de Lindsay Lohan, Britney Spears, Demi Lovato e Miley Cyrus, dentre outros, que repercutem, ainda hoje.

No Brasil, o caso mais emblemático relacionado a temática em estudo diz respeito ao canal do YouTube "Bel", outrora denominado "Bel para Meninas" que conta atualmente com mais de 7 milhões de inscritos.[62] Segundo João Batista Júnior, em uma série de vídeos publicados na plataforma de vídeos, a mãe da criança cometia determinados abusos, como em um determinado vídeo no qual a mãe da criança aparecia zombando da filha após esta vomitar diante das câmeras, ou mesmo outro vídeo no qual a mãe fez com que a filha comesse uma refeição com aspecto repulsivo.[63] Diante das diversas situações vexatórias nas quais a mãe expôs a filha, nas redes sociais os usuários levantaram a *hashtag* #SaveBelParaMeninas com o intuito de alertar a comunidade e as autoridades competentes para a situação da jovem.

---

60. FRANCE, Assemblée Nationale. *Lei N° 2020-1266*. 2020. Disponível em: https://www.legifrance.gouv.fr/jorf/id/JORFTEXT000042439054?r=g4vXqOd0Je. Acesso em: 01 jun. 2021.
61. DENSA, Roberta; DANTAS, Cecília. Regulamentação sobre o trabalho dos youtubers mirins na França e no Brasil. *Migalhas*. 2020. Disponível em: https://www.migalhas.com.br/coluna/migalhas-de-responsabilidade-civil/337127/regulamentacao-sobre-o-trabalho-dos-youtubers-mirins-na-franca-e-no-brasil. Acesso em: 01 jun. 2021.
62. YOUTUBE. *Bel*. 2021. Disponível em: https://www.youtube.com/user/belparameninas. Acesso em: 01 jun. 2021.
63. BATISTA JÚNIOR, João. A polêmica do canal 'Bel para meninas': "Exposição vexatória e degradante". *VEJA*. 2020. Disponível em: https://veja.abril.com.br/blog/veja-gente/a-polemica-do-canal-bel-para-meninas-exposicao-vexatoria-e-degradante/. Acesso em: 01 jun. 2021.

Constata-se que as situações de extrema exposição relacionadas aos influenciadores mirins – *(over)sharenting* – podem repercutir em danos psicológicos variados para a criança ou adolescente, implicando em clara violação dos preceitos constitucionais de proteção aos infantes e, também, das disposições protetivas estabelecidas no Estatuto da Criança e do Adolescente.

A exploração comercial da imagem dos influenciadores mirins não possui vedação no Brasil. Entretanto, não pode implicar, em nenhuma hipótese, em situações vexatórias, degradantes, exposição a risco, humilhação, desconforto ou constrangimento à criança ou adolescente, sob pena de perda da autoridade parental, nos termos dos artigos 1.638, IV e 1.637 do Código Civil.[64]

O limite entre o *sharenting* e o *(over)sharenting* é muitas vezes tênue, existindo uma área cinzenta que dificulta sua identificação. Entretanto, diante das circunstâncias do caso concreto, a análise do impacto psicológico nos infantes e sua vontade em ter, ou não, sua imagem exposta na internet, devem ser os fatores preponderantes no deslinde da controvérsia.

Destarte, no âmbito do mercado de consumo digital, os responsáveis legais dos influenciadores mirins não podem se aproveitar da superexposição indevida da imagem das crianças e adolescentes, com o intuito de obtenção de lucro pela realização de atividades relacionadas ao marketing de influência.

Os hipervulneráveis possuem proteção especial estabelecida pelo Estatuto da Criança e do Adolescente, bem como pela própria Constituição da República de 1988. Nesse ínterim, as autoridades competentes, especialmente, o Ministério Público deve se atentar aos casos envolvendo influenciadores mirins, de modo a resguardá-los de eventuais danos, violações a seus interesses e direitos da personalidade, com a finalidade de se preservar o adequado desenvolvimento físico e psicológico das crianças e adolescentes no ambiente digital.

7. CONSIDERAÇÕES FINAIS

A sociedade contemporânea sofreu uma série de alterações, as quais modificaram significativamente a vida de todos os indivíduos. Nesse contexto, o surgimento das redes sociais se estabeleceu como um dos principais elementos de alteração da sociedade, posto que possibilitou a intercomunicação em massa de modo instantâneo e o compartilhamento de vídeos, fotos e informações com os demais usuários.

---

64. Art. 1.637. Se o pai, ou a mãe, abusar de sua autoridade, faltando aos deveres a eles inerentes ou arruinando os bens dos filhos, cabe ao juiz, requerendo algum parente, ou o Ministério Público, adotar a medida que lhe pareça reclamada pela segurança do menor e seus haveres, até suspendendo o poder familiar, quando convenha. Art. 1.638. Perderá por ato judicial o poder familiar o pai ou a mãe que: [...] IV - incidir, reiteradamente, nas faltas previstas no artigo antecedente. (BRASIL. *Código Civil - Lei 10.406*. 2002. Disponível em: http://www.planalto.gov.br/ccivil_03/leis/2002/l10406compilada.htm. Acesso em: 01 jun. 2021.)

Com o decurso do tempo, as plataformas digitais se tornaram parte integrante da vida das pessoas, de forma que, atualmente, se faz impossível cogitar uma vida em desconexão das mesmas, posto que estar nas redes sociais é sinônimo de estar em sociedade. As pessoas passam cada vez mais a compartilhar aspectos de sua vida nas mídias sociais e os limites entre o público e o privado torna-se cada vez mais tênue e controverso.

Nesse cenário, exsurge o *sharenting* que se perfectibiliza por meio do compartilhamento de dados, imagens, fotos e vídeos dos infantes na internet, normalmente, realizados sem o consentimento das crianças e dos adolescentes.

Constata-se, ainda, que a prática do *sharenting,* por si só, não é uma conduta reprovável. Todavia, a prática do *(over)sharenting* configuraria um *ato ilícito,* pois representaria o exercício excessivo e, por conseguinte, *abusivo* do *sharenting*, por intermédio da superexposição de aspectos relativos à vida dos filhos de modo desproporcional, em afronta aos direitos de personalidade de crianças e adolescentes.

Se compartilhar é estar em sociedade, *compartilhar em excesso passa a ser um risco* para o desenvolvimento físico e psicológico de crianças e adolescentes, bem como para a formação de uma identidade digital, haja vista esta estar diretamente correlacionada à formação da própria identidade da pessoa e do livre desenvolvimento da personalidade. Logo, a superexposição de dados, imagens, fotos e vídeos dos filhos nas mídias sociais poderá repercutir negativamente no futuro dos infantes, em razão da ocorrência de eventuais situações de humilhação, vergonha, constrangimento, sentimento de angústia, além da captação da imagem dos mesmos por pedófilos ou sua utilização para criação de perfis falsos.

No contexto da controvérsia em estudo, os influenciadores mirins representam o segmento que, em maior grau, são diretamente afetados pela prática do *(over) sharenting*, diante da superexposição a qual se encontram expostos, em sua atuação nas mídias sociais, sendo fundamental resguardá-los das eventuais violações a seus interesses e direitos da personalidade.

Salienta-se que os influenciadores mirins, na maioria das vezes, não possuem qualquer consciência da repercussão de suas ações na internet, motivo pelo qual seus responsáveis devem zelar por sua proteção, bem como, considerar sua vontade e interesses no caso de não desejarem que postagens a seu respeito sejam realizadas nas redes sociais.

Destarte, à luz dos valores e preceitos norteadores da Constituição da República de 1988, do Código Civil e do Estatuto da Criança e do Adolescente, verifica-se que a superexposição dos influenciadores mirins nas plataformas sociais, se qualifica como uma *conduta abusiva da autoridade parental* que se estabelece para além dos limites razoáveis, e, por conseguinte, demanda uma efetiva proteção dos infantes.

Em síntese, o *(over)sharenting* representa o abuso de direito no tocante ao exercício da autoridade parental, podendo, em casos extremos, repercutir na possibilidade de perda da autoridade parental e de imputação de responsabilidade civil pelos danos e violações causados as crianças e adolescentes pela veiculação inadequada de seus direitos da personalidade, notadamente, o nome, imagem, privacidade e intimidade, com a finalidade de se preservar o adequado desenvolvimento físico e psicológico das crianças e adolescentes no ambiente virtual.

8. REFERÊNCIAS

AFFONSO, Filipe José Medon. Influenciadores digitais e o direito à imagem de seus filhos: uma análise a partir do melhor interesse da criança. *Revista Eletrônica da Procuradoria Geral do Estado do Rio de Janeiro – PGE-RJ*, Rio de Janeiro, v. 2, n. 2, 2019. p. 1-26.

AFFONSO, Filipe José Medon. Little Brother Brasil: pais quarentenados, filhos expostos e vigiados. *JotaInfo*. 2020. Disponível em: https://www.jota.info/opiniao-e-analise/artigos/big-little-brother-brasil-pais-quarentenados-filhos-expostos-e-vigiados-14042020. Acesso em: 18 maio 2021.

AFFONSO, Filipe José Medon. (Over)sharenting: a superexposição da imagem e dos dados da criança na internet e o papel da autoridade parental. In: TEIXEIRA, Ana Carolina Brochado Teixeira; DADALTO, Luciana. *Autoridade parental*: dilemas e desafios contemporâneos. 2. ed. Indaiatuba: Foco, 2021. [*E-book*]

ALMEIDA, Claudia Pontes. Youtubers mirins, novos influenciadores e protagonistas da publicidade dirigida ao público infantil: uma afronta ao Código de Defesa do Consumidor e às leis protetivas da infância. *Revista Luso-Brasileira de Direito do Consumo*. v. VI, n. 23, 2016. p. 155-181.

ARTIS, Julie E. Judging the Best Interests of the Child: Judges' Accounts of the Tender Years Doctrine. *Law and Society Review*. v. 38, i. 4, 2004, p. 769-806. Disponível em: https://onlinelibrary.wiley.com/doi/abs/10.1111/j.0023-9216.2004.00066.x. Acesso em: 07 jun. 2021.

ATHENIENSE, Alexandre Rodrigues. O enfrentamento jurídico da reputação na mídia digital. In: BRANT, Cassio Augusto Barros (Coord.). REINALDO FILHO, Democrito Ramos; ATHENIENSE, Alexandre Rodrigues (Orgs.). *Direito Digital e Sociedade 4.0*. Belo Horizonte: D'Plácido, 2020. p. 233-283.

BARBIERI, Erika Ferreira; SOUZA, Regina Maria de. A prática do oversharenting e o compartilhamento excessivo da vida parental por meio de identidades digitais. *Anais do fórum de iniciação científica do UNIFUNEC*. v. 11, n. 11, 2021. Disponível em: https://seer.unifunec.edu.br/index.php/forum/article/view/5053. Acesso em: 19 maio. 2021.

BARBOSA, Caio César do Nascimento; BRITTO, Priscila Alves de; SILVA, Michael César. A responsabilidade civil dos influenciadores digitais pela publicidade ilícita por eles veiculada. *Revista Jurídica Luso-Brasileira*, Lisboa, a. 7, n. 3, 2021. p. 341-380.

BARBOSA, Caio César do Nascimento; GUIMARÃES, Glayder Daywerth Pereira; SILVA, Michael César. A responsabilidade civil dos influenciadores digitais em tempos de coronavírus. In: FALEIROS JÚNIOR, José Luiz de Moura; LONGHI Rozatti, João Victor; GUGLIARA, Rodrigo (Coords.). *Proteção de Dados na Sociedade da Informação*: entre dados e danos. Indaiatuba: Editora Foco, 2021. p. 311-331.

BARCELLOS, Lívia Inglesis. *Youtubers mirins e o incentivo ao consumo*: uma leitura semiótica. 2020. Dissertação de Mestrado. 2020. 123 f. Dissertação (Mestrado em Comunicação) Faculdade de Arquitetura, Artes e Comunicação – FAAC, Universidade Estadual Paulista "Júlio de Mesquita Filho" – UNESP. Disponível em: https://repositorio.unesp.br/handle/11449/202527. Acesso em: 19 maio 2021.

BATISTA JÚNIOR, João. A polêmica do canal 'Bel para meninas': "Exposição vexatória e degradante". *VEJA*. 2020. Disponível em: https://veja.abril.com.br/blog/veja-gente/a-polemica-do-canal-bel-para-meninas-exposicao-vexatoria-e-degradante/. Acesso em: 1º jun. 2021.

BLUM-ROSS, Alicia; LIVINGSTONE, Sonia. Sharenting: parent blogging and the boundaries of the digital self. *Popular Communication*. v. 15, i. 2, 2017, p. 110-125. Disponível em: https://eprints.lse.ac.uk/67380/1/Blum-Ross_Sharenting_revised_2nd%20version_2017.pdf. Acesso em: 18 maio 2021.

BOLESINA, Iuri; FACCIN, Talita de Moura. A responsabilidade civil por sharenting. *Revista da Defensoria Pública do Estado do Rio Grande do Sul*, a. 11, n. 27, 2021. p. 208-229. Disponível em: https://revista.defensoria.rs.def.br/defensoria/article/view/285. Acesso em: 18 maio 2021.

BRASIL. *Constituição da República Federativa do Brasil*. 1988. Disponível em: http://www.planalto.gov.br/ccivil_03/constituicao/constituicao.htm. Acesso em: 16 maio 2021.

BRASIL. *Código Civil – Lei 10.406*. 2002. Disponível em: http://www.planalto.gov.br/ccivil_03/leis/2002/l10406compilada.htm. Acesso em: 1º jun. 2021.

BRASIL. *Estatuto da Criança e do Adolescente*. Lei 8.069. 1990. Disponível em: http://www.planalto.gov.br/ccivil_03/leis/l8069.htm. Acesso em: 21 maio 2021.

BROSCH, Anna. When the Child is Born into the Internet: Sharenting as a Growing Trend among Parents on Facebook. *The New Educational Review*, v. 43, i. 1, 2016. p. 225-235. Disponível em: https://depot.ceon.pl/handle/123456789/9226. Acesso em: 18 maio 2021.

COLLINS DICTIONARY. *Sharenting*. 2021. Disponível em: https://www.collinsdictionary.com/pt/dictionary/english/sharenting. Acesso em: 19 maio 2021.

D'AQUINO, Lúcia Souza. *Criança e publicidade*: hipervulnerabilidade? Rio de Janeiro: Lumen Juris, 2017.

DENSA, Roberta. *Proteção jurídica da criança consumidora*: entretenimento, classificação indicativa, filmes, jogos, jogos eletrônicos, exposição de arte. Indaiatuba: Editora Foco, 2018. p. XVIII.

DENSA, Roberta; DANTAS, Cecília. Regulamentação sobre o trabalho dos youtubers mirins na França e no Brasil. *Migalhas*. 2020. Disponível em: https://www.migalhas.com.br/coluna/migalhas-de-responsabilidade-civil/337127/regulamentacao-sobre-o-trabalho-dos-youtubers-mirins-na-franca-e-no-brasil. Acesso em: 1º jun. 2021.

DONEDA, Danilo. Os direitos da personalidade no Código Civil. In: TEPEDINO, Gustavo (Coord.). *A parte geral do novo Código Civil*: Estudos na perspectiva civil-constitucional. 3. ed. Rio de Janeiro: Renovar: 2007. p. 35-60.

DONEDA, Danilo. *Da privacidade à proteção de dados pessoais*: elementos da formação da Lei Geral de Proteção de Dados. 2. ed. São Paulo: Thomsom Reuters, 2019.

EBERLIN, Fernando Büscher von Teschenhausen. Sharenting, liberdade de expressão e privacidade de crianças no ambiente digital: o papel dos provedores de aplicação no cenário jurídico brasileiro. *Revista Brasileira de Políticas Públicas*. v. 7, n. 3, 2017. p. 256-273.

EHRHARDT JÚNIOR, Marcos; ACIOLI, Bruno de Lima. Privacidade e os desafios de sua compreensão contemporânea: do direito de ser deixado em paz ao direito ao esquecimento. In: MENEZES, Joyceane Bezerra de; TEPEDINO, Gustavo (Coords.). *Autonomia privada, liberdade existencial e direitos fundamentais*. Belo Horizonte: Fórum, 2019. p. 151-166.

FRANCE, Assemblée Nationale. *Lei n. 2020-1266*. 2020. Disponível em: https://www.legifrance.gouv.fr/jorf/id/JORFTEXT000042439054?r=g4vXqOd0Je. Acesso em: 1º jun. 2021.

GUIMARÃES, Glayder Daywerth Pereira; SILVA, Michael César. Fake News à luz da responsabilidade civil digital: o surgimento de um novo dano social. *Revista Jurídica da FA7*, Centro Universitário 7 de Setembro, v. 16, n. 2, 2019. p. 99-114.

GUIMARÃES, Glayder Daywerth Pereira; SILVA, Michael César. Implicações das fake News na responsabilidade civil digital: a eclosão de um novo dano social. In: FERRI, Carlos Alberto; ALMEIDA, José Luiz Galvão de; LELLIS, Lélio Maximo. (Coords.). *Direito, ética e cidadania*: estudos em homenagem ao professor Jorge Luiz de Almeida. v. 1, Curitiba: Editora CRV, 2020. p. 185-204.

GUSTIN, Miracy Barbosa de Sousa; DIAS, Maria Tereza Fonseca. *(Re)pensando a pesquisa jurídica*: teoria e prática. 3. ed. Belo Horizonte: Del Rey, 2010.

KARHAWI, Issaaf. Influenciadores digitais: conceitos e práticas em discussão. *Revista Communicare*, v. 17, 2017. p. 46-61. Disponível em: https://casperlibero.edu.br/communicare-17-edicao-especial-de-70-anos-da-faculdade-casper-libero/. Acesso em: 19 maio 2021.

LACERDA, Bruno Torquato Zampier. *Bens digitais*: cybercultura, redes sociais, e-mails, músicas, livros, milhas aéreas, moedas virtuais. 2. ed. Indaiatuba, São Paulo: Editora Foco, 2021.

LÉVY, Pierre. *Cibercultura*. São Paulo: Editora 34. 1999. Disponível em: https://mundonativodigital.files. wordpress.com/2016/03/cibercultura-pierre-levy.pdf. Acesso em: 15 maio 2021.

LOCKE, Taylor. *86% of young people say They want to post social media content for money*. CNBC. 2019. Disponível em: https://www.cnbc.com/2019/11/08/study-young-people-want-to-be-paid-influencers.html#:~:text=But%20young%20people%20don't,ages%2013%20to%2038%20about. Acesso em: 21 maio 2021.

MARQUES, Claudia Lima; MIRAGEM, Bruno. *O novo direito privado e a proteção dos vulneráveis*. São Paulo: Ed. RT, 2012.

MARUM, Mariana Garcia Duarte. *O direito à privacidade ameaçado pelo sharenting*: podem os pais serem responsabilizados civilmente à luz do direito civil português? 2020. 139 f. Tese (Doutorado em Direito) Universidade de Coimbra. Disponível em: https://eg.uc.pt/handle/10316/92768. Acesso em: 21 maio 2021.

MEIRELLES, Rose Melo Venceslau. O princípio do melhor interesse da criança. In: *Princípios do Direito Civil Contemporâneo*. MORAES. Maria Celina Bodin de Moraes. Rio de Janeiro: Renovar, 2006. p. 459-493.

MENEZES, Joyceane Bezerra de; MORAES, Maria Celina Bodin de. Autoridade parental e privacidade do filho menor: o desafio de cuidar para emancipar. *Revista Novos Estudos Jurídicos*. v. 20, n. 2, 2015. Disponível em: https://siaiap32.univali.br/seer/index.php/nej/article/view/7881. Acesso em: 1º ago. 2021.

MOURA, Ana Luiza; CARVALHO, Eric de. Youtubers Mirins: Relações Públicas, Publicidade Infantil e Responsabilidade Social. Communicare, *Revista do Centro Interdisciplinar de Pesquisa* – Faculdade Cásper Líbero, v. 19, 2019. p. 44-55. Disponível em: https://casperlibero.edu.br/wp-content/uploads/2019/06/Nova-vers%C3%A3o_Communicare-19.1-atualizada.pdf. Acesso em: 12 maio 2021.

OLIVEIRA, Bruno Bastos de; PISSOLATO, Solange Teresinha Carvalho. Direito e tecnologia no ambiente de hiperconectividade: aspectos jurídicos da internet das coisas e seus desafios. *Relações Internacionais no Mundo Atual*, v. 1, n. 26, 2020. p. 223-241. Disponível em: http://revista.unicuritiba.edu.br/index. php/RIMA/article/view/4076/371372384. Acesso em: 12 maio 2021.

PERFIL de Maria Alice se torna o segundo com mais engajamento no Instagram. *Revista Caras*. 2021. Disponível em: https://caras.uol.com.br/bebe/perfil-de-maria-alice-se-torna-o-segundo-com-mais-engajamento-no-instagram.phtml. Acesso em: 26 ago. 2021.

RAMOS, André Luiz Arnt. Sharenting: Notas sobre liberdade de expressão, autoridade parental, privacidade e melhor interesse de crianças e adolescentes. In: EHRHARDT JÚNIOR, Marcos; LOBO, Fabíola Albuquerque; ANDRADE, Gustavo (Coords.). *Liberdade de expressão e relações privadas*. Belo Horizonte: Editora Fórum, 2021. p. 363-378.

SCHMITT, Cristiano Heineck. *Consumidores Hipervulneráveis*: A proteção do idoso no mercado de consumo. São Paulo: Atlas, 2014.

SERRANO, Vidal; SOUZA, Adriana Cerqueira de. A discussão legal da publicidade comercial dirigida ao público infantil. In: Fontenelle, Lais (Org.). *Criança e consumo*: 10 anos de transformação. São Paulo: Alana, 2016. p. 342-352.

SIIBAK, Andra; TRAKS, Keily. The dark sides of sharenting. *Catalan Journal of Communication and Cultural Studies.* v. 11, i. 1, 2019. p. 115-121. Disponível em: https://www.researchgate.net/publication/333607170_The_dark_sides_of_sharenting. Acesso em: 18 maio 2021.

SILVA, Michael César; GUIMARÃES, Glayder Daywerth Pereira; BARBOSA, Caio César do Nascimento. Publicidade Ilícita e sociedade digital: delineamentos da responsabilidade civil do digital influencer In: BARBOSA, Mafalda Miranda; BRAGA NETTO, Felipe Peixoto; SILVA, Michael César; FALEIROS JÚNIOR, José Luiz de Moura (Coords.). *Direito digital e inteligência artificial:* diálogos entre Brasil e Europa. Indaiatuba, São Paulo: Editora Foco, 2021. p. 381-410.

SIQUEIRA, Dirceu Pereira; NUNES, Danilo Henrique. Conflitos digitais: cidadania e responsabilidade civil no âmbito das lides cibernéticas. *Revista Jurídica da UNI7.* Centro Universitário 7 de Setembro, Fortaleza, v. 15, n. 2, 2018, p. 127-138.

STEINBERG, Stacey B. Sharenting: Children's Privacy in the Age of Social Media. *Emory Law Journal.* v. 66, i. 4, 2017. p. 839-884. Disponível em: https://scholarship.law.ufl.edu/cgi/viewcontent.cgi?article=1796&context=facultypub. Acesso em: 18 maio 2021.

SUPREME COURT OF PENNSYLVANIA. *Commonwealth v. Addicks.* Caselaw Access Project Harvard Law School. 1816. Disponível em: https://cite.case.law/serg-rawle/2/174/. Acesso em: 21 maio 2021.

TARGINO, Sandra Simone Valladão. O sharenting e o direito à indenização dos filhos. In: BARBOSA, Mafalda Miranda; ROSENVALD, Nelson; MUNIZ, Francisco. *Responsabilidade Civil e Comunicação:* IV jornadas luso-brasileiras de responsabilidade civil. Indaiatuba: Editora Foco, 2021. p. 399-408.

TEFFÉ, Chiara Antonia Spadaccini de. Considerações sobre a proteção do direito à imagem na internet. *Revista de informação legislativa:* RIL, v. 54, n. 213, p. 173-198, jan.-mar. 2017. Disponível em: https://www12.senado.leg.br/ril/edicoes/54/213/ril_v54_n213_p173. Acesso em: 1º ago. 2021.

TEPEDINO, Gustavo; MEDON, Filipe. A superexposição de crianças por seus pais na internet e o direito ao esquecimento. In: SARLET, Gabrielle Bezerra Sales; TRINDADE, Manoel Gustavo Neubarth; MELGARÉ, Plínio. *Proteção de dados:* temas controvertidos. Indaiatuba: Editora Foco, 2021. [*E-book*]

TUR-VIÑES, Victoria; NÚÑEZ-GÓMEZ, Patrícia; GONZÁLEZ-RÍO, María José. Kid influencers on YouTube. A space for responsibility. *Revista Latina de Comunicación Social.* n. 73, 2018. p. 1211-1230. Disponível em: http://www.revistalatinacs.org/073paper/1303/62en.html. Acesso em: 18 maio 2021.

TURRA, Karin Kelbert. Seria o "Oversharing" uma Violação ao Direito à Privacidade e à Imagem da Criança? *Alethes*, v. 6, n. 10, 2016. p. 105-122.

VERSWIJVELA, Karen; WALRAVEA, Michel; HARDIESA, Kris; HEIRMAN, Wannes. Sharenting, is it a good or a bad thing? Understanding how adolescents think and feel about sharenting on social network sites. *Children and Youth Services Review.* v. 104, 2019. p. 1-10. Disponível em: https://www.sciencedirect.com/science/article/abs/pii/S0190740919303482. Acesso em: 19 maio 2021.

WITKER, Jorge. *Como elaborar una tesis en derecho:* pautas metodológicas y técnicas para el estudiante o investigador del derecho. Madrid: Civitas, 1985.

YOUTUBE. *Bel.* 2021. Disponível em: https://www.youtube.com/user/belparameninas. Acesso em: 01 jun. 2021.

YOUTUBE. *Vlad and Niki.* 2021. Disponível em: https://www.youtube.com/c/VladandNiki/featured. Acesso em: 01 jun. 2021.

22
DIREITO AO ESQUECIMENTO COMO RESPOSTA À SUPEREXPOSIÇÃO DE CRIANÇAS E ADOLESCENTES

Guilherme Magalhães Martins

Procurador de Justiça do Ministério Público do Estado do Rio de Janeiro. Professor associado de Direito Civil da Faculdade Nacional de Direito – Universidade Federal do Rio de Janeiro. Professor permanente do Doutorado em Direito, Instituições e Negócios da Universidade Federal Fluminense. Doutor e Mestre em Direito Civil pela UERJ.

João Alexandre Silva Alves Guimarães

Doutorando em Direito pela Universidade de Coimbra, Portugal. Mestre em Direito da União Europeia pela Universidade do Minho, Portugal. Associado do Instituto Brasileiro de Estudos de Responsabilidade Civil – IBERC, Associado Fundador do Instituto Avançado de Proteção de Dados – IAPD, Membro do Comitê Executivo do Laboratório de Direitos Humanos – LabDH da Universidade Federal de Uberlândia.

Sumário: 1. Introdução – 2. Liberdade de expressão e consentimento – 3. O direito ao esquecimento – 4. Direito ao esquecimento em resposta ao *sharenting* e a superexposição – 5. Conclusão – 6. Referências.

1. INTRODUÇÃO

A internet, de forma global, é cada vez mais utilizada e alimentada com um excessivo número de informações, especialmente de cunho pessoal, possibilitando que nada seja esquecido. Antigamente, quem desejasse manter o anonimato precisava apenas de impedir que seu nome e número de telefone constassem das listas telefónicas, vulgarmente conhecidas por "páginas amarelas". Porém, atualmente, mesmo tomando todas as medidas em prol da preservação da privacidade, é praticamente difícil mantê-la. Uma informação que antes poderia levar meses ou até mesmo anos para ser adquirida, pode agora ser consultada com facilidade, estando à disposição dos usuários da internet.[1]

Viktor Mayer-Schönberger afirma que enquanto estamos constantemente esquecendo e reconstruindo elementos do nosso passado, a generalidade dos internautas continua a acessar a lembrança digital e os fatos que não foram reconstruídos. Assim, como o passado que lembramos vai mudando e evoluindo, o passado capturado na memória digital é constante e permanece congelado no tempo. É provável que essas

---

1. SOUZA, Bernardo de Azevedo e. *Direito, Tecnologia e Práticas Punitivas*. Porto Alegre: Canal Ciências Criminais, Posição 488-489 (Kindle Edition), 2016.

duas visões entrem em choque, ou seja, a memória congelada que os outros têm sobre nós e a memória emergente em evolução que carregamos em nossas mentes. Nenhuma delas é uma representação precisa e completa do que somos. A primeira está trancada no tempo, enquanto a última, a interpretação do passado da nossa mente, é fortemente influenciada por quem somos no presente.[2]

Schönberger afirma que as novas tecnologias fazem do ato de esquecer, que antes era regra, exceção. Por isso precisamos de mecanismos, legais e tecnológicos, para encontrar o equilíbrio. Não se trata apenas de perdoar atitudes questionáveis, mas de assumir que ações comuns, como as de tirar fotos ou entabular conversas privadas, se porventura descontextualizadas não podem ser critério para definir o caráter ou a competência de alguém. O referido autor defende que as pessoas tenham total controle sobre as suas pegadas digitais: fotografias poderiam ter data de validade e ser apagadas depois de um certo tempo.[3]

O problema que enfrentamos hoje é a superexposição das vidas pessoas dentro das redes sociais. Cada vez mais os usuários alimentam as redes sociais com fotografias do seu dia a dia, e acabam compartilhando fotos de crianças e adolescentes. E nesse momento temos em sério embate entre a liberdade dos pais e familiares publicarem fotos de crianças e adolescentes, e na maioria das vezes sem o consentimento deles ou mesmo sem a ciência dos menores.

Mark Zuckerberg, fundador do Facebook, vê a privacidade como um obstáculo mesquinho para uma grande visão de um mundo interconectado. O principal desafio do Facebook para seus negócios é reconciliar o paradoxo entre a preocupação dos usuários com sua privacidade e o interesse pela vida privada daqueles em sua rede. Em outras palavras, as pessoas desejam os benefícios sociais da revelação enquanto controlam como e quando se revelam. Eles podem querer controlar o quê, quando e como do que revelam, mas os prazeres da revelação parecem ser mais poderosos do que o desejo de "ficar fora" do Facebook.[4]

E o por que as redes sociais são tão populares? Alguns podem postar no Facebook para manter o contato com amigos distantes, alguns usam para resolver problemas internos ou alguns simplesmente usam como uma forma de complementar suas redes offline. Baker e Moore criaram uma tipologia de blogueiros que pode ser útil para explicar os usuários do Facebook. Os blogueiros, eles argumentaram, blogam por razões terapêuticas, para se conectar com outras pessoas, como uma substituição para relacionamentos offline ou para enfatizar um eu idealizado em vez de um eu sem censura.[5]

---

2. MAYER-SCHÖNBERGER, Viktor. *Delete*: The Virtue of Forgetting in the Digital Age. Princeton University Press; Edição: Revised ed. for Kindle, p. 106-107, 25 jul. 2011.
3. MAYER-SCHÖNBERGER, Viktor. *Delete* cit., p. 2.
4. MARICHAL, José. *Facebook Democracy* (Política e Relações Internacionais). Taylor e Francis. Edição do Kindle. p. 34.
5. BAKER, J.R.; MOORE, S.M. Creation and validation of the personal blogging style scale. *Cyberpsychology, Behavior, and Social Networking*, v. 14, n. 6, 379-385, 2010.

A popularidade do Facebook vem de sua estrutura básica de site que satisfaz tanto a necessidade de autorrevelação quanto de conexão com outras pessoas. Como a comunicação no Facebook, na maioria das vezes, complementa as interações off-line, ela pode servir como um suporte crítico para manter amizades em distâncias curtas e longas.[6]

Porém, o direito à proteção de dados apresenta-se essencialmente como um direito de garantias de um conjunto de valores fundamentais individuais de que se destacam a privacidade e a liberdade, em poucas palavras, a autodeterminação individual.[7]

O princípio do consentimento ou da autodeterminação é a pedra angular sobre a qual se estrutura o tratamento dos dados pessoais. Certo que não é a vontade do titular dos dados que define o nível de proteção a que eles ficam sujeitos, dependendo a proteção outorgada a cada tipo ou categoria de dados da vontade do legislador, mas existe uma relação necessária entre o consentimento e a licitude da recolha e tratamento dos dados que apenas poderá ser afastada ou derrogada nos casos particulares previstos na lei.[8]

Brandeis e Warren, em 1890, afirmaram que o direito de quem permaneceu um particular, de impedir seu retrato público, apresenta o caso mais simples para tal extensão; o direito de se proteger de retratos à caneta, de uma discussão pela imprensa sobre seus assuntos particulares, seria mais importante e de longo alcance. Se afirmações casuais e sem importância em uma carta, se são trabalhos manuais, por mais inartísticos e sem valor, se bens de todos os tipos são protegidos não apenas contra a reprodução, mas também contra a descrição e enumeração, quanto mais deveriam os atos e ditos de um homem em sua vida social e as relações domésticas devem ser protegidas de publicidade implacável. Se você não pode reproduzir o rosto de uma mulher fotograficamente sem seu consentimento, quanto menos deveria ser tolerada a reprodução de seu rosto, sua forma e suas ações, por descrições gráficas coloridas para se adequar a uma imaginação grosseira e depravada.[9]

E o direito de autodeterminar informações na internet cabe também as crianças e adolescentes. Ao entender que os menores podem ter seu cotidiano afetado drasticamente por uma foto publicada ou por uma informação sua publicada, ela poderá autodeterminar se aquela informação sobre si deve continuar na internet. Mas para um efetivo cumprimento desse direito humano, deve ser suscitado o Direito ao Esquecimento, que o artigo explorará.

---

6. MARICHAL, José. *Facebook Democracy*, cit., p. 35.
7. CALVÃO, Filipa Urbano. O Direito Fundamental à Proteção dos Dados Pessoais e a Privacidade 40 Anos Depois. In: VAZ, Manuel Afonso; BOTELHO, Catarina Santos; TERRINHA, Luís Heleno; COUTINHO, Pedro (Coord.). *Jornadas nos quarenta anos da Constituição da República Portuguesa – Impacto e Evolução*. Universidade Católica Editora, 2017. p. 89.
8. MIRANDA, Jorge; MEDEIROS, Ruy. *Constituição Portuguesa Anotada*. v. I, 2. ed., Revista – Lisboa: Universidade Católica Editora, 2017. p. 574.
9. WARREN, Samuel D.; BRANDEIS, Louis D. The Right to Privacy. *Harvard Law Review*, v. IV (n. 5), 15 dez. 1890. p. 213 e 214.

2. LIBERDADE DE EXPRESSÃO E CONSENTIMENTO

O direito à privacidade, como tal deve necessariamente ser limitado, já encontrou expressão no direito francês.[10] Resta considerar quais são as limitações desse direito à privacidade e quais recursos podem ser concedidos para a aplicação desse direito. Seria uma tarefa difícil determinar de antemão a linha exata em que a dignidade e a conveniência do indivíduo devem ceder às demandas do bem-estar público ou da justiça privada; mas as regras mais gerais são fornecidas pelas analogias jurídicas já desenvolvidas na lei da calúnia e difamação e na lei da propriedade literária e artística.[11]

O direito à privacidade, para Brandeis e Warren, não proíbe a publicação de matéria de interesse público ou geral. Na determinação do alcance desta regra, o auxílio seria concedido pela analogia, no direito da difamação e da calúnia, de casos que tratam do privilégio qualificado de comentário e crítica sobre assuntos de interesse público e geral. É claro que existem dificuldades em aplicar tal regra; mas eles são inerentes ao assunto, e certamente não são maiores do que aqueles que existem em muitos outros ramos da lei — por exemplo, naquela grande classe de casos em que a razoabilidade ou irracionalidade de um ato é feita a teste de responsabilidade. O desígnio da lei deve ser proteger aquelas pessoas com cujos assuntos a comunidade não tem preocupação legítima, de serem arrastadas para uma publicidade indesejável e proteger todas as pessoas, seja qual for; sua posição, de ter assuntos que eles possam preferir manter privados, tornados públicos contra sua vontade. É a invasão injustificada da privacidade individual que é repreendida e, na medida do possível, evitada. A distinção, entretanto, observada na declaração acima, é óbvia e fundamental. Há pessoas que podem razoavelmente reivindicar como direito a proteção contra a notoriedade que advém do fato de serem feitas vítimas de empreendimentos jornalísticos. Há outros que, em graus variáveis, renunciaram ao direito de viver suas vidas protegidas da observação pública.[12]

A Convenção Europeia de Direitos Humanos trouxe, em 1950, em seu rol de proteção o Direito à Liberdade de Expressão. Foi previsto que:

1. Qualquer pessoa tem direito à liberdade de expressão. Este direito compreende a liberdade de opinião e a liberdade de receber ou de transmitir informações ou ideias sem que possa haver ingerência de quaisquer autoridades públicas e sem considerações de fronteiras. O presente artigo não impede que os Estados submetam as empresas de radiodifusão, de cinematografia ou de televisão a um regime de autorização prévia.

2. O exercício desta liberdades, porquanto implica deveres e responsabilidades, pode ser submetido a certas formalidades, condições, restrições ou sanções, previstas pela lei, que constituam

---

10. Nesse sentido cf. França. *Loi du 29 juillet 1881 sur la liberté de la presse*, Version en vigueur au 15 février 2021. Disponível em https://www.legifrance.gouv.fr/affichTexte.do?cidTexte=LEGITEXT000006070722.
11. WARREN, Samuel D.; BRANDEIS, Louis D. The Right to Privacy, cit., p. 214.
12. WARREN, Samuel D.; BRANDEIS, Louis D. The Right to Privacy, cit., p. 214.

DIREITO AO ESQUECIMENTO COMO RESPOSTA À SUPEREXPOSIÇÃO DE CRIANÇAS E ADOLESCENTES

providências necessárias, numa sociedade democrática, para a segurança nacional, a integridade territorial ou a segurança pública, a defesa da ordem e a prevenção do crime, a protecção da saúde ou da moral, a protecção da honra ou dos direitos de outrem, para impedir a divulgação de informações confidenciais, ou para garantir a autoridade e a imparcialidade do poder judicial.[13]

Tanto a Convenção Americana como a Convenção Europeia contêm uma disposição específica em relação à liberdade de expressão, descrita nos artigos 13 e 10 respectivamente. Contudo, a forma em que estão redigidos os artigos diferem consideravelmente: enquanto o artigo 13 da Convenção Americana contém uma lista específica de exceções ao princípio geral estabelecido no primeiro parágrafo do artigo, a Convenção Europeia está formulada em termos mais genéricos. Os artigos têm um âmbito muito diferente, sendo evidente no artigo 13 da Convenção Americana a proibição praticamente completa da censura prévia, ausente no artigo 10 do documento europeu. A Corte Interamericana de Direitos Humanos comparou o artigo 10 da Convenção Europeia com o artigo 13 da Convenção Americana e o artigo 19 do Pacto Internacional de Direitos Civis e Políticos, e concluiu que as garantias da liberdade de expressão contidas na Convenção Americana foram desenhadas para serem as mais generosas e para reduzir ao mínimo as restrições à livre circulação das ideias.[14]

O estudo da jurisprudência do Tribunal Europeu dos Direitos do Homem revela uma visão notoriamente ampla do âmbito de garantia efetiva da liberdade de expressão e uma paralela concepção restritiva do âmbito de garantia efetiva do direito ao bom nome e reputação. O que, aliás, de alguma forma é decalcado da própria forma como os direitos em apreciação se apresentam consagrados na Convenção Europeia de Direitos Humanos: enquanto à liberdade de expressão é dedicado todo o artigo 10.º, o direito ao bom nome e reputação não parece ter merecido igual tratamento, sendo aparentemente relegado para possível limite da liberdade de expressão, conforme se afigura resultar do n. 2 do referido artigo 10.º.[15]

Já em relação à reserva da intimidade da vida privada, reconhecida no artigo 8.º da Convenção, o TEDH denota uma maior sensibilidade quanto às suas necessidades de proteção, não se descobrindo neste campo uma verdadeira pré-compreensão da questão. Dito de outro modo, nesta sede não se parte da ideia da primazia da liberdade de expressão, não se afigurando por isso legítimo afirmar que a liberdade de expressão goza *a priori* de um âmbito de garantia efetiva superior ao da reserva da intimidade da vida privada. Apenas o balanceamento dos bens no caso concreto ditará a solução a dar à situação *sub iudice*. De frisar, contudo, que, quando o objeto da comunicação

---

13. UNIÃO EUROPEIA. Tribunal Europeu dos Direitos do Homem. *Convenção Europeia dos Direitos do Homem: com as modificações introduzidas pelos Protocolos nos 11 e 14, acompanhada do Protocolo adicional e dos Protocolos nos 4, 6, 7, 12, 13 e 16*. Roma: Conselho da Europa, 04 nov. 1950.
14. CORTE INTERAMERICANA DE DIREITOS HUMANOS. *Agremiação Obrigatória de Jornalistas* (artigos 13 e 29 da Convenção Americana sobre Direitos Humanos), Opinião Consultiva OC-5/85, Série A n. 5, Sentença de 13 de novembro de 1995. p. 50.
15. SEQUEIRA, Elsa Vaz. Responsabilidade Civil e Liberdade de Expressão. *Revista de Direito da Responsabilidade*, Coimbra, Ano 3, p. 63-89, 2021. p. 67.

ou os efeitos destas incidem ou se repercutem na privacidade ou intimidade doutrem, o TEDH não raro convoca o artigo 8.º para tutela do bom nome e reputação.[16]

Na análise deste tipo de problema, o Tribunal costuma lançar mão do chamado teste dos três passos: legalidade, legitimidade e necessidade. O que equivale a dizer: que cabe apurar até que ponto a restrição à liberdade de expressão é prescrita pela lei interna do país; que importa aferir da existência de um fundamento material para semelhante restrição; e, finalmente, que se deve procurar a medida menos restritiva.[17]

A Carta dos Direitos Fundamentais da União Europeia no seu artigo 11.º prevê que "Qualquer pessoa tem direito à liberdade de expressão. Este direito compreende a liberdade de opinião e a liberdade de receber e de transmitir informações ou ideias, sem que possa haver ingerência de quaisquer poderes públicos e sem consideração de fronteiras. São respeitados a liberdade e o pluralismo dos meios de comunicação social."[18], transcrevendo o que a Convenção Europeia dos Direitos do Homem já havia previsto em 1950.

Porém a própria CDFUE prevê expressamente no seu Artigo 8.º a proteção dos dados pessoais, colocando que:

1. Todas as pessoas têm direito à protecção dos dados de carácter pessoal que lhes digam respeito.

2. Esses dados devem ser objecto de um tratamento leal, para fins específicos e com o consentimento da pessoa interessada ou com outro fundamento legítimo previsto por lei. Todas as pessoas têm o direito de aceder aos dados coligidos que lhes digam respeito e de obter a respectiva rectificação.

3. O cumprimento destas regras fica sujeito a fiscalização por parte de uma autoridade independente.[19]

As evidências do passado, conforme têm sido expostas atualmente, acabam por promover mais um round do clássico conflito jurídico, que vem há décadas sendo delineado e discutido, entre liberdade de expressão e os direitos de personalidade, notadamente imagem e privacidade.[20]

É indiscutível que todos nós somos titulares de ambos os direitos. Podemos afirmar que cada um de nós tem um direito subjetivo a se expressar, assim como um direito subjetivo à proteção de nossa imagem, honra, privacidade, intimidade. Todavia, quando ambos se encontram em choque — quando um indivíduo exerce seu direito subjetivo de se expressar em contraponto ao direito subjetivo de outro proteger sua privacidade – qual deles deve subsistir? O que até os anos 1960 ou 1970

---

16. SEQUEIRA, Elsa Vaz. Responsabilidade Civil e Liberdade de Expressão, cit., p. 67 e 68.
17. SEQUEIRA, Elsa Vaz. Responsabilidade Civil e Liberdade de Expressão, cit., p. 68.
18. UNIÃO EUROPEIA. Parlamento Europeu e o Conselho. *Carta dos Direitos Fundamentais da União Europeia - 364/01*, de 18 de dezembro de 2000.
19. Idem.
20. BRANCO, Sérgio. *Memória e esquecimento na internet (Pautas em Direito)*. Porto Alegre: Arquipélago Editorial, 2017. Edição do Kindle. P. 115.

seria possível depois de um deslize qualquer, de maior ou menor gravidade, já não é mais uma possibilidade no mundo contemporâneo.[21]

No Brasil, o art. 5º fundamenta que todo cidadão brasileiro e os residentes no país são iguais perante a lei, sem distinção de qualquer natureza, garantindo-se inviolabilidade do direito à vida, à liberdade, à igualdade, à segurança e à propriedade, e no inciso IX assegura que "é livre a expressão da atividade intelectual, artística, científica e de comunicação, independentemente de censura ou licença;".

A liberdade de expressão do pensamento, exercida dentro dos limites constitucionais a ela inerentes, traz, como pressuposto, um direito de manifestação livre da ingerência ou prévia chancela do Estado, o que se reflete na proibição da censura e no dever de neutralidade, a impedir qualquer forma de discriminação motivada pela manifestação do pensamento ou da opinião.[22]

Assim, a ampla liberdade assegurada, na mesma medida em que reforça o poder dos veículos, implica, necessariamente, assunção de responsabilidades, decorrentes da necessidade da observância de limites claros e ponderados e da imperiosa compreensão de que, em um sistema jurídico que precisa ser harmonizado, não há direitos imunes a qualquer restrição ou regulação.[23]

Com efeito, a liberdade de expressão, tal como se verifica com todos os demais direitos, não se mostra absoluta ou liberada de qualquer limite, devendo conviver com outros direitos igualmente vinculados à proteção da personalidade e advindos do imperativo de dignidade humana, a fim de que estes também encontrem espaço para a sua realização.[24]

Para Maria Celina Bodin de Moraes não pode existir um número fechado de hipóteses tuteladas: tutelado é o valor da pessoa, sem limites, salvo aqueles postos no seu interesse e no interesse de outras pessoas humanas. Nenhuma previsão especial pode ser exaustiva, porque deixaria de fora, necessariamente, novas manifestações e exigências da pessoa, que, com o progredir da sociedade, passam a exigir uma consideração positiva. Evidentemente, não se restringe tal concepção ao momento patológico, ao momento da reparação de dano já causado, mas põe-se a serviço da proteção e da promoção humana em todas as suas relações.[25]

A mesma visão é partilhada por Pietro Perlingieri, sobre a controvérsia entre tipicidade e atipicidade em matéria de situações jurídicas existenciais, na defesa da natureza aberta da normativa:

---

21. BRANCO, Sérgio. *Memória e esquecimento na internet*, cit., p. 115 e 117.
22. BEZERRA JUNIOR, Luis Martius Holanda. *Direito ao Esquecimento*. São Paulo: Série IDP, Editora Saraiva, 2018, Edição do Kindle. Locais do Kindle 1653-1654.
23. BEZERRA JUNIOR, Luis Martius Holanda. *Direito ao Esquecimento*, cit., Locais do Kindle 1670-1673.
24. BEZERRA JUNIOR, Luis Martius Holanda. *Direito ao Esquecimento*, cit., Locais do Kindle 1673-1677.
25. MORAES, Maria Celina Bodin. *Danos à pessoa humana*: uma leitura civil constitucional dos danos morais. Rio de Janeiro: Renovar, 2003.

Afirmada a natureza necessariamente aberta da normativa, é de máxima importância constatar que a pessoa se realiza não através de um único esquema de situação subjetiva, mas com uma complexidade de situações que se apresentam como poder jurídico(*potestá*), ora como interesse legítimo, ora como direito subjetivo, faculdade, poderes. Devem ser superadas as discussões dogmáticas sobre a categoria do direito(ou dos direitos) da personalidade. Nestas discussões controvertia-se principalmente sobre a possibilidade de assimilar a personalidade à categoria (em aparência "geral" e, portanto, vista – sem razão – como "universal") do direito subjetivo, como tinha sido elaborado pela tradição patrimonialística (...)

A esta matéria não se pode aplicar o direito subjetivo elaborado sobre a categoria do "ter". Na categoria do "ser" não existe a dualidade entre sujeito e objeto, porque ambos representam o ser, e a titularidade é institucional, orgânica(...). Quando o objeto de tutela é a pessoa, a perspectiva deve mudar; torna-se necessidade lógica reconhecer, pela especial natureza do interesse protegido, que é justamente a pessoa a constituir ao mesmo tempo o sujeito titular do direito e o ponto de referência objetivo da relação. A tutela da pessoa não pode ser fracionada em isoladas *fattispecie* concretas, em autônomas hipóteses não comunicáveis entre si, mas deve ser apresentada como problema unitário, dado o seu fundamento representado pela unidade do valor da pessoa. Este não pode ser dividido em tantos interesses, em tantos bens, em isoladas ocasiões, como nas teorias atomísticas. *A personalidade é, portanto, não um direito, mas um valor(o valor fundamental do ordenamento) e está na base de uma série aberta de situações existenciais, nas quais se traduz a sua incessantemente mutável exigência de tutela.*[26]

O fato de o direito ao esquecimento não constar da lista de direitos da personalidade previstos no Código Civil não é um obstáculo à sua existência. Afinal, a melhor doutrina entende que os direitos de personalidade são protegidos de maneira mais ampla e completa pela cláusula geral de guarda da dignidade da pessoa humana, de modo que toda a emanação da personalidade deve ser resguardada, independentemente de expressa previsão legal.[27]

Com efeito, em uma sociedade livre e igualitária, nenhum direito é absoluto e nenhuma liberdade pode ser exercida de forma irrestrita ou alheia aos interesses e limites naturalmente impostos pela necessidade de preservação dos direitos dos demais indivíduos.[28]

Além disso, importa considerar que a liberdade de expressão não seria um fim em si mesmo, atuando, ao revés, sempre para servir a um interesse humano, voltado, precipuamente, a assegurar, sobretudo no caso da imprensa, a formação de uma personalidade individual livre e consciente, de tal sorte que se mostra inconcebível que o seu exercício possa ser invocado como uma antecipada permissão para esvaziar o conteúdo essencial dos direitos da personalidade.[29]

---

26. PERLINGIERI, Pietro. *Perfis do Direito Civil*. Trad. Maria Cristina de Cicco. Rio de Janeiro: Renovar, 2007. p. 155.
27. BRANCO, Sérgio. *Memória e esquecimento na internet*, cit., p. 124.
28. BEZERRA JUNIOR, Luis Martius Holanda. *Direito ao Esquecimento*, cit., Locais do Kindle 1765-1772.
29. TAVARES, André Ramos. Liberdade de expressão-comunicação em face do direito à privacidade. In: MARTINS, Ives Gandra da Silva; PEREIRA JÚNIOR, Antônio Jorge (Coords.). *Direito à privacidade*. Aparecida: Ideias & Letras, 2005. p. 223-228.

O direito ao esquecimento surge como uma forma de resposta também a liberdade de expressão, em sua forma negativa. Ao invadir a privacidade, ou mesmo, ao impedir o livre desenvolvimento da personalidade humana, poderá o ofendido, quando não existe um interesse coletivo comprovado no fato, de solicitar que a postagem que se refere ao ofendido seja apagada e esquecida. Todavia, ao entender que ambos são direitos fundamentais, porém não absolutos, deverá a corte do juízo decidir qual deverá prevalecer.

Nesse momento deve-se atentar a palavra consentimento, conforme o artigo 4.º do RGPD, esse deve ser uma manifestação de vontade, livre, específica, informada e explícita, pela qual o titular dos dados aceita, mediante declaração ou ato positivo inequívoco, que os dados pessoais que lhe dizem respeito sejam objeto de tratamento.[30] E se existe uma necessidade do consentimento para o tratamento de dados, então é fundamental o consentimento para a publicação de informação na internet por terceiros.

Para Alexandre Sousa Pinheiro "o consentimento válido para um tratamento implica o conhecimento dos fins a que se destina a recolha", pois, caso contrário, "a declaração de vontade mostra-se oca e destituída de conexão com o tratamento de dados".[31]

Deve-se, então, exigir uma definição clara e completa das finalidades, não sendo admissíveis meras referências a objetivos ou grandes metas e nesta relação consentimento-finalidade que o autor baseia a ideia de autodeterminação informacional.[32]

Alexandre Pinheiro ainda coloca que enquanto a proteção de dados é pensada como uma garantia, o seu fundamento, ou seja, a autodeterminação informacional, exprime-se como uma liberdade", ou seja, "a autodeterminação informacional reveste a natureza de posição jurídica complexa, abrangendo elementos próprios das diferentes posições ativas que compõem os direitos fundamentais."[33]

3. O DIREITO AO ESQUECIMENTO

A ideia do direito ao esquecimento tem suas origens no conceito legal francês e italiano, que o descreve como direito ao silêncio sobre os acontecimentos passados na vida que já não mais estão ocorrendo, como nos crimes em que as pessoas foram absolvidas. O referido direito surgiu da combinação entre a legislação e a jurisprudência, desde o final dos anos 1970. Nesse viés, o direito ao esquecimento é suscetível de ser visto como uma restrição da liberdade de expressão, na medida

---

30. UNIÃO EUROPEIA. Parlamento Europeu e o Conselho. *Regulamento (UE) 2016/679, de 27 de abril de 2016.* Bruxelas, 2016. Artigo 4.º, 11.
31. PINHEIRO, Alexandre de Sousa. *Privacy e Protecção de Dados Pessoais*: A Construção Dogmática do Direito à Identidade Informacional. AAFDL, Lisboa, 2015. p. 806.
32. BARBOSA, Mafalda Miranda. Data controllers e data processors: da responsabilidade pelo tratamento de dados à responsabilidade civil. *Revista de Direito Comercial*, 15 de março de 2018. p. 478.
33. PINHEIRO, Alexandre de Sousa. *Privacy e Protecção de Dados Pessoais*, cit., p. 805.

em que controla o que pode e o que não pode ser dito de modo particular, embora referentes a fatos e acontecimentos legítimos. A "versão online" do direito ao esquecimento trazida pela Comissão Europeia não funciona com esta ideia 'dramática' de apagar eventos passados, mas sim com a ideia de supressão de dados que não são mais necessários.[34]

A União Europeia adotou o novo Regulamento Geral de Proteção de Dados (RGPD) que inclui o direito ao apagamento ("direito a ser esquecido"), reconhecendo o direito à desindexação com etapas específicas para os responsáveis pelo tratamento de dados apagarem informações mediante solicitação.

O RGPD traz no início de suas considerações o ponto pelo qual o direito a ser esquecido está presente. No considerando 65 coloca que "Os titulares dos dados deverão ter direito a que os dados que lhes digam respeito sejam retificados e o "direito a serem esquecidos" quando a conservação desses dados violar o presente regulamento ou o direito da UE ou dos Estados-Membros aplicável ao responsável pelo tratamento.".

O direito de ser esquecido permite que um indivíduo controle seus dados pessoais se não for mais necessário para seu propósito original, ou se, por algum outro motivo, desejar retirar o consentimento quanto ao seu processamento, entre outras razões.[35]

O ato de esquecer é tão ou mais indispensável ao ser humano do que o ato de lembrar, pois somente com o esquecimento – parcial e gradual – do conhecimento retido pelo indivíduo e pela sociedade é que se permitirá estabilizar a vida presente em relação ao seu passado. O esquecer é uma necessidade, tanto individual quanto coletiva, e é precisamente dentro desse cenário que a doutrina formula o neologismo de "esquecibilidade" ("forgetability"), permitindo avaliar o grau com que cada cidadão (ou uma sociedade humana) possui condições de preservar ou de deixar no passado fatos que não necessitam ser rememorados. [36]

Por outro lado, deve-se entender o que é um direito pessoal. Em 1879 o direito pessoal foi considerado a classe principal abrange os direitos que pertencem à pessoa. Nele estão incluídos o direito à vida, o direito à imunidade contra ataques e lesões, e o direito, igualmente com os outros, de forma semelhante, para controlar a própria ação. Em todos os países iluminados, a mesma classe também incluiria o direito ao benefício de cada reputação que o condado lhe concedeu e o gozo de todos os direitos civis concedidos por lei. Os direitos políticos também podem ser incluídos sob a mesma cabeça.[37]

---

34. BERNAL, P. Alexander. A Right to Delete? *European Journal of Law and Technology*. Belfast, Reino Unido, v. 2, n. 2, 2011.

35. SAFARI, Beata A. Intangible Privacy Rights: How Europe's GDPR Will Set a New Global Standard for Personal Data Protection. *Seton Hall Law Review*, Volume 47, 809-848, 2017. p. 835.

36. SARLET, Ingo Wolfgang; FERREIRA NETO, Arthur M. *O direito ao "esquecimento" na sociedade da informação*. Porto Alegre: Livraria do Advogado, 2019.

37. COOLEY. Thomas M. *A treatise on the law of torts, or, The wrongs which arise independent of contract*. Callaghan and Company, Chicago, 1879. p. 24.

O RGPD traz no início de suas considerações o ponto pelo qual o direito a ser esquecido está presente. No considerando 65 coloca que "Os titulares dos dados deverão ter direito a que os dados que lhes digam respeito sejam retificados e o "direito a serem esquecidos" quando a conservação desses dados violar o presente regulamento ou o direito da UE ou dos Estados-Membros aplicável ao responsável pelo tratamento.".[38]

O n.º 2.º do artigo 17.º, bem como a explicação desse direito no considerando 66 das considerações do RGPD, ao referir a expressão "supressão de ligações", sugere que o direito a ser esquecido corresponderia a uma aplicação do direito ao apagamento (que se exerce offline) à esfera digital (agora exercido online) especialmente contra os motores de busca (desindexação):

"Para reforçar o direito a ser esquecido no ambiente por via eletrônica, o âmbito do direito ao esquecimento deverá ser alargado através da imposição ao responsável pelo tratamento que tenha tornado públicos os dados pessoais da adoção de medidas razoáveis, incluindo a aplicação de medidas técnicas, para informar os responsáveis que estejam a tratar esses dados pessoais de que os titulares dos dados solicitaram a supressão de quaisquer ligações para esses dados pessoais ou de cópias ou reproduções dos mesmos.".[39]

Para Menezes Cordeiro a natureza jurídica do direito ao esquecimento suscita dúvidas. Seguindo a letra do preceito, o direito ao esquecimento não consiste num direito a exigir, do público em geral, o apagamento de determinados dados pessoais, mas somente no direito a exigir ao responsável pelo tratamento que informe os demais responsáveis de que o titular dos dados lhes solicitou o apagamento das ligações para esses dados pessoais, bem como o apagamento de eventuais cópias ou reproduções.[40]

A comunicação desta intenção não parece sequer fazer emergir na esfera jurídica desses outros responsáveis pelo tratamento uma obrigação (passiva) de apagamento: cabe ao titular dos dados requerê-lo individualmente. O direito ao esquecimento surge como um reconhecimento da insuficiência do apagamento dos dados pelo responsável pelo tratamento originário, em face das especificidades da Internet. Como é notório, o simples fato de se apagar uma determinada informação de um sítio não significa que ele tenha sido apagado de toda a Internet.[41]

O TJUE entendeu que o resultado obtido pelo mecanismo de busca através da ligação entre dois ou mais termos é fruto de um tratamento de dados. Pois, ao combinar habilmente dados de login, cookies e endereços de IP, o Google é capaz de conectar a pesquisa a um determinado indivíduo ao longo do tempo e com impressionante

---

38. UNIÃO EUROPEIA. Parlamento Europeu e o Conselho. *Regulamento (UE) 2016/679*, de 27 de abril de 2016. Bruxelas, 2016.
39. Idem.
40. CORDEIRO, A. Barreto Menezes. *Direito da Proteção de Dados*: À Luz do RGPD e da Lei N.º 58/2019. Coimbra: Almedina, novembro de 2016. p. 275.
41. CORDEIRO, A. Barreto Menezes. *Direito da Proteção de Dados*, cit., p. 275.

precisão – a conexão entre quem procura a informação e os resultados da pesquisa é promissor o suficiente para que o internauta aceda aos links indexados.[42]

A grande novidade trazida pelo RGPD não foi, consequentemente, a positivação do direito ao apagamento, mas a consagração legal do direito ao esquecimento, recorrendo à terminologia adotada. Esta solução, prevista logo na Proposta da Comissão, suscitou algumas incertezas durante o processo legislativo, tendo ainda sido objeto de importantes críticas: focadas na sua inadequação ou inviabilidade em face da realidade prática da Internet; no fato de criar a expectativa de que a informação poderia ser livremente apagada, por simples iniciativa do próprio titular; na importância social da informação; ou nos problemas concorrenciais, numa perspectiva global, que esse direito ao esquecimento poderia provocar.[43]

Para Alexandre Sousa Pinheiro, em anotação alude à publicitação dos dados pelo responsável, que, quando for obrigado ao respetivo apagamento, face ao exercício deste direito, terá que adotar as medidas que forem razoáveis para informar os responsáveis pelo tratamento efetivo dos dados pessoais de que o titular dos dados lhe solicitou o apagamento das ligações para esses dados pessoais, bem como das cópias, réplicas, ou reprodução deles. Este preceito trata do direito a ser esquecido em linha, que se consubstancia na adoção de medidas técnicas, por parte do responsável pelo tratamento para, informar outros sites de que determinado titular requereu a pagamento de seus dados pessoais.[44]

O "direito ao esquecimento" foi fortalecido quando comparado com o julgamento do Google Spain, pois inclui uma obrigação para o responsável pelo tratamento que tornou públicos os dados pessoais para informar outros responsáveis pelo tratamento que processam tais dados pessoais para apagar quaisquer links, ou cópias ou replicações desses dados pessoais. Ao fazê-lo, esse responsável pelo tratamento deve tomar medidas razoáveis, levando em conta a tecnologia disponível e os meios disponíveis para o responsável pelo tratamento, incluindo medidas técnicas.[45]

A recente decisão do Tribunal de Justiça Federal da Alemanha, *Bundesgerichtshof* (BGH), de 27 de julho de 2020, que colocou que o direito ao apagamento e, por conseguinte, o direito à desindexação, não é absoluto. Para a Corte, o Art. 17, parágrafo 1, do RGPD não se aplica como um todo se o processamento de dados for necessário para o exercício do direito à liberdade de expressão. Esta circunstância é a expressão de que o direito à proteção de dados pessoais não é um direito irrestrito. Como afirma o quarto considerando do RGPD, no que diz respeito à sua função social

---

42. MAYER-SCHÖNBERGER, Viktor. *Delete*, cit., p. 6.
43. CORDEIRO, A. Barreto Menezes. *Direito da Proteção de Dados*, cit., p. 277.
44. PINHEIRO, Alexandre Sousa (Coord.); COELHO, Cristina Pimenta; DUARTE, Tatiana; GONÇALVES, Carlos Jorge; GONÇALVES, Catarina Pina. *Comentários ao Regulamento Geral de Proteção de Dados*. Almedina, Coimbra, dezembro de 2018. p. 368.
45. BURRI, Mira; SCHÄR, Rahel. The Reform of the EU Data Protection Framework: Outlining Key Changes and Assessing Their Fitness for a Data-Driven Economy. *Journal of Information Policy*, Volume 6, 479-511, 2014. p. 490.

e mantendo o princípio da proporcionalidade contra outros direitos fundamentais, devem ser ponderados e, esta ponderação dos direitos fundamentais, é baseada em todas as circunstâncias relevantes do caso individual. Deve-se também, levar em consideração, a gravidade da interferência com os direitos fundamentais da pessoa em causa.[46]

Neste contexto, o peso dos interesses econômicos do gerente do mecanismo de pesquisa por si só geralmente não é suficientemente pesado para limitar os direitos das pessoas afetadas. Em contrapartida, tem maior peso o interesse do público pela informação e, sobretudo, os direitos fundamentais de terceiros a aqui incluídos. Portanto, não há presunção de prioridade da proteção dos direitos pessoais, mas os direitos fundamentais opostos devem ser avaliados em pé de igualdade.[47]

Ou seja, o *Bundesgerichtshof*, mesmo que no processo tenha negado o direito à desindexação ao autor, colocando como princípio o interesse geral e a não possibilidade de desvincular os acontecimentos ao autor, a Corte foi bem clara em colocar a existência do direito ao esquecimento como um direito fundamental e que deve ser julgado em cada caso particular, ao confronto de dois ou mais direitos fundamentais.

No Brasil, o Marco Civil da Internet (Lei 12.965/2014) prevê, no seu artigo 7º, X, uma modalidade de direito ao esquecimento, decorrente da pós-eficácia das obrigações, assegurando ao titular dos dados pessoais o direito de solicitar sua exclusão definitiva, ao término da relação entre as partes. Pode ser o caso, por exemplo, da relação entre usuário e provedor de uma rede social, ao término da conta.[48]

A doutrina aponta ainda uma identidade entre o direito ao esquecimento e o caso das biografias não autorizadas, caso em que, por unanimidade, o Plenário do Supremo Tribunal Federal, no dia 10 de junho de 2015, julgou procedente o pedido na Ação Direta de Inconstitucionalidade 4.815, declarando inexigível a autorização prévia para a publicação de biografias. Como visto no início deste capítulo, o âmbito de aplicação do direito ao esquecimento é mais amplo do que o do diário ou da autobiografia, embora haja uma zona cinzenta comum, do ponto de vista das liberdades de expressão e de informação.[49]

A Lei Geral de Proteção de Dados Pessoais, Lei 13.709/18, também faz referência ao direito ao esquecimento nos seus artigos 5º, III e XI e 18, IV, sob o ponto de vista da anonimização, bloqueio ou eliminação de dados.

A eliminação que é colocada no inc. VI, da LGPD, foi apresentada de forma superficial, se comparada com a proteção que o RGPD trouxe para a União Europeia. No RGPD a eliminação é prevista no art. 17.º como "Direito ao apagamento de dados (direito a ser esquecido)". O apagamento permite que os titulares de dados solicitem

---

46. ALEMANHA. Bundesgerichtshof. *VI ZR 405/18*, Verkündet am: 27. Juli 2020, OLG Frankfurt am Main.
47. ALEMANHA. Bundesgerichtshof. *VI ZR 405/18*, Verkündet am: 27. Juli 2020, OLG Frankfurt am Main.
48. MARTINS, Guilherme Magalhães. Direito ao Esquecimento na Era da Memória e da Tecnologia. *Revista dos Tribunais*, v. 1019, n. 2020, p. 109-153, 2020. p. 118.
49. Idem, p. 121.

a eliminação dos seus dados pessoais quando a sua retenção ou processamento viola os termos do regulamento, em particular (mas não exclusivamente), por estarem incompletos ou imprecisos.[50]

O RGPD confere aos titulares dos dados pessoais o direito de solicitarem que estes sejam apagados, e os responsáveis ou os subcontratantes têm a obrigação de fazê-lo, com mais brevidade, tendo a finalidade que esse dado seja apagado ao ponto de ser esquecido. Requisitos esses que a LGPD não especificou como a legislação da União Europeia.[51]

O Supremo Tribunal Federal (STF) no Brasil com a decisão no Tema 786, referente ao Recurso Extraordinário 1.010.606/RJ, conhecido como Caso Aída Cury, firmando a seguinte tese:

É incompatível com a Constituição a ideia de um direito ao esquecimento, assim entendido como poder de obstar, em razão da passagem do tempo, a divulgação de fatos ou dados verídicos e licitamente obtidos e publicados em meios de comunicação social analógicos ou digitais.

Eventuais excessos ou abusos no exercício de liberdade de expressão e de informação devem ser analisados caso a caso, a partir dos parâmetros constitucionais, especialmente os relativos à proteção da honra, da imagem, da privacidade e da personalidade em geral e as expressas e específicas previsões legais nos âmbitos penal e cível.[52]

Para o Ministro Dias Toffoli a previsão ou a aplicação de um direito ao esquecimento afronta a liberdade de expressão ao salientar que não cabe ao Judiciário criar um suposto direito ao esquecimento. Em relação à tese proposta pelo Ministro Relator ficaram vencidos os ministros Edson Fachin e Marco Aurélio.[53]

Para o Ministro Edson Fachin o direito ao esquecimento não se reduz aos tradicionais direitos à privacidade, à honra, nem tampouco ao direito à proteção de dados e que decorre de uma leitura sistemática destas liberdades fundamentais. Ainda que se possa falar de uma posição de preferência da liberdade de expressão no sistema constitucional brasileiro, há um altíssimo ônus argumentativo para afastá-lo.[54]

O Relator baseou o voto na prevalência apriorística das liberdades de expressão e de informação sobre a dignidade da pessoa humana, bem como na analogia com o precedente das biografias não autorizadas (ADIN 4.815), havendo ainda referência ao argumento econômico, no sentido da preservação das empresas que operam no setor, à liberdade de circulação de informações, bem como à ausência de norma

---

50. GUIMARÃES, João Alexandre; MACHADO, Lecio. *Comentários à Lei Geral de Proteção de Dados*: lei 13.709/2018 com alterações da MPV 869/2020. Rio de Janeiro: Lumen Juris, 2020. p. 86.

51. Idem, p. 87.

52. BRASIL. SUPREMO TRIBUNAL FEDERAL. *Tema 786 - Aplicabilidade do direito ao esquecimento na esfera civil quando for invocado pela própria vítima ou pelos seus familiares*, de 11 de fevereiro de 2021.

53. BRASIL. SUPREMO TRIBUNAL FEDERAL. *Tema 786*, cit., s/p.

54. BRASIL. SUPREMO TRIBUNAL FEDERAL. *Tema 786*, cit., s/p.

específica no Direito brasileiro, ao contrário do que teria ocorrido no artigo 17 do RGPD europeu.[55]

O direito ao esquecimento possui abrangência diversa, pois envolve fatos que, pelo decurso do tempo, perderam relevância histórica, de modo que sua divulgação se torna abusiva, por causar mais prejuízos aos particulares do que benefícios à sociedade. O direito ao esquecimento, é verdade, é um direito excepcional, não podendo ser banalizado, mas sua exclusão, em sede de repercussão geral, pode implicar um grave retrocesso em face do princípio da dignidade da pessoa humana (artigo 1º, III, CR), consideradas ainda a privacidade e a identidade pessoal, que o compõem em sua estrutura. A exigência de norma específica, a depender da vontade legislativa, é um incentivo à inação, semelhantemente ao entendimento do próprio Supremo Tribunal Federal, que no passado sepultou a garantia fundamental do mandado de injunção.[56]

De qualquer forma, a mencionada decisão do STF deixou portas e janelas abertas para a desindexação, e para outras medidas que venham a surgir no caso concreto, sempre que o livre desenvolvimento da pessoa humana esteja em risco.

O direito ao esquecimento visa a apagar traços ou dados deixados pelo seu titular, não tendo o traço uniforme de uma escrita, como nas biografias não autorizadas; ademais, a prevalência apriorística da liberdade de expressão e de informação, ao ensejo de evitar eventual censura, iria de encontro a outros valores igualmente caros à Constituição da República, ligados ao livre desenvolvimento da pessoa humana.[57]

Como já observou Stefano Rodotà, a Internet deve aprender a esquecer, também para fugir ao destino do personagem Funes de Jorge Luis Borges, condenado a lembrar tudo. O caminho de uma memória social seletiva, ligada ao respeito dos direitos fundamentais da pessoa, pode endereçar-nos em relação ao equilíbrio necessário ao tempo da grande transformação tecnológica. [58]

4. DIREITO AO ESQUECIMENTO EM RESPOSTA AO *SHARENTING* E A SUPEREXPOSIÇÃO

O compartilhamento de conteúdo centrado na criança pelos pais nas redes sociais a mídia foi denominada "*sharenting*". Este tópico tem recebido considerável atenção da mídia recentemente anos, com opiniões que variam de apoio a indignação em relação a prática. Dentro um exemplo notável, a atriz Gwyneth Paltrow de 14 anos filha Apple Martin reclamou publicamente sobre uma foto sua mãe compartilhou

---

55. MARTINS, Guilherme Magalhães; GUIMARÃES, João Alexandre Silva Alves. Direito ao esquecimento no STF: a dignidade da pessoa humana em risco. *Consultor Jurídico*, 10 de fevereiro de 2021. Disponível em https://www.conjur.com.br/2021-fev-10/martins-guimaraes-direito-esquecimento-stf. Acessado em 25 de março de 2021.
56. MARTINS, Guilherme Magalhães; GUIMARÃES, João Alexandre Silva Alves. *Direito ao esquecimento no STF*, cit., s/p.
57. MARTINS, Guilherme Magalhães; GUIMARÃES, João Alexandre Silva Alves. *Direito ao esquecimento no STF*, cit., s/p.
58. RODOTÀ, Stefano. *Il mondo nella rete; Quali i diritti, quali i vincoli*. Roma: Laterza, 2014

no Instagram. Comentando sobre a foto, que mostrava mãe e filha esquiando, Apple Martin escreveu: "Mãe, já conversamos sobre isso. Talvez você não postar qualquer coisa sem meu consentimento." Gwyneth Paltrow por sua vez respondeu: "Você nem consegue ver seu rosto!" 5 milhões de Paltrow seguidores foram posteriormente divididos sobre o assunto, levando do lado da mãe ou da filha. Esta história, embora independente e contextualizada dentro do estilo de vida rico em mídia de uma atriz famosa e sua filha, demonstra algumas das tensões que emergem de compartilhamento, particularmente em relação a questões de privacidade e consentimento.[59]

Cada vez mais, a primeira imagem online de uma criança precede seu nascimento real. Compartilhar imagens de ultrassom tornou-se um rito de passagem; postar as imagens de ultrassom pré-natal de 12 ou 20 semanas no Facebook ou Instagram é agora uma forma muito comum de revelar uma gravidez em todo o mundo ocidental.[60]

Além disso, como atores, esportistas e outras celebridades compartilham seus ultrassons pré-natais com descrições como "sua primeira foto!", eles normalizam um processo de compartilhamento e nomeação de visualizações de nascituros nas redes sociais. A escolha de não compartilhar parece cada vez mais em desacordo com as normas e expectativas sociais da gravidez e (preparação para) a paternidade na era das plataformas de mídia social.[61]

O termo *oversharenting*, que é uma combinação de termos *oversharing* (compartilhamento excessivo) e *pareting* (paternidade), foi usado pela primeira vez em maio de 2012 por Steven Leckart, um escritor no Wall Street Journal. Geralmente, *shariting* significa o compartilhamento de informações, que é feito pelos pais nas redes sociais, ao passo que *oversharenting* serve para enfatizar o extremismo do compartilhamento. Depois que este termo foi introduzido em o ano de 2012, desde janeiro de 2013, os artigos publicados em sites de redes sociais trataram com este termo e os possíveis efeitos dos pais compartilhando informações online, em seus filhos psicologia e identidade.[62]

Compartilhar pode ser uma forma de autopromoção, pois o eu digital dos pais torna-se parte da autorrepresentação online dos usuários. Para os pais cuja identidade online é monetizável, como influenciadores profissionais, os filhos podem fazer parte das ações promocionais realizadas para as marcas.[63] Leaver, em 2017, também se concentrou em uma forma ligeiramente diferente de desempenho de celebridade, chamada de "mediação parental de micro celebridade". Isso envolve os pais postarem

---

59. RANZINI, Giulia; NEWLANDS, Gemma; LUTZ, Christoph. Sharenting, Peer Influence, and Privacy Concerns: A Study on the Instagram-Sharing Behaviors of Parents in the United Kingdom. *Social Media + Society*, October 2020. p. 1.

60. LUPTON, Deborah. *The Social Worlds of the Unborn*. Palgrave Pilot. Londres, 2013.

61. LEAVER, Tama. Balancing Privacy: Sharenting, Intimate Surveillance and the Right to Be Forgotten. In: GREEN, Lelia; HOLLOWAY, Donell; STEVENSON, Kylie; LEAVER, Tama; Haddon, Leslie (Eds.). *The Routledge Companion to Children and Digital Media*. Routledge, 27 outubro 2020. p. 3.

62. MARASLI, Muge; SUHENDAN, Er; YILMAZTURK, Nergis Hazal; COK, Figen. Parents' Shares on Social Networking Sites About their Children: Sharenting. *Anthropologist*, v. 24, 2, 399 - 406, maio de 2016. p. 399.

63. RANZINI, Giulia; NEWLANDS, Gemma; LUTZ, Christoph. Sharenting, *Peer Influence*, cit., p. 1.

conteúdo relacionado a crianças em um perfil separado "do próprio filho" para obter ganhos financeiros.[64]

O Instagram, em particular, surgiu como uma ferramenta importante para os pais compartilharem fotos de seus filhos, com o propósito de manter um senso de comunidade com amigos e familiares, e como um diário digital de realizações cotidianas e pequenos eventos. Embora as crianças sejam os protagonistas de fotos e vídeos, no entanto, as contas do Instagram são principalmente espaços de atuação para os pais. Isso é particularmente evidente nas representações da transição da gravidez ao nascimento e à maternidade e em alguns dos desafios típicos da criação precoce, como a amamentação.[65]

Assim, por mais que compartilhar possa ser a fonte de bem-estar e apoio para os pais, parece contribuir substancialmente para uma narrativa dos pais, ao invés de narrativas da infância. Um estudo qualitativo anterior, empregando o "eu estendido" como uma estrutura teórica, concluiu que "embora as crianças sejam onipresentes nas imagens... elas tendem a ser complementares ao foco primário do eu dos pais". Isso motiva a hipótese de conectar o compartilhamento geral dos pais no Instagram à atividade de compartilhamento na plataforma.[66]

Ao olhar para Convenção sobre os Direitos da Criança, promulgado no Brasil em 1990, em seu artigo 16 fica claro que "Nenhuma criança será objeto de interferências arbitrárias ou ilegais em sua vida particular, sua família, seu domicílio ou sua correspondência, nem de atentados ilegais a sua honra e a sua reputação."[67]

Durante quase todo o tempo que a mídia social existe, surgem questões sobre os desafios colocados por cada enunciado online ser simultaneamente uma peça de mídia que, por padrão, nunca desaparece.

Viktor Mayer-Schonberger, como foi demonstrado no início, alertou que a capacidade de ser esquecido estava sendo corroída e pode desaparecer completamente, ou se tornar uma espécie de produto de luxo disponível apenas para aqueles ricos o suficiente para pagar para limpar seus vestígios digitais.[68]

Para as crianças e pais que tentam cuidar dos rastros digitais das crianças, o desafio da permanência na mídia social é ainda mais problemático. Como argumenta Eichhorn, ser capaz de esquecer e ser esquecido é importante: Apesar de sua má reputação, o esquecimento tem uma função. Esquecer pode ajudar a assumir riscos, explorar novas identidades, abraçar novas ideias; pode ajudar a crescer.[69] Em uma

---

64. Leaver, Tama. Intimate Surveillance: Normalizing Parental Monitoring and Mediation of Infants Online. *Social Media + Society*, April 2017.
65. RANZINI, Giulia; NEWLANDS, Gemma; LUTZ, Christoph. Sharenting, *Peer Influence*, cit., p. 2.
66. Idem.
67. BRASIL. *Decreto 99.710, de 21 de novembro de 1990, Promulga a Convenção sobre os Direitos da Criança*. Brasília, 1990.
68. MAYER-SCHÖNBERGER, Viktor. *Delete*, cit., p. 112.
69. EICHHORN, Kate. *The End of Forgetting*: Growing Up with Social Media. Harvard University Press: Cambridge, Massachusetts, 8 jul. 2019. p. 142.

era de comunicação digital e infâncias com dados arquivados, não há garantia de que as plataformas e redes comerciais "esquecerão" alguma coisa.[70]

Embora, em 1989, a Convenção das Nações Unidas sobre os Direitos da Criança, promulgada no Brasil em 1990, consagrou uma série de direitos para as crianças, incluindo um direito específico à privacidade, esse direito possa ter sido claro há trinta anos, é mais importante do que nunca hoje, mas também está menos claro do que nunca exatamente como esse direito deve ser interpretado e respeitado em uma sociedade digital em rede.[71]

À medida que as crianças envelhecem, elas entendem claramente o valor de sua reputação e como essa reputação é visível online, mas muitas vezes não têm as ferramentas e competências para manter o controle de sua própria reputação. Embora o Google e muitas outras plataformas organizem o conteúdo por impacto e interesse, e não por cronologia, como observa Eichhorn, momentos estúpidos ou embaraçosos, que simplesmente fazem parte do crescimento, trazem consequências que não tiveram no passado. A moratória psicossocial – que uma vez concedeu a pelo menos alguns adolescentes uma transferência temporária de sofrer as consequências de suas ações – foi corroída.[72]

Momentos de infância ressurgindo e comunicando diferentes significados, muitas vezes muitos anos depois de serem compartilhados, é um exemplo de "colapso do contexto" em que o contexto para compartilhar histórias, fotos e outras informações podem ser muito diferente do contexto em que essas peças são vistas e examinadas.[73]

Para os jovens, todo o seu futuro é um contexto desconhecido, onde seus rastros digitais podem reaparecer em pesquisas e outras formas que nunca foram imaginadas quando essas fotos, vídeos ou anedotas aparentemente inofensivos foram inicialmente postados online. Na era do Google, o direito à privacidade ou a ser esquecido é, portanto, muito difícil de alcançar.[74]

Nesse sentido, o Tribunal Distrital de Gelderland, na Holanda, em 13 de maio de 2020, decidiu que uma mulher de Doesburg deve remover imediatamente as fotos de seus netos de suas contas no Facebook e Pinterest. Sua própria filha entrou com um processo contra ela porque a mulher se recusava a remover as fotos.[75]

---

70. LEAVER, Tama. *Balancing Privacy*: Sharenting, Intimate Surveillance and the Right to Be Forgotten, cit., p. 6.
71. LIVINGSTONE, Sonia; THIRD, Amanda. Children and young people's rights in the digital age: An emerging agenda. *New Media & Society*, v. 19, 5, 657-670, jan. 2017.
72. EICHHORN, Kate. *The End of Forgetting*: Growing Up with Social Media, cit., p. 141.
73. LEAVER, Tama. *Balancing Privacy*: Sharenting, Intimate Surveillance and the Right to Be Forgotten, cit., p. 6.
74. LEAVER, Tama. *Balancing Privacy*: Sharenting, Intimate Surveillance and the Right to Be Forgotten, cit., p. 7.
75. HOLANDA. Rechtbank Gelderland. *C/05/368427 – Plaatsen foto's minderjarige kinderen op social media. AVG. Persoonlijk en huishoudelijke activiteit? Toestemming van wettelijk vertegenwoordigers. NJF 2020/225*, 13 maio 2020.

A mulher e sua filha estavam em desacordo há algum tempo. A filha tem 3 filhos menores. A filha tem autoridade parental sobre o filho mais velho junto com seu ex e ela só tem autoridade parental sobre seus outros 2 filhos. O filho mais velho viveu vários anos com a mulher e seu marido, sua avó e seu avô. Naquela época – mas também depois – a mulher postou fotos dos netos no Facebook. Isso sem permissão da filha, que então convocou a mulher para retirar as fotos.[76]

A corte então decidiu mulher tem razão e que a avó agiu ilegalmente. Os pais devem dar permissão para postar fotos de crianças menores de 16 anos. Em dez dias, a mulher deveria ter todas as fotos de seus netos removidas de suas contas de mídia social. Caso contrário, será multada em 50 euros por dia.[77]

A avó se defendeu dizendo que respeita a privacidade dos netos e que já apagou grande parte das fotos. Ela queria deixar uma foto no Facebook e no Pinterest, mas isso não é permitido. O juiz decidiu que a filha da mulher não deu permissão para isso.[78]

Na França, a recente Lei nº 2020-936 de 30 de julho de 2020, modificou o Código Penal francês, prevendo, agora, no Art. 226-1, é punido com um ano de prisão e multa de 45.000 euros se, por meio de qualquer processo, violar intencionalmente a privacidade da vida privada de outrem: Capturando, gravando ou transmitindo, sem o consentimento do autor, palavras faladas em caráter privado ou confidencial; Fixando, gravando ou transmitindo, sem o consentimento deste, a imagem de uma pessoa em local privado; Capturando, gravando ou transmitindo, por qualquer meio, a localização em tempo real ou diferida de uma pessoa sem o consentimento desta.[79]

Prevê que os quando os atos mencionados neste artigo forem praticados contra a pessoa de um menor, o consentimento deve vir dos titulares do poder paternal. E isso se aplica aos pais que publicam imagens de seus filhos também.[80]

No Brasil uma ação assim seria possível, baseado no art. 187, do Código Civil que prevê que "Também comete ato ilícito o titular de um direito que, ao exercê-lo, excede manifestamente os limites impostos pelo seu fim econômico ou social, pela boa-fé ou pelos bons costumes." Como o prazo prescricional para questões indenizatórias no Código Civil são de três anos, o prazo iniciaria quando o menor completasse 18 anos, idade da capacidade civil absoluta, e terminaria quando ele completasse 21 anos.[81]

A perspectiva da privacidade das crianças se torna ainda mais complicada quando seus dados são considerados, revelando quão pouco controle ou propriedade as crianças, ou seus pais, têm ao usar certos dispositivos e aplicativos, mesmo que sejam

---

76. HOLANDA. Rechtbank Gelderland. *C/05/368427*, cit., s/p.
77. HOLANDA. Rechtbank Gelderland. *C/05/368427*, cit., s/p.
78. HOLANDA. Rechtbank Gelderland. *C/05/368427*, cit., s/p.
79. FRANÇA. Code Pénal. *Section 1:* De l'atteinte à la vie privée (Articles 226-1 a 226-7). Version en vigueur au 06 juin 2021. Paris, 2021.
80. FRANÇA. Code Pénal, cit., s/p.
81. BRASIL. *Lei 10.406, 10 de janeiro de 2002.* Institui o Código Civil. Diário Oficial da União, Brasília, DF, 11 jan. 2002.

especificamente projetados para crianças. Embora os dados possam ser "anônimos" antes de serem agrupados, armazenados ou analisados, a reidentificação de indivíduos é relativamente fácil para fontes de dados ricas, uma vez que existem muitas maneiras de cruzar vários dados armazenados. Os nomes são apenas um ponto de dados. Em muitos casos, porém, a questão do dano ou risco é importante e, às vezes, poucos riscos são óbvios.[82]

No entanto, um dos verdadeiros desafios em pensar sobre o direito das crianças à privacidade é que não é apenas como sua mídia ou dados são usados hoje, mas também no futuro. Desembaraçar a mídia e os dados de uma pessoa seria um desafio assustador e complexo, mas um desafio que é um dos poucos caminhos claros para realmente respeitar o direito das crianças à privacidade em um mundo digital.[83]

5. CONCLUSÃO

A Internet é uma ferramenta cada vez mais utilizada para que as pessoas possam se relacionar e divulgar a sua vida cotidiana. Porém, para muitos também se tornou uma fonte de renda, divulgando a sua vida pessoal e fazendo propaganda de produtos e influenciado a vida de terceiros.

Nessa expectativa de conseguir riqueza através de influenciar pessoas, Pais divulgam imagem dos seus filhos para tentar de alguma forma se tornarem viral e com isso acumularem riqueza e fama. Porém, nem sempre essa divulgação chega ao sucesso, e ainda, a maioria acaba sendo apenas uma exposição de forma ampla e em alguns casos vexatória para a criança, que não possui modo de se defender, sendo que no futuro essas divulgações podem se tornar fantasmas e impedir o livre desenvolvimento da personalidade dos menores.

Entendendo que o consentimento é a base estrutural para o tratamento de dados, além disso, pensando nos direitos de personalidade, todos tem direito à honra e ao uso de sua imagem de forma idônea, crianças e adolescentes acabam à mercê da decisão de seus pais e responsáveis quando divulgados de forma excessiva nas redes sociais, mesmo que essas publicações tenham a roupagem de tentativa de enriquecimento da família.

Sendo assim, o direito ao esquecimento se torna uma ferramenta eficaz para que essas imagens não rotulem os menores de idade e prejudiquem o desenvolvimento da personalidade. Mesmo o conteúdo sendo postado pelos pais, em sua maioria não possui um consentimento expresso da criança que está sendo exposta, e por não ter o consentimento a criança precisa de uma forma para se defender.

Além disso, quando falamos em honra e na imagem da criança, a superexposição acaba rotulando-a pelos atos apresentados em vídeos e fotografias. E essa rotulação,

---

82. LEAVER, Tama. *Balancing Privacy*: Sharenting, Intimate Surveillance and the Right to Be Forgotten, cit., p. 7.
83. Idem.

por não reproduzir a verdadeira essência da criança e o seu pleno desenvolvimento, o esquecimento surge para que ela autodetermine as informações sobre si na internet, e possa ter o direito a viver sua vida privada e ter suas relações sem influência da super exposição que ela passou.

6. REFERÊNCIAS

ALEMANHA. Bundesgerichtshof. *VI ZR 405/18*, Verkündet am: 27. Juli 2020, OLG Frankfurt am Main.

BAKER, J.R.; MOORE, S.M. Creation and validation of the personal blogging style scale. *Cyberpsychology, Behavior, and Social Networking*, v. 14, n. 6, 379-385, 2010.

BARBOSA, Mafalda Miranda. Data controllers e data processors: da responsabilidade pelo tratamento de dados à responsabilidade civil. *Revista de Direito Comercial*, 15 de março de 2018.

BERNAL, P. Alexander. A Right to Delete? *European Journal of Law and Technology*. Belfast, Reino Unido, v. 2, n. 2, 2011.

BEZERRA JUNIOR, Luis Martius Holanda. *Direito ao Esquecimento*. São Paulo: Série IDP, Editora Saraiva, 2018, Edição do Kindle.

BRANCO, Sérgio. *Memória e esquecimento na internet (Pautas em Direito)*. Porto Alegre: Arquipélago Editorial, 2017. Edição do Kindle.

BRASIL. *Lei 10.406, 10 de janeiro de 2002*. Institui o Código Civil. Diário Oficial da União, Brasília, DF, 11 jan. 2002.

BRASIL. *Decreto 99.710, de 21 de novembro de 1990*. Promulga a Convenção sobre os Direitos da Criança. Brasília, 1990.

BRASIL. SUPREMO TRIBUNAL FEDERAL. *Tema 786 – Aplicabilidade do direito ao esquecimento na esfera civil quando for invocado pela própria vítima ou pelos seus familiares*, de 11 de fevereiro de 2021.

BURRI, Mira; SCHÄR, Rahel. The Reform of the EU Data Protection Framework: Outlining Key Changes and Assessing Their Fitness for a Data-Driven Economy. *Journal of Information Policy*, v. 6, 479-511, 2014.

CALVÃO, Filipa Urbano. O Direito Fundamental à Proteção dos Dados Pessoais e a Privacidade 40 Anos Depois. In: VAZ, Manuel Afonso; BOTELHO, Catarina Santos; TERRINHA, Luís Heleno; COUTINHO, Pedro (Coord.). *Jornadas nos quarenta anos da Constituição da República Portuguesa – Impacto e Evolução*. Universidade Católica Editora, 2017.

CARO, María Álvarez. *Derecho al olvido en Internet*: el nuevo paradigm de la privacidad en la era digital. Madrid: CEU, 2015

COOLEY. Thomas M. *A treatise on the law of torts, or, The wrongs which arise independent of contract*. Callaghan and Company, Chicago, 1879.

CORDEIRO, A. Barreto Menezes. *Direito da Proteção de Dados*: À Luz do RGPD e da Lei 58/2019. Coimbra: Almedina, novembro de 2016.

CORTE INTERAMERICANA DE DIREITOS HUMANOS. *Agremiação Obrigatória de Jornalistas* (artigos 13 e 29 da Convenção Americana sobre Direitos Humanos), Opinião Consultiva OC-5/85, Série A, n. 5, Sentença de 13 de novembro de 1995.

DE CICCO, Maria Cristina. O direito ao esquecimento existe. Editorial à *Civilística.com*. Rio de Janeiro, a. 9, n. 1, 2020. Disponível em: https://civilistica.emnuvens.com.br/redc/article/view/733/541. Acesso em: 06 set. 2021.

DE MORAIS, Maria Celina Bodin. *Danos à pessoa humana*: uma leitura civil constitucional dos danos morais. Rio de Janeiro: Renovar, 2003.

EICHHORN, Kate. *The End of Forgetting*: Growing Up with Social Media. Harvard University Press: Cambridge, Massachusetts, 8 de jul. 2019.

FRANÇA. Code Pénal. *Section 1*: De l'atteinte à la vie privée (Articles 226-1 à 226-7). Version en vigueur au 06 juin 2021. Paris, 2021.

FRANÇA. *Loi du 29 juillet 1881 sur la liberté de la presse*, Version en vigueur au 15 février 2021. Disponível em: https://www.legifrance.gouv.fr/affichTexte.do?cidTexte=LEGITEXT000006070722.

GUIMARÃES, João Alexandre; MACHADO, Lecio. *Comentários à Lei Geral de Proteção de Dados*: Lei 13.709/2018 com alterações da MPV 869/2020. Rio de Janeiro: Lumen Juris, 2020.

HAN, Byung-Chul. *Sociedade do cansaço*. Trad. Enio Paulo Giachini. Petrópolis: Vozes, 2017.

HOLANDA. Rechtbank Gelderland. C/05/368427 – Plaatsen foto's minderjarige kinderen op social media. AVG. Persoonlijk en huishoudelijke activiteit? Toestemming van wettelijk vertegenwoordigers. *NJF 2020/225*, de 13 maio 2020.

LEAVER, Tama. Balancing Privacy: Sharenting, Intimate Surveillance and the Right to Be Forgotten. In: GREEN, Lelia; HOLLOWAY, Donell; STEVENSON, Kylie; LEAVER, Tama; Haddon, Leslie (Eds.). *The Routledge Companion to Children and Digital Media*. Routledge, 27 out. 2020.

LEAVER, Tama. Intimate Surveillance: Normalizing Parental Monitoring and Mediation of Infants Online. *Social Media + Society*, April 2017.

LIVINGSTONE, Sonia; THIRD, Amanda. Children and young people's rights in the digital age: An emerging agenda. *New Media & Society*, v. 19, n. 5, 657-670, jan. 2017.

LUPTON, Deborah. *The Social Worlds of the Unborn*. Palgrave Pilot. Londres, 2013.

MARASLI, Muge; SUHENDAN, Er; YILMAZTURK, Nergis Hazal; COK, Figen. Parents' Shares on Social Networking Sites About their Children: Sharenting. *Anthropologist*, v. 24, n. 2, 399-406, maio 2016.

MARICHAL, José. *Facebook Democracy* (Política e Relações Internacionais). Taylor e Francis. Edição do Kindle.

MARTINS, Guilherme Magalhães. Direito ao Esquecimento na Era da Memória e da Tecnologia. *Revista dos Tribunais*, v. 1019, n. 2020, p. 109-153, 2020.

MARTINS, Guilherme Magalhães. O Direito ao Esquecimento como direito fundamental. *Revista de Direito do Consumidor*, v. 133, p. 19-73, jan.-fev. 2021.

MARTINS, Guilherme Magalhães; GUIMARÃES, João Alexandre Silva Alves. Direito ao esquecimento no STF: a dignidade da pessoa humana em risco. *Consultor Jurídico*, 10 de fevereiro de 2021. Disponível em: https://www.conjur.com.br/2021-fev-10/martins-guimaraes-direito-esquecimento-stf. Acesso em: 25 mar. 2021.

MAYER-SCHÖNBERGER, Viktor. *Delete:* The Virtue of Forgetting in the Digital Age. Princeton University Press; Edição: Revised ed. for Kindle, p. 106 – 107, 25 jul. 2011.

MIRANDA, Jorge; MEDEIROS, Ruy. *Constituição Portuguesa anotada*. v. I. 2. ed. Revista – Lisboa: Universidade Católica Editora, 2017.

PERLINGIERI, Pietro. *Perfis do Direito Civil*. Trad. Maria Cristina de Cicco. Rio de Janeiro: Renovar, 2007.

PINHEIRO, Alexandre de Sousa. *Privacy e Protecção de Dados Pessoais*: a construção dogmática do direito à identidade informacional. AAFDL, Lisboa, 2015.

PINHEIRO, Alexandre Sousa (Coord.); COELHO, Cristina Pimenta; DUARTE, Tatiana; GONÇALVES, Carlos Jorge; GONÇALVES, Catarina Pina. *Comentários ao Regulamento Geral de Proteção de Dados*. Almedina, Coimbra, dezembro de 2018.

RANZINI, Giulia; NEWLANDS, Gemma; LUTZ, Christoph. Sharenting, Peer Influence, and Privacy Concerns: A Study on the Instagram-Sharing Behaviors of Parents in the United Kingdom. *Social Media + Society*, October 2020.

RODOTÀ, Stefano. *Il mondo nella rete; quali i diritti, quali i vincoli*. Roma: Laterza, 2014.

SAFARI, Beata A. Intangible Privacy Rights: How Europe's GDPR Will Set a New Global Standard for Personal Data Protection. *Seton Hall Law Review*, v. 47, 809-848, 2017.

SARLET, Ingo Wolfgang; FERREIRA NETO, Arthur. *O direito ao "esquecimento" na sociedade da informação*. Porto Alegre: Livraria do Advogado, 2019

SEQUEIRA, Elsa Vaz. Responsabilidade Civil e Liberdade de Expressão. *Revista de Direito da Responsabilidade*, Coimbra, ano 3, p. 63-89, 2021.

SOUZA, Bernardo de Azevedo e. *Direito, Tecnologia e Práticas Punitivas*. Porto Alegre: Canal Ciências Criminais, Posição 488-489 (Kindle Edition), 2016.

TAVARES, André Ramos. Liberdade de expressão-comunicação em face do direito à privacidade. In: MARTINS, Ives Gandra da Silva; PEREIRA JÚNIOR, Antônio Jorge (Coords.). *Direito à privacidade*. Aparecida: Ideias & Letras, 2005.

TOURIÑO, Alejandro. *El derecho al olvido y a la intimidad en Internet*. Madrid: Catarata, 2014

UNIÃO EUROPEIA. Tribunal Europeu dos Direitos do Homem. *Convenção Europeia dos Direitos do Homem*: com as modificações introduzidas pelos Protocolos nos 11 e 14, acompanhada do Protocolo adicional e dos Protocolos nos 4, 6, 7, 12, 13 e 16. Roma: Conselho da Europa, 04 nov. 1950.

UNIÃO EUROPEIA. Parlamento Europeu e o Conselho. *Carta dos Direitos Fundamentais da União Europeia – 364/01*, 18 dez. 2000.

UNIÃO EUROPEIA. Parlamento Europeu e o Conselho. *Regulamento (UE) 2016/679, de 27 de abril de 2016*. Bruxelas, 2016.

WARREN, Samuel D.; BRANDEIS, Louis D. The Right to Privacy. *Harvard Law Review*, v. IV (n. 5), 15 dez. 1890.

PARTE VI
INTERNET E JOGOS ELETRÔNICOS

23
COOPERAÇÃO EM REDE NA REDE DE PROTEÇÃO INTEGRAL DOS NATIVOS DIGITAIS: CONTORNOS NORMATIVOS, PRAGMÁTICOS E TECNOLÓGICOS PARA O DESENVOLVIMENTO SAUDÁVEL DOS *GAMES* NA ATUALIDADE

Maria Luiza Kurban Jobim

Graduada em Direito (UFRGS), Mestre (LLM) em Direito Comercial Internacional (University of Kent). Professora do LLM em LGPD da UNISINOS. Assessora Jurídica e representante da Ouvidoria na Comissão de Estudos para Implantação da LGPD no Tribunal de Justiça do Rio Grande do Sul (TJRS). E-mail: luizajobim@gmail.com.

Sumário: 1. Introdução – 2. Contexto: o traço distintivo dos nativos digitais – 3. Preocupações com inclusão e proteção – 4. Contornos normativos, pragmáticos e tecnológicos – 5. O sistema cooperativo em rede em formação – 6. Conclusão – 7. Referências.

1. INTRODUÇÃO

Talvez nunca antes na história da humanidade as transformações socioeconômicas tenham ocorrido de forma tão profunda, em espaço tão curto de tempo, quanto neste século XXI. Isso se deve, indubitavelmente, aos avanços, a passos largos, da tecnologia. Como consequência, o *gap* intergeracional aumenta proporcionalmente à velocidade com que novas culturas se formam e facilmente se disseminam. Mais do que as bem conhecidas diferenças entre a entre *baby boomers, gerações X, Y e millenials*, as crianças e adolescentes de hoje em dia apresentam traços distintivos não somente de ordem geracional, mas também de ordem comunicacional, dada a sua familiaridade com a linguagem de meios tecnológicos e informáticos desde o nascimento: são os *nativos digitais*. E, enquanto esse contato com as redes neurais digitais é benéfica para lhes dar uma ambientação que lhes acompanhará – e será incrementada – ao longo da vida nas mais diferentes esferas, da comunicação pessoal ao sucesso profissional, importa delimitar como, e sob quais parâmetros, essas modificações impactam a ordem jurídica formada e em constante evolução.

Ao mesmo tempo, os conhecidos jogos, em caráter geral, vêm hoje versados também para o mundo digital. Aliás, indústrias bem estabelecidas de jogos do mundo físico têm procurado salvaguardar seu espaço também no mundo on-line, de *games*, seja com o intuito de para ele migrar, seja para com ele interagir em prol da substanciação de maior empatia digital.[1] Até mesmo os tradicionais concertos de orquestras filarmônicas têm adaptado seu repertório às trilhas sonoras de *games*, com recordes de público.[2] Dada a polissemia ínsita à terminologia dos "jogos" em nosso idioma, prefere-se aqui a adoção do estrangeirismo *game* para fins de viabilizar a real compreensão do sentido que se busca explorar. Apesar da ausência de uma definição universal, no prisma nacional e internacional, cada vez mais, quando se fala em *games*, pensa-se em *jogos virtuais*, em *videogames*.[3] O mercado está em crescimento exponencial e, segundo dados recentes, comporta lucros estratosféricos, com projeção, para o ano de 2021, de mais de duzentos bilhões de dólares[4] e ultrapassa, no ramo do entretenimento, as indústrias da música e do cinema juntas. Da mesma forma, e ainda que aqui exorbite do escopo da proposta aqui versada, que se cinge ao aspecto lúdico do jogo, já supera, no caso de torneios conhecidos como e-sports, o tradicional mundo dos esportes.

As transformações trazidas por meio dos *games* apresentam, pois, caráter transdisciplinar, multisetorial e plurigeracional. Assim, a prática afeta, de forma determinante, tanto o mundo de hoje quanto o de amanhã, na medida em que molda comportamentos, impulsiona a criação de habilidades e possibilita, desde cedo, uma interação constante de crianças e adolescentes que com essa linguagem do mundo virtual convivem com cada vez mais naturalidade.

É uma máxima bem conhecida que *não há poder sem responsabilidade*. Se aqui se compreende poder como capacidade de influência e responsabilidade como respeito aos ditames legais e constitucionais de uma infância e adolescência saudáveis, a resposta é tanto normativa quanto pragmática. Ocorre que os ambientes de *games* são tantos que é inviável conseguir monitorá-los, mediante uma fonte única, de forma constante, sem incorrer em sérios riscos à privacidade e ao livre desenvolvimento das pessoas humanas de pouca idade.

Ciente, portanto, desses desafios, no presente, por meio de pesquisa analítica, exploratória e qualitativa, busca-se, a partir da abordagem já em curso no âmbito

---

1. CHARLTON, Emma. "A Lego game is helping children learn digital empathy skills". *World Economic Forum* (04 mar. 2021). Disponível em: https://www.weforum.org/agenda/2021/03/lego-children-digital-empathy-covid-19/. Acesso em: set. 2021.
2. KHAN, Aina J. "The Score of Final Fantasy Gets Its Due at the Concert Hall" (24 set. 2021). NYT. Disponível em: https://www.nytimes.com/2021/09/24/arts/music/final-fantasy-music.html?searchResultPosition=1 Acesso em: set. 2021.
3. Nos termos já sugeridos pela UNICEF, adota-se aqui conotação similar, no sentido de caracterizar *games* como qualquer modalidade de jogos online, com um ou mais jogadores, via aparelhos conectados à internet por meio de consoles, desktops, laptops, tablets ou aparelhos móveis. UNICEF. "Child Rights and online gaming: opportunities & challenges for children and the industry". *Discussion Paper Series: Children's Rights and Business in a Digital World*. Disponível em: https://www.unicef-irc.org/files/upload/documents/UNICEF_CRBDigitalWorldSeriesOnline_Gaming.pdf. Acesso em: set. 2021.
4. WIJMAN, Tom. "Global Games Market to Generate $175.8 Billion in 2021; Despite a Slight Decline, the Market Is on Track to Surpass $200 Billion in 2023" (6 maio 2021). *Newzoo*. Disponível em: https://newzoo.com/insights/articles/global-games-market-to-generate-175-8-billion-in-2021-despite-a-slight-decline-the-market-is-on-track-to-surpass-200-billion-in-2023/. Acesso em: set. 2021.

das políticas públicas, tanto no plano nacional quanto internacional, contribuir para a contextualização do sistema protetivo integral de crianças e adolescentes salvaguardado pelo Estatuto da Criança e do Adolescente (Lei 8.069/1990, ECA) no ambiente virtual e, especificamente, no mundo dos *games* para lhes assegurar real efetividade. Para tanto, o presente estudo divide-se em quatro grandes partes. Na primeira, será contextualizada a realidade dinâmica e em constante transformação a que se sujeita a geração dos *nativos digitais*. Na segunda, são explicitadas preocupações tanto com *inclusão* quanto de *proteção* desse grupo no ambiente virtual para verificar se o meio invoca a necessidade de escolha, mutuamente excludente, entre um e outro. Na terceira, e ciente da complexidade do organograma em formação, são trazidas considerações quanto ao mundo *gamer* e as diferentes perspectivas que podem – e devem – ser em relação a ele lançadas para que sejam pinceladas ações concretas, com o auxílio precioso da tecnologia, para assistir no processo de alcance e efetividade da proteção ao público jovem e infantil entre aparentes antinomias. Na quarta e última parte, é sugerido um sistema de proteção em rede para que atue, a partir de tecnologias (e para além dela), e corporifique um ecossistema cooperativo capaz de melhor concretizar o princípio do melhor interesse no mundo dos *games*.

2. CONTEXTO: O TRAÇO DISTINTIVO DOS NATIVOS DIGITAIS

No presente, a realidade já se encontra consideravelmente relativizada. Não somente porque o mundo físico é por vezes abdicado, ou colocado de lado, voluntaria ou involuntariamente em razão das atividades virtuais, cuja preponderância foi radicalmente acelerada pela pandemia da COVID-19. Mas, principalmente, porque a própria concepção de realidade já não se faz possível sem adjetivação. Qual realidade estamos a falar? A realidade "física", "tradicional" ou realidade "virtual", a realidade "aumentada" ou, para os mais ousados, o "metaverso"? Para os adultos, essa verdadeira revolução de perspectivas surpreende e, por vezes, até amedronta. Para as crianças e adolescentes, ela adquire ar de naturalidade. No entanto, suas peculiaridades não podem passar despercebidas.

Os jogos sempre existiram como estruturas classicamente relacionadas aos aspectos lúdicos, educacionais e de entretenimento que lhe são característicos. Na antiguidade, há mais de cinco milênios, já eram encontrados registros do uso de dados na região da Pérsia em modalidades de jogos[5] e, desde então, são velhos conhecidos da civilização. A divisão entre jogos de destreza ou habilidade e jogos de sorte ou azar veio a incrementar diferentes concepções do jogo, inclusive no âmbito da moral. Ao se migrar para os "jogos eletrônicos", muito embora se saiba que seu alcance vai muito além do público infantojuvenil, tais distinções são apenas o ponto de partida: jogos em geral têm como elemento de carga preponderante a destreza, muito embora

---

5. KUMAR, Janaki M. e outros. "A Brief History of Games". *Interaction Design Foundation*. Disponível em: https://www.interaction-design.org/literature/article/a-brief-history-of-games. Acesso em: set. 2021.

os conhecidos "dados", "pedra, papel ou tesoura" tenham potenciais similares no mundo digital. De qualquer forma, ao se tratar de público de pouca idade, condições de exploração saudável das práticas devem ser parametrizadas, seja em relação às suas funcionalidades, seja em relação às suas finalidades.

Quando se fala no mundo dos *games* no sentido aqui pretendido (isto é, fora dos jogos profissionais que miscigenam outras características e alicerces), estão eles relacionados à exploração de atividade que tenha regras estabelecidas para que jogadores possam interagir e, partir delas, serem consagrados vencedores – ou não. Mais do que o resultado, aqui interessa o ambiente. E os *games* hoje se desenvolvem no que se convencionou chamar de *terceiro lugar*. A expressão, impressa por Ray Oldenburg[6], designa um lugar que não se confunde com a casa (*primeiro lugar*) nem com o trabalho (*segundo lugar*). Esse espaço, e aqui pertinente a sua correlação com a ideia de *plataformas digitais*, é um espaço de interações intrapessoal e interpessoais, no seu mais amplo sentido, que permite ao indivíduo trocar experiências consigo mesmo e com terceiros. Para além de ser um canal alternativo para o desenvolvimento da personalidade e do exercício das potencialidades, esse *terceiro lugar* revela-se "crucial para o bem-estar, pois traz um sentimento de conexão e pertencimento[7]". Ao invés das escolas, templos, parques ou *playgrounds* servirem de pano de fundo, a sociabilidade é hoje também exercida nesse ambiente não mais físico, mas digital.

Ciente desse novo espaço tanto para o aprendizado quanto para o mercado, não surpreende que shows[8], acessórios[9] e até mesmo itens de vestuário[10] tenham buscado assegurar, e com êxito, sua fatia de mercado também nessa nova dimensão. O *Roblox* é um exemplo de sucesso da empreitada que, com mais de 43 milhões de usuários, está estampado nas páginas mais acessadas do mundo, do *home screen* do Google, e força concorrentes de ramos paralelos a estudar uma reestruturação de seu modelo de negócios.[11] A particularidade do *Roblox* reside em potencializar o poder de influência e de criação dos *games*, na medida em que não corporifica um

---

6. OLDENBURG, Ray. *Celebrating the Third Place: Inspiring Stories About the Great Good Places at the Heart of Our Communities*. New York: Do Capo Press, 2009.

7. RAVACHE, Guilherme. "Metaverso pode ser nova Internet e vira prioridade das Big Techs". *MIT Technology Review* (10 set. 2021). Disponível em: https://mittechreview.com.br/metaverso-pode-ser-nova-internet-e-vira-prioridade-das-big-techs/?utm_campaign=tr_weekreview_11092021&utm_medium=email&utm_source=RD+Station. Acesso em: set. 2021.

8. Ibid.

9. TFL. "A Digital-Only Gucci Bag Sold for $4,115 on Roblox, as Brands Continue to Look to Gaming to Reach Gen-Z" (25 maio 2021). *The Fashion Law*. Disponível em: https://www.thefashionlaw.com/a-digital-only-gucci-bag-sold-for-4115-on-roblox-as-brands-continue-to-look-to-gaming-as-reach-gen-z/. Acesso em: set. 2021.

10. SWANT, Marty. "Ralph Lauren estreia venda de roupas digitais na internet" (8 set. 2021). *Forbes*. Disponível em: https://forbes.com.br/forbeslife/2021/09/ralph-lauren-estreia-venda-de-roupas-digitais-para-avatares-na-internet/. Acesso em: set. 2021.

11. BROWNING, Kellen. "For Flagging Amazon Games Unit, New World 'Has to Be Our Breakthrough'" (20 set. 2021). *NYT*. Disponível em: https://www.nytimes.com/2021/09/28/technology/new-world-amazon.html Acesso em: set. 2021.

simples jogo, mas serve de base, em uma verdadeira plataforma, para que uma série de modalidades de jogos possam ser criadas, testadas e proliferadas. Atualmente, há cerca de 20 milhões de modalidades jogos, conhecidos como experiências, que são por meio daquele disponibilizados.

O fenômeno *Roblox*, utilizado de forma anedótica, apresenta duplo vértice: (i) conglomera o sucesso dos *games* nas atuais e futuras gerações e (ii) possibilita que realidades sejam não somente vivenciadas, mas verdadeiramente moldadas, pelos próprios participantes, em uma tendência em constante expansão. Além disso, representa, por meio de seu espaço macro, um ponto de encontro. No passado, estes pontos eram notadamente espaços físicos, que os *millenials* talvez consigam associar com suas idas aos *shoppings* e que hoje custam a compreender sua realocação no *Starcourt Mall*. Segundo a vice-presidente de parcerias da *Roblox*, Christina Wootton, "(a) Roblox é o novo ponto de encontro social, muito parecido com o shopping local na década de 1980, onde os adolescentes se reuniam".[12] Esse paralelismo é dotado de profundos significados em termos tanto de causa como de efeitos.

O termo *nativos digitais* foi cunhado por Prensky[13], nos primórdios dos anos 2000, e na oportunidade, o autor sustentou que o advento das novas tecnologias modificava a forma com que as novas gerações pensavam e processavam informações, se comparada às gerações passadas. As novas crianças já aprendem, desde cedo, a se comunicar na língua dos computadores, videogames e internet. Com elas, sequer os *millenials*, que por vezes se interseccionam, se identificam, já que, neste último caso, ainda preferem utilizar os meios informáticos como referência, mas que não abandonam outras fontes, inclusive físicas, para pautar suas ações e motivar suas decisões.

Mas o que isso importa? As distinções entre as gerações, para além de pontuar diferentes correlações causais, interferem também no campo consequencial. Cada vez mais, se refletem em formas diversas com que cada uma delas conduz negócios, armazena notícias, gasta dinheiro, experiencia o entretenimento, se comunica socialmente e concebe a ideia de privacidade.[14] E enquanto alguns desses aspectos devem ser respeitados dentro da margem de maleabilidade que permite com que sociedades evoluam e novos hábitos originem novas culturas, alguns são inegociáveis, como o manto protetivo integral de preservação de um espeço real que possibilite o livre desenvolvimento da personalidade de infantes e adolescentes.

---

12. PORTER, Jon. "Stranger Things' Starcourt Mall comes to Roblox". *The Verge* (23 June 2021). Disponível em: https://www.theverge.com/2021/6/23/22546657/stranger-things-roblox-starcourt-mall-experience. Acesso em: set. 2021.
13. Tradução livre. No original: PRENSKY, Marc. "Digital Natives, Digital Immigrants." *On the Horizon*, (MCB Press, v. 9, n. 5, October 2001). Disponível em: https://marcprensky.com/writing/Prensky%20-%20Digital%20Natives,%20Digital%20Immigrants%20-%20Part1.pdf Acesso em: set. 2021.
14. WEISS, Robert. "Closer Together or Further Apart? Digital Devices and the New Generation Gap". *Huffington Post* (April 1, 2014). Disponível em: https://www.huffpost.com/entry/closer-together-or-furthe_b_4690748. Acesso em: set. 2021.

3. PREOCUPAÇÕES COM INCLUSÃO E PROTEÇÃO

A proteção integral da criança e do adolescente é alicerçada, no prisma internacional, na Convenção das Nações Unidas sobre os Direitos da Criança[15] (CNUDC) da ONU, adotada no ano de 1989, que é paradigmática por encapsular o instrumento de direitos humanos mais aceito na história universal[16], sendo ratificada pelo Brasil em setembro de 1990. Antes disso, a condição de absoluta prioridade da proteção à criança já havia sido internalizada pela ordem constitucional de 1988, que com aquela dialoga visivelmente. Nesse âmbito, que se torna um sistema cada mais robusto, nasce a legislação própria em território nacional: o ECA[17], em 1990, com intenção de dar concretude ao princípio protetivo e direcionar pragmaticamente a formulação de políticas públicas que o sustentem.

A sincronia entre os sistemas normativos não é meramente cronológica, porém, como se afere do quadro comparativo relacionado. Em razão de sua pertinência temática, atual e real do presente estudo, insere-se também a Lei Geral de Proteção de Dados (LGPD, Lei 13.709/2018) que, com uma seção específica sobre o tratamento de dados pessoais de crianças e adolescentes, vem a somar a pluralidade de fontes utilizadas para se aferir a abrangência do conceito de proteção integral a partir dos direitos e garantias que lhe são característicos (grifos acrescidos):

CNUDC	Constituição Federal	ECA	LGPD
Artigo 31. Os Estados Partes reconhecem o **direito da criança ao descanso e ao lazer, ao divertimento e às atividades recreativas próprias da idade, bem como à livre participação na vida cultural e artística.** Os Estados Partes devem respeitar e promover o direito da criança de participar plenamente da vida cultural e artística e devem *estimular a oferta de oportunidades adequadas de atividades culturais, artísticas, recreativa e de lazer, em condições de igualdade.*	Art. 227. É dever da família, da sociedade e do Estado assegurar à criança, ao adolescente e ao jovem, com **absoluta prioridade, o direito à vida, à saúde, à alimentação, à educação, ao lazer, à profissionalização, à cultura, à dignidade, ao respeito, à liberdade e à convivência familiar e comunitária,** além de colocá-los a salvo de toda forma de negligência, discriminação, exploração, violência, crueldade e opressão. (Redação dada Pela Emenda Constitucional 65, de 2010)	Art. 4º É dever da família, da comunidade, da sociedade em geral e do poder público assegurar, com absoluta prioridade, a **efetivação dos direitos referentes à vida, à saúde, à alimentação, à educação, ao esporte, ao lazer, à profissionalização, à cultura, à dignidade, ao respeito, à liberdade e à convivência familiar e comunitária.**	Art. 14. O tratamento de dados pessoais de crianças e de adolescentes **deverá ser realizado em seu melhor interesse, nos termos deste artigo e da legislação pertinente.**

Nesse sentido, quando direitos de fruição de lazer e acesso ao entretenimento são vertidos para o mundo digital, uma série de salvaguardas necessitam ser também redimensionadas. Primeiro, como ponto de tensão se coloca: se o *shopping* de hoje

---

15. Criança que, nos termos do Artigo 1 da CNUDC, abarca "todo ser humano com menos de 18 anos de idade, salvo quando, em conformidade com a lei aplicável à criança, a maioridade seja alcançada antes."
16. UNICEF. "Convenção sobre os Direitos da Criança: instrumento de direitos humanos mais aceito na história universal." Disponível em: https://www.unicef.org/brazil/convencao-sobre-os-direitos-da-crianca. Acesso em: set. 2021.
17. Art. 1º Esta Lei dispõe sobre a proteção integral à criança e ao adolescente. Nos termos da legislação nacional, de acordo com o art. 2º, *caput*, do ECA, "considera-se criança, para os efeitos desta Lei, a pessoa até doze anos de idade incompletos, e adolescente aquela entre doze e dezoito anos de idade."

em dia é o *Starcourt Mall* (ambiente digital criado para interações de jogadores com shows consagrados de outras plataformas, como o *Stranger Things*, da Netflix[18]), estamos diante de um espaço público ou privado? Quais regras a que *shoppings* se submetem em caráter geral e como são as ditas regras transpostas para esse novo ambiente? Segundo, se nesse novo *shopping* o acesso é ilimitado para um *playground* quase que infinito, como assegurar que cada um desses microambientes esteja adequado às orientações principiológicas de proteção integral de crianças e adolescentes? Estamos diante de um dilema entre inclusão ou proteção? Em caso negativo, como podem ser compatibilizados?

Enquanto as respostas às complexas indagações certamente transcendem condições de tempo, espaço e dimensão (1D) desse singelo estudo, direcionamentos palpáveis podem ser sugeridos para tornar esse dilema uma missão passível de ser alcançada.

No que toca à primeira indagação, a dificuldade crescente de delimitação de um espaço público ou privado, essencial tanto ao desenvolvimento da personalidade[19] quanto à definição de normas jurídicas que direcionem o ramo do direito aplicável, não é problema novo ou específico dos *games*. O fato pode levar a se pensar na complexidade inerente à moderação de conteúdo das plataformas digitais[20], que tanta polêmica tem gerado em razão dos efeitos consequenciais por vezes indesejados de intervenção estatal. No entanto, em sendo um ambiente, ainda que de caráter privado, mas construído e direcionado a crianças e adolescentes, é natural que formas melhor articuladas entre o público e o privado[21], entre responsáveis legais, Estado e desenvolvedores de jogos sejam arquitetadas para que se assegure a existência de um ambiente que promova o bem-estar do seu público alvo.

No que toca à segunda indagação, parte-se da necessária concepção de que não se está diante de um embate entre inclusão e proteção. Aliás, a proibição, tamanha a adoração que os *games* adquirem hoje em dia, pode gerar resultados inclusive adversos no público infantojuvenil, vindo a transformar o *gap* intergeracional em verdadeira

---

18. PORTER, Jon. "Stranger Things' Starcourt Mall comes to Roblox". *The Verge* (23 June 2021). Disponível em: https://www.theverge.com/2021/6/23/22546657/stranger-things-roblox-starcourt-mall-experience. Acesso em: set. 2021.

19. Sobre a temática, ver: CACHAPUZ, Maria Cláudia. *A obrigação pelo discurso jurídico: argumentação em temas de Direito Privado*. Sergio Antonio Fabris Editor: Porto Alegre, 2018, p. 31-47.

20. Em especial, as polêmicas relacionadas à edição da Medida Provisória nº 1.068/2021, que altera a Lei 12.965/2014 (Marco Civil da Internet) e a Lei 9.610/1998 (Lei dos Direitos Autorais), ao disciplinar a forma de exclusão e suspensão de contas de usuários de redes sociais, com rol taxativo quanto às hipóteses de justa causa para efetivação de tais medidas e o deferimento de cautelar para suspender, na íntegra, a eficácia da Medida Provisória 1.068/2021. STF, ADI 6.991 MC/DF, Min. Rel. Rosa Weber, D.J.: 14.09.2021. Em território estadunidense, legislações da Flórida e do Texas, ao tratarem sobre temas similares, tiveram, no primeiro caso, invalidação judicial e, no segundo, ainda incerta validação jurídica, dada a recém promulgada legislação (Senate Bill 12/2021), recentemente assinada, em setembro de 2021, pelo governador Greg Abbot ao proibir plataformas digitais de banirem usuários com base em suas convicções políticas.

21. KELLER, Clara Iglesias. "Entre exceção e harmonização: o debate teórico sobre a regulação da internet." *Revista Publicum* 5 (1), p. 137-166, 2019.

ruptura de comunicação e de entendimento caso adotada. No entanto, as balizas em termos do produto-serviço dos *games* necessita de algum tipo de monitoramento, não apenas para fins de se verificar a adequação do divertimento em si, mas para possibilitar que o sistema protetivo em rede possa ser atuante e efetivo.

Se, por um lado, a inclusão de *games* como modalidade de entretenimento viabiliza o exercício de tantas potencialidades no âmbito infantojuvenil, indaga-se se aqueles que estão à margem do acesso devem ter meios e alternativas para que possam explorar tal ambiente. Na medida em que *games* são muitas vezes utilizados não apenas como meio para desenvolvimento de liberdades, mas também como meio instrumental para a seleção de alunos, canal de aconselhamento de saúde e financeiro[22], estímulo de habilidades empáticas[23], entre outros, é evidente que, neste aspecto, há uma vantagem comparativa por parte daqueles que os utilizam.

Em verdade, a questão se insere em um panorama macro também relacionado ao tema da inclusão digital. Isto porque, em um primeiro plano, apesar de os *games* se desenvolvem em um ambiente abstrato, sem um aparelho informático (seja de console, seja móvel) que funcione como *gate keeper* desse mundo, inexiste pressuposto básico para o respectivo acesso. Além disso, como muitas das interações simultâneas necessitam de conexão à internet, o ingresso no ambiente interativo e social dos *games* implica o necessário fomento de políticas públicas que rompam o chamado deserto digital.[24] É uma barreira que já vem sendo objeto de preocupação tanto no âmbito de entidades públicas, do terceiro setor, quanto por parte do setor privado. E, se segundo os anseios insculpidos na CNUDC, em especial no Artigo 17[25], grande parte do entretenimento e aprendizado em caráter amplo é vertido para esse meio, é consequência lógica de que preocupações de acessibilidade venham cada vez mais sendo levadas a efeito.

---

22. PAKARINEN, A e MACKIEWICZ Karoline. "Games can help empower children from low-income families to take healthy choices in daily life". *European Journal of Public Health*, 27 (3), p. 401, November 2017.

23. CHARLTON, Emma. "A Lego game is helping children learn digital empathy skills". *World Economic Forum* (04 mar. 2021). Disponível em: https://www.weforum.org/agenda/2021/03/lego-children-digital-empathy-covid-19/. Acesso em: set. 2021.

24. Em influente obra que enuncia o caminho traçado pela Microsoft ao longo das décadas, Brad Smith compara o desafio de inclusão digital à eletricidade no século XXI. Na oportunidade, são enfatizadas as consequências perversas da ausência de dados. No caso dos EUA, Smith destaca que, justamente por não aparecem nas pesquisas como áreas deficitárias (afinal, sequer existem), não são objeto de preocupação por parte de políticas públicas inclusivas. Interessante correlação é trazida pela obra em termos de altos índices de desemprego e baixa disponibilidade de internet banca larga em determinadas comunidades. Mais especificamente, no que aqui interessa, Smith é preciso em dizer que o futuro da educação é on-line, especialmente nas áreas agrárias distantes dos grandes centros. Ainda que a modalidade on-line não seja uma panaceia, o uso deste ferramental como indutor de aprendizado e redutor de desigualdades não pode ser menosprezado. SMITH, Brad; BROWNE, Carol A. *Tools and Weapons*: The Promise and the Peril of the Digital Age. Introduction. THE CLOUD: the world's filing cabinet. London: Hodder & Soughton Ltd., 2019.

25. Os Estados Partes reconhecem a função importante desempenhada pelos meios de comunicação, e devem garantir o acesso da criança a informações e materiais procedentes de diversas fontes nacionais e internacionais, especialmente aqueles que visam à promoção de seu bem-estar social, espiritual e moral e de sua saúde física e mental

O potencial de incremento das habilidades cognitivo-comportamentais às crianças e adolescentes tem resultado inclusive em parcerias de empresas, gigantes do ramo, com escolas. O objetivo é trazer esses benefícios, já viabilizados àqueles de média e alta renda, também àqueles inseridos em contexto de maior vulnerabilidade. Obviamente, essa maior inclusão acaba gerando também um novo nicho de mercado. O mundo dos *games* pode ser visto sob três principais enfoques: (1) o educacional, de promoção à aprendizagem e do conhecimento; (2) o lúdico, relacionado ao lazer e ao entretenimento e (3) o profissional, com a ascensão estratosférica do fenômeno dos e-sports.[26] Muito embora, como já referido ao início, o objetivo principal desse estudo seja com base no segundo prisma, do ramo do entretenimento, sua interlocução com os demais ramos é inexorável.

Para, portanto, se estar diante de uma inclusão qualitativa e não meramente quantitativa de crianças e adolescentes nesse segmento, salvaguardas devem ser promovidas a partir da contextualização do princípio do melhor interesse no caso dos *games*.

4. CONTORNOS NORMATIVOS, PRAGMÁTICOS E TECNOLÓGICOS

Na busca do meio termo entre permissividade e proibição, está a regulação, a moderação. As medidas tomadas com base no melhor interesse da criança no ambiente dos *games* são variadas. Algumas mais drásticas como, na Ásia, o movimento encampado pelo governo chinês no corrente ano de 2021 e outras mais flexíveis, como o movimento inverso adotado pela Coreia do Sul.[27] Na China, recentemente, normas bastante restritivas foram erigidas para fins de dosar o tempo de exposição de crianças e adolescentes e o horário específico de imersão em *games*.[28] Para além de

---

26. Quanto à sua ascensão também nas áreas de maior vulnerabilidade, ver GARCIA, Raphael T. "In Brazil's Favelas, Esports Is an Unlikely Source of Hope" (24 mar. 2021). *Wired*. Disponível em: https://www.wired.com/story/brazilian-favelas-esports/. Acesso em: set. 2021.

27. Atualmente, a China implementou novas regras, no corrente ano de 2021, permitindo que crianças e adolescentes só possam jogar videogames das 20h às 21h, de sexta-feira a domingo e feriados, o que equivale a cerca de 3 (três) horas semana (treze horas e meia). É uma mudança radical em relação à regra anterior, que permitia que menores jogassem cerca de 13,5 horas por semana. Por sua vez, a Coreia do Sul faz um movimento inverso. Antes com regras mais rígidas em relação à exposição ao videogame para menores de 16 anos, vigorava a proibição geral de jogar entre meia-noite e 6 (seis) horas da manhã, o que não se mostrava efetivo se a intenção era resguardar o sono, uma vez que meios alternativos, como acesso à internet, possibilitava que o engajamento na rede fosse continuado por meio de outros canais. Recentemente, em setembro de 2021 e apenas alguns dias depois do anúncio da rígida proibição na China, a Coreia do Sul anunciou o abandono de suas regras restritivas, adotando, ao invés, uma sistemática de "autoexclusão". Para subsidiar a sua mudança de perspectiva, o governo citou princípios como o da autodeterminação, o direito à felicidade e de ser educado em casa, para além de enfatizar os benefícios em termos de sociabilidade e entretenimento do ambiente dos *games*. O que antes pareciam enfoques convergentes no âmbito da Ásia Oriental apontam agora para movimentos divergentes, portanto. XIAO, Leon. "People's Republic of China Legal Update: The Notice on Further Strictly Regulating and Effectively Preventing Online Video Gaming Addiction in Minors (1 set. 2021). Disponível em: https://osf.io/4fua8/. Acesso em: set. 2021.

28. XIAO, Leon. "People's Republic of China Legal Update: The Notice on Further Strictly Regulating and Effectively Preventing Online Video Gaming Addiction in Minors (Published August 30, 2021, Effective September 1, 2021). Disponível em: https://osf.io/4fua8/. Acesso em: set. 2021.

questões de (in)efetividade[29], consequências potencialmente nocivas em termos de desejo gerado em razão da escassez forçada que tende a valorizar de forma excessiva a prática[30], dificilmente essa forma de intervenção abrupta seria compatível com o exercício das liberdades na grande maioria dos países de tradição ocidental.

Alternativamente, na Europa Ocidental, como um dos instrumentos normativos mais influentes no ramo da matéria envolvendo tecnologia, melhor interesse é o Código de Boas Práticas para Serviços Online (CBPSO)[31] do Reino Unido, publicado em setembro de 2020 e com implementação prevista para a data corrente, setembro de 2021. O Reino Unido, via regulador setorial em matéria de proteção de dados pessoais, o *Information Commission Office* (ICO) é um ícone tanto na explicitação do conteúdo da *General Data Protection Regulation* (GDPR)[32] quanto na condução de estudos empíricos para servir de insumo à elaboração de políticas públicas a ela atreladas. Além disso, tem-se demonstrado bastante democrático em termos de interação com interessados: indústria, governo, academia, titulares de direitos e sociedade civil. Por sua vez, sua influência não é restrita ao limite geográfico da sua jurisdição, mas tem sido referenciado por entidades públicas e privadas além-mar. Recentemente, os Estados Unidos, por meio de comunicação oficial, endereçou cartas a 12 (doze) das maiores desenvolvedoras de jogos em território estadunidense[33], solicitando informações quanto ao alinhamento, ou não, de suas políticas internas relacionadas ao público jovem e infantil com o desenho regulatório estruturado pelo Reino Unido pelo CCSO, baseado também no *design* adequado à idade como ferramental adicional aos mecanismos tradicionais de controle inseridos em *games* e do sempre necessário controle parental.

---

29. Diante do sentimento de revolta para com as novas regras na China, apesar do sistema rígido de vigilância e monitoramento, tem-se observado inúmeras tentativas de crianças e jovens burlarem a proibição por meio de equipamentos vendidos de forma clandestina ou mesmo se utilizando de aparelhos de pessoas que já atingiram a maioridade. MOZUR, Paul e CHEN, Elsie. "New Limits Give Chinese Video Gamers Whiplash" (26 set. 2021). *NYT*. Disponível em: https://www.nytimes.com/2021/09/26/business/gamers-china.html. Acesso em: set. 2021.

30. Ciladini, em sua influente obra sobre o tema, disserta sobre fatores determinantes para a tomada de decisões. Dentre outros passíveis de correlação, está a "escassez" que, segundo o psicólogo, está atrelada ao fato de oportunidades serem mais valorizadas quanto menor for sua disponibilidade. CIALDINI, Robert. *Influence*: The Psychology of Persuasion. New York: HarperCollins, 2007.

31. Tradução livre. No original, *Code of practice for online services*. ICO. *Age appropriate design: a code of practice for online services*. set. 2020. Disponível em: https://ico.org.uk/media/for-organisations/guide-to-data-protection/key-data-protection-themes/age-appropriate-design-a-code-of-practice-for-online-services-2-1.pdf. Acesso em: set. 2021.

32. Atualmente, com o Brexit, as regras da GDPR já se encontram suficientemente internalizadas no território britânico e foi intuito do país assim demonstrar, já que, com a saída do bloco europeu, seria submetido ao 'teste de adequação' para possibilitar o livre fluxo de dados pessoais com a União Europeia. Em decisão datada de 28 de junho de 2021, o Reino Unido foi aprovado no referido teste.

33. Especificamente: Activision Blizzard, Epic Games, Microsoft e Xbox Games Studios, Niantic, Nintendo, Riot Games, Roblox, Sony, Spin Mater, Take-Two Interactive Software, Walt Disney, Warner Bros. Inteiro teor disponível em: https://trahan.house.gov/uploadedfiles/final_game_letters_-_combined.pdf. Acesso em: set. 2021.

Sob esta perspectiva, que muito se alinha com a brasileira, que na sistemática empregada pela ICO a Autoridade Nacional de Proteção de Dados Pessoais (ANPD) também se tem inspirado, impõe-se como principal desafio o de proteger as crianças e adolescentes *no – e não do –* mundo digital. Para tanto, e tomando como ponto de partida o CBPSO, parâmetros foram estabelecidos tanto no âmbito da justificação (dogmática) quanto da implementação (pragmática) de novas tecnologias direcionadas ao público infantojuvenil. Faz-se uma adaptação ao caso tratado para quatorze parâmetros[34] e o agrupamento, no presente, em quatro principais faixas, de acordo com o viés normativo e pragmático das suas estruturas integrantes, a seguir comentado:

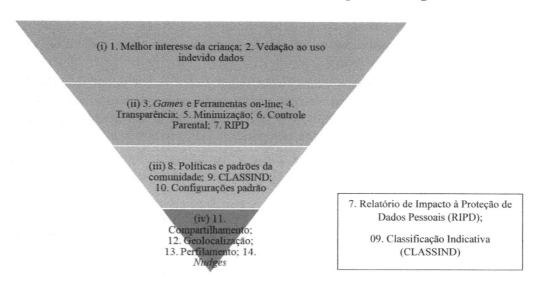

Ainda que na prática todas essas fases e conteúdos se inter-relacionem de forma rica e vasta, para fins de sistematização e didática são assim divididos e classificados de modo a contribuir para o entendimento e contextualização da matéria. Explicando: na fase (i) parte-se de uma máxima (1), que permeia e norteia todo o sistema de *games* e para além dele, que é do melhor interesse da criança e do adolescente. Em termos redimensionados para o âmbito da tecnologia, significa a (2) vedação a qualquer tratamento de dados pessoais de forma contrária a este interesse, que é pressuposto e objetivo da proteção em rede aqui proposta.

Dando sequência à pirâmide, na fase subsequente (ii), a existência de *games*, com conectividade (3) pressupõe a estruturação de mecanismos tecnológicos que levem a privacidade a cabo, desde a sua concepção (*privacy by design*), com (4) transparência, que encontra paralelo no art. 14, § 2º, da LGPD, coletando apenas os dados pessoais estritamente necessários (5) para o seu desenvolvimento e operação,

---

34. Para fins deste estudo, o pilar relacionado a "*connected toys and devices*" foi condensado com aquele relacionado às ferramentas *on-line*, pois como o game é o pano de fundo específico da análise, se tornaria classificação adicional desnecessária.

como também determina o art. 14, § 3º, da LGPD, mas que que possibilite o pleno exercício do controle parental, seja em relação aos dados pessoais tratados, seja em relação a aspectos mais amplos relacionados à relação da criança para com o jogo e seu ambiente (6). Ainda que (7) o Relatório de Impacto à Proteção de Dados Pessoais (RIDP) não seja obrigatório por lei, se mostra recomendável na medida em que (7.1) envolve sujeitos hipervulneráveis; (7.2) cumpre com o ônus argumentativo e comprobatório atribuído, com maior força, nos casos em que se utilize da base legal do consentimento do art. 14, §§ 1º e 5º, da LGPD e do legítimo interesse[35], nos moldes do art. 14, § 3º c/c art. 7º, 10, caput 11, da LGPD e (7.3) se alinha com as melhores práticas que vem sendo construídas e divulgadas no panorama internacional. Além disso, a elaboração do RIPD corporifica instrumento válido e efetivo para concretizar o princípio da responsabilidade e prestação de contas (art. 6º, X, da LGPD), com ganhos reputacionas potenciais.

Na fase (iii), que envolve tanto considerações técnicas de adequação da classificação indicativa de determinado jogo (8) quanto a sua compatibilização com a padronização setorial e comunitária (9), está a instalação de mecanismos que salvaguardem a privacidade dos usuários, por padrão ([10] *privacy by default*).

Por fim, e não menos relevante, está a utilização de técnicas mais ousadas a partir das novas tecnologias, respeitado o princípio da necessidade e minimização –

---

35. Respeitáveis vozes têm-se pronunciado quanto à incompatibilidade da base legal do legítimo interesse no caso de tratamento de dados pessoais por crianças (e adolescentes), a partir do princípio do melhor interesse. Nesse sentido, imperioso referir a opinião qualificada a respeito de PALMEIRA, Mariana e MULHOLLAND, Caitlin. "As bases legais para tratamento de dados da criança e a abrangência dos parágrafos do artigo 14, da LGPD" (17 set. 2021). *Migalhas de Proteção de Dados*. Disponível em: https://www.migalhas.com.br/coluna/migalhas-de-protecao-de-dados/351794/as-bases-legais-para-tratamento-de-dados-da-crianca. Acesso em: set. 2021.

Com a devida vênia e apesar de se concordar com o raciocínio pressuposto e brilhantismo característico das autoras, não se concorda com a proibição a priori esposada, na medida em que situações, específicas, mesmo considerando o princípio do melhor interesse, podem acabar demandado a sua utilização. Como exemplo, cita-se o próprio site da UNICEF, que contém previsão do legítimo interesse para desenvolvimento de seu mister, no tratamento de crianças e adolescentes em situação de vulnerabilidade efetiva e potencial. *UNICEF Policy on Personal Data Protection. Document Number* (15 jul. 2021). Disponível em: https://www.unicef.org/supply/media/5356/file/Policy-on-personal-data-protection-July2020.pdf. Acesso em: set. 2021. No mesmo sentido, a ICO, ao elencar o seu metódico processo para o tratamento de crianças e adolescentes, não trata a base legal do legítimo interesse incompatível com o quadro traçado pela regulação setorial. No caso brasileiro, a LGPD não veda a possibilidade, e uma interpretação sistemática dos diplomas e fontes normativas acabam por imputar ao controlador uma série de testes, justificações e comprovações que podem acabar tornando a base legal demasiadamente onerosa ou mesmo inaplicável em uma série de casos. Situações limítrofes dizem respeito à regulação das plataformas vertidas para o ambiente digital em situações de cyberbullying. Atualmente, o STF inclusive encampou a tese de ser inviável proibir plataformas digitais de adotarem medidas drásticas em relação a comportamentos tido como visivelmente inadequados por seus participantes fora de hipóteses taxativamente previstas. STF, ADI 6.991 MC/DF, Min. Rel. Rosa Weber, D.J.: 14.09.2021. Preocupações com situações de não violência entre crianças e não discriminação, justamente em razão do melhor interesse de uma criança poderão afetar liberdades de outras. Sabe-se que a matéria é polêmica, quanto à própria intenção da Apple em atuar no enfrentamento a crimes contra crianças a partir do escaneamento mandatório de fotos de todos os seus usuários, medida que acabou sendo inclusive temporariamente suspensa em razão de inúmeras críticas e preocupações com privacidade. No entanto, prefere-se aqui, respeitadas as opiniões contrárias, cautela, inclusive quanto a proibições apriorísticas.

sem abdicar do norte que deve pautar toda a sucessão de fases e tecnologias a serem desenvolvidas na fase (i)[36] –, relacionadas: (11) ao compartilhamento dos dados pessoais em questão; (12) à geolocalização; (13) ao perfilamento e (14) técnicas de *nudges*. Apesar da complexidade inerente a cada uma dessas estruturas, importa compreender que não são elas proibidas. Em determinados contextos vêm sendo até mesmo estimuladas. A dificuldade é, justamente, empregá-las em situações reais com bases legais adequadas. Exemplos que dão corpo à utilização potencialmente benéficas dessas funcionalidades dizem respeito a situações em que, mediante o compartilhamento de informações, se busque tutelar a criança que esteja sofrendo agressões de ordem física ou psicológica, dentro de seus lares ou no ambiente em que estão expostas. Ainda assim, apesar da finalidade ser nobre, não faltam dúvidas quanto aos meios de concretizar a intenção, que vão desde o polêmico uso de inteligência artificial para detecção de abusos praticados contra crianças[37] até o escaneamento completo de fotos de usuários de produtos da Apple para auxiliar neste intuito.[38]

Por sua vez, os *nudges*, que têm atuação substancial no *design* de jogos e aplicativos, são nada mais do que formas de se apresentar a arquitetura de escolhas ao público[39]. Podem incluir desde avisos, sinais, símbolos, "o *layout* de uma cafeteria" ou de uma *loot box*, na medida em que atuam para moldar o comportamento humano e decisório em determinada situação. Está-se diante de uma compra de jogo? A informação para tanto é clara? O jogador pode prosseguir após sua escolha, sem que seja ela um empecilho necessário à sua evolução? A clareza não só destes aspectos, mas também da forma como são apresentadas, são de importância crucial. Ao mesmo tempo em que *nudges* podem ser associados a técnicas de estímulo de compras e engajamento, podem contribuir também para a disseminação da cultura da privacidade. Novamente, tudo dependerá do direcionamento que a dita arquitetura estará a estimular.

No ponto, tem-se pensado na utilização de *nudges* inclusive para estimular que responsáveis por fornecer o consentimento em relação a crianças e adolescentes leiam e compreendam os termos das políticas de privacidade, a partir da informação, de

---

36. Dentre os quais se encontram (i) o princípio do melhor interesse e (ii) a vedação ao uso indevido de dados pessoais.
37. EATON, Lynn. "Is it right to use AI to identify children at risk of harm?" (18 nov. 2021). *The Guardian*. Disponível em: https://www.theguardian.com/society/2019/nov/18/child-protection-ai-predict-prevent-risks. Acesso em: set. 2021.
38. HAUNTER, Tatum e ALBERGOTTI, Reed. "How iPhone child-safety photo scanning works – and why privacy advocates are worried" (19 ago. 2021). *The Washington Post*. Disponível em: https://www.washingtonpost.com/technology/2021/08/19/apple-iphone-child-safety-features/. Acesso em: set. 2021.
39. Na sua clássica obra sobre o tema, Thaler e Sunstein definem *nudge* como qualquer aspecto relacionado à arquitetura de escolha que altere o comportamento humano de forma previsível sem que lhe seja tolhida qualquer opção ou tornada essa excessivamente onerosa. Para que seja classificada como *nudge*, a intervenção deve ser fácil e simples de ser evitada, isto é, não são mandatórios. Colocar uma fruta na altura do campo de visão pode se caracterizar como nudge. Proibir comidas de baixo valor nutricional, não. THALER, Richard.H. e SUNSTEIN, Cass R. *Nudge: Improving Decisions about Health, Wealth and Happiness*. New Haven: Yale University Press, 2008. p. 06.

antemão, fornecida quanto ao tempo que esta levará e exerçam o controle parental de acordo com mecanismos de controle já inseridos e disponíveis em aplicativos.

Por outro lado, com base no princípio da transparência, a coleta de dados facultativa ou mesmo mandatória pode ser melhor explicitadas ao público alvo em linguagem acessível. Exemplo: se a criança está a jogar, ainda que não venha a decidir por si, pode ter a si fornecido os termos com os quais os seus responsáveis anuíram para que, ainda que não compreendam na sua literalidade, saibam da importância da matéria. Um dos casos considerados de sucesso pela ICO foi a explicitação de como a geolocalização atua e o que ela significa para o titular, com a ilustração em desenhos, abaixo reproduzidos:[40]

Figure 2: Cracknell Law's geolocation app cartoon depicts how child users geolocation data is being used in real-time.

Em uma ideia quase de Matrix (jogos dentro de jogos), os *games* também têm sido utilizados para que, por meio da gamificação, corporifiquem metodologia própria relacionada à disseminação da cultura da privacidade e da compreensão do valor da proteção de dados pessoais.[41] É claro que apenas boas ideias não garantirão proteção e, por este motivo, cada vez mais se buscam aproximar regulados, reguladores e titulares em ambientes de testagem assistida, quase como uma '*sandbox* regulatória' do setor.[42]

---

40. ICO. *Data transparency for children: Insights from the Children's Code transparency champions open call* (June 2021). Disponível em: https://ico.org.uk/media/2620177/designing-data-transparency-for-children.pdf. Acesso em: set. 2021.
41. Ibid.
42. Ainda que não tenha aplicação literal no caso dos games, ganha relevo o fato de que a polêmica novel política de cookies pelo Google, na qual pretende a proibição de utilização de cookies de terceiros, anunciada no ano de 2020 e com previsão de implantação para 2023, é objeto de preocupação e estudo pela autoridade antitruste britânica, o Competition and Market Authority (CMA). A investigação iniciada em relação ao 'Google Regulatory Sandbox' tem por objetivo a aferir o impacto da medida em termos de concentração de mercado de publicidade digital e de enxugamento de serviços 'gratuitos', que confiavam na publicidade direcionada como moeda de troca, aos consumidores. UK GOV. "CMA to investigate Google's 'Privacy Sandbox' browser changes". (8 jan.2021). Disponível em: https://www.gov.uk/government/news/cma-to-investigate-google-s-privacy-sandbox-browser-changes . Acesso em: set. 2021.

A atividade demanda tempo, estudo e engajamento. Nesse sentido, é o projeto levado a cabo pela ICO, com conclusões ainda não divulgadas e contando com participação de indústrias bem conhecidas do setor de games (no caso, a Square Enix), crianças e adolescentes e sociedade civil para mapear os principais perigos a serem endereçados no setor de jogos online no projeto *"Applying the Children's Code harms framework: a gaming sector case study"*.[43] O objetivo: concretizar os ditames da proteção de dados no ambiente dinâmico, complexo e interrelacional do mundo digital.

Enquanto os perigos e gatilhos para comportamentos irresponsáveis de crianças e adolescentes não são privilégios do mundo digital, necessitam ser também para este novo plano transportados – e combatidos. Isto porque os dados pessoais, assim como a tecnologia, são ambivalentes. Seu valor como utilidade ou seu desvalor como despropósito, ao titular ou à sociedade, dependerá da finalidade a que estarão atrelados. E para tanto, é temerário delegar a atividade a um ator apenas. Pais, responsáveis, empresas, reguladores, terceiro setor e Estado, desempenham, pois, papeis cruciais, concomitantes e entrelaçados. Tão entrelaçados que foram uma rede; rede que não tem por condão diluir, mas sim dar assertividade ao quadro de responsabilidades. Por fim, e não menos importante: crianças e adolescentes, como sujeito de direitos que são, também devem ter seu espaço nesse cenário.

5. O SISTEMA COOPERATIVO EM REDE EM FORMAÇÃO

Não é sem razão que o ECA fala, com clareza, na existência de uma *intervenção em rede*, em casos drásticos de violação de qualquer natureza aos direitos de crianças e adolescentes (art. 13, § 3º). Não é sem razão que, no âmbito da tecnologia, sistemas informáticos são estruturados sob o mecanismo de *redes* e que a inteligência artificial é arquitetada a partir da simulação de *redes* neurais artificiais. Rede, do radical do latim *rete*, tem sua real origem ainda mistificada, oriunda do estrangeiro e relacionada à retina[44], que é uma das camadas oculares responsáveis por viabilizar a leitura de estímulos luminosos em imagens: a visão. Visão que se busca aqui estruturar no sentido de garantir às crianças a sua efetiva proteção através de um desenho, congregando atores diversos, na *rede de proteção* no mundo dos *games*.

Diferente da polissemia do conceito raiz, a rede, aqui, é instrumento que tem uma destinação pré-concebida: o melhor interesse da criança. Nesse sentido, a par-

---

43. OHRVIK-STOTT, Jacob. "Applying the Children's Code harms framework: a gaming sector case study". ICO. (27 May 2021). Disponível em: https://ico.org.uk/for-organisations/childrens-code-hub/additional-resources/applying-the-children-s-code-harms-framework-a-gaming-sector-case-study/ . Acesso em: set. 2021.

44. The traditional etymology seems to fall short to explain the origin of the rete. Em estudo etimológico profundo do vocábulo e incomodado pela ausência de explicações mais profundas a respeito, Jong faz incursão na antiguidade para, de lá, extrair o seu significado como acidental mais do que causal. JONG, Paulus T.V.M. de. "From where does 'rete' in retina originate?". *Graefe's Archive for Clinical and Experimental Ophthalmology* 252, p. 1525-1527, 2014. Aqui, seja em razão de uma tradução não ideal feita do latim, seja por real correlação com microestruturas da visão, é significativo que rede também tenha por condão viabilizar a visão.

tir das responsabilidades e funções descritas em capítulo antecedente e para que se possa transformar esse emaranhado em visão, sugere-se o organograma abaixo como forma de atuar na salvaguarda de finalidade protetiva:

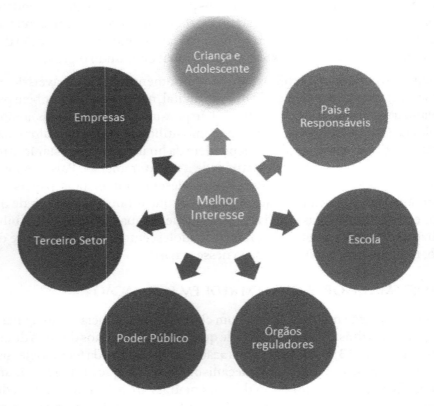

Assim como a fonte normativa é plural, também os atores responsáveis pela sua execução também o são. De forma muito específica, e ciente de suas limitações cognitivo comportamentais, estão a criança e o adolescente. Parte-se de sua hipervulnerabilidade, que é o que justifica inclusive a sua incapacidade absoluta e relativa em termos civis cujos efeitos aqui importam. A condição não impede, porém que, sempre que possível, seja respeitada a sua vontade por meio de canais mais inclusivos de engajamento, compreensão, provisão e participação, nos moldes do que enuncia o Artigo 31 da CNUDC.[45]

Neste âmbito, a ICO elenca duas ações que bem demonstram a importância dada aos próprios titulares dos dados pessoais potencialmente coletados: uma, que o consentimento, ainda que efetivado por meio de seu responsável legal, lhe seja

---

45. Artigo 31. (1) Os Estados Partes reconhecem o direito da criança ao descanso e ao lazer, ao divertimento e às atividades recreativas próprias da idade, bem como à livre participação na vida cultural e artística. (2) Os Estados Partes devem respeitar e promover o direito da criança de participar plenamente da vida cultural e artística e devem estimular a oferta de oportunidades adequadas de atividades culturais, artísticas, recreativa e de lazer, em condições de igualdade.

informado e repassado através de algum tipo de linguagem, seja vocabular, seja gráfica; outra, que sempre que esteja sendo monitorado em situações facultativas seja cientificado. Em aspectos amplos em termos de ações promocionais ou de compra de itens em jogo comerciais, que seja a publicidade e compras facultativas veiculadas com clareza. É bem dizer que são ações necessárias, mas não suficientes, para lhes garantir a proteção. Têm elas o condão, porém, de ambientar essa criança ou adulto jovem no ramo digital regulatório, de lhe possibilitar acompanhar as decisões que são tomadas para com a sua realidade e de compreender a sua finalidade. É também trabalhar para que, quando atinja a maioridade siga agindo para preservar o seu melhor interesse entre aspectos lúdicos e comerciais e para que reconheça o valor da privacidade para o seu próprio desenvolvimento.

Os pais e responsáveis legais, juntamente com educadores, devem conseguir compreender os termos e as responsabilidades que lhe são delegadas, quando o forem, em termos de coleta de dados pessoais. E que estejam cientes das funcionalidades em termos de monetização de itens de jogo facultativos que podem ser habilitadas ou desabilitadas segundo seu melhor juízo. Para tanto, estratégias que melhor garantam a consecução de tal finalidade têm sido pensadas fornecendo, por exemplo, em termos de coleta de dados pessoais, para além dos usuais "aceito" ou "não aceito", a opção "não entendi."[46] A partir de então, maiores informações seriam dadas, mas não colocadas de antemão, para que não desestimulem a vontade de se compreender seu alcance e real dimensionamento. Seria como uma gama de informação proporcional ao sujeito que dela queira fazer uso, para possibilitar maior interação entre controladores e titulares e para trabalhar na formulação da linguagem em nome de maior efetividade.

Afinal, nem sempre informação será suficiente; informação demais pode ser até prejudicial[47] e, obviamente, situações há em que sequer com uma gama gigantesca de informações tratamentos pessoais (ou mesmo práticas comerciais) devem ser validados. Quando o forem, porém, que seja o consentimento destacado (art. 14, § 1º, da LGPD), verossímil (art. 14, § 5º, da LGPD) e com informações "*fornecidas de maneira simples, clara e acessível, consideradas as características físico-motoras, perceptivas, sensoriais, intelectuais e mentais do usuário*", podendo-se utilizar "*de recursos audiovisuais quando adequado, de forma a proporcionar a informação necessária aos pais ou ao responsável legal e adequada ao entendimento da criança*" (art. 14, § 6º, da LGPD).

Não menos importante, e desempenhando papel, central estão as empresas, que se tem interrelacionado entre modalidades de autorregulação e corregulação

---

46. ICO. *Age appropriate design: a code of practice for online services* (set. 2020). Disponível em: https://ico.org.uk/media/for-organisations/guide-to-data-protection/key-data-protection-themes/age-appropriate-design-a-code-of-practice-for-online-services-2-1.pdf. Acesso em: set. 2021.

47. SUSSTEIN, Cass. *Too Much Information: understanding what you don't want to know*. Massachusetts: MIT Press, 2020.

intricadas com as complexidades inerentes ao cyberespaço.[48] O desafio de contextualizar proteção, infância, escolha e tecnologia é mundial[49]. A aproximação entre as orientações das legislações entre proteção de dados e desenvolvimento de conteúdo é latente. Nesse desiderato, estão fases que incluem: (i) o mapeamento de dados daqueles serviços direcionados às crianças e adolescentes; (ii) a garantia de mecanismos efetivos de verificação de idade e do consentimento parental informado (o que, por sua vez, pressupõe o estabelecimento de diretrizes técnicas que garantam a efetiva implementação desses mecanismos pelas empresas, sob pena de receio daqueles que os formulam de um potencial efeito bumerangue[50]); (iii) a adequação da classificação indicativa da faixa etária de informações e serviços disponibilizados e (iv) avaliação de risco constante para se verificar a aceitabilidade, ou não, das práticas pensadas a partir não somente dos resultados esperados, mas também do impacto real gerado a essa categoria especial de titulares.

No que toca à responsabilidade corporativa, questões para além da proteção de dados pessoais, como adequação dos anúncios publicitários veiculados, das compras em jogo (*online purchases*) e dos parâmetros adotados que viabilizem a aferição de adequação das "caixas-surpresa" são itens que tem atraído não somente atenção do público em geral, inclusive jurídico, mas também da indústria. Neste ponto, o princípio da transparência, desmembrado (i) na identificação do que faz parte do jogo e o que o complementa; (ii) na colocação, na apresentação de jogos, de rótulos que identifiquem a existência de "compras em jogo"; (iii) no desestímulo de técnicas baseadas no '*pay to win*', (pague para ganhar); (iv) na impossibilidade de venda e/ou permita de itens porventura adquiridos para fins especulativos ou de ganhos financeiros e, por fim (v) na facilitação para atuação constante do controle parental por meio de mecanismos de autorização de tempo de exposição e limites de compras, por exemplo, vêm já sendo adotados como potenciais instrumentos para mitigar os riscos inerentes à prática e ao jogo irresponsável na infância.

Para que se trabalhe no provisionamento saudável dos *games*, iniciativas híbridas vêm sendo elaboradas por ações das próprias empresas[51], de empresas

---

48. Quanto a preocupações amplas com regulação da internet e de plataformas sobre o bem-estar coletivo, leciona Keller que "hoje os esforços atuais de agentes públicos, privados e da literatura especializada recaem sobre a forma de regular com o mínimo prejuízo aos benefícios democráticos e econômicos que uma Internet aberta tem o potencial de gerar para a coletividade." KELLER, Clara Iglesias. "Entre exceção e harmonização: o debate teórico sobre a regulação da internet." *Revista Publicum* 5 (1), p. 137-166, 2019.

49. Nesse sentido, a recente decisão do grupo Facebook de postergar o lançamento do Instagram Kids, em meio a polêmicas e críticas da opinião pública. RAYCHOUDHURRY, Pratiti. "What Our Research Really Says About Teen Well-Being and Instagram." Facebook (26 set. 2021). Disponível em: https://about.fb.com/news/2021/09/research-teen-well-being-and-instagram/. Acesso em: set. 2021. Ver também: SATARINO, Adam e MAC, Ryan. "Facebook Delays Instagram App for Users 13 and Younger" (27 set. 2021). The New York Times. Disponível em: https://www.nytimes.com/2021/09/27/technology/facebook-instagram-for-kids.html. Acesso em: set. 2021.

50. NOYB. "Right of Access as a data protection boomerang?". *NOYB*. Disponível em: https://noyb.eu/en/right-access-data-protection-boomerang. Acesso em: maio 2021.

51. Como aqueles levados a cabo pela ROVIO, "Rovio for Parents". Diponível em: https://info.rovio.com/hc/en-us/categories/360000081067-Rovio-for-Parents; SUPERCELL, "Supercell, 'Parent's Guide'". Disponível

especializadas[52] e de entidades representativas do setor[53] em não somente criar mecanismos tecnológicos para garantir que a guarda seja neste novo contexto exercido, mas também de substanciar o controle parental no mundo dos games.

Como recentemente corroborado pela *United Nations International Children's Emergency Fund* (UNICEF), a exploração comercial dos *games* não é proibida.[54] É decorrência inclusive natural do estado de coisas, das condições socioeconômicas e culturais da atualidade. O limite está justamente no respeito aos direitos daqueles que estão dimensionando as bases do seu livre desenvolvimento[55]. Neste ponto, preocupações mais amplas com o rastreamento de condutas para combate ao cyber-bullying[56], ao discurso de ódio e a práticas discriminatórias não apenas B2C, mas também C2C, entre os jogadores, envolvem desafios múltiplos tanto de acesso ao conteúdo comunicado quanto às ações consequenciais, de advertência a banimento, passíveis de serem pensadas pelos desenvolvedores de jogos.

No campo dos órgãos reguladores, impõe-se que articulações sejam fomentadas tanto no âmbito doméstico (art. 55-J, XXIII, da LGPD) quanto no âmbito internacional (art. 55-J, IX, da LGPD). Por exemplo, em relação à classificação indicativa de *games*, atribuição hoje desempenhada no âmbito do Ministério da Justiça e Segurança Pública (MJSP)[57], desde o ano de 2013, há atuação alinhada com as diretrizes

---

em: https://supercell.com/en/parents; UBISOFT, "Ubisoft's Parents Corner". Disponível em: www.ubisoft.com/en-US/company/parents.aspx e SONY, PlayStation. "A Safer Space to Play". Disponível em: https://www.playstation.com/en-us/parental-controls/ . Acessos em: set. 2021.

52. No Brasil, destaca-se a atuação do Clube das Habilidades nesse sentido. CLUBE DAS HABILIDADES. Disponível em: https://www.clubedehabilidades.com.br/ . Acesso em: set. 2021.

53. No caso dos Estados Unidos, o Entertainment Software Rating Board (ESRB), criou seções específica ferramentas disponibilizadas para pais e responsáveis no mundo dos games para aspecto mais amplos do que o controle parental por meio do programa "tools for parents". ESRB. "Tools for Parents". Disponível em: https://www.esrb.org/tools-for-parents/. Acesso em: set. 2021.

54. Dentre o mapeamento realizado no setor de games, a entidade sugere, ao invés, que sejam implantadas medidas que viabilizem o público, as crianças e adolescentes discernirem sobre todos os aspectos relacionados à natureza comercial de ferramentas, produtos ou mesmo coletas de dados pessoais que sejam atrelados a essa finalidade. Nas suas conclusões finais: "For game distributors: (...) Marketing placed in online games should be properly identified as such, and children should be clearly informed about anything of commercial nature in the game." UNICEF. "Child Rights and online gaming: opportunities & challenges for children and the industry". *Discussion Paper Series: Children's Rights and Business in a Digital World*. Disponível em: https://www.unicef-irc.org/files/upload/documents/UNICEF_CRBDigitalWorldSeriesOnline_Gaming.pdf . Acesso em: set. 2021.

55. Quanto à caracterização de situações de abuso e passíveis de sancionamento, ver FALEIROS JÚNIOR, José Luiz e DENSA, Roberta. "Para além das loot boxes: responsabilidade civil e novas práticas abusivas no mercado de games". In: FALEIROS JÚNIOR, José Luiz e outros (Org.) *Proteção de Dados Pessoais na Sociedade da Informação: entre dados e danos*. Indaiatuba: Foco, 2021. p. 333-344.

56. A desenvolvedora de jogos em aplicativos móveis Supercell, por exemplo, é membro da campanha anti-cyberbullying "Stop, Speak, Support". ANTI-BULLYING ALLIANCE. Disponível em: https://anti-bullyingalliance.org.uk/tools-information/all-about-bullying/online-bullying/stop-speak-support-focus-online-bullying. Acesso em: set. 2021. Nesse sentido, ver também MAHER, Brendan. "Can a Video Game Company Tame Toxic Behavior?" (31 mar. 2016). *Scientific American*. Disponível em: www.scientificamerican.com/article/can-a-video-game-company-tame-toxic-behavior. Acesso em: set. 2021.

57. Maiores informações disponíveis no site do MJSP em: https://www.gov.br/mj/pt-br/assuntos/seus-direitos/classificacao-1. Acesso em: set. 2021.

da *International Age Rating Coalition* (IARC)[58], que congrega reguladores setoriais de diversos países[59], combinado com participação de grandes empresas do ramo da tecnologia[60] para facilitar e agilizar o processo de classificação de *games* e aplicativos móveis (que deve ser aferida sem prejuízo do controle parental). Nesse sentido, a coalização atua concomitantemente, para que consumidores – e titulares de direitos – tenham a si disponibilizados produtos de forma consistente com parâmetros similares no âmbito global[61] e que sejam criadas formas interativas de interlocução direta entre reguladores e desenvolvedores de jogos. É inegável, aqui, a interlocução saudável do MJSP, Sistema Nacional de Defesa do Consumidor (SNDC), Conselho Nacional de Autorregulamentação (CONAR) e ANDP, por exemplo. Para além de evitar sobreposição de atividades, reguladores e fiscalizadores só tem a ganhar ao compreender as diferentes perspectivas que devem ser mensuradas para estabelecimento de parâmetros coesos e viáveis, efetivos e plausíveis.

Nessa teia protetiva está ainda a atuação do Poder Público, seja por meio do Ministério Público, na condição de fiscal do ordenamento jurídico, seja por meio de unidades internas do Poder Executivo relacionadas a políticas públicas de estímulo de literacia digital espraiadas por campos diversos entre Assistência Social, Educação, Esporte e Lazer. Em setembro de 2021, o Fortnite foi incluído em programa educacional de mais de cinco mil escolas no Brasil.[62] As matérias que com o *game* se interseccionam não se resumem ao potencial "jogo eletrônico" (e-sport), mas também à ciência, matemática e às humanas em geral. O exemplo pontual demonstra a preocupação do setor público com o tema e a importância para que iniciativas voltadas à responsabilidade social de grandes corporações com maior inclusão sejam estimuladas – e monitoradas. Afinal, o incremento de realidades no ambiente on-line que miscigenem educação com lazer, que possibilitem o acesso ao novo ponto de encontro de jovens no mundo on-line às populações marginalizadas neste *terceiro lugar* é um dos principais gargalos que devem ser trabalhados em termos de oportunidades. Oportunidades estas que maiores serão quanto mais visíveis forem não somente traçadas, mas também compartilhadas. Não somente concretizadas, mas também mensuradas.

Neste combinado de atores e setores, sabe-se que mãos à obra é tanto uma necessidade quanto uma empreitada. Para a devida compreensão desse arcabouço tanto

---

58. IARC. Informações adicionais disponíveis em: https://www.globalratings.com/. Acesso em: set. 2021.
59. Como da Austrália, Brasil, América do Norte, Coreia do Sul e da maioria dos países europeus (especificamente, Alemanha e aqueles representados pela Pan European Gaming Information [PEGI]).
60. Como Google, Microsoft, Nintendo, Oculus e PlayStation.
61. Quanto à importância de uma coalizão transnacional no âmbito do cyberespaço, Eberlin leciona que há uma "mudança estrutural que envolve negociações permanentes, em que as grandes potências não terão outras escolhas senão a criação conjunta de normas, padrões e comportamentos, o que, no entanto, não constitui tarefa simples". EBERLIN, Fernando B BT. *Direitos da Criança na Sociedade da Informação*. São Paulo: Ed. RT, 2020.
62. ARRAZ, Lucas. "Fortnite é incluído em programa escolar no Brasil" (16 set. 2021). *CanalTech*. Disponível em: https://canaltech.com.br/games/fortnite-e-incluido-em-programa-escolar-no-brasil-195984/. Acesso em: set. 2021.

regulatório-teórico quanto empírico destacam-se ainda os trabalhos fomentados por entidades não governamentais[63] dedicadas a estabelecer parâmetros protetivos de crianças e adolescentes no ambiente digital para fins de garantir o uso da tecnologia em favor da sociedade. Ao lado da academia, cuja reflexão é promovida tanto em encontros virtuais como em artigos como o presente, urge que essa rede seja fomentada por meio de canais cada vez mais dinâmicos e por meio de diálogos abertos para que se possa arquitetar e constantemente aprimorar essa teia que tenha por objeto último viabilizar condições efetivas de proteção com inclusão e de fazer com que o *game* seja um jogo à serviço do hoje e em favor de um amanhã que estimule oportunidades para o desenvolvimento tanto de habilidades quanto da livre personalidade de crianças e adolescentes.

6. CONCLUSÃO

O mundo dos *games* e a proteção das crianças e adolescentes em realidades não meramente físicas, mas com impactos reais, impõem desafios de ordens pragmáticas, teóricas e tecnológicas. O princípio do melhor interesse da criança e do adolescente está sedimentando no prisma tanto nacional quanto internacional. Diferente de Maquiavel, porém, aqui os meios importam. E muito.

A obrigação legal e cogente de colocar as crianças e adolescentes a "salvo de toda forma de negligência, discriminação, exploração, violência, crueldade e opressão" implica que canais de divertimento, aprendizado e expressão cultural das novas gerações sejam redimensionados em um mundo que muito dos adultos experienciam de forma diversa. Mas nem por isso devem ser relegados à permissividade absoluta ou proibição peremptória. Para viabilizar proteção sem vigilância indevida, para possibilitar o exercício da liberdade sem que dê ela margem à manipulação, um sistema em rede, com uma pluralidade de atores, necessita ser estruturado para dar às normas de salvaguarda aos infantes e adolescentes o real sentido que ordenamento jurídico se propõe. E a tecnologia pode vir a assistir nesse processo, não fácil, mas viável de ser enfrentado.

O justo meio é uma incessante busca humana que conforme já lecionava Aristóteles, não está, necessariamente, equidistante dos extremos. Àqueles que gostam ou desgostam da magnitude do mundo dos *games*, o convite fica para que rótulos sejam evitados em caracterizá-los de antemão como perversores ou benfeitores. Na *rete*, diante da retina, com avanços tecnológicos inúmeros já se conviveu. E a sua acomodação é caminho não linear e nada fácil. Aliás, em se tratando de dificuldade, reconhece-se a ousadia das presentes considerações, que devem ser incrementadas a partir dos capítulos que estão a ser escritos por diferentes autores, em diferentes

---

63. Nesse sentido, está a iniciativa conjunta entre o Instituto de Tecnologia e Sociedade (ITS) e ILANA em projeto macro, com objetivo de melhor dimensionar a proteção de crianças e adolescentes em contextos digitais. ITS. *Proteção de dados de crianças e adolescentes em ambientes digitais*. Disponível em: https://somos.itsrio.org/protecao-dados-criancas-adolescentes. Acesso em: set. 2021.

partes do mundo e, em especial, pelos colegas com os quais essa obra coletiva é compartilhada. No entanto, é possível estimular o uso da tecnologia como pedra de toque da rede protetiva.

Ciente das limitações a que se está aqui sujeita, em razão de tempo e espaço, foram realizadas análises consequenciais e comparativos potencialmente úteis para a compreensão e densificação do princípio do melhor interesse no mundo dos *games* a partir do Direito Comparado e de hipóteses anedóticas que permitam aos interessados acessar, criticar ou deles se utilizar nas suas decisões diárias enquanto normativas não são melhor estabelecidas, e a realidade não as está a esperar para se desenrolar.

7. REFERÊNCIAS

ANTI-BULLYING ALLIANCE. *Stop, Speak, Support*. Disponível em: https://anti-bullyingalliance.org.uk/tools-information/all-about-bullying/online-bullying/stop-speak-support-focus-online-bullying. Acesso em: set. 2021.

ARRAZ, Lucas. "Fortnite é incluído em programa escolar no Brasil" (16 set. 2021). *CanalTech*. Disponível em: https://canaltech.com.br/games/fortnite-e-incluido-em-programa-escolar-no-brasil-195984/. Acesso em: set. 2021.

BROWNING, Kellen. "For Flagging Amazon Games Unit, New World 'Has to Be Our Breakthrough'" (20 set. 2021). *NYT*. Disponível em: https://www.nytimes.com/2021/09/28/technology/new-world-amazon.html Acesso em: set. 2021.

CACHAPUZ, Maria Cláudia. *A obrigação pelo discurso jurídico*: argumentação em temas de Direito Privado. Sergio Antonio Fabris Editor: Porto Alegre, 2018,

CIALDINI, Robert. *Influence*: The Psychology of Persuasion. New York: HarperCollins, 2007.

CHARLTON, Emma. "*A Lego game is helping children learn digital empathy skills*". *World Economic Forum* (04 mar. 2021). Disponível em: https://www.weforum.org/agenda/2021/03/lego-children-digital-empathy-covid-19/. Acesso em: set. 2021.

CLUBE DAS HABILIDADES. Disponível em: https://www.clubedehabilidades.com.br/. Acesso em: set. 2021.

DIMITA, Gaetano e outros. "'The ultimate unboxing': In: Search of the right questions to ask about loot boxes". *Interactive Entertainment Law Review*.4 (1), p. 01-02, ago 2021.

EATON, Lynn. "Is it right to use AI to identify children at risk of harm?" (18 nov. 2021). The Guardian. Disponível em: https://www.theguardian.com/society/2019/nov/18/child-protection-ai-predict-prevent-risks. Acesso em: set. 2021.

EBERLIN, Fernando B BT. *Direitos da criança na sociedade da informação*. São Paulo: Ed. RT, 2020.

ESRB. "*Tools for Parents*". Disponível em: https://www.esrb.org/tools-for-parents/. Acesso em: set. 2021.

FALEIROS JÚNIOR, José Luiz e outros (Org.) *Proteção de Dados Pessoais na Sociedade da Informação*: entre dados e danos. Indaiatuba: Foco, 2021. p. 333-344.

GARCIA, Raphael T. "In Brazil's Favelas, Esports Is an Unlikely Source of Hope" (24 mar. 2021). *Wired*. Disponível em: https://www.wired.com/story/brazilian-favelas-esports/. Acesso em: set. 2021.

HAUNTER, Tatum e ALBERGOTTI, Reed. "How iPhone child-safety photo scanning works – and why privacy advocates are worried" (19 ago. 2021). *The Washington Post*. Disponível em: https://www.washingtonpost.com/technology/2021/08/19/apple-iphone-child-safety-features/. Acesso em: set. 2021.

IARC. Informações adicionais disponíveis em: https://www.globalratings.com/. Acesso em: set. 2021.

ICO. *Age appropriate design: a code of practice for online services*. set. 2020. Disponível em: https://ico.org. uk/media/for-organisations/guide-to-data-protection/key-data-protection-themes/age-appropriate-design-a-code-of-practice-for-online-services-2-1.pdf. Acesso em: set. 2021.

ITS. *Proteção de dados de crianças e adolescentes em ambientes digitais*. Disponível em: https://somos.itsrio. org/protecao-dados-criancas-adolescentes. Acesso em: set. 2021.

JONG, Paulus T.V.M. de. "From where does "rete" in retina originate?". *Graefe's Archive for Clinical and Experimental Ophthalmology* 252, p. 1525-1527, 2014.

KELLER, Clara Iglesias. "Entre exceção e harmonização: o debate teórico sobre a regulação da internet." *Revista Publicum* 5 (1), p. 137-166, 2019.

KHAN, Aina J. "The Score of Final Fantasy Gets Its Due at the Concert Hall" (24 set. 2021). *NYT*. Disponível em: https://www.nytimes.com/2021/09/24/arts/music/final-fantasy-music.html?searchResultPosition=1 Acesso em: set. 2021

KUMAR, Janaki M. e outros. "A Brief History of Games". Interaction Design Foundation. Disponível em: https://www.interaction-design.org/literature/article/a-brief-history-of-games. Acesso em: set. 2021.

MAHER, Brendan. "Can a Video Game Company Tame Toxic Behavior?" (31 mar. 2016). *Scientific American*. Disponível em: www.scientificamerican.com/article/can-a-video-game-company-tame-toxic-behavior. Acesso em: set. 2021.

MJSP. "O que é Classificação Indicativa?". Disponível em: https://www.gov.br/mj/pt-br/assuntos/seus-direitos/classificacao-1. Acesso em: set. 2021.

MOZUR, Paul e CHEN, Elsie. "New Limits Give Chinese Video Gamers Whiplash" (26 set. 2021). *NYT*. Disponível em: https://www.nytimes.com/2021/09/26/business/gamers-china.html. Acesso em: set. 2021.

NOYB. "Right of Access as a data protection boomerang?". NOYB. Disponível em: https://noyb.eu/en/right-access-data-protection-boomerang. Acesso em: mai. 2021.

OLDENBURG, Ray. *Celebrating the Third Place*: Inspiring Stories About the Great Good Places at the Heart of Our Communities. New York: Do Capo Press, 2009.

OHRVIK-STOTT, Jacob. "Applying the Children's Code harms framework: a gaming sector case study". ICO. (27 May 2021). Disponível em: https://ico.org.uk/for-organisations/childrens-code-hub/additional-resources/applying-the-children-s-code-harms-framework-a-gaming-sector-case-study/. Acesso em: set. 2021.

PAKARINEN, A e MACKIEWICZ Karoline. "Games can help empower children from low-income families to take healthy choices in daily life". *European Journal of Public Health*, 27 (3), p. 401, November 2017.

PALMEIRA, Mariana e MULHOLLAND, Caitlin. "As bases legais para tratamento de dados da criança e a abrangência dos parágrafos do artigo 14, da LGPD" (17 set. 2021). *Migalhas de Proteção de Dados*. Disponível em: https://www.migalhas.com.br/coluna/migalhas-de-protecao-de-dados/351794/as-bases-legais-para-tratamento-de-dados-da-crianca. Acesso em: set. 2021.

PORTER, Jon. "Stranger Things' Startcourt Mall comes to Roblox". *The Verge* (23 June 2021). Disponível em: https://www.theverge.com/2021/6/23/22546657/stranger-things-roblox-starcourt-mall-experience. Acesso em: set. 2021.

PRENSKY, Marc. "Digital Natives, Digital Immigrants." *On the Horizon*, (MCB Press, v. 9, n. 5, October 2001). Disponível em: https://marcprensky.com/writing/Prensky%20-%20Digital%20Natives,%20Digital%20Immigrants%20-%20Part1.pdf Acesso em: set. 2021.

RAVACHE, Guilherme. "Metaverso pode ser nova Internet e vira prioridade das Big Techs". *MIT Technology Review* (10 set. 2021). Disponível em: https://mittechreview.com.br/metaverso-pode-ser-nova-internet-e-vira-prioridade-das-big-techs/?utm_campaign=tr_weekreview_11092021&utm_medium=email&utm_source=RD+Station. Acesso em: set. 2021.

RAYCHOUDHURRY, Pratiti. "What Our Research Really Says About Teen Well-Being and Instagram." *Facebook* (26 set. 2021). Disponível em: https://about.fb.com/news/2021/09/research-teen-well-being-and-instagram/. Acesso em: set. 2021.

ROVIO. "*Rovio for Parents*". Disponível em: https://info.rovio.com/hc/en-us/categories/360000081067-Rovio-for-Parents. Acesso em: set. 2021.

SATARINO, Adam e MAC, Ryan. "Facebook Delays Instagram App for Users 13 and Younger" (27 set. 2021). The New York Times. Disponível em: https://www.nytimes.com/2021/09/27/technology/facebook-instagram-for-kids.html. Acesso em: set. 2021.

SMITH, Brad; BROWNE, Carol A. *Tools and Weapons*: The Promise and the Peril of the Digital Age. Introduction. THE CLOUD: the world's filing cabinet. London: Hodder & Soughton Ltd., 2019.

SONY, PlayStation. "*A Safer Space to Play*". Disponível em: https://www.playstation.com/en-us/parental-controls/. Acessos em: set. 2021

SUSSTEIN, Cass. *Too Much Information: understanding what you don't want to know*. Massachusetts: MIT Press, 2020.

SUPERCELL. "*Supercell, 'Parent's Guide'*". Disponível em: https://supercell.com/en/parents. Acesso em: set. 2021.

SWANT, Marty. "Ralph Lauren estreia venda de roupas digitais na internet" (8 set. 2021). *Forbes*. Disponível em: https://forbes.com.br/forbeslife/2021/09/ralph-lauren-estreia-venda-de-roupas-digitais-para-avatares-na-internet/. Acesso em: set. 2021.

TFL. "A Digital-Only Gucci Bag Sold for $ 4,115 on Roblox, as Brands Continue to Look to Gaming to Reach Gen-Z" (25 mai. 2021). *The Fashion Law*. Disponível em: https://www.thefashionlaw.com/a-digital-only-gucci-bag-sold-for-4115-on-roblox-as-brands-continue-to-look-to-gaming-as-reach-gen-z/. Acesso em: set. 2021.

THALER, Richard.H. e SUNSTEIN, Cass R. *Nudge: Improving Decisions about Health, Wealth and Happiness*. New Haven: Yale University Press, 2008. p. 06.

UBISOFT. "Ubisoft's Parents Corner". Disponível em: www.ubisoft.com/en-US/company/parents.aspx. Acesso em: set. 2021.

UK GOV. "CMA to investigate Google's 'Privacy Sandbox' browser changes". (8 jan.2021). Disponível em: https://www.gov.uk/government/news/cma-to-investigate-google-s-privacy-sandbox-browser-changes. Acesso em: set. 2021.

UNICEF. "Child Rights and online gaming: opportunities & challenges for children and the industry". *Discussion Paper Series: Children's Rights and Business in a Digital World*. Disponível em: https://www.unicef-irc.org/files/upload/documents/UNICEF_CRBDigitalWorldSeriesOnline_Gaming.pdf. Acesso em: set. 2021.

UNICEF. "Convenção sobre os Direitos da Criança: instrumento de direitos humanos mais aceito na história universal." Disponível em: https://www.unicef.org/brazil/convencao-sobre-os-direitos-da-crianca. Acesso em: set. 2021.

UNICEF. Policy on Personal Data Protection. *Document Number* (15 jul. 2021). Disponível em: https://www.unicef.org/supply/media/5356/file/Policy-on-personal-data-protection-July2020.pdf. Acesso em: set. 2021.

WEISS, Robert. "Closer Together or Further Apart? Digital Devices and the New Generation Gap". *Huffington Post* (April 1, 2014). Disponível em: https://www.huffpost.com/entry/closer-together-or-furthe_b_4690748. Acesso em: set. 2021.

WIJMAN, Tom. *"Global Games Market to Generate $175.8 Billion in 2021*; Despite a Slight Decline, the Market Is on Track to Surpass $200 Billion in 2023" (6 mai.2021). Newzoo. Disponível em: https://newzoo.com/insights/articles/global-games-market-to-generate-175-8-billion-in-2021-despite-a-slight-decline-the-market-is-on-track-to-surpass-200-billion-in-2023/. Acesso em: set. 2021.

XIAO, Leon. *"People's Republic of China Legal Update*: The Notice on Further Strictly Regulating and Effectively Preventing Online Video Gaming Addiction in Minors (1 set. 2021). Disponível em: https://osf.io/4fua8/. Acesso em: set.2021.

XIAO, Leon Y. "Regulating loot boxes as gambling? Towards a combined legal and self-regulatory consumer protection approach". *Interactive Entertainment Law Review* 4 (1), p. 27-47, ago. 2021.

24
CAMPEONATOS VIRTUAIS (*E-SPORTS*), EMPRESAS E ORGANIZAÇÕES DE ESPORTES ELETRÔNICOS E SEUS DESAFIOS REGULATÓRIOS E DE ADEQUAÇÃO AO ECA

Laiane Maris Caetano Fantini

Mestranda em Direito Privado (PUC Minas/CAPES). Pós-graduada em Direito da Empresa (PUC Minas). Graduada em Direito (PUC Minas). Integrante da Comissão da OAB/MG Direito para Startups. Pesquisa temas relacionados ao Direito e Tecnologia, Startups, Proteção de Dados, Blockchain e Video Game Law. Advogada, atuante nas frentes de consultoria, prevenção e contenção de riscos para empresas de médio e grande porte.

Sumário: 1. Introdução – 2. *E-sports*: do surgimento ao cenário competitivo atual; 2.1 A estrutura das organizações de e-sports no brasil – 3. Entendendo o cenário competitivo de desporto eletrônico no Brasil – 4. Profissionalização do cyberatleta a partir da lei 9.615/98 – 5. A percepção dos jogos eletrônicos para crianças e adolescentes – 6. A relação infanto-juvenil com o desporto eletrônico e trabalho – 7. Desafios regulatórios dos e-sports para cyberatletas menores de idade – 8. Considerações finais – 9. Referências.

1. INTRODUÇÃO

Os esportes eletrônicos, em que pese estarem presentes em circuitos competitivos desde a década de 1990, tiveram considerável crescimento a partir de 2010. Atualmente, é um nicho da indústria de jogos eletrônicos com faturamento estimado de US\$1,084 bilhões para o ano de 2021 e as projeções são otimistas para os próximos anos. Essa atividade envolve jogadores, times, organizações, desenvolvedoras de jogos, publicadores de jogos, transmissões ao vivo, estrelato, patrocínio e uma audiência tão envolvida e apaixonada quanto a dos esportes tradicionais.

Existem, no mercado, diversos títulos de jogos que são explorados no cenário competitivo profissional, de modo que para fins metodológicos, o presente artigo apresenta recorte específico em dois deles: FPS (*First Person Shooter*, traduzido habitualmente como "tiro em primeira pessoa") e *Battle Royale*[1], categorias as quais se enquadram Fortnite (Epic Games) e Garena Free Fire (Garena)[2] que serão utilizados como refe-

---

1. A título de informação, existem modalidades como MOBA (*Multiplayer Online Battle Arena*) e Estratégia em Tempo Real (*Real-Time Strategy*, ou RTS), *Sports* (simuladores de esportes tradicionais como futebol), Luta (simuladores de luta), Corrida e *Card Games*.
2. Optou-se por esses dois títulos por terem um apelo infanto-juvenil na caracterização dos personagens e por serem "jogos de tiro", elemento este que pode gerar repercussões a respeito da regulação e do acesso

rência neste estudo por serem gratuitos, ou seja, *free-to-play*, rotulados como violentos pelo Ministério da Justiça, disponíveis integralmente traduzidos para o português, e, ao menos em janeiro de 2021, para dispositivos móveis como *smartphones*.[3]

Em um nicho com projeções positivas que alcança cada vez mais pessoas, principalmente crianças, ou seja, indivíduos até 12 anos incompletos de acordo com o art. 2º do Estatuto da Criança e do Adolescente (ECA) e adolescentes, aqueles de 12 a 18 anos, surgem debates acerca do impacto dos jogos eletrônicos na sociedade e os aspectos que podem - ou devem - ser objeto de regulação pelo Estado, como forma de exercer algum tipo de controle e conferir maior segurança àqueles que são envolvidos nesse universo.

Há propostas legislativas em trâmite que buscam regulamentar os e-sports mas ainda falta a boa parte delas uma visão contextual da modalidade esportiva e da participação da sociedade civil que pode trazer relevantes contribuições e moldar os projetos de lei para que sejam mais adequados à realidade. Uma regulação inadequada pode culminar em prejuízo para todos os envolvidos em um mercado que já está consolidado e cresce cada vez mais.

O objetivo da pesquisa é entender o status jurídico dos e-sports no Brasil, a participação de menores de idade no cenário competitivo do desporto eletrônico e analisar os desafios regulatórios do mercado em relação a cyberatletas menores de idade. O artigo será organizado da seguinte forma: o primeiro capítulo trará um panorama geral da evolução dos e-sports[4], seguido da análise das organizações no cenário brasileiro e da subsunção da Lei 9.615/98 aos contratos firmados com cyberatletas. Em seguida, o presente artigo abordará a perspectiva dos menores de idade em relação ao consumo dos jogos eletrônicos para analisar os desafios regulatórios que os cyberatletas crianças e adolescentes podem enfrentar.

2. E-SPORTS: DO SURGIMENTO AO CENÁRIO COMPETITIVO ATUAL

Os jogos eletrônicos estão arraigados no contexto social desde a popularização nos anos 1980 e têm se tornado ainda mais populares com a conexão via internet, a difusão de produção de conteúdo, a acessibilidade e a adoção de sistemas de engajamento que colocam consumidores cada vez mais envolvidos com o produto ou serviço em si.[5] A par da controvérsia que busca definir com precisão os jogos

---

a menores de idade. A escolha não foi pautada pelos jogos eletrônicos competitivos com maior receita ou público, uma vez que são informações instáveis, constantemente sujeitas a mudanças.

3. O jogo Fortnite teve, até o início de 2021, considerável impacto e receita advinda das plataformas mobile, até que foi retirado da Apple Store e da Google Play, situação a qual é objeto de processo judicial movido pela empresa.

4. Não há consenso sobre a forma correta de se referir ao desporto eletrônico, podendo ser identificada referências como e-sports, e-Sports ou esports. Este trabalho utilizará, por ser mais comum, e-sports como sinônimo de desporto eletrônico.

5. A respeito disso, recomendo a leitura de ANDERSON, Devin et al. An exploration of esports consumer consumption patterns, fandom and motives. *International Journal of eSports Research*, n. 1, January-June

eletrônicos[6], para este artigo serão assim considerados aqueles que podem ser jogados "graças a um aparato audiovisual que pode ser localizado dentro de uma história", com o qual o jogador interage via computador, videogame (*console*), celular *smartphone* ou *tablet*.[7]

Com o devido respeito às pesquisas que buscam desenhar o contexto histórico do surgimento dos jogos eletrônicos, remetendo-se à primeira patente registrada em 1940, ou a *Space Invaders* e *Pong*, e da discussão já superada que debatia se e-sports podem ou não ser considerados esportes, para este trabalho é relevante explorar o surgimento do cenário competitivo dos jogos eletrônicos, o perfil etário dos jogadores que se encaixam no recorte metodológico e o crescimento do nicho ao longo dos anos.

O Projeto de Lei 383/17, após emendas, define o desporto eletrônico como "a prática desportiva em que duas ou mais pessoas ou equipes competem em modalidade de jogo desenvolvido com recursos das tecnologias da informação e comunicação". De uma forma mais simples, jogos eletrônicos competitivos ou e-sports podem ser definidos como uma "competição direta entre jogadores humanos usando jogos em vários dispositivos ou plataformas digitais a partir de regras definidas"[8] (tradução livre). As regras podem ser definidas por empresas responsáveis por organizar campeonatos ou por aquelas que detém os direitos de exploração do jogo eletrônico objeto da competição, mas, em alguns casos, regras podem também ser estipuladas por uma associação voltada ao desporto eletrônico.

O relatório da NewZoo define os e-sports como "jogo competitivo em nível profissional em um formato organizado (de liga ou torneio), com um objetivo específico (i.e. ganhar um título de campeonato ou prêmio em dinheiro) e uma clara distinção entre jogadores e times que competem uns contra os outros".[9] Embora não mencione especificamente o estabelecimento de regras, contextualiza o desporto eletrônico a partir da organização dos times e da competição.

Uma das primeiras competições no cenário dos jogos eletrônicos que se tem registro ocorreu em 1972. A *Intergalatic Spacewar Olympics* reuniu estudantes da Universidade de Stanford nos Estados Unidos para jogar *SpaceWar*.[10] Anos depois, em 1980, a Atari, empresa já consagrada no mercado, organizou o *Space Invaders*

2021. Os autores mapearam as motivações de consumo dos e-sports e identificaram que muitas delas são semelhantes às utilizadas pelos fãs de esportes tradicionais.

6. Na falta de consenso sobre o termo mais adequado para a língua portuguesa para *games* ou *videogames*, optou-se por utilizar "jogos eletrônicos" no lugar de "jogos digitais" por questões didáticas e por ser um termo mais difundido no mercado e na academia.

7. WOODCOCK, Jamie. *Marx no fliperama*: videogames e luta de classes. Trad. Guilherme Cianfarani. São Paulo, SP: Autonomia Literária, 2020.

8. BLOCK, Sebastian; HAACK, Florian. *eSports*: a new industry. SHS Web of Conferences 92. 2020.

9. NEWZOO`S: Games, Esports, and Mobile Trends to Watch in 2021. Relatório de Pesquisa. Amsterdam: *Newzoo*, 2021. Disponível em: https://newzoo.com/insights/trend-reports/newzoos-2021-trends-to-watch-games-esports-mobile/. Acesso em: 02 jul. 2021.

10. FAROKHMANESH, Megan. *First game tournament, 'Intergalatic Spacewar Olympics' hed 40 years*, ago. Out, 2012. Disponível em: https://www.polygon.com/2012/10/20/3529662/first-game-tournament-intergalactic-spacewar-olympics-held-40-years. Acesso em: 19 maio 2021.

Championship, a primeira competição em escala nacional contando com milhares de participantes em todos os Estados Unidos, o que indica a difusão dos jogos na época. Em 1990 a Nintendo, buscando ganhar espaço no mercado norte americano e consolidar a marca no país, lançou o *Nintendo World Championships*[11], competição que, embora tenha ocorrido nos Estados Unidos, reuniu competidores de várias nacionalidades.

As competições citadas trazem elementos importantes que distinguem os e-sports dos esportes, aqui denominados como esportes tradicionais: organizações independentes e descentralizadas. O primeiro foi organizado por estudantes e envolvia um jogo desenvolvido também por estudantes. Já os campeonatos seguintes contaram com a organização das desenvolvedoras proprietárias dos títulos objeto das competições, as quais licenciaram os próprios produtos e estabeleceram regras de participação para as competições.

Nos últimos dez anos houve uma crescente explosão do desporto eletrônico marcada por competições em nível internacional, consolidando definitivamente os e-sports como novo meio de competição dentro da sociedade de consumo e, principalmente, como modalidade esportiva. Com a nova geração de consoles e o uso da *internet* nos sistemas de jogo, houve uma robusta mudança no cenário competitivo de jogos eletrônicos na medida em que as barreiras geográficas estavam sendo rompidas.

Seguindo a agenda olímpica divulgada em 2020, o Comitê Olímpico Internacional (COI) informou, em abril deste ano, a criação do primeiro evento olímpico voltado aos e-sports, o *Olympic Virtual Series,* voltado apenas para jogos simuladores de esportes tradicionais considerando jogos específicos como Gran Turismo.[12] O COI não abrangeu, nas categorias, jogos *FPS* e *Battle Royale*, mas ainda assim representou grande passo para os e-sports e dos cyberatletas.[13]

2.1   A estrutura das organizações de e-sports no Brasil

As organizações de e-sports trabalham intensamente com ações para envolver os consumidores e fomentar a cultura de uma comunidade de fãs em torno da organização e do jogo envolvido. Desenvolvedoras e distribuidoras fomentam campeonatos sazonais, licenciam produtos para venda, fomentam a criação de conteúdo sob seus produtos e serviços mantêm atividades constantes relacionadas aos jogos que compete para envolver o público consumidor com redes sociais e em transmissões ao vivo

---

11. O documentário GDLK, (Netflix, 2020), tem episódio específico sobre os torneios de vídeo games no início dos anos 90.

12. OLYMPICS. *Olympic Virtual series*: everything you need to know. Jan, 2021. Disponível em: https://olympics. com/pt/noticias-destacadas/olympic-virtual-series-everything-you-need-to-know. Acesso em: 14 maio 2021.

13. Costumeiramente o atleta profissional de desporto eletrônico tem sido referenciado no Brasil como *pro player,* mas *cyberatleta* ainda é majoritariamente utilizado em produções acadêmicas.

CAMPEONATOS VIRTUAIS (*E-SPORTS*) **477**

(*streaming*)[14], seja contratando celebridades dos jogos eletrônicos ou alocando cyberatletas próprios para criação de conteúdo explorando, assim, os direitos de imagem do profissional.[15] O *streaming* é, portanto, um método primário de atrair espectadores e criar engajamento em uma comunidade de fãs[16] e permite que o conteúdo produzido alcance qualquer tipo de público, tanto aqueles que consomem de fato jogos eletrônicos quanto aqueles que não consomem - por razões sociais ou econômicas.

Para que exista consumo em larga escala a acessibilidade é fundamental. Jogos eletrônicos dependeram, por muitos anos, de consoles ou computadores para que pudessem ser jogados. A popularização de jogos para plataformas *mobile* (como celulares) na última década viabilizou o acesso de milhares de pessoas a esse novo bem de consumo e impactou também o cenário dos e-sports, principalmente por conta de jogos como Garena Free Fire e Fortnite. Não à toa a Pesquisa Game Brasil de 2021 identificou que 72% das pessoas entrevistadas têm contato com jogos eletrônicos[17], o que pode ser atribuído ao tamanho do mercado de *smartphones,* já que 41,6% declararam utilizar esse meio. Ainda, 78,9% dos entrevistados afirmaram que o jogo está entre uma das principais formas de entretenimento, mostrando como o público consumidor brasileiro tem sido receptivo com os jogos eletrônicos.

O jogo Garena Free Fire, lançado pela Garena em 2017, é um *Battle Royale* gratuito voltado para plataformas móveis, classificado como "jogo de tiro e sobrevivência". Nele, cinquenta jogadores, com personagens customizáveis, são inseridos em uma ilha e batalham pela própria sobrevivência em uma rodada com duração de dez minutos. Pela mecânica do jogo, o jogador precisa ser ágil para escolher os melhores itens distribuídos no mapa e eliminar os adversários, de modo que o ganhador é aquele que sobrevive. Atualmente o jogo conta com um pouco mais de noventa e quatro milhões de avaliações na loja de aplicativos da Google.[18] De acordo com a PEGI[19], responsável pela classificação etária na Europa, o jogo é recomendado para maiores de 12 anos por conter violência moderada e, pela ESRB na América do Norte,

---

14. Existem inúmeras plataformas de *streaming* na atualidade, sendo as mais populares Twitch, Facebook Gaming e Youtube. Convém mencionar a Booyah (Garena), uma plataforma social com *streaming* focada em Garena Free Fire (embora seja compatível com outros jogos).

15. A produção de conteúdo por cyberatletas para as organizações é, atualmente, intrínseca ao próprio vínculo de emprego firmado, segundo identificou o Prof. Thiago Falcão (REGRAS DO JOGO #102 – esports: Lazer, Trabalho Digital, Precarização e Colonialidade. Entrevistado: Thiago Falcão. Entrevistadores: Fernando Henrique, Gamer Antifascista. Holodeck: 26 maio 2021. Podcast. Disponível em: https://open.spotify.com/episode/5NAWzGSBTjnXYwmbuKRPGI?si=oXi5-5_PQM2R56elgCiutQ&dl_branch=1. Acesso em: 26 maio 2021).

16. ANDERSON, Devin et al. An exploration of esports consumer consumption patterns, fandom and motives. *International Journal of eSports Research.* Issue 1. January-June 2021.

17. A pesquisa Game Brasil adota o termo "jogos digitais" para se referir ao que neste artigo chama-se de "jogos eletrônicos". *Pesquisa Game Brasil 2021*: 8. ed. Disponível em: https://www.pesquisagamebrasil.com.br. Acesso em: 14 maio 2021.

18. GOOGLE PLAY; Garena Garena Free Fire. Disponível em: https://play.google.com/store/apps/details?id=com.dts.freefireth&hl=pt_BR&gl=US. Acesso em: 20 jul. 2021.

19. Classificação de acordo com a PEGI (Pan European Game Information). PEGI. *Age Ratings.* Disponível em: https://pegi.info/page/pegi-age-ratings. Acesso em: 14 maio 2021.

recebeu classificação indicativa para maiores de 17 anos. De acordo com as lojas da Apple App e Google Play brasileiras, o jogo é recomendado para maiores de 12 e 14 anos, respectivamente.

Já o jogo Fortnite, lançado pela Epic Games no mesmo ano, é também identificado como um jogo gratuito de tiro e sobrevivência, com mecânica semelhante ao Garena Free Fire, em que cem jogadores, individuais ou em um grupo com até quatro pessoas, chegam em um mapa com o objetivo de sobreviver. O jogo possui elementos adicionais como personagens inspirados em grandes franquias, como heróis da DC Comics e Marvel, e a realização periódica de eventos ao vivo com participação de celebridades. Pela classificação etária europeia[20], o jogo é indicado para maiores de 12 anos, recebendo os selos "violência" e "*in-game purchases*", ou seja, com compras permitidas dentro do jogo e, pela ESRB, recomendado para maiores de 13 anos. No Brasil, o jogo recebeu classificação indicativa idêntica à europeia.

As faixas etárias permitem inferir que os dois jogos citados são consumidos por menores de idade. Pode-se inferir também que o perfil do público que consome *streaming* e conteúdo relacionado ao cenário competitivo desses jogos estão também nessa idade, assim como aqueles que sonham em entrar no mercado dos e-sports como profissionais.

No Brasil as organizações desempenham diversos papéis no cenário. Existem, por exemplo, aquelas que são times propriamente ditos e as que realizam a intermediação entre clubes e times profissionais de um lado e os potenciais cyberatletas de outro. Esse trabalho é desempenhado por empresas que monitoram jogadores ou fornecem ambiente de treinamento e fazem uma ponte com times profissionais para viabilizar contratações. Uma vez vinculado a uma organização como um time, e a depender da estrutura operacional que possuir, o cyberatleta terá à sua disposição um ambiente propício para o treinamento em alto nível cumprindo jornadas e exigências que se equiparam às de um contrato de trabalho.

A estrutura disponibilizada pode consistir em estabelecimentos conhecidos como *gaming houses*, com grande imersão de jogadores e treinadores em que passam a residir no local como forma de intensificar os resultados e, embora comuns no meio, podem ser uma boa opção para jogadores que não residem na cidade em que os treinos são realizados. Existem também os *gaming offices*, que, embora tenham a mesma finalidade das casas, possuem rotinas semelhantes à de escritórios com horários definidos para início e fim da jornada.[21]

Os sujeitos envolvidos no desporto eletrônico não são, portanto, apenas cyberatletas e treinadores (*coaches*). Organizações contam com produtores de conteúdo em transmissões ao vivo e em mídias sociais, com produção e comercialização de

---

20. Ibidem.
21. ABREU, Victor de. *Gaming house ou gaming office?* Entenda diferenças e tipos de treinos. Nov, 2018. Disponível em: https://www.techtudo.com.br/noticias/2018/11/gaming-house-ou-gaming-office-entenda-diferencas-e-tipos-de-treinos-esports.ghtml. Acesso em: 18 jun. 2021.

produtos licenciados, com equipe de apoio – *staff* – que dão suporte direto aos cyberatletas, como psicólogos, nutricionistas, fisioterapeutas e preparadores físicos. Sem ignorar a dimensão das pessoas envolvidas para que o mercado de e-sports exista, este trabalho irá focar apenas no vínculo jurídico criado entre organizações e cyberatletas.

3. ENTENDENDO O CENÁRIO COMPETITIVO DE DESPORTO ELETRÔNICO NO BRASIL

A par dos requisitos para a prática de desporto de rendimento trazidos na Lei 9.615/98 e do debate acerca da federalização dos e-sports no Brasil, é importante entender como o cenário competitivo se estabeleceu ao longo dos anos e se a regulação atual é insuficiente para contemplar a nova realidade criada pelos esportes eletrônicos. A forma com que as competições são organizadas é um dos mais importantes exemplos disso.

O art. 26, parágrafo único, da Lei Pelé define que uma competição profissional, nos termos legais, consiste naquela que busca obter renda e promover disputa por atletas profissionais cuja remuneração decorra de um contrato de trabalho desportivo. No campo do desporto eletrônico, as exigências para a adoção de contrato de trabalho têm sido recentes, presentes inclusive em regulamentos que definem regras de determinadas competições.

Todavia, a estrutura das competições no desporto eletrônico vai além da definição trazida em lei. A autora Tarsila Machado Alves explica, a partir da estrutura dos esportes tradicionais, como os esportes eletrônicos se organizam a partir de dois tipos de modelos.[22] O primeiro deles é o modelo europeu (ou piramidal), inspiração para a legislação brasileira, em que existe uma estrutura única que abrange níveis integrados - porém independentes - de profissionais e de organizações. No futebol brasileiro, há uma base composta de atletas e clubes e acima dos clubes, associações regionais, federações, confederações e uma organização internacional que possui monopólio da atividade desportiva e competência regulamentar. Essa estrutura facilita a distribuição equitativa de receita entre clubes esportivos, estimula a participação em massa e busca assegurar equilíbrio competitivo, mas, por outro lado, gera certa desigualdade entre as equipes, já que organizações que angariam mais dinheiro oferecem melhores salários aos jogadores e têm chance de monopolizar atletas.

O segundo é o modelo norte-americano (ou horizontal) em que franquias se unem aos times para formar uma liga e organizar uma competição, sem relação com outros campeonatos e, portanto, sem ascensão ou rebaixamento. É um modelo de negócio que traz regras próprias e visa trazer estabilidade financeira para as equipes, posto que aquelas interessadas devem adquirir uma vaga no campeonato.[23] Esse

---

22. ALVES, Tarsila Machado. Considerações sobre os modelos de exploração dos esportes profissionais aplicados ao e-Sports. *Revista Síntese Direito Desportivo*, ano VII, n. 41, abr.-jun. 2018.

23. Tarsila Alves diz que "No e-Sports, temos diferentes desenvolvedores, como as emissoras de regras dos diferentes jogos que estão sendo objeto de competição, as quais serão as responsáveis pela autorização de

modelo é utilizado pela RIOT Games desde 2018 e tem sido comumente adotado por outras organizações.[24]

As competições têm sido organizadas pelas próprias desenvolvedoras detentoras dos direitos de propriedade intelectual relacionados ao jogo objeto da competição, ou então, por outros organizadores, e tem se pautado tanto pelo modelo europeu quanto norte-americano.[25] A Garena e Epic Games organizam campeonatos oficiais, mas também disponibilizam diretrizes, inspiradas no modelo europeu de ascensão e rebaixamento, para que organizações interessadas possam criar competições próprias. Todavia, existem esforços legislativos no sentido de buscar a federalização dos e-sports no Brasil e reconhecer legalmente a nova modalidade desportiva.

Um dos passos iniciais foi dado pela Secretaria Especial de Esportes vinculada ao Ministério da Cidadania com a criação da Confederação Brasileira de Esporte Eletrônico (CBDEL), instituída pela Portaria n. 115/18. Porém, embora a confederação reúna poucas informações no site a respeito de sua atuação e não seja publicamente reconhecida por diversas organizações e jogadores atuantes na área, reflete em esforço do poder público em estabelecer parâmetros mínimos para que as competições ocorram seguindo a lei.

4. PROFISSIONALIZAÇÃO DO CYBERATLETA A PARTIR DA LEI 9.615/98

A carreira de um cyberatleta pode ser pautada por processos similares àqueles presentes nas carreiras atléticas de esportes tradicionais, principalmente considerando a aplicação da Lei 9.615/98, popularmente conhecida como "Lei Pelé". Essa lei institui regras gerais para o desporto, formal ou não-formal, e embora tenha sido criada para regular relações dentro do universo do futebol profissional, aplica-se a todas as modalidades esportivas praticadas no país, naquilo que for possível. É, atualmente, a que mais se adequa ao desporto eletrônico, ainda que no Brasil não

---

sua propriedade intelectual para utilização de suas criações e marcas por terceiros. Esse é um ponto que tem caráter essencial e determinante de diferenciação entre as modalidades esportivas tradicionais e, a meu ver, tem sido fonte de muitas indagações entre os dirigentes do Comitê Olímpico Internacional para efetivamente tratar o e-Sports como esporte" (ALVES, Tarsila Machado. Considerações sobre os modelos de exploração dos esportes profissionais aplicados ao e-Sports. *Revista Síntese Direito Desportivo*, ano VII, n. 41, abr.-jun. 2018. p. 27).

24. PRIMOCAST 79: eSports: Como funciona a indústria profissional dos games. Entrevistados: Lucas Almeida, Marina Leite, Miah Campos e Caco Antunes. Entrevistadores: Thiago Nigro, Lucas Zafra e Kaique Torres. Jul, 2020. Podcast. Disponível em: https://open.spotify.com/episode/6feQtnHlQsi67WGkpKMZwu?si=kO7ceds0RbqWKvzAfpyfwA&dl_branch=1. Acesso em: 05 maio 2021.

25. PRIMOCAST 79: eSports: Como funciona a indústria profissional dos games. Entrevistados: Lucas Almeida, Marina Leite, Miah Campos e Caco Antunes. Entrevistadores: Thiago Nigro, Lucas Zafra e Kaique Torres. Jul. 2020. Podcast. Disponível em: https://open.spotify.com/episode/6feQtnHlQsi67WGkpKMZwu?si=kO7ceds0RbqWKvzAfpyfwA&dl_branch=1. Acesso em: 05 maio 2021.

exista lei impositiva de vinculação obrigatória a clubes e a filiação a federações e confederações para participar de torneios e competições.[26]

Tal qual os contratos de trabalho tradicionais, os contratos especiais de trabalho desportivo regidos pela Lei Pelé e, subsidiariamente, pela Consolidação das Leis do Trabalho (CLT), demandam a presença de requisitos para a formação da relação de emprego como pessoalidade, habitualidade na prestação de serviços, onerosidade, continuidade e subordinação jurídica.[27] O empregador deverá ser necessariamente uma entidade de prática desportiva, o que no Brasil, ou são clubes tradicionais criando equipes de desporto eletrônico, como Flamengo ou Cruzeiro, ou organizações exclusivas como Team Liquid, paiN ou Black Dragons, ou ainda, organizações que nasceram nos e-sports e atualmente ampliaram o escopo para esportes tradicionais, como a LOUD.[28]

O desporto pode ser realizado em quatro modalidades, conforme o art. 3º: desporto educacional praticado nos sistemas de ensino para promover o desenvolvimento do indivíduo; o desporto de participação exercido voluntariamente para fins de lazer, saúde e educação, sem escopo profissional; o desporto de formação voltado para a aquisição de conhecimentos técnicos que possibilitem o aperfeiçoamento da prática desportiva recreativa ou profissional e, por fim, o desporto de rendimento praticado segundo a lei e as regras da prática desportiva. O desporto de rendimento pode ser profissional, formalizado por meio de contrato de trabalho, ou não profissional, caso em que se estabelece a percepção de incentivos materiais de natureza civil, como exploração de direitos de imagem ou patrocínio[29] ou ainda, o direito de arena previsto no art. 42 da Lei.[30] O contrato de incentivos é utilizado para formalizar vínculos com cyberatletas que ainda não atingiram a idade mínima para o contrato profissional.

O contrato de trabalho de atleta, em termos gerais, consiste em relação especial de trabalho com aplicação das normas gerais previstas na legislação trabalhista e previdenciária. É denominado contrato especial de trabalho desportivo no art. 28 da Lei Pelé e deverá conter, obrigatoriamente, cláusula indenizatória desportiva em caso de exclusividade e cláusula compensatória desportiva. Outras particularidades desse tipo de contrato de trabalho estão no §4º do mesmo artigo, como período máximo de

---

26. RIVA, Amalia de La. E-sports: mucho más que un juego. *Revista de Direito do Trabalho*, Thomson Reuters, vol. 1, jun. 2019.
27. RIVA, Amalia de La. E-sports: mucho más que un juego. *Revista de Direito do Trabalho*, Thomson Reuters, v. 1, jun. 2019.
28. REIS, Gabriel. **LOUD vai às Olimpíadas representada por Pedro Quintas e Luiz Francisco.** Jul. 2021. Disponível em: https://www.theenemy.com.br/esports/loud-vai-as-olimpiadas-representada-por-pedro-quintas-e-luiz-francisco. Acesso em: 22 jul. 2021.
29. LEITE, Carlos Henrique Bezerra. *Curso de direito do trabalho*. 9. ed. São Paulo: Saraiva Educação, 2018. p. 263.
30. DELGADO, Maurício Godinho. *Curso de direito do trabalho*: obra revista e atualizada conforme a lei da reforma trabalhista e inovações normativas e jurisprudenciais posteriores. 18. ed. São Paulo: LTr, 2019. p. 926.

concentração, repouso semanal remunerado preferencialmente após uma partida e férias anuais de 30 (trinta) dias coincidentes com recesso de atividades desportivas.

Jogadores profissionais ou que pretendem se tornar profissionais e integrar este universo recebem encorajamento para realizarem *free labor*, que é diferente do trabalho voluntário ordinário: aqui há uma atividade aparentemente banal ou lúdica para a qual há mão de obra e extração de valor (para alguém e pode não ser para o jogador).[31] Mussa, Falcão e Macedo apontam para uma lógica: existe uma gama de menores de idade jogando ou treinando na expectativa de serem jogadores de elite, dado que, a série C da Liga Brasileira de Free Fire (LBFF) por exemplo tem limite de idade de 14 anos.[32] Os autores concluem que esse ecossistema de jogos competitivos e de alto rendimento oferece aos jogadores menores de idade a esperança em ingressar num sistema aparentemente meritocrático de escalada, do amadorismo ao profissionalismo, ao passo que, em verdade, trata-se de um universo permeado de riscos e marcado corrosão entre lazer e trabalho.

O direito ainda não se adaptou às novas formas de trabalho que surgiram com o uso massivo da tecnologia, principalmente relativas à labor digital e as quais que tem apresentado novos desafios ao direito do trabalho. Afinal, como aponta Amalia de La Riva[33], para um novo tipo de trabalho, há que se pensar em um novo direito do trabalho a ser aplicado.

5. A PERCEPÇÃO DOS JOGOS ELETRÔNICOS PARA CRIANÇAS E ADOLESCENTES

Uma das maiores preocupações do contato de crianças e adolescentes com jogos eletrônicos é em relação aos possíveis impactos nas relações sociais e na cognição destes indivíduos. Fato é que o acesso de jogos eletrônicos por menores de idade existe e ocorre em escala global, facilitado pela difusão dos *mobile games* - ou jogos para plataformas móveis como celular e *tablet*. Uma pesquisa realizada pelo IBGE relacionando dados de 2018 e 2019 demonstra que já cerca de 77,7% das crianças e adolescentes entre 10 a 13 anos possuem acesso à internet, sendo o celular o instrumento mais utilizado. Embora o recorte da pesquisa não considere a distinção

---

31. Mussa, Falcão e Macedo consignam que: "O free labor, ou trabalho gratuito, incorpora sistemas de produção e extração de valor em atividades banais e supostamente lúdicas – como a produção de conteúdo gratuito que muitos usuários realizam para plataformas como YouTube ou Instagram, que por suas vezes derivam lucro da circulação destes produtos feitos de forma não remunerada. Não se trata, aqui, de comparar esse trabalho involuntário e casual com uma profissionalização de jogadores competitivos, que consiste em um processo muito mais rígido de transformação do jogar em fonte de renda. Trata-se, sim, de argumentar que a própria concepção do jogo plataformizado encoraja sua subsequente conversão em atividade produtiva e, portanto, em trabalho". (MUSSA, Ivan; FALCÃO, Thiago; MARQUES, Daniel. *A corrosão do lazer*: exploração do trabalho infantil nos Esports. Compós. Anais 2021. p. 14).
32. MUSSA, Ivan; FALCÃO, Thiago; MARQUES, Daniel. *A corrosão do lazer*: exploração do trabalho infantil nos Esports. Compós. Anais 2021.
33. RIVA, Amalia de La. E-sports: mucho más que un juego. *Revista de Direito do Trabalho*, Thomson Reuters, v. 1, jun. 2019.

etária prevista no ECA, os dados coletados são importantes para entender o perfil de consumo e o acesso de menores de idade às novas tecnologias.

São recentes no Brasil as pesquisas que buscam levantar dados e analisar a relação de crianças e adolescentes com os jogos eletrônicos e seus respectivos impactos. A pesquisa Game Brasil, por exemplo, contabilizou perfil de jogadores com idades acima de 15 (quinze) anos, o que pode ocorrer diante de algumas hipóteses: seja pelo pequeno mercado consumidor - o que parece improvável -, seja em razão da idade mínima para os jogos como Free Fire e Fortnite ser, em teoria, 12 (doze) anos de idade, prejudicando dados das desenvolvedoras e publicadoras que não aferem, por isso, a idade real dos consumidores, ou ainda, pode ser pela dificuldade de se obter a informação diretamente pelos pais ou responsáveis em razão de uma possível estigmatização dos jogos eletrônicos.

Um estudo recente e inédito no Brasil foi realizado por Livia Scienza[34], em que analisou o perfil de crianças de 9 a 12 anos para entender os impactos dos jogos eletrônicos nas relações sociais a partir da frequência com que jogam, o tipo de jogo escolhido e com quem jogam[35]. De acordo com o levantamento feito na pesquisa, 65% dos entrevistados jogam no *smartphone* e 45,6% jogam diariamente. Ainda, dentre os jogos preferidos citados está Fortnite em primeiro lugar e Garena Garena Free Fire em quarto. Da conclusão, identificou-se efeitos positivos em jogos cooperativos e redução dos efeitos negativos de jogos violentos quando são jogados em grupo. Isso pode refletir na redução de possíveis impactos de instigação de comportamentos violentos apontados no contato com jogos violentos.

Para trazer uma outra perspectiva da relação de crianças e adolescentes com bens de consumo, propõe-se uma incursão na teoria da cognição desenvolvida por Willian Fritz Piaget. Para o psicólogo, o desenvolvimento cognitivo é indissociável do desenvolvimento afetivo e social, pois juntos são resultado de uma adaptação contínua e independente do indivíduo.[36]

Inspirada na teoria de Piaget, Deborah John elaborou um modelo de socialização do consumidor baseado em três camadas.[37] No estágio percentual (de 3 a 7 anos), a criança possui um limite perceptivo que foca em uma das dimensões dos objetos e eventos, limitando seu poder de decisão enquanto consumidores informados. Seguindo essa linha, nessa idade, tal qual em relação à publicidade, a criança não consegue perceber, dentro do contexto de um jogo eletrônico, que os elementos ali

---

34. SCIENZA, Livia. *Jogos digitais e cognição social de crianças*: um estudo experimental. 2020. Dissertação (Mestrado em Psicologia) – Universidade Federal de São Carlos, São Carlos, 2020. Disponível em: https://repositorio.ufscar.br/handle/ufscar/13607. Acesso em: 26 maio 2021.
35. A pesquisa realizada, embora tenha por finalidade identificar a relação de jogos eletrônicos em categorias específicas de comportamento das crianças entrevistadas.
36. FARIA, Anália Rodrigues. *Desenvolvimento da criança e do adolescente segundo Piaget*. São Paulo: Editora Ática, 1989.
37. JOHN, Deborah Roedder. Consumer Socialization of Children: A Retrospective Look at Twenty-Five Years of Research. *Journal of Consumer Research*, v. 26, n. 3, p. 183-213, December 1999.

apresentados são fictícios e que ela é um agente diferente daquele personagem com o qual ela interage e toma decisões.

No estágio seguinte, denominado analítico (de 7 a 11), a criança desenvolve a habilidade de analisar produtos de acordo com mais de uma dimensão além daquela que lhe é apresentada, podendo, então, apresentar uma percepção mais acurada sobre as coisas que ocorrem dentro de um jogo eletrônico. Por fim, no estágio reflexivo (11 a 16 anos), o adolescente possui entendimento maduro dos produtos que resultam num conhecimento sofisticado relativo sobre a intenção dos anúncios.

O contato habitual com a tecnologia pode interferir na forma com que esses indivíduos desenvolvem suas habilidades e enxergam o mundo. Afinal, quando olhamos para crianças interagindo com jogos eletrônicos, é precoce afirmar, em um primeiro momento, que elas não entendem o contexto fictício com que estão interagindo. Isso não significa, porém, reconhecer algum grau de autonomia a esses indivíduos em relação aos atos da vida civil que praticam.

Outro aspecto que tem levantado preocupações diz respeito à possível dependência de crianças e adolescentes dos jogos eletrônicos, vez que existem evidências que em alguns indivíduos podem acarretar graves prejuízos à saúde, vida social e vida escolar. Eventual diagnóstico, segundo aponta Spritzer *et al*, não deve levar em conta apenas o tempo de exposição ao jogo, mas, sim, características de personalidade, levantamento de doenças clínicas, transtornos psiquiátricos e outras comorbidades, além da avaliação de aspectos sociais do indivíduo.[38] Verifica-se então que somente o contato de crianças e adolescentes com jogos eletrônicos não é suficiente para causar prejuízos à saúde, ao desenvolvimento cognitivo ou ainda, a desenvolver dependência.[39]

Por outro turno, existem evidências que apontam o papel benéfico dos jogos eletrônicos no desenvolvimento de crianças, podendo contribuir com o gerenciamento de sentimentos, a experimentação de novas identidades, trabalho em equipe e manejo de frustração, sobretudo quando relacionados direta ou indiretamente com habilidades sociais que o indivíduo já possui.[40] Isso indica que mesmo com o contato precoce com jogos eletrônicos, algo inerente à geração de crianças e adolescentes brasileiros que tenham acesso a celulares, computadores ou consoles, não é possível afirmar que esses indivíduos terão comprometidas suas habilidades cognitivas ou

---

38. SPRITZER, Daniel Tornaim; PICON; Felipe; BREDA, Victor. Dependência de jogos eletrônicos em crianças e adolescentes. In: *Psiquiatria, saúde mental e a clínica da impulsividade*. Barueri: Manole. 2015.

39. De acordo com os autores: "O surgimento de novas tecnologias tende a aumentar a importância que os *games* têm como mídia de entretenimento de crianças e adolescentes. Embora a maior parte dos jovens seja capaz de aproveitar os jogos de forma saudável, uma pequena parcela deles apresentará prejuízo significativo em decorrência dessa atividade". SPRITZER, Daniel Tornaim; PICON; Felipe; BREDA, Victor. Dependência de jogos eletrônicos em crianças e adolescentes. In: *Psiquiatria, saúde mental e a clínica da impulsividade*. Barueri: Manole. 2015.

40. SCIENZA, Livia. *Jogos digitais e cognição social de crianças*: um estudo experimental. 2020. Dissertação (Mestrado em Psicologia) – Universidade Federal de São Carlos, São Carlos, 2020. Disponível em: https://repositorio.ufscar.br/handle/ufscar/13607. Acesso em: 26 maio 2021.

CAMPEONATOS VIRTUAIS (*E-SPORTS*) **485**

sociais, tampouco que apenas o contato com jogos eletrônicos poderá desencadear no desenvolvimento de transtornos ou dependência.

Esse ponto é de grande relevância pois, conforme se analisará a seguir, se levar em conta as condutas socialmente típicas e os efeitos dos contratos de consumo firmados por relativamente incapazes, pode ser que esses indivíduos já reúnam, de fato, as habilidades deles esperadas enquanto atravessam a fase cognitiva formal operacional. Isso não reflete, de modo algum, que o reconhecimento de autonomia – ainda que relativa – a esses indivíduos como forma de apoiar que suas decisões sejam reconhecidas mesmo quando não assistidas, porém, o ponto de partida não deve ser aquele que leva em conta a criança ou o adolescente como um indivíduo incapaz de tomar qualquer tipo de decisão.

6. A RELAÇÃO INFANTO-JUVENIL COM O DESPORTO ELETRÔNICO E TRABALHO

O *Nintendo World Championships* tem, em suas edições, a participação de jogadores de todo o mundo e de diversas idades, e reúne como modalidades títulos da empresa tais como *Super Smash Bros, Splatoon2, The Legend of Zelda: Breath to the Wild e Super Mario Odyssey,* os quais consistem em jogos não violentos ou sem apologia direta à violência. O site oficial do campeonato registrou o quadro de participantes da edição de 2017 listando os jogadores classificados para as eliminatórias, separados por idade: classificados com até 12 anos e classificados com idade acima de 13 anos. É um forte elemento que demonstra a presença de crianças e adolescentes no cenário competitivo.

A Epic Games, responsável por Fortnite, possui à disposição um termo de uso da marca licenciada para a realização de eventos competitivos que atendam aos requisitos mínimos exigidos pela publicadora. Como regra, a Epic Games não impõe limite de idade para aqueles que querem organizar ou participar de competições envolvendo seus produtos[41] mas para consumo e de acordo com as regras oficiais de competições, também estão disponíveis no site, estipulam a idade mínima de 13 (treze) anos, o que encontra fundamento no termo de contrato com usuário final e na lei norte-americana de proteção à privacidade infantil *online* (*Children's Online Privacy Protection Act*, "COPPA").

Em que pese Garena Free Fire (Garena) seja recomendado para maiores de 12 anos, os regulamentos de competições autorizados e disponibilizados pela Garena têm exigências diferenciadas de idade. A Copa F.F., por exemplo, determina que jogadores e técnicos devam ter, pelo menos, 16 anos completos até o primeiro dia de competição, e que ao menos durante a competição todos devem ter contratos vigentes com a equipe nos termos da lei brasileira. A Liga Brasileira de Garena Free Fire (LBFF)

---

41. O ponto 1 "c" reforça, inclusive, que se o responsável pelo evento for menor de idade, o aceite aos termos vincula, ao mesmo tempo, os responsáveis legais.

2021 estabeleceu, além da exigência de contrato, que jogadores e técnicos da série A e B devem ter pelo menos 16 anos, o que não é exigido para competir na Série C – a não ser que a equipe consiga mudar de série. A Taça das Favelas – Garena Free Fire, cuja última edição ocorreu em 2020, estabeleceu como regra de participação o ano de nascimento permitindo apenas aqueles nascidos até 2006 - o que, na época da competição, corresponderia a 14 anos.

A idade mínima estabelecida se refere à participação em competições consideradas oficiais, ou seja, aqueles autorizados pelas desenvolvedoras e publicadoras. Porém, cyberatletas que ainda não atingiram esse requisito podem ser contratados para times profissionais, tal como já ocorreu com Bruno Lima, que desde os 11 anos de idade já era jogador profissional de Counter Strike: Global Offensive, popularmente chamado de CS:GO[42], e Victor "Zenon", que joga desde os 4 anos de idade e aos 9 foi contratado pelo Detona Gaming como jogador profissional, ainda que não possa participar do circuito competitivo[43] (OLIVEIRA, 2020). Note-se que os jogadores citados se destacaram pelo desempenho em jogos com mecânica de tiro em primeira pessoa. Se por um lado tem-se como aceitável a participação de adolescentes acima de 12 anos em competições de jogos eletrônicos, presume-se que para que esses indivíduos alcancem um nível de excelência competitivo o contato com os jogos eletrônicos ocorre bem antes disso.

Ademais, as exigências contidas nos regulamentos atuais de competições demonstram a preocupação das organizadoras em estabelecer padrões legais mínimos ao exigirem que os atletas tenham contratos formalizados com os times. Todavia, em que pese isso abranger, ainda que implicitamente, os menores de idade e observar o disposto nos artigos nos artigos 4º, 74 e seguintes do ECA, ainda faltam determinações específicas em relação à prática competitiva de menores de idade que assegurem direitos básicos na falta de um contrato de trabalho desportivo.

Por força da Convenção n. 138 da Organização Internacional do Trabalho (OIT), a Constituição Federal recebeu a emenda n. 20 em 1998, a qual elevou a idade mínima básica para admissão em emprego para 16 anos e a idade mínima para condição de aprendiz, para 14 anos.[44] Por se tratar de dispositivo constitucional, a idade mínima estabelecida foi observada em outros dispositivos, como a Consolidação das Leis do Trabalho (CLT), Estatuto da Criança e do Adolescente (ECA) e a Lei do Desporto.

---

42. GUTIERREZ, Bárbara. Pro player desde criança, brasileiro diz que não levaria vida sem eSports. *UOL*, dez, 2016. Disponível em: https://www.uol.com.br/start/ultimas-noticias/2016/12/01/pro-player-desde-crianca-brasileiro-diz-que-nao-levaria-vida-sem-esports.htm. Acesso em: 14 maio 2021.
43. OLIVEIRA, Gabriel. "Free Zenon": jogador de 9 anos é banido de Fortnite e provoca comoção. *UOL*, maio 2020. Disponível em: https://www.uol.com.br/start/ultimas-noticias/2020/05/05/free-zenon-jogador-de-9-anos-e-banido-de-fortnite-e-provoca-comocao.htm. Acesso em: 14 maio 2021.
44. A OIT já se manifestou no sentido de considerar como "trabalho infantil" apenas aquelas situações laborais em que há prejuízo ao desenvolvimento e formação da criança, sendo diverso de outras formas de trabalho. OIT. Eliminar as piores formas de trabalho infantil: guia prático da Convenção 182. Geneva, 2002. https://www.ilo.org/wcmsp5/groups/public/---europe/---ro-geneva/---ilo-lisbon/documents/publication/wcms_714675.pdf Acesso em: 26 maio 2021.

A Lei Pelé traz a figura do atleta autônomo o qual, segundo o art. 28-A, é aquele profissional de modalidade individual que, maior de 16 anos, ainda que participe de competições em nome de uma organização de prática desportiva não possui com ela vínculo empregatício e aufere rendimentos por meio de outros incentivos materiais pactuados em contrato de natureza civil.

O atleta não profissional que esteja em formação e que tenha entre 14 a 20 anos de idade poderá atuar na entidade esportiva e receber auxílio financeiro na forma de bolsa de aprendizagem. Também, a partir de 16 anos, o atleta poderá firmar contrato especial de trabalho desportivo com prazo de até 5 anos com a entidade de formação esportiva. São possibilidades que a lei autoriza o trabalho do menor de idade em claro paralelo à Constituição, ao ECA e à CLT.

7. DESAFIOS REGULATÓRIOS DOS E-SPORTS PARA CYBERATLETAS MENORES DE IDADE

O debate acerca da regulamentação dos e-sports deve, antes de tudo, compreender os impactos dos jogos eletrônicos no consumo no Brasil, sobretudo aqueles que são utilizados para fins competitivos e que envolvem a atuação de crianças e adolescentes.

Embora seja devidamente reconhecido no mercado como atividade profissional, o cyberatletismo possui problemas comuns à área de desenvolvimento de jogos em geral e o principal deles é a falta de regulamentação e a precarização na prestação de serviços. Dentre os desafios, há a dificuldade em elaborar a construção jurídica da figura que depende do reconhecimento de vínculo de emprego para essa nova modalidade esportiva e da delimitação do campo de estudo, em especial quando diz respeito à subordinação.[45]

A informalidade é outro impasse: é um setor que move milhões por ano e é fortemente informal e por mais que alguns jogadores possam ter faturamentos substanciais, carecem de proteção social e da tutela dos mais variados direitos tais como aqueles garantidos na rescisão contratual. Contribui com a formalidade o fato de os jogadores serem pessoas muito jovens que deixam os estudos de lado e se submetem a pesadas rotinas que podem comprometer a saúde e o bem-estar. Existe um número considerável de jogadores menores de idade e isso é um problema quando contrasta com a idade mínima permitida para trabalho.[46]

O Brasil começou a publicizar o debate acerca do reconhecimento e regulamentação dos e-sports nos últimos anos, tendo como mais proeminente o Projeto de Lei 383/17 e as tentativas em federalizar a prática do desporto eletrônico.[47] O projeto

---

45. WOODCOCK, Jamie. *Marx no fliperama*: videogames e luta de classes. Tradução: Guilherme Cianfarani. São Paulo, SP: Autonomia Literária, 2020.
46. RIVA, Amalia de La. E-sports: mucho más que un juego. *Revista de Direito do Trabalho*, Thomson Reuters, v. 1, jun. 2019.
47. Projeto de Lei do Senado 383 de 2017. Autoria: Senador Roberto Rocha.

contou com discussões públicas ampliando o debate, mas até o presente momento não foi votado. Em que pese o costumeiro uso da Lei Pelé para pautar contratos de trabalho de cyberatletas nos dias atuais, o debate acerca da regularização ainda permanece ativo na comunidade como forma de assegurar direitos a uma nova modalidade de desporto e organizar federativamente a atividade, sem aprofundar no vínculo entre atleta e organização e sem qualquer esmero em relação aos menores de idade praticantes da modalidade esportiva.

A redação original do projeto traz alguns problemas que podem mais dificultar do que contribuir para a regularização do desporto eletrônico. A começar pela própria definição, que é acompanhada de termos estrangeiros não difundidos no país. O projeto atribui o ultrapassado nome "atleta" para o jogador, ao passo que atualmente encontra-se difundida outra expressão: cyberatleta ou ciberatleta. Ademais, reconhece a criação de confederação, federação, ligas e entidades associativas como fomentadoras do desporto eletrônico, o que vai de encontro com a prática consolidada de organização dos jogos eletrônicos competitivos por sociedades empresárias.

O projeto passou por três emendas, sendo duas delas relevantes para o debate. A primeira, apresentada pelo Sen. Davi Alcolumbre em 2018, simplificou a definição de e-sports e a gestão no país, possibilitando a gestão e normatização por ligas e entidades nacionais e regionais de administração do desporto. Apresentada pelo Sen. Eduardo Girão em meados de 2019, a segunda emenda e a mais problemática, propôs a inserção de um complemento definidor para deixar de considerar como esporte eletrônico a modalidade de jogo com teor violento, de propague mensagem de ódio, preconceito ou discriminação ou que faça apologia ao uso de drogas.

O projeto mencionado traz disposições gerais que pouco agregam à legislação que já é aplicada e, ainda, traz uma limitante definição de e-sports, o que pode prejudicar as próprias competições existentes. Ademais, nada menciona a respeito da regulamentação de profissões envolvendo o desporto eletrônico, tampouco trata dos atletas menores de idade e não considera, como esporte eletrônico, jogos que contenham violência. Afinal, o que define um jogo como violento? O uso de armas, a história, a jogabilidade, a categoria *FPS* ou tão somente a classificação indicativa recebida no país? São questionamentos relevantes quando se pretende vedar o reconhecimento de uma modalidade de desporto eletrônico que consiste em uma das mais rentáveis do mercado e com maior alcance de público.

Contudo, o PL 383/17 não é o único em trâmite no âmbito federal. Os PLs 3.450/15 e 7747/2017, que tramitam juntos, propõe emendar a Lei 9.615/98 acrescentando expressamente o reconhecimento do desporto eletrônico, tendo recebido pareceres favoráveis das comissões especializadas. Em âmbito estadual, Assembleias Legislativas aprovaram leis buscando estabelecer regras para a prática do desporto eletrônico, porém, em que pese as iniciativas regionais, um regulamento em âmbito federal tem o condão de estabelecer diretrizes mínimas para realização de competições, estruturas mínimas das organizações e os vínculos jurídicos que são criados.

O reconhecimento oficial da modalidade esportiva pelo poder público, ainda que por meio de projeto de lei e pela constituição da CBDEL, representou um grande passo para o mercado de jogos eletrônicos competitivos. Outras medidas podem ser adotadas pela própria secretaria especial que, no lugar do extinto Ministério dos Esportes, compõe o topo da pirâmide do Sistema Brasileiro de Desporto. Uma delas é fomentar abertamente pesquisas na área dos *e-sports* e apresentar iniciativas que reconheçam esta prática como esportiva. Note-se que não se trata mais de uma tendência falar do cenário profissional dos e-sports: já é uma realidade que está em constante ascensão e se tornou uma ramificação consolidada no mercado de jogos eletrônicos.

Recentemente pessoas influentes do cenário, *streamers*, jogadores e times profissionais, se reuniram para publicar uma carta-aberta se opondo formalmente ao modelo federativo dos e-sports no Brasil, propondo maior espaço e voz das agentes desse mercado nas discussões acerca da regulação. Por exemplo, os responsáveis pela carta não reconhecem a representação das confederações e federações existentes e se posicionam contra as tentativas em regulamentar o desporto eletrônico sob o receio de prejudicar o mercado.

Não há, por outro turno, debate sólido acerca do envolvimento de crianças e adolescentes no cenário competitivo do desporto eletrônico, seja pelo Poder Público, seja pelas partes interessadas atuantes no cenário. Thaís Sêco[48] afirma que há uma triangulação de competências para tomada de decisões existenciais de crianças e adolescentes: a sociedade representada pelo Estado, a família e a própria criança ou adolescente, cujos interesses deverão servir de norte para qualquer decisão. A falta de reconhecimento legal da nova prática desportiva fragiliza ainda mais as relações firmadas com menores de idade que atuam no cenário e contam apenas com a família para auxiliar nas decisões sobre a carreira que desejam seguir.

8. CONSIDERAÇÕES FINAIS

O cenário do desporto eletrônico é um dos nichos com maior projeção e receita dentro do mercado de jogos eletrônicos. Isso foi potencializado pelo uso de *smartphones*, internet e *streaming*, e tem alcançado cada vez mais público, principalmente crianças e adolescentes que consomem conteúdos relacionados aos e-sports e almejam uma carreira na área.

Os regulamentos analisados para as competições reconhecidas pela Garena, detentora dos direitos de Garena Free Fire, e Epic Games, de Fortnite, não impedem a participação de crianças e adolescentes no cenário competitivo, mas recomendam, nos termos de uso, que os produtos sejam consumidos por maiores de 12 anos. As organizações e times profissionais têm também firmado contratos, profissionais ou

---

48. SÊCO, Thaís Fernanda Tenório. Por uma nova hermenêutica do direito da criança e do adolescente. *Civilistica. com*, Rio de Janeiro, a. 3, n. 2, jul.-dez. 2014.

não profissionais, com cyberatletas menores de idade, seguindo o disposto na Lei Pelé, não encontrando grandes óbices em termos de regularização do vínculo jurídico. Porém, a falta de um regramento específico para o cenário afeta todos os cyberatletas.

Uma regulamentação elaborada a partir de debates sérios com sujeitos atuantes no cenário e que leve em conta estudos realizados sobre os impactos do desporto eletrônico e como o mercado se estabeleceu é o caminho adequado para se chegar a um cenário de melhoria em relação ao que se tem hoje. Tome-se por referência que a idade mínima para participação em circuitos competitivos nem sempre coincide com a distinção de criança e adolescente estabelecida pelo ECA ou com a idade mínima para contrato de trabalho desportivo da Lei Pelé.

Existem correntes que não concordam com a regulamentação nos termos do PL 383/17 e as que defendem a regulamentação dos e-sports como forma de assegurar garantias a todos os cyberatletas atuantes no cenário. Fato é que a falta de lei específica abre margem para a exploração e a precarização da prestação de serviços, principalmente quando envolve sujeitos em desenvolvimento que estão, por isso, em situação de maior vulnerabilidade. Deve-se fomentar os debates, para além de grandes organizações e times, e criar oportunidades para que se discuta medidas apropriadas e haja auxílio na elaboração de uma lei que represente, de fato, os interesses do mercado e da comunidade.

9. REFERÊNCIAS

ABREU, Victor de. Gaming house ou gaming office? Entenda diferenças e tipos de treinos. *TechTudo*, nov. 2018. Disponível em: https://www.techtudo.com.br/noticias/2018/11/gaming-house-ou-gaming-office-entenda-diferencas-e-tipos-de-treinos-esports.ghtml. Acesso em: 18 jun. 2021.

ALVES, Tarsila Machado. Considerações sobre os modelos de exploração dos esportes profissionais aplicados ao e-Sports. *Revista Síntese Direito Desportivo*, ano VII, n. 41, abr.-jun. 2018.

ANDERSON, Devin et al. An exploration of esports consumer consumption patterns, fandom and motives. *International Journal of eSports Research*, n. 1, January-June 2021.

ANDERSON, Craig. A; GENTILE, Douglas A.; BUCKLEY, Katherine E. *Violent video game effects on children and adolescents*: theory, research, and public policy. Oxford University Press. 2007.

BLOCK, Sebastian; HAACK, Florian. *eSports*: a new industry. SHS Web of Conferences 92. 2020.

BBL Esports S.A. et al. *Carta aberta ao Ecossistema Brasileiro de Esportes Eletrônicos*. 21 jul. 2021. Disponível em: https://drive.google.com/file/d/1xYIT8PpcTOc1qZ_ATHeo0TKXapk24feI/view. Acesso em: 23 jul. 2021.

COPA F.F. Disponível em: https://www.ffesportsbr.com.br/Regulamento%20COPA%20FF.pdf. Acesso em: 16 jul. 2021.

DELGADO, Maurício Godinho. *Curso de direito do trabalho*: obra revista e atualizada conforme a lei da reforma trabalhista e inovações normativas e jurisprudenciais posteriores. 18. ed. São Paulo: LTr, 2019.

EPIC GAMES. *Fortnite*. Disponível em: https://www.epicgames.com/fortnite/pt-BR/home. Acesso em: 20 jul. 2021.

EPIC GAMES. *Termos de Licença do Evento Fornite*. Disponível em: https://cdn2.unrealengine.com/Fortnite+Esports%2FFortniteEventLicenseTerms%2FFortnite-Event-License-Terms_04.01.20_por-BR-427ed919d33f39c7611453b76c907fb356754099.pdf. Acesso em: 20 jul. 2021.

EPIC GAMES. *competições on-line do Fortnite 2021*: Biblioteca de regras. Disponível em: https://www.epicgames.com/fortnite/competitive/pt-BR/rules-library. Acesso em: 20 jul. 2021.

FAROKHMANESH, Megan. *First game tournament, 'Intergalatic Spacewar Olympics' hed 40 years*, ago.-out. 2012. Disponível em: https://www.polygon.com/2012/10/20/3529662/first-game-tournament-intergalactic-spacewar-olympics-held-40-years. Acesso em: 19 maio 2021.

FARIA, Anália Rodrigues. *Desenvolvimento da criança e do adolescente segundo Piaget*. São Paulo: Editora Ática, 1989.

GOOGLE PLAY; Garena Garena Free Fire. Disponível em: https://play.google.com/store/apps/details?id=com.dts.freefireth&hl=pt_BR&gl=US. Acesso em: 20 jul. 2021.

GUTIERREZ, Bárbara. Pro player desde criança, brasileiro diz que não levaria vida sem eSports. *UOL*, dez, 2016. Disponível em: https://www.uol.com.br/start/ultimas-noticias/2016/12/01/pro-player-desde-crianca-brasileiro-diz-que-nao-levaria-vida-sem-esports.htm. Acesso em: 14 maio 2021.

IBGE. *Pesquisa Nacional por Amostra de Domicílios Contínua*: Acesso à internet e à televisão e posse de telefone móvel celular para uso pessoal em 2019. 2021. Disponível em: https://biblioteca.ibge.gov.br/visualizacao/livros/liv101794_informativo.pdf. Acesso em: 20 jul. 2021.

JOHN, Deborah Roedder. Consumer Socialization of Children: A Retrospective Look at Twenty-Five Years of Research. *Journal of Consumer Research*, v. 26, n. 3, p. 183-213, December 1999.

LEITE, Carlos Henrique Bezerra. *Curso de direito do trabalho*. 9. ed. São Paulo: Saraiva Educação, 2018.

LIGA Brasileira de Garena Free Fire 2021. Disponível em: https://www.ffesportsbr.com.br/wp-content/uploads/2021/03/Regulamento-LBFF-2021-v-1.2.pdf. Acesso em: 22 maio 2021.

MINISTÉRIO DA CIDADANIA. Portaria n. 115 de 03 de abril de 2018. Secretaria Especial do Esporte. Disponível em: https://www.gov.br/cidadania/pt-br/servicos/editais/arquivos/arquivos-certificacoes-18-e-18-a/certificacoes/confederacao-brasileira-de-desporto-eletronico-cbdel.pdf. Acesso em: 21 jul. 2021.

MUSSA, Ivan; FALCÃO, Thiago; MARQUES, Daniel. *A corrosão do lazer*: exploração do trabalho infantil nos Esports. Compós. Anais 2021.

NEWZOO`S: Games, Esports, and Mobile Trends to Watch in 2021. *Relatório de Pesquisa. Amsterdam*: Newzoo, 2021. Disponível em: https://newzoo.com/insights/trend-reports/newzoos-2021-trends-to-watch-games-esports-mobile/. Acesso em: 02 jul. 2021.

NINTENDO WORLD CHAMPIONSHIP. 2017. Disponível em: https://nwc.nintendo.com/. Acesso em: 19 maio 2021.

OIT. *Eliminar as piores formas de trabalho infantil: guia prático da Convenção 182*. Geneva, 2002. https://www.ilo.org/wcmsp5/groups/public/---europe/---ro-geneva/---ilo-lisbon/documents/publication/wcms_714675.pdf. Acesso em: 26 maio 2021.

OLIVEIRA, Gabriel. "Free Zenon": jogador de 9 anos é banido de Fortnite e provoca comoção. *UOL*, maio 2020. Disponível em: https://www.uol.com.br/start/ultimas-noticias/2020/05/05/free-zenon-jogador-de-9-anos-e-banido-de-fortnite-e-provoca-comocao.htm. Acesso em: 14 maio 2021.

OLYMPICS. Olympic Virtual series: everything you need to know. Jan, 2021. Disponível em: https://olympics.com/pt/noticias-destacadas/olympic-virtual-series-everything-you-need-to-know. Acesso em: 14 maio 2021.

PEGI (Pan European Game Information). PEGI. *Age Ratings*. Disponível em: https://pegi.info/page/pegi-age-ratings. Acesso em: 14 maio 2021.

PESQUISA *Game Brasil 2021*: 8. ed. Disponível em: https://www.pesquisagamebrasil.com.br. Acesso em: 14 maio 2021.

PRIMOCAST 79: eSports: Como funciona a indústria profissional dos games. Entrevistados: Lucas Almeida, Marina Leite, Miah Campos e Caco Antunes. Entrevistadores: Thiago Nigro, Lucas Zafra e Kaique Torres. Jul, 2020. *Podcast*. Disponível em: https://open.spotify.com/episode/6feQtnHlQsi67WGkpKMZwu?si=kO7ceds0RbqWKvzAfpyfwA&dl_branch=1. Acesso em: 05 maio 2021.

REGRAS DO JOGO #102 – esports: Lazer, Trabalho Digital, Precarização e Colonialidade. Entrevistado: Thiago Falcão. Entrevistadores: Fernando Henrique, Gamer Antifascista. Holodeck: 26 maio 2021. *Podcast*. Disponível em: https://open.spotify.com/episode/5NAWzGSBTjnXYwmbuKRPGl?si=oXi5-5_PQM2R56elgCiutQ&dl_branch=1. Acesso em: 26 maio 2021.

REGRAS DO JOGO #112 – Videogame e Psicologia. Entrevistada: Livia Scienza. Entrevistadores: Fernando Henrique, Gamer Antifascista. Holodeck: 4 ago. 2021. *Podcast*. Disponível em: https://open.spotify.com/episode/6yseDe3uriVmMdPIU17TYh?si=bxsCm2CBQLGsv02MWUVBMw&dl_branch=1. Acesso em: 04 ago. 2021.

REIS, Gabriel. *LOUD vai às Olimpíadas representada por Pedro Quintas e Luiz Francisco*. jul, 2021. Disponível em: https://www.theenemy.com.br/esports/loud-vai-as-olimpiadas-representada-por-pedro-quintas-e-luiz-francisco. Acesso em: 22 jul. 2021.

RIVA, Amalia de La. E-sports: mucho más que un juego. *Revista de Direito do Trabalho*, Thomson Reuters, v. 1, jun. 2019.

SCIENZA, Livia. *Jogos digitais e cognição social de crianças*: um estudo experimental. 2020. Dissertação (Mestrado em Psicologia) – Universidade Federal de São Carlos, São Carlos, 2020. Disponível em: https://repositorio.ufscar.br/handle/ufscar/13607. Acesso em: 26 maio 2021.

SÊCO, Thaís Fernanda Tenório. Por uma nova hermenêutica do direito da criança e do adolescente. *Civilistica.com*, Rio de Janeiro, a. 3, n. 2, jul.-dez. 2014.

SPRITZER, Daniel Tornaim; PICON; Felipe; BREDA, Victor. Dependência de jogos eletrônicos em crianças e adolescentes. In: *Psiquiatria, saúde mental e a clínica da impulsividade*. Barueri: Manole. 2015.

WOODCOCK, Jamie. *Marx no fliperama*: videogames e luta de classes. Trad. Guilherme Cianfarani. São Paulo, SP: Autonomia Literária, 2020.

25
ADVERGAMES: DESAFIOS E PERSPECTIVAS NO CONTEXTO DOS DIREITOS DAS CRIANÇAS E DOS ADOLESCENTES

Caio Augusto Souza Lara

Graduado, Mestre e Doutor em Direito pela Faculdade de Direito da Universidade Federal de Minas Gerais. Professor da SKEMA Business School – Membro do Núcleo Docente Estruturante de Direito. Professor da Escola Superior Dom Helder Câmara. Pesquisador Associado ao Programa RECAJ UFMG: Acesso à Justiça e Solução de Conflitos, da Faculdade de Direito da Universidade Federal de Minas Gerais. Membro da Diretoria do Conselho Nacional de Pesquisa e Pós-graduação em Direito – CONPEDI desde 2014. Advogado. E-mail: caiolarabh@yahoo.com.br

Wilson de Freitas Monteiro

Mestrando em Direito pela Faculdade de Direito da Universidade Federal de Minas Gerais. Bacharel em Direito pela Escola Superior Dom Helder Câmara. Bolsista da FAPEMIG. Pesquisador associado ao Programa RECAJ UFMG: Acesso à Justiça e Solução de Conflitos, da Faculdade Direito da Universidade Federal de Minas Gerais. E-mail: wilsonfmonteiro@hotmail.com

Sumário: 1. Considerações iniciais – 2. Entendendo os *advergames* – 3. Apontamentos sobre a regulação da propaganda para o público infantoadolescente no direito brasileiro – 4. Considerações finais – 5. Referências.

1. CONSIDERAÇÕES INICIAIS

Como é facilmente perceptível, as crianças e adolescentes estão cada vez mais expostos às novas tecnologias. Os especialistas, contudo, recomendm uma curta exposição deste público à frente das telas ao longo do dia. Em nota de 2020, a Sociedade Brasileira de Pediatria (SBP) alertou que pesquisas na área da saúde têm apontado para a urgência de conscientização acerca dos riscos provenientes da dependência digital por crianças e adolescentes, que se expõem por longos períodos à frente das telas.[1]

O acesso a diversos aplicativos, redes sociais e jogos eletrônicos tem se multiplicado em grandes proporções, principalmente entre o público infantoadolescente. A pesquisa TIC Kiks Online – Brasil, realizada em 2018, pelo Comitê Gestor da Internet no Brasil (CGI.br), levantou que 86% (oitenta e seis por cento) das crianças

---

1. SBP atualiza recomendações sobre saúde de crianças e adolescentes na era digital. *Sociedade Brasileira de Pediatria*, 2020. Disponível em: https://www.sbp.com.br/imprensa/detalhe/nid/sbp-atualiza-recomendacoes-sobre-saude-de-criancas-e-adolescentes-na-era-digital/. Acesso em: 16 ago. 2021.

e adolescentes brasileiros, com idades entre nove e dezessete, estão conectados, destacando-se, para tanto, o uso de videogames, equivalente a 38% (trinta e oito por cento) das categorias consumidas pelos infantoadolescentes na internet, sendo que, deste percentual, 37% (trinta e sete por cento) são crianças entre onze e doze anos e 78% (setenta e oito por cento) são adolescentes entre treze e dezessete anos.[2]

Muitas são as questões envolvendo as interações entre crianças e adolescentes com jogos digitais e, no presente capítulo, pretende-se discutir a temática dos *advergames* a partir dos desafios e das perspectivas dos direitos das crianças e dos adolescentes. Inicialmente, serão trabalhados os aspectos gerais de discutida terminologia, como o seu conceito e o modo como se demonstra uma forte estratégia de marketing. Em seguida, serão trabalhados os aspectos legais de proteção à infância e à adolescência no Brasil, com vistas à problematização da interação entre crianças e adolescentes com jogos conspicuamente percebidos como *advergames*.

A pesquisa desenvolvida no presente capítulo, na classificação de Gustin, Dias e Nicácio[3], pertence à vertente metodológica jurídico-social. No tocante ao tipo genérico de pesquisa, foi escolhido o tipo jurídico-projetivo. O raciocínio desenvolvido na pesquisa foi predominantemente dialético e, quanto ao gênero de pesquisa, foi adotada a pesquisa teórica.

2. ENTENDENDO OS *ADVERGAMES*

As estratégias de marketing, no decorrer dos anos, sempre se apresentaram como eficientes maneiras de divulgar e impulsionar a comercialização de jogos eletrônicos. A American Marketing Association (AMA) entende o marketing como "uma função organizacional e um conjunto de processos que envolvem a criação, a comunicação e a entrega de valor para os clientes, bem como a administração do relacionamento com eles, de modo que beneficie a organização e seu público interessado".[4] Para outros, como Kotler e Armstrong[5], marketing é um "processo social e gerencial através do qual indivíduos e grupos obtêm aquilo que desejam e de que necessitam, criando e trocando produtos e valores uns com os outros". De todo modo, tem-se que a noção de marketing é deveras ampla e congloba variadas áreas afetas ao ramo de publicidade e propaganda.

Sobre a interação dos consumidores com os jogos eletrônicos, como um resultado das estratégias de marketing, Cardozo leciona:

---

2. PESQUISA sobre o uso da internet por crianças e adolescentes no Brasil. *TIC kids online Brasil 2018*. Survey on internet use by children in Brazil. ICT kids online Brazil 2018. Núcleo de Informação e Coordenação do Ponto BR. São Paulo: Comitê Gestor da Internet no Brasil, 2019.

3. GUSTIN, Miracy Barbosa de Sousa; DIAS, Maria Tereza Fonseca; NICÁCIO, Camila Silva. *(Re)pensando a pesquisa jurídica: teoria e prática*. 5. ed. São Paulo: Almedina, 2020.

4. CARDOZO, Missila Loures. Games e Comunicação: o Second Life e o Advergame. In: *XXX Congresso Brasileiro de Ciências da Comunicação – Intercom*, 2007, Santos – SP. XXX Congresso Brasileiro de Ciências da Comunicação – Intercom, 2007. p. 4.

5. KOTLER, Philip; ARMSTRONG, Gary. *Princípios de Marketing*. 7. ed. Rio de Janeiro: LTC, 1999. p. 3.

De forma geral, os consumidores de jogos eletrônicos representam um público específico. São pessoas de classe AB, que possuem acesso econômico e de relacionamento com a tecnologia e entretenimento. Os temas associados à diversão costumam atrair a atenção do público. Com isso, torna-se menos complicada a divulgação e utilização das ferramentas de marketing. Com a saturação dos meios tradicionais de comunicação e, sobretudo, com a superexposição dos consumidores a publicidade, onde estima-se que um indivíduo seja impactado diariamente por mais de 3 mil anúncios publicitários por dia; é imprescindível buscar novas formas de publicização de marcas e produtos, sobretudo de forma a não agredir os consumidores.[6]

Em contextos envoltos por tecnologias, Cardozo delimita que uma novo e expressivo estilo de vida vem afetando as interações sociais, qual seja: o aumento do lazer e da valorização da informação, esta última sendo percebida como um resultado das conquistas sociais e tecnológicas. Assim sendo, os veículos de comunicação de massa estão posicionados em um lugar estratégico nos processos de catalização desse fenômeno, haja vista que ocupam um papel crucial a ser exercido, qual seja, apresentar um produto ao consumidor – aqui um receptor – enquanto ele, em tese, se entretém.

Dentro do aspecto da publicidade, o recurso do entretenimento é tido como um meio que se destaca quanto à brutal concorrência que se vê dentro das grandes mídias, algo que pode ser reafirmado em 2021, tendo em vista que o grande aumento das tecnologias não afastou este processo pautado na necessidade de rompimento com a barreira dos demais produtos disponíveis no mercado, para imediatamente chegar ao receptor. Esta publicidade, para Durand[7], se "apresenta assim como um monoteísmo universalista: existe um só deus, adorem-no todos!". Desta forma, a busca incessante pela diferenciação aliada ao suporte midiático, em oposição aos demais concorrentes de categoria, se explica, já que,

Ao verificar a questão do envolvimento do receptor/consumidor em relação às novas mídias – ou as chamadas mídias digitais – o fenômeno do entretenimento vai bem mais além do brincar com o mouse, pois, mesmo que a estrutura do discurso não apresente significativa diferença quanto à publicidade convencional, o receptor/consumidor precisa de um tempo maior de exposição.[8]

Na crescente do perpassado, parafraseando Rosa Neto[9], apresentada como um ambiente para esses negócios, tem-se a multimídia interativa, "uma integração de mídias que têm como mérito envolver mais o usuário, por garantir sua participação ativa na aplicação, dando-lhe a liberdade de consultar as mesmas informações de acordo com o seu jeito de pensar".[10]

---

6. CARDOZO, Missila Loures. Games e Comunicação: o Second Life e o Advergame. In: *XXX Congresso Brasileiro de Ciências da Comunicação* – Intercom, 2007, Santos – SP. XXX Congresso Brasileiro de Ciências da Comunicação – Intercom, 2007. p. 9.
7. DURAND, Jacques. Retórica e imagem publicitária. In: *A análise das imagens*. Petrópolis: Vozes, 1973. p. 32.
8. CARDOZO, Missila Loures. Games e Comunicação: o Second Life e o Advergame. In: *XXX Congresso Brasileiro de Ciências da Comunicação* – Intercom, 2007, Santos – SP. XXX Congresso Brasileiro de Ciências da Comunicação – Intercom, 2007. p. 10.
9. ROSA NETO, Antonio. A nova realidade da comunicação. *Revista da ESPM*. São Paulo, nov. 1995. passim.
10. CARDOZO, Missila Loures. Games e Comunicação: o Second Life e o Advergame. In: *XXX Congresso Brasileiro de Ciências da Comunicação* – Intercom, 2007, Santos – SP. *XXX* Congresso Brasileiro de Ciências da Comunicação – Intercom, 2007. p. 10.

De acordo com Rosa Neto,

> a multimídia possibilitará identificar e alcançar individualmente todos os compradores potenciais. É o relacionamento *one to one* com o consumidor. Surge a técnica do "infocomercial", comerciais interativos de até 30 minutos de duração. A propaganda em multimídia elimina o efeito da passividade, pois ela não é um meio de expor as pessoas a uma mensagem, mas um meio de guiá-las através de apresentações de vendas feitas sob medida para elas.[11]

Por esta razão, tem-se verificado que este ambiente de mídias não é diferente de quaisquer outros, quanto ao sentido de promoção das vendas de determinado produto, de algum bem ou até mesmo de alguma imagem que se queira transmitir. Está a serviço das propostas de marketing e podem, inclusive, conter elementos persuasivos, para propiciar uma maior flexibilidade de envolvimento do receptor, no entanto, "sem dúvida alguma, com uma estrutura que resgata – até mesmos – ingredientes da propaganda clássica, ou seja, precisa ser intuitiva; atraente e comunicar através de ícones".[12]

Sobre as funcionalidades dos jogos em que tais propagandas serão inseridas, Söbke e Bröker compreendem que a comunicação neles inserida permite implementar deliberadamente, ao longo do processo de desenho do jogo, com vistas a melhorar a experiência de jogabilidade, "a fidelidade do cliente, os objetivos de marketing ou as experiências de aprendizagem".[13] Já faz anos que tais práticas não são mais uma novidade, pois, como é apresentado no documentário *Korea to the World: Cyberland*[14], da National Geographic, os videogames se tornaram uma parte importante da vida cotidiana e, às vezes, muito importante, em se tratando das crianças e adolescentes.

De tal modo, tem-se o que se denomina *advergame*, uma junção de jogos que está em uma zona cinzenta entre o entretenimento e a publicidade. Categorizado dentre os jogos seriados, esta denominação tornou-se popular em 2006, a partir da junção das palavras em inglês *advertise* (propaganda) e *videogame* (jogo eletrônico), o que faz com que um *advergame* seja um jogo criado a partir de uma estratégia promocional para posicionar o produto de determinada marca ou organização na mente do receptor.[15]

---

11. ROSA NETO, Antonio. *A nova realidade da comunicação*. Revista da ESPM. São Paulo, nov. 1995. p. 59.
12. CARDOZO, Missila Loures. Games e Comunicação: o Second Life e o Advergame. In: *XXX Congresso Brasileiro de Ciências da Comunicação* – Intercom, 2007, Santos – SP. XXX Congresso Brasileiro de Ciências da Comunicação – Intercom, 2007. p. 10.
13. SÖBKE, Heinrich; BRÖKER, Thomas. Um advergame para browser como catalisador da comunicação: tipos de comunicação em jogos de vídeo. *Comunicação e Sociedade*, Braga, v. 27 jun. 2015. Disponível em: https://doi.org/10.17231/comsoc.27(2015).2089. Acesso em: 09 jun. 2021.
14. KOREA to the World: Cyberland. Direção: Jin-Hiuk Kim. Seul: *National Geographic Channel*, 2009. (493 min.).
15. RUIZ, David Selva. El videojuego como herramienta de comunicación publicitaria: una aproximación al concepto de advergaming. *Comunicación*, Sevilla, v. 1, n. 7, p. 141-166, 2009. Disponível em: http://www.revistacomunicacion.org/pdf/n7/articulos/a10_El_videojuego_como_herramienta_de_comunicacion_publicitaria_una_aproximacion_al_concepto_de_advergaming.pdf. Acesso em: 10 ago. 2021.

Existem grupos genéricos de *advergames*, que diferem entre si. No mais tradicional deles, "os jogos podem ser colocados em um site da empresa (ou mesmo em um site de jogos especial que seja de propriedade da empresa ou patrocinado pela empresa) para atrair visitantes da web e atraí-los a permanecer no site por mais tempo".[16]

Como alguns *advergames*, Torres

> destaca exemplos como o videogame Atari® Pepsi Invaders®, desenvolvido pela Coca-Cola® para minar sua concorrência; Outro exemplo é Chester Cheetah® para o Super Nintendo® projetado para promover Cheetos®. No contexto atual, podemos citar qualquer videogame do estúdio EA Sports® que permita aos seus usuários personalizar suas experiências de jogo com acessórios de marcas como Nike®, Adidas®, Lotto®, Reebok®, entre outras.[17]

Assim, de acordo com Söbke e Bröker[18], um *advergame* se trata de um jogo no qual ele próprio é o transmissor da mensagem de seu anunciante. Alguns indivíduos mais familiarizados com o assunto defendem que *advergames* são a evolução natural dos anúncios clássicos, que se processa de modo *online*. Para Cardozo,

> Esta empolgação se justifica se for considerado que através do *advergame* pode-se imergir o consumidor dentro de um mundo virtual onde cada objeto remeta de alguma forma a marca/produto. Com as tecnologias de 3D, os personagens dos jogos possuem uma visão de 360° de todo o ambiente do game, com grande realismo. Alguns games contam também com a opção multiusuário, onde várias pessoas competem ao mesmo tempo, aumentando sensivelmente os resultados.[19]

Para os interesses do mercado de jogos, os *advergames* são bastante lucrativos. Em 2006, ano em que a terminologia foi elaborada, de acordo com uma pesquisa da Screen Digest,

> o valor de mercado para jogos *online* com diversos jogadores ao mesmo tempo atingiu, [...] pela primeira vez a marca de US$ 1 bilhão. O mercado americano de assinaturas chegou ao valor de US$ 576 milhões enquanto a Europa conseguiu um valor de mercado de US$ 299 milhões, segundo relatório da revista Screen Digest, que analisou apenas estes dois mercados.[20]

No entanto, há sérias controvérsias quanto aos *advergames*. De acordo com o noticiado em maio de 2014, no BBC Radio 4's, os discutidos jogos afetam os hábitos

---

16. QUINTO, Ivanilton. *Advergame*: O que é e Como Funciona o Marketing em Games. *Rotina Digital*, 2021. Disponível em: https://rotinadigital.net/advergame-o-que-e-e-como-funciona-o-marketing-em-games/. Acesso em: 10 ago. 2021.

17. TORRES, Ervey Leonel. El rol del diseñador de videojuegos en la difusión de la cultura regional. *Zincografia*, Guadalajara, v. 1, n.1, jan.-jun. 2017. Disponível em: https://doi.org/10.32870/zcr.v0i1.15. Acesso em: 09 ago. 2021.

18. SÖBKE, Heinrich; BRÖKER, Thomas. Um advergame para browser como catalisador da comunicação: tipos de comunicação em jogos de vídeo. *Comunicação e Sociedade*, Braga, v. 27 jun. 2015. Disponível em: https://doi.org/10.17231/comsoc.27(2015).2089. Acesso em: 09 jun. 2021.

19. CARDOZO, Missila Loures. Games e Comunicação: o Second Life e o Advergame. In: *XXX Congresso Brasileiro de Ciências da Comunicação* – Intercom, 2007, Santos – SP. XXX Congresso Brasileiro de Ciências da Comunicação – Intercom, 2007. p. 11.

20. CARDOZO, Missila Loures. Games e Comunicação: o Second Life e o Advergame. In: *XXX Congresso Brasileiro de Ciências da Comunicação* – Intercom, 2007, Santos – SP. XXX Congresso Brasileiro de Ciências da Comunicação – Intercom, 2007. p. 11.

alimentares das crianças, como descreve relatório publicado pelo Institute for Policy Research, da Bath University, em decorrência de as grandes empresas utilizarem de brechas legais para promover alimentos e bebidas não saudáveis para crianças, através de anúncios feitos via *advergames*. Como afirma Haiming Hang, um dos autores responsáveis pelo relatório e professor de marketing na referida universidade, jogar por um período entre dez e quinze minutos já é suficiente para o público infantil ter as suas preferências alteradas ou, até mesmo, os hábitos alimentares mudados.[21]

3. APONTAMENTOS SOBRE A REGULAÇÃO DA PROPAGANDA PARA O PÚBLICO INFANTOADOLESCENTE NO DIREITO BRASILEIRO

A partir de um longo histórico de abusos, notadamente na segunda metade do século XX, foram estabelecidas diversas normas para a proteção do público infantoadolescente no que diz respeito às propagandas. Cigarros de chocolates, revólveres com espoletas e uma vasta gama de produtos alimentares de múltiplas tonalidades, muitos de qualidade nutricional duvidosa ou até mesmo tóxicos, faziam parte do quotidiano da mídia impressa e televisiva brasileira. A problemática voltou à tona quando, em março de 2021, o plenário do Supremo Tribunal Federal, no julgamento da Ação Direta de Inconstitucionalidade 5631/DF, de relatoria do Ministro Edson Fachin[22], que julgou constitucional a lei estadual 13.582/16, do Estado da Bahia, que proíbe a publicidade dirigida a crianças, de alimentos e bebidas pobres em nutrientes e com alto teor de açúcar, em sala de aula e em determinados horários no rádio e na TV.[23]

Uma série de marcos normativos foi sendo construída para dar conta do problema nas últimas décadas. A Constituição da República, em agosto de 1988, estabeleceu que o dever da família, da sociedade e do Estado em assegurar à criança, ao adolescente e, a partir da EC 65/10, também ao jovem, com absoluta prioridade, uma plêiade enorme de direitos: vida, saúde, alimentação, educação, lazer, profissionalização, cultura, dignidade, respeito, liberdade e convivência familiar e comunitária, além de colocá-los a salvo de toda forma de negligência, discriminação, exploração, violência, crueldade e opressão.[24] Reconheceu-se, em nível constitucional, a necessidade de proteção deste público com caráter da obrigação compartilhada e a prevalência dos seus direitos e interesses.

---

21. ADVERGAMES' affect children's eating habits'. *BBC*, 2014. Disponível em: https://www.bbc.com/news/av/entertainment-arts-27647861. Acesso em 10 ago. 2021.

22. BRASIL. SUPREMO TRIBUNAL FEDERAL. *Ação Direta de Inconstitucionalidade 5631/DF*. Tribunal Pleno. Relator Min. Edson Fachin. Julgamento: 25/03/21. Publicação: 27/05/21. Disponível em: https://jurisprudencia.stf.jus.br/pages/search/sjur447289/false. Acesso em: 15 ago. 2021.

23. Na ocasião, o Ministro Edson Fachin disse que "limitar a publicidade é um meio para proteger a saúde de crianças e adolescentes". Dentre outras conclusões contidas no acórdão do referido julgado, consta que "atende à proporcionalidade a restrição à liberdade de expressão comercial que visa a promover a proteção da saúde de crianças e adolescentes e que implica restrição muito leve à veiculação de propaganda, porquanto limitada ao local para o qual é destinada, delimitada apenas a alguns produtos e a um público ainda mais reduzido".

24. BRASIL. *Constituição da República Federativa do Brasil de 1988*. Disponível em: http://www.planalto.gov.br/ccivil_03/constituicao/constituicao.htm. Acesso em: 15 ago. 2021.

Em consonância com o movimento internacional da época e com a criação, pela Organização das Nações Unidas, da Convenção dos Direitos da Criança de 1989, o Estatuto da Criança e do Adolescente (ECA) trouxe mudanças significativas e substituiu, em nível infraconstitucional, a antiga e obsoleta doutrina situação irregular do Código de Menores do período ditatorial pela doutrina da proteção integral. Vale lembrar que tal doutrina, exaustivamente trabalhada na literatura especializada, se assenta no seguinte tripé: criança e adolescente são vistos como sujeitos de direito; são destinatários de absoluta prioridade; e possuem a condição peculiar de pessoa em desenvolvimento. São asseguradas, pelo ECA, todas as oportunidades e facilidades para lhes facultar o desenvolvimento físico, mental, moral, espiritual e social, em condições de liberdade e de dignidade (art. 3º).[25]

Em caráter mais específico, o Código de Defesa do Consumidor (Lei 8.078/90) determina que é abusiva a publicidade que se aproveite da deficiência de julgamento e experiência da criança (art. 37, § 2º).[26] Estabelece, ainda, uma série de sanções para além das de cunho civil de reparação. São previstas várias sanções administrativas, como por exemplo as de multa, apreensão e inutilização de produtos, cassação de licença do estabelecimento ou da atividade (Capítulo VII).

No mesmo diploma normativo, há ainda os tipos e as sanções penais, como a pena de detenção de três meses a um ano e multa para quem fazer ou promover publicidade que sabe ou deveria saber ser enganosa ou abusiva (art. 67).[27] Nos dezenove artigos do Título II do Código de Defesa do Consumidor não há qualificadora que envolva crime cometido contra a criança ou o adolescente, muito embora o próprio Código Penal estabeleça como circunstância agravante da pena, quando não constitua ou qualifique o crime, a prática deste contra a criança (art. 61, II, h).[28]

Já num momento histórico adiante, com o advento do chamado Marco Legal da Primeira Infância (lei 13.257/16), que compreende os indivíduos até os primeiros 6 (seis) anos completos ou 72 (setenta e dois) meses de vida, novos termos do vocabulário jurídico foram utilizados para aperfeiçoar a proteção vigente. A norma produzida no Congresso Nacional comanda que constituem áreas prioritárias para as políticas públicas para a primeira infância a proteção contra toda forma de violência e de pressão consumista e a adoção de medidas que evitem a exposição precoce à comunicação mercadológica (art. 5º).[29]

---

25. BRASIL. *Estatuto da Criança e do Adolescente – Lei 8069/90*. Disponível em: http://www.planalto.gov.br/ccivil_03/leis/l8069.htm. Acesso em: 15 ago. 2021.
26. BRASIL. *Código de Defesa do Consumidor – Lei 18.078/40*. Disponível em: http://www.planalto.gov.br/ccivil_03/decreto-lei/del2848compilado.htm. Acesso em: 15 ago. 2021.
27. BRASIL. *Código de Defesa do Consumidor – Lei 18.078/40*. Disponível em: http://www.planalto.gov.br/ccivil_03/decreto-lei/del2848compilado.htm. Acesso em: 15 ago. 2021.
28. BRASIL. *Código Penal – Decreto-lei 2.848/*. Disponível em: http://www.planalto.gov.br/ccivil_03/leis/l8078compilado.htm. Acesso em: 15 ago. 2021.
29. BRASIL. *Marco Legal da Primeira Infância – Lei 13.257/16*. Disponível em: http://www.planalto.gov.br/ccivil_03/_ato2015-2018/2016/lei/l13257.htm. Acesso em: 15 ago. 2021.

Não obstante, a norma jurídica que regulou com mais detalhes a publicidade para o público infantoadolescente foi a Resolução 163/14 do Conselho Nacional dos Direitos da Criança e do Adolescente (CONANDA), de caráter infralegal. O CONANDA é um órgão caráter permanente, deliberativo e de composição paritária. É instituição pública criada em 1991 pela Lei 8.242 e sua previsão está contida no artigo 88 do Estatuto da Criança e do Adolescente (ECA).

Publicada no dia 04 de abril de 2014, a Resolução 163 do CONANDA, que à época vinculava-se à então Secretaria de Direitos Humanos da Presidência da República, dispõe "sobre a abusividade do direcionamento de publicidade e de comunicação mercadológica à criança e ao adolescente". A própria norma define a comunicação mercadológica como "toda e qualquer atividade de comunicação comercial, inclusive publicidade, para a divulgação de produtos, serviços, marcas e empresas independentemente do suporte, da mídia ou do meio utilizado" (art. 1º, § 1º).[30]

Muito embora a resolução não seja explícita quanto ao universo dos jogos eletrônicos, ela o é, num rol exemplificativo do parágrafo segundo do seu primeiro artigo, quanto à comunicação mercadológica em anúncios impressos, comerciais televisivos, *spots* de rádio, *banners* e páginas na internet, embalagens, promoções, *merchandising*, ações por meio de *shows* e apresentações e disposição dos produtos nos pontos de vendas.[31] Isto por conta da expressão "dentre outras ferramentas" contida na redação. Assim sendo, compreende também a publicidade inserida, com a intenção de persuadi-la para o consumo de qualquer produto ou serviço, dentro de jogos eletrônicos em qualquer plataforma, seja web, celular ou videogames.

Pela Resolução 163 do CONANDA, são nove os aspectos, em rol exemplificativo, que tornam a prática de direcionamento de publicidade e de comunicação mercadológica à criança abusiva, a saber:

I – linguagem infantil, efeitos especiais e excesso de cores;

II – trilhas sonoras de músicas infantis ou cantadas por vozes de criança;

III – representação de criança;

IV – pessoas ou celebridades com apelo ao público infantil;

V – personagens ou apresentadores infantis;

VI – desenho animado ou de animação;

VII – bonecos ou similares;

VIII – promoção com distribuição de prêmios ou de brindes colecionáveis ou com apelos ao público infantil; e

IX – promoção com competições ou jogos com apelo ao público infantil.[32]

---

30. BRASIL. SECRETARIA DE DIREITOS HUMANOS. CONSELHO NACIONAL DOS DIREITOS DAS CRIANÇAS E DOS ADOLESCENTES. *Resolução 163/14*. Disponível em: https://crianca.mppr.mp.br/pagina-1635.html. Acesso em: 15 ago. 2021.

31. BRASIL. SECRETARIA DE DIREITOS HUMANOS. CONSELHO NACIONAL DOS DIREITOS DAS CRIANÇAS E DOS ADOLESCENTES. *Resolução 163/14*. Disponível em: https://crianca.mppr.mp.br/pagina-1635.html. Acesso em: 15 ago. 2021.

32. BRASIL. SECRETARIA DE DIREITOS HUMANOS. CONSELHO NACIONAL DOS DIREITOS DAS CRIANÇAS E DOS ADOLESCENTES. *Resolução 163/14*. Disponível em: https://crianca.mppr.mp.br/

Com relação aos adolescentes, que pelo Estatuto da Criança e do Adolescente são as pessoas de doze anos completos aos dezoito anos, a exegese da portaria é no sentido de que a propaganda é admitida se observados onze princípios apropriados a esta fase de desenvolvimento.[33] Vale dizer, o tratamento da publicidade e da comunicação mercadológica não é rigorosamente o mesmo em se tratando de crianças e adolescentes, apesar dos princípios orientadores serem os mesmos.

Tal realidade traz consigo um grande dilema na questão dos *advergames*: a classificação etária e os instrumentos de fiscalização são adequados na tentativa de separação entre crianças e adolescentes? Ou é praticamente impossível o controle de acesso de jogos produzidos para celulares, web e videogames? Como as instituições constitucionalmente legitimadas para atuarem na defesa dos direitos das crianças e dos adolescentes, especialmente o Ministério Público e a Defensoria Pública, poderão ter melhores condições de atuação?

4. CONSIDERAÇÕES FINAIS

Diante do que foi exposto, entende-se que os *advergames* são mecanismos de reorientação do comportamento das pessoas e, tratando-se especificamente dos infantoadolescentes, esta mudança se revela um problema a ser enfrentado continuamente. Não obstante, ao passo que as multimídias se fortalecem cada vez mais com esta forma de mercado digital, é imperativo reconhecer que coube à elaboração de marcos normativos, nos últimos anos, fazer frente à hegemonia dos perigos que esta modalidade de jogos eletrônicos oferece às crianças e adolescentes.

Desta forma, tem-se que os referidos perigos vão muito mais além daqueles remediados por soluções imediatas, pois os danos a longo prazo relacionados à exposição desmedida às propagandas contidas dentro dos jogos ainda não são claramente conhecidos. Aperfeiçoamentos aos marcos normativos serão necessários, ano após ano, se a via de enfrentamento à influência nociva dos *advergames*, haja vista que as multimídias se desenvolvem muito rapidamente no atual mundo tecnológico.

Desta forma, conclui-se que a imposição de classificação etária e outros instrumentos de fiscalização podem se tratar de soluções decadentes em pouco tempo, por razão de, hoje em dia, as crianças e adolescentes já terem conhecimento de meios

---

pagina-1635.html. Acesso em: 15 ago. 2021.

33. São eles: I – respeito à dignidade da pessoa humana, à intimidade, ao interesse social, às instituições e símbolos nacionais; II – atenção e cuidado especial às características psicológicas do adolescente e sua condição de pessoa em desenvolvimento; III – não permitir que a influência do anúncio leve o adolescente a constranger seus responsáveis ou a conduzi-los a uma posição socialmente inferior; IV – não favorecer ou estimular qualquer espécie de ofensa ou discriminação de gênero, orientação sexual e identidade de gênero, racial, social, política, religiosa ou de nacionalidade; V – não induzir, mesmo implicitamente, sentimento de inferioridade no adolescente, caso este não consuma determinado produto ou serviço; VI – não induzir, favorecer, enaltecer ou estimular de qualquer forma atividades ilegais; VII – não induzir, de forma alguma, a qualquer espécie de violência; VIII – a qualquer forma de degradação do meio ambiente; e IX – primar por uma apresentação verdadeira do produto ou serviço oferecido, esclarecendo sobre suas características e funcionamento, considerando especialmente as características peculiares do público-alvo a que se destina.

aptos a ultrapassarem o controle de acesso aos jogos digitais. Assim sendo, tem-se um desafio a ser pensado, qual seja, o modo de enfrentamento aos perigos aqui apontados e cabe às instituições democráticas, especialmente o Ministério Público e a Defensoria Pública, se fortalecerem de todo o referencial normativo pré-existente, para promover a proteção aos direitos infantoadolescentes face à potencialmente perigosa influência dos *advergames*.

5. REFERÊNCIAS

ADVERGAMES' affect children's eating habits'. BBC, 2014. Disponível em: https://www.bbc.com/news/av/entertainment-arts-27647861. Acesso em 10 ago. 2021.

BRASIL. *Código de Defesa do Consumidor – Lei 18.078/40*. Disponível em: http://www.planalto.gov.br/ccivil_03/decreto-lei/del2848compilado.htm. Acesso em: 15 ago. 2021.

BRASIL. *Código Penal – Decreto-lei 2.848/*. Disponível em: http://www.planalto.gov.br/ccivil_03/leis/l8078compilado.htm. Acesso em: 15 ago. 2021.

BRASIL. *Constituição da República Federativa do Brasil de 1988*. Disponível em: http://www.planalto.gov.br/ccivil_03/constituicao/constituicao.htm. Acesso em: 15 ago. 2021.

BRASIL. *Estatuto da Criança e do Adolescente – Lei 8069/90*. Disponível em: http://www.planalto.gov.br/ccivil_03/leis/l8069.htm. Acesso em: 15 ago. 2021.

BRASIL. *Marco Legal da Primeira Infância – Lei 13.257/16*. Disponível em: http://www.planalto.gov.br/ccivil_03/_ato2015-2018/2016/lei/l13257.htm. Acesso em: 15 ago. 2021.

BRASIL. SECRETARIA DE DIREITOS HUMANOS. CONSELHO NACIONAL DOS DIREITOS DAS CRIANÇAS E DOS ADOLESCENTES. *Resolução 163/14*. Disponível em: https://crianca.mppr.mp.br/pagina-1635.html. Acesso em: 15 ago. 2021.

BRASIL. SUPREMO TRIBUNAL FEDERAL. *Ação Direta de Inconstitucionalidade 5631/DF*. Tribunal Pleno. Relator Min. Edson Fachin. Julgamento: 25/03/21. Publicação: 27/05/21. Disponível em: https://jurisprudencia.stf.jus.br/pages/search/sjur447289/false. Acesso em: 15 ago. 2021.

CARDOZO, Missila Loures. *Games e Comunicação*: o Second Life e o Advergame. In: XXX Congresso Brasileiro de Ciências da Comunicação – Intercom, 2007, Santos – SP.

DURAND, Jacques. Retórica e imagem publicitária. In: *A análise das imagens*. Petrópolis: Vozes, 1973.

GUSTIN, Miracy Barbosa de Sousa; DIAS, Maria Tereza Fonseca; NICÁCIO, Camila Silva. *(Re)pensando a pesquisa jurídica: teoria e prática*. 5. ed. São Paulo: Almedina, 2020.

KOREA to the World: Cyberland. Direção: Jin-Hiuk Kim. Seul: National Geographic Channel, 2009. (493 min.).

KOTLER, Philip; ARMSTRONG, Gary. *Princípios de Marketing*. 7. ed. Rio de Janeiro: LTC, 1999.

PESQUISA sobre o uso da internet por crianças e adolescentes no Brasil. *TIC kids online Brasil 2018*. Survey on internet use by children in Brazil. ICT kids online Brazil 2018. Núcleo de Informação e Coordenação do Ponto BR. São Paulo: Comitê Gestor da Internet no Brasil, 2019.

QUINTO, Ivanilton. *Advergame*: O que é e Como Funciona o Marketing em Games. Rotina Digital, 2021. Disponível em: https://rotinadigital.net/advergame-o-que-e-e-como-funciona-o-marketing-em-games/. Acesso em: 10 ago. 2021.

ROSA NETO, Antonio. A nova realidade da comunicação. *Revista da ESPM*. São Paulo, nov. 1995.

RUIZ, David Selva. El videojuego como herramienta de comunicación publicitaria: una aproximación al concepto de advergaming. *Comunicación*, Sevilla, v. 1, n. 7, p. 141-166, 2009. Disponível em:

http://www.revistacomunicacion.org/pdf/n7/articulos/a10_El_videojuego_como_herramienta_de_comunicacion_publicitaria_una_aproximacion_al_concepto_de_advergaming.pdf. Acesso em: 10 ago. 2021.

SBP atualiza recomendações sobre saúde de crianças e adolescentes na era digital. Sociedade Brasileira de Pediatria, 2020. Disponível em: https://www.sbp.com.br/imprensa/detalhe/nid/sbp-atualiza-recomendacoes-sobre-saude-de-criancas-e-adolescentes-na-era-digital/. Acesso em: 16 ago. 2021.

SÖBKE, Heinrich; BRÖKER, Thomas. Um advergame para browser como catalisador da comunicação: tipos de comunicação em jogos de vídeo. *Comunicação e Sociedade*, Braga, v. 27 jun. 2015. Disponível em: https://doi.org/10.17231/comsoc.27(2015).2089. Acesso em: 09 jun. 2021.

TORRES, Ervey Leonel. El rol del diseñador de videojuegos en la difusión de la cultura regional. *Zincografia*, Guadalajara, v. 1, n. 1, jan.-jun. 2017. Disponível em: https://doi.org/10.32870/zcr.v0i1.15. Acesso em: 09 ago. 2021.

26
PRÁTICAS ABUSIVAS NOS JOGOS ELETRÔNICOS COMO OBSTÁCULO À PROTEÇÃO INTEGRAL DE CRIANÇAS E ADOLESCENTES: O CASO DAS *LOOT BOXES*

Antonio Jorge Pereira Júnior

Doutor, Mestre e Bacharel em Direito pela Faculdade de Direito da Universidade de São Paulo – Largo de São Francisco (USP). Professor Titular do Programa de Mestrado e Doutorado em Direito da Universidade de Fortaleza (PPGD-UNIFOR, Capes 6). Líder do Grupo de Pesquisa Direito Privado na Constituição (CNPq). Avaliador do Ministério da Educação (SINAES). Membro da Academia Paulista de Letras Jurídicas (APLJ), da International Academy for the Study of the Jurisprudence of the Family (IASJF) e da Academia Iberoamericana de Derecho de la Familia y de la Persona (AIDFP). Membro da Associação de Direito de Família e das Sucessões (ADFAS) e presidente da secção Ceará (ADFAS-CE). Coordenador de Pesquisa sobre Depoimento Especial de Criança Vítima de Violência do Conselho Nacional de Justiça – CNJ (2017-2019). Autor de enunciados aprovados nas Jornadas de Direito Civil de 2018 (STJ). Advogado regularmente inscrito na OAB/SP e OAB/CE. Membro da Comissão de Direito de Família (CDF), Comissão Especial de Defesa dos Direitos da Criança e do Adolescente (CEDDCA) e da Comissão de Ensino Jurídico (CEJ) da OAB/CE (2019-2021). Árbitro nacional (Câmara de Mediação e Arbitragem Especializada – CAMES e Corte de Paris). Vencedor do Prêmio Jabuti 2012 com o livro Direitos da Criança e do Adolescente em face da TV (São Paulo: Saraiva, 2011). Vencedor do Prêmio Orlando Gomes-Elson Gottschalk da Academia Brasileira de Letras Jurídicas (2002 e 2010). Autor de mais de 120 obras publicadas (livros e artigos) no Brasil e exterior. Jornalista.

Caio Morau

Doutorando e Mestre em Direito Civil pela Faculdade de Direito do Largo São Francisco (USP). Bacharel em Direito pela Faculdade de Direito de Ribeirão Preto (USP), com um ano da graduação cursado na Universidade de Paris. Professor de Direito Civil e Direito Empresarial da Universidade Católica de Brasília. Professor convidado da Escola Superior de Direito no Curso de Pós-Graduação "lato sensu" em Direito Civil e Processo Civil. Professor convidado do Curso Preparatório para OAB Proordem. Professor convidado do portal jurídico Trilhante. Membro da Comissão de Assuntos Legislativos da Associação de Direito de Família e das Sucessões (ADFAS). Membro da União dos Juristas Católicos de São Paulo (UJUCASP). Parecerista "ad hoc" da Revista de Direito de Família e das Sucessões. Monitor de História do Direito na Faculdade de Direito do Largo São Francisco (USP). Autor de artigos e obras jurídicas. Assessor jurídico no Senado Federal, consultor, advogado e árbitro (Câmara de Mediação e Arbitragem Especializada – CAMES).

Sumário: 1. Introdução – 2. O direito de formação integral da criança e do adolescente no Brasil e os riscos ocasionados por práticas abusivas em jogos eletrônicos – 3. Notas sobre a prática abusiva recorrente das *loot boxes;* 3.1 Conceituação e presença de elementos de jogos de azar; 3.2 Do surgimento à massificação; 3.3 Os efeitos experimentados pelo público infantojuvenil – 4. Possíveis soluções para regulamentação da matéria – 5. Conclusão – 6. Referências.

1. INTRODUÇÃO

Uma quantidade cada vez maior de crianças e adolescentes adere à prática de jogos eletrônicos como meio de entretenimento e lazer, realidade essa que tem estimulado os desenvolvedores a criarem *games* cada vez mais sofisticados e dotados de recursos que permitam ao usuário experimentar novas sensações.[1]

O aumento no oferecimento e consumo desses jogos tem chamado a atenção de diversos pesquisadores, preocupados com a efetiva salvaguarda de direitos e interesses do público infantojuvenil, o qual, apesar de destinatário de especial proteção estatal, continua bastante vulnerável nos mais diversos campos.

Nesse cenário, o presente artigo pretende identificar os termos em que referido público tem sido colocado em risco na condição de usuário dos jogos eletrônicos, mas especialmente propor soluções de regulamentação que podem ser úteis no incremento da proteção almejada pelo ordenamento brasileiro.

Com esse objetivo, o primeiro – e bastante amplo – tópico explora como práticas abusivas nos jogos eletrônicos podem se dar em prejuízo do direito de formação integral da criança e do adolescente no Brasil, elencando-se os riscos a que estão sujeitos para que na sequência seja possível examinar com profundidade uma das práticas abusivas mais recorrentes atualmente: as *loot boxes*.

A respeito delas, traçam-se os seus contornos conceituais, investigando-se a presença de elementos de jogos de azar, delineia-se o percurso histórico de sua gênese até a massificação percebida hodiernamente e exploram-se os efeitos nocivos experimentados por crianças e adolescentes.

Ao final, sugerem-se opções de regulamentação que podem mitigar os danos atualmente potencializados pela operacionalização das *loot boxes*, de forma a preservar a proteção dos usuários de jogos eletrônicos.

2. O DIREITO DE FORMAÇÃO INTEGRAL DA CRIANÇA E DO ADOLESCENTE NO BRASIL E OS RISCOS OCASIONADOS POR PRÁTICAS ABUSIVAS EM JOGOS ELETRÔNICOS

A normatividade acerca da televisão e dos jogos eletrônicos está inserida no sistema protetivo dos direitos infantojuvenis, tendo como ponto comum o dever de garantir a finalidade educativa no serviço de entretenimento que prestam, em sentido amplo, e que abrange a formação ética. A tarefa educativa não se reduz à pedagogia escolar formal.[2]

---

1. Para melhor compreensão do impacto da tecnologia audiovisual de entretenimento na formação da criança e do adolescente e de como se processa dano moral por conteúdo inadequado nesses meios, veja-se PEREIRA JÚNIOR, Antonio Jorge. *Direito da Criança e do Adolescente em face da programação de TV*. São Paulo: Saraiva, 2011, vencedor do Prêmio Jabuti 2012 na categoria Direito.
2. Cf. GARCIA HOZ, Victor. *Pedagogia visível, educação invisível*. [Pedagogia visible y educación invisible]. Trad. Cláudia Aimeé Schiling. São Paulo: Nerman, 1987. p. 19. Pode-se ler nessa passagem: "De um modo

A missão do poder familiar, por exemplo, concretiza-se especialmente por meio da assistência moral, dentro da qual se inclui o poder-dever de educar. No entanto, há diversas normas que incidem sobre a formação da criança e do adolescente e atribuem competências a outras entidades, em matéria que deveriam estar conformes aos pais, uma vez que afetam a formação de seus filhos. Trata-se de decorrência natural da interdependência da vida em sociedade.

Ao observar o sistema jurídico nacional, pode-se perceber que, de modo especial, tanto as normas relativas ao poder familiar quanto as relativas à educação escolar reconhecem ser necessárias *pautas valorativas* para o desenvolvimento pleno da pessoa, devendo as entidades, públicas e privadas, fornecer-lhes essa formação. Além disso, o consumo e a publicidade, de acordo com a lei, também estão cingidos pelo interesse na formação dos menores de idade, assim como a legislação própria de radiodifusão, havendo mesmo norma constitucional com relação ao conteúdo transmitido na TV comercial aberta, o art. 221, I e IV, da Constituição Federal. A exigência acerca da educação integral se apresenta difusamente em todas elas.

Textos normativos acerca do assunto podem ser examinados, separados em quatro grupos. No primeiro grupo estariam a Constituição Federal (CF), o Código Civil (CC) e o Estatuto da Criança e do Adolescente (ECA), porque apontam a família como entidade principal no processo de formação e atribuem deveres aos pais antes de o fazerem com relação a outras entidades. Nos três diplomas se apresenta a necessidade de formação ética da criança e do adolescente. Destacam-se a CF e o ECA por fazerem menção expressa aos operadores de serviços de radiodifusão e demais entidades que impactam na educação, legalmente incumbidos de respeitar e de colaborar no amadurecimento ético dos menores de idade, sendo tal exigência legal condicionante do direito da exploração econômica de certas atividades. O capítulo do ECA dedicado aos crimes e infrações administrativas remarca o caráter protetivo em face da mídia como um todo. O Código Civil disciplina o poder familiar e reforça o dever dos pais de terem conduta moral adequada em razão de sua proximidade com os filhos, reconhecendo-se a necessidade dos modelos para o desenvolvimento adequado da personalidade.

A compor um segundo grupo, pode-se destacar a Lei de Diretrizes Básicas da Educação (LDB), que trata da educação em sentido formal, mas não consegue isolar a instrução intelectual da necessária formação integral, pois a potencialidade de formação que se atualiza na criança e no adolescente alcança toda sua dimensão formativa.

Em um terceiro grupo de leis, vale examinar dois diplomas fundamentais em matéria de mídia televisiva e que servem de referência para os jogos eletrônicos quanto

---

geral poderíamos pensar que a Pedagogia visível manifesta-se predominantemente na vida escolar, no ensino sistemático e na aprendizagem como aquisição de conhecimentos, isto é, nos conteúdos da formação científica, enquanto a educação invisível, por ser profunda, projeta-se especialmente na formação ética, ou seja, no desenvolvimento de aptidões e promoção de valores ou virtudes, principalmente virtudes morais. Na zona intermediária estão as aptidões que em certas ocasiões participam da visibilidade dos conhecimentos, mas que em outros momentos aproximam-se da profundidade de valores".

à tutela do público infantojuvenil: o Código Brasileiro de Telecomunicações (CBT) e o Decreto 72.795, que regulamentou o serviço de radiodifusão. São diplomas que atribuem à escola e aos meios de comunicação, diretamente, deveres com relação à formação integral da criança e do adolescente no seu âmbito de competência. As exigências prescritas expressam parâmetros que devem pautar *todos* os serviços que chegam a quem está em peculiar condição de desenvolvimento. Não se pode excluir o lazer mediante jogos eletrônicos da função maior de educar a pessoa menor de idade.

Em quarto lugar, deve-se examinar o Código de Defesa do Consumidor (CDC) e Legislação de Publicidade. São normas que condicionam conteúdos que afetam a formação do público infantojuvenil, mesmo sendo diplomas onde predomina o interesse em operações econômicas.

A aproximação desses conjuntos normativos facilita a percepção do sistema protetivo e, dentro dele, dos deveres das entidades produtoras de conteúdo que afete o amadurecimento da personalidade infantojuvenil. Dentre as realidades de lazer que interagem crianças e adolescentes, e lhes impactam, naturalmente estão os jogos eletrônicos, que devem estar ajustados ao que a lei determina em razão da situação de incapacidade civil dos menores de idade, público usuário majoritário dos games.

Os três pilares legais da proteção integral, do ponto de vista do direito substancial, estão, assim no primeiro conjunto acima referido: a Constituição Federal, o Código Civil e o Estatuto da Criança e do Adolescente. As demais leis federais são menos completas que o Código Civil e o Estatuto da Criança e do Adolescente, porque enunciam finalidades, mas não apresentam modos concretos de se exigir sua efetividade. Por outro lado, tanto a Constituição Federal (art. 205 e art. 227) quanto o Estatuto da Criança e do Adolescente (art. 4º) convocam *todas* as entidades a participar da rede cuidadora e da tarefa educativa com relação à criança e ao adolescente, e são diplomas básicos do sistema de proteção.

Quanto à educação especificamente, a CF diz em seu art. 205:

> "A educação, direito de todos e *dever do Estado e da família*, será promovida e incentivada *com a colaboração da sociedade*, visando *ao pleno desenvolvimento da pessoa*, seu preparo para o exercício da cidadania e sua qualificação para o trabalho".[3]

A *sociedade civil* aparece no art. 205 com o dever de *colaborar* para o pleno desenvolvimento da pessoa. Pleno desenvolvimento significa formação integral, que abrange necessariamente uma pauta de valores sociais e éticos a servirem de orientação para a conduta da vida em sociedade.

No art. 227 a *sociedade* retorna como entidade que tem o dever, ao lado da família e do Estado, de garantir com prioridade absoluta os direitos da criança e do adolescente, entre os quais o direito à educação, ao lazer, à cultura, à dignidade, ao respeito. Deve ainda colocá-los a salvo de toda forma de "negligência, discriminação, exploração,

---

3. Grifos nossos.

violência, crueldade e opressão". A sociedade não é uma entelequia, uma abstração sem conexão com o dia-dia. Ela se revela nas diversas entidades intermediárias entre o Estado e o indivíduo, incluindo as entidades dotadas de personalidade jurídica e a família, sendo que esta, em razão de sua importância maior no contexto social, é nomeada expressamente. As empresas de radiodifusão e as que criam e exploram economicamente o mercado dos jogos eletrônicos, por exemplo, são entidades da sociedade que sofrem incidência desses dispositivos.

Para facilitar a percepção da referência a valores, se reuniram abaixo vários textos legais que albergam diretamente os termos valores morais (ou éticos), sociais e culturais.

O Estatuto da Criança e do Adolescente dispõe sobre a proteção integral à criança e ao adolescente (art. 1º). Suas disposições preliminares traçam linhas gerais que devem orientar o intérprete na leitura e aplicação da Lei. Ressalva-se que os direitos fundamentais comuns com os cidadãos em idade adulta são defensáveis sem prejuízo daqueles decorrentes de sua condição peculiar, "assegurando-se-lhes, por lei ou por outros meios, todas as oportunidades e facilidades, a fim de lhes facultar o desenvolvimento físico, mental, *moral, espiritual e social*, em condições de liberdade e de dignidade"[4] (art. 3º).

Interessante notar que se deve zelar por seu desenvolvimento *moral, espiritual e social*, além do físico e mental. E quais são as entidades que devem zelar por esse desenvolvimento? A família, a comunidade, a sociedade em geral e do poder público (art. 4º), que devem mobilizar-se para atender com absoluta prioridade, o direito a "educação, ao esporte, ao lazer, à profissionalização, à cultura, à dignidade, ao respeito, à liberdade e à convivência familiar e comunitária". Vale notar que a lei colocou a *profissionalização* ao lado da *educação*, não identificando os dois conceitos. Ocorre que *educação* é termo mais amplo, que abrange a formação ética, espiritual e social.

O que abrange a prioridade de atendimento? Responde a lei no art. 4º § único:

"(a) primazia de receber proteção e socorro em quaisquer circunstâncias; (b) precedência de atendimento nos serviços públicos ou de relevância pública; (c) preferência na formulação e na execução das políticas sociais públicas; (d) destinação privilegiada de recursos públicos nas áreas relacionadas com a proteção à infância e à juventude".

Reforça esse argumento o artigo 5º da mesma lei, ao determinar que nenhuma criança ou adolescente seja objeto de qualquer forma de "negligência, discriminação, exploração, violência, crueldade e opressão", devendo punir-se, na forma da lei, "qualquer atentado, por ação ou omissão, aos seus direitos fundamentais". Com se daria atentado por omissão aos direitos fundamentais da criança e do adolescente? O não cumprimento do dever de fiscalizar o cumprimento das entidades que compõem a rede de proteção de tais direitos, se não cumprido, configuraria omissão do Estado?

---

4. Grifos nossos.

Como arremate das disposições preliminares do Estatuto, determina-se que a lei deve ser interpretada conforme sua finalidade social, levando-se em conta "as exigências do bem comum, os direitos e deveres individuais e coletivos, e a *condição peculiar da criança e do adolescente como pessoas em desenvolvimento*" (art. 6º, grifos nossos).

Quando trata do direito à dignidade e à liberdade, o Estatuto assegura à criança e ao adolescente a inviolabilidade da integridade física, *psíquica e moral* devendo-se preservar-lhes a imagem, a identidade, a autonomia, os valores, ideias e crenças, os espaços e objetos pessoais (art. 16). Estabelece como dever de *todos* "velar pela dignidade da criança e do adolescente, pondo-os a salvo de qualquer tratamento desumano, violento, aterrorizante, vexatório ou constrangedor" (art. 17). Mais uma vez convoca *toda a sociedade* e lhe atribui dever coletivo.

O capítulo IV do ECA dedica-se ao direito à educação, à cultura, ao esporte e ao lazer. O art. 53, introdutório, diz que o direito à educação visa ao *pleno desenvolvimento* da criança ou adolescente, além de preparar-lhe para o exercício da cidadania e para a qualificação laboral. Assegura-lhes alguns direitos derivados e, no parágrafo único do mesmo artigo, é garantido aos pais o direito de "ter ciência do processo pedagógico, bem como *participar* da definição das propostas educacionais". Ou seja, podem os pais interferir na gestão pedagógica da escola.

Por outro lado, no que se refere à educação formal, lê-se no art. 54 que "é dever do Estado assegurar à criança e ao adolescente: I – ensino fundamental, obrigatório e gratuito, inclusive para os que a ele não tiveram acesso na idade própria". Determina que "o acesso ao ensino obrigatório e gratuito é direito público subjetivo" (§ 1º) e que os pais ou responsável "têm a obrigação de matricular seus filhos ou pupilos na rede regular de ensino" (art. 55).

O art. 58 volta a usar o termo "valores", quando estabelece que no "processo educacional respeitar-se-ão os *valores culturais, artísticos e históricos próprios do contexto social da criança e do adolescente*, garantindo-se a estes a liberdade da criação e o acesso às fontes de cultura". Estariam os *valores familiares* excluídos ou incluídos no "contexto social da criança"? Sem dúvida estão incluídos e também por isso os pais têm o direito de interferir no processo educacional escolar porque esse processo se dinamiza *por meio* de valores, *com* valores e de *modo* valorativo (o professor é uma pessoa imbuída de valores).

Passa-se nesse momento aos artigos do Estatuto referidos à mídia, que estão no título dedicado à prevenção, com inequívoca importância para o contexto dos jogos eletrônicos.

O capítulo I das disposições gerais, estabelece algumas premissas legais importantes, como moldura essencial para a efetiva tutela do direito à formação. "É dever *de todos prevenir* a ocorrência de ameaça ou violação dos direitos da criança e do adolescente" (art. 70). Grifou-se a expressão *todos* pelo interesse em chamar a atenção ao dever geral, de modo que *todos* devem agir para realizá-lo. Destacou-se o termo *prevenir* pelo que está relacionado ao dever de evitar o desenlace lesivo à formação da criança, de modo que se justifica também por esse dispositivo a classificação indicativa da programação televisiva e dos jogos. Também a tutela inibitória se imporá como melhor meio de cumprir a prevenção quando os agentes de mídia abusam de seus poderes.

O art. 71, ainda sob as disposições gerais, positiva o direito da criança e do adolescente "a informação, cultura, lazer, esportes, diversões, espetáculos e produtos e serviços" com a exigência particular de que a oferta de tais produtos respeite "sua condição peculiar de pessoa em desenvolvimento". O desenvolvimento abrange a formação ética, pautada em valores que devem ser promovidos no processo educativo.

O Capítulo II do título "Da prevenção", ainda sob a parte geral do Estatuto, é nomeado *prevenção especial*, ou seja, reforça o qualificativo sublinhando a necessidade da criança e do adolescente em razão de sua condição de pessoa em desenvolvimento.

A seção I se denomina "Da informação, Cultura, Lazer, Esportes, Diversões e Espetáculos". Percebe-se em todos os artigos da seção a preocupação do legislador com a formação ética da criança e do adolescente.

O art. 74 impera que o poder público, através do órgão competente, regule "as diversões e espetáculos públicos, informando sobre a natureza deles, as faixas etárias a que não se recomendem, locais e horários em que sua apresentação se mostre inadequada". Tem-se em conta a formação da criança e adolescente em moldes valorativos adequados à sua condição e dignidade. Determina que os responsáveis pelas diversões e espetáculos públicos afixem, em lugar visível, na entrada dos locais de exibição, "informação destacada sobre a natureza do espetáculo e a faixa etária especificada no certificado de classificação" (§ único).

O art. 75 determina que toda criança ou adolescente deve ter acesso *somente* às diversões e espetáculos públicos classificados como adequados à sua faixa etária (*caput*) sendo que, mesmo quando adequado à sua faixa etária, as crianças menores de dez anos "*somente* poderão ingressar e permanecer nos locais de apresentação ou exibição quando acompanhadas dos pais ou responsável" (§ único).

O artigo 76, ao tratar do serviço de radiodifusão, ordena que as emissoras de rádio e televisão exibam *somente* (a lei é taxativa nesse termo) "programas com finalidades educativas, artísticas, culturais e informativas, no horário recomendado para o público infantojuvenil". É infração administrativa não observar tal preceito (art. 254). Além disso, veda-se a apresentação ou mesmo o anúncio de qualquer espetáculo sem aviso prévio de sua classificação, antes de transmiti-lo, apresentá-lo ou exibi-lo (§ único). Deve-se informar ao público previamente a classificação de todos os programas a serem transmitidos, exibidos ou apresentados. A não informação dessa classificação implica infração administrativa (art. 255).

A exploração comercial de outras mídias, de repercussão menor que a comunicação televisiva, também é restringida para atender direito de formação do público infantojuvenil. O art. 77 trata da venda ou aluguel de fitas de programação em vídeo, ordenando aos proprietários, diretores, gerentes e funcionários de empresas que exploram esse nicho o cuidado para evitar a venda ou locação de produto "em desacordo com a classificação atribuída pelo órgão competente", sendo exigida no invólucro dos produtos ostensiva "informação sobre a natureza da obra e a faixa etária a que se destinam" (§ único). Também as publicações impressas de conteúdo impróprio deverão ser comercializadas "em embalagem lacrada, com a advertência de seu conteúdo" (art. 78). Também as capas que contenham mensagens pornográficas ou obscenas devem ser revestidas com embalagem opaca, ainda que o conteúdo não o seja (§ único).

Se a criança e o adolescente devem ser preservados de exposição e consumo de pornografia em meios de acesso mais restritos, por que a televisão pode expor pessoas desnudas, mediante contexto propositadamente sensual, nas novelas, programas para jovens e filmes que são transmitidos em horário que deveria se dar precedência ao público infantojuvenil, cuidando de sua formação? E quanto aos jogos eletrônicos cabe a mesma indagação. Sabe-se que há quem explore a atração geral da juventude pelo tema da sensualidade, faltando-lhes pleno discernimento dos efeitos gerados no desenvolvimento da personalidade, ainda mais quando carente de autodomínio.

Também os *outdoors* afixados nas cidades ofertando revistas pornográficas têm afrontado esse dispositivo, e houve município que proibiu esse tipo de publicidade, em atenção aos direitos do público infantojuvenil. Atingem público nessa faixa etária, sendo praticamente impossível negar que se trata exatamente do público-alvo dessas campanhas, que aguçam a curiosidade dos adolescentes, seu impulso sexual e sua menor capacidade de resistência para experiências prazerosas, independentemente da autocompreensão de seus atos no contexto antropológico.

A lei veda publicidade de bebidas alcoólicas, tabaco, armas e munições em revistas e publicações destinadas ao público infantojuvenil, além de qualquer referência positiva a tais produtos mediante ilustrações, fotografias, legendas ou crônicas (art. 79), determinado, em conclusão, que tais publicações "deverão respeitar os valores éticos e sociais da pessoa e da família". Trata-se de termos importados do art. 221, IV, da CF.

Novamente, interessa ressaltar que a publicidade ou sugestão de produtos julgados nocivos ao público menor de idade é proibida por lei nas publicações impressas, de acesso mais restrito que a veiculação televisiva e mesmo em rede eletrônica. Seria de exigir-se menos da programação transmitida em serviço público de televisão, acessível à maioria da população infantojuvenil? Será que as disposições aqui apontadas, em matéria de mídia impressa, não sinalizam um mínimo que se poderia exigir da mídia eletrônica? Não seria o caso de exigir-se a proibição de publicidade de bebidas alcoólicas, tabaco, armas e munições em horário dirigido ao público infantojuvenil?

O clima nas casas de jogos e congênere costuma propiciar universo de situações julgadas impróprias para a formação plena (ou seja, formação ética) da criança e do

PRÁTICAS ABUSIVAS NOS JOGOS ELETRÔNICOS **513**

adolescente. Em razão disso a lei veda o acesso desse público a esses locais e impõe aos proprietários de tais recintos a afixação de aviso de proibição de entrada (art. 80). Mais uma vez a preocupação com a formação moral mobiliza a sociedade a estabelecer deveres de cuidado preventivo. Se o trânsito em locais reconhecidamente prejudiciais à formação moral é publicamente vetado ao público infantojuvenil, por que na televisão, serviço público, podem as empresas televisivas ofertar livremente, a esse público, conteúdo moralmente impróprio à sua formação? Por que se facilita essa situação aos operadores de mídia, que atingem massivamente a população?

A violação das normas acima citadas pode configurar crime ou infração administrativa, conforme a descrição tipológica.[5]

Há uma série de normas que atribuem sanções para infrações administrativas, entre os arts. 252 e 257, aplicáveis àqueles que violam as disposições dessa seção do ECA, com o intuito de constranger sua observação.

No Código Civil, situa-se o instituto do poder familiar, que confere competência legal aos pais para agirem como principais gestores do sistema de garantia dos direitos de seus filhos, tema que já foi examinado. O CC preceitua que as condutas imorais dos pais, prejudiciais aos filhos, ensejam suspensão ou perda do poder familiar, sanções graves. Vedam-se condutas paternas arriscadas para a conformação ética dos filhos, pois trazem conteúdo inadequado para o desenvolvimento saudável da personalidade humana.

Se a lei exige expressamente dos pais a exemplaridade ética adequada, sendo pessoas que gozam de maior presunção de legítimo interesse na formação saudável

---

5. São algumas das atitudes criminosas tipificadas no ECA, sem prejuízo de outros crimes previstos no Código Penal: Art. 240. Produzir ou dirigir representação teatral, televisiva, cinematográfica, atividade fotográfica ou de qualquer outro meio visual, utilizando-se de criança ou adolescente em cena pornográfica, de sexo explícito ou vexatória: Pena – reclusão, de 2 (dois) a 6 (seis) anos, e multa. § 1º Incorre na mesma pena quem, nas condições referidas neste artigo, contracena com criança ou adolescente. § 2º A pena é de reclusão de 3 (três) a 8 (oito) anos: I – se o agente comete o crime no exercício de cargo ou função; II – se o agente comete o crime com o fim de obter para si ou para outrem vantagem patrimonial.

Quanto à pedofilia: Art. 241. Fotografar ou publicar cena de sexo explícito ou pornográfica envolvendo criança ou adolescente: Pena – reclusão de um a quatro anos. Art. 241. Apresentar, produzir, vender, fornecer, divulgar ou publicar, por qualquer meio de comunicação, inclusive rede mundial de computadores ou internet, fotografias ou imagens com pornografia ou cenas de sexo explícito envolvendo criança ou adolescente: Pena – reclusão de 2 (dois) a 6 (seis) anos, e multa.

§ 1º Incorre na mesma pena quem: I – agencia, autoriza, facilita ou, de qualquer modo, intermedeia a participação de criança ou adolescente em produção referida neste artigo;

II – assegura os meios ou serviços para o armazenamento das fotografias, cenas ou imagens produzidas na forma do *caput* deste artigo; III – assegura, por qualquer meio, o acesso, na rede mundial de computadores ou internet, das fotografias, cenas ou imagens produzidas na forma do *caput* deste artigo. § 2º A pena é de reclusão de 3 (três) a 8 (oito) anos: I – se o agente comete o crime prevalecendo-se do exercício de cargo ou função; II – se o agente comete o crime com o fim de obter para si ou para outrem vantagem patrimonial. Art. 242. Vender, fornecer ainda que gratuitamente ou entregar, de qualquer forma, a criança ou adolescente arma, munição ou explosivo: Pena – reclusão, de 3 (três) a 6 (seis) anos. Art. 243. Vender, fornecer ainda que gratuitamente, ministrar ou entregar, de qualquer forma, a criança ou adolescente, sem justa causa, produtos cujos componentes possam causar dependência física ou psíquica, ainda que por utilização indevida: Pena – detenção de 2 (dois) a 4 (quatro) anos, e multa, se o fato não constitui crime mais grave.

dos filhos, não seria caso de exigir-se de todas as entidades abrangidas pelo sistema e pela rede de proteção o devido respeito à dimensão ética?

O artigo 1.638 do Código Civil autoriza a perda do poder familiar por atos contrários à moral e aos bons costumes. A concessão pública de TV aberta está sujeita a norma que condiciona o exercício da liberdade de expressão na programação televisiva à finalidade educativa e cultural preferencial e aos valores éticos e sociais da pessoa e da família (CF, art. 221, I e IV).

A violência e a conduta imoral dos pais, por exemplo, são reconhecidas como deletérias aos jovens. Assim se deduz pelo art. 1638, I (castigar imoderadamente o filho) e III (praticar atos contrários à moral e aos bons costumes). Se assim a lei reconhece, não seria de estranhar que a violência e a sensualidade exorbitadas e projetadas em programas de TV e jogos eletrônicos que alcançam público infantojuvenil sejam consideradas prejudiciais. Em todos esses casos há agressão à personalidade infantojuvenil pelo fato em si e pelo estímulo a imitar tais comportamentos (prejudicando a formação ética da pessoa).

Nessa perspectiva, as causas de suspensão e decretação de perda do poder familiar servem de referência reflexa e levam necessariamente à retificação de discursos demasiado condescendentes com a programação de TV e a manipulação do público infantojuvenil com estratégias de venda que ignoram seu bem-estar moral. A meta de audiência ou venda a qualquer custo muitas vezes se sobrepõe ao melhor interesse da criança e nesses casos a TV e os produtos digitais ocupam tempo de formação da criança e do adolescente com conteúdos reconhecidamente impróprios para seu desenvolvimento no âmbito doméstico onde, mormente, assiste TV e usa os jogos eletrônicos.

Em razão do impacto que esses produtos geram na formação da criança e do adolescente, concorrendo, de modo positivo ou negativo com a orientação geral dada pelos pais, bem como com a finalidade do sistema de educação nacional, é que se criou o sistema de classificação indicativa que atinge os jogos eletrônicos, estando tal atribuição sob competência da União.

Atualmente, o documento mais relevante sobre o tema, vigente, é a Portaria 1.189, de 03 de agosto de 2018, que regulamenta o processo de classificação indicativa de que tratam o art. 74 da Lei 8.069, de 13 de julho de 1990, o art. 3º da Lei 10.359, de 27 de dezembro de 2001, e o art. 11 da Lei 12.485, de 12 de setembro de 2011.

Nos *consideranda* da parte perambular da norma estão reunidos os dispositivos e diplomas legais que servem de moldura para o tema. Ressalva-se que "é livre a expressão da atividade intelectual, artística, científica e de comunicação, independentemente de censura e licença, de acordo com o art. 5º, inciso IX, e art. 220, caput, e § 2º, da Constituição". Por outro lado, a norma recorda que "compete à União exercer a classificação, para efeito indicativo, de diversões e espetáculos públicos e de programas de rádio e televisão, de acordo com o art. 21, inciso XVI, e art. 220, § 3º, da Constituição"; reforça que o processo de classificação indicativa integra o sistema de garantias dos direitos da criança e do adolescente, composto por órgãos públicos e sociedade civil, devendo ser exercido de modo objetivo". Isso para que se possa "possibilitar que todos os destinatários da informação possam participar do processo, ensejando que o contraditório dos interesses e argumentos promovam a correção e a adequação dos procedimentos".

Reforça a norma, em seu preâmbulo, "que o exercício da Política Pública de Classificação Indicativa implica no dever de promover sua divulgação por meio de informações consistentes e de caráter pedagógico, e de garantir à pessoa e à família a possibilidade de se defenderem de conteúdos inadequados". Parte ainda do pressuposto de que toda criança e adolescente tem direito às medidas de proteção que a sua condição de menor requer, de sua família, da sociedade e do Estado". Recorda-se, nesse sentido, como fundamentos legais, "o disposto no art. 24 do Pacto Internacional sobre Direitos Civis e Políticos, promulgado pelo Decreto no 592, de 6 de julho de 1992, e no art. 19 da Convenção Americana de Direitos Humanos, promulgada pelo Decreto no 678, de 6 de novembro de 1992, e da Lei 8.069, de 13 de julho de 1990". Reafirma-se, ainda, "a responsabilidade dos pais no exercício do poder familiar, de acordo com os arts. 1.630 e 1.634, inciso I, da Lei 10.406, de 10 de janeiro de 2002 – Código Civil".

No mesmo passo, a introdução da Portaria relembra a "corresponsabilidade da família, da sociedade e do Estado na garantia à criança e ao adolescente do direito à educação, ao lazer, à cultura, ao respeito e à dignidade, de acordo com o art. 227 da Constituição". Recupera a ideia de que "o sistema de garantias dos direitos da criança e do adolescente é caracterizado pela integração das instâncias públicas governamentais e da sociedade civil, na aplicação de instrumentos normativos e no funcionamento dos mecanismos de promoção, defesa e controle para a efetivação desses direitos". Também é referenciado o que está preconizado na Resolução no 113, de 19 de abril de 2006, do Conselho Nacional dos Direitos da Criança e do Adolescente.

Após outras importantes considerações, a Portaria leva em conta a decisão da 6ª Turma do Tribunal Regional Federal da 1ª Região na Ação Cível Pública no 2001.38.00.039726-7, que transitou em julgado em 13 de dezembro de 2012, na qual se fixou o entendimento de que a Administração Pública Federal "tem o dever de regulamentar e fiscalizar eficazmente a comercialização dos jogos de interpretação, a fim de estabelecer critérios de classificação de acordo com a faixa etária a que se destinam e o conteúdo das mensagens que veiculam". Tal serviço classificatório foi revisto e atualizado em 2018, após um seminário sobre classificação indicativa realizado pelo Ministério da Justiça, em Brasília, no dia 16 de março. Em abril daquele ano a Secretaria Nacional de Justiça, do Ministério da Justiça trabalhou a revisão dos critérios, com integrantes do Comitê de Acompanhamento pela Sociedade Civil para a Classificação Indicativa (CASC-Classind), na cidade do Rio de Janeiro. Serviu-lhes de referência para tanto o "Debate Público em Defesa da Classificação Indicativa", promovido pela Procuradoria Federal dos Direitos do Cidadão, na sede da Procuradoria Geral da República, em Brasília, no dia 24 de abril de 2018.

A Portaria sob exame afirma ainda que "o sistema de classificação indicativa representa um ponto de equilíbrio que deve velar pela integridade das crianças e dos adolescentes, sem deixar de lado a preocupação com a garantia da liberdade de expressão". Resta assim evidente que a classificação indicativa de jogos eletrônicos se revela como dever constitucional de proteção e vai ao encontro, ainda, de norma consumerista que veda a exploração da inocência e inexperiência infantojuvenil, como se deduz do art. 37 do Código respectivo, que determina ser proibido toda publicidade abusiva, tendo-se como esta, entre outras, aquela que "explore o medo ou a superstição, *se aproveite da deficiência de julgamento e experiência* da criança, desrespeita valores ambientais, ou que seja capaz de induzir o consumidor a se comportar de forma prejudicial ou perigosa à sua saúde ou segurança".

Dentro dessa perspectiva de análise, e da compreensão de que a pessoa menor de idade deve ser tratada por todos como sujeito em condição peculiar de desenvolvimento, mais vulnerável e inocente-, e por isso mesmo carente de representação ou assistência jurídica na perspectiva civil, e inimputável na dimensão penal-, sendo considerada imatura para submeter-se ás praxes da negociação de caráter econômico–jurídico do ambiente adulto. Por isso ela deve ser protegida de apelos comerciais ou sugestões de condutas que possam lesar seu repertório de hábitos, em delicada formação.

3. NOTAS SOBRE A PRÁTICA ABUSIVA RECORRENTE DAS *LOOT BOXES*

3.1 Conceituação e presença de elementos de jogos de azar

A prática de jogos eletrônicos por crianças e adolescentes tem se consolidado como uma de suas principais atividades de lazer e entretenimento, ocupando lugar de destaque em suas respectivas rotinas. Tamanha é a importância que lhe atribui referido público que há locais especialmente desenhados para agrupar os jogadores. Trata-se das chamadas *lan houses,* sendo *lan* a abreviação de *local area network.*

Evidentemente, os desenvolvedores de *games* têm procurado explorar cada vez mais esse lucrativo nicho, investindo valores vultosos para criar jogos que retratem com fidelidade a realidade, conferindo ao usuário a sensação de que é protagonista em um cenário em que suas escolhas são decisivas para alcançar os objetivos propostos.

É precisamente nesse cenário em que têm sido cada vez mais utilizadas as *loot boxes*, também denominadas *loot crates* ou caixas de recompensa, viabilizadas através de uma microtransação, conferindo ao jogador a possibilidade de receber uma recompensa aleatória virtual, a qual abarca desde acessórios cosméticos até equipamentos que catalisam o progresso no jogo.[6]

---

6. Cf. FANTINI, Eduardo P. C.; FANTINI, Laiane Maris C.; GARROCHO, Luís Felipe M.A.R. A regulamentação das loot boxes no Brasil: considerações éticas e legais acerca das microtransações e dos jogos de azar. *XVIII SBGames*, out. 2019, Industry Tracks, Full Papers, p. 1255.

PRÁTICAS ABUSIVAS NOS JOGOS ELETRÔNICOS **517**

O mecanismo de funcionamento das *loot boxes* não é idêntico. É possível observar diferentes modos de emprego, na medida em que variam quanto a[7]:

a) acesso e custo: algumas podem ser acessadas por meio do jogo, de tempo de espera para visualização ou mesmo pagas. O custo diz respeito tanto a dinheiro real como a horas de jogo necessárias para franquear os itens desejados;

b) transparência e probabilidade de obter diferentes itens: algumas oferecem conteúdo diferente com probabilidade semelhante e, em outras, alguns itens específicos são raros e outros comuns. A probabilidade de conseguir os itens tanto pode ser explícita como oculta ao usuário;

c) conteúdo: os itens podem ter caráter meramente cosmético ou podem efetivamente afetar os rumos do jogo, sendo, portanto, úteis para o jogador ou sem valor algum;

d) conversão do valor: os itens podem ser convertidos em dinheiro real ou em moeda adotada no jogo.

Trata-se de realidade cada vez mais visível dentro dos denominados *freemium games* ou *free-to-play* (F2P), criados e desenvolvidos sob a premissa de venda de itens dentro do próprio jogo. Nesse modelo, o serviço é franqueado para algum conteúdo, mas o pagamento é necessário para elementos *premium*, serviços adicionais ou *upgrades*. Desse modo, o desenvolvimento do jogo é incessante, adicionando-se novos eventos e conteúdos constantemente para que o usuário não deixe de jogar e pagar.[8]

A utilização desse modelo de monetização pelas empresas desenvolvedoras de *games* tem despertado a atenção de diversos estudiosos, de juristas a economistas comportamentais. Quanto aos primeiros, a preocupação reside na alegada presença de elementos de jogos de azar na prática das *loot boxes*, o que encontraria diversos obstáculos legais no ordenamento jurídico brasileiro.

Para que se tenha ideia da dimensão da controvérsia em nível global, pesquisadores japoneses, país em que as caixas de recompensa são utilizadas abundantemente com origem nas chamadas *gachas*, como se verá adiante, sugerem critérios para averiguar se as *loot boxes* contêm elementos típicos de jogos de azar: a) necessidade de se empregar dinheiro real para o pagamento; b) equilíbrio entre sorte e habilidade do jogador; c) oferecimento da plataforma de jogo; d) importância no *core* do *game*.[9]

---

7. Cf. CERULLI-HARMS, Annette et al. Loot boxes in online games and their effect on consumers, in particular young consumers. *Study requested by the IMCO committee*, 2020. p. 5-6.
8. Ibid., p. 1255. Cf. também KOEDER, Marco Josef; TANAKA, Ema; MITOMO, Hitoshi. Loot boxes in digital games – A gamble with consumers in need of regulation? An evaluation based on learnings from Japan. The 22nd Biennial Conference of the International Telecommunications Society: "*Beyond the boundaries*: Challenges for business, policy and society", June 24th-27th, 2018, Seoul, Korea, International Telecommunications Society (ITS), Seoul, p. 5.
9. Cf. KOEDER, Marco Josef; TANAKA, Ema; MITOMO, Hitoshi. Loot boxes in digital games – A gamble with consumers in need of regulation? An evaluation based on learnings from Japan. The 22nd Biennial Conference of the International Telecommunications Society: "*Beyond the boundaries*: Challenges for business, policy

Os franceses, a título exemplificativo, enunciando critério não contemplado por aludidos pesquisadores do Japão, reputaram que pelo fato de as *loot boxes* comercializarem itens sem valor no mundo real, não haveria aplicação das regras atinentes a jogos de azar.[10]

Na mesma linha, os que defendem que as *loot boxes* não são equivalentes a jogos de azar argumentam ainda que não se pode ganhar dinheiro real, não há estímulo a que os usuários tomem parte em jogos de azar reais e, por fim, os *games* eletrônicos não são disponibilizados por plataformas oficiais de apostas.[11]

Por outro lado, os defensores da presença de elementos de jogos de azar – em que "o ganho e a perda dependem exclusiva ou principalmente da sorte", nos termos do art. 50, § 3º, "a" da Lei das Contravenções Penais – sustentam que é concretizada através de algoritmos complexos cujo objetivo é o de explorar a atenção dos jogadores, através de uma série de estímulos oriundos do próprio *design* do jogo ou mesmo de sua própria mecânica.[12]

Os termos empregados pelo legislador ("exclusiva"/"principalmente") revelam que se está diante de jogos de azar quando a sorte prepondera sobre a técnica. É precisamente o que fazem as *loot boxes*: a recompensa que o usuário deseja receber não depende de sua habilidade no jogo, mas da programação dos algoritmos, que irão ou não lhe conceder o prêmio almejado em um dado momento.

A gravidade da disponibilização de *loot boxes* para o público infantojuvenil é realçada pelo fato de que não dispõem ainda de pleno discernimento para empregar recursos financeiros – em regra de seus pais – e também não lhes é dada informação suficientemente precisa a respeito da probabilidade de obterem os acessórios do *game* a que aspiram.

Antes de se passar à investigação dos efeitos produzidos por essa modalidade de monetização entre crianças e adolescentes, convém consignar algumas breves notas a respeito do percurso entre o surgimento e a massificação das *loot boxes*.

3.2   Do surgimento à massificação

Tem-se referido que as *loot boxes* teriam suas origens nos *gacha* ou *gachapon games*, mecanismo especial de monetização em jogos para celular na modalidade *free-to-play*. Referidos termos são oriundos de máquinas japonesas de venda automática

---

and society", June 24th-27th, 2018, Seoul, Korea, International Telecommunications Society (ITS), Seoul, p. 12.

10. Cf. FANTINI, Eduardo P. C.; FANTINI, Laiane Maris C.; GARROCHO, Luís Felipe M.A.R. A regulamentação das loot boxes no Brasil: considerações éticas e legais acerca das microtransações e dos jogos de azar. *XVIII SBGames*, out. 2019, Industry Tracks, Full Papers, p. 1256.

11. Ibid., p. 1256.

12. Cf. FALEIROS JÚNIOR, José Luiz de Moura; DENSA, Roberta. Para além das loot boxes: responsabilidade civil e novas práticas abusivas no mercado de games. In: FALEIROS JÚNIOR, José Luiz de Moura et al. *Proteção de dados pessoais na sociedade da informação*: entre dados e danos. Indaiatuba: Editora Foco, 2021. p. 338.

de cápsulas para obter brinquedos de temas específicos que são por elas exibidos. Basta que o usuário insira uma moeda e gire um interruptor para que, na sequência, receba um brinquedo aleatório da coleção. *Gachapon* é justamente o som feito pelo equipamento ao girar-se o interruptor e cair a cápsula no distribuidor.[13]

Também costuma-se elencar como ancestrais análogos das *loot boxes* as figuras colecionáveis que acompanhavam maços de cigarros ou barras de chocolate, bem como aquelas destinadas a completar álbuns, como as comercializadas pela empresa Pannini, e mais recentemente, os chamados *cards* com função específica em jogos como *Magic*.[14]

Nessa esteira, mudanças sensíveis vêm ocorrendo nos últimos anos com novas estratégias de monetização. Mídias físicas continuam a ser vendidas, mas tem crescido exponencialmente a oferta de jogos para compra *online* e mesmo a sua disponibilização gratuita, possibilitando ao consumidor o *download* sem quaisquer custos. A própria concepção dos jogos eletrônicos tem mudado substancialmente, deixando de ser um mero produto que confira às empresas desenvolvedoras ganhos pontuais e convertendo-se em um verdadeiro serviço (*game as a service*) com a possibilidade de sucessivas atualizações.[15]

Nesse novo modo de oferecer jogos eletrônicos, denominam-se *pay-to-win* as funcionalidades e melhorias que aumentam as chances de vitória e *pay-to-loot* o estímulo a jogadores para gastarem recursos para obter recompensas, recebendo também o nome de *random number generations* (RNG). Essas possibilidades têm sido cada vez mais utilizadas, inclusive nos chamados jogos AAA, correspondentes aos *blockbusters* no cinema, por terem altos orçamentos e destaques.[16]

Toda essa oferta de itens dentro do jogo, com elementos visuais e sonoros extremamente atrativos, acaba por gerar o fenômeno do *sunk-cost*, em que jogadores pensam que devem desembolsar cada vez mais recursos naquele âmbito pois raciocinam que já investiram sobremaneira nele, de modo que se não jogarem ou pagarem mais, tendem a crer que desperdiçaram o que foi gasto.[17]

O emprego das *loot boxes* tem sido cada vez mais difundido especialmente em jogos *multiplayer*, nos quais diversas pessoas de diferentes origens geográficas interagem no mesmo espaço de jogo. É justamente o espírito competitivo que estimula os

---

13. Cf. KOEDER, Marco Josef; TANAKA, Ema; MITOMO, Hitoshi. Loot boxes in digital games – A gamble with consumers in need of regulation? An evaluation based on learnings from Japan. The 22nd Biennial Conference of the International Telecommunications Society: "*Beyond the boundaries*: Challenges for business, policy and society", June 24th-27th, 2018, Seoul, Korea, International Telecommunications Society (ITS), Seoul, p. 7.
14. Ibid., p. 9.
15. Cf. FANTINI, Eduardo P. C.; FANTINI, Laiane Maris C.; GARROCHO, Luís Felipe M.A.R. A regulamentação das loot boxes no Brasil: considerações éticas e legais acerca das microtransações e dos jogos de azar. *XVIII SBGames*, out. 2019, Industry Tracks, Full Papers, p. 1253.
16. Ibid., p. 1254.
17. Ibid., p. 1254.

jogadores a se valerem das já aludidas microtransações, as quais conferem ao usuário a sensação de êxito ao superar os seus concorrentes.[18]

As caixas de recompensa são extremamente interessantes para as empresas que desenvolvem jogos eletrônicos porque os itens virtuais não têm nenhum custo marginal, podendo ser copiados *ad inifinitum* pelo vendedor, não possuindo valor fora do jogo. Além disso, os usuários podem acionar as caixas de recompensa de modo sequencial até que recebam o item almejado, gerando grande valor econômico, podendo também a empresa usar os algoritmos de modo que lhe seja conveniente, pelo fato de já conhecer a coleção atual do jogador. Pode-se mesmo receber um item que já se possui.[19]

Não raro, contudo, a probabilidade indicada pela empresa desenvolvedora – quando é informada dentro do jogo – não corresponde à efetiva chance de o usuário receber um determinado item, o que pode fazer com que acione as *loot boxes* com maior frequência diante da falsa oferta. Foi o que sucedeu com um item raro no jogo *Monster Taming*, em que a probabilidade anunciada era de 1%, ao passo que a real figurava na casa de 0,0005%.[20]

3.3   Os efeitos experimentados pelo público infantojuvenil

Os jogos eletrônicos têm se desenvolvido de tal modo que a elaboração dos cenários, dos personagens e de todos os recursos disponíveis conferem ao usuário a sensação de que são reais e de que contam com sua participação ativa para a realização de um enredo previamente definido por meio de algoritmos.

Nessa seara, deve-se ter em mente que as crianças são potencialmente mais vulneráveis a estratégias de *design* nos jogos pelo fato de não disporem ainda de habilidade para exercerem autocontrole e por terem maiores dificuldades em compreender a valoração das possibilidades e das probabilidades. Esse contexto pode propiciar consequências psicológicas e financeiras como comportamentos aditivos ou gasto excessivo.[21]

A reiteração de referidos comportamentos é estimulada por recompensas extrínsecas, a exemplo de acumular pontos, acertar o *jackpot* e receber dinheiro real, bem como por recompensas visuais ou auditivas, como luzes piscando, sons agradáveis, sem prejuízo da desejada aprovação social de outros jogadores. Como recompensas intrínsecas, o bom desempenho e a superação dos concorrentes.[22]

---

18. Cf. FALEIROS JÚNIOR, José Luiz de Moura; DENSA, Roberta. Para além das loot boxes: responsabilidade civil e novas práticas abusivas no mercado de games. In: FALEIROS JÚNIOR, José Luiz de Moura et al. *Proteção de dados pessoais na sociedade da informação*: entre dados e danos. Indaiatuba: Editora Foco, 2021. p. 349.

19. Cf. CHEN, Ningyuan; ELMACHTOUB, Adam N.; HAMILTON, Michael L.; LEI, Xiao. Loot box pricing and design. *SSRN Eletronic Journal*, jan. 2019, 35 p. 3.

20. Ibid., p. 22.

21. Cf. CERULLI-HARMS, Annette et al. Loot boxes in online games and their effect on consumers, in particular young consumers. *Study requested by the IMCO committee*, 2020, p. 8-22.

22. Ibid., p. 23.

PRÁTICAS ABUSIVAS NOS JOGOS ELETRÔNICOS **521**

O público infantojuvenil corre ainda o risco de desenvolver determinados hábitos em resposta a certos estímulos danosos, como os das *loot boxes*, acostumando-o a uma expectativa pela entrada constante de novos estímulos, contribuindo para o desenvolvimento de hiperatividade e de sintomas de desatenção. O controle dos impulsos, que ainda não está definitivamente desenvolvido, é extremamente prejudicado, favorecendo-se um estado chamado de *ego depletion* ou esgotamento do ego.[23]

Nesse sentido, produzem-se no jogador variadas emoções em um contexto de aparente liberdade – na realidade, já há respostas preestabelecidas por quem programou o jogo – em que há mistério, segredo, tensão e incerteza, fazendo com que procure todos os meios para obter êxito, ainda que custe várias horas a mais em detrimento de outras atividades.[24]

Os jogos eletrônicos, para os que lhes são elogiosos, encerrariam certo significado para o seu usuário e, a partir da atividade lúdica, introduziriam noções de normas, fazendo com que perceba a necessidade de seguir as regras fixadas para cada jogo, além de integrarem símbolos e diversas expressões, aproximarem os jogadores através da telepresença e provocarem a ruptura da linearidade com reflexos em outros campos da vida do jogador.[25]

No entanto, as críticas mais recorrentes são as de que mantém-se o jogador isolado até que a indústria dos *games* lance novo produto, tirando o usuário da inércia para satisfazer o igualmente novo desejo. Estimula-se, portanto, o consumismo especialmente de um público jovem que ainda não formatou inteiramente sua personalidade e que sequer possui autonomia financeira. Além disso, atividades esportivas que auxiliam na percepção do corpo ficam obscurecidas pelo excesso na prática de jogos eletrônicos, bem como promove-se uma exposição prematura a conteúdo sensual. Sob uma aparência de ludicidade, enfim, estimula-se uma "industrialização do espírito", distanciando-se do mundo real e de todas as suas exigências e implicações.[26]

O *modus operandi* das *loot boxes* tem como premissa desencadear uma das principais formas de funcionamento do cérebro humano, relacionada aos ditos "prazeres inesperados". Nesse sentido, uma série de estímulos audiovisuais, tais como *pop-ups* ou sons agradáveis após realizada a compra, reforçam o comportamento das crianças e adolescentes, criando-se reiterada expectativa de prazer. Para que se tenha uma dimensão de como a prática de jogos eletrônicos, em determinadas condições, pode ser altamente prejudicial para os usuários, em especial para crianças e adolescen-

---

23. Ibid., p. 29.
24. Cf. VERONESE, Josiane Rose Petry; SILVA, Rosane Leal da. O tratamento jurídico conferido aos jogos eletrônicos no Brasil: a necessidade de conciliar entretenimento com a proteção dos demais direitos fundamentais de crianças e adolescentes. *Revista Jurídica da Presidência*, v. 13, n. 99, fev.-maio 2011, p. 91.
25. Ibid., p. 92.
26. Ibid., p. 93-96.

tes, a Austrália criou clínicas para assistir os viciados, chamadas de *Game Addiction Treatment Clinic*. [27]

As *loot boxes* têm redundado, enfim, em reações psicológicas intensas nos jogadores em razão de seu mecanismo de recompensa baseado no clássico condicionamento do sujeito. A aleatoriedade a respeito de qual item será conquistado impulsiona referido condicionamento e uma forte reação cerebral através da liberação de dopamina, que pode ter como consequência a constante repetição do comportamento. [28]

4. POSSÍVEIS SOLUÇÕES PARA REGULAMENTAÇÃO DA MATÉRIA

Não há dúvidas de que o direito ao lazer e à diversão precisam ser garantidos para permitir o desenvolvimento normal e completo de crianças e adolescentes, previsto inclusive no art. 31 da Convenção Internacional sobre os Direitos da Criança ("direito de participar em jogos e atividades recreativas próprias da sua idade e de participar livremente na vida cultural e artística"). [29]

Contudo, o Estado não pode permitir a disponibilização de jogos, os quais não deixam de ser um meio de lazer e diversão, em quaisquer condições. Há que se respeitar o conhecido e relevante princípio do melhor interesse da criança, bem como a necessidade de transparência e de informar adequadamente o consumidor.

No campo das *loot boxes*, considera-se que um dos caminhos mais efetivos para proteger o público infantojuvenil seria o de se regulamentar a matéria através da atuação do Poder Legislativo, com atenção especial aos seguintes pontos:

a) criação de robusto mecanismo de controle parental;

b) obrigatoriedade do desenvolver dos *games* de revelar a real probabilidade de ganhar cada um dos itens, permitindo-se sua fiscalização;

c) supressão dos estímulos audiovisuais para a utilização das caixas de recompensa;

d) informação ostensiva de que o jogo contém *loot boxes*;

e) maior rigidez na classificação indicativa, já estudada no início deste trabalho;

f) limite diário de utilização das *loot boxes*;

g) registro das probabilidades anteriores;

h) extinção dos *nudges*, que podem ser compreendidos como "cutucadas" para alertar o usuário acerca da possibilidade de comprar itens aleatoriamente, fazendo com que ele próprio tenha de procurar a opção, caso assim o deseje.

---

27. Cf. FANTINI, Eduardo P. C.; FANTINI, Laiane Maris C.; GARROCHO, Luís Felipe M.A.R. A regulamentação das loot boxes no Brasil: considerações éticas e legais acerca das microtransações e dos jogos de azar. *XVIII SBGames*, out. 2019, Industry Tracks, Full Papers, p. 1255.

28. Cf. KOEDER, Marco Josef; TANAKA, Ema; MITOMO, Hitoshi. Loot boxes in digital games – A gamble with consumers in need of regulation? An evaluation based on learnings from Japan. The 22nd Biennial Conference of the International Telecommunications Society: "*Beyond the boundaries*: Challenges for business, policy and society", June 24th-27th, 2018, Seoul, Korea, International Telecommunications Society (ITS), Seoul, p. 11.

29. Cf. VERONESE, Josiane Rose Petry; SILVA, Rosane Leal da. O tratamento jurídico conferido aos jogos eletrônicos no Brasil: a necessidade de conciliar entretenimento com a proteção dos demais direitos fundamentais de crianças e adolescentes. *Revista Jurídica da Presidência*, v. 13, n. 99, fev.-maio 2011. p. 99.

5. CONCLUSÃO

Por tudo quanto se expôs nas breves linhas deste estudo, não seria imprudente concluir que os jogos eletrônicos dispõem de plenas condições para colaborar no desenvolvimento da personalidade e das habilidades de crianças e adolescentes, desde que em plena observância das disposições constitucionais e legais amplamente examinadas no primeiro tópico a respeito do direito de formação integral desses indivíduos.

A tarefa educativa de um público que ainda está formatando seu caráter compreende necessariamente uma formação ética, espiritual e social, contexto em que os desenvolvedores de *games* não podem se apresentar como meros coadjuvantes, presumidamente isentos em tão grave tarefa confiada ao Estado, à sociedade civil e às famílias.

A peculiar condição de desenvolvimento em que se encontra o público infantojuvenil, as exigências do bem comum, a proteção à dignidade de cada um dos seus membros importa em obrigações negativas, a exemplo de dever de não submetê-lo a qualquer espécie de exploração, como também em outras positivas, como a edificação moral dos destinatários de seus produtos.

Nesse contexto, práticas abusivas como as chamadas *loot boxes*, extremamente nocivas para os jovens por todas as razões previamente elencadas, devem ser objeto de uma ampla e precisa regulamentação, evitando que continuem a se constituir em verdadeira prática de jogos de azar, estimulando-os à reiteração de comportamentos prazerosos – e onerosos – que maculam o fortalecimento da vontade de pessoas que ainda não dispõem de plena capacidade para o exercício de atos da vida civil.

Com esse fito, procurou-se elencar diversas possibilidades de atuação legislativa, sem prejuízo de atos infralegais emanados por órgãos competentes, como a Secretaria Nacional do Consumidor, vinculada ao Ministério da Justiça, que podem mitigar os danos oriundos dessa prática específica, mas também servir de parâmetro para outras tantas – não exploradas neste estudo em razão do espaço exíguo – que vêm prejudicando sobremaneira o pleno desenvolvimento de indivíduos em tenra idade.

Em suma, o que não se pode admitir em um cenário tão delicado é justamente a inércia dos responsáveis por garantir a preservação do melhor interesse da criança e do adolescente, omissão que pode vir a custar caro na próxima geração de homens e mulheres tomadores de decisões importantes para o país.

6. REFERÊNCIAS

CERULLI-HARMS, Annette et al. Loot boxes in online games and their effect on consumers, in particular young consumers. *Study requested by the IMCO committee*, 2020, 56 p.

CHEN, Ningyuan; ELMACHTOUB, Adam N.; HAMILTON, Michael L.; LEI, Xiao. Loot box pricing and design. *SSRN Eletronic Journal*, jan. 2019. 35 p.

FALEIROS JÚNIOR, José Luiz de Moura; DENSA, Roberta. Para além das loot boxes: responsabilidade civil e novas práticas abusivas no mercado de games. In: FALEIROS JÚNIOR, José Luiz de Moura et al. *Proteção de dados pessoais na sociedade da informação*: entre dados e danos. Indaiatuba: Editora Foco, 2021. p. 333-355.

FANTINI, Eduardo P. C.; FANTINI, Laiane Maris C.; GARROCHO, Luís Felipe M.A.R. A regulamentação das loot boxes no Brasil: considerações éticas e legais acerca das microtransações e dos jogos de azar. *XVIII SBGames*, out. 2019, Industry Tracks, Full Papers. p. 1253-1262.

GARCIA HOZ, Victor. *Pedagogia visível, educação invisível*. [Pedagogia visible y educación invisible]. Trad. Cláudia Aimeé Schiling. São Paulo: Nerman, 1987.

KOEDER, Marco Josef; TANAKA, Ema; MITOMO, Hitoshi. Loot boxes in digital: A gamble with consumers in need of regulation? An evaluation based on learnings from Japan. The 22nd Biennial Conference of the International Telecommunications Society: "*Beyond the boundaries*: Challenges for business, policy and society", June 24th-27th, 2018, Seoul, Korea, International Telecommunications Society (ITS), Seoul, 35 p.

PEREIRA JÚNIOR, Antonio Jorge. *Direito da Criança e do Adolescente em face da programação de TV*. São Paulo: Saraiva, 2011.

VERONESE, Josiane Rose Petry; SILVA, Rosane Leal da. O tratamento jurídico conferido aos jogos eletrônicos no Brasil: a necessidade de conciliar entretenimento com a proteção dos demais direitos fundamentais de crianças e adolescentes. *Revista Jurídica da Presidência*, v. 13, n. 99, fev.-maio 2011. p. 89-110.

27
MICROTRANSAÇÕES NO MERCADO DE JOGOS ELETRÔNICOS: ALGUMAS BREVES NOTAS

Roberta Densa

Doutora em Direitos Difusos e Coletivos pela Pontifícia Universidade Católica de São Paulo (PUC-SP), Mestre em Direito Político e Econômico pela Universidade Presbiteriana Mackenzie (2005). Editora Jurídica na Editora Foco. Professora de Direito Civil e Direitos Difusos e Coletivos. Professora da Faculdade de Direito de São Bernardo do Campo. Advogada. Membro da Comissão dos Direitos do Consumidor da OAB/SP.

José Luiz de Moura Faleiros Júnior

Doutorando em Direito Civil pela Universidade de São Paulo – USP/Largo de São Francisco. Doutorando em Direito, na área de estudo 'Direito, Tecnologia e Inovação', pela Universidade Federal de Minas Gerais – UFMG. Mestre e Bacharel em Direito pela Universidade Federal de Uberlândia – UFU. Especialista em Direito Digital, em Direito Civil e Empresarial. É um dos Associados Fundadores do Instituto Avançado de Proteção de Dados – IAPD. Membro do Instituto Brasileiro de Estudos de Responsabilidade Civil – IBERC. Advogado e professor. E-mail: jfaleiros@usp.br

Sumário: 1. Introdução – 2. Microtransações a partir de *"loot boxes"* e *"gacha games"* – 3. Práticas comerciais abusivas e o mercado de jogos eletrônicos; 3.1 Aproveitamento da hipervulnerabilidade do consumidor; 3.2 Elevação do preço de produtos e serviços; 3.3 Inobservância de normas técnicas – 4. Considerações finais – 5. Referências.

1. INTRODUÇÃO

A presença dos videogames na cultura contemporânea é algo que não se pode negar. Não apenas o contexto tecnológico sofre mutações constantes a partir dos algoritmos, mas também o direito do consumidor deve estar em constante aprimoramento, se tornando apto a tutelar as diversas novas estratégias de *marketing* baseadas em dados que, embora sofisticadas, não podem se tornar abusivas e, muito menos, passar ao largo do regime de proteção instaurado a partir do Código de Defesa do Consumidor (Lei 8.078/1990).

Busca-se investigar, a partir dessa premissa, as chamadas microtransações, que se originam de uma prática identificada como 'implementação de *loot boxes*' (ou 'caixas de recompensa', em tradução literal do inglês), que, tal e qual ocorre nos videogames, indica a oferta de itens virtuais consumíveis que podem ser resgatados para que o usuário receba uma seleção aleatória de outros itens virtuais, que vão desde simples opções de personalização para um 'avatar' ou personagem de um jogador, até equipamentos que mudam o jogo.

Esse modelo de negócio, também chamado no Japão de *gacha gaming*, baseado em *nudges*, tem o potencial de literalmente viciar o jogador, haja vista a sequência crescente e estruturada a partir de algoritmos que estimulam o consumo por meio de pagamentos que tornam a rotina insaciável, especialmente para crianças e adolescentes.

Em linhas gerais, a mercadoria que se explora é a atenção, estimulada a partir de sutilezas de *design* ou mecânicas dos próprios jogos. Assim, o tema deve ser interpretado de forma cuidadosa, sob pena de se fazer confusão entre jogos de entretenimento e jogos de azar, de modo a proibir o que não deve ser proibido e permitir o que não pode ser permitido. De fato, os jogos de azar são de discutível legalidade e hoje estão proibidos entre adultos e crianças. É a Lei de Contravenções Penais (Decreto-Lei n. 3.688/1941) que tipifica a conduta na forma em seu art. 50 e seguintes, sob o título: "Das Contravenções Relativas à Polícia de Costumes".

Em relação aos adultos, há muito o que se repensar a respeito da proibição dos jogos de azar e da "polícia de costumes". Há que se discutir se liberdade e vontade do indivíduo devem ser dirigidas pelo Estado para proteção "dele mesmo", sob pena de cerceamento do direito de Ser.

Fazendo breve leitura da Lei de Contravenções Penais, parece que a preocupação do legislador está muito mais ligada à questão da fiscalização dos jogos (em razão da destreza de uma das partes e da possibilidade de adulteração dos resultados) que à própria questão da moralidade ou imoralidade da "jogatina".

No entanto, a par da necessidade de se discutir os fundamentos das proibições dos jogos de azar pelo legislador brasileiro, é essencial que, caso o jogo tenha características de jogos de azar, seja apresentado como tal ao consumidor.

Porém, a questão fica ainda mais delicada quando se trata de aplicativos e jogos eletrônicos, aumentando significativamente os riscos de que os conteúdos sejam ilegais em território brasileiro, sem que o consumidor perceba que está diante de um jogo de azar.

Modelo de negócio recorrente no mercado de *games* é o das estruturas *free-to-play*, em que não se cobra para que o consumidor-jogador tenha acesso ao *software*, mas lhe apresenta barreiras ao progresso no jogo em razão de uma descalibragem do nível de dificuldade dos desafios apresentados; por outro lado, é oferecida ao jogador a possibilidade de percorrer 'atalhos' no progresso mediante microtransações pagas.

Essa modelagem é recorrentemente denominada de '*pay to win*' (pague para vencer), pois o estímulo às microtransações parte da sensação de incompletude que a alta dificuldade impõe ao atingimento do êxito no jogo eletrônico e, essencialmente, representa um modelo manipulativo, decorrente dos *nudges*, que, para esta prática comercial, já estão até mesmo patenteados!

Porém, jogos mais contemporâneos passaram a se basear na estrutura de microtransações para potencializar seus lucros (uma vez que o *software* base não é gratuito). Volta à tona, nas microtransações, o problema das "*loot boxes*" descrito anteriormente. Há, naturalmente, um desafio regulatório a ser enfrentado, mas que, certamente, não se esgotará com a edição de uma legislação definitiva para coibir tais práticas, uma vez que estão sempre sendo recicladas e reformuladas.

Assim, a partir de metodologia dedutiva, buscar-se-á nos substratos bibliográficos pertinentes os fatores necessários para a investigação do tema à luz da imprescindível discussão quanto à efetivação da proteção de dados pessoais para prevenir sua utilização deturpada e direcionada à manipulação da atenção de consumidores na Internet, em um ecossistema marcado pelo ritmo incessante da inovação. Ao final, buscar-se-á uma conclusão assertiva quanto ao tema-problema investigado e acerca da concretização da hipótese de pesquisa.

2. MICROTRANSAÇÕES A PARTIR DE "*LOOT BOXES*" E "*GACHA GAMES*"

A modelagem de negócios que acabou recebendo o apelido de *lootboxing* apresenta vários desdobramentos. Em suma, várias são as práticas mais específicas – e potencialmente abusivas – decorrentes da exploração da atenção do consumidor.

O esforço regulatório em torno disso teve grande repercussão no Japão, onde a prática é designada como コンプガチャ ("*kompu gacha*", ou *gacha* completo, na transliteração do Katakana), modelo de monetização popular em jogos para celular japoneses até 2012, quando foi considerado ilegal através da edição do primeiro marco a tratar do tema, vedando os *gacha games* por equipará-los aos jogos de azar.[1]

Basicamente, sob as regras do *gacha* completo, os jogadores tentam 'completar' um conjunto de itens comuns pertencentes a uma seleção específica de espólios para combiná-los em um item de maior raridade. E, à medida em que expandem o número de itens, aqueles remanescentes vão se tornando algoritmicamente mais difíceis de se obter. Imagine-se um álbum de cromos colecionáveis, em que se investe muito dinheiro para buscar a completude do álbum, com a diferença de que, à época, não era possível trocar itens repetidos com outras pessoas e a interferência de algoritmos elevava a raridade de determinado item, ferindo a aleatoriedade da proposta.[2]

No final da primeira década do século XXI, esse modelo de exploração do mercado de *games* passou a ser desejado pelas desenvolvedoras de jogos do Ocidente[3], desafiando algumas barreiras regulatórias e instigando países a buscar uma equiparação desses modelos aos jogos de azar, como fez o Japão.

---

1. AKIMOTO, Akky. Japan's social-gaming industry hindered by government's anti-gambling move. *The Japan Times*, 16 maio 2012. Disponível em: https://bit.ly/2BBQArq. Acesso em: 20 nov. 2020.
2. LUTON, Will. *Free 2 play*: making money from games you give away. Indianapolis: New Riders, 2013. p. 88.
3. HEINZE, Johannes. How gacha can benefit Western game developers. *GameIndustry.biz*, 18 jul. 2017. Disponível em: https://bit.ly/3f58nEU. Acesso em: 20 nov. 2020.

Houve reações, especialmente da *Entertainment Software Association* ("ESA"), maior agrupamento de desenvolveras de jogos eletrônicos do planeta, que insistia em dizer que os itens recebidos em modelos algorítmicos de *loot boxes* não possuem, em si, valor econômico, não podendo ser equiparados às apostas.[4] A justificativa, convenientemente, se baseava no fato de o acesso a essas *loot boxes* realmente não ser pago, mas limitado em relação ao número de tentativas gratuitas (por exemplo, 1 *loot box* por dia)[5], e exigindo, aí sim, pagamento para novas tentativas.

Não obstante, a pressão pela expedição de regulamentos surtiu efeitos: cronometrada para coincidir com um grande *workshop*, em setembro de 2019, a ESA divulgou um comunicado à imprensa, declarando que os principais editores de jogos e operadores de plataformas – todos membros da própria entidade –, Sony PlayStation, Microsoft Xbox/Windows e Nintendo, em 2020, divulgariam, voluntariamente, informações sobre a relativa raridade ou probabilidade de se obter itens virtuais aleatórios em seus jogos.[6]

A triste constatação que se extrai desses eventos é a de que grandes empresas, de fato, operam nas zonas cinzentas e de obscuridade regulatória, e empreendem esforços para driblar qualquer intuito de normatização[7]. Modelos negociais são desenvolvidos e explorados nesses mercados, e o universo dos videogames, como mencionado anteriormente, é uma enorme fonte de lucro em todo o globo.

As dificuldades do Estado de se preparar para regular e coibir abusos dessa estirpe revela a premência de um debate em torno da necessidade de aprimoramento da legislação consumerista – tema amplo o suficiente para outro estudo –, mas, no intuito de ilustrar os desdobramentos práticos disso, serão apresentados alguns exemplos de práticas relacionadas às microtransações, que, *a priori*, são lícitas, mas que podem se convolar em abusividades.

Nessa seara, imprescindível reconhecer que a oferta de tais jogos pode afrontar não somente a legislação penal sobre os jogos de azar, como também o Código de Defesa do Consumidor.

Sabe-se, com fundamento no art. 6º, inciso III, da lei consumerista, que é direito básico do consumidor o direito à informação quanto ao produto e serviço colocado no mercado de consumo, com a sua respectiva descrição para que o consumidor tenha plena ciência do conteúdo que está adquirindo.

---

4. WRIGHT, Dickinson. Video Game Industry Responds to Regulation of Pay-To-Win Microtransactions and Loot Boxes. *Lexology*, 4 set. 2019. Disponível em: https://bit.ly/3hzBUYY. Acesso em: 20 nov. 2020.

5. BOGOST, Ian. *Persuasive games*: the expressive power of videogames. Cambridge: The MIT Press, 2007. p. 150. Comenta: "Within the contemporary media environment, both advertiser and consumer are conscious of advertising and consumption as a symbolic practice. Essentially, consumers have become aware that advertisers market to get them to buy, not to answer to their needs."

6. THIER, Dave. Under threat of legislation, Sony, Microsoft and Nintendo agree to force loot box odds disclosure. *Forbes*, 7 ago. 2019. Disponível em: https://bit.ly/39ygbxK. Acesso em: 20 nov. 2020.

7. Conferir, sobre o tema, VAN BOOM, Willem H. Price intransparency, consumer decision making and European consumer law. *Journal of Consumer Policy*, Berlim/Heidelberg, v. 34, p. 359-376, 2011.

A prática também é contrária aos artigos 30 e 31 do Código de Defesa do Consumidor, relativos à oferta de produtos e serviços no mercado de consumo. Para a lei consumerista, a oferta é declaração unilateral de vontade e caracteriza obrigação pré-contratual, gerando vínculo com o fornecedor e, automaticamente, proporcionando ao consumidor a possibilidade de exigência daquilo que foi ofertado.

A oferta é conceituada no art. 30 do Código de Defesa do Consumidor: "Toda informação ou publicidade, suficientemente precisa, veiculada por qualquer forma ou meio de comunicação com relação a produtos e serviços oferecidos ou apresentados, obriga o fornecedor que a fizer veicular ou dela se utilizar e integra o contrato que vier a ser celebrado."

Da leitura do dispositivo legal, observa-se a necessidade de dois requisitos básicos que devem estar presentes para que a oferta vincule o fornecedor: a *veiculação* e a *precisão da informação*[8]. O art. 30 do Código de Defesa do Consumidor modifica e amplia consideravelmente a noção de oferta, se comparada com o conceito de oferta do direito civil. As informações dadas integram o contrato (art. 48 do CDC), e serão consideradas ofertas vinculantes, faltando apenas a aceitação do consumidor.

Além disso, exige o art. 31 do Código de Defesa do Consumidor que a oferta contenha informações corretas, claras, precisas, ostensivas e em língua portuguesa sobre as características, qualidades, quantidade, composição, preço, garantia, prazos de validade e origem, entre outros dados, bem como sobre os riscos que os produtos e serviços apresentem à saúde e à segurança dos consumidores.

O princípio que rege a oferta é o da *veracidade*. As informações devem ser verdadeiras, corretas e claras para o consumidor. Os anúncios, no rádio, na televisão, nos *outdoors*, nas revistas, nos jornais e em outros meios de comunicação, têm por objeto alcançar o público-alvo e estimulá-lo ao consumo de produtos e serviços, que devem corresponder às legítimas e normais expectativas dos consumidores, tal como veiculados. Fica reconhecida, mais uma vez, a situação de vulnerabilidade do consumidor (art. 4º, III) e o respeito ao princípio da boa-fé.

Na seara do entretenimento, é fundamental que os requisitos da oferta sejam cumpridos a fim de esclarecer aos consumidores todos os aspectos relevantes que concernem ao produto. A clareza dessas informações é que demonstrará a lisura e transparência do fornecedor ao colocar o entretenimento no mercado de consumo.

Vale notar, nesse passo, que a fixação do preço é da essência do negócio jurídico, razão pela qual todo fornecedor deve oferecer os produtos e serviços no mercado de

---

8. "O art. 30 traduz a preeminência do princípio da boa-fé, notadamente na fase pré-contratual. Ao fornecedor não é permitido cativar a adesão volitiva do consumidor às suas proposições negociais senão através de expedientes pautados pela objetividade e lealdade. Tudo o que expuser com o intuito de cooptar o consumidor tem caráter vinculativo ainda antes da consumação do negócio jurídico, podendo ser manejados os instrumentos processuais hábeis à implementação das proposições realizadas, inclusive com o apoio da tutela cominatória, consoante inteligência dos arts. 35 e 84 do CDC". OLIVEIRA, James Eduardo. *Código de Defesa do Consumidor*. 5. ed. São Paulo: Atlas, 2011. p. 381.

consumo com a exposição correta e clara sobre o valor a ser cobrado. Tanto é assim que a Lei 10.962/2004 regulamenta a oferta e a forma como o preço deve ser exposto aos consumidores para que não haja exploração das suas vulnerabilidades[9].

Evidentemente, o preço de cada uma das microtransações deveria constar da oferta de forma clara, expressa e ostensiva, incluindo eventual "tabela" com as operações, chances de sucesso e eventual nível de dificuldade, levando em consideração a idade do jogador.

Tais informações devem constar da "rotulagem" do entretenimento, tal como o biscoito recheado e a massa de tomate vendida no supermercado. Somente mediante o conjunto de claras informações apresentadas pelo fornecedor é que os consumidores (ou seus pais, caso os jogos sejam voltados para crianças) poderão escolher, de forma adequada, conforme suas vontades e preferências pessoais, de forma livre e espontânea.

A ausência dessas informações pode gerar o dever de indenizar os consumidores[10], com aplicação da pena privada prevista no art. 35 do Código de Defesa do Consumidor. É possível, ainda, a aplicação de penalidades administrativas previstas nos arts. 55 e 56 do mesmo diploma legal, caso as sanções administrativas do Estatuto da Criança e do Adolescente.

Ademais, conforme o Código de Defesa do Consumidor, a ausência ou as informações insuficientes pode caracterizar *vício do produto* conforme o art. 18 da lei consumerista. O vício do produto o torna impróprio ao consumo, produz a desvalia, a diminuição do valor e frustra a expectativa do consumidor. Caso o produto inserido no mercado de consumo apresente vícios, deve o fornecedor ressarcir o consumidor pelos prejuízos causados, lembrando que o Código de Defesa do Consumidor adotou a teoria da responsabilidade objetiva, razão pela qual o consumidor não precisa provar a culpa do fornecedor para o recebimento da indenização.

---

9. Conforme prevê o artigo 2º da mencionada lei, "[s]ão admitidas as seguintes formas de afixação de preços em vendas a varejo para o consumidor: I – no comércio em geral, por meio de etiquetas ou similares afixados diretamente nos bens expostos à venda, e em vitrines, mediante divulgação do preço à vista em caracteres legíveis; II – em auto-serviços, supermercados, hipermercados, mercearias ou estabelecimentos comerciais onde o consumidor tenha acesso direto ao produto, sem intervenção do comerciante, mediante a impressão ou afixação do preço do produto na embalagem, ou a afixação de código referencial, ou ainda, com a afixação de código de barras; III – *no comércio eletrônico, mediante divulgação ostensiva do preço à vista, junto à imagem do produto ou descrição do serviço, em caracteres facilmente legíveis com tamanho de fonte não inferior a doze*. Parágrafo único. Nos casos de utilização de código referencial ou de barras, o comerciante deverá expor, de forma clara e legível, junto aos itens expostos, informação relativa ao preço à vista do produto, suas características e código". (grifo nosso).

10. "Dessa forma, mesmo que o produto não apresente defeito, a falha na transmissão de informação poderá ser penalizada, pois a informação não corresponde ao produto vendido ou serviço prestado, não sendo, portanto, o que o consumidor se propôs a contratar. Em acréscimo, a informação, por tutelar outros bens jurídicos, não pode ser simplesmente repassada, deve ser compreendida" AZEVEDO, Marta Britto de. O consumidor consciente: liberdade de escolha e segurança. *Revista de Direito do Consumidor*, São Paulo, v. 67, jul. 2008. p. 197.

3. PRÁTICAS COMERCIAIS ABUSIVAS E O MERCADO DE JOGOS ELETRÔNICOS

As práticas abusivas estão previstas no art. 39 do Código de Defesa do Consumidor, cujo rol é apenas exemplificativo e manifesta reprovação apenas às hipóteses em que o consumidor tem a sua liberdade de escolha cerceada e, por razões diversas, não consegue adquirir o produto ou serviço que deseja (tal como descrito no art. 39, III, que prevê a recusa de atendimento à demanda dos consumidores), ou, de alguma forma, é obrigado a adquirir produto ou serviço que não desejava (tal como descrito no art. 39, I, que prevê a malfadada "venda casada")[11].

Ademais, podem ser consideradas práticas comerciais abusivas quaisquer ações que manipulem o consumidor sem que ele perceba ou com elementos subliminares, de difícil cognição ou compreensão.

Sendo o rol do art. 39 exemplificativo, além das condutas ali descritas, outras hipóteses podem ser consideradas práticas abusivas. De fato, o mercado de consumo é mutável e o processo legislativo, via de regra, tem dificuldades de acompanhar e regular, com a agilidade necessária, as transformações necessárias para efetivar a proteção do consumidor, especialmente quando se trata de novas tecnologias.

Vale notar que nada impede que a Secretaria Nacional de Defesa do Consumidor (SENACON) regulamente o art. 39, trazendo outras hipóteses expressas de práticas comerciais que podem ser consideradas abusivas no mercado consumidor brasileiro, observando-se, por óbvio, os parâmetros desenhados na Lei de Liberdade Econômica.

Em relação ao mercado de jogos eletrônicos, muitos são os desafios a serem enfrentados para a adequada regulação do setor. Cite-se como exemplo as classificações indicativas de jogos eletrônicos que sequer foram previstas no Estatuto da Criança e do Adolescente e, hoje, seguem a regulamentação interna estabelecida pela Portaria n. 1.189/2018 do Ministério da Justiça. E, para os jogos digitais, os parâmetros internacionais definidos pela coligação internacional denominada *International Age Rating Coalition* (IARC).[12] De se notar, ainda, que a regulamentação levada a efeito pelo Ministério da Justiça é alterada de tempos em tempos, o que demonstra a necessidade de atualização constante por parte do órgão regulador.

Embora o Código de Defesa do Consumidor não tenha sido absolutamente expresso em todas as possibilidades de práticas comerciais relativas aos jogos eletrônicos (ou em nenhuma situação), há definições que podem perfeitamente nortear

---

11. Nesse passo, Guilherme Fernandes Neto, que após referir sobre a formação histórica do conceito de abuso de direito, identifica-o em relação ao direito do consumidor, a partir de cinco critérios, quais sejam: a *desproporcionalidade*; o *desvio da função social*; o *desvio da função econômica*; a *incompatibilidade com a equidade*; e a *incompatibilidade com a boa-fé*". FERNANDES NETO, Guilherme. *Curso de direito do consumidor*. 6. ed. São Paulo: Ed. RT, 2016. p. 307.

12. *In verbis*: "Art. 35. Os jogos eletrônicos e aplicativos distribuídos apenas por meio digital são dispensados de prévio requerimento ao Departamento de Promoção de Políticas de Justiça, desde que autoclassificados no sistema internacional de classificação etária, conhecido por *International Age Rating Coalition* (IARC)".

a interpretação das práticas abusivas para os casos em estudo. São elas: i) aproveitamento da hipervulnerabilidade do consumidor (art. 39, IV); ii) elevação de preço dos produtos sem justa causa e; iii) inobservância das normas técnicas.

3.1 Aproveitamento da hipervulnerabilidade do consumidor

Estabelece o art. 39, inciso IV, do CDC que constitui prática abusiva "prevalecer-se da fraqueza ou ignorância do consumidor, tendo em vista sua idade, saúde, conhecimento ou condição social, para impingir-lhe seus produtos ou serviços".

A vulnerabilidade do consumidor é presumida (art. 4º, do CDC), razão pela qual deve o fornecedor valer-se de práticas comerciais que respeitem esta condição do consumidor, deixando de levar a efeito práticas comerciais que o manipulam ou explorem. A *vulnerabilidade* é qualidade presumida e distintiva do consumidor. Só existe o Código de Defesa do Consumidor porque existe a vulnerabilidade do consumidor.[13]

A doutrina aponta quatro tipos de vulnerabilidade do consumidor, quais sejam:

Técnica: o consumidor não possui conhecimentos específicos sobre o objeto que está adquirindo, tanto no que diz respeito às características do produto quanto no que diz respeito à utilidade do produto ou serviço;

Informacional: considera o consumidor pessoa carente de informações sobre os diferentes tipos de produtos e serviços inseridos no mercado de consumo, razão pela qual ficará mais exposto, portanto, vulnerável, frente ao fornecedor. É certo que quanto mais informado e educado estiver o consumidor, melhor será sua condição para exercer suas escolhas, e estará menos vulnerável na relação de consumo[14];

---

13. "Outro papel que podemos atribuir à antropologia seria oferecer uma nova forma de interpretar as decisões e os fatos jurídicos. Uma renovada análise à luz da antropologia seria extremamente útil para propiciar uma compreensão diferente dos fatos, conferindo ao direito outras perspectivas. Se olharmos mais de perto o comportamento do consumidor, utilizando a lente antropológica, compreenderemos melhor o próprio direito do consumidor. Como exemplo, observemos a vulnerabilidade do consumidor. Ela é o principal elemento que justifica tanto a existência do marco regulatório consumerista quanto a diferença de tratamento jurídico entre consumidores e fornecedores. A vulnerabilidade é uma característica que denota fragilidade e que presume a desigualdade de condições entre as partes da relação de consumo. Com a evolução do direito e o seu uso, a jurisprudência e a doutrina observaram que havia diferentes elementos que justificavam qualificar o consumidor como vulnerável. Trata-se, assim, de um conceito que também foi definido pela observação. O que novamente remete à importância da análise do comportamento do consumidor para o estabelecimento e a constante atualização desse ramo do direito" CORDEIRO, Carolina Souza. O comportamento do consumidor e a antropologia da linguagem. *Revista de Direito do Consumidor*, São Paulo, v. 84, out. 2012. p. 45.

14. "Acerca da *vulnerabilidade informacional*, cumpre registrar que a sociedade atual denota com clareza que é na informação que se concentra o poder. Um intenso fator de desequilíbrio, nesse caso, atinge o consumidor, que tem o *minus* da informação, o que impõe ao fornecedor, o *expert* da cadeia de consumo, a adoção de aparatos que compensem esse novo fator de risco para a sociedade, em especial, aos consumidores. Assim, é dever do fornecedor compartilhar aquilo que somente ele sabe acerca do produto ou do serviço, desde os primórdios de um processo de elaboração de bens, até a definição de elementos negociais inseridos nos contratos entabulados com os consumidores". SCHMITT, Cristiano Heineck. *Consumidores hipervulneráveis*: a proteção do idoso no mercado de consumo. São Paulo: Atlas, 2014. p. 207.

Jurídica: reconhece o legislador que o consumidor não possui conhecimentos jurídicos, de contabilidade ou de economia para esclarecimento, por exemplo, do contrato que está assinando ou se os juros cobrados estão em consonância com o combinado;

Fática (ou *socioeconômica*): baseia-se no reconhecimento de que o consumidor é o elo fraco da corrente, e que o fornecedor encontra-se em posição de supremacia, sendo o detentor do poder econômico.[15]

Não há necessidade de todas as espécies de vulnerabilidade estarem presentes na relação de consumo. Basta que esteja presente uma delas para que se reconheça a vulnerabilidade do consumidor. A qualificação técnica ou jurídica do consumidor não lhe retira a qualidade de *vulnerável*, uma vez que fica mantida a vulnerabilidade fática (econômica). É certo que os consumidores bem-informados e com qualificação técnica e jurídica podem continuar sendo vulneráveis aos apelos do mercado de consumo, considerando-se o fato de que o fornecedor é o detentor do poder econômico.[16]

A hipervulnerabilidade de alguns consumidores já foi amplamente analisada pela doutrina.[17] A proteção do vulnerável não ocorre somente no Código de Defesa do Consumidor. Tem-se, por exemplo, na Constituição da República, a proteção do trabalhador, do idoso, da criança, do adolescente e do jovem – figuras consideradas igualmente hipervulneráveis.[18]

Nas relações de consumo, é possível considerar que todos os consumidores são vulneráveis, mas alguns são 'mais vulneráveis que os outros', necessitando de proteção maior do que os consumidores em geral. São eles as pessoas portadoras de deficiência, os idosos, as crianças e os adolescentes, que possuem proteção especial na Magna Carta.

O prefixo *hiper* (do grego *hypér*), designativo de 'alto grau' ou daquilo que excede a medida normal, acrescido da palavra *vulnerável*, quer significar que alguns consumidores possuem vulnerabilidade maior do que a medida normal, em razão

---

15. MARQUES, Cláudia Lima. *Contratos no Código de Defesa do Consumidor*. 5. ed. São Paulo: Ed. RT, 2006. p. 320.

16. No mesmo sentido: "The situation affects the involvement of consumers, which defines the relationship between consumers and product or service. The level of involvement frames the decision process for consumers: the more involvement frames the decision process for consumers: the more information and use it in a critical and rational decision process and vice versa. Effective consumer protection has to differentiate between different consumer situations in order to find a balance between consumer protection and unnecessary costs for business. Behavioural studies can support the legal system in its task of establishing an effective consumer protection law, because asymmetries in contract relations and the consumer's bounded and limited rationality both have to be considered" SCHÜLLER, Bastian. The definition of consumers in EU consumer law. In: DEVENNY, James; KENNY, Mel (Eds.). *European consumer protection*: theory and practice. New York: Cambridge University Press, 2012. p. 141.

17. DENSA, Roberta; NISHIYAMA, Adolfo Mamoru. A proteção dos consumidores hipervulneráveis. *Revista de Direito do Consumidor*, São Paulo, v. 76, p. 13-45, out.-dez. 2010.

18. A "hipervulnerabilidade" foi utilizada por Herman Benjamin: (STJ, 2ª Turma, REsp 1.064.009/SC, Rel. Min. Herman Benjamin, *DJ* 04.08.2009).

de certas características pessoais. Os hipervulneráveis possuem tratamento especial, tendo como fonte direta nosso ordenamento jurídico.[19]

A criança e o adolescente são, portanto, hipervulneráveis, apresentando especial vulnerabilidade técnica, jurídica, econômica e informacional, sendo necessária uma proteção diferenciada de seus interesses no mercado de consumo.

Em relação ao mercado de jogos eletrônicos, em especial nas microtransações, a criança e o adolescente nem sempre estão cientes dos valores envolvidos e da necessidade de pagamento para que elas possam usufruir plenamente do produto adquirido. Pior, conforme se verá a seguir, as informações em relação à oferta nem sempre são claras para que os pais possam fazer escolhas conscientes.

Modelo de negócio recorrente nesse mercado de *games* é o das estruturas *free-to-play*, nas quais não se cobra para que o consumidor-jogador tenha acesso ao *software*, mas lhe são impostas barreiras quando pretenda progredir. Isto ocorre, como já se antecipou nas considerações introdutórias, em razão de uma descalibragem do nível de dificuldade dos desafios. É permitida a tentativa – supostamente aleatória – de obtenção de um prêmio (*loot box*), mas, ao revés, o progresso é lento e tormentoso em função de uma descalibragem do nível de dificuldade para o avanço no jogo. Não obstante, é convenientemente oportunizada a possibilidade de percorrer 'atalhos' no progresso mediante microtransações pagas.

Essa prática é chamada de '*pay to win*' (pague para vencer), pois o estímulo às microtransações parte da sensação de incompletude que a alta dificuldade impõe ao atingimento do êxito no jogo eletrônico e, essencialmente, representa um modelo manipulativo, decorrente dos *nudges*, que, para esta prática comercial, já estão até mesmo patenteados![20]

---

19. DENSA, Roberta; NISHIYAMA, Adolfo Mamoru. A proteção dos consumidores hipervulneráveis. *Revista de Direito do Consumidor*, São Paulo, v. 76, p. 13-45, out.-dez. 2010. p. 19.

20. Confira-se o seguinte estudo compreensivo de 13 patentes pertencentes à Google, Inc. sobre algoritmos de monetização em videogames, a partir de microtransações, com impactos psicológicos que geram dependência (vício) e conduzem a uma condição que a Psicologia tem denominado de '*gaming disorder*': KING, Daniel L.; DELFABBRO, Paul H.; GAINSBURY, Sally M.; DREIER, Michael; GREER, Nancy; BILLIEUX, Joël. Unfair play? Video games as exploitative monetized services: An examination of game patents from a consumer protection perspective. *Computers in Human* Behavior, Londres: Elsevier, v. 101, p. 131-143, dez. 2019, p. 131. Os autores descrevem, no resumo: "Video games as a consumer product have changed significantly with the advent of in-game purchasing systems (e.g., microtransactions, 'loot boxes'). This review examines consumer protections related to in-game purchasing by anticipating some of the potential design strategies that might contribute to higher risk consumer behavior. Attention was directed towards the analysis of patents for potential in-game purchasing systems, with 13 identified on Google Patents. The design features were analyzed in relation to the consumer rights and guarantees described in the terms of use agreements of the patent assignees. The analysis revealed that some in-game purchasing systems could be characterized as unfair or exploitative. These systems describe tactics that capitalize on informational advantages (e.g., behavioral tracking) and data manipulation (e.g., price manipulation) to optimize offers to incentivize continuous spending, while offering limited or no guarantees or protections (e.g., refund entitlement), with the potential to exploit vulnerable players (e.g., adolescents, problematic gamers). These findings are critically discussed in relation to behavioral economics, addiction psychology, and the clinical conceptualization of gaming disorder. Appropriate policy and consumer protection measures,

Nesse contexto, os jogos usualmente envolvem a participação comunitária (on-line) de outros jogadores. O espírito competitivo entre pares é um dos fatores de estímulo ao investimento de dinheiro nas microtransações que viabilizam a um determinado consumidor a sensação de êxito e saciedade pela superação dos demais.[21]

Jogos mais contemporâneos passaram a se basear na estrutura de microtransações para potencializar seus lucros (uma vez que o *software* base, diferentemente dos exemplos anteriores, não é gratuito; paga-se um preço relativamente alto pela licença).

No contexto das microtransações, o problema das "*loot boxes*" chega a assustar. Um exemplo curioso ocorreu em 2019: enquanto tentavam a 'sorte' com microtransações no jogo eletrônico de futebol FIFA 2019, da desenvolvedora Electronic Arts, quatro crianças britânicas esvaziaram as contas bancárias de seus pais comprando pacotes de cartas virtuais colecionáveis em busca da mais valiosa delas, uma carta do jogador argentino Lionel Messi. Uma das crianças chegou a gastar £550 (quinhentas e cinquenta libras esterlinas) em operações de débito que deixaram as contas bancárias de seus pais desprovidas de fundos, e, mesmo assim, a carta almejada não foi obtida![22]

Há, naturalmente, um desafio regulatório a ser enfrentado[23], mas que, certamente, não se esgotará com a edição de uma legislação definitiva para coibir tais práticas, uma vez que estão sempre sendo recicladas e reformuladas as estruturas algorítmicas implementadas por essas empresas para potencializar seus lucros a partir da exploração de vulnerabilidades ligadas à atenção.

3.2 Elevação do preço de produtos e serviços

Já foi dito que a exposição do preço é elemento essencial da oferta. Toda oferta deve ter o preço estampado para que os consumidores possam fazer as suas escolhas de forma livre e consciente, sem que sejam manipulados pelo fornecedor. Vale notar que a formação e fixação de preço também é essencial para a manutenção da concorrência e da saudável economia de mercado.

A elevação de preço de produto ou serviço, sem justa causa, também constitui prática abusiva (art. 39, X, CDC). Ainda que a Constituição adote um sistema de

---

psychologically informed interventions, and ethical game design guidelines are needed in order to protect the interests and wellbeing of consumers."

21. LUZ, Alan Richard. Gamificação, motivação e a essência do jogo. In: SANTAELLA, Lucia; NESTERIUK, Sérgio; FAVA, Fabrício (Orgs.). *Gamificação em debate*. São Paulo: Blucher, 2018. p. 49. Comenta: "Abordar apenas as recompensas de um sistema é como tratar uma doença apenas pelos seus sintomas: o paciente melhora, mas a doença continua lá. Pensar na teoria da autodeterminação pode ser um bom ponto de partida, e verificar se você tras em seu processo as três necessidades básicas humanas gera plataformas gamificadas mais duradouras."

22. YEOH, Angelin. UK dad slams 'FIFA 19' loot boxes after children spend over RM2,800 trying to get Lionel Messi. *The Star*, 10 jul. 2019. Disponível em: https://bit.ly/3fb8Dm9. Acesso em: 20 nov. 2020.

23. McCAFFREY, Matthew. The Macro Problem of Microtransactions: The Self-Regulatory Challenges of Video Game Loot Boxes. *Business Horizons*, Bloomington, Ahead of Print, p. 1-28, 2019. Disponível em: https://ssrn.com/abstract=3309612. Acesso em: 20 nov. 2020.

liberdade de preços, há a possibilidade de intervenção do Estado, com a finalidade de manter o equilíbrio das relações e correção das assimetrias de informação.

Não se trata de cumprimento de tabelamento de preços, mas de aumento abusivo de preços e, consequentemente, eventual aumento arbitrário dos lucros. Ademais, a norma em comento está em consonância com o disposto no art. 173, § 4º, da Constituição da República, ao reprimir o abuso de poder econômico e o aumento arbitrário dos lucros.

Cumpre ressaltar, também, que o art. 21, XXIV, da Lei 8.884/94 caracteriza como infração à ordem econômica a imposição de preços excessivos ou o aumento, sem justa causa, do preço de bem ou serviço.

O assunto é polêmico, uma vez que a própria Constituição garante a liberdade econômica como fundamento da ordem econômica. Nesse sentido, Daniel Dias, Rafaela Nogueira e Carina de Castro Quirino, debatem o tema e sugerem uma interpretação do dispositivo à luz do regramento constitucional. Para os autores, a lei proíbe a discriminação de preços entre consumidores, sem justa causa, vedando que o fornecedor cobre preços diferentes sem que haja justificativa. E continuam:

> Em especial, a prática abusiva se configura quando o fornecedor cobra de um consumidor um preço mais elevado (= eleva o preço) do que o cobrado para os demais consumidores, sem que haja justa causa para essa discriminação. Essa interpretação garante ao dispositivo legal a sua constitucionalidade e a sua utilidade prática.
>
> À luz dessa interpretação, o art. 39, X, do CDC é constitucional porque não viola direta ou indiretamente nenhuma norma da Constituição Federal, com destaque para a livre-iniciativa e a livre-concorrência. Mas, além disso, trata-se de interpretação que concretiza o princípio constitucional da igualdade (art. 5º, caput, da CF). Assim interpretado, o art. 39, X, do CDC impõe aos fornecedores que cobrem o mesmo preço dos consumidores em situação de igualdade e os autoriza a cobrar preços diferentes quando os consumidores estiverem em situação de desigualdade compatível com tal discriminação, ou seja, quando houver justa causa.
>
> Essa interpretação confere também utilidade prática ao art. 39, X, do CDC. Ao cobrar preços distintos dos consumidores sem que haja justa causa, o fornecedor incorre em prática abusiva por aplicação do art. 39, X, do CDC. Esse dispositivo passa a ser determinante para a resolução desse problema, não mais sendo aplicado somente a reboque, por exemplo, do art. 39, V, do CDC.
>
> A percepção de que, à luz desse entendimento, o art. 39, X, do CDC concretiza o princípio constitucional da igualdade pode gerar, todavia, dúvidas sobre a sua utilidade. Afinal, se o dispositivo concretiza o princípio constitucional da igualdade, mas esse princípio é aplicável diretamente às relações entre particulares, o art. 39, X, do CDC poderia ser tido como dispensável. Esse não é, todavia, o caso, pois mesmo os defensores da eficácia direta dos direitos fundamentais reconhecem ser preferível que essa incidência seja mediada por lei e que as opções do legislador devem ser respeitadas.[24]

---

24. DIAS, Daniel; NOGUEIRA, Rafaela; QUIRINO, Carina de Castro. Vedação à discriminação de preços sem justa causa: uma interpretação constitucional e útil do art. 39, X, do CDC. *Revista de Direito do Consumidor*, São Paulo, v. 121, p. 51-97, jan.-fev. 2019.

Os valores das microtransações são impostos aleatoriamente, sem que haja qualquer possibilidade de ser analisado pelo consumidor (e pelo próprio Estado) se as regras relativas à variação de preço estão ou não sendo observadas pelos fornecedores.

3.3 Inobservância de normas técnicas

O art. 39, inciso VIII, do CDC classifica como prática abusiva a colocação no mercado de consumo de qualquer produto ou serviço em desacordo com as normas expedidas pelos órgãos oficiais competentes ou pela Associação Brasileira de Normas Técnicas ou outra entidade credenciada pelo Conselho Nacional de Metrologia, Normatização e Qualidade Industrial (CONMETRO).

Há produtos e serviços que devem obedecer a padrões técnicos de qualidade para garantir ao consumidor a plenitude dos direitos básicos inseridos no rol do art. 6°, como o direito à proteção da vida, saúde e segurança e o direito à informação adequada e clara sobre os diferentes produtos e serviços colocados no mercado de consumo.

Destarte, não pode o fornecedor, por exemplo, colocar no mercado de consumo brinquedos em desacordo com as normas técnicas da ABRINQ, ou comercializar medicamentos sem o devido registro na Agência Nacional de Vigilância Sanitária.

Da mesma forma, os jogos eletrônicos só podem ser colocados no mercado de consumo com a respectiva classificação indicativa (conforme acima mencionamos), respeitando os parâmetros relativos ao conteúdo dos jogos eletrônicos ou desconsiderando a maior vulnerabilidade da criança e do adolescente ao usufruir do produto.

O ideal, nos parece, seria considerar as microtransações para os fins de classificação indicativa, já que o uso de algoritmos pode ter alguma relação com os jogos de azar conforme dissemos.

4. CONSIDERAÇÕES FINAIS

O modelo negocial que envolve as *loot boxes* e os *gacha games* (estes de origem japonesa) tiveram seu apogeu na primeira metade do século XXI e, embora somente um país – o próprio Japão – tenha coibido expressamente seu implemento, equiparando tais práticas aos jogos de azar, o que se notou desde então foi grande incremento das práticas comerciais aplicáveis aos *games*, com destaque para as chamadas microtransações, mas com novas nomenclaturas, sutilezas e peculiaridades próprias, que lhe atribuem licitude contextual capaz de elidir os rigores da legislação consumerista.

A Internet é ambiente naturalmente difícil de se regular e fiscalizar, mas isso não pode se convolar em uma carta branca às desenvolvedoras de jogos. É preciso que práticas de autorregulação sejam exigidas para que efetivo *compliance*, em coalizão internacional – por ser o mercado dos jogos, realmente, um mercado que tem penetração em quase todos os países – voltada ao rigor fiscalizatório de plataformas, programas e desenvolvedoras.

As microtransações, quando explorem vulnerabilidades ínsitas à condição de pessoas em desenvolvimento da criança e de alguns adolescentes ou outros consumidores que, pelo amparo que a Constituição da República lhes confere, são hipervulneráveis, são plenamente tuteláveis pelo Código de Defesa do Consumidor brasileiro e podem revelar abusividades, com consequências variadas.

Impõe-se a observância da normatização técnica e o amplo respeito aos parâmetros de proteção mencionados – inclusive a partir da divulgação clara, inequívoca e ostensiva quanto à oferta – para que a licitude de tais práticas prevaleça.

5. REFERÊNCIAS

AKIMOTO, Akky. Japan's social-gaming industry hindered by government's anti-gambling move. *The Japan Times*, 16 maio 2012. Disponível em: https://bit.ly/2BBQArq. Acesso em: 20 nov. 2020.

AZEVEDO, Marta Britto de. O consumidor consciente: liberdade de escolha e segurança. *Revista de Direito do Consumidor*, São Paulo, v. 67, jul. 2008.

BOGOST, Ian. *Persuasive games*: the expressive power of videogames. Cambridge: The MIT Press, 2007.

CORDEIRO, Carolina Souza. O comportamento do consumidor e a antropologia da linguagem. *Revista de Direito do Consumidor*, São Paulo, v. 84, out. 2012.

DENSA, Roberta; NISHIYAMA, Adolfo Mamoru. A proteção dos consumidores hipervulneráveis. *Revista de Direito do Consumidor*, São Paulo, v. 76, p. 13-45, out.-dez. 2010.

DIAS, Daniel; NOGUEIRA, Rafaela; QUIRINO, Carina de Castro. Vedação à discriminação de preços sem justa causa: uma interpretação constitucional e útil do art. 39, X, do CDC. *Revista de Direito do Consumidor*, São Paulo, v. 121, p. 51-97, jan.-fev. 2019.

FERNANDES NETO, Guilherme. *Curso de direito do consumidor*. 6. ed. São Paulo: Ed. RT, 2016.

HEINZE, Johannes. How gacha can benefit Western game developers. *GameIndustry.biz*, 18 jul. 2017. Disponível em: https://bit.ly/3f58nEU. Acesso em: 20 nov. 2020.

KING, Daniel L.; DELFABBRO, Paul H.; GAINSBURY, Sally M.; DREIER, Michael; GREER, Nancy; BILLIEUX, Joël. Unfair play? Video games as exploitative monetized services: An examination of game patents from a consumer protection perspective. *Computers in Human Behavior*, Londres: Elsevier, v. 101, p. 131-143, dez. 2019.

LUTON, Will. *Free 2 play*: making money from games you give away. Indianapolis: New Riders, 2013.

LUZ, Alan Richard. Gamificação, motivação e a essência do jogo. *In:* SANTAELLA, Lucia; NESTERIUK, Sérgio; FAVA, Fabrício (Orgs.). *Gamificação em debate*. São Paulo: Blucher, 2018.

MARQUES, Cláudia Lima. *Contratos no Código de Defesa do Consumidor*. 5. ed. São Paulo: Ed. RT, 2006.

McCAFFREY, Matthew. The Macro Problem of Microtransactions: The Self-Regulatory Challenges of Video Game Loot Boxes. *Business Horizons*, Bloomington, Ahead of Print, p. 1-28, 2019. Disponível em: https://ssrn.com/abstract=3309612. Acesso em: 20 nov. 2020.

OLIVEIRA, James Eduardo. *Código de Defesa do Consumidor*. 5. ed. São Paulo: Atlas, 2011.

SCHÜLLER, Bastian. The definition of consumers in EU consumer law. In: DEVENNY, James; KENNY, Mel (Eds.). *European consumer protection*: theory and practice. New York: Cambridge University Press, 2012.

SCHIMITT, Cristiano Heineck. *Consumidores hipervulneráveis*: a proteção do idoso no mercado de consumo. São Paulo: Atlas, 2014.

THIER, Dave. Under threat of legislation, Sony, Microsoft and Nintendo agree to force loot box odds disclosure. *Forbes*, 7 ago. 2019. Disponível em: https://bit.ly/39ygbxK. Acesso em: 20 nov. 2020.

VAN BOOM, Willem H. Price intransparency, consumer decision making and European consumer law. *Journal of Consumer Policy*, Berlim/Heidelberg, v. 34, p. 359-376, 2011.

WRIGHT, Dickinson. Video Game Industry Responds to Regulation of Pay-To-Win Microtransactions and Loot Boxes. *Lexology*, 4 set. 2019. Disponível em: https://bit.ly/3hzBUYY. Acesso em: 20 nov. 2020.

YEOH, Angelin. UK dad slams 'FIFA 19' loot boxes after children spend over RM2,800 trying to get Lionel Messi. *The Star*, 10 jul. 2019. Disponível em: https://bit.ly/3fb8Dm9. Acesso em: 20 nov. 2020.

PARTE VII
CRIMES DIGITAIS
E PROTEÇÃO DA INFÂNCIA

28
CRIMES DIGITAIS PRATICADOS CONTRA CRIANÇAS E ADOLESCENTES

Alexandre Salim

Doutor em Direito pela Universidade de Roma Tre. Mestre em Direito pela UNOESC. Especialista em Teoria Geral do Processo pela UCS. Professor de Direito e Processo Penal na FESMPMG (Escola Superior do MPMG) e na ESMAFE (Escola Superior da Magistratura Federal do RS). Professor de Direito e Processo Penal no CERS e no Verbo Jurídico. Autor e coautor de publicações jurídicas: Teoria da Norma Penal (Ed. Verbo Jurídico, 2008); Teoria e Prática dos Procedimentos Penais e Ações Autônomas de Impugnação (Ed. Livraria do Advogado, 2009); Questões Relevantes do Direito Penal e Processual Penal (Ed. Lex Magister, 2012); Comentários ao Projeto do Novo Código Penal (Ed. Impetus, 2013); Direito Penal – Volume 1 (Ed. JusPodivm, 2020); Direito Penal – Volume 2 (Ed. JusPodivm, 2020); Direito Penal – Volume 3 (Ed. JusPodivm, 2020); OAB 1ª Fase Esquematizado (Ed. Saraiva, 2020). Ex-Delegado de Polícia no Rio Grande do Sul. Promotor de Justiça no Rio Grande do Sul.

Leonardo Castro

Professor em cursos de graduação, de pós-graduação e em preparatórios para concursos públicos. Servidor público, foi aprovado, dentro das vagas, em mais de um concurso – dentre eles, o de analista judiciário e o de delegado de polícia civil. Atuou como defensor público.

Sumário: 1. Introdução – 2. Crimes de pedofilia – 3. Adolescentes – 4. A questão das redes sociais – 5. *DEEP WEB* – 6. Infiltração de agentes; 6.1 A, B, C, D, E; 6.2 Autorização judicial; 6.3 Iniciativa; 6.4 Prazo; 6.5 Subsidiariedade; 6.6 Equívoco; 6.7 Sigilo e acesso às informações; 6.8 Identidade oculta; 6.9 Registro público; 6.10 Conclusão da investigação – 7. A questão do estupro virtual – 8. Crimes em espécie; 8.1 Competência; 8.2 Conceito de 'cena de sexo explícito ou pornográfica'; 8.3 Produzir, reproduzir, dirigir, fotografar, filmar ou registrar conteúdo pornográfico envolvendo criança ou adolescente; 8.3.1 Exposição da intimidade sexual; 8.3.2 Condutas; 8.3.3 Concurso de crimes; 8.4 Vender ou expor à venda conteúdo pornográfico envolvendo criança ou adolescente; 8.5 Oferecer, trocar, disponibilizar, transmitir, distribuir, publicar ou divulgar conteúdo pornográfico; 8.6 Adquirir, possuir ou armazenar conteúdo pornográfico envolvendo criança ou adolescente; 8.7 Simular a participação de criança ou adolescente em cena de sexo explícito ou pornográfica; 8.8 Aliciar, assediar, instigar ou constranger criança com o fim de praticar ato libidinoso – 9. Conclusão.

1.   INTRODUÇÃO

Desde o início da pandemia, houve um aumento significativo nos registros de crimes cometidos em ambiente virtual. Muitos fatores podem explicar o fenômeno, mas todos têm por origem um mesmo tronco: o isolamento social e a consequente ampliação do uso da internet como meio de manutenção da normalidade vivida em tempos anteriores. Se, antes, tínhamos um movimento migratório em andamento, do real para o virtual, a pandemia fez com que esses mundos se fundissem, do dia para a noite, sem que se saiba mais onde um ou outro começa ou termina.

Não há dúvida, a fusão do real com o virtual representa inquestionável momento de evolução em nossa história, mas, sob o manto do sigilo, encorajados pela falsa impressão de que a internet é terra sem lei, marginal às regras do mundo físico, criminosos perceberam terreno fértil para a prática de delitos. Com o confinamento social e a ampliação das atividades ordinárias por meio de internet, o problema se agravou, a ponto de o legislador ter de modificar os artigos 154-A, 155 e 171 do CP, que tipificam, respectivamente, a invasão de dispositivo informático, o furto e o estelionato.

Além de estelionatários, uma outra espécie de criminosos, que também se prolifera em ambiente compatível com a atuação sub-reptícia, percebeu a oportunidade proporcionada pela pandemia para a caçada por novas vítimas. Comumente denominados *pedófilos*, esses indivíduos, em regra, não fazem parte de organizações criminosas. Não são *criminosos de carreira*, acostumados com o ambiente de delegacias e fóruns criminais, mas sujeitos comuns, presentes em todos os setores da sociedade. Escondem seus desejos proibidos em abas anônimas do navegador, pois jamais seriam aceitos se revelassem seus segredos.

Os denominados *crimes de pedofilia* podem ser encontrados no artigo 190-A do ECA, que permite a atuação de agentes policiais infiltrados virtuais em combate a esses delitos. Embora nenhum dos delitos do ECA esteja no rol dos crimes hediondos (Lei 8.072/90), algumas daquelas condutas típicas estão entre as mais repelidas. Basta acompanhar as constantes campanhas contra a pedofilia, promovidas, inclusive, pela Administração Pública. No Congresso Nacional, há muitos projetos de lei em andamento para o enfrentamento do problema.

Não obstante a adoção de medidas combativas seja importante, essencial, temos por mais relevante o estudo do fenômeno, o porquê do constante crescimento das condutas tipificadas a partir do artigo 240 do ECA. Muito além da pandemia, estamos diante de situação que jamais deixará de existir. Não se trata de moléstia curável, mas de doença crônica, de mal perene, que tem encontrado no avanço da tecnologia a oportunidade para ampliar seu alcance. Neste texto, trouxemos algumas reflexões sobre esses delitos e o disposto no ECA a seu respeito, bem como a constante evolução, nas últimas três décadas, para que a Lei 8.069/90 permaneça contemporânea.

2. CRIMES DE PEDOFILIA

Dentre os vinte e dois crimes previstos no ECA, alguns deles são praticados, comumente, em ambiente virtual. A partir do artigo 240, é trazida uma série de delitos de natureza sexual contra crianças e adolescentes, conhecidos como *crimes de pedofilia*. De tão difundida a expressão, não é incomum encontrar campanhas – inclusive, governamentais – de *combate à pedofilia*. Embora o interesse sexual por crianças e adolescentes seja tão antigo quanto nossa existência, o termo teria sido

CRIMES DIGITAIS PRATICADOS CONTRA CRIANÇAS E ADOLESCENTES **545**

cunhado apenas em 1896, por Kraft-Ebing, em obra intitulada *Psychopathia Sexualis*, quando tratou da *paedophilia erotica*.

Em tempos atuais, desde a infância, aprendemos a demonizar a atração sexual por crianças e adolescentes. É algo ensinado, incutido em nossa mente. Surge, então, a dúvida: é natural a atração sexual por crianças e/ou adolescentes, mas, por construção social, programamos nosso cérebro para repelir qualquer pensamento nesse sentido? Tratar-se-ia de desordem psiquiátrica, que atinge alguns indivíduos? Para a Organização Mundial de Saúde (OMS), a pedofilia é, de fato, um transtorno da preferência sexual (CID 10 – F65.4). A conclusão simplista, por ora, nos serve.

O critério etário conforta, pois traz parâmetros objetivos e inflexíveis. Para os crimes do ECA, quem tem menos de dezoito anos pode ser vítima – exceto naquele do artigo 241-D, que tem por sujeito passivo somente a criança. Se o agente é, ou não, pedófilo, pouco importa, afinal a doença não faz com que seja reconhecida a inimputabilidade, como disposto no artigo 26, *caput*, do CP. A pergunta feita anteriormente permanece, contudo, sem resposta, e há razão para nos preocuparmos quanto a isso. De acordo com matéria publicada no periódico *The Economist*, o termo *novinha* é o mais procurado por brasileiros em busca de conteúdo pornográfico.

Com base nessa informação trazida pela revista britânica, podemos concluir que os possíveis autores dos crimes do ECA não são apenas membros de fração doente da população. Não estamos tratando de *anormais*, mas do principal interesse de quem consome material pornográfico na internet. Os (possíveis) criminosos do ECA estão entre nós, entre nossos familiares, amigos e colegas de trabalho. Essa conclusão nos força a ter de escolher um caminho: a manutenção do *status* de tabu, que não pode ser questionado, com critérios objetivos, ou a reflexão sobre o enfrentamento de fenômeno, aparentemente natural, embora socialmente reprovável. Até hoje preferimos, em nossa legislação, a primeira opção.

3. ADOLESCENTES

O artigo 2º do ECA define como adolescente quem tem entre doze e dezoito anos de idade (doze completos até dezessete). Quase todos aqueles delitos de natureza sexual têm por vítima criança ou adolescente, exceto o do artigo 241-D, que tem por sujeito passivo somente a criança. Para o Código Penal, vulnerável, para fins sexuais, é a pessoa com menos de catorze anos – ou seja, criança, de qualquer idade, e adolescente, com doze ou treze anos. Podemos dizer, portanto, que existe incoerência entre os dois diplomas legais? Para uma melhor reflexão, vejamos o exemplo do artigo 240 do ECA:

> Art. 240. Produzir, reproduzir, dirigir, fotografar, filmar ou registrar, por qualquer meio, cena de sexo explícito ou pornográfica, envolvendo criança ou adolescente:
>
> Pena – reclusão, de 4 (quatro) a 8 (oito) anos, e multa.

Com base no artigo 217-A do CP, pode-se afirmar que, desde que possua catorze anos de idade, qualquer pessoa pode consentir com a prática de ato sexual.

Um adolescente de quinze anos, por exemplo, pode fazer sexo quando e com quem quiser. Isso não significa, todavia, que esse adolescente possa anuir com o registro, em fotografia, vídeo ou outro meio, da relação sexual. Se um jovem de dezoito anos e outro de dezessete decidem filmar seus encontros sexuais, este será vítima daquele, nos termos do artigo 240 do ECA. Para alguns, a conclusão pode parecer absurda, mas esse é o inevitável desfecho quando adotados critérios etários absolutos.

Ademais, temos de ter em mente que o ECA não tutela, especificamente, a dignidade sexual, objeto de capítulo próprio no Código Penal, mas outros bens jurídicos, como a formação moral da criança ou adolescente, que teve sua intimidade exposta. De qualquer forma, inegavelmente, não estamos tratando de hipóteses de igual gravidade. O legislador poderia ter escalonado as condutas por meio de exasperação da pena. Uma possível solução: penas diversas para as vítimas com menos de doze anos, crianças, conduta mais gravosa; para as vítimas com doze e treze anos, conduta de gravidade intermediária, com pena inferior à anterior; e, por fim, para as vítimas com catorze a dezessete anos, a forma mais branda do delito.

4. A QUESTÃO DAS REDES SOCIAIS

As denominadas redes sociais concretizaram desejo existente desde o começo dos tempos. Pela primeira vez em nossa história, temos uma tecnologia que nos permite o contato com qualquer pessoa do planeta, em tempo real. Esteja alguém em Singapura ou em Patos de Minas, tendo acesso à internet, a conexão com o mundo estará estabelecida. No entanto, da mesma forma como acontece no mundo físico, em que nem todos os lugares são acessíveis a crianças e adolescentes, há – ou deveria haver – limites semelhantes no mundo virtual.

Nos Estados Unidos, sede das maiores redes sociais existentes (*Instagram*, *Facebook*, *Twitter* etc.), a legislação é rigorosa quanto ao acesso de crianças e adolescentes a esses serviços. Em 2011, uma empresa de jogos *on-line*, a *Playdom Inc.*, foi multada em três milhões de dólares por coletar dados de adolescentes menores de treze anos de idade, em violação à *Children's Online Privacy Protection Rule* ("*COPPA*"), cujas determinações são aplicáveis em todos os estados norte-americanos.

No Brasil, no entanto, não se verifica tanto rigor por parte dessas empresas titulares das redes sociais mais populares. Quanto à idade, não é incomum encontrar crianças com perfis nessas redes, seguidas por milhares de pessoas. No tocante ao conteúdo, parece não existir controle do que é produzido. Para ilustrar a reflexão, sempre é mencionado o exemplo da cantora Melody, umas das celebridades mais jovens do país. Se necessários limites do que pode ou não ser publicado por menores de dezoito anos, seu perfil estaria dentro do aceitável? Quando administrado o perfil pelos pais, eventuais limites podem ser flexibilizados? Faz diferença o fato de ser artista?

Para contextualizar o exemplo, uma rápida explicação. A adolescente é famosa desde a infância, quando um dos seus vídeos viralizou nas redes sociais. Atualmente,

CRIMES DIGITAIS PRATICADOS CONTRA CRIANÇAS E ADOLESCENTES | **547**

a jovem Gabriella, seu verdadeiro nome, está com catorze anos de idade. No Instagram, dez milhões de seguidores podem acompanhar seu cotidiano em um álbum com dezenas de fotografias, publicadas desde 2015, quando tinha oito anos de idade. Em muitos desses registros, é possível vê-la em poses sensuais, com roupas decotadas. Podemos ter por parâmetro, quando tratamos de limites, o perfil da cantora? Perguntamos em convite à reflexão, e não em tom de reprovação.

5. *DEEP WEB*

Na denominada *Deep Web*, a pornografia envolvendo crianças e adolescentes reside em outro patamar. Por se tratar de conteúdo não indexado, impossível de ser localizado por mecanismos de busca tradicionais (*Google*, por exemplo), seus mantenedores conseguem evitar que as autoridades públicas o rastreiem. Por meio do navegador *Tor*, qualquer um, sem muito esforço ou conhecimento de informática, pode ter acesso a material pornográfico protagonizado por crianças e adolescentes.

Para coibir condutas delituosas nesses ambientes melhor protegidos, além de atualização do ECA, como ocorreu por meio da Lei 13.441/17, que criou a figura do agente infiltrado virtual, é importante que as forças policiais sejam constantemente atualizadas sobre as novas tecnologias existentes para assegurar o anonimato virtual. Ademais, é de fundamental relevância a cooperação internacional entre os países, em combate às organizações criminosas voltadas à produção e distribuição de material pornográfico com crianças e adolescentes.

6. INFILTRAÇÃO DE AGENTES

Em 2019, jornais de todo o mundo anunciaram a criação de uma força aérea espacial pelo governo dos Estados Unidos. Embora a notícia tenha sido propalada em tom de deboche, como exemplo de devaneio do ex-presidente Donald Trump, há uma boa razão para o uso das forças armadas em ambiente exterior ao nosso planeta: a proteção dos satélites. Sem eles, o governo norte-americano ficaria vulnerável, pois nada restaria além de um modelo de defesa anterior a 1957, quando enviado o primeiro satélite ao espaço. Drones dariam espaço a baionetas.

Por se tratar de um novo campo de batalha, livre dos elementos naturais terrestres, os Estados Unidos perceberam a necessidade de especialização. Da mesma forma, em ambiente virtual, a caçada a criminosos não pode seguir as mesmas técnicas adotadas no mundo físico, *unplugged*. Com o uso de uma rede privada virtual (*Virtual Private Network* ou VPN), o criminoso pode se deslocar da Índia à Alemanha em dois ou três cliques. E não estamos falando de algo restrito a profissionais da tecnologia, mas de um serviço que pode ser contratado por qualquer pessoa. Basta um cartão de crédito.

Para aparelhar nossas polícias na repressão a delitos virtuais, o legislador editou a Lei 13.441/17, que permite e regulamenta a atuação de agentes infiltrados virtuais, meio de obtenção de prova. A alteração é apenas parte da solução do problema, afinal o Poder Público também tem de oferecer treinamento e equipamentos adequados para a presença da polícia na internet – principalmente, em redes sociais. Passo a passo, a ideia de *terra sem lei* caminha rumo à extinção.

6.1   A, B, C, D, E

A infiltração virtual de agentes de polícia está prevista nos artigos 190-A a 190-E do ECA. O assunto é também objeto dos artigos 10-A a 10-D da Lei 12.850/13, que trata das organizações criminosas. Na atuação com fundamento no ECA, que deve ser precedida de autorização judicial, o policial busca elementos informativos que evidenciem a prática dos seguintes delitos:

(a) invasão de dispositivo informático (CP, art. 154-A);

(b) estupro de vulnerável (CP, art. 217-A);

(c) corrupção de menores (CP, art. 218);

(d) satisfação de lascívia mediante presença de criança ou adolescente (CP, art. 218-A);

(e) favorecimento da prostituição ou de outra forma de exploração sexual de criança ou adolescente ou de vulnerável (CP, art. 218-B);

(f) os previstos nos artigos 240 a 241-D do ECA, vistos com maior aprofundamento neste artigo.

6.2   Autorização judicial

A infiltração virtual de agente de polícia depende de prévia autorização judicial (art. 190-A, I). A decisão deve ser circunstanciada, com detalhamento da operação, e fundamentada. Embora essa exigência seja um empecilho, a imposição de limites se faz necessária. Por funcionar como *cavalo de Troia*, o policial infiltrado documenta registros da vida privada dos investigados e, inevitavelmente, de terceiros (conversas, imagens etc.). Em alguns casos, terá de praticar condutas formalmente típicas, a exemplo do armazenamento de pornografia infantil, crime do artigo 241-B. Sem a devida formalização do emprego desse meio de prova, um policial poderia praticar, livremente, alguns dos crimes mencionados no artigo 190-A do ECA, afinal, ao ser pego, bastar-lhe-ia alegar que a conduta se deu na condição de agente infiltrado virtual.

6.3   Iniciativa

Em respeito ao sistema acusatório, não cabe ao juiz, de ofício, autorizar a infiltração virtual. Para que tenha início, o procedimento depende de requerimento do Ministério Público ou de representação do delegado de polícia. Para o deferimento, deve a autoridade pleiteante demonstrar a necessidade da infiltração, que deve ser adotada apenas quando não puder ser produzida a prova por outro meio. Além disso, devem ser expostos o alcance das tarefas do policial, o nome ou apelido da pessoa investigada e, quando possível, os dados de conexão ou cadastrais que permitam a identificação dessas pessoas.

CRIMES DIGITAIS PRATICADOS CONTRA CRIANÇAS E ADOLESCENTES **549**

6.4 Prazo

Em seu inciso III, o artigo 190-A estabelece que a infiltração não poderá exceder o prazo de noventa dias, sem prejuízo de eventuais renovações, desde que o total não exceda a setecentos e vinte dias e seja demonstrada sua efetiva necessidade, a critério da autoridade judicial. Na Lei 12.850/13 (art. 10-A, § 4º), o legislador permitiu o procedimento por até seis meses, com possibilidade de renovações, desde que observado o mesmo limite trazido no ECA, de setecentos e vinte dias. O limite de tempo é característica de todos os procedimentos em que o Poder Público tem de violar a privacidade de particulares. Na interceptação telefônica e na captação ambiental, o procedimento pode perdurar por até quinze dias, admitidas renovações (Lei 9.296/96, arts. 5º e 8º-A, § 3º, respectivamente).

6.5 Subsidiariedade

O § 3º do artigo 190-A afirma a subsidiariedade da infiltração virtual de agentes de polícia. Existindo outro meio de prova, menos invasivo, a infiltração deve ser indeferida. A condição imposta, de não ser a primeira opção para a obtenção da prova, decorre da intrusão à privacidade. Para compreender em que consiste o direito violado, que tem amparo constitucional, basta imaginar que eventuais conversas mantidas pelo policial com investigados e outras pessoas poderão ter por destino os autos de inquérito policial.

6.6 Equívoco

O § 2º do artigo 190-A faz referência ao inciso I do § 1º. No entanto, não há incisos neste parágrafo. De qualquer forma, o § 2º tem serventia, pois se trata de norma meramente explicativa, que define o conceito de *dados de conexão* e *dados cadastrais*: (a) dados de conexão: informações referentes a hora, data, início, término, duração, endereço de Protocolo de Internet (IP) utilizado e terminal de origem da conexão; (b) dados cadastrais: informações referentes a nome e endereço de assinante ou de usuário registrado ou autenticado para a conexão a quem endereço de IP, identificação de usuário ou código de acesso tenha sido atribuído no momento da conexão.

6.7 Sigilo e acesso às informações

O sigilo da infiltração é imprescindível para o sucesso do procedimento. Não faria sentido a participação do investigado. Por isso, o artigo 190-B do ECA restringe o acesso aos autos apenas ao juiz, ao Ministério Público e ao delegado de polícia responsável pela operação. As informações oriundas da infiltração devem ser encaminhadas diretamente ao juiz que autorizou a medida, a quem cabe zelar por seu sigilo. Concluído o procedimento, é assegurado ao advogado do investigado o acesso ao conteúdo documentado.

6.8 Identidade oculta

Obviamente, o policial terá de ocultar sua real identidade enquanto infiltrado. Para assegurar a exclusão da ilicitude da conduta do agente que a oculta, o legislador adicionou o artigo 190-C ao ECA, que assim dispõe: *não comete crime o policial que oculta a sua identidade para, por meio da internet, colher indícios de autoria e materialidade dos crimes previstos nos arts. 240, 241, 241-A, 241-B, 241-C e 241-D desta Lei e nos arts. 154-A, 217-A, 218, 218-A e 218-B do Decreto-Lei 2.848, de 7 de dezembro de 1940 (Código Penal).* Excessos, é claro, não são tolerados, e o agente por eles será responsabilizado.

6.9 Registro público

Para dar sustentáculo à identidade fictícia do agente infiltrado, o artigo 190-D possibilita a inclusão de informações (ex.: nome) em bancos de dados próprios, mantidos por órgãos de registro e cadastro público. Como se trata de atividade criminosa, é natural que o investigado busque a confirmação da identidade fornecida pelo agente infiltrado. Um nome sem qualquer histórico ou registro oficial pode fazer com que o policial não goze da credibilidade necessária para obter êxito em sua investigação. O procedimento deve tramitar em sigilo.

6.10 Conclusão da investigação

Todos os atos eletrônicos praticados durante a operação devem ser documentados e encaminhados ao Ministério Público, acompanhados de relatório circunstanciado, com a descrição do que ocorreu. Os registros produzidos devem ser reunidos em autos apartados e apensados ao processo criminal juntamente com o inquérito policial. A identidade do agente policial deve ser sempre preservada, mesmo após o fim da infiltração.

7. A QUESTÃO DO ESTUPRO VIRTUAL

Em qual momento o aliciamento de criança para fim libidinoso, conduta típica prevista no ECA, deve ser considerado crime contra a dignidade sexual? A linha que separa os delitos é tênue, ainda que praticada a conduta por meio de internet. Embora exista resistência, não há como negar a possibilidade de prática do delito de estupro em ambiente virtual. Isso porque, para que fique caracterizado o crime (CP, arts. 213 e 217-A), é prescindível o toque no corpo da vítima. Aquele que induz pessoa menor de catorze anos à masturbação pratica o crime de estupro de vulnerável, pouco importando o fato de que a conduta se deu remotamente (ex.: por *webcam*). É irrelevante a aferição da presença de violência ou grave ameaça.

Para as vítimas com catorze anos completos ou mais, em que se faz necessária a violência ou a grave ameaça, o estupro virtual encontra maior oposição, pois não

CRIMES DIGITAIS PRATICADOS CONTRA CRIANÇAS E ADOLESCENTES **551**

seria possível o constrangimento a distância. Contudo, não há como concordar com aqueles que pensam dessa forma. Se assim fosse, não seria possível o reconhecimento da extorsão no golpe do *falso sequestro*, quando, por telefone, o criminoso afirma ter um parente da vítima em seu poder – ou seja, mente a respeito da prática do delito de extorsão mediante sequestro (CP, art. 159). Portanto, não há como negar a possibilidade de grave ameaça por via remota, como meio de constrangimento na prática do estupro (CP, art. 213).

8. CRIMES EM ESPÉCIE

8.1 Competência

O fato de um delito ter sido praticado por meio de internet não é suficiente para, por si só, afastar a competência da Justiça Estadual. Em observância ao artigo 109 da Constituição Federal, a competência será da Justiça Federal quando constatada a internacionalidade ou transnacionalidade da conduta. Para o STJ, em relação ao crime do artigo 241-A do ECA, quando cometido o delito por mensagem privada (ex.: WhatsApp), a competência será da Justiça Estadual. Caso, no entanto, seja cometido por meio público, de acesso irrestrito, com potencial para ser alcançado por qualquer pessoa do mundo, a competência será da Justiça Federal.

8.2 Conceito de 'cena de sexo explícito ou pornográfica'

Art. 241-E. Para efeito dos crimes previstos nesta Lei, a expressão "cena de sexo explícito ou pornográfica" compreende qualquer situação que envolva criança ou adolescente em atividades sexuais explícitas, reais ou simuladas, ou exibição dos órgãos genitais de uma criança ou adolescente para fins primordialmente sexuais.

No artigo 241-E, em norma penal explicativa, o ECA conceitua *cena de sexo explícito ou pornográfica*. Quanto ao sexo explícito, não há o que discutir, mas uma ressalva tem de ser feita: a cena de sexo pode ser real ou simulada. Em relação ao que seria pornográfico, o dispositivo fala em exibição dos órgãos genitais de uma criança ou adolescente para fins primordialmente sexuais. Isso significa, necessariamente, que a vítima tem de estar nua? Para o STJ, não (v. Informativo 577). Entende a Corte que a cena com criança ou adolescente em poses nitidamente sensuais, com enfoque em seus órgãos genitais, ainda que cobertos por peças de roupas, e incontroversa finalidade sexual e libidinosa, é suficiente para que fiquem caracterizados os delitos dos artigos 240 a 241-B.

8.3 Produzir, reproduzir, dirigir, fotografar, filmar ou registrar conteúdo pornográfico envolvendo criança ou adolescente

Art. 240. Produzir, reproduzir, dirigir, fotografar, filmar ou registrar, por qualquer meio, cena de sexo explícito ou pornográfica, envolvendo criança ou adolescente:

Pena – reclusão, de 4 (quatro) a 8 (oito) anos, e multa.

§ 1º. Incorre nas mesmas penas quem agencia, facilita, recruta, coage, ou de qualquer modo intermedeia a participação de criança ou adolescente nas cenas referidas no caput deste artigo, ou ainda quem com esses contracena.

§ 2º. Aumenta-se a pena de 1/3 (um terço) se o agente comete o crime:

I – no exercício de cargo ou função pública ou a pretexto de exercê-la;

II – prevalecendo-se de relações domésticas, de coabitação ou de hospitalidade; ou

III – prevalecendo-se de relações de parentesco consanguíneo ou afim até o terceiro grau, ou por adoção, de tutor, curador, preceptor, empregador da vítima ou de quem, a qualquer outro título, tenha autoridade sobre ela, ou com seu consentimento.

A redação do artigo 240 do ECA foi reformada em duas oportunidades, em 2003 e 2008. Na primeira redação, editada em uma era pré-internet, preocupou-se o legislador apenas com produções teatrais, televisivas ou cinematográficas envolvendo crianças em adolescentes em cena de sexo explícito ou pornográfica. Em 2003, por meio da Lei 10.764, o dispositivo passou a contar com a punição de quem produzia ou dirigia cena pornográfica, de sexo explícito ou vexatória, com criança ou adolescente, por atividade fotográfica ou outro meio visual. Nessa mesma época, ocorria a popularização da internet e a ascensão das câmeras digitais em nosso país.

Em 2008, uma nova reforma. A Lei 11.829 mudou o foco do artigo 240, que passou a ter por alvo a conduta de quem produz, reproduz, dirige, fotografa, filme ou registra, por qualquer meio, cena de sexo explícito ou pornográfica envolvendo criança ou adolescente. *Nude*, *sexting* e outros estrangeirismos foram informalmente integrados ao nosso idioma – em 2021, a *ABL* os adicionou à nova edição do *VOLP*. Contemporânea à Lei 11.829, uma nova tecnologia ampliou o potencial destrutivo desses registros íntimos: em 2007, teve início a era dos *smartphones*. Dez anos depois, em 2018, por meio da Lei 13.718, o constante vazamento de *nudes* fez com que fosse criminalizada a conduta também quando praticada contra adultos.

8.3.1 Exposição da intimidade sexual

Em 2018, um casal em férias descobriu uma câmera oculta no quarto em que estava, alugado por intermédio do *Airbnb*. A grande repercussão do caso despertou o debate de um problema moderno, tão comum que, dificilmente, alguém não tenha um relato relacionado, seja próprio ou de alguém próximo. Em razão do ocorrido, foram editadas as Leis 13.718 e 13.772, ambas de 2018, que tipificaram, respectivamente, a *divulgação de cena de estupro ou de cena de estupro de vulnerável, de cena de sexo ou de pornografia* e o *registro não autorizado da intimidade sexual*.

Em relação às crianças e adolescentes, o assunto deve ser tratado sob outra ótica. Para adultos, no crime de *registro não autorizado da intimidade sexual* (CP, art. 216-B), não há problema em registrar as próprias atividades sexuais. Existindo consentimento, a conduta é atípica. Adolescentes e crianças, no entanto, não podem ser registrados, em hipótese alguma, em cena de sexo explícito ou pornográfica. Para os

CRIMES DIGITAIS PRATICADOS CONTRA CRIANÇAS E ADOLESCENTES **553**

menores de catorze anos, em que se verifica a ocorrência do estupro de vulnerável, é possível compreender o delito do artigo 240 do ECA. Contudo, e o adolescente entre catorze e dezessete anos, que pode consentir com o ato sexual, seria possível o registro, quando por ele permitido? A resposta é não.

Isso decorre do fato de que o artigo 240 do ECA não tutela a liberdade sexual do adolescente, mas sua formação moral. Note, para que fique caracterizado o crime, que é prescindível a publicidade do registro da cena de sexo explícito ou pornográfica. Por isso, se feita a filmagem ou outra forma de captação de imagem ou som, ainda que o agente tenha por objetivo a manutenção do sigilo do conteúdo, o delito estará configurado, punível com pena de reclusão, de quatro a oito anos, e multa, não compatível com os institutos de não aplicação de pena existentes.

8.3.2   Condutas

Feita a leitura conjunta dos artigos em estudo (art. 240 a 241-E), é perceptível a intenção do legislador em punir todos os envolvidos na produção, distribuição e consumo de conteúdo que contém cena de sexo explícito ou pornográfica envolvendo criança ou adolescente. No artigo 240, é punido quem capta a criança ou adolescente, vítima do crime, e quem produz esse material pornográfico. Sem dúvida, o elo mais gravoso, que deve ser punido com maior rigor em relação à conduta do sujeito que adquire ou armazena o conteúdo produzido.

8.3.3   Concurso de crimes

No artigo 240 do ECA, temos hipótese de tipo penal misto alternativo. Portanto, se praticado mais de um verbo nuclear (ex.: produzir e filmar), o sujeito ativo será responsabilizado por crime único, e não por concurso de delitos – desde que, é claro, cometidos em um mesmo contexto fático. Ademais, o fato de haver mais de uma criança ou adolescente na cena produzida não deve ensejar o reconhecimento do concurso de crimes. Permanece crime único, punível com maior rigor no momento em que fixada a pena-base, nos termos do artigo 59 do CP.

8.4   Vender ou expor à venda conteúdo pornográfico envolvendo criança ou adolescente

Art. 241. Vender ou expor à venda fotografia, vídeo ou outro registro que contenha cena de sexo explícito ou pornográfica envolvendo criança ou adolescente:

Pena – reclusão, de 4 (quatro) a 8 (oito) anos, e multa.

No artigo 241, o legislador puniu, com igual rigor de quem o produz, quem vende ou expõe à venda registro contendo cena de sexo explícito ou pornográfica envolvendo criança ou adolescente. A pena é de reclusão, de quatro a oito anos, e multa. De redação simples, o artigo em estudo desafia em um único ponto: trata-se de crime habitual, que demanda a reiteração das condutas, ou basta a prática, em uma única oportunidade, dos núcleos *vender* e *expor*? Por não falar em *comercializar*, entendemos prescindível a reiteração. Caso contrário, teríamos de estender essa conclusão ao tráfico de drogas (Lei 11.343/06, art. 33, *caput*), que também tem por núcleo, dentre outros, o verbo *vender*.

8.5 Oferecer, trocar, disponibilizar, transmitir, distribuir, publicar ou divulgar conteúdo pornográfico

Art. 241-A. Oferecer, trocar, disponibilizar, transmitir, distribuir, publicar ou divulgar por qualquer meio, inclusive por meio de sistema de informática ou telemático, fotografia, vídeo ou outro registro que contenha cena de sexo explícito ou pornográfica envolvendo criança ou adolescente:

Pena – reclusão, de 3 (três) a 6 (seis) anos, e multa.

§ 1º. Nas mesmas penas incorre quem:

I – assegura os meios ou serviços para o armazenamento das fotografias, cenas ou imagens de que trata o caput deste artigo;

II – assegura, por qualquer meio, o acesso por rede de computadores às fotografias, cenas ou imagens de que trata o caput deste artigo.

§ 2º. As condutas tipificadas nos incisos I e II do § 1º deste artigo são puníveis quando o responsável legal pela prestação do serviço, oficialmente notificado, deixa de desabilitar o acesso ao conteúdo ilícito de que trata o caput deste artigo.

No artigo 241-A, o legislador passou a demonstrar preocupação com as condutas praticadas em ambiente virtual. O dispositivo foi adicionado em 2008, por meio da Lei 11.829. Note, no entanto, que a conduta pode ser praticada por qualquer meio, *inclusive* por meio de sistema informático ou telemático. Pratica o delito aquele que oferece, troca, disponibiliza, distribui, publica ou divulga o conteúdo pornográfico envolvendo criança ou adolescente. É o dispositivo adotado para punir o intermediário, que conecta o produtor do conteúdo ao destinatário final, duas figuras que, em alguns casos, estão presentes em um mesmo indivíduo – o sujeito armazena, mas também oferece, troca, transmite etc.

Merece destaque a preocupação do legislador em relação a quem oferece serviço, pago ou gratuito, de armazenamento de conteúdo (*nuvem*, redes socais etc.), bem como quem oferece o meio de acesso. Veja o exemplo do *Facebook*, com seus dois bilhões de usuários – mais de vinte e cinco por cento da população mundial. É impossível exigir dos seus mantenedores o controle do que é publicado, sob pena de responsabilidade. Por isso, estabelece como condição de punibilidade a prévia notificação acerca da existência do conteúdo contendo cena de sexo explícito ou pornográfica envolvendo criança ou adolescente.

Ademais, cuidado para não concluir, equivocadamente, pela possibilidade de punição da pessoa jurídica. Embora o § 2º também trate do prestador de serviços, a responsabilidade penal está adstrita à pessoa física, natural. Quanto à responsabilidade dos sócios, gerentes e demais figuras responsáveis pela administração desses

CRIMES DIGITAIS PRATICADOS CONTRA CRIANÇAS E ADOLESCENTES **555**

serviços, a responsabilidade penal depende de dolo, não sendo admitida a modalidade culposa. O sujeito deve agir ciente do que está fazendo, imbuído pela vontade de fazer com que circule esse material pornográfico. Pensar de forma diversa nos levaria à responsabilidade penal objetiva.

8.6 Adquirir, possuir ou armazenar conteúdo pornográfico envolvendo criança ou adolescente

> Art. 241-B. Adquirir, possuir ou armazenar, por qualquer meio, fotografia, vídeo ou outra forma de registro que contenha cena de sexo explícito ou pornográfica envolvendo criança ou adolescente:
>
> Pena – reclusão, de 1 (um) a 4 (quatro) anos, e multa.
>
> § 1º. A pena é diminuída de 1 (um) a 2/3 (dois terços) se de pequena quantidade o material a que se refere o caput deste artigo.
>
> § 2º. Não há crime se a posse ou o armazenamento tem a finalidade de comunicar às autoridades competentes a ocorrência das condutas descritas nos arts. 240, 241, 241-A e 241-C desta Lei, quando a comunicação for feita por:
>
> I – agente público no exercício de suas funções;
>
> II – membro de entidade, legalmente constituída, que inclua, entre suas finalidades institucionais, o recebimento, o processamento e o encaminhamento de notícia dos crimes referidos neste parágrafo;
>
> III – representante legal e funcionários responsáveis de provedor de acesso ou serviço prestado por meio de rede de computadores, até o recebimento do material relativo à notícia feita à autoridade policial, ao Ministério Público ou ao Poder Judiciário.
>
> § 3º. As pessoas referidas no § 2º deste artigo deverão manter sob sigilo o material ilícito referido.

No artigo 241-B, o último elo: o destinatário final, que adquire, possui ou armazena o conteúdo envolvendo cena de sexo explícito ou pornográfica envolvendo criança ou adolescente. Embora um mesmo sujeito possa praticar, em um mesmo contexto fático, as condutas dos artigos 241-A e 241-B, isso não significa, necessariamente, que um será absorvido pelo outro (princípio da consunção). Pode ficar configurada a continuidade delitiva, nos termos do artigo 71 do CP.

Para o STJ, o crime previsto no art. 241-B não configura fase normal nem meio de execução para a prática do delito do art. 241-A, ambos do ECA, tratando-se de tipos penais autônomos. De fato, é possível que alguém compartilhe sem efetivar armazenamento, como pode realizar o armazenamento sem a transmissão. Ou seja, são efetivamente verbos e condutas distintas, que podem ter aplicação autônoma (veja o AgRg no REsp 1.875.645/PR).

Em relação ao princípio da insignificância, pensamos ser irrelevante a quantidade de conteúdo armazenado pelo sujeito. Um pequeno número de fotografias ou vídeos deve ser considerado na dosimetria da pena, quando aferida a culpabilidade, nos termos do artigo 59 do CP, mas jamais ensejar o reconhecimento da atipicidade material, afinal, presume-se, de forma absoluta, a lesão à formação moral da criança ou adolescente, bem jurídico tutelado pela norma em questão.

8.7 Simular a participação de criança ou adolescente em cena de sexo explícito ou pornográfica

Art. 241-C. Simular a participação de criança ou adolescente em cena de sexo explícito ou pornográfica por meio de adulteração, montagem ou modificação de fotografia, vídeo ou qualquer outra forma de representação visual:

Pena – reclusão, de 1 (um) a 3 (três) anos, e multa.

Parágrafo único. Incorre nas mesmas penas quem vende, expõe à venda, disponibiliza, distribui, publica ou divulga por qualquer meio, adquire, possui ou armazena o material produzido na forma do caput deste artigo.

Preocupou-se o legislador com as montagens feitas em fotografias, vídeos e outras mídias. Embora não se tratem, de fato, de registro de sexo ou de nudez da vítima, é inegável o mal causado pela conduta. A título de exemplo, vale menção o caso da cantora *Sandy*. No ápice da carreira, quando adolescente, teve grande repercussão uma montagem em que seu rosto aparecia fundido ao corpo de uma modelo nua. É claro, todos sabiam que não passava de montagem, mas não se pode dizer que, por isso, a conduta foi inócua.

Por não ser tão grave quanto o conteúdo real, não adulterado, o legislador decidiu punir o sujeito ativo com pena de reclusão, de um a três anos, e multa. Crime de médio potencial ofensivo, portanto compatível com a suspensão condicional do processo (Lei 9.099/95, art. 89). Na mesma pena incorre quem vende, expõe à venda, disponibiliza, distribui, publica ou divulga, por qualquer meio, esse conteúdo pornográfico envolvendo criança ou adolescente.

Em recente julgado, o STJ enfrentou a questão do *hentai* e similares, desenho com representação de cena erótica. Ficaria caracterizado o delito do artigo 241-C na hipótese em que o sujeito é surpreendido com material consistente em desenho de sexo explícito envolvendo criança ou adolescente? No REsp 1.936.460, entendeu a Corte que são atípicos os cartoons ou desenhos contendo pornografia infantojuvenil, porquanto somente material visual gráfico de crianças ou adolescentes em situações reais de sexo explícito ou pornografia é que caracteriza a prática delituosa.

8.8 Aliciar, assediar, instigar ou constranger criança com o fim de praticar ato libidinoso

Art. 241-D. Aliciar, assediar, instigar ou constranger, por qualquer meio de comunicação, criança, com o fim de com ela praticar ato libidinoso:

Pena – reclusão, de 1 (um) a 3 (três) anos, e multa.

Parágrafo único. Nas mesmas penas incorre quem:

I – facilita ou induz o acesso à criança de material contendo cena de sexo explícito ou pornográfica com o fim de com ela praticar ato libidinoso;

II – pratica as condutas descritas no caput deste artigo com o fim de induzir criança a se exibir de forma pornográfica ou sexualmente explícita.

CRIMES DIGITAIS PRATICADOS CONTRA CRIANÇAS E ADOLESCENTES **557**

O dispositivo em estudo representa rara oportunidade em que o legislador decidiu criminalizar ato preparatório de delito mais grave. Quem o pratica tem por objetivo o estupro de vulnerável (CP, art. 217-A), ainda que por meio virtual. Note, a redação fala apenas em *criança*, pessoa com menos de doze anos. Deveria o legislador ter definido a prática, contudo, em relação a pessoas com menos de catorze anos, em consonância com o artigo 217-A do CP.

Embora o parágrafo único pareça contradizer o que foi dito anteriormente, perceba que a prática do ato libidinoso ou a exibição de forma pornográfica ou sexualmente explícita é o fim almejado pelo sujeito ativo, o especial fim de agir, elemento subjetivo específico, que não precisa ser alcançado para a consumação do delito. Caso ocorra, estará configurado o estupro de vulnerável, e não mero exaurimento do resultado. Nos dois incisos, o artigo 241-D descreve outros meios utilizados pelo indivíduo com o objetivo de fazer com que a criança pratique o ato libidinoso.

9. CONCLUSÃO

O art. 70 do ECA refere ser dever de todos prevenir a ocorrência de ameaça ou violação dos direitos da criança e do adolescente. Já o art. 227 da Constituição Federal afirma ser dever da família, da sociedade e do Estado assegurar à criança, ao adolescente e ao jovem, com absoluta prioridade, o direito à vida, à saúde, à alimentação, à educação, ao lazer, à profissionalização, à cultura, à dignidade, ao respeito, à liberdade e à convivência familiar e comunitária, além de colocá-los a salvo de toda forma de negligência, discriminação, exploração, violência, crueldade e opressão.

A socialização começa na família, devendo ser ressaltada a importância do papel do adulto enquanto modelo de conduta para os infantes. Mas a família não está isolada no contexto social, integrando uma grande rede que passa, também, pela comunidade, pela sociedade em geral e pelos órgãos estatais de atuação.

Lamentavelmente, a apatia cívica e a falta de consciência social têm contribuído, ainda que por omissão, para a degradação de muitos jovens. Pobreza, desigualdade e violência doméstica são fatores que não podem ser desconsiderados. Há estudos que apontam um inegável crescimento de violações aos direitos de crianças e adolescentes durante a pandemia, sobretudo em crimes de natureza sexual.

Não há fórmulas mágicas para a reversão desse lamentável quadro. Mas o problema poderia ser amenizado se a *educação* passasse a ser realmente uma prioridade do Estado e da família (arts. 54 e 55 do ECA), respeitando-se o preceito fundamental insculpido no art. 205 da Carta Magna.

29
A EXPLORAÇÃO DA PORNOGRAFIA REAL-VIRTUAL E AS MEDIDAS PARA SEU ENFRENTAMENTO: OS DESAFIOS PÓS-30 ANOS DO ECA

Cristiano de Castro Reschke

Delegado de Polícia Civil do Estado do Rio Grande do Sul. Em atividade no Conselho Superior de Polícia. Foi Diretor do Departamento de Inteligência da Secretaria de Segurança Púbica/RS; Gestor do Disque Denúncia 181 e do Sistema de Consultas Integradas (sistema de informações do RS). Na Polícia Civil/RS, foi Diretor da Divisão de Homicídios do Departamento de Homicídios e Proteção à Pessoa; Diretor das Divisões de Contrainteligência e de Assessoramento Especial do Gabinete de Inteligência e Assuntos Estratégicos; Diretor-Geral do Gabinete de Inteligência e Assuntos Estratégicos; e Coordenador da Força Tarefa de Combate às Facções do Crime Organizado. Representou a PC/RS na Estratégia Nacional de Combate à Corrupção e a Lavagem de Dinheiro ENCCLA; Atuou como coordenador do Grupo Gestor de Recuperação de Ativos GGRA da PC/RS. Formado em Direito pela Universidade Federal de Santa Maria e Pós-graduado em Direito Processual pela Universidade do Sul de Santa Catarina. Professor da Academia de Polícia Civil nas cadeiras de Inteligência Policial e Investigação Criminal. Coorganizador e coautor do livro Investigação de Lavagem de Dinheiro e Enfrentamento à Corrupção no Brasil e coautor do livro Infiltração Policial: da tradicional à virtual, ambos publicados pela Editora Brasport. Lattes: http://lattes.cnpq.br/5961231212894195

delegadoreschke@gmail.com | @delegadoreschke

Emerson Wendt

Mestre e Doutorando em Direito e Sociedade (PPGD Universidade La Salle Canoas--RS). Delegado de Polícia Civil no RS. Secretário Municipal de Segurança Pública de Canoas-RS. Lattes: http://lattes.cnpq.br/9475388941521093

emersonwendt@gmail.com | @emersonwendt

Sumário: 1. Introdução – 2. Os desafios da prevenção – 3. Marco civil: passinho para frente, passinho para trás – 4. Os desafios da repressão – 5. Os desafios do presente e do futuro que já se apresentavam no passado – 6. Considerações finais – 7. Referências.

1. INTRODUÇÃO

> "A palavra progresso não terá qualquer sentido enquanto houver crianças infelizes".[1]
> — Albert Einstein

---

1. Albert Einstein. Alemanha / Físico, Teoria da Relatividade. 1879/1955.

A vida em sociedade apresenta novidades em velocidade cada vez maior. As inovações tecnológicas sempre trouxeram redefinições de padrões mundial, regional ou localmente considerados primados e os reflexos são sentidos nas conjunturas social, política, econômica e cultural de um país. As mudanças globais provocadas pela disseminação da informação e do conhecimento, a partir da popularização da Internet, relativizaram distâncias e conectaram infinidade de pessoas. Um dos impactos, que é justamente o que mais preocupa a qualquer uma das gerações do Século XXI, é o incremento e crescimento da cibercriminalidade.

A história mostra que, a cada estágio de evolução social, abre-se igualmente uma janela de oportunidades para o crime, que rapidamente se adapta ao novo contexto e procura explorar vulnerabilidades pessoais e corporativas. Organizações criminosas expandiram seus empreendimentos, parcerias, franquias e conexões, principalmente após a eliminação das distâncias relacionais oportunizada pelo avanço tecnológico dos meios de comunicação, com base na Internet e nas formas correspondentes de transmissão dos dados e informações.

A problemática parece crescer na proporção em que avança o uso da rede mundial de computadores. O Brasil possui, em 2021, uma população estimada de 214 milhões de habitantes. Em março do mesmo ano, verificou-se que existiam 160 milhões de usuários de internet (uma penetração representativa de quase 75% da população). Em 2016, o número de usuários era na ordem de 117 milhões (quase 58% da população da época). Ou seja, há um crescimento exponencial no uso da rede, com incremento significativo no fluxo de informações circulantes. Um ambiente extremamente atrativo para criminosos de toda ordem.[2]

Na Internet são produzidos 2,5 quintilhões de bytes de dados digitais[3], estimando-se que, conforme Garrett[4] "a cada minuto, o Spotify inclui 28 novas músicas ao seu catálogo, o YouTube ganha 500 novas horas de vídeo enviados pelos usuários e o Twitter recebe 319 novos usuários", também que "347 mil novos Stories são postados no Instagram, 147 mil fotos são publicadas no Facebook e 41 milhões de mensagens são trocadas no WhatsApp".[5]

Como observado, os riscos cibernéticos também crescem na mesma escala, acompanhando o crescimento dos usos e novos processos culturais na Internet. A expansão dos crimes pela Internet, no sentido geral, dentre fraudes, subtração de

---

2. INTERNET Usage and Population in South America. *Internet World Stats*, 31/03/2021. Disponível em: https://www.internetworldstats.com/stats15.htm. Acesso em: 1º ago. 2021.

3. CASSITA, Danielle. "Peso" da informação digital pode alcançar a massa da Terra em 225 anos. *CanalTech*, 17/08/2020. Disponível em: https://canaltech.com.br/ciencia/peso-da-informacao-digital-pode-alcancar-a-massa-da-terra-em-225-anos-169914/. Acesso em: 08 ago. 2021.

4. GARRETT, Filipe. O que acontece a cada minuto na Internet? Estudo traz dados surpreendentes. *TechTudo*, 14/08/2020. Disponível em: https://www.techtudo.com.br/noticias/2020/08/o-que-acontece-a-cada-minuto-na-internet-estudo-traz-dados-surpreendentes.ghtml. Acesso em: 08 ago. 2021.

5. Acompanhe os dados da evolução das informações produzidas com o uso das aplicações de Internet com o Data Never Sleeps, Disponível em: https://www.domo.com/learn/infographic/data-never-sleeps-8. Acesso em: 08 ago. 2021.

dados, acessos ilegítimos, exploração da intimidade/privacidade, é cada vez mais destacada pelos meios de comunicação e empresas especializadas[6]. Os delitos envolvendo a dignidade sexual de crianças e adolescentes não ficam para trás.

Então, nesse contexto, impende destacar o cenário triste e preocupante de violência contra crianças e adolescentes, sobretudo com prática de pornografia virtual infantojuvenil, que desafia as instituições de Estado, as entidades privadas e a sociedade organizada, tanto no viés preventivo quanto no âmbito da repressão criminal. Bastos[7], destaca que "se de 2013 a 2018 a Polícia Federal prendeu pouco mais de 500 pedófilos, em 2020 a corporação organizou 84 operações com 32 presos no país".

Os delitos praticados contra crianças e adolescentes têm no polo ativo criminosos que se adaptaram às modernidades e se locupletaram ainda mais a partir da expansão do uso da Internet, com a virtualização das relações quotidianas. Para o enfrentamento adequado dessa criminalidade deve-se, dentre outros aspectos, considerar a necessidade de avanços no trato de questões atinentes aos recursos destinados pelo Estado e pela sociedade para o aparelhamento do conjunto de fatores engajados na prevenção e na repressão do crime praticado no meio cibernético ou por meio dele.

O crime no contexto digital avança na exponencial e o Estado na linear. Eles contam com operadores altamente treinados, enquanto estamos lotados de clínicos gerais. Nessa toada, o que se pretende é questionar se os desafios que se apresentam, a partir dos 30 anos do Estatuto da Criança e do Adolescente, são jurídicos, político-administrativos ou sociais.

2. OS DESAFIOS DA PREVENÇÃO

Um adulto jovem, ainda em processo de amadurecimento. Assim pode-se considerar o Estatuto da Criança e do Adolescente (ECA), que nasceu há pouco mais de 30 anos, regulamentado pela Lei 8.069/1990, sendo ele o principal marco legal e regulatório dos direitos humanos de crianças e adolescentes no Brasil.

No dia das crianças (12 de outubro) de 1990, o ECA entrou em vigor, representando um acontecimento significativo no contexto social e democrático brasileiro e a confirmação do compromisso do legislador com a previsão do artigo 227 da então recém-promulgada Carta Magna de 1988, conhecido como o Princípio da Proteção Integral à Criança e ao Adolescente[8]:

---

6. CRESCIMENTO de crimes cibernéticos na pandemia: como não ser uma vítima. *CryptoID*, 28 abr. 2021. Disponível em: https://cryptoid.com.br/identidade-digital-destaques/crescimento-de-crimes-ciberneticos-na-pandemia-como-nao-ser-uma-vitima/. Acesso em: 08 ago. 2021.
7. BASTOS, Ângela. Pedofilia na internet: denúncias aumentam durante a pandemia. *NSC Total*, 31/01/2021. Disponível em: https://www.nsctotal.com.br/noticias/pedofilia-na-internet-denuncias-aumentam-durante-a-pandemia? Acesso em: 08 ago. 2021.
8. BRASIL. *Constituição da República Federativa do Brasil de 1988*. Disponível em: http://www.planalto.gov.br/ccivil_03/constituicao/constituicao.htm. Acesso em: 10 jun. 2021.

Art. 227. É dever da família, da sociedade e do Estado assegurar à criança, ao adolescente e ao jovem, com absoluta prioridade, o direito à vida, à saúde, à alimentação, à educação, ao lazer, à profissionalização, à cultura, à dignidade, ao respeito, à liberdade e à convivência familiar e comunitária, além de colocá-los a salvo de toda forma de negligência, discriminação, exploração, violência, crueldade e opressão.

Não é outro senão o próprio ECA que se define, em seu artigo 1º, como uma lei que dispõe sobre a proteção integral à criança e ao adolescente. No artigo 5º, expressa o desejo quase universal, quase unânime, sobre o 'tratamento sonhado' para os que representam o futuro da nação: "Nenhuma criança ou adolescente será objeto de qualquer forma de negligência, discriminação, exploração, violência, crueldade e opressão, punido na forma da lei qualquer atentado, por ação ou omissão, aos seus direitos fundamentais." E por que o uso do 'quase'? Ora, pode-se afirmar, com certeza, de que nem todos as pessoas concordam ou aplicam a prescrição normativa e moral insculpida no Estatuto, pois, se assim não for o entendimento, como explicar as barbáries criminosas, repugnantes e surpreendentes, praticadas contra crianças e adolescentes, que diariamente, ao longo destas décadas, vêm impulsionando investigações policiais/criminais em todo o território nacional.

Com o avanço das ferramentas legais e procedimentais, foi possível trazer à luz e elucidar uma série de eventos criminosos que aconteciam sorrateiramente. Portanto, indicadores criminais, a par disso, devem ser vistos com cuidado, sobretudo quando são observados sob a perspectiva de uma análise pontual, sem considerar múltiplos fatores e circunstâncias adjacentes. Veja que, por exemplo, um número crescente de denúncias de crimes contra crianças e adolescentes pode ser decorrente justamente de uma maior credibilidade nas instituições que apurem tais delitos e também um resultado do esforço positivo de campanhas e ações integradas por diversos órgãos públicos e entidades privadas objetivando divulgação e conscientização da população acerca da problemática.

Deve-se, assim, compreender que, apesar de se estar longe do ideal no cumprimento do escopo do ECA, muito se tem de avanço na responsabilização de crimes que tem como vítimas crianças e adolescentes e que o volume de ocorrências também decorre da diminuição das cifras obscuras que passavam despercebidas e hoje são alcançadas especialmente pela amplificação dos canais de denúncias, que ao mesmo tempo em que contribuem para os poderes instituídos conheçam a dimensão da missão os desafiam enquanto sistema de resposta preventiva.

É de se destacar, nesse contexto, que a prevenção é sempre a melhor medida, menos dispendiosa e que evita os traumas que, não raras vezes, não são superados pelas vítimas de crimes. A congregação de medidas com escopo preventivo deve ser priorizada e amplamente incentivada a se desenvolver, atenta às transformações da modernidade. Não é por outra razão que em seu artigo 4º o Estatuto previu importante norma de destaque atribuindo responsabilidade coletiva, com atuação prioritária e em rede, para a proteção integral da criança e do adolescente:

Art. 4º. É dever da família, da comunidade, da sociedade em geral e do poder público assegurar, com absoluta prioridade, a efetivação dos direitos referentes à vida, à saúde, à alimentação, à educação, ao esporte, ao lazer, à profissionalização, à cultura, à dignidade, ao respeito, à liberdade e à convivência familiar e comunitária.

Parágrafo único. A garantia de prioridade compreende:

primazia de receber proteção e socorro em quaisquer circunstâncias;

precedência de atendimento nos serviços públicos ou de relevância pública;

preferência na formulação e na execução das políticas sociais públicas;

destinação privilegiada de recursos públicos nas áreas relacionadas com a proteção à infância e à juventude.[9]

Contudo, a missão preventiva foi desafiada por um novo imponderável e invisível inimigo. Quem autorizaria a entrada de um estranho na sua casa para conversar com seus filhos, em seus quartos, enquanto desempenha outras tarefas, em outro cômodo da casa ou no escritório da empresa, sem o seu olhar atento ou de outro responsável? Pois, foi justamente um filtro capaz de distorcer a realidade que a Internet colocou nos olhos dos responsáveis primários pela segurança das crianças e adolescentes, um filtro com recursos de som, imagem e massagem, capaz de conferir 'alívios imediatos' para a árdua tarefa de educar, zelar e acompanhar, em sua plenitude, os deveres trazidos pela Carta Magna e reafirmados pelo ECA. Por óbvio, os responsáveis não se omitem por dolo, ao menos em sua maioria, mas viram-se engolidos por um sem-fim de tarefas que a vida moderna entregou e também foram abraçados pelas oportunidades das novas e atrativas conexões, iscas do marketing, da novidade e das 'facilidades'.

A tecnologia trouxe, então, o 'explorador' da inocência infantojuvenil para dentro das casas. A velocidade das transformações verificadas com o escalonamento mundial da rede de computadores, a partir da década de 90 do século passado, trouxe a falsa e ingênua percepção de tornar-se possível a realização de um desejo romanticamente insculpido na música de Roberto Carlos "eu quero ter um milhão de amigos", ao menos para aqueles que a experiência ainda não demonstrara ser ilusório tal desiderato nas relações humanas, que viveram sob a égide do mundo real-real, no palco das relações solidamente construídas. A frenética 'evolução' criou um sem-fim de conexões fluídas e superficiais entre as pessoas[10], promovendo, no ponto a ponto, encontros de seres com desenvolvimento físico, cognitivo e social diferentes, considerados sob o ponto de vista da experiência, da idade, da malícia, dos objetivos e da maldade.

Os relacionamentos passaram a se estabelecer sem as construções verificadas num passado recente, onde as famílias se conheciam, as áreas que oportunizavam as 'conexões' guardavam semelhanças concretas em relação aos interesses escolas,

---

9. BRASIL. Lei 8.069, de 13 de julho de 1990. *Dispõe sobre o Estatuto da Criança e do Adolescente e dá outras providências*. Disponível em: http://www.planalto.gov.br/ccivil_03/leis/l8069.htm. Acesso em: 14 jul. 2021.
10. ZERO HORA. Zygmunt Bauman. Estamos isolados em rede? *Fronteiras do Pensamento*, 11/11/2014. Disponível em: https://www.fronteiras.com/artigos/zygmunt-bauman-estamos-isolados-em-rede. Acesso em: 08 ago. 2021.

igrejas, cursos, atividades laborais ou seja, as pessoas se conheciam minimamente e as reais intenções, se fossem para o mal, eram um pouco mais difíceis de se manterem encobertas. Pais, educadores, vizinhos, enxergavam as ameaças e rapidamente a divulgação dos riscos era reverberada na comunidade, concreta, fosse para alertar sobre carros suspeitos rondando as cercanias ou estranhos conversando com crianças[11]. O máximo do *fake news* vinha de alguma vizinha já relacionada na lista da pouca credibilidade.

A Constituição Federal, concebida pouco antes do *boom* da internet, e o ECA, quase irmão gêmeo desse fenômeno, previram perfeita e suficientemente as responsabilidades e os atores da rede de prevenção, como que antevendo o tamanho do problema que se avizinhava com a chegada da linguagem em hipertexto 'www'. O que não poderiam prever era a rapidez com que as mudanças nas formas de relação social, de violência e exploração que se instalariam num mundo mais fluído e real-virtual.

Embora não sejam bem aceitas em todas as áreas do conhecimento, desde o século XX passou-se a classificar os conjuntos de descendentes de épocas específicas, nomeando-os. As gerações, assim, consideram um grupo de indivíduos nascidos em um mesmo período, influenciados por um contexto histórico e evolutivo, onde comumente são considerando aspectos comportamentais e a interação com a tecnologia.[12] Verifica-se, que os períodos de transição entre as gerações são cada vez menores, ou seja, as novas gerações tendem ser cada vez mais curtas, e isso se deve a rápida transformação tecnológica que o mundo vem percebendo. Acompanhar este processo no âmbito da proteção à criança e ao adolescente é medida impositiva para efetividade das ações garantidoras dos seus direitos e dos procedimentos que busquem responsabilizar aqueles que os violem, mantendo coesão e pertinências entre políticas escolhidas e a realidade das relações humanas.

Nessa vereda, interessante observar o perfil comportamental entre gerações para fazer frente a algum tipo de violência de maneira mais efetiva. Veja-se um exemplo que demonstra que não há solução simples ou definitiva para se precaver de atos de violência, pois ela, como visto, modula-se conforme a sociedade e a tecnologia se transforma: nos grupos de indivíduos nascidos pouco antes do advento da Internet, verifica-se uma infância que contemplava brincadeiras de crianças fora

---

11. Bauman usa o termo "conexão" para nomear as relações na modernidade líquida no lugar de relacionamento, pois o que se passa a desejar a partir de então é algo que possa ser acumulado em maior número, mas, com superficialidade suficiente para se desligar a qualquer momento. (ZERO HORA. Zygmunt Bauman. Estamos isolados em rede? *Fronteiras do Pensamento*, 11/11/2014. Disponível em: https://www.fronteiras.com/artigos/zygmunt-bauman-estamos-isolados-em-rede. Acesso em: 08 ago. 2021; BAUMAN, Zygmunt. *Medo líquido*. Rio de Janeiro: Jorge Zahar, 2008.).

12. "Não há um consenso sobre o ano em que começa e termina cada um, mas uma divisão possível é Baby Boomers (nascidos entre 1946 e 1964), Geração X (1965-1980), Geração Y ou Millennials (1981-1996) e Geração Z (1997-2010). Há ainda a Geração Alfa, que compreende os nascidos a partir de 2010." (GERAÇÕES X, Y, Z e Alfa: como cada uma se comporta e aprende. *Bei Educação*, 09 mar. 2021. Disponível em: https://beieducacao.com.br/geracoes-x-y-z-e-alfa-como-cada-uma-se-comporta-e-aprende/. Acesso em: 08 ago. 2021.).

de casa, no mundo real-real. Estas crianças, ao crescerem e constituírem família, com filhos, percepcionando o crescimento da violência urbana, decidiram investir em segurança e hábitos mais reclusos, oportunizando lazer dentro de casa, primeiro com a televisão, depois com o videogame, e então com o computador e, por fim, com a Internet. Ganharam o mundo pela tela, virtualmente. Parecia, ainda, um lazer seguro, afinal, que mal aqueles pais, concebidos no mundo analógico, poderiam visualizar numa caixa plástica com imagens e vozes? Não contavam com a conectividade que seria gerada em cifras incalculáveis, com precificação de tempo e produtos, lícitos e ilícitos.

O ambiente virtual exige que os responsáveis 'pensem com malícia' para antever golpes e tentativas de abusos, contudo a maioria dos responsáveis por crianças e adolescentes não detém essa percepção e, da mesma forma, aqueles pais que as possuem não conseguem monitorar o tempo todo os acontecimentos paralelos neste ambiente real-virtual. Nesse cenário é que se verifica o crescimento do crime de pornografia virtual tendo como vítimas crianças e adolescentes, já referenciado pelo número de prisões realizados num só ano pela Polícia Federal brasileira.[13]

Com a pandemia da COVID-19, um novo impulso na caixa das preocupações foi dado e o alerta vermelho precisa ecoar com mais força e provocar urgentemente a adoção de medidas preventivas para neutralizar ou, ao menos, minimizar resultados nefastos nas novas gerações.

A pandemia incrementou ainda mais o uso da Internet, das redes sociais e serviços de mensageria, sobretudo dado o isolamento social decorrente e necessário para minimizar efeitos na saúde e na vida da população. Reuniões *on-line*, aulas *on-line*, lazer *on-line*...babás *on-line* e a exposição não vigiada (ao menos pelos responsáveis) elevada na exponencial. Números relacionados aos crimes cibernéticos aumentaram, e seguem crescendo, com denúncias de pornografia infantil vem batendo recordes.

Em 2020, primeiro ano da pandemia, a Safernet Brasil[14] recebeu 98.244 denúncias anônimas de páginas de internet contendo pornografia infantil recorde histórico desde que é feita a medição (iniciada em 2006). O número é mais do que o dobro (102,24%) em relação às 48.576 páginas reportadas por usuários da internet pela mesma razão em 2019. E, no ano de 2021, entre janeiro e abril de 2021, foram denunciadas à Safernet Brasil 15.856 páginas relacionadas com pornografia infantil, das quais 7.248 foram removidas por indício de crime. O número mostra um crescimento de 33,45% nas denúncias em relação ao mesmo período do ano passado,

---

13. BASTOS, Ângela. Pedofilia na internet: denúncias aumentam durante a pandemia. *NSC Total*, 31/01/2021. Disponível em: https://www.nsctotal.com.br/noticias/pedofilia-na-internet-denuncias-aumentam-durante-a-pandemia? Acesso em: 08 ago. 2021.
14. DENÚNCIAS de pornografia infantil cresceram 33,45% em 2021, aponta a Safernet Brasil. *Safernet*, 18/05/2021. Disponível em: https://new.safernet.org.br/content/denuncias-de-pornografia-infantil-cresceram-3345-em-2021-aponta-safernet-brasil. Acesso em: 08 ago. 2021.

quando 11881 páginas haviam sido denunciadas, das quais 6938 foram removidas. De acordo com Thiago Tavares[15],

> A pandemia provocou e continua a provocar mudanças abruptas na rotina das famílias. As crianças ficaram muito mais tempo online e expostas a situações de risco, agravado pelo fechamento das escolas, que sempre serviu como uma importante rede de apoio e prevenção a violência sexual.

Além desses dados, o jornal New York Times informou, em 2019, que empresas de tecnologia registraram mais de 45 milhões de fotos e vídeos online de crianças vítimas de abuso sexual. O número é mais que o dobro do registrado no ano anterior.[16]

Se é fato que o mundo pós-pandêmico trouxe incremento no *on-line*, com virtualização de relações comerciais, profissionais, sociais e educacionais, e foram observados aumentos significativos de crimes cibernéticos, em especial, a pornografia infantil, é igualmente inferível que esse cenário tende a se agravar (sob o enfoque da prática criminosa), pois o mundo não retornará ao *status quo* pré-pandêmico. O mundo se reinventou em vários aspectos e, de negativo, já se verificou uma porta grandiosa de vulnerabilidade no sistema de proteção infantojuvenil, fruto de um novo cenário, mais complexo, difuso e digital, que se vale do anonimato e se aproveita da lentidão do sistema de justiça criminal estatal (executivo, legislativo e judiciário). Os impactos no desenvolvimento das novas gerações ainda não podem ser dimensionados, mas certamente inovará nos quantitativos de transtornos decorrentes desta espécie de violência.

É preciso, pois, estarem pais, educadores e responsáveis atentos às ações criminosas, identificando possíveis manobras de engenharia social[17], padrões de conduta e canais que tornam o ambiente virtual utilizado vulnerável e, sobretudo, monitorar e aproximar-se da rotina dos filhos, conversando franca e abertamente sobre riscos e ameaças. O silêncio não é a uma opção! Se os delinquentes estudam padrões de vítimas em potencial, é preciso que responsáveis conheçam as crianças e adolescentes sob seus cuidados quanto à potencial vulnerabilidade. Em paralelo, a ação dos demais atores da rede de proteção soma-se para fortalecer a construção de "camadas" de blindagem e segurança para neutralizar ou minimizar ações abusivas.

---

15. DENÚNCIAS de pornografia infantil cresceram 33,45% em 2021, aponta a Safernet Brasil. *Safernet*, 18/05/2021. Disponível em: https://new.safernet.org.br/content/denuncias-de-pornografia-infantil-cresceram-3345-em-2021-aponta-safernet-brasil. Acesso em: 08 ago. 2021.

16. EXPOSIÇÃO de crianças e adolescentes na internet ocupa 5ª posição no ranking do Disque 100. *Governo Federal*, Ministério da Mulher, da Família e dos Direitos Humanos, 11/11/2020. Disponível em: https://www.gov.br/mdh/pt-br/assuntos/noticias/2020-2/novembro/exposicao-de-criancas-e-adolescentes-na-internet-ocupa-quinta-posicao-no-ranking-de-denuncias-do-disque-100. Acesso em: 08 ago. 2021.

17. Coelho, Rasma e Morales destacam que, por meio de exploração da ingenuidade e da confiança é que a engenharia social se destaca: "Engenharia Social é o termo utilizado para definir a área que estuda as técnicas e práticas utilizadas para a obtenção de informações importantes ou sigilosas de uma organização, através das pessoas, funcionários e colaboradores de uma corporação ou de uma sociedade. (COELHO, C. F.; RASMA, E. T.; MORALES, G. Engenharia social: uma ameaça à Sociedade da Informação. *Exatas & Engenharias*, v. 3, n. 05, 23 mar. 2013. p. 39.)

Obviamente que tais medidas fazem maior sentido quando a violência e a exploração vêm do exterior do seio familiar. Sendo os abusadores pessoas da relação íntima, a prevenção torna-se mais difícil, mas não é argumento para impedir a conscientização mais ampla possível para que nestes casos denúncias e investigações possam fazer cessar o crime.

Os riscos sociais sempre existiram e não deixarão de existir. Gunther Jakobs acerta em cheio quando traz a afirmação de que "não é possível uma sociedade sem riscos".[18] Com a evolução social, novos riscos surgem, outros mudam de dimensão e se tornam preocupantes, ao passo que outros são minimizados ou relativizados e aceitos na análise de custos e benefícios, quando se avalia e correlaciona a recompensa em assumi-los. Portanto, riscos estarão sempre presentes e compensados.[19] O Estado deve sopesar e avaliar o impacto que produzem os riscos e decidir agir para 'evoluir' no processo, em especial na percepção de segurança pela sociedade. Certos impactos decorrentes da evolução não devem ser tolerados como naturais consequências do mundo contemporâneo, em especial, no assunto em tela, quando atingem crianças e adolescentes, e o Estado, garantidor da segurança de seus indivíduos, não pode ficar inerte, devendo, pois, fomentar ações com vista à construir mecanismos hábeis à proteção integral daqueles que figuram como sujeitos de direitos e representa o futuro de uma nação.

Independente de quais sejam as medidas preventivas a serem adotadas, o sucesso passará obrigatoriamente pelo envolvimento e participação proativa dos mais variados organismos, públicos e privados, e deverá incluir, como remédio básico, a conscientização, desde a mais tenra idade, acerca de tudo que envolve a vivência no mundo virtual e a amplificação dos canais de denúncia, transparência e cooperação internacional. As políticas, então, voltadas à educação digital são importantes, devendo ser colocadas em prática e solidificadas. Não basta e mera previsão, conforme Arts. 26 a 28 do Marco Civil da Internet[20]; é preciso colocar em prática!

O ECA é considerado uma das leis mais avançadas do mundo sobre proteção da criança. Ao longo das três décadas muito se evoluiu na implementação de suas promessas, embora ainda haja muito para se fazer. No entanto, não se trata da necessidade de significativas alterações legislativas, mas de execução, por meio de políticas públicas e atuação em rede de cooperação do que já está previsto, atendendo suas finalidades.

Reforça a ideia de se tratar de uma legislação moderna, contemporânea, o fato de que poucas e importantes alterações legislativas foram incluídas até o momento. Essa estabilidade decorre de sua construção a partir de um processo democrático e

---

18. CALLEGARI, André Luis. *Imputação objetiva*. Porto Alegre: Livraria do Advogado, 2002. p. 25.
19. WENDT, Emerson. *Internet & Direito Penal*: risco e cultura do medo. Porto Alegre: Livraria do Advogado Editora, 2017.
20. BRASIL. Lei 12.965, de 23 de abril de 2014. *Estabelece princípios, garantias, direitos e deveres para o uso da Internet no Brasil*. Disponível em: http://www.planalto.gov.br/ccivil_03/_ato2011-2014/2014/lei/l12965. htm. Acesso em: 14 jul. 2021.

participativo, com múltiplos atores engajados. Dentre as poucas mudanças verificadas, uma tem destaque e efeito importante no assunto pornografia infantil: a inclusão, em 2019, de trechos sobre a Política Nacional de Busca de Pessoas Desaparecidas, que criou o Cadastro Nacional de Pessoas Desaparecidas e instituiu regras mais rigorosas para crianças e adolescentes que viajem desacompanhados dos pais.[21]

Não há exploração e violência sexual, divulgação e consumo de pornografia infantil, sobretudo no meio real-virtual, sem crianças e, em grande parte, as mídias (imagens e vídeos) não foram ou não estão sendo fornecidas por crianças no âmbito do convívio familiar. São conteúdos produzidos utilizando-se crianças que restaram sequestradas, compradas, mantidas em cárcere, sendo violentadas e depois mortas. Conhecer quantas e quem são as desaparecidas, suas origens, possíveis rotas de tráfico humano, enfim, produzir conhecimento especializado, é condição indispensável para adoção de políticas sociais preventivas e de ações policiais para a cessação da violência e responsabilização criminal dos criminosos. Andou bem o Estado ao estabelecer essa política, contudo, como quanto às demais previsões, precisa torná-la exequível, efetiva e eficaz.

3. MARCO CIVIL: PASSINHO PARA FRENTE, PASSINHO PARA TRÁS

Recentemente, ao aprovar a Lei 12.965, de 23 de abril de 2014 o Marco Civil da Internet – MCI[22], trouxe o legislador ao contexto normativo um conjunto de normas reguladoras de direitos e deveres, que ultrapassou fronteiras e é exemplo no mundo, assim como o ECA. Em seu Art. 1º o MCI estabelece princípios, garantias, direitos e deveres para o uso da Internet no Brasil e determina as diretrizes para atuação da União, dos Estados, do Distrito Federal e dos Municípios em relação à matéria.[23] Representa mais um recorte histórico importante no processo democrático, considerando a participação de diversos organismos, governo, empresas, sociedade civil e mundo acadêmico, na construção de mecanismos de governança multissetorial e transparência.

Ainda não foram sentidos todos os efeitos positivos e já se presencia tentativa de alterações na sua regulamentação que acionaram radares de alerta na rede de proteção dos direitos das crianças e adolescentes, em razão dos riscos que podem ser gerados, mesmo que indiretamente.

---

21. BRASIL. Lei 13.812, de 16 de março de 2019. *Institui a Política Nacional de Busca de Pessoas Desaparecidas, cria o Cadastro Nacional de Pessoas Desaparecidas e altera a Lei 8.069, de 13 de julho de 1990 (Estatuto da Criança e do Adolescente).* Disponível em: http://www.planalto.gov.br/ccivil_03/_ato2019-2022/2019/lei/L13812.htm. Acesso em: 08 ago. 2021.

22. BRASIL. Lei 12.965, de 23 de abril de 2014. *Estabelece princípios, garantias, direitos e deveres para o uso da Internet no Brasil.* Disponível em: http://www.planalto.gov.br/ccivil_03/_ato2011-2014/2014/lei/l12965.htm. Acesso em: 14 jul. 2021.

23. "Art. 1º Esta Lei estabelece princípios, garantias, direitos e deveres para o uso da internet no Brasil e determina as diretrizes para atuação da União, dos Estados, do Distrito Federal e dos Municípios em relação à matéria." (BRASIL. Lei 12.965, de 23 de abril de 2014. *Estabelece princípios, garantias, direitos e deveres para o uso da Internet no Brasil.* Disponível em: http://www.planalto.gov.br/ccivil_03/_ato2011-2014/2014/lei/l12965.htm. Acesso em: 14 jul. 2021.).

A EXPLORAÇÃO DA PORNOGRAFIA REAL-VIRTUAL **569**

Uma minuta apresentada para alteração do regulamento do Marco Civil da Internet, em discussão em 2021, demonstra a instabilidade indesejada que ainda existe no trato de questões envolvendo o uso da Internet. Avanços já conquistados nessa seara podem ser comprometidos e o desenvolvimento de novos mecanismos preventivos e repressivos contra abusos praticados podem sofrer retrocessos, indo na contramão do desejo de tornar a Internet um ambiente mais seguro e menos prejudicial às crianças e adolescentes.

Dentre outros, destaca-se a proposta de proibir que redes sociais removam conteúdo abusivo sem decisão judicial.[24] Uma desconexão com os propósitos de atuação em rede. Não há ninguém em melhores condições tecnológicas do que os criadores e exploradores do mundo virtual para entregar celeridade, com uso de ferramentas apropriadas, modernas, para identificar ações maliciosas, ilícitas e perigosas na Internet, sobretudo quando se estiver tratando de especialistas, *crackers*, neste ambiente virtual. Por óbvio, situações ocorreram que levaram o Estado a propor modificações na regulamentação, no entanto, tudo que envolve esse cenário repercute mundialmente, em via reflexiva, em outras áreas. O tema sempre será complexo e visualiza-se prejuízos significativos no futuro das ações protetivas insculpidas no ECA e na CF.

Procede a preocupação relatada, principalmente porque pode inviabilizar o desenvolvimento de ações investigativas com uso de tecnologias de detecção automatizada, como a usada para correspondência de imagem (*file hashing*)[25], visão computacional e outras medidas baseadas em inteligência artificial, destacando um dos maiores avanços dos últimos tempos: *deep learning*[26]. Tais tecnologias auxiliam as instituições policiais, na verdade viabilizam as investigações qualificadas especializadas na apuração de crimes contra crianças e adolescentes, pois sem elas dificilmente seriam identificadas imagens de abuso sexual antes que sejam postadas, impedindo assim a disseminação desenfreada, sem controle, via ambiente de Internet.

É consabido que a ação preditiva na detecção de novos códigos identificadores dessas comunicações criminosas e o mapeamento das 'zonas quentes' são exemplos de estratégias operacionais que servem de atalho para se localizar ambientes em que se concentram malfeitores e também identificar seus *modus operandi*. Assim, toda e

---

24. HARTMAN, Ivar. Decreto de Bolsonaro pode criar opiniões de segunda classe nas redes sociais. *Folha de São Paulo*, 21/05/2021. Disponível em: https://www1.folha.uol.com.br/poder/2021/05/decreto-de-bolsonaro-pode-criar-opinioes-de-segunda-classe-nas-redes-sociais.shtml. Acesso em: 08 ago. 2021.

25. Conforme Pisa, "A função *Hash* (Resumo) é qualquer algoritmo que mapeie dados grandes e de tamanho variável para pequenos dados de tamanho fixo. Por esse motivo, as funções *Hash* são conhecidas por resumirem o dado. A principal aplicação dessas funções é a comparação de dados grandes ou secretos." (PISA, Pedro. O que é Hash? *TechTudo*, 10/07/2012. Disponível em: https://www.techtudo.com.br/artigos/noticia/2012/07/o-que-e-hash.html. Acesso em: 08 ago. 2021.)

26. Pacheco e Pereira referem que "*Deep Learning* (DL) ou Aprendizado Profundo, atualmente é uma área de pesquisa extremamente ativa, que tem obtido grande sucesso em uma vasta gama de aplicações, tais como reconhecimento de fala, visão computacional, entre outros." (PACHECO, Augusto Rodrigues; PEREIRA, Sophie. Deep Learning Conceitos e Utilização nas Diversas Áreas do Conhecimento. *Revista Ada Lovelace*, [S.l.], v. 2, p. 34–49, 2018. Disponível em: http://anais.unievangelica.edu.br/index.php/adalovelace/article/view/4132. Acesso em: 8 ago. 2021.)

qualquer tentativa de restrição ou de inserção de entraves burocráticos em medidas investigativas e preventivas como as narradas é temerária. Enfim, o futuro pode ficar comprometido sob o ponto de vista do avanço do *Know-how* dos investigadores neste terreno ainda não totalmente decifrado aos instintos dos analistas e investigadores policiais.

A partir das constantes operações policiais integradas, a exemplo da Operação Luz na Infância[27], na busca de responsabilização de abusadores e exploradores da inocência infantil, sobretudo pedófilos, contata-se que crianças e adolescentes são reiteradamente vitimizadas pela circulação contínua das imagens de seu abuso. Criticamente, aponta-se que se criariam entraves operacionais e relativos à efetividade policial com a burocratização (com participação do judiciário para se permitir uso de técnicas de rastreamento e para a exclusão de conteúdo de abusos identificados), elencando-se dados recentes do NCMEC (Centro Nacional para Crianças Desaparecidas e Exploradas nos EUA):

> Em 2020 o NCMEC (Centro Nacional para Crianças Desaparecidas e Exploradas nos EUA) recebeu 33,6 milhões de imagens de abuso, das quais 10,4 milhões eram únicas, e 31,6 milhões de vídeos, dos quais 3,7 milhões eram únicos. Segundo o INHOPE (Associação Internacional de Canais de Denúncia, com sede na Holanda) 60% de todas os URLs avaliadas pelos hotlines (linhas diretas de denúncia), em 2020, vieram de material previamente avaliado, o que significa que o mesmo conteúdo está se espalhando pela Internet e é denunciado repetidamente.[28]

Por mais que as questões concernentes ao ECA possam ser incluídas na esfera da exceção, quanto às transformações legislativas, e seja permitida a continuidade do rastreamento destes arquivos na rede e sua exclusão garantida de ofício, a forma como o Estado investe energia no sistema de proteção parece contar com fragilidades estratégicas e dificuldades de conexão com o que há de novo em avanços. A dificuldade parece estar na não compreensão de que o mundo virtual veio para ficar e que as respostas investigativas e protetivas precisam estar concatenadas e andar lado a lado no processo evolutivo das tecnologias, e isso não é possível de ocorrer sem a ação proativa, colaborativa e comprometida das entidades privadas que detém o arcabouço de ferramentas que conferem eficácia na identificação dos abusos e abusadores.

---

27. A Operação 'Luz na Infância" foi iniciada em 2017. A ação referente à 8ª edição a operação, que ocorreu simultaneamente no Brasil, Argentina, Estados Unidos, Paraguai, Panamá e Equador, em 2021, cumprindo 176 mandados de busca e apreensão, dos quais, no Brasil, tiveram a operação tem a participação da Polícia Civil de 18 estados. Nas sete fases anteriores foram cumpridos mais de 1.450 mandados de busca e apreensão. E presos cerca de 700 suspeitos de praticarem crimes cibernéticos de abuso e exploração sexual contra crianças e adolescentes no Brasil e nos países que participam da ação. (OPERAÇÃO Luz na Infância combate abuso e exploração sexual contra crianças e adolescentes. *Governo do Brasil*, 09/06/2021. Disponível em: https://www.gov.br/pt-br/noticias/justica-e-seguranca/2021/06/operacao-luz-na-infancia-combate-abuso-e-exploracao-sexual-contra-criancas-e-adolescentes. Acesso em: 08 ago. 2021.).

28. DECRETO sobre o Marco Civil aumenta os riscos à segurança e bem-estar de crianças e adolescentes do Brasil na Internet. *Safernet*, s/d, 2021. Disponível em: https://new.safernet.org.br/content/decreto-sobre-o-marco-civil-aumenta-os-riscos-seguranca-e-bem-estar-de-criancas-e. Acesso em: 08 ago. 2021.

O Estado precisa se desafiar a encontrar meios de interagir neste plano de forma a garantir os princípios elegidos no Marco Civil da Internet e ao mesmo tempo não perder seu Poder, que deve se transformar no poder de exigir celeridade procedimental, criação de mecanismos avançados de detecção de ameaças e violações aos direitos e rápida solução, o que parece não se coadunar com a inclusão de procedimentos processuais morosos, burocráticos e ultrapassados. O passado não existe, por isso, um tanto temerário buscar voltar no que se avançou no tempo.

A exclusão administrativa de conteúdos abusivos é uma medida importante na busca pela minimização de danos. Especialistas na apuração de responsabilidades criminais destacam a relevância desse procedimento

> A postagem de material pornográfico traz consequências nefastas às vítimas e aos seus familiares podendo ocasionar, em algumas situações, suicídios, abandono do lar, da escola e do convívio com os amigos. As grandes aplicações da internet têm banido esse tipo de comportamento e, quando notificadas, tratam de excluí-lo dos seus servidores. É certo que, quando o conteúdo é postado na web, dificilmente será retirado em definitivo, entretanto, diminuir-se-á o potencial de downloads e de lucros pelos criminosos. É curial, portanto, a solicitação de remoção de conteúdo não apenas de forma judicial, mas administrativamente junto às aplicações de internet, medida essa que pode amenizar o sofrimento da vítima, evitando que o conteúdo criminoso se alastre rapidamente pela rede.[29]

Não se está a propor a não participação do judiciário, pelo contrário, reforça-se a necessidade e importância no processo de proteção, contudo, ele não precisa ser chamado a todo instante, como primeira instância do processo de exclusão de ameaças identificadas no mundo digital. Apesar de tratar das dificuldades técnicas e jurídicas para coibir o discurso de ódio na Internet, interessante citar uma solução apresentada por Fernando Lottenberg e Rony Vainzorf[30]:

> Desse modo, seja pela quantidade de conflitos, seja em razão da celeridade necessária pelo agravamento da lesão as vítimas no caso de morosidade, o poder judiciário deve ser cima segunda instância para solução de tais tipos de controvérsia cibernéticas e apenas e tão-somente para eventuais revisões dos procedimentos adotados ou das decisões administrativas adotadas pelos provedores.

Também salutar, não obstante se refira à questão das *fakenews*, registrar a fala do Ministro do Superior Tribunal de justiça Ricardo Villas Boas Cueva sobre o modelo normativo de reserva de jurisdição na qual compete ao judiciário definir o que pode ser removido, nos termos do Marco Civil da Internet:

---

29. BARRETO, Alessandro Gonçalves. CASELLI, Guilherme, Pornografia Infantojuvenil na Internet: Procedimentos e Metodologias da Polícia Judiciária. In: BEZERRA, Claiton da Silva. AGANOLETTO, Giovanni Celso (Org.). *Pedofilia*: Repressão aos Crimes de Violência Sexual contra Crianças e Adolescentes – Doutrina e Prática: a visão do Delegado de Polícia. Rio de Janeiro: Mallet Editora. p. 111-130, 2017. p. 123.
30. LOTTENBERG Fernando; VAINZOF, Rony. Dificuldades Técnicas e Jurídicas para Coibir o Discurso de Ódio na Internet Discurso de Ódio: Desafios Jurídicos. In: GOMES, Fabrício Vasconcelos; SALVADOR, João Pedro Favaretto; LUCCAS, Victor Nóbrega (Coord.). *Discurso de ódio*: desafios jurídicos. São Paulo: Almedina, 2020. p. 283.

Ele é demorado caro difícil e leva a pergunta inevitável: será que é adequado para lidar com os desafios da contemporaneidade? Parece que não. Parece que foi feito olhando para o mundo analógico, e não para o digital. Dá um tratamento único para as redes sociais e os indexadores informação. Vemos que este tratamento não é adequado. As redes sociais criam um universo paralelo, uma bolha digital.[31]

Se para *fakenews* e redes sociais o tema já causa preocupação, imagina para a questão do tráfego de informações em ambiente de redes P2P, na *DeepWeb*, na *DarkWeb* e numa infinidade de possibilidades que o futuro nos entregará para trânsito de conteúdos que violam os mais necessitados direitos da criança e dos adolescentes. Deve-se, rapidamente, impedir o escalonamento criminoso. Se indivíduos que fazem uso da Internet para o mal perceberem a demora na resposta a "rede protetiva", com certeza não faltarão aventureiros na busca do lucro e do prazer que inclinarão seus esforços empreendedores criminosos para a exploração da pornografia virtual. Não se tratará de mera coincidência com o mundo não virtual e sim de mais uma versão do repetir padrões "comerciais", pois esse seriado com escalonamento criminoso já roda no *top trend* das práticas criminosas há muito tempo. Trata-se de medida preventiva manter a Internet um ambiente saudável em todas as suas vertentes de conteúdo, para impedir o crescimento do número de abusadores e exploradores.

4. OS DESAFIOS DA REPRESSÃO

"Não temos como resolver os problemas usando o mesmo tipo de mentalidade que usamos quando os criamos".[32]

– Albert Einstein

De acordo com um relatório da Norton Cyber Security, em 2017, o Brasil se tornou o segundo país com o maior número de casos de crimes cibernéticos. A situação, envolvendo cerca de 62 milhões de pessoas, gerou prejuízos de aproximadamente US$ 22 bi.

A disseminação da tecnologia potencializou conexões criminosas e viabilizou novas modalidades, e novos *modus operandi* para crimes antigos surgiram, desafiando ainda mais o Estado, enquanto sistema de justiça criminal, que, inadvertidamente, insiste na perpetuação de hábitos e na repetição de protocolos e decisões que, em descompasso com à evidente transformação social, posiciona-o cada vez mais distante das demandas atuais.

Como referido, novas formas de violência surgiram atingindo o futuro de nossas gerações, crianças e adolescentes. A universalização da Internet aproximou clientes e fornecedores de todo tipo de comércio, para o bem e para o mal. Entrementes, de

---

31. PADUA, Luciano. '*Modelo normativo brasileiro não está preparado contra fake news*', *diz Cueva*. 07 de maio de 2018. Disponível em: https://www.jota.info/coberturas-especiais/liberdade-de-expressão/fake-news-stj-07052018 Acessado em: 01 ago. 2021.

32. Albert Einstein. Alemanha / Físico, Teoria da Relatividade. 1879/1955.

A EXPLORAÇÃO DA PORNOGRAFIA REAL-VIRTUAL **573**

forma global, o crime organizado transnacional avançou a passos largos e atualmente movimenta fábulas. Há pouco mais de uma década, a contabilidade anunciada já era alarmante: "com a pedofilia, as máfias faturam, só em vídeos, US\$ 280 milhões por ano, e o mercado que a criminalidade chama com brutal vilania de 'carne fresca' (crianças) gera lucro anual de US\$ 5 bilhões.[33]"

A disseminação da pedofilia ganhou força a partir do advento da Internet como bem destaca Paula Mary Reis de Albuquerque[34]:

> A violência sexual contra crianças e adolescentes é o tipo de crime que antes da "Era da Internet" existia como um problema com focos individualizados ou restritos, de difícil punição. Antigamente era um crime que envolvia o abuso de menores de forma sexual e/ou pornográfica através de fotografias, filmes e vídeos, os quais eram distribuídos através de meios analógicos e, portanto, mais lentos e de alcance limitado. [...]
>
> Com a proliferação de computadores e a disseminação da internet, tanto a produção quanto a divulgação de arquivos com conteúdo pedopornográfico ganharam outra dimensão. [...]
>
> A internet transformou a pornografia infantil numa indústria universal e sofisticada.[35]

É fato, a Internet vem sendo cada vez mais utilizada por pedófilos como via privilegiada de comunicação. Existem, assim, comunidades virtuais pedófilas com *sites*, *blogs* e canais de *chat* específicos para troca de experiências, informações e imagens pornográficas, bem como para criar estratégias de abordagem de crianças no mundo real. Eles reconhecem uns aos outros por meio de expressões comuns (por exemplo: "boy-lover", "girl-lover", "child-lover") e símbolos que identificam sobre qual sexo e faixa etária de crianças que seus interessem incidem.[36]

Como visto, a contemporaneidade trouxe inúmeros avanços e na mesma proporção inúmeras vulnerabilidades, com consequente insegurança social e instabilidade nas escolhas de melhor política criminal para enfrentar o viés criminoso dos novos riscos.

Eis a problemática: a sociedade se moderniza e 'evolui', os riscos indesejados surgem ou os existentes se potencializam, e se disseminam pelo rompimento de fronteiras que a tecnologia oportuniza, e o Estado se vê frente ao desafio de prevenir e reprimir uma nova ordem criminosa.

---

33. DINO, Alessandra; MAIEROVITCH, Wálter Fanganiello. *Novas tendências da criminalidade transnacional mafiosa*. São Paulo: UNESP, 2010. p. 37.

34. ALBUQUERQUE, Paula Mary Reis. Exploração sexual de crianças e adolescentes na internet. In: BEZERRA, Claiton da Silva. AGANO-LETTO, Giovanni Celso (Org.). *Pedofilia*: Repressão aos Crimes de Violência Sexual contra Crianças e Adolescentes – Doutrina e Prática: a visão do Delegado de Polícia. Rio de Janeiro: Mallet Editora, 2017. p. 135.

35. ALBUQUERQUE, Paula Mary Reis. Exploração sexual de crianças e adolescentes na internet. In: BEZERRA, Claiton da Silva. AGANO-LETTO, Giovanni Celso (Org.). *Pedofilia*: Repressão aos Crimes de Violência Sexual contra Crianças e Adolescentes – Doutrina e Prática: a visão do Delegado de Polícia. 1ª ed. Rio de Janeiro: Mallet Editora, p. 131-146, 2017. p. 135.

36. SOBRE a pedofilia. *Ministério Público de Santa Catarina*. Disponível em: https://www.mpsc.mp.br/navegacao-segura-na-internet-e-combate-a-pedofilia/sobre-a-pedofilia. Acesso em: 06 ago. 2021.

Nesta mesma toada, constatado que o crime também se apresenta em constante mutação, Wisniewski e Silva Filho[37] demonstram em sua obra a existência efetiva de uma nova modalidade criminosa, que surge na sociedade pós-industrial, ocidental e contemporânea do risco, com características peculiares de organização e complexidade, que passa a coexistir com o atual modelo de criminalidade convencional. Os autores destacam a dinâmica insuficiente do sistema criminal em oferecer respostas eficientes voltadas à prevenção e repressão das atividades típicas de grupos criminosos organizados, o que demanda uma nova dinâmica, mais eficiente, para o sistema criminal que deixa de oferecer adequada tutela aos bens jurídico-penais constitucionais atacados pela criminalidade organizada, fragilizando a efetividade dos direitos fundamentais.

Ainda que se considere que muitos crimes virtuais de pornografia infantojuvenil sejam praticados ponto a ponto, de forma isolada, sem vínculos com organização criminosa, é preciso que se compreenda que há fortemente a presença do crime organizado nessa seara.

Partindo da premissa de que a humanidade atravessa um turbulento momento de ruptura com os horizontes consagrados pela modernidade, é imperioso reconhecer o surgimento de fenômenos sociais próprios desse período de transição, dentre os quais, aquele que se convencionou identificar como crime organizado contemporâneo. Esse e outros fenômenos, enquanto objeto de estudo próprio das ciências sociais, passa a ser reconfigurado a partir do progressivo fim do plano desenhado pela sociedade moderna, assumindo contornos diferenciados e esclarecidos pela teoria da "sociedade pós-industrial de risco", consagrada pela obra do sociólogo alemão Ulrich Beck.[38]

A virtualização das relações comerciais do século XXI forjaram um deslocamento da problemática 'crime organizado' um eixo regionalizado para um complexo cenário de ambiente mundial, sem fronteiras e com conexões jamais vistas, sobremaneira quando se constata a atuação das máfias e dos cartéis.

Em defesa da coletividade e na busca de uma desejável e integral proteção 'real', eficiente e eficaz no viés da repressão criminal aos delitos de pornografia virtual infantojuvenil, as polícias judiciárias têm um desafio enorme, que passa pela reinvenção da forma de investigar, de saber mesclar antigas técnicas com novas e aprimoradas tecnologias mundiais, de maneira a entregar um produto qualificado para seus ‹clientes', os cidadãos, pais e filhos, que percebem a segurança, ou a falta dela, num ambiente virtual de efeitos concretos.

---

37. WISNIEWSKI, Renato Mendes; SILVA FILHO, Edson Vieira da. Crime organizado na sociedade do risco: uma perspectiva garantista. *Revista Justiça do Direito*, v. 30, n. 3, 2017. p. 442-459. Disponível em: https://doi.org/10.5335/rjd.v30i3.6287. Acesso em: 11 jun. 2021.

38. WISNIEWSKI, Renato Mendes; SILVA FILHO, Edson Vieira da. Crime organizado na sociedade do risco: uma perspectiva garantista. *Revista Justiça do Direito*, v. 30, n. 3, 2017. p. 442-459. Disponível em: https://doi.org/10.5335/rjd.v30i3.6287. Acesso em: 11 jun. 2021. p. 442-459.

A EXPLORAÇÃO DA PORNOGRAFIA REAL-VIRTUAL

Quando se refere ao aparato de investigação criminal, sobretudo, vem rapidamente a mente a necessidade *softwares* e *hardwares* de última geração (que são necessários, por óbvio), mas não se deve esquecer que há seres humanos operando tais equipamentos, há policiais e outros profissionais do sistema de persecução penal que são migrantes virtuais e acumulam diversos outros afazeres laborais, o que impede a adequada especialização que o assunto requer.

A transnacionalidade criminosa avança e modelos de ação são copiados e readaptados nos mais diversos terrenos do planeta com as facilidades da conexão virtual. Muitos dos negócios ilícitos são ajustados, pactuados e pagos em ambientes não físicos, e que estão um pouco mais além da *surfaceweb*[39], em locais ainda pouco habitado pelas polícias: na *deepweb*[40] e na *darkweb*[41], *onde não há espaço para amadores*.

Talvez aí o principal desafio para os investigadores: o novo local de crime. Antes os vestígios eram visíveis, atualmente desafiam o olhar mais acurado e experiente de qualquer policial.

> O cometimento de uma infração produz, no local do crime e adjacências, vestígios que contribuirão para individualização da autoria e materialidade. Caberá, portanto, a polícia judiciária identificá-los. É o caso, por exemplo, de um crime de homicídio em que, para solucionar o fato, os investigadores irão coletar informações sobre o local, meios, motivos, circunstâncias, testemunhas e imagens de circuito fechado de TV e representarão judicialmente por quebra de sigilo de dados protegidos e por medidas cautelares diversas como interceptação telefônica, entre outras.
>
> Da mesma forma, as infrações cometidas com ou através da internet produzem um local de crime virtual, com informações importantíssimas que auxiliarão no esclarecimento do fato. Vestígio cibernéticos são deixados pelo infrator, devendo a perquirição criminal   encontrá-los, como postagens realizadas na internet aberta ou ainda a coleta dos protocolos de internet utilizados pelo criminoso. Essa atuação não resulta em monitoramento de pacote de dados com o conteúdo das informações trafegadas pelo usuário, o acesso à base de dados protegidos pelo sigilo constitucional. A atividade policial é exercida no sentido de colher e individualizar vestígios e fragmentos deixados pelo criminoso quando da execução da atividade ilícita.[42]

---

39. É a parte da Internet que está disponível para todos os usuários, ou seja, na superfície – a ponta do iceberg. É onde as páginas estão disponíveis aos usuários e são indexadas pelo Google, por exemplo, podendo ser acessadas por qualquer navegador. Ao acessar seu conteúdo, o computador ou dispositivo se conecta a um servidor que identifica o IP do usuário.

40. Também chamada de *deepnet* ou undernet, é uma parte da web que não é indexada pelos mecanismos de busca, como o Google e, portanto, fica oculta ao grande público. É um termo geral para classificar diversas redes de sites distintas que não se comunicam. Trata-se de uma parte submersa da Internet que não se consegue acessar sem as ferramentas certas. Lá diversos tipos de pessoas guardam informações que querem esconder ou simplesmente manter longe dos mecanismos tradicionais de busca.

41. É uma parte da *deep web*. É nessa camada que é possível encontrar atividades ilegais como tráfico de drogas, de armas, de pessoas, pedofilia e muitas outras. São fóruns, páginas e comunidades que estão inseridas na *deep web*, onde a criptografia é mais complexa, feita em camadas e com domínios que misturam números e letras para que somente usuários mais avançados tenham acesso a essa rede, e exigem softwares ou configurações específicas para navegação.

42. CASELLI, Guilherme; BARRETO, Alesandro Gonçalves; GAUDENCIO, Andressa. Aplicação de modernas técnicas de investigação digital pela Polícia Judiciária e sua efetividade. In: *Revista Direito &TI*, 2016. Disponível em: https://direitoeti.emnuvens.com.br/direitoeti/article/view/53. Acesso em: 03 ago. 2021.

Cada vez mais a polícia se especializa para enfrentar o crime, no entanto, a especialização pouco avança ou traz de novidade para além da criação de órgãos com atribuição específica na estrutura orgânica.

O verbo especializar requer complemento: e é o efetivo policial o seu objeto direto e principal. O ativo mais importante da instituição, seus policiais, deve receber conhecimento diferenciado e treinamento constante para atender com eficiência às investigações contra a pornografia virtual.

A criação e inauguração de setores especializados no trato dos crimes cibernéticos é de suma importância, especialmente para cuidar das investigações de pornografia virtual. O grande desafio do poder executivo é dar celeridade ao processo não apenas de criação e aquisição do aparato tecnológico do órgão, que terá atribuição de investigar tais delitos, mas principalmente atuar com intensidade no campo da capacitação e especialização dos investigadores. A escassez de recursos, somados aos minguados investimentos empregados pelo poder público, traz impactos maléficos quando o assunto é equipar áreas especializadas no enfrentamento à macro delinquência, ao crime organizado local, regional ou transnacional e no caso do combate a pornografia os reflexos não são diferentes. A questão é antiga, mas segue atual e, deve ganhar ainda mais destaque num meio social que evolui a passos largos com motores de propulsão tecnológica.

É preciso superar os paradigmas da investigação criminal clássica, não descartando seus ensinamentos, por óbvio, mas difundindo e apropriando-se de conhecimentos novos que oportunizem respostas ágeis, eficientes e eficazes, com utilização de modernos mecanismos de obtenção de provas.

No terreno da Internet e do novo mundo virtual passou-se a engatinhar e o tempo que demorou para começarem os primeiros passos colocou em xeque a capacidade estatal de competitividade, à medida que os voos rasantes da repressão qualificada não faziam cócegas na estrutura da rede de pornografia mundial, incluindo o tráfico de pessoas. Os velhos entraves de um sistema burocratizado, conivente com o atraso tecnológico, realidade sempre presente nos países menos desenvolvidos economicamente, causaram maiores impactos e estragos, somados aos já surrados e tardios processos de tentativas de modernização. Evolução não se trata apenas de embarcar tecnologia nas estruturas organizacionais, como referido, diz respeito também às inovações do pensamento, ao conhecimento atualizado, ao incremento da expertise profissional.

No campo da inovação das ferramentas disponíveis para a investigação, andou bem o legislador pátrio ao entregar importante reforço para a atividade investigativa das polícias judiciária. Trata-se da permissão de infiltração de agentes policiais na rede mundial de computadores para investigar crimes previstos no ECA. O objetivo principal da Lei 13.441, de 08 de maio de 2017[43], que incluiu a possibilidade de infil-

---

43. BRASIL. Lei 13.441, de 08 de maio de 2017. *Altera a Lei 8.069, de 13 de julho de 1990 (Estatuto da Criança e do Adolescente), para prever a infiltração de agentes de polícia na internet com o fim de investigar crimes contra a dignidade sexual de criança e de adolescente.* Disponível em: http://www.planalto.gov.br/ccivil_03/_Ato2015-2018/2017/Lei/L13441.htm. Acesso em: 14 jul. 2021.

tração virtual foi prevenir e reprimir o chamado *internet grooming,* expressão inglesa que define o processo pelo qual o pedófilo, protegido pelo anonimato, seleciona e aborda pela rede as potenciais vítimas, crianças e adolescentes, e as vai preparando para aceitarem abusos. Foram acrescidos cinco artigos ao ECA: 190-A, 190-B, 190-C, 190-D e 190-E disciplinando o procedimento relativo ao instituto da infiltração virtual, trazendo inovação e melhor condições (ao menos teóricas) de enfrentamento à exploração da pornografia virtual infantojuvenil.

A infiltração policial é uma das espécies de "operações encobertas", conforme o Manual da Nações Unidas de Práticas contra à Corrupção (*United Nations Handbook on Pratical Anti-Corruption*[44]). Nela, a ação de infiltração, a identidade do policial é dissimulada/fictícia com o objetivo de se detectar, confirmar, prevenir ou reprimir as atividades criminosas.[45]

A investigação criminal contemporânea deve acompanhar tendências e estar atenta às novas tecnologias, assim como o crime o faz. A previsão da infiltração policial virtual pelo legislador demonstra comprometimento do legislador com o futuro das investigações criminais. É de se comemorar o ganho no contexto jurídico-normativo da processualística penal, no entanto, a mera inserção de norma não traz consigo, como via de consequência, a entrega dos instrumentos hábeis para concreta execução das ações encobertas. O desafio de buscar inovação foi atendido por parte do legislativo e, a partir da vigência da lei, passou a responsabilidade ao executivo para viabilizar o efetivo uso da técnica nas investigações.

O Estado possui recursos finitos e necessidades infinitas, dois vetores que desafiam os gestores em quaisquer setores e na segurança pública ganham bastante relevância, haja vista os interesses sociais coletivos envolvidos. Com o passar do tempo e rastejando na esteira da evolução tecnológica, o poder público viu velhas problemáticas resistirem (insuficiência de policiais, materiais obsoletos, processo burocrático, entraves legislativos, morosidade processual e incremento da criminalidade), outras foram agregadas.

Nesse contexto, insere-se o problema da viabilização de meios para execução de investigações qualificadas que incluam técnicas modernas, como é o caso da infiltração de agentes em ambiente cibernético, para apurar crime de pornografia virtual. Aqui se sobressaem a escassez tecnológicas e o desconhecimento técnico da grande maioria dos policiais. Se para a ampla gama de crimes as polícias carecem de efetivo e tempo para investigar adequadamente, o que se dirá em relação ao volume de situações e peculiaridades que a persecução criminal na Internet apresenta.

---

44. LANGSETH, Peter et al. United Nations Handbook on Practical Anti-Corruption Measures for Prosecutors and Investigators. *UNODC*, Vienna, 2004. Disponível em: https://www.unodc.org/documents/afghanistan/Anti-Corruption/Handbook_practical_anti-corruption.pdf. Acesso em: 05 ago. 2021.
45. Sobre o procedimento de infiltração policial, tradicional e virtual, veja-se Reschke, Wendt e Matsubayaci (RESCHKE, Cristiano de Castro; WENDT, Emerson; MATSUBAYACI, Mayumi Bezerra. *Infiltração Policial*: da tradicional à virtual. Rio de Janeiro: Brasport, 2021.).

Assim, cientes de que o Estado não detém o monopólio das respostas efetivas aos males da humanidade, necessário que se readapte em relação a algumas estratégias e passe a usar seu poder na execução de outra função tática neste jogo: organizar, reunindo o que há de melhor no público com o que o privado pode oferecer em termos de tecnologia e expertise para, assim, enfrentar de forma qualificada essa criminalidade virtual, valer-se do que a legislação oportuniza em termos de técnicas investigativas.

A criatividade, a inovação e a especialização devem constar em qualquer planejamento estratégico de instituição que almeje existir no próximo século. Para investigar pornografia infantil estas três palavras ganham mais sentido. Se a Internet apresenta um mundo de possibilidades para o crime, também é certo que as oportunidades investigativas também estão abertas e a reinvenção da arte de investigar passa por considerar os recursos que o virtual oferece.

Investir em medidas de cooperação ganha ainda mais força como solução para combate à pedofilia sob o viés investigativo. A criatividade e a expertise do conhecimento policial associado aos recursos avançados da tecnologia são ingredientes de uma receita que deve ser fomentada e intensificada. A título de exemplo, cita-se o caso prático narrado por Paula Mary Reis de Albuquerque envolvendo operação policial desencadeada para combater pornografia infantojuvenil na Internet, envolvendo uma ONG e a Interpol:

> Sweetie[46], a menina virtual.
>
> O turismo sexual de crianças na webcam é um novo fenômeno que se espalha como uma pandemia. Homens de países ricos pagar um crianças de países pobres para se exibir em sexualmente em frente a webcam. Na grande maioria das vezes esses crimes não são comunicados às autoridades competentes. A única forma, então, de impedir a ação desses predadores é patrulhar os sites onde esses crimes são cometidos.
>
> Em geral, os predadores se sentem seguros por acreditarem que são anônimos: usam nomes/apelidos falsos, moram afastados de suas vítimas (muitas das vezes em outros países) e podem efetuar o pagamento com cartões de crédito pré-pagos não rastreáveis, facilmente comprados em qualquer lugar.
>
> Na Holanda, a ONG "Terres des hommes" desenvolveu a imagem de uma menina filipina virtual de 10 anos de idade, batizada de SWEETIE, para auxiliar a identificar abusadores sexuais em sites públicos de relacionamento.
>
> [...]
>
> Enquanto Sweetie conversava com um abusador, a equipe o rastreava. Utilizando-se de dados que o predador passava, eles o identificavam com auxílio do Google, do Facebook e de outras ferramentas. Conseguiram, dessa forma, obter diversos dados, como: nomes, endereços, número

---

46. "Sweetie é uma menina filipina de 10 anos. Todos os dias, durante 10 semanas, sentou-se em frente ao computador com a câmera ligada e entrou em fóruns on-line. Durante esse período, foi abordada por mais de 20.000 homens, dos quais 1000 estavam dispostos a pagar para a verem em atos sexuais dirá diante da câmera. Só não sabiam uma coisa: que do outro lado estava alguém a espiá-los". (SOARES, Marisa. Sweetie a menina virtual que ajudou a encontrar predadores sexuais na Internet. *Público.pt*, 5 novembro de 2013. Disponível em: https://www.publico.pt/2013/11/05/mundo/noticia/sweetie-a-menina-virtual-que-ajudou-a-encontrar-predadores-sexuais-na-internet-1611401. Acesso em: 04 ago. 2021.)

de telefone, fotografias etc. Em dois meses, identificaram 1000 abusadores sexuais de crianças. Como resultado deste trabalho, um doce e foi entregue a Interpol. Segundo a ONG: se encontrar os predadores sexuais de crianças é tão fácil, é possível acabar com o turismo sexual de crianças na webcam. A ONG sugere que a investigação pró ativa é a única forma de alcançar esses tipos de criminosos.[47]

Os desafios para a repressão criminal são enormes, na mesma proporção daqueles que a necessidade de proteção e prevenção anteriormente registrada apresentam. De certo apenas se tem que nenhuma solução que pretenda entregar resultados satisfatórios nessa seara pode desconsiderar a quebra de paradigmas, a busca pela inovação e a cooperação mais ampla possível como fatores condicionais para o sucesso na identificação e responsabilização dessa espécie de criminosos.

5. OS DESAFIOS DO PRESENTE E DO FUTURO QUE JÁ SE APRESENTAVAM NO PASSADO

Como o assunto é criança e adolescente, interessante trazer um raciocínio a partir de um desenho animado lançado em 1962 e relançado com novos episódios em 1985, o clássico "Os Jetsons". Ele trazia a vida de uma família no futuro, com tudo que a modernidade do então distante século 21 poderia trazer. Muito do que se apresentava na rotina dos Jetson e que parecia estranho à época, já virou realidade. Para citar alguns produtos imaginados no desenho: 'smartwatch'" chamadas de vídeo; TVs de tela plana; *tablet*; esteiras rolantes; viagens para a Lua; máquina de comida instantânea; assistente pessoal similitude com *Siri, Google Assistente e Alexia*; despertadores com comando de voz; robô que limpa a casa.

Naquele período (seja 1962 ou 1985), aconteciam crimes no mundo real-real e a polícia investigava a seu modo, aplicando as metodologias aprendidas na academia e com os recursos entregues pelo Estado. As revoluções tecnológicas vieram e a Era da informação se instalou, as previsões um tanto absurdas ou lunáticas para a época de nascimento dos Jetsons se concretizaram.[48] Assim como, o crime também inovou, atento às oportunidades, e vem produzindo riquezas e danos no paralelo como nunca se viu, sem contar que há muito de desconhecido sendo praticado em ambientes ainda pouco "navegados" pelos responsáveis pela persecução criminal. E o Estado? Como foi a evolução dos mecanismos de enfrentamento do Estado em relação aos novos danos do mundo real-virtual? A forma como se investiga e os recursos aplicados mudaram substancialmente ou o manual permanece quase o mesmo da época do desenho original?

---

47. ALBUQUERQUE, Paula Mary Reis. Exploração sexual de crianças e adolescentes na internet. In: BEZERRA, Claiton da Silva. AGANO-LETTO, Giovanni Celso (Org.). *Pedofilia*: Repressão aos Crimes de Violência Sexual contra Crianças e Adolescentes – Doutrina e Prática: a visão do Delegado de Polícia. Rio de Janeiro: Mallet Editora, p. 131-146, 2017. p. 144-145.

48. EVANGELISTA, Raphael. Veja 12 previsões acertadas pelos Jetsons sobre a tecnologia do século 21. *UOL*, 04 maio 2021. Disponível em: https://www.uol.com.br/tilt/noticias/redacao/2020/05/04/11-previsoes-que-os-jetsons-acertaram-sobre-a-tecnologia-no-seculo-21.htm?cmpid=copiaecola. Acesso em: 30 jul. 2021.

Onde se quer chegar: por óbvio, a produção legislativa procedimental não caminha de forma acelerada e também não parece ser interessante que haja enxurradas de normas (apenas penais), mas o Estado deve se atentar para o fato de que não detém mais o monopólio da informação e que os grandes grupos que exploram o ambiente real-virtual e todas as suas 'facilidades' são hoje, e no futuro cada vez mais, personagens importantes no processo de efetivação da proteção ampla e integral proteção das crianças e adolescentes. Sem contar que exploram este ambiente em rede de forma altamente lucrativa, assim, colaborar de forma comprometida e proativa, na velocidade de suas melhores conexões, entregando dados e informações que auxiliem na identificação de autoria e comprovação da materialidade delitiva é algo a ser compreendido na ideia de contrapartidas em relação a fatia de intimidade e privacidade que acessam, usam e vendem dos habitantes de todos os cantos do planeta, pela exploração de todo tipo de base de dados dos cidadãos.

Se tudo o que as grandes empresas da 'comunicação mundial' é por elas dito busca o bem e a evolução, que então sejam capazes de fazer entregas que sirvam para auxiliar o Estado e a sociedade organizada igualmente realizar o bem comum, ou seja, que ajudem a construir uma realidade voltada à essa efetividade. Já se verifica esforço conjugado e colaborativo de empresas como Facebook, Google, dentre outros, mas ainda muito aquém do que podem em termos de tecnologia da informação, em especial para auxiliar nas investigações contra crimes hediondos.

As instituições públicas não têm o monopólio das respostas aos vários problemas de nosso mundo, mas podem desempenhar um papel importante como organizador, reunindo os setores público e privado para encontrar soluções para alguns de nossos maiores desafios. A frase de Bill Joy: "Não importa quem você seja, a maioria das pessoas mais inteligentes trabalha para outra pessoa"[49] passou a ser conhecida como "Lei da Alegria" e é uma das inspirações para conceitos como o *crowdsourcing*[50] contribuição colaborativa ou colaboração coletiva, ideia potencialmente aplicável para buscar soluções criativas e inovadoras para a ampliação da rede de proteção contra a pornografia infantil.

---

49. Bill Joy ou William Nelson Joy, é um cientista da computação estadunidense. Joy cofundador da empresa Sun Microsystems em 1982. É conhecido por ter escrito o ensaio "Why the future doesn't need us" ("Porque o futuro não precisa de nós"), onde expressa preocupação sobre o desenvolvimento de tecnologias modernas). (MARTINHO, Alfredo. *Ser empresário hoje é muito diferente do que era há 20 anos – Peter Diamandis*. 13 jun. 2021. Disponível em: https://inlagsacademy.com.br/2021/06/13/ser-empresario-hoje-e-muito-diferente-do-que-era-ha-20-anos-peter-diamandis/. Acesso em: 07 ago. 2021.)

50. O termo *crowdsourcing* foi criado há pouco mais de 10 anos por em artigo da revista *Wired*, famoso por ser o mais citado entre os pesquisadores de técnicas nas quais serviços e processos criativos são terceirizados para a multidão. O termo, inicialmente criado para explicar estratégias utilizadas no setor privado, também tem sido utilizado para caracterizar iniciativas do setor público em que os governos se abrem para captar ideias associadas a soluções de problemas junto à sociedade – cidadãos, organizações não governamentais, empresas, entre outros.
   (MARTINS, Teresa Cristina Monteiro; ZAMBALDE, André Luiz. Reflexões sobre crowdsourcing no setor público. *Revista Pretexto*, p. 23-35, 2021. p. 23.)

A EXPLORAÇÃO DA PORNOGRAFIA REAL-VIRTUAL | **581**

O Estado precisa valer-se das oportunidades que a revolução digital trouxe e buscar no poder da multidão soluções e ideias, por meio de competições de incentivo onde prêmios podem ser ofertados para aqueles que pensam um pouco fora da caixa e tragam soluções pouco convencionais, mas que podem ir além das respostas um tanto restritas do ponto de vista da inovação. Além do mais, o ambiente colaborativo pode apresentar-se menos dispendioso em termos de recursos públicos.

Do Judiciário, convém esperar esforço para a diminuição de barreiras e burocracias para deferimento de medidas que beiram a objetividade e senso comum de proteção às vítimas. Não é concebível na esfera da prática de crime de pornografia virtual uma espera por deferimento de medidas cautelares por tempo superior ao de uma troca de e-mail (incluindo por óbvio a leitura).

6. CONSIDERAÇÕES FINAIS

Os desafios para os próximos 30 anos do ECA parecem se agigantar e se os responsáveis pela busca da exequibilidade dos seus propósitos não empreenderem soluções ágeis e hábeis, o futuro pode ser ainda mais assustador do ponto de vista do volume de violações dos direitos humanos da criança e do adolescente, incluindo, sobretudo, a perversa prática da pornografia virtual.

O presente artigo, antes de tudo, buscou trazer alertas sobre a necessidade de avanços no enfrentamento a um problema que veio para ficar e já no início demonstrou ser capaz de causar estragos difusos, danos permanentes e quase pulverizar chances de identificar todos os responsáveis pela participação em determinado crime no caso, o de pornografia virtual.

As respostas passam pelo debate crítico, com olhar ampliado, para fomentar a construção de soluções para problemas que já batem à porta e que tem recebido respostas, ainda que eficientes no ponto a ponto, insuficientes para o volume de relações conflituosas e criminosas que já se demonstram existentes, atuantes e danosas para a sociedade global.

O crime rompeu fronteiras físicas, do mundo real-real para o mundo real-virtual, e, ainda que não tenha se tornado totalmente tecnológico, vale-se das mais modernas oportunidades para ampliar, diversificar ou encobrir suas ações. O Estado e demais responsáveis pela rede de proteção infantojuvenil não podem quedarem-se, inertes, morosos, frente ao problema, que requer ação proativa, inovadora, não pactuante com o conservadorismo público, com a morosidade probatória e falta de efetividade e, também, com o quase letárgico processo de modernização das estruturas de repressão criminal.

Para estar em condições de enfrentar de forma eficaz a pornografia virtual talvez o principal desafio estatal seja o de se desplugar, reconectar e estabelecer a otimização no uso dos recursos disponíveis e o desenvolvimento de política e estratégias inovadoras, pois as máquinas da repressão qualificada estão ficando obsoletas.

Para enfrentar os crimes cibernéticos contra crianças e adolescentes a prevenção ainda é mais potente ferramenta. A atuação em rede na busca pela conscientização das famílias sobre os riscos da exposição de crianças na Internet é medida impositiva. É preciso multiplicar os responsáveis pelo enfrentamento a este 'mal' e o grande desafio para a efetividade e redução de danos é a da difusão do conhecimento acerca dos riscos e medidas preventivas a serem adotadas pela sociedade, para então se estabelecer melhores condições para a ação reativa contra os 'predadores digitais'.

Para romper esta curva de crescimento da pornografia virtual e reduzir a violação de direitos humanos é preciso que se fortaleça a cooperação entre entidades públicas e privadas, bem como o compartilhamento ágil e qualificado de informações por parte de empresas que exploram o ambiente virtual comercialmente, com alta tecnologia embarcada, complementando ou cobrindo carências técnicas do poder público.

Os gestores e setores envolvidos não podem cair na 'rotina do insensível', do 'é assim e pronto'. Os casos não podem se tornar apenas números estatísticos para comparativos semestrais, anuais, em especial em períodos eleitorais. Está a se tratar do sofrimento de crianças submetidas à violência sexual enquanto resta filmado para depois ser exposto à venda na Internet para saciar a lasciva de pervertidos, doentes, criminosos, enfim. Não há apenas mais 'um caso'. Há 'o caso'. E eles já são milhões e isso tem que ser levado em conta para sensibilizar gestores e decisores. Ao se perder essa sensibilidade corre-se o risco de se perder o compromisso com o social. E sendo o social, justificado está a necessidade de imposição de participação ativa de diversos atores que se locupletam com as informações que circulam no meio virtual; e sendo o social, justificada está a necessidade de transformação legislativa e jurídica para que se alcancem mecanismos céleres de acesso à informação e a medidas cautelares.

Logo chegará o tempo em que a exceção será o crime que não envolva algum tipo de tecnologia em sua execução. Os fatos do mundo físico serão a exceção. É preciso readequar as velas, pois se está a navegar numa velocidade menor do que as oportunidades permitem e que as crianças precisam. Não há inércia, mas lentidão. Que os ventos das previsões futuras tragam a força para acordar o gigante que insiste em repousar em berço esplêndido.

7. REFERÊNCIAS

ALBUQUERQUE, Paula Mary Reis. Exploração sexual de crianças e adolescentes na internet. In: BEZERRA, Claiton da Silva. AGANOLETTO, Giovanni Celso (Org.). *Pedofilia*: Repressão aos Crimes de Violência Sexual contra Crianças e Adolescentes – Doutrina e Prática: a visão do Delegado de Polícia. Rio de Janeiro: Mallet Editora, p. 131-146, 2017.

BARRETO, Alessandro Gonçalves. CASELLI, Guilherme, Pornografia Infantojuvenil na Internet: Procedimentos e Metodologias da Polícia Judiciária. In: BEZERRA, Claiton da Silva. AGANOLETTO, Giovanni Celso (Org.). *Pedofilia*: Repressão aos Crimes de Violência Sexual contra Crianças e Adolescentes – Doutrina e Prática: a visão do Delegado de Polícia. Rio de Janeiro: Mallet Editora, p. 111-130, 2017.

BASTOS, Ângela. Pedofilia na internet: denúncias aumentam durante a pandemia. *NSC Total*, 31/01/2021. Disponível em: https://www.nsctotal.com.br/noticias/pedofilia-na-internet-denuncias-aumentam-durante-a-pandemia? Acesso em: 08 ago. 2021.

BAUMAN, Zygmunt. *Medo líquido*. Rio de Janeiro: Jorge Zahar, 2008.

BECK, Ulrich. *Sociedade de risco*: rumo a uma outra modernidade. Trad. Sebastião Nascimento. 2. ed. São Paulo: 34, 2011.

BRASIL. *Constituição da República Federativa do Brasil de 1988*. Disponível em: http://www.planalto.gov.br/ccivil_03/constituicao/constituicao.htm. Acesso em: 10 jun. 2021.

BRASIL. *Decreto-Lei no 3.689, de 3 de outubro de 1941*. Código de Processo Penal. Disponível em: http://www.planalto.gov.br/ccivil_03/Decreto-Lei/Del3689.htm. Acesso em: 10 jun. 2021.

BRASIL. *Lei 8.069, de 13 de julho de 1990*. Dispõe sobre o Estatuto da Criança e do Adolescente e dá outras providências. Disponível em: http://www.planalto.gov.br/ccivil_03/leis/l8069.htm. Acesso em: 14 jul. 2021.

BRASIL. *Lei 12.965, de 23 de abril de 2014*. Estabelece princípios, garantias, direitos e deveres para o uso da Internet no Brasil. Disponível em: http://www.planalto.gov.br/ccivil_03/_ato2011-2014/2014/lei/l12965.htm. Acesso em: 14 jul. 2021.

BRASIL. *Lei 13.441, de 08 de maio de 2017*. Altera a Lei 8.069, de 13 de julho de 1990 (Estatuto da Criança e do Adolescente), para prever a infiltração de agentes de polícia na internet com o fim de investigar crimes contra a dignidade sexual de criança e de adolescente. Disponível em: http://www.planalto.gov.br/ccivil_03/_Ato2015-2018/2017/Lei/L13441.htm. Acesso em: 14 jul. 2021.

BRASIL. *Lei 13.812, de 16 de março de 2019*. Institui a Política Nacional de Busca de Pessoas Desaparecidas, cria o Cadastro Nacional de Pessoas Desaparecidas e altera a Lei 8.069, de 13 de julho de 1990 (Estatuto da Criança e do Adolescente). Disponível em: http://www.planalto.gov.br/ccivil_03/_ato2019-2022/2019/lei/L13812.htm. Acesso em: 08 ago. 2021.

CALLEGARI, André Luis. *Imputação objetiva*. Porto Alegre: Livraria do Advogado, 2002.

CASELLI, Guilherme; BARRETO, Alesandro Gonçalves; GAUDENCIO, Andressa. Aplicação de modernas técnicas de investigação digital pela Polícia Judiciária e sua efetividade. In: *Revista Direito &TI*, 2016. Disponível em: https://direitoeti.emnuvens.com.br/direitoeti/article/view/53. Acesso em: 03 ago. 2021.

CASSITA, Danielle. "Peso" da informação digital pode alcançar a massa da Terra em 225 anos. *CanalTech*, 17/08/2020. Disponível em: https://canaltech.com.br/ciencia/peso-da-informacao-digital-pode-alcancar-a-massa-da-terra-em-225-anos-169914/. Acesso em: 08 ago. 2021.

COELHO, C. F.; RASMA, E. T.; MORALES, G. Engenharia social: uma ameaça à Sociedade da Informação. *Exatas & Engenharias*, v. 3, n. 05, 23 mar. 2013.

CRESCIMENTO de crimes cibernéticos na pandemia: como não ser uma vítima. *CryptoID*, 28 abr. 2021. Disponível em: https://cryptoid.com.br/identidade-digital-destaques/crescimento-de-crimes-ciberneticos-na-pandemia-como-nao-ser-uma-vitima/. Acesso em 08 ago. 2021.

DECRETO sobre o Marco Civil aumenta os riscos à segurança e bem-estar de crianças e adolescentes do Brasil na Internet. *Safernet*, s/d, 2021. Disponível em: https://new.safernet.org.br/content/decreto-sobre-o-marco-civil-aumenta-os-riscos-seguranca-e-bem-estar-de-criancas-e. Acesso em: 08 ago. 2021.

DENÚNCIAS de pornografia infantil cresceram 33,45% em 2021, aponta a Safernet Brasil. *Safernet*, 18/05/2021. Disponível em: https://new.safernet.org.br/content/denuncias-de-pornografia-infantil-cresceram-3345-em-2021-aponta-safernet-brasil. Acesso em: 08 ago. 2021.

DINO, Alessandra; MAIEROVITCH, Wálter Fanganiello. *Novas tendências da criminalidade transnacional mafiosa*. São Paulo: UNESP, 2010.

EVANGELISTA, Raphael. *Veja 12 previsões acertadas pelos Jetsons sobre a tecnologia do século 21*. 04 maio 2021. Disponível em: https://www.uol.com.br/tilt/noticias/redacao/2020/05/04/11-previsoes-que-os-jetsons-acertaram-sobre-a-tecnologia-no-seculo-21.htm?cmpid=copiaecola. Acesso em: 30 jul. 2021.

EXPOSIÇÃO de crianças e adolescentes na internet ocupa 5ª posição no ranking do Disque 100. *Governo Federal*, Ministério da Mulher, da Família e dos Direitos Humanos, 11/11/2020. Disponível em: https://www.gov.br/mdh/pt-br/assuntos/noticias/2020-2/novembro/exposicao-de-criancas-e-adolescentes-na-internet-ocupa-quinta-posicao-no-ranking-de-denuncias-do-disque-100. Acesso em: 08 ago. 2021.

GARRETT, Filipe. O que acontece a cada minuto na Internet? Estudo traz dados surpreendentes. *TechTudo*, 14/08/2020. Disponível em: https://www.techtudo.com.br/noticias/2020/08/o-que-acontece-a-cada-minuto-na-internet-estudo-traz-dados-surpreendentes.ghtml. Acesso em: 08 ago. 2021.

GERAÇÕES X, Y, Z e Alfa: como cada uma se comporta e aprende. *Bei Educação*, 09 mar. 2021. Disponível em: https://beieducacao.com.br/geracoes-x-y-z-e-alfa-como-cada-uma-se-comporta-e-aprende/. Acesso em: 08 ago. 2021.

HARTMAN, Ivar. Decreto de Bolsonaro pode criar opiniões de segunda classe nas redes sociais. *Folha de São Paulo*, 21/05/2021. Disponível em: https://www1.folha.uol.com.br/poder/2021/05/decreto-de-bolsonaro-pode-criar-opinioes-de-segunda-classe-nas-redes-sociais.shtml. Acesso em: 08 ago. 2021.

INTERNET Usage and Population in South America. *Internet World Stats*, 31/03/2021. Disponível em: https://www.internetworldstats.com/stats15.htm. Acesso em: 01 ago. 2021.

JUSTO, Marcelo. As cinco atividades do crime organizado que rendem mais dinheiro no mundo. *BBC News Brasil*, 1 abr. 2016. Disponível em: <https://www.bbc. com/portuguese/noticias/2016/04/160331_atividades_crime_organizado_fn>. Acesso em: 10 fev. 2021.

LANGSETH, Peter et al. *United Nations Handbook on Practical Anti-Corruption Measures for Prosecutors and Investigators*. UNODC, Vienna, 2004. Disponível em: https://www.unodc.org/documents/afghanistan/Anti-Corruption/Handbook_practical_anti-corruption.pdf. Acesso em: 5 ago. 2021.

LOTTENBERG Fernando; VAINZOF, Rony. Dificuldades Técnicas e Jurídicas para Coibir o Discurso de Ódio na Internet Discurso de Ódio: Desafios Jurídicos. In: GOMES, Fabrício Vasconcelos; SALVADOR, João Pedro Favaretto; LUCCAS, Victor Nóbrega (Coord.). *Discurso de Ódio*: Desafios Jurídicos. São Paulo: Almedina, 2020.

MARTINHO, Alfredo. *Ser empresário hoje é muito diferente do que era há 20 anos – Peter Diamandis*. 13 jun. 2021. Disponível em: https://inlagsacademy.com.br/2021/06/13/ser-empresario-hoje-e-muito-diferente-do-que-era-ha-20-anos-peter-diamandis/. Acesso em: 07 ago. 2021.

MARTINS, Teresa Cristina Monteiro; ZAMBALDE, André Luiz. Reflexões sobre crowdsourcing no setor público. *Revista Pretexto*, p. 23-35, 2021.

OPERAÇÃO Luz na Infância combate abuso e exploração sexual contra crianças e adolescentes. *Governo do Brasil*, 09/06/2021. Disponível em: https://www.gov.br/pt-br/noticias/justica-e-seguranca/2021/06/operacao-luz-na-infancia-combate-abuso-e-exploracao-sexual-contra-criancas-e-adolescentes. Acesso em: 08 ago. 2021.

PACHECO, Augusto Rodrigues; PEREIRA, Sophie. Deep Learning Conceitos e Utilização nas Diversas Áreas do Conhecimento. *Revista Ada Lovelace*, [S. l.], v. 2, p. 34–49, 2018. Disponível em: http://anais.unievangelica.edu.br/index.php/adalovelace/article/view/4132. Acesso em: 8 ago. 2021.

PADUA, Luciano, '*Modelo normativo brasileiro não está preparado contra fake news*', diz Cueva. 07 de maio de 2018. Disponível em: https://www.jota.info/coberturas-especiais/liberdade-de-expressão/fake-news-stj-07052018 Acessado em: 1º ago. 2021.

PISA, Pedro. O que é Hash? *TechTudo*, 10/07/2012. Disponível em: https://www.techtudo.com.br/artigos/noticia/2012/07/o-que-e-hash.html. Acesso em: 08 ago. 2021.

RESCHKE, Cristiano de Castro; WENDT, Emerson; MATSUBAYACI, Mayumi Bezerra. *Infiltração Policial*: da tradicional à virtual. Rio de Janeiro: Brasport, 2021.

SOARES, Marisa. *Sweetie a menina virtual que ajudou a encontrar predadores sexuais na Internet*. 5 novembro de 2013. Disponível em: https://www.publico.pt/2013/11/05/mundo/noticia/sweetie-a-menina-virtual-que-ajudou-a-encontrar-predadores-sexuais-na-internet-1611401. Acesso em: 04 ago. 2021.

SOBRE a pedofilia. *Ministério Público de Santa Catarina*. Disponível em: https://www.mpsc.mp.br/navegacao-segura-na-internet-e-combate-a-pedofilia/sobre-a-pedofilia. Acesso em: 06 ago. 2021.

WENDT, Emerson. *Internet & Direito Penal*: risco e cultura do medo. Porto Alegre: Livraria do Advogado Editora, 2017.

WISNIEWSKI, Renato Mendes; SILVA FILHO, Edson Vieira da. Crime organizado na sociedade do risco: uma perspectiva garantista. *Revista Justiça do Direito*, v. 30, n. 3, 2017, p. 442-459. Disponível em: https://doi.org/10.5335/rjd.v30i3.6287. Acesso em: 11 jun. 2021.

ZERO HORA. Zygmunt Bauman. Estamos isolados em rede? *Fronteiras do Pensamento*, 11/11/2014. Disponível em: https://www.fronteiras.com/artigos/zygmunt-bauman-estamos-isolados-em-rede. Acesso em: 08 ago. 2021.

30
DEEP WEB: COMO PROTEGER CRIANÇAS E ADOLESCENTES

Claudio Joel Brito Lóssio

Professor, CEO SNR Sistemas Notarial e Registral – empresa premiada pelo GPTW em 2019-2020 e 2020-2021, Sênior Software Developer, Mestre e Doutorando em Direito pela UAL, Mestrando em Engenharia de Segurança Informática pelo IPBeja. Advogado com Pós-Graduação em Direito Digital e Compliance, em Direito Penal e Criminologia, Direito Notarial e Registral, MBA em Gestão de TI, MBA em Engenharia de Software, em Gestão e Governança Corporativa, em Perícia Forense Computacional. DPO pela Universidade de Nebrija, Membro Lab UbiNET e Juscibernética. Autor das obras, Manual Descomplicado de Direito Digital pela JusPodivm e Proteção de dados e Compliance Digital pela Almedina. Eterno aprendiz.

claudiojoel@juscibernetica.com.br | http://lattes.cnpq.br/2450138244071717

Rosângela Tremel

Mestre em Políticas Estratégicas com louvor; Advogada; Jornalista; Administradora de empresas; Criadora do projeto e Editora-Chefe da Revista Jurídica da Unisul "De fato e de direito" – versões impressa e eletrônica; Especialista em Advocacia e Dogmática Jurídica; em Marketing e em Ciências Sociais; autora, organizadora e coautora de várias obras jurídicas; cronista Nupodjus; colaboradora de periódicos especializados e palestrante entusiasmada.

tremmeladvogada@hotmail.com http://lattes.cnpq.br/4713595988112432

Sumário: 1. Considerações iniciais – 2. Os diplomas legais em tutela das crianças e adolescentes – 3. A *deep web* – 4. Convivendo com a existência da *deep web* – 5. Considerações finais – 6. Referências.

1. CONSIDERAÇÕES INICIAIS

Crianças e jovens, que sociologia costuma classificar como geração Z e Millenials, já nascem plugados em celulares e tablets, navegam por toda a web e ainda dão lições aos mais velhos. Esta expressão popular "conectados desde o berço" dá uma ideia do admirável mundo novo que se desenha no cotidiano atual. Se, por um lado, as opções de ampliação de horizontes via tecnologia estão concretizadas, em igual proporção aumentaram as vulnerabilidades dos usuários que, quando na infância ou na adolescência, ainda não têm discernimento para descartar o que pode se transformar em problema e, neste contexto, a soma de cuidados de pais e responsáveis explodiu em um espectro assustador.

Nas décadas de 80 e 90 era comum chamar a televisão de babá eletrônica, cuja programação consistia em 30 horas diárias reservadas ao segmento infantojuvenil. Conforme previsto pela revista Veja[1] em 2012, a tv aberta para público infantil foi aposentada. A esta previsão, já concretizada, se somam a tv fechada com poucas opções e o fascinante mundo digital, com surpresas a cada clique. Com esta maior exposição, assim como houve sequelas daqueles que delegaram à tv quase que exclusivamente a atividade de *baby-sitter*, também se aprofundam os problemas decorrentes de uma vida virtual muito intensa. Afinal, um link chama o outro, que remete a um diferente, que sugere novos fascínios. A esta observação, une-se a histórica ideia de que " As informações que afluem pelo mundo intei-ro, transmitidas pelo cinema, pelo satélite, pelo teletipo, impressionam mais à criança e ao adolescente do que os conselhos de papai e mamãe." Esta afirmativa, originalmente extraída no Simpósio de Metodologia da Linguagem Total, em dezembro de 1970, vem reproduzida no ano 2000 por Ianary Silva [2] e, mesmo antiga, cabe à perfeição no contexto do mundo virtual. Patricia Peck define bem, ao dizer que "a internet é a rua da sociedade atual", implicando reconhecer que quanto maiores a interatividade da web e o acesso às novas tecnologias, "maior a necessidade de educação".[3]

Jones Figueirêdo Alves dedica atenção ao assunto e alerta quando reforça a ideia de que educar é preciso, para evitar extremos que ocorrem quando: "em primeiro momento, crianças e adolescentes são estimulados a uma imersão na realidade vir-tual, tecnologia e redes sociais os seduzem em substituição da presença dos pais, que, omissos às relações parentais mais qualificadas, outorgam-lhes a denominada "orfandade digital". Eis que submetidos, então, aos modernos aparatos da virtuali-dade, seus instrumentos e redes, tornam aqueles ainda mais vulneráveis.[4]

Neste cenário, o pantanoso terreno virtual levou Patrícia Peck a cunhar a expressão "abandono virtual" em artigo sobre o tema, avaliando que "os pais têm responsabilidade civil de vigiar os filhos"[5], cabendo a eles supervisionar de perto o que transcorre na vida *online* dos filhos, no intuito de que seja saudável em todos os aspectos, número de horas e conteúdo. Isto posto, não haverá abandono digital, visto que, tal só ocorre quando: "a negligência parental configurada por atos omis-sos dos genitores, que descuidam da segurança dos filhos no ambiente cibernético proporcionado pela internet e por redes sociais, não evitando os efeitos nocivos delas

---

1. VEJA. *A babá eletrônica está a um passo da aposentadoria*. Por Zylberkan; Mariana. Disponível em: https://veja.abril.com.br/cultura/a-baba-eletronica-esta-a-um-passo-da-aposentadoria/. Acesso em: 21 maio 2021.
2. SILVA, Ynaray, J. da. Meios de comunicação e educação: o rádio, um poderoso aliado. In: CITELLI, Adilson (Org.). *Outra linguagem na escola*: publicidade, cinema e tv, radio, jogos, informática. São Paulo: Cortez, 2000, p. 133-174.
3. PINHEIRO, Patrícia Peck. Abandono digital. In: PINHEIRO, Patrícia Peck (Coord.). *Direito Digital Aplicado 2.0*. 2. ed. São Paulo: Thomson Reuters/Revista dos Tribunais, 2016.
4. CONSULTÓRIO JURÍDICO. *Negligência dos pais no mundo virtual expõe criança a efeitos nocivos da rede*. Disponível em: https://www.conjur.com.br/2017-jan-15/processo-familiar-abandono-digital-expoe-crian-ca-efeitos-nocivos-internet. Acesso em: 21 maio 2021.
5. PINHEIRO, Patrícia Peck. Abandono digital. In: PINHEIRO, Patrícia Peck (Coord.). *Direito Digital Aplicado 2.0*. 2. ed. São Paulo: Thomson Reuters/Revista dos Tribunais, 2016.

DEEP WEB: COMO PROTEGER CRIANÇAS E ADOLESCENTES

diante de inúmeras situações de risco e de vulnerabilidade."[6] Haja supervisão que ainda cresceu mais por conta da pandemia.

2. OS DIPLOMAS LEGAIS EM TUTELA DAS CRIANÇAS E ADOLESCENTES

No Brasil, o ECA – Estatuto da Criança e do Adolescente, Lei 8.069, de 1990, considera criança a pessoa até 12 anos de idade incompletos e define a adolescência como a faixa etária de 12 a 18 anos de idade (artigo 2º). Este recorte etário tem relevância, visto que até então, vigia a visão difundida por Gesell[7], de que a adolescência terminava aos 16 anos, sob a argumentação de que "o jovem de 16 anos evidencia os primeiros sinais de uma mente madura, e as características da maturidade são equilibradas e integradas. Suas atitudes para com a escola, o educador, a aprendizagem, para consigo mesmo, melhoram. Ele começa a empenhar-se em trabalhos pessoais e aceita responsabilidades." Cabe ressaltar que os estudos de Gesell se encerravam nesta faixa, mas ele já previa um possível futuro alargamento, no entanto a marca de partida era, também para ele, os 12 anos, fase em que "há grande interesse pelo trabalho em grupo, podendo a turma tornar-se tão importante que o jovem pode perder sua própria identidade. Sua maior capacidade de atenção torna-o menos necessitado de supervisão, demonstra um marcante desenvolvimento no pensamento conceitual, e pode definir abstrações tais como tempo, espaço, vida, lei, lealdade, crime e justiça."[8] E o citado autor segue, embora redigido no século passado, com muita propriedade, desenhando o perfil geral desta idade: "Sua habilidade para classificar e generalizar também apresenta considerável progresso. Gosta de debates e pode se tornar engajado e entusiasmado em defender ou desenvolver a ideia 'correta'."[9]

Em termos jurídicos o ECA assegura o direito à preservação de imagem, da inviolabilidade psíquica e moral, o dever de se velar pela dignidade pondo-os a salvo de qualquer tratamento desumano, violento, aterrorizante, vexatório ou constrangedor devendo todos prevenirem a ocorrência de ameaça ou violação dos direitos da criança e do adolescente dentre outras determinações legais.

Soma-se ao exposto o que preconiza a Lei 12.965, de 23 de abril de 2014, que versa sobre princípios, garantias, direitos e deveres para o uso da Internet no Brasil, determinando a responsabilização pelos agentes de acordo com suas atividades, o que torna cristalino o dever dos pais, guardiões e responsáveis de atuarem ativamente para que não haja exposição a riscos como contato com conteúdo violento, *bullying*, troca de imagens impróprias, acesso a conteúdo não voltado para o público infantojuvenil, dentre diversos outros riscos existentes no mundo cibernético. Mas a magia de abrir

---

6. CONSULTÓRIO JURÍDICO. *Negligência dos pais no mundo virtual expõe criança a efeitos nocivos da rede.* Disponível em: https://www.conjur.com.br/2017-jan-15/processo-familiar-abandono-digital-expoe-crianca-efeitos-nocivos-internet. Acesso em: 21 maio 2021.
7. GESELL, Arnol. *Psicologia evolutiva de 1 a 16 anos.* Buenos Aires: Paidos, 1975.
8. GESELL, Arnol. *Psicologia evolutiva de 1 a 16 anos.* Buenos Aires: Paidos, 1975.
9. GESELL, Arnol. *Psicologia evolutiva de 1 a 16 anos.* Buenos Aires: Paidos, 1975.

"janelas" para outras realidades incita a curiosidade de todos, o que dizer então destes jovens? Há ainda a agravante de cenário de pandemia em que praticamente todas as interações sociais são *on-line*. O que já era complicado, exercer controle sobre conteúdo acessado pelos menores, tornou-se ainda mais sério e o "abandono digital" surge como figura à espreita de qualquer vacilo dos responsáveis, cuja atitude pode ficar enquadrada facilmente no artigo 133 do Código Penal :

> Abandono de incapaz
>
> Art. 133 – Abandonar pessoa que está sob seu cuidado, guarda, vigilância ou autoridade, e, por qualquer motivo, incapaz de defender-se dos riscos resultantes do abandono:
>
> Pena – detenção, de seis meses a três anos.
>
> § 1° – Se do abandono resulta lesão corporal de natureza grave:
>
> Pena – reclusão, de um a cinco anos.
>
> § 2° – Se resulta a morte:
>
> Pena – reclusão, de quatro a doze anos.

Há que se citar o artigo 29 do Marco Civil da Internet (Lei 12.965/2014) : "o usuário terá a opção de livre escolha na utilização de programa de computador em seu terminal para exercício do controle parental de conteúdo entendido por ele como impróprio a seus filhos menores, desde que respeitados os princípios desta lei e da Lei 8.069/1990 (Estatuto da Criança e do Adolescente)".

Ao seguir a linha do tempo dos dispositivos legais tem-se , ainda, o desafio de proteger os dados dos menores, o que a Lei Geral de Proteção de Dados, nos termos do artigo 14 assim o fez:

> Art. 14. O tratamento de dados pessoais de crianças e de adolescentes deverá ser realizado em seu melhor interesse, nos termos deste artigo e da legislação pertinente.
>
> § 1° O tratamento de dados pessoais de crianças deverá ser realizado com o consentimento específico e em destaque dado por pelo menos um dos pais ou pelo responsável legal.
>
> § 2° No tratamento de dados de que trata o § 1° deste artigo, os controladores deverão manter pública a informação sobre os tipos de dados coletados, a forma de sua utilização e os procedimentos para o exercício dos direitos a que se refere o art. 18 desta Lei.
>
> § 3° Poderão ser coletados dados pessoais de crianças sem o consentimento a que se refere o § 1° deste artigo quando a coleta for necessária para contatar os pais ou o responsável legal, utilizados uma única vez e sem armazenamento, ou para sua proteção, e em nenhum caso poderão ser repassados a terceiro sem o consentimento de que trata o § 1° deste artigo.
>
> § 4° Os controladores não deverão condicionar a participação dos titulares de que trata o § 1° deste artigo em jogos, aplicações de internet ou outras atividades ao fornecimento de informações pessoais além das estritamente necessárias à atividade.
>
> § 5° O controlador deve realizar todos os esforços razoáveis para verificar que o consentimento a que se refere o § 1° deste artigo foi dado pelo responsável pela criança, consideradas as tecnologias disponíveis.
>
> § 6° As informações sobre o tratamento de dados referidas neste artigo deverão ser fornecidas de maneira simples, clara e acessível, consideradas as características físico-motoras, perceptivas, sensoriais, intelectuais e mentais do usuário, com uso de recursos audiovisuais quando adequado,

de forma a proporcionar a informação necessária aos pais ou ao responsável legal e adequada ao entendimento da criança.

Teixeira e Rettore fazem um alerta aos pais e responsáveis: " o desafio é grande, principalmente porque as crianças e os adolescentes atuais são a primeira geração cujos dados estão armazenados desde o nascimento, razão pela qual o cuidado tem que ser maior, em face da própria novidade do tema. O risco de manipulação e classificação desses menores deve ser combatido para que, no exercício de seu direito à privacidade, eles possam ser livres para escolher serem eles mesmos, consumir o que bem entenderem e trilhar suas trajetórias livremente."[10]

Jones Figueirêdo Alves arremata com propriedade: "Induvidoso que a norma jurídica busca reconhecer na nova sociedade digital, despontada pelas mídias sociais e por inúmeros aplicativos, a responsabilidade parental em face dos filhos conectados com as tecnologias que os fascinam e, a um só tempo, os ameaçam à falta de uma correspondente educação digital que os permitam conviver sem maiores riscos."[11]

Ainda deve ser percebido que o ciberespaço pode ser um instrumento facilitado para que o *bullying* seja atingido, comumente denominado de *cyberbullying*. A Lei 13.185/2015. Lei do *Bullying*, institui o Programa de Combate à Intimidação Sistemática (*Bullying*) em todo o território nacional. Ao mirar no Artigo 3º, inciso VIII, pode ser percebido que o que acontece no ciberespaço também está na tutela da ordem jurídica brasileira, mesmo de administrativa.

VIII – virtual: depreciar, enviar mensagens intrusivas da intimidade, enviar ou adulterar fotos e dados pessoais que resultem em sofrimento ou com o intuito de criar meios de constrangimento psicológico e social.

Assim pode ser considerado que vários diplomas legais tutelam crianças e adolescentes, pormenorizando o norte principiológico exposto na Constituição da República Federativa do Brasil, nos artigos 227:

É dever da família, da sociedade e do Estado assegurar à criança, adolescente e ao jovem, com absoluta prioridade, o direito à vida, à saúde, à alimentação, à educação, ao lazer, à profissionalização, à cultura, à dignidade, ao respeito, à liberdade e à convivência familiar e comunitária, além de colocá-los a salvo de toda forma de negligência, discriminação, exploração, violência, crueldade e opressão.[12]

---

10. TEIXEIRA, Ana Carolina Brochado. RETTORE, Anna Cristina de Carvalho. A autoridade parental e o tratamento de dados pessoais de crianças e adolescentes. In: TEPEDINO, Gustavo *et al.* (Coord.). *Lei geral de proteção de dados e suas repercussões no direito brasileiro*. 2ª tiragem. São Paulo: Revista dos Tribunais. 2019, p. 505-530.
11. CONSULTÓRIO JURÍDICO. *Negligência dos pais no mundo virtual expõe criança a efeitos nocivos da rede*. Disponível em: https://www.conjur.com.br/2017-jan-15/processo-familiar-abandono-digital-expoe-crianca-efeitos-nocivos-internet. Acesso em: 21 maio 2021.
12. BRASIL. *Constituição da República do Brasil de 1988*. Nós, representantes do povo brasileiro, reunidos em Assembleia Nacional Constituinte para instituir um Estado Democrático, destinado a assegurar o exercício dos direitos sociais e individuais, a liberdade, a segurança, o bem-estar, o desenvolvimento, a igualdade e a justiça como valores supremos de uma sociedade fraterna, pluralista e sem preconceitos, fundada na harmonia social

E o art. 229: "Os pais têm o dever de assistir, criar e educar os filhos menores, e os filhos maiores têm o dever de ajudar e amparar os pais na velhice, carência ou enfermidade".[13]

O Código Civil Brasileiro, na secção denominada Do exercício do poder familiar também elenca de forma minudente cristalinas obrigações dos pais:

> Art. 1.634. Compete a ambos os pais, qualquer que seja a sua situação conjugal, o pleno exercício do poder familiar, que consiste em, quanto aos filhos:
>
> I – dirigir-lhes a criação e a educação;
>
> II – exercer a guarda unilateral ou compartilhada nos termos do art. 1.584;
>
> III – conceder-lhes ou negar-lhes consentimento para casarem;
>
> IV – conceder-lhes ou negar-lhes consentimento para viajarem ao exterior;
>
> V – conceder-lhes ou negar-lhes consentimento para mudarem sua
>
> residência permanente para outro Município;
>
> VI – nomear-lhes tutor por testamento ou documento autêntico, se o outro
>
> dos pais não lhe sobreviver, ou o sobrevivo não puder exercer o poder familiar;
>
> VII – representá-los judicial e extrajudicialmente até os 16 (dezesseis) anos,
>
> nos atos da vida civil, e assisti-los, após essa idade, nos atos em que forem
>
> partes, suprindo-lhes o consentimento;
>
> VIII – reclamá-los de quem ilegalmente os detenha;
>
> IX – exigir que lhes prestem obediência, respeito e os serviços próprios de sua idade e condição.[14]

Do exposto se extrai a lição de que, atualmente, a responsabilidade é objetiva, não levando em consideração a culpa, seja ela decorrente da filiação, seja ela sanguínea, adotiva ou socioafetiva, esta última, ainda não positivada, trata-se de uma construção jurídica atenta à realidade social, caracterizada pelo vínculo do afeto. O fato é que havendo reconhecimento da filiação, há responsabilidade parental, decorrente do poder familiar exercido conjuntamente por pai e mãe.

Segundo Venosa[15], o pátrio poder ou poder familiar decorre da paternidade e da filiação e não do casamento. Neste contexto se insere a possibilidade do abandono digital.

---

e comprometida, na ordem interna e internacional, com a solução pacífica das controvérsias, promulgamos, sob a proteção de Deus, a seguinte CONSTITUIÇÃO DA REPÚBLICA FEDERATIVA DO BRASIL. Disponível em: http://www.planalto.gov.br/ccivil_03/constituicao/constituicao.htm. Acesso em: 02 jul. 2021.

13. BRASIL. *Constituição da República do Brasil de 1988*. Nós, representantes do povo brasileiro, reunidos em Assembleia Nacional Constituinte para instituir um Estado Democrático, destinado a assegurar o exercício dos direitos sociais e individuais, a liberdade, a segurança, o bem-estar, o desenvolvimento, a igualdade e a justiça como valores supremos de uma sociedade fraterna, pluralista e sem preconceitos, fundada na harmonia social e comprometida, na ordem interna e internacional, com a solução pacífica das controvérsias, promulgamos, sob a proteção de Deus, a seguinte CONSTITUIÇÃO DA REPÚBLICA FEDERATIVA DO BRASIL. Disponível em: http://www.planalto.gov.br/ccivil_03/constituicao/constituicao.htm. Acesso em: 02 jul. 2021.

14. BRASIL. Lei 10.406, de 10 de janeiro de 2002. *Institui o Código Civil*. Disponível em: http://www.planalto. gov.br/ccivil_03/leis/2002/L10406compilada.htm. Acesso em: 02 jul. 2021.

15. VENOSA, Silvio de Salvo. *Direito de família*, 6. ed. v. 6. São Paulo: Atlas, 2006. p. 321.

3. A *DEEP WEB*

Se fosse para navegar nas plataformas usuais, já haveria perigos rondando este segmento de público que não sabe, mas é altamente vulnerável no mundo digital, sem falar que estamos em um contexto no qual celulares já são considerados extensão do próprio corpo e, se este entendimento ainda não se firmou como pacífico, sem dúvida se encaminha para tanto, haja vista que, conforme dados de pesquisa da Universidade de Surrey, na Inglaterra, cujo objetivo era de 2002 a 2004 observar e filmar a maneira como milhares de pessoas usavam seus aparelhos em cidades como Paris, Londres e Madri, cada vez mais todos seguram o celular na mão, mesmo sem estar utilizando o aparelho, quase como se não pudessem dispensá-lo nem por um minuto.[16]

A leitura de cenário aponta para riscos, que já seriam grandes nas plataformas tradicionais, neste sentido, diversos pesquisadores apontam que a parte desconhecida pelo maior número de usuários da internet convencional, compreende 90% de toda rede. 'Nem tudo está no Google' é jargão que deve alertar pais e responsáveis e é tão forte que virou título de artigo da Pompéo e Seefeldt que afirmam : [...] informações públicas na *Deep Web* são comumente de 400 a 500 vezes maiores que as definidas da *World Wide Web*. A *Deep Web* contém 7.500 terabytes de informações comparadas a 19 terabytes de informação da Surface Web. A *Deep Web* contém aproximadamente 550 bilhões de documentos individuais comparados com 1 bilhão da Surface Web. Existem mais de duzentos mil sites atualmente na Deep Web. Seis das maiores enciclopédias da *Deep Web* contêm cerca de 750 terabytes de informação, suficiente para exceder o tamanho da *Surface Web* quatro vezes. Em média, os sites da *Deep Web* recebem 50% mais tráfego mensal, ainda que não sejam conhecidos pelo público em geral.[17]

E o tamanho do desafio do controle só cresce, na proporção em que a *Deep Web* alarga seu espaço:

> Deep Web é a categoria que mais cresce no número de novas informações sobre a Internet. Deep Web tende a ser mais estrita, com conteúdo mais profundo, do que sites convencionais. A profundidade de conteúdo de qualidade total da Deep Web é de 1.000 a 2.000 mil vezes maior que a da superfície. O conteúdo da Deep Web é altamente relevante para todas as necessidades de informação, mercado e domínio. Mais da metade do conteúdo da Deep Web reside em tópicos específicos em bancos de dados. Um total 95% da Deep Web é informação acessível ao público não sujeita a taxas ou assinaturas [...].[18]

---

16. ÉPOCA. *A nova geração conectada.* 2005. Disponível em: http://revistaepoca.globo.com/Epoca/0,6993,EPT1004638-1664,00.html. Acesso em: 31 maio 2021.
17. POMPÉO, W.A.H; SEEFELDT, J.P. *Nem tudo está no Google*: Deep web e o perigo da invisibilidade. In: *Congresso Internacional de Direito e Contemporaneidade*, 2., 2013, Santa Maria. Anais... Santa Maria, Rs: UFSM, 2013. p. 436-449.
18. POMPÉO, W.A.H; SEEFELDT, J.P. *Nem tudo está no Google*: Deep web e o perigo da invisibilidade. In: *Congresso Internacional de Direito e Contemporaneidade*, 2, 2013, Santa Maria. Anais... Santa Maria, Rs: UFSM, 2013. p. 436-449.

Rascunhado o tamanho do mundo digital, passa-se a ter uma ideia de que a maioria dos diplomas legais supervisiona apenas a ponta de um enorme iceberg e derruba-se por terra o mote popular de que "o que não está no Google não existe".

A divisão em camadas da *Deep Web* é detalhe relevante, sendo que quanto mais profunda é proporcionalmente mais obscura se torna, bem como seu acesso é dificultado, o que reforça seu principal apelo, qual seja a preservação do anonimato, visto que as informações não são rastreadas diretamente. Na verdade, só é possível adentrar às demais camadas através de combinação de letras criptografadas e, muitas vezes de acesso restrito, impossibilitando ir direto à fonte das informações que estão sendo trocadas. Mas estas dificuldades técnicas não devem trazer alívio e segurança aos pais e responsáveis vigilantes, afinal, acessar a *deep web* não é ilegal, nem seu conteúdo todo um problema. O que merece cuidado é que a *deep web* esgarçou suas fronteiras e abriga conteúdos que facilitam a prática de crimes como pedofilia; prostituição; tráfico de armas, de drogas, de órgãos, isto para citar apenas os perigos mais comuns que rondam os protegidos do ECA, caso a supervisão aos seus acessos não seja devidamente efetivada, tarefa difícil, em especial se considerarmos os dados da pesquisa TIC Kids Online Brasil que estima que :

> em 2016, 82% das crianças e adolescentes com idades entre 9 e 17 anos eram usuários de Internet, o que equivale a 24,3 milhões de indivíduos conectados nessa faixa etária (...) Ao longo da sua série histórica, a pesquisa TIC Kids Online Brasil vinha apontando para uma intensificação no uso da Internet por crianças e adolescentes. Enquanto em sua primeira edição, em 2012, 47% dos jovens usuários de Internet acessavam a rede todos os dias ou quase todos os dias, essa proporção atingiu 81% em 2014. A edição de 2016 aponta, entretanto, estabilidade na frequência de uso da Internet por crianças e adolescentes em relação ao último ano: 84% (...) é possível observar um crescimento importante no uso do telefone celular como meio de acesso à rede. A proporção de usuários que utilizaram o telefone celular para se conectar passou de 21%, em 2012, para 91%, em 2016. A TIC Kids Online Brasil 2016 estima que 22 milhões de jovens usuários se conectaram por meio desse dispositivo.[19]

A transformação dos acessos e interações por meio das redes tornou-se tão plausível quanto real, assim, a necessidade de meios regulatórios com a presença dos aparelhos estatais no mundo atual condiz com as premissas constitucionais em garantir direitos, mas também de conter excessos. Este é o desafiador *break even point*, verdadeiro ponto de equilíbrio entre custo e benefício, a ser alcançado pelos pais e responsáveis no monitoramento de crianças e adolescentes, cujas habilidades tecnológicas, praticamente inatas, podem resultar em profundo mergulho na dark web. Que este segmento deve ser monitorado, não resta qualquer dúvida, o que suscita alguma questão é o limite desta supervisão que deve, necessariamente, respeitar os limites de individualidade, ou seja, nos termos do art. 29 da Lei 12.965/2014[20], que diz:

---

19. TIC Kids Online Brasil. *Pesquisa sobre o uso da internet por crianças e adolescentes no Brasil 2016*. Núcleo de Informação e Coordenação do Ponto BR. São Paulo: Comitê Gestor da Internet no Brasil, 2017. p. 99-103.
20. BRASIL. Lei 12.965, de 23 de abril de 2014. *Estabelece princípios, garantias, direitos e deveres para o uso da Internet no Brasil*. Disponível em: http://www.planalto.gov.br/ccivil_03/_ato2011-2014/2014/lei/l12965. htm. Acesso em: 31 de maio de 2021.

'O usuário terá a opção de livre escolha na utilização de programa de computador em seu terminal para exercício do controle parental de conteúdo entendido por ele como impróprio a seus filhos menores, desde que respeitados os princípios desta Lei e da – Estatuto da Criança e do Adolescente.'

A citada norma guarda íntima relação com o art. 4º do ECA , o qual expande os deveres dos cuidados da criança e do adolescente à família, comunidade, sociedade e o poder público, que devem dar primazia à efetivação dos direitos que se referem "à vida, à saúde, à alimentação, à educação, ao esporte, ao lazer, à profissionalização, à cultura, à dignidade, ao respeito, à liberdade e à convivência familiar e comunitária"

Nesta equação de delicado equilíbrio, a inobservância da supervisão pode resultar desastrosa, visto que os pais são responsáveis civilmente quando tais atos lesarem a terceiros. Cabe aqui emblemático exemplo: o julgado do Tribunal de Justiça do Rio Grande do Sul datado de 2010. Nesta decisão ficou determinado o pagamento por danos morais pelos pais de um menor, que havia criado uma página na internet para denegrir a imagem de um colega. Os pais deste, buscaram a condenação do provedor, que foi afastada pelo juízo ao entender que esse se prestou à retirada do conteúdo digital quando notificado, ademais, por meio de rastreamento de *IP* da origem se chegou ao computador dos pais do menor infrator, e por essa circunstância de não supervisão os pais foram condenados ao pagamento dos danos provenientes da prática de *bullying* e pela ausência de cuidados quanto às ações do filho, com isso, a decisão teve um caráter punitivo pedagógico, afim de punir e coibir ações desse sentido, que causem danos aos direitos da personalidade.[21]

Outro caso, que também ocorreu no Rio Grande do Sul, versa sobre o vazamento de vídeo íntimo de uma menor com seu ex-namorado: em decorrência, a adolescente tentou o suicídio. Vale a transcrição de parte do posicionamento do Tribunal de Justiça daquele Estado:

"Infelizmente, esse caso não é o único e milhares de jovens e adolescentes são expostos seja por imagens, seja por vídeos íntimos que são divulgados sem a sua autorização. Em seu voto, o desembargador relator sustentou que: [...] O fato de a autora ter se deixado filmar em cena íntima pelo ex-namorado não lhe conferia o direito de divulgar a terceiros e muito menos permitir que circulasse na internet a gravação contendo a cena sexual. Ao assim agir o demandado praticou ato ilícito de intensa reprovabilidade [...]. A menor necessitou de tratamento psiquiátrico, tentou suicídio, e, em razão do *bullying* e das humilhações sofridas acabou transferida de escola juntamente com a irmã, bem ainda foi reprovada no ano letivo."[22]

---

21. BRASIL. Tribunal de Justiça do Rio Grande do Sul. *Apelação Cível 70031750094*. Relatora Desembargadora Liege Puricelli Pires. 30 de junho de 2010. Disponível em: https://www.tjrs.jus.br/site/busca-solr/index.html?aba=jurisprudencia.. Acesso em: 31 maio 2021.
22. RIO GRANDE DO SUL. Tribunal de Justiça. Apelação Cível. Processo 70067503557. Relator: Miguel Ângelo da Silva. 19 out. 2016. *Diário de Justiça*, Porto Alegre, 25 out. 2016. Disponível em: https://tj-rs.jusbrasil.com.br/jurisprudencia/398598550/apelacao-civel-ac70067503557-rs. Acesso em: 03 jun. 2021.

Na tentativa de indicar um norte, especialistas da empresa de segurança ESET listaram alguns cuidados básicos aos pais que estejam empenhados em proteger os seus de conteúdos inadequados liberados na *Deep Web*, sempre ressaltando que nem só de perigos e maldades ela é composta. Eles sugerem que:

1. É necessário que os adultos tomem conhecimento do funcionamento da *Deep Web*, antes de definir quais os procedimentos e conselhos necessários para proteger as crianças e adolescentes;

2. A partir desse entendimento, deve-se manter um diálogo aberto e sincero com a criança e adolescente, com o intuito de compartilhar as boas práticas para o uso seguro da rede e explicar os perigos associados à *Deep Web*;

3. Os responsáveis devem também instalar um software de Controle Parental que permita bloquear os endereços.onion. Deve-se notar que o os sites com o dominio.onion podem ser acessados por meio do TOR (*The Onion Router*),– software que permite estabelecer conexões anônimas e acessar conteúdos inadequados.[23]

4. CONVIVENDO COM A EXISTÊNCIA DA *DEEP WEB*

É claro que o acesso à *Deep Web* não é tão simples, mas é possível encontrar facilmente tutoriais que ensinem como entrar nesse "submundo virtual". Uma vez dentro, se não houver supervisão, o acesso à violência, pedofilia, automutilações, indução ao suicídio, comercialização de drogas, de órgãos humanos, está tudo lá, sem filtro e o protegido do ECA, se estiver só, será, de fato e de direito, um abandonado digital.

O advogado Marcos Ehrhardt[24] resume o cenário afirmando com propriedade:

Ninguém vai considerar adequado deixar uma criança pequena na rua, sem supervisão de um responsável. Provavelmente o mesmo pode ser dito em relação a permitirmos que nossos filhos conversem com estranhos, sobretudo se percebemos que esses indivíduos utilizam nomes falsos para iniciar o contato. Infelizmente isso está ocorrendo neste momento, em algum lar brasileiro, a poucos metros dos pais, que, muitas vezes, não acompanham com quem seus filhos interagem na internet.[25]

E ele avança em seu alerta lançando perguntas: "Será que em jogos *on line* com vários jogadores disputando as mesmas partidas, questionamos quem são os parceiros de time do meu filho? Sobre o que eles conversam, além do jogo durante o transcurso da partida? De que grupos de amigos meus filhos participam em plataformas de redes

---

23. CANALTECH. *Dicas para proteger seus filhos da Deep Web – a parte obscura da rede*. 2021. Disponível em: https://canaltech.com.br/seguranca/Dicas-para-proteger-seus-filhos-da-Deep-Web/. Acesso em: 31 maio 2021.

24. IBDFAM. *Abandono digital*: responsáveis devem estar atentos à exposição de crianças e adolescentes na internet. 2020. Disponível em: https://ibdfam.org.br/index.php/noticias/7662. Abandono+digital:+respons%C3%A1veis+devem+estar+atentos+%C3%A0+exposi%C3%A7%C3%A3o+de+crian%C3%A7as+e+adolescentes+na+internet. Acesso em: 06 jun. 2021.

25. IBDFAM. *Abandono digital*: responsáveis devem estar atentos à exposição de crianças e adolescentes na internet. 2020. Disponível em: https://ibdfam.org.br/index.php/noticias/7662/Abandono+digital:+respons%C3%A1veis+devem+estar+atentos+%C3%A0+exposi%C3%A7%C3%A3o+de+crian%C3%A7as+e+adolescentes+na+internet. Acesso em: 06 jun. 2021.

sociais? São os mesmos amigos da escola ou são amigos 'virtuais', com os quais ele nunca teve interação?".[26]

Incontente que é muito mais fácil dizer do que fazer o devido acompanhamento e controle, especialmente com a pandemia que restringiu contatos, exigindo isolamento social.

O já então ponto sensível de baixa divulgação de controles sobre os acessos de forma segura tornou-se ainda mais emblemático, pois não basta proibir o uso, tem que supervisionar.

Exemplo do exposto é o caso coloquialmente chamado de Massacre de Suzano, ocorrido em 13 de março de 2019, no qual dois atiradores mataram alunos e funcionários da escola estadual Professor Raul Brasil, na cidade do interior paulista. A polícia afirmou que um dos atiradores havia pesquisado na deep web, durante o planejamento do crime (que levou mais de um ano), sobre atentados semelhantes em escolas dos Estados Unidos.[27] Nesta mesma matéria, que antecede o período de pandemia, a chefe da Unidade de Repressão a Crimes de Ódio e Pornografia Infantil da Polícia Federal, Rafaella Vieira, afirmava que controlar o uso da internet por crianças e adolescentes é difícil; por isso, os pais precisam ter um papel importante."[28] Ela afirma também "que o Brasil é o segundo país do mundo que mais sofre danos com crimes cibernéticos."[29] E justifica, analisando: "O uso da internet foi muito publicizado. Todo mundo tem acesso. Não adianta o pai proibir o filho de acessar a internet ou de ter um celular, porque ele vai fazer isso com um coleguinha".[30]

E só piora. Longe estão os dias em que Paulo Autran trazia à baila, nos seus inesquecíveis monólogos teatrais, a história de infância no centro da capital paulista em que corria na rua em frente de casa e, quando vinha automóvel, alguém gritava: 'Vem carro, Paulo, sai do meio da rua!'

Os caminhos de hoje são virtuais, alguns se constituem em verdadeiras vielas que desaguam em questões delicadas de dismorfia, distúrbio alimentar, automutilação, suicídio e o que mais recorrentemente aparece retratado o *cyberbullying*. Conforme

---

26. IBDFAM. *Abandono digital*: responsáveis devem estar atentos à exposição de crianças e adolescentes na internet. 2020. Disponível em: https://ibdfam.org.br/index.php/noticias/7662/Abandono+digital:+respons%C3%A1veis+devem+estar+atentos+%C3%A0+exposi%C3%A7%C3%A3o+de+crian%C3%A7as+e+adolescentes+na+internet. Acesso em: 06 jun. 2021.
27. BRASIL. Câmara dos Deputados. *"Deep web" oferece riscos para crianças e adolescentes, alertam especialistas*. Disponível em: https://www.camara.leg.br/noticias/556165-deep-web-oferece-riscos-para-criancas-e-adolescentes-alertam-especialistas/. Acesso 06 jun. 2021.
28. BRASIL. Câmara dos Deputados. *"Deep web" oferece riscos para crianças e adolescentes, alertam especialistas*. Disponível em: https://www.camara.leg.br/noticias/556165-deep-web-oferece-riscos-para-criancas-e-adolescentes-alertam-especialistas/. Acesso 06 jun. 2021.
29. BRASIL. Câmara dos Deputados. *"Deep web" oferece riscos para crianças e adolescentes, alertam especialistas*. Disponível em: https://www.camara.leg.br/noticias/556165-deep-web-oferece-riscos-para-criancas-e-adolescentes-alertam-especialistas/. Acesso 06 jun. 2021.
30. BRASIL. Câmara dos Deputados. *"Deep web" oferece riscos para crianças e adolescentes, alertam especialistas*. Disponível em: https://www.camara.leg.br/noticias/556165-deep-web-oferece-riscos-para-criancas-e-adolescentes-alertam-especialistas/. Acesso 06 jun. 2021.

enfatiza Carvalho: "Muitos têm compulsão pela internet. A pessoa não vive sem ela e se isola do mundo presencial, acabando até em quadro depressivo".[31]

Coloque-se nesta alquimia virtual cheia de sedução para todas as idades o acréscimo exponencial das atividades sem movimento em função da vida moderna como um todo e do período pandêmico atual, a análise de Diniz: "A internet não é um lugar seguro para uma criança ou um adolescente ficarem sozinhos. E os pais que não fizerem nada a respeito, mesmo sabendo dos riscos a que os seus filhos menores estão sendo submetidos na rede mundial de computadores, devem ser culpabilizados e responsabilizados pelo abandono digital cometido, vez que o filho estará sendo prejudicado de forma permanente para o resto da vida."[32] O raciocínio jurídico vem amparado na psicologia, conforme Nabuco:

> "a tecnologia e as plataformas da internet não são brinquedos para que sejam oferecidas inocentemente aos nossos filhos e às nossas crianças, como forma de distração, entretenimento e até para estudo[33]."

Obviamente, não se pode negar que quando bem utilizada, a internet é uma poderosa ferramenta de informação, cultura e entretenimento. Além disso, permite desenvolver habilidades digitais, pode estimular a criatividade, raciocínio lógico dentre outras competências que são de extrema importância para as crianças e adolescentes no mundo contemporâneo. Mas exige total atenção, acompanhamento e conversa com muito afeto, sem isso tem-se ,ocupando importante destaque no rol de preocupações, não só o tipificado abandono digital, mas a parentalidade distraída , que Falcão define como :' uma espécie de releitura do abandono familiar, abandono este que não significa um afastamento físico de pais e filhos, mas um espaço abstrato que marca tanto quanto uma separação fática.[34]

A respeito do tema, Leandro Soares Lomeu escreveu:

> As figuras do afeto e do cuidado parecem um tanto quanto prejudicadas, visto que ser gentil e cuidadoso com seu filho, nos dias hodiernos, é presenteá-lo com um celular de última geração, por exemplo. Embora não pareça, a troca de momentos de diálogo por conversas em aplicativos de bate-papo, é também abrir mão da vivência familiar, é substituir o lazer propriamente dito

---

31. CARVALHO, Wellington. Relacionamento familiar: internet aproxima ou distancia as pessoas que estão na nossa casa? *Boavontade.com*, 06/06/2021 Disponível em: https://www.boavontade.com/pt/tecnologia/relacionamento-familiar-internet-aproxima-ou-distancia-pessoas-que-estao-na-nossa-casa. Acesso em: 06 jun. 2021.
32. DINIZ, Maria Helena. *Curso de direito civil brasileiro*: direito de família. 26. ed. São Paulo: Saraiva, 2011.
33. NABUCO, Cristiano. *O cérebro digital*: como o uso constante da internet está afetando nossa mente. 2019. Disponível em: https://cristianonabuco.blogosfera.uol.com.br/2019/07/16/o-cerebro-digital-comouso--constante-da-internet-afetando-nossa-mente/. Acesso em: 08 maio 2021.
34. FALCÃO, Letícia Prazeres. O fenômeno da parentalidade distraída e abandono afetivo quanto custa o cuidado na sociedade tecnológica. *Revista de Direito de Família e Sucessão*, Goiânia v. 5, n. 1, p. 56-72, jan.-jun. 2019. Disponível em: https://www.indexlaw.org/index.php/direitofamilia/article/view/5591/pdf. Acesso em: 06 jun. 2021.

DEEP WEB: COMO PROTEGER CRIANÇAS E ADOLESCENTES **599**

por situações em que o uso de computadores e celulares ocupam a maior espaço do tempo livre dos adultos.[35]

Os crescentes casos de transtornos de variadas decorrências do uso em excesso da internet pululam, induzem ao e aumentam exponencialmente o isolamento, com tendência a "levar a episódios de autoagressão, desprezo pela vida e até ao suicídio"[36].

Os números do acesso de jovens e adolescentes às redes se revelam em uma condição de dois sentidos, enquanto a inclusão, demonstra a condição de se interligar a nova vida virtual, mas por serem pessoas jovens, pode revelar a necessidade ainda maior de apoio e orientação. A crise da saúde sentida pela epidemia do COVID-19 forçou uma grande parcela da população a migrar seu trabalho e atividades para a modalidade de *home office*, no entanto, ao mesmo tempo, passou-se a registrar um crescente número de tentativas de fraudes e ataques na internet, revelando a necessidade de maior atenção tanto dos adultos quanto destes em relação a seus filhos, para evitar que sejam vítimas na rede pela falta de atenção em seus atos. Apenas como ilustração do afirmado tem-se que, conforme a Tele Síntese,[37] o Brasil recebeu um aumento de 131% de ataques de *phishing* (técnica usada para ludibriar pessoas com dados e informações falsas que aparentam certa verdade, com intuito de conseguir dados dos usuários na internet) no primeiro trimestre de 2020 em relação ao ano anterior, isso se deve, principalmente aos ataques direcionados a informações sobre o novo Corona Vírus. O Brasil sofreu mais de 1,6 bilhão de ataques cibernéticos no 1º trimestre.

Em tempos de pandemia, a CISA (Agência de Cibersegurança e Segurança de Infraestrutura), divulgou um alerta sobre os riscos na internet com golpes relacionados ao COVID-19, principalmente pelo envio de *pishings mails*, e alertando para que os usuários redobrem os cuidados na rede nesse período.[38]

É muito para supervisionar, há que se reconhecer. Aí entra a importância da educação digital e, junto com os frios algoritmos, insere-se a questão da afetividade. Nas palavras de Falcão: "O princípio da afetividade possui uma construção axiológica, uma espécie de compilado sistemático em que a ternura, a paixão, o afeto, a dedicação e a atenção devem estar presentes e perpetuar as relações parentais. " E ela segue: "Embora não haja uma previsão expressa na Carta Magna, a afetividade

---

35. LOMEU, Leandro Soares. Afeto, abandono, responsabilidade e limite: diálogos sobre ponderação. *Revista IOB de Direito de Família*, Porto Alegre: Síntese, v. 11, 2010.
36. ALKIMIM, Maria Aparecida; JANINI, Tiago Cappi. O combate ao cyberbullyng como forma de concretização do direito fundamental à educação das crianças e dos adolescentes. *Revista Jurídica Cesumar*, v. 19, n. 3, set.-dez. 2019. p. 753-775.
37. TELE SÍNTESE. *Brasil sofreu mais de 1,6 bilhão de ataques cibernéticos no 1º tri*. In: *Tele.Síntese. Portal de Telecomunicações, Internet e TICs*. Disponível em: http://www.telesintese.com.br/brasil-sofreu-mais-de--16-bilhao-de-ataques-ciberneticosno-1o-tri/. Acesso em: 03 jun. 2021.
38. CISA INSIGHTS. *Risk Management for Novel Coronavirus*. Disponível em: https://www.cisa.gov/sites/default/files/publications/20_0306_cisa_insights_risk_management_for_novel_coronavirus.pdf. Acesso em: 03 jul. 2021.

surge com o enlace do Princípio da Proteção Integral à Criança e o da Dignidade da Pessoa Humana. Reconhece-se, assim, que o afeto é primordial para o crescimento daquela criança enquanto cidadão e sujeito de direitos."[39] E se não for este componente, como evitar fraudes e ataques que vêm crescendo e explorando vulnerabilidades? Para mensurar a problemática, alguns exemplos em números: A pesquisa TIC Kids Online Brasil estima que, em 2016, 82% das crianças e adolescentes com idades entre 9 e 17 anos eram usuários de Internet, o que equivale a 24,3 milhões de indivíduos conectados nessa faixa etária (...). Ao longo da sua série histórica, a pesquisa TIC Kids Online Brasil vinha apontando para uma intensificação no uso da Internet por crianças e adolescentes. Enquanto em sua primeira edição, em 2012, 47% dos jovens usuários de Internet acessavam a rede todos os dias ou quase todos os dias, essa proporção atingiu 81% em 2014. A edição de 2016 aponta, entretanto, estabilidade na frequência de uso da Internet por crianças e adolescentes em relação ao último ano: 84% (...) sendo que é possível observar um crescimento importante no uso do telefone celular como meio de acesso à rede. A proporção de usuários que utilizaram o telefone celular para se conectar passou de 21%, em 2012, para 91%, em 2016. A TIC Kids Online Brasil 2016 estima que 22 milhões de jovens usuários se conectaram por meio desse dispositivo[40]. Em 2017, quando 71% das crianças e adolescentes declararam utilizar a internet mais de uma vez por dia[41]. A pesquisa2 revela também que 70% dos pais ou responsáveis acreditavam que as crianças e adolescentes faziam um uso seguro da rede. Em contrapartida, 50% dos usuários da rede relataram que seus pais ou responsáveis sabem mais ou menos ou nada sobre suas atividades na internet.

A citada pesquisa reúne informações valiosas para os pais:[42] cerca de dois em cada dez usuários de internet, entre 11 e 17 anos, declararam ter pesquisado formas para ficarem mais magros; alguns relataram que se familiarizaram com formas de machucar a si mesmos, modos de cometer suicídio, bem como se inteiraram de assuntos relacionados ao uso de drogas. Além de temas relacionados ao autodano, a TIC Kids Online Brasil também apontou que 14% dos usuários entre 9 e 17 anos têm contato com conteúdo de natureza sexual na rede. Quanto aos riscos relacionados ao contato com pessoas desconhecidas na internet, o estudo mostra que cerca de 10 milhões de

---

39. FALCÃO, Letícia Prazeres. O fenômeno da parentalidade distraída e abandono afetivo quanto custa o cuidado na sociedade tecnológica. *Revista de Direito de Família e Sucessão*, Goiânia v. 5, n. 1, p. 56-72, jan./jun. 2019. Disponível em: https://www.indexlaw.org/index.php/direitofamilia/article/view/5591/pdf. Acesso em: 06 jun. 2021.

40. TIC Kids Online Brasil. Pesquisa sobre o uso da internet por crianças e adolescentes no Brasil 2016. *Núcleo de Informação e Coordenação do Ponto BR*. São Paulo: Comitê Gestor da Internet no Brasil, 2017.

41. CETIC.BR – Centro Regional de Estudos para o Desenvolvimento da Sociedade da Informação. *TIC Kidsonline Brasil*. 2019. Disponível em: https://www.cetic.br/pesquisa/kids-online/. Acesso em: 31 maio 2021. CETIC.BR – Centro Regional de Estudos para o Desenvolvimento da Sociedade da Informação.

42. CETIC.BR – Centro Regional de Estudos para o Desenvolvimento da Sociedade da Informação. *TIC Kidsonline Brasil*. 2019. Disponível em: https://www.cetic.br/pesquisa/kids-online/. Acesso em: 31 maio 2021. CETIC.BR – Centro Regional de Estudos para o Desenvolvimento da Sociedade da Informação.

crianças e adolescentes mencionaram já ter tido contato com algum desconhecido na rede, o que corresponde a 42% de usuários entre 9 e 17 anos.

A mesma pesquisa informa que 22% das crianças e adolescentes relataram ter sido tratados de uma forma ofensiva nos 12 meses anteriores à coleta de dados. Esse percentual corresponde a, aproximadamente, 5 milhões de crianças e adolescentes brasileiros, conforme o mencionado documento.[43]

Pregar contra o uso de tecnologias ou aparelhos? Certamente não é a melhor prática, podendo haver quebra de confiança, então, volta-se a cair no afeto e na necessidade do diálogo franco e aberto entre os pais e seus filhos para que a navegação ocorra em sites agregadores de informações, com pessoas confiáveis e bem distante das profundezas da *dark web*.

Os dados aqui apresentados representam uma fração do estudado. Encerra-se este tópico com Falcão:

> Por não possuírem a devida atenção, orientação e ternura que deveria ser advinda dos pais, passam a procurar diálogos com terceiros, sentem a necessidade de suprir essa carência, sejam em um ambiente também virtual ou no uso de remédios, e assim acaba que se forma um ciclo vicioso em que a ausência de afeto pode gerar sujeitos vazios de princípios e inseguros quanto a sentimentos e relações subjetivas.[44]

Não permita, reafirma-se.

5. CONSIDERAÇÕES FINAIS

Se existisse um único verbo a conjugar neste contexto, este seria educar. Se houvesse uma única palavra a dizer aos pais, esta seria atenção. Se tudo pudesse ser reunido em uma única sugestão, esta seria: esteja efetivamente presente na vida do menor. Estas afirmativas, de cunho assertivo, vêm calcadas no fato de que ninguém deixaria seu filho brincar em qualquer rua, parque ou jardim sem supervisão. Em tempos de pandemia, ruas, parques e jardins virtuais são os reais. Acompanhar cada passo é preciso para viver com tranquilidade e precisão (assim mesmo redundantemente).

Perdidas no meio do século passado estão as histórias de Autran: Paulo, lá vem o carro! O carro hoje é virtual, pode vir travestido de qualquer coisa, pois o perigo não mora mais ao lado, como títulos de livros e filmes indicavam, ele ronda no ar. O único antídoto é o afeto.

---

43. CETIC.BR – Centro Regional de Estudos para o Desenvolvimento da Sociedade da Informação. *TIC Kidsonline Brasil.* 2019. Disponível em: https://www.cetic.br/pesquisa/kids-online/. Acesso em: 31 maio 2021. CETIC.BR – Centro Regional de Estudos para o Desenvolvimento da Sociedade da Informação.
44. FALCÃO, Letícia Prazeres. O fenômeno da parentalidade distraída e abandono afetivo quanto custa o cuidado na sociedade tecnológica. *Revista de Direito de Família e Sucessão*, Goiânia v. 5, n. 1, p. 56-72, jan./jun. 2019. Disponível em: https://www.indexlaw.org/index.php/direitofamilia/article/view/5591/pdf. Acesso em: 06 jun. 2021.

6. REFERÊNCIAS

ALKIMIM, Maria Aparecida; JANINI, Tiago Cappi. O combate ao cyberbullyng como forma de concretização do direito fundamental à educação das crianças e dos adolescentes. *Revista Jurídica Cesumar*, v. 19, n. 3, p. 753-775, set.-dez. 2019

BRASIL. *Constituição da República do Brasil de 1988*. Nós, representantes do povo brasileiro, reunidos em Assembleia Nacional Constituinte para instituir um Estado Democrático, destinado a assegurar o exercício dos direitos sociais e individuais, a liberdade, a segurança, o bem-estar, o desenvolvimento, a igualdade e a justiça como valores supremos de uma sociedade fraterna, pluralista e sem preconceitos, fundada na harmonia social e comprometida, na ordem interna e internacional, com a solução pacífica das controvérsias, promulgamos, sob a proteção de Deus, a seguinte CONSTITUIÇÃO DA REPÚBLICA FEDERATIVA DO BRASIL. Disponível em: http://www.planalto.gov.br/ccivil_03/constituicao/constituicao.htm. Acesso em: 02 jul. 2021.

BRASIL. Lei 10.406, de 10 de janeiro de 2002. *Institui o Código Civil*. Disponível em: http://www.planalto.gov.br/ccivil_03/leis/2002/L10406compilada.htm. Acesso em: 02 jul. 2021.

BRASIL. Lei 12.965, de 23 de abril de 2014. *Estabelece princípios, garantias, direitos e deveres para o uso da Internet no Brasil*. Disponível em: http://www.planalto.gov.br/ccivil_03/_ato2011-2014/2014/lei/l12965.htm. Acesso em: 31 de maio de 2021.

BRASIL. Tribunal de Justiça do Rio Grande do Sul. *Apelação Cível 70031750094*. Relatora Desembargadora Liege Puricelli Pires. 30 de junho de 2010. Disponível em: https://www.tjrs.jus.br/site/busca-solr/index.html?aba=jurisprudencia.. Acesso em: 31 de maio de 2021.

BRASIL. Câmara dos Deputados. *"Deep web" oferece riscos para crianças e adolescentes, alertam especialistas*. Disponível em: https://www.camara.leg.br/noticias/556165-deep-web-oferece-riscos-para--criancas-e-adolescentes-alertam-especialistas/. Acesso em: 06 jun. 2021.

CANALTECH. *Dicas para proteger seus filhos da Deep Web – a parte obscura da rede*. 2021. Disponível em: https://canaltech.com.br/seguranca/Dicas-para-proteger-seus-filhos-da-Deep-Web/. Acesso em: 31 de maio de 2021.

CARVALHO, Wellington. Relacionamento familiar: internet aproxima ou distancia as pessoas que estão na nossa casa? *Boavontade.com*, 06/06/2021 Disponível em: https://www.boavontade.com/pt/tecnologia/relacionamento-familiar-internet-aproxima-ou-distancia-pessoas-que-estao-na-nossa-casa. Acesso em: 06 jun. 2021.

CETIC.BR – Centro Regional de Estudos para o Desenvolvimento da Sociedade da Informação. *TIC Kids online Brasil*. 2019. Disponível em: https://www.cetic.br/pesquisa/kids-online/. Acesso em: 31 maio 2021. CETIC.BR – Centro Regional de Estudos para o Desenvolvimento da Sociedade da Informação.

CISA INSIGHTS. *Risk Management for Novel Coronavirus*. Disponível em: https://www.cisa.gov/sites/default/files/publications/20_0306_cisa_insights_risk_management_for_novel_coronavirus.pdf. Acesso em: 03 jul. 2021.

CONSULTÓRIO JURÍDICO. *Negligência dos pais no mundo virtual expõe criança a efeitos nocivos da rede*. Disponível em: https://www.conjur.com.br/2017-jan-15/processo-familiar-abandono-digital-expoe-crianca-efeitos-nocivos-internet. Acesso em: 21 maio 2021.

DINIZ, Maria Helena. *Curso de direito civil brasileiro*: direito de família. 26. ed. São Paulo: Saraiva, 2011.

ÉPOCA. *A nova geração conectada*. 2005. Disponível em: http://revistaepoca.globo.com/Epoca/0,6993,EPT1004638-1664,00.html. Acesso em: 31 maio 2021.

FALCÃO, Letícia Prazeres. O fenômeno da parentalidade distraída e abandono afetivo quanto custa o cuidado na sociedade tecnológica. *Revista de Direito de Família e Sucessão*, Goiânia v. 5, n. 1, p. 56-72, jan.-jun. 2019. Disponível em: https://www.indexlaw.org/index.php/direitofamilia/article/view/5591/pdf. Acesso em: 06 jun. 2021.

GESELL, Arnol. *Psicologia evolutiva de 1 a 16 anos*. Buenos Aires: Paidos, 1975.

IBDFAM. *Abandono digital*: responsáveis devem estar atentos à exposição de crianças e adolescentes na internet. 2020. Disponível em: https://ibdfam.org.br/index.php/noticias/7662/Abandono+digital:+respons%C3%A1veis+devem+estar+atentos+%C3%A0+exposi%C3%A7%C3%A3o+de+crian%C3%A7as+e+adolescentes+na+internet. Acesso em: 06 jun. 2021.

LOMEU, Leandro Soares. Afeto, abandono, responsabilidade e limite: diálogos sobre ponderação. *Revista IOB de Direito de Família*, Porto Alegre: Síntese, v. 11, 2010.

NABUCO, Cristiano. *O cérebro digital*: como o uso constante da internet está afetando nossa mente. 2019. Disponível em: https://cristianonabuco.blogosfera.uol.com.br/2019/07/16/o-cerebro-digital-como-uso-constante-da-internet-afetando-nossa-mente/. Acesso em: 08 maio 2021.

PINHEIRO, Patrícia Peck. Abandono digital. In: PINHEIRO, Patrícia Peck (Coord.). *Direito Digital Aplicado 2.0*. 2. ed. São Paulo: Thomson Reuters/Revista dos Tribunais, 2016.

POMPÉO, W.A.H; SEEFELDT, J.P. Nem tudo está no Google: Deep web e o perigo da invisibilidade. In: *Congresso Internacional de Direito e Contemporaneidade*, 2., 2013, Santa Maria. Anais... Santa Maria, Rs: UFSM, 2013.

RIO GRANDE DO SUL. Tribunal de Justiça. Apelação Cível. Processo 70067503557. Relator: Miguel Ângelo da Silva. 19 out. 2016. *Diário de Justiça*, Porto Alegre, 25 out. 2016. Disponível em: https://tj-rs.jusbrasil.com.br/jurisprudencia/398598550/apelacao-civel– ac70067503557-rs. Acesso em: 03 jun. 2021.

SILVA, Ynaray, J. da. Meios de comunicação e educação: o rádio, um poderoso aliado. In: CITELLI, Adilson (Org.). *Outra linguagem na escola*: publicidade, cinema e tv, radio, jogos, informática. São Paulo: Cortez, 2000.

VEJA. *A babá eletrônica está a um passo da aposentadoria*. Por Zylberkan; Mariana. Disponível em: https://veja.abril.com.br/cultura/a-baba-eletronica-esta-a-um-passo-da-aposentadoria/. Acesso em: 21 maio 2021.

TEIXEIRA, Ana Carolina Brochado. RETTORE, Anna Cristina de Carvalho. A autoridade parental e o tratamento de dados pessoais de crianças e adolescentes. In: TEPEDINO, Gustavo et al. (Coord.). *Lei geral de proteção de dados e suas repercussões no direito brasileiro*. 2ª tiragem. São Paulo: Ed. RT, 2019.

TELE SÍNTESE. Brasil sofreu mais de 1,6 bilhão de ataques cibernéticos no 1º tri. In: Tele. Síntese. *Portal de Telecomunicações, Internet e TICs*. Disponível em: http://www.telesintese.com.br/brasil-sofreu-mais-de-16-bilhao-de-ataques-ciberneticosno-1o-tri/. Acesso em: 03 jun. 2021.

TIC Kids Online Brasil. Pesquisa sobre o uso da internet por crianças e adolescentes no Brasil 2016. *Núcleo de Informação e Coordenação do Ponto BR*. São Paulo: Comitê Gestor da Internet no Brasil, 2017.

VENOSA, Silvio de Salvo. *Direito de família*, 6. ed. v. 6. São Paulo: Atlas, 2006.